Páginas de Resistência
A Imprensa Comunista até o Golpe Militar de 1964

Governador   Geraldo Alckmin

Secretário-Chefe da Casa Civil   Arnaldo Madeira

Sindicato dos Jornalistas Profissionais no Estado de São Paulo

Presidente   Frederico Barbosa Ghedini
Secretária Geral   Mara Ribeiro
Secretário do Interior   Kepler Fidalgo Polamarçuk
Secretário de Finanças   Rudinaldo Gonçalves
Sec. Jurídico e de Assistencial   José Augusto de Oliveira Camargo
Secretário de Cultura e Comunicação   Amilton Vieira
Secretário de Relações Sindicais e Sociais   Eurenides Pereira
Secretário de Ação e Formação Sindical   Mario Iorio Lopes
Secretário de Sindicalização   Rubens Volpe

imprensaoficial

Imprensa Oficial do Estado de São Paulo

Diretor-Presidente   Hubert Alquéres
Diretor Vice-Presidente   Luiz Carlos Frigerio
Diretor Industrial   Teiji Tomioka
Diretor Financeiro e Administrativo   Richard Vainberg
Núcleo de Projetos Institucionais   Emerson Bento Pereira
Coordenador Editorial   Carlos Taufik Haddad
Co-Edições   Edemar Viotto Jr.

Páginas de Resistência

A Imprensa Comunista até o Golpe Militar de 1964

Francisco Ribeiro do Nascimento

SÃO PAULO, NOVEMBRO DE 2003

Dados Internacionais de Catalogação na Publicação (CIP)
(Câmara Brasileira do Livro, SP, Brasil)

Nascimento, Francisco Ribeiro do
    Páginas de resistência : a imprensa comunista até o Golpe Militar de 1964 / Francisco Ribeiro do Nascimento. -- São Paulo : Imprensa Oficial do Estado de São Paulo : Sindicato dos Jornalistas Profissionais no Estado de São Paulo, 2003.

    Bibliografia.

    ISBN: 85-7060-226-X (Imprensa Oficial do Estado de São Paulo)

    1. Imprensa comunista - Pará - História 2. Partido Comunista Brasileiro - História 3. Resistência ao governo - Pará 4. Tribuna do Pará (Jornal) - História I. Título

03-7413	CDD-079.8115

Foi feito o depósito legal na Biblioteca Nacional. (Lei nº 1825, de 20/12/1907)

SINDICATO DOS JORNALISTAS PROFISSIONAIS NO ESTADO DE SÃO PAULO
Endereço: Rua Rego Freitas, 530 - sobreloja - São Paulo/SP - CEP. 01220-010
CNPJ - 62.584.230/0001-00

IMPRENSA OFICIAL DO ESTADO DE SÃO PAULO
Rua da Mooca, 1921 - Mooca
03103-902 São Paulo - SP
Tel: (0xx11) 6099-9800
Fax: (0xx11) 6099-9674
SAC 0800-123 401
www.imprensaoficial.com.br
livros@imprensaoficial.com.br

Agradecimentos

Com todo o amor, para a Maria da Conceição e os nossos filhos Luiz Carlos, Vladimir, Eduardo, Henrique, Zulmira, Mauro, Francisco Sérgio, Alexandre, Ana Laura e Nilson, pelo transtorno e dificuldades que passaram por serem meus companheiros, nestes 50 anos de união familiar, que o golpe de 64, não conseguiu destruir.

Aos companheiros, Luciano Pepe do Amaral, ao saudoso José Braz de Souza Filho, Aldemir Monteiro da Silva, Assaad Zaidan, ao saudoso Dewet Costa Ferreira e esposas. A minha saudosa irmã Sebastiana Duarte Maués, que garantiram por seis meses (1º de abril a 25 de setembro de 64) a minha clandestinidade, antes de viajar para São Paulo.

Ao saudoso companheiro, Joaquim Câmara Ferreira que me recebeu em São Paulo-Capital, no Mês de Outubro de 64, depois de 10 dias de viagem (de carona) pela Belém-Brasília.

Ao meu saudoso pai Henrique Poltronieri, esposa e irmãos que já moravam em Santos.

A toda Santos, cidade que me acolheu com tanto carinho e que sofreu a mais feroz repressão, simbolizada no navio Raul Soares, transformado em presídio político em 64. As profundas marcas deixadas nesse período de trevas foram bem retratadas pela jornalista Lidia Maria de Melo em seu livro "Raul Soares Um Navio Tatuado em Nós".Lídia recebeu em 1997 o Prêmio Jornalístico de Anistia e Direitos Humanos Wladimir Herzog com o conto "Bala perdida".

Aos Amigos Colaboradores
Nossa pesquisa foi idealizada a partir das informações obtidas em 1994, na Biblioteca Estadual do Pará.

O sucesso na manipulação do material e na confecção deste livro só se deu graças ao apoio decisivo e a colaboração de colegas Jornalistas aos quais agradecemos nominalmente: Eugênio Monteiro de Araujo, Fred Ghedini, Maria Zuleide de Barros, Alfredo de Souza, José Rodrigues, Fernanda de Carvalho Rodrigues, e Renato Akimasa Yakabe.

De suma importância foi, também, o esforço e a dedicação dos amigos e amigas: Araldo Castilho, Professor da Escola do Futuro/USP; Maria Helena Nobre Souza, Secretária aposentada da Reitoria da Universidade Federal do Pará; Ana Cristina Expósito Rey, Administradora de Empresa; Pedro Henrique de Carvalho Rodrigues, Arquiteto e, por fim, a Pedro Machado de Vilhena, Engenheiro.

Aos companheiros: Alfredo Oliveira, médico, escritor e compositor; José Amilton Ribeiro, Jornalista; Fábio Nunes, Professor Universitário,

Paulo Cannabrava, Jornalista, que gentilmente autorizaram a republicação de parte de livros e artigos de suas autorias.

A todos a minha eterna gratidão.

Sumário

Apresentação **8**

PCB **11**

Breve História **12**

Sobre os "Doze Anos" de Luta **18**
  Doze Anos de Tribuna **20**
  Tribuna do Pará Retorna às Mãos do Povo **21**

Diretores **22**

Pesquisa **23**
  Na Secretaria de Saúde o Dr. Wilson da Mota Silveira **27**
  Solto Jaime Miranda **27**

Memória
  João Adolfo da Costa Pinto **28**
  A morte de João Amazonas **29**
  Nossos Mártires **30**

A Imprensa Comunista
  Anos de Legalidade **32**
  Anos de Ilegalidade **33**

Páginas de Resistência
  1954 **38**
  1955 **57**
  1956 **113**
  1957 **125**
  1958 **162**

Bibliografia **211**

Apresentação

Novas páginas de uma vida de resistência

Aos 76 anos, Francisco Ribeiro do Nascimento resolve acrescentar mais um fruto a tantos outros que soube plantar e cultivar ao longo de uma vida dedicada à militância e às causas humanísticas: o resultado dessa pesquisa sobre a imprensa comunista no Brasil, particularmente sobre o jornal Tribuna do Pará.

No Sindicato dos Jornalistas Profissionais no Estado de São Paulo, onde o conhecemos por sua participação na direção da regional de Santos, Seo Chiquinho – como é carinhosamente chamado pelos colegas – é uma presença constante desde 1982. "O Sindicato é como se fosse a extensão da minha casa", diz Seo Chiquinho. E é aqui no Sindicato que o colega de diretoria vem me pedir para fazer a apresentação do seu trabalho.

Fosse pelos conhecimentos da matéria – a história da imprensa comunista no País – eu não poderia aceitar a tarefa. Mas, para escrever sobre a presença desse militante digno entre nós, e da riqueza que contém uma vida dedicada à luta por uma Nação brasileira livre e soberana, sobre isso, sim, posso escrever.

Além da postura sempre calma e afetuosa para com os companheiros, Seo Chiquinho tem outros traços que o distinguem: nasceu na Ilha de Marajó, no Pará (afinal, bem pouca gente teve esse privilégio); criou 10 filhos com a mesma companheira, e nunca deixou de ter coerência política. "Sempre estive com as esquerdas", diz. Mesmo o fato de ter deixado o Partido Comunista Brasileiro, o Partidão, em 1983, depois de 38 anos de militância, não abalou suas convicções. "Sofri muito antes de tomar a decisão. Passei noites e noites em claro, pois o Partido havia sido minha verdadeira Universidade", conta Seo Chiquinho, acrescentando: "Foi lá que me formei humanisticamente".

Seo Chiquinho entrou para o jornalismo em 1954, na própria Tribuna do Pará, agora seu objeto do estudo. Ficou quatro anos, até 58, quando assumiu a direção do jornal. Infelizmente, não ocupou por muito tempo o cargo de diretor, pois foi nesse mesmo ano que a Tribuna do Pará deixou de circular, "por problemas financeiros, como tantos outros veículos da imprensa popular", esclarece o autor.

Fico pensando na riqueza de uma vida como a do Seo Chiquinho, que passou por todos esses momentos da história do País e da própria militância de esquerda. Por momentos tão significativos como o ano de 1945, da redemocratização, quando do Seo Chiquinho, estudante do segundo grau, se interessou pela política e entrou no PCB então legalizado, com 18 anos de idade. Ou em 1954, quando era técnico laboratorista e foi preso em Parintins, no Amazonas, quando liderava uma manifestação pelo aniversário de Prestes. Ou em 1964, após o golpe militar, quando ficou seis meses clandestino, para fugir de nova prisão, em Belém do Pará.

Uma militância que veio até os dias de hoje, quando o sentido da própria militância encontra-se em xeque. Pois vivemos tempos em que os indivíduos se enclausuram em seus objetivos e desejos particulares de vida.

Com uma trajetória tão longa e plena de tantos desafios, emociona testemunhar a continuação dessa coerência. Se a Universidade foi a militância no PCB, Seo Chiquinho continua essa trajetória peculiar e se transforma em pesquisador por vontade própria e por amor à história. Graças à obstinação de sempre e à solidariedade dos colegas, Seo Chiquinho traz à luz sua obra, procurando revelar aos jovens a existência de uma imprensa que tinha outra razão de ser que não os mecanismos do mercado. Que era veículo das grandes lutas formadoras da consciência da nacionalidade, de soberania nacional e tantos outros conceitos que ajudaram a soldar esse formidável e discrepante País em que vivemos. Uma luta brutalmente interrompida em sua vertente democrática pela ditadura militar, instalada no País em 1964, cujo legado nos esforçamos agora para suplantar.

O trabalho de pesquisa que resultou neste volume é, sem dúvida, mais um momento de superação do obscurantismo que a direita golpista e os militares, respaldados pelos sempre presentes interesses dos Estados Unidos no Continente, tentaram impor indefinidamente ao País. Eles não conseguiram. Aqui estão duas provas: essas "Páginas de Resistência" e os 76 anos de resistência do seu autor, Francisco Ribeiro do Nascimento.

Fred Ghedini
Presidente do Sindicato dos Jornalistas
Profissionais no Estado de São Paulo

Partido Comunista Brasileiro 1922-2002

"Eles eram poucos
e nem puderam cantar muito alto a Internacional
naquela casa de Niterói em 1922.
Mas cantaram e fundaram o partido (...)
O PCB não se tornou o maior partido do Ocidente
Nem mesmo do Brasil.
Mas quem contar a história de nosso povo e seus heróis
Tem que falar dele.
Ou estará mentindo."

Ferreira Gullar

Poema de abertura em homenagem aos 80 anos de fundação do Partido Comunista Brasileiro proferido pelo Professor Fábio Nunes, vereador do Partido Socialista Brasileiro, em 27 de março de 2002, no plenário Princesa Isabel da Câmara Municipal de Santos

Breve história do PCB no Pará

É pobre a documentação existente acerca da vida do PCB, no Pará. Aliás, na clandestinidade, uma das regras é não guardar documentos, que a polícia transformaria em "provas"... Além disso, aos comunistas, ainda que desejassem, não se permitia publicar nada. A gráfica era secreta. Os textos, impressos ou mimeografados, circulavam de mão em mão, protegidos pela coragem da militância.

Todavia, nem assim o acervo de lutas do PCB, anterior ao surgimento do jornal "Tribuna do Pará" em 1946, ficou esquecido, pois nunca passou despercebido. O Partido tem história no Pará, como tem na Bahia, Rio, São Paulo, Pernambuco, etc. A carência de registros documentais não impediu a tradição oral baseada na memória do povo.

A organização do PCB, no Pará, começou logo após a Revolução de 30, da qual não participou, mas cujo chefe civil tornar-se-ia um comunista histórico: o senador Abel Chermont.

Henrique Felipe Santiago vem dessa época. Mulato risonho, cordial, sempre disposto a falar do passado, assim o conheci anos antes de 64. Santiago dizia que o primeiro núcleo organizado no Pará constituiu-se, em Belém, no mês de agosto de 1931. Tal afirmativa encontra-se, igualmente, no trabalho de pesquisa biográfica sobre Pedro Pomar de autoria de Luiz Maklouf de Carvalho, publicado em 1980 (Editora Brasil Debates Ltda).

Durante a denominada Revolução Constitucionalista (1932), sufocada no Pará pelo interventor federal do Estado, major Magalhães Barata, existe comprovação da atividade do motorneiro Santiago e do secundarista Pomar, ambos comunistas, na agitação que culminou com a revolta de 6 de setembro, em Belém, muito embora o Partido também não lhe desse crédito, em virtude de seus rumos considerados burgueses.

Em 35, os comunistas combatem o integralismo e fazem a campanha da aliança Nacional Libertadora contra o nazi-fascismo e a guerra realizando, inclusive, comícios na Praça do Operário e vendendo exemplares do jornal "A Luta" – tribuna do proletariado. Pedro Pomar e João Amazonas, ainda jovens militantes, cumprindo ordens do Partido, içam a bandeira da ANL no cume da caixa d´água da Campina, para ser vista por toda a população de Belém. Com a derrota da ANL são encarcerados: Dalcídio Jurandir, Henrique Santiago, Pedro Pomar, João Amazonas, Djalma Hartery, Benedito Serra e outros comunistas, no meio de 23 aliancistas militares e civis.

No ano de 1937, em consequência da implantação do Estado Novo e da luta contra o nazi-fascismo, retornaram ao presídio São José os comunistas Dalcídio Jurandir e Henrique Santiago. Nova onda de prisões ocorreu em 1940, a cargo de Salvador Borborema, chefe de polícia, respaldado pelo namoro de Getúlio Vargas com os nazistas. Foram recolhidos à cadeia: Pedro Pomar, João Amazonas, Henrique Santiago, Agostinho Dias de Oliveira, Raimundo Serrão de Castro, João Cruz e Souza, Constância Borges da Silva, e outros menos conhecidos. A transferência dos prisioneiros para um posto policial no Umarizal possibilitou a fuga de vários deles, em agosto de 41. A represália da Polícia foi terrível: prendeu e torturou a mulher de Pomar, que estava grávida e abortou.

Pouco antes do término da Segunda Guerra, com Berlim sendo invadida pelos soldados do Exército Vermelho, Getúlio mandou libertar o mais famoso comunista brasileiro: Luís Carlos Prestes.

A onda de liberalismo resultante da vitória dos Aliados contra as forças do nazi-fascismo levou o PCB a preocupar-se mais em sair da vida clandestina a transformar-se num partido legal, apto a aproveitar seus trunfos juntos ao eleitorado: o prestígio popular de Prestes, a confiança suscitada pelas retumbantes conquistas soviéticas na guerra, e o anseio generalizado de modificar a bitola política e cultural imprimida pela ditadura do Estado Novo. Concedido a legalidade, a intelectualidade brasileira voltou-se para apoiar o Partido que crescia rápido, também, no meio operário. Bons tempos de Jorge Amado, Graciliano Ramos, Monteiro Lobato, Cândido Portinari, Carlos Drummond de Andrade, Oswald de Andrade, Dalcídio Jurandir, Eneida de Moraes, Caio Prado Jr., Di Cavalcante, Oscar Niemeyer, Álvaro Moreyra, Abguar Bastos, Mario Schemberg, Samuel Pessoa, Rui Facó, Pedro Mota Lima, Paulo Cavalcanti, Jararaca, Barão de Itararé, de Dorival Caymmi cantando: "Vamos votar, aí, vamos votar no Partido Comunista".

Mas, antes disso, o Partido já havia feito a sua primeira grande aparição pública, em Belém, no dia 21 de agosto de 1945, incomodando bastante aos reacionários temerosos de seu "indesejável" crescimento. Ocorreu em pleno Teatro da Paz, cedido para a instalação do Comitê Estadual do PCB por ordem do mesmo Magalhães Barata, de novo na interventoria do Estado.

"O teatro ficou completamente lotado por milhares de pessoas, que compareceram para assistir a posse do organismo liderado por Henrique Santiago.

Na abertura da sessão, uma banda tocou o Hino Nacional, entoado pelos presentes. Depois da posse dos dirigentes – um sapateiro (Henrique Santiago), um estivador (Raimundo Manito), um médico (Ritacínio Pereira), um gráfico (Antonio Santos), um jornalista (Diogo Costa), um telegrafista (Djalma Hartery), uma operária (Antonia Cordeiro), um transviário (Argemiro Nascimento), um marítimo (Octaviano Santos), um motorista (Santílio Figueiredo), um pedreiro (Raimundo Gomes), e um estudante (Gilberto Vasconcelos) – leu-se uma extensa carta enviada por Dalcídio Jurandir, e, em seguida, João Amazonas, paraense de nascimento e nome nacional do Partido, dissertou sobre sua linha política.

Numa foto da imprensa vê-se o palco do Teatro da Paz ocupado pela mesa enfeitada de flores e ostentando, ao centro, o emblema da "excomungada" união operário-camponesa: a foice e o martelo. À direita observa-se uma bandeira das Nações Unidas, à esquerda uma oleo-gravura de Prestes, e, ao fundo, o pavilhão brasileiro.

Ao encerrar a assembléia, o sapateiro Henrique Santiago transmitiu a mensagem de Prestes conclamando os marxistas paraenses a se converterem nos cabanos do século XX. Figura de retórica? Talvez. Pois sobre o palco, atravessando-o, uma faixa trocava o velho Marx por outro filósofo – Augusto Comte.

Unidade, Democracia e Progresso – é o que diz, no conhecido estilo positivista da Ordem e Tranquilidade.

A concessão de registro ao PCB, decidida pelo Tribunal Superior Eleitoral em outubro de 45, permitiu-lhe participar da disputa eleitoral da época, estimulando a mobilização popular em torno do pleito marcado para o ano seguinte. Na noite de 29 desse mesmo outubro, Getúlio foi derrubado por um golpe de generais que antes comiam na cozinha do ditador. José Linhares, presidente do Supremo Tribunal Federal, foi escolhido para assumir o cargo interino de primeiro mandatário da República, enquanto as candidaturas do general Eurico Dutra e do brigadeiro Eduardo Gomes polarizavam a campanha eleitoral

O TSE, em 47, cassou o registro do Partido, apesar do parecer contrário do relator do processo. Na Assembléia Legislativa do Estado foi votado um requerimento de "aplausos" à decisão do Tribunal contra o único voto do deputado Sílvio Braga, do PSP. Noticiaram os jornais de Belém, com ironia, que o próprio representante do PCB, por distração, foi surpreendido na hora de votar e votou a favor.

O representante aludido era Henrique Santiago, que conseguira a proeza de se eleger deputado estadual pela legenda comunista.

Esperteza de Santiago, que não deu certo. Os pares da Assembléia não permitiram ao mulato escapar da cassação posterior. Depois da limitada fase de legalidade, quando tiveram direito à luz do dia, os comunistas foram forçados a voltar para a vida clandestina, agravada pela repercussão da guerra fria desencadeada pelas potências ocidentais contra os países socialistas. Embora tendo de enfrentar o preconceito da sociedade e a repressão policial, emergiam das sombras para campanhas memoráveis como, por exemplo, em favor da Paz. Aliás de tanto se empenharem nessa cruzada, chegou o momento em que defender a Paz dava cadeia: era coisa de comunista.

No dia 11 de agosto de 1949 um manifesto de apoio ao Congresso Continental Americano pela Paz, a realizar-se no México, em 5 de setembro do mesmo ano, é aberto pelo deputado Ruy Barata e publicado pela "Folha do Norte". Contém as assinaturas de expressivas personalidades da intelectualidade paraense, entre as quais vários comunistas: Carlos Lima (advogado), Wilson da Mota Silveira (médico), Levi Hall de Moura (magistrado), Imbiriba da Rocha (jornalista), Ritacínio Pereira (médico), etc.

A luta em favor da Petrobrás ("O petróleo é nosso"), contra a Lei de Segurança Nacional e o acordo militar Brasil-Estados Unidos, a denúncia dos planos de internacionalização da hiléia amazônica, foram outras etapas de bravura não arrefecida pela perseguição e ódio da reação.

Favorecido pelas condições de abertura democrática vividas no governo Juscelino Kubitscheck, ampliadas, no Pará, pelo espírito liberal do general Moura Carvalho, homem forjado pelo tenentismo de 30 e que substituíra a Magalhães Barata, falecido no exercício do mandato de governador (29.5.59), chegara a Belém, o arigó Humberto Lopes com a missão de reorganizar o Partido.

O Pará também é terra de comunistas históricos. Dentre outros merecem ser citados: senador Abel Chermont, Pedro Pomar, João Amazonas, Dalcídio Jurandir e Eneida de Moraes.

Abel Chermont foi o chefe civil da Revolução de 30 no Pará. Posteriormente, destacou-se no Senado Federal, onde se opôs à decretação do estado de sítio, em consequência da revolta aliancista de 35 ou Intentona Comunista, como costuma ser denominada nas ordens do dia do militarismo imperial.

De sua tribuna no Senado acusou a ditadura Vargas pelos crimes monstruosos cometidos contra os prisioneiros políticos, sem imaginar que se repetiriam após o golpe militar de 64, em escala maior. Em abril de 36 foi insultado e agredido por policiais que não respeitaram sua imunidade parlamentar, sendo encarcerado junto com os deputados federais João Mangabeira, Domingos Velasco, Abguar Bastos e Otávio da Silveira.

Era um homem corajoso e dedicado ao partido da classe operária. Merece que historiadores se ocupem dele.

Natural de Óbidos, no Baixo-Amazonas, Pedro Felipe de Araújo Pomar era filho de um pintor peruano e de uma maranhense, d. Rosa.

Iniciou o ginásio em Belém no Instituto Nossa Senhora de Nazaré, dos Irmãos Maristas, concluindo o curso no Colégio Estadual Paes de Carvalho, depois do que ingressou na Faculdade de Medicina e Cirurgia do Pará, que não terminaria atropelado pela repressão.

Em 32 tomou parte ativa na Revolução Constitucionalista que, em Belém, provocou sangrenta manifestação popular, tendo no apoio estudantil a sua peça de maior destaque. De fato, o ginasiano Pedro Pomar foi um dos que pegaram em armas para defender a reconstitucionalização do País.

Foi como militante do Partido Comunista que haveria de encontrar o seu destino.

Durante a Campanha da Aliança Nacional Libertadora, em 35, ajudou João Amazonas a fincar uma gigantesca bandeira vermelha no cume da caixa d'água da Campina e a inscrever nas enormes panelas vazias: "Viva a ANL". "Viva o Comunismo". A audácia sacudiu a população belemense, desorientando a polícia, que não conseguiu descobrir os autores da façanha.

Preso em 36, na cadeia de São José, ao recuperar a liberdade voltou à perigosa militância clandestina. Em 1940 foi descoberto e preso novamente, fugindo da prisão em agosto de 41. Ao lado de João Amazonas embrenhou-se na desconhecida rota do Tocantins, chegando ao Rio de Janeiro depois de meses de esforço arriscado. No eixo Rio-São Paulo passou a desempenhar suas atividades, tornando-se jornalista e diretor da "Tribuna Popular", de 45 a 47. Elegeu-se deputado federal por São Paulo, utilizando a legenda do Partido Social Progressista (PSP) de Adhemar de Barros, com a maior votação da época, ou seja, mais de cem mil votos. Por causa da legenda do PSP, que o elegera, acabou escapando da cassação imposta aos comunistas, em 1947. Após cumprir seu mandato no Congresso Nacional retornou à clandestinidade seguindo para o Rio Grande do Sul. Em 53 viajou para a União Soviética, onde passou dois anos.

No período de 57 a 62 resolveu discordar da linha política do PCB, por ele acusada de revisionista e oportunista, sendo expulso das fileiras do partido. Em fevereiro de 62 fundou o Partido Comunista do Brasil (PC do B) com João Amazonas, Maurício Gabrois, Kalil Chade, Lincoln Oest, Carlos Danielli e Angelo Arroyo, adotando caminho distinto e, às vezes, de franca hostilidade aos companheiros de Prestes.

No dia 16 de dezembro de 1976 foi assassinado por agentes do DOI-CODI numa casa no bairro da Lapa, em São Paulo, sem qualquer chance de salvar a vida. Pomar é um dos mártires da repressão desencadeada pelo golpe de 64 e sua militância dignifica a história das lutas populares no Brasil.

Jovem ainda, João Amazonas começou a destacar-se no movimento sindical como delegado da União dos Proletários de Belém. Corajoso, ousado, preso várias vezes, comandou na prisão protestos e greves de fome. Fugiu, com Pomar, para o sul do país, e foi escolhido para a Comissão Executiva e o Comitê Central do PCB. Elegeu-se no Rio de Janeiro deputado federal pela legenda comunista em 46, tendo seu mandato cassado no ano seguinte. Também esteve durante dois anos na União Soviética.

No Congresso Nacional, participou da célebre bancada vermelha integrada, igualmente, por Gregório Bezerra, José Maria Crispim, Maurício Gabrois, Jorge Amado, Claudino José da Silva, Joaquim Batista Neto, Osvaldo Pacheco, Abílio Fernandes, Alcides Sabença, Carlos Marighela, Milton Caires de Brito, Alcedo Coutinho, Agostinho de Oliveira (outro que tem o nome ligado à história do Partido no Pará), além de Pedro Pomar e Diógenes Arruda Câmara, eleitos pela legenda do Partido Social Progressista.

Por não assimilar a crítica ao stalinismo, opondo-se à reformulação da linha política, recebeu a pena de expulsão do PCB. Assim tornou-se um dos fundadores do PC do B. Após o golpe de 64, ligou-se à luta de guerrilhas contra a ditadura militar, estreitando seus vínculos políticos primeiro com a China de Mao, depois com a Albânia. Sempre foi um patriota destemido e intransigente na defesa dos trabalhadores.

Dalcídio Jurandir, caboclo de Ponta-de-Pedras, na ilha do Marajó, é um dos maiores romancistas brasileiros, tendo recebido o prêmio "Machado de Assis" (1972) da Academia Brasileira de Letras, por seu conjunto de obras. Com "Chove nos Campos de Cachoeira" obteve o primeiro lugar em concurso literário (1940), promovido pela Editora Vechy. Faziam parte da comissão julgadora: Jorge Amado, Oswald de Andrade, Álvaro Moreyra e Rachel de Queiroz.

Preso em 35 por ter participado da Aliança Nacional Libertadora, e em 37 devido a sua presença ativa na campanha contra o nazi-fascismo, nas duas vezes foi recolhido à cadeia de São José, em Belém.

Antes do parkinsonismo que iria abatê-lo aos poucos. Acompanhado do poeta Ruy Barata, compareceu à roda noturna do Café Central, numa de suas visitas à capital paraense. Nessa época declarou à "Folha do Norte":

- Minha visão do mundo não se inspira em Deus nem no demônio, no bem ou no mal, mas nesta vida em movimento, em que há classes sociais em luta.

Eneida Vilas Boas Costa de Moraes ou Eneida, apenas, identificou-se sempre com uma postura de mulher valente que dizia: "Vou pelo meu caminho, pisando firme. No meu túmulo – gostaria que fosse a vala comum – a única frase que mereço como epitáfio: - Esta mulher nunca topou chantagens".

Eneida foi presa em São Paulo, em 1932, por causa da Revolução Constitucionalista. Voltou ao cárcere em 35. No Rio de Janeiro. O cativeiro se prolongou anos, no mesmo local onde também estiveram Graciliano Ramos e, por algum tempo, Olga Benário, a mulher de Prestes, que Getúlio entregou aos carrascos nazistas.

Humberto Lopes nasceu no Ceará e tornou-se militante do PCB no rastro da Aliança Nacional Libertadora. Apresentava-se como jornalista, redigia bem mas, na verdade, era um quadro "profissional" vivendo dos parcos recursos que o Partido lhe proporcionava para se dedicar de corpo e alma às tarefas políticas. Lamentavelmente, o "ouro" de Moscou mal dava para que a família deixasse de passar necessidades.

Tornando-se secretário político do Partido no Pará, conseguiu estabelecer uma série de alianças importantes nos círculos políticos da terra. O general Moura Carvalho, Aurélio do Carmo – eleito governador em 62, o líder socialista Cléo Bernardo e o deputado federal Armando Carneiro, eram figuras de proa no esquema articulado com as forças progressistas, onde, igualmente, os deputados federais Clóvis Ferro Costa e Silvio Braga mereciam respeito.

Esse extraordinário companheiro e patriota foi mandado, em 64, preso para a ilha de Cotijuba, depois de humilhado publicamente por militares golpistas. Ao ser libertado, conseguiu escapar para o sul, sendo condenado à revelia. Não cumpriu a pena. Morreu na clandestinidade saudoso do Pará e angustiado com a situação do Partido, desestruturado pelo golpe.*

Resumo extraído de:
Oliveira, Alfredo, *1935 – A Partir da Ilha. Belém: Cultural CEJUP, 1991.*

Sobre os "Doze Anos" de luta

"A função da imprensa é extraordinária quando cumpre os seus deveres, quando defende os interesses públicos e quando está ao lado das causas do povo".

Barbosa Lima Sobrinho

Ao lado da imprensa oficial do Partido Comunista Brasileiro, importantes jornais circularam pelo País defendendo os ideais comunistas. A clandestinidade sempre foi um entrave à elaboração, produção jornalística e gráfica e à distribuição. Os anos de chumbo vividos no Brasil pós-64 vieram acrescentar novo ingrediente a esse quadro complicado vivido pelas forças de esquerda: a preservação do acervo impresso. Portanto, foi com compreensível dificuldade que conseguimos resgatar parte da memória escrita nas lutas políticas do PCB, as páginas de resistência do jornal "Tribuna do Pará", relativas ao período de 03 de julho de 1954 a 31 de agosto de 1958.

A vida da Tribuna foi mais longa e sua primeira edição circulou no dia 11 de outubro de 1946. Conseguiu resistir por doze anos, sujeita a toda a sorte de arbitrariedades, e somente encerrou sua circulação por dificuldades financeiras, como a maioria dos jornais do Partidão.

O objetivo principal dessa pesquisa, portanto, é o de resgatar a luta travada pelas páginas de um jornal comunista, oferecendo aos pesquisadores material para o conhecimento da verdade histórica, que desmistifica os perigos da suposta "república sindicalista", usados pelos golpistas de 64 para impor a força das armas, estabelecendo no País um período de vinte anos de governo ditatorial, de obscurantismo, de repressão e de interrupção do processo democrático.

Esta pesquisa abrange 91 edições da Tribuna do Pará, com 431 páginas, 175 títulos. Ao todo, 173 páginas que estão publicadas neste trabalho que confirma a afirmativa do jornalista e professor da PUC-SP, Marcos Cipra, de que "a imprensa, mesmo que sem compromisso com a história, registra os fatos que passam a fazer parte da história".

Esses fatos, aqui levantados quase meio século depois de ocorridos, demonstram que as questões políticas defendidas ou denunciadas nas páginas de "Tribuna do Pará" merecem uma avaliação crítica, já que permanecem atuais. Problemas levantados, discutidos e denunciados ainda hoje perturbam a sociedade brasileira, como a reforma agrária, os conflitos e assassinatos no campo, defesa da Amazônia, salários dignos, mais empregos, imperialismo na sua nova face da globalização, eleições de candidatos patriotas e democratas, paz mundial, guerras etc.

A idéia de oferecer material de pesquisa para que esse paralelo fosse traçado foi acalentada durante anos, mas as dificuldades eram muito grandes. "Na clandestinidade, uma das regras é não guardar documentos, que a polícia transformaria em provas", lembra o médico, escritor e compositor, Alfredo Oliveira em seu livro "A partir da Ilha". Essa realidade todos nós vivemos de perto, principalmente durante os 20 anos de ditadura militar, quando ocorreu a mais violenta inquisição contra a cultura e a democracia no Brasil, com a queima de tudo que fosse considerado "subversivo" pelos inquisidores de plantão.

Na busca do material que proporcionasse o resgate da memória documental das propostas políticas do PCB em seus 80 anos de vida, consultamos dezenas de companheiros para encontrar algum que houvesse quebrado as regras da clandestinidade e dispusesse de edições ou coleção do jornal.

Com o apoio decisivo do saudoso companheiro José Brás de Souza Filho, expedicionário da gloriosa FEB - Força Expedicionária Brasileira, obtivemos da Biblioteca Estadual do Pará a informação: jornais do Pará existentes nas seções de obras raras (S O R) e periódicos (S P R) da Biblioteca Nacional - Tribuna do Pará_ Belém - julho/1954 - agosto/1958 (ainda não inventariado). Assim, microfilme desse acervo foi adquirido e, com apoio de colegas profissionais da imprensa simpáticos à idéia do projeto, foi possível gravar o microfilme em CD-ROM.

Nosso sonho começou a se tornar realidade. O livro **Partidão**, de Moisés Vinhas, havia publicado a relação dos jornais e revistas da "imprensa comunista até o golpe de 1964". Essa lista foi atualizada com informações da Fundação Biblioteca Nacional - Divisão de Informação Documental - do Ministério da Cultura e pelo livro Jornalistas: 1937 a 1997 de José Hamilton Ribeiro.

Constam 75 publicações, inclusive, "órgãos que, sem serem do partido, seguiam no geral sua orientação ou contavam com forte influência de comunistas entre editores". Até 1964, circulavam os jornais: "A Classe Operária", "Terra Livre", "Novos Rumos" e as revistas: "Estudos Sociais" e "Problemas da Paz e do Socialismo". Nos anos de legalidade (1945/1947), surgiram 25 jornais e revistas, entre esses a "Tribuna do Pará".

Nos anos anteriores a 1945, existiram 17 publicações e a mais antiga "O Movimento Comunista-RJ" fundado em 1922, tinha como responsável Astrogildo Pereira, "revolucionário cordial", título do livro de Martin Cézar Feijó.

Esta edição tem ainda um outro objetivo, de cunho sentimental. Pretendíamos prestar uma homenagem a todos que batalharam pela publicação da Tribuna do Pará e pela causa popular. Infelizmente, restaram poucos de nós, razão pela qual estendemos essa homenagem aos familiares desses queridos militantes. E que todos se orgulhem desse grupo lutador, idealista e honesto, um exemplo de retidão a ser seguido num País que mergulhou no mar de lama da corrupção, do tráfico de drogas e da violência. Enquanto houver chama da luta pela dignidade do homem, haverá esperança.

SOBRE OS "DOZE ANOS" DE LUTA

12 anos de existência

Naquele dia o sol despontou mais claro o vento corria pelas ruas afora levando para o alto uma densa nuvem de poeira. Desde cedo se ouvia o som cantante do malho na bigorna. O povo movimentava-se mais alegre: pés calçados e pés descalços formavam a grande massa humana. Era outubro. Um outubro como tantos outros risonhos nas miragens das lutas. Algo de novo estava para acontecer naquele dia 11. E eis que surge por todos os recantos da cidade homens de mãos calejadas e homens temperados nas lutas, trazendo para todos um novo jornal, um jornal que nasceu da necessidade e da vontade independente das massas populares.

Isso aconteceu, há 12 anos.

Começou-se com Cr$ 50.000,00 arrecadados através de uma coleta popular que marcou um passo glorioso na vontade livre de nosso povo, por ter um seu porta-voz independente. Dessa coleta, comprou-se um prelo e um material tipográfico indispensável a saída do jornal.

Durante esses doze anos de existência tem sido TRIBUNA DO PARÁ, alvo das mais pesadas perseguições: empastelamentos, edições apreendidas, prisões do seu pessoas e outras dificuldades mais. Porém, nada até hoje impediu a frente os seus objetivos: defesa dos trabalhadores e do povo é o seu lema! Isso só tem sido possível porque nunca em seu caminho, faltou o apoio das massas populares e mesmo, a ajuda amiga daqueles que vêem em "Tribuna" o farol que guia o povo paraense pelo caminho da PAZ e da Independência Nacional.

"Tribuna", no norte, é o jornal que desde sua fundação vem através de campanhas memoráveis, lutando pelas liberdades democráticas, em defesa das riquezas nacionais, como, petróleo, manganês, areias monasitícas, ferro, borracha e outros mais do saque nefando do imperialismo norte-americano. Nas lutas por melhores níveis de salários para os trabalhadores, na melhor condição de vida para os operários, nas reivindicações pela posse da terra a todos que dela vive, na extensão da legislação social aos homens do campo, contra a carestia de vida encontra-se "TRIBUNA DO PARÁ" sempre firme sem vacilar em defesa de tudo e de todos.

Nesses 12 anos de luta, suas máquinas além dos atentados sofreram enorme desgaste, seu material tipográfico está velho. Eis porque novamente, lança-se uma campanha de Ajuda, para se obter o dinheiro suficiente ao requipamento de suas oficinas.

Para alcançar isso precisa-se de Cr$ 250.000,00 o que se espera conseguir através de uma nova coleta popular, com mais amplitude, porque todos já a conhece.

Esta "Tribuna" que não tem dono, porque é do operário, do estudante, do comerciário, do comerciante, do industrial e do industriário, tua, minha e do povo, hoje vem solicitar tua ajuda; e para isso fará no dia 15 um ato público festivo pela nova campanha.

Ontem foi a ajuda abnegada de todos os paraenses que a fez nascer, hoje é uma nova ajuda que a fará viver continuando a sua rotina de luta em benefício de todos sem distinção de classe, de qualidade; defendendo sempre aqueles que se julgam prejudicados, e levando adiante seu programa de defesa da soberania nacional, das liberdades democráticas, pela paz.

É essa tua "Tribuna" que espera contar com tua ajuda, porque defende uma idéia e luta por um ideal Ajudar a TRIBUNA DO PARÁ é um dever de bom paraense.

A COMISSÃO

Transcrito da edição nº 352, de 10 de agosto de 1958.

"Tribuna do Pará" retorna às mãos do povo

Tribuna do Pará retorna hoje à circulação após alguns meses de silêncio imposto por dificuldades técnicas, superadas somente graças ao apoio e a ajuda efetiva dos trabalhadores e do povo.

Ao levar novamente às mãos do povo o seu jornal, fazemo-lo com a convicção fortalecida de que mais do que nunca necessita a nossa terra de uma imprensa realmente popular e independente que levante a bandeira das lutas patrióticas e democráticas no Pará e na Amazônia, cuja defesa é no momento um imperativo que nos impõe a emancipação e nossa Pátria.

Somente a mais ampla e cada vez mais forte ajuda popular, no entanto, será possível ao povo Ter um jornal à altura das suas tradições políticas, à altura de instrumento esclarecedor e combativo da poderosa frente única de todos os brasileiros que querem bem servir o povo e a emancipação nacional.

Com essa esperança e animados pela alegria do reaparecimento de "Tribuna do Pará", reiniciamos uma nova e significativa etapa que é a de forjarmos, no meio dos trabalhadores e do povo ao calor de suas lutas, uma imprensa popular e democrática à altura das grandiosas tarefas da defesa da soberania nacional e da paz e da conquista de dias mais felizes para todo o nosso povo.

Transcrito da edição nº 1 de 04/06/1955

Diretores

Henrique Felipe Santiago - 1946/1949/1957/1958, Deputado Estadual/PSP

Imbiriba da Rocha - 1950/1956, Deputado Estadual/PTB

Francisco Ribeiro do Nascimento - 31/05 a 31/08/1958, Jornalista

Wilson da Mota Silveira - (Secretário) Médico

Guilherme Cruz - Gerente da Gráfica Belém

Redatores e colaboradores *(in memorian)* 1946/1958

Ritacinio Pereira - médico
Diogo Costa - jornalista
Dalcidio Jurandir - escritor
Jaime Amorim de Miranda - *jornalista*
Guilherme Cruz - comerciante
Humberto Lopes - jornalista
Henrique Felipe Santiago - sapateiro
Wilson da Mota Silveira - médico
Carlos Marighella - *dirigente político*
Roberto Morena - *líder sindical*
João Luis de Araújo - engenheiro
Newton Soares - alfaiate
Gilberto Vasconcelos - engenheiro
Dewet Costa Ferreira - dirigente sindical
B. Sá - professor
Raimundo Pontes de Oliveira - funcionário público
Levy Hall de Moura - juiz de direito
Djalma Hartery - telegrafista
Serrão de Castro - advogado
Carlos Lima - advogado
Raimundo Manito - estivador

Antonia Cordeiro - operária
Argemiro Nascimento - transviário
Otaviano Santos - marítimo
Santílo Figueredo - motorista
Raimundo Gomes - pedreiro
Antonio Santos - gráfico
Itala Bezerra da Silveira - professora universitária
Pedro Pomar - *jornalista*
Pedro Mota Lima - *jornalista*
Moíses Aquino - alfaiate
Geraldo Palmeira - jornalista
João Adolfo da Costa Pinto - jornalista
João Amazonas de Souza Pedroso - jornalista

Nossas homenagens aos demais colaboradores, especialmente aos gráficos da Gráfica Belém, onde era impresso "Tribuna do Pará".

Nota: os nomes impressos em itálico são de companheiros torturados e mortos pela repressão de 64.

Pesquisa
"Tribuna do Pará"

Semanário - tablóide

Dia	Mês	Edição	Pág.	Capítulo (1954)
03	Jul	163	1°	- 1. Prestes conclama o povo à luta pelas liberdades.
			3°	- 2. Agredida pelo Imperialismo Ianque à Guatemala.
10	Jul	164	3°	- 3. Novo golpe de Vargas e sua Justiça, contra a concessão do novo Salário Mínimo.
31	Jul	167	2°	- 4. Protestou o povo contra a política do governo exigindo o congelamento.
			4°	- 5. Solto Jaime Miranda.
14	Ago	169	1°	- 6. Manifesta-se a Assembléia Legislativa: Contra qualquer golpe de Estado.
21	Ago	170	1°	- 7. Prepara-se em São Paulo: Gigantesco protesto contra a carestia.
			3ª	- 8. Manifesto Eleitoral do Partido Comunista do Brasil.
28	Ago	171	1°	- 9. Prestes desmascara os golpistas.
			4°	-10. União de todos para defender a Constituição.
01	Set	172	1°	-11. Unidos os trabalhadores lutam contra o golpe.
				-12. Mãos Tintas de sangue: Assim inicia Café Filho seu Governo.
				-13. Carta de Vargas denúncia o domínio e a espoliação do país pelos trustes Americanos.
04	Set	173	1°	-14. Avançam os Ianques sobre a Amazônia.
			4°	-15. Por eleições livres a 3 de Outubro.
16	Out	182	3°	-16. Tráfico de escravos no Brasil.
			4°	-17. Vargas morreu porque Washington decidiu que devia sair.
23	Out	183	1°	-18. Ameaçado o Petróleo Brasileiro.
			3°	-19. Distribuição de terras aos que não a possuem.
			4°	-20. Voltam os Trustes, Ianques, apoiados pelo Governo de Washington, a conspirar contra a Amazônia.

Dia	Mês	Edição	Pág.	Capítulo (1955)
04	Jun	01	1°	- 1. Prestes defende: uma candidatura popular a Presidência da República.
			1°	- 2. "TRIBUNA DO PARÁ": Retorna às mãos do povo.
			2°	- 3. Carta de defesa da Amazônia.
18	Jun	02	1°	- 4. Preso quando vendia "Tribuna".
			4°	- 5. Lançado o Programa do "Movimento Nacional Popular Trabalhista".
25	Jun	186	3°	- 6. Editorial-Por um candidato em função de um programa
			4°	- 7. Manifesto da Seção Paraense do M.N.P.T.
01	Jul	187	1°	- 8. O corvo Lacerda.
			4°	- 9. O plano de Saneamento de Belém.
09	Jul	188	1°	-10. Moinhos Americanos favorecem a alta do trigo.
			4°	-11. Mesa Redonda Nacional do M.N.P.T.
16	Jul	189	1°	-12. Suprema audácia de Mr. Colman: Intervém nos atos do governo Assunção.
			3°	-13. Editorial: Cresce o ódio popular contra tentativas de golpe.
23	Jul	190	1°	-14. Prestes fala à Nação.
			4°	-15. Os 46 pontos do Programa do PCB.
30	Jul	191	1°	-16. Pretendem os fascistas a 5 de Agosto: Desferir um golpe mortal à Constituição. (texto na 2° pág).
13	Agt	193	1°	-17. Contra o golpe baixo do "IMPEACHMENT".
			4°	-18. Juscelino e Jango candidatos do M.N.P.T.
20	Agt	194	1°	-19. Missionários estrangeiros invadem a região do MAPUERA-Oriximiná.
			4°	-20. O M.N.P.T. no Pará desperta as massas contra o golpe e para a vitória de seus candidatos.

PESQUISA

Dia	Mês	Edição	Pág.	Capítulo
27	Agt	195	1°	-21. Contrários ao golpe os Presidentes da Assembléia e da Câmara Municipal.
			6°	-22. Resolução do PC do B.
			8°	-23. Enérgico e corajoso pronunciamento da U.A.P. contra o golpe.
03	Set	196	1°	-24. Jango conclama o povo à luta contra os golpistas.
			4°	-25. Para eleger Juscelino-Jango-Epílogo.
11	Set	197	1°	-26. A Espionagem Americana em ação na Amazônia.
			3°	-27. O desenvolvimento da luta pela Paz e o dever dos comunistas (informe de Carlos Marighella (conclusão pág. 4ª e 5ª).
			6°	-28. Carta da Guatemala.
18	Set	198	1°	-29. Epílogo de Campos, mobiliza em torno de sua candidatura.
			3°	-30. Entrevista de Luiz Carlos Prestes.
22	Set	199	1°	-31. O Comitê Regional da Amazônia do PCdoB: Dirige-se aos Trabalhadores e ao povo.
			2°	-32. Magalhães Barata, disputou o apoio do Partido Comunista à sua candidatura.
			3°	-33. A luta pelas liberdades - Dalcidio Jurandir.
25	Set	200	1°	-34. Uma proposta sensata: "Marcha da Liberdade" em vez de "Marcha da Chinela".
			6°	-35. Ressurge o PTN: Ganhando as ruas mobiliza o povo para eleger Juscelino-Jango-Epílogo.
02	Out	202	1°	-36. Apoteótico o encerramento da campanha pró-Epílogo.
			6°	-37. Derrotemos as forças do golpe (ass. João Amazonas).
15	Out	204	1°	-38. Esmagar o golpe e empossar os eleitos.
22	Out	205	1°	-39. Vitoriosa a greve dos tecelões.
			4°	-40. Barata é que traiu Juscelino-Jango.
29	Out	206	1°	-41. Referência, em Paris, a uma denúncia deste jornal.
			3°	-42. Tempo dos Comunistas (ass. Dalcidio Jurandir).
05	Nov	207	1°	-43. Rumo às suplementares para a vitória de Epílogo.
			4°	-44. Nova missão "científica" lanque percorrerá o Rio Amazonas.
12	Nov	208	1°	-45. Saudemos o 38° aniversário da Revolução Socialista de Outubro.
			2°	-46. Tornemos vitoriosa a campanha pela Reforma Agrária.
			4°	-47. A URSS foi e será sempre o baluarte da Paz no mundo.
20	Nov	209	6°	-48. Pela unidade das forças anti-golpistas do Estado.
27	Nov	210	1°	-49. Proclamação de Luiz Carlos Prestes.
			4°	-50. A bancarrota da UDN (Ass. Carlos Marighella).
04	Dez	211	4°	-51. Anti-comunismo divisionista, arma predileta dos inimigos do povo e traidores da Pátria.
11	Dez	212	1°	-52. O povo exige a convocação extraordinária da Assembléia.
			4°	-53. Dezembro, mês de abono de Natal (ass. Roberto Morena).
17	Dez	213	4°	-54. Onda entreguista contra Nova Olinda.
31	Dez	215	1°	-55. Milhões de brasileiros festejam o Aniversário de L.C.Prestes.
			5°	-56. Um novo mais próspero aos nossos anunciantes.
			6°	-57. Epílogo mantém a liderança.

Dia	Mês	Edição	Pág.	Capítulo (1956)
07	Jan	216	1°	-1. Demissão em massa no SESP.
22	Jan	218	1°	-2. Elementos reacionários da coligação preparam um golpe terrorista.
			4°	-3. Lutaremos contra qualquer ato de força atentatório é normalidade constitucional.
29	Jan	219	1°	-4. Manifestações de despedidas ao governador Assunção.
			3°	-5. Para receber Juscelino o povo ganhou a praça com suas faixas.
05	Fev	220	1°	-6. Tribuna do Pará e seus jornalistas ameaçados de assalto.
			4°	-7. O povo esteve nas ruas homenageando o Gal. Assunção.
19	Fev	222	1°	-8. Vitóriosa excursão de Epílogo de Campos à Zona Bragantina.
			7°	-9. A situação atual, a tática e as tarefas do Partido Comunista
			4°	-10. Galvaniza toda a nação o XX Congresso do P.C.U.S.
26	Fev	223	1°	-11. Derrocada do plano sedioso dos oficiais da Aeronáutica.
			2°	-12. Tem caráter reacionário o movimento pela reforma da Constituição.
			3°	-13. Entrevista de Prestes sobre os acontecimentos: A posição dos comunistas frente ao governo do Sr. Juscelino.

PESQUISA

Dia	Mês	Edição	Pág.	Capítulo (1957)
20	Jan	272	1°	-1. Lançado as candidaturas Cléo Bernardo - Geraldo Palmeira.
			2°	-2. Continua impune o assassinato do líder campônes José Maria Otero.
			4°	-3. JK sobre Fernando de Noronha "Não vamos ceder pedaços do Brasil à ninguém".
27	Jan	273	3°	-4. Levará a C.N.T.I. ao governo o pensamento dos trabalhadores.
			4°	-5. Contra a entrega de Val-de-Cans aos americanos.
31	Mar	281	1°	-6. Por um 1° de Maio de Unidade!
			5°	-7. Uma infâmia, a alegação do ataque à Imprensa Popular.
			6°	-8. JK fecha a Associação Brasileira de Defesa do Direito do Homem.
07	Abr	282	1°	-9. Greve dos portuários de Manaus.
			3°	-10. As Massas, o indivíduo e a História (João Amazonas).
			4°	-11. Venceram os lavradores da localidade Cajueiro.
12	Mai	287	1°	-12. Contra cessão de Fernando de Noronha.
			4°	-13. Vitoriosa a 1ª Conferência Mun. dos lavradores de Inhangapi.
19	Mai	288	1°	-14. Seja ouvido o Congresso e anulado o ajuste.
			3°	-15. Nova e séria ameaça à imprensa livre.
			4°	-16. Erguem-se os protestos contra a intervenção no Sindicato dos Estivadores.
26	Mai	289	1°	-17. Fernando de Noronha: pela anulação do ajuste.
			4°	-18. Greve dos Estudantes com apoio de todo o povo.
02	Jun	290	1°	-19. Que o ajuste sobre F. Noronha seja submetido ao Congresso.
			3°	-20. Em face das declarações feitas por Agildo Ribeiro.
09	Jun	291	1°	-21. A visita do Sr. Craveiro Lopes significa uma afronta aos sentimentos democráticos de nosso povo.
			2°	-22. VII Congresso Nacional de Jornalistas.
			4°	-23. Termina a greve na Escola de Engenharia: Vitoriosos os Estudantes.
16	Jun	292	1°	-24. Planejam os Americanos experiências atômicas nas selvas do Amazonas.
			4°	-25. Onda de arbitrariedades no Sindicato dos Estivadores.
23	Jun	293	1°	-26. Condenemos o ajuste de Fernando de Noronha.
			3°	-27. Pela frente patriótica no Pará.
			4°	-28. Ameaçada a Petrobrás na Amazônia.
29	Agt	304	1°	-29. Com Lopo de Castro pelas liberdades.
07	Set	305	1°	-30. A Independência sob a bandeira da Emancipação Nacional.
			3°	-31. Editorial: O Direito do Voto aos Analfabetos.
17	Nov	315	1°	-32. Pela legalidade do PCB.
			4°	-33. Um portuário denuncia: Salário de fome abaixo do nível de salário mínimo
15	Dez	319	2°	-34. Notícias arábes
			3°	-35. Manifesto pela Paz
			4°	-36. O PSD culpa as parturientes pobres de Belém...
27	Dez	320	1°	-37. Pela liberdade de Prestes.
			4°	-38. Burlados em seus direitos os operários da Imperial.

Dia	Mês	Edição	Pág.	Capítulo (1958)
01	Jan	321	1°	-1. Pronuncia-se o Dep. Clóvis Ferro Costa: contra o cerceamento à liberdade de Prestes.
			4°	-2. Vitoriosa a Conferência de lavradores da Vigia.
12	Jan	322	10°	-3. Deputado Aureo Melo à Tribuna do Pará: "Não vejo nenhum crime cometido por Prestes".
			5°	-4. Paz para o mundo: Manifesto pela Paz.
			6°	-5. "Esquema da Origem e da Evolução da Sociedade Paraense" livro de Levi Hal de Moura.
19	Jan	323	1°	-6. Dep. Gabriel Hermes reafirma: pela liberdade de Prestes.
			5°	-7. A luta dos Sindicatos e as Leis Econômicas do Capitalismo.
			6°	-8. Favorável à Reforma Agrária.
26	Jan	324	1°	-9. Pela reabertura dos portos.
			4°	-10. 53.532 eleitores em todo o Estado.

PESQUISA

02	Fev	325	1°	-11. Em greve 10.000 marítimos.
			6°	-12. Pela equiparação do salário mínimo.
09	Fev	326	6°	-13. Eleições, hoje, na U.L.T.A.P.
17	Fev	327	1°	-14. Lançado o Manifesto da Frente Nacionalista Paraense.
			6°	-15. Protesto dos Marítímos contra a interferência dos S.N.A.P.P.
23	Fev	328	4°	-16. Comerciários: u'a marcha penosa.
02	Mar	329	1°	-17. Reatamento com a URSS, uma necessidade da nossa emancipação econômica.
			5°	-18. Cumpre-se o programa do ano geofico Internacional.
09	Mar	330	1°	-19. A Câmara aprovou o projeto que regulamenta o direito de greve.
			4°	-20. Pratica o Governo do Estado, crime à infância, fechando escolas.
16	Mar	331	1°	-21. Favorável o Dep. Gerson Peres ao reatamento de relações com a URSS.
			3°	-22. Acolhido em massa ao Manifesto da Frente Nacionalista.
23	Mar	332	1°	-23. Repercute a alegria do povo pela liberdade de Carlos Prestes.
			5°	-24. Planejam os Imperialistas nova partilha da Palestina.
			6°	-25. Salve 25 de Março.
30	Mar	333	1°	-26. Desen. Souza Moita fala à Tribuna sobre a intensificação do alistamento eleitoral.
			4°	-27. O rádio (Russo) a querosene vai ser fabricada no Recife.
06	Abr	334	1°	-28. Prestes na sabatina com a Imprensa, Rádio e TV. "Estou a serviço do povo"
			4°	-29. Depoimento de Prestes; ante o Juiz José Mojardim Filho.
20	Abr	336	1°	-30. Como força retrógrada o PSD paraense Pretende impedir o desenvolvimento da Região.
01	Mai	338	1°	-31. O 1° de maio de Unidade das forças do Trabalho.
			6°	-32. Irão à praça pública todos os sindicatos.
11	Mai	339	1°	-33. Atitude condenável da Câmara Municipal contraria aos interesses da Capital.
			6°	-34. Organizada a Frente Nacionalista Amazonense.
18	Mai	340	1°	-35. Lançado pela União Soviética o "SPUTNIK" III.
			4°	-36. Em São Tomé-Vigia os lavradores debatem seus problemas.
25	Mai	341	1°	-37. Querem liquidar com o S.E.S.P.
08	Jun	343	1°	-38. Apoio do povo paraense é legalidade Constitucional.
15	Jun	344	1°	-39. Fala Wilson Silveira sobre as próximas eleições.
22	Jun	345	1°	-40. É preciso levar adiante a iniciativa da realização do 1° Congresso de Previdência Social.
			4°	-41. Em vigia mais um Diretório do PTN.
20	Jul	349	1°	-42. Cléo Bernardo: Candidato a suplente de Assunção.
			4°	-43. O comércio de Bragança explora seus empregados.
10	Ago	352	1°	-44. 250 mil cruzeiros para Tribuna do Pará.
			3°	-45. Editorial: Foster Dulles-ameaça à Petrobrás e a Democracia.
17	Ago	353	1°	-46. João Goulart - "Só a união dos trabalhadores em torno dos seus sindicatos poderá lhes garantir vitórias.
			3°	-47. JK quer alugar o Brasil e vender a Petrobrás.
			4°	-48. Brutalmente exploradas as operárias.

PESQUISA

Na Secretaria de Saúde o Dr. Wilson da Mota Silveira

Em decreto baixado a 21 do corrente, o Governador Catete Pinheiro designou para dirigir a Secretaria de Saúde Pública do Estado, o Dr. Wilson da Mota Silveira que já vinha respondendo pelo expediente da mesma, desde o mês de janeiro, na ausência do Dr. Hermínio Pessoa, que viajou em missão do governo para o Rio de Janeiro.

O Dr. Wilson da Silveira é um dos mais conhecidos e conceituados sanitaristas da região amazônica, cujos os problemas sanitários conhece a fundo, pois a percorreu durante mais de dez anos, quando médico do Serviço Especial de Saúde Pública. Ingressando depois na Saúde do Estado, foi sucessivamente chefe do Serviço de Polícia Sanitária do Centro de Saúde nº 2, Diretor do mesmo, Chefe da Divisão Técnica na Secretaria de Saúde, Secretário de Saúde Interino e, finalmente efetivo.

Ao novo titular da repartição sanitária estadual, que gentilmente nos comunicou a sua posse, desejamos uma proveitosa gestão no sentido de atender as mais prementes e imediatas necessidades do povo paraense em matéria de saúde pública.

Transcrito do jornal "Tribuna do Pará", *edição nº 223 de 26/02/56, pág. 2*

Solto Jaime Miranda

Devido a solidariedade do povo e dos jornalistas a sua libertação

Macéio (Do correspondente) - Foi libertado o jornalista Jaime Miranda, diretor do diário "Voz do Povo" que esteve encarcerado durante mais de um ano, condenado pela lei de segurança num processo farsa forjado pelos esbirros policiais do governador Arnon de Melo.

Jaime Miranda, ao sair da Casa de Detenção, foi festivamente recebido por um grande número de democratas, amigos e pessoas de sua família. A libertação de Jaime Miranda é fruto da solidariedade popular, particularmente dos profissionais da imprensa que, através da Federação Nacional dos Jornalistas, dos Sindicatos da corporação e ABI, realizaram diversos protestos junto ao Ministério da Justiça e ao governador de Alagoas, exigindo que cessasse a prisão daquele patriota.

Transcrito do jornal "Tribuna do Pará" - *edição 167 de 31/9/54*

Memória

João Adolfo da Costa Pinto

Jornalista desde 1949, João Adolfo da Costa Pinto, o Costa, morreu no dia 17 de maio. Nascido em 26/10/1923 em Belém do Pará. Foi colaborador do jornal Tribuna do Pará. Trabalhou em jornais como O Tempo e Última Hora e dirigiu o jornalismo da Rádio Marconi. Foi também diretor da ABI de São Paulo, membro do Fórum Sindical de Debate e um dos fundadores da ALN - Aliança de Libertação Nacional, organização que enfrentou com armas a ditadura militar. Foi preso em 1969 e barbaramente torturado. Sua morte resultou do agravamento das seqüelas e dos traumas sofridos nas torturas.

Ativista incansável, Costa Pinto lutava pela unidade do movimento sindical. Nacionalista convicto, batalhava para que se tivesse no Brasil, no mínimo, um projeto de desenvolvimento econômico auto-sustentado e de plena justiça social. Sua conduta era caracterizada pela cobrança constante de um compromisso com o povo, com a pátria e com a ética. Quando se esgotaram as possibilidades de continuar lutando pela democracia e o socialismo, optou pela via armada da revolução brasileira, juntamente com Carlos Marighella, Câmara Ferreira, Mário Alves e tantos outros heróis e mártires da nossa história.

Em 1969, numa seqüência de prisões de quadros da organização, Costa foi preso e levado para o DOI-Codi. Sua saúde não era perfeita. Tinha um divertículo no intestino. Apesar disso, para que as sessões de choque elétrico tivessem mais eficácia, os algozes lhe davam água com sal para beber. Considerado um peixe grande, utilizaram com ele todas as técnicas de que dispunham para fazer um preso falar.

Costa caiu em depressão profunda. Não fizeram caso. Em 1970, depois de passar pelo Dops, foi levado para o Presídio Tiradentes. Preocupados com sua saúde, os demais presos políticos pressionaram para que ele recebesse atendimento médico. Levaram-no então para o Hospital Militar do Cambuci. Ficou numa cela, sozinho, com vigia armado na porta e nenhuma atenção médica.

De volta ao Tiradentes, novamente os presos pressionaram para que ele recebesse tratamento. Levaram-no para o Hospital Militar do bairro da Luz. Repete-se a cena anterior. Vigia armado na porta da cela e nenhuma assistência médica, até que o devolvem ao Tiradentes. Sua saúde se agravou. Mandaram-no então para o Juqueri - o manicômio judiciário de Franco da Rocha. Se pode existir algo pior do que o inferno é o que era o Juqueri – um depósito da degradação humana. Ele lá, preso político, intelectual marxista, jogado e tratado como nenhum animal. Sua saúde se agravando cada vez mais. Definhou, ficou pele e osso. Após luta incansável de seus familiares, um Juiz da Auditoria Militar o colocou em liberdade. Foi pra casa com 38 quilos.

Além do estado físico deplorável, estava em depressão profunda. O tratamento da moda para a depressão era a eletroconvulsoterapia: o choque elétrico, a recordação das masmorras do Doi-Codi.

Tratamento intensivo, carinho da família e vontade de viver o recuperaram. Em 1975, quando julgou que já estava bom para enfrentar o mundo, caiu outra vez em depressão profunda. Só conseguiu sair à luz do sol em 1978. Estigmatizado, não conseguia trabalho, apenas um que outro bico. Sua companheira, Eleonora, brigou todos os minutos para vê-lo em liberdade, cuidou dele e foi a provedora da casa.

Em 1980, Costa estava numa fase boa. Junto com companheiros que haviam pertencido a ALN refundamos o Fórum Sindical de Debates. O objetivo era agrupar velhos quadros com as novas gerações para que estas pudessem aproveitar um pouco da experiência daqueles. Lutou arduamente para manter a unidade do movimento sindical, finalmente fracionada no Congresso da Classe Trabalhadora (Conclat), na Praia Grande, cidade do litoral paulista. No Fórum se debatiam os temas de atualidade e se emitiam documentos interpretando a conjuntura nacional. Trabalhava-se intensamente e se chegou a preparar um projeto de Constituição enviado como contribuição ao debate que se travava no Congresso Constituinte que elaborou a Constituição de 1988.

Costa caiu novamente em depressão profunda. Ia visitá-lo, saía emocionalmente dilacerado por vê-lo em posição fetal. Conseguiu sair também desta e em 1985 voltou à vida ativa. Foi eleito presidente da ABI de São Paulo. Trabalhou intensamente mais cinco anos. Em 1990 entrou outra vez em depressão profunda. Quando saiu já não voltou mais à normalidade. Assim o encontrou a morte.

Paulo Cannabrava Filho

A morte de João Amazonas

O presidente do Partido Comunista do Brasil (PC do B), João Amazonas de Souza Pedroso morreu no dia 27 de maio. Nascido em 1º de janeiro de 1912 em Belém (PA), o jornalista João Amazonas ingressou no PC do B em 1935 e colaborou no jornal Tribuna do Pará. Foi deputado constituinte em 1946 pelo Rio de Janeiro, dirigente estadual do Partido do Pará, Minas Gerais e Rio Grande do Sul; membro do Comitê Central e do seu secretariado, desde a Conferência da Mantiqueira em 1943.

Atuou nas áreas sindical, de organização e propaganda partidárias. Dirigiu o Movimento Unificador dos Trabalhadores - MUT em meados da década de 40; foi um dos dirigentes da reorganização do Partido em 1962 e da preparação da resistência guerrilheira do Araguaia entre 1968 e 1972.

Exilado entre 1976 e 1979, integrou o Secretariado Nacional e a Comissão Política do Comitê Central do PC do B. Foi presidente nacional do Partido desde a sua reorganização em 1962. Em dezembro de 2001, por ocasião do 10º Congresso do Partido, passou a ser Presidente de Honra do Partido Comunista do Brasil.

Transcrito do jornal dos jornalistas UNIDADE, edição junho/2002 - nº. 243.

MEMÓRIA
Nossos Mártires

Extraído do livro "Dossiê dos Mortos e Desaparecidos Políticos a partir de 1964", que conta também a história de 22 mártires da imprensa.

JOAQUIM CÂMARA FERREIRA
Jornalista a vida toda, tendo sido diretor de redação de Notícias de Hoje. Vitimado sob tortura em São Paulo, em 1970.

RUY OSVALDO A. PFITZENREUTER
Patrono da primeira turma de jornalismo da Universidade Federal de Santa Catarina. Torturado e morto no DOI-CODI

LUÍS EDUARDO R. MERLINO
Repórter da Folha e do Jornal da Tarde. Torturado na Oban (rua Tutóia), foi jogado pela polícia diante de um carro em movimento, simulando acidente, em 1971.

LUÍS GUILHARDINI
Tinha sido ferreiro e operário naval, antes de ser jornalista. Morto após tortura, no DOI-CODI, Rio, 1973.

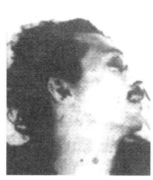

ANTÔNIO BENETAZZO
Estudante da FAU-USP, redator de Imprensa Popular, órgão do Movimento de Libertação Popular. Morto no DOI-CODI, São Paulo, 1972.

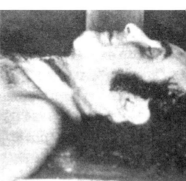

VLADIMIR HERZOG
Era chefe de jornalismo da TV Cultura quando se apresentou ao DOI-CODI. Morto no quartel, São Paulo, 1975.

Memória

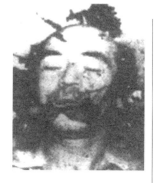

Pedro Pomar
Redator e diretor de Tribuna Popular e Notícias de Hoje, em São Paulo. Fuzilado em 1975, na tristemente famosa Chacina da Lapa.

Djalma Maranhão
Jornalista e político, foi prefeito de Natal. Morreu no exílio, no Uruguai.

José Roberto Spigner
Formado em Jornalismo e Economia na Universidade Federal do Rio de Janeiro. Morto em tiroteio com a polícia, em 1970.

Vânio José de Matos
Preso pela Oban em fins de 1970. Banido para o Chile, foi preso durante o golpe que derrubou Salvador Allende, em 1973. Morreu no Estádio Nacional de Santiago.

Desaparecidos:

David Capistrano da Costa
Dirigiu A Hora e a Folha do Povo, em Recife. Preso pelo Dops de São Paulo, está desaparecido desde 1974.

Edmur Péricles Camargo
Jornalista. Banido do país em 1971, está desaparecido desde 74, quando tentou voltar.

Gilberto Olímpio Maria
Trabalhou em Classe Operária até 1964. Desaparecido em 1973, no Araguaia.

Hiram de Lima Ferreira
Redator da Folha do Povo de Recife. Preso em 1975, está desaparecido até hoje.

Ieda Santos Delgado
Trabalhou na Tribuna da Imprensa, no Rio. Presa em 1974, em São Paulo, nunca mais houve notícia dela.

Maurício Grabois
Diretor de A Classe Operária. Desaparecido desde 1973, na guerrilha do Araguaia.

Sidney Fix (Marques dos Santos)
Editor de Frente Operária. Exilado na Argentina, foi preso lá, em 1976. Desde então desaparecido.

Jayme Amorim de Miranda
Redator da Voz do Povo, de Maceió. Preso ao sair de casa, em 1975, no Rio, nunca mais houve notícias dele.

Luis Inácio Maranhão Filho
Jornalista do PCB. Preso numa praça em São Paulo, em 1974, nunca mais foi visto.

Mário Álves (de Souza Vieira)
Diretor de Novos Rumos e Voz Operária. Preso e morto sob tortura no DOI-CODI, Rio, mas seu corpo nunca apareceu.

Orlando (da S.R.) Bonfim Jr.
Redator do Estado de Minas e Novos Rumos. Preso no Rio em 1975, nunca mais apareceu.

Tomaz Antonio (S. Meireles Nt.)
Jornalista do PCB, amigo do ator Carlos Verezza, em cuja casa se escondia. Preso em 1974 pelo Dops nunca mais se soube dele.

A imprensa comunista até o Golpe Militar de 64
Anos de legalidade

Órgão	Cidade e Estado	Circulação	Responsáveis	Disp. na Biblioteca Nacional
A Classe Operária	Rio de Janeiro, RJ	1946-1947	Maurício Grabois	Não
Divulgação Marxista	Rio de Janeiro, RJ	1946	Calvino Filho e S. O. Hersen	Não
Estado de Goiás	Goiânia, GO	1946-1947	A. Isaac Neto e A. Xavier de Almeida	Não
Folha Capixaba	Vitória, ES	1945-1947	–	mai a dez 1945
Problemas	Rio de Janeiro,RJ	1947	Carlos Marighella, Diogenes Arruda Câmara	Possui 1947.
Folha do Povo	Recife, PE	1945-1947	Hiran de L.ima Ferreira e David Capistrano Da Costa	Não
Folha Popular	Natal, RN	1946-1947	Luis Maranhão	Não
Hoje	São Paulo, SP	1945-1947	Milton Cayres de Brito	Não
Jornal do Povo	João Pessoa, PB	1945-1947	João Santa Cruz de Oliveira	Não
Jornal do Povo	Aracajú, SE	1946-1947	–	Não
Jornal do Povo	Belo Horizonte	1947	Orlando Bonfim	mai 1947, em microfilme
A Luta	Manaus, AM	1946/1947	Francisco Alves dos Santos	Não
O Momento: D. Povo	Salvador, BA	1945-1947	Almir Matos, J. Quintino de Carvalho, Ariovaldo Matos, Aristeu Nogueira	Não
Movimento Feminino	Rio de Janeiro-RJ	1947	Arcelina Mochel, Ana Montenegro	1947, em microfilme
Seiva	Salvador, BA	1947	–	Não
Tribuna do Povo	São Luís, MA	1946-1947	–	Não
Tribuna do Pará	Belém, Pará	1946-1947	Henrique Felipe Santiago	Não
Tribuna do Povo	Uberlândia, MG	1946-1947	–	Não
Tribuna do Sul	Ilhéus, BA	1946-1947	Nelson Schaun e Umberto Vila	Não
Tribuna Gaúcha	Porto Alegre, RS	1945-1947	–	Não
Tribuna Popular	Rio de Janeiro, RJ	1945-1947	Pedro Motta Lima e Aydano do Couto Ferraz	1945 a 1947 em microfilme
Voz do Povo	Maceió, AL	1945-1947	André Papini	Não possui este título
Democrata	Fortaleza, CE	1945-1947	Annibal Bonavides, Odalves Lima, Luiz Batista, Fernando Ferreira	Não possui este título
Revista do Povo	Rio de Janeiro, RJ	1945-1946	Alvaro Moreira, Froes da Mota, Emmo Duarte	Possui o mês de abril de 46
Ex-Combatente	Rio de Janeiro, RJ	1946	–	Não possui este título

Órgão	Cidade e Estado	Circulação	Responsáveis	Disp. na Biblioteca Nacional
Voz do Trabalhador	Porto Alegre, RS	1945	–	Não
Diretrizes	Rio de Janeiro, RJ	1945-1946	Samuel Wainer	de 1945-1946
Imprensa Popular	São Paulo, SP	–	Antonio Benetazzo	Não consultado
Tribuna da Imprensa	Rio de Janeiro, RJ	–	Ieda Santos Delgado	Não consultado
Frente Operária	–	–	Sidney Fix (Marques dos Santos)	Não consultado

Anos de ilegalidade

Órgão	Cidade e Estado	Circulação	Responsáveis	Disp. na Biblioteca Nacional
Auto-Crítica	Rio de Janeiro, RJ	1928-1929	–	Não
A Classe Operária	Rio de Janeiro, RJ	1925.1929-1929.1949-1952.1962-1964.	Entre outros, Gilberto Olímpio Maria e Maurício Grabois, desde a fase legal até 1952. 1962, órgão do PC do B.	1951 a 1955, microfilmado
Democracia Popular	Rio de Janeiro, RJ	1950	J. Sá de Carvalho	Não
Democrata	Fortaleza, CE	1948	Annibal Bonavides, Odalves Lima, Luiz Batista e Fernando Ferreira	Não
O Democrata	Cuiabá, MT	1927-1930	Amorésio de Oliveira	1927 a 30 com falhas, em microfilme
Diário do Povo	Rio de Janeiro, RJ	1948-1954	–	1948 a 54
Diretrizes	Rio de Janeiro, RJ	1938-1944	Samuel Wainer	1938 a 44 com falhas, em microfilme
Emancipação	Rio de Janeiro, RJ	1949-1956	General Felicíssimo Cardoso, Coronel Hildebrando Pelágio Rodrigues Pereira	49 a 56 com falhas
Espírito Novo	Rio de Janeiro, RJ	1934	João Calazans, Arthur Ramos, Carlos Lacerda, Jorge Amado	Não
Esquerda	Rio de Janeiro, RJ	1927-1928	José Augusto Lima, Pedro Motta Lima	jan a set de 28, em microfilme

Anos de ilegalidade

Órgão	Cidade e Estado	Circulação	Responsáveis	Disp. na Biblioteca Nacional
Estado de Goyas	Pires do Rio, GO	1932-	—	Não
Estado de Goiás	Goiânia, GO	1948-1958	A. Isaac Neto e A. Xavier de Almeida	1951 a 1955, microfilmado
Estudos Sociais	Rio de Janeiro, RJ	1958-1964	Astrojildo Pereira	1958 a 1964
Folha Do Povo	Recife, PE	1935.1948-1960	Osório de Lima e José Cavalcanti (até 1935) David Capistrano, Hiram Pereira e Cláudio Tavares, até 1960.	Não possui este título
Folha Capixaba	Vitória, ES	1948-1962	—	mar/54 a dez/56, jan/60 e fev/62 em microfilme.
Folha Popular	Aracajú, SE	1954-	Roberto Garcia, Agnaldo Pacheco da Silva, Walter de Oliveira Ribeiro, Gervásio dos Santos	Não
Frente Popular	Goiás, GO	1950-	Aloísio Crispim	Não possui este título
Fundamentos	São Paulo, SP	1948-1955	Monteiro Lobato, Afonso Schimidt, Arthur Neves, Caio Prado Jr., J. E. Fernandes, Ruy Barbosa Cardoso.	1948-1955
Gazeta Sindical	Rio de Janeiro, RJ	1948-1949	Jocelyn Santos, Roberto Morena e Francisco Trajano	1948 a 1949, microfilmado
A Hora	Recife, PE	1925.1928-	Cláudio Tavares, David Capistrano da Costa	Não
Horizonte	Porto Alegre, RS	-1951	Fernando Guedes, Demétrio Ribeiro, Carlos Scliar, Nelson Souza	Não possui este título
Horizontes do Mundo	São Paulo, SP	1955-	Afonso Schimidt	Alguns números do ano de 55
Imprensa Popular	Rio de Janeiro, RJ	1948-1958	Pedro Motta Lima	jan 51 a ago de 58, microfilmado
Jornal do Povo	Curitiba, PR	1948	—	Não
Jornal do Povo	Belo Horizonte, MG	1955	Orlando Bonfim	dia 12 de ago de 55, em microfilme
Jornal do Povo	Rio de Janeiro, RJ	1934-1935	Aparício Torelly	Não
Jovem Proletário	Rio de Janeiro, (?)	1927-1928 1934-1935	—	Não
A Liberdade	Natal, RN	1934-1935	"Órgão oficial do Governo Popular Revolucionário" (27/11/1935)	Não
A Luta	Manaus, AM	1948	Francisco Alves dos Santos	Possui 1948, com falhas
A Luta	Recife, PE	1948.	Rui Antunes, José Leite Filho e Clóvis Melo	Não possui este título
O Momento: D. Povo	Salvador, BA	1948-	Almir Matos, J. Quintino de Carvalho, Ariovaldo Matos e Aristeu Nogueira	Período de jan a dez de 48, em microfilme

Anos de Ilegalidade

Órgão	Cidade e Estado	Circulação	Responsáveis	Disp. na Biblioteca Nacional
Movimento	Rio de Janeiro, RJ	1928 a 1930-1935	Jorge Amado, José Lins do Rego	1928 a 1930 com falhas, em microfilme
Movimento Communista	Rio de Janeiro, RJ	1922-1923	Astrojildo Pereira	Não
Movimento Feminino	Rio de Janeiro, RJ	1948-1956	Arcelina Mochel, Ana Montenegro	1948 a 1956, em microfilme
O Movimento Sindical Mundial	Rio de Janeiro, RJ	1953-1956	Moacir Ramos Silva	1953 a 1963
A Nação	Rio de Janeiro, RJ	1950	Leônidas de Resende e Maurício de Lacerda	1950
Seiva	Salvador, BA	1935-1939	–	35 e 39, com falhas
O Nacional	Rio de Janeiro, RJ	1957-1959	Aydano do Couto Ferraz (após seu rompimento com o PCB)	1957 a 1959
Notícias de Hoje	São Paulo, SP	1954 a 1959	Joaquim Câmara Ferreira, Noé Gertel e Pedro Pomar	1954 a 59
Novos Tempos	Rio de Janeiro, RJ	1957-1958	Oswaldo Peralva, Armando Lopes da Cunha, Benito Papi, Leôncio Basbaum, Calvino Filho, Ernesto Luiz Maia, Eros Martins Teixeira, Horácio Macedo	Não
Orientação	Recife, PE	1951	Clóvis Melo, Paulo Cavalcanti	Não
Para Todos	Rio de Janeiro, RJ	1919, 1932, 1956 a 1958	Alvaro Moreira	56 a agosto 58, em microfilme e original de 1919 a 1932
Partidários da Paz	Rio de Janeiro, RJ	1951-	Graciliano Ramos, Fernando Guedes, Demócrito Ribeiro, Lila Ripoll, Carlos Scliar, Nelson de Souza	Não
O Popular	Recife, PE	1948	Clóvis Melo	Não
O Popular	Rio de Janeiro, RJ	1951-1954.	–	1951 a 1954
Problemas	Rio de Janeiro, RJ	1948 a 1956	Carlos Marighella, Diógenes Arruda Câmara	1948 a 1956
Problemas da Paz e do Socialismo	Rio de Janeiro, RJ	1959 a 1964	Rui Facó e Henrique Cordeiro	1959 a 64
Revista Brasiliense	São Paulo, SP	1955-1965	Caio Prado Jr., Elias Chaves Neto	55 a 65
O Soldado Vermelho	Rio de Janeiro, RJ	1930-1935	–	Não
Solidariedade	Recife, PE	1935.	–	Não
Terra Livre	São Paulo, SP	1955-1964	Oswaldo R. Gomes, H. Sosthenes Jambo, Derdieux Crispim, Nestor Veras	55 a 64 em microfilme
Trabalho	Rio de Janeiro, RJ	1934.	Jocelyn Santos	Não
Tribuna Capixaba	Vitória, ES	1948-	–	Não

Anos de ilegalidade

Órgão	Cidade e Estado	Circulação	Responsáveis	Disp. na Biblioteca Nacional
Tribuna do Pará	Belém, PA	1948-1958	Henrique Santiago (1948/1949-1957) Imbiriba da Rocha (1950/1956) Francisco Ribeiro do Nascimento (1958)	03/jul a 04/set e 16 e 23/out 1954. Meses jun/dez 1955. Meses jan/fev 1956. Meses jan/mar/abr/mai/ago/nov/dez com falhas e jun dias 02/09/16/23 1957. Meses jan/ago 1958
Tribuna do Povo	São Luiz, MA	1949-1959	–	Possui de 49 a 02/09/16/23 1957. Meses jan/ago 1958. 59 com falhas, microfilmado
Tribuna do Povo	Curitiba, PR	1949.	Hermógenes Lazier	Não
Tribuna Gaúcha	Porto Alegre, RS	1948-1960 e 1989	–	Não
Voz Operária	Rio de Janeiro, RJ	1949-1959	–	Possui de fev de 49 a dez de 54, jan 56 a fev de 59, em microfilme.
Imprensa Popular	São Paulo, SP	–	Antonio Benetazzo	Não
Tribuna da Imprensa	Rio de Janeiro, RJ	–	Ieda Santos Delgado	Não
Frente Operária	–	–	Sidney Fix (Marques dos Santos)	Não

*Este quadro foi compilado do livro O Partidão – A luta por um partido de massas 1922 – 1974, de Mosés Vinhas (Ed. Hucitec, 1982) e atualizado com informações da Fundação Biblioteca Nacional em dezembro de 2001 e pelo livro Jornalistas: 1937 a 1997: História da Imprensa de São Paulo vista pelos que batalham laudas (terminais), câmeras e microfones/por José Hamilton Ribeiro–São Paulo: Imprensa Oficial do Estado, 1998.

Páginas de Resistência

A seguir, 173 páginas de "Tribuna do Pará"
constantes da pesquisa (página 23).
São imagens obtidas a partir de microfilmes
dos originais.

Prestes Conclama o Povo á Luta Pelas Liberdades

Indispensável e urgente o repúdio e o protesto contra o projeto Dario Cardoso, aprovado no Senado — Visa o artigo 32 do projeto de Lei Eleitoral liquidar as conquistas democráticas e implantar legalmente o terror fascista

"O povo unido poderá infligir aos fascistas do Senado uma derrota esmagadora" — afirma o grande líder da luta pela paz e a independência nacional

N. 163 — Belém-Pará, 3 de Julho de 1954 — ANO IV

RIO (IP) — Causa repulsa na opinião pública a aprovação pelo Senado do artigo 32 do Projeto de Lei Eleitoral, apresentado pelo sr. Dario Cardoso.

Como se sabe, êste Projeto aberrante, que fere a Constituição, representa não só uma tentativa de impedir a participação dos comunistas no pleito de outubro, como também visa golpear a democracia. O Projeto quer, em suma, por meio de dispositivos reacionários, afastar o povo das urnas, impedir as próprias eleições.

Sôbre ê Projeto em aprêço, que vem sendo combatido e desmascarado, através de toda a imprensa popular, por senadores, deputados, representantes de diferentes partidos e pessoas das mais diversas tendências, hoje publicamos uma entrevista de Luiz Carlos Prestes, Secretário Geral do Partido Comunista do Brasil. Como sempre, a palavra de Prestes confere argumentos e melhor esclarece o povo, aponta o caminho da ação e da luta em defesa da democracia, arma a todos os patriotas para a derrota dos inimigos do bem-estar das massas e das liberdades públicas.

Eis como o grande líder do povo brasileiro se pronunciou sôbre o Projeto Dario Cardoso, respondendo ás perguntas de «Imprensa Popular»:

Nota do Comitê Central do P. C. B.

RIO, (IP) — O CC do PCB lançou a seguinte nota, divulgada pelo matutino «Imprensa Popular»:

«Brasileiros!

Uma pérfida agressão acaba de se verificar contra o valoroso povo guatemalteco. Tropas mercenárias, armadas e orientadas pelo govêrno norte americano, invadiram traiçoeiramente a Guatemala. Partindo de território de Honduras, onde impera um govêrno de lacaios dos magnatas iânques, as fôrças militares chefiadas por traidores da Guatemala tentam derrubar o govêrno legalmente eleito, liquidar com as conquistas democráticas e escravizar o país aos monopólios iânques.

Esta cínica intervenção dos Estados Unidos na Guatemala constitui um dos mais brutais atentados á soberania e á independência de um povo. O govêrno sanguinário de Eisenhower realiza na Guatemala verdadeiro ato de banditismo para que a United Fruit prossiga a odiosa exploração do povo guatemalteco.

A Guatemala empenha-se numa luta de libertação nacional. É um pequeno país que se defende da agressão e da ferocidade do imperialismo norte-americano. A justiça de sua causa despertou o caloroso apoio dos povos. A luta do povo guatemalteco contra o imperialismo ianque é a luta de todos os povos da América Latina, é a mesma luta do povo brasileiro. A causa da Guatemala é hoje a causa de todos os patriotas, dos que aspiram a uma pátria livre, progressista e democrática.

O Partido Comunista do Brasil, condenando veementemente o infame atentado á independência da nação guatemalteca, conclama o povo brasileiro a um amplo e poderoso movimento de solidariedade á Guatemala. Derrotar os imperialistas norte-americanos na Guatemala é contribuir para salvaguardar a soberania dos povos da América Latina.

Todo democrata, todo brasileiro digno, deve prestar a maior solidariedade ao povo e ao govêrno da Guatemala que defendem a independência de sua pátria contra o domínio colonizador da United Fruit.

Brasileiros!

Manifestemos por todos os modos a nossa repulsa contra a agressão iânque á Guatemala! Façamos sentir nossa solidariedade á Guatemala através de comícios, demonstrações e passeatas! Enviemos milhares e milhares de mensagens de solidariedade ao povo guatemalteco! Ergamos o nosso protesto por meio de memoriais, cartas e telegramas ao govêrno brasileiro, exigindo que rompa sua política de submissão aos Estados Unidos e condene a intervenção norte-americana na Guatemala!

Viva a independência da Guatemala!

Tôda solidariedade ao povo irmão da Guatemala!

Abaixo o imperialismo ianque!

O Comitê Central do Partido Comunista do Brasil».

PERGUNTA: — Qual a sua opinião sôbre o art. 32 do projeto de Lei Eleitoral aprovado no Senado?

RESPOSTA: — A aprovação no Senado Federal, a pretexto de modificações na Lei Eleitoral, de dispositivo que priva os comunistas do direito de candidatar-se aos postos eletivos, constitui tão alarmante atentado á Constituição que é indispensável e urgente o repúdio e o protesto veemente de todos os patriotas e democratas.

Por motivo de convicção religiosa, filosófica ou política — diz a Constituição — ninguém será privado dos seus direitos. Segundo a Constituição, nem os delinquentes perdem definitivamente os direitos políticos. E, além disto, como distinguir ou caracterizar os comunistas sem apelar para o atestado de ideologia, para a opinião dos bandidos policiais?

PERGUNTA: — Se êsse dispositivo antidemocrático fôr aprovado que repercussão terá nas próximas eleições e na vida política do país?

RESPOSTA: — O artigo 32 do projeto significa que os pleitos eleitorais, caso seja definitivamente aprovada a lei ora em curso no Senado, ficarão ao arbítrio dos policiais ou de qualquer general fascista.

Aparentemente, o golpe é dirigido contra o Partido Comunista, mas na verdade trata-se de golpear a democracia, de dar mais um passo no caminho que permita aos vendilhões da Pátria á minoria de generais fascistas e políticos reacionários, liquidar em nosso país tôdas as conquistas democráticas, implantar legalmente o terror fascista. A História já demonstrou que foi sempre êste o conteúdo do anticomunismo. E mesmo agora, estamos vendo como Foster Dulles procura encobrir sob a máscara de luta contra o comunismo a intervenção armada dos Estados Unidos no Guatemala, para que a United Fruit possa continuar a explorar o valente povo guatemalteco.

PERGUNTA: — Como enfrentar esta nova tentativa das fôrças reacionárias de golpear os direitos democráticos do povo brasileiro?

RESPOSTA: — O povo brasileiro tem demonstrado que está disposto a defender a democracia. Foi o que vimos em Belém do Pará contra as declarações ameaçadoras de um general fascista. Na Câmara Federal o entêrro de um jornalista massacrado pela polícia constituiu vigoroso protesto popular. Mas a defesa das liberdades exige vigilância permanente e ação constante em tôdas as frentes contra tôdas as tentativas reacionárias.

Contra o voto reacionário da maioria do Senado é indispensável que se levantem todos os democratas. Se os senhores senadores dobram-se acovardados diante das exigências dos generais fascistas e de seus amos norte-americanos, cabe ao povo defender a Constituição.

O povo unido poderá infligir aos fascistas do Senado uma derrota esmagadora. Quanto a nós, comunistas, ao defender nossos direitos civis, estaremos como sempre na primeira linha da luta em defesa das liberdades e da independência nacional.

LUIS CARLOS PRESTES o "Secretário Geral do PCB"

Preço do exemplar Cr$ 1,00

Divulgue Problemas

TRIBUNA DO PARÁ'
Diretor:-Dep. Imbiriba da Rocha
Redação:
Rua Manoel Barata, 222
Caixa Postal, 320
Belém - Pará

Agredida Pelo Imperialísmo Ianque á Gúatemala

Mercenários instruidos e organizados, a serviço da truste United Fruit invadem o ter:itorio guatemaltéco

O povo paraense acompanhou pelos jornais a campanha do imperialismo contra a Guatemala, campanha de difamações que preparou a atual invasão daquele país pelos bandidos dos trustes imperialistas.

Comprovada a agressão americaná

A descarada agressão americana á Guatemala encontra confirmação em fatos que chegam ao conhecimento do mundo através do próprio aparelho de propaganda dos Estados Unidos.

Examinemos os fatos:

1º—Noticias de fonte americanas anunciaram há três dias antes um suposto ultimatum das fôrças armadas da Guatemala ao govêrno Arbenz.

2º Depois de estabelecer, ilegalmente, o bloqueio da Guatemala através de navios de guerra, o govêrno americano passou a fazer pressão sobre governos europeus e deste continente, no sentido de que a esquadra americana inspecionasse seus navios destinados á Guatemala.

3º—Aviões estrangeiros, em evidente ao ato de provocação, lançaram sobre a Guatemala armas com as insignias soviéticas.

4º—Aviões não identificados jogaram de para-quedas sobre o território do país metralhadoras de mão, pistolas-metralhadoras, fuzis-metralhadores, granadas e munições. Camponeses, que localizaram essas armas e munições, as entregaram ao govêrno.

5º - Os govêrnos inglês e dinamarquês, divulgaram comunicados informando que não permitiriam que os americanos revistassem seus navios destinados á Guatemala.

6º—Há poucos dias foi denunciado que o major Ferdinand E. Schuppo, da Força Aérea norte-americana, havia sobrevoado por duas vêzes o território da Guatemala, transportando o coronel guatemalteco Rodolfo Mendoza Azurdia, posto a serviço da United Fruit e do Departamento de Estado.

Antecedentes

As maiores hostilidades dos americanos contra a Guatemala tiveram início quando em 1944 foi eleito presidente da República Juan José Aévolo. Seu govêrno instituiu o código do trabalho e melhorou a situação dos trabalhadores. Durante o govêrno Arévolo houve na Guatemala nada menos de trinta sublevações dirigidas pelos ianques.

Os dois principais trustes americanos que atuam na Guatemala são a United Fruit Company e a Internaticnal Reiways of Central America.

Spruille Braden, ex-subsecretário de Estado sob o govêrno Truman e John Foster Dulles, atual secretário de Estado, são as duas figuras do govêrno dos Estados Unidos mais abertamente entrozadas nos atos de agressão á Guatemala. Dulles é advogado da United Fruit. Braden é acionista da United Fruit. Esta companhia está questionando com o governo de Guatemala, a propósito de indenizações por desapropriação de terras antes pertencentes à United e hoje distribuidas aos camponezes guatemaltecos em virtude da reforma agrária.

Compatriotas, Alistai-vos Como Eleitores!

Elejamos homens honestos e de confiança

Prestes afirma:

—O Partido Comunista participará ativamente da campanha eleitoral.

—O povo com o seu voto poderá impedir que cheguem ao Parlamento e aos demais postos eletivos conhecidos reacionarios e agentes do imperialismo americano. Elegerá pessoas honestas e de sua confiança.

Procurai o Posto Eleitoral Mais Proximo

Posto de Alistamento Eleitoral do Jurunas

Rua dos Timbíras, 209

Funcionando o dia todo a serviço dos trabalhadores e dos moradores do bairro.

Prestará qualquer assistencia aos que desejarem tirar o seu titulo ou desembaraça-lo de qualquer dificuldade.

Divulguem Problemas

Na Camara a Recente Entrevista de Prestes Sobre a Emenda Dario Cardoso

A recente entrevista de Prestes desmacarando e combatendo a emenda fascista apresentada pelo senador Dario Cardoso ao projeto de Lei Eleitoral foi lida e comentada pelo deputado popular Imbiriba da Rocha na Assembléia estadual.

Mostrou o deputado Imbiriba da Rocha que o artigo 32 da Lei Eleitoral, proibindo o registro de candidatos comunistas aos cargos eletivos constitui uma anulação dos direitos democraticos assegurados pela Constituição a todos os cidadãos e uma tentativa para impedir que o povo eleja os seus legitimos representantes nas eleições de outubro próximo.

Terminou dizendo que para derrotar a emenda Dario Cardoso, de inspiração americana, se faz necessaria uma grande campanha de protesto, que vá desde os comícios e palestras até aos abaixo-asinados dirigidos aos deputados federais, já que a Lei Eleitoral será agora discutida na Camara Federal.

Os Interesses

(Continuação da última pag.)

de cacau e café e até o trigo já foi plantado com sucesso em nossas terras. Belém já teve serviço de bondes, gaz, luz, e o proprio esgoto teve sua construção iniciada. Podemos até dizer que o Pará é a terra do já teve... Mas tudo desaparece diante da incapacidade dos governantes. E é de nossa obrigação, quando falamos aos nossos trabalhadores e ao povo a respeito das próximas eleições, mostrar a verdadeira situação de nosso país e lembrar o que já teve e o que já foi o nosso Estado e a nossa Capital, acusar e responsabilizar por essa decadência os governantes que temos tido e temos atualmente. Zacarias traiu o nosso povo. Nosso povo foi enganado pelo sr. Zacarias de Assunção que prometeu melhorar a vida do povo e fazer o o nosso Estado marchar no sentido do progresso. Hoje aí está à vista de todos os resultados da prometida redenção do sr. Zacarias. Os preços subiram escandalosamente sem que o sr. Zacarias fizesse alguma coisa para proteger os interêsses populares. Ao contrário, o que assistimos foi o próprio sr. Zacarias que para se eleger teve que se comprometer com os fazendeiros e «tubarões» que lhe financiaram a campanha eleitoral, aumentar pessoalmente o preço da carne que hoje custa ao povo mais de 20 cruzeiros o quilo. Foi no govêrno do sr. Zacarias que subiu o preço do pão, do leite, que desapareceram as passagens de 50 centavos dos ônibus dos suburbios, hoje aumentadas para 2 cruzeiros, que aumentou o preço da luz e da água, é o sr. Zacarias o responsável pela carestia em nosso Estado, pelas dificuldades cada dia maiores que atormentam o povo paraense. A imensa maioria do nosso povo reuniu suas forças e derrotou a política de violências, de aumentos de preços, de fome e carestia, de negociatas e escândalos do sr. Magalhães Barata e agora verifica que o sr. Zacarias prossegue esta mesma política anti-popular, e esses dois homens não passam de mero instrumentos da política do govêrno central submetidos aos imperialistas americanos, são políticos incapazes de combater a situação de descalabro a que está sendo arrastado o país, não passam, portanto, de vinho da mesma pipa . . . e são esses os homens que ainda têm a desfarçatez de pretender o voto de nosso povo nas próximas eleições!

Fome crônica e doenças dizimam o povo

Tais são os fatos, sr. presidente, que revelam toda a gravidade da situação, através da qual o govêrno de Vargas e Assunção quer liquidar nosso povo, o Pará e o Brasil. É um crime inominável o que está acontecendo com a nossa população, cuja esmagadora maioria está submetida ao regime intensivo da subnutrição. Uma prova irrefutável do que afirmamos temos com a publicação feita pela «Provincia do Pará» do dia 21/3 último pela qual se vê que em 1953, da carne vendida nos mercados públicos, coube para cada habitante de Belém, em media, uma quota de apenas 20 gramas de carne! E mesmo que seja incluida a carne que é vendida nos frigoríficos e talhos particulares, essa quota de 20 gramas poderá se elevar no máximo para 50 gramas. Mas, nós sabemos que a maioria da população de Belém, na verdade, não come nenhuma grama de carne não apenas num dia, mas as vezes durante semanas e mêses! Resultado: a tuberculose grassa em Belém em caráter de epidemia, pois 90% da população está predisposta ou sujeita ao contágio dessa doença. Em Belém, segundo revelações feitas recentemente pelo Chefe do Serviço Nacional de Malária, cerca de 50% dos habitantes estão atacados de filariose, enquanto quase 100% sofrem de verminose e 30% de sífilis aguda. A mortalidade infantil atinge índices elevadíssimos e tende a subir cada vez mais, porque o litro do leite com água custa 6 a 8 cruzeiros e a lata do leite em pó «Ninho» passou de 23 para 27 e até 30 cruzeiros!

Necessidade da união do povo

Srs. Deputados. Contra essa política criminosa que Vargas executa em todo país e que em nosso Estado encontra sua expressão no govêrno do sr. Zacarias de Assunção, é que as forças sadias da Nação se levantam e reagem. Milhões de brasileiros hoje compreendem que é imperioso e urgente para a sobrevivência do Brasil como Nação soberana, que todas as fôrças populares e patrióticas se unifiquem num só bloco para melhor combater e derrotar a política de traição nacional e de liquidação e aviltamento de nosso povo. Como manifestação viva desse sentimento foi realizada no Rio de Janeiro a grande Convenção de Emancipação Nacional, da qual surgiu a Liga de Emancipação Nacional destinada a reunir em seu seio todos quantos desejam um futuro de liberdade e progresso para o Brasil.

(Continúa)

Projeto...

(Continuação da últ. pag.)

tidos que tiveram seu registro eleitoral anteriormente cassado, assegurando-lhes o direito de pleitear renovação do registro, mediante a apresentação de listas contendo 50.000 assinaturas de eleitores.

Texto do Projeto

É o seguinte o texto do projeto:

O Congresso Nacional decreta:

Art. 1.º — Poderão requerer registro eleitoral, nos têrmos da legislação em vigor, todos os partidos políticos que, em seus programas ou estatutos se manifestem de acôrdo com a forma republicana e federativa de govêrno.

Art. 2.º—Como condição do registro deverá o partido, por seus orgãos dirigentes, proclamar seu respeito aos direitos fundamentais do homem assegurados na Constituição da República e seu reconhecimento de que a pluralidade de partidos é da essência do regime democrático.

Parágrafo 1.º — O partido cujo registro haja sido cancelado na forma do § 13 do art. 141 da Constituição Federal, poderá obter novo registro, bastando para isso que o requeira ao Tribunal Superior Eleitoral, na forma da lei, satisfazendo à condição do artigo 2.º da presente lei.

Parágrafo 2.º — No caso de cancelamento de registro de partido com fundamento no § único do artigo 148 do Código Eleitoral, poderá o registro ser renovado, desde que a direção nacional do partido em causa o requeira, juntando as listas contendo 50.000 assinaturas de eleitores, nos têrmos do § 2.º do artigo 133 do Código Eleitoral.

Art. 3.º – Revogam-se as disposições em contrário.

Sala das Sessões, em 18 de junho de 1954.

Assinaturas

O projeto traz as assinaturas dos seguintes deputados:

(as.) Coutinho Cavalcanti; Campos Vergal; Flores da Cunha; Flávio Castrioto; Joaquim Viegas; Moreira da Rocha; Walter Atayde; Vieira Lins; Cardoso Miranda; Benedito Mergulhão; Castilho Cabral; Monteiro de Castro; Nestor Duarte; Jarbas Maranhão; Abelardo Mata; João Agripino; Brigido Tinoco; Nelson Carneiro; Celso Peçanha; Ortiz Monteiro; Mendonça Braga; Mendonça Júnior; Euzébio Rocha; Paulo Couto; Mário Palmeiro; A. Bagueira Leal; Carlos Valadares; Salo Brand; Lício Borralho; Aliomar Baleeiro; Roberto Morena; Lucílio Medeiros; Anisio Moreira Manhães Barreto; Dilermando Cruz; Breno Silveira; Pontes Vieira; José Fleury; Lúcio Bittencourt; Paulo Lauro; Iris Meimberg; Cunha Bueno; Emílio Carlos; José Fontes Romero; Renieri Mazzilli; Chagas Rodrigues; Alberto Bottino; Eduardo Catalão; Nelson Omegna; Tenorio Cavalcanti; Alfredo Dualibe; Heráclito do Rêgo; Frota Moreira; Arthur Audrá; Benjamin Farah; Ferreira Martins; Vieira de Mello, Epílogo de Campos; Lima Figueiredo; Barros de Carvalho; Ruy de Almeida; Frota Aguiar; Agripa de Faria; Menoti del Picchia; Clodomir Millieti.

Snapp...

(Continuação da 3.ª pagina)

fome.

Só a unidade dos armazenadores, um poderoso movimento de protesto poderá fazer ruir esses planos de Edir—o homem que representa Getúlio nos Snapp, e derrotar os traidores da classe como o atual Presidente do Sindicato, que se presta a todas as manobras contrárias aos seus companheiros.

Manifesto...

(Continuação da última pag.)

Trabalhadores e trabalhadoras:

Enviai telegramas, moções, abaixo-assinados, etc., ao Supremo Tribunal Federal e ao govêrno, comissões aos jornais, protestando e exigindo o cumprimento do decreto que aprovou o salário-minimo!

Realizai manifestações operárias e sindicais, como a que será levada a efeito no dia 1º de julho!

Preparai comicios públicos e descandeai greves para exigir o cumprimento do salário-minimo e o imediato congelamento dos preços!

Reforçai o Pacto de Ação Comum, assinado entre os trabalhadores e os sindicatos de São Paulo e do Distrito Federal, com a adesão de todos os trabalhadores e Sindicatos nacionalmente! Criai comissões de Aplicação do Salário-Mínimo nos Sindicatos e nas emprêsas!

Trabalhadores, Sindicatos:

De nossa firmeza, de nossa unidade inquebrantável, de nossa organização e disposição de luta nas emprêsas, nos sindicatos, da união dos sindicatos e federações é que depende nossa vitória completa e rápida.

Mobilizemo-nos com rapidez para vencer as manobras reacionárias e assegurar nossa vitória!

Rio, 26 de junho de 1954.

A Confederação dos Trabalhadores do Brasil.»

Abrir Postos Eleitorais Em Tôda Parte

O alistamento eleitoral terminará no proximo dia 5 de Agosto. Até essa data é preciso transformar em eleitores o maior numero possivel de trabalhadores, homens e mulheres maiores de 18 anos.

Para isso é necessario abrir o maior numero possivel de postos eleitorais, em todas as cidades, vilas e povoados. Na capital do Estado e grandes cidades do interior é preciso abrir ao menos um posto eleitoral, em cada bairro.

A orientação para a abertura de Postos Eleitorais está publicada na edição de 10 de abril, de TRIBUNA DO PARA'.

Os postos eleitorais podem ser abertos em nome dos candidatos, em nome de amigos que desejam cooperar ou simplesmente como postos de alistamento.

O responsável pelo pôsto eleitoral pode ser qualquer cidadão, não precisando ser candidato registrado.

EDITORIAL

Mobilização Imediata Pelas Liberdades

O pronunciamento de juristas, de parlamentares, dos representantes de tôdas as correntes democráticas condena indignamente o famigerado artigo 32 do projeto de lei eleitoral do senador Dario Cardoso como golpe odioso na Constituição e ameaça nos direitos dos cidadãos.

O artigo, como tem sido demonstrado, visando roubar aos comunistas o direito de exercerem mandatos legislativos—o que é uma monstruosidade inconstitucional—alcança na realidade os direitos de todos os brasileiros que não rezem pela cartilha dos governantes e coloca os pleitos eleitorais na dependência dos atestados de ideologia passados pela boçalidade policial. Seu proprio autor, o aventureiro Dario Cardoso, reconhecia, diante da bancada dos jornalistas no Senado, que a medida era perigosa e inconstitucional mas que lhe havia sido solicitada sob a ameaça da espada dos generais fascistas.

Já êste fato demonstra que se viola a Constituição conscientemente e com o objetivo claro da implantação no país de uma ditadura liberticida, ostensivamente manobrada pelo grupo de generais que recebe ordens diretas dos colonialistas do Pentágono. Que neste regime ditadorial funcione ou não um Parlamento, pouco importa pois no caso da aplicação do artigo 32, seria um Parlamento sem oposição com «câmaras» de Franco e Salazar. O certo é que, ao impôr aos candidatos o atestado de ideologia muito fácil seria aos atuais governantes taxar de comunista a qualquer candidato patriota que, justamente por ser patriota quase sempre se encontra na mesma trincheira dos comunista na luta comum pela independência nacional, a paz, as reivindicações populares e as liberdades democráticas.

Mas, negar aos comunistas seus direitos de cidadãos, já não é por si mesmo atentar contra preceito expresso da Constituição e contra interêsses vitais dos trabalhadores e do povo que êles expressam e defendem?

A luta organizada do povo contra o famigerado artigo 32 do projeto de lei Dario Cardoso e pela aprovação do projeto 8.458, que restaura o respeito aos principios constitucionais no registro dos partidos politicos, é no momento uma questão decisiva para a defesa das liberdades públicas no país.

Nêste sentido, não há tempo a perder, pois o govêrno do sr. Vargas e demais agentes dos monopólios norte-americanos tudo empenham para desfechar novo golpe contra as franquias constitucionais. Ainda agora mesmo sem a aprovação na Câmara do repulsivo artigo 32 do projeto macartista do sr. Dario Cardoso aparece êle nas instruções eleitorais para o proximo pleito baixadas pelo Tribunal Superior Eleitoral. Nessas instruções chega-se ao cumulo de se entregar a «qualquer eleitor»—qualquer policial, qualquer Pena Boto—o dueito de interpor recurso contra candidato que deseja acusar de «subversivo».

A sombra do fascismo ianque desta maneira, sôbre o país—o que exige a rapida mobilização de todos os democratas e patriotas para fazerem respeitar tôdas as garantias constitucionais.

Divulgue Problemas

Imposta Pelos Americanos a Ditadura Militar na Guatemala

Concluem o acôrdo os títeres da United Fruit — O mercenário Castillo Armas participa da junta governativa, que tem poderes discricionários—Primeira providência: Sustada a aplicação da Reforma Agrária e devolvidas as terras do monopolio ianque United Fruit servilismo de Vargas

SAN SALVADOR, (IP)—Foi finalmente assinado um acôrdo entre o traidor Monzon e o mercenário Castillo Armas. Sob o patrocinio do embaixador americano, Peurifoy. Como podia se prevêr, as principais clausulas dêsse acôrdo revelam tôda a traição ao povo guatemalteco. Assim, o atual govêrno tem como «objetivo fundamental, combater o comunismo».

A cláusula terceira reza:

«Havendo tal identidade de ideais e propositos entre as duas fôrças armadas, seus chefes convieram em formar uma só unidade que risque da Guatemala para sempre o comunismo».

O mercenario no Govêrno

Faz parte do acôrdo, impôsto aos títeres pelos ianques, a reorganização do govêrno. Assim o mercenário Armas passa a fazer parte da junta governativa.

Essa junta é ditatorial acumulando as funções legislativas e executivas.

Na presença do Embaixador Americano

SAN SALVADOR, (IP)—o acôrdo pondo fim às hostilidades na Guatemala ente as fôrças governistas e dos mercenários do coronel Castillo Armas foi assinado na capital da República de El Salvador.

A cerimônia da assinatura se desenrolou no palácio da Presidência, na presença do embaixador dos Estados Unidos na Guatemala, sr. John E. E Peurifoy, do embaixador dos Estados Unidos nesta capital, sr. Michael McDermot e dos chefes das missões diplomaticas da Espanha, Colombia, Venezuela, Cuba, Grã-Bretanha e Alemanha acreditadas junto ao govêrno salvadorenho.

Suspendeu a reforma Agraria

GUATEMALA, 2 (AFP)—Foram suspensas tôdas as desapropriações de terras, feitas nos últimos dias por disposições do govêrno Arbens, e ainda não executadas. As terras do monopolio americano United Fruit Company serão devolvidas ao mesmo.

Compatriotas, Alistai-vos Como Eleitores!

Elejamos homens honestos e de confiança

Prestes afirma:

—O Partido Comunista participará ativamente da campanha eleitoral.

—O povo com o seu voto poderá impedir que cheguem ao Parlamento e aos demais postos eletivos conhecidos reacionarios e agentes do imperialismo americano. Elegerá pessoas honestas e de sua confiança.

Procurai o Posto Eleitoral Mais Proximo

Vitoriosos os Marceneiros Depois de 62 Dias de Grève

Conquistaram, na greve de maior duração dos últimos anos, 30 por cento de aumento—A vitória foi comemorada em passeata pelas ruas da cidade

RIO, (IP)—Após sessenta e dois dias de greve, a de maior duração já realizada, no Distrito Federal, nos últimos anos, os trabalhadores marceneiros conquistaram a vitória. Voltam ao trabalho, de cabeça erguida e depois de anular na prática o decreto fascista 9.070 invocado inúmeras vezes pelo govêrno atraves do Ministério do Trabalho e pelos patrões.

A volta ao trabalho foi decidida horas depois do julgamento no Tribunal Regional do Trabalho, ocasião em que os juizes, pressionados pela grande massa que superlotou as salas do Tribunal e espalhava-se pela rua, votaram em favor do aumento geral de 30 por cento sôbre os salários atuais.

A Passeata da vitoria

Na porta do TRT, ouvida a sentença dos juizes, os grevistas e a êles incorporados os trabalhadores de serrarias que, embora já tivessem conquistado aumento paralisaram o trabalho para reforcar a concentração, iniciaram a passeata da vitória até a sede do Sindicato.

Mais tarde, na assembléia, o deputado Roberto Morena, marceneiro de profissão, faria a análise das conquistas da greve, afirmando, entre aplausos prolongados, que a vitória pertencia a tôda a classe operária pela solidariedade ativa que manteve aos grevistas.

A luta prosseguirá

O comando da greve, por decisão unânime dos trabalhadores, não se dissolverá enquanto em tôdas as fabricas não tiverem sido cumpridas as clausulas da sentença do TRT. Os delegados sindicais, nas emprêsas, ficarão em contacto permanente com o comando da greve.

Festa da vitoria

O sindicato, por decisão da assembléia, encarregou-se de promover uma grande festa em comemoração da vitória da greve.

Divulguem Problemas

Em Abaetetuba. . .

(Continuação da última pag.)

canaviais, os trabalhadores pegam 12 horas no duro durante o dia, enquanto as condições de trabalho impõem os mais variados riscos á saude e até á vida dos trabalhadores.

Menores sem saláris nos canaviais

Há um bom número de menores que trabalham nos canaviais sem salário, apenas ganhando a comida uma vez por dia. Os menores enfrentam os mesmos riscos no trabalho pesado que executam.

Unir para lutar pelos seus direitos

Os trabalhadores de engenho e de canaviais anseiam, no entanto, por se unir para lutar organizadamente pelos seus direitos. E' que os trabalhadores rurais já se movimentam em todo o país, nesse sentido, bastando dizer que em setembro proximo, em São Paulo, terá lugar o 2.º Congresso Nacional de Trabalhadores Rurais que já é expressão do quanto lutam pelas suas reivindicações. Cabe aos trabalhadores de canaviais e engenhos de Abaetetuba se movimentarem também para unir suas fôrças e lutar pelas suas reivindicações.

Também nas praias e mangais não há mais liberdade para pescar como manda o Codigo de Caça e Pesca ao estabelecer que da altura da pescaria média até 33 metros, a utilização da praia é livre.

Cobram 10 o|o da produção e ameaçam tomar os utensilios e a propria vida do pescador

O donos das terras onde se localizam as praias de pesca alegam o direito de propriedade das mesmas até na baixa-mar, contrariando á sua vontade o Codigo de Caça e Pesca. Cobram 10% da produção dos que quizerem ali pescar tem o perigo de ser roubado nos seus utensilios e de perder a propria vida diante das vigias armadas de rifle. Assim fazem os fazendeiros Penas, donos das praias que vão do Cambú ao Pacoval do Maguarí, o proprietario Cosminho na praia do Turé, o Mesquita da foz do Pacoral ao Bebedouro, e assim em todas as demais praias.

Unir e organizar as lutas das pescarias

Diante dessa grave situação os pescadores da Zona-1, de Soure, já se mobilizam para unir os seus protestos contra a carestia, a exploração dos geleiros e em defesa dos seus direitos pisoteados pelos grandes fazendeiros e proprietarios de terras, graças á cumplicidade do govêrno de Vargas que ainda mantem a intervenção fascista sobre as Colonias de Pescadores.

Novo Golpe de Vargas e Sua Justiça Contra a Concessão do Novo Salário Mínimo

RIO, (IP) — Vargas e sua justiça vibraram novo golpe nos trabalhadores, com o mandado de segurança concedido pelo Supremo Tribunal Federal ao Sindicato dos Industriais de Fiação e Tecelagem, que ordenou fôsse suspenso para o setor têxtil em todo o país, o pagamento do novo salário-mínimo.

Já a manobra do prazo de 60 dias, feita por Vargas, para que o decreto entrasse em vigor, e a republicação do decreto com modificações, constituiam medidas contrárias à execução do decreto que representa uma conquista obtida através de duras lutas.

Agora, com a concessão dêsse mandado, novos grupos industriais se preparam para frustar o pagamento do salário mínimo. O Judiciário que se revela uma vez mais, como todo o atual govêrno, um instrumento de exploração das massas trabalhadoras, anuncia que tão cedo o mandado não será julgado.

Assim, os operários e trabalhadores de todo o Brasil, continuariam, por muito tempo, com os miséros salários que percebem enquanto a carestia aumenta assustadoramente. Ainda agora, a COFAP, em nota distribuida à imprensa, acaba de ordenar a liberação dos preços. Desse modo, em lugar do salário-mínimo, o govêrno concederá aos trabalhadores . . . o aumento dos preços de todas as mercadorias.

Enganam-se, entretanto, o govêrno e os grandes tubarões se pensam que os trabalhadores cruzarão os braços. No Distrito Federal reuniram-se os representantes dos sindicatos para empreender uma batalha vigorosa para obrigar o govêrno a cumprir o decreto de 1.º de Maio, ao mesmo tempo que em S. Paulo os presidentes das Federações de Trabalhadores decidiram lançar um movimento de caráter nacional em defesa do salário-mínimo. Nesse sentido todos os trabalhadores começam a movimentar-se.

DEMOCRACIA POPULAR

O jornal que informa o movimento operário em todo o mundo e como lutam os povos pela paz e pela independencia nacional

A' venda: Senador Manuel Barata, 222-altos

800 Favelados em Luta Contra a Demolição dos Seus Lares

RIO, (IP)—Cêrca de 800 moradores dos morros do Borel e de Santa Marta, nesta Capital, cujos lares estão sendo ameaçados de demolição, realizaram uma passeata e concentraram-se em frente á Camara Municipal, onde teve lugar um comício. Os favelados assistiram das galerias o trabalho daquele legislativo e depois seguiram rumo á Camara Federal, onde protestaram junto a varios deputados contra as violencias de que estão sendo vitimas.

Unem-se os moradores dos morros para impedir a demolição dos seus lares

RIO, (IP) — Dois soldados que se negaram a ajudar a demolir os barracos no morro do Timbaú foram, em consequencia, presos por 30 dias. Mas, os trabalhadores cujos lares vinham sendo derrubados para dar lugar a construção de um quartel, obtiveram sua primeira vitória, graças a ação organizada e aos protestos que foram levantados, o ministro da guerra que ordenara a derrubada de numerosos casebres, foi obrigado a declarar que não promoverá mais despejos naquele morro.

Entretanto, a fim de garantir a situação, os favelados decidiram, durante um comício que ali foi promovido, organizar uma associação que reune em seu seio os moradores dos locais denominados Baixa do Sapateiro, Morro do Timbaú e Praia de Inhaúma.

Breve Não . . .

(Continuação da 1.ª pagina)

calafateto, a cr$ 35.00 o quilo: o breu preto, a cr$ 15.00 o quilo; a lona para vela, cr$ 18 a 20,00 o metro um pequeno casco de reboque (canoa) de pesca custa apenas de 4 a 5 mil cruzeiros.

Tomam-lhe o peixe a baixo-preço

Enquanto sôbe diariamente o custo do material de pesca, o peixe continúa sendo tomado pelas donos de canoas geleiras por preço que não compensa. No entanto, esses geleiros ganham o que querem na revenda do peixe em Belém.

Os donos de praias, lagos e igarapés

Além da carestia da vida e da exploração dos geleiros, os pescadores já não têm mais onde pescar. O pescador não pode penetrar nos rios, nos lagos e igarapés porque os latifundiarios fazem aterrar as portas dagua, impedindo a entrada dos pescadores.

N. 164 Pagina 3

Protestou o Pôvo Contra A Política do Governo Exigindo O Congelamento

Comissões nas empresas para fiscalizar a aplicação do salário-mínimo — Regozijo pela paz na Indo-China — Falaram delegados de São Paulo, de Minas e do Rio Grande

TRIBUNA DO PARÁ
Diretor: Dep. Imbiriba da Rocha
Redação:
Rua Manoel Barata, 222
Caixa Postal, 320
Belém Pará

No IAN...
(Continuação da 1.ª pag.)

mento, êste impiedosa e desumanamente alega isto ou aquilo afim de não aumentar a retribuição devida ao trabalhador. Embora que os operários em suas reivindicações contem com o apôio do sr. Diretor nus, como barreira diabólica, surge êsse tal chefe como um impecilho em todos os negócios atinentes aos trabalhadores.

Executa a política de Vargas

Porém o possuí deve saber que Benito Culzavara não está fazendo mais que executar aí o que Getúlio tem executado no Brasil, implantando um regímen de fome e miséria afim de subjugá-los facilmente à exploração dos poderosos.

Para defender-se das garras monstruosas desse chefe de campo de Vargas, aí estão as próximas eleições para através dos nossos votos, derrotarmos os candidatos desse regímen que tanto nos oprime. Para isto, antes de tudo, devemos eleger candidatos puramente populares para conquistarmos as regalias necessárias às nossas necessidades.

O Programa do...
(Continuação da 1.ª pag.)

Ao lançar mais uma vez, de modo mais amplo, o seu projeto de Programa, o Partido Comunista do Brasil, o Partido de Prestes indica aos patriotas e democratas o único caminho da solução nacional: a união das lutas da classe operária e do povo para a libertação de nossa Pátria da dominação colonialista norte-americana e a derrubada do govêrno Vargas, govêrno de latifundiários e grandes capitalistas que entrega nosso país aos trustes ianques e sua substituição por um govêrno democrático e popular.

Ao particular da campanha eleitoral, os comunistas levam nas mãos e apontam ao povo o Programa do PCB, bandeira de lutas que há de unir os trabalhadores e todo o nosso povo numa poderosa frente de lutas a frente democrática de libertação, instrumento que necessita ser forjado desde já pela derrota dos candidatos de Vargas e dos imperialistas, candidatos entreguistas e eleição dos candidatos comunistas e democratas.

Luta Nacional

O metalúrgico paulista Eugênio Chemps, falando em nome dos

R IO, (IP) — Em entusiástico comício no Campo de São Cristovão, os trabalhadores cariocas deram um importante passo na luta pelo congelamento dos preços, aprovando uma moção dirigida a todos os trabalhadores do Brasil, em regozijo pela conquista dos novos níveis de salário-mínimo e conclamando-os a lutar pelo congelamento dos preços das utilidades. Nesse documento, o proletariado carioca alude à necessidade da criação de comissões em tôdas as empresas, para fiscalizar a aplicação do novo salário-mínimo e conquistar as novas reivindicações.

Regozijo pela paz

Um dos pontos altos do comício, ao qual compareceram representantes de quase tôdas as organizações sindicais e populares do Distrito Federal e delegações dos Estados, foi a estrondosa salva de palmas com que a massa presente saudou as palavras do deputado Roberto Morena, em regozijo pela cessação do fogo na Indo-China. O parlamentar comunista congratulou-se com o proletariado indochinês, que à frente de seu povo soube levar com heroísmo à vitória a bandeira da soberania nacional e foi delirantemente aplaudido pela assistência.

Também por proposta de Morena foi aprovada uma moção de protesto contra a política e os crimes do govêrno de Castillo Armas contra os dirigentes do proletariado guatemalteco.

Assunção...
(Continuação da 1.ª pag.)

nossa redação formulando o seu protesto contra a demagogia de Assunção. Declararam os homens do campo que o Secretário de Finanças havia declarado que o Tesouro não tinha dinheiro nem para pagar as dívidas do Estado quanto mais para financiar lavradores.

Afirmaram indignados que sua visita vem revelar o que significa realmente a política do govêrno Assunção e dos deputados que o apoiam: política de enganar os lavradores e mantê-los submetidos a um regímen de dificuldades de toda sorte e carestia.

A comissão que nos visitou era integrada dos seguintes trabalhadores do campo: Amadeu R. de Sousa, Raimundo N. de Sousa, Joaquim X. do Nascimento, Sebastião G. Filho e Luiz do Nascimento.

66 sindicatos paulista que integram o Pacto de Unidade, conclamou os trabalhadores cariocas à intensificarem rápidamente a luta pelo congelamento, de modo a aprofundar sua unidade com o proletariado gaúcho e paulista.

Eloy Martins, representando os trabalhadores gaúchos, transmitiu em seu discurso valiosas experiências da greve geral que há pouco abalou o Estado, acentuando que só a ação corajosa e persistente dos trabalhadores, iniciada nas memoráveis lutas de Rio Grande, em 1951 e impulsionada através da organização de comissões nas fábricas, possibilitou o êxito total da greve pelo congelamento dos preços.

Posto de Alistamento Eleitoral do Jurunas
Rua dos Timbiras, 209

Funcionando o dia todo a serviço dos trabalhadores e dos moradores do bairro.

Prestará qualquer assistência aos que desejarem tirar o seu título ou desembaraçá-lo de qualquer dificuldade.

Fiscaliza as...
(Continuação da 1.ª pag.)

ricanos, no interêsse da preparação guerreira e de seus negócios, dominam todo o aparelho do Estado.

Essas visitas de oficiais americanos vem causando a mais viva repulsa de todos os patriotas e democratas que não admitem que o govêrno de Vargas transforme nossa Pátria em colônia dos Estados Unidos.

O deputado Imbiriba da Rocha protesta na Camara

Na reunião da Câmara de terça-feira, o deputado Imbiriba da Rocha protestou energicamente contra a presença em Belém de oficiais americanos para fiscalizar instalações militares como se nossa terra fosse colônia ianque.

O deputado Imbiriba da Rocha denunciou mais uma vez a significação dessas visitas que é submeter nossas forças armadas, à orientação estratégica do plano guerreiro dos imperialistas americanos na sua história de domínio do mundo.

Leia VOZ OPERARIA
O Grande Semanário dos Trabalhadores

Esteja sempre em dia com os acontecimentos nacionais e internacionais

A' venda: Senador Manuel Barata, 222-altos

Gréve dos Motoristas

BELO HORIZONTE, (IP) — Os motoristas de praça, que vêm sentindo a falta de gasolina, reuniram-se e fizeram paralisar todos os transportes coletivos desta cidade, retirando do tráfego os seus carros.

Durante várias horas, sòmente circularam os bondes elétricos. Essa medida foi tomada como um protesto em virtude da restrição no fornecimento de gazolina que se prolonga por muitos dias, sem que as autoridades responsáveis dêem qualquer solução. Para fazer normalizar o tráfego a polícia empregou medidas arbitrárias e violentas contra os motoristas, que os veículos passaram a ser guarnecidos por soldados.

Quando choferes e populares se reuniam para protestar contra a falta de combustível e exigir medidas do govêrno para solucionar a crise, a polícia interveio violentamente, atirando bombas de gás enquanto cavalarianos chegaram a invadir o edifício da Secretaria da Agricultura espancando e ferindo numerosas pessoas que para ali acorreram a fim de se defenderem.

Toda a população está indignada e protesta contra as violências do govêrno de Vargas e de seu executor em Minas, o governador Juscelino Kubitschek.

DEMOCRACIA POPULAR

O jornal que informa o movimento operário em todo o mundo e como lutam os povos pela paz e pela independência nacional

A' venda: Senador Manuel Barata, 222-altos

O leitor escreve
Lôbo faminto

Faminto lôbo á caça de alimento
percorre estradas e fareja ruas
na persuasão de achar um certo alento
ás gastas forças ou fraqueza suas.

Deambula a êsmo em frio sofrimento
faminto sempre e espáduas quasi núas
de espêsso pêlo, outr'ora o ornamento
desse animal que corpe culpas cruas.

Semelhante a essa lobo-fantasia,
que é bem capaz de ser uma verdade
neste humilde soneto sem poesia,

imposível ficarmos vacilando
ante a sequência da voracidade
de um lôbo vil que vai morrer uivando.

Peregrino

Compatriotas, Alistai-vos Como Eleitores!

Elejamos homens honestos e de confiança

Prestes afirma:

— O Partido Comunista participará ativamente da campanha eleitoral.

— O povo com o seu voto poderá impedir que cheguem ao Parlamento e aos demais postos eletivos conhecidos reacionários e agentes do imperialismo americano. Elegerá pessoas honestas e de sua confiança.

Procurai o Posto Eleitoral Mais Próximo

Amplie e Aprofunde a Sua Cultura Política
PROBLEMAS

Revista Que Discute a Solução de Todos os Problemas Ligados á Realidade Brasileira

A' venda: Senador Manuel Barata, 222-altos

Abrir Postos Eleitorais Em Tôda Parte

O alistamento eleitoral terminará no próximo dia 5 de Agosto. Até essa data é preciso transformar em eleitores o maior número possível de trabalhadores, homens e mulheres maiores de 18 anos.

Para isso é necessário abrir o maior número possível de postos eleitorais, em todas as cidades, vilas e povoados. Na capital do Estado e grandes cidades do interior é preciso abrir ao menos um posto eleitoral, em cada bairro.

A orientação para a abertura de Postos Eleitorais está publicada na edição de 10 de abril, de TRIBUNA DO PARÁ.

Os postos eleitorais podem ser abertos em nome dos candidatos, em nome de amigos que desejam cooperar ou simplesmente como pontos de alistamento.

O responsável pelo posto eleitoral pode ser qualquer cidadão, não precisando ser candidato registrado.

Vote em Imbiriba da Rocha

Organizam-se os Lavradores de São Luiz, da E.F.B.
Três Dias Para Intensificar o Alistamento Eleitoral
Castanha Pôdre Para as Operárias Quebrarem

Chamié escolhe as melhores castanhas para exportar — As operárias estão sendo prejudicadas

A Usina «Brasil» de beneficiamento de Castanha fica na Quintino Bocaiuva, entre Aristides Lôbo e a O' de Almeida. Essa Usina foi comprada pela Cia. Industrial do Brasil, que é dos Chamié.

Só castanha pôdre

As operárias que trabalham no descascamento de castanha na «Brasil», além do regime de exploração e opressão a que estão submetidas, vêm agora sofrendo um grande prejuizo no seu trabalho. Chamié manda crivar a castanha para exportar para a América do Norte as amendoas bôas e só dá para as operárias o refugo, as castanhas pôdres para serem quebradas. O resultado disso é que as operárias passam o dia todo trabalhando e no fim quase não tem nenhuma produção.

As operárias estão protestando e reclamam que o govêrno tome medidas contra a exportação de castanha sem casca e que o gerente da Usina mande cosinhar melhor a castanha e deixe de lhes dar só castanha pôdre.

Para Eleger os Candidatos da Juventude
Apêlo aos Jovens

Aproximam-se as eleições e os jovens, que constituem mais da metade da população brasileira, não poderiam ficar à margem dêsse acontecimento.

E dessa parcela de nosso povo que depende em grande parte o futuro do país, pois nenhuma outra reune em tão alto grau as qualidades de patriotismo, honestidade, entusiasmo, confiança no futuro, vontade de lutar para conquistar dias melhores.

Diante das eleições, é necessário que os jovens se mobilizem para que com o seu voto e esclarecimento, sejam eleitos homens honestos e patriotas, que nas Câmaras e no Senado lutem contra o imperialismo que asfixia a vida do país em todos os setores, na indústria, no comércio e na agricultura; pela reforma agrária que libertará 70% de nossa população de uma vida praticamente de servidão; pela melhoria do nível de vida da população, contra o analfabetismo e as doenças que aniquilam nosso povo. Homens, enfim, que se eleitos lutem realmente pelas mais caras aspirações do povo brasileiro.

Os jovens devem votar em candidatos de oposição a êsse govêrno de negocistas escandalosas, composto de homens que acumulam cada vez maiores lucros enquanto o povo é cada vez mais miserável.

Os jovens devem votar em candidatos que propugnem por: ensino gratuito, livros didático mais baratos, preços de esportes etc..., enfim as reivindicações de tôdas as camadas da juventude, pelos candidatos populares.

Mas os candidatos populares não contam com verbas desviadas de institutos, dinheiro de negociatas e de importações, e por isso mesmo, para custear sua propaganda eleitoral, foi lançada a Campanha Financeira de 50 MILHÕES de cruzeiros, da qual deverá participar a juventude com 2 MILHÕES.

Essa campanha financeira será decisiva para o êxito dos candidatos populares, e estamos certos de que a juventude em todos os campanhas dos 2 MILHÕES, será vitoriosa.

Não podemos permitir que por falta de dinheiro não seja feita a propaganda dos candidatos populares, que essa propaganda não atinja a todos os setores da população como é necessário.

Por isso apelamos aos jovens que dêm o melhor de seus esforços para a vitória da campanha dos 2 MILHÕES:
Tudo pelos 2 Milhões!!
Tudo pela vitoria dos candidatos populares!!

A Prefeitura Cobra Taxa Extorsiva

A Prefeitura Municipal de Belém está submetendo o povo pobre dos suburbios a mais uma escandalosa exploração.

Como se não bastasse o aumento dos alugueis de barracas, o encarecimento geral dos materiais de construção, a Prefeitura Municipal está cobrando uma taxa absurda de Cr$ 312 para o levantamento de uma barraca.

O pretexto é a exigência da planta dêsde aquêles que desejam licença não só para levantar uma barraca, mas para introduzir reformas nas já existentes.

Trata-se de uma medida que atinge em cheio a todos os moradores pobres dos suburbios onde só o povo sabe como vive em meio às mais duras dificuldades.

No entanto, movimentam-se as donas de casa e moradores para protestar contra a escandalosa taxa da Prefeitura, organizando comissões de protesto aos jornais e ao proprio Prefeito Municipal.

Impedidos de Trazer Seus Generos ás Feiras
Ato criminoso do chefe da Estação de Americano contra os lavradores e o povo

AMERICANO, (Do correspondente) — Vem causando os mais indignados protestos da grande massa de lavradores prejudicados, a criminosa medida tomada pelo chefe da Estação da E. F. de Bragança, nesta vila que prenden um vagão cheio de generos alimenticios e mercadorias dos colonos do município, de João Coelho.

Os generos, destinados ás feiras de Belém, para serem vendidos por preços mais compensadores, pertenciam a grande numero de lavradores pobres e colonos que ainda tinham uma oportunidade de vender os seus produtos diretamente ao povo.

Corre aqui a noticia que o chefe da E. F. de Bragança vai proibir definitivamente o transporte de generos dos colonos para Belém, sob o pretexto de que os mesmos viajam no vagão dos generos e sobre estes.

Os prejudicados atribuem a medida do chefe da Estação de Americano a uma provocação politica inspirada por politicos locais.

Os lavradores e colonos movimentam-se para realizar os mais energicos protestos.

Em Abandono as Estradas de Soure

SOURE, julho (Do correspondente) — A estrada de rodagem que deverá ligar esta cidade á vila de Santa Maria do Pesqueiro continua sendo uma das mais sentidas aspirações da população daquela cidade e de grande interesse para todos os pescadores e lavradores que terão uma via mais rápida para trazer os seus produtos á cidade.

Mais de 100 mil cruzeiros gastos e a estrada foi abandonada...

Até agora, porém, nada de positivo foi feito naquele sentido. Informa-se que já foram gastos mais de 100 mil cruzeiros, de verba federal pela Prefeitura e da estrada só há uma picada que foi aberta mas que no mato toma conta, fechando-a em pouco tempo.

Os trabalhos para abrir a estrada tiveram inicio em 1950, mas hoje estão praticamente abandonados.

Abandonada também a rodovia de Salvaterra.

Por outro lado, a situação da estrada de rodagem de Salvaterra-6 mil.

Trata-se de uma estrada que serve as populações de Salvaterra, jubim, Condeixa e foz do Camará. E' uma estrada de grande utilidade pública, a união de que dispõem, portanto, os pescadores, os lavradores e os moradores pobres dessas localidades.

No entanto, o DER, apesar de seus planos e verbas, já deu sinal de vida para manter a conservação da estrada e torna-la sempre útil aos moradores.

Estes já se movimentam para exigir que o DER mande conservar aquela importante rodovia.

Solto Jaime Miranda
Deve-se à solidariedade do povo e dos jornalistas a sua libertação

MACEIÓ (Do correspondente) — Foi libertado o jornalista Jaime Miranda, diretor do diário «Voz do Povo», que esteve encarcerado durante mais de um ano, condenado pela «lei de segurança» num processo farsa forjado pelos esbirros policiais do governador Arnon de Melo.

Jaime Miranda, ao sair da Casa de Detenção, foi festivamente recebido por um grande número de democratas, amigos e pessoas de sua família. A libertação de Jaime Miranda é fruto da solidariedade popular, particularmente dos profissionais de imprensa que, através da Federação Nacional dos Jornalistas, dos sindicatos da corporação e ABI realizaram diversos protestos junto ao Ministério da Justiça e ao governador de Alagoas, exigindo que cessasse a prisão daquele patriota.

Defenda Um Programa, Votando Nos Candidatos Populares

DEP. IMBIRIBA DA ROCHA

1) Melhores salários para os trabalhadores, de modo a atender às necessidades mínimas de suas famílias; lutar pelo fiél pagamento do salário-mínimo por parte dos patrões e pelo respeito aos demais direitos e conquistas da classe operária.

2) Imediato congelamento dos preços dos gêneros alimenticios e fomento à produção agrícola, combatendo na prática a carestia de vida que atormenta o povo.

3) Amparo aos lavradores, através de assistência técnica, crédito fácil e barato, garantia de posse da terra e de preços compensadores para seus produtos.

4) Defesa da soberania nacional, pela denúncia do Acôrdo Militar com os EE. Unidos e de outros tratados lesivos e atentatorios ao Brasil; proteção à nossa indústria e comércio, combate ao "Plano Aranha" e aos aumentos e novos imposto. Defesa das nossas riquezas.

5) Respeito aos direitos do povo consagrados na Constituição; combate enérgico às violências e arbitrariedades.

6) Combate às crescentes despesas de guerra do govêrno; por uma política de colaboração e entendimento entre todos os povos. Defesa da paz.

7) Melhoria de condições de vida das populações das cidades e do interior; medidas para regularizar a luz e energia elétrica em Belém, melhorar o transporte e o fornecimento de carne; estender o serviço de água aos bairros. Combate ao câmbio-negro, ao protecionismo e às negociatas administrativas.

Por um milhão de cruzeiros para eleger os candidatos populares!
Dê hoje mesmo sua contribuição!

Divulguem Problemas

Fundada a Associação dos Lavradores de São Luiz, na E. F. B.

SÃO LUIZ, (Do correspondente) — Foi organizada a Associação dos Lavradores desta localidade tendo sido eleita e empossada a seguinte diretoria:
Francisco Alves da Silva, presidente; Joaquim Vicente de Lima, vice-dito; Julia Maria de Lima, 1.ª secretária; Miguel Vicente da Silva, 2.º dito; José Francisco Alves, 1.º tesoureiro; Maria Felicia Alves, 2.º dito.

A Associação tem mais os seguintes membros:
Joaquim Vicente Alves, José Pereira do Nascimento, Francisco Coelho de Souza, Antonio Vicente da Silva, Marisco Caldas da Silva, Francisco Vicente de Lima, Inocencia Caido da Silva, Maria Moraes, Julia Alves da Silva, Alceu Vicente de Lima, Manoel de Oliveira Almeida, Maria de Nazaré da Silva, Norvina Maria de Lima, Enesima da Silva.

Para o próximo número remetemos uma reportagem completa sôbre a situação de dificuldades em que se encontram os lavradores de São Luiz, como os de toda zona bragantina, que não tem preços compensadores para seus produtos e vivem completamente abandonados.

Faltam 3 Dias Para Terminar o Alistamento

O prazo para o encerramento de transferência de títulos, alistamento e expedição de segundas vias, encerra-se no dia 3 de agôsto próximo. Se você ainda não é eleitor, procure imediatamente um pôsto eleitoral dos candidatos populares e preencha o seu requerimento. Avise também aos seus parentes e amigos que o prazo está se encerrando. A 3 de outubro o povo deverá votar contra os entreguistas e eleger os patriotas, e se você não providenciar o seu título, estará facilitando a eleição de seus próprios inimigos.

Grande Vitória das Professoras

Conforme o que aprovou a Câmara na reunião extraordinária de sexta-feira última, os vencimentos das professoras foram aumentados para os seguintes níveis:
Diretoras d' grupos escolares, Cr$ 2.300,00; Orientadoras de ensino, Cr$ 1.800,00; Professoras primárias com curso completo do Inst. Educ. do Pará, Cr$ 1.600,00; Professoras não diplomadas, Cr$ 1.300,00.
Foi uma grande vitória. Agora resta a 3.ª discussão do projeto, que será na segunda-feira.

AMANHÃ, DOMINGO
Vá Assistir á Apresentação dos Candidatos Populares
A' Av. Pedro Miranda c|Lomas, no bairro da Pedreira, a partir das 16 hs.
TEXTO NA 4a. PAGINA

Tribuna do PARÁ

Preço do Exemplar Cr$ 1,00

N. 169 — Belém do Pará, 14 de Agosto de 1954 — Ano IV

Manifesta-se a Assembléia Legislativa
CONTRA QUALQUER GOLPE DE ESTADO

Por eleições livres e democráticas a 3 de outubro — Autor do requerimento o deputado Imbiriba da Rocha

Na sessão do dia 12 do corrente, a Assembléia Legislativa do Estado, por iniciativa do deputado Imbiriba da Rocha, aprovou um voto de repúdio contra qualquer golpe de Estado ou tentativa de implantação de um novo período ditatorial no País. E' a seguinte a justificativa e o texto do requerimento do deputado popular:

«Considerando que no dia 3 de outubro próximo realizam-se as eleições para representantes em todas as Casas Legislativas do País e também para prefeitos e governadores.

Considerando que é do interesse do povo e do regime democrático que essas eleições se realizem efetivamente naquela data e dentro de um clima de completa liberdade constitucional;

Considerando que a situação econômica do País, por exclusiva responsabilidade dos governantes, é cada dia mais grave e tal fato gera desajustamentos sociais e políticos;

Considerando que os inimigos do regime democrático e elementos interessados em eternizar a situação de miséria, atrazo e dificuldade em que se debate o nosso povo, estão interessados em sufocar as liberdades constitucionais e instaurar no país um regime ditatorial fascista, como ocorreu em 1937, quando foram fechados todos os partidos políticos, dissolvido o Parlamento e amordaçada a imprensa;

Considerando que um clima de intranquilidade e insegurança vem sendo fomentado premeditadamente, afim de justificar um golpe de Estado, que já é objeto de cogitações no próprio Parlamento e de comentários na imprensa de todo o país;

Considerando que diante de tal situação é necessário que todas as forças democráticas e populares da nação tomem posição de firme combate e desmascaramento, denunciando os desígnios criminosos dos que pretendem liquidar a Constituição e instaurar um novo período de opressão e exploração contra o povo brasileiro;»

(Continua na 2.ª página)

A Carestia Em Marcha
Novos Aumentos Para o Povo Paraense
Açúcar, leite em pó, sabão e feijão — Exigir o congelamento

Vargas entrega o petroleo, os manganês, as reservas florestais, todas as nossas riquezas. A traição é completa.

Torna-se cada vez mais difícil a vida para os trabalhadores e a maioria da população da cidade que no momento enfrenta novos aumentos.

Açúcar a Cr$ 9,00

O preço do açúcar assume aspecto de um escândalo, graças ao governo de latifundiários e grandes capitalistas que é o de Vargas, açúcar exportado custa uma ninharia quando até no ano passado quando o comprador extrangeiro, particularmente as firmas americanas, adquiriam o nosso açucar de 1.ª qualidade por menos de... Cr$ 2,00! No entanto, na mesma ocasião o povo, para consumir açúcar de má qualidade como é o nosso caso no Pará, tinha que pagar Cr$ 6,00! A situação não mudou: os latifundiários do açúcar e o seu governo de

Vargas vendeu o produto mais barato para os ianques.

O consumidor paraense está pagando açúcar em Belém a Cr$ 9,00! Uma roubalheira para enriquecer, á custa do nosso esfomeamento, os donos do açúcar.

Leite «Ninho», sabão e feijão subiram

Também o leite «Ninho» do truste ianque «Nestlé» subiu para Cr$ 30,00. O sabão está já por Cr$ 20,00 e o feijão deu um pulo para 12 cruzeiros.

E' evidente que esse regime que aí está nada mais pode dar ao povo senão carestia crescente, enquanto enriquece os latifundiários e submete cada vez mais o país aos americanos.

(Continua na 2.ª pag.)

Vargas Entrega a Amazônia aos Americanos
A SPVEA suga 40 milhões para os trustes ianques investigarem todo o Vale

No momento exato em que uma missão americana vem fiscalizar no país o andamento dos Planos de exploração econômica e controle técnico e administrativo a serviço dos trustes ianques e dos objetivos guerreiros dos EE. UU. a Superintendencia do Plano de Valorização Econômica da Amazônia sugere 40 milhões para a União Florestal da F. A. O. realizar uma sistemática investigação da planície amazônica.

Vargas entrega a Amazônia á voracidade dos trusts

A missão F. A. O. aco-

(Continua na 2.ª pagina)

Avança a Campanha de 1 Milhão de Cruzeiros
Total Arrecadado: Cr$ 69.045,00   TEXTO NA 4a. PAGINA

PREPARA-SE EM SÃO PAULO
Gigantesco Protesto Contra a Carestia

Greve geral marcada para o dia 2 de setembro

S. PAULO, (IP) — Reunidos em numerosas assembléias sindicais, os trabalhadores paulistas ratificaram a decisão aprovada pelo Pacto de Unidade, de desencadear uma greve geral de 24 horas, no dia 2 de setembro próximo, pelo congelamento dos preços e por aumento de salários.

Tôda a população do Estado de S. Paulo prepara-se para participar.

ao lado da classe operária, do gigantesco protesto contra a carestia.

Além das assembléias sindicais, realizam-se comícios nos bairros e nos municípios do interior do Estado como parte dos preparativos da manifestação que constituirá uma severa advertência ao govêrno de Vargas, de Garcez, govêrno de tubarões e de esfomeadores do povo.

Por melhores salários, unidade e liberdade sindical, direito de greve, vote em

João Gomes Pereira
PARA A CÂMARA ESTADUAL

Ascenso Contínuo de Tôda a Economia Nacional da URSS

MOSCOU, (IP) — A Direção Central de Estatística, anexa ao Conselho de Ministros da URSS acaba de publicar um Comunicado fornecendo o Balanço de Cumprimento do Plano do Estado de Desenvolvimento da Economia Nacional da URSS no primeiro semestre de 1954.

O Balanço, apresentando dados concretos, constata o progresso realizado na indústria, na agricultura e nos transportes, o incremento das obras básicas, a ampliação do comércio interno e externo, o aumento do número de operários e empregados e o desenvolvimento cultural no primeiro semestre de 1954.

Segundo êsses dados, a produção global de tôda a indústria da URSS, cresceu 14% no primeiro semestre de 1954, em confronto com o mesmo período do ano passado. No primeiro semestre de 1954, a produção global da indústria foi de 109% superior à do mesmo período de 1953. O plano de extração de carvão, petróleo, gás natural, de produção de laminados, tubos de aço e de metais diversos, combustíveis, energia elétrica, locomotivas, caminhões, ônibus, motocicletas, tratores e de numerosos outros artigos foi ultrapassado.

Na indústria leve, por exemplo em confronto com o 1º semestre de 1953 foram produzidos a mais 3% de tecidos de algodão, 10% de tecidos de lã, 57% de tecidos de seda, 10% de calçados de couro, 107% de rádios, 188% de aparelhos de televisão, 25% de máquinas de costura, 349% de aspiradores de pó, etc. Elevou-se também a produção de produtos alimentícios: leite condensado, 12%, azeite 17%, queijo, 5%, conservas, 5%, chá, 14%, vinhos, 10%.

Nos colcoses e sovcoses em 1954 foram semeados mais 9,5 milhões de hectares de plantas de inverno,

do que no ano passado. A superfície de plantio de algodão aumentou em 354.000 hectares. Foi maior do que no ano passado a semeadura de beterraba, girassol e de numerosas outras espécies vegetais. A agricultura recebeu 92.000 tratores, 52.000 ceifadeiras, 18.010 colheitadeiras combinadas e 15.000 segadoras.

O número de operários e empregados ocupados na economia nacional no primeiro semestre de 1954, cresceu consideravelmente com relação a 1953. Na indústria, na construção e nos transportes o número de operários e empregados aumentou em 1.200.000; nos estabelecimentos de ensino e instituições de investigação científica e sanitárias, em mais de 300.000, e no comércio e serviços comuns, em 100.000.

Na agricultura, o número de operários e empregados nas Estações de Máquinas e Tratores (E. M. T.) e nos sovcoses aumentou em 2.300.000 comparado com o primeiro semestre de 1953.

Neste ano, mais de 550.000 jovens especialistas terminam seus estudos nos centros de ensino superior e nas escolas técnicas (incluídos os cursos por correspondência).

Cêrca de 22 milhões de pessoas, no primeiro semestre do corrente ano, desfrutaram de férias pagas, que anualmente são concedidas a todos os operários e empregados. Foi maior o número de trabalhadores que passaram suas férias nos sanatórios e casas de descanso gratuitamente ou a preços módicos.

Os resultados do cumprimento do plano no primeiro semestre de 1954, informa o Comunicado, atestam o avanço contínuo de tôda a economia nacional da U. R. S. S. e a marcha feliz do cumprimento das tarefas do Plano quinquenal de desenvolvimento da URSS para 1951-1955.

Tribuna do PARÁ

N. 170   Belém do Pará, 21 de Agosto de 1954   Ano IV

O Govêrno Que Pague os Telefones dos Grupos Escolares

O deputado popular, em sessão do dia 17, depois de ligeira justificativa, apresentou o seguinte requerimento:

Requeiro que, ouvido o Plenário, esta Assembléia oficie ao sr. Governador do Estado solicitando que S. Excia. determine as seguintes medidas:

a) à Secretaria de Economia e Finanças no sentido de que a mesma, através da Divisão de Despesa, pague o aluguel dos telefones instalados nos grupos escolares desta Capital, pagamento êsse que, sem razão de ser, até agora vem sendo feito pelas próprias professoras lotadas nessas unidades escolares, que para isso se cotizam mensalmente;

b) à Secretaria da Educação para que providencie junto à Pará Telephone & Cia. a imediata instalação de aparelhos nos grupos onde os mesmos ainda não existem.

a) Imbiriba da Rocha

O pedido do representante comunista feito em atendimento ao apêlo de numerosas professoras, foi aprovado em sessão do dia 19 do corrente.

Vitoriosa a Greve dos Colonos de Café

S. PAULO, (IP) — Os colonos de café da fazenda Ribeirão Corrente, no município de França, neste Estado, declararam-se em greve por aumento de salários. A greve durou apenas um dia. O fazendeiro teve de conceder o aumento de salário pleiteado.

Preço do Exemplar Cr$ 1,00

Manifesto Eleitoral do Partido Comunista do Brasil

"É preciso que o voto seja contra a carestia da vida e contra a fome, contra a colonização do país pelos EE. UU. e pela emancipação nacional, em defesa das liberdades democráticas e da Paz"

Leia na 3a. página desta edição a íntegra do importante documento político

PRESTES

AMANHÃ, DOMINGO
Vá ao Grande Comício no Jurunas de Apresentação dos Candidatos Populares
Local: Travessa dos Jurunas com Timbiras, ás 16 horas

PÁGINAS DE RESISTÊNCIA

MANIFESTO ELEITORAL
do Partido Comunista do Brasil

"O Partido Comunista do Brasil está convencido de que é possível organizar uma ampla coalizão de forças patrióticas e democráticas que incorpore operários e camponeses, a intelectualidade, a pequena burguesia e a burguesia nacional"

O Comité Central do Partido Comunista do Brasil acaba de lançar o seguinte manifesto a propósito das eleições de 3 de outubro próximo:

BRASILEIROS !

Trabalhadores !

Aproximam-se novas eleições. A 3 de outubro, serão eleitos os representantes ao Congresso Nacional, às Assembléias Legislativas Estaduais e às Câmaras Municipais, bem como numerosos governadores e prefeitos. Trata-se de um acontecimento político da maior importância e que interessa a todo o povo. Milhões de brasileiros, através do voto, proferirão seu julgamento sôbre o govêrno e os partidos políticos, sôbre seus atos e realizações nos últimos três anos.

Que realizaram, nesse período, os homens que têm a responsabilidade de dirigir o país ?

A resposta a esta pergunta está diante de todos. Está na catastrófica situação econômica que o Brasil atravessa, na vida de miséria que leva o povo, nos frequentes atentados às liberdades democratas, na submissão crescente dos governantes aos magnatas norte-americanos.

Na campanha eleitoral de 1950, o sr. Getúlio Vargas, então candidato à presidência da República, prometeu mundos e fundos. Baixar o custo da vida, vender a carne verde a quatro cruzeiros o quilo, combater os tubarões, aumentar o bem-estar da população—foi o menos que prometeu. Falava em defender a democracia, em assegurar os direitos sindicais, em realizar a reforma agrária, em enfrentar os monopólios norte-americanos. Anunciava que subiria ao Catete com o povo.

Os fatos revelaram o que valiam as promessas de Vargas — mentira, engôdo e mistificação.

Durante o govêrno de Vargas tudo piorou para o povo. A vida tornou-se cada vez mais cara. Desvaloriza-se aceleradamente o cruzeiro, cai vertiginosamente o salário real, aumentam assustadoramente os preços dos artigos de consumo popular, dos aluguéis de casa, dos medicamentos e dos transportes. Crescem os impostos extorsivos, os preços das matérias-primas, as taxas de ensino. Os lucros dos latifundiários e grandes capitalistas, os lucros das emprêsas dos monopolistas norte-americanos atingem cifras verdadeiramente astronômicas. Há emprêsas com lucros de 5.000%, como determinou um prejuízo de 33 milhões de cruzeiros à Prefeitura do Distrito Federal, como os aumentos da COFAP nos preços do açúcar, do leite, da carne, como os empréstimos de favor no Banco do Brasil, como os desvios de verbas no Ministério da Guerra, etc.

O govêrno de Vargas é um govêrno de traição nacional. Sua política de completa submissão aos governantes norte-americanos manifesta-se em todos os aspectos da vida do país. O govêrno de Vargas firmou o ignominioso «Acôrdo Militar» com os Estados Unidos e, numa humilhação sem nome ao povo brasileiro e aos militares patriotas, entrega o contrôle e a supervisão das fôrças armadas brasileiras aos agentes fardados do imperialismo norte-americano.

O Govêrno de latifundiários e grandes capitalistas, o govêrno de Vargas submete-se com um servilismo sem precedentes ao govêrno dos Estados Unidos, e faz dos representantes do Brasil no exterior lacaios do Departamento de Estado norte-americano. Na Conferência de Caracas o ministro do Exterior do govêrno de Vargas deu-se ao mero executor das ordens do incendiário de guerra Foster Dulles. Mais descarada ainda foi a intervenção do Itamaratí a favor das manobras diplomáticas com que o govêrno de Eisenhower tentou mascarar sua brutal intervenção a mão armada na Guatemala.

Brasileiros !

Trabalhadores !

O govêrno de Vargas recorre ao emprêgo da violência e do terror contra o povo. Revive as antigas leis reacionárias do Estado Novo e formula novas leis anti-populares. Amordaça a imprensa e coloca a liberdade ao arbítrio de uma polícia de bandidos. Promulga a nova «Lei de Segurança do Estado», que anula todos os direitos democráticos inscritos na Constituição. Encaminha ao Congresso Nacional, como o título de «Lei de Fidelidade à Pátria», um projeto que tem por fim legalizar a perseguição aos funcionários públicos civis e militares que lutam pela paz e em defesa da soberania nacional. A pretexto da regulamentação do direito de greve, pede ao Congresso uma lei que anula essa prerrogativa e ameaça com severas penalidades os operários que lutam contra a exploração patronal. Intervem nos sindicatos e, com a Portaria n.º 20 do Ministério do Trabalho, restabelece o odiado atestado de ideologia. O govêrno de Vargas já prendeu, espancou e torturou a milhares de patriotas e democratas. A polícia assassina trabalhadores e jornalistas.

Para realizar essa política antipopular e de traição à pátria, o govêrno de Vargas conta com o apoio dos círculos dirigentes de todos os partidos políticos das classes dominantes. Reacionários empedernidos, como Ademar de Barros, Juscelino Kubitschek, Lucas Garcez, Etelvino Lins, João Cleofas, Amaral Peixoto, Café Filho, Juraci Magalhães e tantos outros procuram passar por patriotas e democratas, mas a todo instante revelam sua face de lacaios dos imperialistas norte-americanos. Dirigentes do PSD e do PTB, bem como a quase totalidade de seus deputados e senadores, aplaudem a política de fome, de violência e de militarização do govêrno de Vargas. Dirigentes da UDN, do PSP e do PSB, pretendem passar por oposicionistas, mas proclamam e dão seu apoio à política de entrega do país aos monopolistas norte-americanos e de opressão e exploração crescentes do povo.

Contra essa política lutam, porém, as grandes massas populares. A classe operária ergue-se em lutas memoráveis pela conquista de suas reivindicações. Crescem as lutas dos camponeses, dos estudantes, das mulheres e dos intelectuais. Une-se o povo para salvaguardar a indústria nacional ameaçada pelos monopólios norte-americanos; pelo estabelecimento de relações com a União Soviética, a China Popular e os países de democracia popular; para impedir que as riquezas nacionais continuem a ser assaltadas pelos magnatas dos Estados Unidos; para proteger as mais caras tradições populares e o valioso patrimônio nacional nas letras, nas artes e nas ciências, ameaçado de liquidação pelos agentes norte-americanos; para resguardar a soberania nacional atingida por acordos e tratados colonizadores com os Estados Unidos.

Em face das lutas do proletariado e das massas populares, entram em choque os interêsses dos exploradores, aprofundam-se as contradições que dividem e esfacelam os partidos políticos das classes dominantes e, em obediência às ordens de seus amos norte americanos, a minoria reacionária que domina o país ameaça a nação com golpes de Estado e militares. Os políticos reacionários e os generais fascistas querem esmagar o movimento operário e democrático, querem implantar no país uma ditadura fascista, seja dirigida pelo próprio Vargas, seja a pretexto de luta contra Vargas. Tudo fazem, violam a Constituição, expedem instruções ilegais, etc., para impedir que os comunistas participem da campanha eleitoral e para tornar impossível o registro de candidatos do povo. Com receio cada dia maior das ações das grandes massas e de seu despertar político através da campanha eleitoral, do provável resultado do pleito eleitoral, manobram e tratam de intervir abertamente para impor a eleição de conhecidos reacionários e de agentes e lacaios dos imperialistas norte-americanos. Milhões de brasileiros pela muito eleição poderão fazer os seus candidatos, o esclarecimento político do povo e aproveitar o ensejo para colocar nos postos do govêrno conhecidos agentes do imperialismo norte-americano, como Cordeiro de Farias e seus parceiros.

Brasileiros !

Trabalhadores !

Esta a situação em que se vão realizar as próximas eleições. Cresce a impopularidade de Vargas e de tôda a sua camarilha. Cresce o desprestígio dos círculos dirigentes dos partidos políticos das classes dominantes, cujos representantes ao Congresso Nacional, nas Assembléias Legislativas Estaduais, nas Câmaras Municipais e demais cargos eletivos, com raras exceções, nada fazem em benefício do povo e em defesa dos interêsses nacionais.

Partidos e candidatos lançam-se à mais torpe demagogia, convertem a campanha eleitoral num cortejo de promessas fáceis que, como sempre, serão logo relegadas ao esquecimento e ao desprêzo. Os mais conhecidos reacionários e os mais cínicos agentes dos imperialistas norte-americanos tratam de apresentar-se às grandes massas com as roupagens de patriotas e democratas, de amigos do povo, de «moralizadores», de «esquerdistas» e até mesmo de anti-imperialistas.

Sob o atual regime, as eleições não passam de um meio para iludir as massas e esconder o caráter despótico do govêrno. Milhões de brasileiros analfabetos, assim como os soldados e marinheiros, estão privados do direito de voto e o Partido Comunista está impedido de utilizar sua própria legenda e de participar diretamente da campanha eleitoral.

É indispensável, no entanto, que as fôrças democráticas participem ativamente do pleito. É um dever patriótico fazer uso do direito que as leis ainda dão para levar aos cargos eletivos democratas sinceros, legítimos representantes do povo. É um dever patriótico utilizar a arma do voto para impedir que os politiqueiros lacaios dos governantes de Washington sejam levados aos postos eletivos. É preciso derrotar a minoria traidora que no Brasil realiza a política dos monopólios norte-americanos.

O povo deve fazer uma justa escolha dos candidatos. Não julgar cada partido e cada candidato apenas pelas palavras, mas pelos atos, pelas posições tomadas diante dos grandes problemas nacionais e das questões de maior interêsse popular. Distinguir os que estão a serviço do povo e da pátria, dos traidores que se utilizam dos postos eletivos de patriotas e democratas, de amigos do povo, dos legítimos representantes do povo, permitirá o ulterior desenvolvimento das lutas populares em defesa da paz, das liberdades e da independência nacional.

A campanha eleitoral deve servir para unir as amplas fôrças democráticas e patrióticas. As grandes massas populares devem ser mobilizadas e esclarecidas, devem ser alertadas para que não se deixem enganar pelos demagogos a serviço da reação e dos imperialistas norte-americanos.

O povo poderá fazer das eleições de 3 de outubro uma vigorosa manifestação de protesto, demonstrar sua repulsa ao govêrno de Vargas e à sua política de traição nacional, de miséria e reação policial. A derrota eleitoral de Vargas, dos políticos reacionários e dos demagogos a seu serviço constituirá poderosa manifestação da luta patriótica e da vontade de paz do povo brasileiro, de sua oposição aos assassinos que querem levar o mundo a uma terceira guerra mundial. A eleição de legítimos representantes do povo permitirá o ulterior desenvolvimento das lutas populares em defesa da paz, das liberdades e da independência nacional.

O Partido Comunista do Brasil está convencido de que é possível organizar uma ampla coalizão de fôrças patrióticas e democráticas que incorpore operários e camponeses, a intelectualidade, a pequena burguesia e a burguesia nacional. Apelamos para todos, sejam conformes os partidos políticos a que estejam filiados e as idéias que adotem, para que se unam para a luta pela paz, pela independência nacional, pelas liberdades democráticas, por melhores condições de vida para o povo. É preciso que o voto seja um voto contra a carestia da vida e contra a fome, contra a colonização do país pelos Estados Unidos e pela emancipação nacional, em defesa das liberdades democráticas e da paz. Esta é a plataforma política que pode unir tôdas as fôrças e correntes políticas interessadas no progresso do Brasil e no bem-estar das massas populares.

Dirigimo-nos a todos os patriotas e democratas, a tôdas as pessoas honestas que queiram empenhar sua energia e sua boa-vontade à luta para salvar a pátria e o povo da terrível situação em que se debatem. Utilizemos a campanha eleitoral para reforçar a luta contra a carestia da vida, pelo congelamento de preços, por um justo salário, contra as perseguições policiais e pela liberdade sindical. Lutemos, pela baixa do arrendamento da terra, pela prorrogação dos contratos de arrendamento e demais reivindicações camponesas. Reforcemos a luta pela paz, pela interdição das bombas atômicas e de hidrogênio, pela solução pacífica de todos os problemas internacionais. Exijamos a revogação das instruções fascistas do Tribunal Superior Eleitoral que, arbitrariamente, impedem o registro dos candidatos populares, derrotemos a agitação 32 «Lei Eleitoral de Emergência» e lutemos pela imediata aprovação da ordem que restabeleça o registro eleitoral do Partido Comunista. Organizemos nos Estados e Municípios amplas coalizões democráticas eleitorais em tôrno de programas concretos que incluam as reivindicações locais mais sentidas, especialmente no que se refere à instrução pública, à assistência médica para o povo, ao fornecimento de luz, ao abastecimento de água, ao serviço de esgotos, à construção de estradas, etc.

O Partido Comunista do Brasil luta pela libertação do Brasil do jugo imperialista, pela revolução agrária que entregue a terra aos latifundiários gratuitamente a terra nas mãos daqueles que a trabalham, pela eliminação do campo, pela derrocada do atual regime de latifundiários e grandes capitalistas e sua substituição pelo regime democrático-popular. São êstes objetivos do Programa do Partido e pelos quais lutamos intransigentemente. Estamos convencidos de que êste o único caminho da salvação nacional, mas estendemos a mão a todos os patriotas que conosco queiram dar um passo ao menos a favor de medidas que redundem em benefício do povo. Estamos prontos a entrar em entendimento com tôdas as fôrças políticas, líderes políticos e demais correntes patrióticas que queiram unir-se em tôrno de uma plataforma democrática a fim de derrotar eleitoralmente as fôrças da reação e do entreguismo. Em cada Estado e em cada município os comunistas marcharão com as pessoas honestas que queiram unir-se numa ampla coalizão democrática eleitoral para as próximas eleições de candidatos reacionários, os ladrões e negocistas, os demagogos a laia, inimigos da paz, das liberdades e da independência nacional.

Cidadãos !

Unamo-nos e façamos da campanha eleitoral uma cruzada em defesa da paz, das liberdades, da independência nacional. Sòmente organizado, poderá o povo assegurar a eleição de seus legítimos candidatos. Unido, o povo poderá impor sua vontade, conseguir o registro de seus legítimos candidatos nos tribunais eleitorais e derrotar a reação. A tarefa do verdadeiro democrata não é outro apenas, mas lutar pela unificação de tôdas as fôrças patrióticas e progressistas, não poupar esforços para que eles entrem em acôrdo a fim de poderem lutar com sucesso contra os inimigos do povo e da pátria. A unidade e a organização são indispensáveis para assegurar a posse dos candidatos eleitos e para exigir a realização das promessas feitas ao povo.

Brasileiros !

Trabalhadores !

Organizai-vos nas fábricas, nas fazendas, nos bairros, nas escolas, nos escritórios e repartições, em todos os locais de trabalho ! Organizai-vos em amplos comités democráticos eleitorais — em comités de fábrica, de fazenda, de bairro, em comités de mulheres, de jovens, etc. Através de comités democráticos eleitorais será possível organizar em tôrno de uma plataforma comum milhões de tôdas as tendências políticas e das mais diversas opiniões, de tôdas as classes e camadas sociais. Os comités democráticos eleitorais, como instrumentos de ação, constituirão o órgão capaz de impor a eleição de verdadeiros representantes do povo e de impor o registro eleitoral dos legítimos representantes do povo e de assegurar sua vitória eleitoral.

Concidadãos !

Saudemos os patriotas que nos Estados e Municípios já se uniram em amplas coalizões democráticas para a batalha eleitoral e para a vitória. Saudemos a campanha cívica da Liga da Emancipação Nacional conclamando o povo para derrotar os entreguistas e eleger os patriotas. Participemos ativamente da campanha eleitoral.

Camaradas membros do Partido !

O próximo pleito eleitoral exige dos comunistas a maior atividade. É dever de cada militante do Partido participar da batalha eleitoral a fim de conquistar reivindicações das grandes massas, alertá-las contra a demagogia de seus piores inimigos, despertá-las, organizá-las e uni-las para a luta em prol de suas reivindicações e para que consigam a vitória de seus legítimos candidatos. É dever de cada comunista difundir e popularizar entre milhões de brasileiros o Programa do Partido. Unamos o povo e lutemos pela vitória eleitoral de seus candidatos, sejam comunistas ou sejam sem partido. Saibamos educar politicamente nossos concidadãos, indicando-lhes o caminho da salvação nacional traçado no Programa de nosso Partido.

Concidadãos !

Todos às urnas em 3 de outubro ! Lutemos pela vitória dos candidatos do povo ! Saibamos tomar em nossas próprias mãos os destinos da pátria ! Não permitamos que cheguem aos cargos eletivos os agentes da opressor norte-americano ! Derrotemos os inimigos do povo !

Viva a unidade da classe operária !

Viva a união de todos os homens e de tôdas as mulheres dispostos a lutar pela paz, e as liberdades, a garantir o pão para os seus filhos, a lutar pela independência do Brasil !

Salve a unidade da pátria !

Todos às urnas para defender a democracia, a paz e a independência nacional !

O COMITÊ CENTRAL
DO PARTIDO COMUNISTA DO BRASIL

Julho de 1954

45

No Próximo Domingo
Instalação da I Conferência de Lavradores e Trabalhadores Agrícolas em Capanema

Apoiado Pelos Ianques
Café Filho Sucede Vargas

Tribuna do PARÁ

N. 171 — Belém do Pará, 28 de Agosto de 1954 — Ano IV

PRESTES
Desmascara os Golpistas

PRESTES

1 — Os imperialistas norte-americanos, patrões de Vargas e de seus adversários procuram criar um ambiente que facilite o desfecho de um golpe de Estado.

2 — É necessário unir todos os patriotas e democratas, trabalhadores e patrões, homens e mulheres, jovens e velhos para defender a Constituição e impedir qualquer golpe de Estado e militar, venha de onde vier.

3 — «Não nos conformaremos com os fatos consumados e se os demagogos e generais tiveram a ousadia de jogar contra os brasileiros, saberemos reagir e nos colocar com rapidez e decisão ao lado de todos aqueles que queiram lutar e defender a Constituição». (PRESTES)

RIO, (IP) — LUIZ CARLOS PRESTES, o grande líder do povo brasileiro, secretário-geral do Partido Comunista do Brasil, concedeu à «Imprensa Popular» a seguinte entrevista:

PERGUNTA — Que pensa da agitação feita em torno do atentado em que morreu um oficial da Aeronáutica?

RESPOSTA — Essa agitação não é fruto do acaso, nem pode traduzir surpresa diante do crime. Os trabalhadores brasileiros há muito conhecem os instintos sanguinários do sr. Vargas e de seus policiais. Não nos esqueceremos jamais do Estado Novo e, no atual governo de Vargas, já não foram poucos os trabalhadores barbaramente torturados pela polícia e mesmo assassinados, como o ferroviário Francisco de Souza, o ferroviário gaúcho assassinado em dezembro de 1952, do taifeiro Clarindo, barbaramente torturado pela polícia do exército de Aimé Rosa, o bravo tecelão carioca assassinado na greve de janeiro de 1952. Mas há outros. O caso de Nestor Moreira...

(Continua na 2.ª página)

Apoiado Pelos Ianques

[...column text partially illegible...]

EDITORIAL

Defender a Constituição e Impedir Novos Passos Terroristas

A entrevista de Prestes é um documento decisivo na atual situação em que os agentes dos monopólios norte-americanos, temerosos do povo, tramam romper definitivamente com a Constituição e mergulhar nossa pátria nas trevas de uma ditadura de militares fascistas. A palavra de Prestes exprime o sentimento e a decisão das grandes massas e orienta todos os patriotas sobre como agirem nesse momento de profunda instabilidade da política nacional. Pela palavra de seu dirigente provado, a imensa maioria de nosso povo demonstrou sua decisão de derrotar inapelávelmente os que ousarem dar novos passos terroristas para aprofundar a política de traição nacional dos atuais dirigentes do país.

«Não nos conformaremos com fatos consumados e se os demagogos e generais fascistas tiverem a ousadia de jogar brasileiros contra brasileiros, saberemos reagir e nos colocar com decisão e rapidez ao lado de todos aqueles que queiram lutar e defender a Constituição», diz Prestes.

As palavras de Prestes tornam precisa a atitude do povo diante da conspiração contra a Constituição nos arraiais desmoralizados do governo de Vargas e outros agentes ianques como Cordeiro de Farias, Juarez, Eduardo Gomes e Cia. Pela solene advertência que encerram elas constituem uma contribuição poderosa à luta do nosso povo para fazer recuar o golpe, assegurar a realização das eleições e, se necessário, impôr a punição exemplar dos que ouseram liquidar as garantias constitucionais.

O chamado de Prestes reafirma a inalterável política de princípios do Partido Comunista que não se deixa arrastar pelos bandos das classes dominantes, todos a serviço dos monopólios norte-americanos, e só tem a guiá-lo os interesses do povo. Mas, exatamente porque visa à defesa da pátria, o P.C.B. abre a mais ampla perspectiva de união com todos aqueles que «acima de condições sociais, de tendências políticas, de crenças religiosas» queiram unir-se e organizar-se «para defender a Constituição e impedir qualquer golpe de Estado e militar, venha de onde vier».

A justa orientação de Prestes cria maiores responsabilidades para todos os patriotas e democratas, que devem dar provas de firmeza de propósitos conduzindo o povo a organizar e unir suas fileiras para impôr sua vontade.

Conferência de Lavradores e Trabalhadores Agrícolas da Estrada de F. de Bragança

Será instalada no próximo domingo, 5 de setembro, em Capanema — Intensificam-se os preparativos

Os lavradores e trabalhadores agrícolas da Estrada de Ferro de Bragança, movimentam-se ativamente para realizar o seu primeiro encontro regional para debater os seus principais problemas e em apoio à II Conferência Nacional de Trabalhadores Agrícolas que...

(Continua na 2.ª página)

Lida na Assembléia a Entrevista de Luis Carlos Prestes Contra o Golpe

Amanhã, Domingo, ás 17 Hs.
Na Cremação os Candidatos Populares
Grande Comicio no Largo da 20 de Março

União de Todos Para Defender a Constituição

Diante dos acontecimentos políticos que culminaram com a substituição de Vargas no governo, o Sindicato dos Jornalistas do Pará, reunido em assembléia geral tomou importantes resoluções em defesa da Constituição.

Essas resoluções no fundamental são:

1 — Telegrafar ao Presidente da República, externando o sentimento da classe pelo lutuoso acontecimento que abalou a Nação, e expressando sua convicção de que, fiel ao seu passado, preservará o regime contra quaisquer atentados à Constituição.

2 — Conclamar a classe a permanecer coesa e firme em defesa das garantias constitucionais.

3 — Manifestar a mais viva repulsa da classe a qualquer movimento tendente a suprimir os direitos conquistados pelos profissionais de imprensa.

4 — Manter viva vigilância para garantir a liberdade de imprensa em todos os seus aspectos, assegurando a integridade física e profissional dos jornalistas; a livre manifestação de pensamento; o livre acesso às fontes de informações; e o direito dos trabalhadores de imprensa associarem-se livremente em suas entidades de classe.

5 — Continuar a luta pela liberdade sindical.

6 — Convidar as diretorias de todos os Sindicatos de trabalhadores deste Estado para uma reunião conjunta, a fim de acertarem medidas objetivando a defesa das prerrogativas já outorgadas aos trabalhadores, bem como as pertinentes à Constituição Brasileira.

Patriótico Apelo da Camara Estadual
Lutemos Unidos Contra a Carestia

Que seja revogado o aumento da gasolina e aprovado importante requerimento do deputado Imbiriba da Rocha — lutemos pelo congelamento dos preços

DEP. IMBIRIBA DA ROCHA

A Standard Oil, truste americano que controla em nossa pátria quase que inteiramente o comercio da gasolina e outros combustíveis petrolíferos, conseguiu mais um aumento para aqueles produtos. E' um aumento que vem trazer mais dificuldades à cidade de Belém cujo transportes urbanos não dispensam a gasolina e os óleos lubrificantes.

Patriótico manifesto da Assembléia Legislativa

Diante de tais fatos, a Assembléia Legislativa toma posição, aprovando, segunda-feira ultima, um importante requerimento do deputado Imbiriba da Rocha no sentido de que a referida Assembléia telegrafe aos srs. Presidente da República, Ministros da Fazenda e Agricultura, e Presidente do Conselho Nacional de Petróleo, manifestando o descontentamento desta Casa pela majoração do preço da gasolina e demais combustíveis, e dos lubrificantes, uma vez que tal medida virá agravar ainda mais a difícil situação de economia brasileira, particularmente no setor dos transportes, e trazer efeitos desastrosos para os trabalhadores e o povo, e, por tudo isso, solicitando seja imediatamente revogado o aumento em referência e congelados os preços dos gêneros, mercadorias e produtos indispensáveis à vida do povo.

O requerimento aprovado solicita ainda que a decisão seja comunicada à Associação dos Proprietários de Transportes Coletivos de Belém, com um apelo da Casa no sentido de que os proprietários de ônibus, ao invés de pleitear novos aumentos de preços das passagens, medida que não resolve em absoluto a situação, se unam aos motoristas de praça, aos Sindicatos de trabalhadores, aos estudantes e ao resto do povo, num grande movimento destinado a obter as medidas preconizadas por este requerimento.

Vibrou o Povo Com os Seus Candidatos

O grande comicio de domingo último no Jurunas

Domingo ultimo o bairro do Juruna foi impolgado pelas patrióticas palavras dos candidatos populares no grande comicio que teve lugar à travessa Jurunas com Timbiras.

Faixas e cartazes

O comicio dos candidatos populares teve grande preparação, que constou da colocação de uma faixa com os nomes dos candidatos populares do próprio bairro, Moisés Barros e Sandoval Barbosa, faixa essa colocada à travessa Jurunas com a rua Tamoios, bem como das doze inscrições, convidando todos os moradores para comparecerem e ouvirem a palavra dos candidatos populares e do deputado Imbiriba da Rocha.

Grande massa aplaudiu os candidatos

O comicio teve grande assistência, sendo anunciado por Walter Holanda, que em cada apresentação fazia um rápido resumo da vida dos candidatos na luta firme e decidida contra êste regime de fome, de miséria e de analfabetismo. Foi iniciado o comicio pelo candidato do bairro Sandoval Barbosa, que em rápidas palavras analisou o carater das próximas eleições, apelando para que o povo ouvisse com atenção os oradores seguintes, os quais mostrariam com fatos as causas que estão levando o nosso país à ruina.

União contra o entreguismo e os golpes fascistas

A seguir ouviu-se a palavra do candidato do bairro Moisés Barros, que mostrou a necessidade do povo organisar-se e lutar unido contra os candidatos entreguistas. Ouviram-se a seguir as palavras dos candidatos populares por outros bairros, Guilherme Cruz, Manoel Albuquerque, Wilson da Silveira e, finalmente, a palavra esclarecedora do deputado Imbiriba da Rocha, que se fez ouvir durante 40 minutos, mostrando ao povo, de maneira clara e simples, a ameaça que paira sobre o Brasil e sobre o povo com as tentativas de golpes fascistas encabeçados por militares a serviço dos trustes norte-americanos. Enalteceu a figura patriótica de Prestes, esclarecendo ao povo que se estivessemos num regime verdadeiramente democrático Prestes e o Partido Comunista do Brasil participariam livremente das eleições. Mostrou repetidas vezes que o Partido Comunista do Brasil é o unico e verdadeiro Partido de classe operaria e do povo brasileiro, pois é o unico que abre as lutas contra a guerra, contra a carestia, contra a infamante Acôrdo Militar, contra a entrega de nossas riquezas aos Estados Unidos, contra o envio de nossos filhos para as aventuras guerreiras dos imperialistas norte-americanos contra a exploração e a carestia, por maiores salarios e pela Paz.

Tornar vitoriosa a Campanha dos 50 milhões

O deputado Imbiriba da Rocha mostrou a necessidade de contribuir para o sucesso da campanha dos 50 Milhões

(Continua na 2.ª pag.)

Campanha de 1 Milhão

Quadro demonstrativo das arrecadações em nosso Estado, da campanha dos 50 milhões de cruzeiros, para eleger os patriotas e derrotar os entreguistas

SETOR	IMPORTANCIA	
	Planejada	Recolhida até 13/8/54
Comissão de Campanha	242.000,00	59.740,00
Marítimos	90.000,00	4.680,00
Belém	90.000,00	1.655,00
Castanhal	14.000,00	2.000,00
Bragança	14.000,00	530,00
Baixo Amazonas	14.000,00	1.350,00
Baixo Tocantins	14.000,00	200,00
Médio Tocantins	10.000,00	
Ferrovia	2.000,00	
TOTAIS	490.000,00	69.155,00

NOTA — Os ajudistas devem recolher diariamente o dinheiro arrecadado na redação de TRIBUNA DO PARA ou no Escritório Eleitoral à Travessa Padre Eutiquio, 204-altos — Todas as quartas-feiras, ás 17,30 horas haverá ativos de ajudistas no Escritório Eleitoral. Ninguem deve faltar.

Ameaçados de Expulsão das Terras

O governo trama um monstruoso esbulho à população da Vila do Coqueiro. Trata-se de tomar-lhes as terras para entrega-las aos japoneses contratados para trabalhar ali. Os moradores de Coqueiro, lavradores e roceiros devem se unir e lutar organizados para não permitir que tal ameaça se efetive.

Na Marambaia
Um Serio Perigo os Boeiros Abertos

Reclamam os moradores do bairro da Marambaia contra os enormes buracos que o serviço de engenharia da Prefeitura deixa aberto, à noite, na avenida Tito Franco.

Como se sabe, a PMB está pavimentando aquela avenida, sendo necessário preparar a rede de esgoto da mesma. Para isso foram abertos enormes boeiros que, no entanto, à noite ficam abertas, sem cobertura de madeira e sem sinalização vermelha. Além disso, não ha iluminação suficiente no trecho das boeiros abertos, que lamentam que ali chegam mais parecem brumas.

Não só acidentes já foram registrados, mas os boeiros abertos constituem um permanente perigo à vida dos moradores, à noite, sobretudo.

Divulgue Problemas

Socialização é lema

PEQUIM, (IF) — O povo chinês, pela primeira vez na história do país, discute o projeto de Constituição. Além das discussões públicas das quais participa toda a população, chegam diariamente às redações dos jornais milhares de cartas. Camponeses, operários, intelectuais e jovens chineses, de vários pontos do país, fazem comentários sobre o projeto de Constituição, sendo muitas dessas cartas publicadas total ou parcialmente. Ressaltam as missivistas que no projeto de Constituição estão incluidos os direitos democráticos do povo chinês nunca antes consagrados na Lei Básica do país e que o projeto de Constituição é o resultado da grande felicidade conquistada pelo povo chinês com o regime popular.

Todos os membros das Comissões e Comitês Eleitorais, Ajudistas e Amigos dos Candidatos Populares estão convidados a comparecer a uma grande reunião à Trav. Padre Eutiquio, 204 (altos), segunda-feira, dia 30, ás 17,30 horas. É indispensavel a presença de todos.

Grande Concentração do Proletariado Paraense contra a Carestia e em Defesa da Constituição

Após o comicio: Passeata para entregar uma mensagem ao Gov. Assunção

HOJE: A's 9 horas, na Praça do Operario (Largo de São Braz)

Tribuna do PARÁ'

N. 172 — Belém do Pará, 1 de Setembro de 1954 — Ano IV

Unidos os Trabalhadores Lutam Contra o Golpe!

- ★ Grande concentração hoje, de solidariedade ao Movimento do Proletariado Paulista, contra a carestia e o golpe.
- ★ Viva demonstração de unidade dos trabalhadores parnenses.
- ★ Responsabilisado o imperialismo americano pela morte de Getúlio Vargas.
- ★ 29 Sindicatos lançam ao povo um manifesto definindo a posição dos trabalhadores frente ao golpe desfechado pelos generais fascisias.

Com a presença de 60 dirigentes sindicais, representando vinte e nove Sindicatos deste Estado, realizou-se na sédo da Federação dos Trabalhadores da Industria, a reunião convocada pelo Sindicato dos Jornalistas Profissionais, na qual o proletariado paraense definiu sua posição frente aos ultimos acontecimentos politicos, que culminaram com o suicidio do Presidente Vargas.

União em defesa das liberdades

Abrindo a sessão, falou o presidente do Sindicato dos Jornalistas Profissionais, sr. Pedro Santos, que disse da finalidade da reunião, passando a palavra ao sr. Carlos Platilha, secretário do mesmo, que após analisar os acontecimentos, conclamou os trabalhadores a se unirem em defesa das liberdades inscritas em nossa Carta Magna, hoje, ameaçadas pela camarilha fascista que se encastelou no poder.

Finalizando, o sr. Carlos Platilha, em nome do Sindicato dos Jornalistas Profissionais submeteu a apreciação do plenario, como definição clara dos trabalhadores face aos ultimos acontecimentos o manifesto que divulgamos em outro local.

A seguir fizeram uso da palavra outros dirigentes sindicais, dentre os quais o sr. Alvaro Paulino, presidente da Federação dos Trabalhadores da Industria, que tambem fez sentir a necessidade de se unirem os trabalhadores para defender os direitos por eles conquistados, ao mesmo tempo que exigia a punição dos generais golpistas.

Responsaveis os trustes americanos pelo golpe e pelo suicidio de Vargas

O representante do Sindicato dos Bancarios, sr. Armando Piani, depois de se referir á gravidade da situação que atravessa o país, e convidando ao mesmo tempo a todos os trabalhadores acima de filiação partidaria e diferenças ideológicas, se unissem neste momento, em que periclitam as conquistas dos trabalhadores, ameaçados pelos golpistas udenaianque.

Ressaltou ainda o representante bancário que o golpe havia isdo dado, embora sob a mascara de respeito á Constituição, e que os trabalhadores deviam estar vigilantes a fim de que não fosse aprofundado. A seguir, referindo-se a diversos trechos Pa carta do Presidente Vargas, demonstrou que os «grupos economicos internacionais» a que ela se refere são na verdade as empresas norte americanos como a Bond and Shar, que domina cerca do 90% da industria de energia eletrica do pais a Standart Oil que faz o comercio de distribuição do petroleo refinado em Mataripe, a American Coffee que pressionou e conseguiu fazer baixar o café, cr$ 900.00 em saca.

Daí serem responsaveis pela morte do presidente Vargas.

As forças armadas não são meia duzia de generais fascistas

Finalizando, disse discordar daqueles que pretendiam que as Forças Armadas haviam tomado parte no golpe, já que meia duzia de generais fascistas inimigos do Povo, não podiam de modo nenhum representar o Exercito a Marinha, e a Aeronautica, que têm tradições democráticas e em suas fileiras em maioria, os seus oficiais e soldados são patriotas e democratas. Disse ainda que a essa maioria de patriotas e democratas os trabalhadores deviam estender as mãos em defesa da Constituição e da independencia nacional.

Outros lideres sindicais fizeram uso da palavra tambem responsabilisando os trustes norte americanos que de parceria com Carlos Lacerda e Eduardo Gomes subverteram a ordem constitucional.

Protesto contra as violencias do governo ianque de Café Filho

A seguir os trabalhadores aprovaram o manifesto apresentado pelo Sindicato dos Jornalistas Profissionais, que publicamos em outro local desta edição, bem como deliberaram protestar junto à Presidencia da Republica, o Ministerio da Justiça, contra a prisão de 346 lideres sindicais no Rio e da secretaria da Federação dos Jornalistas Profissionais, presa quando exercicia suas funções.

Grande concentração de protesto

Por fim deliberaram os trabalhadores realizar hoje dia 1º de setembro uma concentração em local a ser praviamente anunciado, em apoio ao movimento grevista marcado para o proximo dia 2 pelo proletariado paulista.

Aos Trabalhadores!

Ao Povo Paraense!

O manifesto apresentado pelo nosso confrade Carlos Platilha, em nome do Sindicato dos Jornalistas do Pará, tem o seguinte teór:

«Aos trabalhadores e ao povo paraense:

Manifesto de convocação para a grande concentração do dia 1.º de Setembro de 1954.

Os sindicatos e organizações de classe abaixo nomeadas, reunidas em assembléia geral, pelos seus representantes legais, no dia 29 do corrente, vêm a público definir a sua posição no quadro em que se apresente a vida nacional.

Os trabalhadores, sem distinção de tendências partidárias, ideológicas, filosóficas ou religiosas, não se podem furtar a essa atitude, ressaltando, inicialmente, questão unidos e sob uma só bandeira para atingira um objetivo comum e que essa unidade será defendida e mantida a todo custo. Não medrarão as calúnias, as intrigas, as manobras divisionistas. Não nos intimidarão as acusações, as chantagens, nem as ameaças. Sabemos o que queremos e porque queremos, por onde e para onde marchamos. Nossos interesses são comuns e nem uma distinção ou discriminação ideológica que se queira fazer conseguirá quebrar o sêlo desta união, deste pacto que hoje firmamos e que há de contribuir para nos levar à vitória final. Desejamos frisar, ainda, que neste instânte nossos interesses confundem-se com os interesses de todas as camadas sociais, de todo o povo, de todos os homens empenhados na manutenção da dignidade e do brio da gente brasileira e defesa das liberdades públicas asseguradas na Constituição.

Perigam a Constituição e o movimento operário

A Nação vive instântes dramáticos e graves. Sentimos que a Liberdade periga; sentimos que uma força poderosa procura aluir com os alicerces do regime; que a democracia está próxima de um eclipse e que a Constituição, desrespeitada mil e uma vezes nos últimos tempos por aqueles que deveriam ser os primeiros a respeitá-la e faze-la respeitada — sentimos que ela mesmo está na iminência de ser tragada por aquelas forças internacionais que provocaram a morte do Presidente Getúlio Vargas. Com pessimismo recebemos certas declarações oficiais, desmentidas na prática por atos que ferem frontalmente dispositivos da Carta Magna. Com apreensão recebemos a notícia da prisão de lideres sindicais, invasão de sindicatos pela Policia, prisão de jornalistas e impedimentos da livre circulação de jornais. Temos como sombrias as declarações do novo ministro do Trabalho de que coibirá as atividades dos Sindicatos em favor ou em detrimento de Partidos e isto porque a experiência de um passado não muito remoto nos diz que tais advertência oficiais foram sempre o prelúdio de perseguições, intervenções e fechamento de Sindicatos, liquidação das menores perrogativas estabelecidas em Leis em favôr dos trabalhadores e da própria liberdade sindical. E não só por isso, mas, também, porque os Sindicatos não exercem e não têm exercido atividade de qualquer natureza em favôr deste ou daquele Partido. Há quem queira fazer dos Sindicatos intrumento de sua política, mas o trabalhador tem se mantido resistente a essas manobras. Uma só política nos interessa: a das reivindicações que tragam melhoria das condições de vida pelo aumento dos salários humanização do trabalho nas fábricas, cumprimento dos dispositivos da Legislação Trabalhista, defesa da Liberdade Sindical, liberdade de expressão e de opinião, livre exercicio profissional, das liberdades publicas, enfim, em cumprimento aos postulados constitucionais. Um só espirito nos anima: trabalhar pela Pátria, dignificando os trabalhadores pelo respeito à sua condição humana. Uma só diretriz nos conduz: engrandecer a Nação, não defendendo previlégios de alguns em prejuizo de todos. Uma só bandeira nos cobre: a Bandeira Brasileira.

Lutas por melhores condições de vida

Compreendemos hoje, e compreendemos na própria carne, que não há Pátria livre com homens famintos, que não há povo livre e forte sem uma Pátria independente e liberta das tutelas politicas e econômicas, venham de onde vier, apresentem-se com êste ou aquele nome. Queremos um proletariado sindicalmente livre e forte, através do desenvolvimento das nossas forças produtivas e das nossas riquezas. Desejamos estabelecer livremente nossas organizações sindicais sob o signo da mais ampla unidade e com a mais larga autonomia. Desejamos, nos têrmos do que dispõe a «Declaração Universal dos Direitos do Homem», aprovada pela assembléia geral da ONU, da qual o Brasil é signatário, condições justas e favoráveis ao trabalho e proteção contra o desemprêgo; remuneração justa e satisfatória assegurando uma existência compativel com a dignidade humana; organizar os nossos Sindicatos para proteção e defesa dos nossos interesses, segundo as nossas conveniências; desejamos um padrão de vida capaz de assegurar a todos nós e às nossas famílias, alimentação, vestuário, habitação, cuidados médicos e serviços sociais indispensáveis, direito à segurança em caso de desemprêgo, doença, invalidez, viuvez, velhice ou outros casos de perda dos meios de subsistência fora do nosso contrôle; cuidado e assistência especial à maternidade e à infância; instrução orientada no sentido do pleno desenvolvimento da personalidade humana e do fortalecimento do respeito pelos «Direitos do Homem» e pelas liberdades fundamentais, promovendo a compreensão, a tolerância e a amizade entre as Nações e grupos sociais ou religiosos, coadjuvando as atividades das Nações Unidas para manutenção da paz». Aspiramos a ter direito à constituição da familia. Mas não há familia sem o necessário para o seu sustento. Não há dignidade sem liberdade. Não há organização operária sem unidade e sem liberdade sindical. Não há vida digna sem um salário que possibilite a satisfação das necessidades vitais. Qualquer aumento de salário é inoperante se não fôr seguido do congelamento de preços e essa medida pleiteamos. Pleiteamos mais a extensão de todas as perrogativas asseguradas ao trabalhador da cidade para o trabalhador do campo. O colôno precisa ser libertado da servidão em que vive. O regime de trabalho a que está sujeito impede que ele se transforme em legítimo produtor de riquezas que pode e deverá ser. Também ele, mais explorado do que nós, e sem sequer poder se organizar em Sindicatos, também ele deve ter o direito à livre associação, amparo e assistência. Com nossos companheiros do campo queremos marchar unidos e fraternos.

Defendendo direitos e perrogativas, especialmente trabalhistas e sindicais não nos esquecemos que somos parcela do povo e reivindicamos para tôda a coletividade o mesmo direito à vida, à familia e a uma subsistência digna e para todos uma só Pátria, cuja grandeza esteja alicerçada nos mais sólidos e belos ideáis de Liberdade e emancipação politica e econômica.

Na encruzilhada grave em que estamos, em que perigam as instituições democráticas e a própria existência dos nossos Sindicatos, nossas palavras, nossos gestos, traduzem uma atitude, uma definição, uma tomada de posição, cujo alcance bem compreendemos: a atitude de defesa do que até agora nos foi outorgado quanto às relações entre capital e trabalho e das nossas organizações; definição dos nossos propósitos de luta incançavel por melhor padrão de vida, pela concretização dos principios propostos na «Declaração dos Direitos do Homem» já referida; a posição de luta pela manutenção das liberdades democráticas, contra as influências nefastas que entravam o nosso progresso e esfomeiam o nosso povo.

Protesto contra as violencias

Protestamos, pois, contra a prisão dos líderes sindicais no Sul; protestamos contra a invasão de Sindicatos; protestamos contra a violência atingindo trabalhadores; protestamos contra a apreensão de jornais; protestamos contra a prisão de jornalistas e restrição ao livre exercicio profissional, protestamos e denunciamos tais atos como atentatórios à Constituição e à segurança do regime e lembramos aos responsáveis pelos nossos destinos o texto do art. 29, da «Declaração Universal dos Direitos do Homem»: «no exercicio de seus direitos e liberdades, todo homem estará sujeito, apenas, às limitações determinadas pela Lei, exclusivamente com o fim de assegurar o devido reconhecimento e respeito dos direitos e liberdades de outrem e de satisfazer as justas exigências da moral, da ordem pública, e do bem estar de uma sociedade democrática».

Apelamos para os Executivos Federal e Estadual, o Parlamento, para que se mantenham fiéis a êsses direitos. e todos os trabalhadores que se organizem unitariamente nos locais de trabalho e sob a bandeira sindical permaneçam vigilântes.

Expressamos aqui nossa solidariedade aos líderes sindicais presos no Sul e a todos quantos, operários e jornalistas, em virtude dos últimos acontecimentos, tenham sofrido na sua liberdade.

Damos nossa solidariedade ao movimento pró-congelamento de preços, que será assinalado com uma greve nos Estados do Sul, levamos a todos a certeza de nosso apoio e de nossas confiança, e a convicção de que a unidade nacional dos trabalhadores breve há de se fazer sobre todos os obstáculos e intrigas divisionistas.

Os nossos própositos são pacificos e o que bem prova isso é a mensagem que entregaremos ao Exmo. Sr. Governador do Estado, esclarecendo a nossa posição, para que ele a transmita aos Exmos. Srs. Presidente da República e Ministros. Essa mensagem será entregue no dia 1.º de Setembro, durante a concentração de trabalhadores para a qual convidamos os operários e trabalhadores em geral, sindicalizados ou não, a fim de que ali compareçam em massa e manifestem com sua presença o seu apoio a essas medidas».

Preço do Exemplar Cr$ 1,00

Amanhã
Greve Geral em São Paulo Com o Apoio de Mais de 750 Mil Trabalhadores
Mãos Tintas de Sangue
Assim inicia Café Filho seu governo
"ABAIXO OS AMERICANOS!"

Gritou indignado o povo no Rio, em São Paulo, em Belo-Horizonte e em Porto-Alegre—Impressionantes manifestações de protesto popular contra o terror golpista

Com as Mãos Tintas de Sangue
E' como Café Filho inicia a sua gestão --- Sindicatos interditados, presos seus dirigentes, o povo metralhado, comícios proibidos, presos operários, jornalistas e estudantes --- Um ministerio de entreguistas e agentes dos monopolios ianques

Amanhã, a Greve Geral do Proletariado Paulista

RIO (IP) — Impressionantes manifestações populares de protesto tiveram lugar nesta capital, em São Paulo, em Belo Horizonte e Porto-Alegre. O povo saiu ás ruas protestando contra o sangrento governo de Café Filho, contra os golpistas e os agentes do imperialismo, externando seu pesar pelo fim tragico a que foi levado pelo sr. Getulio Vargas.

Abaixo os americanos !
Abaixo o Brigadeiro !

O povo carioca lutou mais de 48 horas nas ruas desta capital aos gritos de «Abaixo os Americanos!», «Abaixo o Brigadeiro». Diante das bombas, das balas de metralhadora, revolver e fuzil, o povo indignado recuava e avançava, deixando mortos e feridos.

Em Porto-Alegre: o povo depredou o consulado e os firmas ianques

Vigorosas e indignadas manifestações populares realizaram-se no Estado gaúcho, terra natal de Vargas, dirigidas contra o golpe tramado pela embaixada americana. Inculcavel multidão percorreu as ruas, investindo contra o consulado e as firmas ianques que tiveram tudo destruido.

Houve tambem mortos e feridos nos choques com a policia.

Tambem em Minas e São Paulo

Os trabalhadores e o povo de São Paulo e Minas, manifestaram seu odio contra os imperialistas americanos que tramaram o golpe contra Vargas, levando-o ao suicidio. Comicios, manifestações, quebra-quebra foram improvisados para protestar contra os americanos e seus agentes udenistas que assaltaram o poder.

RIO. (IP) — O sr. Café Filho, que subiu á presidencia da Republica por um golpe orientado e dirigido pelos imperialistas americanos, iniciou o seu governo procurando acabar com as liberdades e liquidar com o movimento operário e democratico. Poucos dias de governo Café Filho, revelam sua face de inimigo do povo - frios assassinatos, centenas de prisões, proibições de comicios e demonstrações, interdição de Sindicatos e prisões de seus lideres e nomeação de um ministerio de lacaios das empresas ianques e do Departamento de Estado.

O pais vive em situação de estado de sitio não declarado, tais são os atentados de Café Filho ás franquias constitucionais.

Essa, no entanto, é a politica que convém aos monopolios americanos, aos latifundiarios e grandes capitalistas, para proteger os ricos e oprimir os pobres.

S. PAULO (IP)-Os Sindicatos desta Capital reunidos em assembléia inter-sindical, resolveram deflagrar a greve geral no proximo dia 2 de setembro apoiados até agora por mais de 750 mil operarios. Para isso estão tomando as necessarias providencias em organização e ligações com os municipios e cidades do interior paulista, Exigem concretamente dos preços, aumento geral de 1.100 cruzeiros, pagamento do salario-minimo de 1º de Maio e defesa das franquias constitucionais ameaçadas pelo governo do golpe ianque.

A Inter-Sindical Solicitou o Apoio da Ass. Legislativa
Com esse fim esteve na Camara uma comissão de trabalhadores

A Comissão Inter-sindical solicitou á Assembléia Legislativa do Estado o seu apoio á grande concentração de solidariedade ao proletariado paulista e de protesto contra a onda de violencias do governo Café Filho contra as franquias constitucionais.

Com esse fim, uma comissão de trabalhadores procurou se avistar com os parlamentares paraenses.

Café Filho Contra o Povo Paraense
O general fascista José Verissimo para a SPVEA

A radio Tupi, do Rio de Janeiro, vinha irradiando com insistência que o governo ianque de Café Filho vai nomear o general fascista José Verissimo para a SPVEA.

O general José Verissimo foi expulso daqui por todas as camadas de nosso povo como um feroz inimigo dos direitos e liberdades populares. Ainda está viva a justa indignação de todos os setores de nossa população provocada pela opinião reacionaria do sr. José Verissimo de que o voto de um general vale mais de que o de uma lavadeira.

Se nomeado, o ato do governo sangrento de Café Filho será mais um a confirmar que o golpe tramado pela embaixada americana e executado pelos generais fascistas não visa senão liquidar as liberdades democraticas e o movimento operário em nossa Pátria.

Os estudantes, os trabalhadores, os intelectuais, os patriotas e democratas em nossa terra já levantam novamente sua voz para impedir que Café Filho, afrontosamente, imponha o fascista José Verissimo para dirigir a SPVEA.

Contra Quaisquer Atentados á Constituição
Telegrama do Sindicato dos Jornalistas

O Sindicato dos Jornalistas Profissionais do Pará enviou a Café Filho o seguinte telegrama :

O Sindicato dos Jornalistas Profissionais do Pará, reunido em assembléia geral, deliberou manifestar a V. Excia. as condoléncias da classe pelo desaparecimento do presidente Getulio Vargas, grande amigo dos jornalistas, e externar sua confiança de que V. Excia., fiel ao seu passado, preservará o regime constitucional contra quaisquer atentados á Constituição.

O Sindicato tambem deliberou manifestar viva repulsa a qualquer movimento tendente a suprimir os direitos reivindicados dos profissionais de imprensa, outorgados durante o Governo do Presidente Vargas. Respeitosas saudações—a) Pedro Santos—Presidente; Carlos Platilka—secretario.

A Carta de Vargas Denuncia o Dominio e a Espoliação do País Pelos Trustes Americanos

VARGAS

Antes de sua morte o sr. Getulio Vargas escreveu, do próprio punho as seguintes declarações á Nação, denunciando as forças que geraram os atuais acontecimentos no país—os monopólios norte-americanos—e sob cujas exigências foi levado ao gesto trágico :

«Mais uma vez, as forças e os interesses contra o povo coordenaram-se novamente e se desencadearam sobre mim. Não me acusam, insultam, não me combatem, caluniam e não me dão o direito de defesa. Precisam sufocar a minha voz e impedir a minha ação, para que eu não continue a defender, como sempre defendi, o povo e principalmente os humildes. Sigo o destino que me é imposto. Depois de decenios de dominio e espoliação dos grupos econômicos e financeiros internacionais, fiz-me chefe de uma revolução e venci. Iniciei o trabalho de libertação e instaurei o regime de liberdade social. Tive de renunciar. Voltei ao Govêrno nos braços do povo. A campanha subterrânea dos grupos internacionais aliou-se á dos grupos nacionais revoltados contra o regime de garantia do trabalho. A lei de lucros extraordinarios foi detida no Congresso. Contra a Justiça de revisão do salario-minimo se desencadearam os ódios. Quiz criar a liberdade nacional na potencialização das nossas riquezas através da Petrobrás, mal começa esta a funcionar, a onda de agitação se avoluma. A Eletrobrás foi obstaculizada até o desespero. Não querem que o trabalhador seja livre. Não querem que o povo seja independente.

Assumi o Govêrno dentro da espiral inflacionária que destruia os valores do trabalho. Os lucros das empresas estrangeiras alcançavam até 500% ao ano. Nas declarações de valores do que importavamos não existiam fraudes constatadas de mais de 100 milhões de dólares por ano. Veio a crise do café, valorizou-se o nosso principal produto. Tentamos defender seu preço e a resposta foi uma violência pressão sobre a nossa economia a ponto de sermos obrigados a ceder.

Tenho lutado mês a mês, dia a dia, hora a hora, resistindo a uma pressão constante, incessante, tudo suportando em silêncio, tudo esquecendo, renunciando a mim mesmo, para defender o povo que agora se queda desamparado. Nada mais vos posso dar a não ser meu sangue. Se as aves de rapina querem o sangue de alguém, querem continuar sugando o povo brasileiro, eu ofereço em holocausto a minha vida. Escolho êste meio de estar sempre convosco. Quando vos humilharem, sentireis minha alma sofrendo ao vosso lado. Quando a fome bater á vossa porta, sentireis em vosso peito a energia para a luta por vós e vossos filhos. Quando vos vilipendiarem, sentireis no meu pensamento a força para a reação. Meu sacrifício vos manterá unidos e meu nome será a vossa bandeira de luta. Cada gota de meu sangue será uma chama imortal na vossa consciência e manterá a vibração sagrada para a resistência. Ao ódio respondo com o perdão. E aos que pensam que me derrotaram respondo com a minha vitória. Era escravo do povo e hoje me liberto para a vida eterna. Mas êsse povo de quem fui escravo não mais será escravo de ninguém. Meu sacrifício ficará para sempre em sua alma e meu sangue terá o preço de seu resgate.

Lutei contra a espoliação do Brasil. Lutei contra a espoliação do povo. Tenho lutado de peito aberto. O odio, as infamias, a calunia não abateram meu animo. Eu vos dei a minha vida. Agora ofereço a minha morte. Nada receio. Serenamente dou o primeiro passo no caminho da eternidade e saio da vida para entrar na história.

a) Getúlio Vargas.»

NESTA EDIÇÃO: O Programa do Partido Comunista do Brasil

Por Eleições Livres a 3 de Outubro!
Para Eleger os Patriotas e Derrotar os Entreguistas

★ São de grande importancia para o nosso povo as proximas eleições
★ Os interesses da nação e do povo exigem eleições livres a 3 de Outubro e que sejam eleitos os candidatos honestos e patriotas, que sejam derrotados os reacionarios e entreguistas

Quem São os Patriotas?

PATRIOTAS são os que lutam pela paz, pelo entendimento entre os países, contra o envio de nossos jovens para os campos de batalha, contra a militarização do Brasil.

Patriotas são os que lutam pela democracia, pelos direitos do cidadão, pelo respeito ás liberdades constitucionais, contra as violações das franquias democraticas, contra as leis de exceção, contra a fascistização do país.

Patriotas são os que alertam a nação e a convocam para a luta contra o inimigo mortal de nosso povo — os imperialistas americanos. Patriotas são os que denunciam e combatem o crescente dominio dos trustes ianques que exploram nosso povo e saqueiam nossas riquezas e pretendem transformar o Brasil em colonia dos Estados Unidos.

Patriotas são os que lutam contra a carestia, contra a miséria e a fome, por melhores condições de vida para a classe operária e as amplas massas populares.

A reeleição de Imbiriba da Rocha representa um protesto contra a entrega do país aos monopolios americanos

Quem São os Entreguistas?

ENTREGUISTAS são os traidores que tudo fizeram para a aprovação do Acôrdo Militar e tudo fazem para aplica-lo porque pretendem entregar o sangue de nossa juventude em troca de dólares.

Entreguistas são os inimigos da liberdade, os partidários das leis de arrocho—lei de segurança, lei de infidelidade á pátria — os saqueadores de jornais populares, os espancadores e assassinos de patriotas, os assaltantes de sindicatos operários, organizações camponesas e populares.

Entreguistas são os vende-pátria que abrem as portas do Brasil aos monopólios americanos e lhes entregam as riquezas do país, os que sufocam a indústria nacional em benefício dos trustes ianquer, os que estão de acordo com o golpe udeno-americano contra as liberdades e o movimento popular democratico.

Entreguista são os esfomeados do povo, os que escorcham o Estado e a Nação com impostos extorsivos para comprar armamentos dos americanos, para militarizar o país, os que só cuidam do transporte de minerios estrategicos e deixam as safras apodrecerem por falta de transporte.

Um Milhão de Cruzeiros -
Uma Grande Campanha Politica

Os candidatos dos latifundiários e dos grandes capitalistas, associados aos trustes americanos dispõem dos cofres fartos, dos dinheiros faceis do Banco do Brasil para subornar, comprar cabos eleitorais e desenvolver uma intensa e rica propaganda. Não lhes faltam meios para imprimir ricos e vistosos cartazes, cédulas aos milhões, programas de rádio e televisão, páginas em jornais, para financiar calúnias contra os patriotas, para custear comícios, visgens e caravanas políticas.

Pelo contrário, os candidatos do povo não dispõem de recursos financeiros. A campanha eleitoral é para êles uma tarefa patriótica, uma honrosa responsabilidade, que determina não poucos sacrifícios. Um de seus títulos de honra é o de que não recebem um centavo dos inimigos do povo, são homens e mulheres insubornáveis e incorruptíveis. Pedem os votos do povo para disporem de uma tribuna de luta.

Compreende-se, pois, que o custeio da campanha eleitoral dos candidatos populares só poderá ser feito com os meios proporcionados pela ajuda, consciente e voluntária do povo. Daí a Campanha de Um Milhão de Cruzeiros em todo o país, para eleger os patriotas e derrotar os entreguistas.

Essa é uma campanha que ajuda decisivamente a impulsionar a luta eleitoral dos candidatos populares. Para que ela alcance seus objetivos políticos e sejam cobertas as cotas em tôda parte é indispensável a mais ampla e intensa mobilização de vastas camadas populares. Cada contribuição, por pequena que seja, é da mais alta valia porque representa o compromisso de um voto pelo menos. Um milhão dado pelo povo atestará materialmente o repúdio das massas às restrições fascistas de uma justiça eleitoral de classe, significará uma vigorosa manifestação da exigência patriótica pela aprovação do projeto 4.583 e da inapelável condenação do artigo 32 por milhões de brasileiros que se unem em defesa das liberdades.

Campanha de 1 Milhão

Quadro demonstrativo das arrecadações em nosso Estado, da campanha dos 50 milhões de cruzeiros, para eleger os patriotas e derrotar os entreguistas

SETOR	IMPORTANCIA	
	Planejada	Recolhida até 23/8/54
Comissão de Campanha	248.000,00	59.740,00
Marítimos	90.000,00	4.680,00
Belém	90.000,00	1.700,00
Castanhal	14.000,00	12.000,00
Bragança	14.000,00	130,00
Baixo Amazonas	14.000,00	1.350,00
Baixo Tocantins	14.000,00	200,00
Médio Tocantins	10.000,00	
Ferrovia	2.000,00	
TOTAIS	490.000,00	69.660,00

NOTA—Os ajudistas devem recolher diariamente o dinheiro arrecadado na redação de TRIBUNA DO PARÁ ou no Escritorio Eleitoral á Travessa Padre Eutiquio, 204-altos—Todas as quartas-feiras, ás 17,30 horas haverá ativos de ajudistas no Escritorio Eleitoral. Ninguem deve faltar.

AMANHÃ
OS CANDIDATOS POPULARES NO MARCO

Comício, ás 17 horas-Tito Franco com a Timbó — Falará o deputado Imbiriba da Rocha

MERCADO DE CARNE HUMANA

Tráfico de Escravos no Brasil

A união de todos os patriotas e democratas brasileiros e, em primeiro lugar, de todos os trabalhadores é uma necessidade e uma fatalidade histórica inevitável. Comunistas e trabalhistas podem e devem unir-se. E' com razão que nos chamamos irmãos. Isto, evidentemente, não significa que da noite para o dia os trabalhistas passam a ser comunistas e vice-versa. Para marcharmos juntos contra o inimigo comum não precisamos renunciar a nossas crenças e opiniões pessoais, ou abandonar os partidos politicos a que pertencemos. Quanto a nós, comunistas, não ocultamos jamais nossos objetivos. Lutamos pela libertação do Brasil do jugo do imperialismo norte-americano, pela entrega da terra dos latifundiários gratuitamente aos camponeses, pela substituição do regime de latifundiários e grandes capitalistas pelo regime democrático popular. Nosso Programa é claro. Mais uma vez, no entanto, pedimos aos camaradas do Partido Trabalhista Brasileiro que o examinem, que opinem francamente sôbre as soluções que nêle apresentamos, que indiquem suas proposições, que participem conosco de discussões que permitam chegarmos a uma plataforma comum capaz de facilitar a mais rápida unificação de todos os patriotas brasileiros em ampla frente democrática de libertação nacional.

(Do artigo de Prestes: "Ombro a ombro comunistas e trabalhistas contra o inimigo comum".

Quando a vida perde o significado e o preço de um homem é inferior a de um cavalo

S. PAULO, (IP)—Eu tambem fui vendido como escravo...»-assim se expressou em entrevista á imprensa, durante a II Conferência Nacional dos Trabalhadores Agricolas, recem realizada em São Paulo, o retirante nordestino Pedro Rafael de Lima, que fazia parte da delegação do Triângulo Mineiro.

Pedro Rafael de Lima é uma prova eloquente e viva do repugnante comércio de seres humanos que até hoje persiste em maior ou menor escala no interior do Brasil, e constitui uma vergonha que só a cólera do povo há de lavar para sempre,

Vendidos como animais

Nos últimos tempos, em virtude das sêcas e da miséria que leva ao desespero milhões de homens da roça, tomou novo incremento e adquire várias formas, envolvendo muitos Estados, o tráfeco de escravos. No Triângulo Mineiro a operação de compra-e-venda de trabalhadores do campo se processa livre de disfarces. Levas de nordestinos são negociadas ao correr do martelo em Ituiataba, Canápolis, Capinópolis, Centralina, Tupaciguara e outros centros fornecedores de mão-de-obra servil aos latifundiários do Triângulo e Sul de Goiaz.

Atualmente, os donos de caminhão, ligados por êsse infame negócio aos grandes senhores de terras, fazem as vezes dos antigos negreiros cujos navios iam à costa d'Africa. Convidam os flagelados do nordeste, os miseráveis, a irem para o Sul, onde—segundo dizem—a vida é melhor. O dono do caminhão já tem contrato com os fazendeiros do sul para levar os trabalhadores até as fazendas, onde são negociados. Quando chegam com o carregamento, organiza-se uma espécie de leilão. Os fanzendeiros escolhem: «Quero êsse; quero aquele». Compram a tanto por cabeça, conforme as despesas do transporte e outras feitas com a respectiva «mercadoria».

Depois, os nordestinos têm de trabalhar na maior escravidão até pagar a sua divida e assim conseguiram a alforria. Alguns não o conseguem nunca.

Como se fôssem porcos

Pedro Rafael foi um dêsses escravos, comprado junto com numerosas pessôas, num total de 8 caminhões de gente, pelo dono da Fazenda das Flores, um tal de Vasco.

Depois de uma viagem de 10 dias e 10 noites, comendo de 24 em 24 horas, uma mistura de feijão e arroz, o pessoal desembarcou e foi colocado em fila para ser contado como cavalo ou porco, por um individuo de nome Edmundo, sócio de Vasco. «Fui vendido por 850 cruzeiros», disse êle. Houve, porém, companheiros vendidos até por 1.600 cruzeiros. Em outras ocasiões, o preço é muito superior. Nós fomos mercadoria barata.

«Ficamos todos trabalhando numa escravidão medonha. A fazenda é cercada de jagunços. Os feitores não permitem conversa; a ordem é trabalhar calado. Comida era feijão com molho de mamão verde ralado, e arroz. Carne nunca se viu. Dormida era no chão forrado de capim. A gente dormia alí como se fôsse porco. Dormiam 30 homens amontoados. A coberta era de capim; quando chovia, tudo ficava molhado. As 4 da madrugada batia um pedaço de ferro para a gente acordar, davam um café pequeno, ralo e sem pão. Em seguida começava o trabalho que ía até ás 6 horas da tarde, com apenas 15 minutos para o almoço».

Quem tenta fugir morre

Pedro Rafael contou muita coisa mais. Disse que os trabalhadores adoeciam e não tinham qualquer assistência. Fugir era impossivel porque os capangas corriam atraz e assassinavam o camponês. Alguns que são presos, são entregues á policia e levam tantas pancadas quanto o número de cruzeiros que «devem» ao fazendeiro. Se devem 100 cruzeiros levam 100 bordoadas. Muitos não aguentam e morrem. Certa vez 5 camponeses foram amarrados a um tronco e ficaram até o dia seguinte, sem comer, tomando chuva, frio e sereno.

«Consegui sair da fazenda, deixando dois pares de roupas, uma caneta e um relógio no valor de 1.200 cruzeiros. Não tinha ninguem para me queixar. Mas afinal estava livre».

Rafael saiu e foi para a Fazenda do Pontal, no sul de Goiaz. Lá o regime era pior. Não levei comigo divida nenhuma e pude sair com mais facilidade. Nessa fazenda um rapaz fugiu. Perseguiram-no e os capangas trouxeram a mala dele apenas que ficou dependurada como exemplo. Os jacunços de vez em quando apontavam: «Olha o que acontece com quem pensa fugir».

O caminho da libertação

Na conferência, em meio dos operários e companheiros que alí se reuniam vendo que pode ser um homem capaz de trocar idéias e dicidir de sua vida, Pedro Rafael declrou: «Antes nos eramos sozinhos. A gente não sabia como fazer para pôr um paradeiro naquele sofrimento sem fim. Mas agora é diferente. Eu, por fim, não vou descançar até acabar essa desgraça tôda».

Assim falou Pedro Rafael que contou a escravidão nas fazendas do Triângulo Mineiro e sul de Goiaz e agora é um combatente na luta contra o latifúndio, sob o comando dos operários, que apontam o caminho da libertação á grande massa camponesa de todo o Brasil.

Insidia Contra o...

(Continnacão da ũltima pag.?

instalada no Instituto «LAURO SODRÉ», onde centenas de eleitores se aglomeravam lutando por conseguir uma ficha de votação. Não provoquei balburdia nem fiz demagogia em qualquer parte. Se eu estava interessado numa maior afluência de eleitores desta capital nas urnas, como se póde admitir que eu fôsse promover ainda maior confusão nas secções eleitorais?

Critiquei e reclamei—isto sim,—com justa razão, a desorganização em que se processavam as eleições, dizendo que em tudo procuram sacrificar e dificultar a vida do povo, que até para votar o povo sofre e que grande parte dos eleitores não votariam (como realmente não votaram) por que não podiam exercer o direito de voto.

Responsabilizei por essa situação as instruções baixadas pelo Tribunal Superior Eleitoral (T. S. E.) não permitindo que os eleitores, como ocorreu nas eleições de 1950, votassem em separado em qualquer secção, desde que o seu nome não constasse do listão. Dizia e repito que para o povo nada facilitam e nada melhora, tudo é sacrificio e dificuldades. Afirmei em diversas ocasiões e afirmo mais uma vez que a desorganização das eleições em Belém prejudicou não só os candidatos populares como os demais candidatos e Partidos que têm maior base eleitoral nesta capital.

Esta que é a verdade. Não ataquei o T. R. E. ou os desembargadores que o compõem. Critiquei as instruções do T. S. E., que criaram as tais secções especiais e proibiu o voto em separado para todos os eleitores, e as quais, ao lado de outros fatores, prejudicaram, sem duvida, a votação nesta capital.

A noticia que a «A Vanguarda» estampou póde ter sido feita sem intensão ou talvês com objetivo politico que na prática viria contribuir para alimentar o clima de animosidade e prevenção que se procura criar contra a minha pessôa e os desembargadores do TRE.

Todos sabem que minha candidatura foi registrada por um gesto democrático do Tribunal Regional Eleitoral, que soube, assim, defender a pureza da nossa Constituição, que diz que «TODOS SÃO IGUAIS PERANTE A LEI» e que «NINGUEM SERÁ PRIVADO DE NENHUM DE SEUS DIREITOS POR MOTIVO DE CONVICÇÃO RELIGIOSA, FILOSÓFICA OU POLÍTICA».

Agora os elementos anti-democráticos que desejavam a rejeição do registro de minha candidatura e demais candidatos populares, os que não querem respeitar a vontade popular, tentarão outros golpes contra os principios constitucionais.

Com êsse objetivo já têm havido algumas manifestações pela imprensa diária insinuando e, num verdadeiro abuso, tentando traçar orientação aos magistrados no sentido de que os candidatos populares, se eleitos, não sejam diplomados nem empossados. Por que isso? Para que são realizadas as eleições? No regime democrático não é o povo que escolhe soberanamente o govêrno e seus representantes?

Se o povo elege um candidato, qualquer que seja a sua filiação politica, filosófica ou religiosa, ninguem tem o direito de cassar o mandato popular, de modificar de modo violento e inconstitucional a vontade do povo. Quem deseja isso ou assim procede não é democrata e tão pouco póde falar em democracia.

A noticia que êsse jornal publicou, além de não corresponder à verdade dos fatos, poderia alcançar os fins que já denunciei linhas acima.

Querem incompatibilizar-me pessoalmente junto ao T. R. E., pensando já numa futura tentativa de impugnação da minha diplomação, se eleito.

Tais objetivos, entretanto, espero que não sejam alcançados.

A soberania da vontade popular e as garantias constitucionais do cidadão, isto é, seus direitos politicos, devem prevalecer sôbre o desejo de meia duzia de elementos, cuja formação anti-democrática é evidente.

Solicito, sr. Diretor, para efeito de esclarecimento público e atendendo à ética jornalística, seja a presente carta publicada no mesmo lugar e com igual destaque da noticia que ora está sendo retificada.

Respeitosamente,

IMBIRIBA DA ROCHA — Deputado estadual.

Leonidas Cardoso, o Mais Votado em São Paulo

SÃO PAULO, (IP) — O general Leônidas Cardoso — candidato a deputado federal pelo movimento da Panela Vazia — os mais votados nesta capital, inscrito na legenda do PTB, que tem votação majoritária. A eleição do general Leônidas Cardoso para deputado federal, está assegurada.

Outro candidato a deputado federal da Panela Vazia, tido como favorito, é Adoração Villar, que vem conseguindo grande votação em diversas zonas, principalmente no interior. Em Sorocaba é a mais votada, dentre todos os demais candidatos.

Os candidatos apresentados pelo Movimento da Panela Vazia para deputados estaduais têm tido enorme votação: José Rocha Mendes, Ralf Zumbano, Ariel Tomasini, estão recebendo grande votação.

Convocado o VIII Congresso dos Estudantes Secundarios

RIO, (IP) — A Associação Metropolitana dos Estudantes Secundários acaba de lançar uma proclamação convocando para o periodo de 17 a 20 de outubro o VIII Congresso Metropolitano dos Estudantes Secundarios, que irá examinar as atividades da AMES no periodo que se encerra neste ano, assim como traçar normas para o prosseguimento das campanhas iniciadas pelo congelamento das anuidades escolares no nível de 1953 e a suplementação das verbas do Ensino pelo Ministério da Educação e Cultura.

Chatô Arrasado na Paraíba

RIO, (IP)—A agência clerical Asapress nega-se a propalar, pelo país, notícias sôbre a feia derrota que está sofrendo na Paraíba o picareta de ouro Assis Chateaubriand. Entretanto, apesar do estabelecimento de uma cortina de fumaça entre aquêle Estado e esta Capital, sabe-se que o veterano ultra-entreguista vem sofrendo uma tunda em boas condições.

Os resultados em João Pessoa acentuavam a desgraça do Nausenbundo, que tambem estava sendo arrasado em Piancó, redxto eleitoral do caixeiro de todos os trustes e monopólios dispostos a inverter dólares no subôrno.

1.500 Mèdicos Ameaçados de Desemprego

RIO, (IP) — Conforme instruções rigorosas do sr. Alencastro Guimarães, dentro dos trinta dias de prazo ja fixados deverá verificar-se a demissão em massa de quasi 1.500 médicos credenciados dos Institutos de Previdência no Distrito Federal.

Por sinal, a titulo de «compressão de despesas», enquanto distribui sinecuras a granel, o govêrno Café Filho está demitindo milhares de antigos e dedicados servidores públicos dos vários Ministérios, autarquias e emprêsas paraestatais—cujos lugares reserva para os filhos e afilhados dos lideres udenistas. Sòmente no Ministério do Trabalho, 300 funcionários foram alijados e jogados à miséria, e que vêm sendo substituidos pelos apaniguados de Judas Napoleão.

Chegaram os Romances do Povo!

Coleção Dirigida pelo Escritor JORGE AMADO

Adquira hoje mesmo o seu volume!

1—Boris Polevói
UM HOMEM DE VERDADE . . Cr$ 60,00

2—Nikolai Ostrovsky
ASSIM FOI TEMPERADO O AÇO . Cr$ 60,00

3—Ferreira de Castro
A LÃ E A NEVE . . . . Cr$ 60,00

4—Tikhon Simúchkin
O GRANDE NORTE . . . . . Cr$ 60,00

5—Jacques Roumain
OS DONOS DO ORVALHO . . . . . . Cr$ 60,00

6—Dmítri Fúrmanov
TCHAPAIEV . . . . Cr$ 60,00

COLEÇÃO NOVA CULTURA

V. I. Lenin—O PROGRAMA AGRARIO—Cr$ 35,00
M. I. Kalinin
A EDUCAÇÃO COMUNISTA—Cr$ 35,00

Falam 16 Personalidades Femininas do Brasil Que Visitaram a União Soviética:

Atravessando a Fronteiras da URSS—Cr$ 30,00

LIVRARIAS—IPIRANGA—O' de Almeida, 106—Belém
ECONOMICA—Campos Sales, 142—Belém

Tribuna do PARÁ

N. 182 — Pag. 3

A Amazônia Para os Gringos

DEMAGOGIA COM A SAÚDE DO POVO

CIDADE ESQUECIDA

Belém transformada em porto de lenha

Ruas tomadas pelo matagal, buracos por toda á parte, carapanãs aos milhares, escuridão, desconforto e perigos constituem a rotina. Em que planeta se esconde o famoso «Plano de Ofensiva de Verão» anunciado pelo «Homem de Bem»?

Em que cachôla luminosa, em que gaveta se esconde, se perdeu o anunciado «plano de ofensiva de verão» proclamado pelo prefeito Malcher? As chuvas de há muito se foram, o verão vai a mais de meio, novo inverno se aproxima e nêsse de plano. Todos serão lembrados que ao receber repetidos apêlos e protestos quanto ao estado da cidade o prefeito anunciava categoricamente, insistentemente, que nada faria primeiro, porque as verbas insuficientes àquela altura não poderiam ser desbaratadas aqui e ali, desorganizadamente; segundo, porque um «plano de ofensiva» contra a sujeira e outras calamidades urbanas estava em elaboração, permitindo maior aproveitamento de serviços, homens, energia e material, cobrindo o que havia de essencial nas zonas principais; terceiro, porque o inverno atrapalhava tudo e o verão seria a época mais oportuna para a «ofensiva». Os mêses rolaram e a «ofensiva» continuava no terreno das bôas ou más intenções e o plano ainda não se operou fóra das caraminhólas dos «generais» da Pre-

feitura. A capital permanece um antro de imundícies. O serviço de limpeza pública é dos mais precários e serve apenas,—quando serve —mal e porcamente a determinados ruas do centro. O lixo é comum dormir á porta das residências, aguardando a chegada das «tropas motorizadas» que tardam. As ruas oferecem um perigo permanente ao transito noturno, nessa cidade escurecida pelas «luzes técnicas» do sr. Muniz. Os buracos já vão se tornando patrimônio dos bairros; o capim invade tudo; o pó vermelho é o desespero das donas de casa, pó que se transforma em lamaçal á menor chuva. As valas entupidas fizeram da cidade o paraiso dos carapanãs, proliferando aos milhares, atacando em nuvens, isso em uma cidade onde a filariose apresenta os mais elevados índices do Brasil e dos maiores do mundo. Em pleno bairro de Batista Campos se constata a cada rua o paraíso das enxurradas de maneira agreste...

(Continua na 2.ª página)

A GRANDE MARCHA

Transcorre a 29 Proximo o Aniversario da Coluna Invicta

Grandes homenagens ao Lider do Povo Brasileiro—Luiz Carlos Prestes

A 29 do corrente transcorre o 30º aniversário da Coluna Prestes, uma das datas mais queridas ao povo brasileiro e às lutas pela liberdade e independência.

No quatro dessas lutas a Coluna se apresenta como um dos feitos mais vigorosos de nossa história e a figura de Prestes revela-se como um do líderes mais lucidos. O heroísmo, a abnegação, o desprendimento... tôdas estas qualidades entram na figura de Prestes, que nunca mediu sacrifícios em toda a sua vida para dar á coletividade brasileira uma existência prospera e feliz; que jamais descansou e descansará no trabalho de libertação da Pátria do jugo do imperialismo e do latifundio. Patriota sem mácula, razista numa escala... pela sua ascensão no Brasil. Enfrentou com bravura e firmeza as torturas das fêras da polícia nazi de Felinto Muller, desmascarou de frente os carrascos juizes do Tribunal de Segurança...

(Continua na 2.ª página)

Os Problemas de Saúde do Povo

Só serão resolvidos com o governo democrático de libertação nacional

O tema central da «Semana da Criança», êste ano, será o da verminose. Alega-se que, dessa fórma, terá início uma grande campanha de esclarecimento em torno do assunto, alertando o povo contra o perigo da helmintoses. A demagogia oficial seria para fazer rir, se não fosse escarneo. Admitimos que muita ignorância do povo sobre certos aspectos do problema, mas por onde andará, nêsse caso, a responsabilidade do govêrno? Onde estão as medidas de saneamento, a assistência às grandes massas das cidades e dos campos? Irão ensinar que se deve andar calçado para evitar vermes? Irão divulgar regras de higiene? Alimentação? Tais lições sôbre anemia, as conseqüências da falta de ferro no organismo? Como

poderá, entretanto, andar calçado um povo subnutrido, miserável, vivendo sob a mais negra exploração, submetido a um regime cuja predominância feudal é a caraterística? Como ensinar noções de saúde e higiene a um povo que não come, na maioria dos municípios, agua encanada, que não come por que não lhe deixam comer, porque lhe roubam? País espoliado pelo imperialismo americano, cujas verbas são consumidas em gastos militares, abandonados os serviços de educação e saúde, salários de fome pagos ao proletariado e ao funcionalismo, a população dos campos vivendo em tremendas condições de opressão, obrigada ao trabalho servil, ao sistema da meia, presa ao...

(Continua na 2.ª página)

Insidia Contra o Deputado Imbiriba da Rocha

Carta dirigida a «Vanguarda» protestando contra a deturpação de fatos

A propósito duma reportagem em torno do pleito de 3 de outubro publicada na «Vanguarda», orgão dos «Diarios Associados» nesta capital o deputado Imbiriba da Rocha dirigiu à direção daquele vespertino a seguinte carta:

Belém, 7 de outubro de 1954.
Ilmo. Sr. Diretor de «A Vanguarda».
Nesta.

O vespertino que V. Sa. dirige publicou da 4 do corrente, em sua pagina, uma notícia sob o título «ALEGARAM OS COMUNISTAS QUE O TRE DESEJAVA SABOTAR AS ELEIÇÕES».

O que o repórter escreveu nessa notícia e o que «diz o título da mesma não correspondem, á verdade.

Como candidato à Assembléia Legislativa do Estado e delegado de Partido, percorri quase todas as secções eleitorais desta Capital no dia 3 de outubro. Estive pela manhã dêsse dia visitando a secção especial...

(Continua na 3.ª página)

Votos Para Prestes

RIO (IP)—Em dezenas de urnas apuradas apareceram numerosas cédulas com o nome de Luiz Carlos Prestes. Uma delas continha 3 notas de 1 cruzeiro com a legenda «viva o maior dos brasileiros, viva Luiz Carlos Prestes». Em outra secção, um eleitor deixou um bilhete no qual dizia entre outras coisas que, já não podia votar em ninguem. Também Emílio Bonfante e Roberto Moreno receberam votos, alguns dos quais desligrafados. Esses votos foram anulados. De igual modo foram anuladas cédulas de Maria Teresa Palacios e Alfredo dos Santos, o mesmo ocorrendo com as de Licio Hauer e de Elisen Alves.

TRIBUNA do PARÁ

N. 182 — Belém-Pará, 16 de Outubro de 1954 — **Ano IV**

"Vargas Morreu Porque Washington Decidiu Que Ele Devia Sair"

Opinião da revista «Latin America Today» sobre o golpe de 24 de agôsto— Os monopolios ianques governam o país

«Latin America Today», revista norte-americana independente, que se edita em Nova-York, dedicou a maioria de suas páginas ao golpe udeno-americano de 24 de agôsto, ao suicídio do presidente Getúlio Vargas e a sua carta-testamento.

As causas do suicidio de Vargas

«Quando Getúlio Vargas, presidente do Brasil—diz a revista—suicidou-se com um tiro no coração a 24 de agôsto, deixou uma carta que é das mais extraordinárias cartas de suicídio da historia».

Adiante, acentua:

«Ninguém duvidou que «as aves de rapina» a que se refere a carta, «têm seu domicilio nos Estados Unidos». Com sua morte, grandes multidões afluiram às ruas no Rio de Janeiro e outras cidades em grandes demonstrações contra os Estados Unidos».

O «New York Times» contra o aumento de Salários

«Pouco antes de sua morte—prossegue «Latin America Today»—Vargas foi atacado por editorial de «New York Times», que reflete a

opinião do Departamento de Estado. Chamavam-o de «amargo desapontamento» que conseguiu o apoio popular conseguindo aumentos de salários e beneficios nos trabalhadores sem examinar o efeito sôbre a economia do país».

Os monopólios ianques governam o Brasil

A revista norte-americana indica as causas do golpe, da morte de Vargas e pinta, de uma maneira geral, a aflitiva situação econômica do país, a crise agricola, com oito milhões de «camponeses sem terra e a dominação dos monopólios ianques.

E assim expõe o quadro da dominação do Brasil pelos monopólios ianques: «A U. S. Steel controla a extração de ferro, ouro e manganês, «Firestone e Goodyear monopolizam a produção da borracha e sua manufatura. «Wilson, Swift e Armour controlam o comércio da carne e possuem vastas extensões de terras. «Bung & Born manipula 84 por cen-ta da produção da farinha. Três quartos da energia elé-

trica, telefones e gás são controlados pela «U. S. Electric Bond & Share». Seis das nove companhias produtoras de artefatos elétricos são norte-americanos, com a liderança da «General Electric. Du Pond» controla a

(Continua na 2a. Pag)

Todos aqueles que querem separar os trabalhistas dos comunistas colocam-se contra os interêsses dos trabalhadores e do povo brasileiro, contra os interêsses do Brasil. Os trabalhadores getulistas já aprenderam bastante para não se deixarem mais enganar pelas lágrimas de crocodilo do sr. Osvaldo Aranha e seus comparsas, como Alencastro Guimarães e outros — cínicos agentes dos banqueiros norte-americanos que ainda supõem possivel explorar a morte do sr. Getúlio Vargas em proveito dos mesmos bandidos dos círculos dirigentes de Washington a que servem como lacaios. Não é por acaso que tôda a imprensa reacionária já se levanta assustada contra a união dos trabalhistas e comunistas.

Trecho de artigo de Prestes: Comunistas e Trabalhistas ombro a ombro

---

Confirmada a Entrega da Amazônia

Pretendendo desmentir a denuncia, um Jornal do Catete não só reforça como tambem a amplia

Violencias Contra a Imprensa

B. HORIZONTE, (IP)—Há cerca de 2 mêses a policia de Juscelino Kubitschek invadiu a redação de «Jornal do Povo» e roubou todo o material de trabalho que encontrou. Pastas, arquivos, fotografias, tudo foi roubado pelos «tiras» de Dutra Ladeira. Até hoje êsse material indispensavel ao jornal não foi devolvido.

T. nbém, está encarcerado no quartel do 5.º Batalhão da policia o redator-chefe do «Jornal do Povo», Dimas Perrin. Com ele estão Roberto Costa e belizário Rodrigues, arbitràriamente preso como amplia a denúncia.

A denúncia levantada pela imprensa independente e patriótica do país da concessão de enorme area da bacia amazônica á «Good Year», veiculada em edição anterior da TRIBUNA DO PARÁ acaba de ser confirmada por um jornal insuspeitíssimo á camarilha udeno-americana «O Globo». O jornal onde escreve artigos de fundo o entreguista-mor João Neves da Fontoura, não só confirma como amplia a denúncia,

informando que além da Good Year, a Firestone e a Pirelli, igualmente controladas por Wall Street, obtiveram do govêrno grandes fatias da Amazônia.

A Comissão Executiva da Borracha diz que não há informações sôbre a entrega de terras àquelas três companhias estrangeiras. Este fato demonstra que tudo se passa por cima da Comissão Executiva da Borracha que a

(Continua na 2a. Pag)

O «Jornal do Povo» aos trabalhadores da Cidade industrial.

PRESTES, traço de Portinari

AMEAÇADO O PETRÓLEO BRASILEIRO

LEIA NA 4a. PAGINA

A COLUNA traço de Vasco Prado

Comunistas e Trabalhistas
Caminham no mesmo sentido

S. PAULO, (IP) — Quando votava na 199a seção, em Santana, o sr. Wladimir Toledo Pizza, candidato a governador de S. Paulo, abordado pelos repórteres, declarou:

— «Nós não gastamos sequer um por cento do total dispendido pelos outros candidatos. Sabíamos de antemão que nos esperava uma luta tremenda contra poderosos grupos financeiros indígenas e alienígenas e que tínhamos que enfrentar a todos somados. Contávamos logo com tôdas as dificuldades e empecilhos que são tão fortes que chegaram a naturar um presidente da República».

Prosseguindo em suas declarações, o sr. Wladimir Pizza afirmou:

— «Todavia, quaisquer que forem êsses resultados, uma coisa é certa: lançamos um movimento nacionalista popular, cujos frutos serão colhidos pelo povo e pelo Brasil num futuro bem próximo».

Referindo-se à unidade entre comunistas e trabalhistas, disse que «está muito bem, exatamente porque trabalhistas e comunistas estamos caminhando no mesmo sentido, que é o de livrar o Brasil do jugo de grupos econômicos internacionais e intervencionistas».

O 30.º Aniversário do Início da Grande Marcha

Transcorre no dia 29 o 30º Aniversário do levante do Batalhão Ferroviário em Santo Angelo, que deu origem à gloriosa Coluna Preste.

Quando se iniciou a marcha da Coluna já estava praticamente vencida a Revolução de São Paulo e foi a ação de Luiz Carlos Prestes e de seus companheiros a garantia de que não cessaria a luta armada contra a oligarquia dominante e contra a entrega de nossa pátria à dominação estrangeira.

Cavaleiro da Esperança

A marcha da coluna através de mais de 30.000 quilômetros de território brasileiro, levando de vencida os generais reacionários e os jagunços contratados pelos governos e os latifundiários, constituiu uma das mais brilhantes páginas de nossa história militar e um fato de grande importância na vida política brasileira. «Cavaleiro da Esperança» denominou o povo ao jovem general de 27 anos que manteve acesa a flama do combate, nas condições heróicas da Grande Marcha.

O movimento da «Coluna Prestes», assim como os levantes de 1922 e 1924 que o antecederam, refletiam o inconformismo dos setores mais radicais da pequena burguesia diante da espoliação do Brasil e do atraso progressivo determinado por sua estrutura feudal e pelo jogo imperialista. Embora constituísse um enérgico protesto contra as condições existentes no Brasil e apesar de em vários pontos castigar os ra-

(Continua na 2.ª página)

Usina Hidroelétrica no norte da China

PAOTING, (IP) — A primeira usina hidroelétrica do norte da China no maior reservatório de Kwanting — o maior do país — está atualmente em fase de construção. Empregando poderosas «bulldozers» a perfuradores pneumáticos, os construtores já removeram 100 mil metros cúbicos de terra e pedra no local onde se erguerá a usina, a noroeste de Pequim. Constrroe-se um tunel através de uma colina rochosa por onde passará a água tirada do reservatório e que irá movimentar as turbinas na futura casa de máquinas.

A usina hidroelétrica iniciará suas operações no próximo ano, acrescentando mais 14 mil de energia elétrica à rede transmissora que liga Pequim, Tientsin e Tan tsin.

N. 183 — Belém do Pará, 23 de Outubro de 1954 — Ano IV

Terror e Fraude nas Eleições em Pernambuco

RECIFE, (IP) — As eleições neste Estado transcorreram sob o signo do terror e da chantagem. Ante a proibição dos comícios, dos espancamentos e prisões de patriotas, da sonegação de dezenas de

(Continua na 2.ª pág.)

Desrespeito à Constituição

As ameaças visando a não diplomação dos candidatos populares revelam inconfessáveis objetivos anti-nacionais

Prosseguimos hoje a nossa série de entrevistas em torno das recentes declarações do Procurador da República, no Rio, abrindo o «sinal» para a ofensiva contra a diplomação dos candidatos populares eleitos.

As proximidades da sede do PSB, de cuja direção faz parte, encontramos com

(Continua na 2.ª página)

Violências Policiais em Vigia
Invadida a casa de um lavrador por um bando de facínoras armados sob o comando do delegado

O Plano Ianque de Desindustrialização

A estarrecedora revelação de que na última reunião ministerial foi abordada sem mais «reticências» a questão de deter a marcha de nosso desenvolvimento industrial não pode causar surprêsa a quem tenha acompanhado, nesses 60 dias, os atos dêste govêrno. Quando o Sr. Eugênio Gudin reafirma que o rápido crescimento de nossa indústria é o principal ou um dos principais fatôres da inflação êle está repetindo um «slogan» batido dos monopólios internacionais, interessados em dominar completamente o mercado brasileiro e em afastar a concorrência dos produtores nacionais de artigos manufaturados.

Ninguém terá esquecido a onda de protestos provocada pelo famoso «Relatório Abbink» que pôs a descoberta a pressão imperialista, no sentido de distorcer o nosso desenvolvimento econômico para o lado da produção de matérias-primas. O problema é secular, numa luta data do Brasil-colonial quando o alvará d'El-Rey proibiram que possuíssemos manufaturas que concorressem com a Metrópole. Mas hoje ainda se trava entre os mesmos têrmos o dilema desgraçadamente ainda sem solução até que tenhamos conquistado para sempre nossa emancipação econômica. A pressão colonizadora vem hoje do Norte, da Casa Branca e de Wall Street, e o braço da traição está entranhado aqui dentro e é sustentado pelas forças atualmente no govêrno.

A repercussão de tal medida sôbre a economia da Amazônia não pode deixar de causar apreensões. Somos uma região rica em matérias primas vegetais e minerais, — um mundo novo a ganhar. Nossas populações vivem na penúria, submetidas a um impiedoso sistema de exploração. Os camponeses não têm terras e quando as têm elas estão exaustas e o Estado é o maior latifundiário. Isso ocorre porque nas zonas mais férteis a penetração das vias de transportes é precária. Não há possibilidade quanto ao escoamento da produção. Não existe, por outro lado, assistência técnica e financeira. Em Marajó algumas dezenas de fazendeiros, barões da Idade Média em pleno século 20, impõem a rotina e o trabalho servil. Nas cidades a massa de funcionários, intelectuais e outras camadas da pequena burguesia estão agrilhoadas por dificuldades tremendas, em face dos baixos salários e o proletariado existente apresenta um padrão de vida que lhe rouba a própria condição humana. No interior a indústria ó ainda o artesanato, ou a pequena fábrica em escala mais rara, exceptuando Santarém onde agora se instala uma fiação e tecelagem buscando aproveitar a juta. O Estado apresenta um orçamento irrisório, inferior a de muitos municípios do sul. A política administrativa, financeira e econômica do govêrno estadual é inoperante, marcada pela displicência, incapacidade, quando não a submissão aos interêsses americanos e a passividade diante dos crimes do govêrno central importando em cumplicidade. Não possuímos energia elétrica, nem mesmo para consumo doméstico, quanto mais para fins industriais. Nessa conjuntura sòmente a industrialização poderia salvar-nos, com o aproveitamento das nossas reservas florestais e de sub-solo. A pressão dos trusts, entretanto, não o permite. As verbas da Valorização estão sendo distribuídas sem atingir à finalidade precípua de industrializar a região obediente aos «conselhos» dos técnicos americanos. Exportamos matéria prima e importamos tudo. A «desindustrialização» defendida pelos traidores ianco-americanos deve vir provocar o desemprego em massa, a queda da produção, aumento das importações o maior desvalorização do cruzeiro (mais fome, miséria e pauperismo) afetando os maiores centros industriais do país, atingirá de cheio, de maneira cruel, as regiões onde os aspectos primários nossos para a industrialização. A Amazônia está nesse número, o que significa dizer que a nossa condenação está lavrada. Mergulharemos de vez no processo da regressão. Enquanto isso os americanos tomam e ocupam largas áreas de terras na zona bragantina e às margens dos maiores cursos fluviais serão localizados emigrantes americanos, expulsando os colonos para a morte pela inanição. E a ocupação que se processa, como primeira etapa para a ocupação militar e administrativa.

(Continua 3.ª página)

Chegaram à nossa redação notícias de violências praticadas em Bom Jesus, município da Vigia, pelo delegado tenente Raimundo da Costa Sampaio. Dia 7 de Setembro, quando se preparavam para festejar o Dia da Pátria, a residência dos colonos Afonso Barbosa e Amaro Barbosa foi invadida pelo truculento policial, acompanhado do comissário do Km. 35, do escrivão, pessoas comuns condenadas pela justiça, entre êles os de nomes Eloi e Flávio, além de numerosos grupos de espingardeiros armados. A casa foi tomada de assalto, reviradas tôdas as suas dependências e arrastados para fora os pertences dos seus moradores, entre os quais, diversas malas velhas, que foram vasculhadas. Do interior de uma das malinhas os facínoras retiraram um retrato de Prestes e um jornais, levando-os consigo e ao protesto dos presentes redargüiu o tenente que assim agira porque soubera que os lavradores estavam se reunindo para marchar sôbre a Vila e causar o incêndio de assalto, isso não obstante não ter sido encontrada uma arma siquer. Fatos como êsse bem revelam o desespero dos nossos dominantes que sentem a revolta e o desprêzo do povo em face de misérias reinantes e lançam mão de velhos argumentos para esmagar pela violência quaisquer tentativas pacíficas de melhoria de vida. A união dos lavradores, seja em tôrno de uma reivindicação, seja para, independentemente, comemorarem uma data cívica, é motivo para temores daqueles que têm a consciência pesada e sabem que exploram, roubam e matam o povo de fome. Os colonos da zona do Estado e Km. 35 que vivem uma vida de penúria, esmagados sob o pêso de uma espoliação infame nos seus direitos, sem terras, sem remédios, sem assistência de qualquer natureza e ainda são perseguidos como animais, mesmo quando procuram festejar uma grande data histórica. Isto mostra que a Constituição é letra morta para os «donos» do poder e que a situação só poderá ser resolvida segundo as diretrizes traçadas no Programa de Prestes. A reunião de todos os camponeses, aliados ao proletariado, aos intelectuais, às camadas da burguesia exploradas pelo imperialismo americano e pelos senhores latifundiários, objetivando a criação da Frente Democrática de Libertação Nacional para a derrubada do atual govêrno de traição de Café Filho, a serviço de Wall Street — é a instauração de govêrno democrático de libertação nacional, é o caminho justo e solução única que se apresenta.

Preço do Exemplar Cr$ 1,00

O Pará na II Conferência dos Trabalhadores Agricolas

Distribuição de Terras aos Que Não a Possuem

Um Seculo Depois ...

(Continuação da 2.ª pagina)

O processo tem sido o mesmo em toda a parte. O deputado Augusto Meira, em entrevista à imprensa, quando se discutia o caso da Hiléia, abordou o assunto e caraterizou essa penetração: primeiro o missionário, a Biblia, depois os emigrantes, as concessões, mais tarde as exigências, e, por fim, a anexação.

Não é por acaso que os patriotas estão sendo encarcerados e caçados, os seus direitos políticos na prática estrangulados. Procura-se deter as vozes que têm acentos de comando para milhões de brasileiros, afim de que não possam denunciar o crime de lesa-Pátria. Isto explica a ofensiva contra os comunistas, as decisões arbitrarias e inconstitucionais contra candidatos populares e comunistas. É necessario o silencio dos mortos, a paz dos cemitérios para que o despojamento de uma Pátria e de um povo possa ser perpetrado.

Não é de hoje que os ianques visam a Amazonia. Já em 1853, conforme relata Eduardo Prado em «Ilusão Americana», verificou-se uma cinica conspiração do governo dos Estados Unidos para apossar-se da região, aplicando os mesmos métodos do gangsterismo usados contra o Mexico e America Central. Depois da exploração do rio Amazonas pelo tenente Herdon, da Marinha americana, organizou-se em Nova York uma expedição de piratas contra o Pará e Amazonas. Ao mesmo tempo eram enviados agentes diplomaticos ianques para o Perú e a Bolivia com o objetivo de levantar os govêrnos daqueles países contra o Brasil e aconselhá-los a pedir o auxilio e proteção de Washington. Interpelado com energia pela nossa Embaixada nos EE. UU. o Secretario de Estado respondeu, por duas vezes, que «os funcionarios da União, com conhecimento de causa, não facilitariam a partida de nenhum navio que fosse violar as leis do Brasil». Não obstante, mais tarde o governo brasileiro teve que denunciar mais de uma conspiração, tramada pelo oficial naval Maury, objetivando conquistar territorios na região da borracha, então cobiçada pelos trusts, que sempre tiveram seus representantes no governo da Casa Branca. Os ianques procuravam por em pratica o que o general Grant havia declarado em 1833, em uma recepção ao general mexicano Porfirio Diaz:—«Para ter a borracha é preciso ter o Amazonas». Não fosse a nossa vigilancia àquela epoca e talvez os planos de conquista dos ianques tivessem se realizado e teriamos perdido toda a Amazônia, como perdeu o Mexico ricas áreas do seu país.

O perigo volta de novo. Apoiando-se no governo udeno americano Café Filho, defendido por Juarez, Eduardo Gomes, Canrobert, preparando as brigadas integralistas sob a designação de «Aguias Brancas», valendo-se da inercia e passividade do governo estadual, inercia e passividade que importam em participação, em cumplicidade—estão tomando as terras dos caboclos paraenses, estão ocupando as áreas mais ricas da região e se preparam para o assalto militar definitivo, esmagando homens, mulheres e creanças do Brasil. Nós somos para os ianques uma sub-raça,—mestiços, «coloreds», e em pouco teremos que ceder os melhores lugares de transportes e casas de diversões, hoteis e escolas para os louros conquistadores, e trabalharemos como escravos para êles, que serão senhores e donos da nossa terra. Seremos julgados por leis americanas e as nossas não vigorarão para os «colonizadores». Que se levante o povo contra essa expoliação. Que se unam todos os patriotas, por cima de bandeiras ideológicas, religiosas ou partidárias, formando uma grande frente de combate ao imperialismo, de defêsa da nossa soberania, de nossa liberdade, dignidade e brio. O inimigo já não nos ameaça com intenções apenas,—está na soleira dos nossos lares, está dentro do que é nosso. Não deve e não pode haver qualquer vacilação. O momento não comporta tibieza. Com a Pátria ou contra Pátria! com os patriotas que defendem o país da cupidez ianque ou com os americanos, com os traidores que auxiliam a entrega da nação ao imperialismo! E nesse momento, cumpre caracterizar, os maiores traidores, os agentes dos trusts, são exatamente os que estão no poder, os que mataram Getúlio, os homens do golpe de 24 de Agosto, os corifeus da UDN e seus apaniguados.

Problemas e reivindicações dos camponêses de todo o Brasil em debate no Certame de S. Paulo

Fala a TRIBUNA DO PARA' o jovem Valdomiro Pompeu de Sains, Delegado dos lavradores da zona Brgantina

Já tem sido amplamente divulgado o êxito da II Conferência Nacional de Trabalhadores Agricolas, realizada em S. Paulo nos dias 19, 20 e 21 de Setempro p. p., da qual participaram delegados do Pará, eleitos na Conferência dos Trabalhadores Agricolas da Zona Bragantina, a primeira que teve logar no Estado, e levada a efeito na cidade de Capanema, no dia 5 de Setembro, conforme noticiamos.

Entre os membros da representação paraense contava-se o jovem Valdomiro Pompeu de Sales, agrimensor e figura de largo prestigio na região. Na sua passagem por esta capital, de volta ao seu municipio, nossa reportagem procurou ouví-lo sobre o conclave, que marcou um ponto alto na luta dos camponêses brasileiros e representou um avanço decisivo na sua organização.

Falou-nos inicialmente, com entusiasmo, do carinho com que foram cercados todos os delegados por seus irmãos paulistas, as atenções da Comissão Organizadora, o clima de fraternidade e unidade reveladas durante todo o periodo da Conferência. E reiterou:

—Tivemos proporcionado conforto e assistência. Os camponêses de todo o país puderam estreitar suas mãos, trocar experiências, conhecer suas grandezas e misérias reciprocas,—grandezas manifestadas através de duras lutas e heroica resistência contra a opressão de que têm sido vitimas seculares, misérias reveladas nos impressionantes relatos da situação de fome e insegurança em que se encontram as vastas massas do campo, desde o assalariado, até o posseiro ou pequeno proprietário.

Problemas discutidos

Respondendo a uma outra pergunta, disse:

—Trago a melhor impressão da Conferência, repito. Ali foram debatidos com muita justeza os principais problemas que afligem o homem do campo. Entre muitos possu citar os que se relacionam com a distribuição de terras devolutas do Estado e dos latifundiários aos camponêses sem terra e àqueles que possuem-na pouca e cansada; aquisição de maquinária agricola indispensavel ao trato do solo, assim como a distribuição gratuita de sementes, adubos químicos e orgânicos, inseticidas, visando o aumento da produção e a recuperação das terras exaustas; abertura de estradas de rodagem para escoamento e descongestionamento da produção; extinção dos intermediários (atravessadores, especuladores) para que o produtor possa vender seus gêneros diretamente ao consumidor, sem os onus dos impostos excessivos; fixação de preços para os produtos agricolas através de uma legislação especifica; creação de uma rede de assistência medico-hospitalar, afim de minorar os sofrimentos das populações do campo e através de medidas sanitarias baixar o indice de mortalidade infantil, dando ao homem maior capacidade para o trabalho e produtividade; ampliação do número de escolas rurais em todo o país.

A Conferência e a organização dos colonos paraenses

Depois de uma pausa o nosso entrevistado passou a se referir aos frutos colhidos pelos delegados paraenses no terreno da organização.

—A Conferência representou para nós, delegados do Pará, uma valiosa contribuição. Podemos verificar de perto o quanto estão organizados e o forte sentimento de unidade existente entre os nossos irmãos do sul. Convencemo-nos, agora mais do que nunca, que sem união, sem nos organizarmos, não poderemos avançar com segurança. Unidos estaremos mais fortes e não seremos facilmente enganados e explorados. A Conferência apoiará todos os movimentos de unidade em qualquer canto do Brasil. Ao Pará prometeu todo apoio aos movimentos de organização e de luta e defesa dos colonos, posseiros, pequenos proprietarios, etc. Nesse sentido a Comissão Central pôsse à nossa disposição para qualquer esclarecimento ou orientação. De qualquer zona do Estado os camponêses podem-se dirigir a ela que serão atendidos. Tambem foram abertas as colunas do jornal «Terra Livre», que defende as reivindicações dos camponêses, para a publicação de fatos, noticias, comentários, etc. bem como o envio de qualquer material de orientação que for solicitado. O seu endereço é rua Direita, n.º 36—2.º andar, sala 1—S. Paulo. Ali tambem funcionará a Comissão Central. «Terra Livre», aliás, foi o jornal da Conferencia, dando ampla divulgação aos seus trabalhos.

—E os outros jornais?

—Será bom acentuar que a Conferencia foi um acontecimento invulgar em todo o país e jornais de todos os Estados deram noticias a respeito. Em S. Paulo quero destacar, alem de «Terra Livre», entre outros, «Noticias de Hoje» e «Ultima Hora», que muito contribuiram para o completo sucesso da iniciativa.

Não irei me alongar sobre o assunto. Transmitirei aos meus companheiros da Zona Bragantina os resultados obtidos e crêio que a união dos colonos deve ser feita em todos os municipios. Mais tarde, depois de dar conta da honrosa missão que recebi, poderei dizer mais alguma coisa a TRIBUNA DO PARÁ—concluiu.

A Demagogia ...

(Continuação da ult. pag.)

tos nas assembléias sindicais ou de emprêsas. Cumpre não esquecer outro aspecto da demagogia oficial, que é o de prestigiar os patrões quando recusam aumento de salarios, sob a alegação de que a participação nos lucros resolverá a situação de todos. A luta por aumento de salários não deve arrefecer. Os salarios devem ser reajustados e a lei do salário minimo deve ser cumprida rigorosamente.

Enquanto a camarilha udeno-americana engana com medidas protelatórias o operariado, não tem qualquer escrupulo em adotar medidas restritivas no campo da previdência social. O auxilio funeral foi diminuido para 500 cruzeiros; diminuiu e se acha ameaçada de completa liquidação a assistência medica, o que importa em dizer que um cuidadoso plano de liquidação pela fome dos trabalhadores está sendo posto em execução. A Carteira Imobiliaria dos Institutos praticamente deixou de funcionar e os segurados perdem até o dinheiro empregado no processo para obter a construção de casa própria. Alega-se, para justificar tais monstruosidades, que os Institutos têm dificuldades financeiras. Se um empregado deixa de pagar sua contribuição é recolhida com multa no mês seguinte. Comumente perde todo o periodo de contribuições; entretanto, o governo está sistematicamente atrazado. Que o governo pague as suas dividas aos Institutos, que sobem a 20 bilhões de cruzeiros; que sejam aumentadas as contribuições dos patrões e do proprio governo. Se o Estado pode dar moratória aos pecuaristas e abono aos fazendeiros de café, por intermédio dos ágios, porque não pode participar no custeio da assistência social aos trabalhadores?

Que ninguem se iluda, que nenhum trabalhador se deixe embalar pelo canto da sereia dos vassalos de Washington que assaltaram o poder. O proletariado deve se unir cada vez mais fortemente, nas bases tão bem delineadas por Prestes, e lutar para manter os seus direitos atuais e amplia-los. A Previdência Social deve estar sob controle das organizações operarias e a contribuição dos empregados não pode ser igual a dos patrões e do Estado. A luta que se devo travar nesse momento é uma luta pela sobrevivência, ligada à luta pela sobrevivência da propria Pátria.

Milhões ...

(Continuação da última pag.)

[illegible]eitoral primou em demonstrar o seu caráter de classe, o seu espírito reacionário a serviço das classes dominantes e dócil aos interêsses do imperialismo norte-americano.

Assim é que foi protelado o julgamento do pedido de registro da «Aliança Democrática Brasileira», foram impugnados sistemàticamente os candidatos populares, além do não reconhecimento da legalidade do Partido Comunista, fôrça de grande significação na vida política brasileira. Todos êsses fatos caracterizam a ausência de liberdade e de civismo do regime atual. Ao povo não é dado escolher livremente os seus representantes porque assim o determina um tribunal de arrôcho, apoiado por enormes recursos de dinheiro e propaganda de que dispõem os grupos de magnatas e de governantes.

Patriotas conhecidos, como Roberto Morena, voz legítima do proletariado no Parlamento, o escritor Jorge Amado, Kamilo Luchesi, líder operário e presidente da Confederação dos Trabalhadores do Brasil, Emilio Bonfante Demaria, dirigente marítimo e muitos outros foram impedidos de se registrarem como candidatos.

A propaganda eleitoral foi pràticamente suprimida. Os comícios políticos foram proibidos. Numerosas prisões foram efetuadas. No Estado de Pernambuco, o governador Etelvino Lins mandou cortar a energia elétrica das oficinas da «Folha do Povo» e falsificou uma edição dêsse órgão da imprensa popular para confundir o povo.

O govêrno de Café Filho cumprindo as determinações do imperialismo norte-americano não apenas violou a própria lei estabelecida como também cinicamente demonstrou que o povo só poderia votar mesmo naqueles candidatos indicados pelos grupos poderosos da finança e do mais abjeto servilismo aos banqueiros e armamentistas norte-americanos, naqueles candidato que nada fazem nem farão pelo povo.

O Plano Ianque de ...

(Continuação da 1.ª pagina)

O aspecto novo da questão é que a partir de meados de 1953 começou a redobrar e a tornar-se cada vez mais forte a pressão norte-americana contra nossa economia. Foi mais ou menos nessa época que o Sr. Osvaldo Aranha começou a falar em «industrialização imoderada» e em tôrno dessa diretiva tôda a imprensa entreguista fêz côro por muito tempo.

Para prova e exemplo das consequências que poderão advir desse estado de coisas, refira-se ao fato da Light ter colaborado de maneira acentuada na desindustrialização em 1953, pois a venda de energia eletrica foi reduzida nêsse ano para 2.431 milhões, contra 2.521 milhões em 1952. Sofremos um desfalque de cerca de 100 milhões de quilowattes hora, ou seja uma redução de 5% na produção e 5%, no mínimo, de desempregados, sem falar nos obstaculos ao surgimento de novas industrias.

Depois veio o «Esquema Aranha», seguido de uma justificação do mesmo teor, isto é, de que se destinaria a reorientar os investimentos para a lavoura, em detrimento, lógicamente, dos interêsses da indústria. Não é preciso lembrar que essa tremenda pressão econômica culminou com o gulpe de Estado que levou ao Catete os mais proeminentes balisas da agressiva politica de colonização total de nosso país. A partir de 24 de agôsto êsses homens não cessaram um só instante os preparativos para castigar os interêsses da indústria nacional. Essa politica antiindustrial não atinge, como é evidente, as grandes emprêsas, principalmente aquelas ligadas aos capitais norte-americanos. A liquidação do parque industrial brasileiro começará pelas pequenas e médias empresas que, ou cairão nas mãos dos monopolios ianques e seus testas-de-ferro, ou sucumbirão ante a desenfreada concorrência, ante a falta de energia, o encarecimento das máquinas e matérias-primas importadas, o aumento de impostos e tudo o mais que se planeja para limitar sua atividade.

A tese da desindustrialização está em pleno vigor e ela terá novo impulso com a homologação das propostas a serem apresentadas na próxima conferência Econômica do Rio de Janeiro, se os protestos do povo não conseguirem anular os planos dos monopólios de Wall Street, já reconhecidos pelo govêrno do Sr. Café Filho.

Chegaram os Romances do Povo!

Coleção Dirigida Pelo Escritor JORGE AMADO

Adquira hoje mesmo o seu volume!

1—Boris Polevói
UM HOMEM DE VERDADE . . Cr$ 60,00

2—Nikolai Ostrovsky
ASSIM FOI TEMPERADO O AÇO . Cr$ 60,00

3—Ferreira de Castro
A LÃ E A NEVE . . . . . . Cr$ 60,00

4—Tikhon Simáchkin
O GRANDE NORTE . . . . . Cr$ 60,00

5—Jacques Roumain
OS DONOS DO ORVALHO . . . . . . Cr$ 60,00

6—Dmítri Fúrmanov
TCHAPAIEV . . . . Cr$ 60,00

COLEÇÃO NOVA CULTURA

V. I. Lenin—O PROGRAMA AGRARIO—Cr$ 35,00
M. I. Kalinin
A EDUCAÇÃO COMUNISTA—Cr$ 35,00

Falam 16 Personalidades Femininas do Brasil Que Visitaram a União Soviética:

Atravessando a Fronteiras da URSS—Cr$ 30,00

LIVRARIAS—IPIRANGA—O' de Almeida, 106—Belém
ECONOMICA—Campos Sales, 142—Belém

Carne So' Para os Ricos

Anexação do Pará aos Estados Unidos

Mais Fome Para o Povo

Carne a 22 Cruzeiros -- Preço imposto pela Coap

O governo só intervem no dominio economico para beneficiar os latifundiarios

A famigerada COAP já anunciou os novos prêcos da carne nos talhos de rua. Creou duas tabelas, uma para os mercados, outra para os açougues fora dos próprios municipais. Isto significa que não haverá mais carne nos mercados e se quizermos encontra-la teremos que ir busca-la nos frigorificos e talhos de fóra. O preço é de 22 cruzeiros, em uma terra onde o salário minimo não chega a 1.000 cruzeiros, e nem mesmo esse é pago normalmente pelas emprêsas. Vai o povo sofrendo aumentos sucessivos em tudo, sem falar na roubalheira do pêso, qualidade, etc. O salário minimo, que por si só é insuficiente, na pratica é anulado pela alta constante dos gêneros. A medida que se impõe é a do congelamento dos preços. Argumentam os escribas da reação e do golpe que o congelamento não pode ser aplicado sem uma lei especial do Parlamento. Ora bem. Se as COAP podem aumentar os preços, porque não podem congelá-los? Porque não intervem ela no mercado com os seus postos de venda? Porque não se atribui ao Saps um papel de abastecedor do povo, em vez de simples e caricato orgão? O Estado intervem em numerosos setores da economia, entretanto, quando se fala em congelamento lá vem as razões de cabo de esquadra ditas pelos Gudin e economistas de fancaria, velhos tubarões e serviçais do imperialismo americano, defendendo a liberdade de comércio, a teoria da «inflação suave», do desemprego para forçar o barateamento da mão de obra, etc. Não obstante, o Estado intervem para dar moratoria aos pecuaristas, extraindo dos ágios abono para os caféicultores. Se pode fazer isso porque não podem a COFAP e as COAP agir a favor do povo? O açucar, por exêmplo, é vendido no mercado interno mais caro que no mercado externo. Os frigorificos estão em sua maioria, sob controle estrangeiro ou firmas

(Continua na 2a. Pagina)

UM SECULO DEPOIS

Voltam os Trusts Ianques, Apoiados Pelo Govêrno de Washington, a Conspirar Contra a Amazônia

Expulsemos de nosso solo os invasores e derrotemos todos os seus cumplices nacionais

A imprensa diária desta capital ja noticiou, e TRIBUNA DO PARÁ em sua ultima edição ventilou o assunto, de que estão sendo assentadas medidas para a ocupação de largas faixas de terra ao longo das vias de comunicação fluviais e terrestres do nosso Estado por «emigrantes» americanos. Um pormenor interessante deve ser assinalado: um mister J. W. Marshall, assessorado por 4 outros «técnicos», ao debater o assunto na Secretaria de Produção, revelou estar de posse de pormenorizadas informações sobre a região, desprezando as indicações que lhe estavam sendo fornecidas. Preferiram o nosso Estado por «diversas razões de ordem técnica contrariando mesmo as deduções da F. A. O. e de pessoas que não acreditam ser o solo paraense, em sua maior extensão, dotado de requisitos primordiais para o cultivo». Marshall tem percorrido livremente todo o territorio em avião de sua propriedade, e mostra a sua preferência pelo Baixo Amazonas, Tocantins e Guamá, as zonas mais ricas do Estado em madeiras, reservas de oleaginosas e minerais. A cumplicidade do governo do Estado nêsse novo assalto que se prepara contra a Amazonia está por demais evidente. É a propria Secretaria de Produção que se

(Continua na 2a. Pag.)

Uma Bandeira Para Todos os Democratas

RIO, (IP)—A um exame das fôrças que atuam no panorama político brasileiro, vê-se que existe uma parte da opinião pública cujo sentimento oposicionista é notório. Essa parte da opinião pública sempre esteve na oposição. Em diferentes fases de nossa vida pública, exprimindo êsse sentimento através do combate a situação dominante, veio a encontrar-se no mesmo campo que a UDN, julgando-a uma fôrça política que defendesse as liberdades democráticas.

A 24 de agosto, apoiada na espada dos generais fascistas, a UDN passou a fazer parte do govêrno. E no govêrno, a UDN, que se vê? Acaso desapareceram os motivos que levaram essa parte da opinião pública a ser oposicionista e a UDN a colher argumentos para a sua pseudo posição anti-governamental ao mesmo tempo que mantinha ministros no govêrno?

É claro que não. O govêrno da UDN, o govêrno que tem numa das pastas militares o Presidente de Honra da UDN, o brigadeiro Eduardo Gomes, está mostrando de que espécie é a «eterna vigilância» udenista. Sucedem-se violências, houve Estados em que as eleições se realizaram sob um clima de coação jamais visto, a Constituição é rasgada pelo sr. Café Filho. O desrespeito dos tribunais eleitorais aos direitos do cidadão ser votado retrata o conceito que a UDN tem de democracia.

Por que razão continuariam êsses democratas, que simpatizam com a UDN, a apoiar sua atuação comprovadamente anti democrática agora que está no govêrno? É evidente que o lugar dêsses democratas, que antes apoiavam as campanhas da UDN, não pode ser ao lado dêsse govêrno que oprime as liberdades públicas, que estabelece a pior discriminação, que faz tábula rasa do preceito constitucional redigido nêstes termos insofismáveis: «Por motivo de convicção religiosa, filosófica ou política ninguem será privado de seus direitos». O lugar dêsses democratas é ao lado dos que lutam pela plenitude dos direitos constitucionais e pelo respeito ás liberdades democráticas. O lugar dêsses democratas deve ser, não nas fileiras de um partido que na prática renega as liberdades, mas sim ao lado das demais correntes patrióticas que lutam pelos direitos do homem.

Uma organização talhada para acolher em suas fileiras tais democratas, devido ao caráter apartidário e genuinamente patriótico que tem, é a Liga da Emancipação Nacional, que reune sob sua ampla bandeira pessôas de tôdas as tendências. Nas fileiras da Liga de Emancipação Nacional encontrarão êsses democratas que têm tôda a razão para estarem desiludidos do democratismo dos dirigentes da UDN, o melhor lugar para a expansão dos seus sentimentos democráticos e para a luta por um amplo programa que é o programa de tôdas as pessôas dignas.

Pela Legalidade do Partido Comunista

RIO, (IP) – «Os verdadeiros democratas brasileiros não se podem conformar com a situação a que se pretende atirar o Partido Comunista» — são as primeiras palavras do criminalista Alfredo Tranjan, que se candidatou á vereança pelo Partido Social Progressista.

Ouvido pela reportagem da «Imprensa Popular», a respeito da legalidade do P. C. B., deu sua opinião sôbre um problema de tão grande significação para a vida politica brasileira, afirmando:

— «Os democratas defendem a liberdade de culto religioso. Como se conformam e, em algus casos, aplaudem a castração da liberdade de opinião politica? Dizer-se que a ninguém é vedado ser comunista é uma pilhéria. Não há liberdade de crença política sem a coexistência da liberdade de propagar essas idéias, de por elas lutar, sob a orientação de um órgão diretor, no caso o Partido, devidamente registrado. Defendo, com unhas e dentes, o direito que têm os comunistas de ver seu Partido na legalidade. Então, os fascistas, ostensivamente sob a alcunha de «P R P.» vivem na legalidade, e contra isso ninguém se opõe? Que democracia é essa, tipo «half and Half»?

«Esse meu ponto de vista é velho», acentua o entrevistado. E conclue, salientando o absurdo e a discriminação odiosa que sofrem os comunistas:

— «Publicamente me manifestei quando o Partido foi fechado. Agora, no dia da grave eleição de 1954, repito o que sustento, de há muito. Os comunistas têm o dever de eleger, mas não podem ser eleitos... Contra isso me bato e me baterei sempre».

tribuna do PARÁ

N. 183 Belém-Pará, 23 de Outubro de 1954 Ano V

Aceleram-se os Planos Para Entrega do Petroleo

Gudin trouxe de Washington as instruções sôbre a «politica suicida», e Juarez põe novamente em circulação a tese derrotada de que não temos capitais—Os ianques têm pressa—Urge a mobilização imediata, em amplas bases nacionais, de todos os patriotas que não estão dispostos a ver o Brasil reduzido a colonia

A declaração do sr. Eugenio Gudin, ao regressar dos Estados Unidos, de que os norte-americanos consideravam a politica do «o petróleo é nosso» com «uma politica suicida», além de encerrarem uma ameaça velada por parte dos trustes e monopólios ianques entrosados aos interêsses da Standard Oil deu o tom para o recrudescimento da propaganda entreguista.

Ja no «Correio da Manhã», o sr. Augusto Frederico Schmidt, sócio dos ianques na Orquima, a quem o sr. Café autorizou «pesquizar» as nossas reservas de areias monoziticas, proclamava abertamente a urgência de enfrentar «o demagógico nacionalismo» a proposito do petroleó brasileiro. Como primeiro passo o sr. Eugenio Gudin trouxe de Washington instruções exigindo a liquidação da Petrobrás.

Tese desmoralisada

Um dos argumentos postos novamente em circulação pelos entreguistas, com a ascensão de Juarez ao poder, apesar de gasto e provadamente sem base na realidade, através de pronunciamentos dos nossos estudiosos de economia, é de que não dispomos de capitais. Tanto na Camara e no Senado, em conferências e manifestações pela imprensa, no Club Militar e no Instituto de Engenharia de São Paulo, esta tése entreguista de Juarez Távora foi completamente pulverizada com fatos. Ressuscitam-na, agora, os agentes declarados dos trustes norte-americanos que assaltaram o poder, e por isso mesmo. As refinarias de Mataripe, em funcionamento, e a de Cubatão, prestes a funcionar; a nossa frota de petroleiros, as sondagens já feitas, a lavra comercial de poços em execução—tudo isso realizado com recursos nacionais mostra a falsidade e inconsistência de tal tése dos entreguistas.

Gasto com pesquiza e sondagem

Depondo perante a Comissão de Economia da Câmara (e que destrói a tése Juarez), o engenheiro Pedro Moura, alto funcionario do Conselho Nacional do Petróleo, e que até há pouco era chefe do serviço de sondagem e pesquizas no Reconcavo Baiano, avaliou os gastos totais com pesquisa perfuração e lavra, para um plano quinquenal intensivo, em 3.200 milhões de cruzeiros. Nessa quantidade, orçada para os trabalhos de cinco anos, o que dá uma média de 640 milhões anuais, estão incluidos, tem dos gastos para as pesquisas e sondagens, também as despêsas para a lavra dos campos petroliferos descobertos e a descobrir.

(Continua na 2.ª pag.)

A Demagogia da Participação nos Lucros

O Proletariado não se deixa envolver pelas manobras dos esfomeadores

Foi recusada no Senado a urgência pedida pelo senador Mozart Lago para o projeto sobre a participação dos trabalhadores nos lucros das emprêsas. A maioria governamental impediu a sua aprovação. Aliás, nenhuma ilusão guardava o proletariado nêsse sentido. Anunciou-se que nessa urgência estava interessado o proprio presidente Café Filho. Pura demagogia. Primeiramente não haveria tempo, já agora, de aprovar o projeto no atual periodo legislativo, e é o proprio sr. Café Filho, antes vice-presidente da Republica e nessa qualidade presidente do Senado, o responsavel pelo atrazo. Procurando iludir a massa operária simula agora, cumprindo instruções dos patrões ianques, um interêsse que nunca teve. A participação nos lucros, por outro lado, da maneira como está disposta, é simples manobra diversionista, encobrindo o intento de amortecer com ilusões a consciência de classe que desperta cada vez mais vigorosa nos trabalhadores. Para que haja uma perfeita participação nos lucros das emprêsas e não seja enganado o operário torna-se necessário a sua participação nas direções das emprêsas, através de representantes elei-

(Continua na 2a. Pagina)

Milhões de Brasileiros Não Puderam Votar

RIO, (IP) — Os portavozes da reação tentam demonstrar que as eleições de 3 de outubro foram «eleições livres».

Nada mais falso. Desde 1945 que não se presenciava um pleito tão cheio de arbitrariedades, de discriminações, de restrições de tôda ordem.

Milhões de cidadãos brasileiros não puderam votar por serem analfabetos, embora possam trabalhar e contribuem com uma considerável parcela para a produção e a riqueza do país.

Mas, não é apenas isso. Severas medidas foram tomadas para impedir que vastos setores da opinião pública que defendem as idéias da paz, do progresso e da democracia participassem das eleições. A Justiça

(Continua na 3a. Pag.)

PRESTES DEFENDE
Uma Candidatura Popular á Presidencia da Republica

Juscelino Kubitschek e Etelvino Lins sintetizam a negociata e a violência a serviço dos monopólios norte-americanos. Juarez Távora, candidato para enganar o povo e para permitir que a Standard Oil se aposse do petróleo brasileiro.

É possível o aparecimento de uma candidatura popular à presidência da República com reais possibilidades de vitória. Os comunistas continuam dispostos a apoiar um candidato popular que aceite uma plataforma patriótica.

É ainda possível o lançamento de um nome do P.T.B. como candidato à presidência da República. O Partido Comunista dará seu inteiro e entusiástico apoio ao candidato da frente única das forças populares, e patrióticas. Unidas podem as forças democráticas conquistar uma retumbante vitória.

Luiz Carlos Prestes

O grande lider do povo brasileiro Luiz Carlos Prestes, diante da campanha eleitoral para a presidência da República, concedeu aos órgãos da imprensa popular a seguinte entrevista:

PERGUNTA — Com o lançamento da candidatura do sr. Juarez Távora, qual a sua opinião sôbre a campanha pela sucessão presidencial?

RESPOSTA — As grandes massas populares ainda aguardam os nomes de candidatos à presidência e à vice-presidência da República que possam merecer sua confiança e que pela plataforma eleitoral que apresentem possam efetivamente interessá-las, trazer-lhes esperanças de melhores dias. Os três candidatos até agora proclamados são típicos representantes da minoria reacionária que infelicita o país, são tradicionais representantes dos mesmos interêsses egoistas dos latifundiários e grandes capitalistas intimamente ligados aos monopólios norte-americanos. Para o povo brasileiro, Juscelino Kubitschek e Etelvino Lins sintetizam a negociata e a violência a

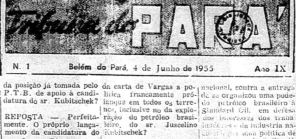

N. 1 — Belém do Pará, 4 de Junho de 1955 — Ano IX

serviço dos monopólios norte-americanos que querem a total colonização do Brasil. Justamente por isto lançaram agora o nome do sr. Juarez Távora, na esperança de conseguir enganar o povo com o seu passado — muitas vêzes traído — de ex-tenente revolucionário e com a sua pretensa austeridade. E' evidente que a Standard Oil ainda supõe possível por trás de tão esfarrapada cortina de "austeridade" apossar-se do petróleo brasileiro. Mas está equivocada. O povo está alerta e sabe que de todos os atuais conchavos entre os políticos reacionários qualquer nome que saia, por mais enfeitado e dourado que seja, será sempre o de alguém que, no fundo, não passa de vinho da mesma pipa. As grandes massas trabalhadoras que sofrem sob a atual situação querem candidatos diferentes e já começam a compreender que fazendo uso do direito de voto podem colocar na presidência da República um homem que se comprometa a realizar uma política em benefício do povo.

PERGUNTA — Crê ainda possível o aparecimento de uma candidatura popular à presidência da República com reais possibilidades de vitória apesar da posição já tomada pelo P.T.B. de apoio à candidatura do sr. Kubitschek?

RESPOSTA — Perfeitamente. O próprio lançamento da candidatura do sr. Juarez Távora põe a nu a divisão que lavra no campo da reação, onde as diversas camarilhas lutam tôdas pela posição decisiva que lhes permita a posse do Tesouro e do Banco do Brasil. Que representa o lançamento da candidatura do P. Távora senão a necessidade que tem a dupla Café-Jânio Quadros de conservar a posição alcançada que lhes permite colocar a cornucópia das graças à disposição de negocistas, como Olavo Fontoura, Moura Andrade, Chateaubriand, etc, e de grandes banqueiros como Whitaker? A divisão reinante entre os senhores da reação facilita a vitória de um candidato independente, de um verdadeiro candidato do povo. Quanto à posição já tomada pelo P.T.B., não devemos nos esquecer de que há uma grande diferença entre o que desejam os dirigentes comandados. Especialmente quando os dirigentes pesam que farão de fato seus metem um êrro político tão evidente como foi a decisão tomada pela última Convenção do P.T.B. dificilmente poderão ser obedecidos. Naquela Convenção não chegaram a compreender a importância política da proposta do Partido Comunista e não quiseram por isto tomar conhecimento de minha carta, mas o mesmo não acontece com as massas trabalhistas, que nos trabalhadores getulistas que não esquecem as palavras da carta de Vargas. Como harmonizar com os têrmos da carta de Vargas a política francamente próianque em todos os terrenos, inclusive no da exploração do petróleo brasileiro, do sr. Juscelino Kubitschek?

A final, que ganhou o P.T.B. com o apoio à candidatura sem nenhum futuro do sr. Kubitschek? E não se torna cada dia mais claro que com o apoio das grandes forças democráticas e patrióticas poderia o P.T.B. eleger um de seus dirigentes à presidência da República? Nós, comunistas, continuamos dispostos a apoiar um tal candidato desde que aceite a plataforma mínima que apresentamos na minha carta à Convenção do P.T.B. Sabemos que errar é dos homens. Quando se trata dos interêsses do país e do povo jamais é tarde para se corrigir um êrro.

PERGUNTA — Julga possível ainda o lançamento de um nome do P.T.B. como candidato à presidência da República?

RESPOSTA — Sim, isto ainda é possível. Mas não é só no P.T.B. que se podem encontrar nomes de homens íntegros e capazes de lutar pela vitória do povo nas urnas de 3 de outubro. Quero mesmo fazer um apêlo aos dirigentes do P.S.B., do P.S.P., do P.R.T. e demais partidos, correntes de opinião e movimentos e organizações que ainda não deram seu apoio aos candidatos até agora proclamados. O Partido Comunista dará seu inteiro e entusiástico apoio ao candidato de frente única das forças populares, democráticas e patrióticas que se comprometa a lutar em defesa da soberania nacional, contra a entrega se organizando uma poderosa do petróleo brasileiro à Standard Oil, em defesa dos interêsses dos trabalhadores e da indústria nacional, por uma política de paz e de respeito à Constituição e por medidas eficientes contra a carestia da vida. Em tôrno de tal plataforma e com a escolha de dois patriotas dignos e honrados para candidatos do povo à presidência e vice-presidência da República será possível organizar uma amplíssima coalizão democrática que terá tôdas as condições para ser vitoriosa nas urnas a 3 de outubro. A grande experiência do povo da Capital de São Paulo, onde se organizou uma poderosa coalizão de forças democráticas para eleger o prefeito e o vice-prefeito da cidade, comprova à saciedade que é possível criar esta amplíssima coalizão democrática. Nosso dever de patriotas e democratas consiste, pois, em lutar para que seja apresentado candidato à presidência da República o nome de um patriota, popular e independente, e tudo fazer para organizar a poderosa coalizão democrática eleitoral de tôdas as forças que aspiram ao progresso e à emancipação do Brasil. A união das correntes políticas democráticas tem tôdas as condições para ser vitoriosa. Unidas poderão realizar uma poderosa campanha eleitoral de massas — única maneira de lutarmos contra tôdas as ameaças de golpes de Estado e militares e de exigir eleições livres a 3 de outubro. Esta é a hora de impulsionar o poderoso movimento patriótico pela imediata apresentação de candidatos independentes à presidência e vice-presidência da República.

"Tribuna do Pará" Retorna ás Mãos do Povo

TRIBUNA DO PARÁ retorna hoje á circulação após alguns meses de silencio imposto por dificuldades técnicas, superadas somente graças ao apoio e á ajuda efetiva dos trabalhadores e do povo.

Ao levar novamente ás mãos do povo o seu jornal, fazemo-lo com a convicção fortalecida de que mais do que nunca necessita a nossa terra de uma imprensa realmente popular e independente que levante a bandeira das lutas patrióticas e democráticas no Pará e na Amazônia, cuja defesa é no momento um imperativo que nos impõe a emancipação de nossa pátria.

Somente a mais ampla e cada vez mais forte ajuda popular, no entanto, será possível ao povo ter um jornal à altura das suas tradições políticas, à altura de instrumento esclarecedor e combativo da poderosa frente unica de todos os brasileiros que querem bem servir o povo e a emancipação nacional.

Com essa esperança, e animados pela alegria do reaparecimento de TRIBUNA DO PARÁ, reiniciamos uma nova e significativa etapa que é a de forjarmos, no seio dos trabalhadores e do povo, ao calor de suas lutas, uma imprensa democrática à altura das grandiosas tarefas da defesa da soberania nacional e da paz e da conquista de dias mais felizes para todo o nosso povo.

O Crime Contra as Crianças de Belém

CIDADE SUJA

A falta de recursos para dominar a epidemia de disenteria bacilar em Belém é de responsabilidade do governo americano de Café Filho

Há dois meses que uma epidemia de disenteria bacilar dizima as crianças de Belém.

As investigações epidemiológicas chegaram á conclusão de que a causa dessa criminosa situação está numa cidade suja e na agua cuja contaminação pelos germes do grupo desinterico não é segredo a ninguem.

Não tiveram coragem

de falar na agua

O crime é muito maior: tambem a agua tanto encanada como a dos demais fontes de consumo não oferece nenhuma segurança.

Por que não há

recursos ?

As autoridades sanitarias confessam que não contam com os recursos necessarios para dominar a situação. Ou seja limpar a cidade, tratar o lixo e a agua, como medidas fundamentais Declaram não poder contar com pessoal e verbas nem outros recursos tecnicos para aquele fim. Por que ?

razão primeira do estado de penúria do povo.

Como medidas necessárias ao soerguimento o defesa econômica da Região.

Governo ianque de Café, o responsavel

O governo Café Filho, governo do golpe americano, solicitado pelo governo estadual a fornecer os recursos para salvar milhares de crianças brasileiras de Belém, se limitou a mandar um tecnico para tomar parte no inquérito e uma quantidade ridícula de medicamentos. No entanto, do que necessita a cidade para salvar a vida da infancia dos trabalhadores e do povo paraense, Café Filho não mandou.

Enquanto isso, o governo Café Filho se caracterisa pela mão aberta em relação aos dinheiros publicos quando se trata de beneficiar os trustes isinques que nos exploram como no caso do café, do algodão, dos minerios, etc, enquanto arrebentam diariamente as negociatas com o dinheiro do povo.

Os trabalhadores e o povo, cujas crianças morrem de disenteria bacilar, devem unir os seus protestos e exigir verbas e medicamentos para dominar a epidemia.

CARTA DE DEFESA DA AMAZONIA

(Continuação da últ. pag.)

Recomendamos :

—A política de defesa da borracha deverá visar á criação da sua indústria pesada nacional. A indústria de borracha sinética deve ser interditada aos trustes e incentivada de conformi ade com os interésses da Amazônia.

—Denúncia dos Tratados que propiciam a submissão da nossa economia aos Estados Unidos, em especial o Acôrdo Militar.

—Ampliação dos mercados internacionais por meio de relações comerciais com todos os países do mundo, no sentido de obtermos novos mercados para os produtos regionais, como a castanha, essências e óleos vegetais, madeiras de lei, amêndoas, fibras, couros e peles.

—Execução do «Plano para a solução em 5 anos do problema do Petroleo, aprovado no Congresso Nacional de Defesa do Petróleo, no Rio de Janeiro.

—Suspender imediatamente a exportação do minério do manganês do Amapá, Urucum e Aripuanã, exigindo sua industrialização em função da industrialização brasileira. Iguais providência para proibir a exportação dos minerais atômicos.

—Desenvolvimento de nossa Marinha Mercante, defendendo-a da concorrância inconstitucional que sofre de companhias estrangeiras, melhante a obrigatoriedade do transporte em navios nacionais e a adoção de medidas que permitam e incentivem a construção naval na região.

—Fiel observação das leis de proteção ao trabalho. Justiça rápida e gratuita, inclusive nos Territórios Federais

—Medidas concretas visando ao levantamento do nível cultural de nossas populações, á preservação de nossa cultu-

ra da influência desnacionalizante. Ensino accessivel a todos. Criação da Universidade da Amazônia.

—Realização de uma Reforma Agrária Democrática e de uma política cooperativa que permitam a valorização do homem e a sobrevivência do índio e sua cultura. Maior. assistência aos criadores de Marajó, Baixo-Amazonas e Rio Branco.

—Utilizar o potencial hidrelérico para incremento da Industrialização e consequentemente da agricultura.

—Ampliar a proteção á saúde, melhorando os serviços de saneamento e assistencia médica. Nacionalização do órgão patriótico que Serviço Especial de Saúde Pública (SESP).

—Para a proteção do Petróleo e da Pesca, impõe-se a proclamação e o exercício efetivo da soberania brasileira sôbre suas plataformas marítimas.

—Finalmente, na salvaguarda da soberania brasileira na Amazônia.

Exigimos:

—Que o Ato Constitutivo do Instituto Internacional da Hiléia Amazônica seja definitivamente arquivado pelo Parlamento Nacional.

Imbuídos do espirito de luta de Plácido de Castro, Ajuricaba, Batista Campos, Bequimão, Vinagre, Angelim, Cabralzinho, Bernardes e Eutalas, nós, brasileiros de todo o Brasil, reafirmamos a nossa posição nacionalista e declaramos que a AMAZONIA ESTÁ AMEAÇADA MAS NÓS A DEFENDEREMOS E para consecução de tão altos objetivos, impõe-se a união de tôdas as forças patrióticas que DESEJAM REALMENTE A EMANCIPAÇÃO DO BRASIL num clima de respeito ás garantias constitucionais, de paz internacional e de leal entendimento entre todos os povos.

Belém, 8 de maio de 1955.

A CONFERENCIA NACIONAL DE DEFESA DA AMAZONIA».

Energicos Protestos Contra Edir Rocha...

(Continuação da última pag.)

dúbios, os trabalhadores passaram a protestar.

Edir perde a cabeça

—Quando já me encontrava na rua,—acrescentou o sr. João Viana—fui solicitado por dois funcionarios daquela repartição a ter entendimentos com o sr. Edir, o que me recusei a fazer sozinho, convidado os meus companheiros de comissão a me acompanharem

Porém, ao chegarmos ao gabinete do sr. Edir, só a mim foi permitida a entrada. O comandante se tomou de fúria e como uma besta fera investiu contra mim, insultando-me soezmente e me classificando de agitador. Em seguida expulsou-me do escritorio, suspendendo-me do trabalho por 10 dias.

Cumpri o meu dever

—Mas não estou sozinho—disse-nos o sr. João Viana—que reside no sr. Edir, que pretende, com um inquerito, demitir-me do SNAPP. Soube cumprir o

meu dever de presidente do meu sindicato, representando a corporação a que pertenço, fiel, portanto, ao mandato que me foi confiado e, no exercício dessas atribuições estou garantido pela legislação trabalhista e pela solidariedade maciça de meus companheiros. Tanto a suspensão como a possivel demissão não tem amparo na lei. O que o sr. Edir está fazendo é uma arbitrariedade que não me assusta.

Além do mais o caso não é só meu. Trata-se de uma violação grosseira da autonomia e das liberdades sindicais, uma questão que interessa aos demais sindicatos. Aliás, em assembléia geral realizada a 29, resolvemos enviar ofícios a todos os sindicatos pedindo sua solidariedade e que protestem contra a arbitrariedade do sr. Edir. Tambem já telegrafamos ao Presidente da República, Ministros da Justiça e Viação, comunicando o fato e prestando contra as violencias praticas pelo comandante dos SNAPP.

Edir realiza á política anti-

operaria do governo Café Filho

Falou-nos o presidente do Sindicato com muita clareza e veemencia, como se vê por suas declarações. Na verdade o fascista Edir aplica no SNAPP a orientação política do governo Café Filho, tentando liquidar os direitos e conquistas da

classe operaria e desrespeitando brutalmente a Constituição.

Contra a medida de suspensão de que foi vitima o presidente do Sindicato dos Metalúrgicos deverão tomar posição, sem vacilações, os trabalhadores em geral e os demais sindicatos, enviam professos nos Presidente da República e Ministro da Justiça, bem como protestando publicamente e junto á administração dos SNAPP.

Deputado Aciole Ramos (PR):

Atuação Democrática.

que obteve igual repercussão que a anterior, diz respeito á moção de protesto que o mesmo deputado apresentou contra a brutal e covarde invasão da polícia carioca ao escritório do deputado Bruzzi Mendonça, ocorrida há poucos dias.

Cumpre assinalar que ambos os requerimentos foram aprovados, muito

embora o Chefe de Polícia, sr. Salvador Borborema, esteja dizendo que muitas fichas serão conservadas, a despeito da resolução da Assembléia Legislativa, o que deve motivar uma interferencia enérgica por parte dos legisladores no sentido de evitar que o chefe de policia derrualize o ato de um poder superior.

Problemas

Revista Mensal de Cultura Politica

Já chegou o número 64

Dedicado ao IV Congresso do Partido Comunista do Brasil

— SENADOR MANOEL BARATA, 222 (altos) —

Dois sacerdotes assinam o Apêlo de Viena

São ambos parlamentares o padre Medeiros Neto, deputado do PSD de Alagoas, e o cônego José Trindade, deputado do PSD de Goiás.

RIO, (IP) — A Campanha por 10 milhões de assinaturas, em nosso país, o Apêlo contra a preparação da guerra atômica, vem merecendo, por sua amplitude, tão compreensivel e cada vez mais empolgante, o mais vivo acolhimento em todos os meios sociais. Agora mesmo, dois sacerdotes deputados à Câmara Federal, o cônego José Trindade, de Goiás e o padre Medeiros Neto, de Alagoas, assinaram o Apêlo, dando assim mais uma prova de que a campanha mundial contra as armas atômicas está congregando todas as camadas sociais da população brasileira em grande e indispensável objetivo de impedir uma nova hecatombe mundial.

O Petróleo E' NOSSO

Jocelyn Brasil

Nas principais Livrarias

A HORA PROXIMA de Alina Paim

O primeiro livro de autor nacional da Coleção ROMANCES DO POVO

Uma página do heroismo e da luta dos nossos ferroviários

— Breve Em Todas as Livrarias —

"GRAFICA BELEM LTD."

Anuncia ao povo que está aparelhada para executar qualquer trabalho grafico com o maximo de perfeição a preços sem competência.

Endereço: Rua Manoel Barata, 259 — Belém

Leia

Voz Operaria

O semanario que reflete os anseios de paz e de soberania nacional e as reivindicações dos trabalhadores brasileiros

IRISOMA DO PARA'

Director-A.H. Imburiba da Rocha

Redação:
Rua Manoel Barata, 222
Caixa Postal, 320
Belém Pará

Lutam os Portuarios...

(Continuação da última pag.)

se uma fórmula para um entendimento.

Tudo indica que os portuarios se não obtiverem exito nos entendimentos, prosseguirão na luta até a vitória final e, para isso, sindical e contar com a solidariedade efetiva das demais corporação, em caso de paralisação do trabalho.

Graves Prejuizos Aos SNAPP

O Desbaratamento De Verba Pela Administração EDIR ROCHA - Milhões Para Os Magnatas Holandeses - Falta De Estímulo Aos Estaleiros Regionais - Um Exemplo Do Governo De Café Filho

Tribuna do PARÁ

N. 2 — Belém—Pará, 18 de Junho de 1955 — Ano 1955

Após vários anos de verdadeiro abandono em que ficaram os Snapp, os parlamentares da região no Congresso Federal, expressando os constantes apelos do comércio e da população da Amazônia, conseguiram incluir no Orçamento da União várias verbas com o fim de possibilitar a execução do reerguimento da frota fluvial dos Snapp. Entretanto, essas verbas estão sendo gastas de maneira extremamente incontrolada pelo sr. Edir Rocha, com graves prejuízos não somente à empresa como ao comércio e à população.

Prejudicados os interesses da empresa e da construção naval nacional

É sabido que o sr. Edir Rocha, seguindo fielmente a política anti-nacional do governo do sr. Café Filho, em vez de utilizar os milhões consignados aos Snapp para recuperar parte de sua antiga frota fluvial e programar a execução nas próprias oficinas da região, de navios de calado médio e apropriados à navegação na Amazônia, preferiu simplesmente importar navios da Holanda.

Nem a campanha publicitária, nem os estrondosos discursos e nacionalizações conseguiram, porém, esconder os sérios danos que a administração atual traz à empresa e aos próprios interesses nacionais na Amazônia.

Os navios adquiridos na Holanda, apesar de seu belo aspecto, não são os mais apropriados às finalidades da navegação amazônica. Os holandeses, grandes construtores navais, não conhecem a realidade amazônica, de modo que seus navios são fechados, sem ventilação para um clima tropical difícil como o nosso. Comenta-se, com justa razão que, por exemplo, o Presidente Vargas, da linha do Mosqueiro, não pode usar toda a capacidade de suas máquinas, e, devido ao seu calado, as atuais instalações da Ponte do Mosqueiro tornam-se insuficientes, atrasando a atracação. Há o exemplo do chatinha Imediato Carepa que, segundo foi divulgado e comentado apresenta defeitos no leme, com marcha-ré precária, tornando impossível seu emprego nos altos rios, onde as curvas e praias perigosas exigem manobra rápida.

Contra a construção naval regional

O plano de reerguimento dos Snapp está sendo apresentado ao comércio e à população como uma miragem, e não passa disso. Não se pode admitir que se encomendem navios na Holanda, com dispêndio de milhões de cruzeiros, quando os Snapp e outras oficinas particulares, como as Oficinas Camelier, estão em condições, segundo fomos informados, de construir navios até 1.500 toneladas. Aliás, não foi ainda esquecida a construção, no tempo da administração Magno de Carvalho, da chatinha Evaandro Chagas, idêntica à adquirida na Holanda e que até hoje presta ótimos serviços à empresa.

A construção naval regional possibilita ao desenvolvimento industrial do Estado. Economizaria, e mesmo, Edir Rocha, se quisesse, numa hora em que poderia servir para utilizar melhor a capacidade de nossos engenheiros, oferecer trabalho a milhares de operários paraenses e possibilitar o desenvolvimento de um sem número de pequenas indústrias subsidiárias.

Verbas da Valorização desviadas

Outra coisa é que a atual compra de navios na Holanda não tem sido feita com verbas do Govêrno Federal. As centenas de milhões de cruzeiros gastos e esbanjados pelo sr. Edir Rocha são verbas da Valorização da Amazônia, consignadas por parlamentares no Orçamento da União. A SPVA passa assim a arcar às costas com mais um serviço público federal e da responsabilidade exclusiva do govêrno da União. As tão agregadas verbas da Valorização vêm sendo desviadas pelo governo Café Filho, e de tal maneira, que em vez de estimular a indústria regional, como seria o caso da construção naval nacional, servem para encher os bolsos de grandes trustes na Holanda e em outros países.

(Cont. na 2.ª pag. letra B)

INCURIA DO GOVERNO A PRINCIPAL CAUSA Da Mortalidade Infantil

Quase 500 óbitos em 30 dias — Dinheiro existe, mas o problema se agrava — O povo deve organizar-se em comissões para exigir a adoção de medidas eficazes

Na edição anterior abordamos, em traços gerais, o panorama sombrio que Belém apresenta, com o desenvolvimento, em ritmo ascendente, da epidemia de doenças gastro-intestinais, a qual vem dizimando de modo alarmante, sua população infantil.

Dizíamos, então, que as autoridades estaduais e municipais estavam impossibilitadas de agir por falta de recursos financeiros, e atribuíamos toda a culpa dessa dramática situação ao Presidente da República.

Fazendo tal afirmação, endossávamos simplesmente os argumentos da demagogia oficial, cujo objetivo, sempre e sempre, é isentar de responsabilidade os governos nos danos que causam ao povo pela sua incúria e incapacidade administrativa.

Não compreende que a verdadeira imprensa popular é aquela que nada esconde do povo, e tudo faz no sentido de orientá-lo e alertá-lo sobre os perigos que o cercam, nós limitamo-nos a noticiar os fatos, sem atentar nas causas profundas e remotas que os geraram, e, ao mesmo tempo, buscando muito longe apenas um dos responsáveis, deixando incólumes os governantes locais.

É certo que o governo anti-popular de Café Filho se preocupa, antes de tudo, em satisfazer aos desígnios dos colonizadores norte-americanos que, com a cumplicidade de seus agentes nacionais, o colocaram no poder em 24 de agosto, relegando a plano secundário os reais interesses do povo brasileiro e porisso mesmo não atendeu, com presteza devida, aos apelos que lhe foram feitos. Mas, daí a eximir de culpa os governos do Estado e do Município, por uma situação que diretamente lhes diz respeito, vai uma grande distância.

RECURSOS NÃO FALTAM

Além do mais, não há falta, absoluta, de recursos financeiros. Não resta dúvida que a solução de um problema sanitário das proporções do atual exige milhões e a conjugação de esforços dos Governos Central, do Estado, da Prefeitura, de instituições particulares, e do próprio povo, que para tanto, deve ser esclarecido, orientado, e, mesmo, organizado.

Ora, vejamos: a Assembléia Legislativa do Estado votou, de início, um crédito de 500 mil cruzeiros

(Cont. na 2.ª pag. letra A)

A Reforma Agrária Em Discussão no Interior

Como vai se desenvolvendo no Pará o movimento para a solução do problema da terra. Fala à TRIBUNA o jornalista Antero Soeiro, presidente da campanha em nosso Estado.

Dr. ANTERO SOEIRO — Presidente da Comissão Paraense pela Reforma Agrária

— O movimento pró-reforma agrária tem encontrado a maior receptividade em nosso Estado, quer por parte das autoridades, como do povo e do proletariado e dos colonos trabalhadores agrícolas.

Especialmente os srs. deputados estaduais, que por força das campanhas eleitorais têm que andar pelo interior, conhecendo, por isso, o quadro revoltante de miséria dos agricultores, não têm regateado apôio à campanha que é patriótica pelos elevados objetivos de justiça social a que se dirige.

Temos a satisfação de poder dizer que foi um su-

(Cont. na 2.ª pag. letra C)

Preso Quando Vendia "TRIBUNA"

Na ocasião em que vendia jornais da imprensa popular, inclusive TRIBUNA DO PARÁ, foi preso e recolhido ao xadrez infecto de São Braz, durante 5 horas, por ordem do Chefe de Polícia, o patriota e líder sindical Benedito Costa. Por se tratar de uma violência policial contra a liberdade de imprensa, Benedito Costa protestou com veemência, e êle nos solidarizamos. É mais um atentado contra a livre circulação do nosso jornal. Mas a TLIBUNA prosseguirá, e o apôio popular lhe garante a vitória.

Moção De apôio à Luta Em Defesa Da Paz Mundial E Protesto Contra O Emprêgo Das Bombas Atômica & Hidrogênio

Considerando que a Paz é indispensável à concretização dos objetivos desta Conferência, tais como a luta pela soberania nacional, a defesa das riquezas, da economia e do homem amazônicos,

Considerando que paira sôbre a humanidade o perigo de uma nova guerra, cujas conseqüências seriam catastróficas dado o poder destruidor das armas termo-nucleares,

Considerando ainda os anseios de paz do povo desta região, que, durante a guerra contra o fascismo, enfrentou as maiores privações e sofreu prejuízos de toda ordem, inclusive perda de entes queridos nos navios torpedeados pelos submarinos nazistas nas costas brasileiras.

PROPOMOS

Que esta Conferência se dirija ao Movimento Brasileiro dos Partidários da Paz, expressando, através do mesmo, seu integral apôio ao movimento que se desenvolve universalmente em prol da paz mundial, bem como lançando um veemente protesto contra a fabricação e o emprêgo das bombas atômicas e de hidrogênio, cujos estoques devem ser destruídos.

Esta Moção foi aprovada por unanimidade na Conferência Nacional de Defesa da Amazônia, realizada nesta capital de 3 a 8 de maio último.

Lançado O Programa Do "Movimento Nacional Popular Trabalhista"

Subscrito por centenas de prestigiosos líderes Sindicais do Rio, São Paulo e Estado do Rio de Janeiro

RIO (IP)—Aguardado com crescente interêsse pelos trabalhadores e pelas massas populares, acaba de ser lançado o programa do « Movimento Nacional Trabalhista ». Reproduzimos a seguir o importante documento destinado a influir decisivamente no desenrolar dos acontecimentos políticos, impulsionando a organização do M. N. P. T. em todo o país :

RIO (IP) — Aguardado com crescente interêsse pelos trabalhadores e pelas amplas massas populares, acaba de ser lançado o programa do «Movimento Nacional Popular Trabalhista». Reproduzimos a seguir o importante documento destinado a influir decisivamente no desenrolar dos acontecimentos políticos, impulsionando a organização do M. N. P. T. em todo o país.

Objetivos do Movimento Nacional Popular Trabalhista

O Movimento Nacional Trabalhista (M. N. P. T.) propõe-se a reunir os trabalhadores de modo geral e as forças populares para pugnar pela apresentação de um candidato á Presidência da República que possa unificar as amplas fôrças democráticas, patrióticas e progressistas da Nação; um candidato que se comprometa, uma vez eleito, a defender as liberdades democráticas e sindicais a soberania nacional, a indústria nacional, o monopólio estatal do petróleo, as nossas riquezas naturais, o ensino primário obrigatório e gratuito, a reforma agrária democrática e os interêsses do campesinato; que tome medidas contra a carestia da vida, pela elevação dos salários e do salário-mínimo de acôrdo com o custo da vida, a amizade e as relações com todos os países e, mais, as seguintes reivindicações imediatas dos trabalhadores:

1º—Defesa da Legislação Social e dos direitos Sindicais dos Trabalhadores

a) Liberdade e autonomia sindicais; b) Respeito ae amplo direito de grove; c) Respeito à organização e representação das entidades sindicais nas fábricas e em todos os locais de trabalho; d) Entrega total do dinheiro do Imposto Sindical às organizações sindicais; e) Extinção das cláusula de assiduidade ao trabalho, sem prejuizo de 20 dias de férias anuais e repouso semanal remunerado.

(Cont. na 3ª pág. — D)

N. 2 Belém-Pará, 18 de Junho de 1955 Ano IX

Ameaçados O Loide E A Costeira

Pretende o govêrno de Café Filho entregar a um truste norte-americano as duas companhias brasileiras — Perspectivas de mais fome e miséria para os marítimos, estivadores, portuarios e o povo em geral

Todos os jornais acabam de anunciar que o govêrno do sr. Café Filho tenciona vender o Loide Brasileiro e Cia. Costeira, no truste norte-americano Moore Mc Cormack. Isso significa um verdadeiro crime, de há muito planejado contra a nossa soberania nacional e os direitos de todos os marítimos.

Vejamos o seguinte fato: a marinha mercante de um país é uma linha de reserva natural da Marinha de Guerra, e com a penetração imperialista norte-americana está sendo feita por todos os modos e métodos, o Brasil seria um dos pontos onde os Estados Unidos intensificariam sua intervenção direta e descarada, num acinte ferino e danoso aos brios de todos os brasileiros.

Os marítimos que empregam suas atividades no Loide e Costeira são considerados por lei funcionarios autárquicos e, como tal, gozam de certos direitos, que cessarão assim que estas emprêsas passem a atuar com capitais estrangeiros. O desemprego no meio marítimo brasileiro aumentará, porque muitos dos navios que ainda navegam hoje terão que parar a fim de que os da Mc Cormack aumentem e prosperem. Sim, por que o interesse de uma grande companhia em comprar uma outra pequena e "decitária"? O onteresse claro e insofismável é liquidar com a concorrente, no caso, são o Loide e a Costeira, que neste momento tentam, por intermédio de seu atual diretor.

se soerguer, e começam a ajudar na luta contra os trustes do petróleo com a aquisição de alguns barcos petroleiros.

Tudo isso não acontece por acaso, acontece no momento exato em que começamos a produzir a nossa gasolina e o nosso querozene, no momento em que iremos precisar transportar a grande produção de Nova Olinda e os lucros desses transportes pesam na ganancia do abutre imperialista norte-americano.

Além do mais, o Loide Brasileiro possui hoje 42 navios de cabotagem, num total de 166.818 toneladas brutas (da Frota antiga), 16 navios cargueiros de cabotagem e 20 cargueiros de longo curso empregados nas linhas transatlânticas, do tipo "LOIDE BRASIL" que desenvolvem 17 milhas horárias, capazes de concorrer com qualquer navio estrangeiro.

E' na opohtunidade em que começamos a ter consciencia da defesa maritima (e os ianques sabem disso), e sendo o Brasil por imposição geográfica, uma nação maritima em vésperas de aguçamento de grandes lutas por sua emancipação política e econômico, com um povo disposto a viver e comerciar com todos os povos do mundo, é nessa mesma ocasião, em que os imperialistas norte-americanos perdem mercados, como a China e India, e se preparam para uma nova aventura guerreira, que êles e seus "testas de ferro" se empenham em liquidar o mais breve possivel com a soberania de nações como o Brasil.

(Cont. na 3ª pág. — E)

SUBÚRBIOS EM REVISTA

Lama, Capim e Lixo

MARCO— Um Bairro Sacrificado e Esquecido dos Poderes Públicos — Valas Entupidas — Focos de Carapanã —T as que se Transformam em Pântanos — Mortalidade Infantil Crescente

Reportagem de JUSÉ MELO (Primeira de uma série de duas)

Dando início a uma série de reportagens sôbre a vida dos subúrbios, vamos hoje focalizar um dos principais bairros de nossa capital—o bairro do Marco, com uma população de cêrca de 15.000 pessoas, composta na sua maioria de trabalhadores.

Ruas cheias de mato, lâma e iburacos

E' deveras triste o estado em que chegaram as ruas e travessas do bairro do Marco. Aliás, há um contraste muito interessante que poderá engaaar aos menos avisados, principalmente visitantes. O bairro tem a sua principal avenida Tito Franco toda pavimentada com belas construções novas e que dá a impressão de progresso e bem-estar, mais isto é só na "casca".

como se costuma dizer, porque o contrário se verifica no seu interior.

As rua se travessa — 25 de Setembro, Duque de Caxias, 1º de Dezembro, Curuzu, Chaco, Humaitá, e outras

(Cont. na 3.ª pag. letra F

DESPORTOS

QUAL A REALIZAÇÃO DO CONSELHO NACIONAL DE DESPORTOS NO PARÁ?

Não é dificil a qualquer pessoa saber que a lei brasileira protege o esporte, oferecendo-lhe meios de ajuda, inclusive financeiros. O dificil é, no entanto, saber onde e como já houve essa ajuda, que a simples entrega de dinheiro a um clube não leve em encarada como auxilio, o auxilio na compreensão daquilo de que o esporte realmente necessita.

Do Conselho Nacional de Desportos, uma espécie de Ministério do Esporte, já a burocracia tomou conta. E o nosso mais alto órgão desportivo. Os esportes amadores aí estão esperando os favores da lei, sem um plano racional para seu desenvolvimento, indo para a frente porque não podem parar, porque encontram idealistas que se sacrificam e trabalham. O esporte profissional, do mesmo modo, continua cheio de defeitos, sem que medidas moralizadoras sejam tomadas com o muito honesto de consertar a situação. O resultado é o que se vê. Sabe-se que a lei protege o esporte quando uma embaixada vai sair para o estrangeiro e então é preciso arranjar uma verba para custear as despesas, porque, na presidencia, vai o sr. Fulano de tal, que precisa dar o passeio... Sabe-se que a lei protege o esporte quando chega a época de renovação dos Conselhos. Mas um trabalho eficiente, organizado, de fôlego, verdadeiramente em prol do esporte, êsse não o temos visto.

Daí as contradições: Temos o maior estadio do mundo, mas é de se ver que grandes centros populacionais no norte e do sul — tambem "protegidos pela lei — não têm um campo de educação em condições para o desenvolvimento fisico da juventude. Temos o maior estádio do mundo, mas o govêrno não paga um técnico de educação física para cuidar do aperfeiçoamento da criançada do interior. Temos um Conselho Nacional de Desportos, mas é o "Jornal dos Sports", organização particular, que faz os grandes Jogos Infantis, a Olimpíada Operaria e os Jogos da Primavera, no Rio de Janeiro. Temos um Conselho Nacional de Desportos, mas é o Departamento de Esportes de São Paulo, que organiza os Jogos Abertos do Interior e outras competições; é a "Gazeta Esportiva" que promove a Prova de São Silvestre, os Certames Foi lares de Bochas, de Tenis, de Basketeball, Voleio Esgrima, enfim de quase todos os esportes. Depois disso, no Brasil inteiro, que é bem grande que se faz de esporte? Os campeonatos locais, em estadios que melhor assim não lhes chamassemos, e pronto! Que faz o Conselho Nacional de Desportos, com a sua coleção de leis, com seu poder, com sua imponencia?

Não é dificil a qualquer pessoa saber que a lei brasileira protege o esporte. O dificil é saber onde e como já houve essa ajuda.

Por que os desportistas paraenses, em benefício de seus clubes e da região, não procuram se interessar no sentido de tornar mais operativo o C.N.D.? Por que não procuramos o concurso que podem obter, para a realização de empreendimentos a que visam e cuja execução é impraticavel ou muito dificil sem essa ajuda?

E' uma sugestão que fazemos.

FLAVIO CESAR

PÁGINAS DE RESISTÊNCIA

EDITORIAL

Por um Candidato em Função de um Programa

O noticiário da imprensa popular do Rio dos últimos dias revela que os golpistas de 24 de agosto estão confabulando no sentido de impedir a realização de eleições livres a 3 de outubro. Apelando para as soluções extra-legais, Eduardo Gomes, Juarez e outros, inclusive o marechal Dutra, fazem esforços contínuos para atender as exigências dos imperialistas norte-americanos e confiam que ainda de fechando o golpe de Estado ou imporão o que denominam de "colegiado", isto é, o governo de grupo, pelo qual não haveria um presidente, mas "nove grandes", se adotada a fórmula de um caráter parlamentarismo. Numa palavra, pretendem transformar as eleições numa farsa ou, em caso contrário, abrir caminho para a ditadura militar, seguindo o golpe por meio de quartelada.

Acontece, porem, que os inspiradores de tamanho crime contra os destinos da Nação e os vitais interesses das grandes massas estão cada vez mais desunidos (embora proclamem a necessidade de uma artificiosa "união nacional", e se desesperam diante das manifestações populares que, á base de sólidas organização e unidade de forças, exigem um candidato patriota, democrata e progressista, capaz de apresentar e cumprir uma plataforma de realizações em benefício do povo.

Este o panorama que, no momento, antecede a sucessão presidencial.

No âmbito estadual o povo está vivamente interessado em marchar para as urnas para votar num candidato de sua inteira confiança, que tambem apresente um programa contendo as mais sentidas reivindicações populares, e comece a lutar por elas, em pleno curso da campanha eleitoral. Só assim o povo paraense poderá aferir dos verdadeiros propósitos de cada candidato.

Tanto Barata como Epilogo deparam-se com uma situação nova pela qual as amplas massas, submetidas que estão a um regime de privações, concederão seu decidido apoio ao candidato que apresentar o melhor programa, que se bater desde já na luta do povo por esse melhor programa. A interventora do baratismo ou anti-baratismo não solucionará o problema, porque por si mesma não resolve nenhum programa. Ao povo não interessam as mutuas retaliações de dois grupos em luta pela posse da governança do Estado. O povo quer ver solucionados os angustiosos problemas que o atormentam, como a carestia da vida, a falta de habitação e transporte, a mortalidade infantil, etc. O povo já se convenceu de que nem em si mesmo partidos e alianças de nada servem se o candidato não faz a sua propaganda em torno de um programa que reflita as aspirações das mais diversas camadas, desde os camponeses e operários, até os industriais e comerciantes, todas vítimas da dominação imperialista norte-americana e do governo Café Filho, expressão política do regime de latifundiários e grandes capitalistas.

As formulações que deverão conter tal programa, em prol da soberania nacional, dos sagrados interesses dos trabalhadores e de todos os setores do povo, terão de ser expostas e praticadas com firmeza, a fim de que o eleitor, elucidado pela evidência dos fatos, escolha quem o merecer.

Baratismo ou anti-baratismo não são fórmulas mágicas de vitória eleitoral. Qualquer candidato que pretenda disputar as eleições ha de estar em função de um programa de carater político novo, vivo, necessariamente popular e patriótico.

"GRAFICA BELEM LTD."

Anuncia ao povo que está aparelhada para executar qualquer trabalho grafico com o maximo de perfeição a preços sem competência.

Rua Senador Manoel Barata N. 259

CONCLUSOES

— A —

pelos trabalhadores. A diretorias sindicais, legitimamente eleitas, é negada posse. O direito de greve vem sendo violentamente anulado; A Previdência Social sofre restrições cada vez maiores, e hoje praticamente inexiste. Os Sindicatos são invadidos e assim desrespeitado o direito de reunião.

Este o quadro que se nos depara ás vésperas das eleições para a sucessão presidencial. Estes os promovidos por aquele que for escolhido pelo povo para gerir os destinos da nossa Pátria.

E 'considerando a tragédia nacional acima descrita, que os trabalhadores asseveram que ainda não tem em quem votar.

Dos candidatos a Presidência da República, lançados até o presente momento, nenhum se impõe a confiança do proletariado e da s forças progressistas da Nação como homem capaz de executar um programa que venha ao encontro dos interesses da esmagadora maioria da população. Muito ao contrário, todos êles, pelos seus atos na vida pública, se têm credenciado como elementos impopulares e anti-trabalhistas.

E' assim que os abaixo-assinados resolvem apoiar o MOVIMENTO NACIONAL POPULAR TRABALHISTA e seu Programa-Minimo, se constituindo em Comissão Estadual daquela organização que se impõe   tó propõe a lançar um candidato a Presidencia da República, que, pelos seus antecedentes políticos, se recomende a realização do Programa do M.N.P.T. capaz de minorar as dificuldades em que vivem os trabalhadores e o povo brasileiros e de colocar a Nação no caminho do progresso e do bem-estar para a população.

Belém, 18 de junho de 1955.

RAIMUNDO FELICIANO DA SILVA, líder metalúrgico: **PETRÔNIO GELB DE OLIVEIRA**, presidente do Sindicato dos Trabalhadores nas Industrias de Artefatos de Couros e Péles; **JOÃO GOMES PEREIRA**, presidente da União Geral dos Trabalhadores do Pará; **RAIMUNDO GOMES DA SILVA**, membro operário em Construção Civil; **JOANA BARROS DE MAGALHAES** e **BENEDITA AQUINO**, líderes operárias na Industria de beneficiamento de castanha; **ARMANDO PIANI PEREIRA**, da Comissão de Reivindicações do Sindicato de Bancários; **DILERMANDO DE OLIVEIRA**, membro da diretoria do Sindicato dos Tecelões; **MIGUEL A. DA SILVA**, presidente do Sindicato dos Alfaiates; **ERNESTINO RODRIGUES MONTEIRO**, presidente do Sindicato dos Marceneiros; **ALVARO PAULINO S. CUNHA**, presidente da Federação dos Trabalhadores e do Sindicato dos Panificadores; **LADYR NOGUEIRA LIMA**, tesoureiro do Sindicato dos Gráficos; **MILTON VIEIRA DA COSTA**, presidente do Sindicato dos Estivadores. Seguem-se outras assinaturas.

— C —

(Conclusão da 1.a pag.)

Como se vê, subverte êsse conceito o princípio universal das oito horas de trabalho, estatuindo ao invés, com base em dispositivo espúrio da Consolidação, ás 10 horas como horário normal, o que serve apenas á exploração patronal.

Por outro lado, é decididamente inconfitavel a mesma remuneração para o trabalho diurno e o noturno. O artigo 75 n.º III, da Constituição do Brasil, assegura á classe operária que o salário do trabalho noturno deve ser superior ao diurno.

Finalmente, serve apenas para demonstrar o intuito de exploração da Cia. a cláusula do contrato em que se pretende fartar-se aos encargos das leis trabalhistas, de vez que essa disposição é nula de pleno direito.

Os trabalhadores da Companhia não devem submeter-se á exploração. Devem, sim, organizar-se em sindicato e, através dele, lutar pelo respeito a seus direitos, que são grosseiramente tenta a Cia. escamotear, e lutar pela conquista de melhores salários e melhores condições de trabalho.

União de Lavradores Fundada em Alto da Cruz

Eleito presidente o sr. Manoel Henrique da Silva — Decidiram intensificar a coleta de assinaturas pela Reforma Agrária — Amanhã a solenidade da posse da Comissão Municipal de Peixe-boi

Em meio a grande entusiasmo um grupo de camponeses acaba de fundar a União dos Lavradores de Alto da Cruz, localidade do município de Peixe-boi, cuja diretoria ficou assim constituída:

Presidente, Manuel Henrique da Silva; vice-presidente, Antonio Firmiano; secretário, João Carlos Brasil; membros: Raimundo Teixeira da Silva, Otávio Carlos Brasil, Marins Carlos Brasil, Maristela Carlos Brasil, Maria Amélia Brasil, Margarida Firmiano, Raimundo Pereira da Cunha, Quincas Joaquim Pessôa, Francisco Maria da Silva e o operário Benedito Serra.

Tendo usado da palavra o sr. João Carlos Brasil elogiou a ajuda que o governador Zacarias de Assunção vem dando á campanha Nacional pela Reforma Agrária. Esclareceu que a Campanha objetiva indicar aos lavradores e trabalhadores agricolas as vantagens de uma Reforma Agrária Democrática e coletar 5 milhões de assinaturas em todo o país, e no qual em nosso Estado, a cargo do Memorial que será enviado ao Congresso Nacional e ao Presidente da República. Propoz que se organizassem em comissões para sairem de casa em casa, a fim de obter em todo o maior número de assinaturas. Fazendo uma exposição dos motivos em que se encontram os lavradores, passou a ler trecho de artigos do jornal "Terra Livre", que se edita na capital paulista, concluindo que os trabalhadores do campo sómente um dos e organizados poderão conquistar seus direitos e tomar vitoriosas suas reivindicações.

Recebemos a comunicação de que amanhã será dada posse á Comissão Municipal de Peixe-boi pela Reforma Agrária, para o que já visitaram o Prefeito da cidade, que hipotecou solidariedade, e prometendo comparecer à referida solenidade.

TRANSFERIDO O SORTEIO DE SÃO JOÃO

A Comissão de Ajuda á Imprensa Popular avisa aos interessados que o sorteio do bilhete de São João, a correr pela Loteria do Estado, extração do dia 23 de junho, fica transferida para o dia 29 do corrente mês impreterivelmente.

VIDA SINDICAL

Federação dos Trabalhadores nas Industrias

Em uma de suas reuniões do mês de maio p. p., o Conselho de Representantes da Federação dos Trabalhadores nas Indústrias do Estado do Pará deliberou encetar uma campanha pela revisão da tabela do salário mínimo de fome; que vigente, pois o que foi criado uma Comissão constituída pelos líderes sindicais João Braga do Nascimento, presidente; Moisés Barros de Aquino, secretário e relator; Francisco Carneiro de Souza, Pedro Chagas e João Viana, membros. A Comissão tem por finalidade o levantamento do custo de vida a partir da instituição do salário mínimo, bem como elaborar as bases em que se deverá desenvolver a campanha por um salário que realmente satisfaça as mínimas necessidades dos trabalhadores, o que não pode acontecer com a atual tabela de Cr$ 592,00. Para governo da Comissão, segundo apuração feita pelo Sindicato dos Bancários, o custo de vida se elevou em mais de 46% de outubro de 1953 a fevereiro de 55.

Quando mais não fôsse, só isto bastaria para demonstrar quão justa é a campanha em que estão empenhados os trabalhadores paraenses. Ao que tudo indica, o objetivo dos operários deste Estado será atingido, á medida que a campanha fôr ganhando os trabalhadores, não só em seus sindicatos, mas nos próprios locais de trabalho, com a estruturação de comissões que se unam e organizem em tôrno de sua justíssima reivindicação.

Couros e Péles

O Sindicato dos Trabalhadores na Indústria de Artefatos de Couros e Péles reunirá a sua Assembléia amanhã, domingo, ás 9 horas, em sua séde á rua Manoel Barata 49, a fim de deliberar sôbre a instauração do dissídio coletivo pelo estabelecimento do trabalho nas 8 dias úteis da semana nos Curtumes Gurjão e Americano de comissão e com o apoio e organização nos locais de trabalho, no sentido de serem tomadas as necessárias e ao pleno funcionamento do sindicato. A decisão das castanheiras de se organizarem em seu órgão de classe é uma consequência da brutal exploração e das péssimas condições de trabalho que campeiam nas diversas Usinas onde empregam suas atividades e contra a qual só poderão resistir unidas e organizadas. Este o justo caminho a ser seguido pelas trabalhadoras na luta em defesa de seus direitos e reivindicações. Sem dúvida o único caminho no qual conseguirão sucessivos êxitos e fortalecerão sua unidade de classe.

Metalúrgicos

Reunidos domingo último em uma reunião Assembléia Geral, os metalúrgicos deram uma viva demonstração de unidade e solidariedade á sua companheiros da Diretoria, respondendo, assim, altivamente á arbitrária decisão da Edir de Carvalho Rocha, mandando instaurar um processo fascista contra os mesmos, quando exerciam seu mandato em defesa dos interesses dos operários do sINAPP. Considerando a situação comunicamente difícil em que o se encontram, a Assembléia deliberou promover uma campanha financeira de ajuda aos membros da Diretoria do sindicato. Além disso foi aprovado o fornecimento de um velho para o Presidente do Sindicato, a fim de que êle possa atender ás despesas de transporte, decorrentes das visitas que vem fazendo ás empresas, reclamando o cumprimento do acôrdo de aumento salarial firmado com a entidade de classe.

Aí está mais um exemplo da solidariedade operária. Ela nunca falha áqueles que tomam posições firmes em defesa das reivindicações de sua classe.

Castanheiras

No decurso da semana passada as operárias que trabalham nas diversas Usinas de beneficiamento de castanha desta capital, reuniram-se na séde da Federação dos Trabalhadores nas Indústrias, a fim de organizarem seu Sindicato. Da reunião foram tiradas várias resoluções no sentido de serem tomadas as medidas necessárias no sentido de rechabelecimento do trabalho nos 6 dias úteis da semana. Desta forma a vitória será mais rapidamente alcançada.

NOTICIAS DO AMAZONAS

MANAUS (Do correspondente) — 1. Acaba de ser fundada a Associação Feminina do Amazonas, organização democrática que se destina a lutar pelos direitos e reivindicações das mulheres amazonenses. O ato da instalação da promissora entidade realizou-se no amplo salão da Sociedade Beneficiente dos Trabalhadores do Amazonas, que ficou inteiramente lotado. Na oportunidade da posse a diretoria, assim constituída: Professora Maria Marques de Carvalho, presidente; Professora Edith da Conceição Fonseca, 1.ª vice-presidente; senhora Martha de Aguiar Falcão, 2.ª vice-presidente; Sanaora Damilita de Melo Dantes, 1.ª secretária; Senhora Juanira de Oliveira, 2.ª secretária; Senhora Amilia de Farias Gaste, 1.ª tesoureira; e Senhora Dina Barros de Castro, 2.ª tesoureiro.

A sessão decorreu num ambiente de vibração patriótica, onde se fizeram ouvir diversos oradores que mereceram calorosos aplausos da assistência. Foram também aprovados os Estatutos da Associação.

2. Os jornais estão difundindo um pomposo anúncio da Companhia de Petróleo do Amazonia, pelo qual o sr. Isaac Sabbá pretende aumentar o capital da empresa. Como se vê, as coisas vão indo bem para o sr. Sabbá, mas sem interesse que os trabalhadores estão sendo enganados. O provável que os operários que pensam sob a inspeção da mesma norte-americana Southwestern-Engineering Company (SWECO). O Sabbá não nosso que não escondem sua condição de homens de negócio intimamente ligados aos imperialistas, ianques.

pela referida Companhia. Espeliamos os trabalhadores, o sr. Isaac Sabbá terá necessáriamente de registrar maiores lucros em seus negócios, que já são fabulosos.

3. Caiu como uma bomba o discurso feito na Assembléia Legislativa pelo deputado Danilo Corrêa, criticando o governador Plínio Coelho por ter determinado o pagamento da ex-deputado José Lopes Rebelo, enquanto mantinha como ex-deputados que não pertencem a sua grei política. O orador acentuou que o governador Plínio incidira nos mesmos erros de proteção aos da administração passada, a sua ex-atual lutou por negócios da campanha eleitoral e que lhe servia como argumento forte para conseguir maioria popular. O povo arde na preocupação com essas atitudes do atual dirigente do Estado e começa a indagar se não há, como Alvaro Maia ou Severiano Nunes são farinha do mesmo saco.

4. Isaac Sabbá, diretor-presidente da Companhia de Petróleo da Amazonia, conseguiu atrair vista á imprensa local a respeito do andamento a respeito da construção da Refinaria de Manaus. Disse que 90% do total do equipamento já adquirido vieram dos Estados Unidos e que a aparelhagem se processam sob a inspeção da mesma norte-americana Southwestern-Engineering Company (SWECO). O sr. Sabbá e aqueles que não escondem sua condição de homens de negócio intimamente ligados aos imperialistas ianques.

Aprovado Com Entusiasmo

O Manifesto Da Seção Paraense Do M.N.P.T.

PROSSEGUINDO A COLETA DE ASSINATURAS, JA' O SUBSCREVERAM DESTACADOS LIDERES SINDICAIS — ARMANDO PIANI E ALVARO CUNHA PARTICIPARÃO DA CONVENÇÃO NACIONAL — SERÃO CONCLAMADOS OS CANDIDATOS A GOVERNADOR DO ESTADO A SE PRONUNCIAREM SOBRE O PROGRAMA MÍNIMO DA SECÇÃO ESTADUAL, EM ELABORAÇÃO

Com a presença de vários dirigentes sindicais, a Comissão Executiva Estadual do Movimento Nacional Popular Trabalhista voltou a reunir-se no dia 18 deste mês, na sede do Sind. dos Trabalhadores nas Indústrias de Alimentação de Belém, afim de escolher os elementos que a representarão na Convenção Nacional, que deverá realizar-se em S. Paulo na primeira semana de julho.

Foram eleitos os conhecidos líderes sindicais Armando Piani e Alvaro Padilho da Silva e Cunha, o primeiro membro da Comissão de Reivindicações do Sindicato dos Bancários e este último Presidente da Federação dos Trabalhadores nas Indústrias deste Estado e do Sindicato onde foi realizada a reunião.

Decisão importante também tirada foi a de que o movimento participará ativamente das eleições estaduais. Assim ficou constituída uma Comissão constituída pelos srs. Alvaro Paulino, João Gomes Pereira e Armando Piani, cuja incumbência é a elaboração de Programa Mínimo, que com a substância e reivindicações mais sentidas dos trabalhadores paraenses, o qual deverá ser apresentado aos candidatos a governador estadual, afim de se pronunciarem sobre o mesmo.

O Programa em elaboração será amplamente difundido, com a realização de palestras nos Sindicatos e nos locais de trabalho, através de volantes, etc.

Caso nenhum dos candidatos já lançados assuma o compromisso de se eleito realizar e respeitar o Programa da secção estadual do M. N. P. T. de fim a Comissão Executiva que terá ser encarregada da possibilidade do Movimento concorrer às eleições estaduais com um candidato que reuna em si as aspirações atuais do nosso operariado e das forças democráticas e progressistas do Estado.

Transcrevemos abaixo o Manifesto da Comissão Executiva estadual do M. N. P. T., que vem tendo a melhor receptividade nos meios sindicais desta Capital e contando com o apoio didos de se desenvolver, não só pela diminuição do volume de seus negócios, consequentes da rebaixa do poder aquisitivo do povo, e pela tremenda carga de impostos de que são alvos, como também pela concorrência que sofrem por parte das empresas estrangeiras, e em particular, as norte-americanas, as quais transportam para o exterior o sangue dos trabalhadores materializado em fabulosos lucros.

Aos trabalhadores!

Aos patriotas e democratas!

Com mais a uma crise ... que os trabalhadores ... a sucessão presidencial.

A alta constante dos preços já se constitui calamidade pública a exigir medidas eficazes e imediatas. Os trabalhadores, o povo em geral, são vítimas da fome, sem que os poderes públicos tomem qualquer providência para atender às suas mínimas necessidades.

O comércio e a indústria nacionais estão impe-

No que toca às populações rurais, mais doloroso é o panorama. Os camponeses, que constituem a maioria da população brasileira, morrem à míngua, vítimas da desumana exploração que sofrem nos imensos latifúndios.

No plano político propriamente dito, o que se vê é a permanente preocupação dos grupos econômicos e políticos nacionais, intimamente ligados a interesses estrangeiros, de liquidar com as liberdades constitucionais, a fim de que seja sufocada a voz do povo. E' principalmente contra o proletariado e seus sindicatos que vem sendo orientada tal política.

Um a um são golpeados os direitos conquistados

(Cont. na 5ª pág. — A)

N. 186 — Belém-Pará, de 25 Junho de 1955

DESPORTOS

Não é raro ouvir-se proclamar que o futebol é o esporte das multidões, pelo prestígio que desfruta no seio do povo, que o prefere aos demais, embora em alguns países outros esportes mereçam maior aceitação. Na verdade se fizermos uma estimativa para saber qual o do mundo inteiro a modalidade esportiva que atrai maior público, não teremos dúvida de que o resultado apontará em primeiro lugar o futebol.

Queremos, realmente, localizar neste comentário a questão do futebol como diversão popular. E o primeiro lugar o usa-se a estranheza de que os senhores cartolas que as retiradas organizadas para a polícia reprima o banho... a fim de que o povo não fim à porta dos estádios... insinuar que ele futebol o espetador pague quarenta cruzeiros para assistir a um jogo de futebol.

Compreendemos perfeitamente que o futebol não é gênero de primeira necessidade, que ninguém é obrigado a comparecer a os pr...dutores de partidas são pagam o torcedor pelo braço para vê-lo cumprir sua entrada. Não é um segredo de...ivo em todas as situações é que o futebol é o esporte das multidões, é o esporte do povo, como tal se oferecer para os interessados desse mesmo povo em razão do qual se pretende uma série de benefícios?

Se compararmos as reuniões esportivas realizadas no Rio e em S. Paulo, com o conforto de um Pacaembu ou de um Maracanã, com a exibição dos mais famosos craques do nosso futebol, vamos ficar de cabelos em pé ao compararmos com as nossas mosquitoses peleijas, muito deficientes em tudo, até na preço, que aqui vai ao triplo ou mais dificilmente. Ninguém diga que o estádio em condições para abrigar o público que ja possuímos é metade do qual se deixa levar aí perto dos receptores de rádio, para não se aborrecer com o desconforto de nossas praças esportivas, e, não caro, também por ter duvidosa a qualidade técnica dos jogos.

Se preços tão elevados como os que cobram em Belém não por ingresso podem nada representar para o grande usurpa... para o fazer bifa ou para o remediado, sem dúvida, entretanto, que pesam demasiado na bolsa do operário, da gente toda que não tem outra distração senão a de ir para no estádio do domingos, gritar, ou soltar pelos seus clubes prediletos.

Não podemos de imediato ser o critério adequado. Mas...

Flávio CÉSAR

Subúrbios em revista

MARCO — um bairro abandonado

Ausência de escolas e postos médicos—Água para poucas ruas e luz escassa—Transporte caro e moroso — Solução para todos os problemas: unidade do povo através de comitês populares

Reportagem de JOSÉ MELO

(Segunda de uma série de duas)

Em nossa reportagem anterior analisamos a situação de abandono em que se encontram as ruas e travessas do Marco, cheias de buracos, capim e mato, além da desinteria que vem dizimando a população infantil do bairro.

Hoje vamos focalizar outros problemas sentidos dos moradores daquele subúrbio, os quais não têm merecido, por parte dos governos, a atenção merecida.

As escolas são insuficientes para as crianças

Existem no bairro apenas 3 grupos escolares: Parlino de Freitas, Santa Inácia e Pedro II. Para a grande quantidade de crianças em idade escolar, 3 colégios, ou seja, casas de ensino são insuficientes, resultando em que a maioria dos meninos são sem instrução.

... é passar apenas como resultado pelo analfabetismo crescente em todo o país o governo Café Filho que destina uma migalha para a instrução pública, enquanto mantém no orçamento da União créditos fabulosos para as despesas militares, não é menos justo ressaltar a responsabilidade dos governos de Assumpção e Malcher pelo incúria em face do problema, no âmbito estadual e municipal.

Falta posto médico, mercado e água

Os moradores pobres, quando a epidemia, não podem se socorrer de uma assistência médica urgente porque não há no bairro um posto médico que possa socorrê-los como se vê a um acudido o popularíssimo Marco não ter sequer um posto médico.

Também não há mercado. O povo tem que fazer uma longa caminhada até o mercado de São Braz. É mais uma dificuldade para as donas de casa que são obrigadas a tamanho sacrifício, além de terem de comprar mais caro quando se vêem impossibilitadas de descerem a São Braz.

Outro problema sério é o do abastecimento de água que não é distribuído para todo o bairro, pois o encanamento só vai até a Travessa 25 de Setembro. A falta de preciso líquido acorrenta a famílias que moram no Duque de Caxias e travessas adjacentes, que são obrigadas a retirar água de poço, água impura e prejudicial à saúde.

Luz míngua

Quanto à energia elétrica só ou vindo os moradores do bairro. Todos não escondem sua revolta contra a taxa escassa fornecida pela Cia. de Força e Luz, a qual de nada serve, mantendo o bairro na mais completa escuridão. Quando chove à noite, a situação se agrava porque as pessoas têm de andar com extremos cuidados para não se acolerem na lama ou cairem nas poças d'água e a tão decantada Força & Luz ainda se julga no direito de aumentar a taxa de luz que praticamente não existe.

Transportes caros e deficientes

Um macete de transporte e desordem é completo, enquanto uns caminhoneiros vão até a Humaitá, outros fazem fim da linha na Casa Nazaré. Não há explicação aceitável para esta segunda linha, porque os radores da Bandeira Branca até Vileta. Seria mais acertado que a Inspetoria de Trânsito mandasse todos à linha via Humaitá e determinassem que esses ônibus trafegassem até a Bandeira Branca.

Por outro lado, o preço das passagens em relação à deficiência do transporte, obrigando os passageiros a viajarem como pingentes, expostos ao perigo em sua própria vida, está caro. O governo deve criar uma secção popular de um cruzeiro à passagem, nas horas que os trabalhadores mais precisam, isto é, das 6 às 8 e das 16 às 19 horas. Esta providência amenizaria um aspecto das tremendas dificuldades por que atravessam os operários e operárias do bairro que trabalham no centro da cidade.

A maneira de solucionar os problemas

Acontece que o povo do Marco não se conforma que os seus terríveis problemas fiquem insolúveis e estão dispostos a ser engambelados pelos demagogos. Agora, que se aproximam as eleições, de está exigindo um candidato a governador que inspire sua confiança, um candidato que apresente uma plataforma concreta para a solução dos grandes problemas que o afligem. No entanto, compreende que somente unido e organizado em comitês populares, comissões, ligas, etc., poderá forçar os governantes a trabalhar em benefício do povo.

Atração dos "Assurinins"

Não há numerário para atender os índios atraídos aos Postos—Mais de dezesseis morreram por falta de remédios

Os índios "Azurininis" eram perigosos selvagens que andaram um pé de guerra com os habitantes de Tocantins, fazendo-lhes pagarem com a vida os valentes caçadores, os homens intrépidos que deixavam em todo o percurso crudelissimo um cadáver de pioneiro, até que um trabalhador da força Tocantins, já doente da febre no seu mais afastada barreira.

O trabalho do Serviço de Proteção aos Índios, perigoso mais paciente, conseguiu atrair-los não sem que perdêssemos alguns de seus denodados elementos. Mais de quinhentos índios se chegaram no posto, recebendo serviço, recebendo presentes, roupas e uma série de boa propaganda feita do pessoal do S. P. I. Mais, infelizmente, não obstante ainda sido compensado em seus serviços estes homens, as terríveis doenças trazidas pela civilização... trabalharam mais tarde por falta... reram quase todos os índios, tendo os remanescentes voltado para o seio da mata assombrados com a morte, em poucos dias, de mais de dezenas companheiros. É alarmante.

À Valorização da Amazônia, que dispende verbas consideráveis em favor de entidades particulares, inclusive missões religiosas, de muito menor expressão social e política, está no dever de ajudar a obra do S. P. I., para que possa realizar com a atração dos índios, sem ter que pingarinhas ou metralhadoras, pondo ponto final, também, à morte em massa dos selvícolas.

NÃO RESOLVERÁ A COAP

A Questão Da Carne Verde

Falta de Perspectiva Do Cel. ISALTINO NOBRE
(Texto na 2 pag.)

Tribuna do PARÁ

N. 187 — Belém — Pará, 1 de Julho de 1955 — Ano V

Sôbre a Extinção do Imposto Sindical
Criticado Pela Federação Dos Trabalhadores

O Corvo LACERDA

Os Ianques Sabotam O Petróleo Brasileiro

RIO, (IP) — Depondo na Comissão de Inquérito da Câmara Federal, que investiga sôbre o petróleo, o engenheiro Albino Regallo de Souza, do Conselho Nacional do Petróleo, desautorizou a versão segundo a qual os trustes estrangeiros não se interessam pelo petróleo brasileiro por que há no mundo superprodução de petróleo. Independente do nível de produção de petróleo — disse ele — os trustes estrangeiros estão sempre interessados no contrôle de tôdas as fontes de produção mundial do petróleo, de acôrdo com os seus gigantescos interêsses econômicos. E sòmente através do contrôle de

(Cont. na 2ª pág. — B)

Artistas Brasileiros no Festival Da Juventude

RIO (IP) — A artista de cinema Vanja Orico, a cantora Estelinha Egg, o maestro Gaia e o ator Mario Sérgio integrarão, entre outros, a delegação brasileira no Festival da Juventude que se realizará em agosto do corrente ano na capital da Polônia.

Esses artistas já se encontram na Europa, alguns dando recitais na França, Itália e Alemanha. Estelinha Egg levou vários instrumentos típicos da música brasileira — ganzas, cabaças, gongués.

Cont. na 2.ª pág. — C

Significativa posição assumida pelo Conselho de Representantes dos sindicatos dos operários nas indústrias

Sabendo que a Federação dos Trabalhadores nas indústrias do Pará havia se dirigido a Carlos Lacerda, mais conhecido por «Côrvo», através de um ofício interpelando-o sôbre o projeto de sua autoria que visa a extinção do Imposto Sindical, a nossa reportagem procurou o sr. Alvaro Paulino da Silva e Cunha, presidente daquela entidade, que nos concedeu momentosa entrevista sôbre o assunto.

Foi assim que, depois de ouvir o Conselho da Federa-

(Cont. na 2ª pág. — D)

vos, o nosso entrevistado declarou:

Tomando conhecimento de que o deputado Carlos Lacerda havia apresentado na Câmara Federal um projeto de lei, visando à liquidação do Imposto Sindical, eu não podia deixar de tomar uma atitude, uma vez que prezo a minha qualidade de dirigente sindical.

Trabalho Escravo No I. Agronômico

Lino de Matos em Visita a Notícias de Hoje

SÃO PAULO, (IP) — O prefeito Lino de Matos acompanhado do capitão Genésio Nitrini e de seus auxiliares imediatos, visitou a redação do matutino «Notícias de Hoje». Foi saudado e respondendo à saudação prometeu desenvolver o melhor de seus esforços, à frente da Prefeitura de São Paulo, em benefício da cidade e do povo.

deiras, 10,00 cada; 1 torrador, 40,00; 1 tirador de lenha, 30,00; transporte para a estação, 5,00 por saco; 1 dia de praça, 30,00; desgaste do aviamento, 20%.

(Cont. na 2ª pág. — E)

Pagam um salário de fome de 35 cruzeiros por dia — Privados os trabalhadores de Assistência Médico-Hospitalar e dos direitos mais elementares — Péssimas condições de trabalho — A tuberculose se alastra de maneira assustadora

Esteve em nossa redação um trabalhador do Instituto Agronômico do Norte, cujo nome pediu que não fôsse mencionado, com o objetivo de relatar, para efeito de denúncia, a terrível situação em que êle e seus companheiros se encontram, sob o regime de desmandos daquela instituição.

Terríveis condições de trabalho

Colhendo suas declarações, vamos reproduzi-las nos seus menores detalhes. Iniciou dizendo:

— Para quem vai à passeio ao I. A. N., pela beleza aparente da paizagem julga que os trabalhadores gozam de vida apreciável, quando, na verdade, a realidade é muito diferente. Nos cinco primeiros meses do ano somos escalados para o cultivo do arroz, o qual é feito nas margens pantanosas do rio Guamá, cujas águas paradas, ora frias ora quentes, prejudicam a nossa saúde, de vez que temos de ficar com as pernas mergulhadas dentro dessas águas, sob o sol abrazador ou sob a chuva, durante uma jornada diária de 8:30 horas de trabalho, que se prolonga por mêses ou anos, sem uma justa retribuição aos nossos esforços e sacrifícios.

Privados de todos os direitos

Prossegue:

— São-nos dados trabalhos pesadíssimos que bem poderiam ser realizados por máquinas, e, além disso, ganhamos a mísera quantia de 35 cruzeiros, sem o desconto remunerado, sem assistência médico hospitalar, férias ou outros quaisquer direitos concedidos pela legislação trabalhista e criminosamente negados por diretores desumanos que, para resgate de sua vida nababesca, sugam o suor de pobres trabalhadores.

A essa altura do relato, o servidor do I. A. N. apresenta uma fisionomia de profunda indignação, e com largos gestos de revolta, acrescenta:

— Há anos trabalhamos no I. A. N. como verdadeiros escravos. Nossos filhos vivem sub-alimentados e quasi nús, nossas fôrças estão em declínio. No fim de cada ano os diretores, fazendo média sôbre a nossa vida atribulada, ainda nos ameaçam de dispensa.

E como resultado inequívoco de todo êsse estado de injustiça, além da fome que nos aniquila, cresce cada vez mais entre nós o índice de tuberculose, moléstia essa constatada em muitos servidores em recentes exames médicos.

Luta organizada, a necessidade que se impõe

Terminando, nosso entrevistado afirmou categórico:

— Estou revoltado, mas não desesperado. Acalento a esperança de que ainda teremos na direção suprema de nosso país e do Estado um govêrno que se interesse pelos destinos da Nação e pelos direitos e reivindicações dos trabalhadores e do povo. Compreendo que precisamos nos unir e organizar para lutar pelos nossos direitos, e a êste respeito já estive conversando com os meus companheiros que, igualmente como eu, não estão dispostos a viver, como burros de carga, submetidos a um trabalho escravo ganhando uma miséria de salário, desprotegidos de qualquer direito.

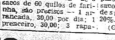

Calamitosa A Situação Da Lavoura na Zona Bragantina

SOFREM OS LAVRADORES ELEVADOS PREJUÍZOS NA SUA PRODUÇÃO — POR FALTA DE PREÇOS COMPENSADORES OS PRODUTOS NÃO RENDEM NADA — URGE A DECRETAÇÃO DE UMA REFORMA AGRÁRIA DEMOCRÁTICA

A farinha, produto básico da Zona Bragantina (E. F. B.), encontra-se numa situação difícil que só faz aumentar cada vez mais as dificuldades ali existentes. Um exemplo vivo dessa situação é o que se constata na vida diária dos lavradores: para a produção de uma "arrancada" de 5 sacos de 60 quilos de farinha, são precisos — 1 arrancada, 30,00 por dia; 1 prenceiro, 30,00; 3 rapa-

D. ELVIRA REIS, delegada do Pará à Assembléia Nacional das Mães

Coroada de Êxito a Assembléia Nacional De Mães

PARÁ E AMAZONAS FIZERAM-SE REPRESENTAR NO IMPORTANTE CONCLAVE

Minucioso noticiário da imprensa popular do Rio, focaliza o imponente ato de instalação da Assembléia Nacional de Mães, onde compareceram mais de 400 delegadas, oriundas de todos os recantos do país.

No curso da solenidade, realizada no auditório da Associação Brasileira, às 20 horas do dia 29 p.p., as mães falaram ao nosso povo, erguendo a bandeira da defesa da infância e da preservação da Paz.

Não é por acaso que as atenções se voltaram para êsse magnífico conclave, pois êle está representado o ponderável contribuição aos esforços de todos os povos para impedir a eclosão de uma nova guerra, e se realiza precisamente quando, em Helsinki-Finlândia, se encerra, com pleno e retumbante êxito, a Assembléia Mundial da Paz, dela tomando parte expressiva delegação de nosso país, integrada por eminentes personalidades entre as quais o desembargador Inácio de Sousa Moita, representando o Estado do Pará.

A presente Assembléia Nacional de Mães que dá cumprido seu histórico encontro, e na qual foram aprovadas importantes resoluções, foi também uma convenção preparatória e de escolha de delegadas à Assembléia Mundial de Mães que se realizará em Paris, de 7 a 10 do corrente mês.

Do extremo-norte — Pará e Amazonas — participaram da Assembléia Nacional, representando os respectivos Estados, as senhoras Elvira Reis e Domitila de Melo Dantas.

Será Apresentado Aos Candidatos
O Programa Minimo Da Seção Paraense Do M.N.P.T.

UMA COMISSÃO DE LIDERES SINDICAIS DEVERÁ DIRIGIR-SE A EPILOGO DE CAMPOS E MAGALHÃES BARATA — MARCADA PARA AGOSTO A CONVENÇÃO ESTADUAL DÊSSE PATRIÓTICO MOVIMENTO

A Comissão Executiva Estadual do M.N.P.T. voltou a reunir-se na sede do Sindicato dos Trabalhadores na Indústria de Alimentação de Belém com a presença de vários líderes sindicais.

Com vivo entusiasmo foi aprovado o Programa Mínimo do Movimento, contendo as reivindicações mais sentidas dos trabalhadores paraenses, o qual deverá ser apresentado por uma comissão aos candidatos ao Govêrno do Estado, bem como amplamente difundido entre as massas trabalhadoras desta Capital.

E' o seguinte o importante documento:

"Aproximam-se as eleições para a sucessão governamental.

Os trabalhadores que se congregam sob a bandeira do Movimento Nacional Popular Trabalhista, consideram necessário o pronunciamento das forças políticas que concorrem ao pleito, no que se refere às suas mais sentidas reivindicações.

Inúmeros são os aflitivos problemas que envolvem aos trabalhadores e suas famílias. Dentre êles, ressaltam os decorrentes da vertiginosa alta dos preços dos generos de primeira necessidade.

Os dirigentes sindicais que compõem o M.N.P.T. tornam claro que só poderá merecer a confiança do Proletariado paraense àquele candidato que assumir publicamente o compromisso de, uma vez eleito, tomar medidas imediatas no sentido do congelamento dos preços das utilidades necessárias à manutenção dos trabalhadores e do Povo em geral, bem como atenda às seguintes reivindicações:

1°.—Respeito às liberdades e autonomia sindicais. Amplas garantias ao direito de greve.

2°.—Pugnar pela total entrega às entidades de classe do dinheiro do Imposto Sindical.

(Cont. na 3ª pág. — A)

Tardío E Sem Objetividade
O Plano De Saneamento De Belém

TERMINOLOGIA PITORESCA PARA ESCONDER O QUE NÃO PASSA DE CONFUSIONISMO E PRETENSÃO — POSIÇÃO INCORRETA E INSINCERA DA PREFEITURA — CONTINÚA BRUTAL A MORTALIDADE INFANTIL — EXIJAMOS DO GOVÊRNO A SOLUÇÃO DO PROBLEMA

Somente agora, quando a epidemia entra no seu terceiro mês de ocorrência, e quando centenas de vidas foram ceifadas, surge a Prefeitura Municipal com um "Plano de Saneamento" para toda a cidade, com vistas ao Ministério da Saúde.

Antes de analisar tal plano, julgamos necessário chamar a atenção do povo para a posição bastante cômoda em que se vem colocando o govêrno municipal face a êsse problema, que já atingiu as proporções de calamidade pública.

De início, o sr. prefeito refutou veementemente todas as opiniões que atribuiam o fato às precárias condições de higiene e limpeza da capital. Não! Realmente a cidade não estava muito limpa — as valas e os bueiros obstruídos, as ruas cheias de lama e capim, monturos por tôda parte, o fôrno crematório não funcionava, mas isso nada tinha a ver com o enxame de moscas e muito menos com a epidemia de doenças gastro-intestinais. O problema era, com certeza, de saúde pública, algum fato epidemiológico novo, e, portanto, nenhuma culpa lhe cabia.

Consequentemente, excluiu-se a participação de qualquer ação conjunta com outros serviços, no sentido de combater o mal que abatia em média mais de uma dezena de crianças diariamente. Para que não se dissesse, entretanto, que o Prefeito estava de braços cruzados, na hora em que aumentava a mortalidade infantil, foi organizada uma "Comissão Executiva de Saneamento" (ao que sabemos a Prefeitura não conta, em seu quadro, com um só médico sanitarista), agindo independentemente, "saneando" por conta própria.

E enquanto os técnicos da Secretaria de Saúde, do SESP, da Delegacia Federal de Saúde, da Delegacia Federal da Criança, do Serviço Nacional de Malária "se viravam" para descobrir as causas não muito profundas da epidemia, as "brigadas motorizadas" da "Comissão de Saneamento" da Prefeitura remexiam céus e terras, coletando o lixo acumulado havia dois anos em vários pontos da cidade. Um trabalho ciclópico, para dispender o milhão de cruzeiros que o Governador, com propósitos pacifistas, proporcionara ao Prefeito amuado.

(Cont. na 3ª pág. — B)

N. 187 Belém-Pará, 1.o de Julho de 1955

Lavra o Descontentamento Contra
O Govêrno de Plínio Coêlho

O ATUAL OCUPANTE DO PALÁCIO RIO NEGRO NÃO CONFIA EM NINGUÉM — EM VIAS DE EXONERAÇÃO O PREFEITO DA CAPITAL

MANAUS (Do Correspondente) — Estourando por todos os lados, o govêrnicho de Plínio Coêlho, cognominado de "marrequinha do Madeira", entra em crise galopante. Seus auxiliares mais imediatos, inclusive membros das bancadas parlamentares de seu Partido, vêm discordando frontal e abertamente das diretrizes políticas e

(Cont. na 2ª pág. — H)

DESPORTOS
O FLAMENGO JOGOU NA HUNGRIA

Diversos clubes brasileiros aproveitaram o término do campeonato nacional para excursionar à Europa. Turquia, Itália, Suiça, França, Espanha e Portugal foram, desta feita, os campos preferidos para o giro de nossas equipes. Felizmente em toda parte, o resultado técnico pode ser julgado excelente, pois até a modesta Portuguesa de Desportos fazendo frente a uma campanha de descrédito que se pretendeu mover contra seu time, surpreendeu aos seus próprios detratores com uma excursão das mais bonitas, talvez mesmo de todas a mais expressiva.

Um fato, todavia, merece nossa atenção. Alguns clubes pretenderam fazer jogos na democracia popular, logo circulando, entretanto notícias de que o Itamarati não o permitiria, alegando-se para isso, não termos relações políticas com tais países. Forçado pela imprensa, oficiosamente o órgão das relações exteriores informou que realmente não fazia nenhuma proibição, mas apenas não aconselhava tais préliós, argumentando que, não tendo o Brasil as relações diplomáticas com tais países, nenhuma providência poderia dar em seu socorro se porventura algo acontecesse aos referidos brasileiros.

Ora, aí está uma saída maliciosa. Não explica, o Itamarati, que é que poderia acontecer aos times nacionais. Será que a acolhida das torcidas seria diferente da que dispensamos aos times que nos visitam? Certamente que não.

Já é tempo de se criar uma nova mentalidade. O Flamengo, o mais brasileiros entre os clubes brasileiros, esteve na Hungria jogando uma partida com o Kinitizi, só depois é que pediu licença ao Itamarati, e não tem do que se queixar. Ao contrário. Os seus dirigentes, honestamente, foram os primeiros a procurar os jornais para num preito de justiça rebater as insinuações que os nossos diplomatas pretendiam fazer para evitar jogos de outros clubes naqueles países. Disse o Flamengo, pela palavra de seus mais categorizados dirigentes, que sua delegação foi tratada principescamente, trazendo de Budapest as melhores recordações, não só das autoridades como do povo em geral.

E, sem dúvida, mais importante do que a malícia do Itamarati é a verdade dos fatos.

Nada impede o intercâmbio esportivo do Brasil com os demais países. E a ida do Flamengo à Hungria consagrou a verdade de que os brasileiros são sempre bem acolhidos nos países de democracia popular, que sabem termos um dos melhores padrões de futebol do mundo e conosco querem fraternalmente disputar.

FLÁVIO CESAR

Subúrbios em revista
Marambaia Não Tem Cemiterio

Sem transporte eficiente, sem telefone, agua e luz, o bairro vive completamente isolado — Duas escolas para centenas de crianças — Mercado sujo e exploração desenfreada — Outras notas

Reportagem de JOSÉ MELO

A nossa reportagem visitou esta semana o longínquo bairro da Marambaia, entre intento os seus moradores sôbre as suas reivindicações, verificamos em loco o abandono em que vive em todos os sentidos.

Apesar das promessas feitas pelo Prefeito de Belém, quando realizou a sua propaganda eleitoral, nada, nenhuma providência foi tomada até agora para solucionar os mais sérios e inúmeros problemas que afligem a população daí esquecida.

Memorial reivindicando a construção de um Cemitério — Pela situação geográfica, pelas precárias condições de comunicação, a Marambaia é dos bairros de mais difícil comunicação do centro, e esta situação cria sérios problemas a seus moradores, como acontece com o enterramento dos que ali falecem. Para sanar as dificuldades que se originam daí, foi enviado, meses atrás, um Memorial aos poderes públicos pedindo-se a feitura e construção de um cemitério no bairro. Acontece que até hoje nenhuma solução foi dada ao justo pedido. O bairro continua sem o cemitério, e os mortos são levados em rústicos caixões, para as praias, por Val-de-cans, porque não há dinheiro para os enterramentos no cemitério de Santa Izabel. E notese, que Val-de-cans também não fica perto... E mais uma situação que reflete o descaso dos governos Municipal e Estadual em relação aos problemas do povo.

Falta Agência Postal, telefone e agua encanada

Conversa puxa conversa, os moradores abordados pela nossa reportagem, ao mencionar suas reivindicações mais sentidas, reclamaram a criação de uma agência postal, cuja falta acarreta grandes dificuldades para o envio de suas correspondências, principalmente, o comercio local. Também fizeram sentir a falta de comunicação telefônica, que os obriga, em caso de uma necessidade urgente, como o de uma doença ou acidente, a longas caminhadas até o Quartel do 26 BC, onde, por deferência do Comando, se utilizam do telefone.

Outra reivindicação importante é a de agua encanada. A população se utiliza de poços, com graves prejuízos à saúde.

Transporte caro e insuficiente

O transporte é feito por caminhão-bus, pondo em permanente perigo a vida dos passageiros. Os ônibus que fazem a linha são poucos, e, dêsses, a maior parte só vai até a Casa Natal, prejudicando os moradores do bairro que são obrigados a esperar por muito tempo, às vezes perdê-lo porque já vem super-lotado desde o fim da linha, setoria do Trânsito, entre-tanto, para cuidar do problema deveria estender as linhas até o fim do bairro.

O preço das passagens, em relação às dificuldades de transporte, obrigando os passageiros a viajarem sem a mínima comodidade e segurança, está caro. O estabelecimento de seções de a cruzeiro americanizaria bastante a situação.

Mercado sujo e anti-higiênico

O mercado, além de ser uma construção péssima, sem a mínima condição higiênica, está sujo e maltratado, representando um atentado à saúde da população. A maioria dos moradores se queixam da exploração desenfreada que sofre através do comércio negro com o preço da carne e do peixe. Não há fiscalização e os exploradores se aproveitam, mancomunados com a administração do mercado, para assaltar a bolsa minguada do povo. O tabelamento é uma utopia e as balanças não existem.

Apenas 2 escolas para muitas crianças

O bairro possue duas escolas que são o grupo "Cônego de Barros" e a escola municipal "República

(Cont. na 2ª pág. — G)

BELÉM SEM ÁGUA

Tribuna do PARÁ

N. 188 — Belém — Pará, 9 de Julho de 1955 — Ano V

Em acôrdo de usina construida pela Byington—O govêrno deve exigir da empresa norte-americana o ressarcimento dos prejuizos
TEXTO NA 2a PAGINA

MASSACRE DAS CRIANÇAS

"Miss" Brasil Reafirma: Sou Partidária da Paz

Repelindo as provocações da «sadia» a srta. Emilia Correia Lima diz que a bomba atómica não pode merecer o apoio de ninguém—De volta a Fortaleza hoje

RIO 6, (I. P.)—Miss Brasil reuniu ontem à tarde os jornalistas para uma entrevista coletiva na sala do Conselho da Associação Brasileira de Imprensa. Durante algum tempo a srta. Emilia Correia Lima atendeu às perguntas dos repórteres dirigindo-se a seguir para o terraço onde posou diante de dezenas de fotógrafos e cinegrafistas que lá se concentraram.

O ponto alto da entrevista coletiva de Emilia foi o desembaraço a desenvoltura com que respondeu a tôdas indagações. Ante a pergunta de um repórter reafirmou o fato de ser uma ardorosa partidária da paz:

— Sou professora de jardim da infância, afirmou. Estou em contacto direto com as crianças. Logo não posso senão defender a paz e propugnar pelo entendimento entre todos os povos.

Sôbre a bomba atómica afirmou:

(Cont. na 3ª pág. — B)

Estão Lesando Os Estivadores

Mercadorias que não constam do Manifesto de navios estrangeiros.

Descendo ao caís do porto a nossa reportagem tomou contacto com diversos estivadores para conhecer e, afinal, tornar público algumas de suas reivindicações. Preocuparam-se os trabalhadores da orla maritima em reclamar contra o fato de terem trabalhado no porão do vapor «Hilary», aqui chegado recentemente, de onde retiraram 15 toneladas de volumes engradados, pertencentes a passageiros vindos de Portugal, volumes êsses que não constavam do manifesto do navio e foram desembarcados a título de

Cont. na 2.a pag.—A

LUIZ CARLOS PRESTES

Desarmar O Golpe Com A Fôrça Da Mobilização Das Massas

A CAMPANHA... muito ajudará a mobilização... todos os patriotas capazes de lutar contra qualquer tentativa de golpe de Estado... Quanto mais estreitas forem nossas fileiras, com as mais vigorosa e pronta será a resposta popular a qualquer golpe de Estado militar. O que assustam os arrogantes dos generais fascistas... em quaisquer circunstâncias saberemos nos colocar á frente das massas desarmadas e levá-las à luta ativa em defesa das liberdades e da Constituição, pela exigência de eleições livres e do registro de todos os candidatos. Na emergência de um golpe de Estado, deveremos estar preparado para dirigir as lutas populares contra os fascistas, em defesa do Parlamento, das Assembléias Estaduais e das Câmaras Municipais por medidas práticas e imediatas contra a carestia da vida. O essencial é levar as massas à luta, uni-las e organizá-las, e saber utilizar assim variadas formas de luta.

Nas atuais condições do país, qualquer golpe de Estado pode determinar gigantesca mobilização de massas e acelerar a organização e unidades das grandes massas populares. Cabe aos comunistas colocar-se com a audácia à frente das massas e tudo fazer para que estas ciciam na própria ação seus organismos dirigentes Comités Populares, Comissões

Cont. na 2a pag.—D

Moinhos Americanos Favorecem A Alta Do Trigo

Pão caro em virtude do monopólio exercido pela «Bung and Born» e a conivência do govêrno Café Filho —Precisamos comerciar com a URSS, que faz ofertas vantajosas ao Brasil, o que resultaria numa melhora constante do padrão de vida do nosso povo.

Desde o mês passado vimos sentindo dificuldades na aquisição do pão em Belém. Os proprietários de padaria alegam falta de trigo e era fácil deduzir daí que um novo aumento de preço do pão estava iminente.

Temos alguns elementos que nos levam a concluir a quem, de facto, cabe a responsabilidade pelo aumento do preço da farinha e lógicamente do pão. Com os dados que dispomos podemos dizer sem engano que os responsaveis são os moinhos controlados pelos imperialistas norte-americanos, com a benevolencia criminosa do govêrno Café Filho que apoia e realiza uma política interna e externa destinada a favorecer a ação dos trustes estrangeiros. Senão vejamos:

O preço de uma saca de 50 quilos de farinha de trigo pôsta em Belém é de 320 cruzeiros, que sempre possibilitou um lucro suficiente aos moinhos.

No entanto, como tal margem de lucro não lhes sacia a voracidade, há tempos vem vendendo aos compradores de Belém farinha até cruzeiros por saca, preço turado alêm da importância que é paga por fôra, não obstante a tabela da fama COAP determinar Cr$... por saca de 50 quilo... A imprensa local mente...

... dependentes os proprietários de padarias o

(Cont. na 3ª pág. — H)

Unidas, As Mulheres Tornarão Realidade Suas Aspirações

Redução das despesas militares e aumento das verbas dos Ministérios da Educação e da Saúde — Contra a má literatura infantil — Pelo bem estar da família brasileira — Pelo imediato barateamento do custo da vida — Resolução da Assembléia Nacional de Mães, sôbre o segundo ponto do teorário

A ASSEMBLÉIA NACIONAL DE MÃES, realizada na cidade do Rio de Janeiro, de 29 de Junho a 1º de julho de 1955, levando em consideração os direitos dos plenários que refletiram na vida, as dificuldades e as aspirações das mães brasileiras e acharam-se em que vivem a família brasileira, a tortura das mães pela falta de maternidades, a falta de estabilidade no trabalho para a mãe, a destruição de seus lares, moinhos vagarosos...

Solidariedade Aos Posseiros

Em mais de oito estados do Brasil os grileiros levam a efeito uma violenta ofensiva contra os posseiros de terra.

Com o apoio de alguns juizes e governadores estaduais o direito de usocapião, garantido na Constituição da República vigente, e no Código Civil, é negado aos posseiros, os grileiros usando dados titulos de propriedade de terras que não lhes pertencem com os quais se apoderam da gleba que foi valorizada com o suor e o sangue do posseiro e o sacrificio da vida de seus filhos e parentes.

Assistimos no momento cenas repugnantes: no estado do Rio de Janeiro falsos herdeiros do grileiro Mário de Almeida com uma sentença graciosa do juiz de Duque de Caxias e do tribunal de Nitéroi estão despejando 400 famílias. Destas, cento e trinta já se encontram fóra das suas terras passando fome e dormindo no mato. Dentre elas se encontra uma senhora de 82 anos de idade que cultivava aquelas terras ha vinte anos. A policia ocupa e saqueia as roças, desrespeita mulheres e crianças, queima casas e espanca os trabalhadores, tentando vencê-los pela fome e a violência. Os diretores da Associação dos Lavradores Fluminenses são caçados como feras.

Em São João da Barra, no mesmo Estado, a companhia norte-americana «Orquimas» está, através de seus testas-de-ferro, expulsando os posseiros para poder livremente saquear a areia monazitica ali existente.

Em Formoso, no estado de Goiás, depois de vinte anos de trabalho na terra esta sendo atacados pela policia a mando dos grileiros. Hoje, depois de recorrerem à Justiça, resistem de mão armada defendendo a sua legitima propriedade. Contra eles o governo do Estado envia um contingente de 200 homens armados.

Vísam os grileiros com essas terras valorizadas loteá-las e vendê-las ou fazer qualquer outro negócio rendoso.

Este fato contribui para o êxodo rural e para encarecer o custo de vida e augmenta o flagelo.

A União dos Lavradores e Trabalhadores Agricolas do Brasil lança o seu enérgico protesto contra os despejos e as violências de que são

(Cont. na 2a pag. — E)

Continua a mortalidade infantil — Agua e leite contaminados — O Secretario de Saúde veraneia — O povo deve exigir dos governantes medidas concretas

A epidemia de doenças gastro-intestinais continua ceifando mais de uma dezena de vidas diariamente, levando o luto a dôr a centenas de lares paraenses. Estamos, pois, frente à uma calamidade pública de tremendas proporções, resultante, sem dúvida, do desprezo dos governantes pela vida humana. São êles sim, os responsáveis diretos e exclusivos por essa dolorosa ocorrência. De um lado, a sujeira da cidade, acumulada durante anos, proporcionou a eclosão do surto, cabendo, portanto, ao Prefeito, grande parte da culpa; de outro lado, a falta de medidas efetivas para combater a epidemia tem contribuído para a elevada mortalidade, pela mesma proximidades f a c i l i t a contaminação dessa água utilizada por quase todos os habitantes dos suburbios que a incidencia to epidemico é maior. Mas não é só isto. A pró-

AGUA CONTAMINADA

A maioria da população de Belém serve-se de água dos poços, cuja localização profundidade e proteção não oferecem a minima segurança sanitária. A infiltração subterrânea através das fossas existentes nas

pria agua do abastecimento público está com certeza em péssimas condições também, porque a tubulação velha e deteriorada, e as conexões cruzadas definicientes proporcionam igualmente a poluição do precioso liquido. Um exame mais acurado pelos laboratórios poderia certamente confirmar esta nossa asertiva.

TAMBÉM O LEITE

Existe na capital grande numero de vacarias, em precárias condições de higiene e recebendo uma fiscalização raquítica formal. Em consequência, o leite vendido ao público, aliás por preços escorchantes, graças à COAP, é não

Cont. na 2.a pag.—C

... infantil, capaz de tornar a sã mentalidade dos jovens de amanhã e dos homens do futuro; a falta de amparo pré-natal que conduz nosso país ao elevado indice de mortalidade infantil, provocando as lágrimas mais sentidas às mães, pela perda do fruto de seus sonhos e alegrias, e educação e saude de seus filhos que são sacrificados pelo desvio de verbas necessárias ao bem estar das crianças são evidentes que todas essas situações mantêm as mães brasileiras em permanente apreensão sem o direito à alegria, a tranquilidade e à harmonia do direitos sagrado da vida, decide:

1º) conclamar as mulheres num trabalho abnegado continuar pela diminuição...

(Cont. na 3ª pág. — K)

A 14 de Julho no Rio

MESA REDONDA Nacional Do M.N.P.T.

Serão adotadas medidas contra as ameaças de golpe — Em princípios de Agosto a grande Convenção Nacional — Representando a seção paraense tomará parte nos debates o líder bancário Armando Piani

"Em Nome Das Vidas De Nossas Crianças Faremos Nosso O Apêlo De Viena"

MULHERES das mais diferentes condições sociais, trabalhadoras de todos os ramos de atividades do país, na cidade, e no campo, donas de casa, intelectuais, mães de todos os recantos de nossa terra, estiveram juntas numa festa, que se chamou Assembleia Nacional de Mães. Uma festa de fraternidade e de esperança. Fraternidade que envolve-as irmãs do mundo inteiro, todas carentes de segurança para bem criar os seus filhos. Esperança que, através de ações, são uma certeza da conquista dessa desejada segurança.

GRAVE é a situação do mundo: rearmamento da Alemanha Ocidental, autorização do emprêgo da arma atômica em caso de uma nova guerra, ameaça de uma guerra atômica aos povos asiáticos através do Pacto do Sudeste Asiático, experiências com as bombas atômicas e de hidrogênio, declaração belicista de representantes oficiais de alguns governos, orçamentos de guerra absorvendo somas fabulosas das rendas dos países.

DIANTE dessa situação, que os fatos diários confirmam, grandes são as responsabilidades das mães, as nossas responsabilidades. Se as responsabilidades, os cuidados, as preocupações começam, quando sentimos a emoção de segurar nos braços um filho pequenino, continuam em tôdas as fases de suas necessidades e de seu futuro, porque o amor materno está presente no sofrimento, na alegria, nas lutas e nas vitórias.

AS MULHERES brasileiras, participando dos trabalhos preparatórios ao Congresso Mundial de Mães, demonstraram a decisão, a vontade os propósitos, a determinação irrevogável de se colocarem à altura dessas responsabilidades.

REAFIRMAM, agora, a coragem e a beleza de sua participação em campanhas que têm conseguido deter o braço dos criminosos, que pretendem descencadear uma nova carnificina. Nenhum soldado brasileiro foi mandado à guerra da Coréia. Milhares de assinaturas foram colhidas com paciência, compreensão e entusiasmo ao pé do Apêlo de Estocolmo, contra as armas de extermínio. O Apêlo por um Pacto de Paz entre as cinco grandes nações

(Cont. na 3ª pág. — D)

PARÁ

N. 187   Belém-Pará, 9 de Julho de 1955

Snr. ARMANDO PIANI

Surgindo como força política destinada a mobilizar e dirigir amplas massas trabalhadoras e populares, o Movimento Nacional Popular Trabalhista conta, precisamente agora que todas as atenções se voltam para as eleições de 3 de outubro, com imensas possibilidades de decidir da vitória do candidato, que se comprometer com o seu programa.

Assim é que por todo o país se criam seções estaduais e núcleos nos bairros, empresas, fazendas, etc., filiados a êsse Movimento, e as adesões já se elevam a milhares. E à proporção que os dias correm, a repercussão e amplitude do M.N.P.T. ganham maior fôrça e prestígio.

Empunhando um Programa que consubstancia as mais sentidas reivindicações populares e nacionais, o M.N.P.T. se propõe a participar da campanha eleitoral com o fim de conduzir o candidato por êle apoiado, e por isso mesmo com oportunidade de ser eleito, a imprimir novos rumos aos destinos da Nação, libertando-a das injunções estrangeiras e possibilitando ao povo me-

lhores condições de vida.

Levando à prática o seu plano de ação o M.N.P.T. promoverá em São Paulo, na 1ª quinzena de agosto vindouro, uma Convenção Nacional, para a qual deverão ser realizadas em todos os Estados outras Convenções preparatórias. O grande passo para assegurar pleno êxito à Convenção Nacional será a Mesa-Redonda marcada para o próximo dia 14, no Auditório da Associação Brasileira de Imprensa, no Rio de Janeiro, onde será debatida entre outras questões, a atualidade brasileira, em face das ameaças de golpe e da realização de eleições livres e democráticas a respeito ao voto popular. A essa Mesa-Redonda deverão participar líderes dos partidos, do Congresso Nacional e presidentes dos diretórios nacionais dos partidos, além de representantes das seções onde o M.N.P.T. funciona. Em nome da secção paraense tomará parte nos debates o líder bancário Armando Piani, que já se encontra no Rio e de onde provavelmente regressará logo após com as novas diretrizes aprovadoras.

(Cont. na 2ª pág. — F)

Subúrbios em revista
O Govêrno Não Conhece A Matinha

Um verdadeiro labirinto de ruas, travessas e vilas — Buraco, lixo e fedentina agravando a saúde dos moradores — Sem escolas, posto médico, agua, luz e transporte

Reportagem de JOSÉ MELO

Chegou a vez da reportagem de TRIBUNA DO PARÁ visitar o bairro da Matinha, e logo de entrada verificamos que se trata de um subúrbio completamente esquecido pelos poderes públicos, dado o estado de abandono em que se encontra, não obstante terem chamado a nossa atenção inúmeras faixas ali colocadas pedindo o voto do nosso povo para candidatos às próximas eleições. Naquela mesma ocasião formulamos protesto contra as faixas escarnecedoras da miséria reinante, pois, quem se mandou colocar pouco se importa com os gritantes problemas da população e só se preocupa em arrebanhar votos e ser eleito sem maiores preocupações.

Vida atribulada

Um fato que desperta a atenção de quando se passa nas ruas, travessas, vilas e becos formando um verdadeiro labirinto, onde inúmeros barracos foram localizados em frente dos sanitários de outras barracas, isto mostra o desleixo dos poderes competentes com relação à vida do nosso povo.

Buracos, lixo e fedentina

O aspecto geral do bairro é de completo abandono. As ruas, como a Domingos Marreiros, Castelo Branco, 14 de Abril e 3 de Maio estão esburacadas, cheias de capim, lama e lixo. Por lá, temos a certeza, nunca passou a limpeza pública, porque toda espécie de detritos é jogado nas ruas e caiçaras como: animais mortos, peixes estragados, côfos de carangueijos, e lá apodrecem exalando uma fedentina tremenda em prejuízo da saúde da população.

Falta tudo, inclusive a agua

Conversando com diversos moradores e auscultando os seus problemas, verificamos que o bairro está desprovido de tudo, o que prova que o govêrno o despreza, nunca lhe dá assistência. Escolas públicas não há. A única que existe é particular, mantida por um comerciante ali estabelecido, o sr. José, proprietário da «Rainha Bar». Posto médico, também não existe, apesar da epidemia que grassa em nossa capital, ceifando preciosas vidas, principalmente de crianças.

Sôbre a agua, o DEA chegou a prolongar o encanamento que vem da Alcindo Cacela, passando pela Domingos Marreiros até a 14 de Abril. Acontece, porém, que o serviço foi suspenso, acarretando sérios prejuízos à população que se utiliza de agua de poço. Os moradores da Matinha apelam, por nosso intermédio, para que o govêrno mande prosseguir as obras de ligação da agua para o bairro e que sejam colocadas torneiras públicas, a fim de servirem aos que não puderem fazer a ligação.

O bairro, à noite, vive submerso numa escuridão profunda. Isto porque a energia elétrica ali não chega. O que existe de iluminação é produto da humana compreensão do proprietário da «Rainha Bar», que aproveitando a capacidade de seu gerador, fornece luz para alguns quarteirões próximos à sua casa comercial.

Os ônibus que faziam a linha «Matinha» foram retirados. Por pedido de pessoas interessadas, a Emprêsa de Trans-to, que só existe para defender os interesses dos proprietários de ônibus, colocou uma linha que é feita pela viação «Excelsior», a qual vai até à Duque de Caxias, fazendo estação no canto da Domingos Marreiros. Com isto ficaram prejudicados os restantes moradores que, em caso de chuva, são obrigados a se molhar e atolar nas infindáveis de buracos, principalmente à noite. Eles se queixam, a volta da linha «Matinha» e pedem que o govêrno mande consertar imediatamente o leito da rua Domingos Marreiros que está intransitável.

União, organização e luta do povo, chave para a solução dos problemas

Como se vê, Matinha é um bairro onde o povo arrasta uma vida extremamente difícil e, por sua mesma, tem justos motivos para lutar, unido e organizado, pela solução de seus problemas, exigindo do govêrno medidas urgentes e eficazes. E quanto aos candidatos a governador do Estado solicitar que êles se pronunciem sôbre os problemas e se afligem, empenhando-se, desde já, esforços no sentido dos mesmos. Assim, indicativos aos moradores da Matinha que se organizem em comissões, núcleos ou comitês de reivindicações populares, pois êste é o único caminho que possibilitará a vitória de suas aspirações.

Drama De Um Trabalhador
Excluído da Assistencia Que Recebia do I.A.P.I.

Acidentado há 5 anos foi considerado apto para o trabalho — Desumanidade que merece um corretivo

Adelordes dos Santos, carpinteiro de profissão, procurou a redação de "TRIBUNA", na manhã de ontem, para relatar e protestar contra o estado de abandono a que foi relegado pelo Instituto dos Industriários. Com a fisionomia denotando revolta e cansaço o trabalhador sentou-se numa cadeira ao lado do repórter e passou a contar o seu drama.

ENCAMINHADO PARA MELHOR TRATAMENTO

— Cheguei em Belém, vindo de Manaus, no dia 3 de maio do corrente ano. Não vim passear nem por motivos particulares. Empreendi essa viagem porque, tendo em fevereiro de 1950 caído do andaime de um edifício na capital amazonense, e fraturado duas costelas, além de ferimentos graves no pulmão esquerdo, fui encostado no IAPI, sob a qualificação de beneficiário percebendo auxílio-doença, e como os médicos de lá me restabeleceram, decidiram que eu deveria embarcar para Belém segundo êles, eu teria melhor tratamento, uma vez que aqui os médicos conta-

vam com recursos materiais apropriados, portanto, de realizarem em mim uma operação com pleno êxito. Se os médicos daqui me desenganassem, então eu poderia pleitear a aposentadoria.

APÓS LONGA ESPERA TEVE O BENEFÍCIO CORTADO

— Confiante nessas palavras dos médicos amazonenses que dão consulta no IAPI, e aqui chegando, procurei, logo no dia seguinte, a delegacia da cidade da autarquia. Qual não foi a minha primeira decepção, quando me disseram que a minha inspeção de saúde fora marcada para o fim de maio. Como meu caso exigia uma intervenção médica imediata, falei a todo mundo no Instituto para que resolvessem sem demora a minha situação. Foi inutil, tive de esperar que o mês de maio chegasse ao fim. O pior, no entanto, é que não me revelaram logo o resultado do exame, e como que a propósito, somente no fim de junho é que o mesmo

(Cont. na 3ª pág. — J)

Suprema Audácia De Mr. COlman

Intervém Nos Atos Do Governador Assunção

Vitoriosa a Grève

No Porto De Santos

Acompanhou a nossa população, pela leitura nos jornais locais, o desenrolar da greve dos trabalhadores do porto de Santos, realizada há pouco, através da qual era reivindicado aumento de salário. No entanto, essa mesma imprensa silenciou quanto ao desfecho do movimento, ficando os leitores sem saber se ela fôra vitoriosa ou fracassada.

Até hoje muitas pessoas nos perguntam pelo resultado dessa greve de Santos e com muita alegria que informamos que os trabalhadores santistas sairam vitoriosos da luta que empreenderam pela conquista de melhor remuneração. Arrancaram 25 % de aumento, a reabertura do Sindicato e a reintegração das diretorias destituídas e prometeram continuar a luta por mais 5 % de aumento, pelo abono de Natal e outras possíveis manobras do Ministério do Trabalho e da Companhia da Doca de Santos.

Está evidente agora por que a imprensa "sadia" de Belém não se dignou publicar os telegramas que recebeu informando da vitória dos trabalhadores.

O CONSUL DOS ESTADOS UNIDOS NÃO QUER A NOMEAÇÃO DO DR. WILSON SILVEIRA PARA A SECRETARIA DE SAÚDE — CUMPRE AO GENERAL ASSUNÇÃO REPELIR A INSOLENTE ATITUDE DO GRINGO AMERICANO QUE AFRONTA AOS BRIOS NACIONAIS

Chegou ao conhecimento de nossa reportagem que Mr. George Colman, consul dos Estados Unidos nesta capital, odiado por sua insolência em interferir na vida de nosso Estado, que vai desde os setores administrativos, aos sociais, culturais e até desportivos, não se conteve quando circulou a notícia de que o governador de nosso Estado, Gal. Zacarias de Assunção, desejasse encontrar um meio de solucionar o calamitoso problema da mortalidade infantil, teria cogitado de nomear para as funções de Secretário de Saúde, o dr. Wilson Mota Silveira, competente médico sanitarista conhecido patriota e partidário da paz, que sempre se colocou na linha de frente da luta emancipadora de nossa pátria. E foi assim que, numa atitude brusca e afrontosa, dirigiuse a Palácio indagando sôbre se seria autêntica a notícia em curso, deixando claro que faria tudo "para impedir a lavratura do referido ato de nomeação, pois, segundo suas ordens, torna-se proibido entregar a um patriota a direção do serviço público. Naturalmente...

Cont. na 2ª pág. — B

N. 189   Belém — Pará, 16 de Julho de 1955   Ano V

Cambio Negro

Na Venda De Passagens Para Mosqueiro E Soure

Por incrível que pareça as passagens no navio "Presidente Getulio Vargas", que faz a linha de Mosqueiro e de Soure, estão sendo vendidas tanto em Belém, como naqueles balneários, dentro do odioso cambio negro, com acréscimo de mais de 100 por cento. Os cambistas pululam nas redondezas das guichetes e a vista das autoridades do povo, agindo com desembaraço e audácia. Há quem diga que os amigos do célebre comandante F... (diretor da emprêsa SNAPP) fazem a sua boquinha na pressa mamilada, do contrário já teria tomado medidas na defesa dos interesses do povo e na repressão à desonestidade dos que dominam o seu reinado. As passagens nas linhas citadas são as mais caras em toda a região, se considerarmos o valor por milha percorrida numa viagem onde o passageiro não tem direito sequer a um cafezinho, não fazendo, portanto, qualquer despesa [além de seu transporte. No próprio bar do navio as cadeiras são vendidas, os passageiros reunem-se de pé, no maior desconforto, além dos preços absurdos cobrados. As modernas embarcações dos SNAPP foram adquiridas com dinheiro do povo, porém serem úteis ao pobre povo, porém, ca nau... que vai, somente uma minoria (os que podem viajar no "cambio negro") viaja com certo conforto, porque o navio trafega com grande excesso de lotação, a quantidade de bilhetes vendidos com o famigerado carimbo «SEM ACOMODAÇÃO» ultrapassa em duas ou mais vezes a capacidade do barco, pondo em risco a vida dos passageiros. Em caso de acidente os meios de salvamento a bordo tornam-se insuficientes, pois os barcos e os coletes salvavidas são limitados a uma lotação normal. A direção dos SNAPP tem obrigação de dar o exemplo no maior de viagens, facilitando o cumprimento do Regulamento de... a todos, se houver um... Capitania dos Portos, a lei regular. Quem viaja no "Presidente Getulio Vargas" tem a...

(Cont. na 2ª pág. — C)

Fundado em Castanhal um núcleo do MNPT

Quando já encerrávamos o expediente desta edição recebemos de Castanhal o seguinte despacho telegráfico:

«Comunicamos foi fundado Comitê M.N.P.T. esta cidade Assembléia Geral dia 12 do corrente.

as) Angelo Santos, Presidente».

Greve Dos Operarios Na Industria Da Madeira

Reivindicam 30 o|o de aumento de salários

(Do Correspondente) — A zero hora do dia 9 do corrente, deflagrou a greve dos trabalhadores em serrarias e marcenarias, dirigida pelo Sindicato da citada corporação. Essa resolução foi determinada pela intransigência dos patrões de não concederem os 30 o|o de aumento de salário pleiteado, em Memorial e na Justiça do Trabalho.

A greve está contando com a participação de todos os trabalhadores dêsse ramo industrial, prevalecendo uma unidade monolítica e uma disposição de só voltarem ao trabalho quando forem atendidos na sua reivindicação. Noutro dia uma comissão, tendo à frente o presidente do Sindicato, sr. Júlio Gomes da Silva, dirigiu-se a Palácio para saber da posição que pretendia tomar o governador frente ao movimento. Ali foram recebidos pessoalmente pelo sr. Plínio Coelho que se mostrou "solidário" com a greve, advertindo, todavia, numa linguagem um tanto policialesca, que os "trabalhadores" se mantivessem em ordem e dentro do respeito ao autor...

(Cont. na 2ª pág. — D)

Vitoria Contra A Intervenção Nos Sindicatos

Inconstitucional a Aprovação Do Artigo 32

TORPE EXPEDIENTE DOS GOLPISTAS PARA RESTABELECER O ATESTADO DE IDEOLOGIA

A dupla fascista Apolonio Sales-Nereu Ramos, desfloradas politiqueiros, conseguiu fosse aprovado no Senado o nefando artigo 32 do projeto que institui o atestado de ideologia para registro de candidatos aos postos eletivos.

Com a instituição ilegal e arbitrária desse torpe dispositivo, tão desejado pelos golpistas e reacionários, pratica-se um dos mais abomináveis atentados ao texto constitucional, para impedir a efetiva participação dos verdadeiros líderes populares nas lutas democráticas em que o povo expressará as suas preferências em favor daqueles que sempre defenderam as justas reivindicações dos trabalhadores.

Essa odienta discriminação ideológica, sempre foi desejada pelos imperialistas norte-americanos, que em nossa pátria têm contado com o apôio da camarilha golpista de 24 de agosto, pronta a lhes obedecer servilmente às ordens impostas.

O famigerado atestado de ideologia representa um golpe sério à inviolável aspiração de classe, e é injusto e... tem que o povo deve ser cada vez mais forte, para evitar que a opressão ministerialista possa...

(Cont. na 2ª pág. — E)

A nefanda exigência de atestado de ideologia tem a sua origem na imposição dos imperialistas norte-americanos, cuja influência e domínio político, econômico e cultural se tem feito sentir perniciosamente no seio das classes reacionárias e dirigentes do nosso país.

Orientando-se pelo reacionarismo norte-americano, o sr. Alencastro Guimarães, Ministro do Trabalho, aplica a intervenção policial nas organizações sindicais, tal como se verificou recentemente em Santos, para impedir que os trabalhadores pudessem fazer valer os seus direitos e prática de. Greves, porém, a fôrça organizada dos trabalhadores e demais companheiros golpistas de... do ministério do Trabalho, aplica a intervenção ministerialista, pró-pria dos regimes fascistas, também se pretendendo garrotear o direito democrático de livre escolha e eleição de presidentes de Sindicatos, impedir a posse de patriotas, sob a alegação de serem agitadores e comunistas, tudo isso com o objetivo solerte e inconfessável de isolar o movimento operário dos seus verdadeiros líderes.

A aplicação do famigerado atestado de ideologia vem sendo ilegalmente imposta pelos órgãos dirigentes sindicais, e nossas condições que Alencastro Guimarães apresentou veto fascista, juntamente com seus companheiros golpistas de 24 de agosto, impugnando a posse do sr. Aprício Alves Este cavalheiro há longos anos vem levando a efeito tremenda perseguição contra colonos e, para isso tem contado sempre com o apoio da autoridade policial do município que, por muitas e muitas vezes tem colocado lavradores na prisão, pelo simples fato de ocuparem terras que são do Estado, mas das quais Matias Lemos se apossa. Êsse "cavaleiro" tem cobrado dos colonos o pagamento de 10 cruzeiros mensais, ou da taxa de ocupação das terras, como

(Cont. na 2ª pág. — F)

Expulsos De Suas Terras COLONOS DE BUJARU

Exercendo influência sôbre o delegado da localidade, o tatuira Matias Lemos manda prender lavradores — Urge que o govêrno determine providências para sustar essa ação criminosa

No município de Bujarú, no lugar denominado Tapera-Açú, reside um tal sr. Matias Lemos, que se diz arrendatário de uma área de terra compreendendo 3.600 hectares e que, não satisfeito em explorar os colonos residentes nessa área, se lança contra os colonos que lá vivem às terras, nas proximidades de suas. Êsse cavaleiro há longos anos vem levando a efeito tremenda perseguição contra colonos e, para isso tem contado sempre com o apoio da autoridade policial do município que, por muitas e muitas vezes tem colocado lavradores na prisão, pelo simples fato de ocuparem terras que são do Estado, mas das quais Matias Lemos se apossa. Êsse "cavaleiro" tem cobrado dos colonos o pagamento de 10 cruzeiros mensais, como taxa de ocupação das terras, sem mais nem menos, de despeja sem dar qualquer indenização pelas benfeitorias.

Alguns posseiros, entretanto, têm compreendido as más intenções de Matias Lemos e resistem à imposição, sendo Matias Lemos os chefes da campanha pela Reforma Agrária, vem concentrando sua perseguição contra Gomes, a quem conseguiu ser levado as grades da prisão. Valentão de linha de frente do Prefeito daquele município expulsou a sua vítima das terras que ocupa. Nem mesmo as famílias dos colonos o ameara respeita.

Urge, portanto, uma providência enérgica, e às próprias autoridade do povo cientes de tudo, de vez binete do Secretário do Interior e Justiça, uma comissão de colonos, compreendendo formulavam o seu protesto, solicitando um paradeiro às perseguições de que são vítimas.

Que se unam e se organizem os colonos e façam valer, coesos, os seus direitos e suas reivindicações, enfrentando Matias e quaisquer outros que ali apareçam.

Sábado, 16 de Julho de 1955 — TRIBUNA DO PARA' — Pág. 3

EDITORIAL

Cresce o Odio Popular Contra Tentativas de Golpe

A onda de protestos que se levantou em todo o país, desde as camadas trabalhadoras até as figuras mais representativas do Senado e da Camara Federal, contra as novas ameaças de golpe, veiculadas pelo espoleta e agente do imperialismo norte-americano Carlos Lacerda, é um fato politico da maior importancia, o que significa o grau de amadurecimento politico a que chegaram as fôrças patrióticas, democráticas e progressistas em nosso país. Sentiram os magnatas do dólar e seus paus-mandados da estirpe de Eduardo Gomes, que o nosso povo não permitirá qualquer torpedeamento às eleições de 3 de outubro e ao livre funcionamento das normas constitucionais. Esse vigoroso protesto que se ergue de norte a sul do Brasil, que precisa tornar-se permanente até que sobrexista o perigo, fará com que os golpistas de 24 de agosto se recolham à sua hediondez e sejam finalmente derrotados para a glória da Nação e a felicidade do pôvo.

Constituindo uma valiosa contribuição ao esmagamento da ofensiva dos forjicadores de ditaduras, temos a registrar o pronunciamento enérgico dos sindicatos de Jornalistas e Bancários de Belém que, assim, se colocaram à altura de suas gloriosas tradições de luta pela legalidade constitucional e defesa dos mais altos interesses nacionais, o que, em suma, é uma coerente posição de intransigente defesa dos interêsses das categorias profissionais que representam.

Entre todas as manifestações de repudio à trama golpista se sobressai, com imensa repercussão e vigor, a Mesa-Redonda do Movimento Nacional Popular Trabalhista, realizada a 14 do corrente no Rio de Janeiro, onde foram adotadas, pelo voto unanime dos participantes, oportunas medidas para intensificar a mobilização e organização das amplas massas a fim de que se assegure a realização de eleiões a 3 de outubro, que não haja qualquer discriminação ao registro de todos os candidatos e que o povo marche para as urnas para sufragar os candidatos de sua confiança.

x x x

Em nosso Estado é igualmente necessário que um movimento de envergadura contra as tentativas de golpe se organize, e cabe em primeiro lugar às entidades de classe acertar, em conjunto, medidas destinadas a zelar pela inviolabilidade dos principios democráticos. E tanto entre o meio sindical como entre as populações das cidades, dos suburbios, da zona rural, é preciso que se realizem constantes reuniões de debates da questão. E', porém, reservado ao MNPT um importante papel no sentido de aglutinar as forças patrióticas e levá-las à luta contra a ofensiva golpista e pela solução dos angustiantes problemas do povo. Desempenhando a classe operária, dentro do MNPT, uma função dirigente, podemos assegurar que não só as medidas serão levadas à prática como o candidato apoiado por êsse Movimento terá a seu lado um contingente humano de excepcional capacidade de ação.

Que se organizem e passem a funcionar por toda parte e com urgencia, nucleos do MNPT e que os senhores Magalhães Barata e Epilogo de Campos se manifestem contrários ao golpe e não se demorem a pronunciar-se sobre o Programa local dêsse Movimento. Mas é também necessário que o povo dos bairros convide os candidatos a irem até lá para dizerem de suas intenções com relação aos gritantes problemas da massa popular que dia a dia se agravam.

TRIBUNA DO PARA'

Diretor:-A. H. Imbiriba da Rocha

Redação:

Rua Manoel Barata, 222

Caixa Postal, 320

Belém Pará

SOCIAIS

Fez anos dia 14 do mês em curso D. Iracema Gomes, digna esposa do Tenente da reserva sr. Fernando Francisco Gomes, residente à Avenida Dalva, n. 166, no bairro da Marambaia. TRIBUNA envia à aniversariante respeitosa mensagem de congratulações.

Transcorre hoje o aniversário natalicio do jovem Alvaro Inocencio Gondim Soares, filho do nosso prezado amigo Newton Soares, proprietário da Alfaiataria Suzana, e de sua esposa, d. Violeta Gondim Soares.

O jovem aniversariante cursa com aproveitamento o segundo ano cientifico, no Colégio Nazaré, nesta capital.

CONCLUSOES

— B —

mos, é um salário de fome que não atinge nem o salário mínimo de Cr$ 990,00, que também já é de fome dada a crescente elevação do custo da vida.

Sonegação do pagamento de férias e de repouso semanal remunerado

Os trabalhadores enviaram em junho do ano passado, através da associação dos Trabalhadores da Prefeitura Municipal de Belém, um memorial à Câmara Municipal reivindicando o pagamento do repouso semanal remunerado e receberam no dia 16-8-54 um ofício sob o n. 685|54 do sr. Prefeito, comunicando que por Lei n. 2238, de 28 de junho do mesmo ano, «ficou assegurado aos trabalhadores da PMB o repouso semanal remunerado e o pagamento do salário nos dias feriados, civis e religiosos». Acontece, porém, que até hoje a referida Lei não foi cumprida, pois continuam a trabalhar aos domingos até às 11 horas e só recebem 6 dias e meio, o que significa que nem o próprio domingo é pago. Isto é descarado roubo que a Prefeitura pratica contra os miseraveis salários a que fazem jús os trabalhadores.

Mas não é só isto. As férias anuais também não estão sendo pagas e as 8 horas de trabalho não são cumpridas.

Exploração de menores na limpesa da cidade

Parece incrível, mas é pura verdade: a Limpesa Pública dispensa os adultos que fazem a «varrição» e coloca mininos de 12 anos de idade, só para não pagar os miseraveis 33 cruzeiros. Eles fazem o serviço dos adultos, trabalham 8 horas por dia e ganham de 17 a 20 cruzeiros.

Afora a «varrição», que está sendo feita por menores, há um outro grupo, o do «reco-reco». São meninos que usam um instrumento apropriado para arrancar o capim que nasce entre os paralelepipedos. Eles fazem um serviço penoso durante 8 horas por dia, geralmente em posição incômoda, abaixados sob o sol abrazador. Almoçam sentados na beira das sargetas geralmente camarão sêco com farinha d'agua, isto porque o sr. Prefeito, numa atitude condenável, resolveu suspender a refeição que êles faziam numa pensão.

Infeliz infância brasileira, abandonada à própria sorte, sem amparo, sem instrução, sem nenhum confôrto!

Os fiscais também não recebem o salário mínimo

Outra reclamação feita já quando nos despediamos dos trabalhadores apresentada pelos fiscais. Dizem êles que estão sendo logrados nos seus salários, pois recebem os mais novos 210 cruzeiros e os outros 240,00 por semana, o que não chega a alcançar o salário mínimo local. Pedem, por nosso intermedio, ao sr. Prefeito que seja pago no menos o salário mínimo, e[illegible] que têm direito a uma remuneração maior não só pelo trabalho que realizam, como, principalmente pelo estado de miseria que atravessam com suas familias.

União e organização para a luta

Os trabalhadores da Limpesa Pública, condenados pelo Prefeito á morte pela fome, precisam compreender que só conquistarão os seus direitos. Por isso, urge que, sem exceção de nenhum, ingressem na Associação dos Trabalhadores da PMB, e dentro dela levantem as suas reivindicações e se dirijam, em seguida, em [illegible] e numerosas comissões ao prefeito, à camara municipal, ao governador, á Assembléia Legislativa, aos jornais, no rádio, e só descansem quando forem atendidos de modo satisfatório.

— D —

tando-o numa luta improdutiva. O operário de hoje votará no candidato que se definir diante de um programa que atenda as suas mais justas aspirações. Não basta o candidato dizer que vai fazer isso ou aquilo. O povo quer que o candidato fale mais claro, que lhe aponte as causas da miseria, que lhe aponte as causas do analfabetismo, que lhe esclareça porque ganham salários de fome, porque os preços sobem cada vez mais, porque o Brasil não negocia com todos os países e porque o povo brasileiro vive na miseria num país tão rico!

O povo do bairro do Jurunas certamente tomará como decisão analisar e cerrar fileiras em defesa do programa minimo do MOVIMENTO NACIONAL POPULAR TRABALHISTA, organização em que todos participam politicamente, dando palpites, sugestões, discutindo os assuntos que lhe interessam, etc., e votando no candidato que se comprometer seriamente em aplicar o programa minimo do M. N. P. T.

- E -

lar indiano que afirmam ser de qualidade superior. Nesse sentido até a Associação Comercial foi nas aguas contra a nossa juta e fez uma reclamação ao governo.

Manobra norte-americana

Não vemos nenhum interesse do Serviço de Classificação de Fibras em deixar de cumprir a lei. Si bem que possam existir possiveis irregularidades nos postos de classificação nos centros produtores de Santarém e outras cidades do Baixo-Amazonas, de modo algum podemos concordar que essas irregularidades sirvam aos entreguistas da juta nacional para abarrotar o mercado com grandes partidas de juta indiana e, assim, forçar a baixa do produto brasileiro.

Preços mínimos, financeamento e garantia de mercado

Tanto aos produtores paraenses e amazonenses como, mesmo, aos comerciantes locais que operam com fibras, interessa o aprimoramento da nossa produção e uma melhor cotação no mercado brasileiro. Portanto, à Associação Comercial cabe zelar pelo cumprimento rigoroso da classificação adotada em lei. Entretanto, a amarga experiencia de produção local da juta, malva e outras fibras, ensinou bastante aos produtores nacionais. Todos os anos na época da safra obstaculos são levantados, com o objetivo de que entre no país o similar indiano e, assim, possam os aludidos industriais de S. Paulo forçar a baixa do produto nacional, com graves prejuisos a economia da região além de desperdicio de divisas.

A produção nacional é suficiente para abastecer o mercado brasileiro. Os produtores precisam exigir da Associação Comercial uma atitude de vigilancia afim de impedir a importação da juta indiana. Aos produtores nacionais interessa um mercado firme, bons preços, além de auxilio financeiro inclusive agora, na safra, afim de que possam resistir às imposições dos grupos sulinos, agentes de empresas norte-americanas, os quais há muito trabalham contra a juta nacional.

— F —

restituir o dinheiro descontado em excesso, dos seus operários, para o IAPI, afixando aviso nesse sentido.

Além disso, aquela fábrica já está pagando aos seus trabalhadores a taxa de insalubridade.

Resta, agora, que essa medida se extenda igualmente ás fábricas Independência e Santo Antonio, tambem daquela firma.

Diante dessa vitoria alcançada pelos operários, cabe aos mesmos se unirem cada vez mais coesos e se movimentarem no sentido de fortalecer os seus Sindicatos, organizarem comissões nos locais de trabalho com a finalidade decisiva de pleitearem suas reivindicações.

VIDA SINDICAL

Marceneiros — Realizou-se, no dia 12, uma reunião no Sindicato dos Marceneiros, para tratar do aumento de salários, ficando marcada uma outra reunião para os delegados das diversas fabricas, a fim de estudarem as bases do aumento. Foi discutido tambem o caso da Diretoria eleita, cuja posse foi negada pela Delegacia do Trabalho. A respeito dessa atitude violenta de intromissão ministerial nos assuntos sindicais, vão ser endereçados oficios ao Delegado do Trabalho e ao Ministro do Trabalho pedindo a posse da Diretoria eleita, pois, caso contrario, estão dispostos os marceneiros a recorrer até mesmo a mandado de segurança.

Nessa mesma oportunidade, foi apresentado veemente protesto contra a atitude fascista do corvo Carlos Lacerda, sendo deliberado enviar, á Camara dos Deputados, telegrama de repudio ao referido deputado, que sempre foi um inimigo do povo. Ficou acertado que esse telegrama devia ser endereçado ao deputado Lopo de Castro, e cujos termos são os seguintes: «Pedimos vossencia expressar Camara veemente protesto Sindicato Marceneiros contra atitude fascista Lacerda tentando aniquilar liberdades constitucionais e prorrogar mandato.—as) Ernestino Monteiro—Presidente».

Estivadores — Desde longa data que os estivadores vêm reclamando contra a falta de higiene nos depositos de agua para beber, quando estão trabalhando no serviço de descarga nos navios dos SNAPP pois nos mesmos não existem recipientes para agua potavel, além do que são obrigados a beber agua em canecos sujos e enferrujados. A fim de corrigir tal irregularidade a Federação dos Estivadores do Rio de Janeiro enviou um oficio á Direção geral dos SNAPP, contendo determinações expressas do D. H. S. T., no sentido de que fossem instalados recipicientes de agua potavel destinados aos estivadores em serviço, e que os mesmos devem ser de material inoxidavel e dotados de torneiras, tampa larga para possibilitar melhor limpesa. Foi tambem determinado o fornecimento de copos individuais de papel impermiavel.

O Sindicato, após reunir-se em Assembléia, enviou um oficio ao Delegado do Trabalho Maritimo pedindo as devidas providencias para o caso. não obtendo, porém, nenhuma resposta a respeito. Diante disso, foi novamente endereçado outro oficio com o mesmo pedido, o mès passado, não sendo tambem atendido até agora.

Em virtude desse condenavel descaso e desinteresse pelas justas reivindicações dos estivadores, a Diretoria reuniu e deliberou enviar oficio ao Centro de Navegação, encarecendo prontas providencias para o caso.

Tecelões — O Tribunal Superior do Trabalho, julgando o recurso interposto pela empresa Perseverança contra a decisão do Tribunal Regional do Trabalho da 8.ª Região, que dera ganho de causa á reclamação feita pelos trabalhadores da referida empresa, e que reivindicavam 25 por cento de aumento de salários, resolveu manter a sentença da Justiça do Trabalho em Belém. Isso significa mais uma vitoria dos trabalhadores nas suas lutas reivindicatorias.

JORNALISTAS. Na reunião levada a efeito sábado passado, no Sindicato dos Jornalistas Profissionais, ficou deliberado, dentre outras providencias, enviar telegramas ao Senado, Camara Federal, Federação dos Jornalistas Profissionais e diretoria da ABI, protestando contra a atitude fascista do deputado Carlos Lacerda, com referencia à implantação do regime ditatorial no Brasil.

-- G --

EXONERADO O SECRETARIO DE SAÚDE

Sob o pretexto de discordar de um ato do governador, foi exonerado na 5.ª feira passada o dr. Anibal Marques. A verdade é que o homem não vinha dando bola para a repartição, enquanto a epidemia ceifava dezenas de vidas infantis diariamente. E o clamor público se intensificava forçando o Governador a mandar o dinamico sanitarista de balneário para muito longe. Seu substituto ainda não foi encontrado, sendo grandes os esforço de uma parte dos homens responsáveis junto ao Govêrno no sentido de ali ser colocado um técnico, ativo, honesto, dedicado ao pôvo, e não um politicoide unicamente para fins eleitorais. Respondendo pelo expediente da Secretaria está o dr. Wilson da Silveira, chefe da Divisão Técnica da Secretaria de Saúde, e conhecido sanitarista conterraneo.

POSTOS DE EMERGENCIA E COMANDOS MÉDICOS

Ao que parece, nossas sugestões foram ouvidas pelas autoridades sanitarias, pois já estão funcionando três Postos de Emergencia (Marco, Canudos e Estrada Nova) e vários comandos médicos uimic[illegible]res para atender a doentes graves. Mas ao que sabemos também, tanto os comandos como os Postos estão sendo utilizados para campanha eleitoral, o que está errado.

INDISPENSAVEL A ORGANIZAÇÃO DO POVO

Insistimos para que o povo se organize nos comitês ou comissões de reivindicações, principalmente nos bairros, a fim de exigir dos poderes competentes as medidas necessárias à defesa de sua saúde. O povo deve não somente apoiar os comandos médicos e os Postos de Emergencia, mas também fiscalizar suas atividades, ligar-se estreitamente aos mesmos, para que êles não sejam transformados em simples instrumentos de demagogia eleitoreira.

CONVITE

AO POVO DA MARAMBAIA!

Convidamos os moradores dêsse populoso bairro a tomar parte em uma reunião pública, onde será instalado um Comité pro-Movimento Nacional Popular Trabalhista, terça-feira, dia 19 do corrente, às 20 horas, à Avenida Dalva, n.º 166, em frente ao Posto Policial.

A Comissão Organizadora.

Prestes Fala A' Nação

"Estamos Dispostos A Apoiar, Entre Os Candidatos Já Indicados, Aquele Em Tôrno Do Qual Fôr Possivel A Organização Mais Ampla Da Frente Democrática Em Defesa Da Constituição"

(Texto na 5. ...)

Luiz Carlos Prestes

N. 190 — Belém — Pará, 25 de Julho de 1955 — Ano V

"Miss Brasil" Não Será Eleita "Miss Universo"

TERIA AFIRMADO MR. COLMAN, CONSUL NORTE-AMERICANO NO PARÁ

"MISS BRASIL"

O reacionarismo do "mister" Colman é uma coisa séria, e s. s. tem um ódio todo especial à Paz. Qualquer pronunciamento em favor do entendimento entre os povos, em favor da solução pacífica de divergências internacionais, causa no velhote cônsul americano uma irritação intolerável, que o faz, quando menos, resmungar o dia todo naquela sua curiosa algaravia de gringo.

Se pudesse (ah! se pudesse), por certo explodiria uma bombinha atômica dentro da bôca de cada homem ou mulher que falasse em prol da paz, contra o crime estúpido de uma nova guerra.

Ainda há poucos dias "mister" Colman andou ruinzinho da silva. E' que Emília Correia Lima, a encantadora "miss" Brasil, vem demonstrando que é legítima representante não só da beleza física de nossas mulheres, mas, também, de seus generosos sentimentos de fraternidade e dos seus mais belos anseios por um mundo melhor, declarou-se decidida partidária da paz. Disse e repetiu, declarando ainda que ela, a magnífica Emilinha, sendo professora, é integrada no sentido de beleza de sua profissão, a aperfeiçoar as crianças para a vida e não para a carnificina de uma nova guerra.

"Mister" Colman soube dessa declaração, que qua... se todos os jornais do país (menos, deliberadamente, os mais velhacos) publicaram. E então, segundo nos confidenciaram, o ve...

(Cont. na 2ª pág. — C)

ABSOLVIDOS
Por Unanimidade Patriotas da FAB

Desfeita a inominável farsa de que foram vítimas — Completa ausência de provas que pudessem caracterizar qualquer indício de crime por incitamento à indisciplina

Constituiu uma grandiosa vitória democrática a absolvição, por unanimidade, dos oficiais e sargentos da FAB, cujo processo, originando-se de uma abominável farsa reacionária, tramitava há longos meses pela 1.ª Auditoria de Aeronáutica. Sobre estes patriotas havia recaído a caviolosa acusação de serem "elementos extremistas", pelo fato de haverem se manifestado contra a entrega do nosso petróleo à Standard Oil e à ida de soldados brasileiros para a guerra desencadeada pelos imperialistas norte-americanos na Coréia, assim como a favor da paz.

Esses patriotas pertenciam à guarnição da Base Aérea de Gravataí, no Rio Grande do Sul. Vários deles foram vítimas, durante o período em que estiveram encarcerados, de revoltantes violências, segundo ficou amplamente constatado através das palavras dos advogados da defesa.

O julgamento, que durou cerca de vinte e quatro horas, terminou com a decisão absolutória baseada na completa falta de provas acerca das quais se pudesse caracterizar qualquer indício de crime por incitamento à indisciplina.

Na defesa funcionaram treze advogados, destacando-se entre os quais o deputado Bruzzi Mendonça e os srs. Sinval Palmeira, Evandro Lins e Silva, Sobral Pinto, Vivaldo Ramos de Vasconcelos, Wilson Lopes e Evandro Cartaxo de Sá.

Foram absolvidos os seguintes, entre outros: majores Fortunato de Oliveira e Sebastião Dantas Loureiro, capitão Tito Lupi, tenente Antonio Bento Tourinho e sargentos José Tertuliano Borges, José Rodrigues da Silva, Adão Rodrigues da Silva, Mustafá Siver, Erny Moreira Conceição, Walsh Fmesch, Ilair Machado e Sebastião dos Santos Costa.

Assim, pois, se concretiza mais uma vitória dos democratas contra as forças destruidoras e déspotas do reacionarismo.

Assembléia Mundial Da Paz

Destacada atuação do desembargador Souza Moita — Convidado a visitar Moscou e a República Popular da China

Notícias que nos chegaram de Paris, por intermédio de uma carta do dr. Abel Chermon, ora naquela capital européia, informam das atividades do desembargador Souza Moita, delegado do nosso Estado à Assembléia Mundial da Paz, realizada na 2.ª quinzena de junho em Helsinque, capital da Finlândia.

O desembargador Souza Moita, que integrou a delegação brasileira ao referido conclave, teve destacada atuação nos trabalhos do mesmo, onde conquistou francos aplausos da parte das demais delegações ali reunidas.

Portador de uma mensagem de aplausos e solidariedade da Assembléia Legislativa do nosso Estado àquele encontro em prol da paz mundial, antes de dar conhecimento da mensagem aos participantes da Assembléia reunida em sessão plenária, o desembargador Souza Moita pronunciou um discurso em francês, de grande importância. As suas últimas palavras, transmitindo aos congressistas a mensagem do Legislativo Paraense, foram recebidas em meio de grandes aplausos.

Encerrados os trabalhos da Assembléia de Helsinque, que obteve enorme repercussão internacional, o desembargador Souza Moita seguiu para Moscou, a convite do Instituto de Relações Culturais da União Soviética, em visita a esse país, devendo estender sua viagem até à República Popular da China que também foi convidado a visitar.

As Viagens Para Mosqueiro E Soure

Mesmo sem cambio negro as passagens no "Presidente Vargas" representam um assalto à bolsa do povo

O navio "Presidente Vargas" foi comprado com o dinheiro do povo, para servir ao povo, dizíamos na reportagem anterior. No entanto, os SNAPP estão fazendo a mesma coisa que faria qualquer "tubarão", auferindo lucros fabulosos nas viagens para Mosqueiro e Soure, de tal maneira que nem parece tratar-se de uma empresa que é do governo.

Um dos objetivos da luta travada pela nacionalização da Port of Pará, companhia inglesa que explorava os serviços de navegação e por que hoje tem o nome de SNAPP, foi exatamente o de tornar o transporte de carga e passageiros na Amazônia o mais barato possível, já que em parte alguma do mundo uma empresa de utilidade pública, como é a...

(Cont. na 2ª pág. — D)

Enérgico Repúdio dos Estudantes Paraenses às Provocações Fascistas da "Frente da Juventude Democrática"

Em sua edição de 18, a «Folha Vespertina» divulgou um capcioso manifesto sob a responsabilidade da fascista «Frente da Juventude Democrática», em que torpes provocações são dirigidas contra a realização do XVIII Congresso Nacional dos Estudantes.

(Cont. na 2ª pág. — E)

Mr. Dunn Vem á Amazonia a Serviço dos Trustes Ianques

Visita que pretende abafar a denúncia de saque do manganês e urânio no Alto Mapuera

Chegará hoje a Belém, Mr. Dunn, embaixador americano no Brasil. A vinda apressada do agente ianque não é estranha, evidentemente, à invasão de Oriximiná, por estrangeiros procedentes da Guiana Inglesa.

O embaixador dos Estados Unidos viaja sem o preenchimento de qualquer formalidade protocolar ou certo período de preparação.

Com o representante americano, entretanto, a coisa é diferente. Ao contrário do que ocorreu com os outros, a vinda de Mr. Dunn foi precedida de nota do Itamarati, assinada pelo entreguista Raul Fernandes, recomendando recepção especial. E acresce que ele viaja intempestivamente, em avião especial, acompanhado de comitiva própria; daqui seguirá a Manáus e do cap... Amazonas regressa a Rio — num vôo faci...

(Cont. na 2ª pág. — F)

Leia Na Pagina Central Os 46 Pontos Do Programa Do P. C. B.

Sábado, 23 de Julho de 1955 — TRIBUNA DO PARÁ — Pag. 4

Os 46 Pontos do Programa do PCB
Programa De Salvação Nacional

O Partido Comunista do Brasil considera que o govêrno democrático de libertação nacional, surgido da luta revolucionária do nosso povo, deverá realizar e consagrar em lei as seguintes transformações democráticas e progressistas na vida econômica, política e social do Brasil:

POLÍTICA EXTERNA E DEFESA DA INDEPENDÊNCIA NACIONAL

1 — Anulação de todos os acôrdos e tratados lesivos aos interêsses nacionais, concluídos com os Estados Unidos.

2 — Confiscação de todos os capitais e emprêsas pertencentes aos monopólios norte-americanos que operem no Brasil e anulação da dívida externa do Brasil para com o govêrno dos Estados Unidos e os bancos norte-americanos.

3 — Expulsão de todas as missões militares, culturais, econômicas e técnicas norte-americanas.

4 — Relações amistosas e colaboração pacífica com todos os países, especialmente com os países capazes de cooperar com o Brasil sem qualquer discriminação, na base de plena igualdade de direitos e de mútuos benefícios.

5 — Apôio à luta de libertação nacional dos povos oprimidos. Incentivo à solidariedade entre o nosso povo e os povos irmãos da América Latina. Política de cooperação e amizade com as nações latino-americanas.

6 — Adoção de medidas de defesa da paz. Proibição da propaganda de guerra e punição para os propagandistas de guerra.

REGIME POLÍTICO DEMOCRÁTICO-POPULAR

7 — Soberania do povo — o único poder legítimo é o que vem do povo. Será abolido o Senado Federal. O Congresso Nacional, constituído pelos representantes eleitos pelo povo, exercerá o poder supremo do Estado. Todos os órgãos do novo regime, dos inferiores aos superiores, serão eleitos pelo povo. Aos eleitores caberá o direito de cassar a qualquer momento o mandato de seus representantes.

8 — O Presidente da República será eleito pelo povo e o seu mandato terá a duração de quatro anos. Governará por intermédio de um Conselho de Ministros, responsável perante o Congresso Nacional.

9 — Todos os cidadãos com 18 anos completos, independentemente de sexo, bens, nacionalidade, residência e instrução, terão direito a eleger e ser eleitos. Gozarão dêstes mesmos direitos os analfabetos, bem como os militares, inclusive os cabos, os soldados e os marinheiros. Será assegurada a representação proporcional dos partidos políticos em todas as eleições.

10 — Os Estados, Municípios, Territórios Federais e o Distrito Federal terão autonomia política e administrativa, com a eleição pelo povo, de todos os órgãos do Poder.

11 — Inviolabilidade da pessoa humana e do domicílio. Ampla liberdade de pensamento, de palavra, de reunião, de associação, de greve, de imprensa, de cátedra, de crença e culto religioso, liberdade de movimento e profissão.

12 — Abolição de todas as discriminações de raça, côr, religião, nacionalidade, etc., e punição aos transgressores. É livre educação em língua materna aos filhos de imigrantes estrangeiros.

13 — Separação do Estado de todas as instituições religiosas. O Estado será leigo.

14 — Democratização das fôrças armadas e criação do exército, da marinha e da aviação nacional-populares, estreitamente ligados ao povo, que defendam a paz, a independência nacional e as conquistas democráticas. Os soldados, marinheiros, cabos, sargentos e oficiais gozarão de plenos direitos civis, de liberdade de atuação política e terão asseguradas condições de vida normais e humanas. Livre acesso das praças-de-pré ao oficialato.

15 — Completa supressão das organizações policiais de repressão. As polícias militares serão democratizadas e incorporadas às fôrças armadas nacional-populares. Substituição das demais organizações policiais pela milícia popular.

16 — Justiça rápida e gratuita, com juízes e tribunais eleitos pelo povo.

17 — Ampla reforma do sistema tributário, com a sua simplificação e a supressão dos impostos e taxas injustas, apoiada sobretudo no impôsto fortemente progressivo sôbre a renda. Contrôle democrático dos preços, medidas práticas contra a inflação e reforma monetária, que assegurem a estabilidade da moeda nacional.

18 — Abolição de tôdas as desigualdades econômicas, sociais e jurídicas que ainda pesam sôbre as mulheres. As mulheres terão direitos iguais aos dos homens em caso de herança, casamento, divórcio, profissão, cargos públicos, etc. Proteção especial e gratuita à maternidade e à infância.

19 — Estímulo às atividades científicas, literárias, artísticas e técnicas de caráter pacífico, com pleno apôio e ajuda do Estado.

20 — Proteção e estímulo aos esportes e à educação física do povo. Construção, pelo Estado, de campos de esporte, ginásios, pistas, estádios populares, etc.

21 — Ajuda à construção de casas para o povo, de maneira a assegurar, dentro do menor prazo, residência digna e barata para a população trabalhadora.

22 — Organização de uma ampla rêde de hospitais e dispensários, com os recursos médicos adequados, a fim de atender à população de todo o país. Combate sistemático às endemias e a tôdas as moléstias de incidência generalizada.

23 — Instrução primária obrigatória e gratuita, assegurada pela construção de uma rêde de escolas em todo o país, a fim de liquidar o analfabetismo. O Estado assegurará aos estudantes livros didáticos e materiais escolares a baixo preço. Redução gradativa de tôdas as taxas escolares. Garantia de emprêgo para os jovens diplomados nos cursos secundários, técnicos e superiores.

24 — Ajuda e proteção especial às populações aborígenes e defesa de suas terras. Os indígenas terão direito à organização livre e autônoma.

25 — Ajuda rápida e eficiente às populações vitimadas pela sêca, inundações e outros flagelos, principalmente por meio de concessões de terras produtivas, de máquinas e ferramentas de trabalho, de crédito sem juros e a longo prazo. Assegurar às populações obrigadas a emigrar de seus lugares natais condições que lhes permitam reconstruir seus lares.

DESENVOLVIMENTO INDEPENDENTE DA ECONOMIA NACIONAL

26 — Liberdade de iniciativa para os industriais e para o comércio interno, com a garantia dos interêsses da economia nacional e do bem-estar do povo. Não serão confiscados os capitais e emprêsas da burguesia brasileira. Serão confiscados os capitais e emprêsas dos grandes capitalistas que tiverem os interêsses nacionais e se aliarem os imperialistas norte-americanos.

27 — Defesa da indústria nacional. Proibição da importação de produtos que prejudiquem as indústrias existentes ou dificultem a criação de novas. Amplas facilidades para a aquisição de equipamentos e matérias-primas necessários ao desenvolvimento da economia nacional. Livre desenvolvimento da indústria de paz.

28 — Desenvolvimento independente da economia nacional e preparo das condições para a industrialização intensiva do país com a utilização dos capitais e das emprêsas confiscados aos imperialistas norte-americanos. Para o mesmo fim, atrair a colaboração de capitais privados, aos quais serão garantidos lucros e a defesa de seus interêsses, segundo lei especial.

29 — Regulamentação do comércio externo para a defesa da produção nacional.

30 — Ajuda aos artesãos e a todos os produtores pequenos e médios por meio de concessão de créditos, facilidades para a aquisição de matérias-primas ou para o fornecimento de máquinas e instrumentos de trabalho.

31 — Atrair a colaboração de governos e de capitalistas estrangeiros cujos capitais possam ser úteis ao desenvolvimento independente da economia nacional, sirvam à industrialização e se submetam às leis brasileiras.

MELHORIA RADICAL DA SITUAÇÃO DOS OPERÁRIOS

32 — Fixação de salário-mínimo vital que assegure condições de vida normais e humanas, para os operários e suas famílias em todo o país. Salário igual para igual trabalho, sem distinção de sexo, idade ou nacionalidade.

33 — Aplicação efetiva da jornada de trabalho de oito horas e da semana de quarenta e quatro horas para todos os trabalhadores. Jornada de seis horas para os que trabalham no sub-solo ou em profissões insalubres e para os menores.

34 — Democratização da legislação social, sua ampliação e extensão aos trabalhadores das emprêsas estatais e assalariados agrícolas. Os sindicatos fiscalizarão a justa aplicação da legislação social.

35 — Livre organização e funcionamento das entidades sindicais. Os sindicatos terão o direito de realizar livremente contratos coletivos de trabalho com as emprêsas privadas e estatais e de fiscalizar sua execução.

36 — Assistência e previdência social por tôdas as formas, por conta do Estado e dos capitalistas, beneficiando inclusive os desempregados. Aposentadoria e pensão, bem como auxílio aos acidentados no trabalho, de acôrdo com as necessidades vitais dos trabalhadores e suas famílias. Administração e controle, pelos sindicatos, dos Institutos e Caixas de Aposentadorias e Pensões.

37 — Abolição das formas de trabalho forçado, das leis de militarização do trabalho e de todos os dispositivos legais que determinem multas, inclusive por motivo de falta de trabalho.

REFORMA AGRÁRIA E AJUDA AOS CAMPONESES

38 — Confiscação de todas as terras dos latifundiários e entrega dessas terras, gratuitamente, aos camponeses sem terra ou possuidores de pouca terra e a todos que nelas queiram trabalhar, para que as repartam entre si. A divisão das terras será reconhecida por lei, e a cada camponês será entregue o título legal de sua propriedade. A lei reconhecerá as posses e ocupações de terras dos latifundiários realizadas pelos camponeses, que receberão os títulos legais correspondentes.

39 — Abolição das formas semifeudais de exploração dos camponeses — meação, têrça e todas as formas de prestação de serviços gratuitos — abolição do vale, barracão, e obrigação de pagamento em dinheiro a todos os trabalhadores agrícolas.

40 — Garantia de salário suficiente aos assalariados agrícolas, não inferior ao dos operários industriais não especializados, como também garantia de terra aos que a desejarem.

41 — Garantia legal à propriedade dos camponeses ricos. A terra cultivada por êles ou por assalariados agrícolas assim como seus outros bens serão protegidos contra qualquer violação.

42 — Anulação de tôdas as dívidas dos camponeses para com os latifundiários, os usurários, o Estado e as companhias imperialistas norte-americanas.

43 — Concessão de crédito barato e a longo prazo aos camponeses para a compra de ferramentas e máquinas agrícolas, sementes, adubos, inseticidas, construção de casas, etc. Ajuda técnica aos camponeses. Amplo estímulo e ajuda ao cooperativismo.

44 — Construção de sistemas de irrigação, particularmente nas regiões do Nordeste assoladas pelas sêcas, de acôrdo com as necessidades dos camponeses e do desenvolvimento da agricultura.

45 — Garantia de preços mínimos para os produtos agrícolas e pecuários necessários ao abastecimento da população, de modo que permitam aos camponeses desenvolver suas atividades econômicas e aumentar a produção.

(Cont. na 2ª pág. — F)

PÁGINAS DE RESISTÊNCIA

Pretendem Os Fascistas a 5 de Agosto

Desferir Um Golpe Mortal á Constituição

Texto na 2 Pag.

Manobra da Byngton Para Açambarcar

Os Serviços De Esgotos

Tribuna do PARÁ

N. 191 — Belém—Pará, 30 de Julho de 1955 — Ano V

Assinado reservadamente com o SESP um contrato desconhecido—O Govêrno do Estado deve entregar os referidos serviços aos seus engenheiros do Departamento de Obras — Quais as providências do DME da Prefeitura?

A fabulosa Byngton, empresa norte-americana que há vários anos vem operando na construção do sistema de abastecimento d'água em Belém, onde obtem lucros fabulosos sem maiores benefícios à cidade, tenta agora uma nova manobra. Há dias foi noticiado pelo jornal «A Província do Pará» e novas informações nos chegam á redação para confirmar que um acordo, cujo teor é mantido em segredo no SESP, foi assinado entre essa entidade e a

orgãos como o Departamento de Obras Públicas, onde técnicos paraenses, engenheiros formados em nossa Escola de Engenharia ou diplomados no Rio ou S. Paulo, estão em condições de promover todos os estudos e programas indispensáveis à construção da rêde de esgotos e até realizarem a construção dessa obra.

Quais as providências da Prefeitura?

É de estranhar que sobre o assunto nada tenha esclarecido a Prefeitura, a quem compete decidir sobre as obras de drenagem e esgotos em Belém. Não veio a público nenhuma nota do seu Departamento de Engenharia a respeito do acordo entre a Byngton e o SESP. Mas, ao que parece, tudo corre por trás dos bastidores, inclusive na Superintendência da Valorização, onde, conforme informações recebidas, a Byngton tenta obter alguns milhões de cruzeiros para financiar a empresada.

Urge barrar a manobra da Byngton

É inadmissível que a companhia americana Byngton continue a sombra a manobrar para açambarcar mais um serviço público de serviço de esgotos em Belém. O Governador do Estado e o sr Prefeito Municipal

(Cont. na 2ª pág. — D)

companhia americana, para o estudo, planejamento e assentamento da rêde de esgotos em Belém. Trata-se, como se vê, de uma manobra, que para açambarcar mais um serviço público de grande interesse á população.

O Govêrno deve utilizar o Departamento de Obras

Não é possível admitir-se mais essa escandalosa concessão à Byngton. O Govêrno do Estado possui

Liquidação da Marinha Mercante Nacional Em Benefício Das Empresas Estrangeiras

A imprensa da capital noticiou que a Federação do Comércio do Pará está pleiteando junto ao govêrno federal permissão para que navios estrangeiros façam o serviço de cabotagem. Por incrível que pareça, os dirigentes do nosso comércio ignoram, ou simulam, que ha um plano de liquidação e entrega das nossas empresas da navegação a um dos trustes mais trustes no genero, que é a "MORMACK". Se nos detivermos, ainda, que rapidamente em procurar as razões das grandes dificuldades por que passa o nosso comércio, concluiríamos que está em desenvolvimento um processo de entrega ao imperialismo norte-americano não só dos nossos transportes, como de

todo o Brasil. O comércio paraense deve compreender que o frete mais barato e a rapidez de entrega de mercadoria por navios estrangeiros serão feitos até o dia em que deixar de existir nossa marinha mercante; daí por diante as

(Continua na 2 pag. A)

taxas subirão, e só será transportada a mercadoria que interessar àqueles que se querem arvorar em nossos amos e senhores. Isto ocasionará menos trabalho para nossos portuários

Milhões de Cruzeiros da SPVEA Para os Técnicos Americanos

A pretexto de orientar o Plano a Superintendencia contrata técnicos a serviço dos trustes — É uma vergonha o procedimento da SPVEA—Pretendem pôr de lado o engenheiro nacional

Não é possível admitir-se, mas está realmente acontecendo. Depois do primeiro ano de execução do Plano de Valorização, a atual administração da SPVEA, a título de «ajudar» e «orientar» a Amazônia, contrata por 73 mil dólares, (mais de 10 milhões de cruzeiros), 16 técnicos norte-americanos, um para madeiras, outro para pesquisas florestais, um em silvicultura, um pedólogo, além de geólogos, etc., os quais virão aqui para pesquisar nossas riquezas e «orientar» aos trustes a quem serve.

(Cont. na 2ª pág. — E)

É uma vergonha o procedimento da SPVEA
Não deixa de ser vergonhoso o procedimento da SPVEA. A sua retirovolta atual, pela entrega da orientação do Plano a técnicos americanos, contratados aos «olhos da cara», é uma traição aos interesses da Amazônia. Vastos setores da região esperam que as verbas da Valorização, quando não solucionem todos os problemas, sirvam ao menos para ajudar ao desenvolvimento industrial da planície, se-

(Cont. na 2ª pág. — C)

No XVIII Congresso Dos Estudantes

O desfecho eleitoral não correspondeu

Ao Espírito Democrático Das Resoluções Adotadas

Vigorosa manifestação contra o golpe—Recomendação do estudo, em todas as escolas superiores do país, do Plano para a Solução do Problema do Petróleo em 5 anos—Apóio ao Congresso de Salvação do Nordeste—Aprovação da tese defendendo a Reforma Agrária—Repúdio à organização policial-fascista, a F.J.D., e a intervenção ministerialista no conclave — Será empreendida uma campanha pró-Universidade do Pará — Fortalecer a unidade estudantil para que as resoluções sejam levadas à prática

O XVIII Congresso Nacional dos Estudantes constituiu magnífica e vibrante manifestação anti-golpista. A propósito, foi lançada, em manifesto, a Campanha Constitucio-

especial significação em face da influência que a UNE exerce na vida pública brasileira, como entidade representativa de todos os universitários (60 mil). Do Congresso, realizado sob a presidência de honra do governador Zacarias de Assunção, participaram aproximadamente 300 delegados, representando quase todos os Estados.

Principais resoluções

Os trabalhos concluíram por importantes decisões sôbre problemas estudantis. O Congresso decidiu, notadamente, empreender uma campanha pró-Universidade do Pará e recomendar, inclusive, a deflagração de uma greve nacional, caso o Restaurante Central dos Estudantes, do Rio, seja transferido à administração particular.

Além das reivindicações econômicas dos estudantes, e de problemas do ensino, o Congresso discutiu questões ligadas a atividades culturais e políticas. Dentre estas, destacam-se a recomendação do estudo, em tôdas as escolas superiores do país, do «Plano Prático para a Solução do Problema do Petróleo em Cinco Anos», o apóio ao Congresso de Salvação do Nordeste, mediante o envio de delegação da UNE à apresentação da tese sôbre a educação naquela região; e a

nalista—movimento contra as «soluções» extralegais, por eleições livres e pela posse dos candidatos eleitos.

A importância dessa decisão tem

aprovação da tese defendendo a reforma agrária.

O Congresso recomendou, ainda, a participação da UNE em atividades estudantis internacionais.

O Ministério intervém

Causou excepcional repercussão a grave denúncia do presidente da UEE paulista, segundo a qual

(Cont. na 2ª pág. — E)

Em Defesa Do Povo

O M.N.P.T. Da Marambaia

Exposição das necessidades do bairro entregue ao vereador Luiz Mota—Pedem a solução imediata do problema do transporte e da carne verde

Através de seu Presidente, o Tenente Francisco Gomes, o Comité do Movimento Nacional Popular Trabalhista (M.N.P.T.) do bairro da Marambaia, fez a entrega ao vereador Luiz Mota, de uma exposição das necessidades de que se ressente aquele bairro.

Dentre outras reivindicações, ressaltam as questões de transporte e do a-

bastecimento de carne á população da Marambaia. No primeiro caso, o Comite faz sentir que o número de ônibus para o bairro da Marambaia é insuficiente, e sugere mesmo que o Conselho Estadual, de Transito tome medidas concretas e imediatas, a fim de que os ônibus que trafegam até a Casa Natal, tomem a bandeira.

(Cont. na 2ª pág. — H)

Extorsão Na Usina "Gloria"

Obrigadas as operárias a contribuir semanalmente com importancias que variam entre 5 até 20 cruzeiros para o encarregado da distribuição de castanha a ser beneficiada

A nossa reportagem, inteirada de que, na Usina «Gloria», se está verificando uma das formas de exploração mais torpe contra as operárias que ali trabalham, procurou entrar em contacto com as mesmas a fim de colher melhores informações a respeito.

Não nos foi difícil constatar a veracidade do que vem realmente

acontecendo naquela Usina. De início nos adiantaram que todas as operárias são obrigadas a contribuir, aos sábados, com importancias que vão entre 5 até 20 cruzeiros, cada uma, para o encarregado da distribuição da castanha que as operárias beneficiam durante o dia.

Essa criminosa pratica de pura extorsão vem sendo executada há

muito tempo e até agora nenhuma medida foi tomada pelos proprietários da Usina «Gloria» no sentido de evitar tamanha e odienta exploração de que são vitimas as operárias daquele estabelecimento.

Algumas operárias menos timidas já chegaram a reclamar contra essa exploração, mas logo o tal encarregado protesta tentando desmentir o que elas afirmam.

Quando, porém, uma operária deixa de contribuir com a importancia estipulada, passa a ser fortemente «marcada» pelo referido encarregado, que lhe move constante

(Cont. na 2ª pág. — F)

Organizado O Primeiro Comite De Empresa do MNPT

Os operarios da Fabrica de Moveis Morvacio, reunidos, deliberaram organizar um Comité do Movimento Nacional Popular Trabalhista, afim de lutarem pelas suas mais sentidas reivindicações.

Depois de lido o Programa Nacional aos presentes, que apoiaram por unanimidade, foi decidida a imediata escolha da direção do Comité, que está assim constituída: Presidente — Paulo Santos, Secretario — Orlando Pessoa, Tesoureiro Nelio Nazaré.

Desenfreada Exploração Na USINA "BRASIL"

Roubadas as operárias na pesagem da castanha beneficiada — Despedidas sumariamente quando reclamam contra esse fato—Dinheiro emprestado ás mesmas à razão de 50%

A nossa reportagem, em contacto com operárias da Usina Brasil, apurou que essas humildes trabalhadoras, além de perceberem um salário de fome, começam a trabalhar das 5 da manhã às 18 horas sem ao menos dispondo de tempo sequer para fazerem suas compras domesticas.

Outras ocorrencias de grave ex-

ploração são verificadas ali, como a entregarem, para pesagem, seja o roubo que sofrem as operárias na castanha beneficiada durante o

dia. E' que a quantidade produzida sofre uma redução alarmante ao ser pesada pelo capataz da Usina, que assim rouba e explora criminosamente as operárias, que são despedidas sumariamente quando insistem nas suas justas reivindicações.

(Cont. na 2ª pág. — I)

71

Vibrantes Manifestações Populares
Contra O Golpe Baixo Do "IMPEACHMENT"

Tribuna do PARÁ

N. 195 — Belém—Pará, 13 de Agosto de 1955 — Ano V

Dois grandes comícios de solidariedade ao Governador Assunção, em defesa da Constituição e por eleições livres a 3 de Outubro e posse dos eleitos — Alegando falta de garantias, a bancada do PSD não compareceu à Assembléia Legislativa para discutir a representação do senador Barata — Os dirigentes pessedistas temem o povo e se afundam em chamorosos erros políticos e em chantagens e provocações grosseiras.

O povo desta capital, nos dias 7 e 8 do corrente, ganhou as ruas para manifestar seu repúdio à medida do "impeachment", requerida pelo sen. Magalhães Barata, contra o governador Zacarias de Assunção. Foi assim que a grande massa popular, atendendo à conclamação dos partidos coligados e do Movimento Nacional Popular Trabalhista, compareceu aos comícios realizados nos dias acima referidos, o primeiro na Praça da [...]

A greve dos portuários de Manaus
Um Exemplo De Unidade, Firmeza E Solidariedade
DERROTADA A PROVOCAÇÃO DO DELEGADO DO MINISTÉRIO DO TRABALHO — PROSSEGUIRÁ A LUTA PELO PAGAMENTO DA TAXA DE INSALUBRIDADE

MANAUS, (Do Correspondente) — Diversos fatores contribuíram para assegurar a vitória dos portuários na greve que acabam de levar a efeito contra a excessiva demora do Ministro do Trabalho em homologar o acordo de aumento de salários firmados entre aqueles trabalhadores e a Manáos Harbour.

Em primeiro lugar, temos a assinalar a unidade que, desde o início, caracterizou o movimento. A massa em greve aceitou disciplinarmente o comando da diretoria do Sindicato, cujas palavras de ordem foram obedecidas em toda a linha. A adesão dos estivadores, que também deixaram de trabalhar, afim de conseguirem, por esta forma, o que não alcançaram com solicitações e mediações.

Outro fator de vitória foi a solidariedade prestada por diversos sindicatos, entre os quais o dos gráficos, maquinistas e alimentação que, em proclamação, afirmaram que entrariam também em greve se porventura a polícia cometesse violência a qualquer dos grevistas.

Sem dúvida a posição do governador Plínio Coelho, que se manifestou solidário com a greve, foi outra valiosa contribuição à vitória. S.S., em telegrama enviado ao Presidente Café Filho, chegou a afirmar: "O pleito é justíssimo. Os portuários tem razão".

A imprensa local, refletindo os acontecimentos, colocou-se ao lado dos grevistas.

O jornal "A Gazeta" fez o seguinte comentário: "Se os patrões reacionários não compreendem que os trabalhadores não podem mais viver com os salários atuais, o recurso que a lei faculta a êstes é a paralização das atividades, é a greve, afim de conseguirem, por esta forma, o que não alcançaram com solicitações e mediações".

REPULSIVA A ATITUDE DO DELEGADO DO MINISTERIO DO TRABALHO

Quando toda a população, e a própria massa trabalhadora e o próprio Governador expendiam opiniões favoráveis à decisão dos portuários e estivadores, o sr. Edmundo Levy, rancoroso

Continua na 2 pag. B

Dirigindo-se à bancada do PSD
LÍDERES SINDICAIS PARAENSES CONDENAM O "IMPEACHMENT"

Uma comissão de líderes sindicais esteve segunda-feira na Assembléia Legislativa do Estado para entregar à bancada do PSD um Memorial pedindo a retirada da representação contra o governador Zacarias de Assunção. Por sua importância e o valor de seu conteúdo, publicamos na íntegra o referido documento, que vem alcançando enorme repercussão em todos os setores. O Memorial tem o seguinte teor:

"Nós os líderes sindicais abaixo-assinados, vimos com o presente solicitar à ilustre bancada do Partido Social Democrático a imediata retirada do requerimento impetrado contra o governo constitucional do general Zacarias de Assunção.

Torna-se necessário esclarecer que a presente solicitação é uma decorrência da luta que vem mantendo os trabalhadores, em todo o território brasileiro, em defesa da ordem constitucional.

Os trabalhadores já conhecem por experiência que as ditaduras, sejam civis ou militares, assestam os primeiros golpes contra o proletariado e seus órgãos de classe.

Sem concordarmos com a violência, fazemos questão de ressaltar que seremos firmes e intransigentes defensores da Constituição, ora ameaçada, tanto no plano nacional como no estadual, com a manobra do "impeachment", que outra coisa não visa senão a destituição do sr. Zacarias de Assunção do Govêrno do Estado.

A intranquilidade e a insegurança que reinavam no resto do Brasil, hoje se estabelecem neste Estado, decisão de não caber um milímetro na defesa da Constituição e das liberdades democráticas. O M.N.P.T. firmou-se como uma organização verdadeiramente popular, realmente

Cont. na 2.ª pág.—D

Desfazendo Calúnias Dos Baratistas

Recebemos para publicar a seguinte nota: —

MOVIMENTO NACIONAL POPULAR TRABALHISTA
Secção Paraense

O Movimento Nacional Popular Trabalhista, tomando conhecimento dos termos do telegrama enviado ao Presidente da República e ao Ministro da Justiça, pela bancada do Partido Social Democrático à Assembléia Legislativa Estadual, vem a público protestar contra os mesmos.

Somos pela ordem. Prova evidente disso é que o comício por nós levado a efeito juntamente com a Coligação Democrática Paraense, frente à Câmara Estadual, tinha por [...] mente o cerceamento das liberdades populares.

A mentira propalada pelo telegrama acima referido, não passa de mais uma farsa que visa, tão so-

Cont. na .2ª pag.—E

Apoteótico O Encerramento Da Convenção Do MNPT

Lotado até o limite máximo o Cine São José — Oradores de todos os pontos do Brasil proclamaram a decisão de todo o povo brasileiro: levar a bandeira do M.N.P.T. a tôdas as partes, conquistar a vitória de seus candidatos

SÃO PAULO, (I.P.) — A apoteose de encerramento solene da Convenção Nacional do M.N.T.P. superou tôdas as expectativas. O Cine São José, repleto até o limite máximo, transbordando para a rua, transfigurou-se como cenário do mais impressionante ato de unidade política já realizado em nossa pátria. Muito antes da hora marcada, começou a afluir a multidão entusiástica.

Não era a atração da curiosidade, pois na sessão plenária da manhã, no Pacaembú, já tinham sido aprovadas por unanimidade as candidaturas dos srs. Juscelino Kubitschek e João Goulart. O povo compareceu em massa para ratificar uma decisão que correspondera à sua vontade, para solenemente proclamar seu desejo ardente de união, para reafirmar categòricamente sua de massas, expressão organizada dos profundos anseios do povo.

A última sessão plenária

Esta Convenção tem precedentes, que se deslocou do Hipódromo da Mooca para o Ginásio do Pacaembú, teve que realizar sua última sessão plenária já no Cine São José, pouco antes da sessão solene de encerramento. Nessa ocasião, trabalhando face a face com a massa popular,

Conclui na 2 pag. C

Perseguição Na Usina De Força E Luz De Belém
INIMIGO DOS TRABALHADORES O ENCARREGADO DAQUELE SERVIÇO PUBLICO — OBRIGADOS SEIS TRABALHADORES A EXECUTAR TAREFA DE OITO HOMENS

Noticias nos chegam a que nos foi comunicado, por diversos trabalhadores daquela Usina, cabe às autoridades competentes municipais tomarem prontas e enérgicas providências no sentido de fazer cessar as perseguições que êsse tal Covis Oliveira Bastos vem promovendo.

Caracterizando essas perseguições, são postos seis trabalhadores a executar tarefa que só oito homens poderiam dar conta dentro do horário normal.

Diante do que acabamos de denunciar, firmados no [...] se tartufo das botas largas se recolha à sua mera condição de encarregado geral daquele serviço, e deixe em paz os explorados trabalhadores sob a sua déspotica orientação.

JUSCELINO e JANGO
Candidatos Do M.N.P.T.

Uma decisão contra o golpe e que consulta aos interêsses dos trabalhadores e do povo—Deixar a questão aberta seria estimular a abstenção e assim favorecer ao golpismo—Mantendo sua plena independência, o M. N. P. T. não dá apoio a nenhum partido político e lutará pelo seu programa em quaisquer circunstâncias—Proclamação aos trabalhadores e ao povo

SÃO PAULO, 7 (I. P.)—Sob a forma de proclamação aos trabalhadores e ao povo, a Convenção Nacional do MNPT aprovou por unanimidade e com entusiásticos vivas a proposta da Comissão Executiva, indicando as candidaturas dos srs. João Kubitschek de Oliveira e João Goulart á Presidência e Vice-Presidência da República, no pleito de três de outubro.

Fez-se um grande silêncio no Ginásio do Pacaembu, as delegações dos Estados atentas nas suas bancadas, quando o jovem dirigente operário, Hermínio Donado, ocupou o microfone para fazer a leitura da proclamação. A indicação foi feita depois de longa reunião da Comissão Executiva com a participação dos presidentes das delegações de 16 Estados. Nenhuma voz discordante se fez ouvir nessa reunião. Em suas considerações, o documento resume os argumentos das diversas delegações, que conduziram à unanimidade no apoio aos nomes dos srs. Juscelino Kubitsch k e João Goulart. E' o seguinte o texto integral do documento, mente aclamado na sessão solene de encerramento:

Aos trabalhadores e ao povo

A Comissão Executiva do Movimento Nacional Popular Trabalhista e os presidentes das Delegações dos Estados representados na Convenção Nacional do MNPT e falando em nome das respectivas bases, concluíram por unanimidade, que o MNPT tomasse posição frente às candidaturas atuais e se opusesse pelos meios que possa expor,

Cont. na 3.ª pág.—A

Lutarão Os Sindicatos Contra O Aumento De Preço Nas Refeições Do S.A.P.S.

Fala á TRIBUNA o Presidente do Sindicato dos Alfaiates

A situação do SAPS, nesta capital, cada dia mais se agrava. Conforme divulgamos em nossa edição passada, serias irregularidades estão se verificando naquela autarquia.

Os alimentos cada vez mais reduzidos e ordinarios, são servidos em bandejas pegajosas e de mau cheiro.

Poucas vezes se serve ali carne comum, pois quase diariamente aparece carne em conserva e da pior especie. Antes mesmo das 12 horas do dia, já começa faltar arroz, pão, carne, etc.

Enquanto isso acontece, esse mesmo SAPS deficiente e em de-

7.—1—Considerando que os trabalhadores e as forças populares não conseguiram lançar um candidato independente e que na situação atual, diante do perigo de golpe, deixar a questão aberta seria favorecer à corrente golpista.
2—Considerando que os tra-

Cont. na 3.ª pág.—A

gringolada, anuncia, em aviso afixado no seu Caixa, que as refeições de Cr$ 8,00 passarão a Cr$ 12,00, de terça-feira em di-

Vão protestar os Sindicatos

A nossa reportagem a fim de inteirar-se do ponto de vista dos operários a respeito desse aumento exorbitante das refeições fornecidas pelo SAPS, ouviu o sr. Miguel Arcanjo da Silva, presidente do Sindicato dos Alfaiates, que inicialmente nos disse:

—A falta de higiene, a redução cada vez maior dos alimentos de

(Cont. na 3ª pág.—B)

PARÁ

N.º 193 Belém-Pará, 13 de Agosto de 1955

Ambiente De Terror Nos Trabalhos Da Refinaria De Manaus

Proibida a merenda e interditado o refeitório—Bebedouro sujo e privadas infectas—Assistência Médica é apenas um rótulo—Unidade dos serralheiros, a mais perseguida—Os trabalhadores caminham para a organização de seu sindicato

MANAUS, (Do Correspondente).—Estive conversando com diversos trabalhadores da Cia. de Petróleo da Amazônia, que operam na Refinaria de Manaus, instalada no Paredão, à margem do Rio Negro, e todos êles foram unânimes em dizer que estão submetidos a um regime de trabalho escravo, sofrendo perseguições de toda sorte e privados dos direitos mais elementares.

Sendo obrigados a assinar um contrato, que é uma negação completa das garantias oferecidas pela Consolidação das Leis do Trabalho, pois, entre outras coisas, são lesados diariamente em duas horas de trabalho, vivem oprimidos por uma feroz vigilância exercida por engenheiros, mestres de obra, contra-mestre e capatazes.

Proibida a merenda e interditado o refeitório

Antigamente era permitido aos trabalhadores de fazerem merenda em determinada hora do expediente. Hoje esse direito foi suprimido e aqueles que se vêm na contingência de mastigar algum naco de pão têm de fugir da execução de tão absurda medida o

gerente da Refinaria, um tal de doutor Mugalhães, designou o policial Lima, para se postar

(Cont. na 3ª pág.—C)

DESPORTOS

COM ORGANIZAÇÃO TEREMOS UM ESPORTE MELHOR

Recife cresceu muito no esporte, nestes últimos anos. Não estamos com dôr de cotovelo, que afinal Recife e Brasil é nossa alegria é saber que a pátria está ficando mais forte, está progredindo, está indo a frente. Entretanto, isso não impede as nossas apreciações, procurando estabelecer um plano comparativo entre Belém e Recife de anos atrás e de agora.

—Um sardosista diria cheio de razões: —"No nosso tempo, com o Evandro Almeida de lenço na cabeça, com o Quarenta com dôr no dente ou com o Peiro com catapora, nós eramos campeões e só tirávamos o chapéu para cariocas e paulistas!" Na verdade, não podemos hoje em dia falar assim, tão orgulhosamente, porque a verdade é bem amarga. Enquanto os demais melhoraram, nós pioramos sensivelmente. Antigamente, nos campeonatos brasileiros, davamos autênticos "passeios" em maranhenses e amazonenses, nem olhavamos para cearenses, passavamos em pernambucanos, e afinal tinhamos os cariocas ou paulistas pela frente, os únicos que nos davam duro e ganhavam fácil. Nos dias que correm, já perdemos dentro de nossos dominios, porque aí fora o fracasso é maior. E como no futebol, outro ramos desportivos, nem se falando mais em competir no remo, no basketball, no voleibol, em tenis, é coisa nenhuma.

Um estudioso dos esportes poderia prestar um bom serviço se quisesse analisar bem o que ocorreu e solucionar o problema: — melhoraram os outros, ou pioramos nós? Pernambuco e Bahia estão suportando um nível financeiro que já rivaliza com Rio e S. Paulo. Os ordenados e luvas são elevados, daí atrair craques do sul, técnicos de renome, de maneira a conseguir, como consequência, rendas magníficas, que talvez possam fazer frente ao standard de despesas dos clubes. Em Belém, no entanto, para as rendas subirem a 200 ou 300 mil cruzeiros, é necessário um grande jogo, com bastante

(Cont. na 3ª pág.—E)

JUSCELINO

Subúrbios em revista
RELEGADOS AO ABANDONO OS MORADORES DA CREMAÇÃO

Mercado caindo aos pedaços—Iminente a falta de transporte—Lamaçal, estradas intransitaveis e um forno crematório que precisa de reparos — Não funciona o Posto Médico
Reportagem de JOÃO SILVA

Cremação é um dos bairros mais populosos de Belém. Sua gente sofre falta de assistencia de toda sorte da parte dos poderes públicos.

Vários problemas se apresentam ali a exigir imediata solução, mas que até hoje permanecem ainda sem merecer a devida atenção do Prefeito Municipal.

Iminente a falta de transporte

O serviço de ônibus para aquele bairro é o pior possivel, tal a sua enorme deficiencia. Apenas 6 calhambeques trafegam naquela direção, e que, quase sempre, 3 e 4 deles, volta e meia, estão metidos na garage para concertos.

Estradas intransitaveis

As estradas e ruas de Cremação se apresentam inteiramente esburacadas. As pontes por onde trafegam os onibus estão em péssimas condições, encontrando-se todas arrebentadas, o que tem motivado os veiculos se atolarem nas valas, de onde a muito custo conseguem sair.

Isto, por varias vezes, tem impedido o trafego durante dias seguidos, prejudicando seriamente os moradores daquele bairro.

Estragada a encanação dagua

A tubulação dagua, apesar de instalada há menos de um ano pela famigerada Byngton,

(Cont. na 3ª pág.—F)

JANGO

NO MARCO
A Associação Das Mães Realizará A Festa Inaugural De Sua Bandeira

Realizar-se-á, hoje, às 21 horas, à travessa da Estrela, 1.376, bairro do Marco, a inauguração da Bandeira da Associação das Mães em prol da Juventude.

Por essa ocasião, várias oradoras falarão, sobre temas referentes às finalidades da Associação, indicando as formas de luta para defenderem os direitos das mães e da juventude, mundo inteiro e no Brasil.

FESTA DANÇANTE

Finalizando a solenidade, haverá animada festa dançante que se prolongará durante muitas horas.

Afim de nos convidar para assistirmos às solenidades daquele ato, esteve em nossa redação a sra. Alba Silva Emereciana, Presidente da Associação das Mães em Prol da Juventude, naquele bairro.

Observações Sôbre a Campanha
Contra A Epidemia

DIMINUI A MORTALIDADE MAS AINDA E' GRANDE O NUMERO DE DOENTES — IRREGULARIDADE NO FUNCIONAMENTO DOS POSTOS — A TRAGEDIA DOS LACTARIOS E CANTINAS MATERNAIS — AO POVO NÃO SE DEVE SOMENTE ORIENTAR MAS TAMBEM PRESTAR CONTAS

As informações obtidas nos cartorios mostram que continua decrescendo a mortalidade infantil por doenças gastro-intestinais. Por outro lado, em rápidas visitas feitas aos Postos da Saúde, da LBA, da Assistência á Infância, da Prefeitura e tros, verificamos que ainda é grande o número de pessoas em busca de tratamento. Daí se conclue que apenas estão morrendo menos crianças, devido a melhor assistência médica; mas, na verdade, a morbidade continua no mesmo nível e não baixa- rá se a cidade continuar nas atuais condições de sujeira.

Enquanto isso, o Prefeito foi ao Rio, naturalmente em busca de maiores verbas, "para enfrentar" os grandes problemas da comuna belemense. E de lá voltará para travar outras "árduas batalhas" contra outros terríveis flagelos. Batalhas essas com intervalos nos fins de semana, para o indispensável veraneio no Mosqueiro. Isso não teria importância

(Cont. na 3ª pág.—G)

MANIFESTO ELEITORAL DO PARTIDO COMUNISTA DO BRASIL

Luiz Carlos Prestes

Texto Na 3ª Pag.

N.º 194 — Belém—Pará, 20 de Agosto de 1955 — Ano V

Nova Olinda Entregue Aos Norte-Americanos

A fim de obter completos esclarecimentos a respeito dos trabalhos desenvolvidos pela PETROBRÁS, em Nova Olinda, e sôbre a situação de engenheiros e técnicos estrangeiros ali admitidos, o deputado Gabriel Hermes Filho teve o ensejo de apresentar, na Câmara Federal, o seguinte requerimento:

"Requeiro, por intermédio da Mesa, que o Senhor Presidente da Petrobrás preste a respeito do órgão referido as seguintes informações:

1. — Se realmente está perdido o poço de Nova Olinda e se contribuiu para isso, entre outros fatores, o revestimento procedido no mesmo com cimento não apropriado?

2. — Se o poço de Alter-do-Chão, no município de Santarém, Estado do Pará, está em risco de se perder?

3. — Se entre as causas da possível perda do poço de Alter-do-Chão consta o fato de se ter tentado perfurar além das possibilidades da aparelhagem usada?

4. — Quais as credenciais técnico-científicas que o sr. Walter K. Link possue e qual a última empresa para quem estava trabalhando?

5. — Qual o prazo de duração e o valôr total do contrato firmado entre o sr. Link e a Petrobrás, especialmente honorários, comissões, despesas de viagens, etc.?

6. — Qual a garantia do referido contrato foi ce-

Cont. na 2.ª pag. — D

CAMPANHA PELA REFORMA AGRÁRIA

Conferência Hoje Em Castanhal

Estarão presentes ao ato o dr. Antero Socira e sr. Sandoval Barbosa, respectivamente Presidente e Secretário Geral da Comissão Executiva Paraense, e o escritor Bruno de Meneses, Diretor do Serviço de Assistência ao Cooperativismo—Inscrita nos Anais da Câmara Municipal a Carta dos Direitos dos Lavradores e Trabalhadores Agrícolas do Brasil

Realiza-se, hoje, em Castanhal, no Cine Argus, uma importante Conferência de lavradores promovida pela Comissão Paraense pela Reforma Agrária naquele município.

Anteriormente, atendendo a insistentes pedidos dos lavradores locais, o sr. Firmino Reis, emissário da Comissão Executiva Estadual, que ali esteve promovendo os trabalhos de preparação da Conferência, realizou vários comícios relâmpagos de esclarecimento do povo, no Mercado Público e em frente da Estação da Estrada de Ferro de Bragança.

No objetivo de cada vez esclarecer os lavradores e o povo em geral, e acelerar a luta pela Reforma Agrária, foram distribuídos 1.500 convites entre autoridades municipais e estaduais, comerciantes, industriais e demais pessoas, para assistirem à referida Conferência.

Apoiando francamente a campanha pela Reforma Agrária, a Câmara Municipal de

Continua na 2 pag. B

Amanhã na Federação dos Trabalhadores

LUTA ORGANIZADA Contra O Aumento De Preços No S. A. P. S.

Louvável pronunciamento da Câmara Municipal que se colocou na defesa dos que fazem refeições naquele restaurante popular

Realizar-se-á, amanhã, uma reunião do Sindicato dos Alfaiates, na sede da Federação dos Trabalhadores na Indústria do Pará, afim de protestar contra o aumento de preços das refeições no SAPS.

Por essa ocasião, será deliberado solicitar aos demais Sindicatos pronto apoio no sentido de fazer com que o preço volte a ser o mesmo antes cobrado, naquela situação, isto é, de Cr$ 6,00.

O aumento para Cr$ 12,00, violentamente determinado pelos dirigentes do SAPS, causou indignação nos trabalhadores que, nesta capital, percebem o salário de fome.

A revolta é geral entre aqueles que frequentam o SAPS, pois a alimentação ali servida ao público, além de cara e

Cont. na 2.ª pag. — F

Segundo declarações do sr. Heitor Getúlio, presidente em exercício do Conselho Nacional de Pesquisas, foram descobertas grandes jazidas de monazita radioativa na fronteira do Brasil com a Guiana Inglesa.

Vale relacionar esse acontecimento com o que se vinha divulgando na imprensa desta capital a respeito de estrangeiros procedentes da Guiana Inglesa que invadem a fronteira do Brasil e vão alojar-se na região do Mapuera, no município paraense de Oriximiná.

Esses invasores estrangeiros, que, segundo se propala, são missionários em serviço de caciques de índios para suas religiões, ainda não foram devidamente identificados.

No passado, quando missionários ingleses apareceram na rica região do Pirara, fronteira do Brasil com a Guiana Inglesa, também vieram

Descobrindo jazidas de monazita

Missionários Estrangeiros Invadem A Região Do MAPUERA - Oriximiná

As autoridades brasileiras precisam enviar especialistas àquela fronteira para impedir o saque do precioso mineral

predicar a fé cristã aos bugres brasileiros.

Pelo ano de 1837 aparece naquela cobiçada região o missionário inglês Youd em companhia de geógrafo Schomburgh, que procedeu a completo levantamento daquela área brasileira, de tudo informando a S. M. Britânica.

Os tempos se passaram, e quando menos se esperou irrompem pela fronteira do Brasil forças invasoras inglesas e se apoderam de forte brasileiro de São Joaquim, ocupando assim uma área com a extensão de 20.000 quilômetros quadrados, onde são imensas as reservas naturais.

Conclui na 2 pag. C

TRADUZ AS ASPIRAÇÕES DO POVO O MANIFESTO ELEITORAL DO P. C. B.

Falam sôbre o importante documento os deputados Frota Moreira, Abguar Bastos, Leônidas Cardoso, Ari Pitombo e Aureo Melo—Juscelino e Jango, traço de união na luta contra o golpe

RIO, (IP)—Teve a mais ampla repercussão e a melhor acolhida, nos meios parlamentares o Manifesto Eleitoral do Partido Comunista do Brasil, que ontem divulgamos. A propósito do histórico documento, ouvimos vários deputados, que foram unânimes em destacar a importância do pronunciamento.

Declarou, inicialmente, o sr. Frota Moreira, secretário-geral do PTB.

— O que ocorre no país? Como se dividem as fôrças políticas às vésperas do pleito que escolherá os mais altos signatários da nação?

Antes de tudo, essa divisão se faz entre os que querem a manifestação livre do povo, através do voto secreto, direto e universal, e os que desejam abolir a ordem constitucional, destruir a democracia e eliminar o processo eleitoral. A defesa da Constituição e, consequentemente, das liberdades democráticas é um imperativo de todos os que se pronunciam a favor da candidatura dos srs. Juscelino Kubitschek e João Goulart, ouvimos vários deputados, que foram unânimes em destacar a importância do pronunciamento.

to, onde o glorioso Partido de Prestes, ao lado da análise da situação política no país e do apelo à união patriótica em defesa da Constituição, contra o golpe, indica as razões de seu apoio às candidaturas dos srs. Juscelino Kubitschek e João Goulart, ouvimos vários deputados, que foram unânimes em destacar a importância do pronunciamento.

(Cont. na 2.ª pag. — E)

MORADORES E PESCADORES DE SALVATERRA E SOURE EXIGEM:

AMPLA LIBERDADE DE FUNCIONAMENTO PARA OS CURRAIS DE PEIXE

As perseguições têm sido movidas pelo Serviço de Caça e Pesca

As populações pobres de Salvaterra e Soure estão sendo seriamente prejudicadas pela medida tomada pelo Serviço de Caça e Pesca proibindo o uso de "currais" destinados ao aprisionamento de peixes.

O abastecimento daquelas localidades é feito satisfatoriamente por esse meio, isto é, por intermédio de alguns pescadores que empregam os bloqueios de rêde, segundo nos informaram.

Acontece porém que os donos de "currais" são pequenos pescadores, que não podem com prar barcos, garantir a sua subsistência e abastecer o mercado local.

A alegação de que os 63 "currais" contribuem para o extermínio de espécies ictiológicas é infundada.

Diante do que vem ocorrendo naquela região, os pequenos pescadores vão organizar-se a fim de, por esse meio de unidade e coesão, articularem esforços junto aos poderes competentes no sentido de que não seja proibido, ali, a utilização de "currais" que tanto benefício proporcionam às populações pobres de Salvaterra e de Soure.

Impõe-se A Nacionalização Do SESP

Afronta aos brios nacionais e um sério perigo à região amazônica a "visita" de inspeção de William Worne, diretor do Ponto IV no Brasil

Notícia a imprensa que chegará amanhã nesta capital, o faustoso William E. Worne, diretor do Ponto IV americano no Brasil, agora sob a camuflagem de Cooperação Internacional, com sede no Rio de Janeiro.

Acompanham "mister" William mais dois gringos, Robert Groves e Edward Heffron, ambos do Serviço de Informações dos Estados Unidos.

Sem dúvida que essa viagem dos emissários do govêrno de Washington re- govêrno norte-americano, vem à Amazônia inspecionar as atividades do SESP. Esse fato vale para comprovar a denúncia que a imprensa popular vem fazendo de que a nossa Pátria está sendo transformada, pelo govêrno de Café Filho, numa colônia dos Estados Unidos e que o SESP não passa de uma repartição ianque instalada no território brasileiro.

dundará em grande proveito à rapinante política colonialista realizada pelos monopólios americanos em nosso país, uma vez que o SESP, a pretexto de realizar assistência médica às populações do interior, serve de ponta de lança da dominação ianque no Vale Amazônico e, para isso, recolhe tôdas as informações no que se refere a recursos naturais, existência de minérios estratégicos, confecção de mapas, foto-

Cont. na 2.ª pág. — G

Apoiando Juscelino-Goulart e Epílogo

O M.N.P.T. no Pará desperta as massas contra o golpe e para a vitória de seus candidatos

Desde a fase de sua estruturação, o Movimento Nacional Popular Trabalhista, seção do Pará, vem atuando na campanha eleitoral como uma fôrça de vanguarda capaz de mobilizar e esclarecer amplas massas em tôrno de seu Programa, contra as ameaças de golpe, em defesa da Constituição e pela vitória de seus candidatos.

Já tivemos oportunidade de relatar o êxito da Convenção Estadual, onde, por unanimidade de votos dos delegados presentes, representando mais de uma dezena de Comitês, foi dado apôio ao sr. Epílogo de Campos, candidato à governança do Estado, apôio êsse que o sr. Epílogo, com muita razão, considerou decisivo para sua vitória.

Já por ocasião do movimento popular contra o pretendido golpe de «impeachment», a presença do MNPT nas manifestações se fez notar, exercendo um papel dirigente, ao lado dos partidos, coligados. Foi notadamente essa organização política que, analisando o caracter golpista da manobra do PSD paraense, tomou parte ati-

Cont. na pag. 5 Letra E

Tribuna do PARÁ

N. 194 Belém-Pará, 20 de Agosto de 1955

Realizada com pleno êxito a festa da Associação das Mães

Destacou se o discurso pronunciado por D. Raimunda da Silva Alves, Secretaria da prestigiosa entidade

Conforme noticiamos na edição passada, realizou-se, no dia 18 do corrente, à travessa da Estrela, no Marco, a solenidade de inauguração da Bandeira da Associação das Mães, em Pról da Juventude.

Grande numero de pessoas estiveram presentes ao ato, que se revestiu do mais franco brilhantismo.

Varios oradores se fizeram ouvir naquela ocasião dentre os quais a sra. Raimunda Silva Alves, Secretaria da Associação que pronunciou expressivo discurso, tenente Ananias Alvaro Moreira, cujas palavras mereceram aplausos de todos.

Finalizando a solenidade, realizou-se animada festa dansante que se prolongou até altas horas da madrugada.

Entrementes, houve um animado concurso, entre as senhorinhas presentes, para escolha da jovem mais graciosa do salão.

Observações Sôbre A Campanha Contra À Epidemia

1. Os outros jornais têm silenciado sôbre a marcha da epidemia ora em fase de declínio acentuado. Não está certo. Quando os óbidos eram de dezenas diàriamente, o assunto estava em manchetes e primeiras páginas, num estilo sensacionalista, alarmando a população. Agora, que a mortalidade infantil volta ao seu nivel habitual, nada se diz no sentido de tranquilizar o povo. Por sua vez, a Secretaria de Saúde também se fecha em copas e nada esclarece a respeito das medidas em vigor, nem das medidas a adotar, visando a completa normalidade da situação que aliás ainda requer muito cuidado, principalmente porque a cidade continua suja, as ondas de moscas invadindo massiçamente as residências, o forno crematório funcionando precàriamente, e os montes de lixo se acumulando em vários pontos da cidade.

Enquanto isio, chegam notícias de numerosos casos de desenteria ocorrendo em várias localidades do interior do Estado. Não sabemos o quue há de verdadeiro nessas notícias, mas também não sabemos de qualquer iniciativa da Secretaria de Saúde no sentido de apurá-las. Se em Belém houve o que houve, imagine-se o que acontecerá no interior, onde as condições de vida são muito peores e os recursos médicos pràticamente não existem.

2. Lemos nos jornais da semana, que a SPVEA entregará ao Secretario de Saúde a importância de hum milhão de cruzeiros, destinada a ampliar o fornecimento de leite ás gestantes, nutrizes e infantes da capital.

Eis aí uma noticia auspiciosa para a população de Belém, e muito especialmente para aquelas mulheres heroicas que, dia após dia rondam os lactarios e cantinas maternais dos

(Cont. na 5ª pág.-Letra B)

DESPORTOS

O terceiro turno do campeonato

Há como que um decidido empenho em fazer coisas erradas no esporte paraense. E' a interpretação que naturalmente nos ocorre para a situação que se repete em todos os campeonatos anuais. Alguns clubes, sòmente depois que o Remo foi derrotado por 2x0 pelo Paissandú, é que vieram a si, vendo o engodo em que cairam, aprovando um regulamento absurdo mas que já tem força de lei e, assim, terá de ser cumprido até o fim, prejudicando diversos gremios, prejuizo que é o fruto da incuria, desidia e inhabilidade de seus representantes.

O caso do terceiro turno, com os quatro primeiros colocados nos turnos iniciais, já está superado. Os que foram no «conto» já se conformaram, adotando a máxima popular de que «malandro não estrila» . . . O título será mesmo para valer sòmente no último turno e acabou-se, pouco importando o interesse do público, nada interessando senão os arranjos de bastidores para a política do egoismo.

Agora, o regulamento vai demonstrar nova falha. Segundo os que dêle estão bem ao par, nos casos de partidas interrompidas por motivo de força maior, elas deverão ser concluidas dentro das 72 horas subsequentes á hora marcada para o inicio. Todavia, domingo último tivemos caso tipico, com uma diferença:—o jogo não foi interrompido, simplesmente não foi começado. E os mesmos sempre bem informados dizem que, assim, não é caso previsto no regulamento. Como consequencia, já se sabe que ha demarches para o recúo da tabela do certame de uma rodada, alterando substancialmente os interesses de cada um, muitos com calendário adrèdemente preparado e que terão de acompanhar as modificações, embora seja penoso transformar seus compromissos por culpa alheia.

Todos os anos o panorama é o mesmo. Os dirigentes conhecem perfeitamente as desvantagens que daí advêm ao nosso futebol, mas insistem nos mesmos êrros, permitindo tais falhas, de nada adiantando suas reuniões pré-campeonato, porque a verdade é que não procuram evitar os «golpes», as manobras dos interessados. Ao contrario, organizam um regulamento que facilita a burla, sem que, depois, nada se possa fazer.

Numa terra em que praticamente existem três clubes com credenciais, um campeonato nessas condições é desagradavel. As datas (preciosas) são desperdiçadas. Os clubes não querem atuar todos os domingos, falando que os jogadores cansam, como se em outros Estados também não cansassem; como se nós, que trabalhamos diariamente, do amanhecer ao anoitecer, também não cansássemos. O sistema de tres turnos é interessante, mas se acompanhasse as mesmas normas do certame carioca, isto é, o campeão dos dois primeiros turnos já seria o finalista com o cam-

Cont. na pag 5 Letra F

Fundado No Marco O Segundo Comitê Do Movimento Nacional Popular Trabalhista

Lutará pela vitoria de Epílogo de Campos e em torno das reivindicações mais sentidas do bairro— Eleito presidente o sr. Waldemar dos Santos

Mais um Comité do Movimento Nacional Popular Trabalhista acaba de ser instalado no bairro do Marco, à rua Lomas Valentina.

No dia 15 do corrente, em reunião realizada na séde do Capixaba Esport Clube, foi fundado um novo Comité do M. N. P. T., tendo alí comparecido grande numero de pessoas.

Varios oradores se fizeram ouvir no momento, assinalando a luta pela vitoria de Epilogo de Campos, no proximo pleito de 3 de Outubro; bem como destacando a importancia do M. N. P. T., que congrega em torno de si não somente trabalhadores, mas também todas as forças democraticas e progressistas do país.

Durante a reunião foi levantada a reivindicação de um Posto Medico para aquele local, onde os moradores vivem sem a minima assistencia medica, ficando então deliberado imediato movimento no sentido de obter dos poderes publicos a sua concretização.

A diretoria do Comité ficou assim constituida:—Presidente Waldemar Rodolfo dos Santos; Vice-Presidente Laurentino Seabra; 1º Secretario, Joaquim Macedo; 2º dito, Guilherme Cruz; 3º dito, João Lobato; 1º Tesoureiro, Waldemar Andrade; 2º dito, Manoel Pinheiro de Carvalho.

Entusiásmo Na E. F. De Bragança Pelo IV Congresso Nacional Dos Ferroviários

Perspectiva de ser enviado um delegado do Pará àquele conclave

Informações colhidas pela nossa reportagem dão conta de que, em toda a Estrada de Ferro de Bragança, os ferroviários estão vivamente interessados pela realização do IV Congresso Nacional dos Ferroviários, convocado para os dias 24 a 28 do mês corrente, em Campinas, Estado de São Paulo. Isto após terem conhecimento do temário do Congresso, pelo qual verificaram que os pontos a serem debatidos são de enorme interêsse para a corporação e porque expressam as reivindicações dos que empregam atividades nas Estradas de Ferro. Foi com entusiasmo que leram e releram o aludido Temario, o qual reproduzimos a seguir:

(Cont. na 5ª pág.-Letra C)

Preço do Exemplar
CR$ 1,00

ATIVIDADES DOS COMITES DO M.N.P.T.

No Marco

O Comité do Movimento Nacional Popular Trabalhista do Marco realizará, amanhã, às 19 horas, na séde do Capixaba Esporte Clube, à travessa Lomas Valentina, 907, animada festa pela posse da sua Diretoria eleita.

A referida festa, que se revestirá de franco brilhantismo, tem por objetivo também traduzir o apoio e a solidariedade aos srs. Epílogo de Campos, Juscelino Kubitschek e João Goulart, respectivamente candidatos ao governo do Estado, à presidencia e vice-presidente da Republica, apoiados pelo M.N.P.T.

Afim de participar dessa solenidade, foi convidado o dr. Epílogo de Campos, que falará ao povo

Em Marambaia

O Comité do M.N.P.T. da Marambaia, cada vês mais empenhado na defesa dos legitimos anseios populares, acaba de organizar um amplo relatorio sobre os problemas e reivindicações mais sentidas daquele bairro, para ser entregue às autoridades municipais e estaduais, a fim de que tomem conhecimento positivo das prementes necessidades dos que ali vivem abandonados.

Antes, porém, de ser encaminhado ao poder publico, o aludido relatório deverá ser debatido e julgado pelo povo, e para isto a Diretoria do Comité do Movimento Nacional Popular Trabalhista da Marambaia convida a todos quan-

(Cont. na 5ª pág.-Letra D)

Subúrbios em revista

Passam Fome Os Moradores Do Guamá

O peixe é desviado do mercado e a carne só é vendida aos que pagam mais caro—Ruas em estado lastimável—Parque infantil e jardins abandonados — Péssimo serviço de ônibus — Urge o prolongamento da encanação dagua até o fim da linha — Brutal exploração de uma proprietária de terrenos Reportagem de JOSÉ MELO

Visitamos esta semana o bairro do Guamá e verificamos que o maior problema dos seus moradores é a falta de alimentos.

O MERCADO NÃO TEM NADA PARA VENDER

Eram precisamente 9,30 da manhã, quando chegamos ao Mercado Público, e logo de entrada verificamos que não havia nada para o povo comprar. Os talhos estavam limpos e num dêles, um talho de peixe igualmente vasio, havia uma enorme "cobrinha" de mulheres. Perguntamos a uma senhora que conversava num grupo à porta o que faziam aquelas mulheres ali e ela nos respondeu: "Elas estão esperando o peixe que até agora não chegou".

Aproximando-nos da fila e falamos com as mulheres e todas elas reclamaram contra a falta de alimentos no mercado, principalmente a carne.

CARNE UMA VEZ POR SEMANA E INSUFICIENTE

Falando sôbre a falta de carne disseram que a carne que chega no mercado é muita pouca, de modo que a maioria da população, notadamente a mais pobre, não come carne. Por outro lado, não há fiscalização e disso se aproveitam os açougueiros para vender a carne aos escolhidos, passando por cima dos que estão na vez. Aqueles que reclamam essa prioridade absurda nunca mais conseguem comprar uma

(Cont. na 5ª pág.-Letra A)

VI Congresso Nacional Dos Jornalistas

Fala à TRIBUNA sôbre o importante conclave o Dr. Antero Soeiro, Presidente do Sindicato dos Jornalistas do Pará

A nossa reportagem, no objetivo de colher alguns pontos de vista relacionados com o próximo Congresso de Jornalistas a realizar-se de 7 a 12 de setembro, em Belo Horizonte, do qual participará uma delegação de profissionais paraenses, procurou entrevistar o dr. Antero Soeiro, presidente do Sindicato dos Jornalistas do Pará.

Respondendo inicialmente a pergunta de como encarava a realização dêsse importante conclave, assim se expressou:

— "Os congressos constituem uma oportunidade de estreitamento de interesses, a procura de uma visão mais ampla e sólida, para a sua imposição na ordem das coisas. Não fugiram a êsse aspecto os congressos dos jornalistas que se têm realizado e a êle estará fiel também o VI, que terá lugar em Belo Horizonte, de 7 a 12 de setembro próximo. A ética profissional, as finalidades da imprensa e as

Cont. na 5.ª pag.—G

Contrários ao golpe os Presidentes da Assembléia e da Câmara Municipal

Falando à reportagem de TRIBUNA declaram que o povo deve unir-se em defesa da Constituição e pela posse dos eleitos

Em face da grave ameaça de golpe que paira no país, movida pela camarilha reacionária que assalta o poder em 24 de agosto de 1954, a nossa reportagem procurou ouvir, a respeito, importantes figuras políticas do Estado.

Ao dr. Catete Pinheiro, Presidente da Assembléia Legislativa do Estado, e ao sr. José Bezerra Cavalcante, Presidente da Câmara Municipal de Vereadores de Belém, foram feitas as seguintes perguntas:

— Acha V. Excia. que existem condições para um golpe militar em o Estado?

— Dr. Catete Pinheiro: Não.
— Sr. José Bezerra Cavalcante: Não há razão que justifique a mudança do regime democrático. Dispomos, na Constituição e nas leis do país, de meios para estabelecer a ordem — quando ela estiver ameaçada — e de promover o equilíbrio social, quando ocorrer essa hipótese. Nenhuma circunstância justifica um golpe.

— O povo unido e organizado poderá impedir a consumação desse atentado à Constituição?

— Dr. Catete Pinheiro: A união dos cidadãos, como sua organização, para a defesa do direito e das liberdades democráticas, é algo de único para a continuidade do regime constitucional.

— Sr. José Bezerra Cavalcante: — A mobilização da opinião pública, por meio do esclarecimento por parte dos que se julgam seus líderes ou orientadores, só tende a aperfeiçoar o regime e fortalecer...

Continua na 2.ª pag. A

Dep. Catete Pinheiro
Presidente da Assembléia Legislativa do Estado

Dispostos à luta contra o golpe os trabalhadores paraenses

Reunidos em homenagem postuma a Vargas, diversos presidentes de Sindicatos manifestaram-se por uma sólida união da classe operária em defesa da Constituição

No dia 24 do corrente, data em que se registrou o fatídico acontecimento da morte do Presidente Getulio Vargas, ocorrido a 24 de agosto do ano passado, chamou-se, às 20 horas, na sede da Federação dos Trabalhadores na Indústria do Pará, uma co...

movida sessão consagrada à memória do extinto Presidente do Estado do Brasil.

Presente grande número de pessoas, de Presidentes e representantes de Sindicatos, foi aberta a...

Cont. na 2.ª pág. — D

PATRIOTICA POSIÇÃO DO P. C. B. APOIANDO JUSCELINO E JANGO

A luta contra o golpe, em defesa da Constituição, deve unir todos os democratas, declaram os deputados Sérgio Magalhães e Ivete Vargas — Opinião do vereador Hélio Walcacer

RIO (H.) — Mais dois deputados, Sérgio Magalhães e Ivete Vargas, ambos do P. T. B., lançaram seu decido apoio às candidaturas de Juscelino Kubitschek e João Goulart à presidência e à vice-presidência da República.

— Foi uma decisão acertada — disse, inicialmente, o sr. Sér-

gio Magalhães. Os comunistas, que vêm proclamando, reiteradamente, a necessidade de união de todos os patriotas em defesa da Constituição contra o golpe, não poderiam escolher outro caminho. Na verdade, e em fôrço dos compromissos pelo PSD e pelo PTB que se podem aglutinar as forças populares visando à presidência e à vice-presidência.

E acrescentou o parlamentar pernambucano:

— Há ainda a considerar que o apoio do Partido Comunista vem trazer um considerável reforço às candidaturas de Juscelino Kubitschek e João Goulart, o que, sem dúvida, é uma corrente política que abrange uma respeitável parcela da opinião pública brasileira. Tento, assim, que aí está a única exploração em tôrno dêsse apoio.

Apoio Patriotico

Afirmou Ivete Vargas:

— Com o apoio do Partido Comunista, as candidaturas de...

Cont. na pag 2 Letra F

Preso o major e suplente de deputado porque desmascarou o entreguista Juarez

A carta do major Pedro Alvarez, ao candidato do golpe — Pela segunda vez, detido por haver condenado o entreguismo juarezista

RIO (I. P.) — Embora na Capital da República alguns oficiais superiores das três forças armadas venham-se manifestando impunemente sôbre matéria política, inclusive pre-

gando o golpe contra a Constituição através de jornais como "Tribuna de Imprensa", em Pôrto Alegre foi preso o major Pedro Alvarez, su...

Cont. na 2.ª pág — G

QUE DEVE FAZER O POVO NA EMERGENCIA DE GOLPE?

Não cruzar os braços, ganhar as ruas para lutar pelas liberdades, defender as Câmaras e Assembléias Legislativas, criar comitês de luta, tomar medidas práticas para impor a solução de seus problemas mais imediatos resistir ao lado das autoridades que queiram defender as franquias constitucionais

Agravam-se as ameaças de golpes militares ou de Estado contra o povo. Grandes setores da opinião pública já se sentem e desejam lutar para defender seus direitos e liberdades ameaçadas. Por isso se mobilizam em pronunciamentos e manifestações antigolpistas e participam com entusiasmo da campanha eleitoral, agrupando-se particularmente, em tôrno dos candidatos Juscelino Kubitschek e João Goulart, que recebem o apoio de imensa maioria das forças que, nêste momento, defendem a Constituição. Mas, que fazer, no caso dos golpistas desesperados tentarem pôr em prática suas ameaças?

A esta pergunta, responde de maneira clara o Partido Comunista, no informe apresentado por Diógenes Arruda, à reunião ampliada do Presidium do Comitê Central, em fevereiro dêste ano.

"Na emergência de um golpe de Estado, é indispensável, porém, a maior e mais rápida iniciativa de todos os organismos do Partido e, muito especialmente, dos Comitês Regionais. Despertar as massas a levá-las à luta ativa em defesa das liberdades e da Constituição, exigir a realização das eleições e o registro de todos os candidatos, lutar contra a dissolução do Parlamento, das Assembléias Estaduais e das Câmaras Municipais, fazer com que as Câmaras Municipais e do interior do País resistam aos golpistas, aproveitar o momento para exigir medidas práticas e imediatas contra a carestia de vida, tudo isto, tomado em seu conjunto, expressa a justa e clara posição política do Partido Comunista. E' uma orientação destinada a bem servir a nosso povo, não permitindo que êle seja envolvido pelas mãos das velhas raposas políticas a serviço dos governantes dos Estados Unidos. O essencial é levar as massas à luta e utilizar as mais variadas formas de luta. Não temer o desencadeamento de greves, sejam econômicas, sejam grandes políticas de massas. Onde fôr possível, fazer com que as massas elejam organismos dirigentes. Comissões de Frente Unica, Comissões de Reforma Agrária, Juntas Populares etc, para representação junto às autoridades e que comecem desde logo a agir tomando medidas a favor do povo. Esses organismos poderão continuar a viver como organismos de frente única, se aquêles fôr o...

desenvolvimento ulterior dos acontecimentos. Nos casos em que o povo chegar a ir ao poder, devem os comunistas lutar para que seja iniciada a realização do Programa do Partido, que sejam confiscadas as emprêsas norte-americanas, determinada a baixa dos preços dos artigos de primeira necessidade e feita a entrega gratuita da terra aos...

Cont. na 2.ª pag. — B

Tribuna do PARÁ

N.º 195   Belém-Pará, 27 de agôsto de 1955   Ano V

Protesto geral dos Sindicatos contra o SAPS

Reunidos na Federação dos Trabalhadores do Pará decidiram enviar telegramas aos poderes competentes exigindo a anulação do aumento de preço das refeições naquela autarquia

Conforme divulgamos em nossa edição anterior, realizou-se, no dia 31, uma reunião regimental da Federação dos Trabalhadores na Indústria do Pará, na qual, além de outros assuntos, foi seriamente debatida a questão do aumento exorbitante do preço das refeições fornecidas pelo SAPS nesta capital.

Presentes todos os representantes dos Sindicatos filiados à Federação dos Trabalhadores na Indústria do Pará, foi deliberado, por proposta do presidente do Sindicato dos Alfaiates, apresentar enérgico protesto contra o aumento espontâneo e asfixiante do preço da alimentação ultimamente estabelecido naquela autarquia.

Aprovada a proposta por unanimidade, ficou assentado enviar um memorial ao Diretor Geral do SAPS, bem como telegrama ao Presidente da República e ao Ministro do Trabalho, protestando veementemente contra esse recente aumento do esfomeamento do trabalhador paraense, que vive de um salário de fome.

Como se sabe, o fornecimento de refeições daquele restaurante popular se tem muito que se tornar deficiente notadamente no que se refere à quantidade de alimentos cada dia mais reduzidos, não sendo suficientes para atender às necessidades orgânicas do trabalhador.

Mesmo com o aumento de 50%, isto é, de Cr$ 8,00 para Cr$ 12,00, as refeições não melhoraram, continuando quantidade cada vez mais reduzida, principalmente de carnes, base fundamental de sustentação alimentar do trabalhador paraense, já por si cronicamente sub-alimentado.

A indignação dos que ali...

Conclui na 2 pag. C

CAMPANHA PELA REFORMA AGRARIA

Êxito na conferência em Castanhal

Programa da Comissão Paraense: Conferência em Peixe-Boi, amanhã, e em Capanema, a 3 de setembro

Promovida pela Comissão Paraense pela Reforma Agrária, realizou-se na manhã de sábado último, na cidade de Castanhal, uma Conferência de divulgação e esclarecimento dos objetivos da Campanha em que a mesma se encontra empenhada.

O auditório do Cine Argus, onde a Conferência foi pronunciada, ficou super-lotado, notando-se acentuada... mente a presença de lavradores. A comitiva que ali chegou, procedente de Belém, e que mereceu as honras de hóspede oficial do prefeito da cidade, tomou parte na festa dos trabalhos. Essa comitiva estava integrada pelo dr. Antero Sócrio e sr. Sandoval Barbosa, respectivamente presidente e secre...

Cont. na pag. 2 Letra E

Fábrica de papel no Pará

Toma o governador Assunção a iniciativa do notável empreendimento

A formação de uma sociedade de economia mista, destinada à instalação de uma fábrica de papel no Pará, representa, sem dúvida, um acontecimento de magna importância para o desenvolvimento industrial e econômico do nosso Estado, bem como de toda a região amazônica.

Iniciativa sugerida pelo governador general Zacarias de Assunção, o estabelecimento dessa nova indústria manufatureira de papel que contará com todo o apoio do govêrno estadual.

Foi sugerido pelo governador general Zacarias de Assunção a constituição de uma sociedade com capitais diversos suficientes para a realização dêsse importante empreendimento local.

Leia na 3.ª página A POSIÇÃO DO PARTIDO NA SUCESSÃO PRESIDENCIAL E AS NOSSAS TAREFAS ATUAIS (Informe de Luiz Carlos Prestes ao Pleno Ampliado do Comitê Central do P. C. B.)

PÁGINAS DE RESISTÊNCIA

Enérgico e corajoso pronunciamento da U.A.P. contra o golpe

Declaram os universitários paraenses: "CONTRA O GOLPE, PARTA DE ONDE PARTIR" — Não há mais lugar para ditaduras, sob qualquer rótulo debaixo de qualquer indumentária

A União Acadêmica Paraense deu à publicidade o Manifesto que publicamos abaixo, cujos termos vasados numa linguagem veemente e corajosa, revelam, por parte dos universitários, uma clara visão dos acontecimentos políticos e uma vigorosa decisão de lutar em um bloco do povo, para isolar e derrotar os golpistas. O documento é do seguinte teor:

"Atualmente, quando, no mundo, as conquistas democráticas — tão penosamente acumuladas — cada vez mais se consolidam, na plenitude de seu valor, abestrunha constatar que, no Brasil, se faz ampla apologia de um regime de força.

Não é a mêdo que surgem as vozes para a pregação subversiva. Não é atrás dos artifícios, das versigerações, que se alapiram na [...]

JUAREZ envolvido em grande negociata

Pôrto Alegre — (Inter Press) — Está causando indignação nos centros rizícolas dêste Estado, a escandalosa negociata do arroz, patrocinada pelo candidato Juarez Távora e que arruinou centenas e centenas de pequenos produtores de arroz.

O fato passou-se da seguinte maneira: Juarez dirigiu a Comissão de Coordenação do Abastecimento, que controlava diretamente a COFAP, quando por ordem desta, em fins de ano passado, foi publicada uma portaria proibindo a exportação de arroz.

A portaria permitia que um grupo de especuladores, liderados pelo negocista Reinaldo Reich, que havia manobrado junto a Juarez, Gurin e outros, adquirisse 800 mil sacas de arroz [...]

N. 195 Belém-Pará, 2 de Agôsto de 1955

ATIVIDADES DO M.N.P.T.

Pela vitória de Juscelino, Goulart e Epílogo de Campos

MARAMBAIA

Uma comissão do Comitê do M. N. P. T. de Marambaia esteve segunda-feira, na Inspetoria Fluvial, levando os conhecimento do referido documento ao sr. Carlos Lyra, Chefe daquela repartição, da Associação de uma igualdade de seus princípios, à [...]

VISITA INDESEJÁVEL
MAIS UMA TURMA DE ESPIÕES AMERICANOS PERCORRE A AMAZÔNIA

Velha cobiça, atualmente em fase de assalto — Agora, uma quadrilha do famigerado Ponto IV — Entrevista afrontosa aos técnicos nacionais — A nacionalização do SESP é medida que se impõe

A imprensa local noticiou com destaque a chegada, as atividades e as declarações de um grupo de pseudo-técnicos do Ponto Quatro a Belém, que foram homenageados no Consulado Americano e também no "SESP CLUBE". No intuito de esclarecer e alertar o povo quanto o verdadeiro objetivo de tão importante visita, passamos a tecer sobre a mesma os seguintes comentários:

Velha cobiça, atualmente em fase de assalto

A conquista da Amazônia, cujas riquezas são imensas, sempre esteve na ordem do dia dos imperialistas ianques. Não foi outro o sentido das concessões da Standard e da Ford, antes de 1930. O apetite dos gringos cresceu, porém, após a segunda guerra mundial, quando puderam conhecer em maiores detalhes a região amazônica, através dos levantamentos feitos pelo SESP, RDC, e outros órgãos dos chamados Acordos de Washington para o esforço de guerra. Depois disso, veio a tentativa do Instituto da Hiléia, que o patriotismo e a vigilância dos povos da Amazônia, de Artur Bernardes e Augusto Meira derrotou. No governo de Vargas houve certa resistência, tanto é que no Catete o governo antinacional de Café Filho, e, dêsse velho, vem enchendo a medida em matéria de subserviência. E aconteceu Nova Olinda, para luta dos gringos o ôlho do criminoso e das se lançaram à presa com unhas e dentes. Daí então as visitas se sucederam, e a qualidade dos visitantes também subiu de nível. Em menos de dois mêses aqui vieram ter alguns tantos generais e almirantes ianques, inclusive integrando a Escola Superior de Guerra do Brasil. É o próprio embaixador americano, grande negociante de carnes congeladas, e, portanto, sem grandes predicados culturais ou científicos, apressou-se em "conhecer as belezas amazônicas".

Agora, uma quadrilha do famigerado Ponto Quatro

Tais visitas não mais constituem surprêsa. Esta agora, entretanto, reveste-se de importância especial. Trata-se de um grupo de "técnicos" do Ponto Quatro, agente-familiar que não mesmo assassinaram Vargas e colocaram nesse Ponto Quatro de não menos famoso "Plano Truman", que trajava as normas para a "ajuda técnica e econômica" de governos americanos aos países atrasados, isto é, aos países semi-coloniais. A "ajuda" do Ponto Quatro é dada nos mesmos moldes e com o mesmo objetivo que consta o nosso. É por isso existir no Rio um representante do Ponto Quatro, que é justamente Mr. William Warne, o indesejável visitante do momento, o qual exerce funções semelhantes no Iran, onde impera atualmente uma ditadura de inspiração americana, massacrando o heróico povo iraniano. E tudo por causa do petróleo, sejam os que coincidência. Além de Mr. Warne, participa da comitiva outro conhecido espião, que é Mr. Robert Grooves, representante no Brasil do "Serviço de Informações do Departamento do Estado Americano", da ditadura a que pretendem, continuar Torpador de notícias [...]

O M.N.P.T. não é um Partido político

O presidente da Executiva da U.A.P. sr. Hubeito Menezes, responde às provocações do senador Juracy Magalhães

RIO, (U.P.) — O sr. Juraci Magalhães, fascista pernambente do antiquismo que se reúne em tôrno da candidatura Juscelino-Goulart, fez ante-ontem no Senado uma provocação contra o M.N.P.T. e também contra a sua memorável Convenção Nacional, realizada em São Paulo, foi um "plenário" do Partido Comunista.

Que é M.N.P.T.

A propósito, ouvimos o presidente [...]

DESPORTOS

PISCINAS, MINHA GENTE!

Encontra-se em Belém o sr. Carlos Campos Sobrinho, nome conhecido como técnico de natação, presidente da Associação Brasileira dos Técnicos de Natação. Convidado pelo Govêrno do Amapá, de onde ora procede, para uma visita, estendeu o seu giro até nós. Claro que a visita do sr. Carlos Campos Sobrinho teria uma recompensa, exatamente o cursos para juízes e monitores de natação, realizado com sucesso no Macapá, que, ultimamente, vem sendo compreendido em Belém.

O norte vem se revelando um autêntico celeiro de bons nadadores. Os adquiridos nos campeonatos brasileiros infanto-juvenis, quer por paraenses, quer pelos amapaenses, são o que certeza de que muito pode-se fazer nêsse setor de atividade desportiva, desde que todo dependendo exclusivamente de nosso espírito de organização.

Macapá está tomando a dianteira, em face da organização dada à essa parte pelo governador. Território tem dos bons verbas, com menores problemas, tudo, também, tem sido muito fácil. Todavia, como ontem [...]

— FLÁVIO CESAR

Subúrbios em revista

Caraparú e Piquiá - dois becos onde a vida do povo é só miséria e sofrimento

Choupanas construídas sôbre pântanos — Crianças raquíticas, doentes e famintas — Ruas esburacadas que no inverno se transformam em igapós

Reportagem de JOSÉ MELO

Buraco, lixo e lama na avenida José Bonifácio

Reclamam os moradores imediata terraplanagem daquela via pública

As ruas e travessas dos bairros de Belém raramente sofrem melhoramentos, apesar das constantes reclamações feitas pelos seus moradores. Os poderes públicos municipais, anos seguidos, pouco ou nada se interessam pela conservação e melhoramento dêsses artérias urbanas como se não vivesse ninguém [...]

"O Brasil é um país jovem e faticamente rico, possuidor de grandes riquezas naturais, as quais nos poderão proporcionar auto-suficiência, e, consequentemente, progresso. Esta é uma verdade muitas vezes dita, e que é deixe-se ver contrário. Mas o que se verifica é dado à seu próprio sorte, e vive na mais negra miséria.

Assim é a triste realidade brasileira, que tem como causa o pilhagem de rapina dos trustes norte-americanos e dos latifundiários e grandes capitalistas brasileiros que [...]

que ficam por detrás do Cemitério de Santa Izabel, são duas pocilgas onde os seus moradores vivem rusticamente, em meio à miséria e sofrimento. O bêco de Caraparú é uma entrada estreita e sinuosa, com choupanas de um lado e do outro, na sua maioria construídas de pau, em geral completamente aberta, com apenas uma tapigem para troca de roupas, chão e de barro barrido, tendo adjacente a mesma peça servindo de quarto e cozinha, em tremenda promiscuidade entre crianças e adultos.

Entramos em uma dessas choupanas, conversamos com seus moradores sôbre os inúmeros problemas que os afligem, e verificamos que há [...]

Cont. na 7 pág. F

PÁGINAS DE RESISTÊNCIA

TRIBUNA DO PARÁ

Sábado 27 de Agôsto de 1955 — Página 6

Precisamos pois, em cada organização do Partido fazer esforços no sentido de elevar o nível de compreensão das massas à altura do Programa do Partido, empenhando-nos firmemente na luta pelas reivindicações mais sentidas em cada emprêsa, em cada bairro ou localidade. E' esta a justa maneira de lutarmos pela aplicação do Programa do Partido, de acôrdo com as condições concretas específicas de cada região, município, localidade ou local de trabalho, maneira acertada de fazer com que as massas pela própria experiência, avancem no sentido da compreensão da justeza do Programa do Partido e mais rapidamente se incorporem à frente democrática de libertação nacional.

A campanha eleitoral, deverá, portanto, contribuir para o reforçamento de todo o Partido. Exigirá que dediquemos maior atenção à nossa agitação política de massas, a qual deve dar resposta justa e concreta aos problemas levantados pelas próprias massas, deve desmascarar os demagógos e os agentes do governo e dos monopólios norte-americanos. A campanha eleitoral facilitará o recrutamento organizado de milhares de novos membros para o Partido e a criação de novas Organizações de Base. Exigindo de tôdos os militantes que aprendam a lidar, lado a lado, com os aliados e a manejar com acerto a frente-única, a campanha eleitoral deverá ser utilizada para reforçarmos ainda mais a luta em nossas fileiras contra todas as manifestações do sectarismo e do reboquismo e pela elevação do nível político e ideológico de todo o Partido. Ajudará, enfim, a avançarmos no sentido de uma melhor assimilação do Programa do Partido — única solução justa para os problemas de nosso povo e de nossa pátria.

❖ ❖ ❖

CAMARADAS

NOS QUATRO meses decorridos após a última reunião do C. C. de nosso Partido foram importantes as modificações havidas na situação internacional em sentido sempre favorável às fôrças da paz e à coexistência pacífica. Como afirmou o camarada Khruschev: "A Conferência de Genebra tem um alcance histórico e obteve resultados positivos, lançando as bases da confiança entre Estados e regimes diferentes que desejam a coexistência pacífica. Esses resultados serão ampliados, nós o esperamos firmemente". (Prolongados aplausos.) Graças, assim, à firme política leninista de paz do govêrno soviético e ao grandioso e crescente movimento mundial em defesa da paz, conseguiram os povos do mundo inteiro com a realização da Conferência de Genebra, derrotar mais uma vez os incendiários de guerra e os partidários da guerra atômica e obter uma nova e considerável diminuição da tensão internacional.

O reflexo dessa modificação da situação internacional já se faz sentir em nosso país, onde se am-

Resolução Sobre a Luta Pela Paz e a Campanha de 10 Milhões de Assinaturas Contra a Guerra Atômica

1 — OS ÚLTIMOS ACONTECIMENTOS MUNDIAIS assinalam um alívio da tensão internacional. Graças á vontade de paz dos povos e à política de paz da União Soviética, foi possível realizar vitoriosamente a Conferência dos Quatro Grandes, conferência de importancia histórica para os povos de todo o mundo.

2 — O COMITÉ CENTRAL acentua a necessidade de popularizar as vantagens para o nosso povo e os resultados altamente favoráveis da Conferência dos Quatro Grandes, de cujas decisões consta a próxima realização da Conferência dos Ministros das Relações Exteriores das quatro potencias. É necessário concentrar esforços para que, por meio de cartas, moções e telegramas á Conferência, as massas manifestem seus sentimentos pelo êxito dessa conferência, na solução dos problemas fundamentais de que dependem o fortalecimento da paz e da amizade entre os povos.

3 — O COMITÉ CENTRAL chama o Partido a empenhar todas as suas fôrças e energias para ajudar o Movimento Brasileiro dos Partidários da Paz a cumprir a cota de 10 milhões de assinaturas que se propôs alcançar. O centro da atividade de nosso Partido na luta pela paz é a campanha de 10 milhões de assinaturas ao pé do Apêlo de Viena contra a guerra atômica. É imprescindível liquidar a subestinação dessa tarefa e colher assinaturas de fábricas inteiras, fazendas, usinas, bairros, ruas, vilas, distritos, municípios, cidades, de tal modo que não fique uma só pessoa sem assinar o Apêlo de Viena. É urgente levar a campanha da coleta de assinaturas ás grandes concentrações camponesas. Cumpre também intensificar a atividade visando organizar conselhos de paz em toda a parte.

4 — O COMITÉ CENTRAL determina ao Partido enviar o máximo de esforços para levar ao conhecimento das amplas massas as Resoluções da Assembléia Mundial da Paz, realizada em Helsinque, resoluções que pela sua importancia constituem um programa concreto e atual para a luta pela manutenção da paz.

5 — O PODEROSO MOVIMENTO de opinião em torno do imediato estabelecimento de relações comerciais e diplomáticas com a União Soviética, a República Popular da China e as Democracias Populares exige de nosso Partido uma atenção especial. O Comitê Central considera de grande valor para a causa da paz intensificar êste movimento. Para isto é imprescindível desenvolver ampla atividade de massa, através de atos públicos, moções, resoluções e memoriais das organizações operárias e populares, das emprêsas, fazendas e usinas, exigindo do govêrno brasileiro o imediato estabelecimento de relações com aqueles países.

6 — O COMITÉ CENTRAL recomenda ao Partido utilizar ao máximo a campanha da sucessão presidencial, aproveitando as novas possibilidades para a ampliação e o fortalecimento cada vez maiores do trabalho pela paz.

As fôrças pacíficas vão se tornando cada vez mais poderosas, têm todas as condições para fazer recuar os partidários da guerra. Ajudemos a tornar vitoriosa a campanha dos 10 milhões de assinaturas ao pé do Apelo de Viena. Façamos do esforço para obter essa vitória um dever de honra dos comunistas.

Agôsto de 1955
**O COMITÉ CENTRAL DO
PARTIDO COMUNISTA DO BRASIL**

Resolução

O COMITÉ CENTRAL do Partido Comunista do Brasil, reunido em pleno ampliado, após discutir, resolveu aprovar por unanimidade o informe apresentado pelo Secretário Geral do Partido, camarada Luiz Carlos Prestes, sôbre "A posição do Partido na sucessão presidencial e nossas tarefas atuais."

O COMITÉ CENTRAL do Partido Comunista do Brasil, ao alertar a Nação para o perigo do gôlpe de Estado ou militar, considera de decisiva importância a criação de poderosa coalizão de fôrças políticas, visando a isolar e derrotar os golpistas e a impedir que seja eleito a 3 de outubro o candidato reacionário e entreguista sr. Juarez Távora.

O COMITÉ CENTRAL do Partido Comunista do Brasil decide indicar ao eleitorado brasileiro os nomes dos srs. Juscelino Kubitschek e João Goulart aos cargos de Presidente e Vice-Presidente da Republica. Em tôrno dessas candidaturas podem agrupar-se as amplas fôrças que se opõem ao golpe e defendem a Constituição, as liberdades democráticas e a realização de eleições a 3 de outubro.

TODOS OS COMUNISTAS devem enviar esforços e empenhar-se com o maior entusiasmo na mobilização de grandes massas para assegurar nas urnas a vitória esmagadora dos candidatos indicados pelo Partido.

O COMITÉ CENTRAL do Partido Comunista do Brasil chama a todos os militantes e organizações do Partido a fazer a máxima divulgação do Manifesto Eleitoral do Partido Comunista do Brasil, assim como discutir e aplicar imediatamente o Informe do camarada Prestes, a fim de esclarecer as massas e organizá-las na luta pelas tarefas e objetivos nêles contidos.

Rio, agôsto, 1955.

**O COMITÉ CENTRAL DO
PARTIDO COMUNISTA DO BRASIL**

pliam as fôrças do paz e surgem novas possibilidades de êxito para a luta de nosso povo contra a política de preparação para a guerra do governo do sr. Café Filho, pelo estabelecimento de relações comerciais e diplomáticas com todos os povos, em particular com a União Soviética e a China Popular. (Prolongados aplausos.) Simultaneamente, aumenta, no entanto a pressão colonizadora do imperialismo norte-americano cujos interesses se identificam com os da minoria de latifundiários e grandes capitalistas que dominam o país. Através de seus porta-vozes, que inclusive no Parlamento pregam a necessidade de um govêrno de fôrça e de golpes de Estado ou militares, confessam os latifundiários e grandes capitalistas serviçais do imperialismo norte-americano que já não podem mais governar pelos processos antigos. O desenrolar da situação nacional é no sentido do aumento crescente do descontentamento popular e do desejo de mudanças na política brasileira, é no sentido do aprofundamento da luta de classes em todo o país, o que torna evidente que marchamos para combates decisivos. Na medida em que as grandes massas de nosso povo forem sendo ganhas para o Programa de salvação nacional apresentado pelos comunistas e se dispuserem a lutar contra a miséria e a exploração crescentes, serão criadas as condições necessárias para a derrocada do atual regime e sua substituição pelo regime democrático popular.

Lancemo-nos pois, com ardor à campanha eleitoral lutemos com decisão e entusiasmo pela vitória de nossos candidatos, convencidos de que existem todas as condições para o surgimento de uma nova correlação de fôrças no cenário político brasileiro, convencidos de que estamos dando consideráveis passos à frente no sentido do esclarecimento político de grandes massas e da organização da frente democrática de libertação nacional.

E' na ação de massas e através da unidade das massas, camaradas, que forjaremos os instrumentos da vitória de nossa causa, que é a causa de nosso povo!

(Calorosos e prolongados aplausos. Todos os presentes de pé ovacionam calorosamente o nome de Prestes).

Carregado nos braços dos trabalhadores

JANGO conclama o povo á luta
Contra Os Golpistas

Chegado ontem á nossa capital falou no Cais do Porto e na Praça do Operário — Pregou ainda a defesa da Constituição e o fortalecimento da unidade sindical para a conquista dos direitos e reivindicações dos trabalhadores — Considera já vitoriosa a sua candidatura bem como a de Juscelino Kubitschek. Entrevista coletiva á imprensa.

João Goulart

Desembarcando ontem, às 17 horas, no cais do porto, ê u'a multidão aguardava o sr. João Goulart. Predominava o número de trabalhadores que, rápidamente, improvisou um comício para ouvir a palavra do chefe do Partido Trabalhista que vem percorrendo o território nacional em propaganda eleitoral da chapa Juscelino-Jango. Com a palavra falou o sr. João Gomes Pereira, membro da Comissão Executiva do Movimento Nacional Popular Trabalhista e presidente da União Geral dos Trabalhadores do Pará, que levantou a bandeira de luta contra o golpe, em defesa da Constituição, por eleições a 3 de outubro e posse dos eleitos, ao mesmo tempo que reafirmou a posição do MNPT de empenhar o máximo de seus esforços para que a maioria absoluta do povo paraense compareça às urnas para votar em Juscelino e Jango. Outros oradores se fizeram ouvir.

Respondendo nos trabalhadores, o sr. João Goulart conclamou o povo paraense a manter-se vigilante contra as tentativas de golpe, acentuando que essa vigilância devia estar amparada por uma unidade de forças em tôdas as frentes políticas e em todos os locais de trabalho e praças públicas. Ao concluir suas breves e incisivas palavras, o sr. Goulart

Conclui na 2.ª pág. b

Na luta entre seringueiros e indios do Xingú
SOMENTE OS DONOS DE SERINGAIS AUFEREM VANTAGENS

Urge que as autoridades tomem medidas para pôr fim a essa mortandade dirigida pelos latifundiários seringalistas

Os seringalistas do Xingú de vez em quando aparecem às redações dos jornais desta capital, para dizerem que os silvícolas daquela região paraense, recebem armas automáticas, para implantar o terror, saqueando e matando seringueiros.

Com êste pretexto pretendem impressionar o Banco de Crédito da Amazônia, e assim deixarem de pagar em dia as elevadas somas em dinheiro que lhes empresta esse instituto de crédito para movimentarem a produção de borracha.

Ultimamente os caiapós são de nôvo apontados como os únicos culpados e responsáveis pelo que vem ocorrendo nos vastos seringais do Xingú, diante do que o Banco de C. da Amazônia resolve arriscar mais algumas centenas de milhares de cruzeiros que lhe solicitam os seringalistas daquela zona.

Acontece, porém, que os dirigentes dessa casa de crédito não ignoram a trapaça articulada pelos mañhosos seringalistas, mesmo porque a respeito disso se têm feito inúmeras revalações.

Inegàvelmente, os silvícolas, às vezes atacam o pessoal de um barracão, p-

Cont. na 2.ª pág. p

NO MARCO
Empossada em praça pública a diretoria de um Comitê do M.N.P.T.

Calorosamente aplaudidos os nomes de Juscelino, Goulart e Epílogo

No dia 31 de agosto, foi empossada, em praça pública, a diretoria do Comitê do M. N. P. T., da Travessa do Chaco, no Marco.

Continua na 7.ª pág. letra G

LIGA PELA LEGALIDADE: Mão estendida a todos os antigolpistas

Cresce impetuosamente a ação patriótica contra o golpe — O dr. Sobral Pinto e personalidades de vários partidos abrem nova e poderosa frente de luta contra os inimigos da liberdade e da Constituição — Mobilização de todos os corpos legislativos do país

RIO, (IP) — O recrudescimento da ameaça golpista não consegue seu objetivo de intimidar e paralisar a nação e assim poder implantar uma ditadura militar-fascista. A ação patriótica se amplia e se reforça, com a participação de novas e importantes contingentes democráticos e populares. As forças antigolpistas, unindo-se e lutando, dão prova de vigilância e de não ceder a iniciativa aos inimigos jurados da Constituição.

A Liga pela Legalidade
A grande manifestação antigolpista promovida pela União Metropolitana de Estudantes prosseguiu com entrevista televisionada do eminente jurista dr. Sobral Pinto, no qual foi lançada oficialmente a organização antigolpista, Liga pela Liberdade.

Na vibrante demonstração da sede da UNE, o dirigente dos universitários cariocas, estudante Luiz Angelo, fêz a leitura do manifesto antigolpista.

Cont. na 2.ª pág. — A

N. 196 — Belém — Pará, 3 de Setembro de 1955 — Ano V

Absurdo aumento no preço das passagens na Estrada de Ferro

A majoração vai além de 100% — Os lavradores e o povo em geral devem lutar para repelir êste assalto à bolsa dos pobres

A espantosa majoração das tarifas da Estrada de Ferro de Bragança, que começou a vigorar a 1.º do mês corrente, está alarmando o povo e, notadamente, os lavradores pobres, que serão os mais prejudicados com a medida violenta.

Além de explorados pelos latifundiários, os lavradores serão obrigados a pagar, de agora por diante, preços exorbitantes para se transportarem juntamente com os seus produtos destinados aos locais de venda e consumo.

Os preços das passagens foram aumentados em mais de 100%. Basta dizer que o preço de uma passagem para a cidade de Bragança, ponto terminal da Estrada de Ferro, que antes custava Cr$ 25,00, hoje passou a Cr$ 57,30; para Capanema, Cr$ 45,40 e Cr$ 18,60, para Castanhal.

Alegam que essa astronômica e extorsiva majoração nos preços das passagens tem por finalidade atender à necessidade de Fundos de Renovamento Patrimonial, Fundo de Melhoramentos, Taxa Adicional e mais uma série de pretextos.

Não se justifica, de maneira alguma, que se sacrifiquem o povo e, principalmente, os lavradores pobres daquelas zonas produtoras, para atender a exigências tais de um serviço destinado à servidão pública, como é a Estrada de Ferro de Bragança. Aos lavradores compete, em primeiro lugar, lutar contra a majoração de preços que ora lhes é imposta.

Não haverá Saúde Pública
Se os preços dos medicamentos continuarem subindo

Aumentos astronômicos verificados sem contrôle da COAP. Cabe ao povo lutar contra a carestia da vida.

A vida para a grande maioria da população de Belém está se tornando cada vez mais insuportável, tal o vertiginoso encarecimento de todos os artigos e mercadorias que o povo necessita.

Se os gêneros de primeira necessidade sofrem diariamente majorações incontroláveis nos seus preços, muito pior ocorre em relação às demais utilidades de uso imprescindível, cuja inflação de preços também se desenvolve numa espiral espantosa e asfixiante.

Os medicamentos, por exemplo, estão se tornando impossível de serem adquiridos pela maioria do povo, pelos trabalhadores, que vivem miseràvelmente dentro das mínimas

Cont. na 2 pág. C

Indispensável a democracia para o progresso do Nordeste

A Carta aprovada pelo Congresso de salvação do Nordeste — Substituir por Emprêsas Nacionais as concessionárias estrangeiras de Serviços Públicos, liquidação do latifúndio improdutivo e ampliação dos mercados exteriores do Brasil, alguns dos itens principais

Texto na 2. pág.

Observações sôbre a epidemia

Tentando defender o atual govêrno, o vereador Carlos Costa acusa outros governos — Alertando o govêrno, o Delegado Federal de Saúde alarmou a população — O povo deve ser melhor informado

VOLTARAM os jornais, no princípio da semana, a embandeirar-se com a epidemia. Ainda bem. Houve um tempo em que êste assunto era o "doce de côco" das primeiras páginas. Depois veio o silêncio. Passou-se de um extremo ao outro. Agora, o Delegado Federal de Saúde e o Vereador Carlos Costa resolveram mexer com a casa de coba. Vamos às suas declarações.

O vereador Carlos Costa, movido pelas melhores das intenções, ocupou a tribuna da Câmara Municipal, para eximir o atual govêrno do crime pela eclosão da epidemia. E manuseando dados estatísticos oficiais, demonstrou que, pelo menos nesses últimos dez anos, a mortalidade infantil por doenças gastro-intestinais sempre foi elevada, chegando a atingir, 952 óbitos em 1950 por exemplo. E, pois, se houver a epidemia, êsses havia se instalado há muitos anos, na opinião, portanto, aconteceu um surto epidêmico, mas não uma epidemia.

Ora, em primeiro lugar, não percebemos qual a diferença entre um "surto" que se prolonga por cinco mêses, é uma epidemia. Em segundo lugar, não aceitamos, para comparação, os dados de 1955, é essa foi uma falha grave, porque, pelo obituário, verifica-se, somente no período de abril a agôsto, o registro de mais de 600 óbitos de crianças por doenças gastroentéricas; somos a essas os de janeiro, fevereiro e março, é calculesse, estatisticamente, o que poderão ocorrer ainda até o fim de ano, e vamos ver onde vai parar o coeficiente.

Finalmente, tentando defender o govêrno atual é demonstrando poderá redundar em defesa do govêrno atual é demonstrando

Cont. na 7 pág. F

EDIÇÃO DE HOJE:
12 PAGINAS

PARA ELEGER
Juscelino-Jango-Epílogo

A seção paraense do M.N.P.T. empenha-se na formação de frentes comuns de luta.
Divulgamos na presente edição o Manifesto que define essa posição
O Documento E' Do Seguinte Teor:

Movimento Nacional Popular Trabalhista
Secção Paraense
MANIFESTO

Estamos às vésperas das eleições.

Considerando os acontecimentos políticos estaduais e nacionais, sentimo-nos no dever de vir a público manifestar o nosso ponto de vista sobre os mesmos.

O Movimento Nacional Popular Trabalhista, Movimento patriótico de frente única, tem por objetivo eleger os seus candidatos a 3 de outubro próximo, à base da luta contra o golpe, em defesa da Constituição, por eleições livres, pela posse dos eleitos, assim como pelas reivindicações mais sentidas das massas trabalhadoras e das forças democráticas da Nação, pelo que seu Programa se transforma rapidamente em Programa de todo o povo brasileiro.

Neste Estado o MNPT levando em conta as respostas dadas à sua Convenção pelos dois candidatos ao governo, dr. Epílogo de Campos e o general Magalhães Barata, definiu-se por aquele que tomou o compromisso de, se eleito, executar o seu Programa.

O nosso apoio ao dr. Epílogo de Campos vem, portanto, produto

Continua na 7 pag. A

Tribuna do PARÁ

N. 196 — Belém-Pará, 3 de Setembro de 1955

CAMPANHA PELA REFORMA AGRÁRIA

Inserção da Carta nos anais da Câmara Municipal

O VEREADOR Jacintho Rodrigues requereu no Plenário da Câmara Municipal de Belém, dia 31 de agosto último, a inserção nos Anais da CARTA DOS DIREITOS E DAS REIVINDICAÇÕES DOS LAVRADORES E TRABALHADORES AGRÍCOLAS DO BRASIL. A proposição foi aceita por unanimidade.

PUBLICADA A CARTA NO "DIÁRIO OFICIAL" DO ESTADO

O governador do Estado, General Zacarias de Assunção, determinou se o "Diário Oficial" que publicasse a "Carta dos Direitos e das Reivindicações dos Lavradores e Trabalhadores Agrícolas do Brasil", ato foi cumprido conforme edição n.º 17.995, de 1.º de Setembro corrente.

Com as medidas acima, o governador do Estado, a Comissão Paraense pela Reforma Agrária vem prestando um grande serviço aos trabalhadores do campo e no povo em geral, que anseiam por uma reforma agrária que arranque das mãos dos latifundiários as melhores terras que êles usurparam e que devem pertencer aos que nelas trabalham e produzem, que são os lavradores.

LEIAM NA PRÓXIMA EDIÇÃO:

O DESENVOLVIMENTO DA LUTA PELA PAZ E O DEVER DOS COMUNISTAS

(Informe de CARLOS MARIGHELA apresentado, em nome Presidium do Comitê Central ao Pleno Ampliado do Comitê Central do PCB, realizado nos dias 9, 10 e 11 de agosto de 1955)

DESPORTOS

FAÇAMOS DO BOX UM ESPORTE MENOS BRUTAL

Vem sendo alarmante o índice de vítimas do box, (que se convencionou chamar de "nobre arte") esporte que, felizmente, já não desperta no mesmo interêsse a atração dos primeiros tempos, talvez mesmo pela própria evolução do homem, deixando de lado as demonstrações da força bruta e preferindo as competições da inteligência, da vivacidade, onde a destreza é fator muito mais preponderante do que a fôrça de um murro bestial e inconsequente.

Os norte-americanos — citamo-los porque, de fato, são ainda os que mais praticam o box — estudam as razões de tantas vítimas e ainda não explicaram devidamente as conclusões a que chegaram. Todavia não é preciso muita sagacidade para compreender que os Estados Unidos continuam aperfeiçoando os métodos de destruição, mas não conseguiu aumentar a resistência física. Os socos violentos na cabeça ou no coração, desferidos por homens que se especializam na arte de dar murros, são o caminho aberto para um defeito físico ou até para a morte.

E indiscutível que às vezes não são obedecidos certos e determinados requisitos de precaução, de modo a facilitar essas consequências funestas. Não somos, absolutamente, contra o box — embora continuemos a dar tratos à bola em busca do motivo para chamá-lo de "nobre arte", mas entendemos que esse esporte deve merecer um pouco mais de atenção das autoridades esportivas, criando certas restrições, tornando-o realmente um esporte, praticado por sêres humanos, e não por autênticas féras como em geral acontece, pouco importando que, no fim, os adversários se abracem...

Há poucos dias, no Rio de Janeiro, aconteceu o impressionante espetáculo do lutador ir ao chão, com um murro que lhe foi fatal, em cima do coração, enquanto o público, mal orientado, gritava e protestava por entender que aquilo era "marmelada", era um simulacro de luta.

Em Belém já se está movimentando o pugilismo. Não sabemos se todos os cuidados físicos vêm sendo observados pelos boxeadores e seus dirigentes. Felizmente, ainda nada aconteceu de grave, embora certas lesões sòmente mais tarde, venham a se manifestar, em face dos golpes recebidos na cabeça ou em pontos mais vulneráveis do corpo.

Não somos como Scipião, o Africano, com o "Destruamos Cartago". Preferimos a máxima lusitana: "Nem se mata a caça tôda e nem se deixa

Cont. na 7 pág. E

A MAIORIA DA CÂMARA EM DEFESA DAS LIBERDADES

MAIS DE 200 DEPUTADOS FEDERAIS ASSINAM MANIFESTO CONTRA O GOLPE

Apêlo às Assembléias Legislativas, a tôdas as Câmaras Municipais, a todos os representantes do povo para que defendam seus mandatos — Exaltação dos militares antigolpistas e da imprensa integrada na luta pelas liberdades — Repulsa aos inimigos da democracia

RIO, (I. P.) — Um grupo de parlamentares tomou a iniciativa de colher assinaturas na Câmara dos Deputados para um manifesto antigolpista. Reproduzimos a seguir os tópicos essenciais do importante pronunciamento. O deputado Amaury Pedrosa, seu primeiro signatário, informou a reportagem que o número de assinaturas já é de mais de 200. Diz notadamente o manifesto

Representantes de todos os Partidos

"Os representantes do povo brasileiro que êste documento assinam, sem distinções de Partidos e de preferências políticas e Presidência da República, conjugando os seus esfôrços para o mesmo objetivo comum de defesa do regime, reconhecem a imperiosa necessidade de um amplo movimento de alerta e de mobilização da opinião nacional; conclamam todos democratas de tôdas as classes e condições a se porem de guarda, numa constante vigilância cívica, porque a coletividade brasileira vive um momento de perigo iminente; ameaçada de perder a liberdade, a segurança, e o sistema democrático de auto-govêrno".

Dizmais adiante, o documento: "Com intenções enganosas de moralidade, os subversores pretendem a usurpação do Poder, com a instalação de uma Ditadura a curto ou longo têrmo".

Honrar os mandatos populares

"Os representantes do povo br—
Cont. na 7 pág. B

Subúrbios em revista

COVÕES DE SÃO BRAZ ESTÁ A ESPERA DAS PROMESSAS QUE FIZERAM EM 1950

Ruas esburacadas e sujas — Sem escola, agua e luz — Desenfreada exploração em São Braz — O dono de um capinzal causa prejuízos a uma coletividade — O povo recorda a atuação de um Comitê Popular Democrático — Unido e organizado o povo vencerá as suas tremendas dificuldades

Reportagem de JOSÉ MELO

O pequeno bairro dos Covões de São Braz, situado atrás do Mercado de São Braz, é um dos bairros de Belém mais esquecidos e abandonados pelos podêres públicos estaduais e municipais. Até o presente momento os problemas que afligem os que ali vivem continuam sem solução, apesar das promessas feitas desde 1950 no sentido de resolvê-los, inclusive pelo sr. Celso Malcher, atual Prefeito desta capital, que também nada fez em benefício daquele povo.

Ruas sujas e esburacadas

A estrada que dá acesso ao bairro se encontra quase intransitável, devido às enormes depressões de terreno, ocasionadas pelas chuvas, além de uma buraqueira infernal que se alastra por toda parte. Essa insuportável situação está exigindo imediatas providências da Prefeitura, no sentido de mandar consertar com urgência aquela estrada.

As ruas Américo Santa Rosa, Barão de Mamoré, Silva Castro e Queluz estão seriamente necessitando de urgentes reparos, valas de escoamento d'agua e capinação, principalmente a Américo Santa Rosa, que deve ser prolongada até Canudos. Para isso é necessário que a Prefeitura mande aterrar o trecho compreendido entre os dois bairros, o qual é alagadiço e pantanoso. Com esse importante melhoramento muito se beneficiariam os moradores de ambos os bairros.

Exploração desenfreada no Mercado de São Braz

Quando nos dirigíamos para o bairro, despenou a nossa atenção a conversa entre duas modestas senhoras que indignadas protestavam contra a exploração que está sofrendo o povo naquele Mercado.

Imediatamente nos aproximamos das mesmas e procuramos ouvi-las a respeito do que conversavam. Disseram-nos o seguinte: "Não é possível continuarmos com esta situação de carestia cada vez maior e com as roubalheiras dos exploradores do povo, que chegam a cobrar 30 cruzeiros por um quilo de carne congelada procedente de Marabá.

Às sextas-feiras é dia de carne fresca, mas acontece que a maioria do Mercado Público não recebe uma grama sequer desse genero alimentício, manobra essa feita no sentido de favorecer os donos dos frigoríficos, obrigando o povo a comprar a tal carne de Marabá pelo preço exorbitante por êsses exploradores cobram.

O peixe é outro gênero que está sendo vendido no Mercado de São Braz por um preço espantoso. A uritinga, piramutaba e mero, peixes classificados pela tabela de 1.ª categoria, estão sendo vendidos ao preço...
Cont. na pag. 7 Letra C

Votar em Ademar é desperdiçar votos

1 — A Candidatura do sr. Ademar de Barros está funcionando como uma espécie de variante da candidatura do golpista Juarez Távora.

Por que?

Com seu próprio eleitorado, Ademar não pode nem sonhar com ser eleito. Tem que ir buscar votos em outros setores eleitorais. Mas não vai buscá-los na UDN, no PL, no PSB. Ademar não está competindo com Juarez.

— A propaganda de Ademar se dirige para o eleitorado que, de maneira nenhuma, sufragaria Juarez. A candidatura do chefe pessepista funciona, portanto, como uma fôrça divisionista destinada a tirar votos da chapa antigolpista Kubitschek-Goulart.

Isto convém aos inimigos dos golpistas que já sabem que lhes é impossível vencer nas urnas. E por isso procuram diminuir a expressão da vitória de Juscelino-Jango para poderem pretextar «fraudes» visando dar o golpe contra a Constituição.

2 — A candidatura Ademar é estimulada pelo Catete e pelos golpistas, que estão interessados na dispersão dos votos populares.

Eis os fatos:
Cont. na 7.ª pag. — D

VENHAM PAGAR SEUS DÉBITOS

Aos agentes-vendedores da "Tribuna do Pará", dos setores abaixo relacionados, encarecemos que venham, com a máxima urgência, à nossa redação prestar contas dos seus débitos:

Marco	Cr$ 100,00
Cremação	330,00
Jurunas	500,00
Pedreira	77,00
Marambaia	277,00
Sacramenta	20,00
Estiva	75,00
Pôrto	20,00
Comando do "Ver-o-Pêso"	210,00

SOCIAIS

ANIVERSÁRIOS

GUILHERME DA CRUZ SANTOS — Transcorreu, ontem, o aniversário natalício do estimado companheiro de trabalho, Guilherme da Cruz Santos, gerente de TRIBUNA DO PARÁ, ao qual vem prestando a maior soma de esforço e dedicação. Regosijados com o grato evento, desejamos ao natalicante maiores êxitos em sua atividade e uma longa existência.

PARA VENCER A 3 DE OUTUBRO
Epílogo de Campos defende uma política de unidade

Intensa atividade do candidato das forças coligadas e do MNPT - Centro de seus discursos: unidade e defesa das liberdades - Conduz água ao moinho baratista algumas manifestações isoladas de anti-comunismo nos comícios da Coligação.

Tribuna do PARÁ

N.º 197 — Belém – Pará, 11 de Setembro de 1955 — Ano V

DR. EPÍLOGO DE CAMPOS

Percorrendo todo o interior e todos os bairros da capital, em propaganda de sua candidatura, o dr. Epílogo de Campos realiza uma intensa campanha eleitoral que rapidamente ganha a confiança das massas porque se desenvolve á base de uma política unitária, clara e honesta.

Em todos os comícios que comparece, promovidos pela Coligação e pelo Movimento Nacional Popular Trabalhista, Epílogo de Campos tem se mantido numa linha elogiável, sem cair no ataque pessoal a seus adversários e sem utilizar a condenável linguagem do xingamento que nada ajuda a esclarecer o povo e irrita aos que possuem bom senso.

Pouco importa ao eleitorado que determinado candidato tenha defeitos físicos, seja protestante ou católico, siga ou não siga qualquer das correntes ideológicas. O fundamental é que o candidato defenda um Programa de interêsse popular e esteja disposto a respeitar os direitos e as reivindicações das massas trabalhadoras e das camadas progressistas, vivi-
(Cont. na 2ª pág. — A)

Vigilante a juventude universitária contra qualquer manifestação de golpe

Ouvido pela reportagem de "Tribuna", o presidente da União Acadêmica Paraense declara que o próximo XVIII Congresso Estadual dos Estudantes será uma reafirmação de luta em defesa da legalidade constitucional

Realizar-se-á, de 17 a 24 do corrente mês, em nossa capital, o XVIII Congresso Estadual de Estudantes, convocado pela União Acadêmica Paraense. E' um conclave que se reveste da maior importância e oportunidade, dada a grave situação por que atravessa o país quando um pequeno grupo de fascistas pretende enxovalhar a Constituição desferindo um golpe militar ou de Estado e, com isso, implantar uma ditadura semelhante a que impera em diversos países da América Latina, como a Venezuela, Cuba e Guatemala.

Nossa reportagem procurou ouvir o presidente da UAP, sr. Oziel Carneiro, encontrando-o na séde da entidade máxima dos universitários paraenses, atarefado juntamente com outros colegas nos preparativos do grande Congresso que se aproxima. Dirigi a entrevista em tôrno da ameaça de golpe que paira sôbre a Nação e fizemos-lhe, de início, a seguinte pergunta:

— Qual o ponto de vista de V.S. a respeito do golpe?

Conclui na 2ª pag B

O Partido Trabalhista Nacional, secção do Pará, apoia JUSCELINO e JANGO

RECEBEMOS COM PEDIDO DE PUBLICAÇÃO A SEGUINTE NOTA:

A Seção paraense do PARTIDO TRABALHISTA NACIONAL, vem, de público, manifestar seu integral apôio às candidaturas de Juscelino Kubitschek e João Goulart, para Presidente e Vice-presidente da República, respectivamente.

Assim procedendo, os petenistas do Pará não sómente acatam uma deliberação do Diretório Nacional do Partido, mas também, e sobretudo, se integram nesse movimento que congrega a maioria do povo brasileiro, em defesa das instituições democráticas, da Constituição e das liberdades, a cuja frente se encontram os dois ilustres homens públicos.

Com o propósito de levar à prática essa deliberação, a seção paraense do Partido Trabalhista Nacional faz um apêlo a tôdas as fôrças que, no Estado, apoiam Juscelino e Jango — Partido Trabalhista Brasileiro, Partido Social Democrático, Movimento Nacional Popular Trabalhista, Movimento Trabalhista Pró-Juscelino e Jango, e elementos independentes, no sentido de se organizarem em uma "FRENTE PRÓ-JUSCELINO E JANGO", através da qual, sob um comando único sejam envidados todos os esforços afim de consagrar nas urnas os nomes dos dois decididos patriotas que têm sabido resistir heroicamente às intimidações e às intrigas de um grupo empedernido de maus brasileiros, desejosos de liquidar a democracia em nossa Pátria.

Que trabalhistas, pessedistas, petenistas, nacional-trabalhistas, enfim, todos os patriotas paraenses se unam e lutem para dar uma retumbante vitória a JUSCELINO E JANGO, a três de Outubro!

ERNESTINO MONTEIRO
Presidente da Executiva Regional.

A espionagem americana em ação na Amazônia

Fruto da visita dos técnicos do Ponto IV—O "conto" das casas populares—Indispensável a vigilância do Govêrno e do povo contra as investidas dos falsos bons vizinhos

FRANCAMENTE, só mesmo durante a guerra passada se via tanto gringo em Belém. Não se vai ao Museu, ao Bosque, aos mercados, aos cinemas, ao comércio, que não se tope com êsses tipos inconfundíveis, trajando blusões floridos, máquinas fotográficas a tiracolo, metendo a cara em tudo, de focinho para o ar, farejando algo. O Grande Hotel, então, parece o Palace de S. José el de Porto Rico E a nossa gente, ingênua por índole, mas desconfiada por experiência, fica espiando. O que há? Outra guerra? E lhe vem a memória aquelas cenas de alguns dez anos atrás, quando fardados ou não, gringos perambulavam embriagados pelas ruas, faziam escandalos, desrespeitavam as moças patrícias, dando uma amostra eloquente do tipo de vida americana.

Mas não é só isso. De vez em quando uma leva de «técnicos», «turistas», ou missões «culturais», «científicas», «econômicas» dão-nos o desprazer de suas visitas, e, lá se le vai publicidade, coquetel no consulado, fotografias do rato Colman, trêfego e sorridente.

Frutos da visita dos técnicos do Ponto Quatro

Há poucos dias tivemos a indesejável visita dos «técnicos» do Ponto Quatro, com Mr. Warne à frente, aquele que veio para o Brasileiro e apenas 5 milhões de Govêrno Americano, com a finalidade de socorrer às populações «doentias» da Amazônia, releva a plano secundário êsse objetivo, e passa a dedicar-se, fundamentalmente, a executar obras de engenharia. Porquê? Ora, é simples. Aos olhos dos novos conquistadores ianques, nossos caboclos não precisam de medicamentos, nem de medicamentos, nem de vacinações, nem nada. Que levem a breca esses índios mal-educados. O importante, para os «técnicos» de Tio Sam, é escarafunchar a terra, saber onde há petróleo, minérios estratégicos, metais raros, isto sim. Essa a orientação do SESP, da indústria bélica americana recomendam, como fundamental, aos seus assalariados. E o trabalhinho alcamente «patriótico» e de «profundo sentido cooperativo» de levantar assistência médico-sanitária prestada pelo SESP e intensifica-se através do Serviço de Engenharia do SESP, ainda hoje sob a sábia orientação de Mr. Wagner, «eminente polici-
Serviço, de Engenharia do SESP,
do FBI. Portanto, que a Engenharia cave poços em profusão, por esta Amazônia à fôra, a título de instalar abastecimento de água. Mesmo que não se construa a rêde, nem reservatórios, nem tubulações. O que interessa, «boys» é perfurar, são os poços.

E enquanto os Postos Médicos e os Hospitais caminham para a liquidação, aumentam os escritórios

Cont. na 2ª pag.—D

Chefe da propaganda de Juarez envolvido em grosso escândalo

O deputado Clóvis Pestana acusado, em Pôrto Alegre, de utilizar sua influência junto ao govêrno de 24 de agôsto para propiciar lucros escandalosos à Panambra, firma de que é presidente — A terceira negociata onde aparecem como beneficiários, financiadores ostensivos do candidato do golpismo

RIO, (IP)—Três sustentáculos da candidatura Juarez Távora foram denunciados publicamente como envolvidos em grossas negociatas, com os beneficios das quais vem sendo parcialmente financiada a campanha eleitoral do candidato dos golpistas. A dois desses escândalos já nos referimos em edições anteriores. O primeiro, uma grossa especulação com os preços do café, através do ministro da Fazenda, sr. José Maria Whitaker, e da qual foi beneficiário o argentário João Melão, amigo íntimo e base financeira do governador Jânio Quadros. O segundo, uma especulação com o arroz gaúcho, protagonizada pela COFAP à época em que aquêle órgão era controlado pelo próprio Juarez. Por singular coincidência, beneficinou-se com a especulação também outro partidário e financiador da candidatura dos golpistas. Chama-se Reinaldo Reich.

O terceiro da série

Agora explode terceira negociata, na qual está indiciado como cérebro e principal beneficiário o deputado Carlos Pestana, que dirige a campanha eleitoral de Juarez. O escândalo vem de ser denunciado em Pôrto Alegre. O sr. Pestana, utilizando-se de suas ligações com o govêrno de 24 de agôsto, propiciou à Panambra, firma de que é presidente, fabulosos e ilícitos lucros numa complicada e desonesta importação de arame da Alemanha.

Cont. na pag. 2 Letra C

Reivindicam os bombeiros de Belém pagamento de seus soldos atrazados

Que faz o Prefeito do dinheiro que arrecada?

Já se tornou mesmo quase comum o desinterêsse da Prefeitura Municipal de Belém pela sorte dos seus servidores mais simples.

As queixas dos seus funcionários e trabalhadores são diárias, pois têm passado meses seguidos sem receber um centavo sequer.

Como lamentável exemplo dessa condenável situação, podemos mencionar o caso do Corpo de Bombeiros. Há dois meses que os sacrificados homens dessa corporação não vêem a côr dos seus reduzidos vencimentos.

Cabe aos soldados do fogo, se não querem passar maiores misérias, promoverem abaixo-assinados sob tôdas formas de reivindicações no sentido de obrigar o Prefeito Celso Malcher a pagar-lhes os vencimentos atrazados.

Preço do Exemplar
CR$ 1,00

LEIAM NA 3ª PÁGINA

O desenvolvimento da luta pela Paz e o dever dos comunistas
(Informe de CARLOS MARIGHELLA)

DOMINGO, 11 DE SETEMBRO DE 1955 TRIBUNA DO PARA Página 3

O desenvolvimento da luta pela Paz e o dever dos comunistas

CARLOS MARIGHELLA

(Informe apresentado em nome do Presidium do Comitê Central, ao Pleno Ampliado do Comitê Central, realizado nos dias 9, 10 e 11 de agôsto de 1955)

CAMARADAS!

O Comitê Central reune-se para reexaminar a questão da luta pela paz, já discutida na última reunião do C. C., quando então foi aprovada uma resolução indicando medidas e tarefas, de cujo cumprimento devemos realizar o contrôle.

Voltamos, assim, a examinar a questão da luta em defêsa da paz, porque se trata de uma questão importante que ainda não estamos enfrentando com a necessária responsabilidade. A campanha de assinaturas contra a guerra atômica avança com grande lentidão e a tarefa de coletar 10 milhões de assinaturas que o Movimento Brasileiro dos Partidários da Paz deve realizar, exige novas e mais energicas medidas. Ao apresentar êste informe, nós o fazemos invocando a última resolução do C. C., que decidiu que "todo o Partido se mobilize e tudo faça para assegurar a rápida vitória desta campanha".

— I —

INTENSIFICAR, AMPLIAR E DESENVOLVER A LUTA PELA PAZ

Os últimos acontecimentos mundiais assinalam um alivio da tensão internacional. As desesperadas tentativas das fôrças agressivas não foram capazes de impedir a vitoriosa ofensiva de paz do campo da democracia e do socialismo, encabeçado pela URSS e a Republica Popular da China. As vitórias das fôrças da paz, sucedem-se uma após outra. Elas são a afirmação de que a paz pode ser ganha pela opinião mundial. Graças a isto e à politica de paz da União Soviética, foi possivel tornar vitoriosa a realização da histórica Conferência dos Quatro Grandes, cujos resultados assinalam um novo marco na politica tendente a estabelecer o apaziguamento nas relações internacionais, a fortalecer a confiança mútua entre os povos e a assegurar uma paz duradoura. Esta Conferência conduziu ao fortalecimento da paz e ao encaminhamento da solução pacifica de importantes problemas internacionais. Saudamos, por isso, com entusiasmo a Conferência dos Quatro Grandes.

A rápida e importante reviravolta que se deu no sentido do alivio da tensão internacional mostra a vontade de paz dos povos, o crescimento poderoso do movimento dos partidárias da paz e a importancia crescente da participação das mulheres e dos jovens na luta pela paz. Este avanço está evidente no êxito da Assembléia Mundial da Paz, uma das mais representativas manifestações da vontade de paz dos povos e um dos acontecimentos marcantes da vida internacional, destinado a influir em milhões de pessôas. Está evidente também no êxito do Congresso Mundial das Mães e do V Festival Mundial da Juventude, cuja contribuição em defesa da paz, da infancia, da juventude e da amizade entre os povos é das mais significativas.

Os imensos êxitos da luta pela paz são um novo estimulo na atividade da classe operária e de todo o nosso povo contra a preparação de uma guerra atômica e pela vitória da coleta de assinaturas em tôrno do Apêlo de Viena. Não há um só partidário da paz que não se alegre com tais acontecimentos. São vitórias dos povos em sua luta pela paz. Foi a luta dos povos que forçou os imperialistas a aceitar os entendimentos para a solução pacifica dos problemas internacionais, tais como os da guerra da Coréia e do Viet-Nam.

Seria, no entanto, um grave êrro concluir de tais acontecimentos que o perigo de guerra já foi definitivamente afastado. Os imperialistas e os incendiários de guerra não recuam, mas não cessam de fazer intrigas e armar conflitos. Com a ajuda e sob a direção do govêrno dos Estados Unidos, o exército alemão continúa sendo reorganizado. As decisões da N.A.T.O. visando à preparação da guerra atômica continuam de pé. Formosa que ainda está ocupada pelas fôrças norte-americanas é um fóco perigoso. No Viet-Nam os dirigentes norte-americanos procuram sabotar as decisões de Genebra de abril de 1954, impedir a eleição prevista para 1956 e reanimar o fóco da guerra indochinesa. Na América Latina, os imperialistas norte-americanos, continuam intervindo na vida interna de todos os povos, impondo tratados militares e colocando a economia de seus povos como caudatária da economia de guerra dos Estados Unidos.

E' necessário compreender, pois, que se diminui a tensão internacional, não significa isto que todo perigo de guerra tenha sido afastado. E' dever dos comunistas explicar isto e mostrar que, mais do que nunca, cabe às fôrças da paz manifestar sua fôrça, intervir vigorosamente nos acontecimentos.

A única maneira de interpretar com acêrto a diminuição da tensão internacional consiste em saber encontrar em acontecimentos como a Conferência de Genebra um novo e poderoso estimulo no sentido de elevar ainda mais a ação dos povos, a fim de fazer recuar cada vez mais os partidários da guerra.

No dominio da luta pela paz, como nos outros, não há nada definitivamente conquistado. Os êxitos alcançados pelos povos são e continuam sendo ameaçados pelos imperialistas. Basta lembrar o rearmamento alemão, decidido mesmo depois da derrota do CED. Travamos uma batalha que não pode ser interrompida, uma luta de todos os instantes. Quanto mais o adversário é acuado tanto maior se torna sua resistência, mais poderoso precisa ser o esfôrço das fôrças da paz. Como terminará esta luta? A resposta foi dada pelo grande Stálin, ao afirmar:

"A paz será conservada e consolidada se os povos tomarem em suas mãos a causa da manutenção da paz e a defenderem até o fim".

A luta pela paz não pode ser interrompida, ao contrário, ela deve ser reforçada e intensificada, única maneira de consolidar as vitórias alcançadas e permitir novos êxitos. Cada vitória conseguida, por menor que seja, constitui um passo à frente para o triunfo da causa da paz. Seja qual fôr o valor da iniciativa ou da ação empreendida, deve ser defendida contra a ação das influências opostas, contra as tentativas voluntárias ou não de orientá-la por caminhos diferentes, contra as calunias, as mentiras dos imperialistas, que procuram sempre mascarar seus preparativos de guerra para tentar enganar os povos e frear a ação das massas.

E' preciso travar a batalha contra a subestimação das fôrças da paz, combater as concepções errôneas destinadas a intimidar os povos, entre as quais as concepções que apregoam a destruição total da humanidade pelas bombas atômicas.

As condições são favoráveis para a vitória da causa da paz. A vontade dos povos é tal que os imperialistas são obrigados a tomá-la em consideração. Se ela se amplia ainda mais, se seu poderio se manifesta com maior clareza ainda, fará recuar os fautores de uma guerra atômica, obrigá-los a negociar, a dar passos mais concretos do que os já alcançados em Genebra. Abrir-se-ão ante os povos perspectivas de paz, de progresso social, de liberdade. Para isso, cada povo deve manifestar claramente sua vontade de paz.

A medida que se intensifica a luta pela paz e que os êxitos são assegurados, aumentam as possibilidades de encontrar soluções positivas, cuja aplicação é de enorme significado para os povos.

O povo brasileiro, que sofre os efeitos da politica de preparação de guerra, refletida na miséria que o aflige cada vez mais e na crescente opressão imperialista, é profundamente interessado na paz.

São imensos para o nosso povo os beneficios da luta pela paz. As recentes decisões tomadas na Conferência dos Quatro Grandes, podem, assim, ajudar consideravelmente a ganhar as massas no Brasil para a luta em defesa da paz.

Questões como a limitação dos armamentos, a proibição das armas atomicas e a eliminação da ameaça de uma nova guerra interessam profundamente à classe operária e ao nosso pôvo. A aprovação, por exemplo, da proposta soviética de limitação dos armamentos, apresentada na Conferência dos Quatro Grandes, implicaria, no minimo, em reduzir 100 mil homens nas Fôrças Armadas do Brasil, bem como em suprimir as enormes despesas com a compra de materiais de guerra aos Estados Unidos. Com isso se poderiam economizar verbas cujo montante daria para resolver, ainda que parcialmente, alguns dos mais angustiantes problemas do nosso povo, como o financiamento das dividas do govêrno aos Institutos e Caixas de Pensões e Aposentadorias, etc.

A luta pela paz significa também para o nosso povo a possibilidade do estreitamento das suas relações com todos os povos independentemente de quaisquer diferenças de regimes. Isto constituiria um grande passo no sentido da ampliação dos mercados, permitindo como aumento das trocas comerciais uma rápida melhora econômica para o pais, sem falar dos beneficios advindos da intensificação do intercambio cultural.

Interessa, assim, grandemente ao povo brasileiro a aplicação dos principios que presidiram à Assembléia Mundial da Paz, principios definidos pelo Conselho Mundial da Paz como seguem:

1º) Os regimes diferentes no mundo podem coexistir pacificamente.

2º) As divergencias entre as nações devem ser reguladas por meio de negociações e de acôrdos aceitáveis por todos.

3º) As divergencias internas de cada país dizem respeito aos cidadãos do pais exclusivamente, conforme os direitos dos povos de dispor de si mesmos.

Foi por isso que tão intensamente, repercutiu entre o povo brasileiro a Conferência de Bandung, expressão das aspirações essenciais dos povos da Asia e da Africa, reunidos em tôrno dos principios vitoriosos da coexistência pacifica.

A afirmação de tais principios colocou em evidência o respeito à soberania e à integridade territorial daquelas nações, o que fortaleceu a sua luta pela independência nacional.

E' êste um resultado favorável da luta pela paz, resultado ilustrado de maneira, tão categórica pelos exemplos da India, da Indonésia e da Birmania, cujas posições na luta fecunda pela salvaguarda da paz mundial suscitam a admiração e o caloroso apôio do povo brasileiro. Na atitude dêsses povos irmãos surge uma nova perspectiva indicando novos caminhos para os povos que como o nosso lutam pela libertação nacional e contra o perigo de serem arrastados ao lado dos Estados Unidos numa nova conflagração mundial.

Os comunistas brasileiros devem saber interpretar os sentimentos pacificos do nosso povo e lutar sem desfalecimentos para elevar a luta pela paz a um novo nivel contribuindo assim para que sejam encontradas as soluções positivas exigidas pelo avanço impetuoso das fôrças da paz em todo o mundo. Para isso, o grande passo que devemos dar é esclarecer as grandes massas ganhá-las para a luta em defesa da paz. E isto, no momento atual, só o conseguiremos através da campanha de assinaturas em apôio do Apêlo de Viena.

— II —

NOSSOS EXITOS E DEBILIDADES NA LUTA PELA PAZ

O centro de nossa atividade na luta pela paz é a campanha de 10 milhões de assinaturas contra a guerra atômica. Nêsse terreno, são inumeros os êxitos, que muito podem contribuir para tornar vitoriosa a campanha e ampliar a luta pela paz. Enorme é a acolhida que o Apêlo de Viena vem alcançando não só entre só entre as massas como entre personalidades das mais variadas tendências. Exito importante foi a criação da Comissão Nacional de Patrocinio da campanha. Jamais outro empreendimento conseguiu tantas adesões. Participam dessa Comissão de Patrocinio numerosas figuras, parlamentares, cientistas, escritores, artistas, líderes sindicais, dirigentes camponéses, etc. Igual amplitude têm as comissões de patrocinio de Estados como o Rio Grande do Sul e Bahia e de cidades como Petrópolis e Juiz de Fóra. Cabe também assinalar que o Apêlo de Viena vem contando com o apôio de grandes assembléias sindicais, de Camaras municipais, de membros de governos estaduais, de militares de elevada graduação. O fato de personalidades que jamais assinaram um documento em defesa da paz terem firmado o Apêlo de Viena contra as armas atómicas significa que a luta pela paz penetrou em novos setores da população. Para a posição tomada por estas personalidades influi grandemente a pressão que sôbre elas exercem as massas do povo.

No trabalho de coleta de assinaturas cabe destacar como um fato novo que não só o Partido mas também as organizações de massas participam, numa escala muito maior do que antes, na atividade de angariar assinaturas. Positiva também é a ação dos grandes comandos dominicais que coletam dezenas de milhares de assinaturas e distribuem entre as massas os materiais do movimento da paz. Quanto à propaganda, vêm tendo grande importancia a denuncia das projetadas experiencias atômicas na Antárdida e os apelos de paz das mulheres japonêsas. A realização de cursos para os ativistas da paz, por ua vez, constitui uma contribuição valiosa para o desenvolvimento da campanha. De todas as experiencias, porém, a mais recente e a mais importante foi a fundação da "Comissão Permanente dos Trabalhadores Paulistas Contra a Guerra Atômica", levada a efeito na "Primeira Assembléia dos Trabalhadores Paulistas Contra a Guerra Atômica".

A campanha em tôrno do Apêlo de Viena vem sendo, assim, de imensa importancia para a ampliação e o fortalecimento da luta pela paz.

O Movimento Brasileiro dos Partidários da Paz aumenta cada dia que passa seu prestigio e influencia. Conta com a adesão de eminentes personalidades de grande projeção na vida politica, econômica e cultural do pais. Novos setores da população apoiam suas campanhas. Conseguiu sucessivos êxitos na manutenção da sua legalidade, apesar dos ataques que sofreu da reação. Isto foi possivel porque o Movimento manteve suas caracteristicas próprias. Os comunistas, por sua vez, dentro dêsse Movimento sempre se esforçaram com a maior abnegação por levar à prática as resoluções ali tomadas democraticamente, comportando-se como os mais firmes e dedicados partidários da paz.

Fator positivo no fortalecimento do Movimento dos Partidários da Paz tem sido o combate permanente às tentativas de desvirtuar os objetivos do movimento da paz, tentativa, que visavam transformá-lo, por exemplo, em uma organização de luta pela emancipação nacional. Igualmente positivo foi o combate sem quartel à tendencia de subestimar o papel e a importancia do Movimento Brasileiro dos Partidários da Paz, sob o pretexto de que a Liga da Emancipação Nacional poderia substitui-lo. O programa de um movimento não pode ser confundido com o de outro. Apesar de seus pontos de contato, os dois movimentos têm caracteristicas especificas, seus próprios objetivos e tarefas.

Para o crescimento e o reforçamento do Movimento dos Partidários da Paz contribuiu de maneira acentuada e indiscutivel êxito que alcançou a Assembleia Nacional das Fôrças Pacificas, realizada com a

PÁGINAS DE RESISTÊNCIA

Discutindo seu programa com o povo

O M. N. P. T. realiza verdadeira campanha eleitoral de massas

Tribuna do PARÁ

N. 197 Belém-Pará, 11 de Setembro de 1955

Visita diária às concentrações operárias e aos bairros da cidade, onde, ao par dos debates que se travam em tôrno das reivindicações dos trabalhadores, as candidaturas de Juscelino, Jango e Epílogo ganham a confiança de todos os que aspiram por uma vida melhor

☛ No dia 6 do corrente os comandistas do M.N.P.T. percorreram diversos bairros da cidade conclamando o povo a cerrar fileiras em torno das candidaturas de Juscelino Kubitschek, para a Presidencia da República, de João Goulart, para a vice-presidencia e de Epílogo de Campos para o govêrno do Estado, fazendo debates com o povo a respeito do seu Programa e explicando a sua posição política.

Um dos pontos visitados pelo comando foi o da Estiva, onde os trabalhadores do Cais do Porto travaram

Cont. na 5.ª pag'—A

Partido Trabalhista Nacional
SEÇÃO DO PARÁ'

NOTA — CONVITE

De conformidade com o que dispõem os Estatutos, convido os senhores membros das Comissões Executivas Estadual e Municipal para uma reunião conjunta a realizar-se hoje, à Rua Travessa n. 789, às 10 horas, durante a qual será discutida a posição do Partido, face às eleições para Governador do Estado, bem como a reestruturação dos seus orgãos dirigentes regionais.

Belém, 11 de Setembro de 1955.

ERNESTINO MONTEIRO
Presidente do Diretório Estadual

Comício do M.N.P.T. em Castanhal

Aceitação geral do programa — Discutidas as reivindicações dos lavradores

☛ O Movimento Nacional Popular Trabalhista, prosseguindo em sua campanha em defesa da legalidade constitucional pela eleição de Juscelino, Jango e Epílogo, fez realizar um comício em Castanhal, que contou com a presença de mais de meio milhar de assistentes.

Na oportunidade os orado

res do M. N. P. T. ressaltaram a necessidade dos camponeses se unirem na luta em defesa de suas reivindicações, bem como na luta em defesa das liberdades constitucionais, pois sómente num clima de liberdade é mais facil aos camponeses discutirem e exigirem dos Governantes a solução dos seus problemas.

A nota marcante do comício foi a geral aceitação que teve o Programa do M. N. P. T.

Outro ponto que interessou sobretudo os lavradores foi o item que diz respeito à criação de cooperativas agrícolas, já que cis a lei assegurará não só a venda de generos alimentícios a preços menos escorchantes, como também a venda de seus produtos a preços mais compensadores.

Leia PROBLEMAS - Revista mensal de cultura política

DESPORTOS

CAMPEONATO EM TRÊS TURNOS

☛ CONTINUA a discussão pelos bastidores do esporte em tôrno da regulamentação vigorante para o campeonato paraense deste ano, realmente desinteressante, por mais que nos esforcemos por aceitá-la como parece em feita. A verdade é que o campeonato perdeu a graça, foi mal elaborada, mas não se poderá modificá-lo, senão pelo assentimento unânime dos concorrentes, desde que se queira respeitar o mais elementar princípio de direito.

O tempo que está sendo perdido por alguns «cabeças-dura» pretendendo à fôrça mudar o texto do regulamento, poderia ser melhor aproveitado, com atividades no sentido de ser estudada, desde agora, o modo que mais corresponda às necessidades do nosso futebol profissional. É natural que centros como o nosso procurem se servir de exemplos dos mais adiantados. O Rio de Janeiro, por exemplo, está realizando um campeonato em três turnos, visando manifestamente a efeitos comerciais. Todavia, as bases utilizadas são razoaveis, dando interesse real aos dois primeiros turnos, principalmente porque o numero de clubes é grande e não pode prejuizar—como aqui—quais os finalistas. São Paulo já não precisa disso e seu problema é exatamente o do grande numero de jogos, tornando o certame exaustivo, com os trens a percorrer o interior em viagens cansativas mais que, apesar disso, fazem das competições um motivo sempre atraente.

Belém poderá perfeitamente aproveitar-se dos exemplos dos melhores centros, fazendo, porém, um regulamento de acôrdo com suas necessidades. A idéia dos três turnos é bôa, mas desde que seja conseguida uma formula capaz de conciliar os interesses. Recife, como o nosso futebol vem crescendo vigorosamente, está adotando modalidade mais profissional, com os jogos mais fracos aos sábados ou quintas feiras à noite, deixando os domingos e datas principais para os clássicos, para os embates de maior importância.

Não cremos que isto seja difícil. Temos gente conciencioza dirigindo nosso futebol. Precisamos tão somente que sejam mais dedicados a essa parte, estudando os problemas com a devida antecedência, planificando e evitando de incorrer em êrros do passado. Não temos duvida de que tudo chegará ao ponto desejado se todos os despirem de suas intransigencias clubisticas, passando à disposição de esporte paraense, que será um meio mais útil de trabalhar pelos seus próprios clubes. O público tem demonstrado que ace.ta o futebol, desde que o espetaculo seja bom. E isso depende unica e exclusivamente dos próceres.

Flávio César

SUBURBIOS EM REVISTA

No UMARIZAL a sujeira é grande

As obras da Prefeitura na Alcino do Cacela estão paralisadas — O mercado de Santa Luzia é uma imundicie e o da São Jerônimo caiu de pôdre — Ruas esburacadas, cheias de lama, capim e lixo

(Reportagem de JOSÉ MELO)

Visitamos esta semana o tradicional bairro do Umarizal e verificamos que, apesar de ser um dos mais antigos de nossa capital, continua com o mesmo aspecto de 30 anos atrás, sem nenhum progresso. Esse atrazo, num bairro como o Umarizal, que está localizado no centro da cidade, é o mais evidente atestado da incuria e do desleixo dos nossos governantes com respeito aos problemas do nosso povo.

RUAS ESBURACADAS, CHEIAS DE LAMA, CAPIM E LIXO

O aspecto geral do bairro é desolador. Tivemos a impressão de que a limpeza pública nunca por lá passou, tal a sujeira que existe em todos os recantos daquele bairro abandonado. As ruas e travessas, desde a João Balby até a Oliveira Belo, da D. Romualdo de Seixas até a Alcino do Cacela, estão completamente sujas, esburacadas e com as valas entupidas de lixo, o que ocasiona a estagnação das águas, que se convertem em fócos permanentes de cara-

panãs.

Na travessa 14 de Março, canto com a João Balby, existe um subterraneo que atravessa o leito da rua, aprecentando três grandes depressões, que constituem um sério perigo para os veículos que acesso para os transeuntes à noite. A Prefeitura de ve imediatamente tomar as necessarias providencias no sentido de mandar consertar aquêle trecho da referida rua.

LUZ SÓ PARA "INGLES VÊR"

Falando com alguns moradores, todos se queixaram da falta de luz naquele bairro. Com relação a este premente problema, queremos repetir a queixa que já afirmamos na reportagem anteriores: o Departamento de Força e Luz aumentou exorbitantemente o preço do quilonato para o consumo de energia elétrica, juntamente com outras tarifas a fim de melhorar a juz para a cidade, mas acontece que êsse melhoramento não houve até agora, continuando os bairros

às escuras. Quanto às residencias, a luz só chega às 22 mesmas depois das 22 horas, quando já não é mais necessária as necessidades domésticas.

O fato que tal irregularidade três sérios prejuizos aos consumidores, pois no fim de cada mês tem que pagar o consumo inexistente de luz. Isto significa um revoltante assalto à bolsa explorada do povo, o qual deve protestar energicamente contra a falta de luz e não pagar na quando não houver consumo.

O MERCADO DE SANTA LUZIA É UMA IMUNDICIE E O DA S. JERÔNIMO CAIU DE PÔDRE

O Mercado de Santa Luzia apresenta um aspecto contristador, quer em relação à sua conservação, quer a respeito do seu abastecimento. A's 8 horas da manhã do uma quinta-feira, encontramos o Mercado sem carne e apenas um talho de peixe funcionando. O Mercado está sujo e anti-higienico, pois até água empoçada tem no

Cont. na 5 pag. C

Carta da Guatemala

O golpe militar ou de Estado, em preparação no Brasil, é semelhante ao que foi desferido em nosso país pelo govêrno norte-americano — Castillos Armas, fantoche do Departamento de Estado americano, é um ditador sanguinário que está levando o povo e a Nação a uma ruina completa — Libertemos, pela solidariedade internacional, a Alvarado Monzón, secretário geral do Partido Guatemalteco do Trabalho, que acaba de ser preso e está ameaçado de morte

(Recebemos da Guatemala a correspondência que abaixo reproduzimos)

— A camarilha de generais fascistas que querem impedir, a todo custo, a realização das eleições de 3 de outubro, no Brasil, apresentam como pretexto que é necessário "moralizar" o Bra-

sil e "salvá-lo" do cáos em que se encontra.

Naturalmente, isto não é mais do que uma torpe artimanha com que pretendem encobrir o verdadeiro objetivo: entregar o país ao do-

minio dos trustes internacionais, suprimir da Constituição "certas disposições demasiado nacionalistas" como eles chamam, anular as que, como a que instituíu a Petrobrás, conduzem à libertação economica do país, e também sufocar o crescente movimento da classe operária, garrotear as liberdades democráticas e implantar um regime de terror contra tudo aquilo que se refira à democracia.

Um dos golpistas mais descarados — Carlos Lacerda — chegou ao cumulo de propor publicamente, através da televisão, da imprensa e até na Câmara Federal dos Deputados, a "necessidade" de um "regime de exceção", pedindo aos gritos que Castillo Armas brasileiro, que faça uma "revolução salvadora" no estilo da que o Departamento

Cont. na 5ª. pag.—D

Instalado no Guamá um Comitê do M. N. P. T.

Eleito presidente o Sr. Antonio Pessôa Guedes—Mobilização dos moradores do bairro para votar em Juscelino, Jango e Epílogo

☛ DEM de ser criado mais um Comitê do Movimento Nacional Popular Trabalhista no bairro do Guamá.

Com a presença de grande número de pessoas usou da palavra o tenente Francisco Gomes, membro da Executiva Estadual

do M. N. P. T., que conclitou os presentes a luta por melhores condições de vida e pela limpeza das ruas do bairro, bem como para que seja estendido o fornecimento de agua àquele bairro, pois os moradores do mesmo se servem de agua

Cont. na 5 pag. E

83

EPÍLOGO DE CAMPOS
MOBILIZA EM TORNO DE SUA CANDIDATURA A MAIORIA DO POVO

Compacta assistência, a maior até hoje registrada na presente campanha eleitoral, compareceu ao comício no Largo da Redenção, à noite do dia 14 – Persistem as manifestações de alguns elementos coligados no sentido de prejudicar a candidatura de Epílogo, tentando quebrar a unidade existente através de uma estúpida pregação anti-comunista.

Epílogo de Campos conclamando o povo à vitória nas urnas a 3 de Outubro

---

Tribuna do PARÁ

N.º 198 — Belém – Pará, 18 de Setembro de 1955 — Ano V

Trabalhistas contra as Ameaças ao MNPT

"Sou um dos fundadores do M.N.P.T. e a êle pertenço como trabalhista", declara o deputado Georges Galvão – Deputado João Machado: O M.N.P.T. é um movimento unitário dos trabalhadores — Opina também o vereador Hélio Walcácer, do PR

A Espionagem Americana
Em Ação na Amazônia

As atividades "sociais", "culturais" e outras do Consulado Americano – Mister Colman, o "maior" – Medida que se impõe: a expulsão do gringo

Plínio Salgado
Um caso de Hospício

Falando num comício em nossa capital divertiu a assistência com suas piadas esquizofrênicas – Ao terminar chorou como um bobão — Ontem serviu aos nazistas alemães, hoje recebe os dólares e as ordens de Wall Street

Armando Uma Provocação Golpista
Tenta-se novo Galeão com a história do desvio de armas

Suspeitíssima a participação do provocador Lacerda num inquérito policial-militar que se estaria desenvolvendo sigilosamente — Duas faces da mesma provocação

Reclamam os pescadores de Soure
Contra o abusivo monopólio dos latifundiários nas praias do Marajó

Urge que a Divisão de Caça e Pesca intervenha em defesa dos interesses coletivos

---

Entrevista de LUIZ CARLOS PRESTES
Sôbre a importância do Manifesto Eleitoral do PCB
Texto na 3. Página

Entrevista de Luiz Carlos Prestes

* A repercussão do Manifesto Eleitoral do P.C.B. reflete a crescente influência dos comunistas
* O povo sabe que não fazemos cambalachos nem acôrdo secreto
* Os golpistas foram derrotados mas não desmascarados
* Exigir a realização de eleições livres e derrotar nas urnas os generais golpistas por meio da vitória esmagadora dos srs. Kubitschek e Goulart

Luiz Carlos Prestes

DIANTE da grande repercussão que teve o Manifesto Eleitoral do Partido Comunista apoiando as candidaturas dos srs. Kubitschek e Goulart e das novas ameaças de golpe militar, IMPRENSA POPULAR procurou conhecer a opinião do grande líder do povo brasileiro Luiz Carlos Prestes sôbre a situação política e a atual campanha eleitoral. Transcrevemos abaixo aentrevista que nos foi concedida pelo secretário-geral do P. C. B.

PERGUNTA — Que acha da repercussão do Manifesto Eleitoral do P. C. B.?

RESPOSTA — A repercussão do Manifesto Eleitoral do P. C. B. reflete a crescente influência de nosso Partido no seio da classe operária e dos mais amplos setores da população brasileira. Os acontecimentos comprovam que soubemos levantar as reivindicações da grande maioria do povo brasileiro e traduzir seus sentimentos democráticos e patrióticos. Nossos piores inimigos são obrigados a reconhecer que os candidatos apoiados pelo Partido Comunista serão vitoriosos nas urnas a 3 de outubro, porque receberão os votos das grandes massas trabalhadoras das cidades e do campo que aguardavam a palavra de nosso Partido e se dispõem a seguir a orientação por nós indicada. Daí, a gritaria dos prejudicados. A verdade é que todos os candidatos desejariam receber o apoio dos comunistas. Quanto aos generais golpistas e à imprensa a serviço do imperialismo norte-americano, é natural que estejam desesperados. Seus insultos não nos atingem. O povo sabe que não fazemos cambalachos nem acordos secretos. Apoiamos as candidaturas dos srs. Kubitschek e Goulart pelos motivos políticos já amplamente expostos em documentos do Partido, convencidos como estamos de que em tôrno destas candidaturas será possível organizar a mais ampla frente única contra o golpe militar fascista.

Isto, aliás, já foi comprovado pelos acontecimentos dos últimos dias. Os generais fascistas e demais agentes e serviçais dos monopólios norte-americanos pretendiam isolar nosso Partido, impedir que participasse da campanha eleitoral, utilizando a velha e gasta arma do anticomunismo para amedrontar as pessoas de nervos fracos, intimidar até mesmo o Congresso Nacional e implantar no país a ditadura militar fascista. Mas foram fragorosamente derrotados e tiveram que bater em retirada diante da impressionante manifestação dos mais amplos setores da população que, acima de diferenças de classe, de pontos de vista políticos e religiosos, uniram-se em defesa da Constituição e das liberdades democráticas.

PERGUNTA — Ainda persiste o perigo de um golpe militar fascista?

RESPOSTA — Sim. O perigo subsiste. Os golpistas foram derrotados mas não desarmados. Continuam ocupando os postos-chaves do govêrno e das fôrças armadas os mesmos generais golpistas. Na pasta da Justiça permanece o udenista sr. Prado Kelly, partidário do golpe. Depois da cédula única e da gritaria em tôrno do apoio dos comunistas, novos pretextos serão utilizados. Os monopólios norte-americanos querem o petróleo brasileiro e nossos minérios radioativos, querem intensificar a preparação de nosso país para a guerra e para tanto precisam esmagar o movimento operário e patriótico, dissolver o Congresso Nacional e liquidar os últimos vestígios de liberdade ainda existentes. Não cessam, por isso, suas maquinações golpistas para implantar a ditadura militar. Têm em vista também um govêrno ditatorial, com poderes discricionários, estado de sítio, etc., tal como no Chile ou na Argentina. Devemos, pois, continuar vigilantes.

PERGUNTA — Qual a maneira de prosseguir com êxito a luta pela derrota dos golpistas?

RESPOSTA — É indispensável intensificar a luta em defesa das liberdades democráticas e da Constituição. É indispensável que os democratas e patriotas tomem a ofensiva, unam suas fileiras e demonstrem sua firme vontade de luta. O essencial, no momento, é exigir a realização de eleições livres e derrotar nas urnas os generais golpistas por meio da vitória esmagadora dos srs. Kubitschek e Goulart. É, lutando que se defende a liberdade e a independência da pátria. Não é fazendo concessões aos golpistas que se impedirá o golpe liberticida. Os verdadeiros patriotas e democratas esperam que os srs. Kubitschek e Goulart, assim como os demais dirigentes do PSD e do PTB, compreendam isto.

Quanto a nós, comunistas, lançamo-nos com ardor à campanha eleitoral e não pouparemos esforços para esclarecer as grandes massas populares, uni-las e organizá-las e levá-las às urnas de 3 de outubro. Sabemos que o inimigo tudo fará para impedir nossa atividade junto às massas, mas não há obstáculos insuperáveis quando se luta pelos interêsses dos trabalhadores e pelas liberdades democráticas. É indispensável e urgente dar um caráter de massas à atual campanha eleitoral, trazê-la para as ruas e organizar milhares e milhares de Comitês Eleitorais nas emprêsas e nos bairros operários. Nesse sentido tem grande importância saber levantar em cada local as reivindicações mais prementes dos trabalhadores e organizar a luta por tais reivindicações em ligação com a luta em defesa das liberdades, contra o golpe militar e pela vitória dos srs. Kubitschek e Goulart nas urnas. Apoiemos também com decisão e energia a atividade organizadora do Movimento Nacional Popular Trabalhista, amplo movimento de frente única e sem partido, bem como de tôdas as demais organizações que se levantarem em defesa das liberdades democráticas e da Constituição, contra as ameaças do golpe militar.

Estamos convencidos de que a vitória dos srs. Kubitschek e Goulart nas eleições de 3 de outubro significará mais uma derrota dos generais golpistas e poderá determinar o início de uma modificação importante na correlação de fôrças a favor do povo e do progresso do Brasil. É é por isto que aproveitamos o ensejo para nos dirigirmos a todos os eleitores, a todos os patriotas e democratas: votar em Juarez Távora é votar pela ditadura, é votar pela entrega do petróleo brasileiro à Standard Oil, como votar em Ademar de Barros é contribuir para a vitória de Távora—votar contra os generais golpistas, votando em Juscelino Kubitschek e João Goulart.

Da clandestinidade em que me encontro desejo ainda enviar a todos os patriotas que se levantaram contra as ameaças golpistas minha mais entusiástica saudação. Congratulo-me com todos pelos êxitos alcançados. Confiamos nas fôrças do povo que são invencíveis e nos sentimentos democráticos e patrióticos dos soldados, cabos, sargentos e oficiais de nossas fôrças armadas. Estas não devem jamais ser confundidas com o grupelho de generais golpistas serviçais dos monopólios norte-americanos.

("Imprensa Popular"-Rio, 11 de setembro de 1955)

MNPT Recomenda:

Juscelino Kubitschek -- para Presidente da República

João Goulart -- para vice-Presidente da República

Epílogo de Campos -- para Governador do Estado

Marchemos unidos para as urnas a 3 de Outubro!

Indicando a candidatura Epílogo de Campos
O COMITÊ REGIONAL DA AMAZÔNIA DO Partido Comunista do Brasil
Dirige-se aos trabalhadores e ao povo

"Resolvemos apoiar o sr. Epílogo de Campos, certos de que estamos interpretando o sentimento e a vontade da maioria do povo paraense."

Íntegra do importante documento:
Manifesto do Comitê Regional da Amazônia do Partido Comunista do Brasil

Aos trabalhadores e ao povo!

COMO VANGUARDA dos trabalhadores e do povo, temos o dever indeclinável de contribuir para a solução dos inúmeros e graves problemas que os afligem.

Assim, apesar da situação de ilegalidade em que nos encontramos, não podemos deixar de participar, ativamente, das eleições de outubro próximo. Nossa posição no plano nacional está definida no Manifesto Eleitoral do Comitê Central do nosso Partido, com o apoio às candidaturas dos srs. Juscelino Kubitschek e João Goulart, para a Presidência e vice-Presidência da República, respectivamente.

Quanto ao pleito estadual, envidamos, inicialmente, todos os esforços no sentido de contribuir para a apresentação de um candidato independente que realmente consultasse os legítimos interesses e às justas aspirações da grande maioria dos trabalhadores e do povo.

Todavia, por esse caminho, não conseguimos reunir forças capazes de assegurar o lançamento de um candidato popular com possibilidades de vitória nas urnas.

Nestas condições, restava-nos apoiar um dos dois candidatos já lançados, na base de um programa-mínimo das reivindicações populares mais sentidas e das garantias indispensáveis ao livre exercício da democracia em nossa terra.

Uma análise preliminar das duas candidaturas e das forças que os cercam, leva-nos às seguintes conclusões: de um lado, o sr. Magalhães Barata, velho caudilho, que não evoluiu politicamente após 1930. Retrógrado e prepotente que é, simboliza o obscurecimento e a opressão. Dirigindo um Partido, onde predominam estadualmente conhecidos reacionários, impede com seu guante de ferro as manifestações, por mínimas que sejam, dos patriotas e progressistas nele existentes.

De outro lado, o sr. Epílogo de Campos, político novo, esforçando-se por viver no Parlamento os problemas de sua geração, vem assumindo, por vezes, atitudes corajosas na defesa das instituições democráticas. Sua candidatura foi apresentada por uma Coligação de Partidos, que, não obstante ser integrada por elementos também retrógrados e reacionários, velhos e conhecidos inimigos do povo, conta em seu seio com um grupo expressivo de patriotas e democratas, que se vem destacando na luta pela Paz, em defesa da soberania nacional e das nossas riquezas naturais.

Este, queremos ressaltar, é um dos aspectos mais positivos dessa candidatura.

Face a essa constatação, e visto que nenhum dos dois candidatos apresentava programa de governo, procuramos reiteradamente através de nossa imprensa mostrar a ambos a necessidade de virem ao povo debater seus problemas, e de publicamente se manifestarem sôbre questões concretas da maior importância, tais como a Paz mundial, a defesa da soberania e das riquezas nacionais, a defesa da Constituição e das liberdades, a melhoria das condições de vida para os trabalhadores e o povo.

Verificamos que o sr. Magalhães Barata, candidato do P.S.D., o Partido que nacionalmente lançou o sr. Juscelino Kubitschek, hoje o candidato das forças democráticas e populares, conduz sua campanha em flagrante contradição aos princípios que norteiam o ilustre político mineiro, cuja candidatura, neste Estado, vem sendo claramente sabotada pelo P.S.D.

DR. EPÍLOGO DE CAMPOS

Fazendo campanha em tôrno de si próprio, o sr. Magalhães Barata segue o diapasão que lhe é peculiar, de ataques pessoais, de mentiras, calúnias, ameaças de revides, adotando como tema fundamental a chantagem do anticomunismo, ignorando intencionalmente os problemas do povo, a quem nada promete de sério e concreto, nem mesmo a manutenção das garantias já conquistadas; pelo contrário, investe contra a ordem constitucional, inclusive fazendo o jogo dos pregoeiros do golpe, através do "impeachment" tentado contra o Governador do Estado, legitimamente eleito.

Enquanto isso, o sr. Epílogo de Campos assumiu publicamente o compromisso com o Programa do M.N.P.T., organização política de frente única, popular e democrática, dirigida pelos trabalhadores, que se vem constituindo a mais séria barreira àqueles que pretendem implantar uma ditadura terrorista no País, através de um golpe de Estado.

Essa decisão do sr. Epílogo de Campos, deu vigoroso cunho popular à sua candidatura que, a partir daí, tomou um rumo de princípios, ganhando o apoio das grandes massas, conferindo-lhe, assim, nítida superioridade frente a de seu opositor.

Considerando, pois, êsses fatores, resolvemos apoiar o sr. Epílogo de Campos, certos de que estamos interpretando o sentimento e a vontade da maioria do povo paraense, cujos anseios de Paz, liberdade e bem estar, devem constituir o centro de seu Programa de govêrno e a base para a organização e o fortalecimento de uma ampla frente única de todas as classes e camadas sociais, objetivando um futuro melhor para o nosso povo.

Não apoiamos o sr. Epílogo de Campos por considerá-lo um candidato popular e democrático. Identificamos entre as forças que o apoiam, aquelas que cumprem o seu papel divisionista, estabelecendo discriminação de ordem político-ideológica e nivelando-se aos seus adversários; essa manobra se tornou mais evidente depois que o M.N.P.T., participando ativamente da campanha eleitoral, determinou-lhe mais estreita vinculação com as aspirações populares.

Precisamente, porisso, julgamos ser nosso dever advertir o sr. Epílogo de Campos dos perigos que podem resultar para a sua candidatura quaisquer concessões feitas a tais forças divisionistas, ora em plena atividade, sob a inspiração dos que pretendem levar a Nação ao abismo da inconstitucionalidade ou transformar o seu futuro govêrno num instrumento servil de seus interesses, o que seria a negação prática dos seus compromissos com o povo.

O momento político é de firmeza e decisão, e o povo espera que o sr. Epílogo de Campos, coerente com os princípios que o fizeram merecedor da confiança popular, não o atraiçoe, trilhe o caminho dos verdadeiros patriotas e democratas, fazendo um govêrno que consulte de fato os interesses das grandes massas, isto é, saldando os compromissos por êle assumidos com as organizações populares que o apoiam.

Ao tornar pública a nossa posição face à eleição estadual, fazemos um apêlo a todos os partidos e forças que apoiam o sr. Epílogo de Campos, no sentido de conduzi-lo à vitória, através de uma campanha elevada, no terreno de princípios, sem recuos que a nivelem com os adversários, nem provoquem dispersão de forças.

Apelamos ao proletariado e ao povo para que se organizem em Comitês eleitorais nos seus locais de trabalho, nos bairros, fazendas e escolas, a fim de lutarem unidos, pela solução dos problemas que os angustiam. Essa é a forma de se estruturar uma ampla frente única popular que deverá constituir-se a base para o atendimento das reivindicações das grandes massas. Particularmente nos dirigirmos aos membros do Partido no sentido de que promovam essa organização e mobilização do povo e todos em geral cerrem fileiras em tôrno de Epílogo de Campos e o consagrem nas urnas a 3 de outubro próximo, pois sua vitória possibilitará a continuidade do clima de liberdade em que vivemos, neste Estado, da mesma forma que a vitória do sr. Magalhães Barata seria a volta ao regime de violência, do arbítrio, do desrespeito às liberdades públicas, individuais e à própria dignidade humana.

Cont. na 2ª. pág. — A

N.º 199 — Belém — Pará, 22 de Setembro de 1955 — Ano V

Magalhães Barata disputou o apôio do Partido Comunista à sua candidatura

Rejeitado seu pronunciamento por não conter respostas concretas às perguntas que lhe foram apresentadas, em face das questões da Paz, soberania nacional, defesa das riquezas nacionais e dos problemas mais sentidos das massas trabalhadoras e do povo em geral — Contraditória a chantagem da campanha anti-comunista em que se encontra hoje empenhado o chefe possedista.

Leia a CARTA-RESPOSTA, em fac-simile na 2ª. e 3ª. pág.

O inta-feira, 22 de Setembro de 1955 — A TRIBUNA DO PARÁ — Página 2

Magalhães Barata disputou o apôio do Partido Comunista à sua candidatura

Rejeitado seu pronunciamento por não conter respostas concretas às perguntas que lhe foram apresentadas, em face das questões da Paz, soberania nacional, defesa das riquezas nacionais e dos problemas mais sentidos das massas trabalhadoras e do povo em geral - Contraditória a chantagem da campanha anti-comunista em que se encontra hoje empenhado o chefe pessedista.

RESPOSTAS:

1º) Pugnar por uma política de Paz e pela solução pacífica dos problemas internacionais (no caso concreto do Pará, o candidato deverá se pronunciar favorável á existência do MOVIMENTO DOS PARTIDARIOS DA PAZ e pelas campanhas pró Paz, particularmente a campanha de assinaturas contra o emprego das armas atômicas para fins guerreiros).

RESPOSTA:-NO BRASIL A POLITICA DA PAZ É OBRIGATORIA PELA CONSTITUIÇÃO NACIONAL, ATRAVEZ DOS ORGÃOS DO GOVERNO - LEGISLATIVO E EXECUTIVO.

2º) Defesa da soberania nacional, revogação de acôrdos militares, protocolo de Hiléia, etc.

RESPOSTA:-TRATA-SE DE ASSUNTOS AFETOS AS FORÇAS ARMADAS (DEFESA DA SOBERANIA) E DO CONGRESSO NACIONAL.

3º) Defesa da democracia brasileira, contra os golpes, pelo cumprimento da Constituição, pelas liberdades democráticas.

RESPOSTA:-EM FUNÇÃO DA EXISTENCIA DA CARTA MAGNA QUE É BEM DEMOCRATICA. ENQUANTO TIVERMOS CARTA MAGNA MANTIDA PELAS FORÇAS ARMADAS, HAVERÁ DEMOCRACIA.

4º) Defender a economia nacional, as riquezas minerais da Amazônia, apôio á Petrobrás.

RESPOSTA:- ASSUNTO DE ORBITA FEDERAL, OBRIGATORIAMENTE OBSERVADAS NOS ESTADOS.

5º) Proteção á economia da borracha e outros produtos extrativos, pugnar pela nacionalização da indústria gomífera e seu desenvolvimento regional.

RESPOSTA:- IDEM, IDEM.

6º) Proteção e estímulo á agro-pecuária e á pesca, amparo e facilidades aos produtores objetivando solucionar o abastecimento das cidades.

RESPOSTA:- IDEM, IDEM.

7º) Intensificar o término da Força e Luz, acelerar a execução do plano de abastecimento d'agua, iniciar a solução do problema de esgotos em Belém, planejar e executar com a PMB a recuperação dos suburbios.

JUAREZ, Candidato a Ditador dos Conspiradores Golpistas

Até a imprensa estrangeira reconhece no general entreguista uma das figuras de proa do golpe—O candidato que mais convem à Standard Oil

RIO (I. P.) O jornal londrino «New Statesman Nation» numa análise da situação política do Brasil, escreve que, apesar da certeza de vitória de Juscelino e Jango, nas urnas de 3 de outubro, as forças golpistas de 24 de agôsto tentam «adiar as eleições, indefinidamente, ou estabelecer uma ditadura militar com o general Juarez Távora à frente».

Aos olhos, dos próprios observadores estrangeiros, ressalta nítida a tividade golpista do general Juarez Távora.

Golpista Empedernido

Isto bastaria para responder ao urioso editorial do «Diário de Notícias» que tenta «considerar «uma infamia do comunistas» a caracterização de Juarez como o candidato o golpismo, mostram à sociedade caráter desta candidatura.

1 — Logo depois do dia 24 de gôsto, Juarez procurou diversos antes militares para um novo golpe, sôbo fundamento de que, tem uma ditadura militar «era impossível moralizar o país».

2 — Juarez foi o candidato natural das fôrças golpistas —de Lacerda e seu bando até Cordeiro de Faris e a chamada «dissidência do P. S. D.» Não se inpopularizar e desde o início, deixou que fôsse lançado Etelvino, como balão de ensaio, apresentando-se candidato de alguns partidos inexpressivos, como P. D. C. e P. S. B. Mas logo colocou êsses partidos do lado das fôrças que trabalham pelo golpe.

3 — Nem uma só vez êle se pronunciou, claramente, contra o golpe. Silenciou, conivente, com tôdas as provocações golpistas: discurso de Canrobert, entrevista de Amorim do Vale, do brigadeiro Eduardo Gomes, etc.

Porque Juarez se apresentou candidato

Alguns defensores de Juarez argumentam que, se fôsse golpista, êle não se apresentaria para concorrer às eleições. Mas é preciso ver que Juarez surgiu candidato quando os golpistas se viram obri

gados a participar das eleições, porque ainda não tiveram condições para desfechar um golpe imediato. De modo que, todos os golpistas, embora conspirando pela não realização do pleito e contra a posse dos candidatos eleitos a 3 de outubro (não será, evidentemente, Juarez), são obrigados a aceitar a campanha eleitoral.

Além disso, fazendo-se candidato, Juarez tenta resolver um sério problema dos golpistas: o criado pela disputa, entre êles, do papel de ditador. Alguns generais fascistas e ambiciosos disputavam com êle êste papel: Canrobert, Eduardo Gomes, Cordeiro de Farias, etc. Até alguns coronéis se pusaram com a «mosca azul». Impondo-se aos outros, como candidato, das fôrças golpistas nas eleições, Juarez se impõe, também como o candidato natural a ditador, no caso de um golpe militar. É o que reconhece, inclusive, a imprensa estrangeira.

Entreguista N.º 1, em matéria de Petróleo

Mas não é sòmente ai que res de o caráter golpista da candidatura Juarez. Êle reside, fundamentalmente, na sua vinculação com as fôrças mais profundas que manejam tôda a conspiração: os trustes norte-americanos e, principalmente, a Standard Oil. Juarez foi e continua a ser o campeão da tese entreguista. Ainda agora, numa entrevista ao Jornal dos Debates, êle declara: «Falando com tôda a sinceridade divirjo da tese do monopólio estatal. Dize que, se eleito, «farei tudo» para que a «Petrobrás» cumpra sua finalidade, mas «se ela falhar, chamarei, então, todo mundo, para vir explorar nosso petróleo».

Não é por acaso que, segundo denúncia do tenente-coronel José Antônio de Melo Portela, perante a Comissão Parlamentar de Inquérito, na refinaria de Cubatão, onde uma emprêsa ianque opera de modo equívoco, se faz ampla propaganda da candidatura de Juarez, apresentando seus pontos de vista contra o monopólio estatal.

CONCLUSÕES

— A —

Todos às urnas a 3 de outubro! Derrotemos os inimigos do povo!

Viva a unidade da classe operária com as demais fôrças democráticas!

Em defesa das liberdades públicas e individuais!

Elejamos Juscelino Kubitschek, João Goulart e Epílogo de Campos!

Belém, setembro de 1955.

O COMITÉ REGIONAL DA AMAZÔNIA DO PARTIDO COMUNISTA DO BRASIL

— B —

como também conhecem. Não é possível que seja eleito presidente da República. É um homem desobediente, rancoroso e mau.

Mandou matar Vargas

Outro ponto importante da oração do sr. César Vergueiro é o que diz respeito à afirmação de Vargas de que, por duas vêzes, em Taubaté e São Paulo, quase fôra assassinado, a mando de Ademar por seus asseclas, quando da campanha em que o falecido presidente tomou parte em favor do sr. Cirilo Júnior, como candidato a vice-governador de S. Paulo, sendo governador o sr. Ademar de Barros.

Prossegue Vitoriosa a Campanha

Desenvolvida Pelo M. N. P. T.

Comandos visitam as feiras do Ver-o-Peso, S. Braz e S. João do Bruno-Entusiástico comicio no Guamá-Animados debates nas usinas de Santo Amaro e Tupi, na Fabrica Perseverança e com os ferroviarios na oficina de Marituba-Todos se mostraram confiantes com o programa do MNPT e decididos a votar em Juscelino, Jango e Epilogo. Comicio domingo em Canudos-- •

O M. N. P. T. prossegue vitorioso em sua campanha de esclarecimento e organização das massas trabalhadoras desta capital.

Domingo último nos seus já conhecidos comandos os elementos do Movimento Nacional Popular Trabalhista estiverem visitando as feiras do Ver-o-Peso, S. Braz e S. João do Bruno. O povo entusiasmado ouvia com atenção as palavras de ordem do M. N. P. T., conclamando a todos a se unirem em defesa da Constituição e pela derrota dos golpistas com a vitória de Juscelino, Jango e Epílogo, nas eleições de 3 de outubto próximo.

Foi tamanho o interesse despertado no seio do povo que a quantidade de programas que os comandistas transportavam foi insuficiente para atender as solicitações feitas.

Não resta dúvida que o M.N.P.T. deu um cunho popular à campanha eleitoral, com o metodo de debates com o povo que vem adotando.

Comicio no Guamá

Conforme noticiamos em nossa última edição o M. N. P. T., por solicitação dos moradores do bairro do Guamá, realizou domingo às 17 horas um comicio no referido bairro.

Os oradores ressaltaram a necessidade do povo se unir e organizar no Comité do Movimento na luta pelas reivindicações mais sentidas dos moradores do Guamá, sufragando a 3 de outubro próximo o nome de Juscelino, Jango e Epílogo.

A tribuna do M.N.P.T. é a tribuna do povo

Após se fazerem ouvir os oradores do M. N. P. T. o microfone foi posto à disposição dos moradores do Guamá, usando da palavra três senhoras e dois senhores, bem como um menino de 10 anos, que foram unanimes em reclamar agua para o bairro, já que, utilizam o precioso liquido dos poços das casas que ali demoram, fazendo um longo percurso com latas às costas

Quando falava, o menino disse: «apesar de pequenino eu também já carrego agua, minha mãe também e eu quero que acabe esse sacrificio, convido a todos a assinarem o memorial pedindo agua para o nosso bairro».

Enquanto isso foi colocada uma mesinha na praça pública com um memorial a ser entregue ao Governador do Estado pedindo a instalação de agua no Guamá, o qual recebeu mais de trezentas assinaturas naquele momento. A seguir foi constituida uma comissão não só para continuar com a coleta de firmas para o memorial, mas também entregá-lo às autoridades competentes. Encerrado o meeting, ouviram-se vivas ao M. N. P. T., a Juscelino, Jango e Epilogo.

Nas Usinas Santo Amaro e Tupi

No decorrer desta semana os comandos do M. N. P. T. estiveram nas Usinas de Beneficiamento de Castanha Santo Amaro e Tupi; nesta ultima os componentes do comando ingressaram no local de trabalho fazendo debates com as operárias a respeito do Programa daquela organização e as convidaram a se unirem na organização de seu Sindicato e criarem um Comitê do M. N. P. T. naquela emprêza, a fim de lutarem pela satisfação de suas mais prementes necessidades. As operárias tanto da Santo Amaro como da Tupi receberam o Programa do Movimento Nacional Popular Trabalhista, dizendo que o transformariam em sua bandeira de luta, para o que sufragariam os nomes de Juscelino, Jango e Epilogo.

Na Fábrica Perseverança

A fábrica Perseverança vem sendo constantemente visitada pelos comandistas do Movimento Nacional Popular Trabalhista, onde vem encontrando a melhor receptividade o seu Programa, em virtude das repetidas sabatinas a seu respeito feitas com as operárias daquela emprêza, as quais estão envidando esforços no sentido de organizar um Comitê do Movimento Nacional Popular Trabalhista em seu local de trabalho, para reivindicar melhores condições na luta pela eleição dos candidatos apoiados pelo M. N. P. T., derrotando, assim os golpistas.

Debate com os ferroviários

O M. N. P. T. conseguiu uma de suas maiores vitórias com o apoio que lhe foi hipotecado pelos ferroviários que trabalham na oficina de Marituba.

Ao ali chegar foi feito um comicio relampago, quando os operários de Marituba sob o mais vivo entusiasmo ouviram a palavra dos lideres do M. N. P. T., e prometeram derrotar os golpistas elejendo Juscelino, Jango e Epílogo, bem como se organizarem em um Comitê do Moximento Nacional Popular Trabalhista para lutarem pelo atendimento de suas reivindicações e pela aplicação do Programa.

Por solicitação do M. N. P. T. a nossa reportagem acompanhou o e comandos realizados não escapou à nossa observação a estranheza manifestada pelos trabalhadores frente à nota anticomunista distribuida à imprensa pelo sr. Epílogo de Campos, pois, como se sabe, sua candidatura vem sendo ativamente apoiada pelo Movimento Nacional Popular Trabalhista, organização que congrega elemensos de todas as tendências politicas, inclusive comunistas. Não obstante isso, os comandistas conclamaram os trabalhadores a cerrarem fileiras em tôrno das candidaturas de Juscelino Kubitschek, João Goulart e Epílogo de Campos, fazendo-as vitoriosas a 3 de outubro próximo.

Comicio domingo em Canudos

No próximo domingo será estruturado mais um Comitê do Movimento Nacional Popular Trabalhista, à rua Américo Santa Rosa, n.º 306, bairro de Canudos, às 17 horas.

Nessa ocasião os membros da Comissão Executiva do M. N. P. T. estarão presentes a fim de debater com os moradores daquele bairro o seu Programa.

E' de ressaltar que a criação de mais este Comitê foi solicitada pelo próprio povo do bairro de Canudos, a fim de se organizarem lutando pela instalação de agua e atêrro para a rua acima referida. Vai ganhando, assim, a confiança do povo paraense o M. N. P. T. com seu Programa.

ADEMAR mandou duas vezes assassinar GETULIO VARGAS

A eleição do chefe do PSP seria um crime de lesa-pátria, afirmava o falecido presidente — Sensacional revelação do senador Cesar Vergueiro

RIO, (I. P.)—Vargas, em tempo algum, assumiu qualquer compromisso com Ademar de Barros para apoiar a candidatura do chefe do P. S. P. à sua sucessão. Ao contrário, reconhecia—e disso não fez nenhum segrêdo—que a simples presença do antigo interventor paulista no Catete seria um verdadeiro caso de calamidade nacional e um crime de lesa-pátria.

A sensacional revelação foi feita, da tribuna do Monroe, pelo senador Gésar Vergueiro, do P.S.D.

Frisou, em seu discurso, o sr. César Vergueiro:

—Em dia do mês de junho do ano passado, de 1954, fui chamado ao Palácio do Catete pelo sr. Getúlio Vargas. Disse-nos s. excia. que considerava um crime de lesa-pátria a eleição do sr. Ademar de Barros à Presidencia da República. Procuro reproduzir as palavras textuais de s. excia.: «Vergueiro, assim me chamava desde os tempos em que, durante vários anos, fui seu colega na Câmara Federal, antes de 1930, bem sabes que conheço profundamente o Ademar,

Cont. na 2 pag. B

Apôia o P.T.N. a candidatura Epilogo de Campos

Publicamos abaixo a Nota por nós recebida, pela qual se verifica que aumenta o poderio das fôrças democraticas e patrióticas que assegurarão a 3 de outubro nítida vitória ao sr. Epilogo de Campos. O comunicado é do seguinte teor:

Partido Trabalhista Nacional
(SECÇÃO DO PARA')
NOTA OFICIAL

A SECÇÃO PARAENSE do PARTIDO TRABALHISTA NACIONAL torna público que em reunião realizada no dia 18 do corrente, para discutir a posição do Partido face ao pleito estadual, decidiu, por maioria absoluta de votos, apoiar a candidatura do Dr. Epílogo de Campos, ao Governo do Estado, por considera-la a mais identificada com os interêsses dos trabalhadores e do povo paraense e, consequentemente, com a orientação politica do Partido.

Belém, 18 de Setembro de 1955

ERNESTINO MONTEIRO—Presidente

Mais uma vez violada a Constituição

As arbritrárias violências policiais contra o M. N. P. .T, fazem parte dos planos dos golpistas

NOTICIARIO divulgado pela imprensa local informa que a policia carioca, exorbitando de suas funções mas funcionando como instrumento dos golpistas e da Embaixada Americana, desfechou nestes ultimos dias uma violenta ofensiva contra as atividades politicas do Movimento Nacional Trabalhista, organisação que congrega em suas fileiras avultado número de lideres sindicais e populares, filiados a diversos partidos e correntes politicas.

Confirmam-se, assim, as nossas advertências de que os golpistas, embora repudiados por todo o povo continuam ativos no criminoso proposito de liquidar a legalidade constitucional, impedir a realização de eleições e implantar uma ditadura terrorista no país.

Interditando o funcionamento do MNPT, os golpistas visam afastar das urnas grande parte do eleitorado, a fim de que o entreguista Juarez Távora desfrute uma vitoria que não lhe pertence.

Os ataques policiais ás sedes do MNPT são uma modalidade de golpe à Constituição, um atentado ao direito de reunião, com o que pretendem aterrorizar as massas para não votar em Juscelino, Jango e Epilogo, candidatos que reunem maiores possibilidades de vitoria a 3 de outubro, justamente porque vâm se constituindo num sério entrave às manobras golpistas.

Que o povo se mantenha alerta e compareça em massa às urnas para eleger Juscelino, Jango e Epílogo.

Candidatos do PSD, PTB, PSP e PSB recebem o apoio decisivo do M. N. P. T.

MACEIO — (I. P.) — O MNPT decidiu apoiar os candidatos à governança e vice-governança do Estado, respectivamente drs. Muniz Falcão e Sisenando Nabuco, apresentados pela coligação PSP - PTB.

Como candidato à Prefeitura Municipal recebeu o apoio da Convenção do MNPT o dr. Sebastião da Hora, apoiado pela

(Cont. na 3ª pág. -

Tribuna do PARÁ

N. 189 Belém-Pará, 22 de Setembro de 1955

A Luta Pelas Liberdades

DALCIDIO JURANDIR

ENCONTREI Belém mais consumida pelas dificuldades, pela miseria, por este atraso que rói as entranhas do Brasil inteiro. Uma simples viagem ao interior, uma caminhada pelos bairros, uma conversa com gente do povo e logo se vê que aco[illegible]ce no Par[illegible] acontece em Goiás, na Bahia, no sul. Aqui o [illegible] agrava mais profundamente. Os salários mais [illegible], a produção alimentar escassa e mais cara, a industria não deu um passo, ao contrario, diminuiu o numero de trabalhadores da classe operária em Belém e aumenta o desemprego. Nos bairros mais distantes, no pa[illegible]çal mergulhado na água e na lama, sente-se a luta do povo pobre. Realmente, grande é a luta dos pobres contra a miseria. Essa mesma miseria ceifou centenas de crianças pois foi a falta de recursos que determinou o massacre de inocentes. Essa condição de atraso e sofrimento, no interior do Estado, torna-se cada vez mais angustiosa.

Mas será que ao povo do Pará não haverá esperança? Será que não foi indicado um caminho claro para que possa se libertar da miseria, da exploração, do atraso?

Esse caminho foi indicado e foi um Partido, o grande e glorioso Partido da classe operaria, que indicou. Trata-se do Programa de Salvação Nacional que o nosso povo deve conhecer, lêr, meditando na significação do que diz o nosso Partido, o Partido de Prestes, a respeito de nossa situação atual. No Programa, está pintada a realidade g[illegible] do Brasil [illegible] mostradas as causas da miseria, da dôr e das [illegible] que afligem o nosso povo e apresentados os remédios necessários para tornar a nossa Patria independente e progressista. No Programa, está provado que o nosso principal inimigo são os banqueiros e negociantes americanos que sugam as nossas riquezas e exercem controle sobre o governo atual. Tambem ficou demonstrado que a maioria de nossa população não tem possibilidades de viver com decencia porque se encontra sob a exploração dos grandes donos de terras, senhores de imensas propriedades onde escravisam milhões e milhões de trabalhadores. Tambem ficou evidente que o governo atual, de Café e companhia, serve aos interesses dos americanos e aos grandes capitalistas e fazendeiros e isso determina o estado de atraso e miseria de nosso país.

O Programa do Partido Comunista do Brasil, o grande Partido que, á frente da grande frente unica das forças nacionais e populares do Brasil, sob a direção da classe operaria, há de libertar o Brasil, é verdadeiramente o unico, o indispensavel instrumento que dará a nosso povo não apenas uma esperança mas a certeza de que podemos livrar nossa Patria da opressão americana e da exploração dos grandes tubarões do dinheiro e da terra.

Na luta eleitoral do momento, estamos em plena campanha pelas liberdades. O M. N. P. T. nasceu da união ampla de forças populares, defendendo as liberdades constitucionais, acenando a todos os patriotas, para que se unifiquem na defesa da democracia e da independencia do Brasil. Não devemos permitir que os americanos e seus serviçais golpeiem o que resta das nossas liberdades e instalem uma ditadura ainda mais feroz, mais terrorista, com o fim de entregar o petroleo á Standart Oil, materias primas a outros abutres dos Estados Unidos, transformando o Brasil em colônia americana.

O M. N. P. não é um partido politico mas um movimento nacional e popular de correntes diversas de opinião, independente de credos partidarios e religiosos.

Os inimigos do Brsil lançam mil e uma infamias bastantes conhecidas, contra o grandioso movimento. Mas não importa. O povo começa a aprender que a sua salvação depende de sua propria vontade e de sua propria força. O povo tem possibilidades para triunfar sobre os seus inimigos. Assim, unidos, abriremos caminho na defesa da Constituição, pela realisação das eleições de 3 de outubro e a vitoria de Juscelino, João Goulart e Epilogo de Campos, candidatos contra o golpe.

Uma proposta sensata: "Marcha da Liberdade" em vez de "Marcha da Chinela"

O encerramento, dia 30, da campanha eleitoral das forças coligadas deve constituir-se num desfile com elevada significação política

A CHAMADA «Ordem das Chinelas» está programando para a data do encerramento da campanha eleitoral uma grande passeata popular, seguida de uma concentração, convocando para isso os subúrbios.

Nada temos com os «chineleiros», que pretendem combater o sr Barata com os pés, ao invés de fazê-lo com a cabeça. É uma preferência, que a nós não cabe discuti-la. Se é a arma do ridículo, do achincalhe que desejam empregar, que o façam, — pode ser uma das facetas da campanha, se bem que em nossa opinião diante da violência, dos apunhalados baratistas, ferindo e matando pelo interior do Estado, não é sarcasmo o melhor método. Bater as tiranias e os demagogos apenas pelo escarneu, a chacota, a gargalhada, é quase sonho, é lirismo, é diversionismo—

Não nos esquecemos que à frente da denominada «Ordem das Chinelas» estão elementos que realmente têm uma folha de serviço no combate ao velho sub-Barata, mas o seu acentuado senso de humor os leva a colocar a galhofa em primeiro plano na luta pela salvaguarda das liberdades públicas em nosso Estado. A ironia, o sorriso, são armas que devem ser empregadas em medida justa e em tempo oportuno. Dominados por esse espírito embora, reconhecemos, não seja tal o objetivo—isolam grande parte da massa anti-baratista, uma vez que restringem a manifestação anunciada.

Que se organize a «Venerável Ordem das Chinelas»,—como a denominam os seus componentes—que se agite, que se bata, que se vire, que gargalhe, é um direito, ocorre, todavia, que existe uma Coligação integrada por vários partidos, apoiada por outras organizações apartidárias e elementos de tendências diversas fora dos agrupamentos conhecidos, e a ela cabe a orientação e a centralização da campanha. Unidade não pode existir apenas em nome e nos objetivos, ela deve se expressar no comando e nas ações. Qualquer iniciativa fora do seu controle e da sua direção implicará em diversionismo, ainda que não pensado.

A "Marcha das Chinelas" limitará a anun-
Cont. na 2 pág. A

Insistindo na chantagem anti-comunista Magalhães Barata tenta enganar o eleitorado

Desmascarado com a publicação, na TRIBUNA, de sua Carta-Resposta ao C. R. da Amazônia do Partido Comunista, atinge "O Liberal", órgão do PSD, que o reiterado documento é o mesmo que foi enviado ao MNPT — Os comunistas não mentem e a reprodução das duas Cartas desarticula o vigarismo do chefe pessedista

COMO sabemos, a hidrófoba campanha anti-comunista do sr. Magalhães Barata e seus vassalos, bem como de seu jornaleco «O Liberal», começou na presente campanha eleitoral após a Convenção do M.N.P.T. estadual, quando por unanimidade de votos foi decidido, a base das respostas dos candidatos a governador do Estado, apoiar o sr. Epílogo de Campos pela maneira clara e honesta com que este assumiu o compromisso de cumprir o Programa daquele movimento. Magalhães Barata não foi explícito em sua resposta, enveredou pelas evasivas, e por isso não mereceu o apoio do M.N.P.T. Todos os que leram as suas respostas, publicadas na TRIBUNA DO PARÁ, edição de 6/8/1955, chegaram à conclusão de que o M.N.P.T. havia tomado uma resolução justa.

Por ter sido recusado, o sr. Magalhães Barata determinou a seus apaniguados que fosse desencadeada uma ofensiva de calúnias anti-comunistas, a qual consiste em dizer que o M.N.P.T. é uma organização comunista, que o sr. Epílogo de Campos é também comunista pelo fato de estar sendo apoiado pelo M.N.P.T. Nessa onda de falsidades o chefe pessedista vem procurando conquistar os católicos do Pará, esquivoso de ganhar o beneplácito da igreja a sua candidatura, intencionalmente esquecido de que, durante seu reinado de violências, em fria atroz perseguição aos sacerdotes.

Impunha-se, então, ao Partido Comunista arrancar a máscara do chantagista. A reprodução, em fac-símile, da Carta-Resposta do sr. Magalhães Barata ao Comitê Regional da Amazônia do P.C.B., em nossa última edição, foi um desmascaramento total do chefe pessedista. A massa, que o acompanha enganada pelas mirabolantes promessas que ele tem feito, ficou estarrecida.

Diante do perigo de uma debandada geral das hostes pessedistas o sr. Magalhães Barata através de seu
Continua na 2 pág. B

Tribuna do PARÁ

N. 200   Pará - Belém, domingo, 25 de setembro de 1955   Ano V

Inteiramente abandonadas pela aliança PSD-PTB as candidaturas Juscelino-Jango

Toda a propaganda gira em tôrno do nome do «chefe» Barata

É um fato que chama a atenção de todos, inclusive do eleitorado baratista, o silêncio votado pela aliança PSD-PTB às candidaturas de Juscelino e Jango. Nenhum cartaz, nenhum volante, nenhuma propaganda pela imprensa e pelo rádio. Nos comícios e em toda parte onde se encontram os chefes pessedistas somente o nome de Magalhães Barata é ressaltado.

Como se explica tal atitude? Achamos que os pessedistas do Pará e seus aliados do PTB não topam com Juscelino e Jango, porque ambos têm se constituído num sério entrave ao golpe de Estado e empunham a bandeira das liberdades democráticas e defendem um programa de melhoria das condições de vida do povo brasileiro. Coerentes com essa posição, Juscelino e Jango aceitaram o apôio das fôrças democráticas, patrióticas e progressistas da Nação, entre as quais se coloca o MNPT e, em primeiro lugar, o Partido Comunista do Brasil.

Os patrióticos objetivos que animam a Juscelino e Jango, incomodam profundamente os chefes do PSD e PTB em nosso estado, pois, as ações pôr que êsses querem responsabilizam um trabalho conjunto de sabotagem às duas candidaturas. Isto quer dizer que os diretórios dos referidos Partidos rompem a disciplina partidária e concorrem para a vitória de outros candidatos nacionais.

Por outro lado, o sr. Magalhães Barata sentir-se-ia defraudado se fôsse feita propaganda de outras candidaturas juntamente com a sua. Vaidoso como é, morreria de ciúme se a massa nos comícios ovacionasse preferencialmente a Juscelino e Jango. Colocar o seu nome acima de tudo é de todos é uma lei do baratismo, fenômeno com caraterísticas de neo-fascismo que leva os seus seguidores mais atrasados a um fanatismo buçal a ponto de, em obediência ao «chefe», não tergiversarem na prática das assassinato, do assalto à mão armada, em obediência ao «chefe» já deu provas de sádica e brutal perseguição a seus adversários políticos.

O movimento baratista visa a implantar novamente no Estado o regime de arbítrio e das inomináveis violências. Por isso, segue a linha de atentados à Constituição, como ficou visto quando o sr. Magalhães Barata pleiteou o «impeach-ment» contra o governador constitucional da nação Juscelino.
Cont. na 2ª pág. Letra C

JUSCELINO

JANGO

Reafirmam os jornalistas a sua unidade e repulsa ao g'pe

BRILHANTE ATUAÇÃO DA DELEGAÇÃO DO PARÁ

REALISOU-SE, de 7 à 12 do corrente, em Belo-Horizonte, o VI Congresso Nacional de Jornalistas.

Compareceram ao importante conclave profissionais de todos os recantos do Brasil e também de outros Paises.

A delegação mais numerosa foi a de S. Paulo, se compunha de 70 elementos. O Pará concorreu com uma embaixada de 10 elementos, que foi presidida pelo nosso confrade Antero Soeiro, Presidente do Sindicato dos Jornalistas do Pará.

Em relação à política, o Congresso, por impressionante unanimidade, colocou-se contra o golpe, reafirmando sua confiança na Democracia.

Com respeito às reivindicações da classe, mais uma vez ficou assentada a estreita união com os gráficos. Pleiteou-se aumento de salário, bem como a aposentadoria com 25 anos de serviço e outras vantagens em benefício dos jornalistas.

Divergindo, por vezes, em plenário, no defesa de pontos de vistas, os jornalistas, todavia, travaram sempre seus debates num plano elevado, de tal forma que sempre se chegava a um acordo, não
Cont. na 2.ª pag.—D

Como os trustes do petróleo roubam o povo com a conivência do governo

Lucro líquido da "Esso": 7 milhões de cruzeiros por ano

NÃO é por acaso que os testas de ferro do imperialismo norte-americano desejam em qualquer maneira um «golpe» em nossa Constituição. Os miseráveis que acham pouco o que já roubam do povo brasileiro e cada vez armam novos assaltos. Vejamos o caso dos combustíveis e lubrificantes. O velhaco Gudin antes de sair da pasta da Fazenda conseguiu atender aos partidos norte-americanos, elevando a gasolina de 3 para 6 cruzeiros (a gasolina está hoje no ágio de Cr$ 70,00 por dolar) e outra, justificando ao seu ato de tratado nacional (que teve o aval do S. Café
Cont. na 2 pág F

Continuará o MNPT como organização democrática

Proclamação da Comissão Executiva Nacional do Movimento Nacional Popular Trabalhista—Afasta-se da campanha eleitoral, mantendo os seus membros o apoio hipotecado às candidaturas J-J

A propósito da decisão do T.S.E. das violências policiais que se verificaram a seguir, o M.N.P.T. distribuiu a seguinte proclamação:

«Ao povo e aos trabalhadores brasileiros, às secções estaduais e municipais e aos Comitês do M. N. P. T.

O Tribunal Superior Eleitoral, na sessão realizada no dia 8 último, respondendo a uma consulta formulada pela Chefia do D.P.S.P. sôbre as atividades eleitorais do nosso Movimento, declarou que o M.N.P.T. «é um partido político» e que «sômente os partidos políticos legalmente registrados podiam, livremente, praticar os atos e usar os meios de propaganda eleitoral mencionados no artigo 151, do Código Eleitoral Nº. 1.164».

Acatamento à decisão do T.S.E.

O Movimento Nacional Popular Trabalhista declara ao público que, embora considere que tal decisão restringe, na prática, o direito de li-
(Cont. na 2ª pág.—G

VERBERAM OS EX-COMBATENTES

"Um insulto aos mortos de Pistóia a candidatura do criminoso Plinio Salgado"

Nossos pracinhas não morreram em vão—Responsável o chefe fascista pela morte de centenas de brasileiros

R 10. (IP) — Vigoroso pronunciamento de condenação à candidatura do criminoso de guerra, em Belo-Horizonte, fizeram os nossos patriotas que, integrando a Força Expedicionária Brasileira, lutaram na Itália contra as divisões nazi-fascistas.

«Repugnante e cínico—
— É realmente repugnante e cínico esse homem. Responsável pelo torpedeamento de nossos navios no litoral brasileiro tem agora, com o supremo e inqualificável insulto às mães, espôsas e filhos dos brasileiros mortos durante a guerra, a audácia de candidatar-se ao supremo pôsto da Nação. Desconhece, por conveniência, é claro, que o Brasil se cobre de vergonha ante o mundo civilizado pela sua simples candidatura, que embora destituída de qualquer possibilidade, representa, porém, os restos do sanguinário fascismo de Hitler e Mussolini.
Cont. na 2.ª pág.—E

Ressurge o P. T. N.

GANHANDO AS RUAS

Mobiliza o povo para eleger Juscelino-Jango-Epilogo

Programa de comicios e debates com a massa nos bairros, fabricas e concentrações de lavradores

ATRAVÉS de nota oficial divulgada pela imprensa local, o Partido Trabalhista Nacional, pela sua Comissão Executiva Estadual, reunida em 18 do mês corrente, definiu-se a favor da candidatura do Sr. Epilogo de Campos a Governador do Estado.

Já anteriormente, a Seção do mesmo Partido neste Estado havia se pronunciado pelas candidaturas de Juscelino Kubitschek e João Goulart a Presidente e Vice-Presidente da República, respectivamente.

Essa posição dos petenistas paraenses repercutiu favoravelmente no seio dos trabalhadores e do povo em geral, pois veio fortalecer sobretudo a luta democrática e anti-golpe no Pará, aumentando sem dúvida as possibilidades de uma esmagadora vitória sôbre as fôrças reacionárias que pretendem, de um lado, levar ao Catete o general entreguista Juarez Távora e, de outro lado, implantar no Estado o regime da violência e da ilegalidade, elegendo o Sr. Magalhães Barata.

Embora se decidindo quando faltam poucos dias para as eleições, o PTN muito poderá fazer pela vitória dos candidatos que o povo já escolheu, contando em seu seio com um grupo de patriotas, elementos de tôdas as camadas sociais, profissionais liberais e líderes sindicais, basta que se lance à luta com denodo e objetividade, descendo ao povo e com êle debatendo seus problemas mais sentidos e as medidas práticas indicadas para sua solução.

E outro não é o propósito dos dirigentes do PTN, que a esta hora já se encontram em plena atividade eleitoral, com séde instalada e funcionando, à Rua Manoel Barata, 251, serviço de propaganda percorrendo todos os quadrantes da cidade e um programa intensivo de comicios e sabatinas, destinado a atingir tôdas as concentrações populares, nas emprezas e nos bairros, levando a todos o programa minimo de reinvidicações populares para ser discutido com os trabalhadores, com os funcionários públicos, com as donas de casa, enfim com tôda essa maioria que sofre, no Pará, os terríveis efeitos da politica de traição nacional de Café Filho e seus comparsas do govêrno americano de 24 de Agôsto.

Não há dúvida que a atuação do PTN muito concorrerá

Cont. na 3 pág. A

CAMPANHA PELA REFORMA AGRÁRIA

Conferência pública com os lavradores na cidade de Bragança

Aplaudidos por avultado número de trabalhadores do campo, os srs. Sandoval Barbosa e Benedito Serra explicam os patrióticos objetivos da Campanha

Realizou-se na cidade de Bragança, pela manhã, 17 do mês em curso, mais uma conferência pública promovida pela Comissão Paraense pela Reforma Agrária. Enfrentando e desfazendo todas as incompreensões provenientes das condições de atrazo crônico em que vivem os trabalhadores do interior, uma comissão tendo à frente o Secretário Geral da Campanha em nosso Estado, sr. Sandoval Barbosa dirigiu-se à cidade de Bragança, a fim de levar a palavra de esclarecimento aos trabalhadores rurais para que, unidos e organizados em associações, lutem e conquistem as mesmas garantias e direitos de que desfrutam os trabalhadores das indústrias.

O sr. Sandoval Barbosa, entre outras palavras de incentivo, fez vêr aos lavradores que a unica saida para a situação de miséria e desespêro em que se encontram é a Reforma Agrária Democrática mas que, para vê-la aplicada seria preciso que assinassem o Memorial, pois que a mesma jamáis viria espontaneamente. Alertou ainda aos lavradores, no sentido de que guardassem profundamente no coração e na memoria as palavras Reforma Agrária Democrática, que nunca as esquecessem e que lutassem decididamente pela aplicação da Carta dos Direitos e das Reivindicações

Cont. as 3 pág. B

DESPORTOS

VASCO x PAISSANDÚ x REMO

O PÚBLICO PARAENSE assistiu, de surpresa, a mais uma temporada carioca, com interrupção de campeonato e tudo. Veio o Vasco da Gama - não, o Vascão! - com um time misturado de gente bôa e de cartaz, fazendo dois encontros em Belém. A torcida ficou meio decepcionada. E ficaria totalmente deplorando os espetaculos, não fôsse a excelente figura feita pelos times locais, não se deixando abater e atuando com vantagem sobre os vascainos, com todo o renome de Ademir, Pinga, Parodi, Maneca, Vitor Gonzalez e outros.

A decepção do público está, entretanto, no lôgro pregado pelos cruzmaltinos cariocas, cujos embates foram ao preço de 50 cruzeiros, sem corresponder ao que era esperado.

Sem duvida que as partidas poderiam ser fraquissimas e não haveria direito de queixas, porque futebol é assim mesmo, nunca se sabe quando a coisa vai ser bôa. Mas se anunciar a presença de tantos craques e êles se portarem em campo de tal maneira, não é aceitavel.

Dois jogadores unicamente não se pouparam de modo tão irritante: Maneca e Parodi. Ademir, o fabuloso, o magnifico, o isso e aquilo, deu uma prova de desrespeito à assistência, temendo qualquer disputa de bola, numa poupança que raiou pelo absurdo, de vez que não havia razão para tantos temores, de maneira a deixar o público-muita gente pagou só para ver Ademir - com uma palida impressão de seu virtuosismo. Foi como se o José Mojica entendesse de cantar sómente a Marcha da Chinela, para não arriscar a voz nos agudos de outras melodias...

Os clubes locais, entretanto, devem aprender mais essa, de modo a que de futuro tais fatos não se reproduzam. A torcida gosta de futebol, vai para campos esburacados, desconfortaveis, com pouco transporte, com entradas caras, mas contanto que seja recompensada no seu esfôrço e boa vontade. Nesse ponto tiremos o chapeu para Zizinho que, com cartaz e prestigio maiores talvez que Ademir, fez questão de jogar o tempo completo, apresentou um verdadeiro "show" de suas qualidades técnicas e, embora com o cuidado natural do espirito de conservação, não recusou os duelos com adversarios mais rispidos.

Os patrocinadores de temporadas interestaduais, em defesa de seu nome e do interesse que tais jornadas sempre despertam, devem ficar atentos exigindo dos que nos visitam maior respeito aos compromissos. Trata-se de um espetaculo que tem de ser cumprido tal como foi anunciado, sob pena de se tornar um caso de pilheria.

FLÁVIO CÉSAR

SUBURBIOS EM REVISTA

Gritantes problemas da Pedreira esperam solução

Voracidade dos usurpadores de terras—O govêrno precisa construir mais escolas no bairro—A instalação dagua uma conquista do povo

(Ultima de uma série de duas)

Reportagem de JOSÉ MELO

Em nossa reportagem anterior focalisamos a desumana exploração a que está submetido o povo humilde e laborioso da Pedreira.

Hoje, continuando esta reportagem, vamos focalisar outros problemas que estão á espera de solução, os quais pela sua importância estão necessitando de imediatas próvidencias do govêrno.

Explorado o povo pelos proprietarios de terras

Já denunciamos, em reportagens anteriores, a exploração que os grandes proprietarios de terras realisam contra a maioria das populações pobres dos suburbios de nossa capital. Em quasi todos os bairros existem êsses parasitas, que se dizem donos de grandes extensões de terras, as quais lhes dão uma renda colossal, a troco da miseria em que se debatem as populações pobres de nossos suburbios.

Na Pedreira as terras pertencem aos herdeiros do falecido comerciante Santos Moreira. Eles são donos de quasi toda a area da Pedreira e Sacramento, onde estão localisadas mais de 2.000 barraquinhas e cobram de aluguel de terreno de cada uma delas, 12 cruzeiros por mês!

Isto significa uma grossa exploração que sofre o nosso povo e por outro lado um grande atraso não só para a nossa economia, como também para o desenvolvimento de nossa agricultura, porque essas terras que deviam ser distribuidas gratuitamente para as populações pobres e desse modo incentivado o plantio de arvores frutiferas, a horti-

(Cont. na 3ª pág. — C)

Leia PROBLEMAS - Revista mensal de cultura política

A clara posição dos comunistas

DALCIDIO JURANDIR

A RESPEITO da posição dos comunistas, no Pará, diante das candidaturas ao governo do Estado, o manifesto do P. C. B. foi bem explicativo, não deixou dúvida. Mais uma vez o Partido proletário, o grande Partido de Prestes, provou que não vive de manobras nem faz cambalachos. Age diante da opinião pública, unicamente interessado em servir ao povo. Não balança entre êste e aquele grupo politico, não escolhe êste e aquele cidadão pelos seus bons olhos, porque é simpático, promete empregos, sabe passar a mão por cima ou fala bonito. Antes de tomar uma posição em face desta e aquela situação de momento, o Partido Comunista levanta a primeira pergunta: de que maneira melhor podemos servir ao povo? Antes de responder á pergunta, faz o Partido um exame da situação, estuda, por exemplo, o significado das candidaturas, apresenta aos candidatos questionário público sempre no interesse coletivo. Por que? Por querer esclarecer, sempre no desejo, na necessidade, no dever de educar politicamente o povo. Não apoia êste e aquele candidato, sem perguntar a este o que vai falar, claramente, ao povo e que pontos de vistas possui a respeito das questões vitais de nosso país e do mundo. Aí está o manifesto do P. C. B. lançado agora em tôrno do pleito eleitoral neste Estado. Essa a lealdade dos comunistas publicamente comprovada diante do povo e dos candidatos que apoia.

De maneira alguma escondemos nossa condição de comunista. Não tememos as infamias, as calunias, as mentiras lançadas contra o nosso Partido. Quando declaramos: defendemos a Constituição, o fazemos explicando que essa Constituição não é a melhor para nosso povo mas tem liberdades que precisamos preservar no interesse nacional contra os golpistas. Os golpistas querem acabar com essas liberdades minimas. Fazemos o povo pensar e não se iludir. Queremos que o proprio povo, com sua cabeça e as suas mãos, tome conta do país, organizando-se e expulsando para sempre os opressores e os grandes exploradores norte-americano.

Orgulhamo-nos, de pertencer á mais poderosa, popular e vitoriosa corrente de idéias de nosso tempo, ao grandioso e crescente movimento de massas e de transformações sociais como nunca houve igual na historia da humanidade. Somos hoje parte dos milhões e milhões de homens e mulheres que seguem a marcha da classe operária na realização de sua missão historica de substituir, na sociedade humana, o velho e caduco regime capitalista e sua opressão colonial pelo regime socialista em transição para o regime comunista, a fase mais alta civilização humana. Por isso não tememos as perseguições e as infamias, nossas ideias são invenciveis. Nossa razão tem o poder de persuadir, cedo ou tarde, as pessoas honestas que ainda estão cegos ou se deixam ainda enganar ou envolver pela má fé e pela calunia. É com profunda alegria que podemos afirmar: o nosso Brasil há de se libertar dos tubarões norte-americanos e dos senhores da grande propriedade da terra, quando estiver á frente do governo o poder politico da classe opéraria aliada á grande massa dos camponeses e de tôdas as fôrças patrioticas e revolucionárias de nosso país.

É, pois, ridiculo, grotesco, infantil, que se façam campanhas anti-comunistas, como por exemplo, a feita pelo sr. General Magalhães Barata. Serve apenas para enganar eleitores, permitindo que êstes, amanhã, ao saber da verdade inevitavel, digam: como o general nos enganou, como fomos ludibriados. Não somos nós, portanto, que condenamos o general Baruta perante a historia de nosso povo. São as suas proprias atitudes.

Os anti-comunistas que apoiam o sr. Epilogo de Campos não dispõem de recursos diferentes dos que usa o sr. General Barata. O sr. Aldebaro Klautau, por exemplo, irrompeu num comicio para tentar dizer que comunismo, peronismo, baratismo são a mesma coisa. O sr. Aldebaro Klautau foi, por isso, um boin cômico. E se falou a sério foi tolice pouco digna de um eminente advogado católico. Ou o sr. Klautau exibe, espetacularmente, uma espessa ignorancia digna de nossa compaixão ou agiu de má fé e ódio. Contra os mandamentos de sua Religião levantou um falso testemunho, praticou uma calunia. Não é isso tão pouco cristão? Eu, por exemplo, como comunista, não ofendo os sentimentos católicos de nosso povo, usando da palavra para mentir ou caluniar. Respeitamos as opiniões religiosas, precisamente porque sabemos defender a liberdade de pensamento e de crença, sem esconder, porém, a nossa opinião a respeito das ideologias existentes no mundo.

Ser comunista é fazer parte de uma politica nova, cientifica, historicamente necessária ao nosso povo. É colocar o interesse do Brasil acima dos interesses pessoais, de partidos mostrando quem são os inimigos da Patria, da familia, das liberdades. Ser comunista é aplicar ao estudo da realidade brasileira uma ciencia social exata e cada vez mais provada na prática. O Programa do P. C. B. por exemplo, é um fruto de estudo, abnegação, do amor dos comunistas ao nosso povo, na luta pela libertação do Brasil.

Agora, na campanha eleitoral, trabalhamos com atitude bem clara, coração limpo, consciencia tranquila, confiantes no nosso povo e na vitoria de sua causa.

Apoteótico o Encerramento da Campanha pró-Epílogo

Milhares de pessoas, presentes à Marcha da Liberdade, expressaram sua decisão de derrotar amanhã nas urnas o candidato Magalhães Barata — O povo espera que o sr. Epílogo realize um governo de respeito às garantias constitucionais e solucione os diversos problemas que a todos afligem

INCALCULÁVEL multidão, à noite de ante-ontem, compareceu à grande Marcha de encerramento da campanha eleitoral das forças coligadas. Grupos numerosos de pessoas, partindo da Praça do Operário, dos Largos de Santa Luzia e Trindade, e empunhando faixas, cartazes, concentraram-se no Largo da Redenção, onde foi realizado um comício que estima-se como tendo o maior levado a efeito na presente campanha. Às 22 horas o povo se deslocou, em massa até o encruzamento da Avenida Nazaré com o Largo da Pólvora para ouvir diversos oradores, entre os quais o dr. Epílogo de Campos, candidato das forças coligadas ao governo do Estado.

Em todas as fases da Marcha, foguetes explodiram em profusão, enquanto os carros alegóricos contribuíram para o melhor brilhantismo da concentração. Às proximidades dos palanques escolas de samba entoaram canções e dansavam pela vitória de Epílogo de Campos. Foi um acontecimento político de grandes proporções, realizado sob a mais intensa vibração patriótica e em defesa da Constituição e das liberdades democráticas.

Todos os partidos coligados se fizeram representar. Também o PTN esteve presente com faixas e cartazes alusivos à defesa da Constituição, da Petrobrás, do direito de greve e da entrega gratuita da terra aos camponeses.

Anotamos também alguns fatos ocorridos durante êsse ato público de encerramento da campanha eleitoral pró-Epílogo que iremos abordar a seguir. De um modo geral os discursos não corresponderam ao entusiasmo e à compreensão popular, giveram em baixo nível, insistindo na tecla do ataque pessoal que nada esclarece. Outro aspecto a assinalar é que os dizeres da maioria dos cartazes e faixas, com exceção dos que foram levados pelo PTN, não

CONT. NA 2.ª PÁG.—"A"

FLAGRANTE DA MEMORÁVEL "MARCHA DA LIBERDADE" EM QUE FOI SELADA PELO POVO A VITÓRIA DE EPÍLOGO DE CAMPOS

DONA ALZIRA VARGAS AOS GETULISTAS:
Meu pai, se vivo fosse, indicaria JUSCELINO e JANGO

Perfil moral de Juarez, Ademar e Plínio—Ademar, o que traiu três vêzes

RIO. (IP) — A sra. Alzira Vargas do Amaral Peixoto, definindo a sua posição como cidadã e como filha do Presidente Getúlio Vargas, em face das eleições de 3 de outubro, fêz importante pronunciamento pelo rádio, dirigindo-se a todos os amigos e partidários de seu pai, a fim de que sejam sufragados por todos êles os nomes de Juscelino e Jango nas urnas, pois êstes seriam os candidatos de Vargas, se vivo fôsse.

Análise dos candidatos

Disse D. Alzira Vargas, sôbre os candidatos:
«O nome daquele que escolhi para presidente, estou absolutamente certa, teria a aprovação de meu pai. Não o direi já, porém. Desejo antes examinar os outros convoscos em face de suas atitudes para com Getúlio Vargas.

Juarez

«Um, recebeu de meu pai todos ou quase todos os degraus de sua carreira. Ainda mais, quando, por duas vêzes, a má fortuna lhe bateu às portas, foi o mesmo Getúlio Vargas—que ele levou ao desespêro—quem o socorreu e ajudou, sem esperar sequer uma palavra de agradecimento».

Plínio

«Outro, o denegriu, sem o conhecer, elevando-o a seguir e por interêsse, aos pináros da lua. Decepcionado, por ambições insatisfeitas, novamente o desnaturou e agora—sempre por interêsse—volta a elogiar o homem que o permitiu existir e viver».

Ademar

«O terceiro foi tirado do anonimato de onde nunca teria saído por si só. A isso respondeu renegando por três vêzes seu benfeitor. Sempre voltava quando a maré de popularidade de meu pai era alta. Sempre fugiu nos maus momentos. Busca herdar o que não lhe pertence».

Juscelino

«Resta um, aquele que receberá o meu voto. Aquele que nada deve diretamente a Getúlio Vargas, aquele que

CONT. NA 2.ª PÁG.—"B"

Reunidos numa Cooperativa monopolista
Decretam os grandes fazendeiros do Marajó a falta de carne para Belém

A solução que se impõe: uma lei municipal estabelecendo livre abatimento de gado

CADA dia que passa mais difícil se torna a solução do abastecimento de carne verde à população de Belém. Diariamente se discute na inoperante COAP o assunto, sem que até agora nada se tenha resolvido de prático e positivo a êsse respeito. Enquanto isso o povo, as populações pobres principalmente dos esquecidos bairros da capital, passam fome, sem recursos para comprar um simples quilo de carne vendido a preço extorsivo e no câmbio negro.

Se já era anteriormente escasso o fornecimento desse importante gênero de alimentação, agora, isto é, nestes últimos dias, ainda mais se agravou a situação. Tanto nos mercados do centro da capital como nos mercados e talhos dos subúrbios, raramente aparece carne verde de gado.

O nosso jornal em campo com o objeto de investigar

CONT. NA 2.ª PÁG.—"C"

Preço Do Exemplar Cr$ 1,00

N.º 202   Pará-Belém, domingo, 2 de outubro de 1955   Ano V

Luiz Carlos Prestes

PRESTES indica:

"Votar em JUAREZ é votar pela ditadura, é votar pela entrega do petróleo brasileiro à Standard Oil, como votar em Ademar de Barros é contribuir para a vitória de Távora —votai contra os generais golpistas, votando em JUSCELINO KUBITSCHEK e JOÃO GOULART."

Falando aos trabalhadores e ao povo

Os Comandistas do P. T. N. ganharam milhares de votos para Juscelino-Jango-Epilogo

Comícios relâmpagos em tôda a parte - Profusa distribuição de chapas - Não há dúvida quanto à vitória amanhã dos candidatos das fôrças democráticas

RECOMPONDO suas fôrças e levando à prática o programa de atividades que traçou para a última semana de campanha eleitoral, que hoje finda, o Partido Trabalhista Nacional tomou estreito contacto com as massas trabalhadoras, da capital e da zona bragantina, esclarecendo-as da necessidade de eleger, amanhã, os candidatos Juscelino Kubitschek, João Goulart e Epílogo de Campos.

Assim é que, distribuindo chapas e esclarecendo, através de debates, os trabalhadores, os comandistas do P.T.N. realizaram o seguinte:

Comício em Castanhal, dia 24, onde falaram a uma assistência constituida de 1.000 pessôas, aproximadamente. Nessa oportunidade, frente aos lavradores que em elevado número compareceram ao «meeting», foram levantadas e discutidas as reivindicações do homem do campo.

Comícios relâmpagos, dia 27, em diversos pontos do bairro do Telégrafo e Curro Velho. Nesse mesmo dia foi travado um debate público com os operários da secção fluvial do SESP.

Comícios relâmpagos, dia 28, em diversos pontos do bairro do Marco e Umarizal. Debates com os operários das oficinas da Estrada de Ferro (Estação de São Braz) e da Usina Glória. À noite foi realizado um comicio no bairro da Pedra Milagrosa, tendo comparecido cerca de 600 pessôas.

Comícios relâmpagos, dia 29, em diversos pontos do bairro de Queluz e do Reduto. Debates com os trabalhadores das oficinas e demais secções do D.E.R. (na Tito Franco), das fabricas Tupi, Nacional, Brasil e Bôa Fama. À noite houve comí-

Cont. na 5 pág. A

Tribuna do PARÁ

N.º 202 Belém-Pará 2 de Outubro de 1955

A espionagem americana em ação na Amazonia

À verdadeira finalidade do Centro Cultural "Brasil-Estados Unidos"

A imprensa local noticía, desde alguns dias, a fundação, em Belém, de um Centro Cultural Brasil-Estados Unidos, por iniciativa e sob a orientação do Consulado Americano, com a finalidade aparente de incentivar o intercambio cultural entre os dois países.

E se dizemos finalidade aparente é porque nenhuma ilusão acalentamos quanto à verdadeira finalidade dessa e de outras organizações inspiradas, de fato, pelo Departamento de Estado Americano, preocupado em atrofiar todas as nossas atividades, inclusivé a cultural, e subordiná-la à sua politica de dominação dos outros povos.

Seria realmente maravilhoso que brasileiros e americanos permutissem conhecimentos no campo das artes, da ciência, da história, da economia, e dêsse modo se conhecessem mutuamente e se aproximassem como irmãos, num ambiente de paz e de entendimento; e não sòmente brasileiros e americanos, mas todos os povos do mundo, sem discriminação de qualquer natureza.

Mas infelizmente a realidade é outra. Esse "Centro Cultural", a exemplo de muitos outros que existem pelo Brasil afóra, não se destina mostrar aos brasileiros o progresso da arte e da ciência americanas a vida de seus escritores artistas, historiadores e cientistas, e em troca, familiarizar os americanos com a nossa vida cultural. Pelo contrario, nesses "centros", o objetivo principal é menosprezar a nossa cultura, a nossa capacidade criadora, destruir a nossa confiança em nós mesmos extinguindo assim o sadio sentimento nacionalista que conduz às grandes realizações, imbuir-nos de uma inferioridade completa em qualquer setor de atividade humana e convencer-nos, afinal, da nescessidade da tutela de um povo "superior"—o americano—para que possamos sobreviver.

Paralelamente desenvolve-se o trabalho politico tendo como centro a "defesa da civilisação" ameaçada pelo "comunismo destruidor da cultura" e contra o qual é nescessário que se mobilizem todos os "povos livres" sob o comando indiscutivel dos Estados Unidos, como a única potência econômica e militarmente capaz de "salvar a humanidade do cáos bolchevista e ateu".

Esse papel de salvador do mundo

Cont. na 5 pág. C

Uma história de traições a carreira política de ADEMAR

Foi judas dos amigos que o trouxeram à vida politica, judas de Getúlio a quem traiu por diversas vêzes e, sobretudo, traidor do eleitorado que o elegeu governador de São Paulo

As vésperas da abertura das urnas o sr. Ademar de Barros lança-se á demagogia mais infrene, não vacilando, sequer, em insultar a miséria e as dificuldades por que passa a maioria esmagadora da população, com promessas que todos —inclusive êle proprio—sabe irrealizáveis.

Ademar, Judas de seus protetores e eleitores

Mas Ademar é um candidato que carrega consigo uma história de traições. Ademar, em política, é sinônimo de traição. Eis resumidamente, alguns marcos de sua car-

Cont. na 5.ª pag.—E

DESPORTOS

A torcida exige um campeonato melhor

CONTINÚA a bagunça no que toca à organização do campeonato paraense de futebol, que ninguém mais respeita e leva a sério, não só em face do péssimo regulamento aprovado — mas que terá que ir até o fim — como porque os próprios interessados se incumbem desprestigiá-lo. Ainda agora, um match amistoso, um caça-níqueis, substituiu uma partida de campeonato, o que é pior — dentro do próprio regulamento, numa prova evidente que o certame oficial pouco vale, tanto que foi relegado a um segundo plano, bastando que surgisse o interêsse por um embate amistoso.

Decididamente não chegaremos nunca a uma situação ideal se não mudar a mentalidade dos dirigentes. Seu espírito comercial é uma negação, porque êles mesmo se encarregam de enfraquecer o entusiasmo que poderia haver pelos jogos de campeonato, fazendo com que a torcida dêles se esqueça, com os dilatados períodos de uma partida para outra, de modo a se ficar até ignorando a real situação dos clubes na tabela.

Pinheirense x Paisandú adiaram seu encontro oficial para dar lugar ao amistoso Paisandú x Remo, sem qualquer objetivo senão o de conseguir algum dinheiro, numerário que está faltando de fato aos clubes, mas que não aparece com maior facilidade devido às próprias dificuldades que os grêmios criam, numa política errônea e que não promete endireitar. Já não é a primeira vez que afirmamos ser desinteressante essa mania de desprezar os exemplos alheios, especialmente os que vêm de centros mais adiantados. Se o Rio de Janeiro procede de certa maneira, alguma coisa deve justificar, porque o meio maior faz com que os cuidados sejam maiores e a experiência seja, também, maior.

Essa questão do campeonato precisa ser modificada. Não se admite que a simbles vontade de dois clubes se sobreponha ao interêsse dos demais, por-

Cont. na 5 pág. D

SUBÚRBIOS EM REVISTA

Na Cidade Velha os problemas do povo continuam insolúveis

Exploração desenfreada no mercado — Mais escolas para o povo — Os moradores exigem luz e melhoria de transporte

JÁ visitamos varios bairros de nossa capital e em todos êles verificamos que os problemas mais importantes, quer para a vida do povo, quer para a melhoria do bairro, vivem relegados ao esquecimento, completamente abandonados pelos governos. Isto significa que num regime de latifundiários e grandes capitalistas como é o nosso, em que a nossa economia está a serviço dos trustes e monopólios norte-americanos que nos exploram e nos escravisam, o povo nada pode esperar dêsse regime a não ser mais miseria e mais atrazo. Esta verdade está caraterizada no Programa de Salvação Nacional, o Programa do Partido Comunista do Brasil, que todas as pessoas precisam lêr, o qual diz o seguinte: «Vivendo num país tão rico, o povo brasileiro vegeta na miseria, em consequencia da politica de rapina dos monopolios norte-americanos e da dominação dos latifundiários e grandes capitalistas brasileiros». E mais adiante, depois de fazer uma análise da realidade brasileira, diz: «Se quizermos que nossa pátria alcance o futuro radioso a que tem direito, se quizermos livrar-nos da odiosa escravização norte-americana e tirar o nosso povo do atrazo, da miseria e da ignorancia em que vegeta, é indispensavel acabar com o regime de latifundiários e grandes capitalistas a serviço dos imperialistas dos Estados Unidos, derrubar o atual governo». Este o justo caminho apontado ao nosso povo pelo Programa de Salvação Nacional.

O bairro mais antigo de Belém, a Cidade Velha, com grandes problemas a resolver

A Cidade Velha, apezar de ser o bairro mais antigo de nossa capital, onde se iniciou a fundação de nossa heroica cidade, devia ser o bairro mais moderno e limpo; no entanto, a não ser as igrejas construidas na época colonial com seus estilos arquitetonicos, as quais dão ao bairro um aspecto interessante e mesmo atraente, poucos são os melhoramentos lá realisados, enquanto que os problemas que dizem respeito aos interesses dos seus moradores, como alimentação, urbanisação, escolas, luz, transportes, etc. continuam insoluveis.

Ruas suas e esburacadas

A maioria do bairro tem suas ruas cimentadas, mas devido à falta

(Cont. na 5ª pág.-Letra B)

DERROTEMOS AS FORÇAS DO GOLPE

JOÃO AMAZONAS

NÃO cansam os imperialistas norte-americanos e seus serviçais em nosso país de pregar o ceticismo e a falta de confiança nas fôrças do povo. Procuram incutir nas massas a idéia de que êles são muito fortes, que contra a máquina do Estado em que êles se apoiam é tolice lutar. O govêrno, seu serviçal, dispõe da policia que prende arbitràriamente, espanca e mata cidadãos pacíficos; conta com os tribunais que fecham organizações populares e condenam patriotas. Generais fascistas, seus agentes, tem em suas mãos armas e canhões que brandem contra o povo e os trabalhadores. O povo—dizem êles—não pode enfrentá-lo, é suicidio querer opor-se aos desejos dos que tudo podem.

A realidade, porém, é bem outra. Cada dia que se passa, mais claro vai ficando para os trabalhadores e o povo o significado e a importância de sua união e de suas lutas. Esta são capazes de barrar os intentos antinacionais dos agentes do imperialismo americano e de fazer avançar o movimento patriótico e democratico no país. São os fatos que assim falam.

HÁ DEZ ANOS, Dutra pretendeu entregar o petróleo brasileiro à Standart Oil. Enviou ao Congresso o chamado «Estatuto do Petróleo. E desencadeou forte repressão ao movimento nacional contra a entrega do petróleo. A luta durou os cinco anos de seu nefando govêrno. O Parlamento, apesar da maioria dutrista, não conseguiu aprovar o Estatuto da entrega. Logo depois Vargas enviou ao Parlamento o projeto original de criação da Petrobrás, que entregava também o petróleo à Standart. A luta prosseguiu. E quem venceu? Venceu o povo, a união e a luta das massas, dos patriotas e democratas. Ele foi mais forte que os imperialistas americanos e seus lacaios.

MAIS TARDE, no decorrer de 1955, os monopolistas ianques atacaram a Coréia, iniciaram a guerra na Asia. Planejavam fazê-la com os braços alheios. A máquina de votar da ONU aprovou a incrivel resolução que considerava a Coréia agressora. Começaram as exigências para o envio de tropas brasileiras á Coréia. E que ocorreu? O povo começou sua luta. Surgiram nas paredes milhares de inscrições contra a ida de tropas para Coréia. Os sindicatos votaram resoluções de repúdio. Centenas de audaciosos comícios e demonstrações de rua foram realizadas. «Não»—escreviam os soldados nos quartéis. Oficiais patriotas protestavam. O govêrno desencadeou a repressão violenta e Elisa Branco foi prêsa. Presos foram inúmeros trabalhadores, estudantes, intelectuais, partidários da paz. Processos, espancamentos e torturas de militares. Mas o govêrno não se atreveu a mandar as tropas que os americanos exigiam. Numa última tentativa, os monopólios ianques enviaram Acheson ao Brasil reclamar de Vargas o envio de tropas. Os marujos brasileiros chegaram a partir para os Estados Unidos. De lá, nos dois cruzadores que haviam sido comprados, deviam seguir para a Coréia. Mas não foram. A guerra da Coréia terminou e as tropas brasileiras não partiram. Venceu o povo. Sua luta foi mais forte que os imperialistas norte americanos, que as ameaças dos seus lacaios, que a policia e a violência do govêrno.

AGORA, outra importante batalha politica trava nosso povo. Os imperialistas ianques exigem a implantação de uma ditadura militar fascista no Brasil. Querem liquidar por meio da violência e do terror a resistência crescente do povo para apossar-se do nosso petróleo, colonizar o país, prepará-lo para a guerra. Por isso, surgiu a agitação golpista. Alguns generais, almirantes e brigadeiros bem conhecidos por suas atitudes fascistas e pró-americanas e setores politicos isolados do povo, começaram a deblaterar e a ameaçar céus e terra. O golpe passou a ser pregado abertamente. «Nada de eleições, Govêrno de emergência». A imprensa mais reacionaria aplaudiu. Nos bastidores foram traçados planos e datas concretas para a realização do golpe. Dizem mesmo que chegaram a indicar o triunvirato que deveria governar o país. Mas o golpe não saiu. Em

Cont. na 5.ª pág.—F

Esmagar o golpe e empossar os eleitos!

Repelir com energia as provocações golpistas - Marchar imediatamente para a luta pela posse dos eleitos, sejam quais forem - Ampliar a unidade das forças progressista e democraticas do Estado para esmagar o golpe no nascedouro.

COM a vitoria da frente unica nacional anti-golpe que garantiu a eleição de Juscelino Kubitschek e João Goulart, uma nova campanha de provocações golpistas está sendo lançada no país.

Derrotados no seu intento de impedir as eleições e repelidos nas urnas a 3 de outubro, desesperados com o triunfo da unidade das forças de frente unica contra o golpe, os golpistas, puxados por udenistas e integralistas unidos, ao mesmo tempo lançam a intranquilidade pelas ameaças e intrigas, manobram para impugnar o pleito, articulam torpes provocações contra os eleitos e convocam abertamente os generais golpistas a um pronunciamento militar para impedir a posse dos eleitos, rasgar a Constituição e implantar no país uma ditadura fascista.

A onda de boatos inquietadores que atingiu Belem nestas ultimas horas e o reflexo direto dessa campanha liberticida e visa quebrar o animo e resistencia

CONT. NA 2.ª PÁG. —"B"

Os comunistas devem voltar à legalidade

Na campanha eleitoral demonstraram mais uma vez que o PCB luta pela democracia e pela independencia nacional — declarações do lider de PSP no Monroe, Senador Kerginaldo Cavalcanti,

RIO (I.P.) - Reiterando sua opinião varias vêzes expressada em discurso e em declarações á imprensa assim se pronunciou o senador Kerginaldo Cavalcanti, lider da bancada do PSP no Monroe, a respeito da legalidade do Partido Comunista do Brasil:

- Uma das coisas mais curiosas da nossa democracia é fingirmos que ignoramos os fatos que todos dias estão em nossa vista e que se repetem continuadamente Um deles é a existência dos comunistas como militantes de um partido politico arbitráriamente posto fóra da lei, e as manifestações publicas dos comunistas

Coerente com o meu velho ponto-de-vista e dadas as sucessivas demonstrações democraticas dos comunistas, inclusive nas recentes elei-

Cont. na 2.ª pag.—A

CÂMBIO NEGRO NO MERCADO DO PEIXE

OS PESCADORES GANHAM SALARIO INFAME E NÃO GOZAM NENHUM DIREITO

Deve o govêrno criar uma frota moderna de barcos pesqueiros para abastecer a população

SENDO o peixe um dos alimentos básicos de Belém, todos os dias na rampa do Ver-o-Peso aportam dezenas de canôas, iates e lanchas repletos dêsse alimento. As empresas Rendeiros Frigorificos S. A. e Carlos Bispo são as maiores proprietárias de geleiras; elas possuem latifundios extensos, como ilhas inteiras, lagos, margens e praias no litoral.

O latifundio predomina nos meios pesqueiros do Pará, tanto no lago Arari, na região do Salgado, como para os lados do Amazonas, onde o pescador é uma vítima secular, vive semi-nú e descalço, não conhece direitos nem assistência de espécie alguma.

O trabalho ali é pago com mercadorias; o pescador não conhece a côr do dinheiro, não pode vender. o resultado de sua pesca a quem quizer, nem possui instrumentos de pesca próprios, nem embarcações. E, os poucos que são pescadores autônomos, se vêem constrangidos a vender aos geleiros o peixe de 1.ª categoria a 12 cruzeiros, o de 2.º a 9 cruzeiros, como a serra, e a 7 cruzeiros, como o xaréu; os peixes de agua doce, a 2 cruzeiros, como o aracú, e a 1 cruzeiro os congeneres do tamoatá. Quando o geleiro entrega o pescado ao vendedor o faz ao preço especulativo de 25 cruzeiros o xaréu e a piramutaba a 22 cruzeiros o quilo, sendo que a serra, a cavala e o tucunaré são vendidos no câmbio negro, pois nem o mercado recebe dêsses peixes que são desviados à vista de toda a fiscalisação da COAP.

Outro fato que se dá constantemente: se um dia chegam 40 geleiras, várias não distribuem o peixe; esperam 4 ou 5 dias até haver a oportunidade de especular o preço, não se importando pelas condições do pescado nem com a saúde do povo. É frequente encontrar-se até mesmo no mercado municipal o peixe com as guelras lividas, já apodrecido.

Salários de fome percebem os tripulantes das canôas

Entrevistado por nossa reportagem o jovem Carlos Siqueira, tripulante da geleira "Severa Romana", disse que há mais de 3 anos percorre as aguas do Salgado e do Arari e percebe o parco salário de 300 cruzeiros por mês, enquanto que o encarregado, que é o melhor remunerado, ganha 500 cruzeiros. Entre êles o indice de tuberculose e pneumonia é elevado, dado as terriveis condições de trabalho a que se acham submetidos. Observamos que nenhum dos tripulantes possuia carteira profissional nem os patrões obedecem ás leis trabalhistas.

O que o govêrno precisa fazer

À proporção que vão se esgotando os cardumes nas praias e lagos de Vigia, Odivelas e Soure, mais longas se tornam as viagens das canôas. Lá os ventos que as protejam porque se não o gêlo acaba e, por isso, toneladas de peixe se perdem. As canôas geleiras, movidas a vela, são antiquadas e já não estão em condições de abastecer regularmente a capital.

Urge ao Govêrno do Estado criar suas próprias lanchas-motores para oferecer ao povo preços acessiveis à sua bolsa.

Os pescadores devem se organizar e lutar por seus direitos

Privados dos direitos mais elementares os pescadores sentem que não podem continuar na situação em se encontram. Adiantaram à nossa reportagem que estão cogitando de criar uma associação através da qual defenderão seus direitos esbulhados e levantarão as reivindicações que precisam ser atendidas pelos patrões. Está claro que se os pescadores lutarem unidos e organizados conquistarão vitórias para a melhoria de salários, condições de trabalho, o que lhes possibilitará uma vida menos dura.

Leia, divulgue e prestigie TRIBUNA DO PARÁ

As geleiras trazem muito peixe, mas o povo não pode compra-lo

Tribuna do PARÁ

N.º 204 Pará-Belém, sabado, 15 de outubro de 1955 Ano V

Disparam os preços nos Bares e Hoteis

Enquanto a COAP dorme o Guaraná e vendido a 4 cruzeiros

Lamentavelmente, os festejos do Cirio estão sendo aproveitados pelos exploradores do povo, para aumentar espantosamente os preços de tudo, desde os generos de primeira necessidade até as demais mercadorias de que tambem carece o povo.

Os restaurantes e casas de pasto de todas as categorias estão empregando todos os meios de assalto á bolsa do povo, sem que sejam eficientemente fiscalizados pelos encarregados de defesa da economia popular.

Pratos reduzidos

Um dos meios criminosamente utilizados consiste na redução dos pratos, embora servidos a preço elevados.

Dessa forma, conseguem burlar a propria fiscalização tabeladora de preços a serem cobrados nesses estabelecimentos.

Guaraná a Cr$ 4,00

Como os outros artigos, em crescente majoração de preços nesta quadra do Cirio, também o guaraná passou a ser cobrado mais caro. Varios bares e botequins já estão cobrando Cr$ 4,00, quando até bem poucos dias era vendido ao preço de

(Cont. na 2ª pág. — C

POR 10 MILHÕES DE FIRMAS AO APÊLO DE VIENA

Adeptos de várias religiões participarão da quinzena de coletas de assinaturas

Católicos, protestantes e espiritas irmanados na campanha contra a guerra atômica—Regulamento do Plano de Emulação organizado pelo Movimento Brasileiro dos Partidários da Paz

RIO-(I. P.) Empolga os partidários da paz em todo o país a realização da quinzena de Coleta de Assinaturas ao Apelo de Viena (de 9 a 26 deste mês), sob a orientação do Movimento Brasileiro e com a participação de todos os movimentos estaduais.

CIRCULAR ENVIADA AOS ESTADOS

O Movimento Brasileiro dos Partidários da Paz já remeteu para todos os Estados uma circular com instruções para a realização da Quinzena. Ao mesmo tempo, os núcleos estão se reunindo para discussão de medidas práticas que garantam o êxito da iniciativa.

O BISPO CEZAR DACORSO IRA' A VARIOS ESTADOS

Por ocasião da Quinzena serão realizados conferencias e atos públicos nas principais cidades do país. Membros da Diretoria do Movimento Bra-

Cont. na 2 pág. D

A espionagem americana na Amazônia

Movimenta-se a claque de Mr. Colman para «prestigia-lo» frente aos chefes — Velhos comensais e aspirantes a comensais do Consulado Americano reuniram-se numa chôcha «homenagem» de despedida ao trêfego espião

O quartel general da espionagem ianque na Amazônia—o Consulado Americano de Belém — promoveu uma festa de despedida ao rato Colman, por motivo de sua viagem aos Estados Unidos, onde vai prestar contas de suas atividades e receber novas instruções do Departamento de Estado.

O alegre «party» que foi realizado no Grande Hotel, onde os gringos se sentem como em sua propria casa, pois alí tudo corre no mais puro estilo de vida americano, desde a «lingua oficial» que é a inglesa, até as bebidas, iguarias, e «divertimentos».

Como dissemos antes, a festa foi organizada pelo proprio consulado, com o evidente proposito de alardear prestigio para o espião mór, cuja «média» perante os chefes do Departamento de Estado parece não ser das melhores, tais e tantas foram suas asnices diplomaticas nestes ultimos tempos.

Mas Edgar Proença, o inefavel cronista dos «Gravetos», descrevendo a tal festa, naquele estilo moteuto de cronista social do Imperio, pretende fazer crer aos seus reduzidos e incautos leitores, que alí estava a sociedade paraense, expontaneamente, atribuindo assim a elementos representativos de nossa terra, a responsabilidade por tão inoportuna e injustificada homenagem. Positivamente o redator social de «O Estado do Pará» está desejoso de mais uma viagenzinha aos States por conta do programa cultural do Ponto Quatro, e procura fazer media para consegui-la.

Atravez da relação de presença publicada nos gravetos do Edgar Proença, nós verificamos que há grupos distintos entre os convivas de Mr. Colman: na primeira fila, aparece toda a colonia americana de Belém, isto é, todos aqueles gringos que direta ou indiretamente, clara ou dissimuladamente, exercem a patriotica atividade de espionar, para os seus patrões de Wall Street, sobretudo quanto se passa na Amazonia; vimos os representantes do FBI no SESP: Mr. Lowestein, um «quadro novo», treinado em espionagem moderna, bancando de educador sanitario, coisa de que não entende patavina; e o «Dr.» Causey, velho rato da Rockefeller, atualmente realizando pesquizas muito sigilosas e muito suspeitas no Instituto Evan-

(Cont. na 2ª pág. — E)

Relações imediatas com a URSS e a China Popular

Fala-nos o deputado Sérgio Magalhães sôbre as declarações do presidente eleito Juscelino Kubitschek

RIO, (I. P.)—Repercutiram amplamente, tendo a melhor acolhida, as declarações do sr. Juscelino Kubitschek à imprensa de Belo Horizonte, nas quais o presidente eleito da República manifesta o propósito de em seu govêrno, estender o comércio exterior do Brasil a todos os países, sem qualquer discriminação de ordem política ou ideológica. Tal pronunciamento do candidato vitorioso no último pleito à suprema magistratura da nação constitui a garantia como observou ontem o deputado Sérgio Magalhães, de que serão restabelecidas as relações de nosso país com a União Soviética e todas as repúblicas do campo do socialismo com as quais não, mantemos no momento, qualquer espécie de intercâmbio.

—Se, a 7 de setembro de 1822, o Brasil proclamou sua independência—disse o representante do PTB carioca—não vejo porque não tomarmos a iniciativa que anuncia o presidente Juscelino Kubitschek. Não há, para isso, qualquer impedimento. Necessitamos, urgentemente seguir o caminho do comércio multilateral, que está de acôrdo, inclusive, com a logica do regime capitalista, como sendo a maneira de se conseguir o equilibrio das transações mercantis mundiais. A prática demonstrou que o bilateralismo era a causa dos desequilibrios nas trocas internacio-

CONT. NA 2.ª PÁG.—"F"

VITORIOSA A GREVE DOS TECELÕES

Derrotados os patrões diante da completa unidade dos 900 operários da Perseverança - Pagamento imediato de 25% de aumento conquistado - Exemplo de união e de vibrante espirito combativo em defesa das reivindicações e das conquistas operárias

Tribuna do PARÁ

N.º 205 — Pará-Belém, sábado, 22 de outubro de 1955 — Ano IX

A união dos operários da Fábrica Perseverança, acaba de conquistar mais uma vitória, já conseguida em dois tribunais trabalhistas e que estava sendo sonegada pelos empregadores da referida fábrica.

A VIGILANCIA DOS TRABALHADORES

O Sindicato dos Trabalhadores Texteis em dissídio coletivo, instaurado aqui em Belém, conquistou a vitória de 25% de aumento nos salarios dos operarios desta industria. Não conformados, os empregadores da Fábrica Perseverança apelaram para o Superior Tribunal do Trabalho. Este Tribunal confirmou a sentença do Tribunal local, mantendo a vitória, isto é, concedendo o aumento de 25% nos texteis. O presidente do Sindicato, por correspondencia particular do Rio, teve conhecimento da decisão do Superior Tribunal do Trabalho, comunicando-se imediatamente com a Justiça do Trabalho, neste Estado, e a resposta foi que ainda não havia nenhuma comunicação. Recebendo do Rio de Janeiro um DIARIO OFICIAL onde estava publicada a decisão do Superior Tribunal do Trabalho o presidente do Sindicato voltou á carga, desta vez com DIARIO OFICIAL na mão. Não havia mais dúvida na questão estava ganha.

A GREVE

Decidiu-se, então, o presidente da Justiça do Trabalho a notificar os proprietários da Fábrica Perseverança, que se negaram ao pagamento do aumento conquistado pelos trabalhadores. Diante disto reuniu-se o Sindicato e delibrou entrar em greve se dentro de 24 horas o aumento não fosse pago. Mais uma vez os patrões resistiram. E os 900 operários, como uns só homem, vibrantes, ferão á Fábrica mas cruzaram os braços, não entrando para o trabalho.

Cont. na 2.ª pag.—A

Legalidade do PCB e esmagar o golpe, exige a maioria da Nação

Devem ser empossados os eleitos — Só há legitima democracia com o PCB na legalidade — Fala a este jornal o presidente do Sindicato dos Alfaiates

Amplo movimento em prol da legalidade do Partido Comunista do Brasil está ganhando todos os recantos do país. O interesse do povo e das camadas progressistas na questão se intensifica dia a dia, através de francos pronunciamentos em favor desse imperativo constitucional.

Varios senadores, deputados federais e estaduais, vereadores dos diferentes partidos políticos nacionais estão se manifestando claramente pelo retorno da Partido Comunista do Brasil á legalidade. Até mesmo magistrados se pronunciaram a respeito, inclusive presidentes de Sindicatos e operários, na capital da Republica e em outros pontos do país. Ultimamente, o deputado Cid Franco, á Assembléia Legislativa do Estado de São Paulo aprovou uma resolução solicitando ao Presidente da República, á Camara Federal, ao Senado e ao Supremo Tribunal Federal, da República o retorno da legalidade. Nesse sentido, a Assembléia Legislativa de São Paulo também se dirigiu a todas as suas congeneres no Brasil, a fim de que façam o mesmo.

Numerosas personalidades vem sendo ouvidas por este semanario, as quais líderes sindicais. Ouvimos hoje o sr. Miguel Arcanjo da Silva, Presidente do Sindicato dos Alfaiates, que respondendo à pergunta de que os candidatos eleitos à Presidente e à Vice-Presidencia da República, e ao Governo do Estado devem ser empossados, assim se manifestou:

—Acho que os eleitos devem ser empossados, sejam eles quais forem e pertençam a este ou aquele Partido, pelo respeito á vontade soberana do povo.

A respeito da ameaça de golpe.

CONT. NA 2.ª PÁG.—"B"

Paz é o que deseja o povo soviético

Carinho pelo Brasil — "A vida na URSS não tem segredo — Filas somente nos teatros, nas livrarias e no tumulo de Lenin — Povo simples, culto e alegre — Falou à TRIBUNA DO PARÁ o jornalista J. Costa Pinto, diretor da Federação Nacional de Jornalistas, em visita ao Pará

Aproveitando a rápida permanência, em Belém, do jornalista J. Costa Pinto, que visitou diversos países da Europa, inclusive a União Soviética, TRIBUNA DO PARÁ procurou colher suas impressões de viagem, particularmente no que se refere á União Soviética, que visitou mais demoradamente.

Inicialmente, o diretor da Federação Nacional de Jornalistas, que em sua visita, referiu-se ao problema da paz, como o viu e como sentiu esse problema na URSS.

O grande desejo de paz do povo soviético

—Quem visita a URSS — disse ele — e vê as grandes obras do socialismo, o trabalho construtivo do povo soviético, quem visita a heróica Stalingrado destruida pelas hordas do fascismo, facilmente pode

Cont. na 2 pág. D

O povo paga aluguéis escorchantes

Os exploradores do povo não perdem oportunidade.

Todos os meios são utilizados sem que os poderes públicos os notem o devido interesse para impedir tanta miséria e tanta exploração.

Belém está se tornando, nestes últimos tempos, um dos maiores redutos de exaltantes à minguada bolsa do povo, que vive, aliás disso, entregue á sua propria sorte. O novo não bastasse o aumento desenfreado dos preços dos generos de primeira necessidade e dos demais artigos necessários à sua sustenção, grande maioria dos habitantes desta capital é tremendamente explorada nos alugueis de casas e barracas para morar.

Passam recibos a menos e cobram a mais

Como sempre tem acontecido, os operarios e os trabalhadores em geral são os mais prejudicados, em virtude do insignificante salário que percebem, insuficiente para a sua familia.

Os proprietarios de casas ou barracas, na sua maioria, alugam as mesmas por um preço, mesmo escorchante como é o aluguel, e cobram a mais sobre a importância passada em recibo, lesando assim inclusive o fisco municipal.

Devido á falta de moradias que se verifica nesta capital, os inquilinos são forçados a sujeitar-se a essa criminosa exploração, que se vem praticando desenfreadamente em Belém.

Os trabalhadores e o povo em geral precisam reagir contra essa revoltante exploração, denunciando os exploradores através de abaixo-assinados e outros meios de protesto, junto aos poderes públicos, que devem tomar energicas providencias a respeito.

Primeira mensagem de Juscelino como Presidente eleito

"NÃO RENEGAREI NADA DO QUE DISSE COMO CANDIDATO"

Dirige-se ao país o candidato das forças antigolpe ao término das apurações eleitorais — Compromisso de respeito às franquias constitucionais e ao direito de oposição — Devem as forças armadas estar fora e acima das competições partidárias

«Não renegarei nada do que afirmei como candidato» disse ontem, ao dirigir-se à nação, pela primeira vez na qualidade de Presidente da República eleito, o sr. Juscelino Kubitschek. Declarando não conservar odios nem ressentimentos, o candidato das forças antigolpe, vitorioso, nas urnas de 3 de outubro, acrescentou não poupará nenhum esforço para conseguir que todos os cidadãos se tornem solidários e unidos - na tarefa de impulsionar o país para um futuro melhor».

Não se modificou a posição do candidato

Da mensagem do sr. Juscelino Kubitschek transcrevemos, a seguir os principais trechos:

«No momento em que os resultados das urnas indicam o meu nome para a Presidencia da Republica, no próximo quinquenio, a iniciar-se em 31 de janeiro de 1956, é de meu dever dirigir alguma palavra ao povo brasileiro.

«A minha posição e as minhas ideias de candidato não se alteram com a eleição. O que afirmei ao país em momentos dificeis de campanha, quando era intenso manifesta de alguns de meus adversarios fazer-me perder, a serenidade, foi sempre um honesto e firme propósito de lutar pela pacificação e pelo congraçamento dos brasileiros».

«Não se lembrará o candidato tão cruelmente combatido senão de que assumiu compromissos os mais graves e os mais irretratáveis com a Nação e que necessita leal e ho-

Cont. na pag. 2 - F

Um grupo de jornalistas brasileiros em Moscou, visitando Exposição Agrícola

Cento e vinte mil operários paulistas em greve

SÃO PAULO, (IP)—Entraram em greve, exigindo um aumento de 40% em seus salários atuais, 120.000 trabalhadores das indústrias metalúrgicas e de marcenarias desta capital. A greve dos marceneiros é de duração indeterminada, enquanto a dos metalúrgicos é de 24 horas, em sinal de advertência.

Os trabalhadores em industrias texteis, também reivindicando aumento, deram um ultimatum aos patrões, até o dia 30 próximo.

No dia 31 do corrente, os operarios da construção

(Cont. na 2ª pág. — C

Protestam os colonos nas feiras da cidade

Abandonadas pela Prefeitura — Passagens, fretes e impostos altos estão matando as feiras — Exigirão facilidades para o seu comercio

A farinha de mandioca, indispensavel na alimentação de nosso povo, acaba de sofrer um aumento de cinquenta centavos por litro nas feiras livres da cidade. Nossa reportagem se pôs em campo.

E TRIBUNA DO PARÁ esteve nas feiras dominicais da cidade ouvindo os homens do campo.

A princípio a Prefeitura nos dava transporte de graça, — disse um lavrador - depois nos dava um vagão da E. F. de Bragança no qual nos tinha facilidade para nos transportar para a cidade. Pagamos as nossas passagens e os fretes dos produtos.

Seus companheiros confirmaram a denúncia e disseram que nas feiras por isso decairam. Foram creadas para a venda de produtos variados. Hoje só é de Batista Campos mantem-se como uma feira variada. Os colonos não podem mais trazer os seus produtos porque aumentam, continuamente as passagens, os fretes e os impostos.

Aumentam tambem os impostos.

Um colono acercou-se da reportagem e contou:

—Hoje não temos nenhuma facilidade para trazer os nossos produtos e vender mais barato. Pelo contrário, em Apeú pagamos 5 cruzeiros por volume e mais 5 cruzeiros em Entroncamento como imposto. De Castanhal, Inhetama ou Carapari pagamos 25 cruzeiros de imposto e mais 25 cruzeiros por volume. Um lavrador gasta crS 150,00 só para trazer 5 sacas de farinha.

E acrescentou revoltado:

—E agora cobram um imposto de crS 10,50 por cada saco de arroz e milho só para entrar na cidade!

Já não podemos viver

—A vida do lavrador é dura e incerta—afirmou um jovem

Cont. na pág. 2 - E

Em greve os portuários de Manáus

MANÁUS, (IP) — Prossegue com entusiasmo e firmeza unitária a greve dos estivadores, reivindicando diárias para contra-mestres, recusadas por diversas firmas. Grande número de portuários aderiu ao movimento, deixando de trabalhar.

Barata é que traiu Juscelino-Jango

E os trairia novamente em caso de golpe — Nenhum governo resistirá ao impacto das forças populares se não tomar por um caminho que atenda aos justos reclamos de liberdade, paz e soberania nacional

BARATA falou no Senado. O que vale dizer o Senado divertiu-se. O linguajar rouco e pitoresco e a gesticulação histriônica do ex-futuro governador do Estado encheram o plenário do Monroe e de doce prazer os ouvidos e os olhos dos senadores estafados de assuntos áridos. Mas no seu discurso, escoimado do que há de balofo, de choramingueiras, de acusações infundadas e da comicidade natural em todos os gestos e palavras, existem passagens que devem ser repisadas, uma delas diz respeito à desorientação da Coligação confirmando a crítica que neste particular temos feito. Os partidos coligados, cada qual defendendo uma candidatura à Presidência da República não acertaram os passos para perfeita campanha no terreno regional. Não houve entrosamento eficiente nesse sentido. Todos procuravam se aproveitar das massas nos comícios pró-Epílogo, canalisando a propaganda para a candidatura nacional. O justo teria sido cada Partido organizar a campanha do seu candidato à sucessão presidencial separadadente, conjugando esforços na candidatura regional. O interior não teve assistência necessária, o objetivo era ganhar a capital tão sòmente através da candidatura Epílogo, para o seu Partido. Faltou comando enérgico e unidade efetiva.

O MNPT entretanto, cumpre ressalvar, não obstantes defender a chapa J.J à sucessão presidencial, foi um dos mais energicos na luta pró Epilogo, não

(Cont. na 3ª pág. — A

PARA'

N.º 205 Belém-Pará 22 de Outubro de 1955

"SO' A NOSSA UNIÃO CONQUISTOU A VITORIA DEFINITIVA"

Nossa luta não seria possivel sem garantia constitucional - Só a completa unidade do povo derrotará os golpistas - Saudações aos grevistas vitoriosos - Fala á Tribuna do Pará o presidente do Sindicato dos Tecelões

A PROPÓSITO da greve dos operários da fábrica "Perseverança", a nossa reportagem ouviu o sr. Francisco Carneiro de Souza Presidente do Sindicato dos Tecelões.

-O principal fator da vitoria dos tecelões, disse-nos inicialmente, foi a unidade dos trabalhadores em torno da bandeira do Sindicato.

Vencemos nos dois tribunais, mas só a nossa união nos declarando em greve conquistou definitivamente a vitoria. O que estava faltando para a solução do caso era a energia do procuradpr da Justiça do Trabalho. No momento em que essa autoridade atuou como devia, o patrão teve que compreender que os operarios estavam dispostos a fazer cumprir as leis trabalhistas.

-Acha que a greve modificou a atitude das autoridades trabalhistas e do empregador?

-Modificou, sim. Houve mais interesse na solução da nossa questão em menor tempo, por um lado, e por outro, o patrão, que estava acostumado a dizer que a lei ele conduzia no bolso, teve que se conformar em cumprir o acordão da Justiça do Trabalho favoravel aos tecelões. Ficou provado que, quando os operarios se unem, vencem sempre.

-Caso dessem um golpe no pais, seria possivel alcançar a vitoria que vocês alcançaram?

-Não. O golpe redundaria na desgraça e na fome dos trabalhadores e na escravidão. Os operarios seriam reduzidos a trapos humanos, uma vez que com o golpe seriam anulados todos os nossos direitos.

Diga no seu jornal que os tecelões, com o seu élo inquebrantavel, concitam a todas as classes afim de que se unam como eles e lutem por melhores condições de vida, contra o golpe, em defesa da Constituição e pela salvação do Brasil.

Finalisando, perguntamos ao Presidente do Sindicato dos Tecelões se tinha alguma coisa a dizer aos seus companheiros de greve.

-Quero felicita-los pela maneira como se comportaram dentro da ordem e disciplinados, o que prova que a mentalidade operaria avançou muito, demonstrando uma firmesa inabalavel. E foi isto precisamente que nos deu a vitoria.

Exploração e rebaixa de salários na Boa Fama

Condenaveis condições de higiene na fabrica—Obrigados a comprar bilhas para beber agua da torneira — Casos de alienação mental — Só a luta unida derrotará os patrões

Na fábrica «Boa Fama», os operários sofrem a mais absurda exploração e falta de conforto, ganhando um salário de esfomeamento.

Os diaristas ganham na base do salário minimo, enquanto que outros operarios ganham pelo que produzem.

Rebaixam o preço por peça para diminuir o salario

Os que ganham por produção observam uma determinada tabela por peça, que lhes proporciona perceber tambem o mesmo salário dos diaristas.

Acontece que, quando na produção o operario consegue fazer quantia superior a ... Cr$ 40.000 no dia, os administradores da fábrica (filho e genro do proprietario) rebaixam o preço por peça, para com isso diminuir o salario do trabalhador. Além dessa revoltante exploração, exigem que o operario apresente a mesma produção de quando chegava a ganhar mais em virtude de seu maior esforço.

Pessimas condições de higiene

A fabrica «Boa Fama» é totalmente coberta de chapas galvanizadas. Isso faz com que o calor se torne insuportavel no interior da mesma, durante o dia, expondo os operarios a um quase asfixiamento.

Quando chove, devido ao estado imprestavel da cobertura, o interior da fabrica se

(Cont. na 3ª pág. — B

A UNIAO GERAL DOS TRABALHADORES SAUDA OS TECELÕES VITORIOSOS

A luta por melhores condições de vida é inseparavel da luta em defesa da Constituição

A União Geral dos Trabalhadores do Pará, saúda os trabalhadores texteis pela grande vitoria alcançada.

A firmoza de atitude e a coesão destes trabalhadores ficarão como uma advertencia aos patrões, nas futuras reivindicações a levantar, as quais são em grande numero, destacando-se entre elas o pagamento da porcentagem por insalubridade a que têm direito por lei.

O exemplo dos texteis deve servir de incentivo a todos os trabalhadores. E' uma prova frisante de que só a unidade da classe operaria cimentará a sua vitoria.

O ganho de causa dos texteis, no entretanto, ainda não foi completo, pois o empregador, não satisfez o pagamento imediato dos atrazados e do presente para todos os trabalhadores como éra reivindicado por eles, o que poderia faze-lo, pois tem dinheiro para isso, dinheiro ganho a custa da exploração dos seus empregados, limitando-se a fazer o pagamento parceladamente, isto é, por turmas de 25 operários.

A U. G. T. P. alerta os trabalhadores para que estejam atentos a este pagamento, afim de não serem prejudicados nos calculos feitos sobre as importancias a receber, pugnando ao mesmo tempo pelo aceleramento dos mesmos, pois se houver falta de vigilancia eles poderão durar uma eternidade.

Finalmente a U.G.T.P. chama a atenção dos trabalhadores e do povo em geral para o fato de que foi mais facil aos trabalhadores da Fabrica Perseverança, unidos conquistarem a vitoria, acima referida, em virtude de ainda estarem de pé os restos de liberdadade asseguradas pela nossa Carta Magna, hoje ameaçada pelos golpistas.

Daí porque a luta por melhores condições de vida é inseparavel da luta em defesa da Constituição.

Companheiros texteis. Consolidai a vossa vitoria exercendo a vigilancia!

Continuai cada vez mais unidos, entrando em massa para o vosso Sindicato de classe. Cerrai fileiras em defesa da Constituição!

JOAO GOMES PEREIRA
Presidente

DESPORTOS

NOVA VIDA AO ESPORTE DO INTERIOR

DIGNA por todos os motivos é a feliz idéia da organização do Iº Tornêio Inter-Municipal, medida que já se imponha de há muito no cenário esportivo do Estado, e agora com a brilhante instalação do Iº Congresso do Interior levada a efeito na noite de quarta-feira na séde da mentôra regional ficou já estabelecida e elaborada a tabela de jogos inter municipais.

Estiveram presentes regular numero de representantes de diversos entidades já em funcionamento,

Leva-nos a crêr que diante da justeza da medida criada, e como incentivo ao esporte do nosso interior os principais municipios aquiecerão esse chamado esportivo.

Foram organizadas as zonas e marcadas as datas para os primeiros encontros.

Cabe aos municipios cuidar carinhossamente das suas entidades esportivas, para que estas se constituam forte e respeitaveis organizações sociais, lembrando sempre a impossibilidade de diversões e recrêios na maioria dos municipios do interior constituindo, por esse motivo, o esporte a base do estreitamento dos laços de amizade entre os municipios como também, proporcionando ao povo momentos de prazer e de vibração esportiva.

NETUNO BRAGA

SUBURBIOS EM REVISTA

Muita sujeira, moscas e carapanãs no bairro do Telegrafo

Ruas sujas e valas entupidas de lixo — Exploração e sujeira no Mercada Municipal — Sem luz o Posto Médico—Pardieiro que abriga 50 familias!

Reportagem de JOSÉ MELO

Já visitamos varios bairros de nossa capital e verificamos que dos inumeros problemas que estão aguardando solução dos poderes publicos, um deles, o problema da limpesa da cidade, precisa ser encarado com urgencia, porque trata-se de um problema que se relaciona com a vida e a saúde do povo, e que exige imediata solução afim de evitar novas epidemias, desastrosas á vida da população.

Atualmente Belém é uma cidade suja, a prova é a grande quantidade de môscas e carapanãs que existe por toda a parte, desde o palacete do rico até a choupana do pobre.

No bairro de São João do Bruno, que acabamos de visitar, a sujeira é grande.

Ruas esburacadas e cheias de capim—Valas entupidas de lixo

Todas as ruas do bairro desde a travessa Manoel Evaristo até a Magno de Araujo e da rua de Curuçá a Municipalidade e Una estão sujas, esburacadas, com as valas entupidas de lixo e agua estagnada que se transformam em fócos de carapanãs. A Limpesa Publica não existe para os suburbios, porque a sujeira existente neles é enorme, daí a causa da proliferação das môscas e carapanãs por todos os quadrantes da cidade,—uma ameaça de serias e novas epidemias.

Mercado Municipal outro fóco de sujeira e de exploração

O Mercado Municipal é uma lástima, além de sujo e anti-higiênico, é também um fóco de exploração desenfreada contra o povo. Lá o nosso povo está sendo esfolado impiedosamente; a carne verde desapareceu quasi por completo, quando acontece aparecer ela é vendida a 30 cruzeiros o quilo; o peixe que agora está aparecendo em maior quantidade é vendido no seguinte preço: filhote e pirapema, 25 cruzeiros; pirarucú fresco, 20 cruzeiros; traira e tamoatá, 20 cruzeiros; bacú do Amazonas (peixe desconhecido do povo) 10 cruzeiros e camarão frito, 15 cruzeiros o quilo! As mercadorias no varejo como feijão, arroz, farinha, carne seca, açucar, etc,, estão sendo vendidas pelos olhos da cara e já se fala que o preço da carne seca vai subir para 60 cruzeiros o quilo! O mais interessante é que não existe mais fiscalisação nem da Prefeitura, nem da C. O. A. P, (aliás esta ninguem conhece), é o caso de se perguntar ao sr. Prefeito se foi extinta a fiscalisação municipal, porque se há coisa mais dificil de se encontrar são fiscais nos Mercados . . .

Mais escolas para o povo

No bairro só há uma escola pública que é o Grupo Escolar Augusto Montenegro, que fica localisado na travessa Maano de Araujo. Ora, dada a extensão do bairro e a quantidade enorme de crianças

(Cont. na 3ª pág. — C)

Pela posse dos eleitos a Ass. Leg. do Amazonas

MANAUS (IP) -- A Assembléia Legislativa de Manaus acaba de aprovar, por unanimidade, uma moção exigindo a posse dos candidatos eleitos.

A espionagem americana na Amazonia

Um pouco mais sobre o «Dr» Causey e suas atividades no Instituto Evandro Chagas—Estranho conclave médico no Recife — O «Sundae Afternoon Clube» homenageia o cronista Coca-Cola

Continuamos a receber os mais calorosos incentivos ás denuncias destas colunas contra a espionagem americana na Amazonia. São os aplausos de patriotas vigilantes e honestos que não desejam ver nossa Pátria recolonizada pelos imperialistas ianques.

Oferecemos hoje novos fatos que comprovam as suspeitissimas atividades dos gringos a serviço da colonização do Brasil e da preparação guerreira.

O «cientista» fantasma do Instituto Evandro Chagas

Assim é que temos algo mais sobre as atividades do eminente espião Rockfelleriano, cujas «pesquisas», apesar de muito sigilosas, vêm despertando a curiosidade de muita gente. O «Dr» Causey, ao que se sabe, dedica-se ao estudo e isolamento de virus (microbios ainda pouco conhecidos) e esses estudos são completados nos Estados Unidos, para onde o «Dr» envia grande quantidade dos mesmos. Ainda mais: Causey tem encontrado aqui especies novas desses microbios. Tudo isso dentro do maior sigilo, porque o «Dr» dispõe de completa autonomia no Instituto Evandro Chagas, não dando satisfação a ninguem, nem ao proprio Diretor, de suas atividades. Admite e demite funcionarios á vontade para sua Seção, trabalhando em horario especial, de preferencia a altas horas da noite, quando as outras dependencias do Laboratorio não funcionam. Aí o homem se tranca e tome de «pesquisas». Aliás, esse horario estranho já causou atritos entre o «Dr.» Causey e o Diretor do Instituto e a propria Diretoria Regional do SESP, pois o gasto de energia e luz era enorme, sobrecarregando o gerador do Instituto e por isso houve reclamações. Pois bem! diante das reclamações o «Dr.» Causey tomou suas providencias e dentro de poucos dias chegou diretamente dos Estados Unidos um gerador novo, exclusivamente para seu uso! O movimento de gringos na Seção de «Virus» é intenso. Entram e saem á vontade, a qualquer hora do dia ou da noite.

O fato de maior gravidade, porém, é que o SESP é um serviço brasileiro, parte do Ministério da Saúde, mantido com verbas do Go-

(Cont. na [illegible] pág. — D

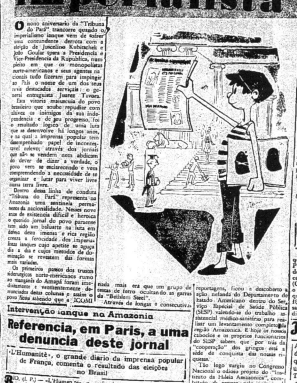

TRIBUNA DO PARÁ — SÁBADO, 29 DE OUTUBRO DE 1955

Tempo dos Comunistas

ORIUDOS e desvairados grupos do golpe e do ódio ao povo não se conformam com a participação dos cidadãos comunistas nas eleições. E o desvario atinge as ultimas quando entendem que o mundo e o nosso tempo já não podem passar sem os comunistas. Contra ou a favor, coberto do grande amor de milhões de pessoas ou salpicado pela calúnia e infâmia de minorias, desesperadas, o comunismo cresce naturalmente como uma consequência inevitável, lógica, necessária, das condições históricas em uma nova etapa de desenvolvimento. O comunismo deixa de ser um sistema de utopias, uma série de espantalhos, espécie de bichomem político irrompendo do medo e da ignorância.

Que é o comunismo, perguntam sempre? Porque é o comunismo? Qual a razão dos comunistas? Porque depois de tanta perseguição, tanta mentira, tanto terror, os comunistas se multiplicam, os comunistas erguem a voz cada vez mais poderosa, os comunistas decidem paradas de alto alcance para a humanidade, os comunistas provam que as suas idéias são cada vez mais vitoriosas, entranhando-se no povo como arte diária e sentimental da vida dos pobres, dos operários, dos camponeses, dos homens honrados e famintos de justiça e de verdade?

Dalcídio Jurandir

É o tempo, meus amigos. Podemos dizer, como na Bíblia, tudo tem o seu tempo. Houve o tempo dos senhores de castelos, depois o tempo do capitalismo, agora o tempo do comunismo. O comunismo explica-se, neste momento, no Brasil, como um movimento de idéias, de atitudes de posições políticas dentro de um partido que se identifica com os interêsses do povo, reconhecendo que chegou o tempo das grandes massas, o tempo em que o poder de uma minoria cessa e há de ser substituído pelo poder da maioria. Na luta pelo desenvolvimento dessas idéias, crescem os comunistas, intérpretes do que há de mais decente, mais atual e de maior futuro em política, cheios de uma ardente e lúcida certeza, a de que todos os caminhos conduzem ao comunismo.

Ora quando os comunistas participam de eleições, decidem eleições assumem a vanguarda das grandes campanhas populares, isso nada mais é, meus amigos, que uma exigência do tempo. Houve, antigamente, um tempo em que se dizia: é o tempo dos cristãos. Era então a luta contra uma velha sociedade que apodrecia e desabava. Havia algo heróico e impetuoso no movimento dos cristãos. Os séculos passam, as grandes massas caminham, idéias sôbre idéias nascem, agitam-se e morrem, novas mudanças, novos sentimentos, surge a classe operária através de revoluções e de luta e continuas. O trabalho do homem não pára, transformando-se, criado sempre. E assim chegou o tempo dos comunistas. Onde está uma idéia nova, uma iniciativa generosa, um interêsse do povo, uma afirmação de cultura, ali devem estar naturalmente os comunistas. E assim, naturalmente, os comunistas pedem sorrindo desculpas aos desvairados pelo fato de participarem cada vez mais e vitorioso somente de que tudo representa qualquer coisa de bom para o povo. Os comunistas lamentam o desvario, o desespero, as agonias dos pequenos grupos impotentes. Os comunistas não têm culpa de serem aceitos, de entrarem, pouco e pouco, o para sempre, no coração do povo.

E é quanto basta para os comunistas, estar nesse grande coração, em pleno e luminoso tempo do comunismo.

ARMAZENS DE ESTIVAS

Casa Nascimento

Av. Independencia, 530-34 - (canto Cast. Branco)

TELEFONE - 9055

DEPOSITÁRIOS DO INSUPERAVEL CAFÉ

"SECULO XX"

- DE -

João do Nascimento Grello & Cia.

Importadores- Estivas Nacionais e Extrangeiras
Vendas a Grosso e a Varejo

Bélem - Pará - Brasil

GRAFICA BELEM LTDA.

Executa serviços Tipográficos com perfeição e a preços modicos

Rua Senador Manuel Barata, n, 259

— BELEM — PARÁ

Loteamento, Hipoteca, venda e compra, locação, transferência de direitos, administração e todo e qualquer ato ou transação que se relacione

COM

IMOVEIS

A TRATAR COM

Cleto M. de Moura

13 de MAIO 81, 1. andar (altos do Cartorio Cundurú)

Problemas
Revista Mensal de Cultura Politica
Já chegou o número 64
Dedicado ao IV Congresso do Partido Comunista do Brasil

— SENADOR MANOEL BARATA, 221 (altos) —

Leia
Voz Operaria
O semanario que reflete os anseios de paz e de soberania nacional e as reivindicações dos trabalhadores brasileiros

---

Legalidade para o P.C.B:
Imperativo Constitucional

Falam à Imprensa Popular o deputado federal Áureo Melo e o deputado estadual fluminense Rogê Malhares

RIO, (I. P.) — Entendo que o Partido Comunista do Brasil deve ter assegurada sua existência legal — disse-nos o deputado Áureo Melo.

Justificando seu ponto de vista, assinalou o prócer potebista do Amazonas:

—Embora não sendo comunista, acho que o comunismo é uma idéia que, como tal, deve ser respeitada, como o é em países democráticos, a exemplo da Suétia, da Finlândia, da França e da Itália. Considero que, nessas nações, como entre nós, os comunistas poderão participar ativamente da vida política sem que com essa prerrogativa, perturbem a ordem, como fazem êsses golpistas que por aí andam soltos, pregando abertamente a derrocada da Constituição e da democracia.

Cumpra-se a Constituição

Ainda sôbre a legalidade do P.C.B., falou-nos o deputado estadual fluminense Rogê Malhares:

—Se todos são iguais perante a lei, não há como fugir a êsse impe ativo constitucional, assegurando-se aos comunistas o direito de ter seu partido registrado. Assim, a volta do P.C.B. à legalidade depende, tão sòmente, de serem cumpridos, em tôda a plenitude, os postulados democráticos de nossa Carta Magna.

A SUZANA
de Newton Soares
Alfaiataria Civil e Militar
SORTIMENTO DE BRINS, LINHOS E TROPICAIS-FABRICA DE BONÉS E ARTIGOS MILITARES EM GERAL

AVENIDA INDEPENDENCIA, 604

APELO
Contra Preparação da Guerra Atômica

«Alguns governos preparam hoje o desencadeamento de uma guerra atômica. Querem fazer com que os povos a admitam como uma fatalidade.

O uso das armas atômicas conduziria a uma guerra de exterminio.

Afirmamos que o governo que desencadeasse a guerra atômica perderia a confiança de seu proprio povo e seria condenado por todos os demais povos. Desde êste instante, opômo-nos aos que organizam a guerra atômica. Exigimos a destruição, em todos os países, dos depósitos de armas atômicas e exigimos a cessação imediata de sua fabricação».

Assine êste Apêlo juntamente com amigos e pessoas de sua familia e o remeta à redação de TRIBUNA DO PARÁ.

ASSINATURAS

Rumo ás suplementares para a vitória de EPÍLOGO

Essa vitória depende de uma sólida unidade das fôrças democráticas e patrióticas – Não há motivo para desânimo – Derrotemos nas urnas o reacionário e entreguista Magalhães Barata

Tribuna do PARÁ

N°. 207 — Pará-Belém, sábado, 5 de novembro de 1955 — Ano X

Afirma Alvaro Paulino:

"É preciso que o povo brasileiro esteja alerta e disposto a reagir contra a investida dos golpistas"

— Declara ainda: estamos programando uma grande campanha pela revisão do atual salário mínimo — Associação Profissional e Sindicatos para os trabalhadores do interior do Estado

Monstruoso plano do Prefeito para suprimir a coleta de lixo na cidade

Projetada a dispensa em massa de trabalhadores da Limpesa

Pela legalidade do PCB a Câmara de Jundiaí

Aprovado unanimente o envio de ofícios ao Senado e à Câmara Federal — A volta do PCB à legalidade é uma exigência da Constituição — Contra as manobras golpistas

Na Usina Glória

São roubadas as operárias em seu trabalho

Percebem salário inferior ao mínimo legal — Completa falta de higiene nas seções e nos sanitários — Dispensa em massa — Decididos os trabalhadores a organizarem o seu sindicato

Petronio Galb de Oliveira opina:

"Revisão imediata do Salário Mínimo"

Congresso de Defesa dos Minérios

ENTREVISTA DE Luiz Carlos Prestes

UMA IMPORTANTE VITORIA DO POVO A SIMPLES REALIZAÇÃO DAS ELEIÇÕES

★ A vitória dos srs. Kubitschek e Goulart foi uma grande vitória do povo, das fôrças patrióticas e democráticas e séria derrota dos reacionários e seus patrões norte-americanos.

★ Apelamos para todos os patriotas e democratas, independentemente do partido a que pertençam ou dos candidatos em que votaram em 3 de outubro, para que se unam e lutem para assegurar o respeito à vontade do povo.

LUIZ CARLOS PRESTES

Texto na segunda página

A espionagem Americana em ação na Amazônia

Nova missão "científica" ianque percorrerá o Rio Amazonas

Mais "técnicos" da Standard Oil para a Petrobrás - O "Sunday Afternoon Club" cumpre o seu PROGRAMA

A «bôa nova» chega-nos através de um telegrama do INS (International News Service), procedente de Filadélfia, Estados Unidos, estampado na «Província do Pará», de domingo passado. Nada menos de oito sábios americanos, sob a chefia da dra. Ruth Petrick iniciaram uma expedição científica ao Rio Amazonas, com o objetivo de estudar sua vida aquática, devendo percorrer parte do Perú e do território brasileiro.

Aparentemente, nada de mais. Há muitos anos atrás, tivemos por aqui algumas expedições científicas americanas, sob o patrocínio das mais conceituadas universidades daquele país, dirigidas por cientistas universalmente conhecidos, com objetivos claros, constituição delhada, além dos indispensáveis e prévios entendimentos entre os dois países, teruados públicos pela imprensa.

Hoje, entretanto, as cousas mudaram. Quando menos se espera surge por aqui uma «missão técnica», que não diz bem o que quer, chefiada por uma ilustre personalidade

(Cont. na 3.ª pág. — A

N.º 207   Belém-Pará 5 de novembro de 1955

Para os trustes americanos o aumento de pneus e câmaras

A decisão da Comissão Executiva de Defesa da Borracha vai repercutir sèriamente sôbre o custo da vida — O protesto da Confederação Nacional dos Transportes Terrestres

RIO, (IP)—Um novo e substancial aumento sôbre o custo da vida será o resultado da decisão de ontem da Comissão Executiva de Defesa da Borracha que elevou de 27,5 % os já elevadíssimos preços de pneus e câmaras do sr. A decisão da Comissão Executiva, resultou de um aumento anterior de 40% na borracha natural, antes mesmo de ser homologada pela

(Cont. na 3.ª pág. — B

Atividades do Sindicato dos Marceneiros

Querem o pagamento do aumento de salários já concedido pela Justiça do Trabalho

Os marceneiros têm desenvolvido uma grande atividade no sentido de conseguir melhores condições de vida.

A reportagem de TRIBUNA teve oportunidade de entrevistar o sr. Ernestino Monteiro, Presidente do Sindicato dos Marceneiros, o qual nos adiantou que foi iniciada uma grande campanha para a criação de um departamento profissional, no referido Sindicato, a fim de resolver a situação dos baixos salários dos operários em madeira.

Por outro lado—prosseguiu o nosso entrevistado—existe uma questão de aumento de salários há dois anos, e que foi ganha aqui no Tribunal Regional da Justiça do Trabalho. Houve apelo para o Rio e o Sup. Trib. do Trabalho reformou a sentença, dando mais 10% sôbre as bases aprovadas no Tribunal Regional.

Publicada no «Diario Oficial» a decisão

O Presidente do Sindicato dos marceneiros informou ainda á nossa reportagem que tem em mãos o «Diario Oficial» que publicou a decião da Justiça do Trabalho. No entanto o advogado do Sindicato sò pretende movimentar a questão quando o processo chegar a Belém.

Campanha em favor da criação do Departamento Profisional

Na campanha para a criação do Departamento Profissional do Sindicato, estão programados: festa na Casa dos Marceneiros, no dia 15 de novembro; passeio fluvial das 9 às 14 horas, com um dos mais afamados Jazz da cidade; festival esportivo patrocinado pela Tuna Luso Comercial, possivelmente no campo do «Sapão», a 20 de dezembro.

Falando à nossa reportagem o presidente da corporação, sr. Ernestino Monteiro, se declarou contra o golpe e revelou o programa para a criação do Departamento Profissional do Sindicato.

Encerramento da campanha no dia 24 de dezembro

Nesse dia terá lugar o encerramento da campanha com uma grandiosa festa realizada no Palace Teatro, cedido pela

(Cont. na 3.ª pág. — C

Canalização interrompida nos quarteirões da José Bonifacio e Guamá

— CENTENAS DE PESSOAS BEBEM ÁGUA DE PÔÇO —

Conforme noticiamos em nossa edição passada, os moradores dos últimos quarteirões da Trav. José Bonifacio e do Guamá estão sofrendo, desde muito tempo, tremenda falta de agua para as suas necessidades diárias

Antes porem, das eleições, foram iniciados os serviços de prolongamento dos canos gerais naquela Avenida, mas logo paralisados até agora, sem que os poderes públicos tomem nenhuma providencia para solucionar esse premente problema que aflige os moradores daquele bairro

CENTENAS DE PESSOAS BEBEM AGUA DE POÇOS

A nossa reportagem teve à oportunidade de visitar aquele bairro bem como a Trav. José Bonifacio, afim de melhor inteirar-se do que está ali ocorrendo.

Grande extensão do final daquela arteria é habitada por centenas de famílias pobres, operarios e trabalhadores, sem receberem o menor benefício e amparo do governo.

Devido a não haver agua encanada, pois as unicas torneiras instaladas ficam a enrme distancia, os moradores daquele local foram obrigados a cavar poços nos quintais de suas casas, de onde centenas de pessoas recolhem diariamente, em latas, baldes e panelas, a agua de que necessitam.

OS POÇOS FICAM NAS PROXIMIDADES DAS CENTINAS

A nossa reportagem verificou que os poços de que se servem os moradores daquela Trav. José Bonifacio, e de grande parte da do Guamá, encon-

Um dos poços nos quintais, onde o povo apanha água

tram-se à pouca distancia do local onde ficam as privadas, as quais são do tipo das chamadas fossas higienicas do SESP.

Em quasi todos quintais existe um desses poços intercalados entre as centinas, cuja infiltração se alastrará em todas as direções, contaminando toda a área onde ficam os poços dagua utilizadas pelo povo.

CANALIZAÇÃO INTERROMPIDA

A canalização de agua que se havia iniciado há meses passados, antes das eleições, foi inexplicavelmente interrompida, ficando até agora os serviços paralizados.

Apenas duas torneiras, muito proximas uma da outra, foram instaladas no centro da Trav. José Bonifacio

A extensa vila aberta para colocação dos encanamento está se entupindo e as terras que estão desabando dos lados, tudo indicando os serviços de instalação dagua para aquele local foram totalmente abandonados pelo governo.

OS MORADORES DAQUELE BAIRRO DEVEM REAGIR

Como se vê, os moradores da Trav. José Bonifacio e de grande parte do Guamá estão sofrendo as mais sérias dificuldades para conseguir agua potavel. A agua recolhida dos poços é imprestavel, constituindo uma grave ameaça à saude pública

Devem todos se unir afim de, num movimento conso, exigir que o governo mande concluir, imediatamente, os serviços de canalização dágua há meses interrompidos.

SUBURBIOS EM REVISTA

Total abandono e miséria na Vila de Icoaraci

A sub Prefeitura de Icoaraci já devia estar desmembrada do município de Belém, pois o seu movimento já está existem-

Vivendas de férias das classes privilegiadas contrastando com os casebres dos trabalhadores — Nem agua nem esgotos ali existem — Deficiencia de escolas e transporte — Passam fome os operários — Perseguição aos pequenos pescadores — Cadeia para quem retirar um cacho de assaí nas terras dos latifundiários

muito mais intenso mesmo que muitos dos grandes municípios do nosso Estado. Porem os interessses pessoais de grupos de classe dominante têm entravado a possibilidade de sua autonomia.

Icoaraci ainda apresenta as antigas residencias de férias das classes privilegiadas que ali encontram refugio para os seus lazeres.

Contrastando com isto, encontram-se as centenas de casebres onde moram os trabalhadores e operários que, percebem um salario de fome nas usinas, fabricas e olarias daquela localidade.

A população do município solidariza-se com os assalariados em greve. Os trabalhadores de outras usinas ameaçaram paralizar o trabalho também, pulação dos poços anti-higienicos, que constituem séria ameaça à saúde pública.

Alem disso, não tem o município esgotos, motivo pelo qual são os focos de doenças permanentes lamaçais e focos de doenças que são vítimas os moradores daquela Vila. Icoaraci sofre tremendamente deficiencia de escolas e transportes. Desde 1920 nesse número, o que torna tremendamente difícil a distribuição e entrega de correspondencia. Apesar, de seu desenvolvimento Icoaraci ainda não dispõe de agua encanada, servindo-se a po-

mesmo assim, não são suficientes para atender ao grande número de crianças em plena idade escolar que estão ameaçadas de ficar analfabetas.

O serviço de transportes rodoviários, entre onibus, caminhonetas, que vão alem de 40 veículos, de há muito que se tornou deficiente, pois todos trafegam superlotado e suspendem as suas viagens às 21 horas.

Tivemos oportunidade de entrevistar o trabalhador André Avelino da Cunha, residente em Icoaraci e que trabalha em Belém, disse-nos ele o seguinte: "Tenho família numerosa; muitas vezes tomamos mingau de farinha dagua, pois não passamos mais fome do que temos passado. Os salarios que nos pagam são de esfomeamento. Os preços dos generos alimentícios se elevam

(Cont. 3.ª pag. — D

DESPORTOS

No meu comentário esportivo da semana passada fiz alusão à brilhante representação da América de Recife, que estava em nossa capital participando do Torneio Quadrangular com os três grandes da cidade.

Baseando na formação do esquadrão, nas façanhas de sua equipe, previ grandes encontros futebolisticos dado o destaque dos azes de seu plantel e do valor das equipes regionais.

Adverti que América e Tuna como principais da primeira rodada tudo fizessem para agradar o público paguante, tantas vezes espoliado na sua boa fé.

Não foi suficiente o rendimento técnico dos esquadrões apresentados em campo, falhas clamorosas mereceram dos apreciadores do bom futebol as mais justas criticas. Desse modo, os espetáculos não agradaram convincentemente aos aficionados.

Inegavelmente, o povo que se arrasta de suas casas para essas diversões tem sido criminosamente espoliado. Os quadros não se interessam em brindar os espectadores com a harmonia e a elegância de um futebol vistoso, e ainda compareceu ao campo com um atrazo de mais de vinte minutos, querendo livrar a pele do causticante sol, esquecendo-se que desde as doze horas a fila se movimenta para aplaudi-los.

Os quadros principais não terminaram a partida, pois já se deu por duas vezes em nossa capital, quando da temporada, do Corintians de S. Paulo e entre Clube do Remo e Américo.

Revoltada, a assistencia ensaiou um incêndio no gramado. Viram-se tochas de papel por todos os lados, havendo inumeras tentativas, inclusive de atear fogo nas dependências do estádio.

Cabe à Federação Paraense de Desportos acabar com esses abusos praticados por responsáveis de jogos.

NETUNO BRAGA

Vitoriosa Greve de Assalariados Agrícolas

RECIFE (Inter Press)—Encontram-se em greve os cortadores de cana (assalariados agricolas) da Fazenda Uruaré, no Município de Goiania, reivindicando melhores preços para cada feixe cortado, que até agora tem sido pago à razão de 15 cruzeiros.

Quando os grevistas se encontravam na sede do Sindicato Rural, solicitando uma comissão para entrar em entendimentos com o patrão, a polícia de Goiania entrou no recinto, armada de fuzis e metralhadoras, efetuando numerosas prisões por ordem do fazendeiro, entre as quais a do secretario do sindicato e outro membro da Diretoria.

O IV Congresso do P.C.B.:

A Amazônia brasileira e o programa de Salvação Nacional

Nosso povo se une e segue o caminho triunfante para a emancipação nacional

Tribuna do PARÁ

N.º 208 — Pará-Belém, sábado, 12 de novembro de 1955 — Ano X

Há um ano realizava-se o IV Congresso do Partido Comunista do Brasil, cuja tarefa principal foi discutir e aprovar em definitivo o Programa de Salvação Nacional, lançado a 1.º de janeiro de 1954.

O Programa desperta, mobiliza e organiza milhões

Submetido durante 10 meses a uma difusão e a um debate amplo em todo o país, o Programa tornou-se uma bandeira de salvação nacional que respondeu ao anseio da grande maioria do povo brasileiro e por isso mesmo empunhada hoje por milhões. O Programa abriu o caminho justo e luminoso para a união das lutas do povo brasileiro, mostrando com clareza científica os objetivos patrióticos que tração a emancipação económica e política e o bem-estar para toda a nação. O Programa traçou o caminho mais acertado para arrancar o país da grave e crónica situação de misérias em que vive. Seu aparecimento despertou milhões, seus ensinamentos esclareceram e uniram esses milhões de compatriotas que hoje tomam e erguem a bandeira da libertação nacional e das transformações democráticas de que necessita a nossa pátria.

O Programa é o anseio mais caro do povo brasileiro

Como bem diz Astrogildo Pereira, o velho lutador da causa do proletariado brasileiro, o Programa mostra o que significa a rapinagem imperialista das nossas riquezas naturais e como se processa a subordinação da nossa economia aos interesses dos monopolistas norte-americanos — bando de abutres insaciáveis sugando o nosso trabalho, impedindo por todos os meios

(Cont. 2. pag. — A)

RESPONSÁVEL SINVAL CARDOSO PELA FALTA DE LUZ NOS BAIRROS DA CIDADE

A reportagem de TRIBUNA apura os fatos a respeito — Deve ser instaurado rigoroso inquérito — Cabe ao povo protestar contra isso

Em novembro do ano passado, o sr. Prefeito de Belém anunciou com muita pompa a inauguração de dois motores adquiridos por uma importância espantosa dos trustes americanos, para fornecer luz suficiente aos diversos bairros desta capital. Acontece que, no próprio dia da inauguração, um dos motores não funcionou por defeito técnico — dizem — de maneira que isso desgostou bastante o sr. Celso Malcher, que havia preparado grande festa para celebrar a inauguração da luz que iria iluminar toda a área onde ficam localizados os bairros de São Braz, Cremação, Santa Izabel e Guamá.

Em virtude daquela ocorrência, foi então anunciado aos moradores daqueles bairros, por alto-falante colocado numa caminhonete, que a inauguração se faria para dentro de quinze dias no máximo. Realmente, no dia 28 de novembro de 1954 a luz foi inaugurada.

Mas a verdade é que do melado de outubro do corrente ano para cá, a luz começou a faltar, de tal modo que ultima

(Cont. na 2.ª pág. — D)

GANHANDO NA JUSTIÇA DO TRABALHO

Exigem os tecelões da Fábrica S. José o pagamento dos atrazados

Recusa-se o patrão a cumprir a sentença do poder judiciário — O Sindicato toma providências junto ao TRT em favor dos operários

Na fábrica de redes «S. José», no bairro da Pedreira, seu proprietário, sr. Arruda, vem resistindo a pagar o atrazado dos tecelões paraenses em recente vitória no Superior Tribunal do Trabalho. Os patrões chegam mesmo a dizer que não cumprirão a decisão da justiça que mandou que o aumento de salários seja pago a partir de 2 de janeiro do corrente.

E o sr. Arruda ainda vai mais longe. Promete demitir todos aqueles que reclamarem o pagamento dos atrazados.

Pouco salário e trabalho exausto

Apesar do aumento de seus salários, os tecelões da fábrica «S. José» ainda recebem menos que o salário mínimo local (Cr$ 33,00 por dia); somente alguns conseguem atingir ou ultrapassar mil cruzeiros. E, para isso, trabalhando das 6,30 às 11 e das 12,30 às 16,30 horas, têm que dispender o máximo de esforços, porque a remuneração por cada peça produzida é de Cr$ 1,90.

CAMETÁ sob o jugo da família Parijós

V. I. LENIN

A HISTÓRIA dos serviços de água em Cametá, terra de tradições e grande passado, descortina a situação de abandono e espoliação em que se encontra o famoso município, há mais de 15 anos sob o jugo da família Parijós.

O SESP construiu em Cametá um notável serviço de abastecimento d'água, atendendo velha aspiração do povo que há séculos era obrigado a carregar agua no rio Tocantins em latas na cabeça, ou usar a condenável agua de poço, ocasionando as inúmeras doenças que grassavam ceifando vidas. Aliás, já constitue tradição em Cametá a triste lembrança de terríveis doenças, como a cólera e outras que dizimaram milhares de vidas no passado, sobre o que até pinturas célebres exis-

tem como monumentos à cametaenses ilustres que deram sua vida na luta pela saude da população.

(Cont. na 5.ª pág. — C)

Saudemos o 38.º aniversário da Revolução Socialista de Outubro

A 7 do corrente transcorreu mais um aniversário da revolução bolchevique. Esta é uma data lembrada e comemorada com alegria no mundo inteiro pelo proletariado e mais amplas camadas das massas populares e do campo. Assinala uma nova etapa na história dos povos e o início da sua libertação em marcha para a sociedade sem classes.

A construção socialista na URSS possibilitou a passagem, em ritmo acelerado jamais visto na vida das Nações, de povos atrazados economica, social cultural e politicamente a povos que despertam o respeito e admiração pelo avanço em todos os domínios do conhecimento humano.

Fiel à sua origem e aos seus objetivos, o governo soviético vem dirigindo toda a sua política no rumo da preservação Paz, liquidação de focos às sobrevivências da exploração social do homem e emancipação dos povos.

O êxito da revolução russa prende-se à interpretação justa levantada pelo marxismo em torno do desenvolvimento da sociedade e à aplicação desses princípios através de uma política consequente. O que Marx afirmou Lenine comprovou. Em 1898 Marx indicava, referindo-à Prussia, a necessidade de fazer coincidir a revolução proletária com a guerra dos camponeses. E foi aplicando esse ensinamento que Lenine pôde dar início

e a levar às ultimas consequencias a revolução bolchevique.

Lenin enriqueceu a teoria geral do marxismo, segundo observou um dos seus biografos, aprofundando as seguintes questões: — a) teoria do imperialismo; b) condições e mecanismo da realização da ditadura do proletariado; c) tática do proletariado na época das guerras imperialistas e da revolução mundial; c) relação entre o proletariado e camponeses antes, du-

Cont. 2. pag. — B

Cont. 5. pag. — B

Manoel Arquelau Alcântara diz ao reporter:

O golpe visa logo os Sindicatos

— E acrescenta: «Estamos empenhados na campanha para a construção da Casa do Sapateiro»

O Sindicato dos Sapateiros vem desenvolvendo regular atividade em favor dos seus associados, que se elevam a um total de 400.

A reportagem de TRIBUNA teve oportunidade de entrevistar o sr. Manoel Arquelau Alcantara, presidente daquele Sindicato, a fim de melhor inteirar-se do que ali se vem realizando de proveitoso em benefício da classe.

Construção da Casa do Sapateiro

Disse-nos inicialmente o Presidente do referido Sindicato que está prosseguindo com firmeza a campanha pela construção da Casa do Sapateiro. Já no mês de agosto do corrente ano, os sapateiros contribuíram com Cr$ 1,00, tendo-se realizado várias festas destinadas a angariar numerário para esse fim.

Assistência médica, farmaceutica e dentária

Um dos melhoramentos apreciaveis realizados pelo Sindicato dos Sapateiros, está na assistência medica, farmaceutica e dentária que proporciona aos seus associados.

Adiantou o nosso entrevistado que êsse serviço tem oferecido ótimos resultados, e que se ampliará ainda mais, de conformidade com as possibilidades e recursos financeiros do Sindicato.

«O golpe visa logo os Sindicatos»

Finalizando, perguntamos ao Presidente do Sindicato dos Sapateiros o que pensava sobre o golpe.

— «O golpe — responde — visa logo os Sindicatos. Sou contra o golpe, e pela liberdades constitucionais.

(Cont. na 5.ª pág. F)

Governador eleito responde a operários

FLORIANÓPOLIS. (Estado de Santa Catarina) — (Inter Press) — Realisou-se nesta cidade, na sede da União Operária, um debate entre operários e o governador recem-eleito para o Estado durante o qual foram levantadas diversas questões.

Entre as diversas respostas dadas pelo governador Jorge Lacerda, destacamos as seguintes: «Sou favorável à «Petrobrás» a quem sempre dei e continuarei dando apoio. O monopólio estatal do petróleo é um grande auxiliar na solução dos nossos problemas económicos. «Sou favorável ao reatamento das relações comerciais com a União Soviética. A manutenção do comercio com todos os países asegura a estabilidade da nossa balança económica. «Defendo a Constituição e sou contra o golpe», etc. Sôbre salários pronunciou-se favorável ao salário-mínimo para Santa Catarina e pela sua imediata aplicação. Manifestou-se favorável ao aumento de vencimentos para o funcionalismo estadual.

Ao final, prometeu o sr. Jorge Lacerda, promover outros debates com os trabalhadores. Confessou-se bastante admirado com o alto nível político de alguns dos presentes chegando mesmo a perguntar a um trabalhador se êle não era por acaso jornalista.

EDIÇÃO DE HOJE: 6 PÁGINAS

LEIA NA 3.ª PÁGINA

O EDITORIAL:

Defendamos com ardor redobrado a legalidade constitucional

SABADO, 12 DE NOVEMBRO DE 1955 — TRIBUNA DO PARÁ — PÁG. 2

Tornemos Vitóriosa a Campanha Nacional pela Reforma Agrária

SANDOVAL BARBOSA

(Sec. Geral da Com, Par. pela Ref. Agrária)

Como não podia e não pode deixar de ser, a Comissão Paraense pela Reforma Agrária vem recebendo as mais variadas formas de apôio, não só de organizações particulares como, também, dos Poderes Públicos. Isto significa que a Campanha é oportuna e constitue poderosa alavanca para o esclarecimento das massas do interior ou do campo e para a união fraternal de todas as camadas progressistas da população.

Dentre essas manifestações de apôio, é de ressaltar o pronunciamento do Bispo de Pelotas, no Rio Grande do Sul, D. Antonio Zatera, que determinou a tôdas as paróquias de sua jurisdição a se colocarem ao lado da Campanha Nacional pela Reforma Agrária, e do padre Leopoldo Brentano, S. J., assistente eclesiástico dos Circulos Operários do Brasil, que, em entrevista à imprensa popular do Recife, declarou: «Não há dúvida de que urge fazer uma reforma agrária que conceda um nível de vida digno ao trabalhador do campo, multiplicando o quanto possivel o número de propriedades agricolas. Toda propriedade, de um modo especial a propriedade agricola, só deve existir em função do interesse social».

Ainda são poucas, nacionalmente, as manifestações de tão elevada importância como as que acima citamos, mas estamos absolutamente certos de que à medida que a Campanha fôr alcançando a compreensão de todos os setôres interessados no desenvolvimento da nossa produção, consequentemente no aumento do mercado interno nacional, essas manifestações irão se ampliando, e de tal maneira, que exigirão a imediata realização de uma reforma agrária democrática no Brasil.

O movimento no Estado do Pará tem se refletido fóra de suas fronteiras, haja visto o pedido que vem de receber da FUNDAÇÃO AMAZÔNIA, importante organização filantrópica social com raizes em todos os municipios do Estado do Amazonas, de 500 exemplares da «Carta dos Direitos e das Reivindicações dos Lavradores e Trabalhadores Agricolas do Brasil» para efeito de distribuição aos trabalhadores rurais do visinho Estado. No entanto, o ponto alto desse reflexo do movimento no Pará, foi o interesse que despertou na Comissão Nacional de Politica Agrária do Ministério da Agricultura, que se dirigiu ao nosso companheiro Bruno de Menezes, Diretor do Departamento de Cooperativismo e de Assistência Social Rural, solicitando informações sôbre a constituição da Comissão Executiva Estadual da Campanha, assim como um exemplar da «Carta dos Direitos» . . . e, por fim, para nos remeter alguns exemplares de sua publicação «Os problemas da Terra no Brasil e na América Latina», que anteriormente lhe haviamos pedido.

Em nosso Estado, a Campanha Nacional pela Reforma Agrária atraiu as simpatias e o apôio decidido de destacadas personalidades da capital e do interior: do operário ao lavrador, do parlamentar à mais proeminente autoridade do Executivo. No entanto, o apôio mais decisivo foi o da imprensa e rádio locais, especialmente da «Folha do Norte» e «Rádio Clube do Pará». Consideramos de grande importância a publicação no «Diário Oficial», edição n.º 17.995, da «Carta dos Direitos e das Reivindicações dos Lavradores e Trabalhadores Agrícolas do Brasil», assim como a sua distribuição a todos os vereadores e deputados, a todos os Juizes e Desembargadores, a todos os Secretários de Estado, a todos os partidos políticos, a todos os jornais e rádios, a todos os sindicatos e associações operárias, estudantís e rurais, aos comandos militares aqui sediados, às autoridades religiosas, aos lavradores, etc.

Essa distribuição é tanto mais importante, porque se verificou após as realizações de conferências e atos públicos, destacando se a cerimônia de lançamento da Campanha dia 27 de Março, a Conferencia do deputado federal Gabriel Hermes Filho, dia 7 de Abril, a mêsa-redonda na Rádio Clube do Pará, dia 18 do mesmo mês e, finalmente, a conferência de 13 de maio ultimo. Estes atos públicos e o apôio de todos os jornais de nossa capital, e do apôio moral e material do Exmo. Sr. Governador do Estado e do Exmo. Sr. Prefeito Municipal de Belém, da Assembléia Legislativa e da Câmara Municipal de Belém, possibilitaram-nos a realização de conferências nos principais municipios da zona bragantina, com farta distribuição da «Carta dos Direitos» . . . e coleta de grande numero de assinaturas no «Memorial», que oportunamente será enviado aos Poderes Constitucionais pedindo a realização de uma reforma agraria democratica no Brasil.

De modo que são êsses os principais sucessos da Comissão Paraense pela Reforma Agraria, faltando apenas a atuação direta e decisiva de todos os partidos politicos para torná-la triunfante e isto havemos de conseguir, pelo menos de alguns Partidos que realmente estejam objetivando a defesa dos interesses do nosso povo, pois não podemos compreender um Partido politico que não tenha em seu programa o desenvolvimento da economia nacional à base de uma reforma agrária democrática e da exploração estatal de suas riquesas naturais. O partido politico que não coloca em primeiro plano êsses dois aspéctos de desenvolvimento da economia do Brasil jámais poderá merecer o apôio e confiança do povo brasileiro.

Casa de Modas AURORA

de NABIH A. EL HOSN

Sensacional remarcação de preços — Tecidos de Linho. Tropical e Casemira — Sempre Novidades.

RUA 13 DE MAIO, 138 —:— FONE, 1549

End. Telegráfico: NABIHA — Caixa Postal, 157

CASA DE MODAS — NABIH A. EL HOSN — RUA 13 DE MAIO 138 — AURORA

1 Calça de linho fio Irlandez	350,00
1 Calça de tropilal meio lã	350,00
1 Calça da Moda, listrada	300,00
1 Terno de linho Irlandez, creme	1.200,00
1 Terno de tropical	1.100,00
1 Camisa de algodão	90,00
1 Camisa de tricoline	100,00
1 Calção de gabardine	98,00
1 Per de meias	10,00
1 Bluza para senhora, em Jersei	70,00
1 Camisa de Jersei para crianças	50,00
1 Cueca de morim Aurora	30,00
1 Camiseta bordada	30,00

Calças, Camisas, Slack, Short e outros artigos da última moda para homem, só na

Casa de Modas AURORA

CASA GUERRA

— DE —

Marcos Guerra & Cia. Ltda.

Completo sortimento de fazendas em: séda, algodão, casemiras e bordadas; fitas, miudezas em geral. Roupas para recém-nascidos, crianças e artigos de perfumarias, etc.

Fabricam-se sombrinhas e Guardas-chuva.

RUA SANTO ANTONIO N. 4

Telefone, 4226 — Caixa Postal, 475

BELÉM — PARÁ

Dê suas preferências aos anunciantes de

TRIBUNA DO PARÁ

Indicador Profissional

ADVOGADOS

CARLOS A. LIMA
ADVOGADO

Escritório: Travessa 7 de Setembro, 126 (altos)
TELEFONE, 4915

CLOVIS MALCHER
ADVOGADO

CIVEL—COMERCIO—TRABALHO
7 de Setembro, 50 — Fone, 4652

DANIEL COÊLHO DE SOUZA
ADVOGADO

Esc. Trav. 7 de Setembro, 66—1.º andar
FONE: 2525 — CAIXA POSTAL, 680

MEDICOS

Dr. POJUCAN TAPAJÓS
CLINICA E ALIMENTAÇÃO DE CRIANÇAS
Das 8 ás 10 horas
Edificio "Bern"—2.º andar—Salas 25 e 26—Telefone: 1401
Residencia: Praça da República, 12—Telefone: 1921
Belém—Pará

Prof. DR. RUY ROMARIZ
da FACULDADE DE MEDICINA
— CLÍNICA MÉDICA —
Aparelhos: Respiratório, Circulatório, Digestivo, Gênito—Urinário
Tratamento especialisado de hemoroides por Injeções in loco dolenti
— DOENÇAS DE CRIANÇAS —
Consultório: Campos Sales, 47 — 1.º andar — Fone, 2568
Residência: Dr. Morais, 18 — Fone, 3221
— Consultas: Das 10 às 12 horas —

TUBERCULOSE
Dr. Mauricio Coelho de Souza
Especializado no Missouri State Sanatorio—Mount-Vernon, U. S. A.
CIRURGIA
Exames de Raios X
Consultório: Rua 13 de Maio, 238 — Das 9 às 12 horas e das 14 às 17 horas.
Residência: Travessa Rui Barbosa, 722 — Fone: 1515
RAIOS X A DOMICÍLIO

CONCLUSÕES

— A —

o nosso progresso, oprimindo os nossos anseios de liberdade, envenenando as fontes da nossa cultura, tudo fazendo, enfim, para reduzirmos à condição de mera colônia dos Estados Unidos e atrelarmos aos planos de guerra dos circulos financeiros e econômicos que governam aquele pais.

Todo o nosso atrazo, a nossa miséria, as nossas enfermidades, as nossas debilidades de povo subnutrido e subdesenvolvido, tudo isso que faz do brasileiro um dos povos de mais baixo nivel de vida em todo o mundo, com indices terriveis de mortalidade infantil e adulta, com uma percentagem de analfabetismo que é uma vergonha nacional—tudo, isso tem como causa primeira o fato de sermos um pais subjugado pelos imperialistas ianques, aos quais somos vendidos e entregues pelos governos de latifundiários e grandes capitalistas que temos tido até hoje».

Sair dessa vergonha é o anseio mais caro, mais sentido de uma massa de milhões e milhões de compatriotas.

A esperança para a Amazonia abandonada e ameaçada

Abandonada e ameaçada pela cobiça imperialista, o Programa mostrou todas as perspectivas não só de defesa imediata mas de desenvolvimento para o vastissimo vale amazonico. As camadas populares, os patriotas e democratas que sofrem e lutam em nossa terra, do Pará ao Acre, do Guaporé ao Amapá, responderam com entusiasmo incontido ao apelo do Programa de Salvação Nacional.

A luta em defesa da Hiléia, do petroleo de Nova Olinda, do manganez do Amapá, das riquezas florestais, das aguas e das terras, as lutas contra o abandono e a exploração impiedosa conduzem os patriotas da Amazonia para os caminhos abertos pelo Programa de Salvação Nacional.

Essas lutas expressam fielmente a Justesa das teses do Programa como indicam a sua poderosa influencia mobilizadora.

Um acontecimento político dos mais significativos

Por tudo isso é que o IV Congresso constituiu um acontecimento dos mais significativos na vida nacional. O IV Congresso do P. C. B. concentrou na discussão e aprovação do Programa de Salvação Nacional todos os interesses do mais profundo e vivo amôr pela nossa patria, propondo ao país soluções concretas para tira-lo da séria conjuntura em que se encontra.

Os nossos males e os nossos inimigos

Assim, depois de mostrar como e porque somos explorados e oprimidos, depois de apontar quais são os nossos inimigos externos e internos, o Programa aponta o caminho da luta revolucionaria de massas, visando instaurar no pais um governo do povo, capaz de promover a completa emancipação economica, politica e social do Brasil.

Forjemos a frente unica indispensavel

Para isso necessitamos de nos unir para, numa poderosa frente unica, democrática e patriotica, lutar pelos objetivos de salvação nacional indicados pelo Programa.

Para chegar a forjar esse indispensivel instrumento de realização do Programa de Salvação Nacional, é Prestes que mostra o caminho: «O essencial agora é conquistar as grandes massas, uni-las e organiza-las para a luta contra a atual ditadura americana e em defesa da Constituição, contra qualquer golpe de Estado que pretenda impor o terror ao povo. Através das lutas das massas e da ampliação da frente unica, todas as tentativas terroristas da reação serão anuladas e cada tentattva de golpe de fôrça dos generais fascistas e demais assalariados dos governantes dos Estados Unidos há de servir para abrir os olhos das massas, para arma-las, cada vez mais estreitamente e leva-las para diante na luta vitoriosa pela liberdade e a independência nacional».

As atuais tentativas de golpe promovidas pelos monopolios americanos e reacionarios nativos a seu serviço confirmam essas palavras de Prestes ditas há um âno.

Nosso povo se une contra todos esses inimigos e avançará nas suas lutas pelo seu completo esmagamento.

— B —

rante e depois da revolução proletaria; d) Importancia, para a revolução mundial, da questão nacional e geral, e em particular dos movimentos nacionais nos paises coloniais e semi-coloniais; e) o papel do Partido; f) o papel do Estado proletario no periodo transitorio; g) o regime sovietico como tipo concreto do Estado proletario durante esse periodo.

Daí ter afirmado Stalin: "O leninismo é o marxismo da epoca do imperialismo e da revolução proletaria, ou mais exatamente, é a teoria e a tatica do proletariado em particular."

Coube, entretanto, a este ultimo, um papel não menos importante: consolidar a revolução, quebrar o cerco a que fôra submetida a URSS, transforma-la em baluarte da Paz e da Democracia, colocando-a no comando de vigorosas forças progressistas mundiais e acentuar a importancia do problema da libertação dos povos coloniais e semi-coloniais, batendo o imperialismo nas suas multiplas manifestações, ao mesmo tempo que levantando a tese vitoriosa da possibilidade, pelo menos durante largo periodo, da co-existencia dos dois sistemas capitalismo e socialismo.

A politica genial da URSS tem sido a garantia da Paz nesses ultimos anos, desarmando as provocações guerreiras das forças imperialistas, e dos seus exitos na construção do socialismo, progresso e bem estar dos povos que vivem nas suas fronteiras. Tais exitos constituem um estimulo à luta de todos os outros povos subjugados e sacrificados pela ganancia dos trustes que manejam os cordões dos governos capitaneados por Washington. Os ensinamentos e a experiencias da revolução bolchevique, desde o seu inicio até os dias de hoje, constitue um roteiro seguro para o proletariado internacional e a certeza na derrocada do velho sistema da exploração capitalista hoje imperante em grande parte do mundo e na implantação do socialismo, para que a Liberdade esplenda em todo o seu vigor e a dignidade humana se revele no seu verdadeiro conteúdo.

Salve a Revolução Socialista.

AINDA NESTE MÊS O CONGRESSO DOS PESCADORES

FORTALEZA, (Inter Press)—Os pescadores cearenses em sua grande maioria jangadeiros, realizarão o Congresso dos Pescadores do Ceará, em novembro corrente. Para o Congresso, os pescadores cearenses estão preparando um temário. A realização dêsse conclave constitui mais um passo na luta encetada há anos, no sentido de obterem auxilio financeiro para o desenvolvimento da pesca, assistência hospitalar e técnica.

Preço Do Exemplar
Cr$ 1,00

Livraria Martins

Livros, Papelarias, Revistas, Canetas, Figurinos, Miudezas.

Campos Sales, 85-89

FONES: 4680-4676

Drogarias Barbosa

N.os 1 - 2 e 3

As que vendem tudo MAIS BARATO e ainda DIVIDEM o LUCRO com o freguês.

TRIBUNA DO PARÁ — SÁBADO, 12 DE NOVEMBRO DE 1955

O 38.º ANIVERSÁRIO DA REVOLUÇÃO DE OUTUBRO

A URSS foi e será sempre o baluarte da paz no mundo

A parada na Praça Vermelha de Moscou — Solenidade no Teatro Bolshoi — Discurso de Kaganovitch

MOSCOU, 7 (AFP) — Comemorou-se hoje o 38º aniversário da Revolução de Outubro com uma cerimônia, nesta Capital, com uma cerimônia no Teatro Bolshoi, com a presença de Bulgánin, Voroshilov, Kruchtchev, Molotov, Pervukin, Malenkov, Mikolan, Kaganovitch e o marechal Jukov, e cerca de oitenta personalidades representando o Exército e as organizações da capital. Saburov, Pospelov, Aristov e Chepilov os secundavam.

O palco do grande teatro estava decorado com bandeiras vermelhas, com uma imensa medalhão com as efígies de Lénin e Stálin, cercadas de flôres vermelhas e brancas.

A execução do hino soviético assinalou a abertura da sessão. Lazar Kaganovitch, membro do Presidium do Comité Central do Partido Comunista e primeiro vice-presidente do Conselho de Ministros da União Soviética, tomou a palavra.

Depois de frisar a importância da Revolução de Outubro na história da humanidade, disse o orador que «a experiência de 38 anos realizada na União Soviética provou a superioridade da sociedade socialista sobre a sociedade capitalista e que o capitalismo sofreu uma amarga derrota».

«Nosso partido, prosseguiu o orador, tornou-se um exemplo vivo para os povos do mundo inteiro».

Frisando o prodígio que foi a eletrificação da URSS, pelo gênio de Lénin, o vice-presidente do Conselho comparou a situação anterior do país com a da China e fez prognósticos otimistas quanto à industrialização da China, sob a direção do Comité Central de seu Partido Comunista, tendo à sua frente Mao Tse Tung.

Pediu o orador que se realizasse um esforço em todos os ramos da economia nacional. Passou depois ao domínio militar, observando que entre 1949 e 1953, os países da NATO elevaram suas despesas militares de 18 para 65 bilhões de dólares, ao passo que no mesmo período, a URSS gostou vinte vêzes menos. Frisou o perigo acarretado em 1953/54 pelas aventuras militares dos países ocidentais.

Conferência de Genebra

Evocando a conferência de Genebra, o sr. Kaganovitch ressaltou a importância das propostas soviéticas que tendem a conjurar o perigo de novas guerras e a garantir a segurança e a vida pacífica de todos os povos europeus. «No entanto, disse ele, as potências ocidentais adotaram posições diametralmente opostas, pondo em primeiro plano a reunificação da Alemanha. O govêrno soviético sempre rejeitou e continuará rejeitando tais propostas. Não se deve subordinar a solução da importantíssima questão de segurança européia à do problema alemão como desejam os representantes ocidentais em Genebra».

E Kaganovitch concluiu: «Todos os povos podem estar certos de que a URSS foi e será sempre o baluarte da paz no mundo. Venceremos e continuaremos a vencer. Proclamação do 38º aniversário da Revolução de outubro, de Marx, Engels, Lénin e Stálin, até à vitória completa do comunismo». O discurso terminou por uma calorosa ovação da assistência.

Grandioso desfile na Praça Vermelha

PARIS, 7 (AFP) — Durou aproximadamente horas e meia o desfile militar realizado hoje de manhã na Praça Vermelha de Moscou por motivo do aniversário da Revolução de Outubro. Os dirigentes do «Partido Comunista» e os membros do govêrno estavam na tribuna oficial desde 9 horas e 35 minutos. Precisamente às 10 horas, as tropas concentradas na praça tomaram a posição de sentido e o marechal Jukov, ministro da Defesa da União Soviética, apareceu em automóvel descoberto. Depois de passar em revista as tropas, o marechal Jukov subiu à tribuna. Os de fila era iniciado às 10 hs e 15 minutos. Abriram a marcha os alunos das academias militares, seguidos pelos aviadores e pelos marinheiros. Formações de bombardeiros pesados passavam acima das colunas. Os caças a jato também apareceram no céu. Depois dos marinheiros marchava a infantaria, abrindo a marcha as unidades da guarda, aparecendo finalmente as unidades de artilharia com os seus canhões pesados. «As maquinas das unidades motorizadas da artilharia anti-aérea, das peças de artilharia contra tanques e dos foguetes de diversos calibres produziu particular impressão na assistência», declarou o locutor da Rádio de Moscou. A revista terminou com o desfile de mil músicos, começando em seguida o desfile das organizações esportivas e dos trabalhadores da capital soviética.

Firme a luta pela paz

PARIS, 7 (AFP) — «Guiando pelos princípios leninistas de coexistência entre Estados de sistemas políticos e sociais diferentes, o govêrno soviético continua a lutar pela paz do mundo», declarou o marechal Jukov, ministro da Defesa da União Soviética, em discurso proferido hoje de noite e difundido pelo rádio de Moscou no transcurso do desfile militar realizado na Praça Vermelha por motivo do 38º aniversário da Revolução de Outubro. Prosseguiu o marechal: «As propostas soviéticas a respeito do desarmamento, da proibição das armas atômicas e a iniciativa do govêrno da União Soviética, tendo em vista melhorar as relações soviético-iugoslavas criaram condições favoráveis à Conferência de Genebra e determinaram a trégua. A redução das nossas fôrças armadas, a retirada das nossas tropas da base de Porkkala, bem como os esforços de nosso govêrno para melhorar as suas relações com os demais países provam que êste govêrno age por meio de atos no interêsse da harmonia e da paz. As propostas soviéticas a respeito da segurança européia e da Alemanha inspiram-se no mesmo espírito, mas exigem-nos países capitalistas fôrças reacionárias que querem sabotar a paz. Isto exige da parte do govêrno soviético ulterior esfôrço para desenvolver o poderio do nosso Estado e das nossas fôrças armadas. O povo soviético pode estar certo de que, para defender o seu trabalho pacífico, o nosso exército continuará a desenvolver o seu espírito combativo e a melhorar a sua técnica». Depois de referir-se à cooperação amistosa com a China e os outros países de democracia popular, declarou Jukov que os povos da URSS, sob a direção do Partido Comunista, marcham resolutamente no caminho do comunismo.

A festa do Sunday Club e a defesa da cultura nacional

RAMOS JUNIOR

OS jornais matutinos publicaram uma nota sob os títulos «Festa americana no Sunday Afternoon Club» (Folha do Norte), 29-10-55, 3ª pag. e "Halloween o Sunday" (Província do Pará), 29-10-55, 8ª pag. Tratava-se de celebrar o Halloween, uma festa tradicional americana, no Centro Cultural Brasil-Estados Unidos. Da nota divulgada pela "Província do Pará", destacamos os seguintes trechos: "Trata-se de uma festa tipicamente americana. A lenda diz que na véspera de todos os Santos as bruxas e espíritos maus estão soltos. Nos Estados Unidos a véspera de Todos os Santos é festejada como um carnaval.

O Sunday, de acôrdo com essa tradição, fará uma festa com brincadeiras típicas. Uma cigana estará presente para lêr a mão daqueles que desejarem sondar o futuro, pois esse será um dia propício para tanto, segundo a tradição".

As notas e a festa do Sunday Afternoon Clube apenas justificam, uma vez mais, as constantes e patrióticas denúncias da intelectualidade brasileira, hoje mais do que nunca justamente preocupada com a defesa das manifestações culturais de nosso povo. Essas denúncias afirmam que as nossas tradições, os nossos costumes, o nosso belo e riquíssimo folclore, a nossa muito brasileira maneira de ser, sofrem, no momento, uma influência que desvirtua e descaracteriza esse patrimônio cultural, influência de consequência desnacionalizante. Aí está o exemplo da festa dêsse Club de jovens, que ai estão, a meu ver, desprevenidos e mal orientados no tocante ao papel desempenhado pelos nossos jovens, sempre ricos em iniciativas, nas atividades de difusão e de defesa da cultura nacional.

A grave denúncia dos intelectuais patriotas caracteriza bem a ação dessa influência, mostrando que o nosso país está sofrendo uma verdadeira invasão na importação em massa de "Heróis", ambientes, ritmos e costumes, sobretudo americanos, através das histórias em quadrinhos, do cinema americano da pior qualidade, dos chamados "best-sellers", do rádio e da imprensa. E' de salientar o grande número de revistas, do tipo "seleções", que se difunde no país, que veicula uma "literatura" de efeitos dilacerantes sobre as características nacionais de nossa cultura.

Mas a festa do Sunday-Afternoon Club revela um aspecto ainda mais sério dessa campanha deformadora, em nossa terra: é o próprio Consulado Americano em Belém que comanda o programa, uma atividade não mais pelos meios habituais de influenciar, aproveitando-se de nossa generosidade, de nossa boa-fé, de nossas justas aspirações culturais e recreativas, e sobretudo da "tradição", amizade que nutrimos pelo povo norte-americano e pelas suas tradições de liberdade, logo cuspidas aos pés pela reação fascista sob a batuta do F.B.I. e do senador Mc Carthy.

Os intelectuais brasileiros e os jovens sabem distinguir os valores da cultura de outros povos, sabem o mérito que se deve dar às contribuições culturais do povo norte-americano ao patrimônio comum e universal da cultura humana. Não é a mesma coisa essa difusão do modo de vida americano cuja significação política, na atual conjuntura mundial, é profundamente contrária aos interêsses da soberania nacional e da solução de nossos problemas fundamentais, entre eles o florescimento da cultura nacional.

Nenhum patriota ignora o sentido político das iniciativas "culturais" do Consulado Americano em Belém, inteiramente a serviço de uma política de preparação guerreira e de dominio colonialista. Trata-se de neutralizar nos jovens, intelectuais e no povo, todo e qualquer sentimento de libertação nacional cujos principais inimigos são os monopolios americanos que exploram o país, dominando a economia nacional. Trata-se de convencer da "teoria" de que necessitamos dessa exploração, a titulo de "ajuda" para promover o nosso desenvolvimento. Trata-se, enfim, de nos arrastar, passivos a uma monstruosa guerra de extermínio e de conquista.

As notas e a festa do Sunday, é inclue as notas porque é ela ji causam muitos males — constituem uma advertência aos jovens, aos intelectuais, ao povo de nossa terra, impõe-se o dever, ao contrapor ao veneno que se difunde, o aproveitamento das possibilidades que temos de promover as iniciativas — palestras, debates, exposições, concertos ou shows — a serviço da cultura nacional, da defesa de suas manifestações cientificas, literárias e artísticas, patrimônio de todo o povo brasileiro.

Movimenta-se o Sindicato dos Jornalistas para conquistar aumento de salários

— Hoje os profissionais da pena estarão reunidos em Assembléia Geral

INFORMADA a nossa reportagem de que o Sindicato dos Jornalistas do Pará estava tratando de uma revisão do salário mínimo dos profissionais da imprensa, a fim de pleitear o necessário aumento, procurou entrevistar o dr. Antonio Sueiro, atual Presidente daquela importante entidade de classe.

Perguntado se o Sindicato já havia tratado da questão da melhoria do salário para os jornalistas etc., disse-nos o sr. Antero Sueiro que o assunto está na Ordem do Dia de uma reunião da assembléia geral, já convocada para hoje, e que se realizará na séde do Sindicato à rua da Gama Abreu, n. 31, às 17 horas.

Salario inferior ao de qualquer outra profissão

Acha que os profissionais da pena, estão percebendo salário injusto, isto é, de acordo com o asfixiante custo de vida atual?

— De modo algum. Embora profissionais intelectuais, percebemos menos do que qualquer elemento de outra profissão, vinda das mais humildes.

Finalizando a nossa entrevista, perguntamos ao Presidente do Sindicato dos Jornalistas se deve ser imediatamente aumentado o salário dos jornalistas, etc., neste Estado.

— E' claro. Se o custo de vida aumenta diariamente, o aumento do salário é uma compensação que se torna necessidade de atendimento imediato.

A EDUCAÇÃO NA URSS.

DE
PASCHOAL LEMME

Conceituado educador brasileiro, que estudando o sistema de educação soviético, em recente viagem pelo país do socialismo, nos dá seu depoimento fidedigno no livro que agora apresentamos ao público brasileiro.

A EDUCAÇÃO NA URSS.
Em tôdas as livrarias
EDITORIAL VITÓRIA LTDA.
R. do Carmo, 8 - 13.º and.
Rio de Janeiro

GRAFICA BELEM LTDA.

Executa serviços Tipográficos com perfeição
e a preços modicos

Rua Senador Manuel Barata n. 250

BELÉM — PARÁ

"**LÊNIN**"

A melhor biografia do genial da Revolução Russa, agora em português, numa cuidadosa tradução da obra do Instituto Marx-Engels-Lénin-Stálin, de Moscou.

SEJA DOS PRIMEIROS A ADQUIRIR ESTA NOVA EDIÇÃO DA

Editorial VITÓRIA Limitada

Brevemente à venda em todas as Livrarias desta capital

A SUZANA
de Newton Soares
Alfaiataria Civil e Militar

SORTIMENTO DE BRINS, LINHOS E TROPICAIS-FABRICA DE BONÉS E ARTIGOS MILITARES EM GERAL

AVENIDA INDEPENDENCIA, 604

Diretor: A. H. Imbiriba da Rocha

Redação:
Rua Manoel Barata, 222
Caixa Postal, 310
Belém — Pará

Pela unidade das forças anti-golpistas do Estado

Os acontecimentos políticos abriram novas perspectivas para a realização das eleições suplementares em nosso Estado. O movimento vitorioso das forças anti-golpistas — o Exército, parte da Aeronáutica e da Marinha, o povo e o Parlamento — confirmaram, uma vez mais, a justeza da orientação democrática e patriótica dada à campanha do nosso candidato a governador, dr. Epílogo de Campos. Os acontecimentos se encarregaram de mostrar à evidência todas aquelas tendências, já denunciadas pela edição anterior, que através de elementos de prôa, minam a Coligação: o pessimismo, a desorientação e até mesmo, o que é mais grave, uma tendência golpista.

Diziamos que a cegueira política desses elementos dirigentes da CDP eram responsáveis pela atual posição do nosso candidato cuja vitória depende de eleições suplementares.

Hoje, quando os acontecimentos abrem novas perspectivas para a vitória, é justamente do seio da Coligação que partem as dificuldades para uma completa unidade de pontos de vistas e de orientação, indispensáveis para dar o necessário impulso á campanha pró-Epílogo de Campos nas eleições suplementares.

Reafirmamos que o grande mérito de governo Assunção, o de haver se caracterizado pela garantia das liberdades democráticas, o de haver mantido sempre de pé as franquias constitucionais, por si só constitue um fator de vitoria em nossa terra. Por isto mesmo a responsabilidade política do governador Assunção como fiador de uma coligação eleitoral, com todas as possibilidades de vitoria, tornou a sua posição de uma influência decisiva na campanha que ainda não encerrou e, mais do que nunca, necessita de melhor orientação, de espirito combativo e de entusiasmo democrático.

Essas razões nos levam a esperar do governador Assunção uma decisiva retomada de posição na hora atual, correspondente á confiança nele depositada e ao prestigio que desfruta graças aos méritos de seu governo, méritos indiscutiveis e plenamente válidos sobretudo diante dos novos acontecimentos.

O governador Assunção tem todas as possibilidades de assumir, através de uma posição mais justa e correta face á nova situação no país, a liderança que reclama o

(Cont. na 5.ª pag. A)

N.º 209 Belém-Pará 20 de novembro de 1955

Aspécto da Praça da Bandeira, criminosamente relegada ao abandono pelo Prefeito Malcher

Praças abandonadas

A Praça da Bandeira completamente esquecida

Em prosseguimento á série de reportagens que iniciamos sobre as deploraveis condições em que se encontram as nossas Praças, focalizamos hoje a lastimavel situação da velha Praça da Bandeira, al. onde fica instalado o Q. G. da Oitava Região Militar.

Carne verde a Cr$ 25,00 no Município de Soure

Carestia crescente, salarios miseraveis — Exploração semi-feudal dos vaqueiros — O caminho das lutas.

O povo de Soure está passando por sérias dificuldades de vida. Os preços dos generos de primeira necessidade estão subindo numa rapidez alarmante, reduzindo os trabalhadores e habitantes em geral daquele Município a uma grave situação.

O Prefeito Municipal determina o aumento do preço da carne

O sr. Emanuel Mendes, atual Prefeito do Município de Soure, é um fazendeiro do Marajó. Como tal, tem ele grande interesse no máximo aumento do preço de carne verde.

Logo que esse fazendeiro tomou posse naquele cargo, imediatamente o quilo de carne passou de 15 para 18 cruzeiros.

Uma corrida de 18 para 25 cruzeiros

Não satisfeito com a majoração para 18 cruzeiros, ordenou

(Cont. na 5.ª pág. Letra B)

Na Fábrica Real, Sabão e Óleos
Trabalho duro e insalubre por um salário de fome

Os patrões não querem atender ás reivindicações dos operários — Só unidos e organizados no Sindicato poderão vencer a gananacia patronal

A nossa reportagem teve oportunidade de estar em contacto com os operarios que trabalham na Fabrica de Sabão e Oleos «Real», á rua Caripunas com a Aloisio Casella, inteirando-se da revoltante exploração de que são vitimas.

Trabalho de forçados

Naquela Fabrica, onde trabalham cerca de 15 operarios, não há o menor interesse dos seus dirigentes no sentido de melhorar as pessimas condições de trabalho a que estão sujeitos os operarios.

Das 7,30 ás 11 horas e das 13,30 ás 17,30 horas, ficam expostos ás caldeiras, recebendo o máximo calor e fazendo esforços sobrehumanos para satisfazerem a vontade dos trés.

Todas as lampadas destruidas

Ao chegar-se àquela abandonada Praça, uma das primeiras coisas que se nota é a falta completa de iluminação. Todas as instalações eletricas dos postes de iluminação se encontram totalmente inutilizadas. Não existe ali uma só lampada inteira, pois há muito meses que as lampadas que iluminam a Praça se acham destruidas, transformando aquele logradouro publico num inferno de escuridão.

Bancos estragados, sujeira por toda parte

Os bancos de cimento, que nunca receberam a menor limpeza, apresentam pessimas condições de conservação, e muitos deles completamente desarticulados e estragados. Enquanto isso a sujeira e o lixo se espalham por toda parte, dando a mais repelente impressão àquele recanto publico de nossa capital.

Declarou mais o seguinte:

«Desde que trabalho naquela Fabrica não mais passei um só mês sem sofrer, pois sempre estou gripado e atacado de outras manifestações de doenças causadas pelo trabalho».

Máximo de produção com mínimo de salário

Apurou a nossa reportagem que aqueles poucos operarios dão uma produção mensal de 80 toneladas de sabão, proporcionando, assim, altos lucros para os donos da Fabrica.

Enquanto isso, os patrões não tomam o menor conhecimento da necessidade de melhorar o salário de seus empregados, obrigando-os a produzir além do que permitem os seus esforços.

(Cont. na 5.ª pag. D)

O ajardinamento desapareceu com as faixas gramadas

Para completar o quadro de abandono em que se acha a Praça da Bandeira, as linhas do ajardinamento perderam completamente a sua forma estetica.

(Cont. na 5.ª pag. C)

Esbulho na Sacramenta e Condor

Ameaçados os moradores de despejo

Acusamos srs. Ferro Costa e Judá Levi como autores da revoltante perseguição

De um tempo para cá as ruas dos subúrbios da cidade têm passado por grandes alterações, com a abertura de novas passagens visando sobretudo objetivos lucrativos deixando sem residência dezenas de famílias.

O COMEÇO DA ARAPUCA

Há pouco tempo inventaram o "Jardim das Poncianas", na Sacramenta. Na avenida 25 de Setembro foram cortados os fundos das barracas da Boulevard Dr. Freitas e Alferes Costa, e seus habitantes perderam metade do terreno que lhes pertencia, afim de ser feita uma passagem, segundo dizia o engenheiro. Consumado o fato, verificaram os moradores daquela artéria que haviam caído numa armadilha, pois os executores dessa obra outro objetivo não visavam senão vender o mesmo pedaço de terreno escamoteado por Cr$ 18.000,00 e 20.000,00.

AS FIGURAS DESSA SINISTRA EMPREITADA

Sempre julgaram as famílias que ali habitam que as terras onde levantaram suas barracas são do patrimonio da Prefeitura Municipal. Na av. 25 de Setembro apareceram certo dia os srs. Ferro Costa e Judá Levy, um advogado e o outro engenheiro. Em conversa que mantiveram com os moradores comunicaram-lhes que o dono daqueles terrenos os havia vendido. Como os moradores tivessem reagido, os referidos doutores, para darem aparência legal á usurpação, conduziram até ao local o prefeito de então, o famigerado Lopo de Castro, o qual, frente aos moradores, disse que os referidos terrenos não pertenciam á Prefeitura e sim ao cidadão mencionado por Ferro Costa e Judá Levy.

(Cont. na 5.ª pag. F

SUBÚRBIOS EM REVISTA

JABATITEUA: Grandes problemas a resolver

Movimentam-se os moradores para lutar unidos pelas suas reivindicações — Transporte, luz e limpeza — Não há assistência médica e a escola é insuficiente — Aluguéis extorsivos e uma ponte para a Vila Simeão

(Reportagem de JOSE MELO)

A nossa reportagem esteve em visita esta semana no longinquo bairro de Jabatiteua, que tem uma população de cerca de 3.000 habitantes, os quais estão necessitando com urgência de auxílio dos poderes públicos, especialmente da Prefeitura de Belém, afim de solucionar sérios problemas.

Nivelamento de ruas e aberturas de valas

Um dos problemas mais sérios é o nivelamento da rua Jabatiteua e abertura de valas para o escoamento das aguas da chuva. Este problema está exigindo luta unida e organizada, isto porque, na situação em que se encontra a referida artéria, esburacada, sem nivelamento e sem valas, as aguas da chuva invadem as barracas que ficam situadas para o lado da "baixa", causando não sérios danos morais e materiais para os seus moradores e suas propriedades. As barracas mais atingidas são as de numeros 70 e 72, cujos moradores já organizaram um abaixo assinado, pedindo energicas providencias ao Prefeito no sentido da abertura de valas para o escoamento das aguas pluviais. Reforçamos o justo pedido dos moradores da rua Jabatiteua.

Transporte, luz e assistência médica

Outro problema que está exigindo urgente solução é o transporte. Não se compreende porque

A Delegacia de Transito ainda não providenciou a criação da linha de onibus para Jabatiteua, uma reivindicação sentida dos moradores daquele bairro e de facil solução, pois é o basta nte

(Cont. na 5.ª pag. F

ESTAMOS seguramente informados que o Sindicato dos Estivadores reunir-se-á na semana vindoura para estudar e tomar posição frente aos acontecimentos que determinaram o fracasso do sinistro plano dos golpistas.

Proclamação de Luiz Carlos Prestes

Luiz Carlos Prestes

O Partido Comunista do Brasil apoia a decisão tomada pelo Congresso Nacional que impede a volta à presidência da República do sr. Café Filho e chama a classe operária e o povo a manifestar sua solidariedade com a atitude das forças armadas em defesa do atual governo e contra a implantação de uma ditadura terrorista a serviço dos monopólios norte-americanos.

O país não pode nem quer continuar por mais tempo sob a ameaça dos criminosos que assaltaram o poder em 24 de agosto de 1954, que para servir aos monopólios norte-americanos são capazes de todas as manobras e querem agora utilizar-se de subtilezas legais e constitucionais para voltar aos cargos de que foram expulsos pelo movimento vitorioso de 11 de novembro. A nação não pode continuar exposta às manobras ridículas de um chefe de Estado que adoece ou se declara com saúde conforme os interesses do patrão norte-americano. O sr. Café Filho pretende enganar o povo falando em defender a «majestade do cargo» quando o que defende são os interesses da Standard Oil.

A decisão do Congresso Nacional contra a volta à presidência da República do sr. Café Filho traduz a vontade da maioria esmagadora da nação, é um ato de salvação nacional e conta por isto com o aplauso entusiástico de todos os patriotas e democratas que lutam em defesa da soberania nacional contra a ingerência do opressor norte-americano nos negócios internos de nossa pátria.

A nação inteira reclama do atual governo as medidas práticas que se tornam necessárias para reduzir à impotência o grupelho de conspiradores golpistas. Agrava-se rapidamente a situação econômica do país com grandes prejuízos para produtores e comerciantes e, muito especialmente, para os trabalhadores das cidades e do campo, cujo nível de vida é novamente seriamente ameaçado.

O povo já tem sofrido bastante para não se deixar enganar pelos politiqueiros e pela imprensa a serviço dos conspiradores golpistas. Exige medidas concretas contra a carestia da vida, abolição de todas as restrições à vida democrática e de todas as discriminações de caráter político ou ideológico, mudanças enfim na política interna e externa do governo. Este o sentimento do povo refletido nas urnas a 3 de outubro com a vitória dos candidatos da frente antigolpista, candidatos cuja posse queriam impedir os conspiradores a serviço da embaixada dos Estados Unidos com o brigadeiro Gomes e demais dirigentes da UDN à frente.

Mantenhamo-nos vigilantes contra qualquer tentativa golpista, e em defesa da posse dos candidatos eleitos a 3 de outubro, srs. Kubstschek e Goulart.

Exijamos plena liberdade para a imprensa democrática e antigolpista. Lutemos para que sejam amplamente garantidas ao povo as liberdades democráticas. A intervenção nos sindicatos é inadmissível para a classe operária, deve terminar imediatamente bem como serem revogadas todas as restrições à livre posse das diretorias sindicais já eleitas.

O Partido Comunista do Brasil conclama os trabalhadores, as massas populares, os democratas e patriotas a lutarem contra todas as manobras dos conspiradores golpistas, a lutarem em defesa das liberdades democráticas e sindicais, pela anistia imediata para todos os condenados e processados por crimes políticos, pela revogação das leis de segurança e de imprensa, por medidas práticas contra a crescente carestia da vida.

Estendemos fraternalmente a mão a todos os patriotas e democratas, independentemente de suas opiniões políticas ou crenças religiosas e a todos convidamos à mais ampla unidade em defesa das liberdades e pela salvação da pátria.

Contra as tentativas criminosas no sentido de derramar o sangue do povo em proveito dos monopólios norte-americanos e de seus agentes brasileiros, unamo-nos! Unidos poderemos enfrentar e resolver os problemas mais graves que exigem urgente solução em benefício da democracia, do bem-estar do povo e do progresso do Brasil.

As manobras da U.D.N. local

O estado de sítio e a intensificação da luta contra a trama golpista

[EDITORIAL da "Imprensa Popular - Rio, 25-11-955]

A noite de ontem, o Congresso Nacional aprovou a concessão do estado de sítio por 30 dias, solicitado pelo Executivo. Na fundamentação do pedido dessa medida excepcional, tanto no documento dos ministros militares como na mensagem do presidente Nereu Ramos ao Congresso, procurou-se deixar claro que o recurso ao sítio visa expressamente defender o povo e a nação contra os planos sinistros da camarilha golpista. No mesmo sentido se pronunciaram os líderes parlamentares anti-golpistas, em seus discursos nas duas Casas do Parlamento.

OS ministros militares, por exemplo, em sua exposição ao presidente da República, afirmam a certa altura: «Na capital federal e nos Estados perduram focos de subversão, momentaneamente silenciosos, mas dotados de perigosas potencialidades. Dizem ainda os titulares da Guerra, da Marinha e da Aeronáutica que a trama golpista tem «objetivos não apenas ilegais, mas sanguinários, trama que «precisa ser posta à luz do dia para punição dos responsáveis».

O PRESIDENTE Nereu Ramos, por sua vez, afirma categoricamente, em sua mensagem ao Congresso: «As garantias constitucionais, cujo suspensão se impõe são apenas aquelas que dizem respeito mais diretamente à investigação, à prevenção e à repressão do movimento subversivo, que vem prosperando nas últimas semanas, mas sanguinários, trama cuja irrupção iminente conduziu aos acontecimentos de 11 de novembro e à subsequente deliberação do Congresso Nacional sobre a substituição do presidente da República. Praz-me acentuar que a manutenção da ordem pública não reclama, neste momento, qualquer medida restritiva dos direitos que a Constituição e as leis ordinárias asseguram aos trabalhadores.

(Cont. na 2ª pág. — A)

PARECE lógico que os udenistas não desejem a convocação da Assembléia Legislativa do Estado. O papel da UDN local não pode mais ser mascarada com atitudes de donzela pudica. Há muito que ela se envereda pelo caminho tortuoso das obstruções à unidade das forças democráticas e anti-golpistas, à marcha para o esmagamento da conspiração aberta contra a Constituição. A UDN local apenas reflete, nas suas manobras palacianas, a linha que caracteriza hoje o Partido dos Lanterninhas de Carlos Lacerda.

Não têm outra significação os obstáculos que o deputado Ferro Costa coloca para a convocação de uma reunião extraordinária da Assembléia Legislativa, uma das raras casas parlamentares no país que ainda não se manifestaram sobre a situação política do país.

(Conclui na 2a. página — B)

Perseguição aos operários na Fábrica "Perseverança"

UMA comissão de operários da Fábrica Perseverança procurou a redação deste jornal para denunciar a desumanidade de seus patrões; que continuam a perseguir as indefesas operárias, como acontece com o pagamento do aumento de salários, conquistado no dissídio coletivo de 3 de Janeiro deste ano.

Esse aumento os patrões vêm efetuando de maneira injusta, pagando umas secções e outras não, além de outras formas de perseguições e exploração como, por exemplo, a transferência de operários de uma secção para outra, com prejuízo da remuneração, pois, no presente caso, querem transferir os operários que trabalham numa sessão das 7 ás 11 e das 12 ás 16 para outra secção para trabalharem das 16 ás 23 horas com o mesmo salário, sem intervalos e sujeitos a graves infermidades por excesso de trabalho ininterrupto.

No entanto, as operárias da Perseverança não se deixarão humilhar, e nem abater pelas perseguições de seus desumanos patrões e isto já demonstraram por duas greves de significativa importância e, agora, paralização do trabalho na secção de fiação, como advertência de que elas estão dispostas a ir novamente à greve total se as imposições continuarem.

Leia, divulgue e prestigie TRIBUNA DO PARÁ

Exigindo a posse dos eleitos

O P.T.N. DE CASTANHAL DIRIGE-SE AO PRESIDENTE DO TRIBUNAL SUPERIOR ELEITORAL

Texto do telegrama expedido àquela autoridade:

Exmo. Sr. Ministro Luiz Galotti, presidente do Superior Tribunal Eleitoral

RIO.

O Comitê do Partido Trabalhista Nacional de Castanhal confia que por essa alta Côrte de Justiça Eleitoral sejam diplomados os candidatos devidamente eleitos a 3 de outubro por sabermos que nessa Côrte existem personalidades capazes de respeitar a Constituição Brasileira. Esperamos que em breves dias soja proclamada sua decisão final. Atenciosamente, ENOCK SANTOS pela diretoria.

Nº 210   Pará-Belém, domingo, 27 de novembro de 1955   Ano X

Em ação na Amazonia a espionagem americana

Parlamentares ianques a serviço dos trustes

NOVA MODALIDADE DE «INTERCAMBIO»—MR. POAGE NA CHEFIA DO BANDO—GRINGALHADA EM FESTA NO CONSULADO

TEMOS visto a variedade de mascaras com que se apresentam aqui os gringos interessados em abocanhar nossas riquezas: missões «cientificas», «culturais», «economicas», ou simplesmente grupos de «turistos» ianques aparecem de vez em quando por estas plagas, embarafustam se pelas matas e rios amazonicos, tiram fotografias, colhem amostras de folhas, madeiras, pedras, areias, anotam dados nas repartições, escolas e museus. Tudo isso a titulo de intercambio. Depois somem, deixando entre a nossa gente apenas a lembrança dos seus tipos esquesitos, os blusões floridos dos homens, os respeitaveis pés das mulheres, e o linguagear incompreensivel de todos.

O bom negocio: comprar por um vintem e vender por um dolar

Agora os jornais noticiam a visita de cinco congressistas americanos, «tendo por principal objetivo o estudo das condições da agricultura. de modo geral e a possibilidade de desenvolver, mais ainda, o intercambio comercial entre a America do Sul e os Estados Unidos».

À primeira vista está meio confusa a «explicação» da visita ilias, raciocinando um pouco, baseados na atual politica economica e comercial dos Estados Unidos com o Brasil, chegamos à seguinte conclusão: cinco homens de negocios americanos, com assento no Parlamento daquele país, tiram umas férias e percorrem alguns paises da America do Sul em bases de negocios vantajosos, daqueles em que se gasta pouco e ganha muito, muito mesmo. E êles estão bem informados: aqui na Amazonia, por exemplo, ha muita madeira, couros e peles silvestres, castanhas e outras amendoas, produtos que podem ser comprados por um vintem e vendidos por um dolar, isto graças aos «acordos» que entregaram o comercio brasileiro,. de pés e mãos atados, aos grandes trustes e monopolios americanos. Portanto, os deputados deixaram o trabalho maçante e pouco rendoso das leis e projetos e vieram fazer sua fézinha . . .

Míster Poage, grande fazendeiro, á frente do bando

Todos os componentes do luzido grupo parlamentar negocista são membros da Comissão de Agricultura do Congresso Norte-Americano e vem chefiados por Mr. William Robert Poage, grande fazendeiro do Texas. Ao contrario do que se poderia supor, os «ilustres visitantes» não perderam tempo em retribuir

(Cont. na 3ª pág. — A)

Tribuna do PARÁ

N.º 210 Belém-Pará 27 de novembro de 1955

PRAÇAS ABANDONADAS

Celso Malcher condenou também o Largo da Polvora

A 1ª Praça de Belém está a caminho da ruina total

A TRADICIONAL Praça da República (ou Largo da Pólvora) sempre foi uma das mais atraentes de nossa capital. De certo tempo para cà, aquela Praça começou a ser ocupada por construções que ali não deviam estar. Até posto de gazolina e de limpesa de automovel já construiram naquele logradouro púbico.

Fontes sem agua há muito tempo

Todas as fontes, que tanto embelezavam aquela Praça, permanecem completamente sêcas desde longa data. Na foto que ilustra esta reportagem, vemos uma delas, onde aparece o seu interior cheio de mato e lixo, além de esburacado e com as pedras desarticuladas.

Nas mesmas condições de abandono e decadência se acham todas as demais fontet, atestando uma criminosa negligencia administrativa municipal.

Passeios estragados

Os passeios de cimento que recortam a Praça, estão seriamente estragados, apresentando depressão e esburacamento por toda parte. Quando chove, formam-se poças de agua lamacenta em mistura com detritos e folhas apodrecidas.

Pavilhões, coretos e outros ornamentos sujos e deteriorados

Todos esses ornamentos da Praça da Republica apresentam deploravel aspecto de plena decadencia. Há longo tempo não recebem nenhuma limpesa, uma simples mão de cal ou tinta.

As pedras se desagregam, o mato invade por todos os lados, enquanto que os quadros gramados se enchem de lixo e se apresentam cheios de falhas enormes onde a grama morrera, deixando em seu lugar apenas terra escalvada.

À noite, completa escuridão

Como se não bastassem todos êsses defeitos que indicam falta de zêlo por parte da Prefeitura, a Praça da República, com exceção do trecho por onde trafegam os veiculos, fica durante a noite completa-

(Cont. na 3.ª pag. C)

Interrompidos os telefones da Pedreira e Cremação

A PARÁ TELEFONE, companhia inglesa que há mais de 25 anos explora êste ramo de telecomunicações entre nós, não vem cumprindo seus contratos com a Prefeitura e com a população, haja visto a interrupção de todos os cabos telefônicos dos bairros da Pedreira e da Cremação.

Alega mr. John William Colett, gerente da Companhia, que está esperando cabos para mandar proceder os reparos. Esta é a conversa fiada do inglês, pois há um ano que diz a mesma coisa aos moradores da Pedreira e há um mês aos da Cremação.

Poderia supor-se que Mr. Colett teria suspenso a cobrança dos aparelhos que não funcionam; tal, porém, não acontece. As pessôas, que têm telefone em suas casas, são obrigadas a pagar mensalmente a taxa estipulada, sem que se utilizem dos mesmos por falta de funcionamento.

Os fatos acusam

Acontece que os cabos telefônicos subterrâneos, instalados há muitos anos, estão se estragando pela infiltração da umidade, o que provoca a interrupção em diversas linhas.

A situação se agravou desde quando a Prefeitura concluiu o asfaltamento de diversas ruas. A Companhia, ao fazer os reparos nos cabos telefônicos, se recusa a repor a camada de asfalto tal como encontra. Isto aconteceu há poucos dias na Cremação. A Companhia, com o fim de corrigir defeitos nos cabos, fez uma primeira escavação na Alcindo Cacela, artéria compreendida entre a Gentil Bittencourt e Conselheiro Furtado. Como não tivesse localizados ditos cabos procedeu a segunda escavação mais adiante sem fechar completamente a primeira. A Prefeitura interveio, exigindo o asfaltamento do trecho que fôra revolvido. A Companhia, em represália, paralizou os trabalhos deixando mais um bairro sem telefone.

Medidas à adotar

Cabe à Prefeitura e ao povo exigir da Pará Telefone não só a restauração do solo asfaltado como também o cumprimento do contrato assumido para fornecer, sem interrupção, perfeitas linhas telefônicas.

Lavra o terror no Instituto "Lauro Sodré"

Desligamentos em massa e monstruosos castigos infligidos aos alunos internados — Urge uma providencia do govêrno e um movimento de protestos das entidades estudantis

NO Instituto Lauro Sodré, colégio que se mantém às expensas dos cofres do Estado, o seu diretor, sr. Solermo Moreira, vem desligando os alunos daquele estabelecimento de ensino, sem que, até o momento, sejam conhecidas as razões para tal investida contra a educação da juventude.

Relacionado a êsse fato a nossa reportagem tomou conhecimento de que o sr. Solermo procura criar toda sorte de dificuldades para aceitar novos candidatos no começo do ano letivo. Sabe-se também que ali impera uma disciplina medieval que gera nos alunos os mais estranhos complexos, tarefa que está entregue ao tarado inspector Alvaro de Lima Moreira que, por qualquer motivo, surra impiedosamente os garotos.

Desligamento em massa

Só no mês de outubro passado 156 alunos foram dispensados daquele colégio; outros estão na lista para serem desligados. Entre os alunos atingidos pela medida localizamos o de nome Elias que não escondeu a sua revolta por ter sido impedido de continuar seus estudos quando faltava apenas um mês para os exames finais do curso elementar. Disse-nos ainda que por diversas vezes foi castigado de forma brutal pelos inspetores. Como seu pai se encontra internado no leprosário de Marituba, e não tendo meios para matricular-se noutro colégio, foi obrigado a arranjar um emprêgo na Fábrica Progresso, de beneficiamento de castanha, onde, para não morrer de fome, tem de sujeitar-se à tremenda exploração e a pessimas condições de trabalho.

Esta clamorosa situação dominante no Instituto Lauro Sodré precisa ser encarada pelos poderes públicos e sobretudo pelas entidades estudantis, a fim de que tenham fim as arbitrariedades cometidas pelo atual diretor daquela casa de ensino.

SUBURBIOS EM REVISTA

Os moradores do Igarapé das Almas exigem providências do govêrno

A encanação d'agua rompida em vários lugares — Urge a dragagem do Igarapé e a remodelação do Mercado — Não há escolas — Uma ponte em ruina ameaça os transeuntes — Novas lutas do povo em perspectiva

Reportagem de JOÃO SILVA

ATRÁS das usinas e fábricas que formam o Reduto se esconde um suburbio extenso e abandonado (que certamente o prefeito Malcher não gosta siquer de ouvir falar nele), constituido da Doca Sousa Franco, Vila Sarará, Vila Rica e Almirante Wandelkok. E é assim que num terreno baixo e pantanoso, recoberto de touceiras de tajás de 3 metros de altura, centenas de familias, clamando pelas providencias dos poderes publicos, vivem em palhoças construidas muitos metros acima do solo.

A Byngton, usurpadora dos cofres do Estado

Ao chegar àquele bairro, a nossa reportagem deparou com diversos populares formando fila em frente ao cano geral de agua, que estava furado, numa disputa pela obtenção do precioso liquido que se desperdiçava aos borbotões. Ouvimos em primeiro lugar a senhora Esmerinda Ribeiro que há mêses atrás, encabeçara um abaixo assinado ao prefeito, pedindo uma torneira publica, pois, naquelas imediações, a agua de poço não serve para beber, Afirmou D. Esmerina — e nós tivemos oportunidade de constatar — que a recentissima instalação d'agua naquele trecho, colocada pela Byington, é feita de canos velhos, daí as várias ruturas no cano geral, o que produz lamaçal e poças no meio das ruas Municipalidade e Doca Sousa Franco.

Cont. 3 pag.—B

A bancarrota da U. D. N.

Carlos MARIGHELLA

O RECENTE manifesto lançado públicamente pelo Diretório Nacional da UDN constitui um dos mais seguros elementos para o povo ajuizar de um partido em bancarrota.

Com êste manifesto, os falsários politicos da direção udenista pretendem protestar contra o movimento democrático de 11 de novembro, caracterizado por êles como «rebeldia contra a autoridade legitimamente constituida». A ironia da história, que põe tudo de cabeça para baixo, incumbiu a UDN de perder-se a si mesma. Tendo se prevalecido do poder conquistado com o golpe de 24 de agosto, os udenistas empreenderam cerrado combate à Constituição. Pregando mais uma vez o golpe, visavam deter o ascenso democrático das massas e instalar uma ditadura militar fascista, para melhor servir aos apetites dos trustes norte-americanos. Seus planos, porém, fracassaram. As fôrças antigolpistas puseram em fuga o governo encabeçado por Carlos Luz, agente norte-americano da Bond and Share.

Que autoridade legal era esta que se constituira com o objetivo de rasgar a Constituição?

Ao apresentarem-se como defensores dos ideais democráticos, os fariseus da UDN tergiversam os fatos e deturpam a história. A UDN dizia-se contra o Estado Novo. Mas a bancada udenista, tendo à frente o sr. Otávio Mangabeira, lutou desesperadamente na Constituinte para manter a Carta fascista de 1937 contra a oposição decidida dos comunistas.

Nada poupou a UDN até hoje contra as liberdades democráticas, colocando-se invariàvelmente ao lado dos governos, sempre que se tratou de sustentar medidas reacionárias.

Como podem os tartufos udenistas falar em continuar pelejando contra a supressão das franquias constitucionais?

Querendo passar por vitimas, os chefes udenistas queixam-se agora de que lhes atribuem planos capazes de comprometê-los diante da opinião pública. Não é dificil, porém, reconhecer o lôbo vestido na pele do cordeiro. O povo já tomou conhecimento da lista de assassinatos planejados pelos golpistas. Tratava-se de um banho de sangue no povo brasileiro, segundo os moldes ditados pela Embaixada norte-americana.

Os camaleões da UDN não são golpistas potenciais. São golpistas efetivos colhidos em flagrante na prática de crimes monstruosos contra o povo e contra a pátria. A inocência que agora aparentam é só para adormecer a vigilância do povo. É por isso que o Brigadeiro Eduardo Gomes, chefe do partido da «eterna vigilância», procura eximir-se de sua responsabilidade como um dos cabeças do golpe, seguindo com essa atitude o mesmo exemplo do chefe integralista Plinio Salgado no «putsch» de 11 de maio de 1938.

A UDN é um partido em bancarrota. Sua trajetória vem desde o apoio à Constituição do Estado Novo até quase à fusão com o Clube da Lanterna, do agente provocador Carlos Lacerda, cuja linha fascista é a mesma seguida pelos dirigentes do partido do Brigadeiro.

Tendo chegado à bancarrota, a UDN, em desespêro de causa, pleiteia a volta de Café Filho ao govêrno. Tenta, assim, justificar o novo jôgo golpista, a pretexto de salvaguardar a «legalidade».

O povo, porém, não aceita a volta do farsante, exige a punição dos cabeças do golpe desarticulado com o movimento de 11 de novembro. O povo quer a unidade de ação, agrupa-se cada vez mais na ampla frente única anti-golpe, em defesa da Carta Magna, pela posse dos eleitos.

Os chantagistas da direção da UDN não podem ser confundidos com as massas que enganadamente seguem ou seguiam o partido do Brigadeiro e às quais nós comunistas estendemos fraternalmente as mãos, para a luta em comum contra o golpe. As palavras de que se utiliza a UDN para enganar a opinião pública de nada podem servir.

Repitamos aqui, a propósito, êste precioso ensinamento de Lenin:

«Para orientar-se na luta dos partidos, não se deve confiar nas palavras, mas estudar a verdadeira história dos partidos, estudar não tanto o que os partidos dizem de si mesmos, mas o que fazem, como procedem ao resolver os diversos problemas politicos, como se conduzem no que toca aos interêsses vitais das diversas classes da sociedade, latifundiários, capitalistas, camponeses, operários, etc».

Anti-comunismo divisionista, arma predileta dos inimigos do povo e traidores da Pátria

O ascenso das forças da paz e do socialismo no mundo é tão grande já que para tentar escode lo das massas populares é necessário mentir cada vez mais e cada vez mais grosseiramente.

Por isso já se disse que para falar mal do comunismo só com grandes mentiras, porque com poucas e pequenas mentiras não se consegue mais ser acreditado. Isso porque há quasi quarenta ânos que os inimigos do movimento operário e democrático, aqui como em toda parte, utilizam-se das mesmas mentiras contra os objetivos e os resultados dos regimens socialista e de democracia popular. Tentam esquecer e fazer esquecer que são as massas populares que por sua propria experiência estão conhecendo o que significa para elas o caminho do socialismo e da paz. Fazem vista grossa para o fato de que nos paises de economia pouco desenvolvida como o nosso e nas colonias são as massas populares que realizam uma justa aprendizagem politica no processo da luta contra a exploração das empresas e bancos do capital monopolista colonizador. No Brasil não é «monotono» nem «cansativo» demonstrar o gráu de exploração das 400 emprezas norte-americanas que controlam a economia nacional e saqueiam a renda nacional. E é na prática que os trabalhadores e o povo comprovam a atividade espoliadora dessas emprezas que sugam a nação sob todas as formas. A Liga de Emancipação Nacional demonstrou isso concretamente balanceando os lucros de somente 184 emprezas ianques com atividades em nosso país, referente ao âno de 1953. Teremos oportunidade de revelar aos trabalhadores alguns aspectos dessa exploração.

Hoje só quem pode erguer a bandeira das liberdades democráticas e da emancipação nacional são as massas populares. O caminho da solução nacional só pode ser aberto pela frente unica da esmagadora maioria do povo brasileiro, tendo ás mãos essa bandeira. Não se pode mais falar em democracia se as massas populares sofredoras, sobretudo no Pará, não tivessem uma participação cada vez mais ampla na vida politica da nação. A garantia das liberdades estará hoje cada vez mais assegurada pela crescente participação politica das massas populares que sofrem nas cidades e nos campos porque são justamente elas que não têm liberdade nem mesmo de viver com um minimo de dignidade humana.

(Conclui na 3.ª Pag.—A)

Tribuna do PARÁ
N.º 211 Belém-Pará 4 de dezembro de 1955

Recomendações da U.L.T.A.B. sobre a Campanha pela Reforma Agrária

Com o pedido de publicação, recebemos a seguinte nota:

O Conselho de Representantes da União dos Lavradores e Trabalhadores Agricolas do Brasil, reunido em S. Paulo, nos dias 28 e 29 de maio ultimo, com a participação de numerosos convidados, examinou como se vem desenvolvendo a Campanha pela Reforma Agrária.

Constatou o Conselho, com satisfação, que poucos movimentos populares em nosso país, encontraram, de inicio, tão espontâneo e entusiástico apôio como foi dado á presente campanha por centenas de personalidades representativas e tiveram grande repercussão.

Como melhorar os nossos trabalhos

Todas as iniciativas devem ser tomadas para o mais rápido progresso na coleta de assinaturas pela reforma agrária. O meio mais eficaz, entretanto, é a coleta de casa em casa, de roça em roça, de patrimônio em patrimônio. Esse é o exemplo dado pelo atual campeão brasileiro da campanha, Antonio de Melo Falcão, de Andralina, que sozinho já coletou 7.717 assinaturas.

Assinaturas coletadas

O numero de assinaturas chegadas em nossas mãos até o momento não reflete o trabalho realizado nos Estados e Municipios, pois grande parte das assinaturas se encontram retidas nas Comissões respectivas, como acontece em Pernambuco e Rio Grande do Sul, etc. No Estado de São Paulo foram coletadas 34.870 assinaturas, Paraná, 18.018; Minas Gerais, 6.246; Ceará, 2.312; Pará, 2.111; Espirito Santo, 1.677; Baía, 1.3308; Goiás, 845; Estado do Rio de Janeiro, 727; Distrito Federal, 727; Pernambuco, 75; Santa Catarina, 2; indiscriminadas, 267.

Apêlo

Uma campanha de elevado sentido patriótico, a Campanha Nacional pela Reforma

(Conclui na 3.ª Pag.—B)

PRAÇAS ABANDONADAS

Lixo e mato tomam conta da Praça Magalhães

Passeios e bancos estragados — Durante a noite a escuridão é completa — O corêto está parcialmente destruido

OUTRA Praça completamente abondonada é a Magalhães, que fica situada na área dos armazens dos SNAPP, nas proximidades do restaurante do SAPS.

O coreto parcialmente destruido

O corêto que ornamenta a Praça está se transformando em ruinas. Grande parte do têto há muito tempo se encontra desabando. Tudo indica que não tardará o dia em que o velho corêto se desarticule de uma vez para sempre.

Postes de iluminação imprestaveis

Os postes de iluminação apresentam o mesmo estado de criminimoso abandono. As lampadas foram rebentadas, deixando aquela Praça completamente às escuras.

Passeio e bancos estragados

O passeio como os bancos de cimento apresentam-se seriamente estragados. Enquanto aquele afunda em varios pontos, os bancos se desatirculam.

Mato e lixo completam o quadro de abandono

Tudo na Praça Mahalhães é decadencia. Completando o lastimavel estado de abandono em que a mesma se encontra, o mato e o lixo tomam conta de tudo. A grama desaparece dominada pela mataria, enquanto que o lixo se amontua por todos os recantos.

A Prefeitura precisa cuidar daquela Praça

Como se vê, a situação da Praça Magalhães é das piores possiveis, tal o completo abandono em que se acha. Não é admissivel que se deixe destruir tudo aquilo que custou o dinheiro do povo.

O sr. Prefeito Celso Malcher devia ir àquela Praça para ver com os seus propaios olhos o deploravel estado em que está transformada.

DESPORTOS

SÃO DOMINGOS ESPORTE CLUBE, MODÊLO DE ORGANISAÇÃO ESPORTIVA E SOCIAL

HOJE falaremos de nossa coluna esportiva, de popular «São Domingos Esporte Clube».

Tem a dirigi-lo o sr. Davino Tertuliano de Carvalho um dos mais competentes gráficos do Pará, apaixonado lutador das lides esportivas saudominguenses.

O «São Domingos» é o modêlo das associações esportivas do Pará; a sua Diretoria trabalha incansavelmente para o seu engrandecimento.

Disputa atualmente o certame suburbano e é o segundo colocado da tabela. Diversas vezes tem sido campeão da sua categoria. Desfruta de largo e invejavel conceito em todas as camadas sociais da cidade.

Grêmio proletário do povo, depende somente dos seus associados, faz verdadeiras ginásticas no empreendimento das suas grandes realizações.

Agora mesmo, se debate com o maior de todos os problemas: a construção de sua praça de esporte, á rua dos Tamoios entre Jurunas e Honório José dos Santos. Tem sido uma batalha tremenda. A Prefeitura doou o terreno, por sinal um pantanoso capinzal alí existente, que vem sendo lentamente aterrado dado a falta de ajuda na corajosa empreitada. A Limpesa Pública é quem tem contribuido para o aterramento, (vejamos a qualidade do aterro).

Alcança a mais de 1600 o numero dos sócios. Seu patrimônio vae a centenas de milhares de cruzeiros e sua praça de esporte custará mais de um milhão.

Isto tudo caido dos pingado e das iniciativas dos seus associados.

Para a construção do campo fôi pedido ao govêrno uma verba, aliás prometida, para ajudar a gran[illegible] obra: em junho a Diretoria recebeu despacho de que não havia verba para tal fim.

Como vemos, o «São Domingos» vive à sua custa, si bem que seja uma sociedade beneficiente, onde encontram amparo muitas familias, inclusive com receitas e medicamentos. Não tem merecido a atenção dos poderes públicos, e até mesmo, do Conselho Nacional dos Desportos não tem sido possivel conseguir verbas como conseguiu o Pinheirense. Agora o C. N. P. dá pequenas verbas para distribuição atravéz da F. P. D. que as divide em pequenas parcelas a quem melhor sabe pedir.

O «São Domingos», como organização modelar, é o orgulho de seu bairo. E' um clube digno da melhor atenção. Os poderes públicos devem olhar com carinho a obra desses falangiários do esporte regional, que amam o seu clube e a sua terra. Aqui fica a nossa contribuição, na esperança que o futuroso clube encontre sempre o caminho das felizes iniciativas.

NETUNO BRAGA

TODOS OS BAIRROS RECLAMAM

Mais veiculos para a condução de passageiros

A Delegacia de Trânsito é uma repartição que praticamente não existe

O problema de transporte para os bairros da nossa capital continua sem a necessaria solução, prejudicando seriamente os que ali vivem abandonados à sua propria sorte.

Marambaia, como finalmente todos os suburbios de Belém, tem-se ressentido tremendamente da deficiencia de meios de condução, apesar de seus moradores reclamarem constantemente contra esse descaso.

Os operarios, que vivem de um salario de fome, são os mais prejudicados, pois veêm-se obrigados a esperar às vezes mais de meia hora nos pontos, sem que apareça um coletivo para transporta-los ao trabalho.

A Delegacia de Transito precisa encarar o problema de transporte para os bairros de nossa capital, com mais decisão, afim de atender às prementes necessidades de seus habitantes, na sua maioria operarios e trabalhadores em geral.

(Conclui na 2a. página — F)

SUBÚRBIOS EM REVISTA

Desenfreada exploração no TAMOIOS

Em vias de paralização o tráfego de ônibus — Ampliação do Grupo Escolar, uma reivindicação sentida—Ney Peixoto explora barbaramente seus operários — União e ação popular, o caminho indicado para a solução dos problemas.

Repórtagem de JOÃO SILVA

O bairro dos Tamoios fica ás margens do rio Guamá, sendo que a sua maior faixa de terra está colocada em terreno baixo e alagadiço.

Com ponto de atracação de canôas e um comércio ativo, fomos encontrar Tamoios com sua feira de mercadorias em plena 10 horas da manhã.

Exploração desenfreada

Constatamos a exploração que lá campeia. A venda de carne verde clandestina é feita abertamente por um chefe politico do lugar conhecido por «Baixinho» ao preço de 30 e 35 cruzeiros o quilo. Esse individuo tem ligação direta com os latifundiários-fazendeiros do Marajó e abate o gado que recebe destes na Ilha das Onças de onde vem carne todos os dias em lancha especial para o seu mercado clandestino. Os grandes fazendeiros afastam o gado do Matadouro do Maguari para venderem ao preço que entendem. O pior é que ninguem sabe as condições em que foi abatido o gado, uma vez que as rezes não são submetidas á inspeção médica.

Quanto ao peixe a exploração não é menor. Observamos que o aracú estava sendo vendido a Cr$ 15,00 e a dourada a Cr$ 25,00. Nessa oportunidade a reportagem de TRIBUNA DO PARÁ verificou que os fiscais da COAP, em combinação com os atravessadores, proibiram o cidadão Antonio Medeiros, da canôa «Mocinha», do municipio de Odivelas, vender seu carregamento de caranguejo a Cr$ 0,70 a unidade. Chegaram mesmo a ameaçar o pescador alegando que os atravessadores seriam prejudicados pois êstes estavam vendendo caranguejos muito menores ao preço de Cr$ 1,00. No final da discussão o pescador viu-se obrigado a soltar a «gaiola» para os fiscais e vender o seu marisco a Cr$ 1,00.

(Conclui na 3.ª Pag.—C)

Açougueiro prejudicado com a distribuição de carne

O sr. José de Castro da Silva, açougueiro no Mercado da Marambaia e dono do talho n. 9, teve oportunidade de falar á nossa reportagem sobre o que está ocorrendo ali.

Disse-nos que ha oito meses adquiriu o referido talho pela importancia de dois mil e quinhentos cruzeiros, mas somente para ocupar o posto. Além disso, paga duzentos e dez cruzeiros de aluguel por mês, cento e noventa e cinco cruzeiros de Industria e Profissão, de Alvara de Licença, setenta cruzeiros e vinte centavos de aferição á Prefeitura, e mais tresentos cruzeiros que pagou para fazer a transferencia do nome da pessoa de quem recebeu o referido talho.

Não recebe carne suficiente

Adiantou o sr. José de Castro da Silva que com uma despesa dessa natureza está sendo seriamente prejudicado pela falta de fornecimento de carne verde ao seu talho. Segundo nos informou, só teve oportunidade de cortar duas vezes no mês de outubro, sendo uma de 41 quilos e outra de 42 quilos. Em novembro

(Conclui na 2a. página — E)

Sem assistência medica o povo da Marambaia

O medico vai ao Posto ás carreiras e incumbe à enfermeira o oficio de receitar os doentes—Urge uma providência do secretario de Saude

SEGUNDO apurou a nossa reportagem, estão se verificando condenaveis ocorrencias no Posto Médico da Marambaia, pois o povo não vem sendo conveniente atendido ali.

Fomos informados que o médico só permanece no mesmo alguns momentos. A' semana passada, por exemplo, retirou-se do Posto deixando inumeras crianças doentes sem serem atendidas. Sucedeu mesmo que às 8,30 horas da manhã o medico chegou a deixar o Posto repleto de pessoas, dizendo para que procurassem a enfermeira, como se esta podesse examinar doentes e indicar medicamentos.

O que se está passando

(Conclui na 2.ª Pág.—D)

O povo exige a convocação extraordinária da Assembléia

N.º 212 — Pará-Belém, domingo, 11 de Dezembro de 1955 — Ano X

★ PALAVRAS INFELIZES

A proclamação de Prestes:
"É um rumo seguro para uma hora de incertezas"

Declara o deputado Cantídio Sampaio, líder do Partido Social Progressista na Assembléia Legislativa de São Paulo — Povo e Fôrças Armadas unidas para derrotar definitivamente os golpistas

Os eleitos tomarão posse porque assim o quer o povo

Importante entrevista concedida pelo ministro da guerra — O Congresso esteve à altura de suas responsabilidades — O povo brasileiro apóia as fôrças armadas, contra a instalação de uma ditadura — A favor do voto aos soldados e analfabetos — Porque o "Tamandaré" não foi afundado — Pacificação, sòmente à base do respeito à Carta Magna da Nação

Fundada a Associação de Donas de Casas da Pedreira
Eleita presidente a prof. Marina S. Pinheiro — Dia 25 do corrente: posse da Diretoria

Estão vendendo peixe estragado à população

Seriamente prejudicados os trabalhadores extras
Nunca tiveram um dia de férias — Calazavara, o inimigo impiedoso — O descontentamento é geral

Leia na 2.ª Página:
Pela Paz e a Cooperação Ativa Entre Todas as Nações
(Discurso de Kruchtchev em Rangum)

O governador Assunção e seus maus conselheiros

A QUANTOS reconhecem e admiram no Governador do Estado, um cidadão patriota e um governante democrata, tem surpreendido profundamente a posição de S. Excia. dentro da atual conjuntura política brasileira, notadamente face aos acontecimentos de 11 e 21 de Novembro próximo passado.

Admitimos que inicialmente, S. Excia., mal informado e longe do centro de ocorrencia dos fatos, não tivesse compreendido a significação do movimento de 11 de Novembro e dai sua manifestação, aliás precipitada, negando ao general Lott a solidariedade que o ilustre chefe militar lhe solicitara, com o intuito de garantir a ordem constitucional, correndo serios riscos naquele momento. Mas, uma vez esclarecida a finalidade e, ainda mais, positivada a necessidade de uma ação pronta e energica contra os inimigos da Patria e do Povo, que se esperava de S. Excia. era uma retificação da atitude anterior, e consequente apoio aos defensores das insiuições vigentes.

(Conclui na 3.ª Pag.—A)

PRAÇAS ABANDONADAS

Também a Castilhos França transformada em monturo

Os chafarizes há muito não funcionam — O ajardinamento desapareceu

A nossa reportagem tem visitado semanalmente as praças de Belém, a fim de informar o povo da situação do criminoso abandono em que se encontram as mesmas.

Visitamos nesta semana a Praça Boulevard Castilhos França, que começa do Mercado Publico até o predio dos SNAPP.

Destruição completa

Naquela praça tudo demonstra o mais criminoso abandono. O ajardinamento desapareceu. Os chafarizes há muito tempo não funcionam, os lagos que ornamentam a praça permanecem completamente secos.

Transformados em «privadas»

A reportagem da TRIBUNA teve oportunidade de percorrer e ver de perto a deploravel situação em que se encontra a praça Boulevard. Basta dizer que os chafarizes que anteriormente embelezavam aquela Praça, hoje estão transformados em «privadas», como tivemos ensejos de verificar.

Monturos de sujeiras

Verificamos que o lixo se acumula há longo tempo, principalmente no local da praça onde fica uma estatua de Cristo Redentor. Detritos, bagaços de cana, palhas secas, cascas de banana, caroços de açaí, tudo isto forma um atentado de incondições que começa, como já dissemos acima, desde as proximidades do mercado do Ver-o-peso até o edificio dos SNAPP.

Desaparecem as gramas

Como tem ocorrido com todas as praças abandonadas de Belém, a Boulevard Castilhos França, que fica à entrada da nossa capital, também apresenta o mais revoltante despreso a que foi relegada pelos poderes públicos. Os contínuos de gramas estão desaparecendo, enquanto o mato toma conta de toda a área.

Ornamentos arquitectonicos

Quase em frente ao edifício da «Folha do Norte» existia um chafariz formando um pequeno lago, no centro do qual se encontra uma forma de Agua. Essa representação aquitectonica já está se transformando em ruinas pois as azas estão destruidas. O aspecto geral daquela praça é o mais desolador possivel.

(Cont. na 3ª pág. — B

Urge medidas para previnir contra a ameaça das moscas

Novos enxames dêsse perigoso inseto invadem os suburbios e o centro da cidade

A reportagem de TRIBUNA lham por toda parte, ameaçando seriamente a saude dos que ali residem.

Os enxames desses perigosos insetos procedem em quantidade espantosa dos monturos em putrefação, que se acumulam em diferentes pontos nos bairros pobres da nossa capital.

Perigosos fócos de moscas

Nos suburbios, a falta de eficiente limpeza publica constitui o principal fóco de moscas e mosquitos, que se espa

Começam a reaparecer no centro da Capital

O reaparecimento de grande quantidade de moscas que se está verificando, principalmente nos suburbios, começa a se fazer sentir já no centro da nossa capital. Nos mercados públicos, nos bares, nos restaurantes, nas residencias, o reaparecimento das moscas começa a inquietar seriamente a população.

Não tardarão a surgir as graves consequencias que resultarão dessa tremenda ameaça dos enxames de moscas, que começam a reaparecer em quantidade alarmante em todos os recantos de Belém.

(Conclui na 3.ª Pág.—D)

SUBURBIOS EM REVISTA

O povo de Nazaré levanta seus problemas

Os esgotos vão desembocar naquele bairro — O mercado caiu e o Prefeito ainda não pensou em construir outro — O elevado custo da vida reduz o povo à miséria

Reportagem de JOÃO SILVA

UM pouco adiante à Praça Justo Chermont, onde se levantam palacetes e bungalós, um subúrbio, habitado por muitas centenas de familias pobres, tem sido um dos temas prediletos dos politicos demagogos, uma que diz a dia mais se afunda na miséria e nas piores condições de higiene. O nome do bairro é Nazaré. Fomos encontrá-lo com suas poucas casas e barracas e muitas residências coletivas concentradas numa série de 15 vilas e bécos, não differenciado em nada das favelas.

Escoamento anti-higiênico dos esgotos

Há vários decênios instalaram a rêde de esgotos de Belém, que deve desembocar nas aguas do rio Gazimá. Entretanto, não chegaram a completar a tabulação geral de seda a cidade, de modo que no inicio e em toda a extensão do bairro de Nazaré os dejetos e as aguas servi-

O mercado caiu

Procuramos saber com uma dona de casa como vive aquele povo. A senhora Maria Teles, residente à Vila de José Pires, prontamente nos atendeu, informando: «Aqui, quando chega o inverno, ninguem passa com os sapatos nos pés, além da Conselheiro, porque as valas transbordam e é isma por todos os lados. Não temos luz nem agua; a canalização só atravessa a Generalissimo. No Serviço de Aguas só atendem os «bonitões». Já fizemos diversos abaixo-assinados pedindo agua encanada e até hoje não fomos atendidos.»

«Outra senhora, que estava perto, acrescentou: «O Mercado da S. Jerônimo caiu. Não temos onde comprar carne e peixe «abelaico», no Frigorífico a 30 e 35 cruzeiros. Os nossos recursos não dão para comprar carne a êsse preço. E quanto ao peixo o mais barato é a 25 cruzeiros. Lá em casa somos vezes não temos nada para jantar».

Nesse momento diversos populares se acercaram do reporter e confirmaram o que nos disseram as referidas senhoras. Um velho então nós mostrou: «Veja: dê mosca por toda parte. O dr. Celso, em vez de providenciar a limpeza das ruas ainda permite que os carros da Limpeza Publica joguem lixo por aí, alegando que se trata de atêrro. Também não passou desaperebido o mato ali existente, que já atinge a altura de dois metros.

Um clube granfino quer despejar os moradores da Mundurucús e Pariquis

O Tenis Clube do Pará requereu da Prefeitura um terreno para construção de uma praça de esportes e piscina, à Rua Mundurucás.

(Cont. na 3ª pág. — C

PARÁ

N.º 212 Belém-Pará 11 de dezembro de 1955

A partir de 2a. feira
Profusa e vistosa exposição de cartões de Natal e Ano Novo.
Os mais bonitos e accessiveis a qualquer bolsa.
Mande reservar os que lhe agradam, na

Gráfica Belém
RUA MANOEL BARATA, 259

Para o Carnaval de 56 na musica da SAUDA

Ou voce veste linho puro
Ou linho puro voce vai vestir } (BIS)

Tem muito linho na cidade
Tem muito linho por aí
Mas onde tem linho puro
E' só no ITAMARATI'
Qui-qui qui-qui.

Este sim é o linho
Que você deve vestir
Não perca tempo
Vá na ITAMARATI'

Sim meu amigo, as afamadas lojas ITAMARATI estão liderando o comercio de linho puro, vendendo linhos e mais linhos, nacionais e estrangeiros desde 60 à 250 cruzeiros o metro e um mundo de tecidos para senhoras, e ultimas novidades chegadas do sul do Pais: telha, Lonita, Bangú, Organdí Paramont, Mimomeix, Nylon estampados e lisos; Sacólas para viagens de Praia. Tudo enfim V. S. encontrará nas afamadas

Lojas ITAMARATI

Rua 13 de Maio, 188
(entre Campos Sales e Frutuoso Guimarães)

DEZEMBRO, MÊS DO ABONO DE NATAL

Roberto Morena

O MÊS de dezembro é o mês das festas, da fraternidade e da reunião da familia. Este ano, tão angustioso para o povo brasileiro, de vida tão dificil, de enormes apreensões, tem que ser comemorado condignamente, como recompensa a tão afanosos dias que se viveram sob o desgovêrno dos golpistas, que elevou o custo de vida a proporções alarmantes.

Como reunir a familia em tôrno da ceia do Natal? Como comemorar o inicio de um novo ano, o de 1956, motivo de esperança de paz, de progresso, de liberdade e de melhoria de vida? Como comprar brinquedos para os filhos? Como pagar, inclusive, algumas dívidas? Essas são algumas das preocupações que se avolumam na mente dos trabalhadores, dos comerciários, bancários, empregados dos escritórios, dos funcionários públicos e autárquicos e dos homens de profissões liberais, numa palavra, de todos que vivem de seus salários, ordenados e vencimentos.

Gastem-se as economias? Mas, quem tem economias? Dividas, sim, apesar das privações que somos obrigados a fazer diariamente.

NECESSITA-SE, pois, um reforço de dinheiro neste mês. É o abono de Natal, que já se pode considerar uma tra-

dição que vai sendo estendida e admitida em inúmeros estabelecimentos fabris, comerciais, nas repartições públicas e autárquicas. Neste ano, mais do que outros, o mês de salário, vencimentos ou ordenados é uma necessidade, uma justa e humana compensação pelo trabalho e as vicissitudes passadas nestes doze meses de labor árduo e ininterrupto.

Quem mais credenciado para detê-lo que os sindicatos, federações e confederações de trabalhadores, as organizações de funcionários públicos e autárquicos, as de profissões liberais, que tanto se têm batido pelas justas reivindicações de seus associados e de todos os que trabalham? Por isso é que está na ordem-do-dia a batalha do abono de Natal. As organizações sindicais têm tôdas as condições para se dirigirem às organizações patronais respectivas, formulando o pedido do abono de Natal, e os trabalhadores, os empregados, apoiando êsses pedidos, se dirigirem aos empregadores diretamente, estabelecendo entendimentos, formando comissões que conduzam essas conversações, de acôrdo e de apôlo à ação geral das organizações sindicais. Os funcionários públicos e autárquicos, empenhados na

batalha pela reclassificação, estão mobilizados para se dirigirem ao presidente Nereu Ramos, aos ministros, aos presidentes das autarquias, à Câmara dos Deputados ou Senado Federal, para que seja adotado o abono de Natal, como um imperativo, como uma necessidade, como elo com a liga o funcionalismo aos administradores do país. Nos Estados, nos municipios, aos governadores, prefeitos, assembléias legislativas e câmara de vereadores.

TODOS devem sentir-se mobilizados, unidos fraternalmente nessa luta, para vencer resistências, incompreensões, má vontade e, com o esfôrço de todos, encontrar fórmulas para a concessão do abono de Natal. Que o mês de dezembro, recém iniciado, seja o mês do abono de Natal.

QUE nas festas de dezembro dêste ano se verifique em cada lar, em cada organização de trabalhadores, de funcionários, de intelectuais, da juventude ou feminina, a mais intensa alegria, pelo esfôrço que, unidos ao povo, fizermos, para defender as liberdades, a democracia, a Constituição, as reivindicações e direitos e o mês de salário, ordenado ou vencimento, como abono de Natal, como justa e humana recompensa pelo trabalho despendido em prol da grandeza do Brasil.

Onda entreguista contra Nova Olinda

Em Belém, Chatô comanda a campanha da Esso — Malato no time do entreguismo — O dever dos patriotas

CONTINÚA em andamento a onda entreguista visando desmoralizar os trabalhos da Petrobrás em Nova Olinda e convencer o Parlamento e a nação de que o nosso Petróleo só será explorado se fôr entregue á Standard Oil, trust americano que monopolisa a maior parte do petroleo em exploração no mundo ocidental.

Chatô sempre à frente da campanha

Temos visto que em Belém são os jornais de Chatô que lideram a campanha entreguista contra Nova Olinda e os mais notórios golpistas como Malato.

Um discurso foi pronunciado pelo senador da Esso Standard ou Standard Oil no Senado, anunciando com escandalo proposital o «fracasso» dos trabalhos em Nova Olinda, onde os tecnicos e trabalhadores viviam pescando e caçando...

Em seguida o jornalista Renato Mendonça, pau mandado de Chatô e dos americanos da Esso, fez um longo artigo n'A Provincia do Pará» (30-10-55), invocando argumentos que pretendem demonstrar as vantagens da entrega do petroleo a Esso Standard.

Renato Mendonça, nesse artigo, é de um descaramento á altura do seu mestre Chatô. E mostrando que a solução já havia sida apontada por Juarez Távora, outro cabecilha dos entreguistas do petróleo.

Para impressionar os patriotas e prestar mais um servicinho á Esso Standard, Chatô mandou á Nova Olinda o reporter José Calazâns que voltou de lá fazendo especulações sobre o «fracasso» das operações no novo poço petrolifero amazonense. A reportagem de Calazans tinha o fim de uma ducha gelada sobre as esperanças e as convicções patrióticas de todos aqueles que defendem o ouro negro brasileiro contra o assalto colonialista da Esso Standard«

Malato entra na ofensiva do time...

Agora é o jornalista João Malato que entra para o time de Chatô.

A linha que vem seguindo Malato acaba de se completar: ardoroso juarezista, passa a golpista e domingo ultimo, ainda trilhando um caminho lógico, Malato escreve um artigalhão tão desmoralizante á Pétrobrás que o geito será entregar o petroleo brasileiro á Standard Oil...

(Conclui na 2.ª Pag.—E)

Tribuna do PARÁ

N.º 215 Belém-Pará 17 de dezembro de 1955

Os americanos não conseguiram o controle da SBH

O significado das ultimas eleições — O Superintendente do SESP, instrumento dos gringos — Vitoria da chapa nacionalista — Novos rumos para a SBH

A Sociedade Brasileira de Higiene é o orgão que congrega os sanitaristas brasileiros — médicos, engenheiros, enfermeiros, em atividade nos diversos serviços de saúde pública do País. Embora contando com milhares de socios e existindo há vários ânos, a SBH tem limitado sua ação ao campo cientifico, deixando á margem o estudo dos problemas que afligem os profissionais de saúde pública no Brasil, suas causas e soluções. Ultimamente, porém, desenvolveu-se uma ala renovadora na Sociedade, a qual encontrou pronta resistência da parte de certos «medalhões» ligados aos «tecnicos» americanos atuando no País, aos quais não interessa qual-

(Conclui na 2a. página — F)

Memoriais pela legalidade do P. C. B

PELOTAS, (Rio Grande do Sul) - (Inter Press) — Está correndo todos os recantos desta cidade um abaixo-assinado, no qual se pede a legalidade do Partido Comunista do Brasil. A campanha empreendida pelo povo do Estado já conta com centenas de listas, tendo sido remetido um telegrama ao deputado federal Fernando Ferrari, com o texto da petição da legalidade contendo numerosas assinaturas. Diz o telegrama: «Os abaixos-assinados, moradores da cidade de Pelotas, homens do povo de todas as correntes politicas, religiosas e filosóficas, dirigem-se a V. Excia. e a seus nobres pares, para fazer sentir aos seus representantes, o desejo de ver tornar a legalidade o P. C. B. para que de fato nosso país tenha verdadeiramente um regime democrático, onde todos os brasileiros tenham o direito a livre manifestação do pensamento.

NO MUNICÍPIO DE CASTANHAL

Os lavradores da Colônia São José levam uma vida de tremenda miséria

Obrigados a vender sua produção a preços irrisorios. — Não gozam de qualquer assistencia do govêrno

OS lavradores da Colonia São José, situada no municipio de Castanhal, vivem na mais extrema miseria e tremendamente explorados. As condições de trabalho são as piores possiveis, trabalhando como se fossem verdadeiros escravos.

Totalmente abandonados os colonos

Naquela Colonia vivem cerca de 11 familias, cada uma destas contando geralmente com 8 pessoas entre adultos e menores, que vivem mergulhados na mais completa ignorancia, pois ali não existe escola.

Não contam com nenhuma especie de transporte para condução dos seus produtos. As doenças dizimam constantemente crianças e adultos, que não contam nenhum meio de assistencia medica.

Trabalham em terras cansadas usando instrumentos primitivos

Os colonos daquela Colonia, além de tudo, trabalham em terras completamente cansadas, empregando os instrumentos de trabalho os mais primitivos que se possa imaginar. Os produtos penosamente obtidos de sua lavra, são totalmente desvalorizados pelos especuladores e intermediarios, não dando para cobrir as despezas com a produção dos mesmos.

Carissimas as ferramentas

As ferramentas de trabalho são carissimas, impossibilitando o agricultor de adquiri-las para com isto conseguirem melhor produção.

Basta dizer que um machado ordinario custa ali ...... Cr$ 425,00, um terçado ...... Cr$ 130,00, uma enxada ordinaria Cr$ 70,00.

Ora, com o preço tão elevado desses necessarios instrumentos de trabalho, não é possivel um pauperrimo agricultor viver e produzir o suficiente para sua manutenção.

Um quadro desolador

Exemplo vivo de tremenda situação de miseria e abandono em que vivem os colonos da Colonia São José, encontra-se na casa de farinha situada na mesma e de propriedade do lavrador João Fernandes Silva, pai de 6 filhos maiores, 2 menores, além de 2 genros com 5 filhos menores.

As crianças, umas deitadas em tipoias estendidas no tempo, outras arrastando-se no meio da poeira, sujas, nuas, raquiticas, tudo isso, refletindo a miseria e a extrema pobresa em que vivem os trabalhadores do campo.

Trabalho longo e cansativo sem resultados compensadores

Para que se tenha uma ideia do exaustivo esforço empregado pelos lavradores na produção dos seus generos, naquela Colonia, vejamos o que ocorre, por exemplo, na fabricação da farinha de mandioca;

—9 pessoas a trabalhar de sol a sol, isto é, sem horario, durante 5 dias, obtêm, com esse sobrehumano esforço,

(Conclui na 3.ª pág. — A)

PRAÇAS ABANDONADAS

A Praça D. Pedro II, outra abandonada

Chafarizes e lagos secos, cheios de lixo — Ornamentos arquitetonicos sujos — Iluminação quase inexistente

AS praças de Belém, como temos divulgado, vivem no mais criminoso abandono desde muito tempo. Não se justifica de modo algum esse condenavel descaso em prejuiso do asseio e do embelezamento da nossa capital.

A Praça D. Pedro II

A velha praça D. Pedro II é um dos nossos logradouros publicos que tambem se encontra em lastimavel estado de abandono e decadencia.

O que é lamentavel é que essa praça fica situada em frente da Prefeitura como do Palacio, à vista portanto das autoridades administrativas.

Chafariz e lagos completamente secos

Aquela pitoresca praça é uma das mais interessantes de Belém, mas devido à falta de conservação está se tornando cada dia mais desagradavel no seu aspecto.

Existem dois pequenos lagos de cimento que há muito tempo não contém agua. Vivem completamente secos, repletos de folhas secas, detritos de toda sorte.

O mato cresce à vontade

O mato cresce à vontade danificando o gramado, que se recobre de folhas secas e outras sujidades que se lança na praça.

Sujos os ornamentos arquitetonicos

Todos os ornamentos da Praça Pedro II se acham sujos, indicando que há anos não receberam uma simples mão de tinta. O pedestal sobre o qual fica um grande relogio, se estraga constantemente, sem o mais ligeiro beneficiamento.

Sem iluminação

Como se não bastasse todo êsse criminoso abandono em que se encontra, a velha praça D. Pedro II ainda sofre a falta de iluminação eficiente, para que à noite se torne um recanto agradavel onde as familias possam permanecer alguns momentos de repouso.

A iluminação ali é quasi inexistente, oferecendo ensejos á pratica de atos atentatorios à moral publica.

A Praça precisa ser melhor cuidada

Como se vê, trata-se de mais uma das praças publicas abandonadas. O sr. Prefeito de Belem deve tomar providencias no sentido de proporcionar àquela Praça melhor situação de limpesa e de melhoramento. Não se compre-

(Conclui na 2.ª Pág.—G

Os SNAPP entram em acôrdo com os arrumadores

Voltará ao inteiro controle do Sindicato o Serviço de Carga e Descarga no Cais do Porto

OS serviços de carga, descarga e arrumação no cais do porto estão ainda sob o inteiro controle dos SNAPP que assim agem desde janeiro de 1954 por ocasião de uma luta dos arrumadores que reivindicavam os 35% de aumento, cujo pagamento os SNAPP ainda não fizeram.

Os SNAPP a principio tentaram empregar no serviço apenas trabalhadores não sindicalizados, mas foram forçados pelas lutas ativas dos arrumadores a modificar a sua medida anti-operaria e contra a legislação trabalhista. No momento ainda se utilizam dos trabalhadores avulsos não sindicalizados.

O SINDICATO DOS ARRUMADORES RECLAMA O CONTROLE DO SERVIÇO

Não se conformando com a medida que lhe tiraram das mãos o serviço de carga, descarga e arrumação, o Sindicato dos Arrumadores vem lutando pela volta daquele serviço ao seu controle, salientando-se nessa luta a atividade combativa de seu presidente Luiz Gonzaga da

(Conclui na 3.ª pág. — B)

SUBURBIOS EM REVISTA

Graves problemas da "Pedra Milagrosa" exigem solução imediata

O bairro se ressente da falta de agua, luz, escola, transporte e assistência médica

(Reportagem de JOSÉ MELO)

(1.ª DE UMA SÉRIE DE DUAS)

PEDRA Milagrosa é uma povoação que está localisada entre os bairros da Pedreira e Sacramenta. Como acontece com todos os suburbios de nossa capital, Pedra Milagrosa vive esquecida dos poderes publicos com grandes problemas a resolver e a sua população sofrendo as piores privações e abandonada à sua propria sorte.

Muita sujeira, moscas e carapanãs

Ultimamente começa a se fazer sentir em nossa capital o reaparecimento de grande quantidade de moscas e carapanãs que infestam os bares, botequins hoteis e residencias particulares constituindo isso um sério perigo à saude da população.

Onde está a causa dessa calamidade que parece não ter fim e que grandes dissabores têm trazido à tranquilidade e à saude do povo?

Aqui destas colunas temos mostrado ao sr. Prefeito de Belém o estado de abandono em que vivem os suburbios de nossa capital, com suas ruas sujas e as valas entupidas de lixo, impossibilitando o escoamento das aguas para os esgotos, as quais ficam estagnadas formando fócos de carapanãs. Por outro lado, a falta de higiene nos mercados publicos, principalmente os mercados de peixe, que não são lavados com creolina e muitas vezes as visceras e até mesmo os peixes pódre, são jogados para os urubús, quando deviam ser colocados em caixas de lixo apropriadas, contribuem para a proliferação das moscas. Tudo isso e mais o despejo de lixo que alguns caminhões da Limpeza Publica continuam fazendo em alguns lugares da cidade como atêrro. Aí é que residem as causas do reaparecimento das moscas e carapanãs por todos os quadrantes da cidade.

Os moradores da Pedra Milagrosa pedem ao sr. Prefeito uma providencia no sentido de mandar uma turma fazer a limpeza daquela localidade que está tomada pelo mato e abrir valas para escoar as aguas da chuva que está empoçada, formando uma grande lagôa, prejudicando varias barraquinhas que estão na iminencia de serem invadidas por elas, caso as chuvas continuem. Tudo indica que na quadra invernosa isso acontecerá se as medidas acima não forem tomadas.

Sem luz, agua, escola, transporte e assistencia médica

Os problemas que afligem aquela população são muitos, porém os mais sentidos são luz, agua, escola, transporte e assistencia medica. A falta da escola é um grave problema para as populações pobres que moram nos lu-

(Cont. na 2ª pág. — H

Normas para Conferência Nacional de Defesa das Leis Sociais

RIO, (I. P.) — Foram redigidas as seguintes normas para a Conferência Nacional de Trabalhadores em Defesa das Leis Sociais:

«1) Participam da Conferência:

a — Membros das Comissões Sindicais Estaduais ou Municipais de Estudo e Defesa das Leis Sociais;

b — Delegações de organismos sindicais, de setores profissionais ou emprêsas;

c — Convidados especiais — parlamentares, advogados, trabalhistas e técnicos em Legislação e Previdência Social.

2) Não havendo limite para as delegações, recomenda-se que sejam as mesmas eleitas em reuniões de sindicatos ou fábricas.

3) Realização de conferências ou reuniões em cada Estado ou Municipio ou setores profissionais, para o estudo e debate das reivindicações contidas no memorial de 22 de novembro e as concernentes às localidades em que se realizem as mesmas.

4) As conclusões e propostas aprovadas nessas conferências ou reuniões locais, constituem a base dos problemas a serem discutidos na Conferência Nacional. Para facilitar o estudo, recomenda-se o seu envio 10 dias antes do início da Conferência à Comissão Sindical de Estudos e Defesa das Leis Sociais.

5) As despesas de viagem e estada das delegações à Conferência correrão por conta das respectivas

(Conclui na 2a página — I)

Milhões de brasileiros festejam o aniversário de L. C. Prestes

OS trabalhadores e as mais amplas camadas de nosso povo, em todo o país, festejarão no dia 3 de janeiro próximo, mais um aniversário de Luiz Carlos Prestes, o líder indiscutível do povo brasileiro.

Milhões de patriotas, nas cidades no interior, voltam-se hoje, mais do que nunca, esperançosos para a solução apontada por Prestes, visando arrancar a nossa Pátria e o nosso povo da exploração imperialista americana e do domínio retrógado do latifúndio. Somente as transformações democráticas radicais do Programa do PCB, de interesse para a grande maioria da nação, e indicadas pelo Cavaleiro da Esperança, poderão trazer ao Brasil a independência na-cional, o desenvolvimento econômico e o bem estar social.

Corduzindo as mais árduas e justas lutas dos trabalhadores e do povo, líder inconfundível dos movimentos de 22 e 24, comandante invicto e heroico da Marcha e da Coluna gloriosa, chefe da revolução nacional libertadora de 35, Prestes forjou em duras provas, uma dedicação patriótica á causa dos trabalhadores e do povo, sem precedente na história brasileira, tornindo-se um líder continental e conquistando caloroso prestígio internacional.

O nome de Prestes, pelo exemplo de suas lutas e pela sua dedicação militante e combativa á causa do pro-
(Conclui na 2a. Página — A)

LUIZ CARLOS PRESTES

COMERCIO COM TODOS OS PAISES

ENTUSIASMO' DO COMERCIO COM A MENSAGEM DA CONFEDERAÇÃO

Apoio unanime dos líderes do comércio carioca — Falam à «Imprensa Popular» o presidente da Associação Comercial, o vice-presidente e outros diretores da casa - «Mensagem oportuna», diz o sr. Rui Gomes de Almeida

RIO (I. P.) — A mensagem de Natal da Confederação Nacional do Comércio, que pugna pela necessidade do Brasil man-ter relações com todos os países do mundo alcançou a maior repercussão nos círculos comerciais do Rio O pronunciamento da entidade presidida pelo sr. João Vasconcelos foi recebida entusiasticamente pelo comércio, há muito empenhado no levantamento das atuais restrições que impedem o intercâmbio do Brasil com as nações mais prósperas do globo. Ouvindo ontem a palavra autorizada dos principais líderes do comércio carioca a «Imprensa Popular» recolheu expressivos depoimentos em favor da manutenção de relações mutuamente vantajosas do Brasil com todos os países.

DO PRESIDENTE DA ASSOCIAÇÃO COMERCIAL

Falando ao jornalista a presidente da Associação Comercial do Rio de Janeiro, dr. Rui Gomes de Almeida declarou:
—«Trata-se, para o jornalista, de uma mensagem oportuna e que encontra éco em todos nós. Aliás
(Conclui na 2a. página — B)

Mensagem de ANO NOVO

Do deputado Cattete Pinheiro, Presidente da Assembléia Legislativa do Estado, recebemos o seguinte telegrama:

«Diretor de TRIBUNA DO PARÁ»
Nesta

Tenho a honra de apresentar a vossa senhoria cumprimentos de feliz natal e próspero ano novo.

EDWARD CATTETE PINHEIRO, Presidente da Assembléia Legislativa do Estado».

Tribuna do PARÁ

N.º 215   Pará-Belém, sábado, 31 do Dezembro do 1955   Ano X

Legalidade do P. C. B. e anistia para Prestes

RIO, (I. P.) — Ouvido pela reportagem de «Imprensa Popular», o advogado e jornalista Gumercindo Cabral de Vasconcelos, conselheiro da A. B. I. e veterano cronista parlamentar, manifestou seu ponto de vista inteiramente favorável á legalidade do Partido Comunista do Brasil, bem como ao arquivamento do monstruoso processo a que respondem Luiz Carlos Prestes e seus companheiros.

—«Num regime democrático, como se diz ser o vigente entre nós—assinalou nosso entrevistado—é um verdadeiro contrasenso a ilegalidade do Partido Comunista. Não compreendo como se possa defender a pluralidade partidária com a exclusão de uma corrente de opinião atuante e prestigiada pela classe trabalhadora, como é o P. C. B.

Das duas uma: ou o regime que aí temos é uma contrafação da democracia — pois só assim se justifica a política de dois pesos e duas medidas que se vem adotando—ou se firmará, mesmo, em bases democráticas, admitindo, então, como necessária, a volta do P. C. B já legalidade.

Mantém-se a situação atual e apresenta-se ao povo como de vigência democrático, é que não é mais possível.

A Constituição e os comunistas

Prosseguindo, acentuou o nosso ilustre confrade:
—«Honestamente, não se pode conhecer a proibição das atividades legais do Partido Comunista, sobretudo quando se sabe que a Carta Magna que nos rege recebeu, em sua elaboração, o concurso eficiente

Ressaltada pelo advogado e jornalista Gumercindo Cabral de Vasconcelos a colaboração dos parlamentares comunistas na elaboração da Carta Magna de 1946

e patriótico dos representantes comunistas no Parlamento.

E' preciso, pois, tirar quanto antes, as muletas da democracia brasileira e deixar que ela caminhe em consonância com as aspirações populares, a fim de que possa cumprir seus altos e grandiosos destinos.
(Conclui na 2a. página — C)

Anistia para Luiz Carlos Prestes - exigência democrática

Não é admissível que se tolham as manifestações políticas que visam a fortalecer e ampliar o nosso ciclo de renovação, declara o advogado e jurista Arnaldo Farias

RIO (I. P.)—Tendo a registrar, hoje, mais um autorizado pronunciamento em favor da imediata anistia para Luiz Carlos Prestes e seus companheiros, como arquivamento do monstruoso processo farsa montado segundo o estilo fascista—a que respondem, desde 1948. Trata-se da opinião do conhecido jurista Arnaldo Farias foram suas palavras iniciais:

—«Pelas conquistas que conduzem ao aprimoramento de nossos costumes políticos, em princípio da liberdade é fundamental. Não é admissível, assim, que se tolh in as manifestações democráticas que visam a fortalecer e ampliar esse ciclo de renovação. O contrário seria eliminar a opinião das correntes políticas, não só como fator de evolução social, como, também, da própria estrutura do Estado, ou melhor, do próprio Direito Constitucional.

Processo iníquo

Adiante, frisou nosso entrevistado:
—«Prestes representa um movimento de idéias inteiramente ligado ás aspirações e necessidades de amplas massas, e o processo contra êle movimento significa, sem dúvida, um
(Cont. na 2ª pág. — D

Protesto dos Operarios do Curtume Americano

Ouvidos pela reportagem de nosso jornal, afirmam: os patrões vendem carne clandestina no Curtume e enganam os fiscais da COAP — Instituída a agiotagem—Não pagaram ainda o aumento de salários — O capaz é um terror—Aumentam os acidentes do trabalho e o salário não dá para as menores necessidades

VÁRIOS operários do Curtume Americano, ouvidos pela nossa reportagem, relataram a maneira torpe como são explorados pelos patrões.

Informaram que ali existem dois srs. de nome Alim e José Leite, encarregados da matança clandestina de porcos. Obrigam os operários a comprar a carne, com descontos em folha, ao preço de Cr$ 25,00 o quilo. Além disso, a pesada do apresenta 700 gramas, sendo roubados em 300 gramas.

Os trabalhadores do quele Curtume por diversas vezes têm pro-testado contra essa lambroeira. Mas até agora não surtiram efeito as suas reclamações. Os que persistem nas reclamações são ameaçados de desemprego.

Tapiando o fiscal da COAP

Há poucos dias apareceu pelo Curtume Americano um fiscal da COAP, a quem Alim informou que aqueles porcos eram abatidos por ordem do patrão para ser distribuida a carne com os operários. Como se vê não pode haver maior cinismo de um explora-dor.

Agiotagem contra os operários

Mais não é só isto. Fomos também informados de que o tal Alim, além do mais, empresta dinheiro aos operários mediante um juro escorchante. Cobra, por exemplo, 40 por cento sobre Cr$ 200,00 que empresta no período apenas de uma semana.

Não pagaram ainda o aumento de salário

Adiantaram os nossos informantes que o seu Sindicato entrou em acordo para um aumento
(Conclui na 2a. página — E)

CONTRA OS BLOCOS MILITARES

O governo da União Soviética sempre manteve uma atitude contrária á organização de todo gênero de blocos bélicos nas diversas zonas do mundo e ao estabelecimento de bases militares nos territórios de outros Estados, já que a formação desses blocos e a instalação dessas bases representam um sério perigo para a paz e cria novos obstáculos no caminho do alívio da tensão internacional e da consolidação da paz. Consideramos que a verdadeira segurança dos povos não pode ser garantida por meio de organização de blocos militares, e sim através de esforços coletivos e conjuntos dos Estados, visando ao fortalecimento da paz. Guiando-se precisamente por isto, o governo soviético apresentou a conhecida proposta de criar um sistema de segurança coletiva na Europa.
(Trecho da entrevista de N A. Bulganin aos jornalistas de Nova Delhi—India).

Na oportunidade do início de 1956

Saudação de TRIBUNA a seus leitores e ao povo em geral

TRIBUNA DO PARÁ dirige-se aos trabalhadores e ao povo paraense, aos seus leitores, amigos e amigas, desejando-lhes um feliz ano novo.

Nossos desejos confundem-se com o anseio da grande maioria de nosso povo na luta por melhores dias, dias de menores dificuldades de vida, maior bem estar para os seus lares, paz duradoura para todos os povos.

Em nenhum momento, no velho como no novo, este jornal deixou ou deixará de estar na primeira linha da luta patriótica e democrática, pela felicidade do povo. Necessitará, contudo, da ajuda popular para se tornar realmente um instrumento vitorioso nas mãos das massas trabalhadoras e populares.

Que o novo ano venha cheio de mais alento a todos e melhores perspectivas de lutas vitoriosas pela causa do povo, e causa da defesa e vigência das liberdades democráticas, do desenvolvimento economico e bem estar social de todo o povo brasileiro. Que seja mais um ano de vitórias decisivas pela libertação nacional.

SÁBADO, 31 DE DEZEMBRO DE 1955 — TRIBUNA DO PARÁ — Página 5

Um Ano Novo Mais Prospero Aos Nossos Anunciantes

EUGENIO FERREIRA D'OLIVEIRA JUNIOR
RICARDO SCHIMDT FELIPE
e LEONY SILVA

Despachantes Aduaneiro e Estadual

Escritório — Rua Gaspar Viana n. 6
Telefone, 3068 — Belém - Pará

Cumprimentam seus fregueses, desejando-lhes
Feliz ANO NOVO.

A recomendação dos nossos serviços é dada pelos nossos comitentes.

Casa Guerra
— DE —
Marcos Guerra & Cia. Ltda.

Completo sortimento de fazendas em: sêda, algodão, casemiras e bordados; fitas, miudezas em geral. Roupas para recém-nascidos, crianças e artigos de perfumarias, etc. Fabricam-se sombrinhas e guarda-chuva.

RUA SANTO ANTONIO N. 4
Telefone, 4226 — Caixa Postal, 465

Cumprimenta seus fregueses, desejando-lhes
um prospero ANO NOVO.

BELÉM — PARÁ

Alfaiataria BOM GOSTO
— DE —
FELICIANO DOS SANTOS

Praça D. Pedro n. 18

CONFECCIONA ROUPAS COM ESMERO E PERFEIÇÃO.
Preços sem competência e pontualidade na entrega.

Cumprimenta seus fregueses, desejando-lhes
um prospero Ano Novo

Cooperativa Agrícola Mista de Tomé-Açú

Aqui está nossa saudação ao povo brasileiro quando já se passa mais um ano de atividade e de trabalho nesta gleba feliz que é a terra paraense.

O ano que ora finda foi para a COOPERATIVA AGRICOLA MISTA DE TOMÉ-AÇÚ, de grandes realizações e por isso nos sentimos felizes mesmo porque não nos pesa na consciência qualquer gesto que possa desmerecer a acolhida amiga da grande terra brasileira e de seu hospitaleiro povo.

Continuaremos a lutar para melhor servir êsse pedaço do Brasil com todas as fôrças de nossos braços, nossa inteligência e nossas vidas com o são próposito de, no trabalho honesto e sincero, contribuir de maneira honrosa para o bem estar dos que nos cercam e dos que conosco comungam dêsse mesmo afã, construindo essa vasta área do Brasil que é a Amazônia gigante.

A COOPERATIVA AGRICOLA MISTA DE TOMÉ-AÇÚ sente-se honrada em cumprimentar as autoridades constituidas, comércio, indústria, bancos, corpos consulares e o povo em geral augurando-lhes um próspero Ano Novo.

Cooperativa Agrícola Mista de Tomé-Açú

SÉDE SOCIAL: Quatro Bocas -:- Município de Tomé-Açú
Escritório em Belém: RUA DR. MALCHER, 53 - Telefone, 5233
Agência em São Paulo: Rua Anita Garibaldi, 45 — 3. and.

Para o Carnaval de 56

na música da SAUDA

Ou você veste linho puro
Oo linho puro você vae vestir } BIS
Tem muito linho na cidade
Tem muito linho por ahi
Mas onde tem linho puro
E' só no ITAMARATI
Qui-qui qui-qui.
    Este sim é o linho
    Que você deve vestir
    Não perca tempo
    Vá na ITAMARATI

Sim meu amigo, as afamadas lojas ITAMARATI estão liderando o comercio de linhos, nacionais e estrangeiros desde 60 a 250 cruzeiros o metro e um mundo de tecidos para senhoras, e ultimas novidades chegadas do sul do País: Telha, Lonita, Bangú, Organdi, Paramont, Minomeix Nylon estampados e lisos; Sacólas para viagens de Praia
Tudo enfim V. S. encontrará nas famadas

Lojas ITAMARATI
Rua 13 de Maio, 181
(entre Campos Sales e Frutuoso Guimarães)

Tipografia
Impressão
Encadernação

Mande fazer seus impressos tipográficos
na GRAFICA BELEM Ltda.
PREÇOS MÓDICOS — PERFEIÇÃO TÉCNICA — PRONTA ENTREGA

NÃO VÁ NA CONVERSA!!!
Linho Puro?
só na

Casa FLUMINENSE

Diretamente da fabrica ao consumidor:
MAIOR SORTIMENTO
MENORES PREÇOS

Brinde de Ano Novo

Grande abatimento em todos os linhos até o fim do ano
VERIFIQUE!
Rua 13 de Maio, 85

P. S. — Sempre em estoque grande sortimento de CASIMIRAS e TROPICAIS, ingleses e nacionais.

1956 — PROSPERO ANO NOVO

Loteamento, Hipoteca, venda e compra, locação, transferência de direitos, administração e todo qualquer ato ou transação que se relacione com

Imoveis

A TRATAR COM

Cleto M. de Moura

13 de Maio 81, 1. andar (altos do Cartório Condurú)

Alfaiataria BRASIL
— DE —
R. J. PINHEIRO

Rua 13 de Maio, 232
(ALTOS)

Especialista em tecidos de LINHO, TROPICAL e CASIMIRA, ETC.
Confecção Esmerada e Pontualidade

O sr. R. J. PINHEIRO tem o prazer e cumprimentar as autoridades Federais, Estaduais, Municipais, Eclesiásticas, Consulados, a Imprensa Escrita e Falada, o povo em geral e muito especialmente os seus estimados fregueses, desejando a todos um ANO NOVO cheio de Felicidades.

EPILOGO Mantém a Liderança

Estarão empenhadas todas fôrças patrióticas e democraticas para derrotar Magalhães Barata nas eleições suplementares

A posição dos candidatos a Governador do Estado não sofreu alteração no decorrer da semana que passou, uma vez que a unica urna por apurar de Alenquer, foi anulada, através de decisão do T. R. E. deferindo recurso impetrado nesse sentido pela Coligação Democratica Paraense.

Desse modo, mantém o Sr. Epilogo de Campos a vantagem de 11 votos sôbre o Sr. Joaquim Barata, o qual, entretanto, está confiante em vencer ainda esta primeira fase do pleito, pois o seu Partido, o PSD, fez ingressar no T. S. E. perto de uma centena de recursos, e, segundo afirmam os proceres pessedistas, basta que um só desses recursos seja deferido para que a situação se modifique sensivelmente a seu favor.

Diz o orgão do PSD, que "no Rio a coisa é diferente", isto é, no Rio têm costas quentes, pois lá "quem manda é o PSD"; assertiva de todo leviana, pois evidentemente inclui, entre os "mandados", os proprios ministros do Tribunal Superior Eleitoral; mas isto não é de estranhar porque o mesmo "Liberal" afronta diariamente a justiça local, embora por motivos diferentes, ou melhor, porque nela não manda o PSD, nem ninguem.

De qualquer maneira, teremos eleições suplementares, por todo o mês de Janeiro, apesar do estado de sitio, que deverá ser suspenso no Pará, durante a realização das mesmas.

Desnecessario se torna encarecer a importancia dessa ultima e defi-

(CONT. NA 4a. PAG. . . A)

SINDICATO DOS TRABALHADORES NAS INDÚSTRIAS METALURGICAS MECANICA E DE MATERIAL ELETRICO DE BELÉM

AVISO AOS ASSOCIADOS

Certifico aos Srs. Associados deste Sindicato, que por motivo do País se achar em Estado de Sitio este Sindicato deixou de comemorar os festejos do seu 24º aniversario de fundação, que de acordo com a lei que estabelece o Estado de Sitio, devia-se cientificar o Sr. Executor do Estado de Sitio neste Estado oito dias antes de comemorar o referido festejo, que por motivo de fôrça maior deixou de ser feito o referido pedido.

Outrossim, este Sindicato deseja aos Associados e dignissima familia, um feliz ANO NOVO, cheio de muitas felicidades.

JOÃO CORREA VIANA — Presidente

Tribuna do PARÁ

N.º 215 Belém-Pará 31 de dezembro de 1955

DESPORTOS

BRASIL E ARGENTINA EM NOVAS COMPETIÇÕES ESPORTIVAS

ESTÃO de parabens os desportistas do Brasil e da Argentina.

O reinicio das relações esportivas entre os dois paises irmãos de há muito era necessário.

Agora, os desportistas responsaveis pelos destinos do esporte da cidade Maravilhosa tomaram a iniciativa de romper essa cortina e traçar novos rumos à cordialidade esportiva.

Foi nessa base que se organisou o torneio «Gilberto Cardoso», e para matar as saudades estiveram lotadas as dependencias do colosso do Maracanã na noite de 27 ultimo, para aplaudir Flamengo e Racing, dois velhos contendores.

Brasileiros e argentinos, disputam a supremacia da alta classe do futebol no continente.

Os argentinos trouxeram até nós, ex-integrantes da famosa seleção portenha, tais como, Micheili, Grillo, Berelli, Cruz, e do Flamengo estiveram em ação Jadir, Doquinha, Jordan, Joel, Zagulo e outros de renome no cenário esportivo da metrópole.

Assim tivemos o primeiro encontro «Mengo» e «Racing» depois de um outro entre os combinados do Racing-Independiente, Vasco-Flamengo, saindo as côres nacionais vitoriosas nas duas partidas.

Não resta duvida que a interrupção sofrida pelo campeonato carioca, tem valido pelos espetáculos oferecidos pelos grandes clubes disputantes.

Porém, o fato de especial atenção é o reatamento das relações esportivas dos dois paises.

Não se justifica que, os dois paises irmãos, donos do melhor «association» latino-americano, continuassem com suas relações esportivas estremecidas, por vontade dos que dirigem os desportos nesses paises, ficando a grande massa esportiva privada de apreciar os mais perfeitos manejadores da pelota.

NETUNO BRAGA

A Espionagem Americana em ação na Amazonia

Farra grossa no Consulado Americano

O natal comemorado como na Terra do Tio Sam — Continúa a distribuição de publicações provocadoras — Estão sendo selecionados os candidatos a bolsas de estudos nos «States»

HÁ mais de dois mêses que o trêfego Mr. Colman viajou para os Estados Unidos «em gozo de férias»; na verdade, foi prestar contas de suas atividades aos chefes e receber novas instruções para sua atuação futura. Não sabemos o que houve por lá, mas o fato é que ainda não se fala na volta do rato do Consulado. Correu o boato de que adoecera gravemente sua esposa e parceira de espionagem, o que parece mais uma justificativa para uma estadia prolongada ou talvez mesmo a transferencia do indesejavel casal de espiões, que, bastante manjados entre nós, poderiam assim passar a «operar» em outras plagas.

Emquanto isso o programa de atividades do Consulado vai sendo executado a contento pelo sr. Flenner, substituto eventual de Mr. Colman.

O Natal comemorado como na terra de Tio Sam

A exemplo de outras festas, o Natal foi comemorado tipicamente á americana no Consulado. Nesse ponto foi admiravel a cooperação dos socios do «Sunday Afternoon Club» e do «Centro de Estudos Brasil-Estados Unidos», devidamente treinados. Para completar, a lingua oficial da festa era o inglês e o pessoal dos «English Conversation Groups» teve oportunidade de mostrar seus conhecimentos linguisticos. Para certa parte dos convidados, entretanto, essa parte do cerimonial» não foi muito agradável, apesar da solicitude dos interpretes «nativos». Os jornais locais deram grande destaque á festa, principalmente no que se refere á presença das autoridades federais, estaduais e municipais; as fotografias publicadas apresentam o Governador, o Prefeito, o Presidente da Assembléia Legislativa, «confraternizando» com os diligentes serviçais do Departamento de Estado. O interessante é que muitas das nossas modestas associações despendem um esforço tremendo e não conseguem o comparecimento de tão ilustres personagens nas suas festividades . . .

(CONT. NA 4a. PAG. B)

PRAÇAS ABANDONADAS

Criminosamente destruida a Praça do Operário

Retirado do local o monumento ao operário — Capinzal e lixo — Rebentados todos os bancos — Totalmente ás escuras — Imundicie e agua pôdre na Praça Floriano Peixoto — A Praça Brasil também está abandonada

CADA praça que visitamos mais nos convence de que esses logradouros publicos da nossa capital caminham para total destruição.

O abandono em que se encontram é o mais lastimavel, indicando que há muito tempo as nossas praças não experimentam o minimo melhoramento.

Praça do Operário

A reportagem de TRIBUNA foi ver também o que se passa com a despresada Praça do Operário. Numa enorme placa que fica ao lado de um sujissimo abrigo em frente à estação da Estrada de Ferro, lemos que aquela praça fora inaugurada a 1.º de maio de 1933, na administração do sr. Abelardo Condurú.

Tudo destruido

A pequena Praça do Operário, mais do que as suas abandonadas irmãs espalhadas pela cidade, acha-se completamente destruida. No seu centro existia um expressivo monumento alusivo ao operário, isto é, uma estatua de bronze de um operário empunhando uma roda dentada como simbolo de trabalho e progresso.

Há mais de um ano, dali retiraram a referida estatua, inclusive as placas também de bronze colocadas nos lados do pedestal, restando apenas a base quase destruida e cercada de mato e lixo.

Os bancos desapareceram

A pequena Praça apresenta um lastimável aspecto de abandono e destruição. Os bancos de cimento

(CONT. NA 4a. PAG. D)

SUBURBIOS EM REVISTA

Um grileiro usurpador ameaça de despejo os moradores da Praça Centenário

Justamente preocupados os associados do Uberabinha Esporte Clube — Na feira Bacurau imperam a exploração e a imundicie — O povo deve se organizar e lutar para impedir a consumação dos funestos desejos do grileiro Pinheiro Filho

Reportagem de JOÃO SILVA

AS caracteristicas locais da conhecida Praça Centenario são de zona suburbana. Ali o capinzal cresce à vontade, chegando a 2 metros de altura.

Não há naquele recanto abandonado da nossa capital nem esgoto, nem iluminação eletrica, nem generos alimenticios tabelados, pois tudo é vendido pelo preço que os exploradores entendem..

Os cinco onibus que fazem a linha para aquele bairro são insuficientes para atender às prementes necessidades de transporte dos seus moradores.

NA FEIRA BACURAU, EXPLORAÇÃO E IMUNDICIE

A feira Bacurau é o ponto de venda de peixe, mariscos e frutas

Tudo ali é sujeira e explaração. Durante semanas e semanas se amontoam restos apodrecidos de caranguejos, intestinos de peixe, etc., formando um fétido fóco de moscas e mosquitos.

Há urgente necessidade de que a Prefeitura tome providencias no sentido de mandar fazer, todos os dias, a limpeza daquela feira, para evitar que dali possam surgir perigosas doenças, como tem acontecido onde a imundicie impera.

A exploração e a marretagem campeiam desbragadamente na feira Bacurau. O peixe, que inicialmente era vendido nas praias de Genipapo, hoje é conduzido para aquela feira, onde mais à vontade se sentem os geleiros para explorar o povo, vendendo esse genero alimenticio a preço escorchante.

OS BUCHEIROS ACUSAM A COAP

O bairro da Praça Centenario é servido por vários carros de vendagem de visceras de gado. Vendem o quilo de figado a Cr$ 40,00, a carne de cabeça a Cr$ 25,000, (uma banda da cabeça), miolo a Cr$ 15,00, etc.

(CONT. NA 4a. PAG. E)

Na USINA TIMBOPÓ

Tratamento desumano a que estão submetidas as operárias

Péssimos os lavatórios, refeitórios e sanitários — As operarias grávidas são demitidas — Roubadas na sua produção — A maioria não percebe salário mínimo — Saldo semanal em papel — Unidas e organisadas em seu sindicato, as operarias poderão conquistar seus direitos

O nosso jornal tem denunciado constantemente as pessimas condições de trabalho e de higiene nas usinas de beneficiamento de castanha, onde além de tudo os operarios são miseravelmente explorados, percebendo salario de fome.

Na usina Timbopó, da firma Jacob Benzecry, trabalham mais de 400 operarios e operarias. Nossa reportagem, aproveitando uma oportunidade, visitou aquele estabelecimento, onde colheu importantes informações a respeito das condições de trabalho ali existentes. Conversamos um pouco com a capataz.

QUADRO DESOLADOR

De inicio, vimos ali varias crianças que se espalhavam pelas dependencias sujas e escuras da Usina, descalças e abandonadas. Soubemos que eram filhos de operarias que ficavam por ali, em virtude de suas mães não terem onde deixa-las quando vão para o trabalho. Aquilo era um quadro realmente desolador. Naquela Usina de beneficiamento de castanha não se cumpre tambem a lei

(CONT. NA 4a. PAG. [illegible] F)

No Sindicato da Construção Civil

Será proposto dissidio coletivo por aumento de salário

A tabela organizada entrará na Ordem do Dia da Assembleia Geral de 8 de janeiro

COLHEU a nossa reportagem a informação de que o Sindicato dos Trabalhadores na Industria de Construção Civil está concluindo os documentos necessários à instauração de um dissidio coletivo de aumento de salários, o qual será proposto após à reunião de Assembléia Geral do referido Sindicato a ser efetuada no proximo dia 8 de janeiro.

A tabela de aumento está assim organizada:

- 50% para os que percebem salario minimo ou sejam cr$ 990,00;
- 40% além do salario minimo até cr$ 1.800,00;
- 30% para os que excederem dêsses últimos até . . . cr$ 3.000,00.

Aos menores que empregam suas atividades em construção civil será defendido um aumento de 50%. A inclusão dos menores na tabela de aumento, proposta por diversos associados, tambem será discutida na próxima Assembléia Geral do dia 8.

Relato impressionante de um operário da "Fôrça e Luz"

De revolver em punho Sinval Cardoso ameaça de morte e manda prender trabalhadores

— Raimundo Oliveira, uma das vitimas, fala à "Tribuna", denunciando as violências praticadas pelo diretor daquela repartição. —

ESTEVE em nossa redação o operário Raimundo Oliveira que nos veio relatar o seguinte:

O Snr. Sinval Cardoso, atual diretor do Departamento Municipal de Fôrça e Luz tem se revelado exatamente o que é: incapaz como administrador, violento contra os operários e trabalhadores do Departamento e levando, finalmente, êsse importante setor de serviço público ao descredito e ao completo desmoronomento, pondo em dúvida a vigilância e correção do Prefeito Celso Malcher.

Perseguidor e violento

O Snr. Sinval — não é um diretor que se entenda com os chefes de secções, procurando sempre passar por sôbre as atribuições dêstes e determinando ordens sem o mínimo de conhecimento do serviço. Uma das maiores preocupações do Diretor do D. M. F. L. é castigar operários e trabalhadores por qualquer motivo sempre e sempre gerado por falta de conhecimento sôbre o serviço.

Ameaças de morte

Na velha usina de luz, logo no inicio de sua gestão, agrediu a um trabalhador, puxando um revolver e o ameaçando de morte. Depois de montados os dois novos geradores que fornecem energia para os bairros da Cremação e Guamá, os quais sob o controle do engenheiro Canêlas, foram entregues ao operario-operador Alberto Assunção e a mim como motorista e operador. Acontece que, quando os motores deram os primeiros defeitos, chegando a paralisar a energia para os dois bairros acima citados, o sr. Sinval chamou o operador de sabotador, agrediu-o fisicamente e de revolver em punho quis

(CONT. NA 4a. PAG. G)

ADIADA A PALESTRA DA ASSOCIAÇÃO DAS MÃES

COMUNICA-NOS D. Alba Silva Emerenciana, presidente da Associação Beneficente das Mães em Pról da Juventude que, por motivos imperiosos, deixou de realizar-se, domingo dia 25, a palestra anunciada por TRIBUNA DO PARA' em sua última edição. Brevemente será organizada outra palestra, para a qual faremos a devida publicidade.

DEMISSÃO EM MASSA NO SESP

Mais de uma centena de trabalhadores dispensados sem aviso prévio nem indenização - Falta de verba, o motivo alegado - Mas o SESP continua se expandindo pelo Brasil inteiro - O que aconteceu é resultado da odiosa dominação norte-americana - Nacionalização do SESP, a medida que o povo reclama

Tribuna do PARÁ

N.º 216 Pará-Belém, sábado, 7 de Janeiro de 1956 Ano X

FOI sombrio o fim de 1955 para um grande numero de servidores do SESP, lotados no Programa do Pará. No ultimo dia do ano foram chamados ao Escritorio Central e alí cientificados, pelo Diretor, que a partir daquela data estavam despedidos. Ouviram perplexos aquela comunicação que os punha fóra de uma repartição à qual serviam com dedicação, entusiasmo e honestidade, e de onde recebiam um salario que apezar da alta crescente do custo de vida, era sua unica fonte de renda para o sustento da familia. Foram atingidos, principalmente, operarios das Secções Fluvial, Transportes Terrestres e Material: motoristas, mestres de lancha, marinheiros, serventes, etc., muitos dêles com mais de dez anos de serviço e alguns já em idade avançada; outros com a saúde abalada pelas condições de trabalho, sem possibilidade de encontrar um novo meio de vida. E, além da surpreza, outra decepção: O SESP não iria indenizá-los! Apenas receberiam uma «bonificação», de acôrdo com as disponibilidades financeiras do Serviço. Isso porque o SESP não é obrigado a cumprir as leis trabalhistas; é um Serviço de carater especial, de organização «diferente» dos demais e portanto não tem qualquer obrigação com os seus servidores; êsses poderão trabalhar a vida toda sem adquirir direito à estabilidade, aposentadoria e outras regalias e direitos comuns a todo e qualquer funcionario publico ou trabalhador.

FALTA DE VERBAS, O MOTIVO ALEGADO

O Diretor explicou o motivo da dispensa: falta de verbas para o Programa, que tivera o seu orçamento cortado em quasi cincoenta por cento. Justificativa que não procede. Se há falta de verba no SESP como se compreende que êsse Serviço continue a se expandir cada vês mais pelo Brasil a fóra? Em 1942 só havia SESP na Amazonia e no Espirito Santo, além do Escritório Central no Rio de Janeiro. Hoje o SESP atúa: nos Estados do Amazonas, Pará, Maranhão, Ceará, Pernambuco, Paraiba, Alagôas, Sergipe, Bahia, Espirito Santo, Minas Gerais, Goiás, Mato Grosso, Rio Grande do Sul, Paraná, e para o ano corrente está programado o inicio de suas atividades no Estado do Rio, Rio Grande do Norte e nos Estados restantes do País. Ora, essa expansão de atividades não se faz sem dinheiro; ou será que só não há dinheiro para o SESP daqui? Porque não manter os serviços já exis-

(Conclui na 2a. Página — A)

Anistia para Prestes e seus companheiros

Terá meu apoio qualquer iniciativa nesse sentido, afirma o presidente do PTB no Distrito Federal dep. Lutero Vargas

RIO, (IP)—Com o progresso democrático que a nação registra, não se justifica a manutenção de um processo politico como o que foi instaurado, em 1948, contra o sr. Luiz Carlos Prestes e outros líderes comunistas.

Esta, a declaração inicial que nos fez o deputado Lutero Vargas, quando solicitamos sua opinião acêrca da odiosa peça, responsável pelo cerceamento de liberdade do Cavaleiro da Esperança e seus companheiros.

ANISTIA

O ilustre parlamentar, presidente do PTB do Distrito Federal, observou, a seguir, que o Parlamento pode, muito bem, sepultar o monstruoso processo, atentatório ao espirito e à letra da Constituição, que não configura, em seu texto, o delito de opinião. Basta, para isso—adiantou—a votação de uma lei de anistia. Tal providência, que se enquadra perfeitamente na Carta Magna, viria, além do mais, concorrer para a tranquilidade do proprio país.

APOIO DECIDIDO

— Posso assegurar—concluiu o prócer trabalhista—que terá meu apoio qualquer iniciativa que surgir, na Câmara ou no Senado, visando a anistiar o sr. Luiz Carlos Prestes e quantos estejam respondendo a processos de natureza politica.

Peça que custou uma viagem aos EE.UU.

A escandalosa viagem do sr. Sinval Cardoso, diretor do D. M. F. L.

OS novos geradores comprados pelo Departamento Municipal de Força e Luz, apezar de novos, não deixam de ser um «abacaxi» desses de casca grossa, vendidos por um truste americano que os fabricava como material de emergencia para suprir as necessidades do momento, durante a segunda guerra mundial.

Esses aparelhos fabricados em série como foram e para servir apenas como peças de emergencia em instalações provisórias de acôrdo com o tempo de su capacidade do funcionamento e desgaste, não sendo, portanto, material para uso permanente por isso mesmo, não fabricaram acessorios sobressalentes e daí o motivo de não se encontrar em nossa praça nem em parte alguma peça que substitua outra que se parta ou desgaste. Resultado: o primeiro defeito apresentado num dos geradores que fornecem luz e energia para os bairros da Cremação e Guamá, foi ter partido uma corrente sem a qual ficaria o gerador condenado a sucata. Procurando evitar que isto acontecesse foi aos Estados Unidos o Diretor do Departamento que, com despesa de passagens e estadia, gastou vultosa importancia tirada dos cofres da Prefeitura, a fim de que fosse diretamente à fabrica dos aparelhos e lá mandasse fazer a peça necessária ao funcionamento do gerador

(Conclui na 2a. página — B)

Por uma politica de paz e progresso social

Consagradora vitória do P. C. Francês nas eleições

O Partido Comunista elegeu 150 deputados e ganhou mais meio milhão de eleitores — Quase cinco milhões de sufrágios alcançados pelo glorioso partido de Thorez — Por uma Frente Popular de tôdas as fôrças da esquerda

RIO (I. P.) — Os resultados das eleições gerais na França, para a formação da Assembléia Nacional, confirmam inteiramente as previsões do Partido de Thorez e Duclos. Foi uma vitória das mais expressivas que mostra a confiança do povo francês no Partido Comunista e a votação maciça que os candidatos comunistas receberam, mais de 4 milhões e 600 mil votos, é uma prova evidente de que a França não deseja a guerra, não quer tornar-se vassala incondicional da politica belicista dos americanos e não apóia o massacre e a escravização dos povos da Africa do Norte. O povo francês, fazendo do Partido Comunista o partido mais votado da França, levanta um veemente protesto contra os provocadores de guerra, os reorganizadores da Wehrmacht da Alemanha Federal, os seguidores da NATO e da politica de preparação guerreira.

A vitória do Partido Comunista Francês neste pleito é, sem dúvida alguma, a primeira grande vitória das fôrças pacificas de todo o mundo no ano que agora se inicia.

RECLAMAM A LIBERDADE DOS DIRIGENTES DO P. C. DOS EE. UU.

NOVA IORQUE, 21 (IP) — Destacadas personalidades norte-americanos, entre elas a viúva de Franklin Delano Roosevelt, acabam de dirigir uma petição ao presidente Eisenhower reclamando uma anistia de Natal aos dirigentes e militantes comunista condenados pela lei fascista Smith, que introduziu na legislação penal dos Estados Unidos o «crime de pensamento». Os peticionarios, em número de 42, declaram que, embora não concordem com a filosofia marxista, reclamam a libertação dos líderes comunistas em nome dos proprios principios democraticos.

A pilhéria do sr. Felisberto Camargo

E' uma estupidez que merece ser respondida com os mais indignados e vigorosos protestos pelas massas da capital e do interior desta Amazônia cujas dificuldades para se alimentar, principalmente de peixes e produtos agricolas, são cada vez maiores. E' uma falta de respeito, parecendo mesmo uma grosseira pilhéria, essa de criar peixes africanos na Amazônia, tanto mais que se afirma que os tais peixes africanos só serviriam para alimentar peixes maiores!

O sr. Felisberto Camargo ganhou em nossa terra, como alto funcionário do Ministério da Agricultura, como diretor do Instituto Agronômico do Norte, dois cartazes que o definem bem: um, o homem que com búfalos se propunha a matar a fome de 2 milhões de pessoas na região; o outro, de policial perseguidor de trabalhadores, sobretudo daqueles que lideravam as lutas de centenas de barnabés braçais no IAN onde ganham ainda salários de fome, ficando muito conhecida a chantagem anti-comunista de que se utilizava na imprensa para delatar, intimidar e ameaçar os que se atreviam a protestar em Belém ou Belterra contra o regimen policial que ele instituiu no IAN.

E' claro que ele sempre seguiu a orientação demagógica do Ministério da Agricultura a que servia, mas a sua atuação pessoal ia muito além: esconder as verdadeiras causas da falta de abastecimentos, principalmente agricolas, que tortura as populações amazônicas pela fome crescente. O sr. Felisberto Camargo sempre que falou nisso foi para desalentar, para negar que se pudesse cultivar alimentos na Amazônia.

Volta agora com os peixes africanos para representar o mesmo papel: enganar o povo com as suas novidades excentricas e espetaculares como essa dos peixinhos da África.

(Conclui na 3.ª pág. — B)

Belém é o Paraiso dos Contrabandistas Ianques

De passagem por esta capital, á «Imprensa Popular» conta o deputado Croacy de Oliveira episódios típicos da chamada «politica de boa vizinhança» —Automóveis, geladeiras, uisque, toneladas de anzol, perfumes etc.

RIO, (I. P.) — Quase tôda a produção de cacau do Pará está saindo do pais através de contrabando. Esta e outras espantosas informações nos foram prestadas pelo sr. Croacy de Oliveira, presidente da Comissão de Petróleo da Câmara Federal. No desempenho de seu cargo, o sr. Croacy de Oliveira esteve recentemente em Nova Olinda, onde, em companhia de outros membros daquela Comissão, visitou as instalações da Petrobrás naquela localidade do Amazonas.

Palestra útil

—Foi no Grande Hotel de Belém que tivemos informação do que se passa no Pará, em matéria de contrabando, disse-nos o representante rio-grandense. Por sinal, paga-se ali 350 cruzeiros de diária sem nenhum luxo, a sêco. Uma xicara de café simples custa vinte cruzeiros. O hotel pertence a uma companhia americana.

O sr. Croacy de Oliveira prossegue:

—Naquele hotel tivemos oportunidade de conhecer o inspetor da Alfandega de Belém, dr. Jaime Severiano, que por sinal já foi baleado por contrabandistas, enquanto que o guarda-mor da mesma Alfandega está ameaçado de morte. O dr. Jaime Severiano pleiteava, por empréstimo, ao funcionário da Petrobras que nos assistia, uma lancha, para verificar denuncia que havia recebido, sôbre um contrabando. Assim se originou nossa palestra.

Também café e carne

E' contrabandeado também o café, em grande quantidade, assim como carne em conserva, vindos do sul, principalmente de São Paulo. Entram vultosas partidas de uisque, perfumes, rendas, peças de automó-

(Conclui na 2a. página — C)

Protesta a ABI contra as medidas de exceção

RIO—(Inter Press)—A Associação Brasileira de Imprensa dirigiu um telegrama ao Presidente da República, protestando contra as medidas de exceção adotadas em relação aos jornais da capital da Republica e decorrente do estado de sitio (Lei n. 2351). Na última semana o matutino antigolpista «Correio da Manhã» teve duas edições apreendidas, em consequencia de ter publicado veementes editoriais reclamando liberdade de manifestação do pensamento e abolição da censura. Uma edição do vespertino «Ultima Hora» foi igualmente apreendida. A censura foi estendida, esta semana, aos semanários. O semanario «Voz Operária», desde o número 346 está sob censura.

Como Belém vai ser mostrada pelos gringos da Warner Brothers

E' muito justa a preocupação da imprensa diaria com o procedimento dos gringos da companhia cinematográfica ianque Warner Brothers ao tomar cenas na Vila da Barca para um filme que pretende lançar.

Os americanos aqui desembarcam, entrando em casa como na casa da mãe Joana ou da sogra, resolvem filmar os aspectos que sirvam aos seus objetivos, resolvem contar pelo cinema a seu modo as «historias» que atribuem ao nosso povo, á nossa tradição e está acabado!

Nada os impede que ajam como senhores: não nos pedem licença para filmar nem a historia que pretendem mostrar ao mundo como nossa, nem os aspectos da cidade que vão tambem revelar lá fóra.

Agem como se estivessem nas suas colonias das Antilhas, como absolutos senhores, arrogantes e abusivos como sempre. Tratam-nos como «nativos» de uma colonia qualquer.

Não podemos permitir que isso continue a acontecer. Devemos manifestar os nossos protestos e unidos botá-los daqui para fóra toda vez que tentem repetir a humilhação de um tratamento colonialista.

Não permitir o aumento dos Cinemas

Nem o filme espetacular, em mau colorido, nem a instalação de nova aparelhagem com ruidos incômodos e irritantes, nem a tela panorâmica que nada de novo constitue na tecnica da projeção—nada disso tudo justifica que a COAP tenha permitido mais um aumento de 100% nos cinemas Cardoso Lopes.

Em matéria de cinema, nosso pùblico nada merece mais dos exibidores locais, pois há ânos que, embora enchendo os seus cinemas, suporta os maiores abacaxis norte-americanos em massa, filmes da pior especie, de baixa qualidade. A Empresa São Luiz, essa então, é de uma completa falta de consideração para com o público paraense: os seus cinemas são os piores que possuimos. Qualquer melhora nas instalações e na projeção não

(Cont. na 3ª pág. — C).

Uma grave denúncia

Elementos reacionários da Coligação preparam um golpe terrorista

Fazendo parte do plano nacional de provocações, já em execução em Recife, a responsabilidade dos atos criminosos deveria ser jogada para cima dos comunistas - Êste, porém, não é o caminho para a vitória de Epílogo, que deve ser conquistada, pelas urnas, nas suplementares - Defenderemos a posse do candidato que fôr proclamado e diplomado pelo Tribunal Eleitoral

Tribuna do PARÁ

N.º 218 Pará-Belem, Domingo, 22 de Janeiro de 1956 Ano X

COM os resultados, até agora conhecidos, dos julgamentos dos recursos impetrados pelo PSD local, e a conquista de uma significativa vantagem de votos por parte do sr. Magalhães Barata, criou se um ambiente político que, embora não se possa determinar quem será o candidato vitorioso, é o responsavel pelo clima existente de sérias apreensões.

Enquanto as hostes baratistas contam com a vitória de seu «chefe», os coligados estão divididos. Uns acham que o melhor será reconhecer a derrota, cruzar os braços, arrumar as malas e desistir das suplementares; outros não se impressionam com os atuais resultados eleitorais e admitem que, empenhando todas as fôrças disponiveis nas eleições suplementares, poderão cobrir a diferença favorável a Barata e dar a vitória a Epílogo de Campos; existem outros, completamente desesperados, que intentam medidas terroristas para impedir a posse de Barata ou talvez mesmo conseguir a anulação do pleito.

Tendo participado da frente eleitoral que se formou para apoiar a candidatura do sr. Epílogo de Campos, atuamos como fôrça unitária, mobilizadora e impulsionadora, mesmo tendo de enfrentar dentro da própria Coligação os elementos reacionários, divisionistas e desagregadores que em tudo se identificavam com os que diziam combater. Entre êsses elementos salientou-se o sr. Lopo de Castro que tudo fez para conduzir a campanha para o iso-

Conclui na 2.ª página — D

Conferência Mundial de Trabalhdores

Manifesto de um grupo de dirigentes sindicais

RIO (I. P.) — Os presidentes dos mais importantes sindicatos desta capital e de São Paulo acabam de lançar um Manifesto às mulheres trabalhadoras, aos sindicatos e a tôdas as organizações de trabalhadores, cujo teor, dado à publicidade, é o que se segue:

"As mulheres de todo o mundo reunir-se-ão em Viena, nos dias 14 a 17 de junho de 1956, pela primeira vez, num amplo e fraternal conclave: a I Conferência Mundial de Trabalhadoras.

A Conferência Mundial de Trabalhadoras nasce da necessidade de organizar a luta em todos os países para a conquista de seus direitos e reivindicações. A Conferência se inspira nos programas das organizações internacionais como a Federação Sindical Mundial que, na Organização das Nações Unidas e na Organização Internacional do Trabalho, têm pugnado para que os impostergaveis direitos das trabalhadoras sejam respeitados e cumpridos.

A participação da mulher na indústria, no comércio, nos labores do campo, é cada vêz maior. Suporta duras condições de trabalho, dificuldades de transporte, péssimas condições técnicas, acomodações deficientes para sua higiene e alimentação. Percebe uma remuneração inferior à dos demais trabalhadores, cujos salários, por sua vez, não correspondem às suas necessidades.

Em nossa terra, a mulher que trabalha possui, já, um grande patrimônio de vitórias e muitos de seus direitos já estão consubstanciados em leis — na Constituição Federal, na Consolidação das Leis do Trabalho e em Acôrdos Internacionais. Mas a aplicação dêsses postulados depende da organização e da unidade das mulheres, junto com seus companheiros de trabalho, na indústria, na agricultura, no comércio, nos escritórios, nas repartições, a domi-

(Conclui na 2a. página — B)

Importantes resoluções da Federação Nacional dos Gráficos

Apôio à Conferência das Leis Sociais e à Conferência Mun. das Trabalhadoras

Tornar nacional a data de 7 de fevereiro como o Dia do Grafico — Eleita a nova diretoria da Federação — Fala à TRIBUNA o sr. Pedro Marcelino das Chagas, representante dos gráficos paraenses

A nossa reportagem entrevistou o gráfico Pedro Marcelino das Chagas que participou da reunião do Conselho da Federação Nacional dos Trabalhadores nas Indústrias Gráficas dêste Estado como delegado do sindicato dos trabalhadores gráficos dêste Estado.

O delegado dos gráficos paraenses recebeu o nosso reporter com um grande abraço e poz-se à nossa disposição. Disse-nos trazer bôa impressão dêsse contacto com os representantes gráficos dos demais Estados. Acrescentou que, embora no início dos trabalhos tivesse havido alguns entrechoques, o que era natural, quando se tratava de eleger uma direção composta de elementos alfabetizados, chegaram, por fim, a um ponto de vista unitario, elegendo uma chapa unica. A diretoria da Federação Nacional dos Trabalhadores nas Indústrias Gráficas ficou assim constituida: Presidente—Antônio Erico de

(Conclui na 2a. Página — A)

Plataforma de unidade democrática e patriótica

RIO — (Inter Press) — A imprensa democrática desta capital vem publicando a plataforma para a ação comum proposta aos trabalhadores das cidades e do campo, aos agrupamentos, correntes e partidos políticos, às organizações operárias, camponesas, populares, de jovens e mulheres, para facilitar a unidade e a ação de todos os patriotas e democratas, consubstanciada nos seguintes pontos:

1 Luta pelas liberdades liberdades democráticas e sindicais, em defesa da constituição, contra qualquer golpe de Estado reacionário, pela suspensão do estado de sítio, pela abolição de tôdas as discriminações políticas, o que significa legalidade para o Partido Comunista, anistia para os condenados e processados por motivos políticos, revogação das leis de segurança e de imprensa.

2 Luta pela paz, por uma politica de defesa de soberania nacional e de entendimentos e relações pacificas com todos os povos.

3 Luta intransigente em defesa do petróleo e demais riquezes nacionais, contra a pilhagem dos monopólios norte-americanos e em defesa da indústria nacional.

4 Luta pela melhoria das condições de vida massas trabalhadoras e populares contra a carestia de vida, pelo aumento dos salários dos operários, pela elevação dos vencimentos do funcionalismo, pelas reivindicações econômicas das massas camponesas, dos estudantes, das mulheres, dos artesãos, dos pequenos e médios comerciantes e industriais.

(Conclui na 2a. página — F)

Normas para a Conferência Nacional dos Trabalhadores em Defesa das Leis Sociais

RIO (IP) - Dando cumprimento a resolução da grande reunião nacional dos trabalhadores do dia 22 de novembro último, reuniu se a Comissão de Estudos e Defesa das Leis Socios novamente, no Sindicato dos Bancários do Distrito Federal, sob a Presidência do presidente do Sindicato dos Gráficos, sr. Erico Figuelredo Alvares.

Iniciados os trabalhos foram apresentadas e postas em discussão uma Proclamação a ser dirigida aos trabalhadores de todo o Brasil e ás suas organizações concitando-os a formarem Comissões estaduais municipais, de setores e de emprêsas e realizarem as respectivas conferências com vistas à Conferência Nacional.

Conjuntamente com a Proclamação, foram também, debatidas e aprovadas as normas para a realização dos trabalhos.

Foi aprovado um telegrama ao Exmo. Sr. Ministro do Trabalho protestando contra a criação de um novo sindicato no setor aeroviario, com o nome de Sindicato dos Rádio Telegrafistas dos Transportes Aéreos cujo objetivo não é outro senão o de dividir ainda mais os profissionais da navegação aérea.

Normas para a Conferencia Nacional

1º - Participam da Conferencia:

a - Membros das Comissões Sindicais Estaduais ou Municipais de Estudo e Defesa das Leis Sociais;

b - Delegações de organismos sindicais, de setores profissionais ou emprêsas;

c - Convidados especiais, parlamentares, advogados trabalhistas, técnicos em legislação e previdência social.

(Conclui na 2a. página — C)

MANIFESTO DA U.G.T.P.

Apoiando a Conferência Mundial das Trabalhadoras e a Conferência Nacional de Defesa das Leis Sociais

LUTAMOS contra a exploração da mulher, desde o lar até ao local de trabalho, seja escritório, fábrica ou campo.

A Conferência Mundial das Trabalhadoras acaba de ser lançada precisamente numa hora aguda, de carestia insustentável e de acentuada exploração de todos os trabalhadores, notadamente a mulher que tem sido a presa fácil dos empregadores, a vitima sôbre cujos ombros é descarregada, com maior fúria, a prepotência patronal.

Por outro lado, a situação de tremendas dificuldades que atravessam industriais e comerciantes é decorrente da crescente dominação dos trustes norte-americanos que, apoiados nos maus govêrnos brasileiros, impedem o desenvolvimento econômico de nosso país. Em vez de intensificarem a exploração sôbre seus empregados, os patrões deveriam formar com êstes numa ampla frente para lutar contra o inimigo comum: o imperialismo norte-americano.

Enquanto isso, os marchantes e fazendeiros procuram resolver seus problemas aumentando o preço da carne e esfomeando cada vez mais os trabalhadores e o povo.

Nós, os trabalhadores, não devemos aceitar mais novo aumento do preço da carne nem de qualquer gênero de primeira necessidade. Senão, sondo vamos parar? É intolerável que estejam vendendo feijão a Cr$ 30,00, carne fresca a Cr$ 30,00, carne sêca a Cr$ 50,00. A capacidade aquisitiva dos trabalhadoras está estourada. O que precisamos é de uma revisão dos salários de acôrdo com a alta do custo de vida.

A U. G. T. P. concita a todos os trabalhadores e ao povo para, por meio de abaixo-assinados ao governador, ao prefeito, à COAP, pedindo suas providências contra os pretensos aumento em tela e, ao mesmo tempo, em assembléias gerais de sindicatos, associações, clubes e fábricas, solidarizarem-se com os trabalhadores nacionais, dando seu apôio à Conferência Nacional de Defesa das Leis Sociais e à Conferência Mundial das Trabalhadoras, enviando seus delegados para discutirem a situação real dos trabalhadores e das mulheres dêste Estado.

JOÃO GOMES PEREIRA,
presidente da União Geral dos Trabalhadores do Pará.

Realizada com êxito a palestra da "Ass. das Donas de Casas da Pedreira"

Discutidas as seguintes reivindicações: melhoria das condições de vida, mais escolas, mais hospitais, pela Paz entre os povos, contra as historias de crime em quadrinhos pela condenação dos filmes americanos de exaltação à guerra e de corrupção da juventude

CONFORME foi anunciado em edição passada, realizou-se dia 14 as 21 horas mais uma importante palestra na «Associação das Donas de Casa da Pedreira», á rua Barão do Triumfo, 112. Compareceu a mesma grande numero de pessoas, que demonstraram o mais vivo interesse pelas reivindicações levantadas pela referida Associação.

Presente A TRIBUNA

A convite das dirigentes da «Associação das Donas de Casa da Pedreira», ali esteve a nossa reportagem, que recebeu o mais carinhoso acolhimento, inclusive da parte dos presentes.

Abertura dos trabalhos

Abrindo a sessão, falou a professora Marina Pinheiro presidente da «Associação das Donas de Casa da Pedreira», tendo tambem usado da palavra outras pessoas ali presentes. Nessa oportunidade foram feito veementes apelos a todas as donas de casa para, unidas, lutarem por melhores condições de vida, mais escolas para as dezenas de milhares de crianças que estão crescendo sem aprender a lêr, mais hospitais, etc.

Em seguida, falaram a 1 Secretaria e a Tesoureira da

(Conclui na 2a. página — E)

A Companhia Paraense de Artefatos de Borracha e a S. A. Bitar Irmão estão sonegando o pagamento da taxa de insalubridade

E' muito antiga esta reivindicação. O nosso jornal já por diversas vezes tem batido nessa tecla. Parece que êstes patrões sentem prazer em martirizar material e moralmente as operárias. Eles, quando sentem um calorzinho, tomam o seu banho confortavelmente, trocam de roupa se estão suados, e não se lembram que tudo isto é possivel porque os trabalhadores que constroem o seu confôrto, com o seu trabalho escravo ganhando salário de fome, estão as operárias que trabalham

(Conclui na 2ª pagina — G)

Lutaremos contra qualquer ato de fôrça atentatória á normalidade constitucional

Tribuna do PARÁ

N.º 218 Bélem-Pará 22 de Janeiro de 1956

PRESTES DEVE SER ANISTIADO

Não há porque reincidir em atos discriminatórios

Como falou à "Imprensa Popular" o senador Mourão Vieira, da bancada do Partido Trabalhista Brasileiro

RIO, (I. P.) — Entrevistado pela «Imprensa Popular», o senador Mourão Vieira declarou-se solidário com o movimento pela anistia de Luiz Carlos Prestes e demais brasileiros que estejam condenados ou que respondam a processo por motivo politico.

Antecipando seu voto favorável a qualquer projeto da Câmara ou do Senado, nesse sentido, frisou o representante do PTB do Amazonas:

—A anistia politica, como se sabe, é uma tradição da democracia em nossa pátria. Pessoalmente, ontem, como hoje, sempre me pronunciei favoràvelmente a essa medida. Além disso, não há por que reincidirmos em atos discriminatórios, quando o parágrafo 8º do artigo 141 da Constituição Federal estabelece que «por motivo de convicção religiosa, filosófica ou politica, ninguem será privado de nenhum dos seus direitos».

BARATA A SERVIÇO DOS GRUPOS MAIS REACIONÁRIOS DO GOVÊRNO NEREU RAMOS E DOS GOLPISTAS — AS AMEAÇAS PODEM E DEVEM SER DERROTADAS

HÁ alguns dias que novos acontecimentos agitam a política paraense, seguindo o ambiente de espectativa diante do julgamento dos recursos sobre o pleito estadual e da realização das eleições suplementares.

Como se sabe, o govêrno Assunção chega ao fim. No entanto, não há clareza nos arraiais políticos sobre qual a data em que o sr. Assunção deve deixar o govêrno: se no dia 31 do corrente ou no dia 20 de fevereiro, data em que, em 1951, tomou posse.

Ao mesmo tempo a bancada do PSD, constituindo em maioria pelo apoio de um deputado da Coligação, sr. Elias Pinto (PTB), requereu a convocação da Assembléia Legislativa, o que teve lugar na sexta-feira, para um periodo extraordinário que irá até 20 de fevereiro. E tudo parece indicar que os pessedistas tentam com isso assegurar condições favoraveis para o PSD diante das eleições suplementares, e uma vantagem a que aspiram, sem dúvida, é a do controle do próprio govêrno estadual.

CONSULTA AO TRIBUNAL ELEITORAL

No tocante à data em que o sr. Assunção deve deixar o govêrno, parece-nos lógico que o caminho a seguir seria o de consultar o Tribunal Eleitoral que o diplomou e lhe deu posse. E haveria uma instancia superior se o T.E. não se julgasse apto a solucionar a questão.

BARATA AMEAÇA AS LIBERDADES CONSTITUCIONAIS COM ATOS DE FORÇA

Mas enquanto isso, alguns aspectos políticos da maior importancia surgem com a precipitação dos novos acontecimentos. São bem conhecidas as tentativas de atos de força do sr. Barata, muito bem caracterizadas por ocasião do «impeachment» tentado já uma vez contra Assunção. E essas tentativas não estão estranhas agora às manobras pessedistas de convocação da Assembléia Legislativa, estimuladas pelas circunstancias especiais de não estar esclarecida a data de transmissão do govêrno pelo sr. Assunção e existir a possibilidade de uma mudança da correlação de forças na Camara Estadual.

Quaisquer que sejam, entretanto, as tentativas pessedistas contra Assunção antes de 31 e em relação a atual presidencia da Assembléia Legislativa antes do praso legal para nova eleição da mesa, elas constituem atentados intoleraveis e criminosos contra os preceitos constitucionais, absolutamente contrários, portanto, aos mais caros interesses dos trabalhadores e do povo paraense.

BARATA A SERVIÇO DOS GRUPOS MAIS REACIONÁRIOS DO GOVÊRNO NEREU RAMOS E DOS GOLPISTAS

Um ato de força provocado pelos pessedistas contra Assunção ainda como governador constitucional, ou contra o atual presidente constitucional da Assembléia Legislativa, substituto legal do governador Assunção, poderia encaminhar uma grave crise política dentro da vigência do estado de sitio, cuja consequência final seria, sem dúvida, uma intervenção federal, acompanhada de todos os aspetos excepcionais. Um

(Conclui na 3.ª pág. — A)

Cidade das Sedas e Cidade dos Algodões constituem patrimonio do povo - pequenos lucros e grandes vendas

Assegurados pelos industriais do Rio e São Paulo fornecimentos de sempre novos tecidos e padronagens a preços baixos—Resultados da viagem do sr. José Xerfan ao Sul—O que nos declarou o conhecido industrial

Não fechará mais a cidade das Sedas e Cidade dos Algodões, o popularissimo estabelecimento da rua Santo Antonio que revolucionou em Belém o sistema de vendas de tecidos. Esta é a noticia sensacional sem duvida que nos dá o sr. José Xerifan, titular da firma Xerfan & Cia.

Como foi amplamente divulgado, estava decretado o fechamento da Cidade das Sedas e Cidade dos Algodões. A campanha do Ponto Final foi lançada simultaneamente em Belém, Manaus e Macapá, cidades para onde fôra enviada grande parte do stock, a fim de obter mas facil escoamento. O estabelecimento de Macapá foi o primeiro a ser vendido. Em Belém, balcões, prateleiras, armarios, tecidos; tudo esteve a venda. E esse era ainda em dezembro o proposito da firma Xerfan & Cia., que efetuou grandes vendas de stock, em grosso.

Uma recente viagem do sr. José Xerfan, ao Rio e São Paulo, alterou porem, totalmente os planos de fechamento.

Essas razões foram que procuramos conhecer, ouvindo aquele conhecido industrial.

Fala o sr. José Xerfan

Realmente, disse-nos o sr, José Xerfan, não fecharemos mais a Cidade das Sedas e Cidade dos Algodões de vêz que desapareceram os motivos que determinaram aquela medida extrema. A Cidade das Sedas inicialmente, e depois a Cidades dos Algodões surgiram nesta capital com uma caracteristica própria, logo compreendida pela população que prestigiou totalmente a nossa iniciativa. A intensidade da vida moderna requer constante e ininterrupta modificação de padronagens e de tecidos, e portanto modernização nos stocks. Não se compreende mais hoje, aquele velho sistema de stocks permanentes dos mesmos conhecidissimos tecidos.

Além dessa renovação — continua o Xerfan, os preços exercem uma influencia poderosa. E a cidade das Sedas e Cidades dos Algodões revolucionaram porque, além da infinita variedade e beleza dos seus artigos, apresentam preços excepcionais.

Inflação e preços altos

Em certo momento, verificamos a impossibilidade de manter essa eficiencia. As fabricas do Sul, inclusivé as 5 nossas retardavam os pedidos e periodicamente enviavam novas listas de preços, sempre para mais e numa proporção fabulosa. Desaparecia assim a razão de existirem em Belém e Manaus a Cidade das Sedas e Cidade dos Algodões.

(Conclui na 3.ª pág. — C)

Campanha Justa e Oportuna a da Anistia Para Prestes

Assim se manifesta, em declarações a "Imprensa Popular", o senador Ary Viana

RIO (IP)—Sobre o amplo movimento em favor da anistia para Luiz Carlos Prestes e seus campanheiros, registramos hoje a opinião de mais um senador. E' a do sr. Ary Viana, do Partido Social Democrático, seção do Estado do Espirito Santo.

—Entendo que a campanha é justa e oportuna—disse o representante capixaba. A anistia se inscreve entre as mais caras tradições juridicas de nosso país, sabre ser uma providência que tem a ampará-la o texto constitucional.

EXTINÇÃO DO PROCESSO PELA ANISTIA

Em seguida, frisou o parlamentar pessedista:

—No caso do sr. Luiz Carlos Prestes, a medida é perfeitamente aplicável. Trata-se de um processo publico que se vem arrastando há muitos anos e que, se mantido, levaria ainda largo tempo para a sua conclusão. Conheço a peça e, dêsse modo, estou habilitado a afirmar que o seu melhor destino é a sua extinção, por fôrça, exatamente, da lei de anistia de que se cogita no Congresso.

MERCADOS PÚBLICOS ABANDONADOS

Campeia a exploração no Mercado de S. Braz

6 bananas mirradas por Cr$ 12,00 — Carne a Cr$ 35,00 — Sujeira por toda a parte — Até o relogio se encontra abandonado

INICIAMOS hoje uma serie de reportagens sôbre os nossos mercados públicos. Todos êles apresentam um estado lastimável de abandono e decadência.

Inicialmente fomos ao velho Mercado de São Braz, numa das manhãs desta semana. Construido há dezenas de anos passados, aquele casarão se tornara atualmente deficiente para atender ao crescente movimento daquele populoso bairro da nossa capital.

Pirapema a Cr$ 25,00

Antes de observarmos outros aspectos e a situação do decadente e sujissimo Mercado, passamos a indagar dos preços de varios gêneros ali vendidos.

Conversamos com algumas pessoas que saiam com pesadas de peixe do Pavilhão destinado á venda de pescado e mariscos. Perguntamos a uma dessas pessoas que peixe havia comprado e por quanto o quilo.

«Este peixe é a pirapema, e custou-me apenas Cr$ 25,00 o quilo, meu senhor»—respondeu-nos. Dissemo-lhe que era reporter e redator da TRIBUNA, e desejavamos saber por que dizia «apenas».

«Sim, «seu» reporter, apenas por que ás vezes tenho comprado até a Cr$ 30,00, se não quero passar fome».

Outras pessoas nos adiantaram que a piramutaba, peixe inferior, é vendido ali até a Cr$ 15,00 e a Cr$ 20,00, quando se verifica certa escassês naquele Mercado.

Meia duzia de bananas pêcas por um preço estarrecedor

Em seguida passamos a percorrer o interior do Mercado propriamente. Fomos aos locais de venda de

(Conclui na 2ª pagina — H)

SUBURBIOS EM REVISTA

Terríveis problemas angustiam a vida dos moradores do Marco

Carapanãs e moscas em grande quantidade — Capim, lixo e lama — Escuridão completa — A grileira Olimpia ameaça aumentar o aluguel dos terrenos—Unidos e organizados os moradores daquele bairro poderão sair vitoriosos em suas lutas

Reportagem de JOSÉ MELO

Existe no bairro do Marco da Legua uma quantidade enorme de vilas e passagens, as quais cortam os compridos quarteirões daquele bairro e abrigam nas suas inumeras barraquinhas uma população composta na sua maioria de famílias pobres. Na travessa da Vileta, perimetro compreendido entre Tito Franco e 25 de Setembro existem 4 vilas chamada: "Bom Jesus", "São João", "São José" e "Olimpia". Estas vilas, como a maioria de todas as vilas do bairro, estão completamente abandonadas pelos poderes publicos, com grandes problemas a resolver e os seus moradores sofrem os maiores dissabores com a falta de assistencia por parte do governo.

Capim, lixo e lama.

Recebemos uma denuncia dos moradores da vila "São José" sobre o lastimavel estado em que ela se encontra, com a vala que corta o centro da rua completamente cheia de agua estagnada e, o mais grave, as chuvas torrenciais inundam a vila por falta de esgoto para a Vileta e as aguas invadem as residencias e transformam tudo num verdadeiro igapó.

Imediatamente fomos verificar "in loco" a veracidade da denuncia e constatamos que ela era verdadeira e acrescida mais que não são apenas os moradores das vila "São José" que sofrem com o desleixo da Prefeitura, são tambem os moradores das vilas "Bom Jesus", "São João" e "Olimpia", as quais estão em piores condições, com o capim bastante crescido e a lama e o lixo dificultando a passagem dos moradores. Falamos com alguns deles que se queixam de que as aguas das ultimas chuvas invadiram seus barracos obrigando-os a um trabalho penoso a fim de evitar estragos nos seus pertences.

Carapanãs e moscas em em grande quantidade

Informaram tambem os moradores das referidas vilas que há muitos carapanãs e moscas, principalmente

(Conclui na 3.ª pág. — D)

A CÂMARA DE GOIÂNIA PEDE ANISTIA PRESTES

GOIANIA, (I. P.) — A Câmara Muncipal desta capital aprovou um requerimento do vereador Harold-do de Brito congratulando-se com o líder do povo brasileiro, **Luiz Carlos Prestes**, pela passagem de seu aniversário.

Na mesma oportunidade os vereadores da capital goiana aprovaram por unanimidade uma moção pedindo anistia para o Cavaleiro da Esperança.

VERDADEIRA ESPOLIAÇÃO DE NOSSO POVO O COMÉRCIO DO BRASIL COM OS ESTADOS UNIDOS

Outro capítulo da decantada "Ajuda" ianque — Guerra econômica atrós contra o nosso principal produto de Exportação — Por que os americanos só nos compram o quartzo em bruto? — Impecilhos à venda de equipamentos indispensáveis à nossa industrialização

RIO (I. P.) — Até que os apologistas da "ajuda" norte-americana se têm contentado em afirmar gratuitamente que o Brasil não pode desenvolver-se nem passar sem ela. Mas jamais foram capazes de exemplificar, com um só fato concreto, quando e como qualquer dos nossos problemas econômicos foi solucionado ou mesmo atenuado pelo "auxílio" dos Estados Unidos. Nesta série de comentários já possamos em revista os acôrdos e empréstimos que temos firmado com os EE. UU. a título de "cooperação" e "ajuda mútua". Todos, sem exceção, têm sido ruinosos para o nosso país.

Mais um "Argumento"

Diante da evidência, os partidários da "ajuda" ianque tentam uma saída, com argumentos os mais disparados. Um dêles é o de apresentar o nosso comércio com os EE. UU. como "ajuda" ao nosso país. Quem nos compra a maioria dos nossos produtos? Quem nos fornece a maioria de divisas? Quem nos vende o maior número de equipamento industriais? Com tais perguntas os "entreguistas" procuram apresentar como verdadeira "fatalidade" o dever de os Estados Unidos "nos ajudarem" e a de fazermos tudo o que seja necessário para "recebermos" esta "ajuda".

Verdadeira expoliação

Mas, é justamente no terreno do comércio internacional que mais se evidencia o caráter de espoliação da suposta ajuda norte-americana: Vejamos o exemplo do comércio do café, nosso prancipal produto de exportação. O ano passado vendemos maior quantidade de café aos EE. UU. que no ano anterior. Recebemos maior quantidade de dinheiro também. Entretanto, o preço dólar do café foi, em 1955, cêrca de 22 dólares menor do que em anos anteriores. Em resumo: os EE. UU. nos compraram maior quantidade de café porque nos forçaram a vendê-lo a preços mais baixos. Entretanto, quando o café estava a 87 cents por libra-pêso, os EE. UU. deixaram de adquirí-lo, para provocar uma baixa. Enquanto isto a Europa nos adquiria o produto por aquele preço compensador.

Como declarou certa feita o ministro Osvaldo Aranha, a atitude ianque diante de nosso principal produto de exportação é uma

(Conclui na 3.ª pág. — B)

Manifestações de despedidas ao governador Assunção

Grandioso comício, dia 31, na Praça da Redenção, onde o povo estará presente para expressar seu desejo de que seja mantido no Pará o atual ambiente de respeito às liberdades democráticas — Entre as entidades políticas que se farão representar, figuram o M.N.P.T. e o P.T.N. — Epílogo de Campos pronunciará importante discurso

NO próximo dia 31, terça-feira, o general Zacarias de Assunção deverá transmitir o govêrno do Estado ao dr. Catete Pinheiro, Presidente da Assembléia Legislativa. Nessa oportunidade, serão prestadas aos dois ilustres homens públicos as homenagens a que fizeram jús, pela sua atuação democrática no cenário político paraense, mercê da qual se fizeram credores do respeito e da confiança do nosso povo.

Todos os partidos que integram a Coligação Democrática Paraense, e mais o Partido Trabalhista Nacional e Movimento Nacional Popular Trabalhista, far-se-ão representar no grande ato público programado para as 19,30 horas daquele dia, na Praça da Redenção. Ali também estará presente o povo belemense, através de suas comissões de bairros e associações de classe, levando ao governador Assunção o testemunho de seu apreço pelos 5 anos de paz e liberdade que lhe proporcionou e ao dr. Catete Pinheiro a expressão de sua confiança em que saberá manter esse clima de legalidade, indispensável ao exercício da verdadeira democracia.

MANIFESTAÇÕES PELO RESPEITO À CONSTITUIÇÃO

Sabemos que vários oradores terão como principal objetivo nos seus discursos a defesa da Constituição e dos direitos nela assegurados, protestando contra a prorrogação do estado de sítio cuja vigência contraria fundamentalmente os postulados democráticos brasileiros. Essas manifestações estarão em consonância com numerosas outras, de natureza semelhante, ora se desenvolvendo em todo o território nacional, visando a suspensão imediata de u'a medida cuja aplicação não mais se justifica.

SERÁ HOMENAGEADO EPILOGO DE CAMPOS

Não poderia ficar à margem das manifestações populares do dia 31, o candidato das forças democráticas à governança do Estado. Pelo contrário: seu contáto com o povo é indispensável, quando se aproximam as eleições suplementares, última etapa do pleito de 3 de outubro passado. Coerente, pois, com seu espírito de político progressista e popular, o dr. Epílogo de Campos atendeu ao convite da Comissão Organizadora, e estará na Praça da Redenção para dirigir ao povo sua palavra esclarecedora, marcando assim o reinício da campanha que o levará à vitória final nas urnas.

ORADORES DO PTN E DO MNPT

O Movimento Nacional Popular Trabalhista e o Partido Trabalhista Nacional, entidades políticas cuja atuação na campanha eleitoral em favor de Epílogo de Campos foi das mais destacadas, estão convidando os trabalhadores e o povo em geral para êsse grande ato público durante o qual se fará ouvir a palavra de alguns de seus dirigentes.

Faça seus impressos na
Gráfica Belém Ltda.
Manoel Barata, 259

A FARSA DO ARSENAL COMUNISTA DE NILÓPOLIS:

Explosivos e papéis que "resistiram" a um incêndio

Série de «milagres» na provocação anticomunista montada em Nilópolis em sequência à que já se desmoralizou em Recife — Do supôsto «arsenal» incendiado e explodido saíram, incólumes, até granadas e munições! — O fogo só não queima documentos comunistas

RIO, (I.P) — Uma explosão seguida de incêndio, na rua Soares Neiva, 500, em Nilópolis, é agora o pretexto para a rede de provocações anticomunistas iniciadas, há algumas semanas, em Recife, com a suposta «apreensão de armas e documentos do Comité Regional do Partido Comunista em Pernambuco».

A polícia de Cordeiro de Farias teve o cuidado de articular-se com elementos policiais do Rio, de São Paulo e de Alagoas para dar repercussão à notícia que iniciou. E desmoralizada em Pernambuco, eis que ela ressurge em nova versão, em Nilópolis. Ninguém ficará surpreso se, amanhã, aparecer um novo capítulo da fantasia policial sôbre «arsenais comunistas» nesta Capital, em São Paulo, em Alagoas. O que importa, para os forjadores de «planos subversivos», é arranjar desesperadamente um pretexto para fazer vingar, até com outros figurantes, os planos desbaratados a 11 de novembro.

A farsa policial de Nilópolis

Como já foi noticiado houve uma explosão, seguida de incêndio, num barraco situado nos fundos da casa n.º 500, da rua Soares Neiva, em Nilópolis. Qual a causa da explosão? A polícia, em sua novela, não explica nada a respeito.

Não poderia ter sido, por exemplo, uma explosão criminosa provocada [illegible] polícia interessados na criação da novela sôbre supostos «arsenais comunistas»?

Segundo alguns jornais, nada explica a explosão. Um delegado fluminense, com raras qualidades de Sherlock, chegou mesmo a aventar a idéia de que ela tenha sido «sabotagem» de elementos comunistas «descontentes».

Como se vê, a novela complica-se, fazendo aparecer «mãos ocultas» promovendo a explosão. Com que objetivos? No interêsse de quem?

Explosivos que resistem ao fogo!

Mas não é necessário ser perito para compreender que um depósito de material bélico — um barracão cheio de tremendos petrechos de guerra, como vem descrito nos jornais que encamparam a provocação — teria ido totalmente pelos ares, não deixando quase vestígios, após um incêndio de longa duração. Entretanto, por verdadeiro milagre, os «sherlocks» policiais conseguiram retirar, «incólumes», do depósito incendiado e explodido, «metralhadoras», «granadas», «munições», «pistolas»! E' o que se pode ver em fotografia publicada num dos jornais de Chateaubriand, apresentando as armas «apreendidas no arsenal comunista». Todas elas têm aspecto de bem lubrificadas e limpas, isto depois da explosão. Quem não crê em milagres que fique agora acreditando.

Papeis «incombustiveis»

Finalmente, ha ainda o outro milagre: de dentro do barracão explodido e incendiado que, sendo um depósito de munições, deveria deixar apenas uma cratera no solo, a polícia teve ainda a pachorra de retirar «documentos, car-

(Conclui na 2a. Página — A)

TRIBUNA DO PARÁ

N.º 219 — Pará-Belém, Domingo 29 de Janeiro de 1956 — Ano X

Forno crematório, quartel-general das moscas

Nova onda dos perigosos insetos volta a atacar a população — Por ordem do prefeito as obras de ampliação do fôrno estão paralizadas — Persiste o perigo de novo surto epidêmico de gastro-enterite — Há 7 semanas que os trabalhadores das fornalhas não recebem seus salários

A população inteira clama por medidas práticas para o extermínio das moscas que novamente infestam a cidade. Neste sentido a nossa reportagem deu-se ao trabalho de conhecer de perto a situação do fôrno crematório, situado no bairro da Cremação.

CRIMINOSA PARALISAÇÃO DOS SERVIÇOS

Nus dias trágicos da epidemia gastro-intestinal, que ceifou a vida de centenas de crianças, a Prefeitura mandou fazer escavações e alicerces para construção de mais 4 fornalhas crematórias de lixo. Hoje, quando são passados 5 mêses, fomos encontrar aquelas obras inteiramente abandonadas.

O FÔRNO NÃO TEM CAPACIDADE SUFICIENTE

Funcionam 8 fornalhas, sendo que uma está paralizada necessitando de consêrtos.

Observamos que os carros da Limpesa Pública continuam lançando lixo em diversos pontos da cidade, isto porque o fôrno não tem capacidade de incinerar todo o lixo de Belém.

UM CELEIRO DE MOSCAS

O própio fôrno é também um dos maiores depósitos de moscas, que ali se acumulam aos milhões, formando o seu quartel-general para o ataque à população. Verificamos uma verdadeira montanha de cachos de banana e outras frutas pudres, esperando vários dias a sua vez para serem queimados.

O PERIGO PERSISTE

Há mêses disse TRIBUNA DO PARÁ, «com relação ao surto de moscas, à mortalidade infantil e às precárias medidas adotadas pelo prefeito Celso Malchers, que «a assistência curativa é apenas um aspecto, e que importa são medidas de caráter preventivo, profilático e entre elas, no caso atual, as obras de saneamento e limpesa da cidade, em primeiro plano». Isto quer dizer que, antes de tudo, deveria ser feita a ampliação do fôrno crematório, incinerado todo o lixo e melho-

(Conclui na 2a. página — B)

Bárbara exploração na Fábrica Progresso

Não são pagas as caixas de castanhas podres e feridas - Espoliação em todos os seus direitos - Unidas e organisadas poderão sair vitoriosas em suas lutas.

ESTEVE a nossa reportagem em contacto com diversas operárias da Fábrica "Progresso", delas colhendo importantes dados para a presente denúncia.

Trabalham nessa fábrica de beneficiamento de castanha 245 operários, ganhando por tarefa. Como nas demais fábricas dêste gênero são pagas sòmente as caixas de castanhas inteiras; as quebradas, pôdres e feridas não são contadas para pagamento. No entanto, elas são vendidas para as fábricas de confeitos e de beneficiamento de óleos. Com a maior naturalidade os patrões usurpam o trabalho das operárias.

As caixas-depósito têm o formato de pirâmide e acondicionam 5 quilos de castanha, e o seu pagamento é feito a Cr$ 13,20 por unidade.

Só trabalham com castanha mal cozida, o que dificulta o trabalho e diminui sensivelmente a produção de caixas de castanhas inteiras, reduzindo dêste modo o salário das operárias. Trabalham mais e ganham menos.

Encarregada, amiga da onça

A encarregada da fábrica é uma espécie de cão de fila. Está surda e cega para as necessidades das operárias. Só vê e ouve o interêsse do patrão. Chega mesmo ao ponto de fechar o registro da água, não se sabe se por economia, segundo a orientação do patrão, ou se é por maldade pessoal. O fato é que as operárias são privadas do precioso líquido nas ocasiões que mais necessitam dêle. Negar água é um crime hediondo.

Essa tal encarregada obriga as operárias a varrer o chão, como se as mesmas fôssem criadas. O tempo que essa furibunda encarregada leva perseguindo as trabalhadoras deveria empregá-lo em varrer o chão. Se o patrão não deseja pagar um contínuo, que ela mesma faça êste serviço. Se quer servir, de modo subserviente, ao patrão, gaste as suas energias para agradá-lo mas não humilhe nem faça perseguição às operárias, quando em todo o mundo os direitos da mulher trabalhadora estão sendo defendidos com vigor crescente. Agora mesmo acaba de ser convocada a Conferência Mundial da Mulher Trabalhadora a realizar-se em junho, na capital da Áustria, onde serão discutidas as condições de trabalho, os métodos empregados para a exploração da mulher trabalhadora, o pagamento de salário igual para trabalho igual, e a cuja conferência as operárias de beneficiamento de castanha e sementes oleaginosas devem dar o seu apôio, enviando um relatório desta vida escrava a que são submetidas.

Espoliadas de todos os seus direitos

Não gozam o direito de férias. Trabalham 12 horas por dia, desde às 5 horas da manhã até às 17 horas. Não têm estabilidade nas casas onde trabalham. Podem trabalhar os anos que trabalharem, não têm segurança nem usufruem higiene nos locais de trabalho. Não recebem o salário mínimo. Não recebem o pagamen-

Conclui na 2a. página — D)

Passou ao controle do Sindicato dos Arrumadores o serviço de carga e descarga do Porto

Perigosa a monobra do snr. Edir Rocha, diretor do SNAPP, no sentido de influir nas decisões da Assembléia geral do Sindicato

REALIZOU-SE, dia 16 do corrente, uma poderosa Assembléia Geral do Sindicato dos Arrumadores de Carga do Porto de Belém, com a maioria dos associados. Esteve presente também o Presidente da Federação dos Arrumadores do Brasil, sr. Sebastião de Oliveira, o delegado do IAPETC neste Estado e o representante do Sindicato dos Estivadores de Belém, sr. Manoel Albuquerque.

A Assembléia aprovou unanimemente, depois de ser discutida com entusiasmo, a questão da entrega do serviço do cais do porto ao sindicato. Há mais de um ano o contrôle do serviço vinha sendo feito pelo SNAPP. Deu motivo àquela atitude do SNAPP uma assembléia do sindicato onde foi tomada a decisão de, em determinado dia, o sindicato não dar gente para o serviço.

Tirando o serviço do Sindicato, o SNAPP aumentou o número de trabalhadores, que foram considerados avulsos, para fazer o serviço de arrumação de carga, procurando dêste modo dar um golpe de morte no Sindicato, o que não conseguiu, pois o serviço do porto (carga e descarga) volta novamente às mãos dos profissionais

(Conclui na 2a. página — E)

★ LEIA NA 4. PÁGINA

Contra a soberania popular a provocação montada em Recife

Inaugurada a Escola da Associação das Mães em Pról da Juventude

Manifestação de solidariedade à Conferência Mundial da Mulher Trabalhadora — Esteve presente ao ato o representante do Prefeito de Belém — Decorreu sob grande entusiasmo a festa dançante

REALIZOU-SE, dia 21 do fluente, à Travessa da Estrela, n.º 1.376, no bairro do Marco, a inauguração da Escola Primária da Associação das Mães em pról da Juventude.

Precisamente às 17 horas a professora Alba Emerenciana, presidente da Associação, dá início à solenidade, passando a presidência da Mesa ao dr. Pádua Costa, representante do Exmo. Snr. Prefeito Municipal, então presente ao ato.

Com a palavra, a primeira secretária da Associação, d. Adair Leal, mostrou a necessidade da educação da criança e da união das mulheres para defendê-las das influencias perniciosas. À certa altura de seu discurso, disse: «As mães devem defender seus filhos; elas são responsaveis pela sua educação e pelo seu desenvolvimento cultural e moral».

A voz da infância

Constituiu nota destacada da solenidade a representação das crianças pobres do bairro na pessôa da menina Célia Souza, de 10 anos de idade que, com admirável presença de espírito, traduziu em rapidas palavras as congratulações da criança com a Associação das Mães em pról da Juventude.

A Escola, resultado de grandes esforços

A seguir falou d. Alba Emerenciana, agradecendo a presença do governador da cidade, na pessôa

(Conclui na 2a. página — C)

Convocação

Convidamos os Srs. Agentes, bem como todos os ativistas da "TRIBUNA DO PARÁ" a comparecer na próxima segunda-feira, dia 30, às 17,30, à rua Manoel Barata, 222, altos, afim de participarem do debate sôbre várias questões que se relacionam com a distribuição, venda e pagamento dêste jornal.

E obrigatório o comparecimento de todos.

DOMINGO, 29 DE JANEIRO DE 1956 — TRIBUNA DO PARÁ — Página 3

EDITORIAL

Nada impedirá que o povo lute por suas reivindicações

Erguendo suas Reivindicações Democráticas

Para Receber Juscelino o Povo ganhou a praça com suas faixas

30.000 pessoas aplaudiram o presidente eleito, clamando pelas liberdades e pelo respeito aos direitos do povo — A mancha negra da festa: violências policiais e centenas de prisões — Mas o povo não se deixou intimidar e desfraldou altivamente suas faixas de combate — O discurso de Juscelino e dos representantes dos partidos e dos trabalhadores

Nova ameaça de despejo contra os moradores da Cremação

Orlando Fonseca e Judá Levy deram um prazo de 20 dias — O povo está resolvido a não sair dos terrenos que ocupam há muitos anos

Acabam de chegar os ns. 69 e 70 de

"PROBLEMAS"

FAÇA SEU PEDIDO

O AVANÇO DAS FORÇAS DEMOCRATICAS E A CHANTAGEM DO ANTI-COMUNISMO

RAMOS JUNIOR

Diretor: A. H. Imbiriba da Rocha
Redação:
Rua Manoel Barata, 222
Caixa Postal, 320
Belém - Pará

TRIBUNA DO PARÁ e seus Jornalistas Ameaçados de Assalto

Insistentes notícias que circulam pela cidade dão conta de que um grupo de malfeitores prepara atos de vandalismo contra as instalações de nosso jornal - Encaminhamos ao sr. Governador do Estado a presente denúncia esperando que medidas preventivas sejam tomadas para resguardar TRIBUNA que já representa um patrimônio do povo paraense

N.º 220 — Pará-Belém, Domingo 5 de Fevereiro de 1956 — Ano X

ESPANCAMENTOS, SEQUESTROS E PRISÕES EM PERNAMBUCO

Depois de golpeado nas mãos e na barriga, numa praia deserta de Olinda, o Portuário Nascimento foi jogado ao Mar, para «salgar o corpo» — Velhas práticas de Requintados Gestapistas do Estado Novo, atinge hoje, em Pernambuco, Comunistas, Socialistas e Elementos sem Partidos — Presos em Caruaru o Presidente do Diretório local do PSB

RECIFE, (IP) — Dando prosseguimento à onda de violência iniciada com a provocação anticomunista que iniciou nesta Capital, a polícia acaba de prender o presidente do diretório local do P.S.B. sr. José Dias Vidal. A' prisão antecedeu-se a invasão do lar do prócer socialista. Anteriormente havíam sido presos, na mesma cidade, os srs. Fernando Florâneo, bancário Aluízio Falcão, redator e locutor da Rádio Difusora de Caruaru e Abdias Bastos Lé, comerciante.

Nesta cidade encontra-se desaparecido, há quatro dias, o metalúrgico Epitácio Afonso Ferreira.

Em Vitória foi preso e imediatamente conduzido a esta Capital...

Envolvimento

Respondendo a uma ordem de «habeas-corpus» em favor de diversos cidadãos presos, o chefe de polícia, coronel Bráulio Guimarães, alegou que os pacientes se encontravam à disposição do delegado do executor do estado de sítio.

O chefe de polícia do sr. Cordeiro de Farias, por meio dessa informação, tenta furtar-se ao cumprimento da lei mantendo ilegalmente presos cidadãos sem culpa formada. Ao mesmo tempo serve aos interesses da política do governador, cujas ligações com a situação de antes de 11 de novembro são insofismáveis. Pondo as vítimas de suas arbitrariedades à disposição do delegado do executor do estado de sítio, o sr. Bráulio inocenta a situação anterior a 11 de novembro e compromete aos olhos do povo os representantes do governo instituído naquela data.

Atrocidade

O portuário Osório Nascimento, uma das vítimas do plano terrorista do sr. Bráulio Guimarães, está sendo submetido a constantes espancamentos. Altas horas da noite retiram-no do xadrez do Dra...

(Conclui na 2a. Página — A)

A Federação dos Trabalhadores nas Indústrias
Abre luta contra o delegado e os médicos do I.A.P.I.

Importantes resoluções adotadas na última reunião do Conselho da referida entidade

A Federação dos Trabalhadores na Indústria no Estado do Pará, em reunião do seu Conselho, deliberou a destituição do 2º secretário e do 2º tesoureiro, pois os mesmos, de acordo com o regimento da citada organização, incorreram na perda de mandato por abandono de cargo e por estar um dos membros, o 2º secretário, exercendo função pública. Em face deste afastamento o Conselho passou a uma nova restruturação, ficando assim constituído:

Presidente: Alvaro Paulino da Cunha; 1º secretário: Petrônio Gelb, do Sindicato dos Trabalhadores em Curtume; 2º secretário: Moisés Barros de Aquino, do Sindicato dos Alfaiates; Tesoureiro: Francisco Carneiro de Souza, do Sindicato dos Texteis; Membros: Diler... do Sindicato dos Texteis, Arquelau Alcântara, do Sindicato dos Trabalhadores em Calçados, Bruno da Conceição, do Sindicato dos Tra...

(Conclui na 2a. página — B)

A revogação do Estado de Sítio é uma aspiração do povo

Incisivas declarações de Prestigiosos líderes sindicais do...

ONTEM, os golpistas tramavam contra as liberdades democráticas e nossa pátria e tentavam liquidar com a vontade soberana da maioria esmagadora da na..., expressadas nas urnas a 3 de Outubro, não desejando empossar os eleitos. Diante desses fatos, que caracterizavam e identificavam os golpistas, como os piores inimigos de nossa pátria, o povo e os trabalhadores tomaram posição definida de defender a Constituição a qualquer preço.

Hoje, empossados os eleitos, não se justifica mais viver o país em pleno Estado de Sítio. Baseada no princípio de que fora respeitada a vontade popular, como ficou esclarecido acima, é que a reportagem do TRIBUNA DO PARÁ resolveu entrevistar diversos líderes e dirigentes sindicais de nosso Estado. Para isto dirigiu-se a nossa reportagem até a séde da Federação dos Trabalhadores nas Indústrias do Pará, ouvindo...

(Cont. na 3a. pág. — Letra F)

Desumana exploração na Limpesa Pública

SA' em todo o Estado o menosprezo dos empregadores pelo cumprimento das leis trabalhistas. Há em todo o Estado trabalhadores sem assistência, sem conforto e sem apôio às suas justas reivindicações. Mas no meio deles ressaltam os trabalhadores da Prefeitura de Belém, cujas condições de trabalho e forma de pagamento os transformam em verdadeiros párias.

Salários com 7 semanas de atrazo e carne a preço escorchante

Ganhando salários de fome, não têm, contudo, o direito de recebê-lo. O diretor da Limpesa Pública, sr. Eugênio Cavalero de Macedo, adotou aquela sentença corriqueira: «ganhas mes não levas». E não ganha mesmo, pois o pagamento anda sempre atrazado de 6 a 7 semanas.

De quando em vez anunciam pagamento, mas ninguem pense que é de todo o atrazado: é apenas de uma só semana; o resto vai ficando acumulado.

Há muito tempo existia uma Caixa que auxiliava os trabalhadores, mas os seus diretores liquidaram o dinheiro, arranjaram uma Cooperativa...

Com vistas ao Snr. Prefeito Municipal para tomar enérgicas e urgentes providências. — Agiotagem no fornecimento de vales - Carne a preço proibitivo — Salários atrazados

que, a princípio, satisfez as espectativas dos trabalhadores, mas não durou muito e as sabidões comeram todo o capital e a Cooperativa foi ao aguas abaixo.

Ultimamente estão vendendo carne. No início o preço de segunda era Cr$ 13,00 e o de primeira, Cr$ 25,00. Grande parte dos trabalhadores comprava a carne de 19,00 e estabeleram um só preço 27 cruzeiros. Houve muita reclamação e a carne baixou para vinte cruzeiros. Em consequência...

(Conclui na 2a página — G)

Eleita a chapa de unidade no Sindicato dos Estivadores de Belém

NO dia 1.º do mês corrente, foi realizada, no Sindicato dos Estivadores de Belém, eleição dos dirigentes para o período de março de 1956 a março de 1958.

Depois de duras lutas enfrentadas, no decorrer da campanha, saiu-se vitoriosa a chapa de UNIDADE encabeçada pelo sr. Milton Vieira da Costa, contra duas de OPOSIÇÃO (segundo diz o manifesto lançado pela chapa de unidade), dirigida e chefiada, uma delas «pelo velho interesseiro muito conhecido, que com sua habias, não foi possível nos arrastar para servir suas intenções de velho acambar...

(Conclui na 2a. página — D)

A favor da anistia os senadores Gilberto Marinho e Saulo Ramos

As Discriminações Políticas e Ideológicas atentam contra a Constituição e ferem as nossas tradições democráticas

RIO (IP) — Já não se pode discutir a amplitude da campanha em favor da anistia para Luiz Carlos Prestes e todos os condenados e processados políticos. Mais uma vez maiores ressonâncias dos trabalhadores, como de resto, em todos os setores da vida nacional.

Tivemos ocasião de ouvir, a respeito desse grandioso movimento democrático, a opinião de dois ilustres senadores, os srs. Gilberto Marinho, P.S.D. e membro da Comissão de Constituição e Justiça da Câmara Alta, e Saulo Ramos, do P.T.B.

Disse-nos o sr. Gilberto Marinho:
— Sempre chamado a opinar, me tenho, invariavelmente, pronunciado contra quaisquer discriminações políticas e ideológicas, que atentam contra os princípios constitucionais sob cuja égide vivemos e ferem as nossas tradições democráticas.

Coerentemente, não posso deixar de manifestar o meu aplauso e o meu apoio à campanha pela anistia para os condenados e processados políticos, como Luiz Carlos Prestes, Pedro Mota Lima e tantos outros.

(Conclui na 2a. página — C)

★

LEIA NA 3ª. PAGINA
Unidade, Chave do Triunfo

Importante artigo de LUIZ CARLOS PRESTES

Em marcha para as eleições suplementares
Vitoriosa excursão de Epílogo de Campos á zona bragantina

Organizado o Comité dirigente da campanha -:- Que se unam todos aqueles que desejam dar um passo á frente no sentido do progresso político e material da terra paraense.

Tribuna do PARÁ

COM a suspensão do estado de sítio e prevista a data de realização das eleições suplementares, rearticulam-se as fôrças políticas que apoiam o Dr. Epílogo de Campos, com o objetivo de enfrentar vitoriosamente a última etapa do pleito para a governança do Estado.

N.º 222 — Pará-Belém, Domingo 19 de Fevereiro de 1956 — Ano X

Organizado Comité Dirigente da Campanha

COM o comparecimento de numerosos líderes políticos coligados e do PTN, realizou-se na residência do Deputado Lopo de Castro uma reunião de magna importancia, no decorrer da qual foi constituído um Comité para dirigir a campanha pró-Epílogo, integrado pelos representantes da CDP e tambem do PTN; esse Comité atuará nos setores de «Finanças», «Assistencia Social», «Assuntos Eleitorais», «Transportes», e «Publicidade», e será sediado em Belém de onde controlará os trabalhos realizados nas varias zonas do Estado em que se processará a renovação de seções eleitorais.

O COMITÉ PRÓ - EPILOGO DE CAMPOS será instalado solemente na proxima semana, ocupando a antiga sede da Coligação Democratica Paraense, na rua Dom Pedro.

Vitoriosa Excursão Do Dr. Epílogo á Zona Bragantina

Aproveitando os ultimos dias da quadra carnavalesca, o candidato das fôrças democraticas percorreu alguns municípios da zona bragantina, retomando assim o contacto político com os seus amigos daquela região. Esteve o Dr. Epílogo em Capanema, Igarapé-Açú e Castanhal, visitando as sedes e localidades do interior déses municípios, realizou varias reuniões, orientando os líderes políticos locais no sentido de uma vigorosa atuação eleitoral.

Em rapidas declarações á nossa reportagem, o Dr. Epílogo manifestou...

(Conclui na 2a. Página — A)

Calorosa saudação da Comissão Paraense pela Reforma Agrária á IV Conferência [...]

Recebemos a amável visita do dr. Bruno de Menezes, que veio nos trazer as suas despedidas por motivo de sua viagem á Fortaleza, Estado do Ceará, onde vai como delegado da Comissão Paraense pela Reforma Agrária á IV Conferência Rural Brasileira, na qual representará a região.

O dr. Bruno de Menezes apresentará ao conclave uma «Saudação aos Congressistas», endossada por todos os membros da Execu...

Faz-se portador do importante documento o dr. Bruno de Menezes, delegado da referida Comissão áquele conclave que se realizará em Fortaleza de 19 a 25 do mês corrente.

Compatriotas:

No momento em que se instala na linda capital da terra de Iracema a IV Conferência Rural Brasileira, expressão do pensamento das classes interessadas nos destinos dos lavradores e trabalhadores agricolas do Brasil, a Comissão Paraense pela Reforma Agrária saúda com vibrante entusiasmo esse conclave, na certeza de que consolidará a posição patriótica constante de seu atual programa, em defesa dos homens, das mulheres e da juventude do campo muito especialmente das populações pobres do interior da nossa vasta e terribilissima Amazônia, que, não obstante as suas imensas riquezas naturais, vivem em completo abandono na maior desolação e tristeza.

Deve ser de significação histórica essa reunião, porque será inspirada pelo espirito criador, no [...]

Cada vez pior o tráfego de ônibus em Belém

Aumentam as reclamações do povo, é espantoso o índice de acidentes e a Inspetoria do Trânsito continua a esperar que suas portarias sejam cumpridas mecanicamente

O Transito em nossa capital continúa como sempre, depois que começou a ser feito por ônibus. Cada Delegado de Transito procura dar uma forma diferente, mas, todos eles até agora não acertaram e não acertarão enquanto perdurar o principio das concessões absurdas das linhas á proprietarios, tráfegos sem horario e disciplina sem medidas disciplinares.

Concessões que prejudicam o povo

As inconveniencias das concessões são sentidas a cada passo e diariamente pela população que é obrigada a obedecer os horarios das repartições, das fabricas, das oficinas e das escolas. Os proprietarios, reconhecendo que são senhores absolutos desta ou daquela linha, pouco se importam que os seus carros, demorem o tempo que bem entendam nos fins de linha prejudicando aqueles que têm necessidade de chegar hora certa nos locais de seu destino, e os esperam em paradas intermediarias seu, para conseguir lugar em virtude do virem os mesmos lo...

Continuam as perseguições na BOOTH

Medidas arbitrárias impostas aos trabalhadores — Com 5 minutos de atrazo perde o Repouso — Roubo nas horas de trabalho extraordinário — Unidos e organizados no Sindicato conseguirão vitórias

JÁ tivemos a oportunidade de denunciar as perseguições de que são vitimas os operários que trabalham nas oficinas da "Booth Line". Referidas perseguições são movidas e orientadas por um brasileiro que procura desempenhar muito bem o papel de lacaio dos patrões, dificultando a vida de honestos trabalhadores que labutam naquela empreza, percebendo salários de fome para sustentarem as suas familias.

O gerente da empresa, indignado com as denúncias feitas por TRIBUNA DO PARÁ em sua edição do dia 29 de janeiro, aumentou o seu ódio contra os trabalhadores, passando a persegui-los com maior ferocidade.

COM CINCO MINUTOS DE ATRASO VOLTA DO PORTÃO

A nossa reportagem, em palestra com um dos operários prejudicados, procurou ouvi-lo com atenção. «Em um dia desta semana, ao transpor a portão que dá acesso ás oficinas, bateu a hora, e ainda não passavam cinco minutos, quando fui advertido de que devia voltar, pois, já estava fora de hora». «E assim moço, perdi meio dia de trabalho e mais o repouso remunerado, é ou não é uma injustiça ? O nosso repórter só teve que concordar, porque de fato constitue uma clamorosa injustiça tôda e qualquer perseguição movida contra os trabalhadores.

Esta medida arbitrária está sendo aplicada a todo aquele que chegue atrasado cinco minutos, pois outros operários foram vitimas da mesma esta semana.

TRABALHO AOS DOMINGOS E FERIADOS

Disseram á nossa reportagem que é comum trabalharem aos domingos e feria...

(Conclui na 2a. página — C)

Levantam os portuários a luta por aumento de salários

Entregue ao diretor dos SNAPP um memorial contendo essa e outras reivindicações — Os trabalhadores do porto readquirem a confiança na vitória de sua causa e avançam para a conquista de melhores dias

A nossa reportagem, entrando em contacto com os trabalhadores do porto de Belém, conseguiu apurar que o serviço de carga e descarga, que, anteriormente era feito pelos SNAPP e que ultimamente fôra entregue ao Sindicato dos Arrumadores de Belém a titulo de experiência, por um prazo de 15 dias, como noticiamos em edição anterior, acaba de ser entregue definitivamente áquela corporação em reunião havida dia 9 do corrente entre o diretor interino dos SNAPP, comandante Al-cio Poggi de Figueiredo e uma comissão de Sindicato credenciada por Assembléia Geral para os entendimentos naquele sentido. A referida Comissão era composta de 3 membros, entre os os quais figurava o presidente do sindicato, snr. Luiz Gonzaga da Silva.

A-êm dessa reivindicação sentida pelos arrumadores, e já conseguida, a conquista apresentou ao snr. director dos SNAPP, para seu uso logo um memorial contendo as seguintes reivindicações

Cont. na 2.a pag. — D

Pretende a policia acobertar os assassinos de Ozéas

Mentiras e contradições comprometem cada vez mais a policia — O perito Castelo Branco pulveriza a nova farsa montada com a diligência secreta na «Pedra do Conde» — A reportagem da "Imprensa Popular" empenhada em reunir as provas que levarão os bandidos ao Banco dos Réus

RIO (I. P.) — A farsa montada pela policia e que culminou com o misterioso «aparecimento» de uma garrafa de guaraná no local em que foram encontrados os despojos de nosso infortunado companheiro de redação Ozéas Ferreira teve ontem mais um capitulo. Assim é que o delegado da policia Técnica, Diógenes Sarimento, voltou a falar aos jornalistas e procurou «explicar» melhor a história da garrafa. Contudo, a despeito do discurso do delegado ficou mesmo positivado que a policia pretende abafar o brutal assassinio de Ozéas.

Outra ridicularia

Não contente em lançar á publico a cinica história da garrafa de veneno, depois de demonstrar um interêsse em «explicar» o arquivista Ozéas, os belguins saem-se com outras. Com efeito ontem o detetive Pimenta, oficialmente encarregado da «apuração» do assassinato de Ozéas apanhou no quarto de Ozéas um retrato de uma moça chamada Matilde, com uma dedicatória datada de 1940... e vai iniciar uma investigação através de semelhante «pista»...

Querem garantir a impunidade dos assassinos

Na realidade, o que visa a policia é a impunidade para os monstruosos assassinos de Ozéas, que podem ser encontrados na DOPS entre o grupelho de Borer e Vasconcelos, mesmo grupelho que agrediu covardemente o major Seixas.

(Conclui na 2a. página — E)

LEIA

Na 2.ª página: o EDITORIAL

Na 8.ª página: Fadada a completo fracasso a insubordinação dos oficiais da Aeronáutica

A situação atual, a tática e as tarefas do Partido Comunista

INFORME APRESENTADO EM NOME DO PRESIDIUM, AO PLENO AMPLIADO DO COMITÊ CENTRAL EM JANEIRO DE 1956

CAMARADAS:

Os quatro mêses decorridos desde a última reunião do Comitê Central foram ricos de acontecimentos que comoveram a nação e determinaram algumas modificações importantes no cenário político nacional.

Quaisquer que sejam suas ulteriores consequências, a crise do govêrno de novembro último significou nova e mais séria derrota da campanha golpista que, dirigida pela embaixada dos EE. UU. tudo vem fazendo para impôr ao Brasil uma ditadura militar de tipo fascista, que liquide os últimos vestigios de liberdade, entregue o petroleo brasileiro à Standard Oil e leve a cabo os planos de colonização de nosso país pelo imperialismo norte-americano.

Registramos, assim, novos e maiores êxitos na luta infatigável que nosso Partido sustenta pelos interesses da classe operária e do povo, pela paz, pelas liberdades e pela independência nacional.

Os golpistas chocaram-se com a vontade do povo

Antes de tudo, é indispensável examinar como se desenvolveram os acontecimentos a partir do golpe de Estado de 24 de agosto de 1951. A camarilha golpista e serviçal do imperialismo norte-americano conseguiu, então, assaltar o govêrno, graças à crescente impopularidade e ao desprestígio do govêrno de Vargas e porque êste, em vez de apelar para as fôrças armadas que o apoiariam, preferiu a renúncia e a morte. Embora procurando ocultar sob formas constitucionais seus objetivos sinistros, o govêrno do sr. Café Filho chocou-se, desde o inicio, com a manifesta vontade das fôrças democráticas e patrióticas, que, tendo á frente a classe operária e o Partido Comunista, defenderam as liberdades democráticas e as conquistas sociais dos trabalhadores, mantiveram-se vigilantes e pouco a pouco ampliaram sua unidade de ação. Ocupando importantes posições no govêrno do sr. Café Filho, os reacionários golpistas utilizaram-se do referido govêrno para preparar as condições que lhes permitissem burlar a vigilância das fôrças democráticas afim de colocar a nação deante de fatos consumados, sob o guante de uma ditadura terrorista a serviço dos monopólios norte-americanos. Tudo fizeram para reforçar suas posições no aparelho estatal e afastar dos postos do govêrno todos aquêles que se negavam a concordar com a implantação de uma ditadura terrorista. Simultaneamente, exerciam pressão sôbre o Parlamento e a Justiça para obriga-los a capitular, a rasgar a Constituição e reforma-la em sentido reacionário com a abolição das conquistas democráticas que consagra. As fôrças democráticas e patrioticas conseguiram, no entanto, derrotar uma a uma todas as tentativas liberticidas dos golpistas, obrigando-os a bater em retirada e a transferir constantemente para mais tarde a tentativa da realização de seus objetivos anti-democráticos e anti-nacionais.

A campanha eleitoral foi uma batalha de massa

Diante desta situação, revestia-se de grande importância a batalha política pela sucessão presidencial da República. Com o objetivo de conservar ao menos as posições conquistadas com o golpe militar de 24 de agosto, os golpistas tudo fizeram para impedir a realização do pleito eleitoral, tentaram prorrogar a duração do govêrno do sr. Café Filho ou mesmo substitui-lo por outro chefe de Estado da escôlha dos monopólios ianques. Derrotados em tais tentativas, procuraram impedir que as massas trabalhadoras participassem da campanha eleitoral e tentaram impôr um candidato único da preferência do Departamento de Estado norte-americano em tôrno do qual lhes fôsse possivel unificar os partidos das classes dominantes e isolar o Partido Comunista e as fôrças democráticas e patrióticas que se uniram em ampla frente única contra qualquer tentativa de golpe de Estado reacionário e que apoiaram as candidaturas dos srs. Kubitschek e Goulart, procuraram então os golpistas dificultar de todas as formas a campanha eleitoral e, através de modificações de última hora na legislação eleitoral, afastar o mais possivel das urnas as grandes massas.

Apesar dos esforços em contrário dos elementos mais conservadores e reacionários que participaram da coalizão eleitoral anti-golpista, da resistência principalmente de alguns dirigentes do P. S. D., a campanha eleitoral transformou-se numa batalha de massas em defesa das liberdades democráticas e em defêsa da Constituição, pelas reivindicações mais sentidas dos trabalhadores e pela paz e pela independencia nacional. Amplos setôres da população, homens e mulheres de todas as classes sociais, compreenderam a gravidade da situação e, de uma ou de outra forma, participaram da ampla frente única anti-golpista, deram um caráter de massas à campanha eleitoral e votaram nos candidatos hostilizados pelo govêrno. Em todo o país, as massas sairam à rua, levantaram suas bandeiras patrióticas e democráticas e revelaram sua fôrça e sua disposição de luta contra qualquer tentativa no sentido de impôr à nação uma ditadura militar de tipo fascista a serviço dos monopólios norte-americanos. Especialmente nos grandes comícios do Rio, de São Paulo, Resife, Porto Alegre e outras cidades, apoiado nas massas mobilizadas, nosso Partido teve de fato atuação legal.

A realização do pleito de 3 de outubro constituiu por si só uma importante vitória do povo e, consequentemente, nova derrota de seus piores inimigos. Mau grado o caráter reacionário da legislação eleitoral, que não admite o voto dos analfabetos, dos soldados e marinheiros e que cassou o registro eleitoral do Partido Comunista, milhões de eleitores compareceram as urnas, em proporção superior à de todos os pleitos anteriores revelando novo nivel de compreensão política e derrotando de maneira insofismável o candidato dos golpistas e dos monopólios norte-americanos. Com a vitória eleitoral dos srs. Kubitschek e Goulart, o povo brasileiro infligiu sério revés ao imperialismo ianque a seus agentes em nosso país. A maioria absoluta dos eleitores votou contra o govêrno do sr. Café Filho e sua política catastrófica, contra a crescente submissão do país ao govêrno dos Estados Unidos, por uma política externa de entendimentos e relações pacíficas com todos os povos e por uma política interna de respeito às conquistas democráticas do povo, de satisfação de suas necessidades e pela melhoria de suas condições de vida.

O resultado das eleições de 3 de outubro reflete o sentimento da maioria esmagadora da nação, demonstra com clareza a crescente aspiração do povo brasileiro à independencia, à paz e a democracia e assinala uma das maiores vitórias políticas do povo após grandes êxitos alcançados em 1945. Teve, por isto enorme repercussão nacional e internacional. Fôram, assim, plenamente confirmadas as previsões do Comitê Central do nosso Partido em seu Manifesto Eleitoral ao afirmar: «A vitória das candidaturas Kubitschek e Goulart será a derrota dos generais golpistas, dará um um novo impulso às fôrças democráticas e patrióticas e poderá determinar importante modificação na correlação de fôrças favoraveis à democracia, à paz, à independência e ao progresso do Brasil».

LUIZ CARLOS PRESTES

A minoria reacionária, no entanto, desesperada e instigada pelos monopólios norte-americanos, declarava abertamente não se conformar com a vontade do povo manifestada nas urnas, ameaçava não permitir a posse dos eleitos e tudo fazia para intimidar a Justiça Eleitoral, se utilizava dos postos ocupados no govêrno para pretender falar em nome das fôrças armadas e fazer chantagem, com as armas da nação. Contra isto levantou-se a maioria da nação, levantaram-se em primeiro lugar os milhões de eleitores que, independentemente dos nomes em que votaram para a presidência e a vice-presidência da República, exigiam o respeito à decisão das urnas, forma concreta de luta em defesa das liberdades democráticas e da Constituição. A luta pela posse dos eleitos determinou, assim, uma consideravel ampliação da frente única das fôrças democráticas e patrióticas de todos os brasileiros contrários ao golpe reacionário, o mais rápido reforçamento da unidade de ação anti-golpista e o surgimento de novas condições favoráveis ao avanço da democracia no país.

A crise de govêrno do mês de novembro

Por isto, quando a camarilha golpista, com a elevação ao govêrno do sr. Carlos Luz e a demissão do Ministro da Guerra, deu os primeiros passos concretos no sentido de impôr ao país a ditadura terrorista a serviço dos monopólios norte-americanos, chocou-se com a fôrça do povo, foi mais uma vez batida e obrigada a recuar. Os acontecimentos de 11 de novembro, que afastaram do poder o golpista Carlos Luz e consequentemente o sr. Café Filho e seus ministros golpistas e determinaram a subida ao poder do sr. Nereu Ramos, constituem a mais importante consequência da vitória do povo nas urnas de 3 de outubro.

São acontecimentos que marcam concretamente uma mudança da correlação das fôrças políticas favoravelmente ao povo, às liberdades e à independência nacional. A maneira por que se levantou o Exército sob a direção do próprio Ministro da Guerra revela a amplitude alcançada pela unidade de ação anti-golpista, em defêsa das liberdades democráticas e da Constituição, em defêsa da vontade do povo manifestada nas urnas, unidade de ação refletida igualmente pela maioria esmagadora que nas duas Casas do Congresso Nacional votou pelo imediato afastamento dos golpistas Carlos Luz e Café Filho da presidência da República.

Os acontecimentos de novembro revelaram à nação inteira quais eram as intenções criminosas do brigadeiro Gomes, do Almirante Amorim, dos srs. Carlos Luz e Café Filho, dos srs. Távora e Jânio Quadros. Ficou claro que se servindo de energúmenos como Pena Boto estavam dispostos a massacrar a população da Capital do país com os canhões da esquadra e que com o beneplácito e a conivência do sr. Jânio Quadros pretendiam fazer de São Paulo o centro de suas atividades terroristas contra o povo ao mesmo tempo que expunham a população paulista a um banho de sangue. Surpreendidos pela patriótica atuação dos principais chefes do Exército e sem qualquer apôio popular, foram os golpistas obrigados a capitular.

A camarilha mais reacionária do serviçais e agentes dos monopólios norte-americanos que assaltara o poder com o golpe de 24 de agosto de 1954 foi afinal afastada do poder. Mas, rapidamente, os golpistas trataram de mudar de tática e de linguagem. Procuram apresentar-se agora como vítimas e intransigentes defensores das liberdades e da Constituição, quando, como ficou amplamente comprovado, queriam impôr ao país uma ditadura terrorista contra o povo, esmagar o movimento operário e popular, dissolver o Parlamento, abolir todas as liberdades democráticas tudo em beneficio dos interêsses egoistas de uma minoria reacionária e, muito especialmente dos monopólios norte-americanos e da política do Departamento do Estado

As características do novo govêrno

Os acontecimentos não determinaram, evidentemente, modificações no regime político. Continuamos vivendo sob o mesmo regime de latifundiários e grandes capitalistas definido pelo Programa de nosso Partido. O latifúndio continua intangível e a economia brasileira sob a dependência dos monopólios norte-americanos. Mas com a derrota dos golpistas surgiu no país um govêrno com algumas características novas que devemos saber avaliar com equilibrio e valorizar do ponto de vista da classe operária. É um govêrno diferente dos govêrnos Café Filho e Carlos Luz, reflete as divergências existentes entre as classes dominantes e representa os interesses daqueles setores das classes dominantes em oposição à camarilha reacionária que assaltara o poder em 24 de agôsto de 1954. O govêrno do sr. Nereu Ramos representa, sem dúvida, fôrças políticas que preferem, ao invés de uma ditadura terrorista a serviço dos monopólios norte-americanos contra o povo e a Constituição, a salvaguarda do atual regime constitucional e o respeito à vontade da maioria da nação manifestada nas urnas de 3 de outubro. Mas é certo também que o govêrno do sr. Nereu Ramos, tanto pela sua composição como pela política interna e externa que vem realizando, não traduz a correlação de fôrças políticas já hoje existente [illegible] não exprime os interêsses das grande correntes de opinião [illegible] nantes na coalizão anti-golpista vitoriosa nas urnas de 3 de outubro e impulsionadora da unidade de ação que isolou e derrotou a camarilha golpista. Através do Ministério do Trabalho o novo govêrno, cedendo às exigências das massas, atendeu a certas [illegible] rações sindicais dos trabalhadores, suspendeu as intervenções a que estavam submetidos inúmeros sindicatos e revogou as medidas [illegible] trárias que vinham impedindo a posse das diretorias eleitas [illegible] govêrno fazem parte, no entanto, conhecidos agentes do [illegible] mo norte-americano, como o sr. Lucas Lopes, e velhos [illegible] como o sr. Macêdo Soares, Ministro do Exterior, que [illegible] a pasta, em vez de se dirigir ao povo brasileiro preferiu declarar: «Vou assumir a pasta com os olhos voltados para os Estados Unidos, os quais considero como o maior amigo do Brasil». E para não ficar nas palavras, não vacilou em firmar logo no dia seguinte o tratado de compra de trigo nos Estados Unidos, elaborado contra os interêsses do Brasil pelo vende-pátria Raul Fernandes, expulso do poder pela ação patriótica das fôrças armadas contra a camarilha golpista.

Nestas condições, o atual govêrno ao invés de traduzir os sentimentos de todas as fôrças progressistas do país e ser [illegible] fator no sentido da garantia das liberdades e das tranquilidade [illegible] cionais, apresenta-se como um obstáculo à realização dos grandes anseios populares, ampla e claramente manifestados através das urnas de 3 de outubro e de tôdas as manifestações de massa em apôio ao movimento de 11 de novembro. É evidente que as fôrças mais conservadoras dentro da coalizão anti-golpista e os setores reacionários que participaram da unidade de ação em 11 de novembro tentam fazer do atual govêrno uma barreira capaz de impedir o livre avanço do movimento de massas e a menor modificação progressista na política interna e externa do país. Com mais mêdo do povo do que da camarilha golpista, êstes setores reacionários, desde o próprio movimento de 11 de novembro, tudo vem fazendo para impedir a intervenção direta das massas nos acontecimentos políticos, para barrar de qualquer maneira o ascenso do movimento de massas. A decretação do estado de sítio não tem evidentemente outro propósito. O que desejam os setores reacionários que participaram da unidade de ação anti-golpista é conter o povo, é impedir que o povo exija nas ruas o respeito às liberdades democráticas, imediata abolição de tôdas as discriminações politicas e ideológicas, medidas práticas contra a carestia de vida, política externa de defesa da soberania nacional e pelo estabelecimento de relações amistosas com todos os países.

Semelhante situação não pode deixar de ser precária e instável. Facilita o reagrupamento dos golpistas, as manobras dos agentes do imperialismo norte-americano e o surgimento de novos focos golpistas dentro das próprias fôrças que participam da unidade de ação contra o golpe reacionário de Carlos Luz, Café & Cia.. Para consolidar as vitórias alcançadas e continuar avançando no sentido de limpar o terreno para um mais livre desenvolvimento da democracia em nosso país, é necessário isolar êstes setores mais reacionários e exigir do govêrno que emergiu da crise de 11 de novembro que modifique em benefício do povo e dos interêsses nacionais sua política interna e externa.

Isto significa que da luta por uma coalizão anti-golpista devemos passar à luta por uma coalizão contra as fôrças mais reacionárias, em defesa das liberdades democráticas e por novas conquistas para o povo.

Atualmente, a luta contra as ameaças golpistas, contra uma ditadura terrorista, venha de onde vier, só poderá ter êxito na medida em que as fôrças democráticas e patrióticas, ao mesmo tempo que ampliarem e reforçarem sua unidade, conseguirem novas conquistas democráticas, conseguirem eliminar, uma a uma, as restrições ainda existentes à prática efetiva das liberdades democráticas consagradas na Constituição, conseguirem enfim uma participação mais efetiva das grandes massas populares na vida política do país.

Nisto está o **novo** que precisamos agora compreender para poder continuar dirigindo com acêrto a luta de nosso povo pela paz, pelas liberdades democráticas, pela independência e o progresso do Brasil.

A atuação do Partido nos acontecimentos de Novembro

Ante os acontecimentos de 11 de novembro foi justo no fundamental a atuação de nosso Partido. Apesar da rapidez e complexidade dos acontecimentos, o Partido soube compreender, desde o primeiro instante, a importância da crise de govêrno e apoiar sem vacilações a ação militar do ministro da Guerra e as decisões do Congresso Nacional. Os Manifestos do Comitê Central e documentos semelhantes de

SUPLEMENTO

—DE—

Tribuna do PARA'

BELÉM, 19 de Fevereiro de 1956

Página 6 — TRIBUNA DO PARÁ — DOMINGO, 19 DE FEVEREIRO DE 1956

Galvaniza tôda a nação o XX Congresso do P.C.U.S.

Discussão ampla em todos os recantos do País, nas fábricas, nas Universidades e no Campo — Aumento da produção e elevação crescente no nivel de vida do povo Soviético

De Pierre Hentges,
(Correspondente de L'«Humanité»)

MOSCOU, fevereiro (IP) — O 20º Congresso do P. C. U. S., a ser instalado nos próximos dias, galvaniza no momento tôdas as atividades na União Soviética. O Congresso, instância suprema do Partido, fará um balanço dos combates no «front» da edificação do comunismo. Cabe ao Congresso, tambem, traçar as perspectivas para o futuro. Na história da sociedade humana, jamais uma organização desempenhou um papel tão importante comparável ao dos partidos comunistas, no que diz respeito ao desenvolvimento da sociedade. Isto é particularmente evidente quando se trata do Partido Comunista da União Soviética. Um exemplo é a discussão aberta depois da publicação do projeto das diretivas sôbre o Sexto Plano Quinquenal. Esse plano foi pôsto na ordem do dia de tôdas as reuniões do Partido, em todos os escalões (organizações de base, assembléias das cidades, de zonas, congressos das Repúblicas) e nas reuniões mais amplas dos trabalhadores das fábricas da administração, nos colcoses. Essa discussão é uma das formas pelas quais os homens libertados do jugo do capitalismo podem tomar nas mãos a administração do seu país.

Essa liberdade soberana do trabalho faz surgir milhares de iniciativas em todos os setores.

Na industria

O 8º Congresso do Partido Comunista de Kazakstão recomenda a abertura de novos depósitos de carvão e a modernização das minas de metais não ferrosos, para utilização, da melhor maneira possivel, dos investimentos que, em cinco anos, de 1956 a 1960, ultrapassaram de muito as somas investidas naquela república para o conjunto dos cinco planos quinquenais precedentes (78 bilhões de rublos contra 53 bilhões).

O comitê de zona de Kuibychev pede que se tomem medidas para explorar as riquezas petrolíferas da bacia do Volga e, em particular, para melhorar a utilisação do gas natural e a refinação da parafina. No 4º Congresso do Partido da Estônia, A. Rafend propôs que se preveja a constituição de reservas para a substituição de peças destacadas que se destinam às oficinas e correntes automáticas.

Na agricultura

As diretivas prevêm que a superficie dos vinhedos da Moldavia será elevada, até 1960, a 83 000 hectares. Mas no 6º Congresso do Partido naquela República, um presidente de Kolkoz, V. Plakhotni, mostrou que êsse resultado podia ser obtido muito mais cêdo. A conferência da região de Krasnodarsk decidiu eliminar as insuficiências observadas em 1955 com respeito á produção da carne, do leite, tomates e da lã. A Conferência da região criticou a direção do Partido do lugar como responsavel pela situação, assim como o Ministerio da Agricultura e o dos Kolkhozes da URSS, que não deram a ajuda necessária.

Nas ciencias

Numa carta endereçada ao jornal «Pravda», que abriu suas colunas à discussão, o engenheiro A. Krassini propõe que se construam reatores atômicos experimentais para as academias das Repúblicas e as filiais das Academias de Ciências da URSS. Um outro engenheiro, V. Olenikov, acha que as diretivas do 20.º Congresso deveriam conter um ponto especial concernente às sociedades de vulgarização cientifica e técnica, que poderiam desempenhar um papel mais eficaz na luta pelo progresso industrial, etc.

O Cinema

Falando em nome dos cineastas e dos melhores realizadores soviéticos nesse terreno, Michel Romm faz toda uma série de sugestões para permitir ao cinema soviético elevar ao mesmo tempo o volume e a qualidade técnica de sua produção. Para isso, explica êle, é necessário dar aos estudiosos o equipamento mais moderno e a pelicula, mais sensivel. Devem ainda ser aumentados os creditos destinados á construção de cinemas nas cidades e nos centros rurais.

O Ensino

Os diretores de escolas e os diretores de fábricas travam uma discussão sôbre o ensino politécnico. Uma diretora, T. Panfilosa, pede que se regularize a questão tão importante dos instrumentos escolares, destinados aos alunos. Um de seus colegas, Maklakov, acha que os futuros engenheiros devem começar por um estágio obrigatório na indústria antes de entrarem no ensino superior.

Tudo o que acabamos de escrever não dá senão uma pálida idéia de uma discussão criadora que se estende por toda a URSS, tendo por base a critica e a autocritica. Ela é acompanhada de uma luta contra as excrescências burocráticas, e tem como objetivo principal o aumento da produção e a elevação do nivel de vida graças ao emprêgo de uma técnica sempre mais elevada e à utilização de tôdas as reservas potenciais do país. Essa discussão mostra que os trabalhadores soviéticos e o seu Partido dispõem de meios para desenvolver o poderio de seu país e o bem estar dos seus cidadãos.

Apressar o reatamento de relações com a U.R.S.S.

Esta é a opinião do deputado Sérgio Magalhães membro da Comissão de Economia da Câmara, estudioso de assuntos econômicos e figura destacada da representação carioca do P.T.B. — Só ampliando nosso circulo de relações defenderemos o país do monopólio comercial e teremos campo mais vasto para a realização de operações vantajosas

RIO, (I. P.) — Membro da Comissão de Economia da Câmara, engenheiro civil, homem estudioso de assuntos econômicos e destacado representante da bancada carioca do P.T.B., falou nos sôbre o reatamento de relações com a União Soviética, a China e demais países do leste o deputado Sérgio Magalhães.

Antiga aspiração

—Ha muito tempo, disse o sr. Sérgio Magalhães, a opinião geral é favorável ao reatamento de relações comerciais e diplomáticas com a União Soviética e demais paises socialistas. O próprio sr. Juscelino Kubitschek em discurso pronunciado no Itamaratí, durante o banquete oferecido ás delegações diplomaticas presentes à sua posse, disse palavras bem claras a favor da política mundial de coexistência pacífica. Cumpre agora aos órgãos especificos do govêrno criar os meios necessários à mais breve efetivação dessa medida.

Vantagens

O sr. Sérgio Magalhães prossegue:

—Quanto maior número de países com os quais comerciamos, tanto menores serão os perigos de monopólio de nossas relações de comércio exterior por parte de países de grande poder econômico. E, ao mesmo tempo, tanto maiores serão, com a expansão do mercado externo, as possibilidades brasileiras de manobra em busca de bons negócios, realizados numa base de igualdade e de interêsse mútuo.

Exemplos

Tomemos um exemplo, diz o sr. Sérgio Magalhães. Vejamos o que se poderia conseguir quanto à importação de carros, mediante intercâmbio direto com a União Soviética. Sabe-se que os carros soviéticos são extremamente sólidos. São fabricados não para que sejam periodicamente trocados por modelos novos, criados na base da concorrência entre diversas firmas, que realizam verdadeira corrida na renovação de tipos, ricos em pequenas inovações de confôrto ou de luxo. O carro soviético é feito para durar muito. Seus planos de construção têm em vista, em lugar da criação de mercadoria periodicamente renovável, a boa qualidade e duração.

Argumento

O sr. Sérgio Magalhães não compreende como defensores entusiastas do regime capitalista apresentem objeções à extensão de nosso comércio externo. Como podem os defensores da livre concorrência e do livre empreendimento pretender que as relações comerciais entre os povos sofram restrições—pergunta êle.

Concluindo, reafirmou que por todos os motivos devemos apressar o restabelecimento de relações comerciais com a União Soviética, a China e demais países do mundo socialista.

A TRAGÉDIA DE SACCO E VANZETTI
7 ANOS NA ANTECAMARA DA MORTE!
Ela a história de dois inocentes trabalhadores condenados à cadeira elétrica por um tribunal ignominioso e agora narrada num grande livro de HOWARD FAST:
A TRAGÉDIA DE SACCO E VANZETTI
Coleção ROMANCES DO POVO
EM TODAS AS LIVRARIAS

ENTREVISTA DE N. A. BULGÁNIN À "UNITED PRESS" DO PAQUISTÃO

Somos contrários a qualquer ingerência nos assuntos internos de outros Estados

O Presidente do Conselho de Ministros reafirma os princípios da política exterior da U. R. S. S.: "Em suas relações com outros países a União Soviética partiu sempre e parte da possibilidade e da necessidade da coexistência pacífica e da cooperação amistosa e mutuamente proveitosa dos Estados com diferentes sistemas sociais" -:- Disposta a U. R. S. S. a partilhar seus conhecimentos no terreno da energia atômica com os países ainda não desenvolvidos

PERGUNTA: — No discurso que pronunciou na Sessão do Soviet Supremo o Primeiro-Ministro soviético expressou a esperança de que melhorem as relações entre a URSS e o Paquistão. Que caminhos existem, no seu entender, que possibilitem a melhoria dessas relações?

RESPOSTA: — Em suas relações com outros países a União Soviética partiu sempre e parte da possibilidade e da necessidade da coexistência pacífica e da cooperação amistosa e mutuamente proveitosa dos Estados com diferentes sistemas sociais. A politica exterior soviética baseia-se no reconhecimento do direito de todos os povos ao desenvolvimento nacional e estatal independente. Somos contrários a qualquer ingerência nos assuntos internos de outros Estados. Isto se refere tambem ao Paquistão, cujo povo tem o mesmo direito que todos os demais a resolver como quiser os seus assuntos internos. Aplicando invariàvelmente uma politica de paz a URSS não pode, claro está, ser indiferente ao fato de que certos Estados vizinhos, favorecendo interêsses alheios, ingressem em coalizões político militares agressivas, que ameaçam a segurança da URSS. Somos adversários das coalizões agressivas político-militares como a SEATO e o Pacto de Bagdad, no qual participa também o Paquistão. As relações amistosas entre a URSS e o Paquistão poderiam assentar-se nos conhecidos cinco principios da coexistência pacifica, que constituem a base das relações da URSS com a India a República Popular da China, a Birmânia e outros paises. A aplicação dêstes principios também nas relações entre a URSS e o Paquistão ajudaria evidentemente a melhorar e a desenvolver as relações soviético-paquistanesas e corresponderia inteiramente aos interêsses e anelos de nossos países. Assim o consideramos por julgar o povo do Paquistão, da mesma forma que outros povos pacificos, estar vitalmente interessando na consolidação da paz, no fortalecimento da independencia e no crescente bem estar do seu país.

PERGUNTA: — Em que domínios poderiam colaborar a URSS e o Paquistão?

RESPOSTA: — A União Sovietica é partidária do estabelecimento e desenvolvimento dos mais amplos vinculos com todos os países. É indubitável que entre a União Soviética e o Paquistão se pode desenvolver com êxito a cooperação no terreno economico, técnico, cultural e em outros domínios.

PERGUNTA: — Quais as possibilidades de cooperação econômica entre a União Soviética e o Paquistão? Está disposta a URSS a prestar ajuda econômica e técnica ao Paquistão sem ligar esta ajuda a nenhum tipo de condição?

RESPOSTA: — Julgamos que existem suficientes possibilidades para a cooperação econômica mutuamente vantajosa entre a URSS e o Paquistão, desde que seja manifestado um recíproco interêsse. A União Soviética prestou e presta assistência técnica a muitos países, seja através da Organização das Nações Unidas seja mediante convênio bilaterais. E' de domínio público que ao prestar essa ajuda a URSS, ao contrário das potências ocidentais, jamais a condicionou a nenhuma exigência de qualquer gênero — políticas, militares ou de outro tipo — que afetem a soberania de um outro país. O que ficou dito refere-se também integralmente ao Paquistão.

PERGUNTA: — Quais as possibilidades de ampliação do comércio entre a URSS e o Paquistão? Que mercadorias desejaria a União Soviética comprar ao Paquistão, que mercadorias poderia vender ao Paquisão e quais seriam as formas de pagamento?

RESPOSTA: — Existem possibilidades viáveis de ampliação dos vinculos comerciais entre a URSS e o Paquistão. A URSS poderia comprar no Paquistão produtos agricolas e pecuários e também mercadorias outras que o Paquistão necessite exportar. De seu lado, a URSS está disposta a vender ao Paquistão instalações industriais completas, máquinas agrícolas e outros, diversos artigos industriais e outras mercadorias que o Paquistão deseje adquirir. Quanto a êste ponto seria de importância positiva a assinatura de um convenio comercial entre a União Soviética e o Paquistão.

PERGUNTA: — Pode a URSS compartilhar com o Paquistão os seus conhecimentos técnicos no terreno de energia atômica e do seu emprêgo para fins pacificos?

RESPOSTA: — Sim, pode.»

(Noticiário distribuido pela INTER PRESS)

Derrocada do plano sedicioso dos oficiais da Aeronáutica

Veloso, Lameirão e demais amotinados estão a serviço da conspiração golpista no país, sob o comando dos Pena Boto, Amorim do Vale e outros agentes do imperialismo americano - Unidas e vigilantes as fôrças democráticas saberão impor a sua vontade

Os militares da Aeronautica, insubordinados o isolades, ainda estao agindo segundo a inspiração politica, antidemocratica, anti-popular, daquele grupelho golpista que a 24 de agosto do ano passado assaltou o poder e levou Vargas ao suicidio.

Lacerda, Pena Boto, Eduardo Gomes são os lideres politicos dos amotinados

Muito antes de 24 de agosto esse grupo agitava e conspirava para assaltar o poder, liquidar a Constituição e merguihar o país numa ditadura americana, do tipo Castilhos Armas na Guatemala, a pretexto, como ainda hoje, de acabar com a corrupção administrativa. Derrotados pelo povo a 24 de agosto, porque não puderam levar avante o golpe contra Vargas, derrotados com a realização das eleições que tudo fizeram para impedir, derrotados no pleito eleitoral com a vitoria da candidatura J. J., derrotados a 11 de novembro quando foram surpreendidos pelo movimento anti-golpe, derrotados finalmente com a posse dos eleitos, o que não queriam tambem os golpistas, lonçam a sua ultima cartada com a insubordinação dos militares da Aeronautica.

Quem são, pois, os lideres politicos dos amotinados? Um Carlos Lacerda, conhecido valete dos trustes americanos, o homem que agitava e pregava uma ditadura de terror fascista e que na Embaixada Americana e agora nos Estados Unidos conspirava e conspira contra a nação e o povo. Um Pena Boto, furioso fascista, elemento retrogado e inteiramente a serviço da politica guerreira do Departamento de Estado. Os demais são elementos e grupos que tiveram evidencia na preparação do golpe fascista: Eduardo Gomes, Amorim do Vale, Fiuza de Castro, Café Filho, Carlos Luz, a UDN e o Club da Lanterna.

Essa minoria reacionária, que conta com o apoio dos monopolios americanos, tenta repetir no Brasil aquilo que os ianques fizeram na Guatemala, onde tomaram o poder para entregá-lo de novo ao truste United Fruit, com um fantoche no governo.

A nova tática politica

Derrotados seguidamente pelas lutas unitárias, patrioticas

(Conclui na 2a. Página — A)

CAIU POR TERRA A PROVOCAÇÃO DO RECIFE

Libertadas vinte e uma pessoas presas ilegalmente por Cordeiro de Farias

RECIFE, (IP)—A farsa das «armas e armadilhas anti-ianques» criada pelo policial Alvaro da Costa Lima, delegado de Ordem Politica, caiu por terra inteiramente. O coronel Braulio Guimarães já foi obrigado a libertar vinte e um cidadãos ilegalmente detidos.

Esta é uma significativa vitória da solidariedade democrática sôbre o terrorismo de Cordeiro de Farias e as discriminações impostas pelo odioso estado de sitio.

Os libertados são elementos dos mais diversos partidos politicos, antigolpistas, sequestrados e seviciados pela policia politica.

Os cidadãos libertados

Foram libertados o presidente do Sindicato dos Trabalhadores em Carris Urbanos e mais três dos seus companheiros; o estivador Osório Gomes do Nascimento, o camponês Severino Martiniano; Ernesto Correia de Melo, José Vidal (presidente do PSB), Fernando Florêncio, Abdias Bastos Lé e Aluizio Falcão, todos de Caruarú; os jovens José Quirino, João e Romeu e os estudantes João Vidal, Cicl e Francisco; o operario Pedro Rocha, o comerciario Antonio José Dantas, o lavrador Pedro Renaux Duarte e o textil João Elias Pereira.

Continuam detidos

Encontram-se ainda encarcerados o têxtil José Barros da Silva, secretário do PTB em São Lourenço da Mata, o estudante Ivaldo do Melo Medeiros, o funileiro José Carmelo e o trabalhador do cemitério de Casa Amarela, Manoel Amaral. Há ainda sete trabalhadores da Societé de Moreno, sequestrados esta semana. Nenhum deles foi ainda sôlto.

Tribuna do PARÁ

N.º 223 — Pará-Belém, Domingo 26 de Fevereiro de 1956 — Ano X

A carestia de vida e o aumento de salario

As donas de casa devem declarar guerra à corrida dos preços — A fiscalização Municipal fecha os olhos à exploração — O povo não pode comer frutas porque são caras — Lutar unidos e organizados pela revisão do Salário Mínimo

A nossa reportagem procurou constatar de perto a exploração de que é vítima o nosso povo, nos mercados de frutas, legumes e verduras, carne e peixe, sem que a fiscalisação municipal tome medidas para coibir tal abuso.

MERCADO DE CARNE

Inicialmente visitamos o Mercado Municipal, quarteirão da carne, onde ainda permanecia intenso movimento de pessôas que procuravam comprar o precioso alimento. Nos aproximemos de um talho e verificamos que no mesmo ainda tinha carne, sem que estivesse ali um comprador, apesar de não ter causado admiração êste fato. Perguntamos ao açougueiro o que êle achava da ausência de freguês, não sòmente em seu talho, como nos demais onde existiam ainda grande quantidade dêste alimento tão necessário à vida humana. Prontamente respondeu-nos que: «O povo parece que não tem dinheiro para comprar carne, isto eu venho notando há muito tempo, pois a maioria dos meus freguêses já são quase conhecidos».

Um outro talhador nos fez idênticas declarações, ficando assim constatado que a maoria de nossa população, que são trabalhadores e operários, não come carne porque os salários são de fome e de miséria.

MERCADO DE PEIXE

Em nossa visita a êste próprio municipal, objetivamos não só verificarmos a exploração ali reinante como também observarmos a desobediência à tabela de preços expostas à vista de todos naquele Mercado.

Nos acercamos de um talho, onde era grande a aglomeração de pessôas. Verificamos que o peixe vendido no mesmo era «filhote», clássificado pela tabela como peixe de 2.ª qualidade no preço de Cr$ 15,00 o quilo. No entretanto estava sendo cobrado a Cr$ 20,00, isto na presença da própria fiscalização, que sem dúvida alguma estava levando o seu «mole» enquanto o povo é impiedosamente explorado.

Eram precisamente 11 horas e grande quantidade de pescado abundava em diversos talhos, alguns dêles sem nenhum freguês. Isto comprova que o poder aquisitivo do nosso povo decresce cada dia que passa.

POR QUE O POVO NÃO COME FRUTAS?

A reportagem da TRIBUNA DO PARÁ, visitando e consultando os preços aos inúmeros vendedores de frutas no «Ver-o-Pêso», constatou que é grande a quantidade destas no mercado, mas a preços inacessível à bolsa da maioria de nossa população. Senão vejamos: laranjas a Cr$ 150 das menores; lima Cr$ 2,00 cada uma; abacaxis Cr$ 10,00 um; banana, uma penca com 12 ditas, por Cr$ 15,00. Em palestra com um vendedor de frutas, êle nos disse: «O senhor não imagina em quanto tem diminuido a venda de frutas nestes últimos mêses, pois êstes abacaxís que o senhor está vendo faz mais de três dias que estão aí, o povo não pode comprar e eu não posso vender mais barato. Perguntado pelo repórter a que êle atribuia todos êstes fatores, prontamente respondeu: «A exploração aos lavradores é que ocasiona esta carestia, impossibilitando ao povo de comprar mais barato, eu poderia vender mais se pudesse vender barato, mas infe-

(Conclui na 2a. página — B)

VELOSO A SERVIÇO DOS TRUSTES IANQUES

RIO 23, (I. P.). — Falando da Tribuna da Camara o Deputado Auro Viana denunciou que «o cheiro do petróleo atrai para a Amazonia o golpe Veloso»,

Impiedosamente explorados os operários da Lamport

Não recebem a taxa de insalubridade — Ganham salários de fome—Caldeireiros fazendo trabalho de eapina — O Sindicato precisa lutar em defesa de seus associados

ESTEVE em nossa redação o operario metalurgico Walter Holanda membro da Comissão Permanente de Reivindicações de seu Sindicato de Classe, que veio protestar contra o encarregado das oficinas da Lamport, que não permitiu ao referido cidadão se entender com os operários daquela empreza sôbre assuntos ligados ao sindicato e a respectiva comissão, da qual é membro eleito em Assembleia Geral dos Metalurgicos. Finalizando o seu protesto pediu-nos que deviamos ir constatar de perto a exploração a que estão sugeitos aqueles trabalhadores.

A nossa reportagem imediatamente encaminhou-se para o Curro Velho, onde estão localisadas as oficinas da Lamport. Eram precisamente 11,15, quando saiam os primeiros operarios, que foram logo abordados pela reportagem, passando a nos contar a situação e as condições de trabalho que estão sujeitos dentro da oficina.

Insalubridade

Já é do conhecimento público (muito especialmente da Delegacia Regional do Trabalho), que quase todas as empresas industriais de Belém, não pagam a taxa de insalubridade aos seus operários, enquanto permanecem as condições insalubres dentro dos locais de trabalho. Por que não é paga a taxa de insalubridade em nossa capital? Unicamente por que os fiscais ministerialistas não querem «melindrar» ou «ofender» os empregadores, pois do contrario perderão as gordas propinas que naturalmente recebem, para trazerem a lei engavetade, em prejuizo unico e exclusivo para os trabalhadores.

Não poderia a Lamport ficar atrás das suas congeneres na capital, daí porque também faz questão de não pagar a taxa de insalubridade.

Salarios de fome

Um dos operários em palestra com a nossa reportagem disse: «Veja o quanto nós somos explorados, tenho mais de 10 anos na empresa e ganho apenas Cr$ 43,00 por dia. Que posso eu fazer com um salario deste com a carestia atual? Um rapaz de compleição franzina, acercou-se da nossa reportagem e falou:

(Conclui na 2a. página — C)

Agua! Agua!

Reclamam os moradores das travessas S. Miguel, Honório José dos Santos e Carlos de Carvalho

LATA dagua na cabeça lá vai Maria, Joana ou Antônia, não importa o nome. Importa para nós é ressaltar o sacrificio imenso das mulheres, filhas do povo, que, impossibilitadas de morar nas ruas asfaltadas, dado os baixos salários dos seus maridos ou responsaveis, vêem-se ainda privadas do mais necessário, o liquido da vida: a agua.

Nas travessas S. Miguel, Honório José dos Santos e Carlos de Carvalho quem quer agua tem que enfrentar dura caminhada e ir apanhá-la na torneira do Jurunas canto com a S. Miguel e daí toca a andar quarteirões e mais quarteirões, num terreno cheio de altos e baixos e quase intransitável quando chove, de tão liso que se torna ao contacto da agua.

A colocação de um cano que descesse ao longo da Trav. S. Miguel e a colocação de torneiras no canto da Honório José dos Santos e da Carlos de Carvalho (e êste é também o pensamento dos moradores), melhoraria consideravelmente esta situação de sacrificio.

A colocação de tal derivação torna-se não só uma necessidade do povo como é tambem uma nova fonte de renda para o govêrno que, por intermédio da Companhia das Aguas, recolherá os proventos das várias derivações que naturalmente farão os moradores e mensalmente o consumo da agua encanada para suas casas. Frente a êste problema, os moradores unem-se para pedir ao Governador do Estado a solução do caso. Estão correndo abaixo-assinado solicitando êsse beneficio que, pela sua justeza, há de merecer a atenção merecida.

Mensagem dirigida à TRIBUNA DO PARÁ

BOAS FESTAI SALVE 1956

"O Democrata," jornal dos trabalhadores e de todo o povo matogrossenses, cumprimenta o distinto amigo, agradecendo-lhe a solidariedade e as atenções recebidas.

Que o ano de 1956 seja para o povo brasileiro, um grande passo em frente, no caminho da Democracia, da nossa Libertação Econômica e do Entendimento com todos os povos.

Viva a Paz!

Tudo pela interdição das armas atômicas!"

O DIRETOR

Empossada a diretoria provisoria da União dos Lavradores e Trabalhadores Agricolas do Pará

Importantes resoluções aprovadas

REALIZOU-SE domingo 12 do corrente, a primeira reunião da diretoria da União dos Lavradores e Trabalhadores Agricola do Pará, no cine «Argus» da cidade de Castanhal. Compareceram a essa reunião, delegados de varios municipios e representantes de varias Associações e União de Lavradores. Foi eleita por aclamação a seguinte diretoria: Para president, Benedito Pereira Serra; para vice presidente, Raimundo Nonato de Sousa; secretario geral, José Maria Otero; secretario de divulgação Amadeu Rodrigues de Sousa; secretario de finanças Ricardo Smit Hubes; tesoureiro, Tiburcio Barbosa da Silva.

Compareceu a essa reunião da União dos Lavradores e Trabalhadores Agricolas do Pará, o sr. Henrique Correa, representante do Prefeito de Castanhal, que presidiu os trabalhos e deu posse oficial á primeira diretoria da U. L. T. A. P., tendo assegurado em nome do prefeito de Castanhal todo o apoio ás causas justas de interesse das clases trabalhadoras. Por fim, importantes resoluções foram aprovadas entre as quais se destacam as seguintes: 1º, entrega ao governador do Estado e ao prefeito de Belém, de 2 memoriais contendo o primeiro 524 e o segundo 386 assinaturas, respectivamente, solicitando das mesmas autoridades medidas de interesse e proteção dos lavradores e trabalhadores agricolas do Pará.

Faça seus impressos na

Gráfica Belém Ltda.

Manoel Barata, 259

Entrevista de PRESTES sôbre os acontecimentos

(Na 3.ª página)

DOMINGO 26 DE FEVEREIRO DE 1956 — TRIBUNA DO PARÁ — Página 3

Entrevista de Prestes Sôbre os acontecimentos

★ **Prestes opina sôbre os últimos acontecimentos**
★ **Contrária aos interêsses do povo a pretendida reforma constitucional**
★ **A posição dos comunistas frente ao govêrno do sr. Juscelino**
★ **A luta pela anistia, pelo reconhecimento da União Soviética e contra a carestia, importantes tarefas do momento**

Aos órgãos da imprensa popular, concedeu Luiz Carlos Prestes a importante entrevista sôbre os últimos acontecimentos, que a seguir reproduzimos.

PERGUNTA—Qual sua opinião sôbre os últimos acontecimentos ?

RESPOSTA—Vemos na posse dos candidatos eleitos em 3 de outubro, na suspensão da censura à imprensa, na decisão que pôs fim ao estado de sítio, novas e importantes vitórias do povo. Os imperialistas norte-americanos continuam a ser batidos em suas investidas que visam em nosso país, como de resto em tôda a América Latina, a instauração de uma ditadura militar de tipo fascista que abra caminho à completa colonização do Brasil pelos Estados Unidos. Sente-se em nosso país um novo despertar político das massas que já torna difícil aos demagogos e demais agentes dos monopólios norte-americanos desviar o povo da luta em defesa das liberdades e da Constituição. E isto é muito importante, porque sem liberdade não será possível lutar pelo pão e pelas demais reivindicações dos trabalhadores. Os últimos acontecimentos mostram que o povo—e nesta palavra incluo desde operários e camponeses até amplos setores da burguesia brasileira—cada vez mais cerrará fileiras em defesa das liberdades e da Constituição contra qualquer tentativa liberticida, venha de onde vier. Os gestos de indisciplina de alguns militares descontentes e a linguagem desabrida da imprensa reacionária não terão eco e devem ser firmemente condenados pela maioria esmagadora da nação como provocações golpistas.

A diminuição da tensão internacional e o crescente isolamento dos incendiários de guerra norte-americanos, que vão sendo obrigados a recuar, muito concorrem igualmente para ampliar o campo das fôrças políticas que em nosso país lutam pelas liberdades, pela independência nacional e pelo progresso. As provocações anticomunistas e anti-soviéticas do sr. Nixon são repelidas como intervenção inadmissível nos negócios internos de nosso país pela maioria esmagadora da nação. Os círculos dirigentes dos Estados Unidos estão enganados se pensam fazer aquilo que fizeram na Guatemala. Contra qualquer intervenção estrangeira levantar-se-ão todos os patriotas acima de quaisquer divergências políticas ou de diferenças de classe. E para enfrentarmos as atuais dificuldades econômicas, especialmente a crise no comércio externo, contamos com a solidariedade e o apoio da poderosa União Soviética, cujo govêrno, como acaba de declarar seu eminente chefe, Marechal Bulgânin, está pronto a estabelecer relações com os governos de todos os países da América Latina e a estimular as trocas comerciais na base do interêsse mútuo e em pé de igualdade. Acabar com o monopólio ianque em nosso comércio externo será darmos um grande passo no caminho da independência nacional. Nosso comércio externo poderá ampliar-se consideràvelmente e, em troca de nossos produtos de exportação, poderemos comprar à U.R.S.S. e demais países do campo socialista as máquinas para a indústria nacional, para a produção de energia, para a exploração do petróleo e outros bens essenciais, sem necessidade de contrair empréstimos lesivos à soberania nacional.

Enfim, os últimos acontecimentos políticos no país e no mundo auguram novos e maiores êxitos na luta de nosso povo pelas liberdades, pela independência e pelo progresso do Brasil.

PERGUNTA—Que pensa da propalada reforma constitucional ?

RESPOSTA—Nenhuma reforma constitucional poderá no momento contar com o apoio das grandes massas populares. O que o povo exige é que se cumpra a Constituição e que, dentro dos seus preceitos, realise o govêrno uma política interna e externa diferente da dos seus antecessores, uma política que vise a melhoria das condições de vida das grandes massas trabalhadoras, a defesa da soberania nacional, de nossas riquezas naturais e da indústria nacional, que acabe com tôdas as discriminações políticas e ideológicas condenadas pela Constituição, uma política externa que coloque o Brasil no concerto das nações que lutam pelo entendimento pacífico entre todos os povos. Não pode ser outra a interpretação do voto popular em 3 de outubro e do apoio que recebeu do povo a atitude do ministro da guerra, general Teixeira Lott, em 11 e 21 de novembro. Na situação atual, reforma constitucional é eufemismo de luta contra a Constituição, é a nova forma tentada pelos serviçais e agentes dos imperialistas norte-americanos para alcançarem o que não conseguiram nem com o golpe de 24 de agôsto de 1954 nem, posteriormente, com as diversas tentativas liberticidas. Qualquer tentativa no sentido de reformar a Constituição, no momento atual, significa uma ameaça às liberdades e às conquistas dos trabalhadores, significa nova e mais grave ameaça ao petróleo brasileiro, às quedas dágua que o demagogo Jânio Quadros e seus parceiros querem entregar à Light e à Bond and Share, significa um sério passo no caminho da ditadura de tipo fascista e da completa colonização do Brasil pelos Estados Unidos. Estão perigosamente equivocados os democratas e patriotas que pensam ser agora conveniente e ter caráter progressista uma reforma constitucional.

Nós, comunistas, estamos muito longe de ser partidários cegos da atual Constituição. Ela consagra um regime econômico, político e social que combatemos, consagra uma injustiça tão grande quanto o monopólio da terra por uma minoria de senhores, nega o direito de voto aos analfabetos que constituem mais da metade das massas trabalhadoras. Mas é claro que não é no sentido progressista que se pretende agora reformar a Constituição. Querem a reforma constitucional as mesmas fôrças políticas que, com mêdo do povo e do ascenso democrático, pensaram conter o movimento popular por meio de estado de sítio. Fala-se na necessidade de dar ao Executivo maiores poderes para que possa enfrentar a difícil situação que atravessa o país. Em que casos, no entanto, deixou o Parlamento de atender às solicitações do Executivo ? Terá sido quando o govêrno de Dutra quis entregar o petróleo brasileiro à Standard Oil ? A delegação de poderes de que agora se fala como uma necessidade não constituirá excesso desnecessário e perigoso ? Não será uma porta aberta para a tirania ? Fala-se em conceder maior autonomia aos Estados, mas não terá isto por objetivo permitir aos govêrnos estaduais contrair empréstimos no estrangeiro e fazer concessões aos monopólios norte-americanos com grave dano para a segurança nacional ? Fala-se em limitar o número de partidos políticos e, mesmo, de liquidar os pequenos partidos, mas não é esta uma nova maneira de submeter a nação aos caprichos dos grandes partidos dirigidos pelas fôrças mais reacionárias ? Não constituirá isto um sério golpe na representação proporcional ?

Luiz Carlos Prestes

Aplique-se a Constituição, eliminem-se as leis reacionárias como a lei de segurança e a lei de imprensa, contrárias ao espírito e à letra da Constituição, acabe-se com tôdas as desigualdades e discriminações políticas e ideológicas, expressamente vedadas pela Constituição, realize-se uma política de paz de acôrdo com o preceito constitucional que veda a participação do Brasil em qualquer guerra de agressão e, consequentemente, em quaisquer blocos agressivos político-militares — é isto o que reclama o povo, é isto o que querem todos os patriotas e democratas conscientes. A minoria reacionária que levanta agora a bandeira da reforma constitucional o que quer é barrar o movimento da libertação nacional e facilitar aos monopólios norte-americanos e colonização de nosso país pelos Estados Unidos.

PERGUNTA — Qual a posição do P. C. B. diante do novo govêrno?

RESPOSTA — Apoiamos as candidaturas dos srs. Kubitschek e Goulart e participamos com decisão da luta pela posse dos eleitos em 3 de outubro. Era isto que interessava à maioria esmagadora da nação e muito especialmente às grandes massas trabalhadoras, contrárias a qualquer tirania e que reclamavam — e reclamam — mudanças na política interna e externa do país. À frente da classe operária e do povo continuaremos lutando em defesa das liberdades, contra qualquer tentativa de golpe de Estado e pelas mudanças reclamadas pelo povo na política interna e externa do govêrno. Nós, comunistas, estamos decididos a lutar com tôdas as nossas fôrças para que a vontade do povo seja traduzida em atos e, nestas condições, estamos sempre prontos a apoiar qualquer passo à frente, qualquer medida favorável à classe operária e ao povo, qualquer iniciativa que sirva à causa da paz, das liberdades, da independência e do progresso do Brasil.

O presidente da República, sr. Juscelino Kubitschek, nos primeiros dias de seu govêrno, já fêz sérias e perigosas concessões aos reacionários. A violência com que o govêrno pretendeu intimidar os valentes grevistas de Barra Mansa constitui também um mau indício. Semelhante orientação só pode levar ao isolamento do govêrno e a um rápido e perigoso desprestígio que nem as promessas de «ajuda» do sr. Nixon, nem os aplausos da minoria reacionária poderão compensar. Poderá ser isto do interêsse do sr. Kubitschek e das forças políticas em que se apoia? Já está suficientemente claro que em nosso país não tem futuro o govêrno que pretender apoiar-se no imperalismo norte-americano.

O povo, no entretanto, espera do sr. Kubitschek as medidas práticas que revelem uma orientação efetivamente democrática e progressista. Que quer o povo? O povo quer medidas práticas contra a crescente elevação do custo da vida, quer a anistia para os condenados e processados por motivos políticos; quer que sem maiores demoras sejam estabelecidas relações comerciais e diplomáticas com a União Soviética, quer a elevação do salário-mínimo, a liberdade e autonomia do movimento sindical, quer que o govêrno tome sem maior tardança uma posição firme na defesa do petróleo brasileiro e demais riquezas naturais ameaçadas de pilhagem pelos monopólios norte-americanos. O Partido Comunista sintetizou numa plataforma de quatro pontos estas e outras reivindicações que expressam a vontade da maioria da nação e não há dúvida de que em tôrno dessa plataforma unir-se-ão, com o correr dos dias e dos acontecimentos, massas cada vez mais consideráveis cuja vontade e cuja ação não poderão ser desconhecidas pelos governantes. Apoiaremos o govêrno se se dispuser a realizar a referida plataforma. Jamais deixaremos de defender os interêsses da nação e o povo sabe que o govêrno que receber o apoio do Partido Comunista só pode ser um govêrno a favor do povo, um governo efetivamente democrático e progressista.

PERGUNTA — Julga que podem ser alcançadas modificações na política interna e externa do Brasil ? Como conseguir isto ?

RESPOSTA — As modificações no sentido democrático e progressista da política interna e externa do país são indispensáveis e, mesmo, nesta altura dos acontecimentos, já inevitáveis. O povo não cederá e à medida que, através de todo o país, se intensifique a ação popular, nenhum govêrno poderá sem risco desconhecer as exigências da maioria esmagadora da nação ou resistir à pressão das massas. É claro que os reacionários e demais agentes do imperialismo norte-americano tudo farão para desviar as massas do justo caminho, para dividí-las e para explorar com novas tentativas golpistas o descontentamento popular. Cabe por isto aos democratas e patriotas mais conscientes, em primeiro lugar aos comunistas, a importante tarefa de esclarecer as massas e guiá-las, não permitindo que sejam enganadas pelas mentiras de seus piores inimigos. Devemos apoiar com a maior energia o esfôrço unificador do Movimento Nacional Popular Trabalhista e a ação que dirige. Devemos dedicar a maior atenção ao esclarecimento, mobilização e organização das grandes massas de trabalhadores do campo que, dirigidas pela classe operária, constituirão fôrça decisiva e invencível. É nosso dever manter as massas vigilantes em defesa do petróleo brasileiro que continua ameaçado, em defesa das liberdades, contra qualquer tentativa no sentido de reformar, no momento, a Constituição de 1946. A luta pela anistia para os condenados e processados por motivos políticos, pelo estabelecimento de relações comercias e diplomáticas com a União Soviética e por medidas práticas contra a carestia da vida precisa, o quanto antes, tomar um caráter de massas e ganhar o país inteiro. Depois da suspensão do estado de sítio, são estas as reivindicações que devem ser conquistadas para que possamos colocar o govêrno diante da contigência de submeter-se à vontade do povo que exige uma nova política democrática e progressista.

Tenhamos confiança nas fôrças do povo que hão-de levar o Brasil à posição de destaque que todos almejamos no concêrto das nações pacíficas, democráticas e progressistas.

EM FEVEREIRO DE 1956.

(Transcrito da «Imprensa Popular» de 22-2-1956)

DOMINGO 26 DE FEVEREIRO DE 1956   TRIBUNA DO PARÁ   Página 2

Tem caráter reacionário o movimento pela reforma da Constituição

Um compromisso entre grupos reacionários colocados em postos do govêrno e os elementos golpistas derrotados a 3 de outubro—Onde resurge a «maioria absoluta» e a tentativa de violentar, ainda mais, a liberdade de associação partidária — O povo defenderá as conquistas que fêz inscrever na Constituição

RIO, (I. P.)—O sr. Nereu Ramos e o líder do PSD na Câmara, deputado Vieira de Melo, informam ser assunto líquido e pacífico a reforma da Constituição nos próximos meses. O sr. Nereu Ramos coloca, mesmo, a sua permanencia no Ministério da Justiça em função desta reforma, cujo projeto, diz um matutino, êle começara a corrigir ainda no Carnaval.

Compromisso entre forças reacionárias

No momento, o povo as forças democráticas encaram com a máxima desconfiança esta febre reformista. Evidentemente, a atual Constituição, embora elaborada ao influxo do ascenso democrático que se verificou em nosso país e em todo o mundo após a vitória dos povos sôbre o nazi-fascismo, possui dispositivos antidemocráticos, restrições absurdas a direitos nela mesma proclamados, cria obstáculos a uma reforma agrária e a medidas práticas de defesa do país contra o saque sistemático pelos monopólios norte-americanos.

Mas os «reformistas», pelo menos é o que se depreende das declarações de todos êles, nem de longe encaram êsses problemas. Revelam ignorá-los sistemáticamente e pensam em outra coisa. Mais exatamente: pensam na «reforma constitucional» que foi agitada como bandeira, nada mais nada menos, que pelo grupo udeno-golpista apeado do poder com a derrota nas urnas de 3 de outubro e com o movimento de 11 de novembro. A «reforma constitucional» surge, sob êste aspecto, como um compromisso com os golpistas, como um compromisso entre fôrças reacionárias contra o povo.

Resurgimento da «maioria absoluta»

Vejamos, por exemplo, 'os temas da «reforma constitucional» apresentados pelo deputado Vieira de Melo, pelo sr. Nereu Ramos e, também, por alguns dirigentes da UDN. Um dêles, segundo o líder da maioria na Câmara dos Deputados, é o relativo à maioria absoluta. No ano passado o Congresso rejeitou emendas à Constituição neste sentido. Por que, agora, voltar a um assunto que foi enterrado? Apenas com um objetivo: para um «retrocêsso» entre as fôrças mais reacionárias dos partidos das classes dominantes contra o direito do povo escolher, diretamente, o presidente da República. Com a instituição da maioria absoluta, sòmente em casos excepcionais o presidente e o vice-presidente da República conseguiriam ser eleitos pelo voto popular. Passariam a ser designados pelo Congresso, à base de cambalachos por cima da vontade e das aspirações populares.

Atentado à liberdade de Associação Política

Outro tema da revisão constitucionais é a «redução dos partidos políticos». Noutras palavras: a supressão dos pequenos partidos, obrigando o povo a meter-se na camisa de fôrça de dois ou três partidos ao gôsto das fôrças mais reacionárias. Ora, o que o nosso povo exige é justamente o contrário: é a plena liberdade de organização partidária e direito de existência legal de todos os partidos, inclusive a legalidade do Partido Comunista. Sòmente assim o povo pode assegurar a sua repre-

sentação e participação concreta na vida política do país. Ademais, é necessário salientar a relatividade do conceito de «pequenos partidos». Um pequeno partido, hoje, pode vir a ser, de acôrdo com a atitude que assuma, um grande partido amanhã. Assim como os chamados «grandes partidos» podem esfacelar-se e mesmo desaparecer em poucos anos.

O povo defenderá suas conquistas

A «reforma constitucional» que se esbôça não atende, por isso, às exigências democráticas da nação. Muito pelo contrário, atenta contra elas. O povo lutará intransigente, em defesa das conquistas democráticas que fêz inscrever na atual Constituição e pela obtenção de liberdades que ainda lhes são negadas, como direito de voto para os analfabetos, soldados e marinheiros, a legalidade do Partido Comunista e a supressão de tôdas as discriminações políticas e ideológicas. Estas conquistas podem ser obtidas sem necessidade de reforma da Constituição.

Leia, divulgue e prestigie
TRIBUNA DO PARÁ

Resenha Parlamentar

CONFORME edital publicado no «Diário Oficial» do Estado, a Assembléia Legislativa foi convocada para novo período extraordinário de trabalho, com início a 2 de fevereiro e término a 30 de março, pois há matéria urgente a inadiável a discutir e aprovar, inclue a suplementação de verbas, da ordem de Cr$ 46.723.081,80, constante do projeto de lei de autoria do Executivo, e que permitirá o cumprimento do orçamento de 1955, prorrogado para o exercício corrente, já que a proposta orçamentária original deixou de ser aprovada, em redação final, em virtude do não comparecimento, da bancada do Partido Social Democrático ao plenário, durante várias reuniões consecutivas.

É fora de dúvida que o legislativo estadual estava conduzindo seus trabalhos com visivel lentidão, e que corre, agora, com celeridade impressionante, tendo sido, já aprovada em terceira discussão, faltando apenas, agora, a redação final, que terá lugar na próxima segunda-feira, dia 26.

Salário minimo

Dos trabalhos da semana receberiamos finda, destacamos, pela sua importancia indispensável, o requerimento do pessedista Jorge Ramos, no sentido de que a Assembléia se dirija ao ministro do Trabalho, a fim de esterondir o vivo desejo de que, quando da fixação dos novos níveis de salário mínimo, seja o trabalhador paraense contemplado com quantia nunca inferior a 2.000 cruzeiros. A proposição do parlamentar pessedista é digna de menção, e indiscutível o seu mérito. Nada obstante, mais objetivo foi o representante do PTB do Pará à convenção nacional daquele partido, e que, no momento oportuno, pediu fosse fixado em 3.000 cruzeiros mensais o salário mínimo para o nosso Estado.

De qualquer maneira, 'o requerimento Jorge Ramos foi aprovado por unanimidade, sendo de ressaltar a declaração de voto favoravel ao mesmo, feita pelo deputado Clovis Ferro Costa, em seu nome e pela bancada da UDN, que lider, entendendo perfeitamente justo o pedido, porque não é possivel negar ao trabalhador o mais elementar e humano dos direitos: o direito de sobreviver.

Acontecimentos de Santarém

O petebista Elias Pinto foi o autor do requerimento dirigido às autoridades militares encarregadas da chamada «Operação Santarém».

no sentido de que tudo fizessem para poupar a população civil e a propriedade privada existente na próspera cidade, convulsionada pela louca aventura de alguns militares indisciplinados, a serviço dos maus brasileiros que pretendem golpear a Constituição e implantar uma ditadura terrorista, entregando a máquina estatal aos remanescentes do fascismo em nossa terra, como Pena Boto, Amorim do Vale, Benjamin Sodré e outros corifeus da reação.

no decreto baixado a 21 do corrente, o Governador Catete Pinheiro designou para dirigir a Secretaria de Saúde Pública do Estado, o Dr. Wilson da Mota Silveira que já vinha respondendo pelo expediente da mesma, desde o 1.º mês de Janeiro, na ausência do Dr. Hermínio Pessôa, que viajara em missão do Govêrno do Estado para o Rio de Janeiro.

O Dr. Wilson da Silveira é um dos mais conhecidas e conceituados sanitaristas da região paraense, cujos problemas sanitarios conhece a fundo, pois a percorreu durante mais de dez anos, quando médico do Serviço Especial de Saúde Pública. Ingressando depois na Saúde do Estado, foi sucessivamente chefe do Serviço de Polícia Sanitaria do Centro de Saúde n. 2, Diretor do mesmo Chefe da Divisão Técnica da Secretaria de Saúde, Secretario da Saúde Interino, o, finalmente, efetivo.

Ao novo titular da repartição sanitária estadual, que gentilmente nos comunicou sua posse, desejamos uma proveitosa gestão no sentido de atender às mais prementes e imediatas necessidades do povo paraense em matéria de saúde pública.

CONCLUSÕES

— A —

e demoráticas, do povo brasileiro, Lacerda, Pena Boto, a UDN, o Club da Lanterna, e os demais cabecilhas políticos anonime e os próprios amotinados dos tentam manobrar para enganar e envolver o povo, dizendo-se defensor das liberdades, dos riquezas nacionais da Petrobrás, etc., mas na verdade constituem os piores inimigos da Constituição, das liberdades e direitos conquistados pelo povo, são os mais rancorosos inimigos do movimento operario e democrático e das lutas patrioticas de emancipação nacional, movimento e lutas que unificam o povo brasileiro e vêm garantindo a defesa da Constituição, das riquezas nacionais e da soberania da nação.

O programa político dos que inspiram os amotinados coincide com os interesses dos monopolios ianques que desejam o petróleo para a Standard Oil, mão livre no país para um completo saque das riquezas nacionais, submeter a nossa política interna e ex-

terna aos objetivos da preparação guerreira dos Estados Unidos.

Unidas e vigilantes, as fôrças democráticas saberão impôr a sua vontade

Afirma Prestes: «O inimigo sofreu uma derrota, mas conserva suas forças. Não foi destruído e preparou-se com fúria para voltar ao ataque. Conserva suas posições e mantem-se emboscado ao mesmo tempo que manobra a tudo faz para dividir a coalizão anti-golpista que o derrotou».

A intentona apenas confirma as palavras de Prestes: o grupelho golpista volta ao ataque, com mais fúria.

Mas as forças democráticas e patrióticas que vêm infligindo sucessivas derrotas aos inimigos da democracia e da soberania nacional, crescem e são bastante poderosas para poder «assegurar ao govêrno todas as condições para enfrentar com êxito os inimigos internos e externos de nosso povo».

Se as forças democráticas e patrioticas mantiveram a sua unidade e vigilancia se as desenvolver ao fogo das lutas pelas liberdades democráticas, exigindo, ao mesmo tempo, medidas práticas contra a carestia da vida em defesa do nível de vida dos trabalhadores, em defesa das riquezas e da industria nacionais, pelo estabelecimento de relações amistosas com todos os povos-é certo que serão derrotadas «todas as tentativas do inimigo e avançaremos no caminho da democracia, da independencia nacional e do progresso do Brasil».

— B —

lizmente sou também um explorado pelos atravessadores.

A reportagem verificou que a alta crescente do custo de vida requer uma luta organizada, e crescente de todo povo, para o congelamento dos preços dos mercadorias.

O SALÁRIO MÍNIMO

No momento em que se movimentam Federações, Sindicatos e demais organizações sindicais, na luta pela Revisão do Salário Mínimo, em todo o Brasil, torna-se necessário colocar em pé de igualdade a luta pelo congelamento dos preços, porque do contrário permanecerá a velha tendência que sempre existiu: aumentar os salários e aumentar os preços de tôdas as mercadorias essenciais à vida humana.

Só organizados e unidos, os sindicatos os operários e trabalhadores, e nas Associações de Donas de Casa as mulheres que são as maiores vítimas da carestia de vida.

— C —

«O maior salario é Cr$ 43,00 por dia, isto para quem tem mais de dez anos, pois os demais variam de 35,00 cruzeiros, para baixo».

Caldereiro para capinar mato

Os operários caldereiros nas oficinas da Lamport, além do serviço da calderagem que é por demais pesado, são obrigados a capinar o mato e carregar lenha para os reboçadores.

Isto é uma afronta a propria lei que regula e classifica a especialização profissional de cada operário, só podendo ele executar os serviços da alçada de sua especialidade e de acôrdo com classificação anotada em sua carteira profissional.

Para o Sindicato é o caminho indicado

Está provado que os trabalhador sanitário com o Sindicato de classe, unidos e coêsos, podem tornar vitoriosas as suas reivindicações.

Os trabalhadores de Volta Redonda e Barra Mansa em sua última luta por aumento de salarios deixaram 'um magnífico exemplo que deve ser seguido por todos os trabalhadores do Brasil. Provaram aqueles operários que a unidade e organização são fatores do êxito na luta dos trabalhadores.

Pacto de Unidade dos Sindicatos do Porto

Lutarão em conjunto em defesa de seus direitos e reivindicações—Manifesto que ,consagra os princípios da solidariedade operária

REUNIDOS ante-ontem todos os sindicatos da Oria Marítima tomaram a decisão de firmar um Pacto de Unidade para a luta em comum em defesa de seus direitos e reivindicações, aprovando um Manifesto que indica os propósitos das referidas corporações. O documento é do teor seguinte:

«Os Sindicatos que subscrevem o presente manifesto, tendo em vista as reuniões de seus presidentes e delegados, realizadas no dia vinte e um (21) de fevereiro do corrente ano, na sede do Sindicato dos Estivadores de Belém, à rua Gaspar Viana, n. 82, resolveram firmar um Pacto de Unidade Sindical, das classes que empregam suas atividades na oria marítima, com a finalidade de unidos numa só família, reivindicarem os seus direitos junto aos poderes competentes, aos quais são subordinados, dentro da ordem, disciplina e respeito mútuo.

Não permitindo entretanto que nenhuma classe pertencente ao Pacto de Unidade Sindical das classes marítimas e anexas do Pará, possam ou sejam relegadas em seus legitimos direitos, prestígios e respeitos, por parte de opiniões, que visem o desmoronamento material ou moral dos Sindicatos que a êste manifesto subscrevem.

Belém, 26 de fevereiro de 1956.

(aa) Pelo Sindicato dos Estivadores de Belém — Milton Vieira da Costa.
Pelo Sind. Conf. Cons. Carga e Descarga — Raimundo Nonato Alves.
Pelo Sind. Foguista em Transportes Fluviais — Manoel T. Ramos.
Pelo Sindicato N. Foguistas M. Mercante — Raimundo Lucas de Sousa.
Pelo Sindicato Maquinista e Motorista — Antônio Zacarias Dias.
Pelo Sindicato dos Marinheiros — Almerindo Vinas.
Pelo Sindicato Of. Náut. Transp. Fluviais do Pará — Gilberto da Conceição Menezes.
Pelo Sindicato dos Motoristas e Condutores da Pará — Bernardino da Costa e Silva.
Pelo Sindicato dos Taifeiros — Roberto de Figueiredo Castilho.
Pelo Sind. dos Carregadores — Gentil Pompeu Leão».

Fracasso dos Golpistas
(Paródia do samba «Falaram Tanto»)

Pois é!
Fizeram tanto
Mais uma vez
Os golpistas deram fora !
Disseram que êles eram
Os maiorais
Mas nós não podemos acreditar !
Subornaram o Veloso tanto . . . tanto
Que êle resolveu conspirar

II

A maldade dos golpistas é uma arte
Tanto fizeram que houve
A conspiração
Mas, patriotas, a gente
Encontra em tôda parte
De braços com os ianques conspirando
Os entreguistas da nação.

MARIA OLIVEIRA

Indicador Profissional

ADVOGADOS

CARLOS A. LIMA
ADVOGADO
Escritório: Travessa 7 de Setembro, 126 (altos)
TELEFONE, 4915

CLOVIS MALCHER
ADVOGADO
CIVEL—COMÉRCIO—TRABALHO
7 de Setembro, 50 — Fone, 4632

DANIEL COÊLHO DE SOUZA
ADVOGADO
Esc. Trav. 7 de Setembro, 66— 1.º andar
FONE: 2525 — CAIXA POSTAL, 680

MEDICOS

Dr. POJUCAN TAPAJÓS
CLINICA E ALIMENTAÇÃO DE CRIANÇAS
Das 8 ás 10 horas
Edifício "Bern"—2.º andar—Salas 25 e 26—Telefone: 1401
Residência: Praça da República, 12—Telefone: 1921
Belém—Pará

Prof. DR. RUY ROMARIZ
da FACULDADE DE MEDICINA
CLINICA MÉDICA
Aparelhos: Respiratório, Circulatório, Digestivo, Gênito—Urinário
Tratamento especializado de hemorroides por injeções in loco dol—
— DOENÇAS DE CRIANÇAS —
Consultório: Campos Sales, 47 — 1.º andar — Fone, 2508
Residência : Dr. Morais, 18 — Fone, 3221
— Consultas : Das 10 ás 12 horas —

Gráfica Belém Ltda.
Rua Senador Manoel Barata, 259

AVISA aos seus amigos e fregueses, mui especialmente aos srs. pais de alunos, srs. Diretores e professoras de colégios, Diretoras e professoras de estabelecimentos de ensino, que tendo a sua secção de livraria contendo livros didáticos dos principais Editoras e atualizados com os ensinos primário e secundário, materiais escolares, revistas as mais variadas, Romances do Povo, livros de cultura política dos mais completos e famosos autores nacionais e estrangeiros.

Faça a sua visita à nossa livraria, consulte os nossos preços e verifique o estilo do nosso variado sortimento.

LANÇADAS AS CANDIDATURAS CLEO BERNARDO - GERALDO PALMEIRA

LIBERDADES, SOBERANIA NACIONAL E MELHORIA DE VIDA PARA O POVO

Reafirmam os Candidatos Suas Posições Nacionalistas e Democráticas — Candidatos de Oposição — Apelo à União das Forças Democráticas, Populares e Nacionalistas — Oradores de Várias Correntes Políticas em Sta. Luzia e Jurunas — Na Rua Uma Intensa Campanha Popular

O Governador Barata Envereda Pelo Caminho Anti-Democrático

Ameaças às iniciativas de lutas dos lavradores pelos seus direitos e reivindicações — Impõe-se a união e a solidariedade de todos os trabalhadores da cidade e do interior

CERCA de 218 lavradores de Inhangapí vieram a Belém pedir providências ao governador contra a ameaça de despejo de 1800 famílias.

A história está contada no memorial que transcrevemos nesta edição e trouxe perto de 250 assinaturas.

No entanto, os trabalhadores foram recebidos pelo governador porque ele estava em Bragança, mas deixaram o memorial em a esperança de uma justa solução.

BARATA CALUNIA A LUTA DOS LAVRADORES

O governador Barata mandou chamar o Sr. Benedito Serra, presidente da ULTAP, entidade que congrega centenas de lavradores e luta pelas suas reivindicações. Em Palácio, o governador insulta o presidente da ULTAP, caluniando o movimento de unidade e organização dos trabalhadores da zona bragantina que é a ULTAP, a luta contra o despejo, ameaçando tomar medidas de repressão às iniciativas de luta dos trabalhadores do campo.

ATITUDE DISCRIMINATÓRIA E ANTI-DEMOCRÁTICA

Constitui uma amarga experiência aos trabalhadores do campo a atitude anti-democrática e de tentativa discriminatória do governador Barata. É uma atitude que repercutirá negativamente no seio da grande massa de lavradores do interior que vive explorada e sem direitos.

CONTRA A UNIDADE E A ORGANIZAÇÃO DE LAVRADORES

Lança-se o governador Barata contra os direitos de reunião e de se organizar dos lavradores usando de um velho expediente que a ninguém engana e que caluniar as iniciativas de luta dos homens do campo pelas suas reivindicações.

AMEAÇAS ÀS LIBERDADES

O mais grave é que o governador Barata ameaça tomar pelo caminho da repressão anti-democrática contra as lutas na zona bragantina.

UNIDADE E ORGANIZAÇÃO PARA FORTALECER

O que marcha no campo é a consciência de luta dos lavradores da zona bragantina. Nada poderá detê-los. É uma luta justa pelos seus direitos e reivindicações e conta com a solidariedade dos seus irmãos da cidade.

N. 272 — Belém-Pará, Domingo 20 de Janeiro de 1957 — Ano XI

Opõe-se a Assembléia Pernambucana à Entrega de Fernando de Noronha

Em virtude de resolução do plenário, o presidente daquela casa legislativa telegrafou ao sr. Juscelino Kubitschek, opinando no sentido de que, segundo determina a Constituição, seja o assunto submetido à consideração do Congresso Nacional — Observa-se no Recife que o governo federal comprou mas ainda não pagou a ilha ambicionada pelos americanos

RECIFE, (IP) — A Assembléia Legislativa de Pernambuco vem de tomar posição contra a entrega de Fernando de Noronha aos belicistas norte-americanos.

No mesmo sentido a Câmara estadual deliberou enviar telegrama ao presidente da República sr. Juscelino Kubitschek.

Essa atitude dos deputados estaduais coincide com a posição do povo de Pernambuco, manifestamente contrário a essa tentativa de alienação da soberania nacional. Duas circunstâncias levam o povo pernambucano a formar entre os que mais vigorosamente se opõem à entrega daquela parte do território brasileiro a uma potência estrangeira. Primeiro, a transformação de Fernando de Noronha em base de teleguiados torna o Nordeste ponto visado pelos projéteis teleguiados, no caso de uma guerra em que entrem os Estados Unidos; segundo o governo federal, que hoje se encontra sob pressão dos americanos para abrir mão de um trecho do território pátrio, separou Fernando de Noronha e Pernambuco mas ainda pagou a indenização aprovada pelo Congresso Nacional.

Devem Estar Unidas as Fôrças Que Lutam Pelo Socialismo

Discurso de Chu En-Lai na Polônia

VARSÓVIA, (IP) — Ao chegar de Moscou, o sr. Chu En-Lai, ministro chinês, proferiu um discurso, salientando a necessária unidade do campo socialista e um tôrno da União Soviética.

Dirigindo-se aos senhores Gomulka, primeiro secretário do Comitê Central do Partido Operário Unificado, Zawadzky, presidente do Conselho de Estado, e Cyrankiewicz, primeiro ministro da Polônia, declarou Chu En-Lai: «Os nossos países chegaram um do outro mas estão unidos nos seus corações. Depois da nossa última visita, realizada há dois anos e meio, o nosso país obteve grandes êxitos, mas também muitas dificuldades que atualmente são vencidas no preço de grandes esforços. Para conseguir superar essas dificuldades é necessário que estejam unidas todas as fôrças na luta contra os inimigos dos trabalhadores. Acreditamos que os trabalhadores poloneses e a grande massa da nação consigam vencer essas dificuldades. O povo chinês sente-se feliz por terem sido reforçadas nestas últimas tensões as relações amistosas entre a Polônia e a União Soviética». Em seguida, Chu En-Lai condenou a agressão das fôrças israelenses britânicas e francesas no Oriente Médio e as diversões imperialistas na Hungria. O «premier» chinês criticou igualmente o colonialismo norte-americano no Oriente Médio e a reabilitação do nazismo. Denunciando o recrutamento de atividade dos imperialistas, insistiu Chu En-Lai a respeito da necessidade de reforçar a amizade entre os países socialistas para garantir a paz no mundo. O chefe do governo chinês concluiu o seu discurso, exclamando: «Viva a Polônia heróica! Viva a classe operária polonesa! Viva a amizade e a solidariedade dos países socialistas, tendo à frente a União Soviética!»

Edição de hoje 4 páginas

Convocação em Defesa de Fernando de Noronha

Lança a UNE ao Povo Brasileiro Um Apêlo de Luta e Resistência

Convocado grandioso ato público na sede da UNE — Que constitua o ato uma reafirmação poderosa de nossos princípios e convicções de soberania e de independência — Íntegra do importante manifesto, aprovado pela diretoria da entidade

A União Nacional dos Estudantes confia no que o povo brasileiro, através de suas correntes mais representativas de opinião — trabalhadores, funcionários, profissionais, intelectuais e militares — corresponderá ao seu apêlo de luta e resistência e concorra

ANUNCIEM EM

Tribuna do PARÁ

para que o ato público seja realizado em sua sede, dia 17, às 20 horas, constitua uma reafirmação poderosa dos nossos princípios e convicções de soberania e de independência».

Com essas enérgicas palavras, a União Nacional dos Estudantes, órgão máximo dos universitários brasileiros, encerra seu vibrante manifesto contra a cessão de bases em Fernando de Noronha aos Estados Unidos, fazendo através por sua diretoria um chamamento à luta e à resistência contra o criminoso transação.

Cleo Bernardo Reafirma Sua Posição em Defesa das Liberdades e da Soberania Nacional

VEM alcançando grande repercussão no seio dos trabalhadores e das massas populares o lançamento das candidaturas de Cleo Bernardo, presidente do PSB, e Geraldo Palmeira, jornalista, do PTB dissidente para senador e suplente de senador, respectivamente.

Campanha Nacionalista e Democrática

No largo de Santa Luzia e no Jurunas realizaram-se 4.ª e 6.ª feiras últimas à noite, os primeiros comícios das candidaturas de Cleo Bernardo e Geraldo Palmeira. Todos os oradores salientaram o conteúdo democrático e nacionalista da candidatura socialista petebista dissidente, apelando todos para uma ampla união em torno dos candidatos de todas as forças políticas do Estado que desejam a defesa das liberdades e da soberania nacional.

Causou o maior entusiasmo popular a reafirmação cívica de Cleo Bernardo como candidatura da oposição e de luta pela soberania nacional, contra a entrega de Fernando de Noronha, pela paz, pelo entendimento entre todos os povos, pela Petrobrás, pela reforma agrária, pelo direito de greve, pela liberdade dos sindicatos, tirando-os da tutela dos pelegos para entregá-los aos verdadeiros líderes da classe operária.

O jornalista Geraldo Palmeira fez idêntica reafirmação, criticando severamente o Governo Barata pela reabertura do jogo e pelas suas medidas de restrição às liberdades.

Apêlo à União de Todas as Forças Democráticas

Os candidatos fizeram um amplo apêlo a todas as forças democráticas para tomar nas mãos a bandeira da defesa das liberdades e da soberania da Pátria. Falaram ainda numerosos oradores de diversas correntes políticas.

Comícios e Atos Públicos das Candidaturas Cleo Bernardo — Geraldo Palmeira

SEMANA DE 20 A 27

Dia 20, domingo — Castanhal, pela manhã.
» 21, 2.ª feira — Programa na Rádio Clube do Pará.
» 22, 3.ª feira — Matinha, praça do Cruzeiro.
» 23, 4.ª feira — Cidade Velha.
» 24, 5.ª feira — Guamá.
» 25, 6.ª feira — Canudos.
» 26, sábado — Telégrafo Sem Fio, praça do Centenário.
» 27, domingo — João Cocino, pela manhã.
— Ananindeua, à noite.

Absolutamente Necessária a Unidade dos Partidos Comunistas e Operários

PARIS, (IP) — Difundiu a agência «Tass» um comunicado anunciando que houve conversações, nos dias 6 e 7 do corrente, em Moscou, entre as delegações do Partido Comunista Soviético e do Partido Socialista Unificado Alemão.

Essas conversações giraram sôbre as relações entre os dois partidos e sôbre as questões de política internacional que interessam os dois partidos.

As delegações verificaram que «havia completa identidade de vista quanto a tôdas as questões».

Segundo a agência «Tass», verificaram igualmente as duas delegações que «as fraternais relações entre o Partido Comunista Soviético e o Partido Socialista Unificado Alemão fundadas nos princípios do internacionalismo proletário e nos de igualdade, continuam a se desenvolver e reforçar, evolução que exerce benéfica influência nas relações mútuas entre os dois Estados».

Consideram as duas delegações que «o interêsse da paz na Europa e o da edificação do socialismo e o desenvolvimento e reforço das relações amistosas entre os dois partidos, entre as organizações operárias e outras, dos seus países, numa cooperação estreita e tendo e em vista troca de experiências».

Comunicado conjunto do P. C. U. S. e do Partido Socialista da Alemanha exprime o seu pleno acôrdo com as teses expostas na declaração publicada ao término da reunião dos «Cinco», em Budapeste.

Indica o comunicado, por outro lado, que, no exame das questões internacionais, os dois partidos verificaram, nestes tempos, imperialistas tentou provocar uma cisão nas fileiras dos Estados socialistas e «dos partidos comunistas, e que «quer enfraquecer a influência e a atração que o socialismo exerce sôbre as massas, por uma nova história anticomunista».

Domingo 20 de Janeiro de 1957 — TRIBUNA DO PARÁ — Pagina 2

Tribuna do PARÁ

DIRETOR:
HENRIQUE F. SANTIAGO

REDAÇÃO:
RUA MANOEL BARATA, N.º 222

CAIXA POSTAL, 239

BELEM-PARA

ASSINATURAS

Anual	Cr$	60,00
Semestral	"	30,00
Especial	"	100,00
Int. do Estado	"	120,00
Num. atrazado	"	2,00

Na UECSP: Querem a Posse dos Eleitos

Descontentamento no seio dos secundaristae — Que sejam empossados os eleitos

NOSSA reportagem procurou ouvir alguns estudantes secundaristas acêrca da atual situação da UECSP que, como é do conhecimento público, é uma das entidades de classe que mais procura estar relacionada com as questões que tocam à economia do povo

IMPASSE JURIDICO

Fomos inicialmente informados que aquela importante organização sofreu por varios dias um impasse criado com a vitoria dos candidatos da oposição, com o resultado eleitoral na capital do Estado. Advindo daí a resistência da Diretoria de então cuja preferencia era dada ao candidato Pericles Oliveira, chegando mesmo a justificar a necessidade de convocar um novo Congresso Estadual, alegando que a atual constituição da UECSP ainda não estava legalizada e, por conseguinte, não podia ser convocado o Conselho Fiscal para deliberar a respeito da validade ou não do pleito eleitoral realizado em outubro último. Enquanto isso outros estudantes advogavam o competência do referido Conselho, de vez que o mesmo fora aprovada em Congresso e êste é órgão soberano dos estuddntes secundaristas paraenses.

CONVOCAÇÃO DO CONSELHO

Finalmente — continuaram os entrevistados — foi convocado o Conselho Fiscal para tomar posse a nove de dezembro findo, sendo assim solucionada uma pequena parte da questão surgida.

NOVO PRESIDENTE

Fomos tambem informados que a direção dêste importante órgão está agora entregue ao estudante De Campos, aluno do Colégio Estadual Paes de Carvalho, substituto do seu colega Luiz Fernando cujo mandato expirara a principio de dezembro.

DERCONTENTAMENTO NO SEIO DA CLASSE

Não foram poucos os estudantes que se mostraram surpreendidos diante da atual posição que a UECSP vem tomando em face dos acontecimentos atuais, como o novo aumento de passagens de ônibus prestes a ser sancionado pelo Executivo Estadual, com grande prejuizo para a bolsa do povo e em particular para a dos estudantes cuja maioria é constituida de pobres, residentes em suburbios, sujeitos à exploração dos coletivos. Alguns foram categoricos em afirmar que o atual presidente da entidade transformou a mesma de órgão de classe a instituição policial, e estatal, vivendo ás custas de verbas e propinas do Estado, bem como seus membros do direção desempenhando papel de policiais, usando carteiras da policia em troca do prestigio moral da classe.

MÁS PERSPECTIVAS

Ainda em conversa com os estudantes, estes afirmaram-nos que a UECSP marcha assim para sua completa falência pois — disseram — ela já conta com alguns milhares de descontentes que afirmam viver a mesma apenas com as vantagens adquiridas em outras administrações que sempre souberam levantar as questões mais sentidas no meio estudantil e conquistar vitórias que ainda hojo gozam de suas vantagens.

QUEREM A POSSE DOS ELEITOS

Ouvimos outros estudantes que apesar de serem partidarios dos candidatos não vitoriosos no pleito. se mostravam revoltados com a atitude dos dirigentes atuias da referida entidade em não quererem empossar os candidatos legalmente escolhidos pela maioria da classe para dirigirem os seus destinos. Isto prova — disseram — a incapacidade daqueles colegas em aceitarem dar o seu esforço para o bem da classe, quer esteja na situação quer esteja na oposição e as suas posições antidemocraticas de querer mandar contra a vontade da maioria e por meios ilegais tentam impedir a posse dos eleitos.

C O N C L U S Õ E S

— A —

de pés de seringueiras. Nas demais partes dessa referida aréa de terra habitam 1.600 familias de antigos lavradores, que, conforme está acima exposto, lá vivem e trabalham e teem suas propriedades há muitos anos.

Centenas de velhos habitantes possuem seus documentos (titulos de propriedade) fornecidos pelo Departamento de Obras Terras e Viação e pedidos com datas diferentes deste o ano de 1891 e vêem pagando os seus fôros pontualmente. Hoje, para surpreza geral, tomaram conhecimento os abaixo assinados que essa aréa de terra foi vendida ao I. N. I. C. (Instituto Nacional de Imigração e Colonização) que já está ali alojando familias japonesas pela importancia de cinco milhões e oitocentos mil cruzeiros (Cr$ 5.800.000,00) pelo sr. Oscar Magalhães, vereador do P. T. B. e presidente da Camara Municipal de Inhangapí com seus irmãos, que desrespeitando as propriedades alheias de centenas e centenas de antigos habitantes e lavradores dessa citada área de terra, grande parte desses lavradores são possuidores de titulos de posse de terra, pagando seus impostos territoriais. Essa negociata que contou com a conivencia de conhecidos politicos violou o sagrado direito das propriedades alheias; venderam casas, roçados, serraria, campo com cabeças de gado, sitios com os seus proprios donos pela importancia acima citada sem darem a menor satisfação aos seus legitimos donos, para expulsarem os legitimos filhos da nação e dar lugar aos extrangeiros «japoneses».

Em face de tudo isso que está acontecendo contra as suas vidas e propriedades, os abaixos assinados, habitantes no municipio de Inhangapí, residentes na referida área de terra, hoje negociada criminosamente e sem o seu consentimento, protestam contra os crime que se quer praticar contra os mesmos, ou de serem expulsos de suas terras, onde tudo perdem no trabalho de colonização da mesma, inclusive suas vidas para dar lugar a extrangeiros e exigem a anulação dessa referida negociata e a punição dos criminosos e ao mesmo tempo advertem aos poderes publicos de que em defesa de suas terras já decidiram a se unir e a se organisar para lutarem com todos os meios do seu alcance na defesa de seus filhos e de suas propriedades..

Cordiais saudações.

OBS: — O pagamento da aludida quantia foi feita pela Superintendência do Plano da Valorização Economica da Amazonia (S.P.V.E.A.), onde foi assinado um documento com o Instituto Nacional de Imigração e Colonização e onde já está no Serviço Juridico, a documentação de varios prejudicados».

— B —

Guajará. Acontece que o mesmo está em completo abandono, com a ausencia de dragagem e limpesa que dificulta a encosto daquelas embarcações sem que os responsaveis pelos serviços de Portos e Canais tomem medidas para sua desobstrução.

Com esse panorama de exploração da bolsa do povo, de carestia e pesados impostos com que o governo inicia o ano com o esbulho direto do caboclo, os moradores daquele bairro como os de todo a cidade só tem motivos para uma ampla mobilização de protesto contra essa situação que se agrava a cada momento.

— C —

paz de nações socialistas, capitalistas e recemsaidas do colonialismo que conjuntuam o organizado campo da paz, e, dada a expressividade do movimento dos partidarios da paz mundial) que a existencia do nosso povo é cada dia mais insuportavel e «ameaçado de ser transformado em carne para canhão» — estão superadas e consideradas sectarias.

Quando aos aspectos agrarios de nossa revolução cremos que só temos de melhorar o Programa, ampliando o raio de ação da luta pela reforma agrária, começando pelas conquistas parciais: extensão da legislação trabalhista ao campo, etc.

E' ainda justa a formulação do Projeto de Revolução corrigindo a tendencia aquartelada de «substituição do atual governo», mostrando que as lutas dependem das massas e que é atravez de uma justa politica e da propria experiencia que as massas serão ganhas para as posições que defendemos.

O V Congresso nos dará novo Programa, refletindo a frente unica que cresce e se agrupa, contando com todas as forças que querem a independencia, a democracia e o progresso de nossa patria.

Enfim, o carater atual de nossa luta é: 1 — Defender a soberania e a industria nacionais, comercio livre em todos os povos, libertando-nos do imperialismo americano. 2 — Defender as liberdades consagradas na Constituição. 3 — Prestigiar, fortalecer e comandar a ampla frente democratica de libertação nacional.

TEMA INTERNACIONAL

A Queda (Sem Elegância) de Sir Anthony Eden

QUASE todos os órgãos mais importantes da imprensa mundial, englobando jornais dos mais variados matizes, atribuíram a queda do Primeiro-Ministro inglês, A. Eden, ao malôgro da aventura anglo-francesa ao Egito, não obstante a seriedade da causa apontada pelos médicos: uma doença grave, muito parecida, aliás, com aquele mal que afetou o Sr. Café Filho. Alguns circulos alegam ainda que, além da frustrada «operação Suez», um novo golpe veio deitar por terra com o discípulo e sucessor de Churchill, a «doutrina Eisenhower», que significa a substituição dos descrépitos imperialistas ingleses pelos magnatas americanos do petróleo no Oriente Médio.

Não se tem memória, neste século, de um governante inglês que haja abandonado o poder mais desprestigiado, de maneira tão melancólica e tampouco digna. Também não houve chefe de gabinete cuja derrubada tenha sido saudada com mais alegria por tantos e tão diferentes circulos da opinião, sem que êsse côro de regosijo tivesse a compensá-lo sequer a solidariedade de um alentado número de partidários, como sucedeu na derrota de Churchill, após a 2ª Guerra Mundial.

A derrocada de Eden, tal como se processou, é bem um retrato da derrocada maior do sistema colonial do imperialismo. A idéia colonialista, depois que numerosos povos começaram a conquistar sua independência e a exercê-la na prática, tornou-se extremamente imoral aos olhos de todos e os que querem mantê-la a qualquer custo acabam sendo alijados como réprobos.

A queda de Eden, corolário da derrota anglo-franco-israelense no Egito, é também um sinal do quanto pode a solidariedade entre as fôrças da paz, bastante forte, nos dias de hoje, para cortar as asas os aventureiros e provocadores de guerra. Por outro lado, ela exprime a crise na aliança das potências imperalistas, em virtude das divergências internas entre os diversos comparsas, divergências que se aguçam ainda mais ante os sucessivos golpes da luta da libertação dos povos.

O drama do sr. Eden é um espetáculo bastante educativo para certos homens de govêrno. A moral da peça ensina que não há mesmo futuro para os estadistas e governantes que pretendem ignorar e contrariar o anseio irresistivel dos povos «atrazados» a uma vida de plena independência, progresso e paz.

V. G.

O Histerismo dos Fãs Norte-americanos

«O histerismo das frequentadoras dos auditórios de nossas rádios transforma-se em amena e polida demonstração de entusiasmo se comparado ao fanatismo, verdadeira loucura, das fãs de Elvis Presley» — declarou Marlene, a popular cantora da Nacional, que volta dos Estados Unidos onde participou do «show» «Uma Noite no Rio», patrocinado pela Varig, no «Waldorf Astória», de Nova Iorque. Disse a cantora que as manifestações dos fãs brasileiros diferem em muito dos trejeitos, gritos, desmaios e outras manifestações do gênero realizadas pelas admiradoras do criador do «rock and roll».

CONTRATO COM A METRO

Marlene informou ainda que recebeu propostas vantajosas para filmar na Metro e para atuar em dois espetáculos em Las Vegas e na Broadway. Sabe-se que a cantora nos dois números que interpretou no «show» do Waldorf «Astória» — «Xamêgo» e «Lamento Negro» — foi aplaudidíssima, somando no seu já enorme contingente de fãs brasileiros milhares de admiradores ianques.

TRABALHOS SOBRE O CULTO A PERSONALIDADE

ACABA de aparecer, no Rio, em edição da Editorial Vitória, uma coletânea de trabalhos sôbre a questão do culto à personalidade e os temas do XX Congresso do PCUS. A coletânea inclui a Declaração do CC do PCUS sôbre o culto à personalidade, o editorial do «Jeminjipao» sôbre a experiência histórica da ditadura do proletariado, a entrevista de Palmiro Togliatti à revista «Nuovi Argomenti» e o informe do secretário geral do PCI ao CC do Partido, no mês de junho e, além de outros trabalhos, as cartas de Lênin ao XII Congresso do Partido, conhecidos como o Testamento de Lênin.

Póde ser adquirido, pelo reembolso postal, na Editorial Vitória — Rua Juan Pablo Duarte, 50 — Sobrado — Rio.

Enquanto não chega a Belém essa nova edição da Editorial Vitória, os trabalhos acima sitados poderão ser lidos na «Voz Operária» números 372, 373, 374, 375, 379, 383, 384 e 392, à venda à rua Senador Manoel Barata, n.º 222-altos-Belém-Pará.

Continua Impune o Assassino do Lider Campones José Maria Otero

BENEDITO SERRA, presidente da U.L.T.A.P.

José Maria Otero

COMO é do conhecimento publico, no dia 20 de novembro passado foi assassinado traiçoeiramente por Lino Rodrigues o bravo José Maria Otero, secretario geral da U.L.T.A.P., quando em sua roça, trabalhava para o sustento de sua familia.

Embora a U.L.T.A.P. por intermedio de seus diretores, já tivesse tomado medidas junto ás autoridades da capital e do interior para que o criminoso pague pelo crime que praticou, solicitando medidas junto ao sr. Aurelio do Carmo, secretario do Interior e Justiça bem como já tenha feito distribuir pela imprensa de nossa capital varias notas de protesto pelo fato do criminoso 15 dias após ter praticado o crime, já se encontrava solto, passeando pelas ruas de Nova Timboteua como em desafio á justiça, ás nove crianças que ficaram órfãs e aos lavradores de Nova Timboteua, que em comissão já tinham se dirigido ao Promotor Publico e ao Juiz de Direito de Nova Timboteua protestando contra esse descaso da Policia que procedende dessa forma está dando fuga ao criminoso e estimulando o crime.

Em face de tudo isto, a U.L.T.A.P. prosseguirá na sua luta para que o assassino de José Maria Otero seja punido e pague pelo crime que praticou.

Este é um dever que cabe á U.L.T.A.P. porque José Maria Otero, era um leal companheiro que vencia grandes distancias, sempre no trabalho de esclarecimento e organisação dos camponeses na sua luta, pela obtenção de melhores condições de vida. José Maria Otero, cedo atraiu contra si o ódio dos latifundiarios e demais inimigos dos direitos dos camponeses, inclusive da policia de Peixe Boi que parece haver estimulado a preparação intelectual do assassinato de José Maria Otero, conforme o depoimento de testemunhas arroladas para depôr no inicio do processo criminal.

Mas os lavradores da zona bragantina continuam mobilizando-se e unindo-se pelos seus direitos. Cresce o clamor dos companheiros de José Maria Otero, exigindo a punição do criminoso.

Centenas de Lavradores Fazem Grave Denuncia ao Governador

Abaixo-assinado entregue por uma comissão de cerca de 150 trabalhadores — Protesto contra a ameaça de despejo de 1.600 familias

Cerca de 150 lavradores estiveram na semana passada nesta capital para se avistar com o governador Barata, só não fazendo por estar aquela autoridade ausente da cidade. No entanto, fizeram a entrega de um longo memorial, com 358 assinaturas fazendo grave denuncia contra certa venda de terras que redundará no despejo de 1.600 familias de camponeses. E' o seguinte o abaixo-assinado:

«Ilmo. Snr.

General de Brigada
M. D. Governador Constitucional do Estado do Pará.

Os abaixo assinados, antigos habitantes do municipio de Inhangapí, Estado do Pará, residente na aréa de terra que começa do igarapé denominado Jandiaí, á margem esquerda do rio Guamá (parte de baixo), atravessa o rio Apeú situado á margem direita da Estrada de Ferro de Bragança e vai ate as proximidades do municipio de Inhangapí, seguindo até o rio Inhangapí, séde do mesmo municipio, dai seguindo até o igarapé Arajó situado á margem do rio Guamá (parte de cima) medindo cerca de 4 leguas em quadro e habitado por 1.600 familias de lavradores; vimos mui respeitosamente denunciar a S. Excia. um fato grave que está ocorrendo contra as suas vidas e propriedades, fruto do seu trabalho há longos anos, enfrentando os mais duros padecimentos, gastando todas as suas energias no passado e no presente, sem contar com a minima assistencia por parte dos poderes publicos. Colonisamos essa referida aréa de terra, que muito sacrificio nos custou e tem custado, tendo nessa batalha de colonização e pelo desenvolvimento economico de nosso Estado perdido muitas vidas de nossas mulheres, filhos e parentes pois a area era habitada somente por féras e insetos venenosos. Hoje, essa citada aréa de terra acha-se colonizada e conta com centenas e centenas de propriedades de grande valor, entre as quaes destacam se: Fasenda com cabeças de gado, importante serraria, grande numero de estabelecimentos comerciais, pimental do reino de grande valor, centenas de outras propriedades de diferentes culturas agricolas. Acontece que acha-se situado na referida aréa de terra, na margem do rio Guamá, entre os igarapés Jandiaí e Aradó, a fazenda Pernambuco propriedade do sr. Oscar Magalhães e seus irmãos, aréa de terra que sómente atinge a parte «vargea» onde existe regular numero

(Conclui na 2.ª pagina — A

No Mercado e Porto Sal:

Carestia e Exploração

Mercado sem carne e peixe pára vender — Os funcionarios municipais do Mercado e Porto do Sal com atraso de 3 meses — O cabloco paga pesado imposto sôbre o carvão que traz para vender e o rancho que leva para sua subsistencia

A Cidade Velha tem um enorme mercado que sem viveres frescos para venda vive abandonado. Neste inverno, suas dependencias, dado numero de goteiras, transformaram-se em um só poço.

Mesmo possuindo 20 talhos, a carne verde que lhe chega é escassa: duas vezes por semana nunca abrangendo três talhos.

Ao chegarmos lá encontramos a venda peixe de inferior qualidade (tamoatá e cangata a cr$ 15,00 e 20,00 o quilo). O povo pouco se serve daquele próprio municipal, preferindo, dado sua pobresa e ao preço absurdo de suas mercadorias, a feira do Ver-o-Peso mesmo, com o preço de vendas do xarque a cr$ 60.00, o acarí e o jacaré a cr$ 20,00, o pescado no cambio negro a cr$ 40,00. Enfim, o povo não encontra em toda a parte a onda da carestia e o cambio negro desenfreado, tanto estão no Ver-o-Peso como no esquecido Mercado do Porto do Sal.

Funcionarios com 3 meses de atrazo

Os funcionario municipais de Belém vem recebendo seus vencimentos depois de 60 dias do ultimo pagamento. Assim foi em outubro. De lá em diante não houve mais pagamentos, deixando os funcionarios daquele Mercado em atraso como centenas de outros funcionarios da Prefeitura de Belém, em contrapeso aos miseraveis vencimentos que percebem.

Mais caros os impostos e alugueis da Prefeituras

E' regular a afluencia de canoas no Porto do Sal. Os impostos sobem sempre. Verificamos que um canoeiro para embarcar 15 quilos de xarque ou outro qualquer mercadoria, paga imposto na balança. Ainda que pareça absurdo, o mantimento para uma jornada de travesias, cobram-lhe impostos no Porto do Sal, procurando-se dele sugar o ultimo niquel da algibeira.

Se o canoeiro traz carvão para vender aparece o fiscal com uma cobrança de imposto, exigindo cr$ 2,50 por saco.

Os locatarios do Mercado estão alarmados, pois a Prefeitura vai aumentar para o dobro o preço dos alugueis dos aparadores, talhos e dependencias de sua propriedade.

Abandonado tambem o Porto

Numerosas embarcações a motor fazem ponto naquele Porto, à entrada da baia de

(Conclui na 2ª. pág. — B)

Leia PARA TODOS

JK sôbre Fernando de Noronha:

"Não Vamos Ceder Pedaços do Brasil a Ninguem"

RIO (IP) — Falando a imprensa de Porto Alegre, o sr. Juscelino Kubitschek respondeu a uma série de questões formuladas pelos jornalistas. Sôbre a pacificação, explicou: «Quando falo em pacificação não falo em acôrdo, mas sim em desarmamento dos espiritos. O que ocorreu até agora no Brasil foi, de um lado o govêrno se defendendo e, de outro lado, as oposições procurando derrubar o govêrno». Disse que não será feita a reforma cambial e prometeu equilibrar o orçamento dentro de três anos. Ressaltou o surpreendente progresso do Rio Grande do Sul, que será, segundo prevê, o maior celeiro do país, e fêz importante declaração sôbre Fernando de Noronha.

«Não céderemos bases aos americanos

A uma pergunta sôbre a questão da cessão de Fernando de Noronha como base para os Estados Unidos, respondeu peremptóriamente: «Não há cessão de bases aos norte-americanos. Não vamos ceder pedaços do Brasil a ninguém. Aliás seria contra a Constituição, pois ela não permite a permanência de fôrças estrangeiras no território nacional em tempo de paz».

Palavras e fatos

Essa declaração é, sem dúvida, da maior importância porque implica em reconhecer aquilo que é evidente: a Constituição não permite a cessão de bases a ninguém, ao menos em tempo de paz. Mas, por outro lado, não se conhece nenhuma declaração oficial sôbre a rejeição das exigências ianques em tôrno de Fernando de Noronha.

Resta, pois, a dúvida sôbre a coincidência entre tais palavras e os atos. Mesmo porque os partidários da entrega da ilha vêm usando de eufemismos tais como a expressão «pôsto de contrôle» ou «pôsto de observação», e os militares ianques que para ela viriam com a designação de «técnicos».

Que tais declarações sejam confirmadas imediatamente pelos fatos, é a exigência crescente das mais amplas fôrças patrióticas.

A ULTAP em Inhangapí

Instalada a ULTAP em Boa Vista — Comissão para se avistar com o governo do Estado — Encontros em Mata Boa e Kilometro 30 da rodovia de Maracanã

INHANGAPI, janeiro (Do correspondente) — Cerca de 50 lavradores deste municipio reuniram-se no dia 25 do mês passado no povoado de Boa Vista para debater os seus problemas e organizar uma filial da ULTAP.

Falaram varios trabalhadores expondo as dificuldades da zona onde trabalham e apontando sugestões e iniciativas para encaminhar a solução das mesmas.

Foi debatida tambem a venda de terras feita pelo sr. Oscar Magalhães, venda que vem atingindo o direito dos lavradores da zona que se vêem seriamente prejudicados.

A reunião encerrou-se com a instalação de uma filial da ULTAP e a organização de uma comissão de trabalhadores que deverá procurar o govêrno do Estado para pedir providencias contra o esbulho que dizem estarem sofrendo.

— x —

Em Mata-Boa um outro encontro reuniu cerca de 63 lavradores que discutiram medidas para levar avante a luta pelas suas reivindicações que são numerosas na área onde atuam.

— x —

No dia 30, os lavradores do Kilometro 30, da rodovia de Maracanã, realizaram também uma importante reunião para acertar iniciativas pro aquisição de sementes e ferramentas para as suas lavouras.

Faça seus Impressos na
Gráfica Belém, Ltda.
Rua Manoel Barata, 259

★ LEIA
Voz Operária

PARA x D. FEDERAL, NO MARACANA

As Nossas Esperanças

N. BRAGA

HOJE á tarde estarão, frente a frente, no magestoso estádio do Maracanã, as seleções de futebol paraense e carioca, na semi final do campeonato brasileiro.

Confiamos numa exibição melhor da equipe guajarina, pois como todos sabem, domingo passado esta não poude cumprir melhor perfomance frente aos comandados de Pirilo por motivo da impraticabilidade da cancha do Sousa.

As razões que nos fazem confiar até num equilibrio no jogo de hoje são as seguintes: o nosso conjunto, dotado de elementos de baixa estatura primam por jogo rasteiro, como é natural, e domingo êsse sistema não foi possivel ser apresentado; elementos de destaque em campo sêco, como China e Quiba, tiveram situação apagada.

E' notório também a falta de elementos pesados na linha atacante e nêsse caso o aproveitamento de Luciano, domingo passado, éra imprescindivel, como a falta de chutadores nos parece ser bem clara. No entanto, o time é um dos melhores que temos posto em ação.

Quanto aos cariocas, verifica-se a superioridade e a harmonia em suas linhas, jogadas de primeira e perigosa infiltração de sua linha atacante, enquanto lá na defêsa estão os gigantes a guardar a cidadela de Castilhos e quando acontece serem vencidos ainda tem a formidavel barreira a ser transposta que é o famoso guardião nacional. Mas não são infaliveis, o seu sistema de defêsa recuada, lotada a zaga com três ou quatro zagueiros, enquanto o ataque avança vertiginosamente, pode ser explorado por Nagib é um sistema de jogo que conduza os zagueiros até a meia cancha carióca pode ser empregado vantajosamente, pondo em função jogadores velozes como Cacetão e Laxinha.

Veremos, no entanto, como se conduzirão os rapazes do Pará, que temos certeza levão vontade de vencer e de honrar bem alto o nome de sua terra.

Previdencia Social e os Sindicatos

ROBERTO MORENA

UM leitor enviou um recorte do jornal «O Dia», de 5 de janeiro corrente, contendo uma denúncia contra o esbulho que vem sendo vitima os aposentados por invalidez considerada provisória, que pode ser cancelada dentro dêsse lapso de tempo em caso de recuperação da capacidade de trabalho. Diz a denúncia: até aí tudo vai bem, mas o carro pega quando a invalidez ultrapassa êsse periodo.

A denúncia continua: «Se o assegurado, depois de cinco anos, procura reassumir a sua função, encontra a porta fechada, porque o empregador, com apoio dos Tribunais Trabalhistas, não lhe devolve o emprêgo nem o indeniza. Quando o segurado recorre para o Conselho Superior da Previdência Social e vê assegurado o seu direito a continuar aposentado, o Ministro do Trabalho, quando provocado pela autarquia de previdência, reforma a decisão do Conselho Superior.

O leitor do «O Dia» ainda pergunta quem dá alta, o médico ou o instituto? Ou aquele que recebe ordens administrativas em materia de sua estrita competência?

Essa situação existe na vida de instituições de previdência social. Essa é outra anomalia. As reclamações se amontoam nos próprios institutos e nos sindicatos. Poucas reclamações têm sido atendidas. Mas as que mais preocupam os segurados é de fato a forma caprichosa como é concedido o beneficio. Entre êsses males avultava um que vinha causando sérios maleficios aos segurados. A demora do exame médico para concessão de beneficios ou seus negativos levava meses. Terminado êsse prazo, às vêzes os médicos chegavam conclusão que não era caso de aposentadoria temporária ou outra espécie de beneficio. O segurado perdia seu tempo e o dinheiro. Nesse sentido o atual Delegado Regional do I. A. P. I. o conhecido militante sindical e Presidente da Federação Nacional dos Trabalhadores na Indústria Gráfica, Érico Figueiredo Alvares, tomou uma medida de bastante alcance para todos os segurados dêsse Instituto: o corpo médico pode dar um laudo imediatamente, sòmente demora alguns dias mais, se fôr caso de exame de laboratório. Foi de fato uma pequena melhoria, mas de fato evita que milhares de trabalhadores, se vejam prejudicados pela demora injustificada do laudo médico.

Assim como se decidiu a maneira de se proceder com a rapidez do laudo médico, porque não se toma medidas para acabar as anomalias que o leitor do «O Dia» denuncia? Na carta que nos enviou êle diz que lamenta que os sindicatos nada fazem para terminar com essas anomâlias. Creio que é justo êsse pedido do leitor. Mas nós diriamos ao nosso leitor, porque não leva êle mesmo sua reclamação ao sindicato que faz parte? Porque creio que sendo trabalhador e segurado das instituições de previdência, também deve ser membro ativo de seu sindicato. Lá é que poderia discutir bem o assunto e tenho certeza encontrará o maior apoio de seus colegas de trabalho e de sindicato, que têm problemas idênticos.

Os trabalhadores brasileiros realizaram várias Conferências Regionais e o 1º Congresso Nacional de Previdência Social mas suas resoluções não foram ainda suficientemente discutidas pelos sindicatos. Esperamos que, diante de tantas reclamações, o problema da providência social ocupará um lugar de importância na vida sindical.

Página 3 — TRIBUNA DO PARÁ — Domingo 27 de Janeiro de 1957

EDITORIAL

O Dever Cívico de Derrotar A Entrega

O governo do sr. Juscelino Kubitschek, através da formal troca de notas com o governo norte-americano, entregou-lhe a ilha brasileira de Fernando de Noronha. Está brutalmente violada a soberania nacional. Foi abertamente desrespeitada a Constituição. As advertencias patrióticas da nação, os sagrados e inalienáveis direitos do Povo — tudo foi esquecido e vilipendiado sob a pressão ultrajante dos militaristas ianques e seus servidores. Momentaneamente, o servilismo dos elementos reacionarios e entreguistas do governo conseguiu prevalecer. O Itamarati funcionou como uma dependência da embaixada americana. A sanha entreguista dos politicos e da imprensa estipendiados pela diplomacia do dólar se acirraram ao extremo. Mas a responsabilidade maior cabe ao sr. Juscelino Kubitschek. É êle o chefe do governo. E seu mandato está maculado pela entrega de uma parte do territorio nacional para o estrangeiro colonizador e expansionista e com a agravante de fazê-lo para fins de agressão, contrá os desejos e os interêsses do povo brasileiro.

A nota é capciosa — apresenta a entrega como decorrência do Tratado dô Rio de Janeiro e do Acordo Militar É uma inverdade clamorosa denunciada até por um contumaz servidor de americanos como o sr. Raul Fernandes. O acordo concede carta branca aos americanos, o texto é vago para abrir as portas de par em par para 'os intrusos ianques — autoriza «instalações especialmente de natureza eletronica, relacionadas com o acompanhamento de projeteis teleguiados». Especialmente teleguiados, quer dizer, além dessas permite outras que não são especificadas. A entrega é feita para enganar a opinião publica — diz que «tecnicos americanos» sejam gradativamente substituidos por brasileiros. Na copia distribuida à imprensa foi riscada a expressão «os técnicos». Por que? Porque «os tecnicos» podia ser entendido como «todos os tecnicos» e assim como ficou, os especialistas militares americanos ficarão sempre com o controle na mão. No artigo sexto está estabelecida a barganha — territorio, soberania por dolares. Mas nem se diz quanto. O governo brasileiro entrega e se deixa atar de pés e mãos — o acordo não poderá ser denunciado a não ser na prorrogação, depois de cinco anos. E, temendo a denuncia de tudo isso pelos representantes do povo, a redação do Itamarati usa a artimanha de invocar acordos lesivos em má hora aprovado pelo congresso — acordos que é preciso denunciar e não manter — na tentativa de fugir ao debate parlamentar.

E claro que esse ato de lesapatria coloca o governo do sr. Kubitschek contra interesse fundamental da Patria e sob grave e justa suspeição ante a maioria esmagadora da Nação. O governo perde sua ligação com o povo, a base de teleguiados mina sua autoridade. É claro que os falsos «argumentos» para a entrega de Fernando de Noronha vão ser logo usado para entrega do petroleo, dos minerios atomicos, de tudo.

O acordo feito através de uma simples troca de notas entre mister Briggs e seu fiel auxiliar Macedo Soares, é infrigente da soberania nacional, é ilegal, é inconstitucional. Não é somente da competencia mas um dever do Congresso Nacional, tomar o assunto em suas mãos. O Congresso pode e deve declarar nulo para todos os efeitos o acordo entreguista. O Congresso pode e deve dar ao governo a oportunidade e as condições de recuar, de desfazer um ato que o desmoraliza internamente e humilha o Brasil ante os povos do todo mundo. É para esta luta que a maioria esmagadora da nação, a totalidade dos homens e das mulheres que ostentam com orgulho o titulo de cidadania brasileira, é chamada a unir-se.

A batalha não terminou. Agora é que ela começa para anular o grave ato praticado pelo governo do sr. Kubitschek contra a integridade da Patria.

TP

Petróleo Amazônico

Prevê a Petrobrás dispender mais do 1 bilhão de cruzeiro na região Amazonica, em 1957. Os centros dos trabalhos de pesquisa são: Belém Manaus e Nova Olinda. Os investimentos deste ano elevarão para 20 o numero de turmas de prospecção. Nove sondas estarão em atividades. Grandes aquisições de material de transporte e comunicações permitirão á empresa estatal avançar em seus projetos patrióticos.

NO 1.o ANIVERSARIO DO GOVERNO J. K.:

Levará a C. N. T. I. ao Govêrno o Pensamento Dos Trabalhadores

Será entregue, na ocasião, um documento de criticas e reivindicações ao presidente da República—Entendimentos com a Presidência do Banco do Brasil sôbre a situação dos operários da Fábrica Confiança

RIO, (IP)—Os trabalhadores, seus sindicatos e suas confederações participarão das homenagens ao govêrno pela passagem do primeiro aniversário de sua posse, levando ao Presidente da República um documento em que analizarão os labores realizados neste ano. Assim decidiu o Conselho Regional Consultivo da C.N.T.I., reunido.

Socialismo Significa Justiça, Bem Estar e Independencia Nacional

Discurso do chanceler da Polônia em Wroclâw, numa recepção a Chu En-Lai

VARSOVIA (IP)—«Para a maioria da nossa nação o socialismo não significa unicamente justiça ou nivel de vida mais elevado, mas significa igualmente independencia nacional, afirmou o ministro polonês do Exterior sr. Rapacki, ao primeiro ministro chinês Chu En Lai, ao qual acompanha na sua viagem através da Polonia. Prosseguiu Rapacki em seu discurso: «O que empreendemos recentemente corresponde ás aspirações da nossa nação, servindo-se embora aos interêsses dos paises do campo socialista e consolidando os vinculos que unem esses paises e isto na única base sólida possivel: a do auxilio mútuo, da soberania nacional, da igualdade de direitos e da liberdade na escolha dos metodos e formas da edificação do socialismo». Afirmou em seguida o ministro que a Polônia desejava estabelecer relações «tão amistosas quanto possiveis» e desejava realizar o intercâmbio economico e cultural com «tôdas as nações que partilham desse desejo». «Mas expõem-se a uma profunda decepção, conclue o ministro polonês, os que julgam poder, graças a essas trocas, arrancar-nos aos nossos amigos ou semear a discordia em nosso campo». No começo do seu discurso, havia declarado o ministro que a delegação chinesa chegava à Polonia «neste periodo crucial em que o Partido Operário Unificado se empenhava com determinação na liquidação das faltas e erros do periodo precedente».

NOVA PROPOSTA SÒVIÉTICA

Eliminação das Armas Nucleares Redução dos Fôrças Armadas

Apresentaram os EE. UU. um plano de desarmamento à Comissão Politica da ONU

NAÇÕES UNIDAS, (IP)—O delegado soviético, sr. Vassili Kuzhetsov, declarou que o perigo de guerra no Oriente Médio—que fôra afastado após o fracasso da agressão contra o Egito—voltará a manifestar-se com a proclamação da chamada «Doutrina Eisenhower», que «representa a implantação de uma nova ordem colonial no Oriente Médio».

Propoz então que as armas nucleares sejam inteiramente eliminadas no prazo de dois anos e que os estoques de armas sejam destruidos. Propoz igualmente a redução de um terço, este ano, das forças armadas dos Estados Unidos, União Soviética, França e Grã Bretanha estacionadas na Alemanha e uma redução substancial, neste mesmo ano, das forças armadas norte-americanas, britanicas e francesas estacionadas nos paises da NATO e das forças soviéticas estacionadas no paises do Pacto de Varsovia. Anunciou, em seguida, a apresentação de propostas para o estabelecimento de um controle internacional eficaz das medidas de desarmamento. E terminou entregando á mesa da comissão politica mais duas propostas: a primeira pedindo a suspensão imediata das experiencias de armas atomicas e de hidrogenio; a segunda pedindo a convocação extraordinaria da Assembleia Geral para tratar das questões atinentes ao desarmamento.

Leia PARA TODOS

MANIFESTA-SE A C. N. T. I.

Enérgicos Pronunciamentos Contra o Famigerado 9.070

RIO, (IP)—Enérgicos pronunciamentos dos trabalhadores contra o famigerado decreto 9.070 foi em que se constituiu a movimentada e concorrida reunião realizada pelo Sindicato dos Marceneiros. Seu objetivo foi o de apreciar a situação dos associados demitidos por terem participação da última greve da corporação por aumento de salários. São todos operários bastante antigos, muitos já com estabilidade, que estão atirado ao desemprego ou obrigados a fazer biscates.

Recorreram através do Sindicato, à justiça, tendo ganho de causa no TST, perdendo no TSF e recorrendo, novamente, ao Tribunal Pleno, onde esperam ser vitoriosos, pois reclamam direitos liquidos e de todos justos.

Mais de 50 anos

As absurdas injustiças provocadas pelo famigerado decreto foram energicamente denunciadas durante a reunião, entre as quais a de terem sido vários marceneiros demitidos com mais de 25 e 30 anos de seriços consecutivos.

O sr. Anadir Pires Ferreira, presidente do Sindisato dos Marcineiros, denunciou que vários dos seus companheiros, por terem participado de uma greve reivindicando aumento de salário, foram atirados ao desemprego, embora muitos contassem já com mais de 50 anos de serviço. «Há mesmo companheiros que entraram para os seus empregos em 1894»—salientou (no século passado, portanto).

Shoppel: "Com Dólares se Pode Comprar Qualquer Político Brasileiro"

Insulto a homens e mulheres de nossa pátria, repelido por uma jornalista carioca—Sensacional revelação sôbre um sinistro agente de trustes petroliferos

RIO, (IP)—Adalgisa Nery, escreveu sôbre «Vieira, o Entreguista», as seguintes coisas terriveis, cáusticas, sensacionais, em «Ultima Hora»: «Inteligencia com fraqueza de caráter dá maior perigo do qu burrice honesta. Estamos beirando o primeiro caso com o Vieira de Melo tomando côres de camaleão no problema do petróleo». Ela recebera o fato de que êle queira fazer «da boa terra posição especial para desenvolver e incrementar a amizade com os grupos partidarios do «slogan» do Juarez Távora que recomenda como medida patriótica entregar por bem as nossas riquezas naturais ao estrangeiro antes que ele as carregue por mal».

Dizem que a tentação do Vieira foi feita pela serpente do Chatô, que lhe fez engolir por êsse preço (o preço do entreguismo) a maçã de sua candidatura ao govêrno da Bahia. O Vieira deve, especialmente a nós da «boa terra», amplas explicações a respeito.

Depois, a articulista faz esta revelação: «Paul Shoppel, um agente dos trustes internacionais do petróleo, quando aqui esteve em 1946 confabulando com os nossos entreguistas, encontrou-se uma vez com esta colunista que já o conhecia de New York, onde eram sabidas as suas atividades. Teve êle a ousadia de dizer que os homens brasileiros, sobretudo os politicos, faziam qualquer negócio desde que o dólar estivesse pronto a comprá-los. Das mulheres, não queremos repetir o conceito que fêz. Apesar de receber da nossa parte o revide competente, no fundo tivemos tristeza de reconhecer que em parte, o Shoppel falava por experiência própria. A diferença foi que o comprador Shoppel confundiu grupos de salafrários brasileiros com o povo brasileiro. Com a reação dêste mesmo povo deve êle, agora, estar fazendo a necessária seleção. O povo nunca venderá o Brasil. Quem procura vendê-lo ou trocá-lo por restos de comida ou máquinas de lavar roupa é um pequeno grupo subsidiado por vários Shoppels. Temos a finalidade de esclarecer ao eleitor que o Vieira de Melo firmou-se declaradamente contra a Petrobrás e lògicamente nenhum cidadão decente poderá contribuir para a sua vitória de um inimigo de nossa política petrolífera».

Livros Escolares e Materiais para Estudantes
RECEBEU A
Gráfica Belém, Ltda.
Rua Manoel Barata, 259

NOTAS SEMANAIS

R. J.

"VOZES da rua" chama a atenção para o fato: o Grande Hotel está acabando com a sua famosa «terrasse». Não está mais vendendo sorvetes e retira as cadeiras...

Ora, a «terrasse» do Grande Hotel é uma das coisas que se incorporaram ao aspecto típico de Belem do Pará. Não se pode falar em tomar um sorvete de nossas frutas regionais—açaí, bacurí, cupuassú, muruci—sem pensar na «terrase». Ninguem mais pode caluniar o nosso clima: o «terrasse» em algumas horas desmente tudo. O gostoso bate papo de fins de tarde, da boca noite, da noite a dentro na «terrasse» do Grande Hotel é um pouco da vida da capital paraense.

Pois bem, sabem quem está acabando com isso? A gerencia da «Intercontinental Hotel», uma firma ianque, á qual está arrendado o Grande Hotel.

Vamos consentir nisso?

x x x

O cronista Pedro Santos faz outra denuncia e protesta: uma delegacia de policia proibiu as festas dos mastros votivos. Teriamos, por exemplo, neste mês, as do S. Sebastião, no dia 20. Mas não se realizaram.

Não se póde concordar de nenhum modo com a medida policial. As tradições populares e religiosas não são casos de policia, mas do estimulo carinhoso e até legal das autoridades porque é uma manifestação da cultura nacional e popular, constituem as raizes dessa cultura.

Somente uma politica primária, anti-popular e reacionária poderia determinar uma tal repressão.

A medida, que Pedro Santos acha «violenta e anti-popular» e considera um atentado ás liberdades, é, por isto mesmo, uma advertência: amanhã a policia proibirá o boi bumbá, as fogueiras ou o banho cheiroso de S. João.

x x x

O governador Barata está cuíra. Não dorme bem. Está preocupado com os problemas fundamentais, deseja botá-los em ordem. Ah, a ordem, a disciplina é o que precisa, por exemplo, esta pobre cidade. Carestia? Mais carne? Mais vagas nas escolas primarias e secundarias? Mais agua? Fernando de Noronha? Franquias constitucionais? Mais onibus, menos bagunça e passagens menos cara no trânsito? Sua excelência é franco e usa de uma «franqueza caracteristica». Sua excelência exige ordem: uniforme para os motoristas, para os cobradores, para as professoras, talvez para o resto do funcionalismo.

Segundo o espirito de sua politica de ordem e disciplina, sua excelencia esteve na DET vistoriando pessoalmente os onibus...

Para um povo que passa duras dificuldades para comer, para andar nas ruas, para estudar, para ter um pouco de agua, e encontrar um pedaço de carne verde, o gesto de sua excelência é edificante!

x x x

ENQUANTO JK entrega Fernando de Noronha, os americanos avançam agora para ocupar as bases do Belém e de Natal. Depois disto avançarão no petroleo e nos minerais atomicos. Depois disto ocuparão o Brasil para a defesa do que eles tomaram...

JK e os americanos esqueceram que a palavra final é a do povo brasileiro. Os patriotas se estendem as mãos uns aos outros e fazem subir um clamor, que cresce, cresce, que tem o céu o limite.

CONTRA A ENTREGA DE VAL-DE-CANS AOS AMERICANOS!

Nova e grave ameaça contra a Amazonia- A entrega de Fernando de Noronha abre as portas do país à voracidade ianque--Impõe-se um vigoroso movimento patriótico em defesa da soberania nacional em nossa região

Anuncia-se que os americanos querem agóra, depois que JK lhes entregou Fernando de Noronha, ocupar as bases aero-navais de Belém e Natal.

Chantagem Guerreira para nos Colonizar

Os americanos estão usando a chantagem da iminencia de uma nova guerra para arrancar aos vacilantes governantes do país as mais graves concessões como a de Fernando de Noronha, que liquidam a soberania nacional, nos envolvem numa guerra de agressão e instauram no país a colonização definitiva sob o comando dos trustes e monopolios ianques.

Visam Ocupar a Amazônia.

Os monopolis que visam o petroleo brasileiros e os minerais atomicos, querem o controle da Amazônia, a maior bacia petrolifera do mundo.

O Dever Cívico de derrotar a Entrega do País

A gravidade da entrega do Fernando de Noronha e a ameaça que pesa sobre a Amazônia e todo o Nordeste impõe á esmagadora maioria da nação uma estreita união de todas as suas forças para derrotar a entrega de Fernando de Noronha, submeter o ato ao Congresso Nacional paradesfazer esse atentado á soberania nacional que humilha nossa Patria.

Unamo-nos todos! Barremos a entrega da Amazônia! Anulemos a entrega de Fernando de Noronha!

Onibus a Cr$ 3,00: *Contraria os Interesses do Povo*

O GOVERNO RECUSA OUVI-LO E SE AFASTA DELE

Mais um aumento autoriza o governo Barata para o povo pagar: um cruzeiro a mais nas passagem de onibus.

Que o Povo Pague as dificuldades dos Proprietarios e do Governo

Enquanto o governo do sr. Barata aumenta o preço das passagens para Cr$ 3,00, recusa aceitar o estudo das sugestões dos estudantes que a ele f ram com um memorial, estudo que significaria tomar nas mãos o encaminhamento da solução do problema dos transportes urbanos. Resultado:o povo que tome nas costas, além das suas próprias que já são penosas, as dificuldades financeira dos donos de onibus e as dificuldades politicas do governo Barata.

Não Quer Ouvir o Povo e se Afasta dele

Como se vê, o sr. Barata se recusa a ouvir os estudantes, os trabalhadores como no caso dos motoristas e dos lavradores de Inhangupi, se recusa a ouvir o clamor popular contra a carestia e as medidas de restrição aos direitos de liberdades, orientando-se por atos contrario aos interesses da maioria de nosso povo, afastando-se assim, das massas de eleitores que o elegeram.

Lutam Por Aumento Salarial os Portuários

Reivindicam ainda contrato coletivo de trabalho e extensão da base territorial de ação sindical

OS trabalhadores portuários vêm, em tôrno do seu Sindicato, desenvolvendo uma ativa luta por suas reivicações mais sentidos.

Acontece que em média os ordenados percebidos por aquêles trabalhadores hoje em dia são inferiores no salário mínimo estabelecido em agôsto do ano passado para o Pará. Firmados nisso os portuários reivindicam junto aos SNAPP um aumento do 98% sôbre os salários anteriores. A administração daquela Companhia pagou 30%, ficando o restante para atendimento em meiado de janeiro já findo.

VELHA FÓRMULA: FAZER OS TRABALHADORES PAGAR O AUMENTO

Uma conhecido fórmula patronal de resolver as questões salariais dos trabalhadores e aumentar verticalmente os preços dos utilidades, dos impostos ou das tarifas, não querendo diminuir um pedacinho dos seus lucros, e ainda ameaçar os trabalhadores de maior miséria caso o aumento de preços não seja acordado, sabendo-se que não foram os salários que provocaram o aumento dos preços das utilidades nos dias atras, mas unicamente o sêde ao lucro. Assim se conduziram os SNAPP: atenderão os restantes dos salários pedidos quando aumentaram os preços das tarifas de capatazias, o que vem sendo protelado.

CONVENÇÃO COLETIVA DE TRABALHO

Lutam os portuários também por uma convenção coletiva de trabalho, razão pela qual ficarão melhor assegurados dentro dos direitos dos trabalhadores de estivas, relativamente a acidentes, férias, concessões do trablho em Miramar e Bacia a cargo do Sindicato, etc.. A esta segunda reividicação vem fazendo ouvidos moucos a administração dos SNAPP.

EXTENSÃO DA BASE TERRITORIAL

Os portuários batalham também para conquistar um direito assegurado pelo Conselho Marítimo aos Sindicatos congêneres de outros Estados: é a extensão da base territorial, ampliando o Sindicato até os Territórios e Municipios da chamada 8.ª Região, e sobretudo, amparando com fôrças do Sindicato os portuários de outras cidades que não tem vida sindical organizado. Entretanto, a Conselho Marítima há 4 mêses vem criando embaraços jurídicos a esta justa extensão exigida pelos armazenadores.

Em tôrno desta reivindicações cresce, dia a dia, a confiança na atividade da Diretoria do Sindicato no seio dos portuários e na unidade de suas Assembléias Gerais que marcham unidos para as conquistas de seus reivindicações.

★ LEIA IMPRENSA POPULAR

Novo e Sério Atentado as Liberdades

Chamado a policia para prestar declarações o presidente da U.L.T.A.P. — A medida reflete o clima de atos contra as liberdades e os direitos constitucionais — O porque do Prefeito de Inhangapi

Acompanhado de um advogado, o sr. Benedito Serra, presidente da ULTAP, compareceu a policia para prestar declarações sobre as atividades da organização que preside.

Trata-se de uma medida discriminatoria e inconsti-tucional, solicitada pelo Perfeito Bittencourt de Inhangapi, estimulado, sem duvida nenhuma, por um clima de ameaças e de violações das liberdades.

Volta-se o prefeito do sr. Barata contra os legitimos direitos dos trabalhadores do campo, direitos de se unir e de se organizar pela conquista de melhores condições de trabalho e de vida, garantidas pela Constituição. Depois de tentar impedir, inclusive com atos provocadores, uma reunião pacifica dos lavradores, o Prefeito de Inhangapi assume voluntariamente um papel que o povo e os trabalhadores, seus eleitores, não lhe delegaram absolutamente: o de delatar e caluniar o movimento democratico de unidade e de organização dos homens da lavoura, explorados e abandonados, submetidos a uma vida penosa de dificuldades de toda sorte.

O ato policial contra a ULTAP constitui mais um grave atentado á liberdade de reunião e de organização garantida pela Carta Magna e reflete no interior, o perigoso caminho que toma o governo Barata contra as liberdades'

No entanto, os lavradores estão vigilantes, reforçam sua unidade em torno da ULTAP, redrobrarão de esforços na luta pelos seus direitos e impulsionarão, assim, a crescente união de todas as forças democraticas e patrioticas que haverão de impedir qualquer retrocesso democratico no Estado.

Kruschiov Reitera Afirmações Sobre o Stalinismo

MOSCOU, (IP) — Vorochilov, Bulgânin, Malenkov, Mikoyan, Kaganovitch, Saburov e Shepilov, assistindo à grande recepção dada pelo embaixador da China naquela capital, em honra de Chu-En Lai, tiveram oportunidade de presenciar ao discurso pronunciado pelo 1.º Secretário do PCUS, Nikita Kruschiov, no qual êle esclareceu definitivamente a sua concepção de «stalinismo».

Suas palavras

Tomando a palavra por último lugar, após uma troca de saudações muito cordiais entre os srs. Bulgânin e Chu-En Lai; o sr. Kruschiov pronunciou um discurso politico, dando precisões sôbre sua alocução do Ano Bom, que tratava do mesmo problema do stalinismo.

—«Festejamos a grande festa da primavera»—disse êle—acentuando que nada no mundo podia igualar o valor de um encontro entre amigos amudurecidos pelo mesmo ideal, tendo as mesmas idéias, tal como o encontro entre os comunistas chineses e soviéticos.

«Não quero falar de imperialismo hoje—prosseguiu êle—Muitos perguntarão como o sr. Kruschiov pôde se conter. Devo confessar que não é fácil. Mas êste encontro é de tal modo solene que não quero fazer-lhe sombra. Devo repetir aqui que sou comunista?» — perguntou então o sr. Kruschiov.

—Mas, nestes ultimos tempos, tem sido dito que tú és stalinista—observou então o marechal Bulgânin.

—«Não sòmente eu não separo

(Conclui na 2ª. pág. — D)

Preço do EXEMPLAR CR$ 1,00

Uma Grande Vitória Dos Trabalhadores

Roberto Morena

A campanha pela elevação do salário-mínimo teve seu desfêcho, com a decisão unânime do Supremo Tribunal Federal em manter o ato do Poder Executivo de se iniciar o pagamento dos novos níveis do salário-mínimo a partir de 1º de agôsto do ano passado. Ficou assim consagrado, pela decisão do mais alto tribunal do país, o principio de que não é necessária a espera de 60 dias para o decreto governamental entrar em vigôr.

Essa decisão do Supremo Tribunal Federal constitui uma importante vitória dos trabalhadores e das entidades sindicais de todos os graus. As duas últimas campanhas de elevação do salário-mínimo, a de 1954 e 1956, foram motivo de uma maior e mais sólida união entre os trabalhadores de tôdas as categorias profissionais, tanto da indústria, como do comércio e do transporte, assim como de tôdas as regiões. As massas trabalhadoras, que percebem salários mais baixos, foram mobilizadas nessas campanhas. As organizações sindicais se puseram á frente dessa luta e novas fôrças, as mais amplas, ingressaram em seu quadro associativo.

Assim, a conquista do salário-mínimo fica incorporada ás lutas reivindicatórias do proletariado brasileiro. Deixou de ser, como queriam fazer supor, uma dádiva do govêrno, um gesto de benemerância dos empregadores, para ser uma conquista da unidade dos trabalhadores. Na sua conquista os trabalhadores brasileiros aprenderam o valor da união, de suas organizações sindicais. O Supremo Tribunal Federal, em 1954, também teve de dar ganho de causa aos trabalhadores e, agora, em 1957, a vitória foi ainda maior.

E sua aplicação? Eis o problema presente. Grande numero de empregadores não cumpre com o Decreto n. 36.604, de 14 de julho do ano passado. Para isso é ainda o sindicato a grande arma, para que êsse direito liquido e legitimo seja completamente cumprido.

Foi uma nova e grande vitória dos trabalhadores. Fortalece-se cada vez mais a base unitária e sindical do proletariado do Brasil. Cabe ampliar essa base, reforçar a organização sindical, elementos indispensáveis para novas e necessárias vitórias dos operários e operárias brasileiros.

Grande Vitória da Democracia Socialista

A Nação Polonesa Votou no Programa de Gomulka

PARIS, 21 (FP)—«A população polonesa correspondeu amplamente ao apêlo da «Frente de Unidade Nacional», —eis a conclusão demonstrada, segundo a Agência Polonesa de Imprensa, dos resultados das eleições conhecidos nas grandes cidade, da Polônia. Declara a agência que foi muito grande em seu conjunto a participoção eleitoral e cita números em apoio dessa asserção: 96 por cento nas regiões de Gdansk, Katowice e e Kozsalin; 95 por cento nas regiões de Poznam, Olsawyo; 94 por cento nas regiões de Sczecia; 93 por cento nas regiões de Cracóvia e de Bialystok e 91 por cento nas regiões de Varsóvia e de Lodz. Acrescenta a agência: «Os eleitores, em grande maioria, não quiseram utilizar o quarto indevassável e votaram a favor dos cabeças de listas. Segundo a opinião geral, a nação respondeu com o «Sim» ao programa de construção do socialismo polonês do sr. Wladislaw Gomulka».

———oOo———

Vitoria dos Sem Partido

PARIS, 21 (FP)—O sr. Jerzy Bukowski, candidato «sem-partido» na 1ª Circunscrição de Varsóvia, derrotou os candidatos apresentados pelo Partido Operário Unificado Polonês (Partido Comunista), anunciou a Agência PAP.

O sr. Bukowski obteve 11.282 votos dos 11.368 votantes, contra 10.664 dado ao candidato do Partido Operário Unificado, Jesrrzy Albercht.

Posse dos Novos Dirigentes do Sindicato dos Gráficos

Direção unitária forjada ao fogo de uma luta vitoriosa

SERA' empossado hoje, ás 20 hs, a Diretoria do Sindicato dos Trabalhadores nas Insdustrias Graficas de Belém que regerá os destinos desta organização sindical no bienio 1957-1959.

A Diretoria que hora assume foi escolhida e eleita por uma ampla convenção unitária realizada ao fogo da luta grevista que viveu aquele Sindicato durante dois mesês e meio.

A condenação fez sua seleção de nomes, os quais, na verificação final, coincidiam em 3 chapas diferentemente apresentadas. Os graficos então resolveram concorrer ás eleições á base da chapas unitária, na qual depositavam inteira confiança pela atuação durante a greve.

A nova Diretoria que tem seu vasto programa a cumprir, está assim constituida: Presidente — Pedro Chagas; Vice-Presidente — Joaquim Morais; 1º secretario—Jóvino Amazonas; 2º. secretario—José Bolivar; Tesoureiro Edevaldo Batalha.

As solenidades de posse terão lugar na sede da União Espanhola de Socorros Mutuos, a avenida S. Jeronimo, 103, seguida de alegre noitada dançante.

TRIBUNA DO PARA' recebeu amavel convite.

Os Moradores da Marambaia Descontentes Com as Medidas do D. E. T.

Vai Funcionar a Comissão Parlamentar de Inquérito Sôbre a Política Exterior

A F.S.M. aós trabalhadores:

PÓR UM 1.º DE MAIO DE UNIDADE!

"Façamos deste 1.º de Maio uma jornada internacional de solidariedade e unidade"

Sete pontos apresentados aos trabalhadores de todos os países para uma ação comum por melhores condições de vida — Caloroso apêlo-convite da poderosa central sindical mundial

RIO, (I.P.) — A «Imprensa Popular» divulga o seguinte documento:

«Trabalhadores e trabalhadoras de todos os países!
Companheiros:

A Federação Sindical Mundial vos dirige uma saudação fraternal por motivo do 1.º de maio de 1957. Chama-vos calorosamente a dar a esta jornada a sua real significação: jornada internacional de SOLIDARIEDADE DE UNIDADE e de amizade entre os trabalhadores do mundo inteiro.

O 1.º de maio de 1957 permitirá realizar novos progressos no terreno da ação unida dos trabalhadores e trabalhadoras por suas reivindicações essenciais e atuais, nas condições de trabalho:

— Melhoramento do nível de vida e das condições de trabalho;
— Supressão das discriminações existentes nos salários, entre homens e mulheres, ou em detrimento da juventude trabalhadora;
— Redução da duração do trabalho sem diminuição dos salários;
— Construção de casas para operários;
— Desmoronamento e desenvolvimento das relações pacíficas e entre todos os países;
— Cessação das guerras coloniais suspensão imediatas das hostilidades contra o povo da Argélia, fim do sistema colonial, direito dos povos à auto-determinação;
— Derrotar as atividades da reação internacional e as intervenções facistas em todos os lugares onde se produzam.

Trabalhadores e trabalhadoras!

Representais hoje, uma imensa força organizada em virtude do número crescente de trabalhadores sindicalizados, pelas vitórias conquistadas em prol do progresso social e pela paz entre os povos.

Que esta imensa força se manifeste em todos os lugares por ocasião do 1.º de maio!

Assim, estreitar-se-ão ainda mais os laços de amizade entre irmãos e irmãs de uma mesma classe, quaisquer que sejam sua nacionalidade, sua raça, opinião ou religião.

Da UNIDADE entre os trabalhadores, das manifestações cada vez mais vivas de solidariedade entre si, depende o êxito de suas ações por o progresso e independência.

REFORCEMOS NOSSA UNIDADE, vencendo os obstáculos da divisão, persistindo nas iniciativas unitárias, tornando mais fraternais as relações entre tôdas as organizações sindicais e, neutralizando as atividades divisionistas contra as filieras da classe operária.

Trabalhadores e trabalhadoras do mundo inteiro!

Sindicatos de todos os países!

SOLIDARIEDADE E UNIDADE entre nós, nas nossas lutas comuns pelo progresso econômico e social e pelas reivindicações vitais!

SOLIDARIEDADE E UNIDADE entre os trabalhadores e os povos dos países oprimidos e os trabalhadores e os povos dos demais países. Todos unidos em uma luta histórica pela independência e libertação internacional, pela defesa dos países vítimas do imperialismo e da exploração colonial.

SOLIDARIEDADE (...)

(Conclui na 2ª pág. — A)

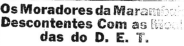

N. 281 — Belém-Pará, Domingo 31 de Março de 1957 — Ano XI

O Povo Amazonense Contra As Bases de Teleguiados

MANAUS, março (Do correspondente — Aéreo) — Dois acontecimentos neste princípio de ano abalaram profundamente a opinião popular amazonense, já sensibilizada pelas ameaças cada vez mais ostensivas que pairam sôbre o petróleo brasileiro: o ajuste concluído com o govêrno norte-americano para a entrega de Fernando de Noronha e instalação na ilha de um pôsto militar de teleguiados, e a anunciada visita de Mr. Briggs, embaixador dos Estados Unidos, no Estado.

Mensagens do povo aos seus representantes

Por toda a parte estão circulando abaixo assinados, coletando assinaturas contra a entrega de terra brasileira para base de agressão trans- crevemos dois dêsses documentos recentemente enviados aos deputados petebistas Aurélio Melo e Manuel Barbuda, o primeiro contendo 140 assinaturas e o segundo 217, recolhidas entre patriotas de todas as camadas da população.

Ao deputado Aurélio Melo: «Os signatários, que vêm de V. Excia. um legítimo representante do povo amazonense nêsse Parlamento, solicitam seja o intérprete do nosso protesto contra a cessão do Território de Fernando de Noronha ao govêrno americano. V. Excia. não ignora os objetivos guerreiros da instalação da base de teleguiados americanos em nosso território que virá expor-nos a uma guerra de consequências imprevisíveis, em defesa, não de nossa soberania ou de dependência mas dos trustes internacionais, inimigos de povos. Somos um povo pacífico e desejamos viver em paz com os demais povos do mundo em benefício de nosso progresso e independência».

É do seguinte teor o documento enviado ao deputado Manuel Barbuda: «Na qualidade de brasileiros, responsáveis também pelos destinos de nossa pátria, vimos apelar a V. Excia. para, em nosso nome, protestar contra a entrega de parte de nosso território aos colonialistas ianques, para a instalação de bases guerreiras. V. Excia. concordará que não desejamos um (Cont. na 3ª pág. — B)

Vai Funcionar a Comissão Parlamentar de Inquérito Sôbre Política Exterior

Feitas as primeiras indicações — Líder da Maioria desistiu de criar obstáculos

RIO, (IP) — Encerradas até o fim da próxima semana as eleições que se processam nas Comissões Permanentes da Câmara deverá ser instalada a nova Comissão Parlamentar de Inquérito, criada nos têrmos do projeto da resolução do sr. Seixas Dória, para examinar a política exterior e o Acôrdo Militar firmado em 1952 com os Estados Unidos e opinar sôbre a conveniência ou não de ser o mesmo mantido.

Primeira indicações

Segundo informações colhidas pela nossa reportagem parlamentar a liderança udenista já indicou os três representantes da bancada para a Comissão. Seriam êles os srs. Seixas Dória, Newton Carneiro e Rafael Corrêa de Oliveira.

A Comissão deverá ser composta de nove ou onze representantes partidários entre os quais o PSD teria a maioria vindo logo em seguida a UDN e o PTB e finalmente os pequenos partidos, com um ou dois representantes. A presidência poderá caber ao PSD ou a UDN, como foi o caso da histórica Comissão sôbre Minérios Atômicos, presidida pelo sr. Gabriel Passos.

Maioria não impedirá

Consta que a Maioria teria recuado de seu intento, anunciado pelo líder Vieira de Melo em declarações à Im- (Conclui na 2ª pág. — C)

Os Moradores da Marambaia Descontentes Com as Medidas do D. E. T.

Dificuldades e prejuizos com o deslocamento dos pontos de parada — Apelo à PMB para consertar as ruas do bairro

TEM o povo do bairro da Marambaia vivido momentos difíceis quanto ao transporte para esse bairro. Os atuais organizadores do trânsito de nossa Capital acharam de, a pouco o sacrifício que a população, constituída de trabalhadores, passava nos momentos de se transportar para seu bairro e mudaram os pontos de parada dos coletivos, dos antigos abrigos para umas coberturas de metal que construíram na Praça Felipe Patroni. Essas pequenas coberturas não satisfazem para abrigarem centenas e centenas de pessôas que se locomovem diariamente para seus trabalhos e muito especialmente agora na estação invernosa quando são obrigadas a permanecerem em uma fila infindável nas horas de maior movimento.

Ainda mais; o ponto de partida da Marambaia foi também mudado para próximo do Mer- cado e não sabemos porquê.

Quanto o estado da rua, não se justifica, porquanto o trecho da rua desde o Entroncamento até o mercado é o pior e este trecho é o que está sendo percorrido pelos coletivos.

Realmente há falta de interêsse em zelar pelas ruas da Marambaia, que se acham em estado lastimável, especialmente desde o Entroncamento até a passagem da rua do Fio. Não podemos compreender como a Prefeitura de Belém deixa as ruas que servem de via de transporte, ficar em estado tão mau como o que se encontram atualmente desde trecho já mencionado.

Pedimos a atenção da Prefeitura para que mande liberar os enormes buracos, os quais estão prejudicando o transporte para Marambaia. O Prefeito ao ser eleito, anun- (Cont. na 2ª pág. — D)

XXXV Aniversário do P.C.B., em Belém

Sob a Bandeira de Lutas Contra a Entrega de Fernando de Noronha

«PCB, 35 ânos a serviço do povo!» — As manifestações de regozijo de domingo ultimo — De nada valeram as provocações policiais

TRABALHADORES, patriotas e democratas paraenses manifestaram domingo último seu contentamento pelo 35.º aniversário do Partido Comunista do Brasil, ocorrido a 25 do corrente.

Fogos, bandeiras e inscrições murais

Alvoradas de fogos foi efetivada, bem como numerosas bandeiras e inscrições alusivas á data e aos objetivos da luta patriotica e democrática do PCB foram lançadas na cidade.

«PCB, 35 ânos a serviço do povo»

Dentre as inscrições murais salientam-se a que foi feita no Boulevard Castilhos França, repercutindo vivamente. «PCB, 35 anos a serviço do povo», era a legenda com a qual os trabalhadores paraenses homenageavam a vida gloriosa do Partido da classe operária e do povo.

No bairro populoso da Pedreira salientaram-se também as homenagens ao PCB pelo número das bandeiras com inscrições comemorativas tais como: «Fóra os americanos de Fernando de Noronha!» — «Viva Prestes!» — «Salvé o PCB!» — «Salvé os 35 ânos de lutas e glorias do PCB!» — «Mórra aos traidores da Pátria, Juscelino e apaniguados!».

Sob a bandeira da defesa de Fernando de Noronha as comemorações

O aniversário do PCB se efetivou sob egide das lutas do povo brasileiro contra a entrega de Fernando de Noronha aos americanos, o que foi muito bem refletido nas manifestações de domingo último. De nada valeram as provocações policiais determinadas pelo govêrno Barata que, assim, manifesta mais uma vez seu apoio à política capitulacionista, que leva a cabo JK, de repressão ao movimento democrático e patriotico do povo brasileiro.

Domingo 31 de Março de 1957 — TRIBUNA DO PARÁ — Página 5

EDITORIAL

Fernando de Noronha No Plenário do Senado

O Senado ouviu o vigoroso discurso do senador Atílio Vivácqua, abrindo em grande forma o debate sôbre o Acôrdo Militar Brasil-Estados Unidos e o ajuste de teleguiados da base de Fernando de Noronha. O ilustre parlamentar espírito-santense produziu uma argumentação contundente que mostra o caráter supinamente impatriótico de que se revistiram aquêles conchavos com o govêrno dos Estados Unidos, pela forma clandestina como foi negociado, pelas conseqüências ruinosas que traz ao nosso país, pela posição de subserviência em que ve o Brasil, uma nação soberana, enfim pelo sentido guerreiro que impõe à nossa política exterior, ante uma determinante de paz que a Constituição Federal prescreve.

A oração pronunciada no plenário do Monroe relembra episódios deprimentes que o Departamento de Estado impôs ao govêrno brasileiro para extorquir um ataque de guerra. Obrigou ao Catete e ao Itamarati que seu mecanismo de aplicação ficasse subordinado ao conjunto de leis do Congresso norte-americano e suas modificações e que, ao mesmo tempo, estivesse subtraído ao Congresso do Brasil. Foi imposta a sonegação dos fatos negociados ao então ministro da Guerra, foi bloqueada a ciência das tentativas às mais expressivas figuras do Estado. Foi uma concessão típica de faca no peito.

POIS é êsse acôrdo militar, que não pôde ser discutido e conhecido na sua feitura ao Congresso apesar do clamor público, que hoje é invocado como matéria superior que impede o conhecimento e o debate, pelo Congresso, dêsse monstrengo lesa-pátria que é o «ajuste» Briggs-Macedo Soares, de concessão de base em Fernando de Noronha.

OUTRO dia uma Comissão do Senado não aceitou as explicações do ministro do Exterior e lhe pediu contas a respeito de ressalvas do Senado sôbre a aplicação do famigerado acôrdo militar. Apanhado em grave falsidade, o titular do Itamarati fêz o grande gesto de quem está na santa ignorância do assunto e prometeu breve informação sua e do presidente Kubitschek. Mas, o Sr. Macedo Soares, tão logo se viu fora do apêrto que lhe preparou a Comissão Senatorial, virou as costas e fugiu ao compromisso assumido do fornecer informações.

NÃO é só por meio de manobras escusas que o govêrno tenta — aliás inùtilmente — impedir que o Congresso tome nas mãos o assunto de Fernando de Noronha e do Acôrdo Militar. Na Câmara foram promovidas várias manobras visando êsse silêncio, a ponto de servir de glosa para a imprensa norte-americana cantar os «méritos» presidenciais do Sr. Kubitschek. O que se vê, no entanto, é que a Câmara dos Deputados não se deixou enredar nessa manobra aviltante e respondeu com o vigor que todo o povo esperava, constituindo a Comissão de Inquérito que apreciará a política externa nacional e especialmente o Acôrdo Militar Brasil-Estados Unidos.

ABRINDO o debate no plenário, pela vos do Sr. Atílio Vivácqua, o Senado pode agora contribuir valiosamente para que o país seja atendido na sua grande reclamação: tome nas mãos, debata amplamente como já começou fazer o senador capichaba e finalmente declare solenemente a nulidade do ajuste de teleguiados, dando ao mesmo tempo como inconstitucional e derrogado e infame Acôrdo Militar Brasil-Estados Unidos. É o que espera a nação brasileira, do patriotismo de seus representantes na Câmara e no Senado.

Mais Intenso Comércio Entre o Brasil e a Polônia

Delegação comercial brasileira presentemente em Varsóvia

VARSÓVIA, (I. P.) — «O incremento das relações comerciais entre a Polônia e o Brasil me parece inevitável», declarou o sr Frank Moscoso, ministro brasileiro nesta capital, numa entrevista ao jornal «Express Wieczorny». Referindo-se às relações econômicas entre os dois países, declarou o ministro Moscoso que as economias da Polônia e do Brasil são complementares, lembrando Lodz, Piotrkow e Bielsko e as usinas siderúrgicas de Stalola do que a indústria têxtil de Wola, Nowa Huta e Katowice precisam do algodão e do minério de ferro do Brasil. Mais adiante, declarou o diplomata que a Polônia exportou recentemente para o seu país grande quantidade de trilhos e vários navios costeiros. Além disso, o Brasil importa também desse país produtos químicos e medicinais, chapas de alumínio e de zinco, máquinas, agrícolas, ferramentas, máquinas têxteis e motores diesel. Atualmente se encontra nesta capital uma delegação comercial brasileira, que realiza negociações com o objetivo de intensificar o comércio entre as duas nações.

★ LEIA

Voz Operária

Uma Infâmia, a Alegação de Ataque à I. P.

Pedro MOTTA LIMA

ESTAMOS diante de uma nova onda de provocações grosseiras, com que a reação procura atingir a «Imprensa Popular».

Não passa disso — estejam certos os homens de bem — tôda essa mentiralhada que enche colunas e colunas de órgãos notoriamente vinculados à polícia, como é, por exemplo, «O Globo». Mas, supondo com isso gerar confusões e distrair a opinião pública do assunto fundamental neste momento, que é a luta de todos os patriotas contra a entrega de Fernando de Noronha aos ianques, os «catedráticos da colúnia» se cobrem de ridículo. Porque só mesmo o mais idiota subjetivismo pode alimentar essa esperança de converter em realidade ou fazer passar por verdadeiras, no espaço de tempo que se mede entre duas edições, conjecturas as mais torpes e cretinas.

O propalado «ataque» do povo à «Imprensa Popular» não passa de uma infâmia. Os que afirmam tenha isso ocorrido estão a serviço dos nossos inimigos. Servem aos agentes do entreguismo, no seu afã de «fechar» tudo quanto signifique o exercício de direitos democráticos em nosso país Jornal que tem raizes tão profundas no terreno firme da classe operária ter sofrido um tal ataque. Ao contrário, tôda a sua já longa existência só tem confirmado o mais cálido apoio do povo.

Mantenhamo nos vigilantes em face de tão insistente publicidade. Observemos que, inclusive, a polícia começa a dizer, como o fez pela bôca do coronel Luna Pedrosa, que ronda à porta dos jornais do povo, a pretexto de «defendê-los» de ataques. Nossa repetida experiência, que o povo bem conhece, diz-nos que contra tal «defesa» e que precisamos estar precavidos. As provocações dos jornais entreguistas e as maquinações de autoridades policiais que ainda há poucos meses anunciavam abertamente o propósito de fechar a «Imprensa Popular» e outros jornais que são porta-vozes dos brasileiros patriotas, indicam-nos a necessidade de estar cada vez mais alertas.

Quando o coronel Luna Pedrosa marcou o prazo de duas semanas, no máximo, para o fechamento dêste e outros jornais, coincidindo sua leviana ameaça com a manipulação no gabinete do ministro Nereu Ramos de um projeto de lei monstro contra a imprensa, levantou-se por todo o pais o clamor público. A ameaça pairava não apenas sôbre a liberdade de imprensa, mas sôbre as demais garantias democráticas, contra as quais se conspira dentro do govêrno do Sr Juscelino Kubitscheck.

Hoje o perigo subsiste e torna-se mais grave. E' o próprio presidente da República que de traição em traição aos compromissos assumidos diretamente com seus eleitores, nos comícios da campanha eleitoral passa por cima do Congresso para assinar um «ajuste de lesa-pàtria, entregando Fernando de Noronha a uma potência tradicionalmente anexionista, e viola outros princípios constitucionais, ao fechar por decreto velhas instituições de caráter patriótico e democrático. A fim de ter as mãos livres nos «ajustes» com o colonialismo ianque, o govêrno atual organizou seu plano de liquidação das liberdades, esperando, para agir impunemente, calar a voz do povo. Pretendeu começar pela imprensa e não poude. Atacou a democracia noutros setores. Esperará, num escalonamento diverso, atingir finalmente a imprensa.

O panorama fica incompleto, entretanto, se não apontarmos as grandes e sempre crescentes fôrças que, num país em desenvolvimento impetuoso, como o Brasil, não querem nem podem permitir que uma política de compromissos com os trustes norte-americanos afogue os sentimentos democráticos e progressistas da maioria da nação. E' a essas fôrças, aos trabalhadores e a todos os democratas, à intelectualidade, particularmente aos colegas jornalistas, que nos dirigimos. A elas denunciamos com tôda veemência tais manobras insidiosas, mal encobertas por um sensacionalismo barato, dirigido da seção da F. B. I. ianque, em que se converteu o departamento de polícia política, o sinistro DOPS.

Nossa vida tem sido tôda de resistência aos inimigos da pátria e do povo. Assim temos sobrevivido e alcançado não pequenos êxitos. Assim venceremos contra tôdas as torpes maquinações.

Guerra Fria: Pretexto Para a Dominação Ianque

J. FILHO

GRAÇAS aos acontecimentos da Hungria e a fracassada invasão anglo-franco-israelita sôbre o Egito, os campeões da guerra fria, chefiados pelos Estados Unidos, encontraram campo adequado à pratica das mais desavergonhadas mentiras e calunias contra os paises socialistas como também contra todos os povos que hoje lutam para libertarem-se do jugo imperialista.

Por isto os instigadores de guerra não ianque não pouparam esforço em utilizar na imprensa falada e escrita, a cultura e as artes, na satisfação de seus intentos belicistas.

Em Holywood acabam de raspar totalmente a cabeça da atriz Natalia Laryll, a fim de forjarem com ela, a pelicula «Diario Secreto de Stalin»; anunciam-se nos cinemas de nossa capital cartazes, os mais repudiantes, de de novos filmes, como «Perto do Céu» e muitos outros, além de inumeras demonstrações nos jornais, «revelando» fatos da Hungria, Polônia, Alemanha Oriental, etc.

O que é mais interessante, porém, é que na imprensa repetem-se os mesmos noticiarios e nos cinemas passam as mesmas cenas durante semanas a fio, acompanhadas de uma interpretação irônica e infadonha, tornando os espectadores impacientes e aborrecidos diante das leviandades exibidas por aquela propaganda norteada intencionalmente.

Após incentivarem o ódio dos povos orientais, segue-se uma propaganda disfarçada, mas umilhante, mostrando o poderio bélico dos Estados Unidos suas bombas atômicas, seus aviões homicidas, seu instinto de dominação, deixando bem claro que aquêle país utiliza a guerra fria para poder extender franca e abertamente seus planos de colonização em nossa pátria, se a reação imediata do nosso povo, já não estivesse nas ruas, num clamor nacional crescente contra a entrega de Fernando de Noronha, pela anulação da cessão dessa ilha nacional aos norte-americanos.

Organizemos tambem entre nós comissões contra a entrega de Fernando de Noronha, elevemos bem alto o protesto do povo paraense através de abaixo-assinados, telegramas, atos publicos.

Leia Problemas

Os Trustes Norte-Americanos Querem Nos Liquidar

Moisés Aquino

A região amazonica que compreende os Estados do Pará e Amazonas, e os territorios do Acre, Guaporé, Rio Branco e Amapá abrangendo 41,94% da superficie do país é uma das mais ricas regiões do Brasil, com recursos naturais que possibilitam a realização de uma vida prospera e feliz a toda população brasileira. No entanto, a situação da população amazonica é de grande pobreza, de miseria e de crescente desemprego, de subnutrição cronica, vitimada pela verminose, malaria, lepra, filariose e tuberculose. É uma situação que se agrava de ano para ano, devido ao regime de exploração latifundiaria que domina a região, ligado ao imperialismo norte-americano.

Esse é um dos fatores que impede o desenvolvimento da produção de alimentos necessarios para a subsistência de cerca de mais de dois milhões de habitantes, que importa mais do que exporta.

A situação da classe operária agrava-se a cada momento com o alto custo de vida anulando o salario e tornando a vida dos que vivem de salários insuportavel.

Mesmo os grandes industriais e comerciantes que não representam os trustes e monopolios ianques ou não são ao mesmo tempo latifundiários, até esses elementos já sentem os efeitos da desastrosa política cambial. A nossa industria e o nosso comercio, cujos recursos são relativamente pequenos, são obrigados a comprar nos leilões dólares e outros cambiais a altos preços, absorvendo todo capital pelos preços astronomicos das máquinas, combustiveis, lubrificantes, material rodante e instrumento técnico.

Como se vê a imensa maioria do nosso povo, as mais variadas camadas sociais e setores economicos, estão sofrendo na propria pele as consequências do dominio do latifundio e do controle de nossa produção extrativa, do nosso comercio exportador e dos transportes pelo imperialismo norte-americano, como está acontecendo com o comercio da castanha por ter os trustes americanos o dominio criminoso dos mercados brasileiros, impôndo os preços que lhes convem, obrigando que a correspondencia da oferta e da procura não seja estabelecida no país. Não podemos vender os nossos produtos a quem nos ofereça melhores vantagens. Somos obrigados a comprar os produtos americanos pelos preços que eles exigem.

Está claro que a castanha do Pará não pode ser vendida pelo preço anterior como exigem os gringos e justamente por ter subido assustadoramente os produtos americanos como seja gasolina, máquinas, pneus, lubrificantes, transportes e outros acessorios que determinam o trabalho extrativo e industrial da propria região.

Os trabalhadores estão certo exigindo comercio com todos os paises do mundo. Quanto maior fôr o volume de vendas, mais emprego para os trabalhadores e riquesa para a nação. Se os americanos não querem comprar os nossos produtos, devemos fechar as fabricas como estão pensando alguns donos de usinas de castanha? Não acho justo. Devemos procurar outros mercados que possam comerciar com igualdade de condições, fugindo da cortina do dólar que tantos prejuizos tem causado á economia brasileira.

Sou de opinião que industriais e operários devem dar as mãos para juntos lutarmos pela nóssa sobrevivencia. Não concordamos que a nossa industria seja liquidada Ao contrario, queremos a sua ampliação por sabermos que a independência economica e política depende do desenvolvimento industrial. E' esta a causa dos gringos lutarem contra o desenvolvimento industrial do Brasil.

Só unidos seremos fortes, capazes de modificar a situação política do

(Conclui na 2ª pagina — G)

LEIA Gazeta Sindical

Todo Serviço de Estiva do Pôrto de Belém Para os Estivadores

Otávio Magalhães

EM 28 de Abril de 1944, quando o Brasil se encontrava sob regime ditatorial, a DELEGACIA DO TRABALHO MARITIMO expediu uma portaria, pela qual, contrariando dispositivos legais, o serviço de Estivas nas embarcações de menos de 15 toneladas, poderia ser feito por operarios não Estivadores.

Apezar dos grandes prejuizos para a catégoria que representa o Sindicato, embora demonstrando sempre a sua incomformação com a citada portaria, deixou de promover decretação de sua nulidade porque se encontrava desassistido pelos orgãos administrativos. E o país, além de submetido ao regime ditorial, encontra-se em guerra. Foi alegado então que o cumprimento daquela portaria significava um justo sacrificio dos Estivadores Paraenses pela vitória contra o fascismo.

Terminado, entretanto, o conflito do qual sairam vitoriosas as Democracias, assim como felizmente a nossa Patria, e voltando a situação á normalidade, continúa ainda em vigor a portaria citada.

A ilegalidade da portaria é manifesta: de acôrdo com o Art. 257 da Consolidação das Leis do Trabalho e entre as exeções do Art. 260, não se incluc o caso em aprêço.

Pelas razões expostas, Sindicato dos Estivadores vai se dirigir ao Sr. MINISTRO DO TRABALHO, que se digne de decretar a nulidade da portaria, passando assim o serviço de Estiva no Pôrto de Belem, a ser feito pelos Estivadores sindicalizados de acôrdo com a Lei.

Para isso impõe-se que os Estivadores paraenses se unam em ação comum, apoiando todas as iniciativas do seu Sindicato no sentido de conseguir uma rapida vitoria pelos seus direitos.

Dirigentes da U.L.T.A.P. Ameaçados em N. Timboteua

Abaixo-assinado solicitando garantias e medidas punitivas ao Tribunal de Justiça do Estado

Os Lavradores da Parada Bezerra, no município de Nova Timboteua, vêm empenhando esforços comuns em protesto contra a falta de conclusão do inquérito a propósito do brutal assassinato do líder camponês na E. F. de Bragança, José Maria Otéro.

Solto o assassino

Esta folha divulgou varias vezes as iniciativas dos trabalhadores de Nova Timboteua para exigir a punição do criminoso que afrontosamente anda solto. Abaixo-assinados e comissões têm sido envidos ás autoridades exigindo medidas para prosseguir no inquerido e punir o assassino.

O criminoso ameaça os dirigentes da ULTAP

Certamente estimulado com a indiferença das autoridades policiais e judiciárias, o indivíduo Lino de Oliveira, o assassino, ameaça agora publicamente os dirigentes da ULTAP que depuzeram como testemunhas a favor de José Otero.

Os trabalhadores denuncia e exigem medidas

Novamente os trabalhadores de Nova Timboteua especialmente da Parada Bezerra se dirigem ás autoridades judiciárias solicitando medidas urgentes e enérgicas para prosseguir no inquerito e punir o criminoso, bem como denunciando as suas graves ameaças á dirigentes lavradores.

Assim um novo abaixo assinado foi dirigido ao Tribunal de Justiça do Estado pedindo garantias de vida para os ameaçados e medidas para punir o criminoso, porque as autoridades judiciárias e policiais de Nova Timboteua não só tomou conhecimento das justas reclamações dos trabalhadores como ali não foram.

Aguardaremos as Próximas Eleições

Recebemos de um leitor do suburbio o seguinte:

«Senhor redator.

É penoso ver o abandono em que se encontra a nossa cidade, pela culpa do nosso Prefeito que parece pouco ligar pelo interesse público, ainda que a maioria deste obnegado público o tenha eleito nas eleições passada, confiando ver atacados os problemas municipais, muito especialmente os de limpeza.

Belém, talvez a cidade mais suja do país

Enquanto isto ocorre no Pará, certas cidades mais atrazadas do que Belém já caminham para o progresso, como: Sena-Madureira, Manaus, Macapá e outras onde a sua administração procura conduzir o progresso, não só na organização como limpeza.

Lembra-nos de estarmos em pleno século XVII, em plena colonização de nosso país onde as ruas pareciam muito com as ruas de Belém em pleno século XX, o século atômico, do petróleo e da revolução industrial.

Ainda pensamos na boa vontade do sr. 'Celso Malcher em ver Belém á altura das grandes cidades do Brasil.

Quasi diariamente os jornais dão notícias, demonstrando o abandono de certas arterias em pleno centro da cidade ou sejam nas praças danificadas pela pratica do futebol, bancos quebrados, lampeões sem lampadas, ruas intransitaveis, cheias de lama buracos e capim. Outros os turistas e visitantes chamavam-na de a «cidade das mangueiras» e hoje é a mais suja e desprezada do Brasil.

Mais tudo isso é pura fan (Conclui na 2ª. pág. — F)

Resoluções do Comitê de Zona do Amazonas, do P.C.B.

Recebemos, com um pedido de publicação, o seguinte documento:

«O Comitê de Zona do Amazonas, do P.C.B. tomou as seguintes resoluções:

1.º) — Manifestar a mais franca solidariedade ao CC do nosso Partido, confiantes de que seus componentes saberão captar a sabedoria coletiva do PCB revelada através das presentes discussões em torno do Projeto de Resolução e elaborarão uma nova linha política e novas normas de vida partidária capazes de salvar o Brasil da crescente dominação imperialista norte-americana, reconquistar o pleno exercício das liberdades democráticas e conduzir as amplas massas na luta pela vitória de suas reivindicações.

2.º) — Recomendar o estudo permanente dos materiais do Partido a respeito do combate ao culto á personalidade e suas danosas consequências e também das nossas tarefas atuais, afim de que se exercite por todos os militantes as normas de democracia interna, ligando o Partido ás massas através do fortalecimento—em primeiro lugar, das organizações de massa sôbre as quais temos influência decisiva.

3.º) — Empenhar os esforços objetivando a defesa da soberania nacional, da Petrobrás e dos minerais estratégicos, considerando a vergonhosa capitulação de J.K. frente ao governo e trustes ianques e aos elementos entreguistas e golpistas.

4.º) — Iniciar o estudo organizado e planificado da situação política, econômica e social do nosso Estado, com o fim de que se forme uma opinião do conjunto com referência à realidade local.

5.º) — Mobilizar desde já todo o Partido para a batalha eleitoral que ji se iniciou pela qual, dentro de dois anos, serão eleitos os novos governador do Estado, senadores, deputados federal, deputados estaduais e vereadores. Neste sentido deverá ser levado a efeito de nossa parte uma política flexivel e audaz com o objetivo preciso de conseguirmos a vitória de candidatos próprios ou de aliados que aceitarem o nosso apôio.

6.º) — Elaborar uma forma simples de estudo, destituida de qualquer burocratismo, visando a melhoria do nivel político, teórico e ideológico dos militantes, com a organização de bibliotecas e círculos de estudo sob a direção de um assistente, recomendando-se que os debates das questões se façam de tal maneira livre que os militantes se sintam estimulados a expôr seus pontos de vista, suas dúvidas e as perguntas que quizerem.

7.º) — Realizar permanentemente os ativos de finanças, de agitação e propaganda, sindicais, etc. pois está provado que a realização dos mesmos permite um controle eficiente das tarefas e possibilite sensivel desenvolvimento de nossas atividades. Dar maior atenção a secção do trabalho feminino afim de que a mesma tenha funcionamento regular, em vista do brusco descaso verificado nessa importante frente de luta.

Manáus, março de 1957

O Comitê de Zona do Amazonas, do P.C.B."

NA MARAMBAIA:
Sem Professores as Crianças do Povo

Três Grupos no bairro, mas só funciona um — Injustificavel a política do governo do Estado

Iniciou-se o período letivo e notamos que muitas crianças deixaram de ser matriculadas por falta de vaga nos Grupos Escolares, especialmente nos bairros mais pobres. Isto era de se esperar. Vimos, pois, que o atual governo do Estado, demitiu quinhentas professoras e para melhor explicação do que expomos verificamos que Grupos como o «Cornelio de Barros», não está ministrando aulas a todas as crianças matriculidas por haver falta de professoras.

Aí está um dos problemas fundamentais do povo brasileiro. O Governo do Estado sabendo que a população dia a dia cresce deveria ter aumentado o numero de Grupos e de professoras e, não proceder como procedeu, mandando demitir quinhentas professoras.

Há no bairro da Marambaia três Grupos escolares que podiam comportar todas as crianças pobres do bairro, mas infelizmente só funciona um desses grupos.

O Brasil não poderá progredir se o Governo não olhar com interesse e educar todas as crianças e juvens que deixam de estudar por falta de escola. É necessário que o governo nomeie novas professoras para preencherem os claros abertos com as demissões. O Grupo «Cornelio de Barros» assim está a exigir pois há crianças que estão sendo prejudicadas por não dispor de professoras para ministrar as aulas.

★ LEIA **Voz Operária**

JK Fecha a Associação Brasileira de Defesa dos Direitos do Homem

Disse na Câmara o deputado Campos Vergal que acrescentou: «O sr. Juscelino se engana, ao pensar que o povo esquece tais violências»

RIO, (IP) — Cedendo a ostensiva pressão da Embaixada Americana e de elementos de orientação abidutamente fascista, o sr. Juscelino Kubitschek acaba de praticar mais um ato que fere frontalmente as liberdades democráticas. Foi suspenso por seis meses o funcionamento da Associação Brasileira de Defesa dos Direitos do Homem. Esta entidade luta especificamente pelo respeito ás liberdades constitucionais e ela mesma acaba de ser ferida por um ato de mal dissimulado arbitrio.

Essa investida do governo do sr. Juscelino Kubitschek, representa mais um elemento a fazer parte de uma série de atentados de sabor ditatorial. (Liga-se a outros fechamentos, como o da Liga de Emancipação Nacional, União dos Serviços do Porto, Frente de Novembro, Federação das Mulheres do Brasil e Escola do Povo).

Assim que teve conhecimento do atentado, falou na Câmara, onde pronunciou veemente protesto, o sr. Campos Vergal. O representante paulista fez ver que o ato do governo, bem como os outros fechamentos que o antecederam, não se estriba em fundamento legal, constituindo frontal desrespeito à Carta Magna e ás tradições democráticas dos brasileiros.

Teve o discurso do sr. Campos Vergal, ao mesmo tempo, dois significados: o de um protesto e também o de uma advertência ao sr. Juscelino Kubitschek. Disse — ora que o sr. Juscelino Kubitschek se equivoca, se supõe que tais atos passam despercebidos ao povo. Recordou as palavras pronunciadas pelo atual presidente da República ao tempo em que, através de centenas de comicios, por todo o Brasil, dirigiu-se ao povo, pedindo voto. Sua vitória, sem dúvida, deve-se ao apoio daqueles que acreditavam em promessas de acatamento às leis garantidoras das liberdades democráticas. Se hoje o sr. Kubitschek esquece a palavra empenhada e pratica o contrário do que prometeu, essa atitude não ficará impune e suas consequências se voltarão contra o candidato que não tem sabido realizar, na prática, o que solenemente assegurou que faria.

Reuniu a Ass. dos Lavradores de Bom Jesus, no Municipio da Vigia

Apoio á III Conferencia Estadual

VIGIA, março (Do Correspondente) — A Associação dos Lavradores e Trabalhadores Agricolas de Bom Jesus, povoado deste municipio, realizou a 14 do corrente uma grande assembléia de trabalhadores locais.

Numerosas questões foram debatidas, pelos 32 trabalhadores presentes todas em função da realização da III Conferencia Estadual de Lavradores e Trabalhadores Agricolas que terá lugar em julho proximo, em Belém, capital do Estado.

A assembleia compareceu o vice-presidente da ULTAP, sr. Raimundo Nonato, que fez um apelo aos seus companheiros para que reforcem a unidade e a sua organização através do prosseguimento das lutas por seus direitos.

Fernando de Noronha no Plenário do Senado

(EDITORIAL NA 5. PAGINA)

GREVE DOS PORTUARIOS DA CIDADE DE MANAUS

Exigem da Manaus Harbor o cumprimento do acôrdo sobre melhoria salarial

MANAUS, abril (Do correspondente) — Os portuários desta capital acabam de se declarar em greve total, atingindo armazens e escritórios da empreza portuária.

O movimento dos trabalhadores paralisou completamente as atividades do movimentado porto amazonense, mantendo-se coesos, firmes e confiantes na vitória da causa da paredo.

(Conclui na 2ª página — F)

No Amazonas: Organizam-Se os Agricultores do Japiim

Reivindicam uma ponte ao Prefeito de Manaus

MANAUS, abril (Do correspondente) — O movimento democrático dos trabalhadores amazonenses ocorreu nesta capital, na Estrada do Japim, na localidade Grapiranha.

Um fato auspicioso para-

Organizam-se os lavradores e moradores do Japiim

O fato é que os lavradores, moradores e amigos do Japiim resolveram unir seus esforços pela conquista de seus direitos e reivindicações que são numerosos. Nêsse sentido organizaram-se na Associação dos Agricultores e Moradores do Japiim, cujo programa de atividades inclue tomar iniciativas de luta para melhorar as condições de vida e trabalho para toda a população laboriosa da localidade. A primeira diretoria da nova entidade, eleita por aclamação, foi a seguinte: Otilia Moura Farias, presidente; João Gomes, vice-dito; Luis Gaspar da Silva, 1.º secretário; Benevenuto Aragão, 2.º secretário; Manuel Pesqueira, tesoureiro e Euzebio Cabral, adjunto de tesoureiro.

Festa de posse

No dia 24 de março passado teve lugar uma festa para empossar a diretoria, tendo comparecido várias pessoalidades de Manaus, entre elas, o sr. professor Gilberto Mestrinho, prefeito municipal de Manaus e elevado número de moradores e lavradores. A solenidade seguiu-se uma peixada animada por um conjunto musical-regional.

Pedem os moradores uma ponte do bairro da Raiz á Colonia do Crespo

Por ocasião da festa foi lançado um abaixo-(Conclui na 2ª pág. — A)

O debates dos teleguiados na Câmara: Coordena-se a Ofensiva Parlamentar Contra a Entrega de Fernando Noronha

* Afonso Arinos, líder da Oposição, prepara discurso de refutação da falsa formulação jurídica do líder Vieira de Melo
* Deputados de vários partidos vão interpelar o porta-voz do Catete, pondo a nú os interêsses que se pretende defender no plano de estrangulamento da Comissão Parlamentar de Inquérito
* O povo se pronuncia

N. 282   Belém-Pará, Domingo 7 de Abril de 1957   Ano XI

RIO (IP) — A partir desta semana com ou contra a vontade do sr. Juscelino Kubitschek, e por mais que incomode a Embaixada Americana, os debates sôbre o ajuste de Fernando de Noronha e outros acôrdos com os Estados Unidos agitarão o plenário da Câmara numa batalha política que se anuncia de grande envergadura.

Através dos debates o povo brasileiro poderá identificar os verdadeiros nacionalistas e os entreguistas, e ficará esclarecido, de uma vez por todas, sôbre a posição de JK: contra os interesses nacionais, e contra a salvaguarda da soberania nacional, contra, enfim, no seu próprio programa de govêrno, anunciado antes de sua posse.

Arinos refutará Vieira

Anuncia-se para estes próximos dias o discurso do sr. Afonso Arinos, líder da Oposição, na qual o jurista udenista demonstrará a falsidade da tése Vieira de Melo, que levanta uma enexistente inconstitucionalidade da Comissão de Inquérito, criada pela iniciativa do deputado Seixas Dória. Demonstrará ainda a insustentabilidade da outra tése consequente da primeira, em qual pretende firmar a sua anulação da jurisprudência da folha, «na limitação do poder de investigação das Comissões parlamentares».

Além do líder Afonso Arinos outros parlamentares preparam-se para entrar no debate, denunciando os objetivos
(Cont. na 3ª pág. — B)

"O Congresso Pode e Deve Anular a Entrega de Fernando de Noronha"

Mogy Ribeiro

TODAS as pessôas em nossa região começam a compreender e a sentir a grave ameaça que pesa sôbre os destinos do nosso povo com o ato de lesa pátria praticado pelo govêrno do sr. Juscelino Kubitschek ao entregar a ilha de Fernando de Noronha para instalação de uma base norte-americana de foguetes teleguiados.

Através das denuncias patrióticas que repercutem indignando a Nação, as cascas de manga, que mister Briggs e mister Colman em companhia do govêrno anfitrião de Barata espalharam para confundir por ocasião da visita de inspeção colonial na Amazônia, já são retiradas.

Está claro agora a destacarse dos traficantes do teleguiados do Pentágono, em justificar o acordo com o cinismo das declarações já traduzidas pelo ministro Macedo Soares ao dizer que se tratava de mero «posto de observação» em «decorrencia dos compromissos com os Estados Unidos de defender o hemisfério».

A incisiva denuncia do senador Lourival Fontes desmascara a candura do posto de observação quando disse: «Não se trata de um centro de observação nem pesquisas experimentais sobre o itinerário dos projéteis teleguiados. Trata-se, e ninguem tire de duvida, de uma base de lançamento. Fernando de Noronha é uma instalação piloto e sôbre o Nordeste serão em breve espalhados centros de transmissão e detonação, não importa a não beligerância. A alternativa dos EE. UU. para afugentar a guerra ou se concede não pode arguir mentalidade ou não beligerância. É a alternativa dos EE. UU. para afugentar a guerra ou se cobrir de guerra no seu territorio. É uma maneira de tirar a guerra de suas costas e lança-la sôbre os ombros dos outros. O Nordeste passou a ser, desde o dia da concessão, um teatro de operações militares...» E o proprio sr. Macedo Soares perdendo toda noção de compostura e de dignidade nacional já havia confirmado que no caso de sua «guerra à vista» o «nordeste brasileiro será o primeiro teatro de luta»!

Assim, com a chantagem de «guerra à vista», «2.ª posterião», etc. foi consumado o ato de traição com revoltante desprezo pela vida e pela integridade da soberania nacional, ameaçados dos horrores das guerras.

O verdadeiro sentido da entrega de Fernando de Noronha já se revela em toda a sua hediondez antinacional e antipopular como um atentado criminoso ao futuro do Brasil.

Sente-se que a cessão da ilha faz parte do plano sinistro da política de guerra do imperialismo norte-americano, expressa atualmente na famigerada «doutrina Eisenhower».

se propõe na verdade, a colonizar os povos arabes pela fôrça das armas. Com o mesmo objetivo colonialista o imperialistas norte-americanos arrancaram a concessão de Fernando de Noronha como o primeiro passo efetivo do plano de ocupação do nordeste, do norte e de toda a nossa Pátria!

Tanto assim é, que depois de Fernando de Noronha, os imperialistas iankees pressionam e exigem abertamente mais e mais bases para instalação de uma rêde semelhante de Salvador a Belém, ao modo de exigências para se apoderarem dos nossos minerios atomicos e do petroleo brasileiro.

Isso demonstra a gravidade séria do momento político quando o govêrno do sr. Kubitschek vacila diante da pressão imperialista, concilia com uma política de zig-zag, viola um a um os compromissos assumidos, fóge às palavras empenhadas e passa aos atos capitulacionistas, rolando no despenhadeiro da traição aos supremos interesses nacionais.

Daí as sucessivas medidas de repressão e violencias contra as entidades democráticas, visando silenciar e amordaçar a opinião patriótica. Contudo, ergue-se cada dia mais poderosa, em todos os rincões de nossa Pátria, a poderosa voz do povo, num clamor vivo de veemente e decidido protesto contra a cessão de Fernando de Noronha e para que o Congresso Nacional discuta e anule o acordo de lesa pátria.

É significativa as manifestações das Assembleias Legislativas de Pernambuco, Maranhão, Alagoas, das Câmaras Municipais de Maceió, Salvador, Recife, João Pessôa e dezenas de outras casas parlamentares; de representantes de quasi todos os partidos politicos, de Partidos como o PSB e o PCB, de entidades estudantis e de personalidades e pessoas simples que já avolumam milhões de vozes brasileiras.

Por isso, em nossa Amazônia, que sofre na carne a pilhagem dos trustes norte-americanos, também se processa as iniciativas patrióticas através da intensificação organizada das manifestações populares nas fabricas, nos campos, nas escolas, nas agremiações partidárias, nos bairros, nas entidades sociais e em toda parte, fazendo se sentir que Fernando de Noronha não será girândola norte-americana, irmanando-nos a vontade de todo o nosso povo que levará ao Congresso Nacional a certeza de que pode e deve anular a entrega de Fernando de Noronha.

Jornada de protesto na Capital Espanhola

CONTRA O FASCISMO DE FRANCO

MADRID, (IP) — Os folhetos pedindo à população de Madrid manifestar sua oposição ao regime, e, ao mesmo tempo sua falta de fé na eficácia da recente remodelação ministerial, seguido de um boicote dos jornais e dos espetaculos, seguido de um boicote dos meios de transporte e do «desfile da vitória», dia 1º de abril, circulam igualmente em Barcelona.

A esperança que suscitou a escolha do economista Catalán Vásilo, como ministro sem pasta, na segunda cidade da Espanha, se extinguirá rapidamente, segundo certas informações.

A imprensa espanhola continua a observar completo silêncio sôbre o movimento dos mineiros em Oviedo. Nesta cidade, segundo informações de boa fonte, as precauções da policia foram reforçadas e os rumores correm sôbre a iminência das perturbações que se verificarão.

AS MASSAS, O INDIVIDUO E A HISTORIA

O papel das massas e do indivíduo nos acontecimentos historicos -:- Iniciamos neste número a publicação do importante artigo de João Amazonas

Na 3.ª página

Com a arma da unidade e da organização

Venceram os Lavradores Da Localidade Cajueiro

HÁ mais de 10 anos os lavradores da colonia Cajueiro, no município de Bujarú, vinham lavrando suas terras. Henri Veegeli, um suiço, afirmava que uma parte dessas terras pertencia a Taperaçú, propriedade sua. O suiço, no entanto, dono de tantas terras, não perseguia o duro labor dos homens da lavoura de Cajueiro, apesar de ameaça-los sempre.

Matias Lemos substitue o suiço, intimida e peseguer os lavradores

O suiço Henri Veegeli arrenda as terras de Taperaçú ao sr. Matias Lemos que passa a reclamar o domínio de uma parte das terras da posse Cajueiro, onde labutam grande número de familias camponesas.

Matias Lemos, então, começa por exigir de cada lavrador das terras de Cajueiro um arrendamento exorbitante de Cr$ 600,00 por âno e por cada tarefa de roça. Ora, pobres como são, os lavradores de Cajueiro nunca poderiam pagar tão grande quantia e continuaram nas terras.

Matias Lemos passou a intimidar os trabalhadores, ameaçando-os com despejo. Resistem os lavradores.

Começam em seguida as perseguições. Matias Lemos, utilizando-se da policia de Guaramucó, séde do município, elabora um plano de perseguição aos lavradores das terras das quais se dizia proprietario: manda prender, toda semana, cinco lavradores que vinham presos de Cajueiro para a cadeia de Guaramucú. Um plano destinado a vencer os trabalhadores pela perseguição policial sistematica, pelo terror e pela fome.

Os lavradores de Cajueiro resistiam, mas sem lutas organizadas.

Os lavradores se unem e começam a lutar organizada e vitoriosamente

Com a crescente perseguição de Matias Lemos, os camponeses de Cajueiro começam se unir para lutar. Assim, para derrotar a perseguição com a prisão de 5 companheiros em cada semana, os lavradores fizeram o seguinte: quando o comissário de policia mandava prender cinco trabalhadores, os demais homens da Colonia se juntavam no maior número possivel e pacificamente aos cinco presos e compareciam ao xadrez de Guaramucú às dezenas e uma vez em número de 40. Onde prender tantos homens, se a cadeia era pequena? Que fazer diante de tantos homens que não se afastavam um instante dos 5 presos? E não foi preciso tantas vezes fazerem isso: Matias Lemos desistiu da perseguição.

Os lavradores só se tornaram vitoriosos pondo em prática a lição do feixe: uma vara é facil de quebrar, mas um feixe de varas é tão forte que não é facil de quebrar. Foi a união e a organização da luta de tantos homens que deram a primeira vitoria contra Matias Lemos.

Exemplos de lutas e unidades derâm os trabalhadores de Bujarú — De nada valeram as perseguições policiais e as ameaças — Atendendo a um abaixo-assinado, o governador do Estado desapropria as terras, garantindo a posse das mesmas aos lavradores

Surge a Associação dos Lavradores de Cajueiro ao fogo da luta

E' pois, no fogo de luta de resistencia contra a tentativa de expulsa-los de suas terras que os lavradores de Cajueiro colhem a decisiva experiencia de que só unidos e em lutas organizadas poderiam vencer as ameaças de despejo, de expulsão violenta, de perseguições policiais movidas por Matias Lemos. E é então que surge a Associação dos Lavradores de Cajueiro, cuja tarefa imediata e principal é adotar medidas e iniciativas em defesa da posse de suas terras e do direito de nelas trabalhar como o vinham fazendo há longos ânos.

Matias Lemos ameaça derrubar e incendiar a séde da Associação em Cajueiro

Compreendendo que não podia vencer os lavradores assim unidos e organizados, Matias Lemos mandou ameaçar de derrubada e incendio a séde da Associação dos Lavradores e caluniando-os de agitadores. E marcou o dia em que iria ele mesmo com alguns homens executar a ameaça. Os trabalhadores responderam, pondo em prática um bem elaborado plano de defesa de sua séde social, para o qual foram mobilizados todos os homens da Colonia. E Matias Lemos lá não apareceu. Era a segunda vitoria dos camponeses de Cajueiro, graças á sua unidade e combatividade.

Grande comissão traz um abaixo-assinado ao governador do Estado

Tendo á frente a Associação dos Lavradores de Cajueiro, um abaixo-assinado foi elaborado e grande número de assinaturas foi colhido. Uma comissão de 40 homens trouxe o documento ao governador Magalhães Barata, solicitando a este providencias para lhes garantir a posse das terras reclamadas por Matias Lemos.

Recebendo a comissão e tomando conhecimento da justa reivindicação dos camponeses de Cajueiro, o governador Magalhães Barata, muito justamente, resolveu, depois de ouvir a Secretaria de Obras, Terras e Viação, desapropriar as terras cuja posse reclamavam os lavradores

Vitoria de unidade e de lutas organizadas

A experiencia que as lutas dos lavradores de Cajueiro trouxe a todos os demais trabalhadores do campo no Estado é a de que somente unido-se e organizando-se, poderão tornar as suas lutas vitoriosas em defesa e conquista de seus direitos e pelas suas reivindicações numerosas. A luta dos trabalhadores de Cajueiro serve de exemplo a todos.

N.º 282 7 - 4 - 1957

TRIBUNA DO PARÁ

Mercado Externo Para a Castanha, Justos Prêços Para a Juta e Borracha

Delegação de comerciantes e industriais vão a JK solicitar medidas — Perspectivas de comercio com os paises socialistas e providencias que se impõem para atender aos trabalhadores — Os lucros dos trustes ianques de artefatos de borracha e a política de JK — O que seria justo pleitear nesta hora de dificuldades para a Amazonia

VIAJOU para o Rio, afim de entrevistar-se com o Presidente da República e pleitear do govêrno medidas de proteção aos produtos amazonicos, uma delegação de comerciantes e industriais.

Justos preços para a juta e a borracha

Segundo declaração do presidente da Associação Comercial, o principal objetivo da viagem é obter justos preços para as fibras e borracha amazônicas, mas tambem tratar de obter providencias para a grave situação da castanha, nosso principal produto de exportação.

Lucros astronomicos dos trustes ianques com a nossa borracha

A delegação vai pleitear 60% de aumento de preço quando a necessidade seria de 100%, mas a verdade é que a situação de abandono dos trabalhadores, sobretudo extratores do latex, exige medidas mais amplas. Os lucros astronomicos, sobretudo dos trustes ianques que consomem a nossa borracha, em São Paulo, assim como do proprio BCA, justificam perfeitamente que outras medidas poderão ser tomadas para atender aos interesses das massas laboriosas, do comercio e da industria regionais. Entretanto, a delegação pleiteará somente o aumento do preço. Por outro lado, seria ocasião para exigir do governo JK que leva á pátria aos compromissos que assumiu com os seus eleitores de tomar medidas de melhoria das condições de vida e de trabalho dos trabalhadores, em vez de tomar o caminho de uma política anti-popular e anti-nacional, que se assinala com a entrega de Fernando de Noronha e com medidas de repressão ao movimento democrático e patriótico.

Melhoria de Salarios, extensão da legislação trabalhista, melhoria das condições de trabalho, assistência á saude e escolas para os seus filhos, reclamam os homens que tiram a borracha e proporcionam lucros tremendos á Good-Year e outros trutes americanos e ao proprio BCA que não os aplica em beneficio dos trabalhadores da borracha, na mata e nas usinas das cidades.

Mercado externo para a castanha

No tocante á castanha, já comentavamos em edição anterior a grave situação, sobretudo pela falta de mercado externo, dado que o monopolio de nosso comercio externo pelos americanos determina que nossa castanha não encontre colocação fóra da área restrita do dolar que nos impõe, por isso mesmo, os preços aviltantes que entendem. Seria a

(Conclui na 2a. página — O)

Crescente Vitoria da Petrobras

Asfalto de Cubatão Para as Estradas e Ruas do Pais

O Departamento de Estradas de Rodagem do Amazonas está recebendo pelo navio «Campos Sales», do Loide Brasileiro, 3 090 tambores com 600 toneladas de asfalto produzido pela Petrobrás em Cubatão

O Amazonas é, assim, o oitavo Estado do Brasil a receber asfalto de produção nacional para as suas necessidades no setor da pavimentação de rodovias. Antes, já haviam sido favorecidos Goiás, Minas Gerais, Ceará, Pernambuco, Paraná, Rio de Janeiro e São Paulo.

Para a Baia foram despachadas 300 toneladas, destinando-se essa carga ao aeroporto de Salvador.

O Estado de Sergipe receberá tambem agora 250 toneladas de produto, com o que serão apressadas as obras do aeroporto de Aracajú.

Articula-se o Funcionalismo Para Derrubar o Plano Elaborado Pelo D. A. S. P.

RIO, (I. P.)—Há muito vêm os funcionários públicos lutando pela classificação. Trata-se de velha aspiração de milhares de servidores, que passariam a ter aumentos periódicos em seus vencimentos e acesso assegurado aos cargos superiores de suas carreiras, tudo isso plenamente regulado e garantido em Lei.

As esperanças de todos estiveram voltadas para o Projeto de Classificação elaborado pelo DASP e finalmente, encaminhado à Câmara Federal.

O funcionalismo, através de suas diversas organizações, apreciando, entretanto, o Projeto de Classificação de Cargos elaborado pelo DASP, ora em discussão na Câmara dos Deputados, concluiu por repudia-lo e considerá-lo mesmo ultrajante.

De fato, o Projeto «Daspeano», como o denominam os servidores, não só deixa de atender às principais aspirações e reivindicações do funcionalismo, como até mesmo lhes tira direitos assegurados em lei.

Impediram Os Americanos Que Se Explorasse o Petróleo no Acre

Aparteando, na Câmara, discurso do sr. José Guiomard, fèz o sr. Odilon Braga essa denúncia, referindo-se a fato que ocorreu quando exercia o cargo de ministro da Agricultura

RIO (IP)—Falando na Câmara, o sr. José Guiomard apelou á Petrobrás, no sentido de que prossiga seus trabalhos de extração de petróleo na Serra do Môa, no Acré. Ao tempo do sr. Odilon Braga no Ministério da Agricultura, disse o orador, realizaram-se naquela região as primeiras pesquisas. Hoje, em face de tantos progressos técnicos, já é hora de voltar-se ao Acré, para extrair seu petróleo.

Em aparte, o sr. Odilon Braga observou que, efetivamente, quando ministro, procurou explorar o petróleo no Acré. Mas o Conselho Nacional do Petróleo o desaconselhou e a região foi abandonada. Um sr. De Golver, unidade norte-americana contratada pelo Conselho, opôsse a que continuassem as pesquisas. E o sr. Odilon Braga observa: «Já naquele tempo os americanos estavam evitando que volvêssemos os olhos para o petróleo do Acré.

As sondas que operam no Môa, diz o sr. José Guiomard em prosseguimento, não alcançaram sequer 500 metros de perfuração. O óleo que se refina em Manaus é peruano e extraido de uma região que fica a menos de 100 quilômetros da fronteira acreana. E do Amazonas ao Acré, observa por fim, a distância não é tão grande assim.

★ LEIA

Voz Operária

DESPORTOS

Não Foi Decidido o Titulo em Bragança

Caiu o Paroquial por 4 a 2 — Boa exibição do Bragança

AINDA não foi decido o campeonato bragantino de futebol, domingo último, onde Bragança e Paroquial brindaram o público com uma otima exibição técnica e disciplinar. Nesse cotejo o Bragança triunfou por 4 tentos a 2.

A renda somou a importancia de 3.800,00 cruzeiros e a arbitragem de Oswaldo da Costa foi bôa. O match foi jogado no estádio João Ribeiro e os times assim formaram:

BRAGANÇA:—Severo, Miroca e Euvadeco, Zizinho, Aluizio e Tampinha, Zé Maria, João Ramos, Milton, Aimir e Tica.

PAROQUIAL:—Manelão, Zé e Cassiano, Poéto, Brandão e Apolonio, Campelo, Tinco, Zeno, Bil 1º e Ribamar.

Provavelmente, hoje, as duas equipes voltarão á cancha para dicidir em melhor de três o titulo de 56, pois os paroquianos sagraram-se campeão do primeiro turno, cabendo ao Bragança a liderança do returno.

—ooo—

Noticias em Fóco

NUMA temporada de dois jogos em São Luiz do Maranhão o Paissandú logrou um honroso empate de 1 x 1 com o Ferroviário e obteve uma magnifica vitória sôbre o Moto Clube por 4 x 2.

— X —

JÁ está definitivavente certa a ida do Clube do Remo para o Exterior. O Leão Azul fará sua estréia, provàvelmente, na Austrália.

— X —

O Clube do Remo jogando contra o Olímpicos na primeira de melhor de três pelo campeonato de celotex, conseguiu dar um passo ao título máximo ao vencer por 61 x 43.

— X —

JOGANDO amistosamente no estádio de São Januário, o Vasco da Gama derrotou o Rêner de Pôrto Alegre por 3 tentos a zero, quinta-feira última.

— X —

PROSSEGUIRÁ, hoje, o campeonato suburbano com dois jogos: a primeira partida será jogada entre as representações do Sacramenta e Vasco, enquanto a partida de fundo será travada entre Uberabinha e Tuiuí.

— X —

SERÁ decidido logo mais, no estádio do Sousa, o campeonato de Aspirantes do ano findo. Tanto o Paissadú como a Tuna irão lutar para uma vitória, que lhes dará o titulo almejado.

Domingo 7 de Abril de 1957 — TRIBUNA DO PARÁ — Página 3

TRIBUNA DOS DEBATES — TRIBUNA DOS DEBATES — TRIBUNA DOS DEBATES

AS MASSAS, O INDIVÍDUO E A HISTÓRIA
João AMAZONAS

A denúncia feita no XX Congresso do PCUS sôbre o culto à personalidade de Stalin, pôs novamente em relêvo a importante questão da doutrina marxista referente ao papel das massas e do indivíduo na História.

A tese marxista sôbre o papel decisivo das massas na criação da História é ainda insuficientemente assimilada por todo o Partido. Há também opiniões equivocadas em nossas fileiras quanto ao papel desempenhado pelos indivíduos ou pelos grandes homens na História.

Marx e Engels, os criadores da doutrina marxista, demonstraram que a História da humanidade não é a história dos grandes homens, dos reis, dos chefes militares ou dos heróis, como dizem os historiógrafos e sociólogos das classes exploradoras.

A história da humanidade é a história dos diferentes modos de produção e as massas trabalhadoras são os verdadeiros criadores da História. Da sociedade comunal primitiva à escravagista, do regime escravagista ao feudalismo, do feudalismo ao capitalismo. Na nossa época, vai passando do capitalismo para o socialismo.

Cada um destes regimes representa uma escalão no desenvolvimento da sociedade humana.

A força principal que impele êsse processo histórico são as massas. São elas que impulsionam a transformação e o desenvolvimento dos modos de produção. O trabalho do escravo, do servo, do proletário desenvolve as forças produtivas, abrindo o caminho para a passagem de um modo de produção já caduco a uma nova e mais evoluçada maneira de produzir. A história da humanidade é assim a história dos próprios produtores dos bens materiais necessários à vida.

Mas a passagem de um a outro modo de produção não se realiza placidamente, sem lutas nem choques. As velhas classes condenadas pela História resistem com tôdas as suas fôrças antes de ceder o seu lugar. Assim ocorreu com os senhores de escravos e com os feudais. Assim sucede com os capitalistas.

Até que a sociedade já madura do desenvolvimento social se torne liberdade e a liberdade se transforma em ação decisiva contra o velho, grande número de pessoas são sacrificadas na luta. A humanidade não pôde até hoje ir de um para outro regime senão através de revoluções ou guerras emancipadoras. Estas como aquelas, foram feitas pelas massas. Sem a ação do povo revolucionário não cairiam as velhas dinastias, nem as Bastilhas, nem os tronos de czares. Só o sacrifício e o esforço gigantesco das massas, a luta de classes, derrubou o caminho por onde avança a roda da História.

Tanbém às massas populares cabe parte considerável da criação do patrimônio cultural da humanidade.

Grandes homens, verdadeiros gênios, produziram obras maravilhosas e imortais. Poetas, pintores, músicos, escritores, filósofos têm seus nomes merecidamente inscritos no grande acêrvo da cultura humana. Mas êles não poderiam produzir tais obras sem o concurso do povo. O povo cria e enriquece a língua da qual se servem os poetas, escritores e filósofos. Do povo nascem as fábulas e as histórias, as canções que não morrem. As grandes criações artísticas se inspiram nos movimentos populares. E célebres somente se tornam os artistas que sabem beber nas fontes da criação do povo, que traduzem as esperanças e alegrias, as lutas, o sofrimento, o trabalho das massas.

Seja, portanto, na produção, na política ou na cultura espiritual, são as massas a fôrça decisiva na marcha da História.

A compreensão mais profunda desta concepção tem inegável importância para o movimento revolucionário, cujo objetivo é precisamente a libertação das massas e fazer avançar a História. Se o Partido não concebe o povo como o verdadeiro criador da História, cái em posições sectárias. Ou no fracassada teoria dos populistas russos dos "heróis ativos e da multidão "passiva", na falsa compreensão de que a História é feita por determinadas personalidades, atraz das quais se vê marchar o povo às cegas.

O Partido Comunista não é uma organização que persegue fins próprios e se basta a si mesmo, ou um agrupamento de homens progressistas que querem "arrastar" as massas para essa nobre objetivo. É um Partido criado para servir à classe operária e ao povo em sua lutas emancipadoras. A luta emancipadora das massas existe, em diferentes graus de desenvolvimento, independente do Partido. O Partido, armado com a teoria e a experiência revolucionárias ajuda a classe operária, as massas, a organizar melhor a sua luta, a definir com justeza as etapas e os objetivos dessa luta. O Partido guia as massas para a libertação.

A luta contra a opressão do imperialismo e as reminiscências feudais em nosso país vem já de longa antes da existência do Partido. Mas era, em grande parte, uma luta dispersa. Mais contra os efeitos do que propriamente contra as causas. O Partido pressou um caráter de serviço ao nosso povo definindo o carater da Revolução brasileira: uma revolução contra os restos feudais e contra o jugo do imperialismo norte-americano.

Mas não é o nosso Partido que vai fazer a Revolução, a revolução só pode ser feita pelas massas, com o nosso Partido à frente. Esta luta é de respeito a milhões de brasileiros e não simplesmente aos comunistas. Enquanto as massas não compreendem nem sentem a necessidade da Revolução, esta não será vitoriosa. Por isso, nossa tarefa, antes e acima de tudo, é ajudar o povo pela propaganda e pela experiência própria, se tornar consciente da necessidade da Revolução. O Partido deve despertar a consciência das massas para que elas mesmas lutem e se libertem da opressão e da miséria.

Por mais numeroso que seja o Partido não pode substituir as massas na luta por sua emancipação. Tão pouco pode apelar-se na experiência e sabedoria de suas massas, já na sua maneira mesma de conceber a luta. O novo não surge das originalidades dêstes daqueles "iluminados". Surge da prática de milhões de homens.

De um modo geral, nosso Partido tarefas que refletem certamente a realidade e as aspirações das massas. É sabe organizar e mobilizar as massas para a sua realização. Em alguns casos, porém, nosso Partido não soube refletir bem as aspirações do povo, deu orientação sectária e indicou métodos falsos de luta. Sou responsável, como dirigente do Partido, por êste tipos de erros. Assim ocorreu, particularmente de 1948 a 1951 com algumas tentativas de greves ou mesmo com greves de pouca profundidade. Então nós, comunistas, tratávamos de fazer as greves. Punhamos em ação pequenos grupos "ativos" que deviam paralisar o trabalho e obter para as massas as suas reivindicações. Tal ocorreu também com algumas lutas anti-imperialistas, principalmente a atitude e elevados em relação à consciência das massas. O mesmo sucedeu com algumas lutas no campo, nas quais pequenos grupos revolucionários substituíam as massas nas ações contra os grileiros e os latifundiários. Além de muitos outros, êstes são exemplos vivos de uma incompreensão da doutrina marxista sôbre o papel das massas como fôrça decisiva na criação da História.

É certo que se pode realizar alguns atos com pequenos grupos ou sem contar com o amplo apoio das massas. Mas o objetivo principal desses atos é despertar as massas para as questões em fôco, e dar ao primeiro passo, às vezes um simples exemplo que contribua para a justeza da luta (aqui isso é que é importante: a agitação e a propaganda oral e escrita). O segundo aspecto é o da ação, da mobilização e organização das massas para a luta. Estes dois aspectos não estão isolados entre si, são partes de um único processo, processo da luta.

Ainda hoje, em muitas tarefas, a preocupação principal existente entre nós, comunistas brasileiros, não é a de convencer e esclarecer das necessidades destas ou daquelas ações, mas realizar com as próprias fôrças do Partido e de seus amigos, as tarefas que se apresentam [no nosso povo.

Tais defeitos precisamos corrigir em nossa atividade. E a compreensão marxista sôbre o verdadeiro papel das massas como os criadores da História muito poderá contribuir para isto. Nosso Partido precisa assimilar mais ainda a concepção de Marx sôbre o desenvolvimento da sociedade e, ao mesmo tempo, educar o povo na compreensão de que a causa da emancipação das massas só pode ser obra das próprias massas.

O reconhecimento de que são as massas que fazem a História, não se pode conciliar que seja nulo ou insignificante o papel das personalidades na História. O marxismo-leninismo não nega, mas, ao contrário, ressalta, o importante papel que desempenha na História os partidos de vanguarda, os ideólogos e os grandes homens.

Os indivíduos podem jogar um grande papel quando conseguem expressam as necessidades do desenvolvimento social, quando traduzem as verdadeiras aspirações e sentimentos das massas e se colocam a seu serviço, quando dominam as leis objetivas da marcha da História.

São as massas que fazem a História, mas não a fazem expontâneamente, desorientadamente. Em sua luta, necessitam chefes e dirigentes capazes, que vêm mais longe do que os outros, cujos pensamentos melhor refletem as exigências históricas.

Que são os chefes? Os chefes, disse Lénin, "são as pessoas que têm mais autoridade, influência e experiência".

Não há, efetivamente, grandes movimentos de massas, sem chefes o dirigentes. Numa simples greve, os trabalhadores indicam os que a devem conduzir. E os escolhem, em geral, entre os mais experientes, que possuem mais espírito de decisão e lhes inspiram maior confiança. Nenhum movimento revolucionário na História prescindiu da organização, dos chefes, dos ideólogos. "Sem teoria revolucionária, não há movimento revolucionário". E a teoria é produto da generalização científica — trabalho dos ideólogos, dos chefes dos partidos revolucionários.

O processo da luta emancipadora do povo, das classes, pode durar mais ou menos tempo, pode ser mais ou menos doloroso. Nisto é fundamental o papel dos chefes, dos ideólogos, dos revolucionários.

Quem pode negar o imenso papel desempenhado por Lénin na vitória da Grande Revolução Socialista de outubro? É verdade que o centro do movimento revolucionário, como notou Engels, se transferiu nos fins do século passado, para a Rússia. Ali se gestava uma grande revolução popular. A alma dessa Revolução foi Lénin e o Partido por êle criado.

O movimento revolucionário russo destacou, no seu próprio curso, a figura gigantesca de Lénin. A êle se aplicava o que disse Piekanov acêrca dos chefes: vis mais longe que os outros e desejava mais fortemente que os outros. Ninguém mais que Lénin interpretou as aspirações do povo e refletiu a necessidade objetiva existente na velha Rússia. Por isso, milhões de trabalhadores marchavam sob a bandeira de Lénin e do seu Partido e ainda hoje milhões de pessoas, em todo o mundo, reverenciam seu nome e estudam suas grandes obras.

As massas amam seus chefes provados, os que sabem tudo subordinar à sua causa. E êsse amor, a admiração e o respeito pelos chefes dirigentes é um sentimento natural e puro das massas. O povo enaltece seus chefes, porque sabe o que êles valem e significam na luta por sua libertação.

A burguesia compreende o significado dos chefes e dirigentes revolucionários. Utiliza contra êles todos os recursos visando a liquidá-los moral, política e fisicamente. Rosa Luxemburgo e Karl Liebknecht, chefes do proletariado alemão, foram assassinados num momento crucial da Revolução na Alemanha. É conhecido o atentado contra a vida de Lénin. Hitler assassinou Thaelmann. E os agentes do imperialismo norte-americano atiraram contra Togliatti e Tokuda.

O movimento revolucionário brasileiro destacou também seu chefe indiscutível — o camarada Prestes. A autoridade e o prestígio de que goza Prestes em nosso Partido e em nosso país vem da dedicação comprovada à causa do povo, a qual Prestes dedica tôda a sua vida, mas também é confirmada na prática. O movimento revolucionário demonstrado mais de uma vez em situações muito difíceis, que em sua experiência de seus conhecimentos revolucionários.

(Cont. na próxima edição)

A CONCEPÇÃO MATERIALISTA DA HISTÓRIA
G. Plekhánov
Obra excepcional.

EDITORIAL

Por Ações de Protesto Contra a Entrega de F. de Noronha

A criação da Comissão Parlamentar de Inquérito, na Câmara, para investigar a desastrosa política externa do govêrno, cujo ato mais recente e inaceitável pela consciência nacional foi a entrega de Fernando de Noronha aos americanos, marca mais um passo de uma ofensiva patriótica que se condensa e se amplia dentro e fora do Congresso Nacional contra as capitulações anti-nacionais e anti-democráticas de JK.

TOMA vulto a opinião dos parlamentares brasileiros que desejam seja o acôrdo sôbre Fernando de Noronha apreciado pelo Parlamento Nacional. Ela reflete o crescente clamor que em todo o país se espraia contra a política de preparação guerreira e de entrega de nosso solo aos belecistas norte-americanos. Compreendendo isso é que JK, através de seus líderes, tenta anular o ato da Câmara, tenta liquidar a Comissão Parlamentar de Inquérito que abre o caminho para uma tomada de conta patriótica de atos, como o da entrega de Fernando de Noronha, que fere os mais sagrados interêsses nacionais.

URGE aos patriotas paraenses tomar nas mãos a bandeira de defesa de Fernando de Noronha, apoiando por tôdas as formas a Comissão Parlamentar de Inquérito e exigindo de nossa bancada na Câmara e no Senado todos os esforços para levar no plenário o debate sôbre o monstruoso acôrdo que cede um pedaço de nosso território aos ianques.

É oportuno ressaltar o exemplo de nossos irmãos amazonenses que enviam aos seus parlamentares na Câmara abaixo-assinados com milhares de assinaturas exigindo que o Parlamento aprecie o ato anti-patriótico de JK, entregando a ilha de Fernando de Noronha.

UMA nova série de graves capitulações estão sendo negociadas por JK, entre elas, a cessão de novas bases para teleguiados.

PORTANTO, telegramas e abaixo-assinados aos representantes paraenses, à tôda a Câmara e o Senado com milhares de assinaturas de patriotas paraenses devem seguir à dos trabalhadores e do povo amazonense concretize a apreciação parlamentar da cessão de Fernando de Noronha.

TÔDAS as ações de protesto contra a entrega de nossa ilha aos ianques são indispensáveis nesta hora para que o Congresso Nacional tenha o necessário apôio popular para, juntamente com todo o povo, defender a soberania de nossa pátria e derrotar a política capitulacionista, anti-nacional e anti-popular de JK.

Abrindo o debate sôbre os teleguiados:

Verberada na Câmara do Distrito Federal a Entrega de Bases aos Americanos

Num discurso que teve apoio de representantes de outros partidos, o sr. Hélio Walcacer abriu o debate no legislativo carioca — Através de lamentáveis declarações, o general Mazza confirmou a denúncia que fizemos: pretende-se dar outra base aos americanos, desta vez no Rio Grande do Norte

RIO, (I. P) — Falando ao "O Globo", o general Otavio Mazza confirmou a notícia publicada no "Estado de São Paulo" e a denúncia sôbre a instalação de mais uma base americana de teleguiados no Brasil, desta vez em Potengi, no Rio Grande do Norte.

Segundo declaração do general Mazza, trata-se de "assunto que se prende ao acôrdo de Fernando de Noronha", não constituindo, em face dessa explicação, "nenhuma novidade".

Assim, a entrega de Fernando de Noronha, segundo o govêrno, é "decorrência do Acôrdo Militar Brasil-Estados Unidos", enquanto a cessão de nova base no Rio Grande do Norte "é assunto que se prende ao acôrdo de Fernando de Noronha". Com êsse encadeamento de "razões", podem os exegétas do entreguismo chegar rápidamente à justificação da colonização pura e simples do Brasil, pelos americanos.

PROTESTO

Mas os protestos não cessam, pois nosso povo não se confunde com (Cont. na 2ª pag. — D

Repulsa ao Imperialismo

Contra a Cessão de Fernando Noronha

Parlamentares paraenses tomam posição em defesa da soberania nacional

— X —

Incisivas declarações dos deputados Acioli Ramos, Efraim Bentes e Stelio Maroja

— XX —

Será organizada a Comissão Paraense Pela Defesa de Fernando de Noronha

TOMA vulto em nosso Estado o movimento de opinião contra a entrega de Fernando de Noronha aos militaristas americanos que ali estão instalando uma base para controle de foguetes teleguiados, envolvendo, desse modo, nosso país em qualquer conflito armado internacional e colocando o territorio brasileiro e seu povo sob os riscos das terriveis armas de destruição da guerra moderna.

Além das expressivas manifestações das classes trabalhadoras e estudantís, verificamos agora a repercussão do grave problema nos legislativos estadual e municipal, onde os mais destacados representantes do povo externam sua repulsa a essa odiosa política de concessões que o sr. Kubitschek vem seguindo.

Incisivo o deputado Acioli Ramos

Atendendo prontamente á nossa solicitação, assim se expressou o jovem representante socialista: — «Coerente com a linha política que venho seguindo há muitos anos, publicamente comprovada, sou contra a instalação de bases americanas, para qualquer fim, em Fernando Noronha ou em qualquer ponto do território brasileiro. Por outro lado, o meu Partido, o Partido Socialista Brasileiro, com a sua reconhecida tradição de luta patriótica e nacionalista, está, como não podia deixar de ser, na linha de frente do combate que ora se trava contra a concretização desse grave atentado á soberania nacional. Conclamo, portanto, a todos os bons paraenses, amantes de sua pátria, sem distinção de crença, ideias, ou de filiação partidária, a se organizarem para a defêsa da terra comum, atravez de uma entidade que congregue parlamentares, estudantes, trabalhadores, intelectuais, emfim, todos aqueles que não queiram viver sob o jugo do opressor estrangeiro».

Na mesma trincheira o deputado Efraim Bentes

Lutador comprovado pelas grandes causas patrióticas, membro destacado da Liga de Emancipação Nacional, que o sr. Kubitscheck arbitrariamente fechou, o ardoroso deputado trabalhista assim se manifestou sobre o assunto: — «Partici-

(Conclui na 2ª. pág. — D)

Estudantes e o Povo nas Ruas

Contra a cessão de Fernando de Noronha e em defesa de Petrobrás — Empulgante exemplo de ação comum e defesa da Soberania Nacional

CAUSOU a mais viva repercussão na cidade o trote dos calouros universitários paraenses sabado ultimo.

Vigorosa manifestação patriótica

O grandioso trote da UAP teve como centro de suas criticas patrióticas e mordazes, a defesa da soberania nacional contra a voracidade dos trustes norte-americanos e, principalmente, o atrelamento do país, pelo governo JK, aos planos agressivos de preparação guerreira dos Estados Unidos, cedendo-lhe a ilha de Fernando de Noronha.

Aplausos do povo

O cortejo nacionalista dos estudantes causou a mais funda impressão no povo que foi á rua e aplaudiu entusiasticamente o espirito combativo dos estudantes, demonstrando sua disposição de luta contra o ajuste que mutila nosso sólo, contra o nosso envolvimento numa guerra de agressão e contra as investidas dos trustes petrolíferos, pretendendo desacreditar e liquidar a Petrobrás.

(Conclui na 2a. página — C)

UNANIME O PROLETARIADO

Contra a Entrega de F. de Noronha

Significativas declarações do sr. Alvaro Paulino, presidente da Federação dos Trabalhadores nas industrias — Protesto contra o aparato policial no dia 1. de Maio — Consequências desastrosas em virtude das restrições ao livre comércio do Brasil com todos os paises

A propósito da debatida questão da entrega de Fernando de Noronha aos americanos para a instalação de uma base de teleguiados, que tem despertados os mais veementes protesto de todos os quadrantes da Nação, procuramos ouvir o sr. Alvaro Paulino, presidente da Federação dos Trabalhadores nas Industrias do Pará.

Inicialmente disse-nos o líder proletario que o Conselho da Federação que dirige, aliás reeleito, já tomou posição sobre o assunto, protestando contra entre de Fernando de Noronha. Diante desta manifestação unânime dos delegados dos 10 sindicatos que compõem o Conselho, orgão máximo da entidade, expressando realmente a vontade da totalidade dos operários nas indústrias, pouco há a acrescentar, senão que o proletariado não vacilará e não recuará na defesa dos altos interesse patrióticos.

Continuando suas declarações reafirmou que a materia deve ser submetida ao exame do Congresso Nacional, e que sobre ela devem se manifestar todas as Câmaras Legistativas Estaduais e Municipais, o que aliás já vem sucedendo.

— Se Fernaudo de Noronha ficar em poder dos americanos, disse — e atraz virão outras bases cedidas, outras alienação do territorio Nacional — não se poderá prever as consequências para o Brasil e o seu povo em caso de guerra. Seremos envolvidos no conflito e pagaremos um tributo carissimo. Somente um amplo movimento patriotico poderá deter o perigo que nos ameaça.

EM TORNO DO 1.º DE MAIO

— Quero aproveitar-me da oportunidade que me concede TRIBUNA DO PARÁ para dizer algumas palavras sobre a luta dos trabalhadores e a comemoração da sua data magna, o 1.º de Maio — acrescentou o sr. Alvaro Paulino.

E prosseguiu;

— A prontidão das forças do govêrno no dia 1.º de Maio dava a impressão de que os trabalhadores estivessem fazendo demonstração bélicas, que fossem inimigos de todos, quando ao contrário os operários é que são vitimas dos seus inimigos.

RELAÇÕES COMERCIAIS COM TODOS OS PAÍSES

Continuando sua palestra abordou a questão das relações comerciais do Brasil com todos os países.

— Os efeitos dessa política nefasta aos interesses nacionais — de restrições ao livre intercambio comercial com todos os paises — e por nós já denunciado em praça pública — começam a surgir. Em nossa capital, por exêmplo, os exportadores de castanha estão trabalhando com a metade de seus empregados. A Fabrica São Amaro, que sempre trabalhou aproximadamente com 300 operários, está funcionando atualmente com a metade; a Uzina Brasil, que trabalhava com 400 a 500 operários, está reduzida a 250; a Uzina Progresso, que mantinha mais de 300, está com 160, e as demais talvez paralisem as suas atividades. Isto porque só temos o mercado americano para a colecação do produto, em virtude das restrições a que já aludi, e os importadores de Washington impuzeram a baixa do preço, provocando uma crise. Se não houver uma interferência do govêrno milhares de operários serão lançados ao desemprego, sem falar nos prejuizos à industria e ao proprio govêrno.

E isto não se dá apenas com relação à castanha. A industria textil vem sofrendo crises anuais, determinando o desemprêgo de centenas de

(Conclui na 2.ª página — A)

Tribuna do PARÁ

N. 287 — Belém-Pará, Domingo 12 de Maio de 1957 — Ano XI

Prejudicada a Amazônia Com a Política Discriminativa de Juscelino

SABE-SE que o Plano de Valorização da Amazônia conta, para sua execução, com 3% sôbre a renda bruto da União. Isso está na Constituição e a Lei Orçamentária da República vem especificando, anualmente, êsse dispositivo constitucional. Acontece que, até hoje, a SPVEA jamais recebeu, na integra, a dotação orçamentária em apreço. Sempre teve uma redução, de «ordem superior», cuja, no início, quando

Obstáculos de ordem financeira entravam a ação da SPVEA — Serviços como o SESP, SNAPP, DNPRC e DNERU, atravessam dificuldades seríssimas por falta de verba — Que sejam cumpridos os disposivos contistucionais — Apêlo da Assembléia Legislativa

a SPVEA ainda estava na fase platônica dos planejamentos, não se fazia sentir sèriamente. Mas, à medida que se desenvolvem os serviços a si subordinados, e, que portanto, dela dependem financeiramente, aumentam os encargos da SPVEA. Mas, paradoxalmente, as reduções orçamentárias também vêm aumentando, de tal maneiro que, em 1956, por exemplo, a SPVEA não recebem metade do que devia receber e, em consequência, o plano de valorização da Amazônia não se desenvolve conforme o previsto, e, em certos setores tem mesmo estacionado.

S.E.S.P., S.N.A.P.P., O.N.P.R.C., O.N.E.R.U. EM SITUAÇÃO DIFÍCIL

É o caso, por exemplo, do Serviço Especial de Saúde Pública (SESP), Serviço de Navegação e Administração do Pôrto do Pará (SNAPP), Departamento Nacional de Portos, Rios e Canais (DNPRC). Departamento Nacional de Endemias Rurais (DNERU), serviços êsses que, na região, dependem exclusivamente das verbas da SPVEA para a execução de suas atividades. O que se tem verificado, entretanto, é, não sòmente o atrazo (que já se tornou rotina) na entrega dessas, como, o que é mais grave, cortes eleva dos nas mesma, quando votadas pelo Congresso. Segundo «Nota Oficial» do Gabinete da SPVEA publicada nos jornais de domingo passado, êsses cortes ocorreu, face às reduções que as próprias verbas da SPVEA vêm sofrendo, através de ordens da Presidência da República, as quais, evidentemente, estão ferindo a própria Constituição que não pode sofrer emendas ao talante do Sr. Kubitscheck.

O fato é que os serviços acima referidos, segundo informações colhidas pela reportagem, estão sendo forçados a restringir suas atividades, quando dêles se pera uma expansão em benefício da população amazônica.

Particularmente no caso de SESP, é deplorável que tal aconteça, porque são milhares de pessôas pobres que se vêem privados

(Conclui na 2a. página — F)

Firme decisão de 2.500 representante de unidades territoriais

Condenam os Municipios o Ajuste Sôbre Fernando de Noronha

Pela imediata abulição das diretrizes da politica atômica — Apoio do Papa em sua posição contra as experiencias com bombas A e N — Resoluções importantes

RIO, (I. P.) — Em sua sessão plenária, sob a presidência do embaixador Negrão de Lima, prefeito do Distrito Federal, os delegados de mais de 2.500 municípios, em seu IV Congresso Nacional, aprovaram por aclamação, entre palmas e vivo entusiasmo, a moção proposta por sua Sexta Comissão, de Energia Atômica, e dirigida à Câmara Federal, ao Senado e à Presidência da República, expressando os sentimentos patrióticos do povo brasileiro, no sentido de que o ajuste referente à cessão de Fernando de Noronha seja submetido à consideração do Congresso Nacional.

Altas resoluções

Outras resoluções da maior importância, adotadas e que indicam o alto nivel do conclave, expressão legitima da consciência e da firme vontade da nação, foram estas: de apoio às Diretrizes da Política Nacional de Energia Atômica elaboradas pelo Conselho Nacional de Segurança e solicitação no sentido de sua imediata aplicação pelo govêrno; de apoio ao pronunciamento de S. S. o Papa Pio XII, condenando as experiências com bombas atômicas e de hidrogênio; de congratulações com os deputados Dagoberto Sales, Gabriel Passols Renato Acher e Seixas Dória «pea, atitude patriótica que assumiram quando da denúncia dos acordos atômicos lesivos aos interêsses nacionais» e de aplauso à atuação da VI Comissão, presidida pelo major Pedro Alvarez, ver de PôrtoAlegre.

Extensão ao campo

A tese aprovada na 7.ª Comissão, versando sôbre Imigração e Colonização, com apoio caloroso de tôdas as bancadas, reivindicava e às vezes, em linguagem flamante, exigia dos poderes públicos extensão da legislação trabalhista ao campo, reforma agrária e melhor assistência aos municipios, quanto à distribuição de verbas e de tôda espécie de recursos.

Aproveitamento da energia atômica

O capitão Taunay D. Coelho Reis apresentou ao IV Congresso um trabalho sob o titulo «Pelo Aproveitamento Imediato da energia atômica», em que sugere uma campanha nacional com êsse objetivo patriótico

A 3.ª Comissão aprovou indicação, no sentido de se incluir na declaração de principios o principio da inviolabilidade dos mandatos dos prefeitos e vereadores.

EXPRESSIVA HOMENAGEM ‘AS MÃES NO MARCO

Ato Público na Associação das Mães em Pról da Juventude

Terá lugar no bairro do Marco uma das mais expressivas comemorações do Dia das Mães, patrocinada pela Associação das Mães em prol da juventude.

Assim, o dia será assinalado com uma série de atos que lembrarão o papel e a luta da mulher mãe e que culminarão em uma sessão solene à Travessa da Estrela, 1376, seguida de um coquitel aos convidados.

O Prefeito Municipal, autoridades convidadas, o Deputado Cattete Pinheiro prestigiarão com a sua presença o ato público em homenagem ás mães do Marco.

Este semanário foi gentilmente convidado a se fazer comparecer.

Apesar da intimidação policial

Vitoriosa a 1ª Conferência Mun. Dos Lavradores de Inhangapí

EXIGIDA A DISTRIBUIÇÃO DE TERRAS AOS LAVRADORES E RESPEITO AO DIREITO DOS POSSEIROS

EMPOSSADA A DIRETORIA DA U.L.T.A.I.

Realisou-se sábado passado, conforme fôra programada, a I Conferência Municipal de Lavradores e Trabalhadores Agrícolas de Inhangapí. A êsse ato compareceram várias personalidades de Belém, destacando-se o deputado Acioli Ramos, sr. Manoel Arquelau da Costa, representando o sr. prefeito de Belém. À citada Conferência realisou-se na séde da Associação Rural de Anhangapí, cedida pelo seu presidente sr. Antonio Massud para esse fim. A Federação dos Trabalhadores nas Indústrias do Pará, esteve representada na pessôa do sr. Moises Barros de Aquino.

As associações de lavradores filiados a U. L. T. A. P., existentes em Inhangapí, realisaram um vitorioso trabalho financeiro para a realisação vitoriosa da citada Conferencia. Estiveram presentes à mesma delegação de lavradores dos seguintes setores: Santa Cruz, Arraial do Carmo, Santo Antonio, Trindade, Mata Bôa, Bôa Vista e Castanhal. Por cada uma dessas localidades, falou um lavrador representando seus demais companheiros que em delegação compareceram. Desse encontro fraternal de lavradores de Inhangapí, foram aprovadas as seguintes "Conclusões Finais":

(Conclui na 2ª. pág. — E)

PARA O FUNCIONALISMO:

Isenção Total do Imposto Predial

Projeto apresentado pelo vereador Isaac Soares

TENDO em vista as dificuldades que assoberbam o funcionalismo quer municipal, quer estadual, cujos niveis de vencimentos são baixissimos, o vereador Isaac Soares apresentou um projeto de lei estendendo aos funcionários do Estado a isenção concedida pelo artigo 3.º, da lei n. 2.936, que se relaciona com o pagamento do imposto predial. Como é sabido, o artigo 4.º, da referida lei concede ao funcionário possuidor de um único imovel, onde resida com sua familia o abatimento de 50% na cobrança das décimas, e a iniciativa do vereador pessedista objetiva dar a isenção total, o que, de certo, muito virá beneficiar os servidores públicos do mun. e Estado.

Procurado por nossa reportagem para ouvi-lo sôbre o assunto aquêle edil informou-nos que o

Projeto de sua autoria já se encontra na Comissão de Constituição e Justiça, onde aguarda parecer, que espera seja favoravel, da mesma forma que julga ser unânime o apoio dos seus pares em plenário.

O vereador Isaac Soares tem recebido manifestações de apôio e simpatia do funcionalismo, o que demonstra a bôa receptividade do projeto no seio da classe.

VARZEA OU TERRAS ALTAS?

Mais Alimentos, É' O Que Exige A Situação do Povo

POR ocasião de uma visita de personalidades diversas, principalmente a da SPVEA e parlamentares, às instalações da nova Escola de Agronomia, a produção de alimentos, sobretudo vegetais, foi o centro dos debates.

Mais alimentos

Se somente 10% da área amazônica são proprias para a agricultura, se elas se tratam alta ou se de varzea que se prestam mais ao plantio de vegetais alimentícios, o fato é que impõe-se que o assunto fosse da fase do debate para o das realizações porque assim exige a grave situação de falta de alimentos que angustia a Amazonia. Estamos de acordo e aplaudimos os esforços; por exemplo, notaveis do IAN para atender a questão. Mas que vem fazendo a SPVEA?

Da nossa produção agricola, dois alimentos eram pro-

E menos desperdicio de verbas da SPVEA—Qualquer dia importaremos até farinha dagua—Realidade que não entra na alta politica economica da SPVEA

duzidos de modo a bastar o consumo, há alguns anos atraz: a farinha de mandioca e o arroz. Hoje é evidente que isto não perdura. E qualquer dia, assim como importamos apreciavel quantidade de arroz, haveremos de importar a farinha dágua. E a fome continua em quantidade e qualidade, ganha cada vez mais maiores setores de nossa população.

Menos desperdicio de verbas, planos mais objetivos

Justas são as criticas ao desperdicio de verbas da SPVEA, quando graves problemas como os da produção de alimentos continu a merecer a mesma importancia nos planos sujeito a preocupação de distribuir grandes verbas ao sabor das conve-

niencias partidárias e eleitorais dos politicos influentes. A SPVEA deve ouvir os trabalhadores da Lavoura

Um exemplo do que os planos da SPVEA ficaram longe do fundamental em matéria de produção de alimentos, é o panorama cada vez mais critico que se observa nas zonas agricolas da região, como é o caso da zona bragantina. Aí estão as Conferencias de Lavradores, duas em Belém e outras no interior, uma agora em Inhangapí, onde a SPVEA deveria

SERVIÇOS TIPOGRÁFICOS EM GERAL

Gráfica Belém Ltda.

Rua Manoel Barata 259

enviar observadores para ter contacto com os homens de trabalho no campo—através deles sentir o abandono, a miséria e a inumeravel problemas que precisam das verbas da SPVEA para que possam ser removidos e provocar, assim, maior produção de cereais. Mas que acontece?

Alta politica econômica e fome

Acontece isto: discussões na alta politica econômica, enquanto os homens que produzem se reunam para clamar contra o completo abandono, contra a miséria em que se afundam e sugerir medidas que não entraram nos planos da SPVEA. A prova é a preocupação, com as devidas ressalvas para o esforço cientifico do IAN, na discussão de um problema que exige apenas maior objetividade e,

(Conclui na 2ª. pág. — H)

A SITUAÇÃO DOS PESCADORES VIGIENSES

Exige Medidas Urgentes de Amparo

Canoas desaparelhadas—Financiamento facil e barato—Caminhando para lutas organizadas

Reportagem de A. LEAL

A população de nossa capital, debate-se atualmente com o terrivel problema da alimentação. Há nos mercados pequena quantidade de carne frigorificada, como também nos frigorificos. Gênero de rasuim qualidade por demora bastante no frigorifico.

No entanto, carne do matadouro pouco aparece nos mercados onde é disputada aos melhores preços.

Quanto ao peixe, nem é bem falar, a disputa no mercado para se adquirir é de vida ou de morte, tanto no preço que não obedece o estipulado na tabela, como na questão de se obter.

Não é por demais frisar quantas vezes foi preciso, que a pesca no Pará precisa de novos rumos, novos metodos e sôbre tudo de amparo.

A zona do salgado é um atestado evidente dessa afirmativa, cidades como, por exemplo, a da Vigia, não é como contam por si, que é próspera e goza de uma vida melhor. Puro engano; a maioria de sua população é de pescadores, divididos em diversas condições: praianos, ribeirinhos ou do alto mar, cuja situação,

econômica e social é das mais precarias, assoberbados pelas condições impostas pelo rude sistema secular de apanhar o peixe.

São vitimas também os pescadores, dos perigos da profissão, dezenas de vigilengas há desaparecidas tragadas pela voragem das águas, levando em seu bôjos os denegados e valentes homens do mar.

Tudo isto acontece devido, como dissemos à cima, ao sistema antiquado de pescar, frágeis canôas aparelhadas

apenas com anzois e linha.

Necessitam os pescadores de amparo, escolas nêsse mister, para que possam produzir à altura de atender-ás necessidades tanto da população da nossa capital, como também de diversos setôres do interior onde o pescado é a alimentação básico por excelância.

O que se vê é que o problema da alimentação é dos mais complexos, merecendo dos poderes públicos um apurado estudo e uma atenção toda especial para que se determine medidas que venham soluciona-lo.

Se frisamos linhas a cima, a questão da pescaria, há também outros setôres a serem olhados com atenção, como no tocante à agricultura, onde o homem do campo vive abandonado e quando começa a se organizar como vem fazendo agora, atravéz da sua entidade de classe que é a ULTAP, amaçam-lhe, criam-lhe dificuldades e jogam-lhe os piores epitetos.

Porem contra todas estas perseguições se impõe a coragem e a necessidade de lutar pelas suas reivindicações e os seus direitos e os agricultores do Pará, sob a bandeira da ULTA marcharão a passos largos para a reforma agrária, único caminho que lhes assegura uma vida organizada e próspera.

Pleiteiam melhoria dos vencimentos

Os Professores Secundários do Estado

Solicitarão também o pagamento do período de férias

OS professores secundários do Estado vão movimentar-se para pleitear aumento de salários.

O assunto foi debatido

na ultima reunião da Associação dos Professores do Ensino Secundário do Pará, ficando demonstrado que o Estado está pagando aos professores de maneira insuficiente, ou seja, apenas 30 cruzeiros por hora quando os colegios particulares pagam de 60 a 80 cruzeiros.

Resolveram, então, os professores do Estado, apoiados pelos seus colegas particulares por intermédio de sua Associação pleitear um aumento de salário ao governador do Estado.

Pagamento no periodo da férias

Outro importante assunto debatido foi o não pagamento, pelo Estado, do periodo de férias aos seus professores.

Como já foi divulgado, o governador Barata determinou a suspensão dos vencimentos aos pro-

fessores do Estado durante o periodo de férias, o que fere frontalmente as proprias leis organicas do ensino secundário e é uma praxe que vem ocorrendo, sem

(Conclui na 2ª pagina — G)

Tribuna do PARÁ' Nos Esportes

Por FRAN NOG

Pela segunda rodada do campeonato local, o Paissandú venceu o Pinheirense por 3 a 1. Na preliminar, ainda venceu o papão por 6 tentos.

Arleto Guedes apareceu como novo preparador do grêmio da «Suisso», obtendo belo triunfo, enquanto o «general da vila», com a praxe de casa, estreou mal no certame em curso.

O Clube do Remo encerrou sua temporada no Maranhão, ao empatar terça-feira última com o Fortaleza do Ceará por o a o, depois de vencer o Moto por 3 a 3 e perder para o Sampaio Corrêa por 1 a o.

O atacante Meia-noite renovou contrato com o Paissandú. Os jogadores Caim e Laxinha renovarão ainda este mês, com as mesmas condições anteriores.

Chegou ao nosso conhecimento que o empresário José de Gama transferiu sua viagem à sua jogada ida do Remo para o Exterior.

Vale salientar que a diretoria do Leão não concordará com a transferencia, alegando despesa feita para a propalada viagem.

Aniversariou dia 8 do mês em curso a Federação Paraense de Desportos. A data, que foi condignamente festejada, levou á sede da entidade grande número de próceres das agremiações filiadas. Vários prêmios foram entregues para os campeões do ano passado.

Jogando terça-feira última, na cidade de Salvador, o Bangú do Rio de Janeiro venceu o Vitoria local, por 1 tento a zero.

O atacante Zizinho foi expulso na segunda faze.

HOJE NO CAMPO DO SOUSA

REMO x TUNA

OS TUNANTES APARECERÃO COM UM ONZE NOVO — O REMO CONTARÁ COM TODOS OS TITULARES

NA tarde de hoje, no campo do Souza, Remo e Tuna completarão a terceira rodada do Campeonato Paraense de Futebol. O jogo, sem duvida alguma, não deixará de ser um clássico por se tratar de dois grandes da cidade; devido as qualções imposta em seis elementos indisciplinados do grêmio crusmelltino, o prélio caiu de interesse, todavia iremos assistir, por outro lado, o grande esquadrão do Remo que, em sua temporada, perdeu um jogo, ganhou o Moto e empatou com o Fortaleza do Ceará.

A Tuna sem contar com o seu plantel titular provavèlmente alinhará assim: Ludovico; Ney e Nonato; Macaco, Olavo e Leoni; Tavor, Chins, Hamilton, China II e Juvenil.

O Remo colocará em campo a seguinte equi-

(Conclui na 2ª. pág. — D)

Contra a cessão de Fernando de Noronha

Seja Ouvido o Congresso e Anulado o Ajuste

Veementes pronunciamentos dos vereadores Ribamar Soares, Lourival Silva e Alberto Nunes ★ Fala um universitário de direito

"Os Interesses do Povo Brasileiro Sujeitos a Uma Potência Estrangeira em Território Nacional"

"Acho que deve ser ouvido o Congresso Nacional", afirma o vereador Alberto Nunes

O vereador declarou, a propósito de Fernando de Noronha, o seguinte:

— Minha opinião sobre a entrega de Fernando de Noronha aos Estados Unidos sem audiência do Parlamento é um ato de incontestável impopularidade.

Acho que deve ser ouvido o Congresso Nacional, afastando, assim, o governo de qualquer responsabilidade.

Com a cessão de F. de N. estão os interesses do povo brasileiro sujeitos a uma potência estrangeira dentro do território nacional, sendo, por isso, um perigo para o futuro de nosso país, que, com um tal ajuste não estaria à vontade para tomar posição contrária aos norte-americanos cujos os interesses econômicos, políticos e militares são prejudiciais ao interesses de nossa pátria.

Vereador Alberto Nunes

O ajuste sobre a cessão da ilha de Fernando de Noronha para base de foguetes teleguiados aos norte-americanos, constitue no momento o centro das mais sérias preocupações de todos os patriotas.

O crescente clamor nacional que vem de todas as camadas do nosso povo, continúa tendo grande repercussão na consciência patriotica em nossa terra.

Este semanário continúa hoje como em sua edição passada, a refletir, através do pronunciamento de algumas personalidades, o quanto a defesa de soberania nacional desperta e mobiliza cada vez os patriotas paraenses contra a entrega de Fernando de Noronha aos militaristas ianques

E' Inconstitucional e um Golpe na Soberania Nacional

O vereador Lourival Silva (UDN): "E' um dever de todos os brasileiros clamar pela anulação do ajuste"

O vereador da UDN, Lourival Silva, disse a nossa reportagem:

— Deve ser ouvido o Congresso Nacional, porque a cessão de Fernando de Noronha é inconstitucional e um golpe na soberania de nosso país.

E' um dever de todos os brasileiros clamar pela anulação do ajuste que entregou a ilha de Fernando de Noronha, porque constitue isso uma aspiração nacional, como refletiu muito bem por unanimidade o plenário do IV Congresso dos Municípios, do qual fui participante.

"Não se Pode Prescindir da Audiência do Legislativo"

Afirmou o universitário de direito Irapuã Sales Filho

O acadêmico de direito Irapuã Sales Filho declarou-nos:

— Acho que pela importância do assunto no campo político e mesmo por uma imposição constitucional, já que a permanência de forças estrangeiras em território nacional somente pode ser autorizado pelo Congresso, não se pode prescindir no caso legalmente da audiência do Legislativo.

O Congresso Deve Ouvir o Pensar dos Brasileiros Sobre a Cessão de Seu Patrimônio

Opina o vereador Ribamar Soares, do PSP

NOSSA reportagem ouviu o vereador Ribamar Soares, Pte. da Camara Municipal que disse:

— Na qualidade de brasileiro julgo necessário que a cessão de FERNANDO DE NORONHA como base americana de projetis teleguiados, é condição primacial para que a ideia do CONGRESSO NACIONAL, ouvir previamente atingir-se o de pensar e o pulso dos brasileiros através dos seus próprios representantes. Evidentemente, trata-se de uma cessão de patrimonio, e nesta situação o Congresso deve ser consultado.

N. 288 — Belém-Pará, Domingo 19 de Maio de 1957 — Ano IX

Vereador Lourival G. Silva

Criada em Minas a Federação do Movimento Nacionalista

Uma assembleia altamente representativa ★ Com a aprovação de um **Decálogo**, lança-se a Confederação Brasileira do Movimento Nacionalista ★ Acima de partidos, reune elementos de diferentes tendencias políticas, para defender o Brasil

MINAS-GERAIS — (Inter-Press) — SOB a presidência do gen Olímpio Mourão Filho, realizou-se importante assembléia na séde da Associação Comercial em Belo Horizonte, para a fundação da Federação de Minas Gerais do Movimento Nacionalista e a aprovação de um documento programático, intitulado Decálo do Movimento Nacionalista. Nomes altamente representativos aos fundadores da F. M.' M. N., dirigentes de federações e associações da industria, da lavoura e do comercio, de sindicatos operários, entidades estudantis, parlamentares, professores, intelectuais, funcionários públicos e de outros setores.

Lançada ao mesmo tempo, a idéia de uma Confederação Brasileira do movimento Nacionalista, a Federação Mineira aprovou o documento que inserimos abaixo:

DECALOGO DO MOVIMENTO NACIONALISTA

E' o seguinte o Decálogo aprovado pela Federação de Minas Gerais do Movimento Nacionalista:

1.) — Valorização do homem pela educação, a saúde e a justa retribuição do trabalho;

2.) — Defesa do monopólio estatal do petróleo e da industria, petroquímicas, dos minerios radioativos, atômicos e estratégicos, desde a pesquisa até a sua industrialização.

3.) — Nacionalização progressiva em base estatal, da industria da energia elétrica, como serviço de utilidade pública;

4.) — Reversão ao patrimonio público de jazidas e minas concedidas, mas não aproveitadas. (Conclui na 2ª. pág. — A)

Convite aos Ajudistas e Amigos de *Tribuna do PARA*

A Comissão de Ajuda a êste semanário convida a todos os ajudistas, amigos e colaboradores da TRIBUNA DO PARA' para um encontro na redação, no dia 23, quinta-feira próxima, às 17.30 horas, afim de debater assuntos relacionados com esta folha.

A COMISSÃO DE AJUDA

Nova Rebaixa de Preços Na U. R. S. S.

PARIS, (I. P.) — Entra em vigor, por decisão do Ministério do Comércio da União Soviética, uma nova baixa nos preços a varejo de certos artigos de consumo corrente, — anuncia a Rádio de Moscou, esclarecendo detalhadamente que os preços dos relógios baixaram de 10 a 15 por cento, os dos aspirado- (Conclui na 2ª. pág. — D)

Vereador Ribamar Soares

Solicitado o Pronunciamento da Assembléia Legislativa do Amazonas Contra a Entrega de Fernando Noronha

VOLTA A ALERTAR O DEPUTADO ARLINDO PORTO

MANAUS, maio (Do correspondente) — Voltou o deputado Arlindo Porto a agitar a questão da entrega da ilha de Fernando de Noronha para instalação de uma base americana de foguetes teleguiados, afirmando que isto constitue uma alienação de nossa soberania. Concitou aos seus pares a que, através de manifesto, apresentassem o seu repúdio a tal medida que vem despertando os mais amplos debates em todo o país.

Nova e Séria Ameaça á Imprensa Livre

TRIBUNA DO PARA — Domingo, 19 de Maio de 1957 — página 3

NOVA ameaça á imprensa brasileira surge agora numa iniciativa de origem governamental visando a alteração da Lei n. 1.386, de 1951, que estabelece as tarifas do papel de importação, de modo a garantir a entrega de jornais ao publico por um preço acessivel.

QUANDO a combativa unidade dos jornalistas e dos jornais féz abortar o projeto de lei-monstro engendrada no gabinete do ministro Nereu Ramos, houve quem advertisse que o govêrno, em face da derrota ia procurar outro caminho. Em que orientação? Na mesma perseguida com código infame: suprimir os jornais incomodos ao Catete, mas sobretudo ás entidades que se pretendem intangiveis, as empresas monopolistas e a missão diplomática norte-americana, desdobrada em multiplas comissões "mistas", civis e militares destinadas ao controle de nossa vida economica e politica, á base do anunciado plano de "alienação progressiva da soberania nacional". O que não foi possivel fazer por meio de altas multas em dinheiro e longas penas de prisão, visa-se desta vez através da sonegação do papel.

JÁ o presidente do Sindicato dos Jornalistas Profissionais, sr. Luiz Guimarães, em representação junto ao presidente da Câmara dos Deputados, abordou os aspectos técnicos da premeditada revisão da lei vigente. Em argumentos de meridiana clareza, acentua a grave situação que se criaria para a generalidade dos jornais, tanto nas grandes cidades como especialmente no interior do pais. A exclusão seria apenas de três ou quatro grandes empresas de publicidade, verdadeiros balcões de propaganda visivel, em dezenas e centenas de pági-

nas, ou de aluguel e venda da opinião. Tais empresas millonárias estariam em condições de pagar o papel caro, a troco da vantagem que lhes adviria da eliminação de todos os demais órgãos de imprensa.

SÃO aspectos que merecem a atenção vigilante de todos os homens de imprensa. Por si sós, êles justificariam o protesto unânime, uma nova jornada em defesa de direitos adquiridos, que resultavam não do intuito de favorecer a determinadas industriais da propaganda, mas do reconhecimento do interêsse público relativo á ampla difusão de ideias, á prestação de informações imprescindivel na vida moderna, ao esclarecimento dos problemas vitais do povo, á critica, a fiscalização dos órgãos do poder, essencial ao bom funcionamento do regime representativo.

A nosso ver, o ângulo fundamental em que se deve enfocar o problema é o que afeta á vida politica da nação, no grave momento em que se desencadeia a maior ofensiva dos trustes sob a bandeira do entreguismo, mas tambem quando a consciencia patriotica dos brasileiros se elevou e toma forma organizada no promissor Movimento Nacionalista. Então, êsse cuidado de rever tarifas do papel para a imprensa funciona como parte do plano geral de sufocação das liberdades, de restrições ao livro curso da democracia, de garroteamento do proprio Congresso Nacional, tendo em vista amordaçar o povo para que se opere sem maiores obstáculos á penetração do capital colonizador ianque e se complete a ocupação militar da perigosa potencia anexionista, já pessanhando

o solo pátrio, na região do Nordeste, com aquelas botas treinadas nos desembarques por toda a América Central, na conquista de de oito Estados mexicanos, na divisão da Colômbia e apropriação do Canal do Panamá, na colonização das Filipinas e do Pôrto Rico. Apreciada dêste angulo, a questão das tarifas do papel interessa a todos os democratas e particularmente nesta hora, ao movimento nacionalista. O entreguismo, uma das faces antidemocraticas da reação não se cansa de malsinar tanto "mutiplicidade" de partidos como a de jornais. Aspira-se ao monopólio bipartidário do estilo ianque, onde não podem medrar representações populares, desde a cassação dos mandatos dos primeiros e últimos deputados socialistas, operários, que há cêrca de sessenta anos tiveram ingresso na Camara dos Representantes dos Estados Unidos. Aspiram ao monopólio da massa de leitores, por três ou quatro empresas de publicidade, fabricas de opiniões sob o controle do capital imperialista.

O último ponto do Decálogo do Movimento Nacionalista recomenda apôio aos meios de difusão patriótica, principalmente a imprensa e o rádio. Qualquer restrição, de ordem legal ou economica, que ponha em risco a existencia dos jornais do povo, infensos á tutela e imunes á peita dos trustes, precisa ser combatida com o mesmo zêlo com que estamos tendo a defender a soberania nacional, o futuro de nossa patria, contra a entrega de Fernando de Noronha, contra o estrangulamento da Petrobrás pela Gulf e pela Sdandard, contra á intimidação a Comissão Parlamentar de Inquérito, através da licença para processar deputados ou da cassação de mandatos,

---

Mobilização em Defesa da Petrobrás:

160 Deputados Contra a Investida do Grupo Rockfeller

Lido no Palácio Tiradentes, pelo sr. Neiva Moreira, patriótico pronunciamento em defesa da tese do monopólio estatal e da Petrobrás—Estipendiada por agentes da Standard Oil a publicidade em favor do aumento da produção de Capuava

RIO. (IP)—Assinada por 161 deputados, foi lida na Câmara, pelo sr. Neiva Moreira, a seguinte declaração, de grande importância politica, no momento em que, através do grupo Moreira Sales, a Standard Oil desenvolve ativa campanha contra a Petrobrás, refletida inclusive em custosa matéria paga surgida em vários jornais, com a defesa da ampla

ção da produção da refinaria de Capuava Essa publicidade é remunerada através do «guichet» de órgão de divulgação ligado ao Grupo Rockfeller.

A Declaração

É a seguinte, a declaração lida pelo representante maranhense:

«Unidos pelo superior desejo de preservar os interêsses fundamentais do pais, os deputados

que subscrevem a presente declaração reafirmam a sua inabalável determinação de manter o monopólio estatal do petróleo, opondo-se, consequentemente, a tôda iniciativa parlamentar que procure invalidá-lo. Êste pronunciamento tornou-se necessário em face do recrudescimento da campanha contra a Petrobrás e das ameaças de iniciativas parlamen-

tares que abririam caminho á derrocação da politica nacionalista votada pelo Congresso

Seguem-se as assinaturas iniciadas com as dos deputados Vieira de Melo, Coaray Nunes (Amapá), Gustavo Capanema, etc.

Da bancada paraense assinaram: Nelson Parijós, Gabriel Hermes, Deodoro Mendonça, Virginio Santa Rosa e Lobão da Silveira.

CONCLUSÕES
—Á—

dores e espalharam as cascas de manga, intrigando, caluniando e difundindo falsas acusações contra a atual diretoria do Sindicato, visando desprestigia-la, destitui-la e substitui-la por elementos que iriam liquidar com a autonomia do Sindicato dos Estivadores.

A primeira tentativa dêsse «golpe» foi tão clamorosa que a propria Justiça teve de intervir com a honrosa decisão do Juiz da 4ª vara, que desmascarava a ilegalidade da intervenção e obrigou o govêrno a recusar.

OS ESTIVADORES TOMARAM EM SUAS MÃOS O ASSUNTO INTERNO DO SEU SINDICATO

Foi aí que a massa de estivadores [honestamente equivocada], começou a perceber a gravidade da situação e começou a decisão da Justiça. Compreendendo que a questão administrativa é um assunto interno do Sindicato e que a união dos estivadores dentro do seu Sindicato para debater, esclarecer e discutir seus interesses é um assunto de competência dos proprios estivadores, dentro dos estatutos sindicais e do direito constitucional, passaram os proprios estivadores juntamente com a atual diretoria a examinar e esclarecer o caso das irregularidades administrativas.

O GOLPE NA ASSEMBLÉIA GERAL DO DIA 12

Os trabalhos em conjunto e dentro das leis judiciarias e das normas da vida sindical se processavam constatando pela comissão de inquerito, pela pericia que as falsas acusações contra a atual diretoria não tinham fundamento. Os destaques remontavam a gestões passadas e os estivadores às

(Conclui na 2ª. pág. — F)

APROVEITEM...
As Super Vendas de Inverno de Suas
LOJAS SETA Para Homens!
Ofertas Especiais nas Vendas a Vista...
FACILIDADE Através do Credi-Seta!
Passando pelo Quarteirão Sucesso da Cidade, faça uma visita mesmo sem compromisso, as que vendem melhor por preço menor:
LOJAS SETA Para Homens
Conselheiro João Alfredo, N.o 68

Erguem-se os Protestos
Contra a Intervenção no Sindicato dos Estivadores

Solução Para a Castanha: Comércio Com Todos os Países

A indústria extrativa da castanha representa, como sabemos, uma das principais fontes de renda da região amazonica. Ha municipios, no baixo Amazonas e no Tocantins, cuja economia repousa quasi que exclusivamente na extração das valiosas amendoas, empregadas, em larga escala, para a confecção de doces e confeitos nos Estados Unidos e na Europa, além do uso medicinal decorrente do seu grande potencial calórico.

Antes da segunda guerra mundial, quando varios países nos compravam castanha — Estados Unidos, Inglaterra, Alemanha, Japão e Italia,

A grave situação dos produtores—80.000 hectolitros de amendoas por vender — Não resolve a encapação pela SPVEA — Subserviência do governo JK aos trustes americanos — A politica dos trustes ianques leva o comercio da castanha amazonica á ruina—Movimento de opinião para orientar o nosso comercio externo — O sentido patriótico de um requerimento do deputado Cattete Pinheiro

o preço desse produto era, via de regra, equilibrado, dada a concorrencia entre aqueles mercados referidos. De 1946 para cá, entretanto, mercê da penetração crescente dos trustes americanos em nossa economia, apoiados por uma politica governamental de concessões sucessivas, as grandes firmas americanas tornaram-se quasi compradores exclusivos de nossa castanha, a qual é reexportada, para os países da

Europa, tanto Ocidental como Oriental, inclusivé para a União Soviética, proporcionando essa transação grandes lucros aos negociantes ianques, que se transformaram, na pratica, em controladores absolutos das exportações brasileiras nesse setor, impondo preços e outras condições para negocio.

A situação atual dos produtores é angustiosa

É sabido que o capital colonizador não possue entranhas e procura tirar partido de todas as situações para conseguir os maiores lucros. Isso está acontecendo agora, com a safra de castanha. A enchente dos rios Tocantins, Amazonas e afluentes acarretou graves transtornos á vida economica de ricos municipios como Altamira, Oriximiná, Obidos, e, principalmente, Marabá, onde grandes depositos de castanhas
(Conclui na 2ª pág. — C)

Manobra Para Arrancar o Ultimo Centavo do Povo

SUMIU A CARNE DOS MERCADOS — DENUNCIA QUE O POVO JÁ VINHA FAZENDO ATRAVÉS DE PROTESTOS

O desaparecimento da carne a preços populares tabelados nos mercados publicos já vinha sendo amplamente denunciado pelos protestos populares em toda a cidade. O fato reflete o descaso da COAP e do proprio governo que tenta esconder sua responsabilidade com uma encenação demagogica já bem conhecida de nossa gente.

Base do alimento popular, ao lado do feijão, do arroz e da farinha dagua, a carne verde ao sumir do alcance das massas de nosso povo, significa mais fome para todos nós. E é esta a situação para milhares e milhares de lares belemenses que já

não vêm o precioso alimento.

A situação se agrava a cada momento, como mostram as noticias de que o inverno no Marajó (o que não é verdade) estaria prejudicando os rebanhos ali, e de que a rigorosa queda da chuva em Goiaz e no sul do Estado tambem vinham criando dificuldades ao transporte da carne verde golana.

Se novos protestos populares não não se unificarem através de novos abaixo assinados, comissões, atos publicos, etc. certamente que os exploradores do povo irão adiante na extorsão, contando como contam com a conivencia do proprio governo.

Onibus a Cr$ 5,00 E Luz Mais Cara

Uma extorsão contra a população de Belém — Responsabilidade do governo—Surgem os protestos

INCAPAZ de superar suas dificuldades, o governo estadual continúa a goza-las nas custas do povo, particularmente dos trabalhadores, dos donas de casas, dos estudantes, enfim, da grande massa que vive de salários e vencimentos.

Responsabilidade do governo no aumento da luz

Anuncia-se para breve o aumento da luz eletrica, que já é uma das mais caras do país. A responsabilidade do governo estadual por esse aumento é evidente quando se sabe

muito bem que a maior parte das cotas que formaram o capital da Força e Luz vem do governo estadual, da Prefeitura de Belém e da SPVEA e, portanto, do povo. As massas trabalhadoras e populares não compreendem como não poderão as autoridades publi-

cas impedir um aumento tão escandaloso na taxa de luz. Que medidas tomaram o governo estadual e a Prefeitura para impedir esse aumento? Que exigiram do governo de JK nesse sentido? E' o que se pergunta na cidade.

Outro assalto: onibus a cr$ 5,00!

Agora é o proprio Conselho Regional do Transito e a DET que sugerem a medida de se cobrar Cr$ 5,00 nos onibus de uma porta, a pretexto de transforma-los em lotação. Um completo assalto á bolsa do povo e está «resolvido», uma dificuldade do governo Barata!

Surgem os protestos

A perspectiva desses dois aumentos vem despertando a mais viva indignação no seio do povo que já começou a tomar a iniciativas dos abaixo-assinados e comissões de protestos so governo e á imprensa, num justo movimento contra essa afrontosa e insuportavel politica anti-popular em que persiste o governo exigindo não só mais transporte com preços mais baratos para o povo.

Comemorado o 1.º de Maio em Bujarú

O que foi a festa da A. de Agricultores em Cajueiro

BUJARÚ, maio (Do correspondente)—A Associação dos Agricultores da Colônia Cajueiro, em Guajará Mirim, comemorou o

Dia do Trabalho com um animado programa executado durante o dia todo.

Pela manhã houve o asteamento da bandeira na-

cional ao som do hino brasileiro, entoado por todos os presentes.

À tarde houve uma disputada partida de futebol entre o time local Estrêla Azul e o S. Raimundo, visitante, cabendo a vitória ao quadro local por 5x3.

Às 19 horas teve inicio uma solenidade, tendo comparecido cêrca de 400 pessoas, falando o reprentante da ULTAP, Sr. Firmiano Reis; o presidente da Associação, Sr. Abilio Franco,
(Conclui na 2ª. pág. — B)

A Associação Das Mães do Marco Festeja o Seu 2.º Aniversario

SOLENIDADE e FESTA DANÇANTE

A Associação Beneficente das Mães em Pról da Juventude, do bairro do Marco, está comemorando o seu segundo aniversário de fundação.

DOIS ANOS DE ATIVIDADE PELAS MÃES E PELOS JOVENS

São dois anos de intensa atividade
(Conclui na 2a. pagina — E)

GOLPE CONTRA A LIBERDADE E A AUTONOMIA SINDICAIS—O GOVÊRNO BARATA DESCAMBA PELO CAMINHO DA VIOLÊNCIA—SÓ A UNIDADE ACIMA DE TUDO E PROTESTOS PODERÃO RECONQUISTAR A LIBERDADE E A AUTONOMIA DO SINDICATO DOS ESTIVADORES

CONSUMOU-SE a brutal intervenção policial que o governo do sr. Magalhães Barata vinha preparando há meses contra a liberdade e autonomia sindicais, ao ocupar pela força das armas o Sindicato dos Estivadores do Pará, nesta semana.

Violando os compromissos eleitorais, sem atender aos interesses vitais do povo, fazendo uma politica de carestia, esfomeamento e perseguição, demitindo professores, cancelando matriculas escolares, fardando e impondo o trabalho forçado a motoristas e cobradores, o govêrno de Barata descamba para a violência ao investir agora contra o Sindicato dos Estivadores.

AS CASCAS DE MANGAS ESPALHADAS PARA A INTERVENÇÃO POLICIAL

Aproveitando-se do justo descontentamento da massa dos estivadores contra as irregularidades da vida administrativa do seu Sindicato, cometidas por diretorias no passado, os agentes do govêrno de Barata mancomonados com a Delegacia do Trabalho infiltraram-se no meio dos estiva-
(Conclui na 3ª pág. — A)

Pela Desapropriação da Ilha Machadinho

Voltarão a se dirigir ao governo estadual os moradores — Continuam ali os fiscais armados

SOURE, maio (Do correspondente)—A Associação de Lavradores e Pescadores da Ilha do Machadinho voltou a reunir-se, em ampla assembléia, no dia 1º de maio, tendo debatido varias medidas para prosseguir a luta pela desapropriação da Ilha, que já está em estudos na Secretaria de Obras e Viação. Novas denuncias contra o sr. José Silva

Os trabalhadores reunido fizeram novas denuncias con-

tra o sr. José Silva, que, a pretexto de cuidar da ilha que pertence, vinha cometendo toda sorte de perseguições e violencias aos moradores da ilha, privando-os de pescar tirar lenha, apanhar frutas, c q r, tirar madeira para construir suas barracas.

Mantem ainda fiscal de armas na mão

O movimento unitario e organisado dos trabalhadores da Ilha do Machadinho, todos moradores, logrou abolir gran de parte das perseguições e impedir novas violencias; mas

tra o sr. José Silva mantem fiscal armado para intimidar os moradores.

Pela desapropriação

Os pescadores e lavradores reunidos resolveram tomar varias inciativas para conseguir a desapropriação da Ilha do Machadinho já em estudo, devendo dirigir se novamente ao governador Barata para «efetuar completa decisão sobre o assunto.

LEIAM PROBLEMAS

Tribuna do PARÁ - Nos Esportes
Por FRAN NOG

PELA QUARTA RODADA

HOJE: Canario X Papão

Haverá modificação no Paissandú—O Armazenador apresentará um bom time—Como formarão os quadros

PELO campeonato paraense de futebol, medirão forças logo mais, no estádio do Souza, as representações do Armazenador e Paissandú que vão decidir a ponta da tabela, onde ambos estão em igualdade de condições. Por um lado o papão de Curuzú é o franco favor to dessa p jeja, embora salvantes que em futebol não há lógica. Já na equipe dos Caselros do ultimo é de bô? contiança, onde os pupilos de Miguel Cecim estão confiantes em derrubar o grande do Saisso. Para o prélio de logo mais, Arieto Guedes, preparador da equipe Campeã, está no proposito de fazer algumas modificações, enjuanto no Armazenador espera-se o aparelmento de alguns elementos novos.

PAISSANDU—Dadó, Sidoca e Bia; Paupreto, Manuelzinho e Camí; Mei-noite, Natividade, Luciano, Quarenta e Nolautinho.

ARMAZENADOR—Pedro, Nato e Melo; Iran, Gerson e Raimundinho; Sarará, Puga, Palito, Camara e Roberto.

O preliminar terá inicio as 14:00 horas entre os dois segundos quadros da equipe principal.

O vencedor de hoje ficará isolado na ponta da tabela com 0 ponto perdido.

FUTEBOL NOS SUBURBIOS

— Em face das dificuldades de campo para o campeonató da 2ª Divisão, o Iris Esporte Clube, grêmio formado por elementos do Hospital da Aeronáutica, colocou a disposição da FPD sua praça de esportes.

—oOo—

— Comemorou ontem o seu vigésimo aniversario de fundação, o Renner Esporte Clube, popular agremiação esportiva do bairro do Cremação.

—oOo—

— Na prova de honra do festival esportivo de Português, realizado domingo último, o Cometa derrotou o esqua-

drão do Corintians por 5 x 0.

— Com aquela magnifica vitória, o morlocal do Guamá ficou de posse de um lindo troféu.

—oOo—

— Hoje, em partida amistosa, a Espada Esporte Clube dará combate aos valorosos esquadrão de futebol de A. B. C. Êsse embate travar-se-á no campo do Norte Brasileiro.

—oOo—

— Iniciam-se os festejos do veterano grêmio jurunense São Domingos. Largo programa já foi elaborado para hoje, com exibições esportivas de várias modalidades.

Em Greve Geral os Secundáristas

Grandioso comicio pela manhã de hoje na Praça da Bandeira

ÀS 17,30 HORAS DE ONTEM, A U.E.C.S.P. DECIDIU AUTORIZAR A GREVE GERAL PARA TODOS OS COLÉGIOS SECUNDARIOS DO ESTADO EM SINAL DE PROTESTO CONTRA A PORTARIA GOVERNAMENTAL DE HA' DIAS QUE, CONTRARIANDO A LEGISLAÇÃO ORGÂNICA DO ENSINO SECUNDARIO, ANTECIPA AS PROVAS PARCIAIS DE 20 DE JUNHO PARA 20 DE MAIO. OS SECUNDARISTAS REALIZARÃO AINDA HOJE PELA MANHÃ GRANDIOSO COMICIO NA PRAÇA DA BANDEIRA.

Não Pagam o Salario Mínimo, em Vigor

O vereador Gurjão Sampaio, do PSB, denuncia na Câmara Municipal que muitas firmas de Belém não pagam o salario minimo e sugere medidas contra o abuso.

FERNANDO DE NORONHA:

PELA ANULAÇÃO DO AJUSTE

Manifestam-se os vereadores Filomeno Melo (UDN), Amado Magno (PSP), Manoel Coêlho (PSP)—Nosso povo necessita, como os demais, de paz—Envolvimento do país numa guerra atômica—Que se cumpra a Constituição—O acôrdo mutila a Soberania Nacional, declara Geraldo Palmeira, jornalista e suplente de deputado estadual

Vereador Filomeno P. Melo — *Vereador Amado Magno*

"TRIBUNA DO PARÁ" continua ouvindo personalidades sôbre Fernando de Noronha, que foi cedido pelo govêrno JK aos americanos, numa clamorosa violação da soberania nacional e da Constituição Federal, abrindo o país à ocupação de tropas estrangeiras.

Jornalista Geraldo Palmeira

N. 289 — Belém-Pará, Domingo 26 de Maio de 1957 — Ano XI

Os Salarios de Fome nas Fazendas do Marajó

Exploração dos menores — Mais vale um boi magro...

(Uma série de duas reportagens)

SOURE, maio (Do correspondente) — Enquanto os fazendeiros continuam alardear de que estão sendo roubados, pedindo ao govêrno medidas de repressão policial para espalhar nos campos, rios, igarapés e praias, a situação de exploração do vaqueiro continúa aquela em que mais vale um boi magro que um vaqueiro gordo. Baixos salarios e exploração de menores.

Em contacto com alguns vaqueiros e feitores, nossa reportagem apurou que os melhores salarios pagos aos vaqueiros nas fazendas de Marajó, não passam de Cr$ 250,00 por mês, havendo fazendas que pagam somente Cr$ 250,00 e um rancho em generos indispensaveis que não dá para um mês.

A exploração de menores, por exemplo, continúa a mesma há anos.

Trabalham nas fazendas, sem escolas sem qualquer outra assistencia, assim como as demais pessoas da familia do vaqueiro sem ganhar um centavo.

Um rancho que justifica um salário de fome

Acusados de pagar mal
(Conclui na 2a. pág. — F)

O Vereador Filomeno Melo da (U. D. N.) declarou-nos:

— Como representante do povo e certo de expressar o sentimento pacifista do mesmo, acho que o Congresso Nacional deve ser ouvido em tão grave questão que a meu ver involve prematuramente o nosso país em futuras conquistas.

Certo estou, se o Congresso Nacional discutir será repudiado o ajuste.

Ouvindo o Vereador Amado Magno e Silva (P. S. P.) afirmou:

— Nosso povo, como os demais necessitam de Paz. Portanto sou favoravel que o Congresso Nacional discuta e anule o acôrdo de Fernando de Noronha, aliás a Constituição Federal no art. 66 item III—diz "É" da competencia exclusiva do Congresso Nacional autorisar o Presidente da República a permitir que forças estrangeiras transitem pelo territorio Nacional ou, por motivo de guerra, nêle permaneçam temporariamente".

Ademais somos testemunhos dos horrores da ultima guerra, quando a população belemense sofria as consequencias com a falta dos principais generos alimenticios como por exemplo, feijão, arroz, café, açucar etc. Alerta assim o nosso povo para os perigos de uma nova guerra.

O Vereador Manoel de Almeida Coelho (P. S. P.), declara:

— Considera a instalação de bases para fins militares dos norteamericanos em outros paises como plano para desviar a guerra de seu proprio territorio.

Claro que não somos nós os brasileiros que preparamos guerras.

Com a cessão de Fernando de Noronha o nosso povo está exposto a uma guerra atomica e diante de maiores dificuldades, com o desvio de verbas do orçamento Federal para fins militares.

Concluindo, sou de opinião que o Congresso Nacional seja ouvido e anulado o acôrdo antipopular.

(Conclui na 2a. pág. — B)

FATO MAIS GRAVE:

Sumiço da Carne a Preços Populares

Os fazendeiros pedem repressão policial para os campos do Marajó

UMA vez mais alguns fazendeiros de Marajó se queixam ao govêrno do Estado de que seus bois estão sendo roubados e exigem medidas repressivas. Consideram os fazendeiros de Marajó que o roubo de seu gado é um fato grave, como refletem os jornais. Constitue uma verdadeira calamidade, pior talvez que as grandes secas ou as grandes enchentes, tal o alarido dramático que fazem através da imprensa.

Não duvidamos que haja roubo, nem estamos de acôrdo com êle. Mas comparando os fatos, não podemos deixar de lado que há um deles, de gravidade evidente, de certa responsabilidade dos senhores fazendeiros e que atinge toda uma coletividade. Nem por isso merecem a mesma dramaticidade e insistencia nos pedidos de providencia ao governo. Trata-se evidentemente, por incrivel que pareça, da velada mas persistente e conhecida manobra que limita a carne verde de Marajó aos mercados públicos para venda a preços populares à população de Belém.

O fato, de indisfarçavel gravidade, está sendo denunciado na Câmara Municipal e pelo povo através

(Conclui na 2a. pág. — C)

Seixas Doria Vai Cobrar da Maioria a Reunião da Com. de Inquérito

Ajuste de Fernando de Noronha e Capuava voltarão à ordem do dia dos debates na Câmara

RIO, (I. P.) — O deputado Seixas Dória ocupará a tribuna para dêle cobrar do líder da Maioria a reunião da Comissão Parlamentar de Inquérito sôbre política exterior e o ajuste de Fernando de Noronha, de sua iniciativa, para a qual contou com o apoiamento de mais de tão representantes de tôdas as bancadas parlamentares. Na oportunidade parlamentar udenista revelará todos os entendimentos que teve sobre o importante assunto com o lider Vieira de Melo e os compromissos por êle assumidos.

Em seu discurso, segundo adiantou a nossa reportagem parlamentar, o sr. Seixas Dória abordará também o escandalo da Capuavi, que analisará em todos os seus aspectos, à luz de novas revelações.

EM MANIFESTO DE SENADORES, DEPUTADOS, PREFEITOS E VEREADORES

Convocado o Povo Para a Grandiosa Campanha Nacional Contra o Ajuste de Fernando de Noronha

O patriótico documento que lança o movimento contra a entrega de nosso solo a uma potência estrangeira, aponta os graves perigos da presença de tropas de outro país em nossa Pátria e o envolvimento de nosso povo numa guerra de conquista

RIO, (I. P.) — A Campanha Nacional Contra o Ajuste de Fernando de Noronha acaba de lançar o seguinte manifesto:

«Cresce, em todo o país, o clamor contra a entrega de Fernando de Noronha.

Esse ato representa um atentado contra a soberania da Pátria, insidioso entrave ao nosso desenvolvimento econômico, um risco permanente para a segurança e a vida do povo brasileiro. O ajuste não tem apoio legal: a própria Comissão de Relações do Senado considerou-o inconstitucional.

Não convém ao povo brasileiro, pacifico por tradição, que nossa Pátria se transforme, automaticamente, em alvo de engenhos atômicos. Para fazer face às responsabilidades acrescidas, o Brasil deverá transformar as verbas de escolas, hospitais, represas, estradas, transportes, tratores e adubos, em verbas para quarteis, pistas para fortalezas voadoras, equipamento militar de tôda natureza, enfim, deverá reduzir as obras de assistência social já irrisórias. Essa atitude ampliará

(Conclui na 2a. pág. — D)

O PRESIDENTE DA U.N.E. EM BELÉM:

Apelo à Unidade dos Estudantes Contra a Cessão de Fernando de Noronha e em Defesa da Petrobrás

DURANTE a semana finda, esteve em nossa capital o presidente da União Nacional dos Estudantes, o universitário José Batista, líder nacional estudantil, que ano passado, no Rio, à frente daquela organização, comandou a vitoriosa greve contra o aumento das passagens dos bondes, fazendo o govêrno recuar de seu intento.

A impressão recolhida pelo líder estudantil a respeito da questão entre alguns Diretórios Acadêmicos e a U A P é que existe interesse e boa vontade de ambas as partes para uma solução satisfatória.

Declarou à imprensa local que ao portador de um veemente apêlo do Conselho da UNE, por deliberação unânime, para a unidade dos estudantes nesta hora gravíssima em que as fôrças ligadas ao imperialismo norte-americano procuram desacreditar os êxitos da Petrobrás e abrir brechas no monopolio estatal, vendendo a refinaria da Capuava ao grupo Rockefeller e consumar o escondido e impatriotico ajuste de Fernando de Noronha.

UMA NOVA BATALHA EM DEFESA DA PETROBRÁS E DO MONOPOLIO ESTATAL DO PETROLEO

Editorial na 3a. página

Em Defesa da Cultura e das Liberdades Democráticas!

Greve dos Estudantes Com Apoio de Todo o Povo

A POLITICA ENTREGUISTA NECESSITA DE INCULTURA E VIOLENCIA

INDIGNADOS com a sucessão de atentados á cultura e á democracia que vem sendo uma das carateristicas da politica de submissão entreguista do govêrno JK & JB á colonização oprobiosa do imperialismo norte-americana que para manter a pilhagem das jasidas do manganês do Amapá, a ocupação odiosa do solo pátrio de Fernando Noronha, liquidar a Petrobrás, necessitam da incultura embrutecedora e da violência policial, os estudantes de engenharia entraram em greve desde quinta-feira.

MOVIMENTO ESTUDANTIL CONTRA A ONDA DE ARBITRARIEDADES

Sucedendo-se nos últimos mêses a ofensiva reacionária em nosso Estado onde se demitem professores em massa, cancela-se matriculas escolares, elevam-se as taxas de ensino, cometem se violências contra os patrióticos trotes estudantís, intentam os arbitrios de impor as alterações prejudiciais as normas de ensino e datas das provas escolares, fardam-se ridicularmeute as professoras públicas, os estudantes de engenharia seguindo o movimento geral de resistência estudantil contra êste intolerável estado de cousas, resolveram tomar em suas mãos á moralização da cultura superior e defender o exercicio livre das liberdades democráticas, que se encontram ameaçadas e a mercê dessa onda de arbitrariedades do govêrno de Barata.

EDIFICANDO UMA PAREDE DE TIJOLOS INGRESSARAM EM GREVE

O motivo da deflagração da grêve é resultante da elevada consciência patriótica dos estudantes paraenses que reafirmando as suas mais caras tradições de combatividade democrática, manifestam com todo vigor a indignação da juventude esclarecida contra a política anti-nacional, anti-popular e anti-cultural do govêrno ao desencadear o movimento de repulsa contra a indesejável imposição governamental de manter um inepto e irresponsável professor na cátedra da ciencia de hidráulica. Foi por conseguinte em defesa da moralização da cultura superior que os estudantes edificaram uma parêde de tijolos tapando ás portas da Faculdade e ingressaram em grêve, numa ação unida, organizada, pacífica e constitucional.

ASSALTO E OCUPAÇÃO POLICIAL DA FACULDADE DE ENGENHARIA

Mas aí o govêrno do sr. Barata esquecido que os tempos mudaram, transformou a questão da cultura num caso de policia e repetindo o assalto á mão armada no Sindicato dos Estivadores, perpetrou mais uma intervenção policial, assaltando com aparato bélico das forças policiais, ocupou a Faculdade de Engenharia do Pará, sob o falso pretexto de que a policia ia resguardar uma propriedade do Estado.

NINGUEM ACEITARÁ A INVASÃO DO PATRIMONIO CULTURAL DO POVO PARAENSE

A greve em defesa da cultura acrescentou-se á causa da defesa das liberdades democráticas, ultrapassando os limites da Faculdade de Engenharia, a violência do govêrno feriu os sentimentos de tôda as camadas estudantís e á conciência de todos os democratas e patriótas que se indignou com o documentários fotográficos dos jornais vespertino de quinta-feira que denunciaram a brutalidade policial e ninguem aceita a intervenção e a ocupação policial da Faculdade de Engenharia pois nada justifica a violação inominavel desta Casa de Culura dos estudantes paraenses que pelas suas tradições já se incorporou ao

(Conclui na 2a. pág. — A)

TRATAMENTO INUMANO DISPENSADO NO HOSPITAL DA SANTA CASA

Atitude injustificavel

ESCREVE um leitor sôbre a situação que perdura na Santa Casa de Misericordia do Pará, onde, conforme nos relata, dispensaram o mais inumano tratamento ao seu filho.

Internado naquelo Hospital no dia 26 de Março por indicação do dr. Orlando Bordalo que, vendo o estado melindroso do paciente, decidiu a sua internação Ocorre que logo depois, conforme nos relata a carta, as irmãs de caridade souberam quem havia indicado a internação e passaram a não prestar a minima assistencia ao infermo, inclusive de não trocar a roupa, não providenciaram remedios nem os resultados dos exames de sangue e de raio-X indicados pelo medico.

No dia que d. Maria Silva Couto, mãe do enfermo, protestou contra tal procedimento, uma das irmãs de caridade revelou as razões porque dispensavam aquele tratamento.

Verdade é que o medico que internou a criança no hospital era o proprio diretor e como havia uma certa divergencia entre este e as religiosas resultavam estas coisas. D. Maria, indignada, reagiu energicamente, provocando a retirada do pequeno enfermo daquela casa de saude. tal são as denuncias contidas na carta recebida que é assinada por José Raimundo da Silva Couto.

(Conclui na 2a. pág. — G)

A GRANDE FESTA DA ASS. DAS MÃES DO MARCO

Numeroso público prestigiou as solenidades de aniversario —Importancia da maior participação da mulher na vida cultural e politica das moças

COMEMORANDO o seu 2.º aniversario de fundação, a Associação das Mães em Prol da Juventude, do bairro do Marco, realizou sabado ultimo, em sua séde social, um grandioso programa festivo.

A nova diretoria

Ás 21 horas, teve lugar a sessão solene com a presença de representantes das autoridades, do deputado Cattete Pinheiro, representantes dos Sindicatos dos Alfaiates e Marceneiros, do S. Paulo A. Clube, da Sociedade Benefizente Santo Antonio, da imprensa, de TRIBUNA DO PARÁ e de grande público que lotou o recinto.

Sob a presidencia do deputado Cattete Pinheiro foi empossada, sob salva de palmas, a nova diretoria para o bienio 57-59, a que é a seguinte: Alba Silva Emerenciana, presidente; Maria de Nazaré Morais Ferreira, 1.ª secretária; Maria da Conceição Nascimento, 2.ª secretária; Cléa Souza Santos, tesoureira; Adair Leal Monteiro, fiscal de tesoureira; Alderinda Nunes Lopes, diretora de propaganda.

Um balanço positivo

A senhora Marina Silva leu o relatorio das atividades da Associação no periodo 56-57, seguido de

(Conclui na 2a. pág. — H)

Pleteiam 70% os Bancários

Respondem dois bancos — Companha nacional por 45%

O Bank of London e o Banco Ultramarino responderam á solicitação de aumento 70% feito pelos bancarios, afirmando que a encaminharam ás respectivas matrizes.

A Camara Municipal apoiou a pretensão dos bancários, aprovando um apelo a todos os bancos, o que já foi enviado.

Os bancários, no entanto continuam ativos, tomando medidas para unificar cada vez os esforços no sentido de tornar vitoriosa a pretensão de aumento salarial.

No Rio, os bancarios resolveram lançar a campanha nacional por 45%.

VIGIA, Municipio Abandonado

Escolas fechadas—Falta de assistencias—Situação angustiosa de pescadores e lavradores

Reportagem de A. LEAL

URGE uma completa renovação na politica administrativa vigiense.

Vigia é uma cidade que conta mais de trezentos anos de existência. E' um pequeno municipio, de população avultada, porém, como quasi todas as cidades do norte do país, não tem avançado na senda do progresso.

Abandono

Sem industria, sem lavoura com sistema moderno de exploração, sem ajuda aos agricultores com uma legião de pescadores manejando seu trabalho no sistema primitivo do anzol, cacurí e canôa à vela, relegados ao mais penoso abandono, ainda é hoje, sem exagero a mesma cidade e o mesmo municipio que eram no seculo do passado.

Pouco tem avançado, portanto. Em relação ao progresso e desenvolvimento das grandes cidades, desejariamos que a outrora Pérola do Salgado fosse uma delas.

Metade de uma igreja historica para construir a Uzina da luz

De 1930 para cá houve realmente algumas transformação na administração do municipio, alguns melhoramentos foram feitos como: luz elétrica para cuja uzina o gestor Jorge Corrêa desmanchou mais da metade da Igreja do Bom Jesús, templo erigido pelos Jesuitas e esculpido de pedras em linhas geometricamente invejavel.

Lento progresso

Outros melhoramentos seguiram como a construção do trapiche municipal, parte do cais do litoral da cidade, reconstrução do grupo escolar, criação de diversas escolas no interior do municipio, melhoramentos na rodovia que liga essa cidade á João Coelho, hoje o mercado e pouco mais.

Em 26 anos que nos dista da revolução getuliana cujos feitos se cantava muito na

(Conclui na 2a. pág. — E)

Tribuna do PARÁ Nos Esportes

Por FRAN NOG

Olimpiadas Operarias

Á noite de quarta-feira última, na séde do Sindicato dos Marceneiros foi disputada a primeira etapa do certame de damas com os seguintes resultados:—Combustiveis 10 x Gráficos 1, Marceneiros W x Metalúrgicos 0 e Calçados W x Construção Civil.

—oOo—

Continuando com as determinações da tabela de jogos, quinta-feira última, na quadra do SESI, as provas voleibol. Tiveram os seguintes resultados: 1º jogo, o Combustiveis venceu os Marceneiros por 15 x 3 e 15 x 11. 2º jogo, Metalúrgicos e Tecelagem, vitória do primeiro por 2 a 1, com passagens de 9 x 15, 15 x 9 e 15 x 12. Finalmente, o Combustiveis venceu os Metalúrgicos com este resultado; 15 x 3 e 15 x 7. Desta forma, o Sindicato de Combustiveis sagrou-se campeão de voleibol, ao conquistar mais de 10 pontos na classificação final da Olimpiada Operária. O segundo ficou lugar com o Tecelagem.

O Leão Contra o General da Vila

Passará o Remo pelo Pinheirense? — O azulino de Icoaraci promete fazer surpresa — Onde será o jogo de hoje

REMO e Pinheirense completarão, na tarde de hoje, a 5.ª rodada do campeonato de profissionais, jogo esse que decidirá qual a posição definida dos azulinos no atual certame. Depois daquele empate contra a Tuna, o Leão Azul tudo fará para se reabilitar, pelo menos é o que pensa a sua torcida que, certamente, irá á cancha para ver a nova equipe que o treinador Veliz colocará em campo.

Para o jogo de hoje, o Remo apresenta-se como favorito, entretanto, tudo pode acontecer, pois o futebol também tem sua pedra no caminho e muito importará para o Leão não se discuidar afim de não pegar uma topada dando ensejo para o General da Vila sair com os louros da vitória.

VARIAS NOTICIAS

Pelo Torneio Rio-São Paulo, quarta-feira ultima, no Maracanã, o Flamengo goleou o Botafogo por 4 a 1, enquanto em São Paulo o Palmeiras empatou com o Corintians por 1 a 1.

—oOo—

Varios resultados internacionais podemos registrar, ocorridos na quarta-feira passada. O Esporte Clube Bala jogou na Basiléia, Suiça, sendo abatido pelo E. C. Bally, por 2x0.

Em Oslo, pelas eliminatorias da Copa do Mundo, a Bulgaria derrotou a Noruega por 2 x 1.

—oOo—

Na semana última, faleceu na cidade de Fortaleza, o veterano esportista Jombrega. Vários clubs desta cidade enviaram para a Federação Cearense suas condolencias.

NA VIGIA:

Os Geleiros Exploram os Pescadores

Roubam no peso, enquanto distribuem cachaça—Escasseia o pescado e abundam os especuladores—Falta de fiscalização—Os poetas do povo e a carestia

Reportagens de QUINÁFER

VIGIA, maio (Do correspondente) — As celebres «Geleiras» que conduzem o pescado fresco para Belém, abastecendo a capital desse produto da pesca regional são, sem duvida uteis a todos os belemenses porque lhes levam o alimento fresco, mas os geleiros causam um grande mal ás populações já bastantes numerosas do interior do Estado e que em certas zonas vivem, quase que exclusivamente, do pescado fresco, como, por exemplo, a Vigia, considerada em outras épocas, a terra do peixe e de caranguejo.

Explorados os pescadores e o povo

As «geleiras» elevam de modo assustador o preço do peixe fresco no mercado da Vigia e Belém e em nada beneficiam o pescador. Pelo contrario, exploram esses humildes trabalhadores do mar.

O pescador, no entanto, já vem aqui tendo compreensão nitida da sua exploração e breve não mais se deixará explorar.

O pescador, além da fadiga na luta com o mar, vive sempre tiritando de frio. Atraca na «geleira» para «matar o bicho» e «esquentar o corpo».

O «geleiro» lhe propõe a compra do peixe que traz, fazendo logo «vantagem» isto é, oferecendo mais do que ele pode vender em terra, passando-lhe sem demora, a cabôca da «branca» de «graça» e ás vezes tambem um cigarro da «chá».

Eis o peixe a bordo da geleira. Si, porém, o lote pesa 50 quilos, o pescador só vê 35, na balança do geleiro, razão pela qual esse espertalhão pode pagar mais pelo quilo ao pescador, que não vai deixar de vender por mais para vender por menos no mercado da Vigia, sem pensar entretanto, que foi roubado no peso, na geleira. E quem consegue trazer o peixe para terra, quer vender pelo mesmo preço vendido no mar. Neste caso quem paga a diferença é a população, que se alimenta do pescado fresco.

E' de se notar que «quando as Geleiras não estão na bóca» como se diz em linguagem popular, há sempre abundancia de peixe no mercado da Vigia, o povo compra folgadamente, nunca sobrando nada, porque o produto da pescaria aqui não é suficiente, para o consumo da população do municipio.

Mais dificil a vida dos lavradores

Os lavradores de modo geral já não vão quasi á cidade afim de comprarem peixe, porque nunca o encontram no mercado. E alguns que tanto se aventuram, na esperança de noutro dia o comprarem, passam dois e mais dias em-

Conclui na 2ª pagina — I

Posse da Nova Diretoria do Sindicato dos Jornalistas

Hoje, ás 9 horas, no Pará Clube

TOMARÁ posse, domingo proximo, ás 9 horas da manhã, a diretoria eleita do Sindicato dos Jornalistas do Pará.

O ato, que será público e festivo, terá lugar nos salões da Assembléia Paraense.

Além da solenidade de posse, haverá um coquetel oferecido aos convidados.

TRIBUNA DO PARÁ foi convidada a se fazer representar.

Votou a Câmara Municipal de Belém:
Que o Ajuste Sôbre F. Noronha Seja Submetido ao Congresso

Contrário a Atitude do Govêrno Sem Ouvir o Congresso Nacional
Opina o deputado Fernando Magalhães

A cessão da ilha de Fernando de Noronha para base de teleguiados aos EE. UU. continua sendo o assunto que prende, nesta hora a atenção de todos os patriotas e constitue o motivo de um crescente clamor de protesto que parte de todos os recantos de nosso país.

Com o lançamento, no Rio, da campanha nacional contra a cessão daquela ilha e pelo debate da mesma pelo Parlamento Nacional, com o pronunciamento de expressivo número de Assembléias Legislativas e Câmaras Municipais, do país com a organização do movimento em alguns importantes Estados da Federação, com a reiterada manifestação de grande número de parlamentares na Câmara e no Senado, esse clamor nacional contra a cessão de uma parte do sólo pátrio a uma potencia estrangeira ganha unidade e organização e se torna uma viva e alta expressão popular contra a rude golpe que o governo JK vibrou na soberania nacional.

No Pará, os estudantes e trabalhadores, parlamentares estaduais e municipais personalidades as mais diversas continuam se pronunciando contra a cessão da ilha brasileira, inclusive através desse semanário.

(Conclui na 2a. pág. — D)

PATRIOTICO REQUERIMENTO APROVADO EM REGIME DE URGENCIA

A Câmara Municipal de Belém, refletindo as tradições democráticas do povo paraense, acaba de fazer um pronunciamento da mais alta significação patriótica, juntando-se, assim, ao clamor nacional em defesa da soberania nacional.

Na reunião de sexta-feira pela manhã, o vereador Carlos Piatilha, do PR, apresentou um requerimento assinado por mais seis outros vereadores no sentido de que a Câmara Municipal dirigesse um apêlo ao presidente da República para que submeta á apreciação do Congresso Nacional o ajuste sobre a cessão da ilha de Fernando de Noronha para uma base de teleguiados dos EE UU.

O líder do PSD, Isaac Soares, pronunciou-se contrário, tendo o vereador Carlos Piatilha defendido longamente seu requerimento.

Finalmente, contra os votos da bancada do PSD o plenário aprova o patriótico documento, em regime de urgência.

LEIAM
PROBLEMAS

"Fóra os Ianques", Clamam os Estudantes Portenhos

BUENOS AIRES, (IP) — Aos gritos de «Fóra os ianques!», centenas de estudantes se manifestaram contra o projeto de um pacto de defesa do Atlantico Sul. A manifestação foi realizada a uns cem metros da Escola de Guerra, onde houve a reunião dos delegados militares da Argentina, do Brasil, do Uruguai e do Paraguai, destinada a lançar as bases do referido pacto. A polícia dispersou os manifestantes e efetuou cinco prisões.

★ LEIA
Uma Importante Palestra de N. S. Kruschiov Com o Redator-Chefe do Jornal "New York Times" (Na 3.a página)

NELSON FIRMO NO SENADO:
"Não Temamos a Russia; Temamos, Sim, as Tropas de Ocupação de Fernando de Noronha"

O representante de Pernambuco condena a cessão de parte de nosso território aos imperialistas ianques e reclama relações comerciais e diplomáticas com todos os países do campo socialista

RIO, (IP) — Em importante discurso que proferiu da tribuna do Senado, o sr. Nelson Firmo condenou, com veemência, a entrega de Fernando de Noronha aos imperialistas norte-americanos e advogou o imediato restabelecimento de relações com a União Soviética e todos os países do campo do socialismo.

Disse o ilustre parlamentar:
«Fernando de Noronha está hoje dominada por fôrças estranhas, nossa soberania arranhada, os horrores de uma descomunal luta atômica transferidos para o meu pobre e tão desamparado Nordeste, meu Recife sob ameaça de ser arrazado por uma bomba de hidrogênio, desaparecendo do mapa.

O presidente cedeu de mais, quando não devia ceder nem um palmo do nosso território. «Não», deveria ter sido a sua resposta másculla.

Impõe-se a revisão de nossa política externa
Quando às relações com a URSS, frisou o orador:
«Atentemos para êste absurdo: não mantemos, devido à estranha
(Conclui na 2a. página — B)

GRANDE REUNIÃO DOS ATIVISTAS DE IMPRENSA

HAVERÁ no próximo dia 4 de junho, terça feira, às 17,30, na séde da TRIBUNA DO PARÁ, uma grande reunião dos ativistas da imprensa popular, para a qual estão convidados todos os responsaveis pela difusão de nossa imprensa nos bairros, fábricas, etc.

Nessa reunião serão ventilados vários problemas que dizem respeito à difusão e organização do nosso jornal popular, bem como a ajuda financeira.

A C.A.I.P. espera o comparecimento de todos.

Declaração do Presidium do C. C. do
PARTIDO COMUNISTA DO BRASIL
Em Face das Declarações Feitas Por Agildo Barata a um Semanário Burguês Contra o Partido e o Movimento Operário (TEXTO NA 3.ª PÁGINA)

N. 290 — Belém-Pará, Domingo 2 de Junho de 1957 — Ano XI

Protesto Contra a Intervenção e Invasão Policial no Sindicato dos Estivadores

Indignação nos meios sindicais do Rio

RIO, (IP) — Causou a mais viva indignação nos meios sindicais desta capital, a notícia sobre a intervenção ministerial seguida de invasão e ocupação policial de que foi alvo o Sindicato dos Estivadores de Belém.

O sr. Antonio Vasconcelos, presidente do Sindicato dos Trabalhadores em Empresas de Carros Urbanos, telegrafou ao Ministro do Trabalho, dizendo que «a intervenção no Sindicato dos Estivadores de Belém compromete o nome de V. Excia. junto à vida sindical, e apresentamos nosso protesto contra a invasão policial daquele orgão classista».

Vitoria dos Comunistas da Alemanha Ocidental

KAISERLAUTERN, (IP) — Os comunistas obtiveram a maioria absoluta no conselho de empresa das fábricas de máquinas de costura «Pfaff», onde trabalham 7.000 operários e empregados. Foram eleitos 16 candidatos comunistas entre 31 delegados. Em consequência da proibição do Partido Comunista na Alemanha Ocidental êsses candidatos não figuravam sob a legenda comunista, mas são conhecidos pela sua antiga filiação ao Partido Comunista da Alemanha Ocidental. O resultado das eleições causou certa sensação em Kaiserlautern, onde a sociedade Pfaff é citada como exemplo pelas suas realizações sociais.

Resolve a PIDE apoiada no DFSP:
Portugueses Serão Presos no Rio Para "Garantia" de Craveiro Lopes

RIO, (IP) — No noticiario dos demais jornais e em informações atribuidas às fontes da própria policia carioca, está sendo plenamente confirmada nossa reportagem sôbre a atividade que vem desenvolvendo no Rio a adida gestapo salazarista, PIDE. Precedeu a chegada do general Craveiro Lopes, figura de proa do Estado Novo que há trinta anos infelicita o povo português, dezenas de tiras, membros da milicia

A atuação de policiais salazaristas contra a laboriosa colônia—Infiltração de espiões, medidas terroristas, batidas em Laranjeiras, tudo sob as vistas e com a cobertura de um del, carioca — Monstruoso processo contra 52 estudantes e intelectuais, que ficarão «sob vigilância» mesmo depois de cumpridas as penas fascista «Legião Portuguesa», sob o comando de um estado-maior de torturadores, trasladaram-se da sinistra masmorra da Rua Maria Antonio Cardoso para a similar da rua da Relação.

Chefe supremo
Ao chegar de Lisboa, sabado último, o legionário-embaixador Antonio Faria, mostrou-se vivamente interessado pelo problema da «segurança». Realizou longa conferência com os chefes de tocaia secreta portuguesa e, não satisfeito, depois de escutar no Itamarati e no Catete as medidas excepcionais que sugere para a proteção do representante da tirania integralista, estudou com seus assessores um elemento destacado da policia carioca todo um plano de cobertura da colônia lusitana e clã indagações dos locais por onde passe a atemorizada figura. Despindo o fardão diplomático, Faria apresenta-se mais à vontade, em manga de camisa, casse-tete pendente do pulso, como o chefe supremo do bando terrorista. Um detalhe que a imprensa governista não oculta: a Chancelaria portuguesa levou mais tempo para estudar o plano da visita do que o Itamaraí para elaborá-lo. Tudo em função do medo que tira o sono dos despotas.

O REGIME QUE AINDA PERDURA NAS FAZENDAS DE MARAJÓ

Uma grave ameaça pesa sobre os vaqueiros
(Segunda de uma série de reportagens)

SOURE, maio (Do correspondente) — Os fazendeiros continuam se queixando de furto de gado, pedem policia para perseguir e prender, alegam prejuizos com o inverno e nos jornais se divulga que os vaqueiros agora têm bom ordenado, assistência e conforto.

A verdade é penosa
A verdade, porém, é bem diversa e penosa. As enchentes de inverno na ilha de Marajó há muito que não atingem mais as marcas das grandes cheias. Só em 1947, depois da década de 1920 a 1930. Neste ano o volume d'agua esteve muito longe de atingir a marca alarmante, e, portanto, capaz de dar os prejuizos alardeados.

Quanto ao furto de gado e o «banditismo» que os fazendeiros estão invocando para pedir policia de repressão merecem alguns esclarecimentos que daremos em outra oportunidade. No entanto, também neste assunto a verdade é que o regime semi-escravista e cemi-feudal ainda impera num grande número de fazendas marajoaras e muitos fatos ocorrem por conta de tal situação.

Proibidos de pescar e caçar
Em reportagem anterior mostra-
(Conclui na 2a. pág. — C)

A Sua Ajuda Financeira a
Tribuna do PARÁ
Deve Ser Permanente

Passa Por Belém um Navio Ianque de Ocupação
Mais um alerta aos patriotas

PASSOU por esta capital o navio ianque «Tallahatchie County», sob o comando do tenente coronel T. Montagel, carregado de material para a ocupação da ilha de Fernando de Noronha cedida pelo governo JK aos EE. UU.

O fato constitue mais um alerta aos patriotas que unem e aceleram os seus protestos contra a cessão e exigem em todo o país a apreciação do infame ajuste pelo Congresso Nacional.

PÁGINA 3 — TRIBUNA DO PARA' — BELÉM, 2-6-57

Declaração do Presidium do Comitê Central do Partido Comunista do Brasil

Em Face das Declarações Feitas Por Agildo Barata a um Semanario Burguês Contra o Partido e o Movimento Operario

RIO (I. P.)—Acaba de ser divulgado o seguinte documento:

DECLARAÇÃO DO PRESIDIUM DO COMITÊ CENTRAL DO PARTIDO COMUNISTA DO BRASIL

O Presidium do Comitê Central de Partido Comunista do Brasil, em face das declarações feitas por Agildo Barata a um semanário burguês contra o Partido e o movimento operário, sente-se no dever de informar aos militantes e amigos do Partido, o seguinte:

1. Na reunião do Comitê Central, realizada em abril último, foram amplamente discutidas, à base de fatos concretos, as atividades antipartidárias desenvolvidas por Agildo Barata. Diante dos fatos irrefutáveis apresentados nessa reunião e do repúdio unânime pelo Comitê Central dessas atividadades, Agildo Barata comprometeu-se a escrever um artigo, condenando o trabalho antipartidário e reafirmando sua decisão de defender a unidade do Partido. Êsse artigo foi escrito e lido voluntàriamente por Agildo Barata na reunião do Comitê Central. O artigo de Agildo Barata foi gravado pelo seu autor, como o foram as demais intervenções dos membros e candidatos a membros do Comitê Central, de acôrdo com o assentimento de todos os presentes. Dado que, com essa atitude, Agildo Barata demonstrava aparentemente vontade de recuar das atitudes fal as que vinha adotando, o Comitê Central decidiu retirar as referências feitas ao seu nome relacionadas com as atividades antipartidárias tanto na publicação do Informe político como na Resolução sôbre a unidade do Partido.

2. Alguns dias após a reunião do Comitê Central, Agildo Barata, sem qualquer explicação, mandou comunicar à direção do Partido que seu artigo não deveria ser publicado antes de um novo entendimento que desejava ter com o Presidium do Comitê Central. Desejoso de encontrar uma justa solução ao caso, o Presidium adotou as medidas necessárias para a realização do encontro. Agildo Barata, no entanto, utilizando-se de vários subterfúgios, recusou-se de fato a qualquer entendimento com os membros do Comitê Central designados para ouví-lo, fazendo, mais tarde, pùblicamente, declarações caluniosas contra o Partido e sua direção e contrárias à orientação política do Partido.

3. O Presidium de Comitê Central, diante dos fatos aqui expostos, decide publicar o artigo de Agildo Barata, a fim de que todos os militantes e amigos do Partido vejam a fisionomia política dêsse renegado que ontem ante o Comitê Central, fazia categóricas declarações de defesa da unidade do Partido e, agora, pela imprensa burguesa, ataca o Partido e o movimento operário, desertando da luta revolucionária.

O artigo na integra é o seguinte:

«Pela unidade do Partido.

Por mais importantes que sejam os problemas de ordem política e teórica é um velho ponto de vista meu que os problemas de métodos assumem particular importância para a vida e a ação de um partido revolucionário e democrático.

A própria orientação política é mais rica e mais fecunda se se pode a cada momento capitalizar a sabedoria coletiva do Partido. Para isto é de decisiva e fundamental importância a democratização da vida do Partido Comunista do Brasil. Só assim o Partido como organização unificada pode ter uma disciplina consciente e verdadeiramente revolucionária. É também condição básica de sua existência a unidade e coesão de suas fileiras.

Como é sabido, em sua ânsia de sobreviver e diante da inexorável derrota que lhes aponta o processo de desenvolvimente histórico da humanidade, os imperialistas voltam todo o seu ódio contra o movimento comunista mundial e tentam por tôdas as formas romper a sua unidade e quebrar a coesão das fileiras dos partidos operários e comunistas. O Partido Cumunista do Brasil, cuja existência é uma necessidade histórica para a libertação nacional e social do povo brasileiro, sempre foi alvo do ataque dos imperialistas norte-americanos e de seus agentes internos. Nestas condições, o dever de cada comunista é o dever de defender a unidade do Partido; unidade que deve processar-se em tôrno de um centro único — o Comitê Central.

O último pleno dêste organismo dirigente, dêste modo, foi sem dúvida uma poderosa contribuição à uuidada do Partido. Êle teve particular importância para todos os comunistas e seus amigos, em virtude da situação que atualmente atravessa o Partido, empenhado na discussão dos problemas fundamentais para o povo e lutando firmemente pela democratização de sua vida interna. No momento, o centro da luta do Partido deve ser a defesa da integridade nacional sèriamente ameaçada com a entrega de Fernando de Noronha ao imperialismo belicista norte-americano. A ocupação de Fernando de Noronha, que não é senão o primeiro episódio de uma vasta e criminosa ofensiva que visa a colonização completa de nossa Pátria, está a exigir de nosso povo uma resposta firme e patriótica.

A última Resolução do Comitê Central do Partido Comunista do Brasil sôbre a grave situação porque o país atravessa, conclama com precisão, justeza e oportunidade os comunistas a se colocarem na primeira linha da grande luta em defesa da nação ameaçada.

Esta luta merece a firmeza entusiasmada, dinâmica e indispensável dos comunistas junto às massas de nosso povo.

O Partido Comunista do Brasil, simultâneamente com a a necessidade imperiosa de lançar-se à luta anti-imperialista e democrática em defesa da paz, do bem-estar, do progresso e da conquista de um futuro radioso para o nosso povo, enfrenta os problemas de luta interna de opiniões, luta pelo reforçamento, pelo florescimento e pela democratização da vida do Partido.

Aprimora-se, assim, o Partido para cumprir melhor suas tarefas. Na luta interna de opiniões, é preciso, porém, ter-se em vista que o debate deve obedecer aos princípios do marxismo-lininismo, subordinar-se à lei interna do Partido, aos seus Estatutos, válida para todos os seus membros sem discriminações. A luta interna de opiniões, inevitável na vida do Partido, reflexo que é da luta externa de classes, deve ser na atual conjuntura travada nas bases estabelecidas pelo Projéto de Resolução do Comitê Central e de acôrdo com a orientação traçada na carta do camarada Prestes.

Reafirmo que considero útil e indispensável a discussão nas fileiras do Partido, onde todos, sem ferir princípios, expressem livremente sem quaisquer temores suas idéias.

A discussão interna deve estar a serviço dos interêsses do Partido e de sua unidade, dando assim consciência e vigôr aos combatentes. O estabelecimento do princípio da prática da direção coletiva em todos os organismos dirigentes do Partido é imprescindível para o seu fortalecimento e para que êle possa desempenhar com mais acêrto seu papel de vanguarda da classe operária. Isto está sendo feito felizmente com firmeza e determinação.

Julgo necessário tecer êstes comentários, porque alguns camaradas e amigos, com os quais concordo em inúmeras questões de interêsse da revolução, interpretando errôneamente alguns de meus pensamentos, fazem por vezes uso indevido de meu nome como bandeira para ferir a unidade do Partido. A êles eu me dirijo com carinho e fraternidade. A luta de opiniões deve ser dentro do Partido e subordinada aos princípios do marxismo-leninismo, visando o fortalecimento e a unidade do Partido.

Mas há também os velhos e desmoralizados inimigos do Partido, inimigos de classe. São pescadores em águas turvas ou que buscam turvá-las para pescar. A êles respondo-lhes com energia e firmeza — não permitirei que façam de meu nome, pequeno e modesto, bandeira de luta contra os ideais socialistas porque luto, ideais encarnados em nossa Pátria pelo Partido Comunista do Brasil.

Agildo Barata».

4. O Presidium do Comitê Central, enquanto o Comitê Central não tomar as decisões que o caso exige, alerta a todo o Partido para as criminosas atividades antipartidárias que realiza o pequeno grupo fracionista dirigido por Agildo Barata e chama aos militantes a redobrarem a vigilância revolucionária. Todos os comunistas devem defender com firmeza e decisão inabaláveis a unidade do Partido e cerrar fileiras em tôrno do Comitê Central que tem a sua frente o camarada Prestes.

Rio, maio de 1957.

O PRESIDIUM DO COMITÊ CENTRAL DO PARTIDO COMUNISTA DO BRASIL

Uma Importante Palestra de N.S. Kruschiov Com o Redator-Chefe do "New York Times"

Iniciamos a publicação em duas parte, da palestra havia entre o 1.° Secretário do PCUS e o redator-chefe do conhecido diário de Nova Iorque

MOSCOU, (IP)—O jornal «Pravda» do dia 14 do corrente publicou o texto integral da palestra de N. S. Kruschiov, secretário do PCUS com o redator-chefe do «New York Times». E' o seguinte o texto dessa entrevista:

«Depois da troca de saudações, T. CATLEDGE disse:

—Passei alguns dias agradáveis em vosso país, visitei Moscou, compareci ao desfile de Primeiro de Maio, que me causou uma forte impressão. Visitei alguns museus em Moscou e também em Leningrado e em Kiev. Agora chega ao fim minha viagem pela União Soviética. Dirijo-me em seguida a Estocolmo. Tenho a intenção de visitar alguns outros países europeus e, pròvàvelmente, a 1 de julho, voltarei ao meu país. Fôstes muito gentil em receber-me. Agradeço-vos por esta atenção. Permiti agora que vos faça algumas perguntas.

N. S. KRUSCHIOV—Pois não.

T. CATLEDGE—O objetivo da minha visita consiste em obter esclarecimentos sôbre vossa opinião a respeito de algumas questões, e não em travar polêmica convosco. Falando a rigor eu dirijo a parte informativa do jornal «New-York Times», a colcta de fatos, e pouco tenho relação com a parte política do jornal. Quero, portanto, esclarecer algumas questões para ajudar os leitores de nosso jornal a terem uma idéia mais completa sôbre as opiniões dos dirigentes da União Soviética e sôbre o vosso país. Peço-vos que me interpreteis corretamente se algumas das perguntas vos parecerem provocativas. As perguntas que faço não são para causar-vos constrangimento, mas para conseguir uma representação multilateral do pensamento soviético. A primeira pergunta que desejo fazer-vos é:— Apoiais a idéia da convocação, em data próxima, da conferência de representantes das grandes potências em nível superior, e que assuntos poderiam ser examinados nessa conferência, em vossa opinião?

ACORDO ENTRE A UNIÃO SOVIÉTICA E OS ESTADOS UNIDOS PARA ALIVIAR A TENSÃO INTERNACIONAL

N. S. KRUSCHLOV—Temos declarado diversas vêzes que consideramos útil o encontro dos chefes de governos das grandes potências. O govêrno soviético atem-se ainda hoje a êste ponto de vista. No entanto, tal encontro será útil com a condição de que sejam bem preparadas as questões principais, sôbre as quais se tem em vista trocar opiniões. De outro modo, o encontro não terá a utilidade devida e a conferência provocará apenas decepção, tanto nos participantes do encontro como nos povos dos países que êles representam. Que assuntos poderiam ser agora examinados nessa conferência? Pensamos que uma das questões principais, a exigir exame, é a questão de pôr fim à tensão existentes nas relações entre os paises e, em primeiro lugar, entre as grandes potências. A segunda questão que exige exame é a da garantia da segurança européia. A Europa é o principal foco da tensão internacional, onde se acha—por assim dizer —o nó das questões que criam a tensão entre os paises. A regulamentação do problema da segurança européia deve conduzir à liquidação dos blocos militares e à criação de uma situação normal na Europa. Talvez fôsse racional criar algum órgão especial, no qual os participantes do sistema de segurança européia poderiam trocar opiniões, para não permitir a tensão nas relações entre os Estados. Se fôr alcançado um certo grau de confiança entre os países, nêsse caso talvez não seja necessária a criação de um órgão especial, as questões poderiam ser examinadas na ONU. Para falar de modo mais concreto sôbre a tensão internacional, esta questão evidentemente se reduz, no fim de contas, às relações entre os dois paises—entre a União Soviética e os Estados Unidos. De modo figurado pode-se dizer que, assim como é necessário arrancar as fôlhas do repolho para descobrir o miolo, assim também em nosso caso, se excluirmos gradualmente tôdas as questões pendentes ou litigiosas entre os paises, no fim de contas se descobrirá o miolo, isto é, as contradições entre nossos dois paises—os Estados Unidos da América e a União Soviética. Isto se explica pelo fato de que a URSS e os EE. UU. são as potências mais poderosas no sentido industrial e os paises mais fortes do ponto de vista militar, que possuem por isso mesmo as armas atômicas e de hidrogênio, além de poderoso armamento do tipo comum. Estes dois paises travam entre si a mais aguda polêmica na arena internacional.

Julgamos que, se a União Soviética puder entrar em acôrdo com os Estados Unidos, então não será dificil entrar em acôrdo com a Inglaterra, com a França e outros paises. Naturalmente temos em vista que nosso acôrdo com os Estados Unidos não deve ser em prejuízo da Inglaterra, da Alemanha, da França, ou de outro pais. Se falarmos de outros paises que participam da OTAN, é preciso observar que a Noruega, por exemplo, entrou nesta organização, segundo parece, por um mal entendido. A maioria esmagadora do povo norueguês pensa mais sôbre como tirar a Noruega do bloco do Atlântico Norte. O mesmo se pode dizer também da Dinamarca, e a Dinamarca é um pais que não poderia fazer muito, mesmo que se zangasse com a União Soviética. Isto se refere também a Holanda. Quanto ao Canadá, também o consideramos um pais amante da paz, que ingressou na OTAN por um mal entendido como resultado de condições que se tinham agravado num passado recente. Afora os Estados Unidos, o único país que pode representar uma ameaça para a União Soviética—disse N. S. Kruschiov pilheriando —é o Lexemburgo.

Assim, a tensão no fim de contas se reduz, principalmente, às relações entre duas grandes potências—a União Soviética e os Estados Unidos. Consequentemente, a questão consiste em saber se as nossas relações se desenvolverão em base amistosa ou se entre nossos países, doravante, continuarão tensas as relações. Os Estados Unidos são um país capitalista altamente desenvolvido. A União Soviética é um país socialista altamente desenvolvido. As divergências ideológicas entre nós existirão sempre. Mas isto não deve impedir-nos de viver como bons vizinhos. Nós somos realmente vizinhos no Norte, onde Tchukotka é contigua ao Alaska. As divergências em questões ideológicas não devem dificultar-nos desenvolver as relações normais diplomáticas, culturais, econômicas e outras entre nossos países.

Êste é um caminho.

O outro caminho é continuar acumulando estoques de armamentos. Nesse caso é preciso ter em conta que, dada a existência da arma atômica e de hidrogênio, dada a existência de técnica dos foguetes, sem excluir os projéteis intercontinentais, como resultado de algum êrro ou acaso fatal pode ser desencadeada a guerra que acarretará calamidades incontestáveis não sòmente para os povos de nossos dois países, mas também para os povos de todo o mundo.

TIRAR DO PONTO MORTO O PROBLEMA DA PAZ OU DA GUERRA

Eis porque seria sensato que se encontrassem mais frequêntemente os dirigentes dos grandes países para solucionar as diferentes questões através da troca de opiniões, através da obtenção do entendimento recíproco. Eis porque a União Soviética deseja realizar conversações com os Estados Unidos. Mas quero dizer que, se alguns dirigentes dos Estados Unidos colocarem diante de nós quaisquer condições prévias, como gosta de fazer, por exemplo, o sr. Dulles, secretário de Estado norte-americano, isso não aceitaremos. O sr. Dulles, muito amiúde, apresenta condições sôbre uma certa «libertação» dos países do Oriente europeu de uma pretensa «escravidão», ou a respeito da unificação da Alemanha sem conversações. Se vão ser apresentadas tais condições, poderão passar ainda 200 anos antes que nos encontremos de novo, pois nessas questões nós somos inflexíveis.

Gostais de chamar de «escravidão» nosso regime socialista. Mas nós consideramos que escravidão para os trabalhadores, escravidão para a maioria esmagadora do povo é o regime capitalista. Já Karl Marx, há muitos anos atrás, demonstrou convincentemente que o regime capitalista é um regime de opressão implacável da maioria do povo. Penso que é melhor não discutirmos agora esta questão.

No que se refere à questão alemã, ela pode e deve ser resolvida sòmente pelo próprio povo alemão. Esta questão só pode ser resolvida quando se encontrem Adenauer e Grotewohl, quando se encontrem os representantes de Berlim e de Bonn. Então a questão alemã poderá ser resolvida com êxito. Os próprios alemães a resolverão.

Entre nossos países não há questões em tôrno das quais não possamos entrar em acôrdo. Certamente, um novo encontro deve ser mais frutífero do que o encontro de Genebra, onde, em vários casos, os participantes das conversações sopraram gaita escocesa (expressão que significa «conversaram fiado» — N. do T.). Eis a minha opinião sôbre a questão de um novo encontro entre os chefes de governos das grandes potências.

Desejaria acrescentar ao que acabo de dizer que nós estamos sempre prontos a ter uma troca de opiniões com outros Estados sôbre questões como o desarmamento, a proibição da arma atômica e de hi-

(Conclui na 2a. pág. — H)

A Visita do Sr. Craveiro Lopes Significa Uma Afronta aos Sentimentos Democráticos de Nosso Povo

Nota do Presidium do C.C. do P.C.B. - Na 3.a pág

PARÁ

N. 291 Belém-Pará Domingo 9 de Junho de 1957 Ano XI

Ação Popular Contra a Ampliação da Cota de Capuava

RIO (IP) — Junto aos circulos nacionalistas, apuramos que um grupo de cidadãos vai promover uma ação popular contra a Resolução n. 12, do Conselho Nacional de Petróleo, que autorisou a elevação do limite de produção da Refinaria de Capuava, sabidamente ligada ao sr. Nelson Rockfeller (Standard Oil).

BASE DE AÇÃO

A ação fundamentar-se-á no parágrafo 3.º, do art. 141, da Constituição, que diz: "Qualquer cidadão será parte legitima para pleitear a anulação ou declaração de nulidade de atos lesivos do patrimônio da União, dos Estados, dos Municipios, das entidades autarquicas e sociedades de economia mista."

MESMO QUE A PETROBRAS NÃO RECORRA

A interposição de recurso pela Petrobrás só poderá ser feita até o dia 5 do corrente, quando expira o prazo previsto em lei.

Por isto, a ação popular será impetrada, por êsse grupo de patriotas, mesmo que a Petrobrás não recorra da decisão entreguista do C.N.P.

O Presidium do C. C. do P. C. B., em nota agora divulgada

Denuncia o Carater Guerreiro da Conferência do Atlantico Sul

Conclamados os patriotas e democratas a impedir, através de manifestações de massas, a participação do Brasil no projetado Pacto do Atlântico Sul—A necessidade de intensificação da luta em defesa das liberdades democráticas e da Constituição — Cabe ao povo exigir do Congresso a anulação do ajuste de Fernando de Noronha—O govêrno do sr. Kubitschek cede às exigências do Departamento de Estado e facilita na prática a penetração da Standard Oil em nosso país—As manobras politicas para desmoralizar o Congresso e unificar as fôrças reacionárias por meio de uma "pacificação", visam facilitar a politica entreguista e liberticida exigida pelos monopólios norte-americanos

RIO (I P)—Acaba de ser divulgado o seguinte documento:

NOTA

DO PRESIDIUM DO COMITÊ CENTRAL DO PARTIDO COMUNISTA DO BRASIL SÔBRE A CONFERÊNCIA DO ATLÂNTICO SUL

O Presidium do Comitê Central do Partido Comunista do Brasil protesta contra a participação do Brasil na denominada Conferência do Atlântico Sul, ora reunida em Buenos Aires, e apela a todo os patriotas para que manifestem sua repulsa ao projetado Pacto do Atlântico Sul, bloco militar agressivo que visa envolver ainda mais nosso país, juntamente com a Argentina, o Uruguay e o Paraguay, nos preparativos guerreiros dos círculos dirigentes dos Estados Unidos.

Não obstante os grandes êxitos das fôrças da paz em todos os países e a condenação pela opinião pública mundial da política de preparação de guerra atômica, os monopolistas norte-americanos prosseguem em seus planos agressivos. Nos países em que dominam, constroem bases de projéteis teleguiados, preparam-se para a guerra atômica de agressão contra a União Soviética e demais países do campo socialista. A intensificação de seus preparativos bélicos verifica-se também nos países da América Latina, onde os monopólios ianques exploram e oprimem os povos e pretendem utilizar para a guerra os recursos humanos de nossos países.

Diante da crescente resistência dos povos latino-americanos, que lutam contra a dominação imperialista e pela independência nacional contra a miséria e pelas liberdades democraticas, tratam os militaristas ianques de aplicar novas medidas para submeter nossos povos e fugir à vigilância dos patriotas e partidários da paz. Com a autorização inconstitucional do govêrno do Brasil, ocupam militarmente a ilha de Fernando de Noronha, pondo em perigo a segurança do povo brasileiro e violando brutalmente a soberania nacional. E, agora, em nome de uma suposta defesa do Atlântico Sul — que não está ameaçado por ninguém a não ser pelas fôrças armadas dos Estados Unidos — procuram organizar um bloco militar a fim de comprometer ainda mais os países latino-americanos em seus planos guerreiros e agressivos.

A Conferência militar que se realiza em Buenos Aires com a participação de delegações da Argentina, Brasil, Paraguay e Uruguay, e sob a supervisão pessoal do general norte-americano Shepherd, terá como consequências a instalação de bases militares ianques em todos os países da América Latina, a intensificação da corrida armamentista nêsses países e o assalto a suas riquezas nacionais pelos monopólios ianques. Significa, por isso, grave ameaça à segurança e à independência dos países latino-americanos.

Fazendo-se representar por uma delegação militar na Conferência do Atlântico Sul, o govêrno do sr. Juscelino Kubitschek cede mais uma vez às exigências do Departamento de Estado norte-americano e, afrontando os sentimentos de paz de nosso povo, dá novo passo no caminho da traição aos supremos interêsses do Brasil. Surdo aos protestos populares e de bôa parte do Parlamento contra sua posição entreguista e apesar da oposição dos setores patrióticos das fôrças armadas, prossegue o chefe do Poder Executivo na realização de uma política anti-nacional e anti-popular, de submissão do país aos multimilionários dos Estados Unidos.

O sr. Kubitschek, que se declara demagògicamente defensor da lei que criou a Petrobrás e estabeleceu o monopólio estatal da exploração do petróleo, facilita na prática a penetração da Standard Oil em nosso país, e, através do Conselho Nacional do Petróleo, faz concessões ilegais à refinaria de Capuava, contrariando a política nacionalista sôbre o petróleo. Ao mesmo tempo que promete ao povo medidas concretas contra a carestia de vida e economia nos gastos públicos para enfrentar a inflação, contrai onerosos empréstimos nos Estados Unidos para obras suntuárias e dispensáveis, a exemplo do empréstimo de dez milhões de dólares para construção de Brasília, enquanto a povo sofre as consequências de uma política de descalabro financeiro, de inflação e negociatas, de crescente carestia de vida, de baixos salários e ordenados.

Para enfrentar a resistência patriótica que oferecem as massas trabalhadoras, os mais amplos setores democráticos da população e as fôrças políticas progressistas que se encontram em todos os partidos a essa política anti-nacional e anti-popular, o sr. Kubitschek e os círculos reacionários em que se apoia investem contra as organizações patrióticas e populares, ameaçam a liberdade de imprensa, tentam anular as conquistas dos trabalhadores e procuram rasgar a Constituição. Com êsse objetivo são feitas as mais variadas manobras políticas — ora, no sentido de cassar mandatos de parlamentares, visando desmoralizar o Parlamento, onde se fazem ouvir vozes cada vez mais numerosas contra o entreguismo e em defesa das liberdades; ora, no sentido da unificação de tôdas as fôrças reacionárias, em nome de uma «pacificação» que garanta ao Poder Executivo, com a colaboração da alta direção da UDN, maioria parlamentar mais ampla que lhe facilite realizar a política entreguista e liberticida exigida pelos monopólios norte-americanos, inclusive realizar uma reforma constitucional com vistas a abolir as conquistas dos trabalhadores, a liberdade de imprensa e outros direitos civis consagrados na Constituição.

A derrota do sr. Juscelino Kubitschek em sua manobra diversionista que visava afastar a atenção das massas da criminosa cessão de Fernando de Noronha aos militaristas ianques, desmoralizar o Parlamento e ameaçar os mandatos parlamentares, mostra que é possivel paralisar a ação liberticida do Poder Executivo, conseguir que sejam revogadas as medidas arbitrárias já tomadas contra as organizações patrióticas e populares, fazer cessar as perseguições aos defensores da paz e da independência nacional e alcançar a anulação do acôrdo sôbre Fernando de Noronha.

O Presidium do Comitê Central do Partido Comunista do Brasil denuncia o caráter guerreiro da Conferência do Atlântico Sul e conclama todos os patriotas e democratas para que, através das ações de massa, impeçam a participação do Brasil no projetado Pacto do Atlântico Sul. Nas atuais circunstâncias, quando os esforços dos patriotas convergem para o grande movimento pela denúncia do acôrdo que entregou Fernando de Noronha aos imperialistas norte-americanos, é necessário, simultâneamente, intensificar a luta pelas liberdades e defender a Constituição. Ombro a ombro com todos que queiram lutar em defesa das liberdades e das franquias constitucionais, seja qual fôr o partido a que pertençam, seja qual fôr a posição tomada no passado, devemos desmascarar tôdas as manobras anti-democráticas do govêrno, esclarecer as grandes massas trabalhadoras, alertá-las e levá-las à luta em defesa dos direitos democráticos.

Exijamos do Parlamento, através de memoriais e manifestações, a defesa dos interêsses da nação: que anule o acôrdo sôbre Fernando de Noronha; que se mantenha vigilante no defesa do monopólio estatal do petróleo; que não ratifique as decisões tomadas pelos delegados do sr. Kubitschek na Conferência do Atlântico Sul.

Sòmente a ação unida das fôrças patrióticas e democráticas poderá salvaguardar a paz e a soberania nacional, anular o acôrdo que cedeu Fernando de Noronha aos imperialistas norte-americanos e impedir a inclusão do Brasil no Pacto do Atlântico Sul. A luta firme e organizada dos povos da Argentina, Uruguay, Paraguay e Brasil, com o apôio dos demais povos latino-americanos, fará fracassar mais essa tentativa dos monopolistas dos Estados Unidos contra a independência de nossos países.

Rio, maio de 1957,

O PRESIDIUM DO COMITÊ CENTRAL DO PARTIDO COMUNISTA DO BRASIL

Craveiro Lopes, Representante do Fascismo Salazarista

31 anos de feroz e sangrenta ditadura—Quem é Craveiro Lopes—A amizade lusa-brasileira é confundivel — Brasileiro e portugueses patriotas lutam pela soberania, pelas liberdades e pela paz nas duas patrias

BREVIAMENTE anunciada e devidamente programada, realizar-se-á, dentro em breve, a visita ao Pará, do general Craveiro Lopes, Presidente de Portugal, «nomeado» pelo regime ditatorial que há 30 anos infelicita a bela terra lusitana e o seu bravo e laborioso povo.

A estas horas já se encontra no Rio de Janeiro, o categorizado espécimen do Estado Corporativista português, recebendo as homenagens dirigidas pelo cerimonial do Palacio do Catete, cujos circulos oficiais, bem como a imprensa mercenaria a êle subordinada, têm procurado, por meios e modos, transformar tal visita num acontecimento de maior relevancia historica e apresenta-la como fator de fortalecimento da tradicional amizade luso-brasileira. Como se a amizade entre povos irmãos pudesse manter-se á custa de barretadas trocadas entre dois dirigentes que nada tem de populares porque ambos estão governando exatamente contra os mais sagrados interesses do povo.

Ora, aqui no Pará, especialmente em Belém, há uma numerosa colonia portuguêsa, perfeitamente integrada na vida comum dessa vasta região amazonica, cujo progresso muito lhe deve, mercê de trabalho honrado e da dedicação indesmentivel dos seus membros, portuguêses de nascimento, brasileiros de coração e que desconhecem a real situação da Pátria-Mãe porque, na sua maioria não mais voltaram lá e a imprensa só lhe transmite o que interessa ao DIP salazarista divulgar.

Por outro lado, o povo brasileiro em geral, e o povo paraense em particular, dedica ao povo lusitano uma fraternal amizade e talvez pense que o «presidente» Craveiro Lopes seja de fato um legitimo presidente escolhido e querido pelos seus patricios. Mas a verdade é muito outra, e deve ser dita, não somente sobre a sinistra personalidade do visitante indesejavel como também sobre a natureza da visita inoportuna.

QUEM É CRAVEIRO LOPES

Integrante das camadas militaristas mais reacionárias de Portugal, tendo se notabilizado sempre pelas suas atitudes impopulares e façanhas terroristas, o atual presidente substituiu o falecido general Carmona, através de uma eleição simulada, quando houve somente um candidato — o general Craveiro Lopes, e na qual prevaleceu, sobre a vontade do povo, o guante de ferro do aparelho de repressão do Estado Novo Corporativista—copia portuguesa dos estados fascista e nazista, liquidados na segunda guerra mundial, para felicidade, paz e progresso dos povos alemão, italiano e do mundo inteiro.

Uma vês empossado, o sr. Craveiro Lopes nada mais fez do que

(Conclúi na 8a. pág. — A)

Brutal Atentado á Liberdade de Ir e Vir

UM vespertino divulgou que o cidadão Moacir Miranda, adversario politico do governador Barata, não conseguiu tomar passagem de avião para viajar para fóra do Estado por ordem do governador.

Em seguida o mesmo vespertino publicou a circular que a chefia de Policia enviou, sobre o assunto, ás referidas companhias aéreas, confirmando o brutal atentado á liberdade de ir e vir.

Como se vê, o governo Barata dá mais um perigoso passo no seu persistente caminho anti-democrático que há um âno, desde sua posse, percorre, assinalado por uma série inconstavel de violações dos direitos e liberdades individuais.

O que acontece com o cidadão Moacir Miranda, conforme revela o vespertino, poderá atingir qualquer outro cidadão se novos e energicos protestos não derem uma resposta a altura da gravidade do atentado governamental, como foi o recente exemplo unificado da greve dos estudantes e das manifestações de solidariedade e protestos.

Cabe aos democratas maior vigilancia e mobilização de atos de solidariedade e protesto contra os atentados à Constituição.

BELÉM, 9-6-57 — TRIBUNA DO PARA' — PÁGINA 2

Tribuna do PARÁ

DIRETOR:
HENRIQUE F. SANTIAGO

REDAÇAO:
RUA MANOEL BARATA, N.º 228
BELEM-PARA

ASSINATURAS

Anual	Cr$	60,00
Semestral	"	30,00
Especial	"	100,00
Int. do Estado	"	120,00
Num. atrazado	"	2,00

Em Setembro, no Rio

VII Congresso Nac. de Jornalistas

Palpitantes assuntos de interesse da imprensa e da nação serão debatidos — O temário — O problema da majoração do papel — Participarão os jornalistas paraenses — Fala a TRIBUNA DO PARÁ o confrade J. Costa Pinto, diretor da Federação Nacional de Jornalistas

O confrade J. Costa Pinto, diretor da Federação Nacional de Jornalistas e do Sindicato dos Jornalistas Profissionais de São Paulo esteve em Belém para representar aquelas entidades na posse da nova diretoria do Sindicato de Jornalistas do Pará.

O VII Congresso Nacional

Em nossa redação para despedir-se, o jornalista J. Costa Pinto declarou-nos que em Belém tratou, com o Sindicato dos Jornalistas e com os profissionais de imprensa, de varias questões atinentes á realização do VII Congresso Nacional de Jornalistas.

—«O VII Congresso Nacional de Jornalistas terá lugar no Rio, de 7 a 14 de setembro, e será mais um acontecimento marcante na vida da imprensa nacional, porque, sem dúvida, reforçará a unidade dos jornalistas patricios, contribuirá para melhorar sua organização e, pelo debate de importantes questões, identificará mais ainda a atividade de jornalistas com os interesses da nação, do povo e do verdadeiro papel da imprensa».

O temário

Reportando-se ao temário do VII Congresso, o entrevistado esclareceu varios pontos da mais alta significação.

O temário é o seguinte: a)—Do jornalismo como atividade social. 1—A função social da imprensa. 2—A liberdade de imprensa. 3—A responsabilidade da imprensa. 4—O interesse público e a imprensa. 5—Isenções, franquias e facilidades da imprensa. b)—Do jornalismo como atividade social. 1—O exercicio da profissão jornalistica. 2—A remuneração da profissão jornalistica. 3—O aperfeiçoamento da profissão jornalistica. 4—O amparo da profissão jornalistica. 5—O livre acesso ás fontes de informação. c) — Do jornalismo como atividade associativa. 1—Os jornalistas e as associações sindicais. 2 — Os jornalistas e as associações de imprensa. 3 — Os jornalistas e as entidades de trabalhadores de imprensa. 4 — Os jornalistas e as entidades internacionais da classe. d) — Temas diversos.

Unidade para a defesa de nossa cultura

Referindo-se ao ambiente em que trabalham os jornalistas paraenses, disse:

—Pelo que podemos sentir, os jornalistas e os intelectuais do Pará estão sabendo fazer da bandeira da unidade a grande arma de organização e do entendimento. A Federação Nacional de Jornalistas se sente feliz em poder verificar tal acontecimento, sobremodo auspicioso, pois só assim podemos defender nossa cultura, ã cultura da Amazônia».

Contra o aumento do papel para jornal

Com referencia ao aumento do custo do papel disse-nos:

—Esse aumento anunciado poderá redundar num golpe perigoso contra as pequenas emprezas e jornais, levando-os ao fechamento e ao desemprego grande número de trabalhadores».

E informou-nos que a Federação Nacional dos Jornalistas já entrou em contato com o presidente da Câmara Federal solicitando a adoção de medidas imediatas que seriam: 1—Manutenção da atual taxa oficial e todo o respeito á Lei 1.386. 2 — Padronizar, sempre que possivel, o tamanho das bobinas de papel, usadas pelos grandes jornais. 3—Eliminar as expressões parasitarias, estabelecendo um glossário de abreviaturas, bem como a redução de manchetes, etc.

O nosso entrevistado formulou um apelo a todos os jornalistas e emprezas de jornais para um esforço em conjunto em defesa da liberdade da imprensa e dos problemas que affligem os jornais brasileiros.

Câmara em Revista

Os Trabalhadores de Igarape-Miri Não Recebem o Sálario Minimo

O vereador Ribamar Soares (PSP) requereu que a Câmara Municipal dirija um veemente apelo ao Delegado Regional do Trabalho, no sentido de obrigar os empregadores do municipio de Igarapé-Miri a cumprir a lei do Salário Minimo, para o interior, pois, estão pagando de trinta a 40 cruzeiros diários aos trabalhadores, além de não possuirem livros de registro de Empregados, conforme a Consolidação das Leis do Trabalho.

Fundamentando o seu requerimento, o vereador pessepista lembrou a premente necessidade da extensão da Legislação Trabalhista aos trabalhadores de todas as categorias no campo ou interior, assunto em largo debate já no Parlamento e objeto de uma recomendação do vereador Gurjão Sampaio no ultimo Congresso dos Municipios que a tomou como base para um relatorio sobre o palpitante problema.

Pela isenção dos tributos no carvão vegetal

A justa iniciativa do projeto de autoria do vereador Alberto Nunes. no sentido de tornar «isenta de todos os impostos e taxas municipais o carvão vegetal, importado ou produzido em Belém para o consumo de sua população» foi vetado pela Câmara Municipal sob o pretexto de abrir precedente á isenção de outros produtos, num zêlo especial pela arrecadação dos cofres da Prefeitura. Evidentemente os vereadores belemenses obstaculizando esta medida de interesse popular esqueceram os compromissos eleitorais assumidos em defesa das reivindicações populares voltando ás costas a uma ação concreta contra a carestia de vida e impedindo o encaminhamento da solução de um dos problemas tão sentidos pela população de Belém como o de abastecimento de carvão, pois a abolição de determinados impostos, e congelamento dos impostos de vendas e consignações que recaem nas costas do povo é uma medida justa e necessária.

Exigindo a aplicação do salário minimo e salário movel

A Câmara Municipal aprovou unanimemente a denúncia do vereador Fernando Sampaio exigindo que a Delegacia do Trabalho observe a aplicação do decreto que fixou os atuais niveis de salário minimo.

E baseando-se na candente denuncia do vereador Ribamar Soares que existe milhares de pessoas passando fome em Belém e mergulhando nos suburbios verificou uma onda de desempregados e famintos exigindo-se que os salários correspondessem ao nivel de vida, os vereadores aprovaram um apêlo á Nação pela imediata instituição do salário movel.

A Que se Reduz o 'Caso' da Defecção de A. Barata

COM a declaração do Presidium do PCB, a respeito das atividades de Agildo Barata, reduziu-se ás suas infimas proporções o «caso» em que certos órgãos reacionários depositavam tanta esperança.

Que mostra aquele documento, não só aos militantes do destacamento de vanguarda do proletariado, mas a todos os patriotas e democratas, justamente preocupados com os boatos mais extravagantes sôbre supostas ocorrências que poderiam afetar á ação das fôrças populares e nacionalistas? Mostra que de todo o barulho publicitário resultou apenas êste fato banal na vida de uma organização politica: o desmascaramento de mais um falso revolucionário, exatamente quando, desiludido de fazer carreira como caudilho, á sombra do partido da classe operária, pretendia causar-lhe maior dano, fazendo-se passar como «renovador» do movimento comunista brasileiro.

Revela a declaração do Presidium a fisionomia politica dêsse elemento. O confronto de sua entrevista a «Manchete», em que confessa ter adotado há um ano a resolução de lutar contra o partido a que pertencia, e os têrmos hipócritas do artigo que escreveu, manobrando, para retardar o desmascaramento, indica uma duplicidade de caráter incompativel com o dever de lealdade e de correção dos servidores da causa da classe operária e do povo.

Agindo, pois, hipòcritamente. Agildo Barata dizia-se defensor da unidade do PCB, invocava o internacionalismo proletário. Mas, na realidade, procurava organizar um grupo fracionista e difundia as piores calúnias da reação sôbre as tão exploradas e gastas «ordens de Moscou». [illegible] ses [illegible] tes [illegible] n-cias de fundo, que o separam dos comunistas, repetindo velhas teses dos inimigos da classe operária e de seu partido.

Podemos concluir, dessa incursão por fim malograda do caudilho Agildo Barata no seio do movimento revolucionário, apenas isto: em seus 12 anos de membro do PCB (e não 22, como diz) nunca se identificou com o proletariado. A declaração do Presidium mesma evidência que o PCB tudo fêz para ganhá-lo para o marxismo-leninismo e até á última hora ainda procurava ajudá-lo a fim de que não se perdesse. Mas êle sempre conservou sua mentalidade golpista e seu espirito de caudilho, mais próximo de Juarez, de Cordeiro de Farias, de Juraci Magalhães, como se comprova quando resolve dizer tudo mais clàramente em «Manchete».

Um elemento com tal formação imaginava uma coisa e a realidade do movimento revolucionário lhe mostrou outra. Sobretudo quando se trata de banir os métodos do mandonismo e se coloca nos justos têrmos o papel do individuo na história, fazendo ressaltar a importância da ação das massas, com a eliminação das consequências do culto da personalidade, um caudilho daquele tipo só poderia sentir-se mal. Suas explicações e conceitos não são originais, sequer. Repetem o que disseram em vão tantos outros renegados.

Segundo os comunistas sustentam e a experiência nacional e internacional tem comprovado, livrando-se dêsse renegado o movimento operário se reforça, deixa de carregar um fardo pôdre, antes que êle pudesse contaminar setores desprevenidos ou minar as fileiras do destacamento de vanguarda.

(Transcrito de «Imprensa Popular»).

Vida Estudantil

A Proposito do Proximo Congresso Nac. dos Estudantes

JA's ão intensas os movimentos e as tr cas de opiniões no mundo estudantil paraense, que visam o proximo Congresso Nacional de Estudantes, a realizar-se em Fortaleza em julho do corrente.

Evidentemente tem sido os Congressos, nos últimos tempos, o meio mais eficiente de se discutirem os problemas de interêsse comum. No Brasil e no mundo, realizam-se congressos de indiscutivel justeza e sens resultados são os mais proveitosos, quer quando se trata de salvaguardar os interesse de um setor, quer quando se trata de consolidar os direitos dos povos oprimidos, em defesa da paz e do progresso humano.

Tais fatos chamam a atenção dos estudantes de nossa terra, e em particular dos possiveis congressistas para que tenham em vista questões viaveis e de signifidante importancia, que digam de perto ás necessidades dos estudantes, bem como daquêles jovens cujos valores intelectuais se perdem por fartar lhes possibilidade de sentar em bancos de escolas.

No momento em que o govêrno compromete o país com outras potências, a participar da atual corrida armamentista, de consequências suicidas para a humanidade duplica os orçamentos militares, tolhe as liberdades públicas e aliena nosso comercio externo, cabe aos estudantes exigirem mais escolas, federalização do ensino médio, escolas de iniciação agricola para os interiores, mas é igualmente necessario exigir a anulação do ajuste sobre Fernando de Noronha, defesa das liberdades e medidas contra a carestia.

ALERTÁ DA FRENTE PARLAMENTAR NACIONALISTA A J. K.

Manutenção Integral da Petrobrás Contra a Ofensiva Imperialista

RIO, (I. P.) — Pelo sr. Sérgio Magalhães foi lido o memorial que a Frente Parlamentar Nacionalista dirige ao sr. Juscelino Kubitschek, pedindo a revogação

Protesto do deputado Sérgio Magalhães, com veemente apoio do plenário da Câmara, pelo não funcionamento da Comissão de Inquérito sôbre a entrega de Fernando de Noronha aos americanos

do ato do Conselho Nacional do Petróleo que permitiu o aumento da capacidade produtiva da refinaria de Capuava.

Observou o representante carioca tratar-se de documento contendo 87 assinaturas de membros do Parlamento Nacional.

Na mesma oportunidade, o sr Sérgio Mahalhães, reclamou a instalação da Comissão de Inquérito pedida pelo sr. Seixas Dória, com apôio de outros deputados em número superior a 180, para estudo da nossa politica exterior e do ajuste que permitiu a entrega de Fernando de Noronha aos americanos, onde está sendo instalada uma base agressiva de teleguiados.

O pretexto do sr. Sérgio Magalhães, contra o atraso no funcionamento dessa comissão, cuja constituição, como disse o orador, consubstancia a vontade de quasi 200 representantes do povo, foi longamente aplaudido em plenário.

CONCLUSÕES

—A—

manter e aperfeiçoar o regime terrorista que oprime o povo português, cujas mínimas manifestações de protesto são sufocadas a ferro e fogo pela milicia «integralista», e cujas atividades, em todos os sentidos, são permanentemente vigiadas, e muito de perto, pela sua odiosa policia politica, a famosa PIDE — Policia de Investigação e Defesa do Estado, constituida de milhares de «tiras» muito bem selecionados e melhor treinados pelos instrutores do FBI americano e da SCOTLAND YARD inglesa.

Pois bem, sob a batuta desse presidente fantoche, irmão gemeo e socio do famigerado Salazar, tem o povo portuguẽs sofrido a dominação de uma feroz ditadura policial-fascista que aboliu por completo as liberdades, que tem enviado ás masmorras da tenebrosa prisão nacional do Tarrafal todos aqueles que levantam a voz em defesa da soberania portuguêsa e dos mais sagrados direitos da criatura humana.

A par disso, a atual política externa portuguesa está inteiramente subordinada aos interêsses do imperialismo anglo-americano, cujas ordens cumpre cegamente, participando inclusive de um tratado de agressão e conquista como é o Pacto do Atlântico Norte, que atrelou ao carro guerreiro ianque vários países europeus e entre êles Portugal. Concomitantemente, e em função dêsse convênio de guerra, as fôrças do Pentágono americano instalam bases militares em ilhas portuguesas, não lhe passando desapercebidas as riquezas minerais do solo e sub-solo que estão sendo progressivamente tranferidas para a indústria de guerra ianque.

Tôda essa política, que redunda em gravíssima situação econômica para a pátria portuguesa e que põe em perigo a vida dos seus filhos, pela possibilidade de envolvê-la em conflito armado universal, se deve, sem qualquer sombra de dúvida, a atuação de Craveiro Lopes, como principal responsável, visto que, sòmente êle e Salazar tudo decidem sôbre os destinos de Portugal.

OS REAIS OBJETIVOS DA VISITA

Assim descrita, em traços rápidos, a figura tenebrosa de visitante, não se pode estar tranquilo quanto aos motivos reais dessa visita que o Sr. Kubitschek e sua gang aguardavam com tanta ansiedade.

Sob o pretexto de retribuir a visita (desautorizada pelo povo brasileiro) do ex-vice Café Filho, vem Craveiro Lopes, na verdade, em função da política do seu govêrno totalitário e, ao mesmo tempo, prestar aos imperialistas americanos um bom serviço, pois a êles interessam grandemente uma espionagem de tão alta envergadura e tão bem camuflada. Um trabalho de tal relevância não poderia ser realizado, evidentemente, por um embaixador americano, nem por uma delegação de parlamentares, industriais, «jornalistas», etc.; essas já estão sobejamente identificadas pelo povo brasileiro e mal se anunciam são logo denunciadas como espionagem pura e simples. Coisa diferente é aproveitar-se a visita de um Presidente, «amigo comum» para saber como vão as coisas e ao mesmo tempo incentivar o Sr. Kubitschek a prosseguir na sua política subserviente ao «patrão comum». Não se iludam: Craveiro, entre goladas sôfregas de legítima champanhe francesa, vai contar, a Juscelino as maravilhas que ocorrem na República de além-mar e se congratulará também com a «sábia» orientação que o dançarino das Alterosas vem dando à sua polica exterior, cujo objetivo também é «comum»: instaurar, no mundo inteiro, um sistema de monopólios e privilégios para os patrões ianques e «um lugar ao sol» para os seus capatazes.

O POVO PARAENSE SABERÁ REPUDIAR O TIRANO

Só mesmo um govêrno como o do Sr. Kubitschek, completamente divorciado e alheio aos interêsses do povo, um govêrno que a todo momento pisoteia os liberdades populares, poderia homenagear, com tantas demontrações de afeto, ao massacrador do grande povo irmão.

Mas o povo brasileiro, que aspira, como o povo portugues, um futuro de paz, liberdade e progresso, e cujas lutas, para atingir esse objetivo, têm sido memoraveis, com sacrificios de vidas preciosas, homenageia, nesta hora, os martires portugueses que morreram em defesa da liberdade dos seus patricios, homenageia os herois que ainda sofrem nos carceres infectos da ditadura salazarista, e repudia, com todo o vigor e toda a indignação, o presidente fantoche.

A nós, paraenses, cabe repelir, como indigna, a ideia ultrajante de tornar cidadão de Belém esse verdugo que traz as mãos tintas do generoso sangue dos patriotas lusos, o cerebro embotado pela psicose da tirania, e o coração cheio de odio a tudo quanto represente amôr, paz e liberdade.

—B—

como esta dos «serões» forçados, das tapeações a propria legislação trabalhista.

Sem contar com a ampla campanha de lutas dos trabalhadores organizados nos Sindicatos não serão desfeitos estes abusos.

—C—

E' claro que há questões sôbre as quais se acendem discussões muito calorosas. Isto é natural num processo democrático de discussão.

A QUESTÃO DO INFORME DE KRUSCHIOV AO XX CONGRESSO DO PCUS

T. CATLEDGE — Sabeis talvez que no ano passado o jornal «New York Times» publicou o texto de vossa intervenção no XX Congresso do Partido, no qual se critigaram os excessos do periodo stalinista. Houve quaisquer omissões ou deformações no texto de vossa intervenção que foi publicado nos países ocidentais?

N. S. KRUSCHIOV — Não sei de que texto se trata. Ouvi dizer que foi publicado nos EE. UU. certo texto, fabricado pelo serviço de informação americano, e que deram êsse texto como de meu informe no XX Congresso do Partido. Mas a edição de Allen Dulles não goza de autoridade na União Soviética. Não tenho nenhum desejo de ler a literatura fabricada por Allen Dulles.

T. CATLEDGE — Que lugar, em vossa opinião, ocupará Stálin na história da União Soviética?

N. S. KRUSCHIOV — Stálin ocupará o devido lugar na história da União Soviética. Êle teve grandes defeitos, mas foi um marxista leninista fiel, um fiel e estóico revolucionário. Stálin cometeu muitos erros no último periodo de sua atividade, mas fez também muito de útil para nosso país, para nosso Partido, para todo o movimento operário internacional. Nosso partido, o povo soviético recordarão Stálin e dar-lhe-ão o que é devido.

T. CATLEDGE — Não poderieis citar mesmo que sòmente alguns do erros cometidos por Stálin?

N. S. KRUSCHIOV — Em nossa imprensa já se falou sôbre isso. Sôbre os defeitos de Stálin também falou Lênin, no documento que é conhecido como «testamento de Lênin». Êsse documento foi publicado na União Soviética no ano passado, Lênin indicou com grande precisão os defeitos de Stálin e preveniu o Partido sôbre êsses defeitos. Naquela etapa, Stálin tirou as conclusões correspondentes das advertências de Lênin e se manteve dentro de certos limites. Mas em todo homem, pelo visto, há fraquezas próprias, das quais não pode corrigir-se. Com o correr do tempo, principalmente aqueles traços negativos do caráter de Stálin, indicados ainda por Lênin, desenvolveram-se e isso trouxe prejuizos à nossa causa, ao nosso Partido. Por isso condenamos também êsses erros, para que a ninguém ocorra repeti-los. Êsses erros contradizem a doutrina do marxismo-leninismo.

(Conclui na próxima edição)

A GREVE NA WESTERN

O Gringo Follet Ameaça Com o Decreto Fascista 9.070

Prossegue em Belém o movimento por um justo aumento salarial — Impõe-se a solidariedade de todos os trabalhadores paraenses

COMO se sabe, desde o dia 1° do corrente os telegrafistas das estações de Belém, São Luiz, Fortaleza, Maceió, Recife e Salvador, da companhia inglesa Western Telegraph, entraram em greve por aumento salarial.

O movimento grevista que foi deflagrado após o acordo do Sindicato dos Empregados Telegráficos do Recife atingiu nossa capital cujo custo de vida é um dos mais altos do país, tendo sido do há muito o poder aquisitivo dos salários que vinham sendo pagos até aqui.

Os telegrafistas da Western em Belém prosseguem firmes, solidários com os seus companheiros das demais capitais do norte.

O gringo Follet ameaça

O superintendente J. S. Follet da estação de Belém divulgou uma nota ameaçando os grevistas de aplicação do decreto fascista 9070, decretado pelo movimento operário toda vez que os patrões ripostam, para essa arma ilegal e de força que ainda é mantida pela atual legislação.

Impõe-se a solidariedade de todos os trabalhadores

Diante da ameaça de Follet, impõe-se a solidariedade de todos os trabalhadores paraenses em a bem do interesse da greve o da liberdade sindical, mais uma vez ameaçados pela aplicação do fantasmagórico decreto 9070.

Tribuna do [Pará] Nos Esportes

Por FRAN NOG

Pinheirense X Armazenador

O General da Vila promete liquidar com o Canário — Otavio Jorge o juiz — O prélio será realizado no campo do Souza

Pelo compromisso do futebol de profissionais, jogarão logo mais no campo do Souza as representações do Pinheirense e Armazenador, sob as ordens de Otávio Jorge que será auxiliado por Adamor Santada e Egídio Chaves, devendo grande expectativa em torno desse jogo, principalmente quando se trata de dois craques da classe de profissionais.

—oOo—

Na tarde de ontem, no campo da Tuna, Estrela e Commercial completaram mais uma rodada do campeonato paraense de futebol, que terminou com a vitória do Leão Azul por 5x2.

—oOo—

O América do Rio de Janeiro enviou as bases para uma série de jogos em Belém, pretendendo ir à Manáus.

—oOo—

A diretoria do Paissandu já iniciou os serviços em sua praça de esportes, pretendendo inaugurá-la em setembro vindouro.

—oOo—

Jogando amistosamente em Igarapé-Açu o Amazônia venceu o Ipiranga daquela localidade por 3x1.

—oOo—

Jogando quarta-feira última na Aldeiana, o Lonuceste, do Rio, empatou com o Combinado SRV-WALDORF por 3x3, enquanto em Guelen, na Holanda, o Esporte Clube Recife empatou com o outro motivo e não houve razão do Combinado local. Em Nescau, Esporte Clube Bahia abateu o Torpedo por 2x1.

—oOo—

Pela Copa do Mundo (eliminatória) a Bélgica derrotou a Islândia por 8x3.

O Departamento Autônomo Suburbano de Futebol, dará, dia [?], início ao campeonato suburbano na praça de esportes do São Paulo.

TEREZA CATARINA

eleita Miss Pará, a jovem e bela representante da mulher paraense no concurso nacional de Miss Brasil.

Termina a greve na Escola de Engenharia:

VITORIOSOS OS ESTUDANTES

Aceita pela Congregação a demissão do professor Lima — Retirada a Polícia — Triunfo da unidade

ENCERROU-SE vitoriosamente a greve dos estudantes de engenharia do Pará em sinal de protesto contra a manutenção do professor de Hidráulica, Alcides Lima, e contra a intervenção policial do governo estadual na Escola.

Vitória da unidade

O movimento dos estudantes de engenharia sagrou-se um notável, vitorioso graças à unidade dos grevistas, à solidariedade dos estudantes, da Câmara Municipal, dos jornais e rádios, graças à simpatia e apoio popular.

Decide a Congregação aceitar a demissão do professor Lima

Tendo recebido a sua decisão de manter o professor, o governo do Estado submeteu à Congregação da Escola o pedido de demissão do professor Lima, aceitando-a, o que atendia a reivindicação fundamental dos estudantes.

RETIRADA DA POLÍCIA

O Diretório Acadêmico de Engenharia diante disso declara encerrada a greve e exige a retirada da polícia, o que foi feito pelo DESP.

Os estudantes voltaram às aulas e finda, assim, triunfante o movimento grevista.

NA USINA BITAR

Ninguem Deve Ter Direito a Férias ou Indenização

Desemprego para velhos operários como parte do propósito da empresa — 14 horas diárias de trabalho e serões forçados — Um operário enfermo despedido abrutamente — O Sindicato tomará parte na luta

Reportagem de JOÃO SILVA

A exploração de operários e operárias da Usina Bitar que beneficia o cacau faz com que se continuem em carne a fábrica, com umas rações particulares, e às como, após a do rendimento que limita as horas de rendimento e indenização.

A fórmula utilizada na Usina para não pagar direitos aos trabalhadores, trata-se da da por mais de 6 meses a contrato de trabalho com o operário por 5 meses, depois renovando por mais 6 meses a contrato, o é largado no desemprego sem nenhum direito.

O número de horas de trabalho labora neste [?], levados por esta forma ao serão obrigatório.

A empresa impõe diariamente operário das 6 às 10 hs. de noite, o prazo de 14 horas de trabalho ao operário. O pior é que o trabalhador estiver doente ou tenha outro motivo e não puder fazer o serão, a empresa não leva em conta obrigando o trabalhador, havendo um caso de recusa ser o operário despedido sumariamente.

Não nos passa na opinião o fato de que doente, acamado e com febre de sua família foi a uzina comunicar ao gerente da firma sr. Raichild Bitar, o estado de saúde do operário, impossibilitado de trabalhar. Dias após, o sr. Paulo Bitar mandou, fazendo ouvido de mercador, colocar um aviso no jornal, determinando o prazo de 3 dias para o operário se apresentar no trabalho.

Dispensas de velhos operários

Vil perseguição é há muito movida sobre os velhos operários. É propósito da firma, renovar a "garotada" porque isto exerce uma sorte de economia, chamam, que levará ao abandono do emprego por um acordo perdendo parte de direitos adquiridos a cerca de 20 anos de serviço por outros, assim Bitar se vê livre de velhos operários que lhe encheram por décadas.

O Sindicato tomará a frente

Alguns trabalhadores nos disseram nosso Sindicato tomará a frente o enfrentará a luta pela defesa dos direitos adquiridos, pelo direito de férias e indenização e por estabilidade do emprego no contrato de trabalho.

Não é possível em pleno século XX patrões exercerem o direito livre de disporem dos operários, arrumando formas

(Conclui na 2a. página — B)

A CASTANHA DE TOCANTINS

Ainda Aguarda o Auxílio da S.P.V.E.A.

Protelação que é uma grave ameaça ao produtor

OS castanheiros de Tocantins quando se sentirem presos às manobras de meia dúzia de magnatas, únicos compradores-exportadores de castanha e enviaram ao tremendo drama das enchentes, recorreram à SPVEA, pleiteando uma transação justa e legal: entregariam cerca de 80 mil hectolitros de castanha, que estavam ainda em seu poder a esse órgão federal criado para um fim a que não está correspondendo, como garantia de um financiamento equitativo. De posse do produto, a SPVEA procuraria oportunidade para vender a o preço compensador. Bastaria a Superintendência atender ao pedido para que abríssem logo, oferecendo aos produtores esse preço justo. Ala o Superintendente como o sr. Paulo Insr. Inventou uma tal verdadeira opetigia, para concretização do auxílio, prévia determinação do sr. Juscelino Kubitschek. No entanto, a mesma SPVEA cedia milhões de cruzeiros a companhias de aeronavegação para que estas aumentassem as suas frotas e consequentemente, os seus lucros. Sem que exista, poros, verbas específicas para tal financiamento, a SPVEA operou dentro do ponto de "alimentação". As as das empresas destinamse ao transporte de carne para suprimento (a cro) do mercado de Belém. Pois a castanha está encalhada no aponto de aumento da produção e de tudo aquilo que contribua para o desenvolvimento da economia nacional. Ela é fonte de trabalho para milhares de homens e mulheres; contribui com grandes somas para os cofres públicos, dando, assim, dinheiro para a realização de serviços de utilidade pública. E produz ainda divisas no mercado com o exterior. Portanto, se não há no orçamento da SPVEA aprovado no Congresso Nacional, dotações específicas da castanha, num caso de emergência, também não deveria haver para outras empresas de aeronavegação! Deve ter havido um outro motivo para a negativa. Concedeu o sr. Juscelino Kubitschek o que haveria má castanha em poder do produtor e, consequentemente, estando está a razão do financiamento. A não ser que o sr Superintendente entregue os 80 milhões para a poder ao financiamento da castanha, nos seus magnatas exportadores da Amazônia, o que não será difícil...

O Povo Brasileiro Ganha Consciência Política e Se Une Cada Vez Mais

escreveu Moisés AQUINO

EM quanto o sr. Juscelino Kubitschek ri, o povo chora de fome e de vergonha.

De fome devido à situação de miséria cada vez mais crescente com o desemprego em massa em todos os setores de trabalho, criando um clima de desespero. São milhares de crianças famintas e siminúas, sem escolas e sem meios de subsistência motivado pelo desemprego de seus pais, são milhares de crianças que morrem no campo e na cidade nos primeiros anos de vida por falta de assistência social.

E chora de vergonha de ver as tradições patrióticas de nosso povo hoje seriamente apagada com a entrega de Fernando de Noronha e outras aos imperialistas norte-americanos que, na loucura de arrastar a humanidade a uma nova guerra de consequências imprevisíveis, transformam-a nossa pátria numa trincheira avançada exposta a todos os perigos das armas nucleares.

E o sr Juscelino sempre sorrindo não leva nada a sério no que se diz respeito à soberania nacional e o bem estar do povo. Deste povo e desse Brasil que Juscelino nas proclamações tanto espolia-defender de boca escancarada. Sorrindo nos comícios Juscelino dizia aos trabalhadores que se eleito acabaria com a corrupção, com o desastre da política exterior, que daria aos trabalhadores salários justos, acabaria com os tubarões e hoje Juscelino com o mesmo sorriso traz os trabalhadores e a pátria:

Sr. Juscelino, fique sério. Vamos examinar a situação do povo e do Brasil porque tenho certez[a] que V. Excia. em contacto com a realidade brasileira, com a miséria do seu povo, com as crianças morrendo de fome, não poderá sorrir e ninguém, no perfeito estado mental pode sorrir.

V. Excia. já pensou no descontentamento de milhões de brasileiros que não se deixam enganar e que estão dispostos a defender a soberania da [pátria] [?] e qual [?] caso?

V. Exc[ia]. já pensou que o povo brasileiro jamais morreria [?] V. Exc[ia]. já pensou que o povo brasileiro está ganhando consciência de classe cada [vez] se unindo cada vez mais, apesar das restrições às liberdades dos operários impostas pelo seu governo? V. Excia. já pensou na situação mundial, com as grandes perdas com o que se tornou o Líder determinante das transposições econômicas e políticas do sistema mundial? V. Excia. já pensou que o governo que tem com polo nos sindicatos trabalhistas, no "um governo fraco", que somos mais de 90% da população do Brasil, que estamos observando os nossos governantes, nas suas grandes correspondentes aos interesses nacionais?

Dizem que quem ri muito, acaba chorando.

LEIA PROBLEMAS

A Sua Ajuda Financeira a

Tribuna do PARÁ

Deve Ser Permanente

Onda de Arbitrariedade no Sindicato dos Estivadores

NA PERSEVERANÇA

Não Recebem Salário Mínimo os Tecelões

A chantagem da Junta Governativa — Ameaça de suspensão a uma tradição do Círio de Nazaré — Demitidos por perseguição a enfermeira e o contínuo — Mais de Cr$ 90.000,00 o novo assalto ao patrimonio sindical — Violad' a decisão do I Congresso dos Estivadores — A unidade dos estivadores e a solidariedade operária para restaurar a liberdade e autonomia sindicais

Reportagem de JOÃO DO RIO

EM palestra com alguns operários da Fábrica Perseverança, estes nos afirmaram que embora percebendo o salário mínimo de .... Cr$ 93,00, êste não dá nem para comer.

—A carne verde é tabelada à Cr$ 35,00, mas se paga Cr$ 40,00 se quiser comer, disse uma delas. Em Canudos o bairro em que moro, não tem nada para vender. Dia de domingo vai carne somente para 3 talhos e o povo madruga para conseguir 1 kilo de osso.

Os filhos dos operários não puderam se matricular nos grupos

— As exigências do governo do Estado são tantas que os filhos dos operários não podem estudar, prosseguiu uma de nossas entrevistadas. Os meus filhos êste ano não obtiveram matrícula no grupo, porque exigiram certidão de idade, atestado de saúde e outras coisas, portanto, ficando este ano sem escola pública.

Por uma nova campanha por aumento salarial

Concluiram dizendo que o salário mínimo como foi instituido não valeu para as dificuldades que o trabalhador vinha atravessando. Em primeiro lugar porque receberam o aumento com bastante atraso e em segundo lugar porque os aumentos de preços das mercadorias.

—Precisamos dar início a uma nova campanha salarial desta vez procurando estabilizar os preços das mercadorias de consumo diário.

É preciso reclamar para perceber

Examinando a maneira com que

★ LEIA PROBLEMAS

Sem escolas os filhos dos operários — Carestia, salário da fome e exploração — Os americanos pressionam para comprar a Fábrica — Por uma campanha de aumento salarial

a Fábrica Perseverança explora seus operários, que ganham por tarefas, chegaram à conclusão de que semanalmente o grande número de operárias são obrigados a ir reclamar a sua parte de produção escamoteada pela empresa. Assim é que, se uma operária faz 120 m. de pano tecido a empresa só quer pagar 100 m.

Não ganham o salário mínimo em vigor

As operárias diaristas com quem palestramos recebem semanalmente Cr$ 608,00 quantia que não atinge o salário em vigor.

O pior acontece com as operárias tarefeiras que na sua maioria ganha Cr$ 400,00 em média semanalmente, isto porque na sua maioria nunca as máquinas estão habilitadas a dar produção equilibrada. Ora falta fibra, ora os carretéis não funcionam, ora enguiça a máquina, ora enguiça o motor.

Querem fechar a Fábrica alegando falencia

As férias que anualmente saiam no mês de março este ano só sairão no mês de agosto possivelmente e noticia-se que a empresa por esta época fechará a Fábrica, alegando falencia.

Alertou-nos a notícia de que um grupo de gringos norte americanos anda pressionando a firma afim de que esta lhes seja vendida. Isto sem dúvida faz parte dos planos com que os americanos tentam tomar o controle da população da Amazonia, hoje procurando assenhorar-se da indústria textil.

Os operários da Perseverança, no entanto, já se movimentam para lutar contra o fechamento da Fábrica e por aumento salarial.

A Junta Governativa imposta pela intervenção ministerialista do governo no Sindicato dos Estivadores, após apoderar-se da direção do Sindicato, vem executando o plano de anulação e liquidação dos direitos dos associados da Estiva.

Chantagem

Explorando o descontentamento da massa de estivadores a Junta Governat va vem tentando enganar aos associados, chamando-os um a um para mostrar o montante da dívida do desfalque de administrações passadas falseando e atribuindo aos membros da diretoria deposta com o objetivo de desacreditar e desprestigiar dezesseis líderes honrados estivadores e justificar a farsa de intervenção do dia 11 de maio.

Ameaça de suspensão dos direitos do socio

Mas a pele de cordeiro com que procuram encobrir o lôbo da intervenção deixa o rabo de fóra com as medidas de repressão que vem tomando. Assim é o caso da pressão exercida pelo pagamento forçado em 30 dias do empréstimo tradicional do círio de Nazaré, ameaçando os associados os associados que não estiverem em condições de atender à imposição da Junta Governativa.

Demitido por perseguição

Perseguindo os funcionários honestos do Sindicato, a Junta Governativa, tendo à frente o privilegiado do governo e da Delegacia do Trabalho, Raimundo Paulo dos Santos, foram demitidos sem indenização e por nenhum respeito à Legislação Trabalhista a enfermeira sra. Tereza Mendes e o contínuo João Carlos de Souza, por decisão em sorteio da Junta Governativa.

Assalto ao patrimonio do Sindicato

A caminhonete do Sindicato cuja carroceria esteve segurada em .... Cr$ 200.000,00, foi desmontada sob pretexto de transformar em um

(Conclui na 2a. pág. — C)

No D.E.R.: Contratos Sem Garantia

VIVEM os trabalhadores do Departamento de Estradas de Rodagem um drama que deve ter fim.

Continuam sem receber a diferença do salário

Esperam esses servidores desde janeiro a diferença do salário de Cr$ 2.800,00, pois até hoje lhes são pagas somente Cr$ 1.500,00 constantemente com atraso.

Agora mesmo na Estrada da Vigia foram pagos uns até maio. Se houve isto, também ficaram alguns servidores com quinzenas sem receber, enquanto outros, dispensados há meses, lutam para receberem

Os trabalhadores ainda não receberam a diferença de salário — Desorganização administrativa — Desconto para o PSD — O caminho das lutas unitarias

o seu dinheiro, aparecendo recibo de quitação sem contudo ser verdadeiro.

Contratos sem garantias nenhuma

Outro fato que revolta é como vem sendo contratados os trabalhadores; uns foram contratados em dezembro e dispensados em março, outros contratados em 16 de abril e cortados em 5 de junho, sendo que ao receberem o bilhete azul ficaram à beira da Estrada sem condução e sem dinheiro à mercê da vontade dos proprietarios de carros a quem pediam passagem.

E' necessário que seja dado um paradeiro nestas desorganizações arbitrárias do D.E.R. que reflete na vida dos seus trabalhadores stigmando das suas dificuldades, pois ninguém desconhece a carestia que envolve a boa gente do interior, onde o xarque custa cr$ 85,00 e piraruco 80,00 assim por diante. Na Estrada da Vigia foram contratados alguns servidores apenas quando das chuvas inundaram os 3 anos a qualquer indústria de Estrada e logo que esta melhorou foram para o olho da rua, no entanto continua essa importante artéria em situação lastimavel e nela trabalhando apenas 5 homens divididos em duas turmas e, por incrível que pareça, há um capataz

(Conclui na 2a. página — F)

Câmara em Revista

Facilidades à Indústria

A Câmara Municipal de Belém aprovou o projeto de lei do autoria do vereador Vicente de Paula Queiros (PSD) que concede "isenção" de impostos municipais por 3 anos a qualquer indústria de cerveja e seus derivados que venham a se instalar em Belém.

A justa iniciativa nos merece nossos aplausos, pois estimulará a instalação em nossa Capital de novas indústrias do ramo, mais isso é resto caminho andado. Outras dificuldades encontra a indústria nacional para a aquisição de máquinas e matérias primas, devido às restrições de nosso comércio externo, submisso aos interêsses dos trustes ianques que nestas condições impõem o controle e o florescimento de nosso parque industrial, criando obstáculos os mais criminosos à emancipação nacional. Por isso impõe-se também a luta pelas relações comerciais e diplomáticas com todos países do mundo, sem exclusão do grande campo socialista, que nos oferece vantagens que de certo atende aos interêsses de toda a indústria nacional, sendo essa transação ampla e livre a maneira mais adequada de assegurar-se benefícios mútuos como estabilidade dos preços, garantia de fornecimento por um lado e, por outro, eliminação do azar, diminuição da influência dos monopólios e cartéis e equilíbrio na balança comercial.

EDIÇÃO DE HOJE: 4 páginas

Vida estudantil

Dispostos os Estudantes a Lutar Pelo Abatimento nos Onibus

Congresso Nacional de Estudantes — Luta pela séde propria

NOSSA reportagem ligada ao meio estudantil local, teve informações, segunda as quais, o presidente da UECSP, Raimundo Arinos, prosseguirá no firme propósito de conseguir abatimento nas passagens de ônibus para os estudantes do nosso Estado.

Afirmaram alguns estudantes que só ainda não foi resolvido ésse caso, por motivo de haver no meio secundarista local uma oposição sistemática e inoportuna, feita por parte dos diretores da UECSP e com o objetivo exclusivo de dificultar a realização de certos empreendimentos por parte dessa entidade.

Soubemos que esta entidade enviará um ofício ao Sindicato dos Proprietarios de Onibus d' nossa capital, não mais pedindo um abatimento puro e simplesmente, mas solicitando permissão para participar de uma assembléia do referido Sindicato.

Por essa ocasião, disseram-nos os estudantes serão localizadas questões de interêsse comum, e, inclusive, os secundaristas estão dispostos a colaborar, se preciso,

para uma ação conjunta com os proprietarios de ônibus, obj tivando o barateamento do preço de peças e acessórios destinados a veículos coletivos.

—o0o—

Dia 11 último a União dos Estudantes dos Cursos Secundários do Pará recebeu da União dos Lavradores

(Conclui na 2a. pág. — E)

Tribuna do PARÁ Nos Esportes

Por FRAN NOG

HOJE

O Super-Clássico

Remo x Paissandú em luta — No Souza o jogo — Orlando Pinto será o juiz — Como formará o Leão e o Papão — Quem vencerá?

TODAS as atenções estão voltadas para o sensacional "match" que será realizado logo mais no estádio da Tuna.

Remo e Paissandú serão os contendores de hoje à tarde, para completar mais uma rodada do certame em curso.

O juiz dêsse jogo será o senhor Orlando Pinto, que será auxiliado pelos bandeirinhas Manoel Moura e José Souza.

Os times, provavelmente, formarão assim:

REMO — Piedade; Ribeiro e China; Izaias, Socó e Baiano; Duninha, Quarentinha, Laranjeira, Edson e Santo Antonio.

PAISSANDÚ — Dodó; Sidoca e Manezinho; Pau preto, Mauricio e Caim; Meia noite, Natividade, Luciano, Luxinha e Nonatinho.

No noturno de terça-feira última, no Maracanã, a seleção do Brasil derrotou a de Portugal por 2 a 1.

—Na partida amistosa internacional, a seleção de São Paulo abateu a de Buenos Aires por 3 tentos a 1, quarta-feira passada, no Pacaembú.

—A ARAB excursionará hoje com destino a cidade de Igarapé-Açú, onde naquela localidade a Bragantina enfrentará o Ipiranga Clube.

—Na França, os quadros do Espanhol A. de Madrid e Clube Sochaux empataram de 1 a 1.

—Com destino a cidade de Camet, seguiu ontem o presidente do Pirata E. Clube, para efetuar uma partida amistosa com um clube local.

—Em Oslo, a seleção hungara foi derrotada pela Noruega por 2 a 1.

E' cada vez mais difícil a situação dos transporte da cidade. Em filas intermináveis, o povo espera um tempo apreciavel por um ônibus. Sem atacar o encaminhamento do problema, o governo persiste com medidas de policiamento, alimentando um clima de intimidações e dificuldades crescentes ao povo, aos motoristas e cobradores.

CONDENEMOS O Ajuste de Fernando Noronha

Lançado importante documento para coleta de assinaturas e adesão de entidades representativas contra o Ajuste de Fernando de Noronha — Funcionamento imediato da Comissão Parlamentar de Inquérito — Preservação da paz e condenação da corrida armamentista — Contra as experiências com armas nucleares

Tribuna do PARÁ

N. 293 — Belém-Pará, Domingo, 23 de Junho de 1957 — Ano XI

RIO, (I. P.) — O senador Domingos Velasco, presidente da Comissão Nacional contra o Ajuste de Fernando de Noronha, teve oportunidade de tornar público, recentemente, em São Paulo, um texto em que se sintetizava a grande Manifesto de lançamento de campanha, o qual se destina a receber assinaturas de adesão de entidades ou de personalidades, bem como de participantes de reuniões, atos cívicos, assembléias sindicais e estudantis ou de grupos representativos de setores profissionais.

Aumentar o ritmo das manifestações

Numerosas Assembléias Legislativas, Câmaras Municipais, entidades sindicais e estudantis, parlamentares e intelectuais, prefeitos e militares, pronunciaram contra o Ajuste. A Comissão Nacional, no entanto, julga que o volume de manifestações deve crescer permanentemente, de maneira a levar o Congresso à anulação do ato inconstitucional do governo. Uma das formas de protesto, simples e expressiva, a um tempo, é a assinatura do referido texto, o que deverá repercutir na Câmara Federal, através da leitura a ser efetuada da tribuna parlamentar pelos deputados nacionalistas.

Funcionamento da Comissão Parlamentar

O texto, sem prejuízo de seu conteúdo, assinala não só o problema central de defesa da nossa soberania, como a ligação da questão do ajuste a vários outros e magnos problemas, a saber: a defesa da economia nacional e o seu desenvolvimento independente a necessidade da imediata instalação e funcionamento da Comissão Parlamentar de Inquérito sôbre a política externa do país, a preservação da paz e a condenação da corrida armamentista atômica, e as graves ameaças decorrentes das experimentações nucleares.

Coletemos Assinatura Contra A Entrega de Fernando de Noronha

E' o seguinte o texto inicial do documento lançado pela Comissão Nacional contra o Ajuste de Fernando de Noronha e que se destina à coleta de assinaturas contra o infame acôrdo:

«Condenamos o Ajuste de Fernando de Noronha e a anunciada ocupação de outros pontos de Norte e Nordeste do Brasil, por uma potência estrangeira, como um atentado à soberania da Pátria, um entrave ao desenvolvimento independente de nossa economia e um risco permanente para a segurança e a vida do povo brasileiro».

Portaria policial sôbre "bumbás":

UM ATENTADO
As Tradições Culturais do Povo

Restrição da liberdade e falta de respeito às manifestações culturais do povo — Quando se mete os pés nas liberdades, a burrice e a incultura já se instalaram, entrando pelos fundos — O protesto popular

A Chefia de Polícia baixou uma portaria «regulamentando» as exibições de «passaros» e «boi bumbás» em Belém. Trata-se de uma portaria que caracteriza-se a o caminho que já tomou o govêrno do sr. Barata: e das crescentes restrições dos direitos e das liberdades públicas e nenhuma consideração e respeito às tradições culturais e folclóricas de nosso povo, a pretexto de «disciplinar» e «salvaguardar» a ordem e os interesses públicos!

O ato do sr. Genuíno Amazonas de Figueiredo reflete com muita lógica a medida que os governantes expulsam as liberdades pela porta da rua, a incultura já se instalou antes, entrando pelos fundos, como traduzem alguns fatos desde o princípio do governo Barata que dispensou centenas de professoras, acabou com a escola de Cotijuba (300 alunos), limitou matrículas deixando centenas de jovens sem escolas, não quer pagar o período de férias aos professores, etc.

Na portaria a Chefia de Polícia muito simplesmente reduz as manifestações folclóricas do povo paraense — os bumbás — num caso de polícia, o que dá à medida, do corpo inteiro, do conceito em que o governo Barata tem nas coisas de manifestações culturais . .

Assim, com algumas medidas policiais quase ficam os «bumbás» impossibilitados de ao menos ensaiar, quando se sabe que, em virtude das gerais dificuldades por que passa nossa gente, a organização e execução dessas funções exigem do poder público não dificuldades, limitações de toda ordem e policialismo, mais apoio, estímulo de toda ordem.

A portaria policial impunha ne-
(Conclui na 2a. pág. — A)

Realiza a Petrobrás Intensa Atividade na Amazônia

Concentrados recursos técnicos e financeiros compatíveis com os mais exigentes planos de pesquisas petrolíferas — Novas perfurações programadas

EM face do aparecimento do petróleo no segundo poço de Nova Olinda, a Petrobrás decidiu intensificar as pesquisas geológicas e geofísicas, assim como as perfurações pioneiras e estratigráficas na bacia amazônica. O programa atual da empresa nesta região é o maior de quantos se acham em desenvolvimento nas diferentes bacias sedimentares do país, com vistas à ampliação das áreas produtoras do petróleo. A Petrobrás concentra na Amazônia soma de recursos técnicos e financeiros compatível com os mais exigentes planos de pesquisas petrolíferas.

A Petrobrás realizará ainda outras perfurações na Amazônia e para isso apenas aguarda a chegada de novas sondas adquiridas no exterior. Novas locações estão sendo ali preparadas, demonstrando as previsões que o esfôrço da Petrobrás no extremo norte do país, em 1957, não encontrará paralelo nas atividades de pesquisas de petróleo até agora realizadas nesta imensa bacia.

Em Manaus

Os Sindicatos Operários Lançam Ampla e Vigorosa Campanha Contra a Carestia

Apelo para que o povo se organize em comissões — Grande comissão operária exige medidas a governador — Carne verde e peixe, no câmbio negro a 100 e 15 cruzeiros, respectivamente

MANAUS, junho (Do correspondente) — Há 6 dias que a população não encontra carne verde nos mercados e feiras. No entanto, está sendo feita matança clandestina e a carne está sendo vendida a 100 cruzeiros enquanto o peixe jaraqui está por 15 cruzeiros.

A situação, pois, tornou-se de tal modo sombria que os Sindicatos operários tomaram em suas mãos a iniciativa de empreender uma campanha contra a carestia, a exploração e o câmbio negro dos gêneros de primeira necessidade.

Tomam posição os Sindicatos operários

Como primeiro passo, os Sindicatos operários reuniram-se na Casa do Trabalhador, tendo debatido um plano de medidas para mobilizar os trabalhadores, as donas de casa, os estudantes e o povo contra os exploradores.

Comissão sindical com o governador

Uma grande comissão de líderes sindicais e operários esteve com o governador Plínio Coelho solicitando medidas enérgicas contra a exploração do povo e para a melhoria do abastecimento da cidade.

Os trabalhadores comunicaram ao governador que haviam solicitado ao Presidente da República a exoneração do atual presidente da COAP do Amazonas e a nomeação de um elemento apontado pelos Sindicatos operários.

O governo promete tomar medidas

O governador prometeu aos trabalhadores tomar as medidas solicitadas, declarando que enquanto as estudaria já havia determinado o máximo rigor na fiscalização dos mercados e feiras.

Os trabalhadores pedem o apoio popular

Os trabalhadores de Manaus estão se dirigindo ao povo, solicitando o seu apoio à campanha através da organização de comissões de bairro, de escolas, de empresas, de repartições, de quarteirões para lutar contra a carestia. O apelo vem tendo a maior repercussão.

SERVIÇOS TIPOGRÁFICOS EM GERAL
Gráfica Belém Ltda.
Rua Manoel Barata 259

CRAVEIRO LOPES
Não Representa os Trabalhadores e o Povo Português

Por MOISÉS AQUINO

Às festas oficiais oferecidas a Craveiro Lopes encheram a semana de tantas propagandas, para dar impressão ao verdadeiro representante do fascismo português de boa colhida por parte do povo brasileiro. O incontestável é que o povo brasileiro não aplaudiu a festança oficial. Como não vai nenhum sentimento hostil ao povo português aos muitos que convivem conosco, mas não desejamos confundi-lo com a mal falada minoria que enodoa a história de Portugal, com o seu negro regime sustentado hoje à fôrça de dólares e à custa de humilhantes acôrdos militares, transformando o país de Camões em verdadeiro trampolim de aventuras bestiais do poderio americano, pertubado pelo crescimento do socialismo no mundo inteiro.

Não podemos considerar o sr. Craveiro Lopes como representante do povo luso por que este representa uma minoria de fascistas que se apoderaram do poder há 30 anos e não dando direito à que o povo português manifeste em eleições livres o seu ódio ao atual regime de opressão e repressão policial, que jogou na cadeia os melhores filhos da pátria portuguesa.

Para termos uma ideia do que seja o regime que Craveiro Lopes representa é só olhar para êle, para a sua fisionomia triste que chegou a impressionar a Rainha Elizabeth em recente visita a Portugal. A impressão foi tão grande que ela não se conteve e perguntou ao ministro português Paulo Cunha, por que os portuguêses eram tristes. Êle não deu resposta por que a resposta não podia ser dada por ele, se não pelo próprio povo que naturalmente, onde não há liberdade e bem estar o povo não pode ser alegre.

Notamos a preocupação das autoridades brasileiras, inclusive estaduais, em dar um colorido fantasioso à recepção a Craveiro Lopes, enfeitando as ruas, fazendo banquetes, gastando milhões de cruzeiros do povo, tudo para dar aparência de que o povo brasileiro recebe com entusiasmo. Mas uma coisa não se pode negar. Craveiro Lopes já notou certamente as ameaças de greve em várias corporações de trabalhadores por melhores condições de vida e a luta dos patriotas brasileiros contra a opressão dos colonialistas americanos, em defesa das liberdades e em protesto contra a sua presença no país.

Temos grande admiração e carinho pelo povo português, corre em nossas veias o sangue português, falamos a mesma língua e vamos selar esta amizade, não por intermédio do fantoche Craveiro Lopes que está escravo do poder apoiado nas baionetas, mais sim na luta contra a opressão norte-americana em nossas pátrias e conquistando um regime que represente a opinião e tenha o apoio da maioria das massas trabalhadoras.

A Sua Ajuda Financeira a

Deve Ser Permanente

RESISTIR CONTRA A INTIMIDAÇÃO DO GOVÊRNO AO PODER LEGISLATIVO

na 3ª

PAGINA 3 — TRIBUNA DO PARÁ — BELÉM, 23-6-57

Resistir Contra a Intimidação do Govêrno ao Poder Legislativo

Artigo de MOGY RIBEIRO

O atentado perpetrado esta semana no recinto da Câmara Municipal de Belém de que foi vítima o vereador Alberto Nunes ao ser atingido por um representante do governador Magalhães Barata evidencia e alerta todo o plano sinistro de orientação parlamentar do oficialismo governista que visa, pela agressão, intimidar, amordaçar e colocar os represntantes do povo sob a escala punitiva do caudilhismo, indo desde as ameaças, os insultos, os sopapos até às medidas de cassação dos mandatos e agressões físicas.

DERROTADO nas duas casas legislativas durante as eleições das mesas, repudiado na sua política antipatriótica e antipopular quando a Camara Municipal de Belém votou contra a entrega de Fernando de Noronha, pretende o sr. Magalhães Barata, inspirado pelo consulado norte-americano e assessorado pelos entreguistas do govêrno de Juscelino nada mais que silenciar as vozes «incômodas» da Câmara Municipal e da Assembléia Legislativa.

ASSIM, a expulsão do deputado Max Parijós das fileiras do PSD, a onda de insultos e provocações contra os presidentes das duas casas legislativas, o acintoso desrespeito do secretário, desfazendo a ética parlamentar, dando as costas às interpelações da Assembléia Legislativa; as manobras para impedir os debates no plenários ou nas comissões de inquérito, as questões de interêsse popular, ou as denúncias contra a política antipopular do govêrno, são élos de uma mesma cadeia para manietar o poder legislativo e emudecê-los.

PARA isso, todos os meios vêm sendo empregados. E' o vale tudo oficial. Desde a intimidação caudilhêsca, ao subôrno, às ameaças, à agressão física. E dessa empreitada não escapa nem uns certos jornais da cadeia de grande imprensa que em tempos idos se arvorava em folhas de resistência democrática, e hoje subrepticiamente de «bôcas e vozes da cidade» fechadas, abre colunas de conciliação capitulacionista ao entreguismo oficial.

EM que pese os meios do vale tudo oficial e a sua influência inconfessável em alguns círculos de nervos fracos, a fôrça e a unidade dos representantes do povo são muito mais poderosas. São infinitamente mais as corentes democráticas e patrióticas de dentro e de fora do govêrno, de dentro e de fora da coligação democrática, se se unirem e se apoiarem no povo.

O que está em jogo no Pará, é a resistência pelo exercício pleno das liberdades democráticas, que atinge agora e princípio da imunidade parlamentar.

TODOS os parlamentares honestos, sem exceção partidária, compreendem e sentem que o legislativo sem a imunidade constitucional passaria a ser um joguete tiranizado ao executivo onde não seria poupada a tranquilidade nem mesmo dos parlamentares do partido do govêrno.

A intangibilidade do representante da Câmara Municipal e da Assembléia Legislativa é um princípio constitucional que diz respeito ao exercício soberano do poder legislativo e nenhum parlamentar que se preze como mandatário do povo pode aceitar impunemente essa violação. Se o vereador ou o deputado por suas palavras e por seus atos, no uso dos direitos legítimos da tribuna parlamentar, tiver de responder ao arbítrio da violência do executivo, impunemente, se rebaixaria a condição de um servilismo desprezível.

SOBRETUDO quando as medidas intimidativas do Govêrno Estadual coincidem com a série de crimes de lesa-Pátria de govêrno de JK desde a odiosa entrega de Fernando de Noronha, a vergonhosa participação do Brasil no sinistro esquema guerreiro do Atlântico Sul do Departamento de Estado Norte-Americano, as notícias alarmantes de transformarem a Amazônia em espaço-cobaia das mortiferas experiências atômicas até essa suprema ridicularia da visita indesejável dêssa representante do monturo fascista que ensanguenta e encarcera há 32 anos a Pátria irmã de Luiz de Camões.

DIANTE da gravidade dessa situação torna-se necessário e inadiável organizar melhor a resistência democrática dos reprentantes do povo e de tôdas as fôrças e correntes sociais progressistas do nosso Estado.

URGE a mobilização e a unidade de todos os patriotas e democratas paraenses para enfrentar e derrotar as manobras impatrióticas e antidemocráticas do govêrno JK e JB.

POR meio de protestos parlamentares, de manifestações públicas, de denúncias e esclarecimentos pela imprensa, de ações de frente única junto aos operários, lavradores. funcionários, estudantes, donas de casas, nos locais de trabalho e nas praças públicas, é possível erguesr um grandioso movimento de resistência popular que anule a entrega de Fernando de Noronha, que impeça as terríveisa meaças de soltarem bombas atômicas na Amazonia, que repudie a visita indesejável do fantoche de Salazar, que defenda o petróleo e o manganês da pilhegem norte-americana, que salvaguarde enfim a Soberania Nacional, o exercício das liberdadades democráticas, particularmente agora o desrespeito ao Poder Legislativo e se volte para os problemas do melhoramento das condicões de vida do nosso povo.

CLAMEMOS CONTRA O FECHAMENTO DE 17 ESCOLAS PUBLICAS

Por QUINAFER

ERGUEMOS a nossa voz atravéz das colunas deste brilhante periódico a TRIBUNA DO PARA', pois não podemos compreender a razão pela qual cêrca de 17 escolas publicas no municipio da Vigia atualmente estão sem professôras, ficando dest'arte centenas e centenas de crianças brasileiras, privadas de instrução.

Na maioria destas escolas, nem mesmo a matricula foi iniciada. As titulares dessas casas de ensino do govêrno, com excepção de duas que sabemos estarem enfermas, abandonaram o emprego, procurando uma colocação melhor remunerada na capital do Estado. Isto até parece mentira, mais é a expressão da verdade.

Nós, através destas colunas, dirigimos o nosso apêlo a quem de direito, no sentido de ser normalizada essa situação. E' uma injustiça privar assim os nossos pequenos patricios do interior de receberem a instrução de que tanto necessitam.

Nestes tempos modernos e agitados, em que há um surto de progresso em toda parte, o analfabetismo constitue uma mancha negra em nossa pátria tal qual out'rora constituia a escravidão, posto que o analfabeto é escravo da ignorancia. E o Brasil pela sua posição de relêvo no concêito das nações, não deve mais permitir analfabetos em seu seio.

As crianças, afinal, não têm culpa dos êrros cometidos pelos administradores sejam eles de que Partidos forem.

SERVIÇOS TIPOGRAFICOS EM GERAL

Gráfica Belém Ltda.

Rua Manoel Barata 259

A ciência moderna acaba com um sofrimento de milênios!

PARTO SEM DOR

de Fernand Lamaze

CONTÉM A PRESENTE EDIÇÃO O CÉLEBRE TRABALHO DE I. PAVLOV: "OS REFLEXOS CONDICIONADOS"

Preço do exemplar Cr$ 120,00

EM TÔDAS AS LIVRARIAS

Editorial Vitória

Pela Frente Patriótica no Pará

EM DEFESA DA SOBERANIA E DAS RIQUESAS NACIONAIS

João QUADROS

ENQUANTO cresce em todo o país o clamor patriótico em defesa da Petrobrás e do petróleo brasileiro, o govêrno do Sr. Juscelino Kubitschek, além de manter nos cargos mais importantes dessa companhia agentes norte-americanos da Standard Oil, tais como mister LINK, mister PARIS, mister COATS e outros gringos do truste ianque, admite, propositadamente agentes nacionais dêsse truste ianque dentro da alta direção da Petrobrás na Amazónia.

Os agentes da Standard Oil dentro da direção amazônica da Petrobrás, por exemplo, não escondem o seu ponto de vista entreguista e antipatriótico de que a Petrobrás e a exploração do petróleo brasileiro ganhariam muito mais se fôssem entregues a técnicos e administradores norte-americanos.

Como sabemos e não devemos esquecer, a Petrobrás é uma companhia mista criada pelo povo brasileiro em memoráveis lutas populares de ruas e do parlamento nacional, não sendo de esquecer jamais aquêles patriotas que tambaram em defesa da nossa economia sob as mãos sangrentas da reação policial a serviço dos trustes norte-americanos.

Mas essa vitória não deve amortecer as lutas do nosso povo pois o inimigo não cessa de atuar, o que se comprova pela entrega de Fernando de Noronha ao govêrno ianque, bem como a instalação no Brasil de bases militares norte-americanas, cujo aparato bélico tem como principais objetivos garantir-lhes o apôio a uma guerra de agressão aos povos e aos países do socialismo e da paz e, o que é pior para nós, garantir-lhes o assalto despreocupado às nossas riquezas minerais.

Portanto, que o nosso povo vá novamente às ruas, com maior vigor e energia, agora para expulsar do Brasil os agentes do imperialismo norte-americano e da Standard Oil.

Que se façam comícios e se lancem campanhas de esclarecimento e orientação ao nosso povo em defesa da nossa própria economia, que é a economia de cada brasileiro em particular.

Que os trabalhadores, os parlamentares, a indústria e o comércio se unam e se lancem resolutamente contra os entreguistas e antipatriotas, criando a Frente Única Nacionalista do Pará, para expulsar do nossa terra os trustes norte-americanos e seus agentes internos e externos.

★ LEIA

Tribuna do PARÁ

TELEFONES DE URGÊNCIA

2240 — Pronto Socorro.
4166 — Bombeiros.
9181 — Aguas — Utinga.
9001 — " — Reservatório S. Braz.
4701 — Força e Luz — Recl.
4176 — Assistência Pública.

Manifesto de Convocação da III Conferência Estadual de Lavradores e Trabalhadores Agrícolas do Pará

COM um pedido de publicação, a ULTAP enviou-nos o seguinte manifesto:

«A União dos Lavradores e Tabalhadores Agrícolas do Pará — ULTAP, traduzindo os anseios de unidade, organização e melhoria das condições de vida de milhares de trabalhadores do interior do Estado, de bem-estar social e futuro de progresso da nação e do povo, convoca por êste meio a III CONFERENCIA ESTADUAL DE LAVRADORES E TRABALHADORES AGRÍCOLAS DO PARÁ, a ter lugar nos dias 27 e 28 de julho do corrente âno, em Belém, capital do Estado.

Numerosos são os problemas que afligem os trabalhadores do campo em nosso Estado, onde vivem sem o devido amparo, submetidos a penosas condições de trabalho e de vida, que, com o atrazo economico da região, entravam o desenvolvimento da agricultura, da pecuaria, da industria e do comercio se agravam dia a dia com a carestia, falta de assistência e de direitos. O conclave ora convocado visará o amplo debate e o encaminhamento de soluções para essa dificil situação, propondo-se examinar as mais prementes questões tais como liberdade e direito de livre associação; terras para trabalhar; ajuda financeira e tecnica; garantia de transporte e preços compensadores; ferramentas e sementes; escola e assistência médica; estradas e pontes; ajuda em todos os sentidos aos pescadores, vaqueiros, trabalhadores da floresta e aos indios; extensão da legislação trabalhista ao campo.

Importantes vitorias já obtiveram os trabalhadores do campo no Pará, homens, mulheres e jovens, no caminho de sua unidade e de sua organização, na luta em defesa de seus direitos e pela conquista de suas reivindicações, através da ULTAP e de numerosas associações em diferentes municipios, refletindo a crescente consciência dos trabalhadores do interior e graças ao amplo apoio dos trabalhadores da capital, de suas organizações sindicais, da juventude estudantil, das donas de casa, de parlamentares, de setores representativos da indústria, do comércio e da pecuaria, das forças democráticas de fóra e de dentro do govêrno, enfim, de todo o nosso povo.

A ULTAP dirige-se, pois, e conclama a todos os trabalhadores do campo, cidades e vilas do interior, lavradores, colonos, assalariados agricolas, vaqueiros, pescadores e trabalhadores da floresta e ás suas organizações a participarem da III Conferência Estadual de Lavradores e Trabalhadores Agrícolas do Pará, para o debate de seus problemas. E convida para se fazer representar nesse encontro fraternal os trabalhadores da capital, as donas de casa, os estudantes, os parlamentares, os partidos políticos, as entidades federais, estaduais, municipais e eclesiásticas, as forças armadas bem como o comercio e a indústria.

a) Benedito Pereira Serra (municipio de Bragança), presidente; Raimundo Nonato de Souza (municipio de Castanhal), 1.º vice-presidente; Joaquim Alexandre Perote (municipio de Nova Timboteua), 2.º vice-presidente; Domingos Rodrigues dos Santos (municipio de Inhangapi), 3.º vice-presidente; Adrião Pantoja Maciel (municipio de Inhangapi), secretário geral; Antonio Albuquerque Costa (municipio de Inhangapi), 1.º secretário; Antonio Caetano Costa (municipio de Vigia), 2.º secretário; Edgar Barbosa (municipio de Soure), 3.º secretário; Tiburcio Barbosa da Silva (municipio de Igarapé-Açú), tesoureiro».

Ameaçada a Petrobrás Na Amazônia

A Associação dos Agricultores de Cajueiro Assiste a Seus Associados

N. 293 Belém, 23 de Junho de 1953 Ano XI

Fatos que revelam a presença dos trustes iankques nos trabalhos de pesquisa — Atitudes contraditórias do Superintendente Regional — Os criminosos contratos com a «Drillexco» — Os gringos continuam a sabotar — Urge intensificar a vigilância patriótica em defesa do nosso petróleo

DESPORTOS

O PAISSANDU estará hoje em Abaetetuba enfrentando o Selecionado local e ao que se sabe, nos dias 29 e 30 jogará em Soure sob o patrocínio do Remção Clube.

———oOo———

EM CAMETÁ' aguarda-se com a viva ansiedade o grande encontro interestadual, entre o poderoso esquadrão do Amapá Clube e o time do Comercial, forte quadro local.

———oOo———

O VASCO DA GAMA jogando em Valência quinta-feira última, obteve a sua sexta vitória consecutiva. O resultado atinge o número de 6 vitórias com 22 goals pró e 10 contra, o que mostra a superioridade do Campeão carioca.

———oOo———

NO TORNEIO INTERNACIONAL DE MURUBI', quarta-feira passada o combinado de Vasco-Santos, derrotou fragorosamente o esquadrão português do Belemense, por 6x1.

———oOo———

O COMBATENTES caiu diante da Tuna Luso Comercial por 5 x 1, em prélio que os tunantes jogaram folgados e entrosando suas linhas como dantes o Combatentes se apresentou bastante fraco para uma partida de honra para as suas côres.

———oOo———

SÃO PAULO, enfrentará hoje em sua praça de esporte o forte conjunto do Marajó. Espera-se que o choque seja de leões, pois ambos estão aliados.

Movimento do Ambulatório

COMUNICOU-NOS a Associação dos Agricultores da Colonia de Cajueiro, neste município, que estendendo prosseguimento sua atividades assistenciais destinadas aos seus numerosos associados.

O seu ambulatorio para atender a pequenos curativos e aplicações de injeções teve um movimento apreciavel nestas últimas semanas. Graças aos esforços dos seus dirigentes a Associação de Cajueiro poude distribuir 167 medicamentos, efetuar 137 curativos, aplicar 184 injeções, atendendo a um total de 138 pessoas da localidade entre mulheres, homens e crianças.

E' propósito da Associação não só manter essa pequena mas concreta assistência a seus associados, como ampliá-la cada vez mais, devido ao crescente apoio que está recebendo dos agricultores da colonia que cada vez mais compreendem a importância de se tornarem mais unidos e organizados.

Recebemos e agradecemos um amável convite para visitar aquela Associação que muito vem trabalhando em Cajueiro pela conquista das reivindicações e dos direitos dos lavradores da localidade.

São João Nas Ruas — O Povo Dá Vida ás Festas

A tradições e a vida cara — A falta do apoio oficial — O policialismo do governo Barata — Nas mãos do povo a defesa de nossas tradições folclóricas

ESTAMOS em plena quadra junina, época das festividades dos três santos do folclore brasileiro—Santo Antônio, São João e São Pedro.

As tradições e a vida cara

E' nesta quadra que o povo paraense manifesta de maneira mais característica as suas tradições folclóricas típicas. As festividades juninas, no extremo norte que compreendem as festas nos três santos citados, têm o seu lugar de destaque no folclore brasileiro e oferecem ao mesmo uma das mais ricas contribuições populares.

No entanto, as crescentes dificuldades que se abatem sobre o povo, vem sufocando, consequentemente, o brilho dessas festas. A vida cara vem limitando a participação popular: as fogueiras decrescem de número pelo custo da linha, os fogos só para ricos, as festas típicas saem por uma fortuna, o boi-ó-mina guçá cada vez mais longe de bolsa popular, e os bumbás, como poderão sobreviver?

A falta de estímulo oficial

Além do cerco penoso da vida cara, as festividades juninas não têm o justo e adequado apoio oficial que se limita a promover um concurso. E' o que a Prefeitura Municipal faz através do Departamento de Turismo que nesse século só pode fazer isso mesmo por falta de verbas suficientes. Enquanto isso, o governo do Estado que ofereçe? Neste ano, como vereamos adiante, oferece perseguição policial!

Impõe-se a defesa de nosso folclore

As manifestações folclóricas do povo, como as festas de Santo Antonio, São João e São Pedro, constituem parte preciosa das raízes de nossa cultura nacional. Defende-las, estimula-las e defender e estimular o que há de mais típico em nossa cultura nacional mas, o nosso folclore vem em Belém está hoje sob a influência do que há de mais desvirtuador, a começar pela música e pela dança, o que também se verifica no carnaval. Impõe-se, pois aos folcloristas, aos intelectuais e ao

(Conclui na 2a. página — B)

SEGUNDO denúncias trazidas á nossa reportagem, fatos gravíssimos estariam ocorrendo no programa que a Petrobrás executa na Amazônia, pondo em perigo essa organização estatal. Tais fatos, segundo ainda essa fonte informativa, vêm se positivando desde que, em fins de ano passado, deixou a Superintendência Regional o engenheiro Geraldo Oliveira, cujo transferência, como se sabe, entristeceu todos aqueles que, dentro e fóra da Petrobrás, conheciam as qualidades morais, a capacidade de trabalho, o valor profissional e o patriotismo que fizeram do engenheiro patrício um técnico respeitado e um chefe estimado na organização. Logo após a saída do dr. Geraldo Oliveira, os postos-chave na parte de pesquisas foram entregues a americanos. Em seguida, foi designado para Superintendente, o comandante Pinto Guimarães, da nossa Marinha de Guerra. Embora recebido com reservas, sobretudo pelo seu discurso de posse francamente laudatório á cooperação dos americanos, o comandante Pinto Guimarães aos poucos foi granjeando a confiança dos seus subordinados, pois, não sendo técnico em petróleo, revelou, contudo, qualidades de administrador, dedicação ao trabalho, espírito patriótico.

Atitudes contraditorias

Quando uma comissão de deputados e escritores visitou recentemente Nova Olinda, o comandante Pinto Guimarães, que os acompanhava, fez uma detalhada exposição sobre o trabalho da Petrobrás na Amazônia, afirmando então que a sua torre pioneira «serviu sobretudo para estimular os patriotas que defendem o monopólio estatal e que o poço de Nova Olinda «veio reforçar a opinião de que existe petróleo em abundancia na Amazônia.

Mas, enquanto profere palavras patrióticas e nacionalistas em todas as oportunidades, o Superintendente adota, dentro da Companhia, uma atitude discriminatoria favoravel aos americanos, que vai ao ponto de gastar milhões para aloja-los em apartamentos principescos, sem falar nas luxuosas instalações que a Companhia ocupa em Belém, alugando um edifício por 240.000 cruzeiros mensais, ou sejam quase 3 milhões de cruzeiros anualmente, valendo isto dizer que aproximadamente em três anos, os proprietários de «Cosmorama» terão um edifício de graça, quando, com importancia menor, a Petrobrás poderia ter instalações próprias, como tem em Bar

(Conclui na 2a. pág. — C)

Má Alimentação e Sujeira no S.A.P.S.

Não lavam as bandejas - Leite adulterado - Apêlo ao Delegado Regional

Nos últimos dias nossa reportagem visitou as instalações do Restaurante Popular do SAPS, nesta cidade, e teve oportunidade de entrar em contacto com alguns de seus frequentadores dos quais obteve declarações que exprimem com clareza o estado do que vem chegando aquela organização que, apesar de receber o caior da União, vem perdendo o seu prestigio no meio dos que o frequentam.

ALIMENTAÇÃO INSUFICIENTE

Nossos entrevistados afirmaram que a alimentação ali servida vem sendo das mais precárias pois, além de ser insuficiente em quantidade, o arroz e o feijão, muitas vezes, são apenas aferventados, vindo com grãos deteriorados ou com casca, e desta maneira é servida ao povo, sem que êste seja ouvido ao menos em suas reclamações.

NÃO VARIAM OS PRATOS

Por mais que opere uma equipe de nutricionistas no Restaurante, os pratos são servidos quase sempre com os mesmos alimentos, contrariando assim as determinações da boa nutrição, quando manda que seja a alimentação variada. Há ocasiões em que a chamada carne de lata é servida por 4 ou mais dias.

ASSEIO PRECÁRIO

Quanto ao asseio, constatamos pessoalmente que a acumulação de lixo que se acumula nas aproximidades dos lavatorios, Lamaçal, pratos mal lavados e sanitários inutilizados, é o que se vê naquele Restaurante.

LEITE ADULTERADO

Enquanto uma vez por mês os frequentadores do SAPS tomam leite, nos demais dias tomam agua com uma pequena mistura de leite. Mesmo a ôho nu pode-se observar a fraude praticada com o referido alimento.

APÊLO AO DELEGADO DO S. A. P. S.

O Delegado Regional do SAPS poderá corrigir essas irregularidades desde que as mais de dez centenas de pessoas que ali almoçam dirijam-se a êle reclamando melhor sêlo à instituição que dirige.

NA VIGIA

Os Moradores de Santa Rosa Vão Construir o Muro do Cemitério

Organizada a Associação dos Agricultores de Santa Rosa para dirigir a campanha

VIGIA, junho (Do correspondente) — Estivemos reunidos dia 9 dêste mês na residencia do sr. Getúlio Santos em Santa Rosa, municipio de Vigia, cêrca de 62 agricultores residentes nessa localidade e adjacências.

Discutiram êsses agricultores o plano da Campanha para murar o Cemiterio São Domingos, dessa localidade, cuja construção foi feita exclusivamente por êsses trabalhadores há anos, que veio solucionar uma necessidade que de há muito se fazia mister.

Dando prosseguimento á Campanha, balancearam as atividades da mesma e constituíram uma ASSOCIAÇÃO DOS AGRICULTORES DE SANTA ROSA com sede nessa povoação, que comandará as atividades da Campanha e lutará pela solução dos graves problemas que afligem os trabalhadores desas localidades.

vigilesas, 10 sacos de cimento.

Para essa importante obra, os agricultores constituíram uma Diretoria para reger os destinos da Campanha e tiveram o apôio do povo das povoações de Santa Rosa, Meratuba, Agua Branca, Agua Clara, Iracema e Santa Maria do Guarimã, que em um memorial ao sr. governador do Estado colocaram mais de um milhar de assinaturas, pedindo uma ajuda de cincoenta mil cruzeiros.

Agora os moradores de Santa Rosa lançam à público essa meritória Campanha, recebendo o apôio das autoridades do município, cujo prefeito deu 10 sacos de cimento e 2.000 tijolos e o diretório do PSD

A diretoria da Associação ficou assim constituída:

Presidente — Quirino Fernandes.
Vice-Presidente — Alcides Leal.
1º Secretário — Alvaro dos Santos.
2º Secretário — Getúlio Santos.
Tesoureiro — Manoel Simplicio de Moraes.
Vice-Tesoureiro — Antonio Raiol dos Santos.

Está, pois, em marcha a Associação dos Agricultores de Santa Rosa, cujas vitórias dependem da unidade dos agricultores cerrando fileiras em torno de sua agremiação.

Todos Hoje Em Sta. Luzia
Com Lopo de Castro Pelas Liberdades!

N. 304 — Belém-Pará, Quinta-Féira 29 de Agosto de 1957 — Ano XI

GRANDIOSA FESTA POPULAR — INTENSA MOBILIZAÇÃO POPULAR — CORTEJO E RECEPÇÃO DO CANDIDATO — OS ORADORES

PREPARAM-SE as massas trabalhadoras e populares da capital paraense para demonstrar hoje, ás 20 horas, no Largo de Santa Luzia, sua vigorosa disposição de eleger Lopo de Castro para a Prefeitura de Belém.

Grandiosa festa do povo
O velho Largo de Santa Luzia está festicamente iluminado, engalanado de faixas, cartazes, flores e bandeiras para receber o povo. Será uma grandiosa festa.

Mobilização popular
Todos os Partidos da CDP, comitês lopistas e coligados, grupos de amigos, Diretórios Distritais e Municipais preparam intensa mobilização popular, com faixas, cartazes, charangas, bandeiras, etc, para comparecer ao comício monstro de encerramento. Cada subúrbio será representado por uma comissão especial de moradores.

Cortejo e recepção do candidato
Lopo de Castro, em carro aberto, será levado ao Largo de Santa Luzia por um cortejo com cerca de 100 automóveis, puxado por 10 motocicletas. Uma comissão de (Conclui na 2a. Pag. — 3)

Eis o candidato do povo: LOPO DE CASTRO

O Povo Conduz Lopo á Prefeitura
O que foram o entusiasmo e a vibração populares, patrioticas e democraticas dos ultimos comicios

CONSTITUIU um completo triunfo a série de comicios realizados nestes ultimos dias na cidade pro Lopo de Castro.

Os atos públicos realizados na Pedreira, domingo último, no Marco e na Matinha segunda-feira, na Cidade Velha e no Guamá, 3a. e 4a. feiras, foram assinalados pelo seu amplo e vibrante conteúdo nacionalista e democrático, entusiasticamente aplaudido.

Grandes públicos ouviram os oradores

Nesses comicios compareceram numerosa assistencia para ouvir os oradores da CDP, atestando que o povo belemense se dispõe a se mobilizar para eleger, e tornar vitorioso o seu candidato, Lopo de Castro.

LIDERES SINDICAIS INDICAM LOPO
Caloroso apelo aos trabalhadores para levar á PMB um Prefeito nacionalista, democrata, amigo dos trabalhadores e do povo

NOSSA reportagem, á propósito do pleito de domingo próximo, ouviu varios líderes sindicais de Belém.

O Dep. Deodoro de Mendonça

Com Lopo de Castro Por Uma Politica Nacionalista e Popular

O deputado federal Deodoro de Mendonça acaba de regressar da Capital Federal tendo feito á imprensa importantes declarações políticas.

«Somos, sinceramente, nacionalistas»

Sobre a politica nacional, o parlamentar do PSD, depois de balancear as ultimas atividades (Conclui na 2a. Pag. — G)

Será o candidato dos texteis
Ouvido, o sr. Francisco Cordeiro, presidente do Sindicato dos Texteis, disse:
— O apoio de minha classe ao sr. Lopo de Castro é devido á sua atitude frente ao programa traçado pelos trabalhadores, pelo o que executou. O sr. Lopo de Castro será, portanto, o Prefeito dos texteis de Belém.

Os trabalhadores precisam elegê-lo o seu Prefeito
O sr. Emanuel Arquelau Alcantara, presidente do Sindicato dos Trabalhadores na Indústria de Calçados, disse:
— Acho que a candidatura do sr. Lopo de Castro constitue presentemente um dos pontos altos da politica paraense, tornando-se necessario que contemos todos os trabalhadores a sufragarem seu nome a 1.º de setembro próximo, elegendo Lopo Prefeito.
O sr. Bruno da Conceição, (Conclui na 2a. Pag. — F)

A's Urnas Pela Vitória de Lopo!

BELEMENSES! Derrotemos domingo próximo os atentados ás liberdades, as violências policiais, reforcemos o clamor patriótico contra a cessão de Fernando de Noronha, em defesa da Petrobrás e do manganês do Amapá, por melhoria dos transportes, contra a carestia, pelo progresso da cidade!

ELEJAMOS LOPO DE CASTRO!

O Verdadeiro Significado da Greve dos Motoristas
Conduzirá ao plebiscito popular antecipado da vitoria de Lopo nas urnas com o comicio de encerramento, hoje, no Largo Sta. de Luzia

Mogy RIBEIRO

ATINGINDO seu ponto culminante com o ascenso palmar na participação vigorosa e combativa de elevada consciência política das mais amplas massas populares, a campanha eleitoral chega á sua etapa decisiva.

Desenrola-se num ambiente de renhida disputa e num clima de intimidação e violências policiais, de provocações contra a frente única das forças populares coligadas, em geral, e contra o Partido Comunista em particular, os quais são alvo de tóda a espécie de provocações e repressão terrorista da polícia política.

E isso apesar da candidatura do governo do sr. Magalhães Barata dispor das grossas verbas do erário público e das caixinhas do jôgo de bicho que permitem a subvenção em larga escala de uma propaganda de intimidação, suborno, corrupção e violência para garantir a candidatura entreguista de caudilhismo. Mesmo contado com êsses poderosos meios financeiros conseguido o monopólio quase exclusivo das rádios, dos serviços de auto-falantes e da grande e pequena imprensa de aluguel, salvo a honrosa exceção de algumas colunas pagas e umas noticias informativas para salvar as aparências.

De um modo geral tôda a imprensa alugada em nossa Capital mostrou a sua venalidade nesta campanha pela Prefeitura de Belém, desde a vetal «Província do Pará», da rêde rasgada do nauseabundo Chateaubriand, que estampa nas primeiras e ultimas páginas dos quadros financiado pelo ouro do Estado, ao «Flash», de rodapés coloridos, solicito ao financiamento dos negócios da familia, que muda as vestes antibaratistas, até a neutralidade empanhada por cumprimo do «Estado do Pará», com maxuchete indicando o seu Shilock, sem salvar as aparencias do neutralismo velhaco.

Apesar disso e por causa disso, diante do movimento de massas que desperta a consciência politica e esclarecimento do eleitorado de Belém, o governo do sr. Barata não se sente seguro nas suas últimas semanas pré-eleitorais, e pronto, num rasgo de lucidez, o terrono fugidiço sob os seus e trópego e recorre a sua última muleta: o terror policial no estilo norte americano para impedir ás forças coligadas anti-imperialistas o livre exercício de propaganda eleitoral.

O comicio de Canudos foi o sinal aberto do desencadeamento da repressão a moda dos «gangsters» do imperialismo ianque. Os

salarios foram preparados para armarem a provocação no Comicio de Canudos e ás tropas do policia do «valente» coronel faziam-lhe o resto. Embora houvesse derramado sangue, faltos o plano sinistro e o comicio se realizou sob a severa vigilancia popular.

Ao mesmo tempo o govêrno recorria á trapaça sórdida de retirar as faixas do seu candidato, pretendendo fazer de vitimas com as próprias mãos e tentar com as lágrimas de crocodilo comover o mesmo nessa encenação ridicula.

Enquanto isso um dos bajuladores tentava pôr em prática as ordens recebidas na noite de 25 do corrente. E começou, para resolver o incidente de um congestionamento do trânsito, tentando agredir e baixar o pão num modesto funcionário do Departamento dos Correios simplesmente porque êste saia da porta da sua repartição. Contudo, a reptila energica de moças, rapazes e populares que contiveram a agressão policia, frustou o ensejo da espancamento. Mas aliadas, na Praça da República, um menor de bicicleta tentou fazer o menor do cumprir a policia provocou.

mais viva indignação entre os motoristas estacionados na praça e populares que assistiam em defesa do mesmo vitimado. E não se fez esperar. Os pontos altos dessa resposta, fora os momentos de barra a em Brás Pereira, Matuas, Marco, das filhas poligonais racionadoras, da vespera das eleições. Inconsciente mando ocupar à taragrana tarde todas as praças de Belém, visando maltratar a cidade do terror policial.

Sob a égide da prepotencia armada amanheceu Belém dia 26. Outro incidente de policia monta na Estrada Nova serviu de pretexto para o espancamento de dezenas de pessoas, onde marinheiros, crianças e velhos foram servidos biruscamente da via pública, sob o mando direto do alegado coronel Maravalho.

A rasão passou para a ordem do dia da propaganda oficial-palia e caminhões, pretendendo justificar as arbitrariedades com o argumento central do democratismo pretexto anti-comunista, no estilo norte-americano, contra o partido e a greve roxo lopa, como arma de frustrar as exigencias do seu consulado o sr Luiz Gracie Rodrigues, metendo na praça as Republicas o seu povo o seu Gracie, quiquejés popular durante a tradicional do povo de Belem, como fico evidenciado na prepotencia sinistra do Lopo de Castro.

Mas o anti-comunismo não dos mais ao nosso povo que já sabe distinguir o fino do trigo. Cada vez mais os comunistas e as massas patrioticas secundaram estas passagens combativas e patrioticas

declarações insolentes da política no Batista.

Contudo, a resposta do povo alta dessa resposta, fora os momentos que demonstraram a fisionomia de um governo desespera do a inimigo do povo

(continua)

O govêrno fez circular por vezes continuadamente um programa institucional anti-popular e caluniosa, pretendendo justificar as arbitrariedades com o argumento central do democratismo ou pretexto anti-comunista, no estilo norte-americano. O inimigo jurado do nosso povo, o imperialismo norte-americano, através das exigencias do seu consulado e o sr Luiz Gracie Rodrigues, meteu na praça as Republicas stavro que os operarios querem os motoristas e fechar o quiquejés popular daquela tradicional do povo de Belem, como fico evidenciado na prepotencia sinistra do Lopo de Castro.

demonstram que são os mais conseqüentes e fieis filhos e servidores do povo. E esses acontecimentos vem revelar que os verdadeiros inimigos do povo são o imperialismo norte-americano e seus agentes locais entreguistas do centro e extrema do govêrno que exportam para fora da nossa terra.

Daí a estranha significação da greve dos motoristas cujo argumento central foi divulgado na nossa patriotica do povo patriotas profissional, isto é, foi uma greve justa em defesa do exercício livre das liberdades democraticas.

Os motoristas retornaram ao direito constitucional de greve para fazer valer as franquias democraticas planejadas pelo govêrno entreguista e reacionário do sr Magalhães Barata.

A importancia tomou policial para atender ás exigencias da pertinacia e provocação norte-americana que comprova a pelaamento a bestomento sob o petroleum do Amapá comprova a pele das as patriotas sob a Petrobrás em Nova Olinda, como as posições

(Conclui na 2ª pagina — R)

Consolidar e Ampliar a Vitória do Povo de Belém
LOPO, Prefeito de Belém:
Vitória do Candidato das Forças Coligadas!

Dr. Lopo de Castro

ENCERRA-SE a apuração do pleito para Prefeito de Belém com a esmagadora vitória do candidato das forças nacionalistas e democráticas, sr. Lopo Alvarez de Castro

Votou o povo pelas suas justas aspirações

A vitória do sr. Lopo de Castro reflete o sentimento do povo belemense que deseja a garantia de seus direitos constitucionais, que não mais admite, sob qualquer pretexto, os atentados às liberdades, que se incorpora no clamor nacional em defesa da soberania pátria e deseja mais do que tudo que sejam melhoradas suas condições de vida.

O povo belemense participa do poderoso ascenso nacionalista

O que as urnas, no entanto, tornaram evidente é que as massas eleitorais e populares de capital paraense toleraram

(Conclui na 2a. Pag. — F)

Votou o povo belemense por uma política nacionalista e democrática—Unidades da forças coligadas, o fator da esmagadora vitória—Vigilante, o povo garantirá e posse do novo Prefeito

Molotov, Embaixador na Mongólia

MOSCOU, (IP)—Molotov foi nomeado embaixador da União Soviética na Mongólia — anuncia a agência Tass.

N. 305 Belém-Pará, Sábado 7 de Setembro de 1957 Ano XI

A Independência Sob a Bandeira da Emancipação Nacional

EM todos os recantos do Brasil comemora-se hoje com grandes festas e desfiles entusiásticos o dia da independência nacional.

Em qualquer parte, nas grandes ou nas pequenas cidades do interior, as comemorações patrióticas do momento são efetivadas sob o impulso de uma crescente mobilização popular, que atinge a todas as camadas da população, e de caráter nitidamente nacionalista, amplo e unitário.

Cresce de norte a sul, de leste a oeste, esse impulso que traduz um avanço invencível e libertador da consciência política das massas trabalhadoras e populares do país. Ergue-se nacionalmente a marcha vigorosamente um sentimento geral pela emancipação econômica e política do Brasil.

Objetivamente já toma o caminho irresistível e vitorioso da ação comum organizada em defesa do que há de mais caro a todos os brasileiros. Assim é que a defesa da soberania nacional, pela anulação do ajuste e da cessão de Fernando de Noronha, um pedaço do solo brasileiro, aos beleicistas ianques, é a luta pela paz e pela amizade com todos os povos; é a defesa da Petrobrás e das riquezas nacionais; é a defesa das liberdades constitucionais, é a luta pela melhoria das condições de vida do povo o povo, contra a carestia e por melhores salários, que constituem, no momento, as aspirações que impulsionam a um elevado nível o sentimento pela independência nacional.

E', pois, sob a bandeira da emancipação nacional, despertando, mobilizando e unindo em ação comum de frente única as massas trabalhadoras e populares do Brasil, que o povo brasileiro comemora mais uma vez a sua independência nacional.

Saudamos a grande data nacional, incorporando-nos a todas as justas manifestações que o povo realiza para comemorá-la com alegria patriótica.

Consolidar e Ampliar a Vitória do Povo de Belém

Escreve Mogi RIBEIRO

O triunfo da campanha eleitoral expresso nas urnas a 1.º de setembro em Belém, representa uma grandiosa vitória da unificação das forças nacionalistas, democráticas e populares em tôrno da candidatura de frente única do sr. Lopo Alvarez de Castro.

A participação das mais amplas massas populares de Belém, numa campanha intensa e a votação massiça que resultou no sufrágio colossal com larga diferença da candidatura vencedora sôbre o seu adversário em mais de 13.000 votos, sobrelava a sua importância a um plano superior que merece de todos os participantes do pleito, particularmente dos comunistas, um exame crítico e autocrítico acerca da avaliação dos ensinamentos dêsse acontecimento político.

AS FÔRÇAS VITORIOSAS

Antes de mais nada torna-se necessário situar com tôdas as letras que o resultado eleitoral foi uma vitória da unidade da classe operária de Belém, da aliança eleitoral entre os comunistas e os partidos do PSP, PSB, PTN, UDN, PL, PR, e ala dissidente do PTB e PDC, uma vitória da Coligação Democrática Paraense em bases novas, dos sem partido, dos católicos, protestantes e espíritas e do eleitorado descontente do PSD, do PDC, enfim uma vitória da maioria esmagadora do povo de Belém que exerceu o direito do voto.

E foi uma derrota fragarosa do candidato despersonalizado do governo impopular de orientação anti-democrática e anti-nacional do sr. Magalhães Barata, uma derrota do culto ao baratismo, da hegemonia do passado do setor conservador e reacionário enquistado na cúpula da CPD, uma derrota do anti-comunismo e dos golpistas e entreguistas de dentro e de fora do govêrno e mais uma pá de cal nas fracassados remanescentes dos traidores integralistas, a serviço atualmente dos imperialistas norte-americanos.

A REVIRAVOLTA ELEITORAL

Ao nosso ver, essa caracterização corresponde a justa polarização das fôrças sociais que se empenharam nesta batalha política eleitoral que exerceu e exercerá uma benéfica e animadora influência em tôdas as camadas da população, desde a classe operária aos lavradores, aos intelectuais, e à burguesia nacional em nosso Estado, que elevou a um nôvo grau a sua consciência política.

Os amplos debates de rua em tôrno dos problemas de interêsse nacional e regional puseram a nú o falso dilema do no passado no exclusivismo estreito baratista e anti-baratista,

(Conclui na 2a. pág. — A)

Vitória do Povo
LOPO DE CASTRO   38.130
DIONISIO   24.955
Diferença   13.175

PAGINA 3 — TRIBUNA DO PARÁ' — BELEM, 7-9-57

EDITORIAL

O Direito De Voto Aos Analfabetos

SINAL de amadurecimento de uma causa justa é, sem dúvida, a ampla e imediata aceitação que está obtendo entre as fôrças mais expressivas dos partidos a iniciativa da concessão do voto ao analfabeto, através de emenda constitucional a ser apresentada na Câmara.

DOS primeiros balanços feitos pela crônica parlamentar, verifica-se que são reduzidas as manifestações em contrário. Exceto o partido do sr. Plínio, com a sua concepção aristocrática dos chamados governos de elite, e alguns elementos da UDN, cuja vista curta não tolera a luz da realidade, todas as demais fôrças políticas já se pronunciaram favoràvelmente.

ENTRA a matéria em debate não só na imprensa. Nas duas casas do Congresso Nacional fazem-se ouvir opiniões autorizadas, no sentido de que urge sanar a grave contradição de um sistema que se presume baseado no sufrágio universal mas nega o direito de voto à maioria dos cidadãos brasileiros, até hoje privados da mais elementar instrução, devido a causas que escapam inteiramente à sua responsabilidade.

ATÉ agora só surgiram contra o voto ao analfabeto argumentos antidemocráticos, partido, sem dúvida, de quem pretende que o poder seja exercido ùnicamente por minorias que em seu benefício invocam, senão títulos de castas ou bens de fortuna, um grau de instrução que não pode conferir privilégios nem determinar discriminações. Os que assim opinam, já viseram a maiores restrições, sustentando que não basta ao eleitor assinar o nome como prova de identidade. E por pouco não advogaram o privilégio exclusivo do voto para doutores...

NOS dois últimos pleitos eleitorais, certas correntes fizeram um cavalo de batalha da eleição por maioria absoluta. Não consideravam eleito à presidência da república um candidato que não houvesse reunido mais de cinquenta por cento dos sufrágios. Essa exigência, dentro do quadro de um eleitorado tão reduzido, deveria levar lògicamente a outra impugnação: à de um corpo de eleitores minoritário, relativamente à totalidade de nossa população adulta.

A Constituição declara a igualdade de direitos, mas ao mesmo tempo exclui de um direito basilar, o de votar, a maioria dos cidadãos. A essa incongruência atribuiu o sr. Milton Campos o caráter de deslealdade para com o princípio do sufrágio universal. E são udenistas, seus correligionários, a começar pelo líder na Câmara, Carlos Lacerda, que estão saindo à liça contra a extensão do voto ao analfabeto, isto é, pela manutenção de um estado de coisas nada leal, não só quanto a um princípio, tomado abstratamente, mas no que diz respeito à forma concreta de constituir governos e eleger Câmaras por meio de um sufrágio dito universal e autênticamente representativo.

ESGRIME ainda a minoria intolerante contra a correção de tal incongruência uma alegação fútil. A de que o voto ao analfabeto desencorajaria a obra de alfabetização. Ora, uma das causas do analfabetismo é exatamente a do desinterêsse das chamadas «elites» das classes dominantes pela sorte das grandes massas, sobretudo as do campo. Quando essas massas puderem influir nas eleições, contribuirão certamente para a formação de governos que se comprometam a cuidar de seus problemas e promovam a elevação de seu nível de vida, de modo a que tenham alimentação, roupa, habitação e escola.

TAIS alegações não podem demover as grandes fôrças que já se declararam favoráveis à reparação da injustiça. O próprio consenso popular, fazendo-se sentir por tôda parte, em manifestações junto aos partidos e seus dirigentes, junto à Câmara e ao Senado, assegurará a vitória da iniciativa que, interessando imediatamente dos cidadãos até agora excluídos da vida política nacional, constituirá um avanço notável no sentido do desenvolvimento democrático.

FAVORAVEL JUSCELINO AO VOTO AO ANALFABETO

Facilitar de todo o modo o alistamento—Trazer a maior massa de eleitores para os pleitos — Declarações à imprensa paulista

SÃO PAULO, (IP) — Falando à imprensa paulista, na cidade de Presidente Epitácio, o sr. Juscelino Kubitschek se manifestou favorável à emenda que estende aos analfabetos o direito de voto. São as seguintes as declarações do presidente da Republica a respeito:

—«O assunto, que está sendo muito discutido, acha-se entregue ao exame do Congresso. Mas como democrata, e conhecendo bem o Brasil, eu considero que se deve facilitar de todo modo o alistamento e trazer a mais considerável, a maior massa de eleitores para a decisão nos pleitos. Dentro dêsse julgamento, considero que o direito de voto deve também ser dado ao analfabeto».

E acrescentou, reportando agora à reforma da lei eleitoral:—«Considero que tôdas as medidas tendentes a facilitar a inscrição do eleitor e o processo de eleição há razão nenhuma para nós estarmos criando tôdas as dificuldades a um cidadão que queira ser eleitor no Brasil. Se nós já temos um grande colégio eleitoral, e se por um ato simples anulámos cêrca de 15 milhões de eleitores, para recomeçarmos novamente o trabalho de alistamento devemos facilitá-lo, a fim de que, em breve, o Brasil apresente um colégio eleitoral completo. A alegação de que as fraudes são frequentes, nós devemos realmente combatê-las tôdas, mas fraude haverá com qualquer lei, é inevitável. De modo que o que nós devemos é facilitar o alistamento».

INSTALA-SE HOJE O VIIº CONGRESSO NACIONAL DE JORNALISTAS

INSTALA-SE hoje na Capital Federal o VII Congresso Mundial de Jornalistas.

O temário

E' o seguinte o temario do importante conclavel:

a) Do Jornalismo com o atividade social:

1) A função social da imprensa.

2) A liberdade da imprensa.

3) A responsabilidade da imprensa.

4) O interesse público e a imprensa.

5) Isenções, franquias e facilidades da imprensa.

b) Do Jornalismo como atividade profissional:

1) O exercicio da profissão jornalistica.

2) A remuneração da profissão jornalistica.

3) O amparo da profissão jornalistica.

4) O aperfeiçoamento da profissão jornalistica.

5) O livre acesso as fontes de informação.

c) Do jornalismo como atividade associativa:

1) Os jornalistas e as associações sindicais.

2) Os jornalistas e as associações sindicais.

3) Os jornalistas e as entidades de trabalhadores da imprensa.

4) Os jornalistas e as entidades internacionais da classe

d) Temas diversos.

Encontro que desperta as atenções do país

O encontro dos jornalistas realiza-se num significativo momento da vida nacional, quando se aglutinam e avançam todas as fôrças sociais que desejam o progresso e o bem-estar de nossa pátria. O conclave assume, pois uma alta significação pelo debate dos problemas da imprensa brasileira e da nação.

Os jornalistas de todo o país, estão hoje vinculados, pela sua atividade a serviço do povo, aos mais sentidas aspirações do povo e da nação.

No Rio desde do dia 4 a delegação paraense

Numerosa delegação paraense tomará parte no conclave nacional, integrado por 14 elementos, incluindo um trabalhador gráfico.

Desde o dia 4 encontram-se no Rio os representantes paraenses.

TRIBUNA DO PÁRA' se fará representar

A' delegação paraense se juntará o representante deste semanário, especialmente convidado, de acôrdo com o regimento do VII Congresso.

Tornou-se Independente a Federação Malaia

Mensagem de Mao Tsé Tung, rèconhecendo a independência do país

KUALA LUMPUR, (IP) —A Federação Malaia tornou-se um Estado independente no quadro da «Commonwealth».

Exatamente às 24 horas e 1 minuto do dia 31 a «Union Jack» foi arriada ao som do «God Save The Queen» e o emblema do novo Estado malaio hasteado no mastro que se encontrava em frente ao Palacio do govêrno, na presença de 40.000 pessoas.

Mensagem de Mao TSE TUNG

PARIS, (IP)—Noticia a radio de Pequim que o govêrno da China Popular reconheceu a independência da Malásia e que, por êsse motivo, o presidente Mao Tse Tung enviou uma mensagem de felicitações a sir Abdul Rhman, chefe supremo da União Malaia.

☞ PEÇA AO SEU AGENTE

VOZ OPERÁRIA

(ORGÃO LÍDER DA IMPRENSA POPULAR)

Na Guiana Inglêsa

Majoritário no Novo Gabinete o Partido Popular Progressista

Entre os novos membros a espôsa do dr. Jagan

GEORGETOWN (IP)—A data da primeira reunião do gabinete foi fixada para 11 de setembro. No seio do Govêrno, o Partido Popular Progressista do dr. Jagan dispõe de uma maioria de dois votos, pertencendo a êsse partido 5 ministros. Há, ainda, três membros inglêses: o sr. Derek Jakeway, Secretário Principal, Anthony Austin, ministro da Justiça, e Frank Essex, Secretário das Finanças. O gabinete é presidido pelo Governador, sir Patrik Remison. O título do dr. Jagan é: líder do Partido Majoritário. Sua espôsa, Janet, americana de nascimento é a primeira mulher a exercer as funções de membro do gabinete. O presidente do Parlamento é sir Donald Jackson, ex-juiz. O sr. Forbes Burnham, líder do Partido Popular Progressista rival, é o chefe da oposição.

As vésperas do 40 Aniversário da Revolução de Outubro

Por Que Estalou Na Russia A Guerra Civil

Y KUSMIN

A 25 de outubro (7 de novembro) de 1917, triunfou na Rússia a Grande Revolução Socialista de Outubro. Nos primeiros dias de sua existência, o Poder Soviético entregou a terra dos latifundiários aos camponeses, nacionalizou as emprêsas industriais e implantou nelas a jornada de oito horas.

O Govêrno soviético, cumprindo a vontade dos operários e camponeses, dirigiu-se a todos os países participantes da primeira guerra mundial, apresentando proposta de realizar imediatamente uma paz democrática, sem anexações e indenizações. Na Rússia, tratava-se de, por todos os meios, intensificar o desenvolvimento do país por um caminho pacífico.

Todavia, a Rússia soviética, em sua luta pela paz, não foi apoiada pelos Govêrnos dos Estados Unidos, Grã Bretanha, França e outros países da Entente. Êsses países, para alcançar os seus objetivos, tentavam forçar a continuação da guerra entre a Alemanha e a Rússia. A aspiração da Entente era lançar todo o pêso da guerra contra a Alemanha, sôbre o povo russo e, ao mesmo tempo, estrangulá, com a ajuda das baionetas alemães, a nascente e jovem República Soviética.

O Estado Soviético, porém, sob a direção de V. I. Lênin, superou tôdas as dificuldades no caminho da paz. A 3 de março de 1918, em Brest-Litovsk, firmou-se o tratado de paz entre a Rússia e a Alemanha. O Poder Soviético salvou a Rússia da guerra de saque e imperialista, à custa de um tratado duro e leonino, e conquistou uma trégua.

Isto era contrário aos planos dos imperialistas estrangeiros e da contra-revolução interna, que temiam o fortalecimento da primeira República Socialista do mundo; para impedí-lo, desencadearam a guerra civil e empreenderam uma intervenção armada contra a jovem república,

V. I. Lênin escrevia em abril de 1919:

«Todos sabem que esta guerra nos foi imposta; no início de 1918, terminamos a velha guerra e não começamos outra nova; todos sabem que contra nós se lançaram os guardas brancos no oeste, no sul, no leste, graças sobretudo à ajuda da Entente que esbanjava milhões a tôrto e a direito; além disso, as enormes reservas de material bélico que restaram depois da guerra imperialista, foram concentrados nos países mais adiantados e lançadas em ajuda aos guardas brancos...»

O país soviético não cessou a sua luta pela paz, principalmente depois do comêço da guerra civil e da intervenção armada, apesar dos trabalhadores da Rússia terem sido obrigados a recorrer a uma resistência armada como represália. É importante recordar que sòmente em um ano e meio — de agôsto de 1918 até fins de 1919 — o Govêrno soviético dirigiu-se onze vêzes aos diversos govêrnos da Entente com propostas de paz e de retirada das tropas imperialistas da Rússia. Mas tôdas as propostas foram rejeitadas.

V. I. Lênin, respondendo, em fevereiro de 1920, ao correspondente de um jornal norte-americano sôbre qual «seria a base da paz com a América», escrevia: «Que os capitalistas norte-americanos não se metam conosco. Nós não nos meteremos com êles. Estamos dispostos inclusive a pagar em ouro por máquinas para o transporte e a produção, instrumentos, etc. E não só em ouro, mas também em matérias primas». Respondendo à pergunta «Qual o entrave a uma paz semelhante?» V. I. Lênin assinalava: «Da nossa parte, nenhum. Da parte dos capitalistas norte-americanos (do mesmo modo que da parte de outros quaisquer) — o imperialismo».

Tudo isto demonstra convincentemente a quem convinha a guerra civil e quem era o culpado pelo seu desencadeamento. A reação estrangeira e russa era culpada não só pela guerra civil, mas também por esta guerra ter sido tão longa. Por culpa sua a guerra civil durou três anos inteiros e causou ao povo russo grandes calamidades e o desajustamento de sua economia nacional.

Ao começar a guerra civil e a intervenção, os imperialistas pretendiam, como sua tarefa, derrocar o Poder Soviético, restaurar o regime feudal-burguês, esmagar o movimento operário e nacional de libertação, restaurar e fortalecer o sistema capitalista como sistema mundial único.

A guerra civil começou na Russia no verão de 1918 e prolongou-se até fins de 1920. No Extremo Oriente, durou até outubro de 1922.

A princípio, os imperialistas da Entente tratavam de aniquilar a República Soviética com suas próprias fôrças. Com êste objetivo ocuparam as regiões do norte, do leste e do oeste do país, com o propósito de assestar um golpe decisivo sobre Moscou. A Russia Soviética perdeu quase três quartos do seu território, perdendo também os principais centros de abastecimento de cereais, de carvão e de matérias primas. Os imperialistas organizaram o bloqueio da Russia, isolando-a do mundo exterior.

Mas, os imperialistas não lograram o seu objetivo. O Exercito Vermelho rechaçou os ataques dos seus inimigos e defendeu as conquistas da revolução Os exércitos dos intervencionistas não estavam em condições de lutar contra os operarios e camponeses revolucionários da Rússia. Os soldados dos exercitos e das frotas dos Estados Unidos da America, da Inglaterra, da França e da Italia negavam-se a derramar o seu sangue por interêsses alheios, amotinavam-se e exigiam de seus govêrnos o retorno à pátria.

O fracasso de suas tentativas militares obrigou os imperialistas a concentrarem sua atenção na contra-revolução interna. Os guardas brancos, que haviam participado ativamente na guerra civil, passaram a ser a fôrça decisiva nos planos da Entente.

Assim, em 1919, por exemplo, papel de brigada de choque do imperialismo internacional esteve a cargo dos exercitos de guardas brancos de Kolchak e Denikin.

A Polonia feudal-burguesa e o barão Wrangel foram as últimas fôrças e reservas da Entente na luta contra a República Soviética (1918-1920).

Os trabalhadores da Russia Soviética sairam vencedores da dura e sangrenta luta contra as fôrças unidas do imperialismo mundial e da contra-revolução interna. A causa principal da derrota dos intervencionistas e guardas brancos foi o estabelecimento de um novo regime social no país.

PAPELARIA
TIPOGRAFIA
Gráfica Belém
Rua Manoel Barata, 259
FONE: 1486

O PREFEITO LOPO DE CASTRO OPINA FAVORAVELMENTE

PELA LEGALIDADE DO PCB

LIBERDADE PARA PRESTES E REATAMENTO DE RELAÇÕES COM A URSS

N.º 315 — Belém-Pará, Domingo, 17 de Novembro de 1957 — Ano XII

O Prefeito do Conselho Municipal de Belém é Dr. Lopo A. de Castro

Empossado dia 13 do corrente — Programa oficial — Manifestação popular

DESDE o dia 13 do corrente, acha-se à frente da administração municipal o Dr. Lopo de Castro, candidato eleito a 1º de Setembro pelas forças democráticas e progressistas de nossa capital.

A posse teve lugar na Camara Municipal, ás 9,30, grande massa popular comprimia os salões daquela Casa, o orador oficial pela Camara foi o vereador Alberto Nunes, que no decorrer de seu discurso foi por varias vezes aplaudido principalmente quando, com clareza e dados oficiais demonstrou a necessidade de nosso pais, ampliar seu comércio com todos os países do mundo, independente de diferenças de regimes, como tambem a posição intransigente daquela Casa, em defeza do monopolio estatal do Petroleo.

Fez uso tambem da palavra o Prefeito recem empossado, que em breves palavras agradeceu a confiança do povo de Belém, em tê-lo eleito prefeito da capital do Estado.

Embora os salões da Camara estivessem lotados, bem maior era o numero dos que aguardavam a saida do Prefeito, sendo este conduzido entre o carinho popular até o edifício da Prefeitura de Belém, onde foi realizada a transmissão do cargo, pelo sr. Jacinto Rodrigues, prefeito em exercicio, precedidos as medidas protocolares, falou o sr. Jacinto tendo a oportunidade de expor ao novo Prefeito a situação real em que entregava a Prefeitura de Belém. Logo depois usou da palavra o Prefeito propriamente dito, Dr. Lopo, fazendo o retropeto da campanha eleitoral e finalizando com as linhas gerais de seu plano de realizações frente ao governo da comuna, sendo ovacionado todas as vezes que se referia as principais reivindicações populares e dos funcionarios da Prefeitura.

Seguem-se durante esta semana até o dia 20, as manifestações

(Continua na 2.a pág. E)

Fotogravura da posse do Dr. Lopo de Castro, no cargo de Prefeito Municipal de Belém, no dia 13 do corrente.

Com referência ás manchetes acima, publicamos abaixo, parte da entrevista concedida ao nosso semanário pelo novo Prefeito de Belém, Dr. Lopo Alvarez de Castro, sobre importantes questões

Que acha do movimento nacionalista?

Ao meu vir o movimento nacionalista é uma fase do avanço politico de nosso povo que almeja melhores condições de vida e a expressão disso foi a nossa vitoria.

Qual a vossa opinião sobre o reatamento de relações com a União Sovietica e demais paises socialistas?

Com respeito a esta questão antes de deixar a Camara Federal para ver assumir o governo municipal, solicitado pelo Deputado Campos Vergal. Acho

que temos que colocar nosso pais em pé de igualdade com os demais nesta questão, como se Estados Unidos, a França, a Inglaterra etc. negociam com a União Sovietica e demais paises socialistas. Considero os mesmos igual no nosso como o mesmo regime constitucional. Concluindo acho que devemos começar a manter relações diplomaticas com todos os paises.

Qual a vossa opinião sobre o lançamento do Satélite Sovietico?

É uma grande contribuição da ciencia socialista alcançaram assim a supremacia.

Qual a vossa opinião sobre a legalidade do PCB e a liberdade de Prestes?

Ora se em outros paises, disse acima, Estados Unidos, França, Italia e até mesmo na America Latina como na Argentina e Uruguai, com os mesmos regimes, os Partidos Comunistas vivem na legalidade, não vejo porque no Brasil, não tenha vida legal o Partido Comunista, quanto a liberdade de Prestes, sou de opinião que ao mesmo seja assegurada a necessária liberdade para se defender dentro do mesmo espirito da Constituição Brasileira que todos os iguais perante a lei, depois no caso em foco, se trata de crime considerado politico.

Qual a vossa opinião com referencia ás proximas eleições de 1958

Nacionalmente já teve inicio, acho que nas futuras campanhas o povo terá maior participação, pela forma nova como os candidatos vem se apresentando ao povo. Em nosso Estado, tudo farei para assegurar a consolidação da Coligação Democraticas Paraense, unica forma de mudança favorável ao povo.

FORMAÇÃO DO GOVÊRNO MUNICIPAL

Jos Maria Platilha no Departamento de Fiscalização Municipal

NOSSA reportagem acompanhando de perto os primeiros atos do Prefeito Lopo de Castro, afim de mantê-lo cada vez mais ligado ao povo, publicamos com segurança a composição do novo Secretariado e auxiliares diretos do govêrno municipal.

(Continua na 2.a pág. F)

Sob Pressão Ianque

Substituido o Comandante Pinto Guimarães da Superintendência Regional da Petrobrás

Instalada a IV Conferência Nacional de Tisiologia

DESPERTANDO o mais vivo interesse nos meios médicos, sociais e populares desta capital instalou-se, a IV Conferência Nortista de Tisiologia que se reunirá de 15 a 19 do corrente, congregando quase 2 centenas de médicos de renome nacional e internacional.

TEMÁRIO

O temario oficial divulgado pela comissão executiva da IV Conferência Nortista de Tisiologistas consta dos seguintes pontos:

1 - Cadastro toráxico e morbidade tuberculosa, pelo relator Dr. Oscar Miranda;

2 - O sanatorio em face ao estado atual da luta anti-tuberculosa. Relator: Dr. Gilmério Mourão Teixeira.

3 - Papel da cirurgia na Terapêutica e Epidemologia de Tuberculose, relator Dr. José Silveira.

TEMAS LIVRES - MESA REDONDA - DISCUSSÕES

Além dos temas oficiais da Conferência diversos serão os temas livres que serão debatidos na Conferência.

REGIMENTO

Dia 15 — Sessão solene ás 21 horas no Teatro da Paz.

Dia 16 — Apresentação do 1.º tema científico ás 8 hs. na Faculdade de Medicina;

Dia 17 — Apresentação da 2.º Tema cientifico ás 8 hs. no Sanatório Barros Barreto. Conclusão do 1.º tema.

Dia 18 — Apresentação da 3.º tese e conclusão da 2.ª tese, ás 8 horas e ás 14 horas temas livres e conclusões na Faculdade de Medicina do Pará.

Sómente a união vigilante das forças populares poderá manter o prestigio da grande companhia nacionalista, criada com o sangue dos patriotas do Brasil

SANTIAGO QUADROS

A Petrobras na Amazônia, por força das imposições dos trustes norte-americanos, está tomando o rumo do abismo.

Como se sabe, em todas as grandes emprêsas existem duas forças contrárias e a Petrobrás não foge á regra, apenas essas forças contrárias na Petrobrás são de caráter politico-econômico internacional.

A Petrobrás na Amazônia está sendo entregue aos gringos norte-

(Continua na 2.a pág. H)

Flagrante Colhida de Uma Parte da Massa Popular no dia da Posse do Novo Prefeito Municipal

Belém Com Um Govêrno Municipal de Frente Unica, Democrática-Progressista-Nacionalista

Nosso jornal gostaria de informar a opinião publica algumas questões do govêrno municipal de V. Excia. Dr. Lopo de Castro nos atendeu cordialmente.

Neste sentido permita-nos indagar-vos:

— Qual vai ser a composição do govêrno municipal?

Vou direi minha palavra, entreguei a todos os Partidos integrantes da Coligação pela qual fui eleito pela vontade soberana do povo belemense, postos da administração do governo municipal, continuando assim a coalisão formada durante a campanha eleitoral, certo de que o objetivo de todos nesta jornada politica é bem servir o povo de nossa capital.

Quais as diretrizes gerais do programa a ser executado pela Prefeitura Municipal?

Estas são do conhecimento publico, pois na campanha eleitoral foi por demais debatido o nosso programa de governo, nas praças publicas, palestras na imprensa e no radio, e sendo um dos motivos pelo qual o povo cerrou fileiras em torno do candidato da Coligação Democratica Paraense. Em linhas gerais entra no primeiro plano administrativo as estradas de rodagem, melhoria do transito municipal, transporte urbano, instalando e restabelecendo, parques infantis, bibliotecas de cultura popular, reuves e pontes nas ruas pantanosas, instalaremos telefones publicos construiremos escolas de alfabetização, existemos agencias municipais, em condições de melhor servir as populações de nossos bairros em suas reivindicações mais sentidas. É nosso proposito tambem estimular as frutas populares, contribuindo para conservação das tradições e prestigio de folcloreses, iniciaremos a campanha para a construção de casas populares. O de abastecimento que está igualmente projetado ampliaremos a rede de feiras-livres, construiremos os novos mercados, com camaras frigorificas, abastecidos por um frigorífico geral de carne verde, peixe, frutas e legumes.

A administração municipal será descentralizada?

Desde que o nosso é colegiado, isto é com a participação na administração de todos os Partidos Coligados, de forma que todos os problemas a serem resolvidos pelo governo municipal deverão ser discutidos em conjunto. Ademais desceremos aos bairros, afim de proporcionar-

(Continua na 2.a pág. G)

Opina Favoravel o Chefe de Gabinete do Prefeito:

PELA LIBERDADE DE PRESTES

Abordado pela nossa reportagem, o sr. Miguel Santa Brigida, chefe do gabinete do Prefeito Lopo de Castro e candidato a Deputado Estadual nas próximas eleições pelo P. S. P. respondeu:

— Sou favoravel que seja respeitada a nossa Carta Magna a Constituição da Republica, dando a justiça brasileira a liberdade do Sr. Luiz Carlos Prestes, pois só poderemos encontrar a verdade na luta de opinião ampla e livre. E isso deve ser ampliado e fortalecido para o maior avanço democratico de nosso país.

TRIBUNA DO PARÁ

N. 320 — Belém-Pará, Domingo, 22 de Dezembro de 1957 — Ano XII

Relações Com a URSS

O Povo obterá Mercadorias Mais Baratas

ENTREVISTADO pela nossa reportagem, o sr. Antonio Martins Junior, Presidente da Associação Comercial do Pará, opinou favoravel às relações comerciais com os paises socialistas, inclusive com a União Sovietica.

Como representante do comercio paraense, qual o vosso ponto de vista sobre as relações comerciais de nosso pais com a União Sovietica e demais paises Socialistas?

— A respeito já tive oportunidade de me pronunciar na Capital Federal em entrevista à imprensa. Mas reafirmo: Devemos vender e comprar aquele que nos dê mais vantagens.

Quais as vantagens que teremos com essas relações?

— Do ponto de vista do comercio, ampliaremos nosso mercado externo, uma necessidade e o final quem sairá lucrando será o povo, que poderá obter as mercadorias trocadas e aquelas que serão produzidas com as maquinas que necessitamos para ampliar o nosso parque industrial por preço mais acessível.

Felicitações de Prestes A Oscar Niemeyer

Por motivo da passagem do 50.º aniversário do arquiteto patricio

RIO, (IP) — Ao arquiteto Oscar Niemeyer, por motivo da passagem de seu aniversário natalício, Luiz Carlos Prestes enviou a seguinte mensagem de saudação:

«Meu caro Oscar Niemeyer.

Receba com meu abraço de felicitações pelo transcurso de seu 50.º aniversário os votos que formulo pela sua saúde e novos e maiores êxitos em sua atividade artística.

Afetuosamente, seu camarada e admirador

Luiz Carlos Prestes».

LUIZ CARLOS PRESTES
Lider querido do povo brasileiro

OTAN Instrumento de Intimidações dos povos
O. PINHEIRO

ACREDITO que, como eu, os amigos leitores de A TRIBUNA DO PARÁ, estão acompanhando os últimos acontecimentos mundiais no que diz respeito à já famosa e pouco representativa Organização do Tratado do Atlantico Norte (OTAN).

Quando dizermos que alguma coisa é famosa, naturalmente existe algum motivo para isto. No que diz respeito à OTAN, que motivo é êsse? Explica-se: A OTAN é hoje em dia a organização que, apesar de estar fadada ao fracasso, como o fracasso está ligado tudo o que seja dirigido contra os interesses dos povos, os seus responsáveis — os EE. UU. — insistem em transformar êsse organismo num instrumento de intimidação dos povos verdadeiramente livres do mundo socialista.

Esforçam-se os círculos que se mandam o imperialismo, por fazer crer aos povos que exploram economicamente, que a OTAN representa a política chamada «ocidental». Grosseira embromação, vergonhosa farsa, inqualificavel, mesquinho e vulgar procedimento de homens que se dizem diplomatas, de homens que estão completamente desajustados na época em que vivemos.

Não exageram, por acaso, êsses senhores, que à época da força há muito que passou? Não se apercebem, também, na aversão que os povos de todos os quadrantes do globo sentem pela guerra? Não vêem êsses senhores que os povos de todo o mundo estão fazendo o papel de juiz nessa questão internacional, e que de forma alguma darão qualquer apoio a qualquer agressor que venha a perturbar a paz internacional?

Que as camarilhas imperialistas — especialistas a dos EE. UU. — dirigem suas políticas no sentido de uma nova guerra são desprezam o desejo fundamental dos povos que exigem, porque são povos que desejam paz e nenhum apoio darão a guerras imperialistas de dominio mundial, especialmente numa época em que a liberdade econômica que já possuem os povos é o mundo socialista caminha a passos rapidos sôbre todo o globo, malgrado os artificios de lucros excessivos dos grandes magnatas internacionais.

Eis porque afirmo inicialmente, também, que a OTAN é pouco representativa.

Dito isto, é de perguntar: quem ameaça a segurança mundial? a URSS com a sua proposta concreta visando a paz universal ou os EE. UU. com suas bases em solo estrangeiro para teleguiados destinados ao bombardeios atomicos e de hidrogênio com o que pretendem destruir o campo socialista?

Que o leitor amigo acompanhe atentamente os movimentos suspeitos daqueles que falam de suposta ameaça soviética, pois é com esta linguagem (a mesma que usou Hitler às vésperas das suas agressões na Europa) que desejam encobrir seus designios agressivos de transformar a Europa numa grande fogueira atômica.

Sorteio De Natal

A Comissão de Ajuda à Imprensa Popular avisa aos srs. agentes que receberam bilhetes "Ação entre amigos" o Natal que compareçam com urgencia à redação da "Tribuna do Pará", Rua 13 de Maio, 9 altos, afim de prestarem contas dos bilhetes vendidos.

Outrosim, chama atenção que o sorteio correrá impreterivelmente no 26 de Dezembro pela extração da Loteria do Estado e que as sobras dos bilhetes não vendidos só serão aceitas até as 16 horas do dia da extração, fora deste prazo, não será aceita nenhuma devolução de bilhetes.

Dentro de Dois Anos O Primeiro Vôo À Lua

MOSCOU, 17 (IP) — O primeiro lançamento de um foguete sôbre a Lua, se verificará provàvelmente no prazo de um ano e meio a dois anos — escreve em um artigo publicado na revista «Para a defesa da paz», o professor K. Staniukovitch.

Com o foguete balistico existente atualmente, o engenho poderá atingir a uma velocidade de 12 quilômetros por segundo, o que é suficiente para permitir-lhe atingir a Lua.

— A remessa de um tal foguete mesmo mal equipado em aparelhos de precisão — tendo sob sua ogiva uma carga de explosivos poderosos, permitirá observar da Terra a explosão sôbre a Lua. Graças a um estudo especial desta explosão, será possivel determinar a composição do solo lunar.

— É provavel que a remessa do foguete balistico seja percebido do lançamento de vários «Sputniks», munidos de aparelhos fotograficos especiais, que se aproximarão cada vez mais da Lua.

— O professor Staniukovitch assinala ainda que no foguete balistico, que terá por missão contornar a Lua, poderá colher porque tomará fotografias das regiões lunares invisiveis da Terra.

— E fora de dúvida, - conclui o professor, que a Lua não libará mal os primeiros homens, e somente mais tarde poderão constituir nela um observatorio astronomico. A Lua servirá igualmente de base para as pesquisas atômicas.

TRIBUNA DO PARÁ
Edição de hoje
4 páginas
Preço do exemplar
Cr$ 1,00

Que Intensificar a Luta Contra a Entrega de Fernando de Noronha

PERGUNTA um dos nossos leitores, metalurgico do PP e é justo que, ao lutar em defesa da soberania nacional os comunistas concentrem os esforços na luta contra a entrega de Fernando de Noronha, entre as bases militares dos imperialistas dos Estados Unidos, ou, isso é não somente justo como indispensável.

A cessão da ilha de Fernando de Noronha foi um passo muito sério no caminho da subordinação do governo do sr. Kubitschek ao governo dos EE.UU. aos imperialistas norte-americanos, Fernando de Noronha no Brasil, deste modo, de pais da independência, colocando-se em seguida em condição contrária aos interesses nacionais, bem como em desrespeito à soberania do nosso povo. Tratase de um ato antipatriotico do sr. Kubitschek, ao mesmo tempo, marcou o início de uma política de capitulação e mesmo de vergonhosas concessões com essa vergonhosa concessão, os trustes yankees aumentarão suas exigências ao governo para forçar a ocupação de Fernando de Noronha pelas forças norte-americanas, significando dependência nacional de se constituiria uma série golpe na política antinacional do governo daria um vigoroso impulso à luta para obrigar o governo a mudar de política e realizar uma política independente de acôrdo com os interesses da nação.

Cabia, assim, concentrar os esforços para anular o acordo sobre Fernando de Noronha, para organizar um movimento de massa poderoso de envergadura nacional. É certo que tais esforços não foram feitos e, consequencia, a repulsa popular à cessão de Fernando de Noronha não correspondeu a gravidade da traição cometida.

As massas só agora são suficientemente esclarecidas sobre os perigos que resultam para o pais da cessão de Fernando de Noronha. A medida em que forem alertadas, hão de movimentar-se, obrigando os governantes a recuar em sua política antinacional.

Lutar contra a ocupação de Fernando de Noronha, por tropas norte-americanas não implica em considerar essa luta como a tarefa unica e exclusiva dos patriotas, ou significar o abandono de outras reivindicações de repercussão nacional como, por exemplo, a defesa da Petrobras. Tais reivindicações, por ser profundamente

(Continua na 2ª pág. B)

A Solução Pacifica Pela Qual se Batem os comunistas

LEIA EDITORIAL
3ª pág.

A Garagia deste seminario solicita aos agentes do Porto, Pedreira, Castanhal, Igarapé-Assú, Bragança e Vigia, que venham com urgencia pagar suas quotas de jornais afim de evitar dificuldades financeiras para o mesmo.

Convenção Regional do P.S.B.

Dias 27 e 28 do corrente, terá lugar em nossa capital a Convenção Regional do Partido Socialista Brasileiro.

O conclave de certo marcará mais um passo em defesa da Soberania Nacional e pelo progresso da região Paraense, conseguirá ser uma das armas contra o imperialismo norte-americano.

Dentre as questões que serão discutidas e traçadas as posições está a criminosa entrega de Fernando de Noronha e a reafirmação dos socialistas na defesa da Petrobras, contra a desvalorização do cruzeiro e o Rio Tapajós, Rio do Centro

(Continua na 2ª pág. A)

Burlados em Seus Direitos os Operarios da IMPERIAL

A firma desrespeita a Justiça do trabalho—Imposições arbitrarias—Unidade e organisação determinará o cumprimento dos direitos dos trabalhadores

DESDE de junho do corrente ano, foram vitoriosos os trabalhadores em calçados de nossa capital, em um dissidio coletivo na Justiça do Trabalho.

[illegible] por nossa reportagem um grupo de operarios da Fabrica de calçados Imperial foram unanimes em acusar a firma de desrespeitar a Justiça do Trabalho que deu causa de ganho aos trabalhadores em calçados, informaro-nos que obtiveram um aumento de 35% sobre o salários de junho de 1955, sendo a base do salario naquela época de 33.00, tendo portanto todos os trabalhadores um aumento minimo de 12,00 sôbre o salario atual.

Vêm os patrões protelando o pagamento conquistado e muitos dêles impondo condições, como o desconto

(Continua na 2.a pág. C)

Mais um Natal Que o Povo Paraense Não Participará

A cidade está nos preparativo dos festejos de Natal, data tradicional festejada carinhosamente.

Os lares alegres e dotados de recurso [illegible] traçam planos para os gastos dos tradicionais presentes, alegres que lhes alcançam valôres fabulosos e invejáveis, isto se dá na camada da burguesia, enquanto na pequena burguesia o Papai Noel, trás o saco de presentes já bastantes esgotado.

Nos lares dos trabalhadores as dificuldades são acentuadas, o velhinho — Papai Noel —quasi nada trás para as crianças, pois os papás estão com as mãos vasias,

Preços proibitivos e salário de fome—Carne [illegible] de 45 a 50 cruzeiros—Castanhas, figo, tamara [illegible]tc. não figurarão na mesa do trabalhador—JK faz demagogia—Promessas não cumpridas no governo de Barata—O PCB esperança do povo brasileiro

não podendo concorrer nos festejos.

Festejos que deveriam trazer paz e amenidade á alma popular, passam, assim, a ser de desolação, de tristeza, de constrangimento, os chefes de familia a olhar a prole numerosa em redor da mesa modesta, os sapatinhos vazios, por sôbre o fogão, sem que se lhes faça a outrora tradicional visita de Papai Noel, o lendário velhinho de barbas brancas que tantas ilusões alimenta no coração das criancinhas.

Essa é a realidade da vida brasileira, cada vez mais dificil para o homem do povo, que percebe um salário minimo aquem, muito aquem de suas reais necessidades, e que cada vez mais é obrigado a apertar o cinto, almoçando uma posta de peixe frito associado a um punhado de farinha e não raro se recolhendo à rêde esburacada com o estomago colado à espinha.

A carne, que fôra prometida a preço baixo, quando da campanha eleitoral do sr. Magalhães Barata, está a 45 e 50 cruzeiros, o quilo de 800 gramas, com pelan-

(Continua na 2.a pág. E)

Tribuna do PARÁ

N. 320—Belém-Pará 22-12-57—Ano XII

Pelo Alistamento Eleitoral Em Massa Pleito de 1958 — Grande Juri

Contra a prorrogação dos mandatos — Votos para derrotar os exploradores e traidores—Intensificar o alistamento eleitoral

ESTAMOS á porta do ano de 1958, ano em que o povo brasileiro através do seu eleitorado — interferirá na vida politica e administrativa do país escolhendo, sobretudo, os novos representantes da soberania popular nas casas legislativas. Tivemos tempo suficiente para acompanhar os trabalhos dos deputados federais e estaduais e ainda dos vereadores, e estamos aptos a julga-los no proximo pleito—o grande juri para as decisões que premiam e castigam os que não souberam cumprir o dever e malbarataram o mandato que lhes foi confiado. Muita razão tem os Esmerino Arrudas de estarem cogitando de prorrogação de mandatos: é um expediente para adiamento do julgamento dos réus que não voltarão ao Palacio Tiradentes nem ás Assembléias Legislativas, nem ás camaras municipais, porque o povo com o aprendizado de dez anos de regime democrático saberá fazer uso do voto secreto para derrotar os seus exploradores e traidores.

Vamos liquidar com as múmias

Precisamos, nós o povo, afastar do nosso caminho estas múmias que teimam em ter um mandato legislativo para nada realizarem em beneficio da coletividade. Também precisamos liquidar com os demagogos de toda espécie que nada mais fazem do que tapear. Precisamos dar ao Congresso Nacional, ás Assembléias Legislativas e ás Camaras Municipais, homens e mulheres que contribuam para dignificar o Poder Legislativo, ao envés de aviltá-lo.

E' a hora de ação dos partidos que são dirigidos por patriotas esclarecidos. Eles devem ir ao encontro do povo, principalmente do proletariado e dos trabalhadores do campo mostrando, com os exemplos que são inumeros, que votar nos «patrões» é eternizar o mandonismo dos nossos exploradores. Vamos levar os sindicatos ao campo eleitoral, preparando-o para lutar contra os que até hoje não aplicaram os dispositivos da Constituição que mandam participar dos lucros das empresas os operários e trabalhadores que com o seu trabalho e sacrificio concorrerem para o sofrimento, pelos patrões, desses mesmos lucros. Vamos expulsar os falsos ruralistas que temem votar a lei agraria liquidadora do latifundio e das explorações dos «donos das terras». Somente com o voto colocados na urna sufragando verdadeiros lideres trabalhistas os operários e o trabalhador derrubarão a cortina de ferro que impede o bem estar do povo e a prosperidade do Brasil.

Neste sentido achamos oportuno publicar os ultimos dados fornecidos pelo Tribunal Regional Eleitoral, sobre os novos eleitores inscritos até o presente.

(Continua na 2.a pág. D)

CINEMA

"A Tribuna"... Ensina

Que o cinema além de diversão barata e accessivel a todos, é:-

1) Uma arte, isto é, traz uma mensagem de Beleza capaz de suscitar uma emoção através de técnica propria.

2) Um instrumento de cultura e formação, pois transmite ideias através das imagens e unificando mais os povos, revela seres humanos que sofrem, lutam, amam, ou simplesmente vivem, numa exaltação admiravel da dignidade do Homem como individuo ou coletividade.

3) Arma de combate que pode ser contra ou a favor da verdade e da Justiça, tudo dependendo da colocação das historias se usadas para o bem ou para o mal. Exemplo do primeiro caso lemos no recente "Marty", filme americano não conformista tão elogiado pela cronica mais séria. E do segundo caso já que estamos nos norte americanos mencionamos aquela coisa furiosamente anti-trabalhista e anti-democratica intitulada "Sindicato de Ladrões".

4) Uma industria que repousa nos lucros e se inspira, portanto, na bilheteria. Dai a razão de certos abacaxis que procuram atingir grandes platéias, com banais historias de amor e situações irreais.

Aprenda por conseguinte, a julgar. E' preciso que a gente substitua a atitude passiva de torpor provocada durante o desenrolar do filme por uma atitude ativa, inteligente, dinamica, viva.

Bilhete dos Moradores da Matinha ao Dr. Lopo de Castro

Abandonado o Bairro da Matinha

Intransitavel as ruas — matagal, buracos e lama — Convite fraternal ao Prefeito — Reconhecidos os melhoramentos da gestão passada —

A REPORTAGEM da Tribuna do Pará esteve em visita ao bairro da Matinha, esta semana, e, em palestra com moradores locais, aceitou a incubencia de transmitir ao Dr. Lopo um convite para que o Prefeito visite aquele populoso bairro afim de se inteirar do estado de abandono em que se acham todas as ruas da Matinha.

Para completo conhecimento do local, disseram, é preciso que o Prefeito faça essa visita logo depois de uma chuva, e montado no seu GIPE, e com o seguinte itinerário:

Suba pela S. Geronimo e entre pela Castelo Branco, isso se o capinsal lhe permitir visibilidade, caso os 2 metros de lama da rua João Bolby não lhe atolar o Gipe, deste bairro. Recue, e tente entrar pela 14 de Abril, até a Vila Farah. Aí salte e veja o estado da estiva, feita pelos moradores, caindo aos pedaços, de podre que está. Verá também, matagal, lama e, a vala da Bôa Ventura da Silva completamente entupida, sem poder dar escoamento ás aguas da chuva e do filtro do D.E.A. quando este é lavado. Bem, volte

E, já que V. Excia. está nos dando o praser desta visita, sem festas, sem fogos e, — sem discursos, vamos fazer uma tentativa de atingir o bairro: entre pela Domingos Marreiros, e desça pela Alcindo Cacela, mas... caso não esteja com o estomago cheio. Pois as depreções aí, são mais de 30 centimetros. De lá até a 14 de Abril é intransitavel até para pedestres. Esta rua teve um grande melhoramento na gestão passada de V. Excia. quando os onibus MATINA vinha até aqui. Nessa altura o snr. Prefeito já deve está convencido de que, de GIPE não poderá entrar na Matinha, não é possivel mesmo. Aí, lhe faremos um grande pedido: desça e vá a pé ver como estão abandonados os moradores da nossa heroica Matinha.

Atenciosamente, esperamos com ansiedade a vossa visita.

Até breve Dr. Lopo.

Os Sputiniks Causam Sonhos e Pesadelos

ESTÁ na ordem do dia o projetado lançamento do satelite artificial americano, que vem saturando de ansiedade e decepção os afeiçoados da superioridade do «colosso do norte» em todos os ramos da atividade humana. Mas as tentativas dos cientistas americanos estão falhando sucessivamente e o caso já serve de anedotario popular que batisou a lua que batisou a lua americana de «Conceição», porque, como diz o samba, «se subiu, ninguem sabe, ninguem viu»; outros dizem que o foguete «Vanguard» passou a ser o «Reinguard», etc. etc.

Mas nós deixamos de lado jocoso do fato, para apreciá-lo seriamente, como convem o assunto de tal importancia. As causas do insucesso americano foram explicadas: razões de ordem técnica, condições climatericas, fizeram com que o «Vanguard» explodisse a lua americana em vês de subir, se estabelecendo aqui por baixo. Mas dizem os cientistas ianques que o fracasso era previsto e aí está o X da questão: se sabiam disso, porque prosseguiram na empreza? Não parece estranha, semelhante atitude, partindo de homens com tamanha responsabilidade, com a obrigação de ser honesto perante o povo do mundo inteiro que tinha os olhos fixos nêles como cientistas autenticos, em busca da verdade, do progresso e da paz?

Algo existe que obrigou esses homens a se iludirem a si próprios: o desespero dos belicistas ianques, derrotados com o lançamento do satelite artificial sovietico, que rende a URSS a supremacia indiscutivel na conquista do espaço. Acredito que para todos os povos, inclusivé o americano, o grande feito dos sovieticos representa a esperança de melhores dias, de segurança e bem estar. Mas, para os industriais ianques da guerra, representa um golpe terrivel nos seus propositos de incendiar o mundo, fazer correr um rio de sangue e ganhar bilhões de dolares, pois sabem que a URSS não utilizará êsse nem outro engenho cientifico para fins guerreiros, e, sim, utilizará o seu invento em mais um instrumento de paz e entendimento.

Não resta dúvida que os cientistas americanos estão sendo pressionados pelos magnatas ianques e seu governo, a acelerarem os trabalhos no sentido de dar um pronto «revide» aos sovieticos e assim recuperarem, para os EE. UU., uma posição, pelo menos, de igualdade no desenvolvimento da ciencia astronautica, de modo a manter viva a ameaça de uma nova guerra e, portanto, manter no mesmo ritmo a fabricação de armas e munições para o governo americano.

Mas êsse é o desejo da maioria de milhões de pessôas simples, de todos os países, cuja aspiração fundamental é viver em paz e entre êsses milhões se contam, tambem, os cientistas do mundo inteiro que estudam, não para liquidar a espécie humana, mas para desenvolvê-la e aperfeiçoa-la, melhorar suas condições de existencia, dar-lhe tranquilidade e bem estar.

Evidentemente, a situação é clara, bem definida: de um lado, alguns argentarios desvairados pela séde do ouro, em constante pesadelo, de outro lado, quasi toda a humanidade, sonhando, confiante, num futuro de paz e amôr.

DIA 29

A I Conferencia dos Lavradores e Trabalhadores Agricolas da Vigia.

Com o mais vivo entusiasmo os Lavradores e Trabalhadores Agricolas do municipio da Vigia, realizarão a I Conferencia, patrocinada pela ULTAP.

Os trabalhos de preparação estão processando com o apoio de todo o povo vigiense.

O conclave debaterá e tomará resolução com respeito a Reforma Agrária Democrática, extensão da Legislação Social ao campo e pelo direito da Livre Organização.

BELEM, 15-12-57 — TRIBUNA DO PARA' — PAGINA 2

Tribuna do PARA

Rua13 de Maio, 9
c/ Av. Portugal
BELEM-PARA

DIRETOR:
HENRIQUE F. SANTIAGO

ASSINATURAS

Anual	Cr$	60,00
Semestral	"	30,00
Especial	"	100,00
Int. do Estado	"	120,00
Num. atrasado	"	2,00

Conclusões

—A—

implantar na consciência do povo brasileiro, o nacionalismo.

Creio que dentro de pouco tempo teremos a nacionalização de nossos produtos e com a renovação de valores políticos alcançaremos num futuro bem próximo a independência econômica e política do Brasil.

Como encara V. Excia. o movimento nacionalista em defesa da liberdade de Luiz Carlos Prestes e de seus companheiros e da volta do Partido Comunista do Brasil à legalidade?

— Encaro o movimento pela liberdade de Luiz Carlos Prestes, como uma reação natural do povo brasileiro contra uma injustiça que estão praticando contra o líder comunista. Com relação ao aspécto jurídico, nada posso adiantar mas creio que o único crime impingido a Prestes e que motivou a decretação de sua prisão é pelo fato dêste líder comunista defender a doutrina socialista soviética. Pela nossa Constituição pelos nossos principios democráticos, não vejo razão para tal perseguição ao ex-senador. Concluindo, acho e encaro como justa e oportuna tôda campanha pela liberdade de Prestes. Quanto à legalidade do Partido Comunista do Brasil, sempre foi favorável. A resistência oferecida pelas autoridades brasileiras, contra o Partido Comunista é um sinal de fraqueza; pois seria mais democrático combater e medir fôrças com o comunismo em condições de igualdade. Oportuno também seria franquear ao brasileiro a adoção de outras doutrinas políticas, especialmente o socialismo soviético que muito tem progredido no mundo.

Qual a vossa opinião sôbre o reatamento de relações diplomáticas e comerciais com a União Soviética e os demais países do campo socialista?

— Sôbre o reatamento das relações diplomáticas e comerciais com a União Soviética sou favorável, tendo em vista ser êste País super-desenvolvido, especialmente no campo cientifico. Não podemos em absoluto ficar presos a determinados países, que vêm sugando a nossa economia, ou seja, comprando os nossos produtos básicos pelos preços irrisórios e pagando-nos em produtos que poderiamos fabricar no Brasil; isto, contribui deveras para o retardamento da independência econômica do Brasil.

Sou favorável como disse e repito, e espero que as autoridades brasileiras compreendam a necessidade do comércio brasileiro com a União Soviética.

B

do de muitos milhões para os nossos produtos exportaveis, oferece transações comerciais vantajosos de justa e pacifica competição, que muito interessam aos nosso desenvolvimento.

A entrevista é uma pá de cal sobre os argumentos daqueles setores que, por motivos politicos extranhos aos mais caros interesses da economia nacional, ainda tentam impedir que o Brasil tome o largo caminho da emancipação economica.

As perspectivas levantadas pela entrevista de Krushiov vem de encontro ás providencias já em andamento para estudar as possibilidades de reatamento comercial e cutural com a URSS.

Os setores de comercio e da industria regionais, a intelectualidade que aspira por amplar os seus conhecimentos e de seus meios de estudo, agora que uma Universide se estrutura, são sensiveis as possibilidades, que se ampliam, de intercambio comercial e cultural com a URSS.

Castanha do Pará, sementes oleoginosas, madeiras, couros e peles poderão ser trocadas por maquinas, refinerias, meios de transporte, ncienmt metais,, produtos quimicos, etc. E a Universidade do Pará muito teria a lucrar, na sua respeitavel função cultural, com a experiência cientica que se processa na URSS, para só citar, concretamente; algumas vantagens para a Amazonia brasileira no conjunto do intercambio da URSS com o nosso pais.

Resta agora que a opinião pública em nosso país, em nosso Estado e em toda a Amazônia; se mobilise de maneira unitaria para conquistar uma situação mais digna ao nosso país no seu comercio externo e nas relações culturais com o mundo. Possuir nossa patria intercambio livremente com todos os países do mundo corresponde a uma posição de independencia, fundamental para o progresso e o bem—estar de nosso povo.

—C—

de parte a situação dos funcionarios da P. M. B. não percebem os vencimentos na base do salário minimo?

Realmente no funcionalismo municipal é essa lamentavel situação aos quais os poderes publicos não concede se quer o salario minimo regional Tendo sido eu na Assembléa Legislativa um ardoroso defensor do ajustamento dos Servidores Estaduais pelo salario minimo, claro que na administração municipal tudo farei afim de que identico beneficio seja concedido sem excessões a todos funcionarios do municipio de Belem.

—D—

retoria, franqueou a palavra.

Depois de debater o assunto, a assembleia resolveu o seguinte:

1.o— Aceitar a proposta da grafica Falangola, isto é 30% de aumento para os seus operarios.

2.o — Recusar a proposta do O Liberal (10% de aumento).

3.o — Autorizar a Diretoria do Sindicato a instalar o Dissidio Coletivo contra as demais empresas, visto, estas não terem dado respostas ao Sindicato.

Dessa maneira os graficos estão em luta por aumento de salarios.

Desejamos FIRMESA, UNIDADE E VITORIA COMPLETA.

TELEFONES DE URGÊNCIA

2240 — Pronto Socorro.
4166 — Bombeiros.
9181 — Aguas — Utinga.
9001 — " — Reservatório S. Braz.
4701 — Força e Luz — Recl.
4176 — Assistência Pública.

Notícias Árabes

AMEAÇA A PAZ MUNDIAL.—A proxima reunião da OTAM está intranquilizando os povos afro-asiáticos, comenta a impressa do oriente. Quando comparecem os membros da OTAN a uma conferencia, em seguida é atacado algum pais desarmado e seu povo sofre tremenda agressão. Aumenta o temor das mulheres e dos homens afro-asiáticos por saberem que a manobra dos imperialistas visa massacrar algum povo, logo depois de encerrada a sua conferencia; mas não sabem quem é a vitima. Presentemente, a guerra de exterminio continua contra os povos da Argélia, Quênia, Kamerun, Aden, Iemen, Marrocos e Oman. Ademais, os imperialistas mantém em pé de guerra milhões de soldados.

x x x

O DRAMA DOS POVOS—No discurso pronunciando 5 do corrente, o Presidente Nasser debateu a questão social que aflige o mundo árabe e aludiu ao problema do petroleo e a sua nacionalização.

A Liga Arabe estabeleceu a linha politica do petroleo que engorda os trustes e deixa para o proprio árabe o pão amassado com suor e sangue.

Aderiram à politica única do petroleo todos os paises árabes, inclusive o Iraque, Arábia, Saudita, Bahrein, Keuite, Catar e Oman, os produtores do ouro negro que se tornou o drama dos Povos.

x x x

A GUERRA DE IFNI.—Os jornais árabes revelam que o governo de Madri havia prometido evacuar o território da Ifni, desde e data da proclamação de Mahamad V, rei de Marrocos. Mas como sempre, os imperialistas renegam as suas promessas e fazem exatamente o contrario. Batalhões e armas foram desembarcados em Ifni e os espanhóes pretendiam atacar as populações fronteiriças que de armas na mão, revidaram e derrotaram os espanhóes. A agressão a Marrocos estava programada nos bastidores dos imperialistas que não sabem viver em paz. O heroi Abdul Karim, em manifesto divulgado no Cairo, acusou a Farnça de ter promovido um ataque simultâneo ao dos espanhóes e de invadir a região de Zamul, onde tres borbardeiros foram derrubados e trinta franceses mortos em combate. O manifesto de Abdul Karim disse que o Ministerio das Relações Exteriores da Espanha solicitou ajuda aos Estados Ianques contra os nacionalistas marroquinos.

x x x

GUERRA NO OMAN—Continua a chegar reforços aos colonialistas ingleses que agridem o desarmado povo de Oman. Não obstante, os beduinos estão eliminando os paraquedistas assassinos, com facas e punhais, em defesa dos seus lares e da sua liberdade.

x x x

LUTA PELA PAZ.—O Governo da Siria recebeu de sociedades de Ex-Combatentes e de Vitimas da Guerra pedidos de inscrição no exercito sirio para lutarem contra os imperialistas.

ALÔ! AMIGO, VAI VIAJAR?

Então não discuta. Compre artigos para viagem em

A Mala Brasileira

ARTIGOS GARANTIDOS
— DE —
Andrade dos Santos & Cia.

RUA GASPAR VIANA, 65 — FONE: 1505

BELÉM — PARÁ

Conclusão do Manifesto

Que os paises com regimes sociais diferentes não rivalizem de agora em diante, senão no desenvolvimento da ciência e da técnica colocadas a serviço da paz. Que provem sua superioridade não mais sôbre os campos de batalha, mas na competição pelo progresso, pela elevação do nivel de vida dos povos.

Estendemos a mão a todos os homens de boa vontade. Unamos nossos esforços para sacudir o jugo dos armamentos que pesa sôbre os povos! Libertemos o mundo da ameaça de guerra, de morte e de destruição! Diante de nós está o futuro luminoso e feliz da humanidade, em marcha para o progresso.

Paz Para o Mundo:

Êste manifesto foi aprovado pelas delegações dos Partidos Comunistas e Operários da Albânia, Argélia, Argentina, Austria, Austrália, Bélgica, Bolivia, Brasil, Bulgária, Canadá, Ceilão, Chile, China, Colômbia, Coréia, Costa Rica, Dinamarca, Cuba, República Dominicana, Espanha, Equador, Finlândia, França, Grã-Bretanha, Grécia, Guatemala, Honduras, Hungria, India, Indonésia, Iraque, Israel, Itália, Iugoslávia, Japão, Jordânia, Luxemburgo, Malásia, Marrocos, México, República Popular da Mongólia, Noruega, Nova Zelândia, Panamá, Paraguai, Países Baixos, Perú, Polônia, Portugal, República Democrática Alemã, República Federal Alemã, Rumânia, San Marino, Suiça, Suécia, Siria, Libano, Tailândia, Tchecoslováquia, Tunisia, Turquia, URSS, Uruguai, Venezuela e Viet-Nam.

VOCÊ SABIA?

Sôbre a Criminosa Entrega do Manganês do Amapá

QUE o minério do manganês, altamente estratégico — constitui a base da indústria pesada de uma nação, dada a importância dessa materia-prima?

QUE no fabrico de aço comum a participação do manganês é da ordem de 15 a 20% e para os aços especiais essa participação se eleva até a 70% desse minério?

QUE Cuba possui grandes e ricas jazidas de manganês e que em 1947 a United States Steel Comporation e a Bethlehem Steel Company—os dois maiores trustes internacionais de aço — através de suas subsidiárias naquele país esgotaram totalmente aquelas jazidas, deixando ao povo cubano apenas os buracos como lembrança dos trustes e o sargento Fulgêncio Batista agraciado com o posto de general?

QUE o Brasil também possui [illegible] jazidas desse minério semi-raro—todas elas em poder dos trustes norte-americanos de aço, como é o caso de Lafaiate, em Minas Gerais—nas mãos da Companhia Meridional, subsidiária da U. S. Steel Corparation, da Serra do Urucum (a 18 quilometros de Corumbá) cujas jazidas são estimuladas em cêrca de 50 milhões de toneladas e entregue também a United Steel através de uma negociata do Grupo Chama—sobrinhos do sr. Ricardo Jafet—ao tempo em que esse cidadão ocupou a Presidência do Banco do Brasil—e finalmente as da Serra do Navio no Território do Amapá, que se converteu na mais descarada forma do entreguismo, presenteada á Bethlehem Steel Company?

QUE em 1941 quando pesquisava a região aurifera do rio Amapari, nas proximidades da Serra do Navio, o caboclo Mario Cruz, descobriu uma verdadeira montanha de pedras negras, pesadas, supondo tratar-se de minério de ferro?

QUE sòmente 2 anos após á descoberta de Mario Cruz é que foi criado o Tèrritório Federal do Amapá, pelo Decréto-lei n.º 5.812 de 13 de setembro de 1943?

QUE em 1945 quando se discutia a provável existência de jazidas de ferro naquele Território, o caboclo Mario Cruz procurou o ex-capitão então governador do Amapá e contou a história das pedras negras e pesadas, cujas amostras analizadas no Rio de Janeiro, mostraram tratar-se de rico minério de manganês com o alto teôr de 47% de metal?

QUE pelo Decreto-lei n.º 9.858 de 13 de setembro de 1946 foram declaradas «reserva nacional as jazidas de minério do manganês do Território Federal do Amapá?

QUE em 6 de dezembro de 1947 foi levado o primeiro contrato entre o govêrno do Território Federal do Amapá — autorizado pelo Decreto n.º 24.156 de 4 de dezembro do mesmo ano—e a sociedade Indústria e Comércio de Minérios Limitada (com séde em Belo Horizonte) para proceder aos estudos e aproveitamento daquelas jazidas?

QUE a União Soviética, como maior produtor mundial do manganês, vendia aos Estados Unidos cêrca de 65% de minério consumido por aquele país e que em março de 1948 a URSS suspendeu por completo as vendas do manganês para a América do Norte?

QUE com sessação das vendas do manganês pela União Soviética os Estados Unidos se lançaram em busca desse minério em todo o mundo, visto que o manganês norte-americano é de baixissimo teôr, requerendo um tratamento especial—e carissimo—para poder ser utilizado na indústria?

QUE em face da situação dificil que atravessava o parque industrial norte-americano, a 14 de julho de 1948 a já mencionada sociedade se transforma em sociedade anônima — Indústria e Comércio de Minérios S. A., ICOMI—com o capital de apenas 2 milhões de cruzeiros?

QUE em 6 de junho de 1950, por força do Decréto n.- 28.162 de 31 de maio do mesmo ano — que deu amplos poderes ao ex-capitão então governador daquele Território — foi lavrado um segundo contrato anulando o primeiro e ampliando ainda mais a entrega daquela rica região aos apetites vorazes dos trustes norte-americano?

QUE em função desse novo contrálo foi criada a Lei nº 1.235 de 14 de novembro de 1950 que autoriza o Poder Executivo a dar garantia do Tesouro Nacional aos empréstimos que venham a ser contraiados pela emprêsa "brasileira — "Indústria e Comércio de Minérios S. A. (ICOMI) no Internacional Bank for Reconstruction and Development e cuja operação inicial foi de 37 milhões de dólares americanos?

QUE outros empréstimos foram contraidos no Eximbank num total do 67 milhões e 500 mil dólares com a garantia do Tesouro Nacional, pondo a nú a decantada ajuda do capital estrangeiro ao Brasil que, com o pretexto do "bôa vizinhança" e do "defesa do Hemisfério" aqui se plantam coma verdadeiras máfabricantes de dólares que são enviados às suas matrizes no exterior.

QUE as sucessivas reformas concratuais do governo do Território do Amapá com a emprêsa ICOMI, deu motivo a que o contrátro definitivo terminasse no ano de 2003 — 50 anos de vigência — e que de acordo com a cláusula 31a. desse contráto a exportação desse minério poderá ser até a montante de um milhão de toneladas por ano, tudo indicando que em 30 anos, estarão esgotadas as reservas de maganês do Amapá, levando em conta a modernissima maquinária empregada para esse fim, tanto na extração como no embarque do minério?

QUE segundo consta das atas de 26 de junho de 1952 daquela emprêsa, associaram-se á ICOMI o cidadão norte-americano Warren M. Driver e as sociedades nortes-americanas Betlhehem Steel Company, Betlehem Brazilian Corporation e Betlhehem Steel Export Coperation, Bethlehem Transpportation Corporation e Bethlehem Suply Company, e que teve aquela empresa aumentado seu capital de 2 milhões de cruzeiros para 39 milhões e 200 mil cruzeiros?

QUE na ocasião em que foi negociado com o Eximbamk a cotação internacional do manganes era de cêrca de 69 dólares por toneladas enquanto se ao minério do Amapá — com o alto teôr de 47% de metal — foi imposto o preço de 30,55 dólares por tonelada longa — 2.240 libras — CIF Baltimore, mostrando claramente o criminoso entreguismo?

QUE para o resgate desses empréstimos contraídos no Eximbank são retidos 15 dólares — para amortização e juros — de cada tonelada de minerio exportado, pagando ainda a ICOMI 6 dólares por tonelada do frete Amapá — Batimore e mais 1 dólar das operações do porto de Santana, restando, assim apenas 8 dólares de cada tonelada de maganês embarcado?

QUE irá suceder ao Brasil no ano de 1987 — mais ou menos — o que nconteceu em Cuba — buracos no Território do Amapá, de lembranças dos trustes internacionais de aço e um outro Fulgêncio Batista em Macapá agraciado com o posto de general?

QUE só o povo em Ampla Frente Única poderá anular semelhante pilhagem norte-americana no Território do Amapá, em Mato Grosso, em Minas Gerois e em outros pontos do país onde o capitalismo colonizador assenhoriou-se das riquezas naturais do Brasil destinadas ao seu progresso e ao bem-estar de seus filhos?

Leiam PROBLEMAS

Residência do D.E.R.: NINHOS DE JAPIIM

A Vitória do Povo da Capital - Resultado das Eleições de 1 de Setembro de 1957

Eis os números que expressam a vitória popular da Coligação Democrática Paraense sôbre a aliança anti-democrática, bairro por bairro, subúrbio por subúrbio, conforme resultados das urnas.

URNAS	LOPO	DIONISIO	Diferença pró-LOPO
Comércio	3.201	1.932	1.269
Independência	3.088	1.822	1.266
Umarisal	3.230	1.968	1.262
Marco	3.456	2.272	1.164
Nazaré	3.640	2.525	1.115
Canudos	1.856	986	870
Guamá	2.294	1.480	814
Batista Campos	1.802	1.028	774
Pedreira	2.010	1.331	679
Cremação	1.349	736	609
Reduto	1.415	814	601
Sacramenta	963	446	517
Telégrafo	1.408	896	512
Cidade Velha	1.150	645	505
Jurunas	1.165	912	253
Matinha	610	362	248
Tamoios	742	510	232
Souza	308	114	194
Curro	514	324	190
Mosqueiro	800	519	190
Icoaraci	2.037	2.121	
Campina	253	138	115
Mazambaia	481	383	98
Val-de-Cães	337	264	73
Terra Firme	78	73	5
TOTAL	**38.174**	**24.703**	**13.555**

Vitoriosa a Greve dos Aeroviários

Aderindo ao movimento grevista geral decretado pelo Sindicato Nacional dos Aeroviários, entraram em greve desde quarta-feira, ontem vitoriosamente terminada, os aeroviários do Pará e Amazonas.

Reivindicando o aumento de 45% sôbre os atuais salários, o sindicato regional dos aeroviários diante da intransigência patronal estribada nas arbitrariedades policiais, decidiu solidarizar-se aos seus companheiros do sul, paralisando com o apoio dos mecânicos e telegrafistas, as bases aéreas de Val-de-Cães e Manaus.

Mantendo-se firmemente unidos e organizados em seu órgão sindical, o movimento nacional dos aeroviários contando na Amazônia com o apoio dos trabalhadores e do povo contribui para conquistar a vitória de suas justas reivindicações.

Unidade e Organização dos Trabalhadores do DER

Rep. de JOÃO DO RIO

Enquanto se processa o derrame de milhões de cruzeiros das verbas DER no sorvedouro das negociatas do govêrno do sr Magalhães Barata, a situação dos trabalhadores do DER é a do mais completo abandono e revoltante exploração.

Desconto forçado para os cofres do PSD

Com salários atrazados, sem pagamento da diferença salarial ajustada, os trabalhadores são ainda explorados pelo desconto forçado e obrigatório para os cofres do PSD chegando a ponto de um trabalhador braçal que ganha 76,00 ter subtraído 110,00 para o Partido do govêrno.

Residências ninhos de japiim

À margem das estradas, distantes dos povoados localizam-se cêrca de seis das chamadas Residências do DER que não passam de choças de palha esburacadas, sem nenhum confôrto da condição humana onde se amontoam, entregues à própria sorte e iniciativa, centenas e centenas de trabalhadores que nem bichos, de tal modo desumano que os operários batizaram essas residências do DER como ninhos de japiim.

Ameaça de desemprego sôbre 300 trabalhadores

A política de perseguições mesquinhas e exploração brutal do govêrno anti-operário do sr. Barata, mantém num ambiente de intranquilidade permanente pelos cortes inesperados e sucessivos que agora segundo informações veiculadas ameaçam de desempregar 300 trabalhadores.

(Conclui na 2a. pág. — A)

Tribuna do PARÁ

N.º 315 Belém-Pará 17-11-57 Ano XII

★ LEIA GAZETA SINDICAL

UM PORTUARIO DENUNCIA

Salários de Fome, Abaixo do Nível de Salário Mínimo

A nossa reportagem entrevistou um portuário sôbre diversos assuntos com referência à situação dos portuários. De ante-mão adiantou-nos que a situação dos trabalhadores no porto é das mais penosa e dura, situação de fome e exploração. É triste e revoltante quando se viu no dia 15 deste mês a maioria dos companheiros e suas famílias, pela seguir, puderam participar dos festejos de mais um aniversário de fundação de nosso Sindicato.

Essa situação de onde é que parte as consequências?

Em primeiro lugar é que nós portuários somos submetidos a um regime de trabalho controlado por indivíduos de classe, homens que só pensam em explorar e massacrar a classe Operária por meios de manobras e muitas das vêzes pela opressão.

Em 2° lugar os nossos salários são muito irrisório que não dá nem para comer, vejamos que quando passamos para o trabalho, já estamos devendo ao pagador do Sindicato, e assim que iniciamos o serviço mandamos um companheiro pedir abono no Sindicato para nós nos alimentar no serviço, e quando é no outro dia que vamos receber ainda ficamos devendo, e muitas das vezes para nos chegarmos com alguma coisa para nossas famílias temos que emprestar dinheiro do pagador, quando não chegamos sem nada.

De acôrdo com um levantamento que o nosso Sindicato fez é, necessário 150 % de aumento para minorar um pouco esta situação.

Que posição tomaram no sentido de conseguir do SNAP esse aumento? Através do nosso Sindicato reivindicamos na fase de luta pelo salário mínimo de 180%, mais o SNAP não atendeu, apenas deu 30%, é evidente que daquela época para cá os gêneros alimentícios aumentaram mais de 50%, desta forma é que verificamos em nossa mesa um deficit de 150%, é essa situação.

(Conclui na 2a. Pag. — C)

Do novo Prefeito de Belém, Dr. Lopo de Castro

Mensagem ao Povo de Belém

É chegado o momento de enfrentarmos os problemas administrativos que assoberbam o nosso valoroso Município. Até agora, dedicamos a nossa atenção aos problemas de ordem política. Presidimos a uma campanha das mais vivas, quando os nossos adversários usaram de todos os processos capazes de perturbar o livre pronunciamento do povo brioso e altaneiro desta Belém, empolgante cidadela das fôrças coligadas. Êsse capítulo vergonhoso da história política do Pará já passou; vencemos galhardamente o pleito. Resta-nos, agora, iniciar a execução do programa administrativo que apresentamos ao eleitorado e que será cumprido à risca. Para isso, contamos com a colaboração e o estímulo dos Partidos que nos elegeram e com a cooperação inestimável do povo desta querida terra. Se os nossos adversários tentarem perturbar o nosso trabalho é ao povo que terão de prestar contas. Os nossos propósitos são de paz e de trabalho; mas, nunca do acomodatismo e covardia. Aceitaremos a colaboração de todos e a todos oferecemos a nossa ajuda: é esta a melhor maneira de trabalhar pelo povo. Levamos ao povo dos subúrbios, a nossa palavra de fé em melhores dias para a nossa terra e a nossa gente.

Ao trabalho, pois.

Belém, 13 de novembro de 1957.

LOPO DE CASTRO.

Coca-Cola é Tóxico Denuncia o SAPS

RIO, (I. P.) — Em ante-projeto de lei apresentado à direção geral do SAPS, o sr. Francisco Manoel Brandão, presidente da Comissão Permanente de expansão daquela autarquia, advoga a instituição de uma taxa de alimentação que incidiria não só sôbre as bebidas alcoólicas como também sôbre os refrigerantes engarrafados, de vez que a ciência provou de sobejo que o uso continuado de tais bebidas é de grande nocividade para o organismo.

Frisa o autor que «a falta de conhecimento do mal a respeito dêsses refrescos e beberagens engarrafadas, foi a tal ordem que se chegou a fazer de nossa mocidade cota alta de cafeína, acusa em relatório oficial o presidente da Comissão de Expansão do SAPS — Influência perniciosa sôbre as condições gerais de nutrição — Deve-se proibir o consumo abusivo — Autoridades médicas americanas e canadenses assinalam malefícios causados por tais beberagens

um instrumento vivo de propaganda dêsses tóxicos aparentemente inocentes — contra o que urge uma reação de nossos educadores como prova de clarividência e patriotismo.

Citado textualmente a Coca-Cola, diz que em exames realizados pela C. E. T. ficou provado que êste refrigerante suspeito encerra 0.016% de cafeína, enquanto os refrigerantes do tipo «guaraná» revelam taxas de 0,0009%. Tal cota de estimulante é realmente elevado e seu consumo abusivo, e que são os jovens levados por uma propaganda constante e perniciosa, pode se tornar prejudicial ao organismo, principalmente em crianças adolescentes, que estão em fase de desenvolvimento.

Mostra ainda o sr. Francisco Manoel Brandão, que nos Estados Unidos e Canadá, (Conclui na 2ª. pág. — B)

O leitor escreve

Bilhete ao Governador-Cadê a Carne General Barata?

Graças à Deus, mil vezes Graças à Deus, em ter se realizado em Santa Maria dos Estomagos-ex Santa Maria de Belém — a conferência do Bispo da Amazônia.

Ultíssima conferência, D. Helder Câmara veio ajudar-nos com sua palavra para mais uma vez denunciar ao povo que um quilo de carne verde, que bem poderia ser chamada «NEGRA», em Belém está sendo vendida a Cr$ 45.00 — QUARENTA E CINCO CRUZEIROS moeda corrente.

No caso, não foi «missa encomendada», tão realidade de dois fatos, só faltando S. Eminência perguntar se tal coisa era do conhecimento do Exmo. Sr. General Barata Governador de todos os paraenses, Boa oportunidade perdida.

Que adianta um pingo d'água n'uma mar de lama ? nada !

Comentários vários já foram feitos sôbre o preço da carne, que ora oriunda de Matadouro Maguarí, que continua sendo vendido no «câmbio negro» como também a procedente de Goiás e recebida pelos Frigoríficos Paraenses e Comandante Pedro Sielaer, maiorais da importação do produto e culpa de embarques beneficiados com polpudos financiamentos do S. V.A.A para barateamento do produto, tal não está acontecendo nem acontecerá pois Sua Exci. o Sr. General Governador, parece fazer «vista grossa», através da COAP e

(Continua na 2a. pág. D)

A.U.E.C.S.P., Aplaude o Lançamento do Satélite

EM vista dos comentários surgidos dentro da classe estudantil paraense, motivados por uma crônica lida através da PRC-5, no programa "A Voz Secundarista", esta entidade encaminhou à secretaria do rádio domingo — p. a seguinte nota oficial, que deverá ser irradiada hoje, em virtude de não ter sido .... o referido programa ... ... domingo.

NOTA OFICIAL

A União dos Estudantes dos Cursos Secundários do Pará, fiel as suas tradições de apoiar e lutar pelo bem comum de humanidade, independentemente de seus regimens políticos ou crenos religiosos, aplaude o lançamento dos primeiros satélites artificiais da ... . ou indiretamente, contribuirem para tão magnífico feito humano no campo da Ciência.

FERNANDO AFLABO
P. T. E.

Tribuna do PARÁ

N. 319 — Belém-Pará 15-12-57 — Ano XII

Movimento Estudantil

A UECSP Prepara Candidatos aos Exames de Admissão

COM o fim de melhorar e ajudar ao desenvolvimento do ensino secundário em nosso Estado, a União dos Cursos Secundários do Pará vem de tomar uma louvável iniciativa, abrindo um curso gratuito para preparar candidatos aos exames de admissão em 2ª época.

As matrículas encontram-se abertas na séde desta entidade, à Av. S. Jerônimo, n. 70, até 17 dêste mês, data em que terão início as aulas.

O curso funcionará sob a orientação dos estudantes Humberto e José Fiel e terá como professores vários estudantes pertencentes ao 2º ciclo do curso secundário, devidamente preparados para ministrar as aulas.

NÃO FORAM ATENDIDOS PELO GOVERNADOR

Nossa reportagem inteirou-se ainda de que os diretores daquela importante organização, encaminharam um ofício ao Sr. Secretário de Educa-

Bilhete ao Governador

Cadê a Carne Gal. Barata?

AMIGOS para a frente! chegou e achar-se em ... o sr. dr. em ... D'altro da Silveira, que de repente da "Maravilhosa" nos quatro ventos proclamou ter conseguido milhões de cruzeiros e gênera alimenticios para baratear o custo de vida. Pelo menos foi o que o jornais o não resta dúvida que o disse.

O dr. engenheiro Daltro que é tenente-coronel do Exército, também é Presidente da COAP e apesar de tudo ser... nada tem feito para que a Portaria n.º 208 por si assinada no que tange ao preço da carne verde — uma questão de cor, talvez—hoje NEGRA em toda Belém, seja fielmente cumprida.

A CARNE TIPO I — (Popular) desapareceu totalmente do mercado e o tenente-coronel, dr. engenheiro e Presidente da COAP, sr. Daltro da Silveira, que tudo é, muito sabe, em nada atende ao reclamo do explorado povo dos subúrbios desta capital. A (Conclui na 3.ª pág. — S...)

Belém em Revista

A'gua Impura Para a População Beber

DAMOS início hoje a esta secção a qual terá como objetivo o estudo dos complexos problemas do município, bem como o levantamento das reivindicações mais sentidas do nosso povo.

Hoje vamos tratar de um problema muito importante que é o fornecimento de água potável para a população belemense.

Há vários anos a água fornecida pela Estação de Tratamento da Água na cidade tem uma coloração amarelada o que faz crêr que ela não está sendo tratada e o mais grave o Departamento de Aguas nenhuma providencia tomou no sentido de avisar a população para que ferva e filtrasse a água afim de evitar uma epidemia desastrosa à população de Belém.

O governo atual não vem adotando o mesmo processo do governo passado que submetia a água a exames constantes afim de verificar as suas qualidades orgonoleticas, particularidades gustativas, a coloração e transferencia etc. Se assim procedesse estaria dando uma demonstração de seu dever para com o povo e sobretudo zelando pela sua saúde e bem estar.

Numeras são as reclamações que estão chegando até nos pedindo uma providencia da DEA no sentido de fornecerem agua mais pura e limpa para o consumo público.

Aqui fica consignado as reclamações justas dos consumidores de agua fornecida pela DEA, as quais esperamos sejam atendidas.

Em nossa proxima cronica iremos tratar do consumo das aguas de poços que ainda existe em grande quantidade em nossa capital.

O P.S.D. Culpa as Parturientes Pobres de Belém Pela Sua Derrota Eleitoral de Setembro Passado

QUEM antes das eleições para prefeito de Belém passou diante da Legião Brasileira de Assistência, na Avenida da Independência, ficava entusiasmado com o movimento de clientes, principalmente de parturientes, nos corredores daquela Casa do Povo.

A diretora, aliás, esposa do candidato Dionísio Bentes, era extremamente atenciosa, estava sempre pronta à atender a quantes a procuravam.

Os médicos estavam sempre à hora certa das consultas.

As parturientes, no ato da matrícula, faziam o exame prénatal, e eram bem assistidas durante a gravidez, terminando com a assistência hospitalar para o parto, as mães vinham com seus filhos serem assistidos com solicitude, em fim, tinha gosto de procurar a Liga de Assistência, dirigida pelo P.S.D., na pessoa da esposa do candidato Dionísio Bentes.

Mas tudo isso era antes das eleições. Depois da coisa virou. O P. S. D., isto é, o general governador, culpou as parturientes e as crianças pobres de Belém pela sua derrota eleitoral, tanto assim, que existe hoje uma criançada discriminação política regulando o atendimento de senhoras grávidas e crianças na Legião Brasileira de Assistência. Só os protegidos do general Barata conseguem ser atendidos. Nossa reportagem na Legião, indagou de uma senhora como tinha conseguido uma criança na Santa Casa? Disse-nos ela: há mais tempo, passei uma semana andando com o cartão do general e aqui está à ordem para a Santa Casa. Graças a Deus e ao seu esforço.

Uma senhora que mora no Telegrafo disse-nos: Desde às 9 da manhã, que espero o médico para esta criança, são 4 da tarde e o jeito que tenho é ir-me embora com meu filho queimando em febre.

Não tenho recurso pra o médico particular, me aconselharam a ir na séde do P. S. D. mas não me baixo pra isso. A Legião recebe o dinheiro do povo e amanhã eles tem de me atender.

Essa a situação em que se encontra a Legião Brasileira de Assistência, depois que o P.S.D. perdeu a Prefeitura de Belém.

Nessa marcha a derrota de 1958 e 1960 será maior.

Coluna Sindical

Iniciam os Valorosos Gráficos a Luta Pelos 50% de Aumento

A Diretoria do Sindicato dos Gráficos já iniciou seu trabalho de luta pela conquista dos 50% de aumento de vencimentos para seus associados, e nesse sentido oficiou a todas as empresas conhecendo-as a debater o assunto.

Entre todas as gráficas, somente a Falangola e o Liberal responderam ao Sindicato, sendo que, a Falangola propoz um aumento de 30%, e o Liberal apenas 10%, diante disso, a diretoria convocou e fez realizar uma assembléia no dia 10 deste mês para a classe discutir o assunto.

De início, o presidente lamentou que o presidente da Federação não venha dando a devida atenção à campanha dos 50% de aumento, lançado por aquela Central Sindical, o que forçava os Gráficos a tomarem posição individual em prejuizo da unidade da classe. Pondo os associados ao par das iniciativas da diretoria (Continua na 2ª pág. D)

CINEMA

ESTÁ chegando ao fim a temporada cinematográfica de 1957. Faltam apenas dias. Muito aborreci... aconteceu brilhando nas nossas telas ...... tec... ram filmes bons também. Além de ...... cópias e derivados houve, em proporções ...... veis, inexisperadas sem maiores consequências. Os srs. exibidores continuam no velho ...... de impingir ao povo notórias marmeladas à base de doze a dezoito cruzeiros por cabeça, sem ...... ao menos melhorar as instalações de seus ...... rios. A dieta do fim permanece a mesma de ...... três anos: para cada película decente dez mil quilos de dramalhões, musicais coloridos, propaganda guerreira e outras cavalgadas. Mas o ano 1957 que nos veio «Os sete Samurais», a obra prima do japonês Akira Kurosawn, que gente ...... nesta metida a conhecer cinema julgou a acima da compreensão do público, naturalmente porque subestima a inteligência popular. Bons filmes igualmente, o americano «Marty», amplo ...... de crítica e de bilheteria entre nós, o italiano «Umberto D», por exemplo. Não esquecer que éste ano reprisaram o «Tempos Modernos» de Charles, uma dessas comédias que sabem tratar dos problemas humanos. Da União Soviética chegaram «Sadko» e «Estrêlas do Ballet Russo», que a platéia exigiu retornassem ao cartaz. O alemão «Almirante Canaris», apesar da boa qualidade, viu-se lançado sem nenhum aviso. E o cine-clube Os Espectadores iniciou a programação de dezembro com a exibição (no auditório da S. A. I) do admirável «O Homem de Arań». Tem sido, ao que se vê, um ano comum, um ano como qualquer outro-chvio de altos e baixos, ao término do qual poderemos destacar algumas fitas simpáticas, uma porção de coisas ruins, e lamentar que o cinema ainda seja fonte de lucros astronômicos para quem, na verdade, não quer fazer Cinema.

A TRIBUNA .... recomenda:

«Coração em Angústia» (The Divided Heart, celulóide inglês bem escrito (Jack Wittingham), bem fotografado, bem dirigido (Charles Chrichton), e bem interpretado (Cornell Brochers, Michel Ray)—Fruto do talento, da observação e da dignidade humana.

Casa Banna

APRESENTA

Camisas branca, artigo fino	Cr$	250,00
Camisas brancas de Tricoline		180,00
Camisas desde		100,00
Blusões de Cambraia de linho fino		450,00
Blusões de Linho puro		400,00
Blusões de Shantung legítimo		360,00
Blusões de Frisela legítima		250,00
Blusões de Tricoline Gabardine		250,00
Blusões de tropical xadrez		250,00
Blusões de Frisela xadrez		100,00
Blusões de sêda		100,00
Camisas italianas Linhotex		200,00
Camisas cariocas, duas côres		190,00
Camisas carioca xadrez		190,00
Camisas cariocas listradas		150,00
Camisas de Jersey para homens		150,00
Camisas de Jersey para crianças		75,00
Shorts para homens		130,00
Cuecas, artigo finíssimo		85,00
Cuecas, desde		45,00
Gravatas finas		100,00
Gravatas desde		60,00
Meias finas, desde		30,00
Calças de Linho puro		750,00
Calças de Tropical fino		450,00
Calças de nylon listradinho		400,00
Calças de Linho, desde		350,00
Calças de super Tussor		250,00
Calças de Brim, desde		100,00

Perfumarias, Cintos, Carteiras e tudo o que é para sua elegância.

Aceitamos encomendas sob medidas com a máxima perfeição e pontualidade.

Casa Banna

Avenida Independência, 286/287, bem em frente ao Museu

Nossos preços não têm igual
Dá vêr para crêr

Pronuncia-se o Dep. Clóvis Ferro Costa:

Contra o Cerceamento á Liberdade de PRESTES

Em 1958
Maior Redução de Vagas nos Colégios Secundários

Contrário as medidas discriminatórias — Pela ampla liberdade de opinião

Nossa reportagem procurou ouvir o Deputado Clóvis Ferro Costa, político e advogado dos mais em evidência em nosso Estado, sobre a luta de ambito nacional pela liberdade de Luiz Carlos Prestes.

Inicialmente pronunciou-se o doutor Ferro Costa, esclarecendo que juridicamente não conhece as peças do processo que se move contra o Sr. Luiz Carlos Prestes.

Mas como o objetivo de nosso jornal é colher um pronunciamento político, afirmou: sou, a lás cerro fileiras contra todas medidas que proiba a liberdade de opinião, de qualquer cidadão, inclusive do Sr. Luiz Carlos Prestes.

MOVIMENTAM-SE os escolares para o reinício do ano letivo de 1958. No entanto, as perpetivas para milhares deles são bem sombrias.

Enquanto o povo grita por mais colégios, os diretores de estabelecimentos de ensino reduzem as matrículas á expressão mais ampla, numa tentativa singular

Novas medidas restritivas nas escolas do governo e nas particulares — Dramática a situação de milhares de jovens — Mais escolas é o clamor que se dirige ao governo — regidir o Brasil e eliminar de tôdas as escolas as idênticas medidas, enquanto nos colégios particulares segue-se o germinazão caminho: O Carmo não aceita repetentes, o Visconde de Souza Franco admitir apenas

30% dos alunos aprovados, em exame de admissão.

As determinações do Ministério de Educação e Cultura reduzindo o número de alunos nas classes e proibindo o aglomeração de várias salas de aula sem um rateio adequado a comportar-se dos alunos em horas de recreio, deveria ter sido acompanhada de uma outra determinação mandando que outros estabelecimentos de ensino fossem construídos mando que a redução de matrículas nos colégios já existentes e o acrescimo de 20% ao

(Continua na 2.a pág., A)

N.º 321 — Belém-Pará, Quarta-feira, 1 de Janeiro de 1958 — Ano XII

Reaparecem as Môscas na Cidade

São Braz, Canudos, Marco os mais atingidos — Apelos dos moradores ao sr. Prefeito Municipal — Temor de uma nova epedemia de desenteria bacilar

UMA nova onda de moscas começa a invadir a cidade, atingindo particularmente os bairros de São Braz, Marco e de Canudos, cujos moradores começam a manifestar as suas apreensões contra o perigo que os ameaça.

Apelo ao Prefeito Municipal através deste semanário

Numerosos apelos, através de cartas e de pequenas comissões de trabalhadores e donas de casa, nos chegado apelando ao Prefeito Municipal no sentido de de fazer levar àqueles bairros algumas medidas contra os focos de moscas. Remoção do lixo e drenagem das águas da chuva

Referem os moradores das transversais da Tito Fraseo e de Canudos que uma providência parece se impor: remoção do lixo, que em algumas transversais, é deixado no leito da rua, fazendo-se necessário também uma maior coleta diária para que não se acumule no domicílio ou evitar seja lançado em lugares baldios.

As chuvas do inverno, afirmam, vem contribuindo para essa situação, impon-

(Continua na 2.a pág. B)

Prestes, Homem do Povo, Esperança do Brasil!

Escreve: Onorival C. MOREIRA

Sensibilizado, ainda, pelos versos de Castro Alves, em os quais o poeta canta as lutas do povo e pede a praça, para nela o povo exigir as suas reivindicações, eu dedico essas singelas palavras ao Cavaleiro da Esperança, orgulho e honra para os poetas, escritores, artistas, jornalistas, juristas, e enfim, todos os que dependem do povo, para falar ou defender o povo; os legisladores, estudantes, operários, camponêses, militares e todo o povo brasileiro, que ainda mantém viva a chama da dignidade e do patriotismo. A êsses homens livres, que o aceno do dolar ou de uma encosto às posições governamentais não conseguiram, mantendo-se honrados e vigilantes; a êsses patriotas que desfraldam a bandeira da liberdade e que têem a coragem de afirmar, eu ajunto, a minha voz eloquente e o meu coração cheio de vida!

No dia 3 proximo, completa 60 anos de vida Luiz Carlos Prestes, o líder querido e amado do povo brasileiro, esperança viva de um povo que sofre a duras penas de seus governantes, mas que sempre souberam responder, em ocasiões opertunas, ao chamamento de seus dirigentes para a defesa de sua Patria ameaçada.

A vida de Prestes, camarada querido que um exemplo de virtudes e de dedicação às lutas de independencia e emancipação dessa Patria, está cheia de fatos gloriosos. Como Secretário Geral do Partido Comunista do Brasil, Prestes tem mantido a confiança de seus companheiros a unidade do Partido, mantendo na clandestinidade, a vigilancia dos principios básicos do P. C. e na defesa da soberania brasileira e da paz mundial, não dando tréguas aos inimigos de nossa Patria e do proletariado de outros países, que como nós se encontram explorados e colonizados pelo imperialismo ianque.

Salve o 60.º aniversario de Prestes!
Salve a Paz dos povos!

Convênio Salarial dos Jornalistas

RIO, 26 (IP) — Em cerimônia festiva realizou-se dia 24 as 11 horas, na sede do Sindicato dos Jornalistas Profissionais do Rio de Janeiro, a assinatura do convênio salarial dos jornalistas profissionais a vigorar do mês corrente, conforme convênio firmado entre os Sindicato dos Trabalhadores de Imprensa desta Capital e o Sindicato dos Proprietários de Empresas de Jornais e Revistas.

No ato falou o Presidente do Sindicato dos Jornalistas sr. Luiz Ferreira Guimarães foi oferecido aos presentes um coquitel, estiveram presentes os Jornalistas Profissionais e os amigos da Imprensa.

Luiz Carlos Prestes, dirigente da classe operária e do povo brasileiro.

Indesejáveis, os Saqueadores do Mogno Brasileiro

Sonegam impostos promessas impossíveis — O que se deve fazer

A Rio Impex, firma que se compõe de capitalistas alemães e norte-americanos, fincou suas garras na região amazônica, principalmente no seturtório goiano, de lá extrai a preciosissíma madeira — o mogno, com o prejuízo. total, das regiões onde ela opera, devastando suas economias, suas industrias extrativas.

Sonegam Impostos

Temos em mãos, informações de que a Rio Impex sonegou impostos, quando cobrados pelos Fiscais de Comando, tendo recorrido ao Govêrno do Estado relutando aqueles impostos.

Promessas Impossiveis

Outro fato, que bem esclarece o objetivo da Rio Impex, em continuar com a sua política de engodo, é o de essa emprêsa crer que vai montar isso ou aquilo quando, na realidade, as promessas daquilo que jamais poderá realizar, o que se pudesse, não teria interêsse comercial em realizar; A empreza sonegadora de impostos prometeu montar um parque industrial, para a industrialização da madeira, que revolucionaria todo o norte goiano, tamanho era êsse parque; um reflorestamento, de 10 mudas de mogno para cada arvore derrubada; hospitais, escolas e muitas outras vantagens. Mais de ano é passado e a única coisa que a Rio Impex já fez, foi derrubar dezenas

(Continua na 2.a pág. C)

EDIÇÃO DE HOJE: 8 Páginas

Ultima hora:

Violentada a Imprensa Paraense

Ao encerrarmos a presente edição, chegou ao nosso conhecimento que a polícia do governador do Estado, violentou a liberdade da imprensa, prendendo gazeteiros, ameaçando o Diretor e colaboradores do jornal o "Panorama" e apreendeu vários exemplares daquele orgão.

TRIBUNA DO PARÁ por este intermédio lança o seu protesto e presta solidariedade aos confrades de o "Panorama", contra o ignominioso atentado à liberdade de opinião escrita.

Leia na 3a. pagina o

Editorial

Vitoriosa A Conferência de Lavradores da Vigia

Onze delegações de trabalhadores do campo presentes— Delegados de Soure e São Caetano — Nem o clima de ameaças policiais nem as dificuldades que quebra o espírito combativo dos conferencistas — Denúncia da exploração do campo

VIGIA (Do correspondente) — Foi realizada dia 29 do corrente, na cidade da Vigia, a I Conferência de Lavradores e Trabalhadores Agrícolas desse Município.

ONZE DELEGAÇÕES MUNICIPAIS

Compareceram onze delegações municipais de diversos lugares do interior desse município, uma do lugar Cametá, do município de São Caetano de Odivelas e outra do município de Soure.

Contaram os conferencistas com fatores adversos á organização da Conferência, um deles quanto a Séde que havia sido cedido da Sociedade de São Sebastião à última hora foi negada, porem os lavradores puzeram-se em campo e conseguiram a residencia do líder operário local sr. Mexico Medeiros que de boa vontade cedeu a sua propriedade para a realização da Conferência.

Estiveram os lavradores esperando a caravana da capital entre os quais o presidente da ULTAP que chegaria aquela cidade às 9 horas que por motivo superior faltaram

(Continua na 2.a pág. D)

Tribuna do PARÁ

N. 321 — Belém-Pará 1-1-58 — Ano XII

Em péssimas condições o Cinema Vitória

Situado na rua principal do bairro da Pedreira o Cine Vitória pertencente á firma Cardoso Lopes que explora os moradores daquele bairro.

Suas empresas foram construidas nos moldes das construções antigas, não tendo até agora a firma proprietária feito nenhuma mudança no prédio, afim de dar aos seus fréquentadores um mínimo de conforto.

Ainda persiste uns bancos de páu de forma muito antiquada e sem nenhum ventilador, o que torna durante a época de calor, melhor comparado, a uma fornalha de pão.

Para provar isto os seus moradores já o apelidaram de 'Cine Mucura

Cont. na 7a. pag.

Sorteio de Natal

A Comissão de Ajuda à Imprensa Popular comunica aos portadores de bilhetes da "Ação Entre Amigos" do Natal que foi premiado o bilhete n.o 8497 e solicita ao felizardo que venha receber o premio na Redação da "Tribuna do Pará, rua 13 de Maio 9 — altos.

 **Nos Esportes**

Movimento Final do Campeonato Carioca de 1957

POSITIVAMENTE o domingo foi do Botafogo, que parece haver guardado para a última rodada, sua verdadeira força. Acabou o alvi-negro sendo o campeão carioca do corrente ano, abatendo por fim um Fluminense que jogou sua pior partida dêsses últimos anos e que teve, mesmo, que se contentar com o vice-campeonato.

Depois de cumprida a última etapa do campeonato, o certame guanabarino de 1957 apresenta o seguinte movimento:

Colocações

Em 1.º lugar (campeão) Botafogo com 8 pontos perdidos; em 2.º (vice- campeão) Fluminense com 9; 3.º Flamengo com 10; 4.º Vasco com 11; 5.º Bangú com 15; 6.º América com 22; 7.º Canto do Rio com 25; 8.º S. Cristovão com 26; 9.º Portuguesa com 33; 10.º Madureira com 24; 11.º Bonsucesso com 25 e em último lugar Olaria com 36.

Artilheiros

Mareado cinco gols, contra o Fluminense, o comandante Paulinho do Botafogo que vinha sendo o terceiro colocado entre os maiores goleadores do campeonato, se tornou no artilheiromór com 22 gols, seguido de Dida do Flamengo com 20 e Léo do Fluminense com 18. Foi uma façanha, realmente, extraordinária a do dianteiro botafoguense.

Arqueiros menos vasados

O guardião Castilho, que vinha sendo desde o início do certame o goleiro menos vasado, em uma só partida perdeu o título que parecia ser seu. E, surpreendentemente, coube a Ernani do Bangú que, práticamente, nada mais pretendia, se tornou no goleiro menos vasado do campeonato de 57!

Por sua vez, a defesa do Botafogo suplantou a do Fluminense

(Continua na 2.a pág. F)

Crescente a Falta de Trabalho No Cais do Pôrto

Consequência da concorrencia da navegação americana — Os salarios insuficientes agravam a situação — Caminham os arrumadores para lutas mais amplas

Os arrumadores do Cais do Porto, através de seu Sindicato, continuam mobilizando esforços para tornar vitoriosa a sua luta por melhoria de salário e por outras reivindicações, entre as quais, destaca-se a defesa da navegação nacional na bacia amazônica.

Cresce a falta de trabalho

A falta de trabalho entre os arrumadores é cada vez maior nestes ultimos tempos, fato que é atribuido á diminuição da tonelagem de carga importada e exportada com transbordo pelo porto de Belém, o que deixa sem trabalho cerca de 50% dos trabalhadores do Porto.

Os navios ianques no Amazonas

A carga exportada e importada que atravessava a Amazônia era antes quase toda transportada por navios nacionais de empresas particulares, dos Snapp e do Loide Brasileiro. Havia, assim, transbordos de carga pelo porto de Belém na grande maioria. Agora, considerável parte dessa carga não sofre carga e descarga pelo porto de Belém porque os navios de serviços dos ianques têm livre transito livre no rio Amazonas, como os da Moore Comarek Booth, Lamport e de outras emprezas

Carestia e salario insuficientes agravam a situação

Com a elevação crescente do custo de vida, os salarios diario de Cr$ 120,00 torna-se insuficiente, agravando as consequências do desemprego.

Por isso, os arrumadores cogitam já de uma

(Continua na 2.a pág. E)

Avanço Ianque no Mercado Regional de Refrigerantes

Grapette, o novo produto americano — Vantagens que o Guaraná não tem — Perspectivas de unir esforços para defender a industria regional de refrigerantes

ANUNCIA-SE que será instalada brevemente em Belém mais uma fabrica de refrigerantes, este de nome «Grapette».

Nova subsidiária americana no mercado regional de refrigerantes

Depois da «Coca-Cola», o «Grapette» será o segundo refrigerante de origem americana que penetrará no mercado regional dos refrigerantes, concorrendo com o nosso Guaraná. Trata-se

Cont. na 7a. pag. — B

Bilhete ao Governador:

Cadê a Carne General Barata

NOVEMBRO é o mês de menor abate de gado no Matadouro Maguari, assim sendo, serve para demonstrar em cifras mínimas de quanto é desfalcado em seus parcos salarios, salarios de fome, o povo pobre dos suburbios de Belém.

Um Milhão Trezentos e Cincoenta e Nove Mil Cento e Noventa e Dois Cruzeiros ...... (Cr$ 1.359.192,00) é tirado da bolsa do povo pobre desta capital. Povo que está pagando Cr$ 40,00 por um quilo de carne-pelhenca e ossos—já por ser de quarto dianteiro «carregado» lhe deveria ser vendida por .... Cr$ 16.00 o quilo, pois este é o preço tabelado pela COAP. Acontece que os poderes públicos acham por bem de assim ser, restando-nos todavia o direito de provar esse indiferentismo para que se faça cumprir a Portaria N.º 203 da COAP, demonstrando que as promessas de zelo pelo bem estar coletivo no cumprimento das Leis e Atos Oficiais foram conversa fiada de campanha política e genial demagogia.

Durante o mês de novembro do ano corrente, no Matadouro do Ma-

Cont. na 7a. pag. — C

Por Um Ano Novo de Renovados EXITOS

ESTE semanário apresenta os seus votos de um feliz ano novo aos leitores, aos seus trabalhadores e ao povo paraense, aos seus auxiliares, amigos e colaboradores.

Nosso desejo é o de que novos êxitos e novas conquistas possamos todos nós, unitariamente, em nossa querida cidade, na Amazônia e no país, alcançar nas lutas que todos travamos pelas liberdades, pela emancipação nacional e pelo bem-estar social. Que no prosseguimento desse combate e no decorrer do ano novo passamos assinalar, um novo avanço, mais amplo e mais decisivo, da consciencia politica de nosso povo que em 1957 marcou auspiciosas vitorias.

Reafirmamos o espirito combatente e de sempre renovadas esperanças que nos anima ao prosseguir no caminho que vimos trilhando de servidores dos trabalhadores e do povo paraense, graças ao seu crescente e indispensavel apoio e ajuda.

Que um entendimento duradouro entre os povos de todo o mundo traga, em 1958, a paz e a segurança para toda a humanidade, e o que esperamos venha coroar a luta unitaria e patriotica do povo brasileiro por um futuro de paz, de liberdades, de independencia nacional e de bem-estar social.

Lutam os moradores do Ramal do Cais do Pôrto:

Por Agua, Luz e Limpêza das Ruas

ABORDADOS por nossa reportagem, varios moradires do Ramal do Cais do Porto solicitaram as mesmas publicidade de suas mais ineditas reivindicações pois já esgotaram a paciencia de esperar que os poderes competentes atendessem as mesmas compreendem que somente organizados podem conquistar melhores condições para o bairro. Com este estado de espirito é que se encontram aqueles moradores.

Iniciarão a luta seguindo o meio de abaixo assinado e comissão de moradores, agua encan-

Cont. na 7a. pag. — D

Moradores do Ramal do Cais do Porto, enfrentando o problema dagua

Deputado AUREO MELO à "Tribuna do Pará":

"Não Vejo Nenhum Crime Cometido Por Prestes"

Saudação a LUIZ CARLOS PRESTES

Ao camarada LUIZ CARLOS PRESTES

Ao ensejo de teu 60º aniversário, o Comitê Central do P. C. B., envia-te esta afetuosa saudação, que está certo de expressar os sentimentos de todo o Partido.

Sessenta anos de tua vida! são um patrimônio da história de nosso povo. O teu patriotismo e tua firmeza revolucionária revelaram-se nas marchas da Coluna Prestes, no combate ao fascismo, nas jornadas da Aliança Nacional Libertadora, na heróica insurreição de 1935 e nos dias negros da prisão.

Tendo caminhado ao encontro da classe operária e ingressado no nosso Partido, surgiste em 1945, depois de libertado do cárcere pelo movimento de massas culminando na anistia, como chefe prestigioso dos comunistas brasileiros. Eleito Senador da República pelo povo carioca, marcaste a tua atuação no Parlamento como verdadeiro defensor dos interesses vitais de nosso Povo. Arbitrariamente privado de teu mandato, foste mais uma vez compelido a viver na clandestinidade. Mas o povo brasileiro, que te estima e admira, quer ver-te restituído ao seu convívio participando abertamente da vida política.

Tua posição firme de patriota consequente e de internacionalista proletário nos incentiva no caminho da luta pela libertação de nosso povo do jugo do imperialismo norte-americano, no caminho da amizade com todos os povos e da solidariedade ativa com os países socialistas, em particular, com a União Soviética, centro do movimento comunista e operário internacional.

Colaborando na luta para fazer do nosso Partido uma organização estreitamente vinculada às amplas massas, livre do dogmatismo e do sectarismo que tanto prejudicavam, bem como das manifestações do revisionismo vens contribuindo para a nossa maior coesão e o fortalecimento ideológico de nossas fileiras.

No transcurso do teu 60º aniversário, desejamos-te felicidades e fazemos votos para que por muitos anos possas desempenhar o teu papel à frente das lutas do povo brasileiro.

Rio de Janeiro, 3 de Janeiro de 1958
O Comitê Central do Partido Comunista do Brasil.

(Transcrito do jornal «A Voz Operária».

Na próxima convocação do Congresso Nacional apresentará um projeto determinando o reatamento das relações comerciais — A SPVEA poderia estar servindo melhor à Amazônia, não fosse o grupo que a dirige — Nossa reportagem ouve o parlamentar amazonense Aureo Melo Sales palpitantes assuntos

FOI incisivo o Deputado Federal Aureo Melo do PTB do Amazonas ao ser entrevistado por nossa reportagem sobre a liberdade do líder do povo brasileiro, Luiz Carlos Prestes, que se vê impedido pessoalmente e politicamente de participar mais de perto das lutas populares pela emancipação de nossa pátria.

— Não vejo nenhum crime cometido por Prestes que possa bani-lo da política nacional, afirmou-nos. Aproveitamos também a

(Continua na 2ª pág. B)

Apêlo dos Ex-combatentes:

Preservar o Direito à Livre Manifestação do Pensamento

RIO (IP) — Através do seu Conselho Nacional, a Associação dos Ex-Combatentes do Brasil dirigiu moção ao Senado e à Câmara apelando no sentido de ser preservada, em tôda sua plenitude, a liberdade de manifestação do pensamento.

Após referir-se ao heroísmo demonstrado na luta contra o nazi-fascismo pelos nossos compatriotas

(Continua na 2ª pág. A)

Nº 322 — Belém-Pará, Domingo, 12 de Janeiro de 1958 — Ano XII

Controlada Pelos Ianques a Petrobrás na Amazônia

Início de uma nova fase de economia brasileira — Ordens acatadas como "Única Solução" — Sabotadores ianques aprovados nos entreguistas brasileiros — Mr. Paris representante direto dos trustes — Entupidos poços de petróleo com pedaços de ferro e cimento — Imposição do modo de vida norte-americano — Sem apôio da Superintendência Regional os festejos de 3 de Outubro — Ampliação de nosso comercio beneficiaria a Petrobrás.

TODOS os brasileiros já compreenderam que a Petrobrás cientista é o início de uma nova fase de economia brasileira. Fundada à base de uma estrutura 100% nacionalista e por potente manifestação patriótica do nosso povo, a Petrobrás vem conseguindo impor-se favoravelmente à opinião pública do Brasil e do mundo.

Todavia, não obstante a vigilância patriótica, em algumas unidades da Petrobrás os entreguistas conseguem o controle de determinados pontos chaves, tanto no setor da administração como no setor de operações. O setor de operações, nacionalmente, desde o início sabemos estar entregue aos trustes norte-americanos, cujo principal representante na Petrobrás é Mr. Link, cujas ordens são acatadas como

(Continua na 2ª pág. C)

Só Faltava Esta: O Gringo Colman Quer ser «Cidadão de Belém»!

Os jornais da semana passada noticiaram que o Prefeito Lopo de Castro pretende enviar à Câmara Municipal solicitando seja conferido ao consul norte-americano nesta capital, o título de "Cidadão de Belém". Adiantam referidas notícias que a iniciativa do Sr. Prefeito se baseia nos relevantes serviços que Mr. Culman tem prestado à cultura paraense, notadamente no estudo e incentivo ao nosso folclore.

Inicialmente não acreditamos que o Prefeito Lopo de Castro tomasse expontaneamente tal atitude; sabemos da admiração inteiramente justa de S. Excia. à grande república do Norte e ao seu povo; mas sabemos também que S. Excia. como todo bom patriota e democrata condena a política de opressão que o atual govêrno americano desenvolve nos países dependentes da américa latina, notadamente no Brasil; cujas riquezas minerais os trustes ianques tanto desejam abocanhar de uma vez. Ora, Mr. Colman é exatamente o representante dessa política odiosa entre nós; é o homem do Departamento de Estado, do F.B.I. (serviço de espionagem norte-americano) que envia regularmente aos seus patrões massudos relatórios sobre tudo quanto possa interessar-lhes em matéria de hábitos e costumes e políticas do nosso povo; portanto é que ele se intrometa no

(Continua na 2ª pág. D)

Onde Está a COAP?

Somem os gêneros de 1ª necessidade — Falta de fiscalização aos preços das diversas mercadorias — O clamor popular

CONTINUA a COAP a ignorar as suas tarefas. No Pará, como acontece em todo território Nacional a COAP é uma organização que não ouve o povo, quando as COAP foram criadas para a defesa do interêsse do povo.

Somem os gêneros de 1a. Necessidade.

Os gêneros de 1a. necessidade, quer nas feiras, nos mercados e nos armazéns, sofrem as oscilações por seus donos querem, já não criou um caso no Pará, que em consequência, fez vir à tona muita marmelada, muita sujeira.

A farinha some, a cebola, manteiga, frutas, tomate, tudo custa os olhos da cara. E as diversões! Hoje no povo tornase cada vez mais difícil participar de uma diversão, mesmo que sejam o futebol e o cinema diversões mais baratas, diversões

(Continua na 2ª pág. E)

Boa Viagem, «Zarja»
Leia o EDITORIAL na terceira página

O «Zarja» elegante barco soviético, fundeado em Mira-Mar (Val-de-Cans) desde quinta-feira passada, trazendo a bordo uma expedição científica em trabalhos do Ano Geofísico Internacional. Foi lançado ao mar em 1952. Tem 50 metros de cumprimento por 10 de largura, desloca 336 toneladas brutas e desenvolve a velocidade média de 7,5 milhas. Destina-se exclusivamente à pesquisa de influências magnéticas nos mares e oceanos. Saiu da União Soviética em agosto de 1957, já percorreu quatro mares e se dirige para a Antártica, onde tem importante trabalho [...]

Edição de hoje
6 páginas

BELÉM, 12-1-58 — TRIBUNA DO PARÁ — PAGINA 5

Paz Para o Mundo

Manifesto Pela Paz

AS delegações dos Partidos Comunistas e Operários que participaram dos festejos do 40º aniversário da Grande Revolução Socialista de Outubro, reunidas em Moscou, aprovaram o seguinte Manifesto pela paz:

OPERARIOS e camponeses! Trabalhadores da ciência, da técnica e da cultura! Homens de boa vontade de todos os países!

E' a vós, à vossa razão, ao vosso coração que nos dirigimos, nós, os representantes dos Partidos Comunistas e Operários de diferentes países reunidos em Moscou para celebrar o 40º aniversário da Grande Revolução Socialista de Outubro.

As atrocidades e os males da segunda guerra mundial estão ainda presentes em nossa memória. Seus traços de sangue não estão ainda inteiramente apagados e, no entanto, o espectro terrível de uma nova guerra, que seria cem vêzes mais destruidora, paira sôbre as cidades e os campos pacíficos. Não há país no mundo em que a ameaça de uma nova guerra não esteja suspensa sôbre os lares, não anuvie a alegria de viver, não sugira angustiosas perguntas:

Que virá amanhã, no proximo mês, no proximo ano? Será que mais uma vez a chama da guerra devorará nossas casas, que as desvastadoras bombas atômicas e termo-nucleares nos trarão a morte súbita, a nós e a nossos filhos?

AS NAÇÕES já têm a amarga experiência de duas guerras mundiais. As pessoas simples que mais sofrem nos conflitos armados sabem muito bem que cada conflagração nova traz calamidades mais terríveis, destrói maior quantidade de países, mata mais homens, deixa consequências mais horríveis e difíceis de apagar.

A primeira guerra mundial, provocada pelas grandes potências imperialistas e desencadeada pelo militarismo alemão, destruiu 10 milhões de vidas humanas. Dezenas de milhões de homens saíram enfermos ou mutilados. Povos inteiros foram levados à fome e às privações.

A segunda guerra mundial, cujo principal iniciador foi o fascismo alemão, arrastou em seu turbilhão não apenas frentes e exércitos imensos. As bombas da aviação destruiram cidades abertas, assassinaram milhares e centenas de milhares de pessoas da população civil, enquanto nas câmaras de gás e nos campos de concentração hitleristas, milhões de homens, mulheres e crianças encontraram a morte. Recursos materiais imensos, suficientes para construir milhares de cidades prósperas, para alimentar e vestir povos inteiros, foram desperdiçados para fins de destruição e de morte. A segunda guerra mundial devorou mutilados e, nos últimos dias caíram sôbre cidades abertas do Japão as duas primeiras bombas atômicas, que deram um quadro do horror das hecatombes do futuro.

Não é necessária a ciência de um sábio ou a imaginação de um poeta para afirmar que a nova guerra—se os povos permitirem que ela se desencadeie—ultrapassaria tudo o que a humanidade conheceu até aqui. Os habitantes da Europa, da América, da Asia, da Africa e da Austrália sabem que o homem libertou fôrças da natureza tão formidáveis e criou engenhos tão possantes, que podem exercer sua ação destruidora em não importa que ponto do globo. Não haveria um só lugar sôbre a terra onde o homem pudesse abrigar-se e sentir-se seguro, no caso de uma nova guerra. O fogo da guerra atômica, da guerra dos foguetes, estender-se-ia a todos os povos e levaria calamidades incontáveis a numerosas gerações humanas.

Qualquer que seja sua nacionalidade, sua opinião política, sua religião ou a côr de sua pele, os homens simples do mundo inteiro querem viver em paz. Eles perguntam a si mesmos:

Será que o homem, cuja inteligencia arranca todos os segredos da natureza e afirma cada vez mais seu poder sôbre ela, êste homem que, graças ao lançamento dos satélites artificiais soviéticos, em breve poderá alcançar as estrêlas, será incapaz de evitar a guerra e de impedir a sua autodestruição?

PLENAMENTE conscientes de nossa responsabilidade no que concerne aos destinos dos povos, nós, os representantes dos Partidos Comunistas e Operários, declaramos: «A guerra não é inevitável, ela pode ser impedida, e possível defender e consolidar a paz».

Estamos reunidos na capital do país que, há 40 anos, abriu uma nova era na história da humanidade. Em 1917, a primeira revolução socialista triunfou sôbre o solo russo. Os trabalhadores tomaram em suas mãos o poder e nêle se instalaram com o fim de suprimir tôdas as fôrças de opressão e de exploração do homem pelo homem. Conduzidos pelo partido de Lenin, os operarios e os camponeses da Rússia inscreveram sôbre sua bandeira a palavra de ordem da paz à qual sempre permaneceram fiéis. Durante os 40 anos de sua existência, o país dos Sovietes abriu a todos os povos o caminho da paz e procurou, a despeito dos obstáculos multiplicados pelos imperialistas, a colaboração pacifica com os outros países, independente de seus regimes sociais.

Em nome de seus interesses vitais, os operários dos países capitalistas participaram ativamente desta luta pela paz. Os homens progressistas do mundo inteiro têm sustentado esta nobre causa. Mas as fôrças da paz não conseguiram evitar para a humanidade a catástrofe da segunda guerra mundial. Estas fôrças eram pouco numerosas e a União Soviética era, então, o único país que lutava sistemàticamente pela manutenção da paz.

Nós, comunistas, afirmamos hoje que se pode impedir a guerra e salvaguardar a paz. Nós o proclamamos com uma confiança absoluta porque, agora, a situação no mundo e a correlação de fôrças são inteiramente diferentes. O país dos Sovietes, nascido na Grande Revolução Socialista de Outubro, não está mais sòzinho e isolado. Depois da vitória sôbre o fascismo, assistimos à criação de um gigantesco mundo socialista, que conta quase um bilhão de habitantes. Em sua luta pela paz e pela cooperação internacional, pela coexistência pacifica dos sistemas sociais diferentes, a União Soviética marcha lado a lado com outra grande potência socialista—a China Popular. As democracias populares da Europa e da Asia lutam pelos mesmos objetivos de paz.

O desenvolvimento jamais visto da indústria, da ciência e da técnica na URSS e nos outros países socialistas serve a causa da paz e é um poderoso obstáculo ao desenvolvimento da guerra.

Mais uma fôrça surgiu na arena mundial: os povos coloniais, despertados pela Revolução de Outubro, já se desvencilharam ou se desvencilham hoje do jugo de uma dependência secular. Eles desejam viver em paz e se opõem à ingerência das forças imperialistas em seus assuntos internos. Para pôr fim à miséria e ao atraso, adotam uma politica de paz e de neutralidade, a política definida pelos «cinco principios» bem conhecidos: respeito mútuo da integridade territorial e da soberania, não agressão, não intervenção nos assuntos internos um do outro, igualdade e vantagens recíprocas, coexistência pacifica.

Não são sòmente os povos dos países socialista e do Oriente que não querem a guerra. Os povos dos países capitalistas do Ocidente, que sofreram os horrores de duas guerras, também não a querem e a odeiam.

AS FORÇAS da paz são enormes. Elas podem barrar o caminho da guerra, salvaguardar a paz. Mas nós comunistas, consideramos nosso dever advertir a todos os homens que o perigo de um guerra monstruosa, assassina, não está eliminado.

De onde vem esta ameaça à paz e à segurança dos povos? Ela vem dos monopólios capitalistas, fabulosamente enriquecidos pelas duas guerras mundiais e pela atual corrida armamentista e que traz lucros exorbitantes aos monopolios, transforma-se em uma carga cada vez mais pesada sôbre os trabalhadores e agrava sèriamente a situação econômica do país. Sob a pressão dos monopólios capitalistas, sobretudo os dos Estados Unidos, os círculos dirigentes de alguns países capitalistas recusam as propostas visando ao desarmamento, à interdição da arma nuclear e a outras medidas próprias para impedir o perigo de uma nova guerra. Numerosas proposições concretas, cuja adoção teria consolidado a paz e atenuado a ameaça de um novo conflito armado, foram apresentadas na ONU pelos países pacíficos. Ninguém poderia negar que isto responde aos interêsses de todos os povos, quando se submete à ONU proposições concernentes à cessação da corrida aos armamentos, à eliminação do perigo de uma guerra atômica, à coexistência pacífica dos Estados, ao desenvolvimento da cooperação econômica entre êles, que representa um fator decisivo para criar a confiança indispensável nas relações entre os Estados. O destino do mundo, o destino das gerações futuras depende muito da solução dêstes problemas. Mas estas propostas chocam-se com a resistência ativa daqueles que têm interêsse em perpetuar a tensão internacional.

NOS Estados Unidos, na Grã-Bretanha, na França, na Italia e em outros países capitalistas, milhares de jornais e de emissoras de rádio não cessam de repetir aos povos que o «comunismo mundial» ameaça suas liberdades, seu modo de vida, sua existência pacifica.

Entretanto, nenhum partido comunista, nenhum país socialista tem interêsse em desencadear uma nova guerra, em atacar outros países, em conquistar terras alheias. A União Soviética, a China Popular dispõe elas mesmas, de vastos territórios e de riquezas naturais ilimitadas. Em todos os países socialistas, não há classe nem camada social interessada numa guerra. Nêles, o poder pertence aos operários e aos camponeses que, em tôdas as guerras, têm tido as mais numerosas vitimas. Como poderiam desejar uma nova carnificina? O objetivo dos comunistas é edificar uma sociedade, que assegurará o bem-estar geral, a prosperidade de todos os povos, a paz eterna entre as nações. Para edificar esta sociedade, os países socialistas necessitam de uma paz sólida e durável. Eis porque não existem inimigos da guerra mais consequentes, combatentes da paz mais firmes do que os comunistas!

Os países socialistas não querem impôr pela fôrça seu sistema social e político a nenhum povo. Eles têm a firme convicção de que a vitória do socialismo é inevitável, mas sabem que o socialismo não pode ser implantado de fora, que êle deve ser, antes de tudo, o resultado da luta da classe operária e de tôdas as fôrças progressistas em cada país. Por isto, os países socialistas estão longe de querer interferir nos assuntos internos de outros países. Do mesmo modo, não admitem que os outros se imiscuam em seus prôprios asuntos. Eis porque as afirmações, segundo as quais os países socialistas ameaçam a paz, querendo impôr seu sistema aos outros pela fôrça, é ùnicamente uma tentativa visando a enganar as pessoas pacíficas.

A paz poderá ser salvaguardada sòmente com a condição de que todos aquêles a quem ela é cara, unam seus esforços, elevam sua vigilância em face das investidas dos provocadores de guerra, compreendam a fundo que seu dever mais sagrado é intensificar a luta pela paz ameaçada.

TENDO em vista o bem das massas populares em todo o mundo, o progresso é um futuro melhor para a humanidade, nós nos dirigimos a vós:

homens e mulheres,
operários e camponeses,
homens da ciência e da arte,
professores e empregados,
juventude,
artífices, comerciantes e industriais,
socialistas, democratas e liberais,
a vós todos, independentemente de convicções politicas e religiosas,
a vós todos, patriotas,
aos que não querem a guerra,
a vós, homens de boa vontade no mundo,
nós dirigimos êste apêlo:

exigi a cessação da corrida armamentista que aumenta cada dia o perigo de guerra e é particularmente nefasta para vós, homens do trabalho;

exigi a interdição da produção e do emprêgo das armas atômicas e termonucleares e, como primeira medida, a cessação imediata das experiências destas armas;

exigi o fim da politica dos blocos militares e da criação de bases militares no estrangeiro;

exigi que se cesse de armar, no próprio coração da Europa, os militaristas alemães, principais responsáveis pela última guerra;

exigi a cessação das intrigas e das provocações de guerra no Oriente Próximo e no Oriente Médio;

apoiai a politica de segurança coletiva, de coexistência pacifica dos regimes sociais diferentes, a politica de ampla colaboração econômica e cultural entre os povos.

Conclamamos a todos vós para:
exigir de vossos govêrnos a aplicação na ONU de uma politica de paz e de resistência à guerra fria.

Nós nos dirigimos a todos os homens de boa vontade no mundo.

Organizai-vos e Lutai:

I — Pela cessação imediata das experiências atômicas termonucleares;

II — Pela interdição incondicional, no mais breve tempo, da produção e do emprêgo das armas termonucleares.

Comunistas, nós consagramos nossas vidas à causa do socialismo. Comunistas, nós cremos firmemente na vitória desta grande causa. E justamente porque temos fé no triunfo de nossas idéias, as idéias de Marx e de Lênin, as idéias do internacionalismo proletário, nós queremos a paz e lutamos por ela. A guerra é nossa inimiga.

Que os países com regimes sociais diferentes não rivalizem de agora em diante, senão no desenvolvimento da ciência e da técnica colocadas a serviço da paz. Que provem sua superioridade não mais sôbre os campos de batalha, mas na competição pelo progresso, pela elevação do nivel de vida dos povos.

Estendemos a mão a todos os homens de boa vontade. Unamos nossos esforços para sacudir o jugo dos armamentos que pesa sôbre os povos! Libertemos o mundo da ameaça de guerra, de morte e de destruição! Diante de nós está o futuro luminoso e feliz da humanidade, em marcha para o progresso.

Paz Para o Mundo:

Este manifesto foi aprovado pelas delegações dos Partidos Comunistas e Operários da Albânia, Argélia, Argentina, Austria, Austrália, Bélgica, Bolivia, Brasil, Bulgária, Canadá, Ceilão, Chile, China, Colômbia, Coréia, Costa Rica, Dinamarca, Cuba, República Dominicana, Espanha, Equador, Finlândia, França, Grã-Bretanha, Grécia, Guatemala, Honduras, Hungria, India, Indonésia, Iraque, Israel, Itália, Iugoslávia, Japão, Jordânia, Luxemburgo, Malásia, Marrocos, México, República Popular da Mongólia, Noruega, Nova Zelândia, Panamá, Paraguai, Países Baixos, Perú, Polônia, Portugal, República Democrática Alemã, República Federal Alemã, Rumânia, San Marino, Suiça, Suécia, Siria, Libano, Tailândia, Tchecoslováquia, Tunisia, Turquia, URSS, Uruguai Venezuela e Viet-Nam.

Belém Completa 342 Anos

Por PEDRO NETO

Completa seus 342 anos de fundação a cidade de N. S. de Belém Grão-Pará, fundada, como se sabe, por Francisco Roso Calddira de Castelo Branco, no dia 12 de Janeiro de 1916.

Desde sua Fundação até a época atual tem sofrido grande metamorfose. E tem tido filhos notaveis, que se distinguiram nas lutas através do tempo. E' bem verdade que a natureza não da saltos como cabritos, e que cada homem é produto do seu meio. Logo, se vivo fosse Felipe Patroni, outras seriam suas lutas de ideias. Naquela epoca o sonho de muitos era a liberdade do Pará e a independencia do Brasil, que a maioria abafava desdenhosamente. Então Patroni, funda o primeiro jornal do Pará "O Paraense", afim de defender os seus principios e organizar a revolução, que seria o unico meio justo de defender sua terra e o povo. Em 22 de Maio de 1822, sai o primeiro numero.

E assim tantos outros. Vem a cabanagem, vem a inconformação, surge os Vinagre e os Angelim. Vem bravos e morrem bravos. E' a propria terra inconformada, são seus proprios filhos lutando pela completa liberdade.

Hoje nossas lutas são outras, aquelas eram tambem os anseios do povo.

E como não há glorias do Sul ou glorias, do Norte, as glorias, são de todos os brasileiros.

E a historia continua sempre.

Moradores da Bôca do Acre:

Lutam por Agua, Escolas e Estivas

Em condições precárias a rua Boca do Acre. Principais reivindicações — Descontentamento dos moradores — Somente organizados resolverão seus problemas

BOCA DO ACRE é uma rua situada no bairro do Telegrafo Sem Fio, desta capital, onde algumas centenas de moradores diariamente em meio às dificuldades existentes como aliás acontece em todos os bairros suburbanos.

Há inumeras dificuldades porém vamos aqui enumerar apenas algumas:

1 — A falta de água encanada que é uma das mais senão a mais sentida reivindicações dos moradores, principalmente das donas de casa que vivem conduzindo latas dagua por cima de estivas em péssimo estado de conservação a uma distância de 200 metros. Este sacrificio pode ser perfeitamente solucionado desde que se estenda a encanação, que ficou canalisada no canto da Passágem das Flores. Durante o verão êste sacrificio é possivel, porém no inverno é quase impossivel, pois põe em riscos as vidas dos moradores que ficam sujeitos a quebrar uma perna ou um braço.

2 — O mato cresce nas ruas e a lama ainda torna a situação mais insuportavel, enquanto os moradores continuam a esperar a continuação do aterro e da capinaçao que ficou no meio do caminho.

3 — Os moradores tambem se ressentem da falta de um grupo escolar para seus filhos, pois com o minguado salário mínimo não podem pagar escolas particulares cujas mensalidades são elevadissimas.

Diante desse estado de caisas os moradores da Boca Acre tomam o caminho da organização de abaixos assinados e comissões para se dirigirem aos poderes competentes afim de seus problemas sejam solucionados. A fundação de uma associação ou outra forma de lutar pelos seus direitos, já está sendo cogitada pelos mesmos.

Resoluções Finais da I.ª Conferência da Vigia

Os Lavradores, Pescadores e Trabalhadores Agrícolas do município de Vigia, reunidos em sua primeira Conferência Municipal, debatendo os seus problemas de interêsse da classe, resolvem aprovar as seguintes CONCLUSÕES FINAIS:

1 — Enviar por meio de sua entidade de classe, União dos Lavradores e Trabalhadores Agrícolas de Vigia, às autoridades federais estaduais e municipais, as Conclusões Finais aprovadas na I Conferência Municipal de Lavradores e Trabalhadores Agrícolas de Vigia, realizada dia 29 de dezembro de 1957 na cidade de Vigia.

2 — Enviar através da U.L.T.A.V., pedidos de auxílios em Ferramentas, Sementes, Escolas, Remédios com ambulatórios para todas as localidades existentes no município de Vigia, bem como assistência aos lavradores e pescadores do município de Vigia.

3 — Solicitar através da U.L.T.A.V., à S.P.V.E.A. uma verba de cem mil cruzeiros (100.000,00) para a construção da sede social da U.L.T.A.V. como sua legítima entidade de classe, bem como fazer idêntica solicitação aos poderes Executivo e Legislativo...

4 — Apelar por intermédio da U.L.T.A.V. ao Exmo. Sr. Prefeito Municipal de Belém, a ampliação dos Serviços de transportes para os colonos residentes no município.

Continua na 2.ª página — F

Graves Denúncias Contra a São Vicente

Ganham Pouco e Ainda lhes Tiram Dinheiro — Inubás e Sapos no Banheiro — A Saúde e a Fiscalização do Trabalho — Sindicalização das Mulheres Trabalhadoras

Aumento de Salários Para os Jornalistas

Assinado o respectivo acôrdo entre os Sindicatos dos Profissionais e o dos Proprietários de Jornais e Revistas

RIO (IP) — Foi assinado, no mês passado, na sede do Sindicato dos Jornalistas Profissionais do Rio de Janeiro, o novo acôrdo salarial coletivo com o Sindicato dos Proprietários de Emprêsas de Jornais e Revistas, e que vigorará a partir de 16 do corrente.

Pelo novo acôrdo, ficou estabelecida a seguinte tabela de salários para os profissionais da imprensa:

Redator — Cr$ 10.000; redator-auxiliar — Cr$ 8.000; noticiarista — Cr$ 7.500; revisor — Cr$ 6.900; conferente de revisão — Cr$ 6.800; ilustrador — Cr$ 6.300; fotógrafo — Cr$ 6.300; repórter — Cr$ 6.300; repórter de setor — Cr$ 4.800 e auxiliar de repórter — Cr$ 4.800.

PARA Nos Esportes
Coisas do Futebol

O futebol no Brasil está muito atrasado, como esporte.

O ansêio do nosso desportista quando entra em campo para disputar um partido, é de que a vitória lhe dará sorrir. É sempre difícil um desportista (notamente do futebol) conformar-se com sua derrota, mesmo que o adversário seja nitidamente superior.

No entanto, para que houvesse aproveito maior nesta nossas frentes esportivas nacionais, seria saudável que, o atleta atuasse em campo, mais para aprender e sempre aprender.

(Continua na 2.ª pág. I)

Despede-se O Fluminense

À tarde de hoje, no Estadio do Souza, último encontro da temporada do Fluminense em nossa capital com o esquadrão do Paissandu Esport Club.

A expectativa dos aficionados do futebol é que logo mais, seja coroado de esportividade por todos quantos comparecerem ao estádio da Tuna Luso Comercial.

Esta coluna saúda os tricolores cariocas.

Na foto ao lado vemos o voloroso guardião do Fluminense, CASTILHO

«Esquema da Origem e da Evolução da Sociedade Paraense»

O editor H. Barra acaba de lançar o primeiro volume de «Esquema da Origem e da Evolução da Sociedade Paraense», de autoria de Levi Hal de Moura.

Trata-se de um ensaio sobre a turbulenta história do Pará, em três volumes, referindo-se este primeiro volume saído ao período que vai da fundação de Belém ao govêrno de Augusto Montenegro (1616-1908) e visto através da interpretação materialista dialética da história, como frisa o autor no têrmo de abertura.

O trabalho é editado sob os auspícios da Academia Paraense de Letras e mais dois volumes sairão em breve do prelo, ocupando-se, o segundo volume, do período que vai do govêrno Augusto Montenegro à Revolução de 30, e o terceiro, do período entre a Revolução de 30 e os nossos dias.

O último volume fará especial referência à história dos municípios do interior do Estado.

O livro de Levi Hal de Moura, que aparece neste momento nas livrarias da cidade, contém 75 páginas, com boa apresentação gráfica dos quais numerosos capítulos foram reproduzidos, há algum tempo, no Suplemento Literário da «Folha do Norte».

Membro da Academia Paraense de Letras e da Comissão Regional de Folclore, Levi Hal de Moura destacou-se em nosso meio cultural como jornalista, escritor e jurista, recomendando-se pelas valiosas contribuições no terreno da pesquisa e da interpretação histórica, como a que acaba de ser lançada, assim como, pelos seus trabalhos de sentido folclórico e jurídico, divulgados em jornais desta capital.

O lançamento de «Esquema da Origem e da Evolução da Sociedade Paraense» reuniu grande número de intelectuais e amigos do autor, na tarde de terça-feira última, na Agência Martins.

A SUA AJUDA FINANCEIRA A

Tribuna do PARÁ

DEVE SER PERMANENTE

No Bairro da Pedreira
Abuso no Cine Vitória

Desrespeito aos espectadores — Máquinas obsoletas — O povo unido impediu o esbulho

SEMANA passada êste semanário publicou uma reportagem sôbre as péssimas condições do cinema Vitória. Esta semana voltamos a fazer um comentário sôbre o desrespeito da direção daquela casa de projeção aos seus espectadores.

Domingo passado estava programado para a noite o filme «Teodora, a Imperatriz de Bizâncio» que foi precedido de grande cartaz pela imprensa local.

Como era de se esperar a sala de espetáculos ficou completamente lotada.

Com mais ou menos 16 minutos de projeção verificou-se um defeito no aparelho.

(Continua na 2.ª pág. H)

A Petrobrás Terminou O Ano Dois Dias Antes

Atingida a meta de produção de petróleo no Recôncavo Baiano: 10 milhões de barris — Economia de divisas superior a 30 milhões de dólares

RIO, (I. P.) — A produção de petróleo do Recôncavo Baiano, no ano que se finda, atingiu a 10 milhões de barris, volume previsto para todo o ano de 1957. Confirma-se, assim, antes mesmo de encerrar-se o ano, a quota traçada pela Petrobrás em consonância com o programa do govêrno relativamente à produção nacional de óleo bruto, em 1957.

Com a produção dos dias 30 e 31 de dezembro, dos poços em atividade na Bahia, aquêle volume será acrescido de cêrca de 30 mil barris, com o que a produção total do ano que findou ultrapassará a casa dos 10 milhões de barris, superando em 150 por cento a de 1956, que foi da ordem de 4.058.704 barris.

Com os resultados agora alcançados, a Petrobrás proporciona ao Brasil, somente no setor de produção de petróleo, uma poupança de divisas superior a 50 milhões de dólares, ou seja, duas vêzes e meia maior que a registrada em 1956, que foi, em números redondos, de 12 milhões de dólares.

Apêlo ao Povo
Nova Campanha de Ajuda Financeira à «Tribuna do Pará»

MAIS uma vez TRIBUNA DO PARÁ se dirige aos trabalhadores e ao povo paraense, solicitando sua valiosa cooperação no sentido de tornar vitoriosa nova campanha financeira destinada a proporcionar ao órgão da imprensa popular neste Estado, os recursos necessários ao bom desempenho de sua patriótica e honrosa missão de defender os legítimos interêsses do povo.

Sabem todos que TRIBUNA DO PARÁ, corrente com os princípios políticos que lhe deram origem, mantém uma linha de absoluta independência face a govêrnos e grupos econômicos e de intransigente fidelidade às causas populares. Por isso mesmo, é um jornal que não goza de vantagens oficiais, não recebe financiamento de instituições públicas ou particulares, nem anúncios das grandes emprêsas monopolistas estrangeiras ou de suas subsidiárias no Brasil. É um jornal mantido pela contribuição devotada de milhares de trabalhadores, estudantes, profissionais liberais, comerciários, intelectuais, que nele reconhecem o jornal dos humildes, dos explorados, dos que lutam honestamente pela subsistência, o jornal dos que não traem o Brasil nem o seu povo.

Jornal eminentemente popular, TRIBUNA DO PARÁ vive as dificuldades que o nosso povo atravessa, sofre as limitações que lhe impõem a honestidade de idéias; sua publicação regular representa o sacrifício cotidiano do abnegados servidores, desde o mais graduado redator ao servente — todos enfrentam os obstáculos de toda ordem: precariedade de material gráfico, deficiência de papel, falta de linotipo, máquinas e acessórios, etc. E o pior é que esta situação se agrava num momento em que se torna fundamental, para o povo brasileiro e particularmente da Amazônia, a existência de nosso querido jornal. As condições políticas se modificam rapidamente, os fatos se sucedem de maneira vertiginosa, ao mesmo tempo que uma imprensa industriada e dependente de grande capital, insiste em interpretações mentirosas, o povo, tentando desviá-lo do caminho em que avança para sua pronta maturidade política.

Daí a necessidade de ser melhorada a imprensa popular, de ser colocada à altura de suas responsabilidades atuais. Nesse sentido, e com êsse objetivo é que TRIBUNA DO PARÁ lança uma nova campanha financeira, cujos resultados lhe permitam comprar pelo menos uma máquina, novos tipos, reformar a impressora, melhorar suas instalações de trabalho, aumentar o número de repórteres e redatores, ampliar seu noticiário telegráfico, etc.

E, para o completo êxito dessa campanha, basta que torna-se decisiva a ajuda dos trabalhadores, e de todo o povo paraense ao seu jornal, como o tem feito de outras vezes. Lançando sua campanha, com êsse apêlo caloroso à ajuda popular, TRIBUNA DO PARÁ confia na vitória.

Deputado GABRIEL HERMES Reafirma:

Pela Liberdade de Prestes
E Pelo Reatamento de Relações Comerciais com os Países Socialistas

Em intenso trabalho eleitoral — Contrário as restrições das liberdades — Favorável ao reatamento com a URSS

ENCONTRA-SE em nossa capital o Deputado Gabriel Hermes, em intenso trabalho eleitoral, inúmeros são os municípios do interior paraense, como futuro candidato à reeleição à Câmara Federal.
Abordado por nossa reportagem fomos recebidos, como sempre com a educação que lhe é peculiar.

Inicialmente procuramos saber qual a opinião do deputado a respeito da luta em que está empenhado o povo brasileiro, para conseguir o respeito às liberdades democráticas, voltando ao convívio dos trabalhadores Luiz Carlos Prestes.
— Sou contrário a qualquer restrição política, devemos respeitar a nossa Carta
(Continua na 2.a pág. A)

Leia o EDITORIAL na 3.a página

Alistamento em Massa Para as Vitórias...

TRIBUNA DO PARÁ a bordo do «Zarja»

Expedição Científica da URSS a Serviço da Paz e da Humanidade

Roteiro completo do barco Soviético — Finalidade científica — outros detalhes — Visita de confraternização em nome dos trabalhadores e de todo o povo — A mulher paraense presta solidariedade — Imprensa de Goiás presente

ACONTECIMENTO auspicioso que despertou admiração a todos Belenenses, foi a presença em águas guajarinas do barco Soviético, que tem em seu bojo uma expedição científica a serviço da ciência e da paz, tendo sido durante os cinco dias que permaneceu fundeado em nossas águas, o noticiário de primeira página de todos os jornais de nossa capital. Embora as restrições impostas pelo Governo do Estado, não permitiram o desembarque dos representantes da ciência da classe operária e do socialismo, estes puderam compreender por intermédio da Imprensa regional e mesmo de outros Estados da Federa-
(Continua na 2.a pág. B)

Tribuna do PARÁ

N° 323 — Belém-Pará, Domingo, 19 de Janeiro de 1958 — Ano XII

Nova Epidemia à Vista

Perigo de uma calamidade semelhante a de 1955 — A invasão de moscas agrava ainda mais o estado sanitário da capital paraense — A coleta e disposição de lixo continua sendo o problema — Se não forem melhoradas suas condições de higiene e limpeza, Belém, estará sempre ameaçada — Porque não agem os responsáveis?

AINDA perdura, na lembrança de todos, a terrível epidemia de gastro-enterite que grassou em Belém, durante o segundo semestre de 1955, atingindo a maioria da população e ceifando a vida de quase mil crianças, isto somente pelos dados oficiais. As causas daquela calamidade ficaram evidentes para leigos e letrados: as péssimas condições de higiene de nossa capital, que além de ser agua pura em quantidade suficiente, apresenta ainda um sistema atrasado de coleta e disposição de lixo.

Perigo de uma calamidade semelhante a de 1955

Ora, as condições existentes em 1955, não se modificaram, se o abastecimento de água tratada se estendeu a mais alguns bairros, por outro lado o sistema de esgoto está no mesmo ponto, e o problema do lixo até
(Continua na 2.a pág. C)

A bordo do "Zarja" a mulher paraense, em visita de solidariedade, na foto ao centro vê-se cientista soviética Rusanova Nataxa e a sra. Miloslava Hamusova esposa do sr. Hanos Harel da Legação da República Democrática Popular da Checolosváquia

Relações Comerciais com a URSS e as Declarações do Governador Barata

PEDRO FLORESTA

As declarações do governador Magalhães Barata contra o reatamento de relações comerciais de nosso país com a União Soviética, pelo que vieram como corolário à sua responsabilidade, contra o "Zarja", o barco soviético de pesquisas científicas. Depois da vinda dos astrônomos para observar o eclipse de sol, dos geógrafos que até estiveram na Amazônia como hóspedes oficiais, dos famosos bailarinos do ballet de Balshoi, das moças que se sagraram vice-campeãs do Dínamo que empolgou no Maracanãzinho, do famoso pianista Serebriakov e do compositor Khatchaturian, todos soviéticos, as restrições policiais contra os cientistas do "Zarja" não puderam conseguir qualquer laivo de compreensão por parte de

Continua na 2.a pág. D

nosso povo. Riso e repulsa foi a resposta popular à medidas, que não fosse seu perigoso caráter antidemocrático, teria o simples sabor de lembrar aquela investida do Cavaleiro da triste figura contra os moinhos de vento.

Mas em política, os fatos não correm por simples acaso. Não foi por acaso que a política do gover-

Numa foto exclusiva a "Tribuna do Pará" os cientistas soviéticos, chefe e sub-chefe da expedição. No centro e a esquerda Ivanov Michailmichailovic e Bovis Alexandrovic respectivamente.

Em Formação a Frente Nacionalista do Pará

Está sendo organizada pelo povo, sob a liderança dos estudantes e da classe trabalhadora - Adesão do deputado Gabriel Hermes Filho

A FRENTE NACIONALISTA DO PARÁ ora em estado de organização, nasceu de foi de um movimento popular saído dos meios operários e estudantis, preparado logo para ser sentida realidade já que vem de obter adesões as mais expressivas de personalidades de destaque nos meios políticos, sociais, administrativos e estudantis da cidade. Sabe-se, agora, que os estudantes de Belém movimentam-se no sentido de promover a instalação desse órgão de defesa de nos-

sa soberania e dos ideais patrióticos e democráticos da gente brasileira é causada de sofrer duras humilhações por parte dos trustes imperialistas e seus vicejos de ferro nacionais, para o que esperam consultar campanhas eficientes de esclarecimento e mobilização de todo o povo paraense, cientes de que só a emancipação econômica da pátria poderá conduzir-nos à completa efetivação de nossa independência política garantia de um futuro melhor
(Continua na 2.a pág. E)

Edição de hoje
6 páginas

Apesar das restrições da polícia do sr. Barata, a reportagem da "Tribuna do Pará" entrevistou a expedição científica do "Zarja". O instantâneo fixa o nosso companheiro Francisco Nascimento, o representante da Associação Goiana de Imprensa e a direita o comandante da belonave capitão Iudovic Alexander e a esquerda o sr. Hanoi Harel da Legação Checa.

TRIBUNA DO PARÁ — 19-1-58 — PÁGINA 5

A Luta dos Sindicatos e as Leis Econômicas do Capitalismo

CONCLUÍMOS na presente edição a publicação de uma série de artigos de A. Leontiev, extraído do jornal Sindical soviético «Trud» sobre as condições de vida da classe operária no regime capitalista. Estes artigos examinam a atitude da classe operária em face da campanha capitalista por uma «produtividade» acrescida, a pauperização absoluta e relativa da classe operária, do mesmo modo que a distribuição da renda nacional nos países capitalistas, a teoria da «colaboração de classe» e a participação dos trabalhadores nos lucros.

A. Leontiev, autor desta série de artigos, é um famoso economista e publicista soviético, sendo também membro da Academia de Ciências da URSS.

Dada a importância de tais artigos para nossos leitores, é que resolvemos publicá-los e ao chegarmos a conclusão, reconhecemos a nossa deficiência por não repeitarmos a ordem numérica na publicação conforme transcrição do jornal «Imprensa Popular», de certo esta nossa falta não permitiu um melhor aproveitamento no estudo da matéria.

Desejosos de corrigirmos em parte o nosso erro relacionamos abaixo os títulos dos artigos incluídos com as respectivas datas, a fim de facilitar aos nossos leitores colecionarem os artigos para estudo metodizado da matéria.

I — A Luta dos Sindicatos e as Leis Econômicas do Capitalismo — (edições 311 de 26|10|57 e 321 de 3|11|57)
II — As Bases Fundamentais das Relações Entre o Trabalho e o Capital (edição 312, de 27|10 e 315 de 3|11|57)
III — O Desenvolvimento do Capitalismo e a Situação da Classe Operária — (edição 320 de 2 |12|57)
IV — O Progresso Técnico do Regime Capitalista e os Interesses da Classe Operária (edição 323 de 12|1|58).
V — Produtividade e Intensidade do Trabalho no Regime Capitalista — (edições 316 de 24|11|57 e 321 de 1|1|58).

Eis porque é de uma importância capital para as organizações sindicais dos países capitalistas conhecer estas leis econômicas que dirigem na sociedade capitalista e as relações entre o capital e os trabalhadores. É indispensável conhecer as leis econômicas do capitalismo a fim de poder utilizá-las em proveito da sociedade e, enfim, a direção geral do desenvolvimento de toda a sociedade.

Poder-se-ia perguntar: que relação existe entre tudo isto e a luta dos sindicatos, em particular nos países capitalistas?

Ora, existe uma ligação das mais diretas. A história do movimento sindical conhece um sem número de organizações sindicais cujas direções são constituídas de dirigentes que são forçados a admitir que as condições da sociedade capitalista e, em particular, as do proletariado no seio dessa sociedade, são guiadas por determinadas leis econômicas.

Estes dirigentes utilizam toda sorte de «soluções extravagantes», pretensamente capazes de trazer a felicidade aos trabalhadores, sem que tenham feito um esforço ou conduzido uma luta específica para consegui-la.

Por momentos, este gênero de ilusões foi sofrivelmente difundido. Mas as implacáveis experiências da vida dissiparam tais ilusões e não ficou mais que a realidade dos fatos: a situação miserável dos trabalhadores nos países capitalistas e da classe operária na sua luta por seus interêsses imediatos e para alcançar suas grandes aspirações finais.

Os trabalhadores compreendem particularmente bem que para ter bom êxito em um problema qualquer preciso estar armado de sólidos conhecimentos. O metalúrgico sabe que é impossível produzir o ferro ou o aço sem compreender os processos químicos e tecnológicos que se desenvolvem no interior do alto-forno ou do fôrno Martin. Todo mecânico sabe que não poderia ignorar impunemente as leis da mecânica ou da física. Ora, o mesmo acontece quando se trata da atividade social e da luta sindical. Tal atividade e tal luta não conduzem à vitória se não são baseadas em um hábil utilização das leis econômicas que prevalecem no regime em causa.

Uma particularidade importante dos fenômenos econômicos no regime capitalista é que êles oferecem, geralmente, uma enganadora aparência exterior. A aparência das coisas se apresenta totalmente diferente de que elas são na realidade. Assim, por ocasião das crises econômicas de superprodução, a impressão criada é que se produziram «em demasia» sapatos, roupas, comestíveis, carvão, etc... Os depósitos estão cheios de produtos; as mercadorias se amontoam nas lojas, mas não são vendidas por falta de compradores. No período de crise porém, falta o indispensável a milhões de trabalhadores: pão, combustível, roupas, etc.

Os economistas a serviço da burguesia se atêm às aparências dos fenômenos do capitalismo, a fim de desviar a atenção de suas real natureza. Sòmente a teoria econômica elaborada pelos fundadores do socialismo científico revelou plenamente a natureza real dos fenômenos do capitalismo. Se a classe operária e suas organizações — e entre elas os sindicatos — não conhecessem a natureza real da economia capitalista, seriam obrigados a tatear nas trevas.

Ao contrário, o conhecimento das verdadeiras leis econômicas do capitalismo arma o proletariado com uma bússola que permite às suas organizações encontrar o justo caminho, tanto na luta pelos interêsses imediatos dos trabalhadores como na luta por sua libertação definitiva do jugo da exploração.

Indicador Profissional

Cléo Bernardo
advogado
Rua Gaspar Viana, 25 — Telefone, 3265

Prof. Dr. Ruy Romariz
Da Faculdade de Medicina
Clínica Médica
Tratamento especializado de Hemorroides por injeções in loco dolenti
Consultório: Campos Sales, 17 — 1.º andar — Fone 2565
Residência: Dr. Moraes, 18 — Fone, 3521
Consultas: Das 10 às 12 horas

Dr. Pojucan Tapajós
Clínica e Alimentação de Crianças
Edifício Palácio do Rádio Apartamento 411
Telefone: 1401 — 4.º andar
Consultas: Das 8 às 10 horas
Residência. Ed. Palácio Rádio, apto. 807 — Fone, 2529

Serviço de Clínica Cardiológica
Dra. M. Sarmento de Carvalho
na Av. Presidente Vargas 145 — Palácio do Rádio, apto. 411
Fone, 1401
De 11 às 12 e 15 às 18 horas
Eletrocardiografia — Oscilometria
Res. Av. Pres. Vargas 145 — Apto. 816 — Fone: 2615

Um livro estranho, diferente. Empolgante aventura na índia de nossos dias!

COOLIE
de MULK RAJ ANAND
18.º volume da Coleção
ROMANCES DO POVO
Dirigida por Jorge Amado

Prestes a Arnedo Alvarez

Adesão aos festejos do 40 aniversário do P. C. da Argentina

RIO, 19 (IP) — Ao ensejo das comemorações do 40º aniversário do Partido Comunista da Argentina, Luiz Carlos Prestes enviou a Arnedo Alvarez o seguinte telegrama:

«Envio fraternais saudações, aderindo aos festejos do 40º aniversário do Partido Comunista da Argentina».

O livro cuja 1.ª edição esgotou em 20 dias!
AGORA em 2.ª edição!
Elaborado pelo Instituto de Filosofia da Academia de Ciências da U. R. S. S.

MATERIALISMO DIALÉTICO

Um manual que torna acessíveis os mais palpitantes problemas filosóficos.

Nas livrarias

EDITORIAL VITÓRIA LTDA.

Êles Prometeram um Paraíso na Terra: Criaram o Inferno!

OS MORTOS PERMANECEM JOVENS
de Anna Seghers

Livro que fixa a tragédia do povo alemão, a essência de seus conflitos na época mais terrível de sua história.

VOL. XIX DA COLEÇÃO ROMANCES DO POVO

Outros Títulos da Coleção:
A TRAGÉDIA DE SACCO E VANZETTI — Howard Fast
A TORRENTE DE FERRO — A. Serafimovitch
SOL SÔBRE O RIO SANGKAN — Ting Ling
DONOS DO ORVALHO — Jacques Roumain
A HORA PRÓXIMA — Alina Paim
A TEMPESTADE — Ilya Ehremburg
A LÃ E A NEVE — Ferreira de Castro

COLEÇÃO NOVOS HORIZONTES
Vol. 1.º O CAVALEIRO DA ESPERANÇA (Biografia de Luiz Carlos Prestes) — Jorge Amado

CR$ 80,00
EM TÔDAS AS LIVRARIAS

Organiza-se a Frente Nacionalista do Pará

O povo paraense através de suas organizações de classe, de seus partidos políticos e, de iniciativas individuais de patriotas e democratas está se arregimentando no sentido de acompanhar o movimento patriótico que empolga todo o povo brasileiro do sul ao norte do país: o Movimento Nacionalista.

Estamos seguramente informados, de que líderes estudantis e sindicais, formando uma aliança patriótica, lançarão um manifesto convocatório para a fundação da Frente Nacionalista Paraense no próximo dia 30, e para isto contarão com o apoio de parlamentares, juristas, e industriais, comerciantes, profissionais liberais e demais patriotas.

Tribuna do Pará está à disposição dessa Comissão Organizadora, e apela a todos os democratas e patriotas para que apóem tão nobre iniciativa afim de que seja realmente instalada em nosso Estado a Frente Nacionalista Paraense. Parabéns, Patriotas de nossa Terra.

Prefeito Lopo de Castro:
Favorável á Reforma Agrária

Vitoriosa excursão da C. D. P. a Barcarena.—Auspiciosa manifestação local á Caravana.—Fundada a União dos Lavradores e Pescadores de Barcarena

DOMINGO dia 5 do corrente uma Caravana da Coligação Democrática Paraense, compostas pelo sr. dr. Lopo Alvares de Castro e família, dr. Clés Bernardo presidente do P. S. B. no Pará, srs. Hermes Oliveira e Alcides Leal dos diretórios municipal e estadual do P. T. N. e outros cidadãos de destaque na esfera política regional, rumou com destino á cidade de Barcarena, onde a aguardava a Convenção do P. S. P. local.

Ato público na praça e pronunciamento pela Reforma Agrária, pelo sr. Lopo de Castro

A Caravana foi convidada a comparecer á praça da Igreja onde foi realizado um pequeno comicio em que se manifestaram diversos oradores, e nesse momento o dr. Lopo conclitou os barcarenenses a lutarem pela Reforma Agrária, único meio de melhorar as condições de vida e social de milhões de camponeses, brasileiros.

A seguir a caravana foi até a sêde da U. D. P. onde foi saudada pelo presidente local desse partido.

O ponto alto da visita da caravana foi a creação da União dos Lavradores e Pescadores de Bragança, onde os agricultores e pescadores locais se reuniram e debateram os seus problemas, reivindicando.

Latifundio a causa do atrazo do município

Os dirigentes do Partido Trabalhista Nacional em contacto permanente com os moradores locais receberam diversas denuncias de crimes cometidos contra o povo, citando como atrazo de municipio o latifundio entre eles o do patrimônio de S. João Batista na vila de Conde, entregue ao fabriqueiro, (homem que toma conta do latifundio) sr. Idelfonso Alves dos Anjos, vereador do PSD local, êsse sr. cobra de aluguel do quadro de terra de cada barraca de lavradores a importância de cr$ 50,00 mensais, e cr$ 20,00 por tarefa para trabalhar.

Fundada a União dos Lavradores e Pescadores de Barcarena

Em face dêsses graves problemas e vários outros, reuniram-se êsses trabalhadores e fundaram a União dos Lavradores e Pescadores de Barcarena que ficou assim constituida:

João Mulcher, presidente, Nestor Costa Barros, vice-presidente.

(Continua na 2.ª pág. F)

Na foto acima, o Prefeito Lopo de Castro, discursando no Municipio de Barcarena, quando pronunciou-se favorável a Reforma Agrária

N. 323 — Belém-Pará 19-1-58 Ano XII

Assembléia Legislativa do Estado do Pará

CONVOCAÇÃO EXTRAORDINÁRIA

—— EDITAL ——

Esta Presidência recebeu o requerimento pelo qual a maioria absoluta dos Senhores Deputados, de acôrdo com o Parágrafo Único do Artigo 7.º da Constituição Política do Estado, e na forma do Artigo 50 do Regimento interno, convocam a Assembléia Legislativa do Estado para um periodo extraordinário de sessões, durante sessenta dias, a partir de vinte (20) de janeiro do corrente ano, a fim de tratarem de relevantes assuntos do interêsse do Estado.

Em cumprimento ao Artigo 49 do Regimento Interno da Assembléia Legislativa do Estado, convoco os Senhores Deputados para a primeira reunião extraordinária no dia 20 do corrente, á hora regimental.

GABINETE DA PRESIDÊNCIA DA ASSEMBLÉIA LEGISLATIVA DO ESTADO DO PARÁ, 15 de Janeiro de 1958.

MAX NELSON PARIJÓS — Presidente

Reclamam os moradores da Humaitá
Iminente a Paralisação do Trafego de Veículos na Travessa Humaitá

Em péssimo estado de conservação a travessa Humaitá — Mato alto e valas entupidas — Irregularidades no serviço de transito

PRATICAMENTE intransitável a travessa Humaitá, principalmente no trêcho compreendido entre as avenidas 25 de Setembro e Duque de Caxias.

Neste perímetro os buracos são tantos e tão fundos que os motoristas são obrigados a transformarem os veiculos em carros anfibios, pondo em risco a vida de centenas de passageiros e em outros trechos da mesma arteria os profissionais do guidon realisam verdadeiras acrobacias tal a quantidade de outros buracos menores. Agora em plena época invernosa a situação tornar-se-á pior e talvez os proprietários de onibus sejam obrigados pela força das circunstancias a suprimir aquela linha. Urge que o Departamento Municipal de Engenharia, tome as providencias no sentido de evitar que o povo seja prejudicado, determinando o imediato aterramento da travessa, aspiração da maioria absoluta daqueles moradores, que em Outubro de 57, depositaram a confiança na atual administração municipal.

Mato alto e valas entupidas

Como um problema é decorrente de outro, nossa reportagem constatou que tambem naquela rua, o mato chega a altura de 2 metros e as valas que deveriam dar acesso ás aguas das chuvas estão pràticamente

(Continua na 2.ª pág. H)

Sem Assistência a Mulher do Interior

Carta dirigida ao nosso Diretor — Quadros que comovem qualquer humano — Receio de maternidade — Mãe de 10 filhos uma heroina — Regime de desigualdades — Povoado com seis mil habitantes sem um médico

SEM nenhum comentario, trascrevemos abaixo a carta, acima referida, pois consideramos que ela merece meditação de todos que tomarem conhecimento:

Sr. Diretor de "Tribuna do Pará"

Como mulher e mãe, solicito a publicação das linhas abaixo nas quais denuncio os sofrimentos a que somos vitimas, principalmente os relativos a maternidade.

Aqui na Colonia Augusto Monte-Negro, não disponos de nenhum recurso nos momentos de parto, a que não resistem morrem, como animaes irracionais. Mas recentemente a população da colonia foi testemunha de um quadro comovedor. Uma parturiente vitima da falta de recursos hospitalar e medica agonizava com a metade da criança nascida e antes gritava: Tirem esta criança que não resiste, embora cercada dos seus foi mais uma vitima dos responsaveis pelo Governo do Estado e do País.

Isto é um horror! Nenhuma assistencia temos durante os 9 mezes de gravidez, no trabalho do parto faltam-nos a assistencia, as que não falecem ficam doentes para o resto vida.

Sou mãe de 10 filhos com 30 anos de idade e peço a Deus me livre de mais um filho, porque sei que não resistirei mais, não temos leite materno para os nossos filhos, a alimentação deficiente enfim vivemos no mar m´sria, trabalhando sem um mínimo repouso.

Não compreendo, como é possível essa desigualdade entre brasileiros, maioria do povo sem nada e meia duzia com tudo. Ha 8 anos moro, distanto 45 quilometros de Bragança, oito anos sem assistencia, tanto meus filhos e esposo.

Não temos escola publica publica para alfabetisar nossos nossos filhos. Com 6 mil habitantes a Colonia, não temos um medico, sem estradas, sementes, ferramentos e nem transporte.

Finalizo chamando a atenção dos poderes competentes e aos homens politicos, que se aproximam as eleições e que não aceitaemos demagogia.

Atenciosamente

MARIA PAULA DA SILVA

Vida Estudantil
Empenham-se os Estudantes na Campanha Sucessora

DESDE agora os secundarioparaense estão se empenhando na campanha sucessória a presidencia da U. E. C. S. P. Enquanto o estudante Manoel Buição é lançado candidato pela Frente Estudantil Renovadora, o Movimento Estudantil Independente cogita de fazer uma convenção dia 21 do corrente, quando deverão ser escolhidos os candidatos a presidencia e vice-presidencia da UECSP.

Tambem os Candidatos a Representantes Serão Escolhidos

Tambem os candidatos dos diversos colegios que concorrerão a representação na UECSP serão escolhidos nêsse dia. Apesar da classe encontrar-se de férias, mesmo assim ha um forte movimento no seio dos secundaristas visando homologação de um candidato apresentado pelo MET.

O Pará Participará do Conselho da UBES

Segundo fomos informados, a UECSP enviará representantes do Pará ao Conselho da UBES, que se realizará ainda no decorrer dos dois primeiros mezes do corrente. Para tanto a diretoria desta entidade redigirá uma exposição a União Brasileira dos Estudantes Secundaristas, criticando este orgão, pelo não atendimento as solicitações formuladas pela UECSP, pela o recebimento de diversas verbas ainda não liberadas.

A UECSP dará premios aos "Melhores de 1957"

Encontra-se a disposição da UECSP duas passagens aereas oferecidas pelo comandante da Zona Aerea de Belém, bem como uma caneta de ouro "Parker 51" dada pelo comandante do 4.º Distrito naval, todos destinados "aos melhores de 1957". A diretoria da entidade, ao que soubemos, está providenciando oficios, solicitando dos diretores dos colegios, endereços e media do aluno melhor, aplicado do ano de 1957.

(Continua na 2.ª pág. G)

LEIAM
VOZ OPERÁRIA

★ LEIA
VOZ OPERÁRIA

Prefeitura Municipal de Belém

SERVIÇO DE DIVULGAÇÃO E TURISMO

CARNAVAL DE 1958

O Serviço de Divulgação e Turismo da P.M.B. comunica aos senhores diretores ou responsaveis de conjuntos blocos e escolas de sambas carnavalescos de 1.ª e 2.ª categorias, que a batalha de confeti onde far-se-á a escolha dos Campeões e Vice de 1958, será realizada em a noite de 15 de Fevereiro proximo na Praça da Republica. Fica bem entendido que a referida batalha, será a oficial do ano. As demais, realizadas por outra qualquer entidade, não poderá dar o titulo maximo de Campeão etc. Somente o Serviço de Divulgação e Turismo da Prefeitura, poderá usar desse direito pois é o setor organizador das festas tradicionais da Cidade, autorizado e credenciado pelo Executivo Municipal.

NOTA — Ficam convidados os senhores diretores de conjuntos carnavalescos a fazerem suas inscrições neste Departamento diàriamente das 9 ás 12 horas, pois somente os inscritos poderão tomar parte no campeonato oficial.

LOCAL — Trav. da Vigia n. 139.

WASHINGTON COSTA

Chefe do S.D.T.

Deputado ELIAS PINTO opina favoràvelmente:

Pela Reabertura dos Portos

Brasileiros a Todos os Países e Só em Liberdade Pode-se Julgar PRESTES

Entrevista concedida ao nosso jornal favorável ao reatamento de relações com a URSS — Somente em liberdade pode se julgar um homem — Programa de gov. com objetivo de bem servir o povo

DE regresso da capital da República o Deputado Elias Pinto onde esteve justamente com o sr. Americo Silva, tratando com o Presidente Nacional do PTB dr. João Goulart sobre a politica regional, nosso jornal procurou ouví-lo a respeito do reatamento de relações comerciais e diplomáticas de nosso país com a União Soviética; pela liberdade de Prestes e seu programa de governo, como futuro candidato a Prefeitura de Santarém, que deveria se apresentar ao eleitorado da pérola do Tapajós.

Fomos recebido pelo ilustre parlamentar, na Secretaria da Assembleia Legislativa, inicialmente a conversa do grupo de homens de imprensa logo depois nos encontravamos a vontade com toda solicitude fomos atendido. Disse-nos o Deputado Elias Pinto que o reatamento de relações com a União Soviética é o assunto do dia nacionalmente recordou então o deputado que este mês exatamente no dia 28 comemora-se o sesquicentenário (século e meio) da abertura dos portos do Brasil-colonia aos navios de todas as nações.

Com essa atitude de D. João VI credenciou ao reconhecimento do povo brasileiro, a entrada de os portos aos navios de todas as bandeiras. Esse retrospecto da historia do Brasil nos coloca favorável ao reatamento de relações comerciais ganhando a nes-

(Continua na 2.a pág. E)

Deputado Elias Pinto

As Riquezas Minerais da Amazônia Em Mãos Nacionalistas

O petroleo com a Petrobrás e os minerais com a SPVEA — Oportuno lembrar a campanha de defesa da Amazônia - Vitoriosa denuncia da trama tecida pela cobiça dos trustes ianques — Urge consolidar a frente nacionalista de defesa da Amazônia

(Primeira de uma série)
PEDRO FLORESTA

QUANDO uma robusta opinião nacional empunhou a bandeira de defesa da Amazônia, desde 1940, opondo-se tenazmente à internacionalização desta imensa e rica região, um pequeno grupo entreguista em nosso país, inclusive aqui mesmo no Pará, tudo fez para negar a importancia, economica de região e instalar a campanha patriótica de defesa da Amazônia.

Os argumentos entreguistas

O principal argumento dos entreguistas para negar uma imediata importancia economica da Amazonia que justificasse uma campanha de sua defesa, era o fato de haver sido abandonada ha tantos anos e não ter o Brasil recursos para estudar e explorá-la. Houve um momento em que os mais cinicos e ao mesmo tempo desesperados afirmaram que um país sem recursos para dominar a imensa região não tinha direito a soberania sobre a mesma.

Um outro argumento, que serviu de base para calunniar o movimento nacional de defesa da Amazônia, foi o de que os patriotas que saíram a campo com tanto vigor para defender a soberania do país sobre a Amazônia eram uns visionários porque nada havia de concreto a defender senão aguas e florestas.

A vitoriosa denuncia patriotica

A internacionalização da Amazônia, nascida no seio da ONU, onde dominava a influencia de uma maioria sob o cabresto norte-americano,

(Continua na 2.a pág. F)

N°. 324 — Belém-Pará, Domingo, 26 de Janeiro de 1958 — Ano XII

Sujeira e Carestia
No Mercado da Pedreira

A quem apelar nesta situação? — Higiene também é matéria de primeira necessidade

EM visita ao Mercado Municipal da Pedreira só constamos a fartura. Mas que a falta de higiene e de cuidado à saúde do povo são coisas fartas por ali, ninguém contesta. Os talhos causam pena a gente olhar, lavagem então é algo que jamais conheceram, o aspecto todo do mercado é de abandono e desolação. Goteiras, os sanitários sempre entupidos exalando mau cheiro, montes de lixo colocados à porta do estabelecimento naturalmente para esconder dos passantes a anarquia existente no interior. A região da carne verde e de viscera esta a exigir uma fiscalização mais do que severa. Basta dizer que a carne sai por um preço muito acima do tabelamento. Aliás, carne no regime de termo pois o que o fregues leva para o osso, pelhancas e uma benta raiva contra esse estado de coisas. Se quiser comer essa pelhanca melhor, o fregues paga numa base superior a cr$ 40,00 já no meio desse pesa o problema se complica. Começa que a quantidade entrada no mercado é mínima e não chega para satisfazer o consumo dos que se dispõem a enfrentar filas e "cobras" para comprar osso. Claro está que tabela não entra e o termo de conta pois o que o freguês leva para...

(Continua na 2.a pág. H)

Cabotagem por Navios Estrangeiros

JK atenta contra o artigo 155 da Constituição — Medida que só faz enfraquecer o governo e afasta dos trabalhadores

OS jornais anunciaram e o chefe confirmou que o governo JK resolveu tomar a medida

Aniversário o Dep. Nelson Parijós

TRANSCORRE hoje o aniversário natalicio do Deputado Max Parijós, Presidente da Assembléia Legislativa e por força de lei vice-governador do Estado.

TRIBUNA DO PARÁ ao registrar a data se filia às homenagens que lhe estão sendo prestadas ao ilustre parlamentar de autorizar os navios estrangeiros a transportar cargas entre portos brasileiros, desrespeitando o artigo 155 da constituição que o proíbe de faze-lo.

Argumento que o afasta do Povo

O pretexto do governo JK é a parcial greve dos maritimos que estão reivindicando salarios mais justos e o cumprimento de medidas por parte de companhias sob o controle do proprio governo. Trata-se de um pretexto que é invocado prontamente com outros fins para sufocar o movimento paredista dos trabalhadores do mar. A atitude do governo o leva cada vez maior afastamento das massas trabalhadoras e populares e enfraquecer o seu governo que, para ser forte, deve ter o apoio do povo.

Mais fretes aos ianques

A medida beneficiará, pois, as empresas norte-americanas que dominam a navegação para o nosso país e aparecem como os abeusos na estatística dos lucros auferi.

(Continua na 2.a pág. I)

Inter -- Municipal

HOJE no campo do Souza, disputarão o cetro do intermunicipal, as seleções da LEMA e Abaetetuba.

Recorda-se que será o terceiro jogo pelos escores de 0 x 0 e 2 x 2, hoje certamente definirá quem tem rompa no couro duro.

Os dois esquadrões estão em ponto de bala; acreditamos o conjunto do LEMA e a agora em função de alongamento, duas forças máxima do esporte regional que portanto agradará em por...

REMO E TUNA

Tuna e Remo irão à "pegna" com todas os seus títulos e o fato da ultima exibição da Tuna frente ao Paissandú é uma recomendação oportuna — para uma lutaeminente.

SANGUE NOVO NO TIME DO REMO

A novidade do ensaio do Clube do Remo, quinta-feira ultima, foi a presença do jovem centro avante Dedeco, um juvenil que nêsse aprendiz comando brilhantemente a ofensiva do Clube do Remo, fazendo ninda dois tentos.

Os "olheiros" dizem que o jovem avançado jogará um tempo hoje contra a Tuna.

Resguardado o povo de novo aumento de preços
Atendidos Pelo Prefeito Os Varejistas de Belém

Portaria suspendendo a cobrança — Voltará a Camara para nova discussão — Apoio ao governo municipal e pressão para ser derrubada a lei no legislativo municipal

CONFORME foi publicado nos jornais diários de nossa capital, o Prefeito Lopo de Castro, pretendeu por em execução do cumprimento de uma lei da Camara Municipal de Belém, que estabelece a cobrança de imposto do comercio varejista, por motivo de abrir suas portas aos domingos.

Imediatamente esteve na presença do Prefeito uma comissão de varejistas que depois dos entendimentos havidos, mandou o dr. Lopo de Castro, baixar portaria suspendendo a cobrança até o funcionamento da Camara Municipal em Abril proximo, quando será discutido novamente o assunto.

(Continua na 2.a pág. G)

Dr. Lopo Alvarez de Castro

Para o Reatamento de Relações Diplomatas Soviéticos em Bogotá

BOGOTÁ (IP) — A União Soviética ofereceu à Colombia importar cada ano vinte de 30 milhões de dólares anuais, com destino aos países da Leste europeu, e igualmente poderia contribuir para o financiamento, na Colombia, de uma fabrica de tratores, fornecendo creditos com amplas facilidades de reembolso e ajuda técnica. Isso tudo é afirmado em consequência da chegada, à capital colombiana, de dois diplomatas sovieticos, para iniciar gestões tendentes a serem restabelecidas relações de intercambio comercial colombo-sovietico, suspenso em 1948.

ESSES dois diplomatas são Boris Atrielisov e Leonid Bolshakov os quais se intrevistaram com o contra-almirante Ruben Piedrahita, membro da Junta Militar do governo, e igualmente com outras altas personalidades, principalmente do mundo comercial e financeiro.

Mais de 1 Milhão e 500 Mil Eleitores em São Paulo

SÃO PAULO, 26 (IP) — Até 31 de Dezembro ultimo, foram alistados em S. Paulo 1 milhão quinhentos e sessenta e oito mil seiscentos e quarenta e sete eleitores. Nesse total não estão computados os alistamentos verificados, naquele mês, em 68 comarcas. Pelos dados mencionados, verifica-se que a capital conta com 86 por cento do seu antigo eleitorado já de posse dos novos títulos eleitorais.

AJUDA SOVIETICA AOS PAISES SUB DESENVOLVIDOS
WASHINGTON (AIP) — A administração de Cooperação Internacional tornou público, ontem, um relatorio sobre os diferentes generos de ajudas, concedida pela União Soviética aos paises subdesenvolvidos.

Há duas semanas, o Departamento de Estado havia anunciado que o montante desta ajuda era aproximadamente de 1.900.000 de dólares.

O relatorio que a Administração de Cooperação Internacional acaba de publicar revela que, desse total, 400 milhões de dólares foram consagrados ao fornecimento de armas e os 1.500.000.000 restantes à ajuda a economia.

O relatorio fornece os seguintes exemplos de ajuda economica con- cedida pela União Soviética e alguns países:

Afeganistão tão: usinas de asfalto, silos e elevadores de cereais, reservatórios de petróleo, usinas de cimento, conservadoras de frutas, equipamento hospitalar, projetos de estradas, ônibus e automoveis.

Birmania: equipamento para fábricas de tecidos, equipamento cientifico, ajuda técnica agricola, industrial, etc.

Ceilão: fabrica de equipamento para perfuração de minas, maquinas agricolas, fabrica de lentes, central elétrica.

Indonesia: refinaria de açucar, usina de pneus de automovel.

Egito: equipamento para laboratorio de fisica-nuclear, postes e emissoras de radio.

LEIAM
Na 3.ª pág. a **NOTA**
DO PRESIDIUM C.C. DO P.C.B.

Edição de hoje 4 páginas

Cr$ 1,00

53.532
Eleitores em Tôdo o Estado

Muito Fraco o Movimento de Alistamento Eleitoral

O prazo para o alistamento é até junho—57 municípios do Estado apenas com 17.621 eleitores — Horario do Tribunal Eleitoral

ESTAMOS nos ultimos meses o alistamento eleitoral, o prazo é até o mês de junho do corrente ano.

Até 31 de Dezembro o numero de eleitores inscritos, em todo o Estado conforme boletim fornecido pelo Tribunal Regional Eleitoral é de 53.532, somente em Belém 35.911 correspondente as 4 zonas, sendo: 1ª zona 16.131; 2ª 5.536; 29ª 10258 e 36ª 3.986 e o restante referente aos demais municipios do Estado em numero 57 de cidades 17.621, eleitores.

Os dados acima, demonstra que de fato ainda está fraco o movimento do alistamento eleitoral e é um chamamento a todos os democratas, se estiverem convictos da necessidade politica da intensificação do alistamento, como medida inadiavel á vitoria do povo no proximo pleito eleitoral de Outubro.

TRIBUNA DO PARÁ no Tribunal Eleitoral

Estivemos sexta-feira passada no Tribunal Eleitoral
(Continua na 2.a pág. A)

Abandono e Carestia em Bom-Jesús

Penosas dificuldades no trabalho—Os preços naquele povoado—Crescente consciência de luta

DA Vigia escreveu-nos o correspondente deste semanario dando suas impressões colhidas durante uma visita que fez ao povoado Bom Jesus, no interior do municipio.

Abandono

A primeira impressão é a de abandono a que está entregue o povoado que não possue os serviços mais indispensaveis de assistência aos seus numerosos moradores, na totalidade trabalhadores da lavoura. Assim, assistência médica lá não aparece nem mesmo a itinerante da Saúde do Estado. No tocante á educação, como facil de supor a deficiencia é clamorosa.

Penosas dificuldades para trabalhar a terra

Os lavradores de Bom Jesus levam uma vida dificil porque não possuem qualquer amparo ás suas tarefas diarias na terra que lavram.
(Continua na 2.a pág. B)

De Bom Jesus-Municipio da Vigia, nosso correspondente enviou-nos a foto acima, para comprovar o estado do abandono daquele povoado

Tribuna do **PARÁ**

N. 324—Belém-Pará 26-1-58 Ano XII

Calamitosa a Situação do Trânsito

Irregularidades e abusos que precisam terminar—Um caso habitual no Tamoios

A situação por que atravessa o serviço de Trânsito nesta capital é deveras constatador. Inumeraveis vezes a imprensa tem noticiado melhor sorte. O governo do general Barata, alias, se caracteriza por uma desenfreada. Em Manáus, civilizada capital do Estado do Amazonas, existe um Hospital denominado «S. Sebastião» dedicado á recuperação de tisicos. Parece piada...

Fome e Miséria no Hospital «S. Sebastião»

Tuberculosos em Manáus, símbolo das condições de vida do povo brasileiro — Uma casa de mortos vivos o Hospital

QUANDO o genial romancista russo Destoievsky escrevia aquele livro impressionante sobre a «Casa dos Mortos» no duro já previa a situação do Brasil, vitima de máus dirigentes e da exploração capitalista na a desenfreada. Em Manáus, civilizada capital do Estado do Amazonas, existe um Hospital denominado «S. Sebastião» dedicado á recuperação de tisicos. Parece piada...

Prefeitura Municipal de Belém

GABINETE DO PREFEITO
NOTA OFICIAL

A Chefia do Gabinete torna publico que, de ordem do Exmo. Sr. Dr. Prefeito Municipal de Belém, è terminantemente proibida a construção de palanques nas Praças e demais logradouros públicos, durante a quadra carnavalesca, sem a necessária licença expedida pelo Departamento Municipal de Engenharia.

A não observância desta determinação, implicará na pronta desmontagem e revogação do material que for empregado na construção de tais palanques, sem prejuizo das cominações previstas nos Còdigos de Obras e Posturas Municipais, impostas aos responsaveis.

Belém, 18 de janeiro de 1958
MIGUEL DE SANTA BRIGIDA
Chefe de Gabinête
(Ult. pag. E)

10 ou 20 pedaços de batata muito acompanhados de feijão sem arroz e com tambaquí assado (conforme denuncia textual de um orgão da imprensa amazonense) constituem alimentação de doentes pulmonares. Será que o Governo Federal abra os olhos ante que tudo se perca neste país de abandonados e o ilustre dr. Juscelino permaneça sozinho cercado de meia dúzia de privilegiados e testas-de-ferro ou de um centro de concentração nazista onde 20 ou 30 pedaços de carne pulando dentro de um caldeirão branco.

TELEFONES DE URGÊNCIA

2240	Pronto Socorro.
4166	Bombeiros.
9181	Aguas — Utinga.
0001	Reservatório S. Braz.
4701	Força e Luz — Recl.
4176	Assistência Pública.

Problemas que afligem nosso povo:

Falta de Trabalho, de Terra e de Habitação

Junto ao povo o Prefeito Municipal — Conclusão honesta dos membros da Secretaria — Quarta-feira no Telégrafo Sem Fio — Reivindicações que devem ser levantadas

ESTA é a conclusão a que chegaram a maioria do Secretariado do govêrno municipal de Belém.

Com o objetivo de tornar público as impressões do govêrno de nossa capital, colhidas nas audiências públicas que vem realizando em nossos subúrbios, como aplicação de seu programa de govêrno, ouvimos vários membros de seu secretariado, pudemos então conhecer em geral os pedidos formulados pelo nosso povo ao Prefeito Lopo de Castro são de terreno para construção de barracas, auxílio para construção e de emprego.

Na semana finda, duas audiências foram efetuadas,
(Continua na 2.a pág. C)

★ CINEMA ★
Comentários

Já vimos que Cinema é simultaneamente, Industria comércio, Diversão, uma Arte que visa criar ou Belo através de imagens luminosas em movimento, meio atraente de cultura e formação além de poderosa arma de combate. Vimos, inclusive, a necessidade que tem o povo de se auto-educar no sentido de "substituir a atitude passiva de torpor provocada durante o desenrolar do filme por uma atitude ativa" (Henri Agel) pois que se termine com esta ditadura de máu gôsto e inescrupulosidade instituída pelos magnatas da produção e seus lacaios exibidores.

Tratemos, agora, dar pálida idéia de como se faz um filme. Sabemos que tres fases existem nessa fabricação: a Preparação, a Realização propriamente dita e a Conclusão. Na fase preparatoria um personagem se destaca: o Produtor, pessoa que fornece o dinheiro e se apronta na pelicula. Ele não só emprega o capital e fica à espera dos lucros, mas convencidos como vai ficar a historia, escolhe escolhe os intérpretes, que tratam dos auxiliares capazes de garantir o sucesso na bilheteria. O cenarista prepara a historia, isto é, transforma a linguagem literária em uma que esteja escrita, na linguagem cinematográfica em que se irá filmada. Em outras palavras, descreve as situações que iremos ver na tela em imagens e sons, tal como será depois realizado. Chama-se a isso elaborar o roteiro ou cenario também denominado "script", "screen-play". Personagens importantes são os desenhistas ou decoradores, que tratam dos lugares onde se vai filmar e dos vestuários e ambientes. Aos artistas cabe estudar os papéis a si distribuidos dentro do roteiro.

A segunda fase, a da Realização, possue como dirigente maximo o Diretor, figura principal na feitura da obra; é quem orienta, conduz, determina os minimos detalhes e dirige a rodagem. Com ele trabalha uma secretaria, encarregada de anotar tudo o que acontece na filmagem de acôrdo com o plano traçado anteriormente.

A conclusão consiste no ato de colar os "pedaços" de celuloide após a rodagem das cenas, tudo na ordem em que se imaginou o cenarista para que se sucedam normalmente e sem interrupção depois do que se acrescenta o som: ruídos e música. E' o que chamamos de Montagem e é de comum feita por uma mulher.

Vê-se, pois, que fazer um filme é coisa de equipe. De nada adianta um lote decente tem um companheiro habilidoso; é inutil um cenarista de talento sem que haja um bom diretor de que serve um diretor de talento se não conta com bons intérpretes e técnicos para dirigir? Você também, amigo leitor, participa desse esforço coletivo pois quem paga o ingresso para uma casa de espetáculo está, lògicamente, contribuindo para o lucro de um seu semelhante. Procure não se converter em especialista ou "entendido" mas aprenda desde já a escolher e julgar bem os filmes que assistir. Lembre-se que você estará ajudando os inimigos do cinema e do povo assistindo as más produções mesmo que você saia da casa de exibição contente de que perdeu tempo, paciencia e o tão minguado dinheiro. Para esse esclarecimento existem os críticos; comece desde logo a evitar os abacaxis.

A TRIBUNA recomenda: ALI BABÁ, fita francesa distribuida pela Telefilmes. Trata-se de uma paródia (divertida) sobre conhecido conto das mil e uma noites. Vale como diversão, agradável, nesta época de vacas magras. Bem bons os comentários do cenarista Zavattini a favor dos pobres e das classes esquecidas, e o com o popularêsco da casa que o diretor Jacques Beekee soube defender. Fernandel, como de habitual, excelente.

REBELIÃO NO PRESIDIO filme americano de Walter Wanger (produtor) e Don Siegel (diretor) que ainda não vimos, mas que o cronista Alex Viany — um dos maiores do pais—considerou bem feito exaltando mesmo libélo que levanta contra a desumanidade e a opressão que imperam no sistema carcerário dos Estados Unidos.

Prefeitura Municipal de Belém

NOTA OFICIAL

O chefe de Gabinete do Prefeito Municipal de Belém torna público que que está oficialisado o Carnaval de 1958, dando ciência aos interessados que vem de ser instituida a Comissão de Júri que irá julgar, oficialmente, o vencedor do titulo máximo de campeão belemense do Carnaval de 1958, através do concurso programado pelo serviço de Divulgação e Turismo da Prefeitura Municipal de Belém.

Belém, 18 de janeiro de 1958
MIGUEL DE SANTA BRIGIDA
Chefe de Gabinete

Ult. pag.

NO SEXTO DIA
Em Greve 10.000 Marítimos
E Paralisadas Cento e Oitenta Embarcações na Amazônia

10 sindicatos em greve — o desenrolar do movimento. Ocupado o porto de Belém pelas tropas da Marinha, da polícia civil e da ordem política e social — violências policiais solidariedade aos grevistas — capitão dos portos e delegado do trabalho contra os trabalhadores marítimos incitam à violência da polícia — primeiras vitórias dos grevistas — protesto contra atentado à soberania nacional — mandato de segurança fouram os grevistas — firmeza solidariedade par a vitória

O cliche acima prova o repúdio da classe Estigmatizando os Fura Greve

DESDE à noite de 27 ultima, quando teve lugar na séde da Delegacia Regional do Sindicato dos Contra-Mestres, Marinheiros e Moços, sita á rua Castilhos França, o encontro decisivo, dos presidentes e trabalhadores dos Sindicatos marítimos, eclodiu o movimento grevista que a seis dias paralisa a navegação normal na artéria principal da bacia amazônica.

O desenrolar do movimento grevista

Após longo período de conversações, debates, tentativas de acordo, reuniões presididas até pelo próprio delegado do trabalho sr. Arminda Pinho, tendo esgotado todos os meios suasórios, os representantes de 10.000 trabalhadores marítimos da amazônia.
(Continua na 2.a pág. A)

Defesa dos minérios atômicos
Maiores Razões Para a Frente Nacionalista

DIZÍAMOS em reportagem anterior que agora com o petróleo em mãos da Petrobrás e os minérios sendo inventariados ainda pela SPVEA, tenha o governo nacional tôdas as condições para, atendendo ao clamor patriótico que se faz ouvir cada vez mais intenso, promover o aproveitamento de ambas as riquezas da Amazônia de maneira independente e com vistas ao desenvolvimento futuro da economia nacional.

As tarefas patrióticas que se impõem — O apôio à Petrobrás e os precedentes do Amapá — Responsabilidade dos democratas e patriotas
PEDRO FLORESTA
(2.ª de uma série)
(Continua na 2.a pág. B)

Favorável o deputado Abel Figueredo (PSP)
Pelo Reatamento Comercial do Brasil Com a URSS e Liberdade Para Prestes

Uma necessidade para o Brasil — Por uma política externa independente — Argumentos que não merecem respostas — Comprar e vender a quem der mais vantagens — Todo o cidadão tem o direito de liberdade.

CERTOS de estarmos contribuindo para o progresso de nossa Pátria, pela segurança da Paz mundial e pelo fortalecimento e ampliação das liberdades democráticas, nesse jornal prosseguimos coletando pronunciamentos de Parlamentares, Líderes sindicais, Estudantes, profissionais, liberais etc, sôbre o reatamento de relações diplomáticas e comerciais de nosso país com a União Soviética e demais países de campo Socialista e pela liberdade de Luiz Carlos Prestes, que se acha cerceado em seus direitos consagrados na Constituição Brasileira.

Esta semana finda, ouvimos o Deputado Abel Nunes de Figueiredo, do P.S.P., político militante e Deputado Estadual de várias Legislaturas, inclusive ex-Presidente da Assembleia Legislativa do Estado.
(Continua na 2.a pág. C)

LUIZ CARLOS PRESTES

Tribuna do PARÁ

5 - Belém-Pará, Domingo, 2 de Fevereiro de 1958 — Ano XII

Em massa nos Diques e Oficinas
...treos Dispensado sum ...om 14 Anos de Serviço

Praticamente paralizado a construção — mais de 70 operários dispensados — 15 com oito e um com 14 anos de serviço — Deveres sem direitos — **Atraso a economia Amazônica** — Desrespeito à lei do Trabalho — Sindicalização e as eleições o caminho

TODOS os paraenses são sabedores e muitos conhecem de perto a construção do Dique Sêco, obra vultuosa e de progresso para a região amazônica, que teve inicio a construção há uns 15 anos e várias vezes vem sendo interrompida...

...ra, acontece que mais uma vez é praticamente interrompida a construção com a dispensa de mais de 70 operários, e na sua maioria qualificados e o mais grave é que 15 dos prejudicados têm 8 anos de trabalho e entre os 70, um com 14 anos de trabalhos.

Não se compreende como possível ainda nestas alturas, brasileiros operários trabalhadores em geral e mesmo funcionários como ocorre no SESP, vivam à margem
(Continua na 2.a pág. D)

Fortes Vantagens Para o Brasil Nas Relações Com a U.R.S.S.

Recordando o que disse Kruschiov a **Jornalistas Brasileiros** a respeito do problema mais imediato de nossa Política Exterior

EM novembro do ano passado, N. S. Kruschiov, 1º secretário do Partido Comunista da União Soviética, concedeu uma entrevista aos jornalistas brasileiros Vittório Martorelle e Tito Fleury. A entrevista teve grande repercussão na opinião pública, nos meios políticos e nas esferas governamentais. O problema do reatamento das relações diplomáticas e comerciais se colocou no centro da vida política nacional. Em virtude da sua inteira oportunidade, reproduzimos a seguir as respostas de Kruschiov às duas primeiras perguntas dos jornalistas brasileiros. As palavras de Kruschiov são argumentos irrefutáveis que desmancham os pobres sofismas dos círculos mais reacionários, ligados ao imperialismo norte-americano, que insistem em manter o Brasil isolado de um têrço da humanidade.
(Continua na 2.a pág. E)

NIKITA KRUSCHIOV

DO P. C. DE ISRAEL A LUIZ CARLOS PRESTES

POR motivo do seu 60.° aniversário, o camarada Luiz Carlos Prestes recebeu a seguinte mensagem dos comunistas do Estado de Israel:

«Enviamos ardentes saudações e os melhores votos fraternais ao camarada Prestes, por ocasião do 60° aniversário do Cavalheiro da Esperança, líder amado do povo trabalhador do Brasil.

O Comité Central do Partido Comunista de Israel».

Sofreu Outro Grave Fracasso
O Foguete Ianque «Vanguard»

WASHINGTON, 30 IP — Sobre a rampa de lançamento do projétil "Vanguard", no Centro de Experiências de Cabo Canaveral apenas subsiste hoje apriminha e a segunda parte do projétil portador do satélite artificial da Marinha. A terceira parte do projétil teve de ser desmontada em consequência do mau funcionamento que se manifestou quando das experiências. Essas indicações chegaram a esta capital, apesar do rigoroso segredo que cerca as operações de Cabo Canaveral.

Segundo indicações, parece que o projétil "Vanguard" sofreu sábado passado, fracasso quase tão grave quanto o de 6 de dezembro. Domingo, quando das operações de desmonte, um técnico ficou queimado no rosto, dos vapores do ácido nítrico o qual combinado com o dimetil-hidrazina constitui o carburante do projétil.

Em compensação, fontes próximas no campo do Exército, onde está sendo preparado o lançamento do projétil "Jupiter C" de quatro partes e que lançará um satélite de 13,361 quilos. Particularmente dão a entender que uma tentativa de lançamento poderia ocorrer na noite de quarta para quinta-feira ou o mais tardar em fim de semana. O projétil está rutilando à altura de 21 metros, na parte da zona de lançamento, reservada ao Exército. O céu da Flórida apresenta-se agora azul, ao passo que na semana passada a chuva tinha
(Continua na 2.a pág. F)

Edição de hoje
6 páginas

2 CRUZEIROS

Lutam os Trabalhadores da Perseverança

Pela Equiparação do Salário Mínimo

Apêlo dos Moradores da Matinha ao Prefeito

Querem o aterramento e a limpeza de alguns trechos do bairro

A época invernosa está transformando o bairro da Matinha num tormento para os seus moradores.

Cresce o mato, aumenta a lama

As grandes chuvas do inverno vieram encontrar as suas ruas e travessas de capim e mato crescidos, razão pela qual agora estão em pleno desenvolvimento, cobrindo parte do leito das vias públicas, impedindo o trânsito de pedestres e de veículos, além de estimular a presença de insetos incomodos e nocivos. Não só isso, a lama ganha terreno cada vez mais, em trechos como na Antonio Barreto e na Castelo Branco, em que não foi melhorado o aterramento no verão e mesmo agora.

Também os buracos

E' nó inverno que aparecem os buracos no leito da rua porque as chuvas o enchem dagua e por lá ficam enchendo a rua, tal é o numero deles.

Os carapanãs atormentam e difundem a filariose

No entanto, a maior praga desta época, na Matinha, são os carapanãs que além de não deixar ninguem dormir (Continua na 2.a pág. H)

Confiante a diretoria do Sindicato na vitoria — Nenhum trabalhador tarefeiro atinge o salário — Apêlo aos seus companheiros

OS setores sindicais operários em nosso Estado, intensa é a luta por melhores condições de vida, os marítimos paraenses chegam a vitória pela equiparação do salário nos niveis pago pelo SNAPP, os trabalhadores das calçadas a pouco conquistaram 35% de aumento na base do salário de junho de 1955 e agora movimentam-se os texteis da Fabrica Perseverança, pela equiparação do salário mínimo de agosto de 1956 para todo o pessoal que trabalha por tarefas.

Sexta-feira estivemos na sede do Sindicato dos Tecelões e ouvimos o Presidente do mesmo, o sr. Francisco Carneiro, a respeito do movimento que encete aquele Sindicato em defesa de seus associados e de todos os tecelões paraenses.

Disse-nos o sr. Carneiro, que (Continua na 2.a pág. I)

Fechamento de bares e botequins

Os Trabalhadores e o Pequeno Comércio Prejudicados

Medida injusta e arbitrária — Nenhuma razão de ordem pública que a justifique — Justa a ação unitária para anula-la

A medida policial, de evidente inspiração governamental, impondo o fechamento de bares e botequins sabado á noite e domingo durante o carnaval, tomk carater excepcional, porque não vimos nenhuma razão de interesse público que autorizasse aquela providencia da Chefia de Polícia.

Injusta e arbitrária

Se não havia nenhuma razão de ordem pública, o fechamento dos bares e botequins só poderia repercutir como injusto e arbitrário, até mesmo porque, em época normal de carnaval, nenhum governo achou razão de ordem pública para tal medida que é, por isso mesmo e em tais circunstancias, inédita: Não há na historia do carnaval paraense ato igual nem o funcionamento dos bares e botequins constituiu motivo de perturbação pública durante os folguedos carnavalescos.

Pretexto imprudente, consequências negativas

Mesmo aqueles que somente vão ao cinema ou só leem os jornais sabem que as medidas puramente policiais de proibição das bebidas alcoolicas sempre tiveram consequências mais negativas que positivas e o combate ao alcoolismo para ser consequente e útil á sociedade — é que ensinam a experiência e a ciência, deve ter como principais instrumentos a melhoria das condições economico-sociais e a educação sanitária das massas. Ora, se a medida não tem este ultimo objetivo, se não há uma razão de ordem pública evidente que a justifique, que poderia resultar da medida de fechar sumariamente os bares e botequins da cidade.

Por que fechamento dos bares?

Parece-nos ainda que se a medida visava a restrição no consumo do alcool esta poderia ter sido recomendada sem o fechamento sumário de casas comerciais. Além disso a experiência e o bom senso também já demonstraram ser mais util aquela medida habitual que a autoridade policial recomendava na época do carnaval em Belém que tão antipaticamente resolveu abandonar. Trata-se de recomendar a restrição na venda de bebidas alcoolicas fortes.

(Continua na 2.a página L)

Páginas do PARÁ

N. 325 — Belém-Pará 2-2-58 Ano XII

★★ CINEMA ★★

Dois Filmes Para Você Vêr

«Janela Indiscreta» (Rear Window) Exito mais comercial que artistico mas, mesmo assim, um filme bem feito. Um bom Hitchcock, que os fãs do genero «criminal» podem assistir com agrado. Uso, aguado, da fotografia em côres.

«Friendly persuasion» combina a mais aprimorada forma cinematográfica à mais realista das histórias, tornando-se, por conseguinte, um bom espetáculo a serviço das idéias de paz e de entendimento entre os homens. A coragem do filme é admirável pois ele não apenas defende essas idéias e promove a denúncia contra o belicismo, como exige, em teoria, que se liquide com as ameaças guerreiras de uma vez por todas. O que se tem com "Sublime tentação" é um documento e mesmo tempo uma obra de arte, uma fita narrada com segurança e sensibilidade; e isso nós empolga, comove, alegra quando se verifica as condições difíceis em que trabalham as realizadores decentes de Hollywood, sempre perseguidos pelos mais diversos espécies de censura. O conteúdo humano possibilitou da película corresponde a uma técnica descritiva excelente apoiada estão não só nos elementos básicos (cenário, montagem, cinegrafia) como nos acessórios «decora», indumentária, maquilagem, música, sonoplastia, etc. Socialmente, "Sublime tentação" é (Continua na 2.a pág. G)

Atentado à Saúde dos Moradores da Vila Bôa Vista

Dirigem-se ao nosso jornal — Filosofia do explorador — Uma «Fossa» para 4 residencias — Iminente uma epidemia bacilar — Comissões Comício e abaixo assinado a Saude do Estado

VARIAS pessoas residentes na Vila Bôa Vista e outras proxima a mesma, telefonaram a nossa redação, solicitando que registrassemos a denuncia abaixo, certos de chegar ao conhecimento da Secretaria de Saúde do Estado para as devidas providencias que o caso requer (Continua na 2.a página K)

O Caso do Material Agricola Inadequado

FOI revelado pela imprensa o caso do material inadequado que aqui chega para fomentar as atividades agricolas e pecuarias da Amazônia, comprado e enviado pelo Ministério da Agricultura.

Para uma região que de tudo necessita para desenvolver suas fontes de alimento e manter e crear o trabalho para a sua gente, o fato constitue não só um simples prejuizo, como deu a entender a noticia. Achamos que constitue um duplo crime contra a Amazônia (Continua na 4.a página B)

Páginas do PARÁ Nos Esportes

Aniversaria o Paissandú

O Paissandú completará 44 anos de sua fecunda existencia. É uma data festiva na esfera esportiva de Belém e do Pará, pois é um dos clubes mais populares de nossa terra, onde se firmou e fazendo fans pelo Pará afóra.

Paissandú tem a sua página na historia esportiva do Pará, pontilhada de dificuldades, mais as vitorias tem sido conseguido superam os obstaculos que se antepõem.

A data portanto nos é grata, e mais grata ainda (Continua na 4.a página A)

Reclamam os moradores do bairro da Pedreira

Moram Num Pântano a um Quarteirão do Asfalto

Quadro de todos os bairros de Belém — Reage a população — Falta de valas e mato alto — Comissão e abaixo-assinado uma arma dos moradores

NOSSO reportagem foi convidada por uma comissão de moradores da Antônio Everdosa, próximo à travessa Timbó, no bairro da Pedreira, a fim de certificar-nos da justeza da reclamação.

De fato, como diz o ditado «ver para crêr» o que nos admira é que naquêle bairro moram tantas pessoas de prestigio, tanto junto ao governo estadual como municipal e ainda não tenham ocorrido nos seus encontros com «êsses», solicitar uma providencia, para aliviar os sofrimentos daqueles moradores do Antônio Everdosa.

Depois de tôdas estas considerações, vamos descrever o estado de desprêzo, que como dissemos acima vimos com os nossos próprios olhos:

Barracas de madeira, muitas construidas com a previsão das enchentes, com o assoalho à altura de 1 metro do chão, quintais abertos, mato à altura de 2 metros, o característico caminho da roça e as estivas, justiça se (Continua na 4.a página A)

A foto acima, é de um trecho da Av. Antonio Everdosa, no bairro da Pedreira que comprova as denuncias da presente reportagem.

Eleições, Hoje, na U.L.T.A.P.

Nova diretoria a ser escolhida — A União dos Lavradores e Trabalhadores Agrícolas do Pará prepara-se para eleger novos dirigentes

HOJE, domingo, a União dos Lavradores e Trabalhadores Agrícolas do Pará vai realizar movimentada sessão possivelmente na Casa dos Marceneiros, com o objetivo de renovar o mandato administrativo para o período de Estatutos ora em vigor. Para a eleição da diretoria a dirigir os destinos da entidade no mandato do ano corrente, haverá cuatos chapas disputando o pleito. Tendo em vista a necessidade urgente dos camponeses se unirem cada vez mais e melhor, na defesa das reivindicações mais sentidas do campo, desejando, ainda, 1958, o órgão de classe dos trabalhadores do campo espera reunir, na sessão de hoje, oitenta (80) delegados de todo o interior do Estado com o fito, inclusive, de ampliação de sua diretoria através de emenda a ser apresentada aos

(Continua na 4.a página F)

Exigem indenização
Destruídas as Roças dos Lavradores de Arariuna

Dificuldades do homem do campo — Lutam por direito de vida — Criadores perseguidores — Comissão de dez lavradores visita nossa Redação

ALÉM de todas as dificuldades de ordem técnicas e econômicas que enfrenta o homem de campo, de vez em quando surgem outros obstáculos de que os elementos que por uma questão de perseguição ao direito de vida ao homem do campo criam situações difíceis.

Nesta situação encontram-se lavradores dos povoados de Japuíra e Redação, no município de Cachoeira de Arariuna. Essas povoações, ou melhor essas terras são destinadas à agricultura, pelo próprio Ministério da Agricultura, conforme documentos apresentados à nossa reportagem pela Comissão que esteve esta semana em nossa Redação onde solicitaram que denunciássemos que

(Continua na 2.a página D)

Movimentam-se os camponeses na luta pelo direito de viver.

O Executivo Amazonense Aponta o Caminho

Adquiridos pelo governo 15 ônibus MERCES BENS — Renda diária 40.000 — Entusiasmado o governo pediu mais 20 veículos — Experiência para o Prefeito Municipal

...

(Continua na 4.a página H)

Tribuna do PARÁ
N. 326 — Belém-Pará 9-2-58 Ano XII

★ CINEMA ★
Cenarização, Base do Filme...

VIMOS, antes, que o cinema é a arte de transmitir pensamento através de imagens. Temos estudar, agora, como são compostas essas imagens. Sabemos que a cenarização, ou seja a metamorfose do argumento literário em história cinematográfica,

(Continua na 4.a página J)

Reclamam os Moradores da Bandeira Branca

OS moradores do populoso bairro do Marco estão sempre às voltas com inúmeros problemas todos reflexos da crise medonha por que atravessam todo o povo de Belém. Crise essa que tem origem na nossa condição de país subdesenvolvido entregue à exploração mais desenfreada dos trustes imperialistas e seus agentes nacionais. O problema que mais aturde os moradores do Marco é o que diz respeito à construção do Mercado Público da Bandeira Branca, iniciada no governo de Celso Malcher e que esperam êles seja concluída na administração do atual Prefeito. É uma necessidade premente a existência desse Mercado, e todos confiam no espírito público e no empreendimento populista do dr. Lopo de Castro. Entre os inconvenientes da não conclusão de obra tão meritória que virá beneficiar grandemente os trabalhadores e o pobreza, está a irregularidade na venda de legumes e gêneros de 1.ª necessidade que ficam expostos à sujeira e à falta de higiene. Recomendamos à gente esforçada e digna da Bandeira Branca que continue confiando no espírito realizador do dr.

(Continua na 4.a página I)

Nota de Protestos às Violências Policiais Contra os Grevistas Marítimos
Nota oficial do Sindicato dos Motoristas

FORTALECIDOS pela unidade existente entre os elementos pertencentes às categorias vinculadas a este órgão de classe, e que tornou-se respeitada pela pujança de idealismo da briosa classe que representa, tem sido nestes últimos tempos, sacrificada pela prepotência dos detentores do poder, sem que lhe respeitassem a inviolabilidade de livre associação.

Não será a violência, e as ameaças que nos possam impor a renuncia da causa que honrosamente defendemos. Pelo contrario, cada opressão contra nós, mais corigem e incentivo sentimos em nossa alma, e mais consciência adquirimos para repudiar os verdadeiros inimigos dos menos favorecidos.

Somos homens livres e de bons costumes, saímos para uma luta sem temer conseqüências. Não adianta invasão em nossa sede, não adianta prisões de nossos companheiros e finalmente não adianta expulsões da Capitania dos Portos. A luta continuara e a tatica posta em pratica contra nós, só um efeito traduz, este sem dúvida é o ódio e a indiferença que dará o povo em recompensa aos sacrifícios por nós sofrido. E A LUTA CONTINUARÁ.

Belém, 7 de Fevereiro de 1958.

BERNARDINO DA COSTA E SILVA, presidente.

Carne e Transportes:
Problemas imediatos da Marambaia

UMA comissão de moradores da Marambaia esteve em nossa redação, conversando com um de nossos companheiros, acerca do tão cruciante problema da distribuição e venda da carne verde no Mercado daquele bairro. Disséra, a comissão, que a carne de preço popular vendida a Cr$ 16,00 só é distribuída ao consumo público na quinta-feira e aos domingos, causando essa falta de regularidade sérios prejuízos à bolsa do povo. O pior, entretanto, é que nos talhos aparece sempre carne verde no preço exorbitantes de Cr$ 40,00, com o que os trabalhadores se sentem impossibilitados de melhorar um pouco o nível de alimentação a que se vêm submetendo por causa dos salários de fome que percebem. Tão duras situações precisa ser, urgentemente, contornada bulus poderes competentes, em benefício de uma população que digna de melhor sorte. Recebemos, ainda, os moradores da Marambaia pela desorganização do serviço de trânsito, com os transportes insuficientes, e sus periágos de que são forçados a se servir para comparecer ao local de trabalho. Pediram os providencias a quem de direito, lembrando, também, o povo residente na Marambaia que se organize em frentes a associações de classe para atravéz de memoriais e abaixo-assinados, se dirijir, ainda aos governos do Estado e do Município em defesa de tais justas reivindicações.

Mobilizam-se os Comerciários Para Acompanhar o Julgamento do Dissídio no Próximo Dia 14

HÁ meses que milhares de comerciários em Belém, reivindicam um justo aumento de salário. Sindicalizando-se e reunindo-se em assembléias, organizadamente pleitearam através de tentativas suasórias um aumento para fazer frente a difícil situação que atravessam os exploradores e reduzidos à miséria de um salário de fome pela ganância dos altos comerciantes.

Não logrando atendimento para melhoria do nível salarial, seguiram o caminho pacífico da unidade e organização das fileiras de milhares de comerciários, recorrendo

(Continua na 4.a página K)

O povo belenense exposto nas filas do sol e chuva exige que se enfrente e se dê solução ao problema do transporte coletivo.

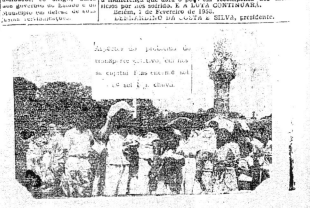

Na Assembléia Legislativa
Lançado o Manifesto da Frente Nacionalista Paraense

Movimenta-se a comissão organizadora para fazer a instalação no proximo dia 7 de março

ESTÁ circulando em nossa capital um documento convocatório que visa obter a adesão de todas as classes sociais de Belém para a instalação da Frente Nacionalista do Pará. O documento publicado abaixo, se acha distribuido entre os deputados à Assembléia Legislativa e personalidades de destaque na vida politico-social do Estado, tendo sido elaborado por uma comissão composta de lideres estudantis secundaristas e universitários e lideres sindicais. Eis o manifesto:

MANIFESTO DA FRENTE NACIONALISTA DO PARÁ

Ao Povo Paraense

O Povo Brasileiro, na atual fase de desenvolvimento progressista do Brasil, desejando realizar sua completa emancipação econômica no sentido de promover o bem estar e a felicidade nacionais, compreendeu que necessita organizar-se em ampla frente nacionalista e democratica a fim de que, unido, possa vencer os obstaculos que lhe antepõem os trustes estrangeiros que:

a) exploram e canalizam para o exterior, os recursos naturais de nosso solo e sub-solo;

b) empobrecem cada dia mais o nosso povo, contribuindo para acelerar a espiral inflacionaria, ocasionando o desequilibrio cambial e a consequente desvalorização do cruzeiro;
c) debilitam a indústria brasileira e restringem a nossa liberdade comercial;
d) produzem o desemprego em massa, levando a miséria e a fome aos lares brasileiros;
e) vedam qualquer possibilidade futura à nossa juventude, atrofiando, assim, todo o processo evolutivo da nação.

A exemplo do que se faz em todo o país, o povo paraense, consciente de suas responsabilidades e coerente com as suas tradições, não podendo ficar à margem desse movimento emancipador decide, nesse momento

Continua na 2.a pagina (M)

Nº 327 — Belém-Pará, Seg-Feira, 17 de Fevereiro de 1958 — Ano XII

Os Estudantes Exigem o Reatamento de Relações Com os Países Socialistas

Nota Oficial da UNE

MANIFESTANDO a opinião da classe estudantil, já expressa por todas as entidades, «União Metropolitana dos Estudantes, Diretorio Central dos Estudantes da Universidade do Brasil, União Brasileira dos Estudantes Secundários, Associação Metropolitana dos Estudantes, etc., favoraveis que são ao reatamento das relações com os paises socialistas, como medida de desafogo de asfixiamento que nos impõem os trustes bancarios e outros, a União Nacional dos Estudantes distribuiu à imprensa a nota abaixo transcrita.

Sendo que para firmar a exigência da classe estudantil, quanto ao reatamento das relações, a União Nacional dos Estudantes convocou um Ato Publico pela reabertura dos Portos, no dia 28 de janeiro, às 20 horas, quando a nação comemorou o «150.º aniversario da abertura dos Portos por D. João VI». Para o ato foram convidadas autoridades, representantes dos paises estrasiaticos e o homenageado Embaixador Oswaldo Aranha, distinguido pela sua brilhante atuação na ONU, desassombradamente declarou-se pelo reatamento das relações com os paises socialistas e um desses dos paises sub-desenvolvidos.

(Continua na 2.ª pág. G)

Jornalistas Paraenses Solidários Com o Coronel Janari Nunes

PRESIDENTE JANARY NUNES

RIO — O Sindicato dos Jornalistas do Estado do Pará agradece o seu telegrama de onze do corrente reafirmando sua posição há muito tomada em defesa intransigente da politica do monopolio estatal do Petroleo. Coerente nesse ponto de vista está telegrafando ao Presidente da Republica insistindo na permanencia de vossencia frente da Petrobrás.

Cordiais Saudações

Mario da Rocha — Presidente

Presidente Juscelino Kubitschek
Palacio do Catete
Rio

O Sindicato dos Jornalistas Profissionais do Pará apela no sentido manutenção do Coronel Janary Nunes na Presidencia da Petrobrás como seguro penhor na [...] economica.

Cordiais Saudações

Mario da Rocha — Presidente

Cel. Janari Nunes

Cresce o Número de Novos Eleitores

Melhora o trabalho do alistamento — Nas mãos das forças nacionalistas a chave da vitoria — Tudo por uma campanha de alistamento em massa

MELHORA sensivelmente em nosso Estado, a batalha do alistamento eleitoral; intenso foi o movimento esta semana, nos cartorios da 1.ª, 28.ª, 29.ª e 30.ª zona, do municipio de Belém.

Conforme os ultimos dados colhidos no Tribunal Regional Eleitoral foi o seguinte movimento em três zonas no mês de janeiro:

1.ª zona, 215 homens e 156 mulheres; 28.ª zona, 232 homens e 106 mulheres; 30.ª zona, 384 ho-

(Continua na 2.ª pág. H)

A Tunisia Acusa a França de Ter Praticado Agressão Armada

Memorial a ONU — Ameaça a paz e à segurança internacionais — Crescente indignação contra os colonialistas agressores e amplo movimento de solidariedade ao povo tunisiano — A FLN acusa os Estados Unidos — Eram norte-americanos 17 dos 25 aviões que bombardearam Sakiet

NAÇÕES UNIDAS (Nova Iorque), retardado (IP) — O memorial ontem entregue ao sr. Hammarskjold, secretario-geral das Nações Unidas, pelo sr. Mougi Slim, representante da Tunisia na ONU, foi publicado a pedido da delegação tunisiana.

Esse documento declara principalmente:

«Essa violação caracterizada, da fronteira e do espaço aéreo tunisinos, por aviões em grande número, que operaram por uma hora, realizando intenso bombardeio de Sakiet Sidi constitui agressão armada da França contra a Tunisia, em contradição flagrante com o espírito da Carta das Nações Unidas».

E prossegue o memorial: Ten-

(Continua na 2.ª pág. I)

Expediente nas Repartições Municipais nos dias de Carnaval

O PREFEITO MUNICIPAL DE BELEM, usando de suas atribuições legais

RESOLVE:

Estabelecer o seguinte expediente em tôdas as repartições municipais:

Dia 15 sábado, expediente normal pela manhã, das 8 às 12 horas;

Dia 17, segunda-feira, expediente normal;

Dia 18, e 19, terça-feira gorda e quarta-feira de cinzas, respectivamente, ponto facultativo.

DÊ-SE CIENCIA E CUMPRA-SE

Gabinete do Prefeito Municipal de Belém
11 de fevereiro de 1958

ass. LOPO ALVAREZ DE CASTRO
Prefeito Municipal

Sem Leite as Crianças da LBA

Teria a SPVEA suspenso a verba para aquele fim

INFORMAM á reportagem deste semanário algumas mães que tem filhos matriculados na LBA que esta instituição não estaria fornecendo leite ás crianças.

A SPVEA teria cortado a verba

O motivo alegado na LBA — afirmaram — foi haver a SPVEA cortado a verba destinada àquele fim.

Reclamam providencias

Parte das crianças pobres da cidade estão,
(Continua na 4.ª página 2)

Edição de hoje
6 páginas

Permanecem unidos os marítimos, no vigésimo dia de greve decidindo na reunião de entendimento da semana finda, REPELIR as medidas punitivas dos armadores contra qualquer violação ao direito de greve.

Protesto dos Marítimos Contra a Interferência dos S.N.A.P.P.

Carta dirigida ao Diretor Geral — Abusivo e estranhável procedimento — Os marítimos paraenses formulam crítica construtiva — Reivindicam o pagamento dos quinquenios de 1956.

Exmo. Sr. Diretor Geral dos SNAPP

Os Sindicatos infra-firmados, vêm, na desobriga de indeclinavel dever, lançar veemente formal protesto contra a atitude assumida por essa Diretoria Geral, interferindo indebitamente no movimento encetada pelos maritimos paraenses em busca de melhoria salarial que lhes permita amenizar a premente situação de dificuldades em que se encontram:

Em nota inical publicada pelos signatarios sobre suas justíssimas reivindicações e o propósito de, por elas se baterem com denodo, embora pacificamente, os SNAPP foram excluídos, como demonstração de especial deferencia e consideração ao Orgão que centraliza na Amazonia, os assuntos pertinentes á sua navegação.

Apesar disso, essa Diretoria, Geral, com o notorio intuito de
(Continua na 2.a pág. A)

Contra o golpe na ULTAP

Desmascarar, Isolar o Renegado Benedito Serra Pelo Caminho Unitário e Organizado dos Lavradores

Escreve: MOGY RIBEIRO

ALUGADO a ala da direção mais reacionária do P.T.B. em nosso Estado e a serviço do mesquinhos e inconfessáveis intereses pessoais, o renegado Benedito Serra, deu o mais baixo golpe contra a organização da U.L.T.A.P., por ocasião da Assembléia Geral dessa entidade, realizada na semana finda em Belém, na sede da F.T.I.P.

Ludibriando a boa fé de uma minoria de 14 camponeses, êsse renegado montou uma farsa mancomunado com elementos do P.T.B., impondo á seu talento realização de uma «Assembléia Geral» onde foi sabotada pelo falsario Serra a participação de 59 delegados dos 80 que haviam sido eleitos. E contando apenas com 21 delegados presente á 1.ª Convenção da Assembléia Geral, violou e passou por cima da letra dos estatutos da U.L.T.A.P. art. 7 lebra b, parágrafo unico que diz: «A Assembléia Geral Ordinaria sòmente poderá realizar-se com a presença de:

«25 associados quites em 1.ª Convenção». Assim rasgando os estatutos, impôs a realização da «sua Assembléia Geral» em conluio com o assistente político do P.T.B. sr. Alvaro Lamel Serra, tomaram entre outras, as seguintes «Resoluções, Serra P.T.B.:

1.º) Reeleger-se a si mesmo, Be-
(Continua na 2.a pág. B)

Benedito Pereira Serra

Os Moradores do Umarizal Reclamam ao Prefeito

Pagam aluguéis a um particular por terrenos da Prefeitura — Pediram-nos providencias

Possui á Prefeitura uma área de terreno á travessa 14 de Abril entre Domingos Marreiros e João Balby ocupado por numerosos moradores.

Cobrança de aluguel por úm particular

Extranharam alguns modores que um particular estivesse cobrando aluguel dos terrenos, sabido que toda a área mencionada pertencia ao patrimônio municipal. Por isso resolveram levar o fato ao conhecimento do Prefeito Lopo de Castro, que deu audiencia publico no bairro da Umarizal.

Os moradores extranham á cobrança do Patrimônio Municipal

O Prefeito Lopo de Castro forneceu aos reclamantes um cartão autorizando-os a tomar informação no Patrimonio Municipal sobre
(Continua na 2.a pág. C)

A Prefeitura Manterá Aberta a Escola

Continuará pagando o aluguel do prédio

Há três anos que a Associação das Mães em Pról da Juventude vinha fazendo funcionar uma escola de alfabetização no bairro do Marco, com uma boa frequencia anual. O aluguel do predio onde funciona a escola vinha sendo pago pela PMB, ajuda decissiva para que as crianças beneficiadas pudessem contar com aquela escolinha popular.

Gesto popular e democrático do Prefeito Lopo

Agora, quando se acha na PMB um novo Prefeito, os dirigentes das Associações das Mães solicitaram a con-
(Continua na 2.a página D)

Tribuna do PARÁ

N. 327 — Belém-Pará 17-2-58 Ano XII

PREFEITURA MUNICIPAL DE BELÉM
SERVIÇO DE DIVULGAÇÃO E TURISMO
CARNAVAL OFICIAL DE 1958

COMUNICAÇÃO AO PÚBLICO BELEMENSE — PRÊMIO DA P. M. B.

Cr$ 80.000,00

O Serviço de Divulgação e Turismo, primeiramente dá ciência ao povo de Belém e aos conjuntos carnavalescos inscritos ao Concurso Oficial da P. M. B. a relação completa dos prêmios em dinheiro e em troféus, a serem ofertados aos blocos vitoriosos désse grande certame, e assim distribuídos:

1.ª CATEGORIA

1.º Lugar — Prêmio em dinheiro e mais uma rica taça	Cr$ 20.000,00
2.º Lugar — Prêmio em dinheiro e mais uma valiosa taça	12.000,00
3.º Lugar — Prêmio em dinheiro e mais uma linda taça	6.000,00
TOTAL	Cr$ 38.000,00

2.ª CATEGORIA

1.º Lugar — Prêmio em dinheiro e mais uma valiosa taça	Cr$ 8.000,00
2.º Lugar — Prêmio em dinheiro	6.000,00
3.º Lugar — Prêmio em dinheiro	3.000,00
TOTAL	Cr$ 17.000,00
	38.000,00
	Cr$ 55.000,00

SAMBISTAS:
1.º Lugar — Prêmio em dinheiro e um valioso brinde
2.º Lugar — Prêmio em dinheiro e um lindo brinde
3.º Lugar — Prêmio em dinheiro e mais um lindo brinde

PASSISTAS:
1.º Lugar — Prêmio em dinheiro
2.º Lugar — Uma taça

MELHOR BATUCADA:
1.º Lugar — Prêmio em dinheiro e uma valiosa taça

MELHOR PORTA-BANDEIRA:
1.º Lugar — Prêmio em dinheiro e mais uma taça

MELHOR CARRO ALEGÓRICO:
1.º Lugar — Prêmio em dinheiro e mais uma taça

MELHOR FOLIÃO:
Uma valiosa taça

Importância total désses prêmios Cr$ 25.000,00
TOTAL Cr$ 80.000,00

NOTA: — Todos os prêmios em dinheiro destinados aos blocos vitoriosos no Concurso, serão ofertados exclusivamente pela Comuna belemense, por intermédio do seu Serviço de Divulgação e Turismo sem cooperação alguma de quem quer que seja, por isso, baterá o record este ano no total de prêmios na importância de oitenta mil cruzeiros (Cr$ 80.000,00).

WASHINGTON COSTA — Chefe do S. D. T.

Mobilizam-se os Pescadores Pelas Suas Reivindicações

Solicitarão providencias imediatas ao govêrno

INFORMAM os jornais que os pescadores do interior do Estado, através de suas organizações, dirigir-se-ão aos poderes públicos solicitando medidas eficazes e imediatas para melhorar suas condições de trabalho.

Os trabalhadores paraenses que empregam suas atividades na pesca, em nosso Estado, constituem uma considerável parcela da população do interior e assumem uma importância evidente no abastecimento da capital.

Na ilha de Marajó, na região guajarina, do Salgado, Ilhas e Baixo Amazonas, os nossos patrícios pescadores estão numa situação que, sem exagero, podemos dizer que é de abandono. Aqui perto, em Soure, Vigia e costa do Salgado, no
(Continua na 2.a pág. E)

O Departamento de Aguas Fecha Torneiras Públicas

Prejudicadas os moradores da 14 de Abril e da Matinha

O consumo de água encanada nos subúrbios de Belém constitue uma permanente reivindição de seus moradores.

ÁGUA PARA DEFENDER A SAÚDE

A necessidade de água encanada, tratada portanto, para a população suburbana é uma medida sanitária das mais importantes, sobretudo porque é sabido que a água dos poços da cidade é contaminada e, pois, sem condições potáveis para ser consumida.

O INVERNO AGRAVA A SITUAÇÃO

O inverno, com uma intensa queda d'ágún, leva aos poços a contaminação, carregando impurezas do sólo. Portanto, a situação se agrava com a época invernosa.

ATENTADO À SAÚDE E MEDIDA IMPOPULAR

Justamente nesta ocasião, quando chegamos a pleno inverno, o DEA toma uma medida impopular e que atenta contra a saúde fechar duas torneiras, uma na 14 de Abril e outra na Matinha.
(Continua na 2.a pág. F)

Enquanto o povo enfrenta as dificuldades da falta d'agua, o departamento de agua do Estado fecha torneiras publicas.

PÁGINAS DE RESISTÊNCIA

Comerciários:
U'a Marcha Penosa

Arrastada-se penoso benugência... movimento reivindicatório dos comerciários belemenses parece estar fadado ao quase-insucesso sempre colimado nas veces anteriores. Estando às portas da justiça do Trabalho o ajado ao peso da cruz necessidade vivida pela classe, o Sindicato representativo dessas almas mal compensadas que meurejam no comércio, sem salário-família, nem adicionais,

nem "qu'inquêom e "otras cousas" de que se locupletam as castas privilegiadas,—o orgão sindical d'ziaros, adentrou por fim, no Tribunal com o seu pedido. Queimara já es seus ex-cachos aqui por fora, intraditores todos. O poderes orgão Patronal não lhe deu ouvidos. A um pedido de 30,% responde-lhe desdenhosamente com uma oferta de 10. Era a velha terla em que se acostumou a bater. Sempre,

sempre, os "mendigosinhos engravatados' aceitaram a sua esportula. Por que iria agora ser diferente? Não. Nem mesmo aqueles incoerentes 25%, posteriormente pedidos, sazonado fruto de uma elucubra ão inglória, salvo seja, seriam atendidos. E assim aconteceu, gerando, então, a última ferramenta.

Estão, pois, os comerciários na justiça. Contando os instantes de uma

(Continua na 2.ª pag. E)

Organizados Lutam Pela Melhoria do Bairro

Em assembléia ampla os jurunenses discutem seus problemas—Memorial ao Dr. Lopo de Castro

REUNIRAM-SE os moradores do bairro do Jurunas para debater algumas das suas reivindicações mais sentidas. Após a manifestação de todos deliberou-se enviar ao sr. Dr. Lopo Alvares de Castro, Prefeito Municipal de Belém, um memorial solicitando a recons

trução da retiva da rua Carripuans entre Estrada Nova e a Travessa Carlos de Carvalho, sendo que a mão de obra ficará a encargo dos moradores que dessa maneira estarão contribuindo com o sr. Prefeito eviando qualquer espécie de ônus para os cofres da Prefeitura. A

coleta de assinaturas para o memorial a ser enviado ao Dr. Lopo de Castro já se encontra em fase adiantada, esperando-se que referido documento seja entregue no próximo dia 24 do corrente. Uma comissão de jurunenses esteve conversando com um de nossos companheiros contando-lhe o sucesso da

(Continua na 2.ª pág. F)

Acabou o Carnaval de 1958
Mas Acabou Bem

Foi-se a ilusão e a vida continua—Grandes festejos de rua, com o povo brincando a valer

O Carnaval terminou e só o teremos de volta em 1959. Houve manifestações animadas nos clubes, todos os grêmios e associações de bairro deram «assustados» inesqueciveis mas o Carnaval de rua foi o maior. E quando dizemos isso não queremos nos referir apenas às batalhas de confeti que a Prefeitura Municipal de Belém

(com raro brilho, apesar da chuva) e o governo do Estado realizaram, porém, e isto deve ser ressaltado, aos foliões que alegraram o ambiente durante todo o tempo quer na Praça da República quer na Pedreira

quer na Praça Justo Chermut ou no Telégrafo, dando à fase numêrosa a sua característica tipicamente popular. A casa dos Marcenoiros lavou a efeito uma festa interessante mas nem assim houve clube que superasse, em alegria e animação, o movimento carnavalesco nas ruas onde a alma do povo se expandiu em ranchos, grupos, sambistas «sputnicks», um bando de alegorias que trouxeram até nós o ritmo quente e contagiante que é próprio do Carnaval. As músicas mais cantadas foram «Madureira chorou», «Chorarei amanhã» e «Eu vou botar pra jambrar», ponto Poesia por todos os lados e enriquecendo de beleza o coração da gente. Quando a terça-feira gorda terminou, cedendo lugar à quarta e à fria realidade de todo o dia, com os problemas de falta de

(Continua na 2.ª pág. G)

Os "Boemios da Campina" na grande batalha da terça-feira gorda, na praça Justo Chermont.

Carnaval de Rua, no último dia de Carnaval de 1958. Um grande público (foto acima) acorreu para o desfile dos blocos e ranchos em frente a Rádio Marajoara, Pça. Justo Chermont. Os "Boemios da Campina" (foto à direita recebendo o 1.º prêmio no concurso de simpatia realizado pela E-20).

Assembléia Geral da U.L.T.A.P. na Cidade da Vigia

Recebemos com pedido de publicação :

A sub-séde da União dos Lavradores e Trabalhadores Agrícolas de Bom Jesus, município da Vigia, protesta contra a Assembléia Geral do dia 9, da ULTAP, que culminou com uma série de irregularidades cometidas pelo seu presidente sr. Benedito Serra.

Em face dessas absurdas irregularidades esta sub-séde convocou para hoje na cidade de Vigia uma Assembléia Geral Extraordinaria com todas as Sub-Sédes deste municipio para discutirem os fatos contrários aos interesses dessas organizações.

Foram coletadas assinaturas das diretoras das seguintes Sub-Sédes :

Sub-Séde de Bom Jesus

Afonso Barbosa Furtado, Caetano Costa da Cunha, Manoel Nascimento Barroso, Francisco Amaro Furtado, Job Barbosa

Furtado, Constantino Barbosa Furtado, Luiz Barbosa Furtado, Raimundo Francisco Pereira, Benedito Neves, Valmir Araujo Silva, Roberto Costa da Cunha, Antonio da Costa Coelho.

ITAJURA'

Acácio de Oliveira Pantoja e outros membros.

PIQUIATUBA

Jerônimo Silva da Costa, Maria Pereira dos Santos, Raimundo Fiuza da Costa, João Barros dos Santos, Ladislau Monteiro da Costa, Manoel Leite do Vale, Artur Soares Gomes, Francisco Morais, Adriana Leite Monteiro, Maria de Nazaré Fafilas, Marcolina Pereira dos Santos, Deusariau da Paixão, Clara Ferreira.

ARIRÍ

Almerindo Rodrigues Barata, Antonio Esmeraldo de Vale, Antonio Alves da Conceição e Valdemar Alves da Conceição.

ITABOCAL

Raimundo Sousa, Raimundo Dutra, Jerônimo Costa, Isidoro Sousa, Felipe Sousa, Aurélio Gomes de Sousa, Raimundo Gomes de Lima, Raimundo Ferreira de Sousa e Antonio Vale de Sousa.

Outras sub-sédes como a do Araçá, São Luis e Mocajatuba estarão presentes na Assembléia de hoje em Vigia.

(a) R. PEREIRA.

Tribuna do PARÁ

N. 328 —Belém-Pará 23-2-58 Ano XII

★★ CINEMA ★★
Dois Filmes

‹Ouro de Nápoles›

AO aproveitar (cinematograficamente) uma coletânea de contos do napolitano Giuseppe Marotta, a fabulosa dupla Vittório de Sica—Cesare Zavattini quiz biografar o "espirito" mesmo de Nápoles e sua gente exuberante e simpática. Os quatro episódios narrados pretendendo, pois, às alturas de um «estudo» sôbre os meios populares da cidade de Vesúvio, pécam, contudo, por um excesso de displicência e melodramatismo. Faltou, ao filme, um certo senso de equilibrio e mais cuidado com linguagem a utilizar. Também a generalização feita acêrca dos costumes do povo resulta arbitrária, já que nem sempre partiu de bases reais. Mas não se pense que a fita seja ruim; muito pelo contrário. Realizada por injunções comerciais, mesmo assim consegue divertir e comover em vários instante como, por exemplo, no primeiro e último episódios a nosso ver os pontos altos do espetáculo. Pode ser, decepcionante (e de fato é) como obra de De Sica-Zavattini, porém não se trata de uma grande decepção. E' uma película desigual, esquemática, mesmo negativa pelo que significa de recúo no movimento néo-realista que já deu ao cinema coisas do valor de «Ladrões de bicicleta», «Vítimas da Tormenta», «Milagre em Milão», «Umberto D», tantas outras. Serve todavia, como diversão, por alguns detalhes apreciaveis e desempenho do proprio De Sica na «aventura» do conde jogador a incrivel precisão com que conduz o menino Piero Bilancioni no mesmo episódio; a atuação de Silvana Mangano realmente espetacular, talvez a maior de toda a sua carreira, o «show» espe-

(Continua na 2.ª página J)

P. M. B.
Secretaria de Administração
— NOTA OFICIAL —

A Secretaria de Administração, órgão ao qual se subordina o Corpo Municipal de Bombeiros, em face de noticiário da imprensa, segundo o qual aquela Corporação estaria intervindo indevidamente em assuntos de alçada policial, sente-se no dever de esclarecer a opinião pública que tal informação carece de fundamento. Os Bombeiros não são designados para manter a ordem, mas apenas para zelar pela conservação dos logradouros, evitando a danificação dos adornos que ornamentam as nossas praças e jardins.

Fazendo esta comunicação, o Govêrno do Município solicita à população que prestigie a ação dos Bombeiros destacados para servir nos jardins e praças, atendendo aos seus apelos, para que o patrimônio da cidade, que é propriedade do Povo, permaneça protegido da ação de pessoas que por maldade ou ignorância, atentam contra a conservação das obras e o embelezamento da Capital do Estado.

Belém, em 20 de fevereiro de 1958.

Dr. CLÉO BERNARDO —Secretário de Administração.

Afirma o Deputado Vito Paz do P.S.P.

Reatamento Com a URSS, Uma Necessidade da Nossa Emancipação Econômica

PROSEGUINDO TRIBUNA DO PARÁ na enquete junto aos parlamentares, Paraense líderes sindicais, estudantis, comerciantes, industriais e profissionais liberais, sôbre o reatamento de relações de nosso país, com a União Soviética e demais países Socialistas, ouvimos esta semana, o Deputado pessepista Dr. Vítor Paz.

Disse-nos inicialmente o representante do povo pelo PSP na Assembléia Legislativa do Estado que sempre foi favorável pela ampliação de nosso comercio externo, felizmente hoje esta questão é uma aspiração do comercio, da industria e de todo povo, embora que há muito fosse uma necessidade do desenvolvimento de nossa pátria no caminho de sua emancipação economica.

Fez questão de frizar que

Denuncia contra a queima do café — **Favorável o PSP pelo reatamento — Proposta de compra pela URSS, de 5 milhões de saca de café — A queima do café um prejuizo parcial dos produtores e total para o povo — Defesa da Petrobrás**

posição de seu Partido PSP, pela palavra de seu chefe nacional o sr. Adhemar de Barros. Prefeito de S. Paulo, favoravel ao reatamento de relações comerciais com a União Soviética e todos os paises do mundo, confirmando da recentemente logo que o dr. Ademar, voltou da viajem que empreendeu a Alemanha e trouxe a proposta de compra de 5 milhões de sacas de café, pela afnião Soviética, isto é um Uto concreto do reatamento, quando os jornais noticiam que serão queimadas mais de 6 milhões de sacas do mesmo produto pelo governo Federal, quando existe compradores, acontece que a maioria de nosso povo, ainda não pode perceber a gravidade do prejuizo dessa medida.

Claro que os produtores da rubiacéa, serão indenizados, nao terão sem duvida o lucro que deveriam ter assim como o governo brasileiro, vendendo o produto, mas no final das contas o mais prejudicado será o povo, pois será o pago por intermé-

(Continua na 2.ª pág. A)

A Frente Nacionalista é uma Imposição de Patriotismo do Povo Paraense

Como se manifestou, sôbre o manifesto da Frente, da Assembléia, o deputado trabalhista

O MANIFESTO - CONVOCATIVO da Frente Nacionalista do Pará, preparado por uma comissão organizadora do qual fazem parte lideres operários, é assinado por figuras as mais prestigiosas nos meios políticos e sociais tais como os deputados estaduais Ilias Pinto, Clovis Ferro Costa, Acioli kamos, Fernando Magalhães, o deputado federal Ruy Barata, Drs. Cleo Bernardo e Avertano Rocha, coleto Lupu de Castro que liderão as assinaturas, coronel Jocelyn Brasil, muitos outros (o deputado federal Gabriel Hermes enviou inclusive telegrama quando ainda estava no Rio, de vivo integral apôio à iniciativa), foi lido em uma das últimas sessões da Assembléia Legislativa do Estado, pelo parlamentar do PTB e grande pavista Efraim Bentes. O ardoroso deputado ao pedir a transcrição do documento que muito justamente considerou "magistral e histórico" nos Anais da Casa, pronunciou brilhante oração recapitulando as lutas nacionalistas e democráticas do povo, disse a curta altura que os Penna Botto poderiam proliferar se pudessem mas que nada impediria a marcha do Brasil rumo aos seus altos destinos de nação livre e capaz de se autodirigir no caminho do Progresso e do bem estar de suas populações. Citou o combate em defesa do Petróleo, bastando mesmo a campanha que empreendeu o país e da qual se originou a Petrobrás, "hoje uma gloriosa realidade", campanha essa que nasceu do patriotismo de entidades como a Liga de Emancipação Nacional e outras. Terminou, concluindo a todos os democratas e patriotas, a que cerrem fileiras se torno da Frente Nacionalista a se instalar oficialmente no dia 7 de março às 20 horas, no auditório da S.A.I.

Aniversaria Cattete Pinheiro

Transcorreu no dia 27 de Fevereiro, proximo passado, o aniversario natalicio do Dr. Edward Cattete Pinheiro, conceituado médico e homem público paraênse, que tem prestado valiosos serviços à sua terra, tanto no parlamento estadual onde representa o Partido Social Progressista, como no desempenho de cargos administrativos da maior relevancia, inclusive o de governador interino do Estado.

Ao ilustre aniversariante, cujas atitudes patrióticas e democraticas sempre temos aplaudido, "Tribuna do Pará" apresenta sinceros parabens e votos de felicidades.

Dep: Edward Cattete Pinheiro

Todo o Apôio à Frente Nacionalista Paraense

Ernestino MONTEIRO

INSTALAR-SE-Á em nosso Estado, no proximo dia 7 de março, a Frente Nacionalista Paraense, e nós trabalhadores conscientes das grandes responsabilidades que pesam sobre os nossos ombros e das ameaças que pesam sobre a humanidade, com o desencadeamento de uma guerra atomica, que sacrificaria todos os povos, apoiamos a Constituição em nossa Frente Nacionalista Paraense e devemos nos comprometer realizar em nossos Sindicatos, nos locais de trabalho nos bairros e em toda parte, palestras que demonstrem nosso apôio e solidariedade o nosso desejo de paz, o nosso sentimento ardente de brasilidade e de defendermos a vida, a alegria e felicidade do nosso povo.

A responsabilidade dos trabalhadores brasileiros e de suas entidades Sindicais é grande frente a realização e no êxito da Frente Nacionalista. Nesse sentido devemos trabalhar incansavelmente para congregar o maior numero de trabalhadores na Frente Nacionalista destarte mais rapido será a vitoria da emancipação do nosso povo, se unificarmos as nossas forças, nossos pensamentos e a nossa ação no plano Nacional e Continental.

Trabalhadores, cerrar fileiras em tôrno da Frente Nacionalista, em prol da Democracia, da paz e da salvação Nacional.

Com Vistas à Fôrça e Luz

NESSA reportagem revelam uma denuncia de que no bairro da Cremação, rua 5 de Maio canto com a Campos, existe um transformador que já tem por varias vezes deu curtoscircuito pondo em perigo a vida dos moradores daquela artéria. Num dêsses circuitos vitimou-se o menor Ivani Raiol Frade, de 6 anos de idade, residente à travessa 9 de Janeiro, 935 que, quando ia servir-se de uma geladeira, recebeu

(Continua na 2.ª página D)

Leiam na 3.ª página — A NOTA da Comissão Regional do P. Comunista do Brasil.

Iniciamos hoje a publicação da Declaração da Conferência dos Representantes dos Partidos Comunistas e Operários dos Países Socialistas.

(A encerrar-se no próximo número)

N.º 329 — Belém-Pará, Domingo, 2 de Março de 1958 — Ano XI

Notícias Árabes:

Festejam os Povos Sírio e Egípcio o Nascimento do Estado Unificado

Aprovada quase unânimemente a constituição da República Árabe Unida — Escolhido Nasser presidente do novo Estado — Resultados do plebicito na Síria e no Egito — Vários paises já reconheceram a nova República — Afirma Nasser que o novo Estado jamais levantará armas contra o povo sudanês

(I. P.) CAIRO — Em declaração divulgada pelo rádio o ministro egípcio, do Interior sr. Zakaria Mohieddire, anunciou oficialmente aos egipcios, aos sírios e ao mundo inteiro, que os povos da Síria e do Egito haviam aprovado, quase unânimemente, a fusão dos dois paises numa República Árabe Unida e a designação do sr. Gamal Abdel Nasser como presidente do novo Estado.

(Continua na 2.ª pág. B)

Navio Construido Inteiramente Sem Ferro

O unico navio em todo o mundo, construido inteiramente sem o emprego de ferro, é o barco hidrografico soviético "Zarja", que se encontra em viagem, pelo Atlantico Sul, estudando o magnetismo terrestre. Recentemente, o navio esteve em aguas guajarinas em nossa capital, sendo objeto de ridiculas medidas discriminatorias por parte de autoridades Federais e principalmente do governo do Estado, ficando, mesmo impedido de atracar em nosso pôrto. Na ocasião, foram feitas as fotos acima, em que aparecem no centro a esquerda Ivanov Michsumichailovic e Boris Alexandrovitch chefe e sub-chefe da espedição respectivamente. Naquarta pagina, artigo a propósito do ano geofisico e das pesquisas do Zarja, do cientista Sovietico A. Federov.

Noticiário na 6.ª Página

BELÉM, 2-3-58 — TRIBUNA DO PARÁ — PÁGINA 5

Cumpre-se o Programa do Ano Geofísico Internacional

«Zariá», o único navio no mundo construido sem o emprêgo de ferro — Intensa atividade nos mares, nos polos e no espaço em busca da solução de problemas importantes à humanidade — A origem das ondas de frio — Dispersão das nuvens para provocar chuvas artificiais

MOSCOU, fevereiro (Especial para a IMPRENSA POPULAR) — O primeiro semestre do Ano Geofísico Internacional, no decorrer do qual quase todos os países do mundo realizam pesquisas geofísicas coordenadas por um programa único, está encerrado. O objetivo destas pesquisas é encontrar meios que permitam ao homem a utilização dos recursos naturais, meios seguros de defesa contra as adversidades da natureza. Um complicado conjunto de processos eletromagnéticos, hidrológicos e meteorológicos, abrangendo todo o globo trabalha incessantemente.

A origem das Correntes Aéreas

Se pudéssemos ter uma visão total de nosso planeta, a uma distância de milhares de quilômetros, então veríamos como se movimentam os sistemas de nuvens que cobrem os contornos dos continentes e as cadeias de montanhas como se formam as impetuosas correntes aéreas, os tufões e furacões, nas camadas inferiores da atmosfera.

O superaquecimento de ar na zona tropical faz com que êle se dilate e se eleve, transportando-se para as regiões polares, onde resfria e volta às camadas inferiores da atmosfera. A fôrça desviada na rotação da Terra, a influência do relêvo do sol e da superfície, a original disposição dos continentes e oceanos transformam êste simples movimento num intrincado sistema de circulação geral da atmosfera, que determina a orientação do movimento das massas aéreas, o transporte do calor e da umidade, as particularidades climáticas e o tempo nas várias regiões do globo.

A observação, a grandes distâncias, nos mostrarias como reage a atmosfera às manifestações de atividade solar. A ação das radiações ultravioletas e das partículas lançadas pelo Sol nas Camadas superiores da atmosfera provoca um jôgo de auréolas polares, como lentes esverdeadas, que cingem os polos norte e sul.

O progresso técnico diminui nossa escravização aos fenômenos espontâneos mas, ao mesmo tempo, exige que êstes sejam minuciosamente estudados e controlados. Na década de 20 não era preciso saber muito sôbre o tempo para modificar o trajeto de um avião. As camadas de ar até 800 ou 100 m, onde voavam, eram visíveis da Terra.

Hoje, para assegurar o vôo do TU-104 a 10 ou 11 km, é preciso uma complicada aparelhagem, rádio-sondas, rádio-localizadores.

Dados exatos sôbre o estado físico das elevadas camadas atmosféricas — densidade do ar, concentração e grandeza dos meteoros, intensidade e energia dos raios cósmicos — fôrça das raios ultravioletas — são indispensáveis nos cálculos da linha de rádio-comunicações, dos vôos dos foguetes ao satélites, da decolagem ou aterrissagem de naves interplanetárias.

O avanço da técnica nos permite cada vez mais interferir no curso natural dos fenômenos espontâneos, mas exige e exigirá ainda mais no futuro, cálculos exatos de suas mínimas particularidades. O caráter amistoso dos cientistas, a coordenação dos trabalhos, são importantes para a compreensão e análise dêstes fenômenos. Dentro do programa do AGI, nos mais diferentes pontos do globo, cientistas de várias nacionalidades realizam observações.

Em 25 anos, os membros das expedições polares, colaboradores da Direção Central do Caminho Marítimo do Norte tomaram parte ativa nas pesquisas, segundo o programa do Segundo Ano Polar Internacional.

Estas pesquisas, o estudo da Terra do Norte, a passagem do «Sibiriácov» pelo Caminho Marítimo do Norte e organização de estações científicas polares em grandes extensões, os arrojados vôos de pesquisas dos pilotos de jovem aviação polar e finalmente a expedição ao Pólo Norte, foram as primeiras contribuições dos soviéticos no estudo do Ártico. Atualmente, os membros das expedições polares soviéticas montam guarda no Oceano Glacial Ártico, já na 6ª e 7ª estações flutuantes.

Pesquisas atuais

A 16 de dezembro a equipe soviética conquistou grande vitória na Antártida quando o trem-trator, sob a direção de A. F. Tressnikov, percorrendo 1.410 km da estação Mirni venceu grandes extensões de neve porosa a grande altitude (mais de 3.000 m) e alcançou a região do polo magnético sul, onde se fundou a nova estação de Bostok.

As pesquisas feitas pelos soviéticos na parte central da Antártida durante as marchas e nas estações são de grandes interêsse para a ciência. Glaciólogos soviéticos determinando que a espessura do gêlo era de 2 a 3 km estabeleceram que em regiões a centenas de quilômetros do litoral o solo se encontra abaixo do nível do mar. Não se exclui, nin a possibilidade de ser a Antártida, não um continente compacto, como se pensa, mas cortado por estreitos. Pesquisas posteriores dirão.

Vostok que está montada no coração da Antártida, a mais distante do litoral de tôda as estações. Suas observações terão, por isso, maior importância. Suas pesquisas meteorológicas já mostram que a diferença dos demais continentes, na Antártida as variações de temperatura no centro do continente são menores do que no litoral. Observações posteriores tornarão possível o estudo da natureza e do comportamento da camada de ar frio que há sôbre suas geleiras. Esta camada de ar desempenha grande papel na circulação aérea no hemisfério sul.

Cientistas de várias nacionalidades trabalham na Antártida.

A estação australiana «Musan», a francesa na Terra de Adel, a inglesa em Holly Bay, a americana na geleira Rossa e soviéticas no povoado Mirni e outras localidades em diferentes pontos do continente estão ligadas entre si por meio de estações de rádio e sempre prontas para trem umas em ajuda das outras.

Nos oceanos trabalham as expedições científicas nos quilômetros levando a bordo complicados aparelhos automáticos de medição. O primeiro «Sputnik» realizou milhares de voltas e terminou seu trabalho. O programa de pesquisas do segundo também já se cumpriu, no fundamental. O «Sputnik II», observatório geofísico que gira em tôrno da Terra, corresponde ao que há de melhor no campo de pesquisa científica universal, pois abrange todo o globo. Os conhecimentos acumulados conduzir-nos a solução de novos problemas científicos. Os «Sputniks» mostraram a grande fôrça de gênio humano que agora já calcula as trajetórias vantajosas para os vôos à lua e outros planetas com um mínimo de energia possível.

Um número enorme de dados sôbre o estado da atmosfera ajudará a elaboração de uma previsão exata do tempo. Parece-se que isto abrirá o caminho para uma nova e atraente tarefa: o domínio dos fenômenos meteorológicos. Os primeiros passos neste sentido, com a dispersão de nuvens e obtenção de pequenas chuvas, já foram dados. Amplas perspectivas se abrem para um futuro não muito distante.

SOCIAIS

Aniversariou na data de 26 de Fevereiro, o sr. Antonio Arruda de Freitas, membro do Diretório do PTN no Bairro da Marambaia e incansável batalhador em defesa das nossas riquezas minerais.

Ao Arruda, Tribuna do Pará envia-lhe votos de felicidade desejando-lhe muita saúde e prosperidade.

Acolhido em Massa o Manifesto da Frente Nacionalista

ESTÁ circulando em nossa capital em documento convocatório que visa obter a adesão de todas as classes sociais de Belém para a instalação da Frente Nacionalista do Pará. O documento publicado abaixo, se acha distribuído entre os deputados à Assembléia Legislativa e personalidades de destaque na vida político-social do Estado, tendo sido elaborado por uma comissão composta de líderes estudantis secundaristas e universitários e líderes sindicais. Ei-lo o manifesto:

MANIFESTO DA FRENTE NACIONALISTA DO PARÁ

Ao Povo Paraense

O Povo Brasileiro, na atual fase de desenvolvimento progressista do Brasil, desejando realizar sua completa emancipação econômica no sentido de promover o bem estar e a felicidade nacionais, compreendem que necessita organizar-se em ampla frente nacionalista e democrática a fim de que, unido, possa vencer os obstáculos que se antepõem aos trustes estrangeiros que:

a) exploram e canalizam, para o exterior, os recursos naturais de nosso solo e sub-solo;
b) empobrecem cada dia mais o nosso povo, contribuindo para acelerar a espiral inflacionária, ocasionando o desequilíbrio cambial e a consequente desvalorização do cruzeiro;
c) debilitam a indústria brasileira e restringem a nossa liberdade comercial;
d) produzem o desemprego em massa, levando a miséria o o forme aos lares brasileiros;
e) vedam qualquer possibilidade futura à nossa juventude, atrofiando, assim, todo o processo evolutivo da nação.

A exemplo do que se faz em todo o país, o povo paraense, ciente de suas responsabilidades e coerente com as suas tradições, não podendo ficar à margem dêsse movimento emancipador, decide, nesse momento

Continua na 2ª pagina (M)
funda a FRENTE NACIONALISTA DO PARÁ, com o objetivo de defender o patrimônio nacional e promover o desenvolvimento das riquezas em benefício exclusivo de nossa gente e da Região Amazônica; com o que se poderá criar condições de melhoria de vida para todo o povo, assegurando estabilidade econômica para a indústria, as classes produtoras, as profissionais liberais, aos estudantes, à intelectualidade, ao operariado, em suma, a todas as camadas sociais de nossa terra.

Sendo êsse um movimento de unidade, congregando em torno de si os brasileiros desejosos de um futuro melhor para a nossa Pátria, sem quaisquer discriminações de ordem político-filosófica, convocamos o povo paraense para a instalação oficial da FRENTE NACIONALISTA DO PARÁ dia 7 de Março, na sede da Sociedade Artística Internacional (S. A. I.) ás 20 horas.

Dr. Lopo de Castro — Prefeito Municipal de Belém
Dr. Cléo Benardo — Presidente do PSB — Estadual
Dr. Efraim Ramiro Bentes — Deputado do PTB
Fernando Margalhães — Dep. PSP
Dr. Clovis Ferro Costa — Dep. UDN
Joaquim Serrão de Castro Filho — Dep. PSP
Dr. Antonio Rocha — Presidente do Partido Libertador
Dr. Wilsonda Silveira — Vice-Presidente do PSP
Dr. Victor Plaz — Deputado do PTB
Elias Pinto — Deputado do PTB
Aciole Ramos — Deputado do PSB

PONTOS DE VENDA DE TRIBUNA DO PARÁ
BURACO ILUSTRADO
Jornais, Revistas e
o Diario Oficial.
Domenico Amoscate
Trv. Campos Sales, 110

TELEFONES DE URGÊNCIA

2840	Pronto Socorro
4166	Bombeiros
9181	Aguas — Utinga
9001	Reservatório S. Braz
4791	Fôrça e Luz Recl.
4176	Assistência Pública

Instituto de Aposentadoria e Pensões dos Empregados em Transportes e Cargas -- Delegacia do Pará

O IAPETEC, avisa aos seus segurados em gôzo do Seguro-Doenças que, os dias para recebimento de primeiro pagamento e mensalidade do benefício acima citado, durante o ano de 1958, serão os seguintes:

	1º pagamento	Mensalidade
Março	11 e 12	12
Abril	11 e 14	14
Maio	9 e 10	12
Junho	10 e 11	11
Julho	9 e 10	10
Agôsto	11 e 12	12
Setembro	9 e 10	10
Outubro	9 e 10	10
Novembro	11 e 12	12
Dezembro	10 e 11	11

Os segurados que se apresentarem nos dias acima mencionados, receberão os seus proventos juntamente com o pagamento do mês vencido.

Belém, 15 de fevereiro de 1958

LAURO CUNHA
DELEGADO REGIONAL

Uma Grande Vitória do Movimento Operário

A Câmara Aprovou o Projeto Que Regulamenta o Direito de Greve

RIO, (IP) — A Câmara deu à classe operária e em geral, ao movimento democrático uma grande vitória, aprovando integralmente e sem o voto contrário de um só deputado o substitutivo da Comissão de Legislação Social que regula o direito de greve. Tal substitutivo baseia-se em projeto do sr. Aurélio Viana, que a Comissão de Legislação adotou, quasi "in totum", principalmente devido a trabalho feito nesse sentido pelo deputado Silvio Sanson, recentemente falecido e de representante socialista Rogê Ferreira. Damos noutro local a íntegra do projeto aprovado.

A VOTAÇÃO

Iniciada a ordem do dia, o sr. Ulisses Guimarães, na Presidência, anunciou que a Mesa nomearia relatores para que fossem dados pareceres verbais das comissões sôbre as emendas oposta ao projeto. Isto por se tratar de matéria em regime de urgência e devido ao fato de que as comissões que deveriam opinar sôbre o assunto ainda não se haviam reunido dentro do prazo regimental.

Assim, foram designados pelo presidente os seguintes relatores: Abiguar Bastos, pela Comissão de Justiça, Elias Adaime, pela Comissão de Serviço Público e Rogê Ferreira, pela Comissão de Legislação Social.

OS PARECERES

O sr. Abiguar Bastos, examinando, uma a uma, as doze emendas existentes, opinou de um modo geral contra tôdas elas, por restringirem o direito de greve que a Constituição assegura de forma clara, ou por dificultarem, na prática, o exercício daquele direito.

Limitou-se o sr. Elias Adaime a sustentar a justeza de uma contrário.

As emendas (por sinal substitutivo, que era de sua autoria...

Votado sem oposição o Substitutivo da Comissão de Legislação Social, o que melhor atende às aspirações dos trabalhadores — Satisfeitos os líderes sindicais desta capital, de São Paulo e do Estado do Rio com a atuação da grande maioria dos deputados — Troca de discursos no gabinete do sr. Ulisses Guimarães — Encontro com o sr. Kubitschek, antes, no Catete — Declarações dos srs. Batista Ramos, Salvador Lossaco e Benedito Cerqueira — Perspectiva no Senado — Sanção ante do 1.º de Maio

Quanto às demais deu parecer contrário.

O sr. Rogê Ferreira rejeitou em bloco as emendas, no parecer que deu em nome da Comissão de Legislação Social, também por julgar tôdas elas anti-democráticas e de visível feição patronal.

APROVAÇÃO SIMBÓLICA

Pelo regimento interno, o plenário vota simbolicamente segundo os pareceres das comissões. Esses pareceres refletem os pontos de vista da maioria, pois os partidos são representa...

(Continua na 2.a pág. A)

N.º 330 — Belém-Pará, Domingo, 9 de Março de 1958 — Ano XI

Aumenta o desemprego nos E. Unidos

Mais 158.500 pessoas sem trabalho em apenas uma semana

NOTÍCIAS DE WASHINGTON (IP) — O Departamento do Trabalho anunciou, ontem à noite, importante aumento do desemprêgo registrado nos Estados Unidos em meados de fevereiro último. Durante a semana finda no dia 15 de fevereiro, o número de desempregados apresentava o acréscimo de 158.500 pessoas, elevando-se o total dos pessoas sem trabalho que se beneficiam do seguro-desemprego a 3.130.000, ou seja o mais elevado total registrado depois da instituição desses seguros nos Estados Unidos no ano de 1938.

Posse do Novo Secretário da Prefeitura Mun. de Belém

ASSUMIU a secretaria de administração da Prefeitura Municipal de Belém terça-feira última, o dr. Aldebaro Cavaleiro de Macedo Klautau Filho, em substituição ao dr. Clêo Benardo que se exonerou das funções por motivos do conhecimento público. O ato revestiu-se de simplicidade, tendo os trabalhos sido dirigidos pelo Prefeito Lopo de Castro que ressaltou a personalidade do novo titular. Falou, ainda, sôbre o secretário então empossado o dr. Adebaro Klautau, ex-presidente da Ordem dos Advogados e um dos juristas de maior conceito em nossa terra. Tem, portanto, a PMB, novo Secretário de Administração.

O Cliché acima, fixa os operários da Fábrica Perseverança, nos movimentos reivindicatórios e na luta pelo direito de greve hoje regulamentada pela Câmara Federal, enterrando de uma vez para sempre o decreto anti-operário 9.070

LEIAM

Os Comunistas e As Eleições

(Editorial na 3.ª página)

NOVA OLINDA POR DENTRO

Violências Que Não Se Justificam

JOSÉ VITOR

Continuando a minha série de reportagens sôbre Nova Olinda por dentro, passarei a focalizar alguns acontecimentos que tiveram como palco a referida Base.

Abertura da odisséia

No dia 12 de outubro de 1957 encontrava-se em Nova Olinda um capitão de nosso exército com o objetivo de substituir o chefe daquela base, sr. Bentes, sendo na mesma noite realizada uma sessão para transmissão do cargo. Constava do programa, afixado em editais colocados em todos os setores de trabalho, a livre manifestação do pensamento sob o título de "palavra franca". Aproveitando, o disse, os trabalhadores,

reunidos em número superior a 30, no alojamento quarto n. 20, decidiram levantar na solenidade de transmissão da chefia algumas de suas reivindicações mais sentidas, tendo sido escolhido para representá-los como orador o sr. Walter Holanda.

Iniciado os trabalhos, na qual compareceram em massa todos os servidores e respectivas famílias, foi feita a transmissão do cargo, assumindo a partir daquela hora a direção daquela BNO o capitão Adolfo Nassau de Pereira Dourado.

De repente o sr. Francisco Guimarães de Paula, secretário da Base, anunciou ao microfone que estava

franqueada a palavra a quem quisesse dela fazer uso. Ocupa, então, o micro-fone o sr. Walter Holanda, que levantou uma série de

(Continua na 2.a pág. B)

DIA 14 A INSTALAÇÃO DA FRENTE

Em Marcha a Frente Nacionalista

A Frente Nacionalista Paraense, a ser instalada no próximo dia 14 de Março corrente, está se movimentando no sentido de alcançar o maior número de assinaturas possível no manifesto-convocatório que, do tribuna da Assembléia Legislativa, pelo deputado Efraim Bentes, em empolgando a consciência democrático-patriótica de nosso Povo. Os líderes estudantis universitários e secundaristas e os líderes operários encarregados da Comissão Organizadora já contam com a adesão, para a Frente, de mais de 50 personalidades de destaque na vida política, social, administrativa e cultural da cidade. Haverá, pois, êxito brilhante à sessão de instalação do próximo dia 14 quando Belém tôda toma...

(Continua na 2.ª pág. D)

Dep. Efraim Bentes da C. Organizadora da F. N. P.

A CAMPANHA CONTRA O MONOPÓLIO DA BORRACHA

Favorecida a Manobra dos Trustes Pela Luta de Políticos no Banco da Amazônia

Como surgiu o monopólio estatal — O interêsse das emprêsas americanas é ter as mãos livres para controlar a produção e o comércio da borracha — Decidiram, então do destino de mais de 300 emprêsas brasileiras — Duas decisões erradas do Ministro Alkimim

AS grandes emprêsas estrangeiras, tendo à frente a Good Year e Firestone, vêm realizando sistemática campanha contra o monopólio estatal sôbre as operações finais de compra e venda da borracha, criado em 1912, e desde então pelo Banco de Crédito da Amazônia, anteriormente denominado Banco da Borracha.

O monopólio da borracha foi estabelecido durante a última grande guerra, como resultado dos chamados Acordos de Washington, com o objetivo de garantir o suprimento da matéria-prima nacional de gôma elástica à indústria de guerra norte americana, entretanto, às grandes fábricas de pneumáticos Good Year, Firestone, General e Pirelli não é conveniente a existência do monopólio estatal da

(Continua na 2.ª pág. C)

Denunciam os Deputados na Assembleia Legislativa

Pratica o Govêrno do Estado, Crime á Infancia Fechando Escolas

MAIS um ano que, milhares de jovens em idade escolar ficarão tolhidos de frequentarem os estabelecimentos de ensino, primário e secundário, em nosso Estado.

Uns, somente por falta de vagas; outros pelas dificuldades que encontram seus responsáveis, que não podem satisfazer ás exigencias elementares, de farda, calçados, livros e matricula quando se trata de estabelecimentos de ensino particular.

Assim, mais um ano escolar que grande parte de nossa infancia e juventude é impedida de conhecer as primeiras letras, engrossando cada vez mais o inorme exercito de analfabetos.

Da tribuna da Assembléia Legislativa do Estado, o deputado Ferro Costa, denunciou em candentes protestos o sr. Magalhães Barata, governador do Estado, pelo crime que pratica contra a infancia fechando escolas estaduais.

Disse o ilustre parla- mentar que raia pelo mais absurdo, a medida do governo, determinando- se por uma simples portaria, o fechamento do Orfanato do Colégio Gentil Bitencourt e restringindo o numero de vagas do Orfanato Antonio Lemos, em Santa Izabel, reduzindo as vagas no Colégio Estadual Paes de Carvalho de 400 para 50 e fechando as portas do Grupo Escolar do municipio de Marabá, etc.

Afirmou o deputado, que o governo rasga a Constituição do Estado no orçamento do ano em curso aprovado pela Assembléia que estabelece que 20% da receita do (Continua na 2.a pág. F)

Fechado o Orfanato do Colégio Gentil Bitencourt — Será convocado pela Assembléia o Secretario de Educação — Tolidos milhares de jovens de frequentarem os estabelecimentos de ensino — Aumenta o govêrno a Policia Militar — Urgente a repulsa dos Sindicatos Operarios, UECSP, UAP, Universidade do Pará em defesa da cultura

No Mercado de Ferro
VIOLENCIAS POLICIAIS INQUALIFICAVEIS

Doméstica passa 8 horas prêsa sem causa justificada — Violência que é ao mesmo tempo atestado de burrice — Que se organise o Povo contra as provocações policiais

Nossa reportagem tomou conhecimento de um fato que revolta: uma pobre verdureira, cóm banca no Mercado de Ferro, mulher trabalhadora e honesta, assinante de nosso jornal que sempre está vigilante na defesa dos inte-
(Continua na 2.a pág. E)

N. 330 — Belém-Pará 9-3-58 Ano XII

PELA LIBERDADE DE IMPRENSA

"PANORAMA" EXIGIRA' indenização do Govêrno

O «Panorama», semanário independente que se edita nesta capital, vai dar entrada, dentro de poucos dias, na Justiça, de um pedido de indenização de Cr$ 100.000,00, por danos materiais e morais sofridos por parte do govêrno estadual e que se resumem em apreensões do jornal e coação a editores e anunciantes, num flagrante desrespeito a todas as normas consagradas na Constituição do país e autentico atentado á liberdade de imprensa. Referido pedido, assinado pelo advogado Wilson Sousa, será devidamente instruido com provas irretorquiveis das violências cometidas e do cêrco de ameaças em que vivem seus diretores e colaboradores. Ontem, falando á nossa reportagem, o jornalista Gilberto Danin, diretor responsável de «Panorama», disse-nos:

«Aqueles que vivem honestamente no Pará contrariam, por uma questão de lógica, o governador Barata, São bem compreensíveis, assim, as perseguições que «Panorama» tem sofrido do govêrno desde ás violências policiais até á coação injustificavel a colaboradores e anunciantes do nosso semanário. Nós, que somos da pequena imprensa — com toda a honra — resolvemos dar- lhe uma lição afim de que êle deixe de perseguir-nos. Vamos exigir que a Justiça o obrigue a nos pagar Cr$ 100.000,00 de indenização pela apreensão de centenas de exemplares de nosso jornal e pela coação econômica que vimos sofrendo ilegalmente.

O Governo do Estado do Amazonas
Encaminha a Solução do Transporte Coletivo

O que pode realizar um governo apoiado na classe operaria — Realizações do executivo amazonense de carater nacionalista — Alimentamazon — Papelamazon e Transportamazon — Exemplos que devem ser aproveitados

Relatos recentes de nossos correspondente em Manaus nos informam a respeito da administração do sr. Plinio, chefe do governador do Estado sob a legenda do Partido Trabalhista.

Sem dúvida que o govêrno do sr. Plinio Coelho apresenta sérios defeitos de orientação, dando o extremado combate feito ao bloco politico da oposição, verificando-se por outras aberrações jurídicas que importam em violações de normas constitucionais, inclusive de sagrados direitos individuais.

Mas, de um modo geral, o sr. Plinio Coelho, em sua administração que terminará a 3 de outubro deste ano, revela aspectos altamente positivos, entre os quais, ressalta em primeiro lugar a sua preocupação em não perder as ligações e o prestigio perante a massa trabalhadora, presumindo que a população amazonense representa a camada de maior expressão eleitoral e a que tem dado mais decidido apôio ao seu govêrno. Nas lutas reivindicatórias dos trabalhadores, sobretudo as que são dirigidas pelos Sindicatos, tem (Continua na 3.a pag. C)

O MOVIMENTO CAMPONÊS
Assembléia da ULTAV em Pôrto Salvo

Todas as Sub Sédes da ULTAV estarão hoje debatendo suas reivindicações e a unidade dos trabalhadores em tôrno da ULTAP

BOM JESUS (Vigia, do correspondente) — Sob a direção das sub-sédes de Bom Jesús e Meruataua foi convocada uma
(Continua na 3.a pag. D)

Realizações do Govêrno Municipal
Restauradas Praças, 4 kms. de Valas Abertas e 300 Metros de Estivas. Em Conclusão a Rodovia da Sacramenta

SOB as vistas do govêrno municipal, do Dr. Lópo de Castro é o bairro da Matinha o mais beneficiado até o momento.

Nossa reportagem teve a oportunidade de ouvir varios auxiliares diretos do govêrno municipal, e podemos adiantar a nossos leitores, amigos e o povo em geral, que a boa vontade e disposição de o atendo de espirito reinante em todos aqueles que, em praça pública e hoje á frente do govêrno da comuna de Belém em que pesem as dificuldades de ordem financeira e leste ano está levando em realidade alguns pontos do programa previamente preparado para o exercio de 1958.

Trabalho fecundo em benefício do Povo — O que já foi feito e o que falta fazer

O sr. Miguel Santa Brigida, chefe de gabinete do Prefeito, informou-nos que as audiencias públicas, vem sendo realizadas sem interrupção e os atos colocam o Prefeito mais vinculado ao povo, tendo oportunidade de «sentir imediatamente quais as reivindicações mais urgentes dos suburbios, por esse motivo, o Dr. Lópo de Castro, levando ainda em conta as criticas construtivas de TRI-

Estivas de madeiras, construidas pelo govêrno municipal nos bairros de nossa capital

BUNA DO PARÁ e os demais jornais de nossa Capital, determinou que os serviços de Engenharia e Limpeza Públicas, concentrassem todos os esforços no bairro da Matinha.

Ainda foi levado o govêrno determinar essa concentração dos serviços da PMB, naquele bairro, em virtude da Malária e Filariose que atingiram moradores locais.

Assim é que, na Matinha foi construida mais de 300 metros de estivas e duas pequenas pontes, ligando a João Balbi canto do Castelo com a A. S. Jeronimo e é de se lamentar ainda que dos 4 kilometros de valas abertas pelo Serviço de Engenharia da PMB, mais de 6% dessas valas estão localizadas na Matinha, atendendo assim o govêrno municipal, uma velha aspiração dos moradores daquele populoso bairro.

No setor de Estradas de Rodagem

Em nossa tarefa, de trazer ao conhecimento do povo baraemense as realizações da PMB, reconhecendo que estão ainda sendo àquem das possibilidades da atual administração, ouvimos no gabinete do Prefeito o Dr. Bons, Diretor do SMER, que disse-nos ter em execução na Estrada da Sacramenta, com o pavimentação em piçarra e asfalto, que foi concluída a pavimentação, também com asfalto da Praça Floriano Peixoto em tôrno do mercado de S. Braz.

Também aquele serviço, está empregando todos os recursos no alargamento da Estrada Belém Icoaraci.

Outra obra, que está merecendo a atenção do govêrno municipal é a reabertura da Estrada que liga Belém-Mosqueiro, de fato os serviços naquela estrada estavam praticamente paralizados e aguardamos dentro em breve, integrar a obra concluida, a Estrada parte de Carananduba até a Baia do Sôl e é pensamento do Dr. Lópo de Castro antes de ter os recursos para construir propriamente a ponte com capacidade de transporte até caminhões, onibus e outros veiculos.

Ainda o chefe de Gabinete (Continua na 3.a pag E)

Tribuna do PARÁ

Nº 331 — Belém-Pará, Domingo, 16 de Março de 1958 — Ano XII

Ascenção do dólar: EM PÂNICO O PAÍS

RIO, 11 — O sr. Eugenio Gudin, ex-ministro da Fazenda, afirmou que alta do dólar está provocando pânico no país, frisando: "Tenho certeza de que o dólar atingirá 120 cruzeiros, e essa ascenção não está vinculada apenas na política do café, mas em toda a política financeira do governo". «Suc».

Alarmante o desemprego nos EE. UU.

WASHINGTON, 7 (IP) — O número de desempregados nos Estados Unidos aumentou, em fevereiro, de mais de 600 mil, havendo no momento, um total superior a 5.100.000 pessoas sem trabalho. Esse número é o maior nos últimos 16 anos, pois somente em 1941 essa cifra foi ultrapassada.

FAVORÁVEL O DEP. GERSON PERES AO REATAMENTO DE RELAÇÕES COM A U.R.S.S.

É uma necessidade imediata o reatamento — Devemos vender e comprar àquele que dê mais vantagens — Necessário uma posição de independência de nossos dirigentes — Será valorizar nossa moeda lutar contra a inflação

ENTREVISTADO por nossa reportagem credenciada na Assembléia Legislativa do Estado, o deputado em exercício Gerson Péres, do P.T.B., pronunciou-se favorável ao reatamento imediato de relações com a União Soviética e demais países socialistas, como uma necessidade para o fortalecimento econômico de nossa pátria.

Aliás, disse-nos o ilustre deputado e professor que tem lido, nos jornais diários que nosso país, últimamente vem vendendo produtos exportáveis à União Soviética, considera isso um passo muito significativo para o estabelecimento de relações com aquêles países, mas infelizmente ainda não é feito oficialmente, o que acho de

Continua na 2.ª pagina (B)

Batalha Pelo Alistamento
INTENSIFICAR
o Alistamento Eleitoral em Rítmo de Campanha de Massas!

FRANCISCO NASCIMENTO

1.º de uma Série

As eleições de 3 de outubro do corrente ano, revestem-se de grande importância para o nosso povo, pela característica cada vez mais definida do desenvolvimento das forças nacionalistas e populares a este deve ser dirigido pelas forças nacionalistas e democráticas que integram os partidos de oposição em nosso Estado.

Quanto maior for a participação das amplas massas trabalhadoras e populares no pleito vindouro, maior será a segurança da vitória dos patriotas, para o Senado, Câmara Federal, Assembléia Legislativa, Câmaras Municipais e Prefeituras.

nossa patria e de dominação dos monopolios norte-americanos.

Poriço é de importância fundamental o alistamento em massa e este deve ser dirigido pelas forças nacionalistas e democráticas que integram os partidos de oposição em nosso Estado.

No entanto, ainda não estão convencidas essas forças da sua responsabilidade na mobilização do eleitorado paraense. Os dados que publicamos abaixo prova o que dissemos.

Continua na 3.ª pagina

Desespêro imperialista com a adesão do Iemen à República Arabe Unida

CAIRO, março (especial) para IMPRENSA POPULAR — A adesão do velho país de Iemen à República Árabe foi recebida com desespero nos círculos imperialistas. Os comentários arrancados pelos trustes alardeiam que essa decisão do governo de Saná constitui um perigo...

[texto continua]

Exploração Colonialista

O Iemen, terra da felicidade, segundo Ptolomeu e Heródoto,

Continua na 2.ª pagina letra C

CONSTRUIDO NA URSS UM PLANADOR DE ASA CIRCULAR

MOSCOU, 10 (FP) — São realizados atualmente nos arredores de Moscou, experiencia de um planador de concepção nova, criado na URSS, o "Discoplan", aparelho de asa circular — anuncia a revista soviética "Ogoniok".

As asas desse planador terão a forma de uma circunferência com o diâmetro de 3,50 metros, sendo a menor envergadura que possa ter um aparelho voador.

O planador pode efetuar figuras como o "tornevau" o "looping" e outras acrobacias aéreas.

Os engenheiros soviéticos trabalham num tipo aperfeiçoado de "discoplan", que será inicialmente movido por um pequeno motor de reação podendo se elevar a uma altura de dois ou tres kilômetros.

Romper com a Convenção Camboim e realizar a Verdadeira Convenção do Povo de Castanhal

Mogy RIBEIRO

REPERCUTE ainda desfavoravelmente nos meios políticos paraenses, as notícias dos episódios do «convencionalismo» que lançou espetacularmente o candidato udenista à prefeitura do município de Castanhal, em nome da famosa burla convencional do início deste mês.

Deu-se assim a primeira manifestação prática da roupagem nova da chamada linha «neo-

Continua na 2.ª pagina letra D

COM VISTAS À FORÇA E LUZ
Urge Providências para Preservar o Prestígio da Emprêsa

No bairro da Pedreira está acontecendo um fato que já está revoltando os moradores daquele bairro.

Com a inauguração da Fôrça e Luz S/A o fornecimento de energia elétrica para aquele bairro melhorou muito.

No entanto esse melhoramento só se verificou na rua principal, e nos primeiros quarteirões de cada travessa enquanto que o resto permanece no mesmo: luz fraca, e só se torna mais ou menos regular das 22 horas da noite em diante, no entanto na Travessa da Vileta, perímetro compreendido entre Pedro Miranda e Antonio Everdosa a coisa passa dos limites.

Imaginem só que neste trecho a luz é tão forte que dá para o funcionamento de «Pick up» desde as 7 horas da noite até altas horas num franco desrespeito as determinações da Chefia de Polícia que estabelece o horário de 22 horas para a interrupção dos trabalhos de qualquer Serviço de Altos Falantes que funcione com projetor de som externo. Além disso é grande o numero de Transformadores de alta voltagem que monopolizam a luz para aquele quarteirão. O povo faz justiça com as mãos.

O povo já está tão revoltado que no mês de janeiro os moradores da luz reuniram-se armados de pau tentaram aplicar

(continua na 2.ª pag. letra H)

Leia na 5.ª pág.:
Debate Público Sôbre o Caso
ESSO x Prefeitura de Belém

2 CRUZEIROS

Móscou Quer Comerciar Com o Brasil

Interessado o governo soviético em transacionar conosco

SOB o título e substítulo acima, a "Folha Vespertina" em sua edição de 12 do corrente nos informa das demarches entre o governo soviético e o Itamarati, sugerindo aquele governo soviético ao Itamarati, sugerindo aquele governo o envio de uma missão diplomático-econômica brasileira a Moscou.

Por outro lado, oferecem os soviéticos ao Brasil navios petroleiros, materiais de construção, centrais elétricas, equipamentos atômicos e mil automóveis.

O Brasil pagaria essas aquisições com algodão, cacau, açúcar e café.

Ora, se levarmos em conta o desequilíbrio cada dia mais acentuado entre essa exportação 1 bilhão e 400 milhões de dólares e as importações 1 bilhão e 600 milhões de dólares de nosso país, considerando ainda os vultosos investimentos que estão sendo feitos pelo govêrno da União, principalmente nos setores de energia elétrica e transporte ferroviário, não há dúvida. O Jeto que convença o povo brasileiro de que não basta comprar a União Soviética e aos demais países socialistas o material que necessitamos para levar a cabo o nosso desenvolvimento econômico, que no caso da proposta soviética não é economicamente nossas obrigações divisas como também derramos vasão nos nossos produtos que vão sendo minguados hoje financiados pelo govêrno por falta (?) de mercado, como o cacau, algodão e o café.

Quanto às vantagens de preços que esses materiais proporcionariam ao Brasil, basta considerar que um automóvel soviético custaria no Rio de Janeiro à metade do preço de uma barulhenta LAMBRETA, móveis ao preço de 30 mil cruzeiros.

Leia o Editorial na 5.ª pág.:
Acelerar o alistamento Eleitoral

PAGINA 3 — TRIBUNA DO PARA' — BELEM, 16-3-58

Acolhida em Massa ao Manifesto da Frente Nacionalista

ESTÁ circulando em nossa capital em documento convocatorio que visa obter a adesão de todas as classes sociais de Belém para a instalação da Frente Nacionalista do Pará. O documento publicado abaixo, se acha distribuido entre os deputados à Assembléia Legislativa e personalidades de destaque na vida politico-social do Estado, tendo sido elaborado por uma comissão composta de líderes estudantis secundaristas e universitários e líderes sindicais. Eis o manifesto:

MANIFESTO DA FRENTE NACIONALISTA DO PARÁ

Ao Povo Paraense

O Povo Brasileiro, na atual fase de desenvolvimento progressista do Brasil, desejando realizar sua completa emancipação econômica no sentido de promover o bem estar e a felicidade nacionais, compreendeu que necessita organizar-se em ampla frente nacionalista e democratica a fim de que, unido, possa vencer os obstaculos que lhe antepõem os trustes estrangeiros que:

a) exploram e canalizam, para o exterior, os recursos naturais de nosso solo e sub-solo;
b) empobrecem cada dia mais o nosso povo, contribuindo para acelarar a espiral inflacionaria, ocasionando o desiquilibrio cambial e a consequente desvalorização do cruzeiro;
c) debilitam a indústria brasileira e restrigem a nossa liberdade comercial;
d) produzem o desemprego em massa, levando a miséria e a fome aos lares brasileiros;
e) vedam qualquer possibilidade futura à nossa juventude, atrofiando, assim, todo o processo evolutivo da nação.

A exemplo do que se faz em todo o país, o povo paraense, consciente de suas responsabilidades e coerente com as suas tradições, não podendo ficar à margem desse movimento emancipador decide, nesse momento, funda a FRENTE NACIONALISTA DO PARA', com o objetivo de defender o patrimônio nacional e promover o desenvolvimento de suas riquezas em beneficio exclusivo de nossa gente e da Região Amazônica; com o que se poderá criar condições de melhória de vida para todo o povo, assegurando estabilidade econômica para a industria, as classes produtoras, aos profissionais liberais, aos estudantes, à intelectualidade, ao operariado, em suma, a tôdas as camadas sociais de nossa terra.

Sendo esse um movimento de unidade, congregando em torno de si os brasileiros desejosos de um futuro melhor para a nossa Pátria, sem quaisquer discriminações de ordem politico-filosófica, convocados o povo paraense para a instalação oficial da FRENTE NACIONALISTA DO PARA' dia 7 de Março, na sede da Sociedade Artistica Internacional (S. A. I.) às 20 horas.

Dr. Lopo de Castro — Prefeito Municipal de Belém
Dr. Cléo Bernardo — Presidente do PSB — Estadual
Dr. Efraim Ramiro Bentes — Deputado do PTB
Fernando Margalhães — Dep. PSP
Dr. Clovis Ferro Costa — Dep. UDN
Joaquim Serrão de Castro Filho — Dep. PSP
Dr. Antonio Rocha — Presidente do Partido Libertador
Dr. Wilsonda Silveira — Vice-Presidente do PSP
Dr. Victor Plaz — Deputado do PTB
Elias Pinto — Deputado do PTB
Acioli Ramos — Deputado do PSB
Acyr Castro — secundarista, presidente do Movimento Estudantil Independente
Agildo Monteiro — secundarista
José Moraes — universitário
Miguel Archanjo Silva — alfaiate
Wilton Brito — economista
Gilberto Danin — jornalista, diretor de "Panorama"
Candido Paraguassú Elleres — desenhista
Hermes Oliveira — funcionário público
Francisco Nascimento — jornalista
Antonio Ferreira — operário
Bruno da Conceição — operário
Antonio Itayguara dos Santos — universitário
Levi Hall de Moura — da Academia de Letras
Ulpiano da Costa Penna — funcionário público
Manoel Wilson Penna — universitário, presidente do cine-clube "Os Espectadores"
Maiolino de Castro Miranda — universitário
José Maria Platilha — jornalista
Serrão Sobrinho — advogado
Ruy Romariz — médico
Irapuan Salles Filho — universitário
Otávio Avertano — professor
Luis Vieira de Sousa — 1.º secretário da S. F. I. B.
Manoel Everdosa — bancário
Walcyr Monteiro — secundarista, presidente do Centro Cívico "Honorato Filgueiras", do CEPC
Olavo Santos — secundarista, 1.º secretário do C. C. H. F.
Elias Pinto — PTB
Acioli Ramos — PSB
Antero Soeiro — jornalista
Manoel Bulcão — jornalista
Raimundo Caleiro de Macedo — jornalista
Ernestino Rodrigues Monteiro — Pres. Est. PTN
Jocelin Brasil — cel. av. RR Fab
Rui Barata — Dep. Federal PSP
Américo Silva — Dep. e Pres. Est. PTB
Jacinto Pinho Rodrigues — Pres. C. Municipal de Belém
Carlos Platilha — Vereador
Manoel de Almeida Coelho — vereador (PSP)
Alberto Nunes — vereador (PSP)
Francisco Alves dos Santos — Advogado
Alvaro Paulino — presidente da Federação dos Trabalhadores da Indústria do Estado do Pará
Manoel Arquelau Alcântara — presidente do Sindicato de Calçados
Mário Alves Cardoso — metalúrgico
Mário Gonçalves Ferreira — metalúrgico
João Luís Araújo — universitário, secretário geral da UAP
Carlos Mendonça — universitário, vice-presidente da UAP

Texto do Projeto que Regulamenta O Direito de Greve

E' o seguinte o texto do projeto, regulando o direito de greve, ora aprovado pela Câmara:

«Art. 1º. — O direito de greve é exercido pelos trabalhadores de qualquer categoria profissional, organizados ou não em sindicatos.

Art. 2º — Greve é a paralisação voluntaria e coletiva do trabalho por parte dos empregados de uma ou mais emprêsas, ou estabelecimentos, ou de suas seções.

Art. 3º — Cabe ao sindicato, ao grupo profissional inorganizado ou aos empregados de uma emprêsa decidir, em Assembléia dos interessados, da conveniência da greve.

Art. 4º — São consideradas licitas as greves reivindicatórias de natureza econômica, às que estejam vinculadas ao exercicio da atividade profissional dos trabalhadores, incluindo-se as simbólicas e as de solidariedade.

Art. 5º — O sindicato ou os representantês dos trabalhadores comunicarão à emprêsa as razões da greve, delimitando-se o prazo minimo de 48 horas para a resposta. Serão, tambem, cientificados o Departamento Nacional do Trabalho ou as Delegacias Regionais.

Paragrafo único — A falta de respôsta ou a recusa dos empregadores, dentro do prazo prefixado, em atender às reivindicações dos trabalhadores justificará a irrupção do movimento grevista.

Art. 6 — Declarada a greve, serão designadas comissões ou delegados de greve, não podendo, êstes ou nenhum dos membros daquelas ser presos nem obstados nas suas atividades.

Art. 7º — E' permitida a organização de piquêtes de grevistas para coleta de auxilios ou propaganda do movimento mesmo nas imediações dos locais do trabalho.

Art. 8º — Não serão permitidas depredações nem quaisquer outros atos de violencia, ficando sujeitos os infratores às penas da lei.

Art. 9º — Poderá o sindicato ou qualquer outro grupo profissional criar um fundo de greve que será constituido das rendas não especificas do sindicato das ofertas e donativos, revogando-se tôdas as disposições que impeçam ou dificultem a movimentação dos seus depósitos bancários.

Art. 10º — Ninguém será dispensado do trabalho por motivo de greve.

Art. 11 — Toda a autoridade policial ou administrativa que impedir ou tentar impedir o livre exercicio do direito de greve será sumariamente afastada do cargo.

Art. 12º — Não se chegando a uma solução imediata, poderão as partes interessadas no dissidio coletivo, apelar para a Justiça do Trabalho cuja ação será puramente arbitral, dentro dos principios desta lei.

Art. 13º — Esta lei entrará em vigor na data de sua publicação.

Art. 14º — Ficam revogados o Decreto-lei n. 9.070 e todas as disposições em contrário».

Pelo Reatamento de Relações com a URSS, A Assembléia do Maranhão

Decidiu, por unanimidade, transmitir à Câmara Federal seu ponto de vista

SÃO LUIZ, (Do correspondente) — A Assembléia Legislativa do Estado aprovou por unanimidade requerimento apresentado pelo deputado Evandro Sarney no sentido de que aquela Casa telegrafasse à Câmara dos Deputados manifestando-se pelo reatamento de relações comerciais e diplomáticas com a União Soviética.

Justificando o seu requerimento, aquele parlamentar pronunciou importante discurso, do qual destacamos alguns trechos.

TEMOS UM SO MERCADO

«No passado tinhamos um único mercado de exportação: Portugal. Hoje também temos um único mercado de exportação: Estados Unidos da América do Norte. Vemos ainda que a transição do periodo colonial para o autonomismo nacional marcou a passagem das maldições do monopólio para as penalidades das concessões, dos previlégios e do penhor estrangeiros. Vale dizer os êrros e vicios do regime colonial passaram intactos a uma nova autocracia econômica».

TRUSTES CONTROLAM A NOSSA ECONOMIA

«E não é só isso. Somos um país dilacerado pelos apetites mercantilistas das potencias imperialistas estrangeiras. A economia nacional é controlada por trustes internacionais. É o estrangeiro que explora as nossas minas; é o estrangeiro quem opera em nossa indústria: é o estrangeiro quem dirige o nosso crédito e é ainda o estrangeiro quem controla o nosso mercado de capitais».

EXEMPLO DO CAFÉ

«Exemplifico, srs: Deputados com o caso do nosso principal produto de exportação, o café. Há por acaso alguem que possa me contestar quando afirmo que o prêço do café baixa, sobe, oscila de acôrdo com os interesses da balança comercial de New York? E porque isso, o que estará na base de toda essa anomalia dentro da nossa soberania?

GRANDE MERCADO A NOSSA DISPOSIÇÃO

«Temos, como disse, um só mercado de exportação e graças a isso fechamos as portas à nossa expansão comercial a quase um bilhão de clientes e consumidores como sejam as populações da Rússia, da China e das chamadas Repúblicas Populares».

A Morte do Estivador Severiano

Escreve Manuel Albuquerque

A 25 de fevereiro a bordo do vapor Manauense quando carregava em Miramar Inflamaveis teve infeliz sorte o velho estivador Severiano que abraçou aquela profissão desde a sua juventude e a última vez que a exercia foi naquele trágico dia em Miramar.

Ao manipular a carga de um tambor de gasolina ao chegar no convez da referida embarcação arrebentou a tampa que por sinal ja estava muito usada, e com o sacudir do liquido não resistiu arrebetando-se o que resultou que o referido, profissional recebesse no rosto o impacto do perigoso liquido. Devido a sua idade (mais de 56 anos) o grande violencia do choque não suportou o fortissimo odor do referido liquido, perdeu os sentidos e afogou-se, e foi vítima de infiltração de gasolina no cerebro.

A falta de socorro de úrgencia e tambem a falta de uma direção no seu Sindicato de classe que realmente se interesse pela sorte de seu associado fizeram um criminoso descanso do acidente e quando resolveram tomar as primeiras providências já o infeliz opreário estava com o cerebro envenenado, não resistiu a aplicação do oxigenio e terminou por falecer as 18 horas do mesmo dia.

E a atual Diretoria constituida de falsos líderes permitiu que os médicos do I. A. P. E. T. E. C. visando resguardar suas responsabilidades no caso e os lucros das companhias que fazem os seguros de acidentes de trabalho dessem um diagnóstico que não exprimiu a verdadeira causa do acidente.

E para completar o crime deixaram na miseria a viuva e os órfãos do inditoso operario que estão sendo sustentados por cotas feitas pelos seus companheiros.

Aos trabalhadores cabe exigir da atual diretoria que tome medidas no sentido de amparar a familia da vítima e transformese na verdade numa autentica defensora dos trabalhadores e merecer a confiança depositada em si pelos associados do Sindicato nas últimas eleições; e aos médicos está o caso de se perguntar se o juramento prestado por ocasião de sua colação de grau foi de dizer sempre a verdade e defender a Humanidade ou em defesa do dinheiro?

★SOCIAIS★

ANIVERSARIOU JOSE' MIGUEL

Aniversariou dia 10 dêste mês, o interessante garoto José Miguel Neto filho do nosso colaborador e comerciante Idomeu Souza.

Na passagem da feliz data reuniu-se na residencia de José a garotada sua amiga, festejando e sorvendo os frios e gelados.

TRIBUNA, associou-se ao feliz evento, desejando-o um porvir futuroso.

Esclarecimento do orgão de Imprensa do Governo

Redução de Vagas No C. E. P. C.

Escreve Mulato Juvênil

NA sua edição de 10-3-58 o órgão oficial do Partido Social Democratico fez uma reportagem sobre o inicio do ano letivo no Colégio Estadual Paes de Carvalho.

Até aí nada de mais, porem o jornal afirma que êste ano não houve redução de vagas naquele educandário

Achamos que não, não houve e vamos expor nossas razões;

Desde que Sua Excia. o Snr. Governador do Estado assumiu a direção do Executivo Paraense não se realizaram mais exames de admissão em segunda época naquele estabelecimento de ensino num prejuizo enorme para a juventude estudantil em nosso estado!

Este ano se inscreveram aos exames em primeira época mais de quatro centenas de candidatos e destes só foram aprovados cêrca de 134. Portanto mais de 50% dos canditos foram reprovados.

Preenchidas as vagas não se fez um esfôrço no sentido de colocar os 34 restantes.

O Snr. Governador com a desculpa de que o Estado não contatar mais professores deu o assunto por encerrado.

No entanto não achamos que esta desculpa seja suficiente, quando sabemos que o orçamento do Estado reserva grande verba para Policia Estadual, enquanto que a Educação ficou relegada a segundo plano.

Sendo o Brasil, um pais de

(Continua na 2.a pág. G)

NA Assembléia Legislativa do PARÁ:

Repercute a Alegria do Povo Pela Liberdade de CARLOS PRESTES

Requerimento Unânime de Aplausos à Decisão Justa do Juiz Monjardim Filho que reconhece à vida legal à Prestes

-- Uma lição de democracia e rehabilitação da Justiça Brasileira -- O exemplo de Prestes nos empolga e a sua liberdade é um estimulo para todos os democratas autênticos (dep. Geraldo Palmeira)

-- A liberdade de Prestes é um imperativo da consciência democrática do País (dep. Acioli Ramos)

-- Como democrata, sou pela Liberdade de Prestes pela existência legal do P.C.B. pelo reatamento de Relações com a União Soviética (dep. Ferro Costa)

LUIZ CARLOS PRESTES

EXPRESSANDO a alegria do povo paraense, à Assembléia Legislativa do Estado, aprovou, unanimidade, o requerimento do Deputado Geraldo Palmeira, de aplausos à atitude do juiz Mojardim Filho, que revogou a prisão preventiva anteriormente decretada contra Luiz Carlos Prestes, Secretário Geral do Partido Comunista do Brasil.

Na discussão do próprio requerimento, falaram prestando apôio o Deputado Acioli Ramos, em nome do P.S.B. seção do Pará e em seu próprio nome e o Deputado Ferro Costa, que abaixo transcrevemos trechos dos pronunciamentos dos ilustres parlamentares:

TEXTO DO REQUERIMENTO

Requeiro ouvido o Plenário, seja telegrafado ao Ministro da Justiça esternando os aplausos desta Assembléia Legislativa pela revogação da prisão preventiva decre-

NO XXXVIº ANIVERSARIO:

LEGALIDADE ao Partido Comunista do Brasil!

MOGY RIBEIRO

TRANSCORRERÁ' no próximo dia 25 de março, uma das mais queridas datas do povo brasileiro: o dia da criação do Partido Comunista do Brasil.

Há aniversário e aniversários. Mas o aniversário da fundação do Partido político da classe operária do Brasil, é uma data sagrada de colabora-

Aos Servidores do SNAPP

Pelo Pagamento do Quinquenio de 1956

Organizados conquistaram os quinquenios de 1954 55 e 57 — A Direção do SNAPP nega pagar o referente ao 1956 — Confiantes na vitória com respectivo das eleições de Outubro

Continuam os servidores do SNAPP, prejudicados em suas economias pela falta do pagamento da diferença de 1/3 de seus vencimentos referentes ao quinquenio de 1956, assegurado pelo Dec. Lei 35.449 de 1º de maio de 1954.

Conforme informações colhidas por nossa reportagem junto daqueles servidores, soubemos que depois de uma luta organizada e dirigida pelos vários Sindicatos que congregam os trabalhadores daquela autarquia.

Continua na 2.ª página D)

ção histórica, onde o divisor de águas da História do Brasil, se apresenta com nitidez semelhante ao encontro das grandes águas: antes e depois do Partido Comunista!

Faz trinta e seis anos que, através do desenvolvimento histórico das lutas da classe operária brasileira sob inspiração dos grandiosos ideais da Revolução Socialista de Outubro de 1917 na URSS, se criou, se fundou, se desenvolveu e se enraizou no coração de nossa Pátria, a vanguarda política unificadora, organizativa e orientadora dos caminhos de todo o povo brasileiro pela senda da Paz, da emancipação Nacional, do bem-estar das massas e do progresso da democracia brasileira.

As jornadas têm sido tortuosas, difíceis e longas.

Os caminhos já percorridos estão cobertos de flores eternamente rubras das vitórias alcançadas.

Irrompendo do meio das lutas da clásse operária, dos camponeses, dos intelectuais, democratas e patriotas, foi o P.C.B., a fôrça social iniciadora dos movimentos operários-sindicais; a fôrça aglotinadora da frente única democrática da Aliança Nacional Libertadora; a fôrça pioneira dos sacrifícios da insurreição armada de 1935; a fôrça propulsora da União Nacional na guerra contra a monstruosidade nazi-fascista, contribuindo com suas iniciativas para o apoio à gloriosa FEB que participou nos campos de batalha pela sobrevivência de todos os povos aliados à grande Nação Socialista da U.R.S.S.

Foi o P.C.B., o núcleo firme da heróica resistência que conduziu o povo brasileiro a liquidar a nefasta ditadura do Estado Novo, através das memoráveis campanhas democráticas pela anistia, pela legalidade democrática em 1945, pela Constituinte e a legislatura de 1946.

Foi o P.C.B. que ergueu bem alto, entre nós, também a bandeira pela causa da defesa da paz mundial de Paz mundial contribuindo junto a consciência pacífica do nosso povo revelada nos chamamentos da Paz, no apelo de Estocolmo e por um Pacto de Paz, pela condenação de nossos soldados para a carnificina na Coréia, pelo invencível povo coreano que hoje se constitui nações pela coexistência pacífica e o reatamento de relações amistosas com todos os povos.

Dando o toque de clarim nas ações democráticas e nacionalistas, em defesa das nossas riquezas naturais desde o petróleo, às areias monazíticas, o manganês, os minerios atómicos, a borracha, a indústria nacional, a soberania Pátria contra as investidas calculadoras dos imperialistas norte-americanos e seus agentes internos, os golpistas e entreguistas, cujas lutas hoje têm sua máxima expansão no inventivo e poderoso movi-

Continua á 4 página letra A

Nº 332 — Belém-Pará-Domingo, 23 de Março de 1958 — Ano XII

O Proletariado Paraense Apoia a Conferência Nacional dos Trabalhadores

A reportagem de TRIBUNA DO PARÁ, ouvindo os líderes e trabalhadores para enses sôbre a Conferência Nacional dos Trabalhadores que se realizará nos dias 28 e 30 do corrente, na capital Federal, registrou os seguintes pronunciamentos:

—Os metalurgicos apóiam a Conferência Nacional dos Trabalhadores e desejam que

(continua na 2.ª pág. letra C)

a mesma alcance os maiores êxitos, contribuindo para solucionar sérios problemas que afligem aos trabalhadores.

As Condições

Para Uma Solução Pacífica dos Problemas Brasileiros

LUIZ CARLOS PRESTES

INCAPAZES de ver a realidade e de aplicar com acerto a verdade universal do marxismo-leninismo às condições específicas de nosso país, caímos na prática em posições sectárias e esquerdistas, consequência prática de posições dogmáticas, da tentativa de aplicar a doutrina, tomada como verdade absoluta e eterna, e na experiência de outros países, sem espírito crítico à realidade brasileira. Partindo da constatação justa de que o Brasil é um país semicolonial e semifeudal, que em sua etapa atual a revolução brasileira é uma revolução democrática popular de caráter anti-imperialista e agrário antifeudal, víamos a realização da revolução a curto prazo, supunhamos como única saída às tentativas de colonização total pelo imperialismo a realização imediata da revolução, sem qualquer exame da realidade nacional, da efetiva correlação das forças sociais, do nível político da classe operária e das demais classes e camadas. É certo que só a emancipação [...] ao imperialismo e a liquidação de [...] as feudais abrirão o caminho para o [...], portanto, para a justa solução dos problemas brasileiros. Mas, de outro lado, é perfeitamente possível, mesmo dentro do atual regime, a conquista de um govêrno capaz de realizar, sob a pressão das massas, uma política externa independente, de paz, e uma política interna democrática e progressista. Além disto, devemos compreender que semelhante política é hoje possível, enquanto que a solução revolucionária só é por enquanto aceitável para os comunistas. Insistir na solução revolucionária como imediata seria, portanto, separar a Partido das massas, inclusive da classe operária, cair no sectarismo, no doutrinarismo de esquerda, na fraseologia ultra-revolucionária, fugir da participação na vida política do país, não lutar praticamente pela justa transformação da realidade presente. Na verdade, a luta por uma política externa independente é, nas atuais condições do mundo e de nosso país, a premissa para que se possa conquistar a completa independência, a autonomia econômica do Brasil.

Paralelamente, apresentávamos como único caminho para a revolução brasileira o da derrubada violenta do govêrno. Copiávamos, assim, o caminho da revolução russa, sem levar em conta o novo da situação atual e o específico da situação brasileira. Quer dizer, não soubemos elaborar, através de uma análise independente da realidade brasileira, à luz do marxismo-leninismo, o caminho do avanço, de aproximação e de luta pela emancipação econômica do Brasil e pelo socialismo.

Não soubemos aplicar os princípios gerais do marxismo-leninismo, com a necessária e indispensável independência de julgamento, às condições específicas de nosso país. Se bem que o regime político em nosso país continui tão fundamental um regime de latifundiários e grandes capitalistas ligados ao imperialismo, nos governos tem sido cada vez maior a participação da burguesia nacional, que chega a constituir um cada vez mais poderoso setor nacionalista com [...] em todos os Poderes — Legislativo, o Executivo e o Judiciário. Impulsionar êsse setor para que se imponha mais decisão no govêrno contra os interesses do imperialismo norte-americano e seus agentes internos e avançar no processo revolucionário. Lutar pela derrubada do govêrno atual é, na prática, nos colocarmos contra os interesses da burguesia nacional, nossa provável e possível aliada, no entanto, na atual etapa da revolução brasileira.

Por isto, nas condições específicas do Brasil de hoje, será falso e mesmo errôneo não apresentar como a saída mais conveniente à classe operária e ao povo a saída pacífica, no encaminhamento da solução dos problemas brasileiros através da elevação de massas, através da conquista de um govêrno que realize uma política independente e uma política interna democrática e progressista. Na verdade, copiando, [...] qualquer espírito crítico, a solução russa [...] 1917, confundimos a natureza revolucionária da mudança radical com a violência, com a [...] Bevilábili [...]

(Trecho do artigo «Sôbre o 40.° aniversário da Revolução de Outubro.)

Conferência Nacional dos Trabalhadores

ÀS confederações nacionais dos trabalhadores — na indústria, ou comércio e nos transportes — convocaram para os dias 29 a 30 dêste mês, na Capital da República, a Conferência Sindical Nacional. Três questões principais serão debatidas na Conferência: a reforma da previdência social, a regulamentação do direito de greve e o reajustamento salarial. Tôdas elas questões de enorme importância para os trabalhadores e em tôrno das quais vem se desenvolvendo, nos últimos meses, a luta no terreno sindical.

PARTICIPARÃO da Conferência, segundo deliberaram os seus promotores, não apenas os representantes das federações credenciadas junto às três confederações nacionais, mas também os delegados que venham a ser eleitos pelos sindicatos de todo o país em assembléias que realizem para êsse fim. Isso, sem dúvida, dá à Conferência um caráter amplo e democrático, Ama vez que possibilita a participação de um número maior de militantes sindicais e permite que nela se manifestem ainda mais fielmente os anseios e interêsses das massas trabalhadoras. A Conferência, será assim, ao que tudo indica, uma oportunidade para uma vasta e frutífera troca de pontos de vista entre todos os trabalhadores de diferentes setores profissionais e regiões do país, podendo resultar, como consequência da discussão livre entre os seus participantes, na elaboração de um programa concreto de lutas para o movimento sindical brasileiro.

PODE-SE prever que um dos resultados mais positivos da Conferência será o reforçamento da unidade da classe operária e de todos os trabalhadores. Graças aos avanços que tem animado o movimento sindical nesses anos em relação à unidade, podem os trabalhadores registrar algumas significativas vitórias, a [...]

VIDA SINDICAL

MOVIMENTAM-SE os trabalhadores metalúrgicos parnaenses em defesa do pagamento dos quinquênios de 1956 e outras reivindicações que não foram atendidas pelo S. N. A. P. P.

TRABALHADORES EM CALÇADOS — Na assembléia dos trabalhadores da indústria de Calçado, realizada a 17 do corrente, foram aprovadas as contas e relatórios por unanimidade.

E continuam na grande pelo cumprimento do disfile contra as empresas que não vêm pagando a decisão arbitrada na Justiça do Trabalho.

TÊXTEIS DA PERSEVERANÇA — Os tecelões da fábrica Perseverança continuam em luta pelo pagamento do salário mínimo atual.

Atingem quase cem pedidos de reclamações dos tecelões têxteis na Justiça do Trabalho do Pará.

O Sindicato conta com a vitória integral dos trabalhadores têxteis, pois, o estado de ânimo, é de fazer valer a [...]

reivindicação salarial conquistada na memorável greve de setembro de 1956.

𝓛eiam
TRIBUNA DO PARÁ

Pão Palmeira

Atendendo aos apêlos de inúmeros clientes, a PALMEIRA reiniciou a fabricação, em grande escala, do seu tradicional, inimitável e saborossíssimo

Pão Palmeira

Peça agora na PALMEIRA e na sua filial do Vero-Pêso

O Verdadeiro - O Saudoso

𝓟ão 𝓟almeira

Feito agora sob a orientação de FENOCCHO!

Novo Golpe dos Colonialistas Contra o Mundo Árabe

Planejam os Imperialistas Nova Partilha da Palestina

Notícias Árabes

Alargando as fronteiras da União Monárquica, pretendem os trustes do petróleo fazer com que os oleodutos do Iraque e da Arábia Saudita não passem pelo território sírio ou libanês

CAIRO, março (Especial para a IP) — A administração da Síria, Egito e Iemen passou as mãos do primeiro Magistrado da República Árabe Unidas, como necessidade natural para o fortalecimento da paz e defesa da liberdade e o reargulamento econômico da região.

Antes de 1920, a união política e econômica, em todos os países árabes do Oriente Médio, iníciava Cilícia, Anatólia, a Alexandreta e toda a Turquia era um fato absoluto. Antes de 1915, as relações sociais e econômicas eram comuns entre Síria, Iraque, Palestina, Líbano, Egito e a Península, exceto Cilícia, Antióquia e Alexandreta que os franceses venderam à Turquia.

Com a constituição de governos independentes, em 1915 a 46, as relações tornaram-se precárias em vista do isolamento econômico imposto aos entreguistas pelos colonialistas.

Em 1948, todos os países árabes tiveram as suas relações rotas com a Palestina, transformada em Israel, e, consequentemente, mais restritas as relações ao mercado árabe e crise econômica.

Um golpe de Estado, planejado pelos colonialistas, derrubou o govêrno nacionalista do Líbano, em 1952. Logo, as relações foram declaradas rotas entre êsse país e a Síria, Egito e Jordânia. Em 1954, o Iraque rompeu as suas relações comerciais com a Síria.

Miséria, fome, desassossego social e corrupção farruquiana imperava nesses países, até 1956, quando a URSS e a China entraram no mercado árabe e reorganaram a sua economia.

Mas, em 1957, o Líbano rompeu as suas relações econômicas com os países do campo socialista e reduziu o povo à miséria. Por outro lado, os soviéticos ofereceram à Síria e ao Egito vultuosos empréstimos a longo prazo e juros de 2,5 ao ano, resolvendo assim a vida progressista do povo árabe. A ajuda soviética deve à República Árabe a sua criação e o restabelecimento natural das relações econômicas entre as três províncias: Egito, Síria e Iemen.

Os imperialistas, em cujos planos visam manter os povos na miséria, planejaram, e formaram a União Monárquica do Iraque e Jordânia, em oposição à República, com o rompimento de relações econômicas entre os dois campos. Outro cão perigoso estão já planejando: a revisão da partilha da Palestina, para a agregação à Galiléia da região da Galiléia, Tiberíades e grande faixa do rio Jordão, hoje em poder de Israel.

Com êsses métodos de usar e abusar dos povos desamparados, os colonialistas alargaram as fronteiras da União Monárquica, até Aca, no Mediterrâneo, junto às fronteiras do Líbano, agora colônia iraque. Com a exceção dêsse plano, os oleodutos do Iraque e da Arábia Saudita não passariam mais em território sírio ou libanês.

Entrementes os povoeiros do relógio marcham. Os refugiados da Palestina exprimindo em um milhão e duzentos mil, Republica Unida. Atendendo aos reclamos mais que justos dêsses homens trucidados pela injustiça da ONU, o govêrno do Presidente Nasser prometeu o restabelecimento da Palestina como a quarta província da Republica Única, com a cidade de Gaza por capital.

À revisão da partilha, além de dois colonialistas e dos seus porta-vozes, terá, todavia, o do govêrno palestino e historias patrias que os colonialistas já conquistaram para que as fronteiras de Palestina não fossem alargadas à Galiléia, Tiberíades e faixa do rio Jordão serão administradas pela República Única que manterá o domínio secular do Mediterrâneo oriental e os caminhos do petróleo árabe.

O relógio marca o tempo, e o tempo, por sua vez marca o desespêro e a falência dos imperialistas.

No Município de João Coelho.

Fundada a Associação Dos Lavradores Trabalhadores Agrícolas do km. 10 da Estrada da Vigia

CONTANDO com a presença de 40 lavradores e presidida pelo sr. Raimundo Noaato de Souza, foi criada, à 16 do corrente no município de João Coelho, km. 10 da Estrada de Vigia, a Associação dos Lavradores e Trabalhadores Agrícolas.

O discurso do presidente da ULTAP

Tendo a palavra o sr. Raimundo Pereira, presidente da ULTAP, foi vivamente aplaudido ao alertar a todos os presentes para que se organizassem na luta pelos seus direitos que até aquela data eram ignorados totalmente. Demonstrou que os lavradores necessitavam de escolas para seus filhos, assistência médica e social para todos atendimento às suas reivindicações de melhores condições de trabalho e que tudo isto só era possível na medida que se organizassem e se unissem os trabalhadores agrícolas.

Referiu-se a a falta de organização leva a maiores sofrimentos, passa fome, morre de desastres, anda nú e descalço e fica isolado das lutas dos trabalhadores da cidade.

Ressaltou que a organização é a saída para o encaminhamento da solução dos problemas que os aflige.

Resoluções

Por unanimidade, a nova entidade camponesa tomou resoluções, elaborar um programa mínimo de reivindicações do município de João Coelho, contendo as reivindicações dos lavradores e trabalhadores em geral do município e tomar posição independente na campanha eleitoral, apelando no momento a batalha do alistamento de todos os cidadãos do município.

SALVE 25 DE MARÇO

Mensagem de uma leitora de TRIBUNA DO PARÁ

SALVE 25 de Março.

À direção da TRIBUNA DO PARÁ:

"Venho, como filha do povo, pela primeira vez, solicitar às páginas da TRIBUNA DO PARÁ, publicidade para as minhas sinceras saudações e votos de congratulações à bandeira hasteada do Partido Comunista do Brasil.

É dia de festa nos corações de todos os trabalhadores e democratas brasileiros, a data de 25 de março.

Nesta data completa 36 anos de existência de lutas heróicas, e grandiosas o invencível Partido Comunista do Brasil.

Permanece à frente do Partido, como dirigente revolucionário, líder querido das amplas massas de trabalhadores e de todo o povo, Luiz Carlos Prestes, empunhando a bandeira que é a radiosa esperança da libertação nacional e social do nosso povo explorado e oprimido.

A existência do Partido Comunista, é a garantia, a certeza inexorável dessa libertação cada dia mais próxima.

Ao comemorarmos mais um aniversário da existência fecunda do Partido Comunista do Brasil, seus militantes se empenham mais e mais no entrelaçamento das ações populares em defesa da manutenção da Paz mundial, do restabelecimento de relações amistosas e iguais com todos os povos, na emancipação do jugo espoliador dos imperialistas norte-americanos, nas campanhas reivindicatórias contra a carestia e pelo bem-estar da família brasileira, na participação ativa da batalha do alistamento eleitoral para as mudanças nas eleições de 1958, no apoio ao movimento de frente única nacionalista afim de contribuirmos Pelo período engrandecimento da Pátria brasileira.

Ao mesmo tempo que renova internamente as suas fileiras, o Partido Comunista, demonstra tôda a beleza dos seus ideais transformadores galvanizando as lutas do povo com mais entusiasmo, firmeza, acêrto e audácia dos fortes que se torna a cada ano, o verdadeiro Partido do povo paraense e brasileiro.

Salve, 25 de Março de 1958!

Onil Bittencourt Gama"

Inédita foto histórica de Luiz Carlos Prestes na 1.a sessão do Senado Federal na Legislatura de 1946

DELEGADOS PARAENSES
Representarão os Trabalhadores na Conferência Nacional Sindical

A reportagem de "Tribuna do Pará" foi seguramente informada que seguirão com destino ao Rio de Janeiro com o objetivo de representarem os trabalhadores paraenses na Conferência Nacional dos trabalhadores a realizar-se no dia 28 do corrente, os seguintes líderes sindicais:

Pelo Sindicato dos trabalhadores na Indústria de Fiação e Tecelagem o seu presidente sr. Francisco Carneiro.

O sr. Arquelau Alcantara na qualidade de presidente dos Sindicatos dos trabalhadores na Indústria de Calçados, representaria o seu sindicato naquele conclave.

O presidente da Federação dos Trabalhadores na Indústria do Pará viajará com destino a capital Federal afim de Básicos do Territorio Federal do Amapá participar daquela Conferência na qualidade de Delegado, representando o seu sindicato de classe.

Irá também, o sr. Alcino Nasseazeno, presidente do Sindicato dos Trabalhadores na Extração de Ferro e Minérios

N. 332—Belém-Pará 23-3-58 Ano XII

GRILEIROS MODERNOS AGEM
nos bairros do Marucutum, Guamá e Jabatiteua

EXISTE no bairro de Marucutum, Passagem São meão grande área de terra que segundo os bontes pertence a um grupo de herdeiros que até hoje não apareceram. Entretanto temos conhecimento de que se dizem «procuradores» dos citados «herdeiros».

Grileiros ou falsos procuradores?

Dentre os «procuradores» destacam-se os senhores dr. Waldir Acatauassú Nunes e o tenente Souza. Estes senhores investem contra os moradores daquele bairro. Haja vista que, êles vendem lotes de terra do mencionado área sem darem qualquer documento especialmente o título definitivo de posse.

Falam a reportagem moradores de 15 anos

Tivemos a oportunidade de

(Continua na 2.a pág. letra E)

O Povo Reclama

CONTINUA ainda em estado precário a situação da Rua Mundurucús, no trecho compreendido entre Alcindo Cacela até 3 de Maio, dificultando desta maneira o livre acesso até de pedestres, quanto mais de veículos.

O Serviço de limpeza Pública fez apenas a derruba do mato que ali existia e abertura e limpeza das valas, mais entretanto foi desprezado o leito principal da citada rua, permanecendo o portanto o lamaçal e a buraqueira que tem servido muito bem para a proliferação de focos de carapanãs, contribuindo para afetar o estado de saúde dos moradores residentes naquele perímetro.

A Comissão de moradores da citada rua, que estiveram em nossa redação, pediram-nos que através desta coluna solicitassemos do senhor Prefeito Municipal e muito especialmente do Diretor da Limpeza Publica a sua especial atenção para estes problemas que constituem reivindicações dos citados moradores.

A Travessa 9 de Janeiro, desde o perímetro compreendido entre a Gentil até a Caripunas encontra-se também em estado precário, necessitando de reparos, pois está tornando-se difícil o trafego de veículos, ocasionando aos seus proprietários serios prejuizos.

Acreditamos portanto que existe tanto da parte do Senhor Prefeito como do Senhor Diretor da Limpeza a maior boa vontade em resolver todo estes problemas.

LEIA E ASSINE
TRIBUNA DO PARÁ

UM GOAL HISTORICO
Payssandú - Bi-Campeão Paraense

Tribuna do PARÁ Nos Esportes

A MULTIDÃO tingida no branco-azul de sua preferência já deixara o T. L. C. aparentemente conformada com o adiamento da coroação que se estava escrevendo. Mas, há uma falta e muitos voltam para presenciar a cobrança. Ora, uma falta! Assunto tão corriqueiro! Acontece, porém, que o nosso "El peon" seria, como foi, o cobrador. E o tempo urgia. Sua catedrática abilidade estava em jogo. Muito poderia valer. E valeu, como viu todo aquele mundo de gente pitajada até a alma dos azulinos, azulados e brancos de suas côres clubisticas. Natividade alustou na marca fatal, podendo dizer que, visualmente, pesou, mediu e contou e, então, houve o impulsionamento da redonda, calibrada para «craneada de C. Alberto. Dois desesperos de condenados conjugaram-se para, "com o sorriso alegre dos heróis", no lance homérico da partida, arrojaram o esférico camarada aos fundilhos abalados da rêde que o grande Smith arrojadamente guarnecia.

Era um campeonato mais de que se assenhorava um campeão. Foi quando a massa que abandonava o estádio se voltou. Queria ver. Mas, o que, Santo Deus! O espetáculo se conclui porque o gol histórico aguardara o fechamento das portas para comparecer, fleugmático, sonhador, na sua imponência judicial de senhor implacável dos destinos. Todos, então, queriam ver com olhos não mais angustiados e sim reluzentes da euforia da suprema conquista aí sublimada. E queriam, inclusive, tocar na "fímbria" dos heróis. Reverenciá-los. Seguí-los em romaria. Fazer, em suma, qualquer coisa que dissipasse, de todo, aquela tensão nervosa de 89 minutos cruciais, vividos em "suspense", refletindo-se, outrossim, como a sua homenagem aos bravos campeões. Feito isto, tudo O. K.

A caminhada triunfal teve lugar. Do "longínque à cidade o cortejo se fez um mar imenso de alegria contagiante e vibrações incontíveis. Houve o desabafo, a expansão, o respirar aliviado de peitos opressos. A guerra terminara, enfim, com a vitória épica.

O Payssandú é o bi-campeão paraense. Levado "às de cabo", quando, moribundo, miuitos o consideravam por antecipação inumado, coube-lhe enfrentar o maior opositor, êsse Clube do Remo tão temido, "leão" ferocíssimo de memoráveis lutas. E eis que o cotejo findo até que mostrou o grupo

(Continua na 2.a pág. F)

Cartas dos Lavradores da ULTAP de Capanema e Nova Timboteua

Parada Bezerra, 5/3/58

Prezados compatriotas da Tribuna do Pará

Saudações:

EU, como presidente da sub-séde da ULTAP, do Parada de Bezerra, município de Nova Timpoteua, em nome das dezenas de associados, venho protestar contrar a farsa da reunião de 9 de fevereiro em Belém onde o sr. Benedito Serra usurpou violando á confiança dos lavradores mantendo o mandato e tomando resoluções contrarias aos

(Continua na 2.a pág. G)

Entrevista do pe. do T.R.E

Desen. Souza Moita Fala á TRIBUNA Sôbre a Intensificação do Alistamento Eleitoral

Tribuna do PARÁ

Nº 333 — Belém-Pará, Domingo, 30 de Março de 1958 — Ano XII

Reafirmamos mais uma vez, que as eleições de 3 de Outubro do corrente ano, revestem-se de grande importância para o nosso povo, por que através das urnas, vitórias decisivas podem ser conquistadas.

Constraste entre os numero de eleitores.

No quadro demonstrativo publicado em nossa edição nº 331 de 16 de março, constatamos o contraste entre os antigos eleitores e os novos de acôrdo com a lei 2.550, note-se que os eleitores antigos alcançou o nº 358.114 e os novos, conforme dados fornecidos pelo TRE, apenas 76.286 em todo o Estado.

Interesse das forças Nacionalista no alistamento em massas.

Para melhor argumentação e compreensão das forças democraticas e patrioticas de todos os Partidos Políticos, interessados na participação da mais amplas camadas da população tanto da cidades e do campo no pleito de 31 de Outubro. Levantamos um quadro que melhor demonstrará o quanto ainda estamos longe da mobilisação da maioria de nosso povo no pleito que se avisinha.

Eis o quadro demonstrativo: Eos 59 municipios do Estado apenas um, belém está com mais de 40.000 mil eleitores. Com mais de 3.000 segue Bragança, adiante Santarém e Alenquer mais de 2.000 eleitores. Mais de 1.000 adenas Nova Timboteua e Altamira e os demais em numero de 53 menos de 1.00 eleitores.

Acelerar a marcha do alistamento.

Ainda como subtítulo, transcrevemos trêchos do Editorial deste cemanário da mesma edição a que nas referimos acima, "Revelam os fatos que os fins de Fevereiro, atingiu apenas pouco mais de 70.000 eleitores qualificados dentrE da nova lei ei

Continua na 2.a página D

Primeiras Palavras de PRESTES

Através da Imprensa ao Povo Brasileiro

(LEIA NA 3.a PÁGINA Desta Edição)

Democratica e Patriotica Declaração de Principios No IX Congresso Regional dos Estudantes Secundarios do Pará

Defesa intransigente das garantias constitucionais dos ideais nacionalistas do povo brasileiro — Apoio integral á instalação da Frente Nacionalista do Pará — Defesa do monopolio estatal da borracha. — Campanha intensiva pela melhoria do ensino e das condições de vida dos nossos colegas da cidade e do interior.

ENCERRANDO os seus trabalhos iniciados solenemente em sessão de instalação de 19 de março lindo, sob a direção do presidente da União Brasileira dos Estudantes Secundários, o jovem Celso Saleh, o IXº Congresso Regional dos Secundaristas Paraenses, por decisão unânime do plenário aprovou a seguinte declaração de Princípios:

— Defesa intransigente das garantias constitucionais e dos ideais nacionalistas do povo brasileiro.

— Campanha intensiva pela melhoria do ensino das condições de vida dos nossos colegas da cidade e do interior.

— Campanha intensiva pela melhoria do ensino.

— Democrática e patriótica... e das condições de vida dos nossos colegas da cidade e do interior.

— Campanha pela harmonia e unidade da classe.

(Continúa na 2.a pag. letra E)

*Luiz Carlos Prestes e sua filha Anita Leocádia, no primeiro encontro familiar, depois de mais de 10 anos de perseguição a que estava submetido por pressão do imperialismo norte-americano. Revogada a prisão preventiva pelo juiz Menjardim Filho, volta Prestes à liberdade e com isso o povo brasileiro assinala uma **grande vitória da democracia**.*

Abandonados os Bairros de Telégrafo Sem Fio, Pedreira e Marco

A nossa reportagem esteve visitando alguns bairros de nossa capital para constatar de perto os inumeros problemas que afligem o nosso povo e os quais constituem portanto reivindicações suas.

Telegrafo Sem Fio

Passamos a focalizar o bairro do Telegrafo Sem Fio e adjacencias da Rodovia SNAPP.

A travessa Bôca do Acre, do trecho da Passagem das Flôres até o fim da mesma encontra-se em estado lastimável em virtude do grande lamaçal, mato e buracos existentes em toda sua extensão, dificultando portantoo livre ascesso de pedrestes que por ali residem.

Humaitá

A travessa Humaitá á começar do trecho da Antonio Everdosa até o seu final no Acampamento, encontra-se completamente abandonada pelo Departamento de Engenharia Municipal, pois o seu deploravel estado confirmam o grande descuso permanente.

Ali não mais existem as estivas que serviam para que os seus moradores trafegassem sobre as mesmas sem dificuldades e sem terem que enfrentar o problema da lama e agua na mais completa escuridão existente no momento.

Passagem Redenção

Situada no Acampamento encontra-se a passagem Redenção, que demonstra a situação de abandono a que está relegada pelos poderes públicos. Lama, mato e buracos existem em profusão.

Só organisados poderão alcançar vitórias

O nosso povo não pode nem deve manter ilusões em torno do encaminhamento dos seus problemas, pois será o proprio

(Continua na 2.a pág. F)

LEIA na 3ª pagina
O COMITÉ CENTRAL DO P.C.B. TRAÇA A NOVA POLITICA DOS COMUNISTAS

Aprovada, em recente reunião do C.C., uma "Declaração sôbre a política do Partido Comunista do Brasil" O Desenvolvimento capitalista nacional, elemento progressista por excelência da economia brasileira—O processo de democratização é uma tendência permanente. Definição do carater de governo do Sr. Juscelino Kubitschek—A contradição principal da sociedade brasileira é a que existe entre a Nação e o imperialismo americano e seus agentes—A frente unica e a luta por um govêrno nacionalista e democratico. Pontos fundamentais para uma plataforma de frente única—A classe operária convém o caminho pacífico. Os comunistas lutarão para eleger o maior número de candidatos nacionalistas.

PÁGINA 4 — TRIBUNA DO PARÁ — BELÉM, 30-3-58

Industriais Paulistas
de Artefatos de Borracha Solidários Com o Diretor do Banco da Amazônia

HOMENAGEM prestada ao sr. JOSÉ DA SILVA por duzentas industriais, no Automóvel Clube — Tomada de posição em defesa do Monopólio estatal da borracha — Quem são os promotores da campanha de descrédito contra o Banco da Amazônia — Discursos do industrial Felipe Cagne e do presidente do Banco, sr. José da Silva Matos.

São Paulo, março (I. P.) — Realizou-se nos meados de março no salão de festas do Automóvel Clube, significativa homenagem dos industriais paulistas de artefatos de borracha à diretoria do Banco de Crédito da Amazônia, na pessoa do seu presidente sr. José da Silva Matos. À festa compareceram mais de duas centenas de pessoas que foram levar à diretoria daquele instituto de crédito o seu aplauso incondicional pela maneira como vem a mesma defendendo a política governamental da borracha.

Posição dos industriais

Em nome da comissão promotora da homenagem falou o sr. Felipe Cagne, da Fábrica de Adesivos Atlas, pronunciando importante discurso no qual assinalou, de início, que aquela festa ultrapassava os estreitos limites de uma homenagem para representar uma tomada de posição de seus promotores de irrestrita solidariedade ao monopólio estatal do comércio da borracha, exercido pelo Banco da Amazônia.

Relembrou o sr. Cagne, em seu discurso, a solerte campanha que sofreu o Banco de Crédito da Amazônia o monopólio da borracha, reafirmando o pensamento dos industriais favorável à manutenção da atual política oficial com relação àquela importante matéria prima. "A liberação do produto, disse êle, em qualquer época traria fatalmente como consequência o seu contrôle por grupos privados que dominariam, assim, inteiramente a economia daquela região (Amazônia) podendo julgá-la ao sabor de seus interesses."

Depois de elogiar a atuação da diretoria do Banco da Amazônia, o dr. Cagne concluiu por desejar ao sr. José da Silva Matos "Completa vitória nessa luta que é, que é nossa".

A Palavra do Presidente José Matos

Agradecendo a homenagem, falou em seguida o sr. José da Silva Matos, presidente do Banco de Crédito da Amazônia, que fez detalhado balanço das atividades do orgão que dirige.

Inicialmente, o sr. José da Silva Matos salientou que aquela homenagem não se dirigia apenas à sua pessoa mas também aos demais membros da diretoria, aos assesores e funcionários e ao próprio presidente da República merecedor da mesma, uma vez que a vitória do monopólio estatal da borracha contra a campanha de seus detratores, se deve ao esfôrço conjugado de todos êles.

Quem são os detratores

Falando sôbre a campanha inglória e portinaz, insidiosa e maldosa, que tem como único e verdadeiro objetivo a obtenção da quebra do monopólio estatal da borracha". O sr. José da Silva Matos disse que não é difícil identificar com seus promotores "são os mesmos que se insurgiram contra a instalação em Volta Redon-

da; da fábricas de aço da Cia Siderúrgica Nacional, que clamam contra a Petrobras e a política governamental de petroleo, e que hoje procuram por todos os meios obter a revogação das disposições governamentais concorrentes à exploração de areia monazíticas e ainda impedir o desejado estabelecimento do monopólio estatal dos seguros de acidentes no trabalho".

A seguir o orador enumera os prejuízos que causaria a economia nacional a liquidação do monopólio estatal da borracha: derrocada da Amazônia com o abandono dos seringais, aviltamento dos preços da borracha nacional, ruína de toda a média à pequena industria nacional de artefatos de borracha, elevação dos preços dos artefatos de borracha, etc.

Balanço positivo

Passando a abordar a situação do banco que dirige, o sr. José da Silva Matos, mostrou com dados irrefutáveis que o balanço de suas atividades apresenta um saldo positivo, apesar das enormes dificuldades enfrentadas e ainda enfrentar, principalmente aquelas relacionadas com o vestiginoso crescimento do consumo enquanto a produção da borracha natural não acompanha o mesmo ritmo. Mostrou o sr. José da Silva Matos que em 1939 a 1956 a produção nacional de borracha duplicou, passando de 15 mil produção nacional do produto, no mesmo período, passou de 3 mil toneladas para 97 mil, isto é, aumentou 12 vezes.

Com o fim de cumprir os seus objetivos, informou o presidente do Banco da Amazônia, a diretoria elaborou um plano que visa a execução de providencias, de resultado a curto, medio à longo prazo, assim compreendida:

a) — providência de resultado a "curto prazo": incentivo à produção de borracha silvestre;

b) — providência do resultado a prazo médio: instalação, no país, de uma fábrica de borracha sintética, com capacidade para produção de pelo menos 30/40.000 toneladas anuais;

c) — providencia de resultado a longo prazo: plantio sincgonipo-tórico e racional de seringueiras, em regiões que ofereçam, simultaneamente, condições ecológicas e sociais plenamente satisfatórias.

Quanto à primeira providência, [o Banco vem pondo em prática com decisão e coragem seja através do financiamento das safras de borracha seja através da compra de tôda a produção amazônica e seja ainda através do fornecimento aos seringueiros interessados dos utensílios e armas de precisam para o desempenho de suas tarefas no amago da floresta hostil. Os resultados aí estão: de 27.400 toneladas produzidas em 1955, passamos para 30.300 em 1956, atingindo no ano passado a casa das 32.000 toneladas. Apesar dêsse avanço na produção brasileira de borracha, afirmou temos que reconhecer que não será apenas, através da extração do produto silvestre, que lograremos alcançar nos proximos exercicios, o desejado equilibrio entre a produção e o consumo de goma elastica no País.

Com a segunda providência lembrou o sr. José Silva Ma-

tos o ofício que dirigiu em janeiro último ao presidente da República solicitando para o Banco de Crédito da Amazonia iniciar por sua conta os estudos para implantação no país de uma fábrica de borracha sintética. Prosseguindo, salientou o apôio recebido do sr. Juscelino Kubitschek que determinou ao Conselho Nacional do Petroleo procedesse os estudos a êsse respeito.

Por fim com relação à providencia de resultado à longo prazo disse o sr. José Matos ser infelizmente ainda pequena a demanda de crédito destinado ao plantio racional de seringueiras, o que demonstrara preocupação reinante na Amazônia de se atacar a agricultura de recursos a curto prazo.

Como prova disse ele que durante o ano de 1956, o Banco celebrou com aquele fim, apenas 24 contratos de financiamentos, no valor global de apenas 768 mil cruzeiros.

Criação de Heveabrás

Prosseguindo em seu discurso, o sr. José da Silva Matos disse que havia o Banco sugerido ao presidente da República a criação de uma sociedade — a Heveabrás (Borracha do Brasil S.A.) que se destinara, fundamentalmente, a promover o plantio de seringueiras em regiões da Amazônia. Essa sociedade teria inicialmente o capital de 120 milhões de cruzeiros, dos quais 100 milhões seriam subscritos pelo próprio Banco da Amazônia.

Importação da borracha

Por fim, abordou o presidente do Banco da Amazônia, o problema da importação de borracha destinada à complementação do abastecimento do mercado interno. Disse êle que tais importações têm sido feitas de acôrdo com orçamentos anuais, cuidadosamente elaborados pela Comissão Executiva de Defesa da Borracha, à luz da estimativa da produção nacional e das necessidades mais imediatas do mercado interno. Além disso, no processamento dessas importações, não é soberano do Banco da Amazônia não podendo êle se sobrepor às determinações dos orgãos que controlam, tampouco às formalidades exigidas pelos orgãos que controlam o ingresso de produtos estrangeiros no País. Como exemplo, citou o fato de que, em dezembro de ano passado, solicitou aos orgãos competentes a concessão de cambiais no montante de 10 milhões de dólares destinados à importação de 13 mil toneladas de borracha. Só em 31 de janeiro dêste ano (recebeu a comunicação de que SUMOC havia concedido aquela verba, porem para ser usada em parcelas mensais de um milhão de dolares, mesmo assim somente a partir do corrente mês.

O que quero deixar bem claro, disse, é que por efeito de total carência de divisas, o Banco da Amazônia desde o princípio de dezembro último, tem-se visto impossibilitado de promover a importação de quaisquer quantidades de borracha, julgadas necessarias à perfeita complementação do abastecimento do mercado interno.

Concluindo o seu discurso o sr. José da Silva Matos afirmou que não transigirá na defesa do monopólio estatal da borracha porque acima de tudo está defendo os interesses do Brasil.

O RÁDIO (RUSSO) A QUEROSENE VAI SER
Fabricado No Recife

PERANTE vários representantes da imprensa e do rádio e, ainda de técnicos foi feita a exibição de um dos «rádio a querosena» que deputados da Missão Econômico-Parlamentar de Pernambuco e Paraíba trouxeram de Moscou. À demonstração foi feita, ontem, no meio da em uma das casas de materiais

elétricos da Praça Joaquim Nabuco tendo-se a oportunidade de se ouvir as emissoras locais, a Rádio Nacional, a Rádio de Israel e a de Moscou. Desde setembro último que o «rádio a querosene» se acha nas mãos de rádio-técnicos pernambucanos, que estão fazendo pesquisas sôbre a forma de produzir energia

utilizada pelos russos.

O «ELETROGENERADOR»

Os moscovitas, segundo nos informou o deputado Clodemir Morais, dono do «rádio a querozeno», chamam o «aludido» aparelho de eletrogenerador», e o produzem em série, apenas para exportação para

os países onde é escassa a energia elétrica. Custa em Moscou o «eletrogenerador» somente trezentos cruzeiros e tem um consumo de um litro de querosene para dezte horas de continuado funcionamento. Sua duração é indefinica, sendo que é vendido sob garantia de quinze anos de pleno funcionamento. Alimenta cargas de baterias úmidas, faz funcionar um rádio emissor ou transmissor de oito válvulas, da um só tempo ilumina um lar e fornece calor ao ambiente. O aparelho é composto de um candieiro c«mum dêsses que se usam muito no interior do Estado, com manga de vidro e pavio, e de um radiador que transforma a energia calorífica em energia elétrica. Segundo os técnicos, o processo utilizado pelos soviéticos 'se baseia em princípios eletrofísi-

SERÁ FABRICADO NO RECIFE

Achavam-se presentes à exibição do «rádio a querosene» os rádios técnicos João Lira, de Menezes, e Antônio Duque, que ajuda vem faz-ndo pesquisa sôbre o aludido aparelho. A propósito, o sr. João Lira chegou mesmo a construir um pequeno «eletrogenerador» com êxito, muito embora a energia produzida fôsse muito pequena. O rádio a querosene soviético chega a produzir cêrca de noventa volts para filamentos de válvulas em que sua fôrça chega a trezentos milampéres.

Com a experiência do técnico João Lira, tudo indica que será fabricado, muito brevemente, um «eletrogenerador» no Recife uma vez que dispomos de mais de mate-

(Continua na 2.a pág. G)

As Eleições se aproximam

O Prefeito de Belém tem demonstrado por sensatos, que está disposto a trabalhar em prol da coletividade belemense.

No entanto vamos dar, algumas sugestões ao mesmo para que (pensamos nós) auxilie a melhorar mais e mais a sua administração.

Varios bairros de Belém achavam-se abandonados, como Pedreira, Bandeira Branca, Sacramenta, etc.

Entretanto S. Excia. no bairro da Pedreira, já mandou roçar e capinar diversos trechos. Entretanto êste bairro se ressente em suas travessas da falta de lampadas elétricas o que torna verdadeira aventura qu lquer pessoa sair ou

chegar tarde da noite.

Na Sacramenta já providenciou o nivelamento da rua para o revestimento de asfalto, etc.

Entretanto os politiqueiros e demagogos que durante as eleições passadas prometeram mundos e fundos não estão prestando contas ao povo como está fazendo o sr. Prefeito.

E' certo que há falhas ainda, mas é preciso que atent;r para que S Excia. tem apenas poucos mêses de govêrno, enquanto que os outros já estão no fim de seus mandatos. Que medidas tomaram estes srs. dos Legislativos Estadual e Municipal para amparar a juventude que mora no suburbio?

Com raríssimas exceções a maioria quasi

nada fez. Entretanto sonham novamente com a eeleição. O caso da agua é outro que reclama estudo, mesmo tendo os sanitaristas constatado que 90% das aguas da póça são completamente nocivas à saúde da população, pois localizam-se nas proximidades de fossas. Mas as eleições estão às portas e o povo saberá responder às urnas.

Aqueles que como o sr. Prefeito mostram que têm vontade de trabalhar em prol da coletividade terão seu apoio e admiração, mas os outros terão seu ódio e desprezo.

Atentem bem para isto os demagogos e que ponham suas barbas de molho.

«Espero Dirigir-me, Através da Imprensa, a Todos os Brasileiros»

Palavras iniciais de Prestes na entrevista coletiva
"Desejo contribuir para a coesão de todos os que aspiram pelo progresso do Brasil, pela sua emancipação política e econômica, pelo bem estar e felicidade do povo"

AO iniciar-se a entrevista coletiva, Prestes dirigiu as seguintes palavras aos jornalistas:

"Após ano de vida clandestina, é com satisfação que participo dêste primeiro encontro com a imprensa. Compreendo a curiosidade manifestada e, de minha parte, espero poder, através da imprensa, dirigir-me a todos os brasileiros. A todos os que minha saudação cordial e estendo fraternalmente a mão certo de encontrar a compreensão e a tolerância indispensáveis à unidade de todos os que almejam ver nossa pátria ocupar o lugar que lhe cabe no conceito internacional dos povos amantes da paz, de todos os que almejam o progresso e a felicidade de nosso povo.

Minha maior aspiração é voltar ao contacto direto com as grandes massas populares, com os trabalhadores das cidades e do campo, com a intelectualidade, com a juventude estudantil e trabalhadora. Desejo, na minha qualidade de patriota e democrata, já suficientemente provada numa larga vida pública que vem desde os acontecimentos de 22-24 e da marcha da «Coluna», contribuir com as fôrças que ainda me restam para a coesão de todos os que aspiram pelo progresso do Brasil, pela sua emancipação política e econômica, pelo bem-estar e felicidade do povo.

Volto à atividade política livre, como em 1945 aconteceu de quaisquer ressentimentos, tem nenhum rancor, esquecendo agravos e desentendimentos, disposto a entender-me com todos, a ouvir e a conversar com todos, independentemente de quaisquer divergências políticas ou ideológicas.

Confio no patriotismo, na integridade e nos sentimentos democráticos de nossos juízes. Confio principalmente no seu espírito esclarecido incompatível com qualquer intolerância ou com perseguições a ideias e opiniões. Confio também nos sentimentos patrióticos de nossas fôrças armadas, ultimamente comprovados pela coragem e decisão com que souberam em Novembro de 1955 impedir a intervenção em angeira em nossos assuntos internos.

O momento é oportuno para iniciarmos a solução dos mais sérios problemas do país.

A situação internacional é excepcionalmente favorável aos povos que lutam pela independência nacional, que se levantam contra a brutal exploração dos monopólios imperialistas. O socialismo transformou-se em sistema mundial e nos países do socialismo as fôrças produtivas desenvolvem-se a um ritmo jamais conhecido. O apoio desinteressado da URSS e demais países socialistas dos povos subdesenvolvidos constitui um novo fator que permite enfrentar e vencer os invasores estrangeiros."

Faça Uma Assinatura de
"Tribuna do Pará"

Prestes na Sabatina Com a Imprensa, Rádio e TV:

Estou a Serviço do Povo!

★ Depois de 10 anos, Luiz Carlos Prestes apareceu em público, livremente, respondendo a perguntas de dezenas de jornalistas e radialistas da imprensa nacional e estrangeira
★ Não há indenização que pague a morte de Olga Benário, nos fornos crematórios do nazismo
★ É possível a aliança dos industriais com os trabalhadores, para enfrentar os imperialismo americano e defender a indústria nacional
★ A democracia e o nacionalismo crescem e avançam no país
★ As opiniões do líder comunista sôbre JK, Lott, Jânio e Ademar de Barros
★ As verbas de Brasília seriam melhor empregadas no combate às sêcas do Nordeste

UMA pequena multidão de repórteres e fotógrafos de revistas, jornais e emissoras de rádio e televisão esperou por Luiz Carlos Prestes, durante a tarde do dia 26 de Março p. findo, no apartamento 102, do prédio n. 67, da rua Leopoldo Miguez, em Copacabana, residência do advogado Sinval Palmeira.

A CHEGADA

A entrevista, marcada para as 17,30 horas, começou na hora exata, com a entrada de Prestes no apartamento já regorgitante de jornalistas. A sucessão de «flashes» e os refletores das câmeras de TV ofuscaram, por um momento, o líder comunista brasileiro, evidentemente desabituado a isso, pelos longos anos passados na clandestinidade. Sorrindo, respondendo a um e a outro, Prestes se encaminhou para a mesa, preparada com microfone, onde iria se submeter, dali a instantes, a intensa sabatina, feita por jornalistas das mais diferentes tendências e a serviço de órgãos jornalísticos e radiotécnicos do Rio, São Paulo, Minas, Rio Grande do Sul, Pernambuco e até do «N. Y. Times», americano.

O INÍCIO

Instado pelos radialistas, Luiz Carlos Prestes fêz o seu primeiro pronunciamento para emissoras cariocas e paulistas, lendo a declaração no qual traçou, em linhas gerais, a sua e a orientação política dos comunistas brasileiros.

A SABATINA

Depois disso, choveram as perguntas, que se transformaram num ágil pingue-pongue, entre o dirigente marxista e algumas dezenas de repórteres que não lhe deram trégua, durante uma hora consecutiva.

— A que atribui as mudanças verificadas no govêrno soviético, depois da morte de Stalin?, foi a inquirição que iniciou a sabatina.

— As mudanças governamentais na União Soviética, respondeu prontamente o entrevistado, são tão normais quanto as de qualquer govêrno parlamentarista. A luta contra os erros praticados por Stalin em seus últimos anos de vida foi encetada com coragem autocrítica e teve grande significação para todo o movimento comunista mundial.

— Que acha da mudança da política exterior soviética? — foi a interrogação seguinte.

— A política exterior foi modificada no sentido de uma contribuição mais justa à realidade internacional. Essa mudança encontrou resistência nos elementos mais dogmáticos, mas que foram removidos, como aconteceu a Molotov, Kaganovitch e Malenkov.

Avanço democrático

Existe a possibilidade de novas restrições à sua liberdade?

— Não há nenhuma razão para isso. As condições existentes no mundo e no país asseguram o avanço democrático. São impossíveis retrocessos sérios na situação política. Qualquer retrocesso seria passageiro. Cremos na integridade da magistratura brasileira e no patriotismo de nossas Fôrças Armadas, fatôres que asseguram a marcha democrática do país. Estamos dispostos a lutar pela legalidade e defendê-la de qualquer maneira.

Prefere fazer a história

Um repórter pergunta se Prestes não pensa escrever um livro de memórias sôbre os 10 anos de vida clandestina, que seria — disse o repórter — um verdadeiro «best-seller». Prestes respondeu simplesmente:

— Prefiro fazer a História a escrevê-la. Prefiro participar dos acontecimentos a comentá-los em livro.

Possibilidade de ser candidato

Pergunta um jornalista se, considerando a ilegalidade em que se encontra o PCB, Prestes aceitaria a sua indicação como candidato nas próximas eleições em outra legenda:

— Aceitaria a indicação do meu nome como candidato, se assim o povo desejar e se isso fôr útil à luta nacionalista. Quanto a legendas, não há porque excluir qualquer uma delas.

O mesmo repórter pergunta, em seguida, como encarava Prestes as tentativas de rearticulação do integralismo, através do PRP.

— O fascismo, disse, está morto e enterrado. Ressuscitar a mística do integralismo é um anacronismo e um êrro político. O PRP, como um partido político, tem o direito de existir. Mas o caminho não é o fascismo, é a democracia, é a unidade de tôdas as fôrças nacionalistas.

Sôbre o acôrdo UDN-PSP

Pede alguém a opinião de Prestes sôbre o chamado realismo udenista, particularmente os entendimentos entre a UDN e o PSP, considerando a incompatibilidade existente entre êsses dois partidos.

Os Partidos políticos

Em geral, se assemelham muito no Brasil. E' verdade que não são idênticos, tendo cada um a sua própria base social. Mas não há incompatibilidade fundamental alguma entre a UDN e o PSP. Compreendo assim o realismo do sr. Juraci.

Os métodos provaram bem

Várias perguntas foram feitas acêrca de onde esteve Prestes nos dez anos de clandestinidade e o que fez nêsse período.

— Poderia lhes contar muito a êsse respeito, diz Prestes. Mas é melhor não abordar o assunto. Êsses dez anos foram um período de dura luta. Durante todo êsse tempo, como acaba de dizer o próprio chefe de polícia, general Kruel, éramos «caçados». Agora a «caça» terminou. Nos dez anos de resistência a essa «caça» adotamos métodos que provaram não ser de todo maus. Prefiro, porisso, guardá-los em segrêdo.

Internacionalismo proletário

Alguém quer saber se a "vinculação ostensiva do PCB à União Soviética" não é prejudicial aos comunistas brasileiros.

— Que ligação ostensiva? — indaga por sua vez o líder marxista. Nós, comunistas, e o proletariado mundial, somos internacionalistas porque sabemos que a união dos trabalhadores é necessária à sua emancipação. E admiramos e saudamos na URSS o primeiro Estado onde triunfou o socialismo. As nossas relações com a URSS são as mesmas que os democratas de todos os países mantinham em face da França, quando ali ocorreu a sua grande Revolução.

O jornalista paulista, aproveitando uma brecha, quer saber quando Prestes vai a S. Paulo.

— Não posso dizer quando irei a São Paulo. Preciso me apresentar primeiro ao juiz, o que deve acontecer no princípio do mês.

A diferença

— A declaração do Comitê Central sôbre a política dos comunistas não encampa teses de Agildo Barata? — perguntaram.

— Não. As posições defendidas por Agildo são reformistas. Nós vemos as reformas como uma tática, ligada a objetivos revolucionários. Isto é, obter através de reformas mudanças radicais, evolutivamente, na estrutura do país.

— O programa do Partido Comunista coincide ou tem ligações com os programas de qualquer outro partido brasileiro? — tornam à carga.

— O sr. João Goulart, na convenção do PTB, disse Luiz Carlos Prestes ao seu novo interlocutor — traçou uma plataforma com a qual podemos concordar inteiramente, porque se trata de uma linha nacionalista. Em todos os partidos existem frações, com o chamada "ala moça" do PSD, que adotam posições que coincidem com alguns dos nossos pontos de vista. Estamos prontos a conversar com todos. Nosso objetivo é constituir o cimento para a unidade de tôdas as correntes que, ainda divididas, objetivam, contudo, a emancipação econômica e o progresso do Brasil.

— Nessa frente única existe lugar para Agildo Barata?

— Estamos prontos a marchar também ao lado do sr. Agildo, na medida em que fôr nacionalista.

O govêrno de JK

Enquanto os "flashes" continúam a espoucar e os jornalistas travam uma silenciosa "guerra fria" para obter melhor localização junto à cadeira de Prestes, êste, atendendo a um pedido, emite o seu julgamento sôbre o atual govêrno.

— O govêrno do sr. Juscelino Kubitscheck é um govêrno de compromisso entre fôrças heterogêneas, entre os nacionalistas e os entreguistas. Infelizmente, em muitas de suas realizações, tem predominado o setor entreguista. O setor nacionalista teve que ceder, entre outros casos, na cessão da ilha de Fernando de Noronha aos americanos.

(Continúa na 2.a pag. letra E)

Luiz Carlos Prestes

Vitoriosa a Chapa Democrática e Nacionalista da MEI, no Pleito da U. E. C. S. P.

José Francisco Fiel Filho e Angelo Freitas eleitos dirigentes dos Estudantes Secundários — 1.800 votos de diferença sôbre os opositores

Concluida a apuração das eleições de 27 de março na União dos Estudantes Secundários do Pará, o Tribunal Eleitoral Estudantil divulgou esta semana o resultado do pleito estudantil para os cargos de presidente e vice-presidente da UESCP.

MEI versus FRE

Duas correntes disputaram o pleito dos secundaristas: a do Movimento Estudantil Independente, par.

(Conclui na 3.ª pág. —

A URSS Abriu Caminho Para Ser Evitada a Guerra Atômica

MOSCOU, abril (IP) — «Tendo paralisado as experiências de armas atômicas e de Hidrogênio, a União Soviética foi a primeira a ter praticamente assinalado o inicio da cessação geral das experiências nucleares e a abrir caminho que permitirá ser evitada á humanidade a ameaça de uma guerra atômica de exterminação declara a agência TASS, em comunicado difundido, acrescentando que «O povo soviético e os povos de outros países esperam dos governos dos Estados Unidos e da Grã-Bretanha que ponham igualmente fim ás experiências nucleares, apoiando, assim, a iniciativa do govêrno soviético».

Tribuna do PARÁ

— Ano XII Belém-Pará, Domingo, 6 de Abril, de 1958 Nº 334 —

DECRETADO DOIS EXPEDIENTES

Nos Cartórios Eleitorais Para Intensificação Do Alistamento

Portaria do Pte. do TRE., desembargador Souza Moita, alertando sôbre o término do prazo e estabelecendo horario duplo nos cartórios da 1.ª, 28.ª, 29.ª e 30.ª zonas sediadas em Belém

EM face do atraso em que se encontrava a qualificação de novos eleitores e diante do interesse vivo demonstrado pelo nosso povo repercutido na imprensa e no parlamento local, o Tribunal Regional Eleitoral, através de seu presidente, o desembargador Souza Moita, vem de assinar uma portaria altamente democrática afim de facilitar a intensificação do alistamento eleitoral.

A portaria que entrará em vigor a partir do próximo dia 7

A portaria baixada pelo presidente do T.R.E. é a seguinte:

«O presidente do Tribunal Regional Eleitoral do Pará, usando da atribuição conferida pelo art. 19, n.º 20, do Regimento Interno;

Considerando que se está intensificando o alistamento, cujo prazo deve expirar em 31 de julho do corrente ano, isto é, setenta (70) dias antes do pleito de 3 de outubro vindouro (Lei n.º 2550, de 25-7-55, art. 1.º combinado com a lei 3.338, de 14-12-57, art. 9º).

Resolve determinar que a partir do próximo dia 7 (segunda-feira), os Cartórios das 1.ª, 28.ª, 29.ª e 30.ª Zonas, sediadas em Belém, funcionem em duplo expediente sendo a primeira das 8,30 ás 11,30 e o segundo, das 14,30 ás 17,30 horas, estabelecendo os senhores juizes um rodizio entre os respectivos auxiliares do Cartório, de modo a que não ocorra a prestação do serviço extraordinário, para cujo pagamento êste T. R. não dispõe atualmente da verba própria.

Belém, 2 de abril de 1958.

a) Ignácio de Souza Moita, presidente.

Agora cabe aos partidos e as fôrças democráticas e patrioticas contribuiram em ritimo acelerado para o aproveitamento das condições criadas que facilitam a intensificação do alistamento em massa para o pleito de 3 de outubro.

POSTOS
Eleitorais de Alistamento

Soc. União Beneficiente Paraense à Trav. Mauriti, 618

●●●●●●

Ass. das Mães em Pról da Juventude Trav. da Estrela esq. da 1.º de Dezembro (Bairro do Marco)

●●●●●●

Raimundo Feliciano Vila Virginia, n. 5 na 1.º de Dezembro (Bairro do Marco)

●●●●●●

Francisco Nascimento Antonio Barreto, proximo à Av. Duque de Caxias (Bairro da Matinha)

●●●●●●

Senador Lemos 612 (Telegrafo sem fio) Pedro Miranda 387 Bairo da Pedreira Antonio Everdoza 747 Bairro da Pedreira, Procure o quanto antes qualificar-se eleitor, procurando a qualquer hora do dia uns destes postos eleitorais mencionados acima.

Resolução adotada pela I Conferência Sindical Nacional,

(LEIA NA 3.a PÁGINA Desta Edição)

Importante Decisão dos Lavradores de MARABITANA

(São Caetano de Odivelas, março do correspondente) Culminando com a serie de reuniões dos lavradores de sousa do Salgado, em fins de março, município de São Caetano de Odivelas onde foram criadas as associações dos lavradores de Camutá, Benfica e Maribitana, para as quais foram convidados os líderes camponeses Raimundo Nonato de Souza, Edgar Barbosa, Raimundo Pereira, e Álvaro Borcem, com assistência de mais de uma centena de lavradores.

A Diretoria Constituida

A diretoria constituída foi a seguinte:
Presidente: Elpides Rodrigues Soares.
Vice-Pte: Juviminiano Soares da Cunha
1º Secret: Tito Coelho da Cunha
2º Secret: Gladide Ramos de Assis
Tesoureiro: Maximino Candido
2º Tes.: Gatulio Rodrigues
Conselho Fiscal: –
Juvencio da Cunha
Antonio Ramos Soares
Mario Rodrigues

Resoluções da assembléia da Marabitana

Além da escolha da diretoria foi aprovado as seguintes resoluções.

— Abaixo assinado ao Prefeito Lopo de Castro, apelando para que seja facilitado os transporte das feiras-livres.
— Enviar uma comissão ao Governador do Estado, gal. Magalhães Barata para pleitear abertura de um pôsto médico, visita médica mensal e uma professora.
— Enviar uma comissão ao Secretário de Produção para obter sementes e ferramentas agrícolas.
— Iniciar uma campanha junto ao prefeito e vereadores do município para obtenção de um motor de luz, limpeza da rua, ampliação do cemiterio e construção de uma trapiche na vila de Marabitana.
— Intensificar a campanha de centenas de associados para a união de lavradores.

Os Portuários Exigem a Aplicação da Lei 2.198

Os arrumadores do Estado do Pará, por intermédio de seu Sindicato exigem o cumprimento da lei n.º 2196 de 1º de Abril de 1954 que acrescentou novo item no parágrafo único do art. 285, da consolidação das leis do trabalho.

A nossa reportagem apurou que os arrumadores vem de há muito descontentes pe'a má interpretação da lei pela Delegacia do Conselho de Trabalho Marítimo neste Estado e pelo Delegado do Trabalho. Nos adiantou um líder daqueles trabalhadores que o 2.º ponto do item III da referida lei, manda exercer a mão de obra na profissão dos e nos Armazens, depósitos, trapiches, veículos de tração animal ou mecânica, vagões etc. em quaisquer locais em que as mercadorias tenham sido recebidas entregues, arrumadas ou beneficiadas, e, bem assim lingar ou destinar os que necessiterem de auxilio de guindaste ou de outros aparelhos mecânicos, nas empresas, firmas, sociedades ou companhias particulares.

Isto é que diz a lei, e, na estranha interpretação da Delegacia do Conselho do T. Marítimo vem privando o justo cumprimento da lei acima referida, alegando que os empregadores donos de armazens portos trapiches ou firmas podem executar os serviços com o pessoal próprio reconhecido como empregados.

Entretanto a lei só da di-
(Continua na 2. página (C)

Continua a Policia a Cometer Violências com os Presos na Central de Policia

Preso durante 36 dias sem culpa formada passando fome e apanhando borrachadas

NOVA onda de violências vem sendo cometida pela polícia aos presos recolhidos na Central de polícia, as autoridades do DESP, surdos aos apelos da imprensa e dos legistas continuam torturando esses infelizes que caem à margem da lei e às garras da polícia.

Em um mês apenas, foram registrados dois casos de morte, constados pelos legistas como espancamento, dia 2 as Folhas estampavam que «Verdinho» outro marginal estava às garras da morte por bárbaro espan-
(continua na pag. letra D)

Depoimento De Prestes
Ante o Juiz José Monjardim Filho

Durante duas horas e meia o ex-senador carioca respondeu ao interrogatório do magistrado – A lei garante a todo cidadão o direito de ser comunista – Atitude de respeito às forças armadas – Revolução não se fabrica – Impossível, hoje, uma guerra entre o Brasil e a União Soviética

N. 334—Belém—Pará 6-4-58 Ano XII

Prefeitura Municipal de Belém

GABINETE DO PREFEITO
— NOTA OFICIAL —

O vespertino que obedece á orientação do Sr. General Governador do Estado, afirmou, em sua edição de 31 de março passado, que a Prefeitura Municipal de Belém teria emitido um cheque sem fundos contra o Banco do Brasil S. A., nesta capital.

Tão notória é, no Estado, a falta de idoneidade do aludido jornal, que o Governo do Município, como é de seu hábito, não se abalançaria a lhe contraditar o noticiário ignóbil e sempre tendencioso, não fosse a circunstância de saber ligado intelectualmente à publicação em tela o próprio Governador do Estado.

Assegura o Govêrno do Município que a notícia em questão é absolutamente falsa, sendo deploravel que o Chefe do Executivo Estadual tenha levianamente autorizado sua divulgação. Felizmente a Prefeitura Municipal de Belém, depois de um período de crise, caminha a passos firmes para uma situação de equilíbrio financeiro, não lhe faltando recursos para a cobertura de suas retiradas bancárias.

Lamentando ter de deixar o Sr. General Governador em triste posição, perante a opinião pública paraense, reproduzimos a seguir o oficio dirigido ao Sr. Dr. Prefeito Municipal pela direção do Banco do Brasil S. A., nesta capital, que esmaga em definitivo a insidia nestes termos:

«Belém, 1º de abril de 1958.
Exmo. Sr. Dr. Prefeito Municipal de Belém.

Atendendo ao pedido formulado em seu ofício n. 244/58 GP, de hoje, cumpre-nos informar, em resposta, que essa Prefeitura não emitiu, contra qualquer das contas mantidas nesta Agência, nenhum cheque sem a correspondente provisão de fundos.

Aproveitamos a oportunidade para apresentar a V. Excia. os protestos de nossa alta estima e distinta consideração.
Banco do Brasil S. A.—Belém (PA).
(aa) Sebastião Albuquerque Vasconcelos—Gerente.
Flávio Luiz Lima—Contador.
Belém, 1-4-1958.

RIO (I. P.) — Luiz Carlos Prestes compareceu à Terceira Vara Criminal para ser interrogado no processo a que respondem naquele Juízo. O ex-senador carioca estava acompanhado por seus advogados, drs. Francisco Chermont, Sisval Palmeira, Vivaldo Vasconcelos, Osmundo Bressa e Letelm de Brito. Estava também presente o dr. José Aranha que veio de São Paulo especialmente para aquêle fim. A seguir damos um resumo das declarações feitas por Prestes ao Juiz Dr. Monjardim Filho.

Sempre respeitou as Fôrças Armadas

Sôbre a p imeira peça do processo, a entrevista concedida pelo então senador Luis Carlos Prestes à «Tribuna Popular», em junho de 1947, reconheceu-a em todos os seus têrmos como sua, afirmando que nela não teve a intenção de lançar prevenção, hostilidade ou desprêzo contra as fôrças armadas. Alegando não estar bem lembrado da forma em que sua pensamento fôra expresso, pois 11 anos eram passados. Prestes afirmou no entanto que a sua atitude sempre fôra de respeito às fôrças armadas, inclusive porque a elas já serviu no Exército Nacional.

Sôbre o P. C. B.

Continuando seu d poimento, Luiz Carlos Prestes disse que, à época em que foi publicado a «Tribuna Popular», o P. C. B. estava com o seu registro reconhecido pela Justiça Eleitoral, exercera o cargo de Secretário-Geral, e hoje é um dos dirigentes do movimento comunista no Brasil. Quando se achava na legalidade, o PCB possuía um Comité Nacional, do qual fazia parte. Fundado em 1922, o Partido Comunista tem sido atrozmente perseguido pelas altas autoridades do país, motivo porque, disse Prestes, pedia permissão ao Juiz para silenciar com relação aos nomes das pessoas que fizeram parte do Comité Nacional. Podia, entretanto, esclarecer, como uma homenagem a seu grande servidor atualmente falecido, que

O Povo Reclama

ESTA coluna tem em nosso jornal um grande missão, apontar aos poderes públicos as reivindicações e os problemas de nosso povo, concernente a situações em que se encontram muitos dos nossos bairros. Quando mostramos através da mesma, serie de problemas que carecem de solução neste ou naquele subúrbio, é com um propósito verdadeiramente honesto no sentido de ajudar e encaminhamento das soluções dos problemas; Nêste sentido, passaremos a focalizar de relance um trecho da Rua Caripuras entre 9 de Janeiro e 14 de Abril, o qual se encontra completamente cheio de buracos provindo de «reservatorios de lama». Acreditamos portanto que ficando à referida rua bem próximo do Departamento da Limpeza Pública, não se justifica o estado em que se encontra.

CONSELHEIRO FURTADO

Uma outra rua que se encontra precisando de grandes reparos é a Conselheiro Furtado no trecho com-
(Continua 2.a página letra A

VENDE-SE

EXCELENTE TERRENO EM BRAGANÇA

Vende-se um com 484 metros quadrados. Localização: cento da cidade, proprio para qualquer ramo de comércio. Preço convidativo. Tratar á rua 13 de maio, nº 9 em Belém, com o sr. Guilherme Cruz, diariamente.

Fernando de Paiva Lacerda era um dos seus membros.

Manifesto de Janeiro

Reconheceu Prestes a autenticidade do Manifesto de Janeiro de 1948, publicado na «Tribuna Popular» de 31 de janeiro daquele ano, assumindo inteira responsabilidade pelos seu têrmos embora nem todos os demais membros do Comité tiveram conhecimento antecipado dos têrmos daquele Manifesto, Prestes respondeu: Desde que o Partido entrara na ilegalidade e Comité Nacional deixara de existir, por isso pedia permissão para não responder a pergunta.

Prestes declarou que redigiu aquêle manifesto por entender que era um dever seu de orientar e educar as massas sôbre a necessidade de lutar contra a exploração feudal, o imperialismo e os governos que apoiassem as sobrevivências feudais e o imperialismo. Disse ainda Prestes que pensava interpretar o pensamento dos trabalhadores do Brasil quando acoimava de traição nacional os governos que apoiam a opressão que o imperialismo faz sentir sôbre o povo brasileiro.

Continua na 2.a página (B)

Democratas de Castanhal Congratulam-se Pela Liberdade de Prestes Telegrafando ao Juiz Monjardim Filho

*Exmo Doutor Juiz Monjardim Filho.
Terceira Vara Criminal Distrito Federal.*

Como cidadão amantes das liberdades democraticas manifestamos nossos aplausos e congratulamo-nos com Vossência pelo ato revogação prisão preventiva contra LUIZ CARLOS PRESTES

Respeitosas Saudações

Enock Santos,
Miguel Brandão,
Raimundo Godinho,
Raimundo Nonato.

Sorteio da Páscoa

A Comissão de Ajuda à Imprensa Popular solicita, com a maxima urgencia, o comparecimento na redação da TRIBUNA DO PARÁ de todos os ajudistas que tem bilhetes da «Ação entre Amigos» da Pascoa, a correr no proximo dia 10 pela Loteria do Estado.

Outrosim, avisa que só será aceito sobras de bilhetes até as 16 horas do dia 10, ficando responsavel pelo pagamento dos bilhetes não devolvidos aqueles que não cumprirem esta determinação.

A Comissão

Como Força Retrógrada o PSD Paraense

PRETENDE IMPEDIR
o Desenvolvimento Da Região,
Obstaculizando a Aprovação
Do Plano De Eletrificação Do Estado

REINICIADOS esta semana finda os trabalhos ordinários do Legislativo Paraense, empenham-se os deputados da oposição na apreciação crítica à Mensagem do Govêrno do Estado. Enquanto a bancada do PSD, naquela Casa Legislativa, defende a mesma, permitindo a discussão e mostrar as falhas do Poder Executivo, principalmente frentes de Saúde e Educação.

Importante luta parlamentar foi travada no plenário daquela Assembléia, sexta-feira última, quando da discussão e aprovação do Projeto de Lei de autoria do Deputado Stélio Maroja, que prevê a elaboração de um Plano Estadual de Eletrificação.

Todos os meios foram utilizados pela bancada do PSD, afim de prejudicar a aprovação do dito Projeto, forçando as bancadas do PSP, PSB, UDN e PTB, dentro do prazo previsto no Regimento Interno da Casa, dez minutos antes do término da sessão ordinária, convocar uma extraordinária, continuando como assim o PSD, por intermédio do seu Vice-líder Deputado Armando Carneiro, a obstruir a aprovação, devido a Oposição contar apenas com 18 deputados no plenário, não conseguindo assim "quorum" para a mesma.

Tensa expectativa e apôio dos Estudantes

Vivo era o entusiasmo dos Deputados da oposição na defesa do projeto, ressaltando-se as palavras do Deputado Efraim Bentes, do PTB, que disse: "Como patriota que sou e certo de que a aprovação do Projeto de Lei, de autoria do Deputado Stélio, virá contribuir para modificar a fisionomia econômica de nossa região, apôio o mesmo. Tive o ensejo de, recentemente, na Capital da República, assistir um filme sôbre a instalação da Hidroelétrica das Furnas e observei as vantagens dessa realização.

Cercadas de todo o apôio do povo e de estudantes que superlotavam as galerias da Câmara, as fôrças nacionalistas dos Partidos que integram a Coligação, receberam o apôio anônime dos líderes universitários paraenses, que se constituíram em comissão e estiveram na residência do Deputado Gurjão Sampaio, apelando para o seu espírito patriótico, solicitando o seu comparecimento no Plenário da Assembléia afim de dar número para aprovação, não podendo atender o Deputado por se achar doente.

Entrevista do autor do Projeto à nossa reportagem

Nossa reportagem credenciada na Assembléia Legislativa, no intervalo de uma sessão a outra, procurou ouvir o Deputado Stélio Maroja, autor do projeto. Inicialmente disse-nos o deputado que está confiante na aprovação do seu trabalho graças aos apôios que vem recebendo dos Partidos da oposição e do

(Continúa na 2ª. pág. — B)

Constituido o Programa Para 1º de Maio Sob O Signo da Unidade dos Trabalhadores da Industria e da Orla Maritima

Sob o signo da Unidade dos Trabalhadores da Indústria e de orla marítima

REUNIRAM-SE sexta-feira última sôb a presidência do sr. Alvaro Paulino presidente da F.I.P., representantes de 16 sindicatos para discutirem em assembléia a formação do programa para os festejos do 1º de Maio.

quais foram aceitas e o que foi possível constituir os pontos do programa.

Destacaram-se pela constituição de programa amplo e unitário os representantes: Mario Cardoso, pelos metalúrgicos, mostrando a necessidade de realização de uma concentração operária digna do dia que vão festejar; secundo o srs. José do Carmo e Raimundo Gomes, pela Construção Civil, fizeram também propostas vivas e básicas.

Cinco pontos formam o Programa comemorativo:

1º às 7 horas — Visita ao Cemiterio

2º às 9 " — Missa no Largo do Palácio e em seguida concentração cívica

3º Às 11 " — Almoço no SAPS

4º às 16 " — Encontro futebolístico no campo do Libero.

5º Às 20 " — No Sindicato dos Estivadores, sessão solene e baile.

Durante o debate apresentam várias propostas, muitas das

Mensagens a Kruschiov

Congratulações de Tito, Grotwol e Gomulka

MOSCOU, abril (IP) — Dentre as mensagens de congratulações recebidas pelo premier Nikita Kruschov por motivo de sua eleição para o cargo de presidente do Conselho de Ministros da URSS, figuraram as de Otto Grotewol, primeiro ministro da República Democrática Alemã; Wladislaw Gomulka e Josef Chirankievitch, 1º secretário do Partido Operário Unificado da Polônia e presidente do Conselho de Ministros da Republica Popular da Polônia; e Josip Broz Tito, presidente da Republica Federativa da Iugoslávia.

Dizem em sua mensagem Gomulka e Chirankievitch: "Respeitabilíssimo e querido camarada

(Continúa na 2ª. pág. — D)

Tribuna do PARÁ

Nº 1336 — Belém-Pará, Domingo, 20 de Abril de 1958 — Ano XII

Manifesto Convocatório da Instalação Solene da Frente Nacionalista do Pará

AO POVO PARAENSE

O Povo Brasileiro, na atual fase de desenvolvimento progressista do Brasil, desejando realizar os planos de emancipação econômica no sentido de promover o bem estar e felicidade nacionais, compreendem que necessita organizar-se em ampla frente nacionalista e democrática a fim de que, unida, possa vencer os obstáculos que lhe antepõem os trustes estrangeiros que:

a) exploram e canalizam, para o exterior, os recursos naturais do nosso solo e sub-solo;

b) empobrecem cada dia mais o nosso povo, contribuindo para acelerar a espiral inflacionária, ocasionando o desequilíbrio cambial e a consequente desvalorização do cruzeiro;

c) debilitam a indústria brasileira e restringem a nossa liberdade comercial;

d) produzem o desemprego em massa, levando a miséria e a fome aos lares brasileiros;

e) vedam qualquer possibilidade futura à nossa juventude, atrofiando, assim, todo o processo evolutivo da nação.

A exemplo do que se fez em todo o país, o povo paraense, consciente de suas responsabilidades e coerente com as suas tradições, não podendo ficar à margem dêsse desenvolvimento emancipador, decide, nêste momento, fundar a FRENTE NACIONALISTA DO PARÁ, com o objetivo de defender o patrimônio nacional e promover o desenvolvimento de suas riquezas em benefício exclusivo de nossa gente e da Região Amazônica; com o que se poderá criar condições de melhoria de vida para todo o povo, assegurando estabilidade econômica para a indústria, as classes produtoras, aos profissionais liberais, aos estudantes, à intelectualidade, ao operariado, em suma, a tôdas as camadas sociais da nossa terra.

Sendo êste um movimento de unidade, congregando em tôrno de si os brasileiros desejosos de um futuro melhor para a nossa Pátria, sem quaisquer discriminações de ordem político-filosófica, convocamos o povo paraense para a instalação oficial da FRENTE NACIONALISTA DO PARÁ, no dia 21 de abril às 19,35 horas na Câmara Municipal de Belém.

Dr. Lopo de Castro, Prefeito Municipal de Belém.
Dr. Cleo Bernardo, Presidente do PSD (Estadual)
Dr. Efraim Bentes, Deputado do PTB

(Continúa na 2ª. pág. — C)

Cairam Sôbre o Brasil os Fragmentos do Sputnik II

Desintegrou-se ontem o satélite soviético que transportava a cadela «Damka» — Comunicado oficial distribuído pelos cientistas da U. R. S. S.

MOSCOU (Abril IP) — E' o seguinte o texto do comunicado especial divulgado pela Agência Tass sôbre a desintegração do SPUTNIK II:

"O SPUTNIK II, lançado a 3 de Novembro de 1957 entrou na manhã de 14 de Abril de 1958, nas camadas densas da atmosfera e se desintegrou.

Segundo os dados conhecidos, diversas partes do satélite artificial se dispersaram no trajeto que vai das Pequenas Antilhas, pelo Brasil para o Oceano Atlântico.

Durante sua existência, o SPUTNIK II efetuou perto de 2370 revoluções em tôrno da Terra, percorrendo mais de 100.000.000 de quilômetros.

Graças à inclinação de sua órbita de 65 graus, em relação ao plano do Equador, Sobrevôou muitas vezes todos os lugares habitados do Globo e pôde ser observado de todos os pontos da Terra.

(Continúa na 2ª. pág. — F)

Conversações Imediatas
Para a Preparação da Conferência

MOSCOU, Abril (I. P.) — A agência Tass divulgou a tarde o texto do memorando dirigido hoje pelo sr. Gromiko, ministro soviético do Exterior, aos governos dos Estados Unidos, da Grã Bretanha e da França, em resposta à nota dêles de 31 de março, a propósito da conferência de Cúpula.

Neste memorial, o governo soviético declara que "a tarefa mais importante, em nossos dias, consiste em acelerar o trabalho de preparação da conferência de Cúpula.

Até agora, as potências ocidentais não fizeram caso do que retarda a negociação para preparação de tal conferência e de uma conferência de ministros do Exterior, que a União Soviética propusera para o mês de abril.

Atualmente, a fim de apressar a preparação da conferência de Cúpula, o governo soviético opina que é preciso, antes de mais nada, entrar em acôrdo sôbre o fato de que a conferência dos ministros do Exterior

(Continúa na 2ª. pág. — E)

A C.D.P. PODE E DEVE
CONSOLIDAR E AMPLIAR A FRENTE ÚNICA DO POVO PARAENSE

A SEMANA finda assinalou marcos de importantes vitórias da retomada de caminho da unidade de ação das forças democráticas e nacionalistas que na frente única recompõem a Coligação Democrática Paraense. Começando pela reestruturação na base do entendimento mútuo e do tratamento recíproco e igual na representação de tôdas as correntes políticas e sociais que a compõem, esboçando um programa de ação unitária, democrático e nacionalista, sem imposições nem privilégios de quaisquer figurões, mas levando em conta interêsses reais da efetiva correlação e polarização das fôrças vivas do povo em nosso Estado, a C. D. P. teve o seu ponto alto de expressão no comício do dia 13 no histórico largo de Santa Luzia, onde se firmou de público, uma aliança leal das diversas correntes coligadas.

O Comício foi que nem um concêrto unitário à céu aberto, numa demonstração memorável das massas que apoiam as idéias progressistas e patrióticas da C. D. P.

Oradores de sete partidos coligados, partindo de pontos de vistas diversos, encontraram a linguagem comum no conteúdo novo da maioria dos discursos preocupados em três questões principais da unidade de ação, como, o atendimento as reivindicações populares, o exercício das liberdades demo-

(Continúa na 2ª. pág. — A)

Paraenses: ALISTAI-VOS — O VOTO É A ARMA DO POVO

O 1º DE MAIO DE
Unidade das Forças do Trabalho
LEIA EDITORIAL NA 3ª PAGINA

O Advogado e Jornalista Antero Soeiro Sôbre a Liberdade de Prestes: Um Desagravo à Democracia

Luiz Carlos Prestes

OUVIDO a respeito da sentença do juiz Monjardim Filho, assim se expressou o jornalista Antero Soeiro:

— Do ponto de vista jurídico, foi a reparação de uma grave violação à lei e o reconhecimento de um direito inatacável.

Do ponto de vista político, foi um desagravo à Democracia Brasileira contra inqualificável violência do seu principio cardial de respeito à liberdade de opinião.

O juiz Monjardim, prolatando a famosa sentença liberatória, agiu como autêntico magistrado de um regime democrático: assegurou o cumprimento de postulados constitucionais e da lição doutrinária de Voltaires não concordando com uma só palavra do que diga o adversário mas defendendo até a morte o seu direito de dizê-lo.

Fucionarios do Ministerio da Agricultura Verbas 3 e 4

Não Recebem seus Vencimentos Há 4 Meses

Sérias dificuldades enfrentam os servidores — Sujeitos a exploração de agiotas — Prejuizo no desenvolvimento da agricultura — Confiantes na aprovação do Projeto encaminhado à Câmara Federal

DIFICIL situação estão submetidos os funcionarios da Defeza Vegetal, Fomento Agrícola, Defeza Animal e Fomento Animal, todos ligados ao Ministerio da Agricultura.

Informaram-nos que há 4 meses os funcionários das verbas 3 e 4 não recebem seus vencimentos, criando assim sérias dificuldades com luros dos os servidores da União, muitos com alugueis de suas casas em atrazo assim como outros compromissos. Adiantaram-nos que a situação agrava-se quando surge problemas de doenças em seus familiares, não tendo para quem apelar, sendo obrigados a cair nas mãos dos agiotas, que acabadores

(Continua na 2ª pág. — D)

Proposta Concreta ao Govêrno Brasileiro:

Trocas Comerciais Com a U.R.S.S. No Total de 1 Bilhão de Dolares

Leia na 3ª pagina

No Estádio Caio Martins
O Povo Fluminense
Homenageou ANITA Leocádia Prestes

RIO (Do correspondente)
Domingo dia 13 de Abril houve em Niterói uma homenagem a Anita Leocádia Prestes, filha do nosso líder Luiz Carlos Prestes, no Estádio Caio Martins cedido pelo govêrno. A homenagem começou às 9 horas e só veio terminar às 18; tendo havido jógos; Box e um big Show no qual tomaram parte diversos artistas da Rádio e da Televisão entre êles Dalva de Oliveira. As 14 horas deu-se a chegada da homenageada a jovem Anita Leocádia que se fez preceder do seu pai Snr. Luiz Carlos Prestes. A sua aparição na arquibancada pôs de pé todos que ali se encontravam prorrompeu uma onda de palmas e vivas. Muitos espectadores choram comovidos. Preste foi tabém recebido com não menos delírio das massas que desde cedo se comprimiam para ouvir a homenagem sentida a sua filha, externando-se públicamente a sua confiança ao Cavaleiro da Esperança. Ele também estava emocionado, pois este foi o seu primeiro encontro com o povo. Depois dirigiu-se para o palanque e ai ficou interrompido o Show, pois todos queriam cumprimenta-lo. Cada vez mais o povo se aproxima do seu líder não consentindo que jamais a ilegalidade lhe prive o direito de cidadão.

O 1º de Maio

O 1º DE MAIO tem origem na luta da classe operária pela redução da duração da jornada de trabalho. Um Congresso de sindicatos americanos, realizado em Chicago, em outubro de 1884, tomou a resolução de fixar o dia 1º de maio de 1886, como data inicial para a limitação à 8 horas da jornada de trabalho, que em então de 10, 12 e mais horas. A partir desse dia os operários deveriam manter-se em greve nas emprêsas onde os patrões se recusassem a atender a reivindicação pleiteada.

Na data marcada irromperam cêrca de 5.000 greves em Chicago, nos dias 1º e 4 de maio, realizaram-se grandes manifestações que foram violentamente dissolvidas pela polícia, havendo mortos e feridos. Dos trabalhadores presos, alguns foram condenados a pesadas penas de prisão, 6 dentre foram condenados a morte por enforcamento e executados em 11 de novembro de 1887.

Em julho de 1889, o Congresso Socialista Internacional, realizado em Paris, indicou o 1º de maio daquele ano para as operários de todo o mundo realizarem manifestações reclamando dos poderes públicos a promulgação de leis reduzindo a jornada de trabalho a 8 horas. O Congresso Internacional de Bruxelas, em agôsto de 1891, provou uma indicação estabelecendo o 1º de maio como data de manifestação anual e internacional dos trabalhadores. Desde então essa data vem sendo comemorada internacionalmente, o seu reconhecimento como feriado nacional na maioria dos países foi conquistado pelos trabalhadores através de duras lutas;

Tribuna do PARÁ

Nº 338 — Belém-Pará, Quinta-Feira 1 de Maio de 1958 — Ano XII

86.515 Eleitores Inscritos em Todo o ESTADO

Acelerar o Alistamento Eleitoral Para a Vitoria do Povo nas Urnas.

Que as eleições de Outubro expressem a vontade do Povo — Atingir e duplicar 338.114 eleitores antigos — Milhares de Postos Eleitorais, intalação de centenas, de Diretorios de Partidos são medidas urgente.

Francisco Nacimento

Satisfatórios tem sido os resultados obtidos pelas forças nacionalistas e democráticas em nosso Estado, pelas medidas tomadas para intensificar a qualificação de novos eleitores para participarem do pleito de 3 de Outubro proximo, permitindo assim que os resultados nas urnas, expressem a vontade do povo paraense, que interessa ao nosso progresso independente de nossa Pátria e do Estado e por melhores condições de vida elegerá para o poder Legislativo, desde as Camaras Municipais, Assembléias Estaduais, Camara Federal.

Pelo desenvolvimento indepente da economia brasileira; pelo reatamento de relações diplomaticas e comerciais com todos os países, inclusive com os socialistas, para uma população de mais de 1 bilhão de habitantes, pela iniciativa estatal nacionalista nos setores de petróleo, energia eletrica, siderurgia, minerais estrategicos e outros setores basicos.

Por medidas de Reforma agrária; redução das taxas de arrendamento; aplicação dos direitos dos trabalhadores do campo já consolidado em lei; legislação trabalhista adequada; crédito bancário, transportes, armazenagem e assistencia técnica.

Por melhores condições de vida para o povo; combate energico à inflação e à carestia. Aumento das verbas destinadas à educação e saude do povo.

Senado, assim como para o poder Executivo, Prefeitos Municipais, candidatos que pelo seu passado, mereçam a confiança do povo e se comprometam em praça publica lutar como representantes deste tanto no Legislativo como no Executivo, por uma politica exterior independente e de Paz; pelo Estabelecimentos de relações amistosas com todos os países; denunciar os tratados belicistas e de ajustes anti-nacionais, como o da cessão de Fernando de Noronha e de apoio às lutas de libertação nacional de todos os povos.

Consolidação e ampliação da Legalidade democratica; garantia dos direitos democraticos assegurados na Constituição; garantia do direito de greve e dos direitos sindicais dos trabalhadores; Legalidade para o Partido Comunista do Brasil; direito de voto aos analfabetos, bem como soldados e marinheiros.

Os ultimos dados fornecidos pelo Tribunal Regional Eleitoral, com data de 14 de Março do corrente, provam a nossa afirmativa sobre os resultados satisfatorios de alistamento eleitoral, embora que 86.515 eleitores, seja insignificante em relação ao numero de habitante 1.123. 273 nos 59 Municipios de Estado, divididos em 35 Zonas Eleitorais, com uma meta a atingir de 358.114 eleitores antigos e se possivel duplicar.

Milhares de Posto Eleitorais, instalação de Centenas de Diretorios de Partidos; mobilização intensiva de nosso povo nos Cartorios Eleitorais e faculdades as mais diversas; como fotografias gratis. Nomeações de Juizes preparadores para os povoados e vilas e comandos de alistamento, num trabalho paciente e persistente; são medidas que devem ser ampliadas e certos estamos que as forças nacionalistas e democraticas alcançarem e duplicarem o numero de eleitores já inscritos.

Assombroso o Numero de Desemprego e de Crime nos EE. UU.

ATRAVESSA os Estados Unidos da America a maior fase critica já vista e sentida na sua historia. Penoso é o legado que vem recebendo o povo norte-americano do regime em que vive. A onda de desemprego é grande, e não menos adoravel crime. O Estado guerreiro vêse sem possibilidade, com o campo de exploração limitada e já sem poder manter cativas de suas colonias.

Daí o resultado que vemos desempregos e crimes.

As ultimas estimativas, mostram que o número de desempregados sobe assustadoramente, basta dizer que na semana passada foram despedidos mais de 64.000 operarios que fazem parte do pessoal das companhias "Ford" "Chrysler" "General Motors" num total de vinte e quatro fabricas de automóveis.

(Continua na 2ª pág. — C)

Irão á Praça Pública
Todos os Sindicatos

Movimento de Protesto Contra a Direção do I.A.P.I. Por Este Haver Revogado a Audiência Que Por Solicitação Havia Concedido Para Entendimento do Que Diz Respeito aos Assegurados

DEPOIS de uma reunião que durou mais de duas horas, sob a presidência do snr. Alvaro Paulino, presidente da Federação das Industrias e a qual compareceram nove Sindicatos, tomou um carater verdadeiramente de luta os acontecimentos que levaram os tecelões a concentração e a passeata de protesto e em defesa dos seus direitos assegurados pela Previdencia Social.

Tudo começou quando o Presidente da Federação dos Trabalhadores nas Industrias, solicitou através de ofício ao snr. Pimenta Delegado do I.A.P.I. uma audiencia conjunto a qual estivesse presente o corpo medico daquele Instituto para um entendimento no qual ficaria clara a responsabilidade pela morte da operaria Margarida Paixão como tambem as irregularidades a que estão submetidos os operarios ali assegurados.

O snr. Delegado na semana passada num gesto de ameaça quis privar a manifestação do operarios da Perseverança; não obtendo efeito depois de haver concedido audiencia e marcado data inclusive para receber os presidentes dos Sindicatos tomou a represalia de cancelar a mesma transferindo-a para outro dia. Sabe-se que é seu propósito não receber ninguém ver que está inteiramente solidario com os médicos e revoltado conta sua propria classe.

Tomados de verdadeira revolta os Sindicatos em assembléia geral depois de discutida a questão em apreço resolveram por unadimidade aprovar a seguinte resolução:

Encarregar uma comissão de propagar a todos os Sindicatos e ao povo em geral a concentração em frente ao I.A.P.I. segunda-feira proxima como tambem a passeata que farão em ação de protesto pelo ato do Delegado e em apoio aos tecelões da Perseverança; escolher oradores de todos os Sindicatos para transmitir de publico o protesto de sua classe, preparar a localização dos Sindicatos que levarão o seu alto-falantes; marcar para as 17 horas a realisação da mesma; forçar o Delebado marcar uma audiencia para os representantes dos Sindicatos e o seu medico Dr. Wilson da Silveira a fim de discutirem o caso da Margarida, e finalmente, prosseguir a luta pela substituição do snr. Pimenta.

N. 338 — Belém-Pará 1-5-58 Ano XII

Prefeitura Municipal de Belém
SECRETARIA DE FINANÇAS
Impostos de Industria e Profissões de Localização
— AVISO —

Avisamos aos senhores contribuintes dos Impostos de Indústria e Profissões e de Licença para Localização que o prazo para pagamento da 2ª prestação, sem multa, e de 1º com a bonificação de 20 %, termina, improrrogavelmente, dia 30 proximo, devendo êsse pagamento efetuar-se na Agência do Banco do Brasil, S|A. sita á travessa 13 de Maio, esquina com a travessa Padre Eutiquio.

Belém, 28 de abril de 1958

Wilton Santos Brito
Diretor da Divisão de Receita

VISTO :—José Octavio Seixas Simões
Secretário de Finanças

O Povo Reclama

RECEBEMOS de um estudante do Grupo Escolar Vilhena Alves a seguinte denuncia:

"Que o bairro da Cremação trecho comprendido 3 de Maio entre Caripunas e Mundurucús, à rua esta cheia de mato, buracos, muita lama e sem iluminação. A noite só se vê vaga-lumes e vagabundos, os ultimos pondo em risco os transeuntes".

Diz ainda: "Que a Limpeza Publica nenhuma providencia tomou no sentido de, pelo menos mandar capinar e aterrar as poças, como tambem a restauração da luz que vem prejudicando muitissimo à ida dos alunos daqueles arterias ao Grupo Vilena. Pois a noite é constante as agressões por parte dos que se aproveitam da escuridão".

O Snr. Temisto de S. Lobato, diz "no princípio do mes de Abril sofria uma distenção na falange do pé esquerdo; em vista do acidente meu patrão mandou-me para a Cia. de Seguro Sul America depois de seis dia foi grande a minha surpresa quando o medico deu-me alta estando eu ainda doente sem poder trabalhar. Fiz ciente do ocorrido no patrão que me mandou de volta para o entendimento com o Gerente da Companhia. Lá o mesmo, depois de ouvir-me disse que o Medico fisesse estava bem feito. Respondi-lhe que ia procurar os meus direitos; falei com o 3.ª Delegado da Central que me mandou ao medico legista, este fez-me um exame e até hoje não me deu o resultado. Quero, por este motivo lançar o meu protesto através das páginas deste jornal, para que todos tomem conhecimento do drama aflitivo a que vive sujeito o operario.

TRIBUNA DO PARÁ
EDIÇÃO DE HOJE:
6 PAGINAS
2 cr$

Os Operarios do DER
Reivindicam Aumento de Salario

A situação dos operários no D.E.R.

A SITUAÇÃO dos servidores do D.E.R – PA – se tornou insuportavel com a administração do sr. Afonso Freire, atual Diretor Geral daquela repartição, e mais um grupo de chefetes políticos do P.S.D. que contribuem para o lamentável estado de coisas em que vivemos.

Particularmente os operarios de máquinas pesadas são os mais atingidos duramente pela politicagem instituida no D.E.R., sobretudo nas empreitadas do D.E.R. com as firmas particulares que golpeiam os ajustes salariais de trabalhadores de máquinas pesadas, rebaixando na prática o nivel de vida da maioria dos servidores em máquinas nas transações do D.E.R. com as firmasex-treinador da seleção nacional.

DOIS PESOS E DUAS MEDIDAS

Assim os trabalhadores em máquinas pesadas clamam por providencias do sr. Diretor do D.E.R. no sentido de reajustar o aumento salarial de janeiro de 1957 que não teve uma porcentagem fixa. Uns tiveram mais 100%, enquanto outros ficaram reduzido em 20% e 30%, pertencendo todos a uma mesma profissão e a uma só categoria criou-se uma injusta politica salarial de dois pesos e duas medidas, rebaixando o ajustes salariais dos trabalhadores de máquinas pesadas com a redução sistematica dos seus vencimentos.

3 ANOS E 5 MESES SEM NENHUM AUMENTO

Exemplo disto é que três toristas que passaram a perceber a 1º de julho de 1953, Cr$ 102.30 diários, considerado pelo orgão competente desta D.E.R. como 1.ª ordem passaram a perceber Cr$ 180,00 e um aumento de 140,00. Nestas condições se encontra uma grande parcela dos trabalhadores do D.E.R.

Atentem os srs. diretores do D.E.R., os trabalhadores e o povo diante de uma situação no qual de mais de 3 anos e 5 meses, não há nenhum aumento de salarios para fazer face a espantosa carestia de vida.

Será que o acrescimo de 30,70 á partir de 1957, perfazendo uma diária de 140,00, um operário qualificado em máquinas pesadas poderá manter-se juntamente com a sua familia ?

Ainda por cima, todos os servidores estão com seus salarios de fome, congelados pelo atraso, aguardando o pagamento de março o abril e as horas extras de fevereiro que não foram pagas, sob pretexto de favorecer o equilibrio orçamentário da empresa; bem como as horas extras dos dois vigias do interior, que constitue ato ilegal e injusto da administração do D.E.R. contra o qual se movimentam os trabalhadores afim de obter melhores condições de trabalho e de vida nessa empresa.

Nos Esportes
Para a Disputa Final da COPA

Argentina U.R.S.S. Paraguai e Inglaterra as favoritas

O ex-treinador da Seleção rumena faz interessantes declarações — Análise das quatro séries — Argentina e Alemanha, na 1.ª; Paraguai e França, na 2.ª; Hungria e Suécia, na 3.ª; e URSS e Inglaterra na 4.ª; — Brasil preparado, poderá dar muito.

Rio, (IP) — Virgil Economu, ex-treinador da equipe nacional da Rumania, é uma das vozes mais autorizadas em materia de futebol. Apesar da Rumania ter sido eliminada pela Iugoslávia, perdendo a oportunidade de participar da próxima Copa do mundo, Virgil continua a merecer a estima e confiança de todos os despertivos rumenos. A aprova é que êle teceu algumas considerações a respeito ste certame mundial, despertaram o mais vivo interesse, sendo as mesmas publicadas por uma cadeia de jornais de seu país e dos paises da Europa. Sĩa o resumo dessas prognosticos que oferecemos aos nossos leitores.

Damos a palavra a Virgi

(Continua na 2.ª pág. F)

CONVITE Á "Tribuna do Pará"
Para as Festas de 1º de Maio de 1958

Temos a satisfação de registrar abaixo o convite formulado à Direção de nosso semanario:

"A Federação dos Trabalhadores nas Industrias do Estado do Pará e seus Filiados, tem a subida honrada de convidar V. Excia. e Exma. Familia, para com suas presenças abrilhantarem as solenidades que serão levadas a efeito no dia 1º de Maio em comemoração ao dia do Trabalho.

Contando com a aceitação do presente, fica muito grata

A DIRETORIA
Programa

As 7 horas	—	Visita ao Cemiterio.
" 9 "	—	Missa no largo de Palacio, seguida de uma parte civica.
" 13 "	—	Torneio de Futebol na Praça de Esportes de Liberto Clube.
" 20 "	—	Sessão Solene na Sede da Sociedade Beneficiente

(Conclui na 2a. pág. — E

Os Teares Arcaicos da Perseverança, Prejudica os Salarios dos Operarios

Industriais e operarios em defesa da indústria nacional — A empresa não paga o Salario minimo. Sem condições higiênicas o local de trabalho, constitui um atentado a saúde. Máquinas arcaicas e falta de assistencia técnica reduz a Produção e prejudica o salario dos operarios tarefeiros.

Nossa reportagem se mantem sempre vigilante em tudo que diz respeito aos interesses dos trabalhadores. Procuramos atingir, sempre que podemos nos centros operarios e escutamos suas queixas para transmiti-las aos responsáveis pela situação afim de que haja melhores condições para aqueles que trabalham. Com um espirito de orientação consciente estre reportagem ultima a nossa reportagem na Fábrica Perseverança ouvindo vários operarios. De início procuramos ouvir a snra. Oscarina Augusta, viuva tecelã que responde

(Continua na 2.ª pág. G)

PARAENSES!
O VOTO é a Arma do Cidadão
Não Deixe Para Ultima Hora
Procure Hoje Mesmo o Posto Eleitoral Mais Próximo, Para Providenciar Seu Titulo

Assegurado o Mandato Popular de Lopo de Castro

Atitude Condenável
da Câmara Municipal, Contraria aos Interesses da Capital de Belém.

APROVADO
a Camara Federal Aposentadoria Integral dos Trabalhadores

RIO, 7 (RADIOPRESS) — NA SUA SESSÃO DE HOJE A CÂMARA DOS DEPUTADOS APROVOU O PROJETO DE APOSENTADORIA INTEGRAL DOS TRABALHADORES AOS 35 ANOS DE SERVIÇO E 55 ANOS DE IDADE. O PROJETO SEGUE AGORA PARA O SENADO ONDE SE ESPERA QUE ENCONTRE SÉRIA RESISTENCIA MAS SERÁ APROVADO FINALMENTE.

O PREFEITO Lopo de Castro foi ao Rio. Segundo nos informa em suas declarações a respeito do que ia fazer na Capital da República, o noticiário telegráfico vindo de lá e publicado na imprensa local, atestava estar o Chefe do Executivo Municipal, cuidando dos interesses do Município trabalhando em benefício de Belém. Festiva cumprindo atuante e contento um programa de melhoramento das vias públicas e estradas. Adquiriu veículos para os serviços públicos. Desembaraçando recebimento de verbas para o Município. O Prefeito, segundo um noticiário que procede a nos parece fé, não estava nascendo. Trabalhava pela sua Prefeitura, pela sua Administração; pela sua terra. Justificava-se exuberantemente a sua ausência da sede municipal. Além de que, quando verificou de que a suas ocupações não lhe permitiam regressar dentro de 20 DIAS que a lei lhe facultava estar ausente sem licença da Câmara, endereçou a esta o pedido de licença, dando-lhe, assim uma satisfação. Se os vereadores da Câmara estivessem de fato e honestamente interessados no bem estar do Povo na prosperidade da cidade, procurariam levar ao Prefeito inteiro apôio para que ele encontrasse mais forças na sua luta lá no Rio, junto aos Ministérios e outras entidades, sempre que fosse buscar alguma coisa benéfica para esta metrópole. E o que se viu? Cégos pela politicalha — êste mal que aflige, que deprime, que põe em perigo o regime democrático — alguns vereadores procuraram cassar aquilo que o povo concedeu ao sr. Lopo de Castro: o mandato de administrador do Município. Queriam iseulo-lhe de qualquer maneira. Por simples ódio de antipatizar o regime. E se tal atitude era condenável quando exercida pelos vereadores do PSD, o que se refere aos vereadores anti-populistas, a qualificação é muito mais enquivra. Nas comentários populares a atitude dos srs. Sony Maria e Ildumeno Melo era encarada como consequente de sua birra do Município... E muito triste, é muito deprimente o que acontece na Câmara Municipal. E se houvesse um dispositivo constitucional que obrigue, tôdas as vezes que os eleitos para as casas de representantes do povo cometessem atos, assim, suspeitos de desonestidade, de prejudiciais à causa pública, submeter-se os eles a julgamento popular através de um plebiscito, estamos certos de que os vereadores tomariam a atitude condenável de agredir o Prefeito quando êste trabalhava pelo bem da Comuna, receberiam a condenação. Seriam expulsos da Câmara por traidores do mandato que o Povo lhes concedeu.

Pede o Japão à Inglaterra a Suspensão das Provas Atômicas

Rio 26 (IP) — O govêrno japonês pediu oficialmente à Grã-Bretanha a suspensão das experiências nucleares que deverão ser realizadas brevemente na Ilha de Christmas. Em nota dirigida à embaixada britânica, o govêrno japonês pede igualmente garantias a respeito das eventuais perdas de vidas humanas e dos danos materiais causados por essas experiências.

Festas de Unidade
Marcaram a Passagem do 1º de Maio no Pará

A DATA internacional do proletariado foi festejada em nosso Estado com atos cívicos, solenidades e festas esportivas e danças que constituíram as comemorações do dia universal da classe operária.

As festividades tiveram início com uma grande concentração, no largo do Palácio às 9 horas da manhã, Comemorada com missas, provas esportivas, almoços, discursos, bailes, concentração pública — O ponto alto: Sindicato da União da Borracha e concentração no largo do Palácio que constituiu a demonstração pública dos trabalhadores de Belém.

O ato público foi organizado pela Federação dos Trabalhadores da Indústria de Belém e contou com o comparecimento de grande massa de trabalhadores que após assistirem com espírito de unidade o ato religioso da missa campal, vibrou de entusiasmo cívico com a parte cívica onde diversos oradores operários saudaram a efeméride histórica e levantaram as reivindicações dos trabalhadores paraenses numa conclamação à unidade e organização das fileiras do proletariado em nosso Estado.

(Continua na 2ª pág. — A)

Nº 339 — Belém-Pará, Domingo, 11 de Maio de 1958 — Ano XII

PREFEITO LOPO DE CASTRO

Notícias dos Municípios
Os Festejos de 1º de Maio em Castanhal

CASTANHAL (Do Correspondente) — Os festejos de 1º de Maio em Castanhal, foram patrocinados pelo Circulo Operário de Castanhal, tiveram início às 5 horas da manhã com uma alvorada de tiros, em seguida foi celebrada uma missa por alma dos que morreram pelo surgimento da gloriosa

PROSSEGUIMENTO DAS FESTIVIDADES

Continuando as festividades, às 8 horas realizou-se uma passeata com mais de uma centena de participantes na qual se conseguiu anotar a presença do Sr. Vicente Pereira Lima, prefeito da cidade; Sr. Delegado de Policia; Sua Reverência o cônego José Maria do Lago; Sr. Rubel, presidente o Circulo Operário; Sr. Léo, representante da Ação Católica, representantes da indústria, do comércio e o povo em geral.

Rumaram os desfilantes para um local onde foi lançada a pedra que seu início a construção o dedifício de sêde própria do Circulo Operário de Castanhal. Usou da palavra no momento o Sr. Léo, que disse saudar o 1º de Maio como data do trabalhador — como comemoração das lutas dos operários; disse ainda que em nome da Ação Católica saudava a corajosa iniciativa do C. O. C. no seu primeiro passo pela construção de sua sêde própria. Agradecendo falou o sr. Rubel, presidente do Circulo Operário, que disse dos seus devêres e obrigações para com a sociedade da qual é responsável. Apelou não só para os sócios, mas também pra os que não o eram, afim de que todos integrassem aquela nova sociedade que representa os anseios do povo castanhalense.

No momento foi obtido dos presentes uma ajuda na importância de Cr$ 505,00 para início da construção.

INAUGURAÇÃO DA RUA 1º DE MAIO

Depois do lançamento da pedra do edifício do C. O. C. a passeata rumou para a rua que recebeu o nome de "1º de Maio". No ato inaugural usou da
(Continua na 2ª pág. — C)

TRIBUNA DO PARÁ

EDIÇÃO DE HOJE:

6 PÁGINAS

Será Comemorado o Dia das Mães na Academia Paraense de Letras, na Associação das Mães no Bairro do Marco, E Patrocinadores da Iniciativa da Maternidade do Povo

Assinalarão as festividades da comemoração da passagem do dia das Mães em nossa Capital, os atos solenes programados pela Academia paraense de Letras pela associação popular das donas de casa na Associação das Mães no bairro do Marco, e pelos patrocinadores da iniciativa do movimento pela Maternidade do Povo.

Tudo indica que grandes massas femininas em belém afluirão às festas da data internacional das mães associadas ao espírito unitário em defesa da causa da Paz mundial e do bem estar do nosso povo.

Entrevista Concedida Pelo Presidente da UECSP

ONTEM, nossa reportagem procurou ouvir o presidente da UECSP recem-empossado, estudante José Fiel, que respondeu as seguintes perguntas, conforme publicamos abaixo:

— Que acha da sua vitória nas eleições de 27 do mês p.p.?

Antes de mais nada, nossa vitória foi uma demonstração do espírito compreensivo da classe estudantil neste Estado, porque deu apoio a um programa que constitui nossa plataforma de govêrno, no órgão máximo da classe, como
(Continua na 2ª pág. — B)

NOTA
Novo Diretor da TRIBUNA DO PARÁ

Foi investido nesta data nas funções de Diretor de TRIBUNA DO PARÁ o jornalista Francisco R. do Nascimento. Homem jovem e comunista combatente em nosso Estado. O novo Diretor que é candidato as próximas eleições de Outubro defende um amplo programa Nacionalista e Democrático em defesa das forças progressistas de toda a Região.

O sr. Francisco R. Nascimento está sendo muitíssimo felicitado por correligionários e amigos. Os que fazem TRIBUNA DO PARÁ esperam conjugar suas capacidades para ajudarem o novo Diretor levar adiante o seu programa de defesa mútua pelos interesses do povo e da Nação.

A REDAÇÃO

Faça o seu anúncio em TRIBUNA DO PARÁ e veja como duplicam os seus negócios

ORGANIZADA A FRENTE Nacionalista Amazonense

Manaus do Correspondente

A exemplo da FRENTE NACIONALISTA criada recentemente na Capital da República, organizou-se em nosso Estado a FRENTE NACIONALISTA DO AMAZONAS, como tem os mesmos propósitos daquela, isto é, lutar em defesa de nossas riquezas minerais, defendendo os altos e sagrados interesses de nosso país.

Os objetivos da FRENTE NACIONALISTA DO AMAZONAS estão perfeitamente consubstanciados no MANIFESTO que vai publicado, subscrito pelos mais destacados homens públicos de nosso Estado e elementos de nossas mais modestas profissões.

Este movimento está sentindo adesões de todos aqueles que quiseram subscrever o MANIFESTO já referido.

Frente Nacionalista do Amazonas
Manifesto

Neste momento histórico de profunda transformação, que o mundo atravessa, quando os povos coloniais e semi-coloniais, compreendendo milhões de seres humanos de todos os continentes, intensificam as lutas de libertação nacional e quebram grilhões centenários, ao mesmo tempo que procuram elevar os seus padrões de existência a níveis mais compatíveis com a dignidade humana, não poderíamos ficar alheios a um processo que interessa fundamentalmente ao seu próprio futuro.

Atendendo a esse chamado da hora presente, o Povo Brasileiro, através de suas camadas mais esclarecidas e patrióticas, vem tomando posição, organizando-se numa ampla frente nacional de que participam em defesa de nossas riquezas minerais e de uma rigorosa fiscalização por parte de grupos monopolistas estrangeiros que procuram, através de poderosas forças internas, entravar o nosso desenvolvimento e assenhorar-se de setores-chave da economia nacional.

A Frente Nacionalista recém criada constitui a segunda fase do movimento iniciado há dez anos em prol do monopólio estatal do petróleo vitorioso com a criação da Petrobrás, a qual não denominar-se de maneira indesmentível, o acerto da solução nacionalista para o problema do ouro negro. Seu objetivo é ampliar essa grande conquista nacionalista, resguardando as demais riquezas do nosso subsolo, especialmente os minerais atômicos; lutando pela aprovação do projeto da Eletrobrás que virá solucionar, em termos patrióticos, o nosso problema energético; pugnando pelo aparelhamento das empresas nacionais de navegação, empenhando-se pela instalação ou ampliação de indústrias de base; defendendo o livre intercâmbio com todos os países do mundo, com a quebra do monopólio do nosso comércio exterior e com o esforço do-se por uma solução tanto quanto possível nacional para os nossos problemas, mediante a surpressão das privilégios concedidos ao capital estrangeiro e efetivo controle de suas inversões afim de que não venham prejudicar as iniciativas do capital nacional e obstaculizar o desenvolvimento do país.

Compreendendo que a ninguém é lícito omitir-se, sendo dever de todos participar desta campanha de redenção nacional, os signatários do presente convocam os homens e mulheres do Amazonas, sem distinção de classes ou de convicções político-filosóficas a integrarem as fileiras da Frente Nacionalistas do Amazonas, e comparecem à sua instalação solene na sede da União Estadual de Estudantes, próximo dia 1º de maio, data que recorda o sacrifício de trabalhadores pela liberdade, e que marcará em nosso Estado, o início da arrancada pela nossa libertação econômica.

Manaus, 21 — 4 - 58
Assinaturas

Plínio Ramos Coelho (Governador do Estado), Gilberto Mestrinh, (Prefeito Municipal), Arthur Virgílio Filho (Presidente da Assembleia).

(Continua na 2a pág. A)

N. 339—Belém-Pará 11-5-58 Ano XII

Nos Esportes
Tribolâdas

[texto ilegível em duas colunas]

Associação das Mães em Prol da Juventude exigirá do Prefeito a Extinção do Depósito de Lixo, no Marco

Domingo de 10 [...] - Lavrado o [...] Município [...] e Escolas [...]

candidato a Deputado Estadual e Francisco Nascimento a Vereador

DURANTE a semana que findou, várias foram as comemorações de homenagem às Mães, nos estabelecimentos de ensino primário e secundário, e as aulas foram dedicadas ao Tema Mãe e numerosos Estados da Federação, foram escolhidas para Comemorações do Dia na Associação das Mães em Prol da Juventude, no bairro do Marco

Hoje, domingo às 16 horas, terá lugar na referida Associação, uma sessão solene, destinada à mesma [...] moradores do bairro, as autoridades, Prefeito Municipal dr. Lopo de Castro

Os abaixo assinados, moradores do bairro do Marco, no perímetro compreendido entre as avenidas Madrid, Estrela, Tinirô e Vileta, vem por meio deste, solicitar de V. Excia. providências no sentido de terminar com o despejo

(Continua na 2a pág. — D)

tro; diretor da Limpeza Pública; dr. Vitor Paz e jornalista Francisco Nascimento, candidato a Deputado Estadual e Vereador, respectivamente.

O abaixo assinado, que será entregue ao Prefeito, Exmo. Sr. dr. Lopo de Castro

A foto acima é do local, onde a PMB manda despejar grande quantidade de lixo coletado na cidade, por deficiência dos fornos crematórios do Departamento de Limpeza Pública. Embora as medidas tomadas por aquele Departamento, o lixo vem ameaçando a saúde dos moradores do bairro e causando mortes à crianças vítimas das moscas que proliferam no local, portadoras de doenças infecciosas

Kayath Demitiu Todos os Internos da Santa Casa!

Kayath instaura no Hospital o regime do quero, mando e posso

Dentro de pouco tempo, estarão completamente neutralizados o Diretor Clínico, o Administrador do Hospital, enquanto o Diretor Clínico solidariza-se com os internos—Indispensável é a mobilização da classe estudantil para estudantil para evitar futuras humilhações

Tira a máscara o reguete baratista—Arbitrário e violento à semelhança do chefe—Demite-se o Administrador do Hospital, enquanto o Diretor Clínico solidariza-se com os internos—Indispensável é a mobilização da classe estudantil para estudantil para evitar futuras humilhações

nistrador, os outros diretores, e as reclamações de todos; falta de remédios, falta de material cirúrgico, falta de comida, não havia, falta de abnegação dos estudantes de medicina que ali exercem suas atividades de treinamento prático. Estes continuavam firmes, enfrentando todas as dificuldades, contando que às seus pacientes não morressem a míngua. Dentre os estudantes entretanto, os que têm maior responsabilidade são os doutorandos, que, pela sua condição

(Continua na 2a pág. C)

Pronta a URSS a Ampliar as Relações Comerciais com a América Latina

Declarações do sr. Mikhail Petrovich Tarasov Vice-presidente do Presidium do Soviet Supremo da URSS Soviética, à imprensa de Buenos Aires

BUENOS AIRES, (UP) — O vice-presidente do Presidium do Governo da União Soviética, Sr. Mikhail [...] uma entrevista concedida aos representantes [...] local do seu país, acentuou [...] sentido de aumentar aos países latino-americanos uma política comercial que impede a tal desenvolvimento econômico normal, destacando o comércio exterior das relações da URSS. Sr. Shtalov Tarasov, bem como o vice-ministro do Exterior da URSS, Sr. Kuznetsov: "A URSS é um dos compradores constantes das mercadorias tradicionais de exportação latino-americanas, no entanto, é à bem verdade e uma organização relacionada com a rede de compradores do Chile mediante de rio do Chile ao Chile, destacou ademais que "a URSS está pronta para ampliar relações comerciais com os países da América Latina, inclusive a Argentina e o Chile. Acrescentou que os compradores soviéticos da URSS também poderiam desenvolver suas condições recíprocamente proveitosas entre a URSS e para o Chile, assumindo já pelo uso de um intercâmbio e estado um comércio exterior das URSS com os outros países "porque acreditamos que os nossos países tendo participação no desenvolvimento mundial reciproco. Tarasov acrescentou, no final dos anos, há oportunidade e cuja tradução foi entregue aos jornalistas, declarou o seguinte: "A União Soviética está pronta a comprar, para a Argentina e demais países da América latina, máquinas e instalações industriais, instalação de equipamentos para a indústria petrolífera, material elétrico, cirúrgico, ceráuloico, máquinas para construção de estradas, caminhões e instrumentos diversos dos quais a URSS compra produtos químicos e outros artigos de transporte, ferramentas, automóveis. A URSS pode fornecer igualmente, aos países latino-americanos, petróleo e derivados, papel, celulose, produtos químicos e outros artigos e pode em que comprador constante das mercadorias tradicionais que os países latino-americanos exportam. Em particular, a URSS é compradora de mercadorias de exportação da Argentina, segundo um extrato de quebrada e outras. Quanto às relações soviético-argentinas, declarou o vice-ministro Kuznetsov: "A URSS está pronta para empreender conversações destinadas a ampliar as relações comerciais com a Argentina, atualmente reguladas por um tratado comercial que expira em agosto próximo". Recusou-se todavia o vice-ministro a responder a uma pergunta quanto à disposição do seu país de oferecer importantes empréstimos à Argentina, acrescentando que "nada tinha a acrescentar às declarações de Tarasov".

Notícias do Interior

Carta de um colono de Campo Grande à TRIBUNA DO PARÁ — Denuncia a falta de transporte, ajuda financeira aos colonos e critica a SPVEA que não incluiu em seus orçamentos

RECEBEMOS de um lavrador residente na vila Campo Grande, do município de Bragança, uma carta na qual traça o panorama das dificuldades em que se encontram os colonos, parcelas, no mesmo, o ensino, o transporte, etc...

Em sua carta simples e sincera o camponês diz que Bragança é onde os colonos fazem seus negócios, porém, de Campo Grande a Campo Grande, em traz-que à vila ali morada, que é preciso fazer em comitiva em duas horas e meia. Isso viagem custa Cr$30,00 ida e volta. Essa transporte razão apenas duas viagens por semana, havendo semanas que não há, isto é, realizando-se no transporte de seus produtos dos colonos como sejam farinha, milho, arroz, malva, açaí, dixo, ao aproveitando os exploradores "para comprarem referidos produtos ao preço [...]"

Denuncia o colono que as terras estão em Bragança, os capitalistas, que nada produzindo e com falta de amparo aos colonos, recebem subsídios numa cada vez iniciada mais. Lamenta que a valorização, que distribui uma verba aos milhões, e que somente alguns políticos aproveitam-se, para os colonos nada sai. Nunca deles se lembram! Até as crianças, as mais inocentes, dessa incoerência, pois para frequentarem as escolas onde possam colher os ensinamentos tão necessários ao seu futuro aproveitamento, são obrigadas a andar 8 ou mais quilômetros, a pé, muitas das vezes sem alimentação e cansativas.

Nas escolas não há merenda, nem livros, nem papel e nem lápis, o que atenta o descaso pela educação das populações camponesas.

O que se faz sentir nesse camponês é o esclarecimento das condições econômicas e sociais, que poderiam ser, se houvesse amparo por parte dos governos, tanto estadual como federal, e a crítica justa à SPVEA, que não inclui em seu plano a valorização ao colono nacional.

★ LEIA

Lançado pela União Soviética O "SPUTNIK" III

No Bairro da Matinha sob Aclamação Popular:

Apresentado o Candidato á Vereador Francisco Nascimento

Empossado o diretório distrital do P. T. N.

Presente grande numero de moradores do bairro da Matinha, domingo 11 do corrente, foi instalado o Diretorio Distrital do Partido Trabalhista Nacional, onde esteve representando a Executiva Regional do mesmo, o Sr. Ernestino Monteiro e o jornalista Francisco Nascimento.

Àclamação e Posse dos Dirigentes do Diretório

Aberto os trabalhos de instalação pelo Sr. Ernestino Monteiro, que em breves palavras, disse da importancia politica da instalação daquele Diretório, que alias desde a ano passado era desejo da Direção do Partido e do povo da Mantiha. Mas que felizmente naquele momento tinha a honra, como presidente da Direção Estadual do Partido e como representante do Presidente do Diretorio Municipal de Belèm, presidir aquela ato.

Em seguida foi entregue ao Presidente por uma comissão de moradores do bairro, uma lista com os nomes que deveriam compor o Diretorio. Feito a leitura foi aclamada por unanimidade dos presentes e logo depois empossada.

Ficou assim constituido Diretorio:

Presidente: Joaquim Claro de Araujo; Vice-dito Jesus Neuzarino Rodrigues de Campos; 1º Secretario José Ribeiro Nunes; 2º dito Venancio Silva; Tesoureiro Nair

(Continúa na 2ª pág. — G)

O satélite pesa 1327 Kº

Moscou, 19 (IP) O "Spurnik" III, lançado pela URSS, pesa 1327 kilos, sendo duas vezes maior que os dois satèlites anteriores disparados pelo cientistas de Moscou. Destaca-se que este é muito maior que o segundo, a cujo bordo viajou a cadela Laika. O «Sputnik» III é cem vezes maios que os satèlites norte-americanos disparados.

Tribuna do Pará

Nº. 340 — Belém-Pará, Domingo, 18 de Maio de 1958 — Ano XII

Alistados até 30 de Abril 103.960 Eleitores

Através do seu presidente, desembargador Inácio de Souza Moita, foi divulgado oficialmente esta semana que o Tribunal Regional Eleitoral, até a data de 30 de Abril último, registrava em nosso Estado a qualificação de cento e tres mil, novecentos e sessenta mil eleitores, dos quais, sem-

(Continúa na 2ª. pág. — F)

Favoravel o Ministro Rocha Lagoa do Direito do voto aos Analfabetos

Comparecendo à Comissão Parlamentar de Inquérito, o presidente do T. S. E. prestou informações sôbre o processo eleitora — Alistados apenas sete milhões se quinhentos mil eleitores — Voto para otnalfabeto

RIO, 7 (IP) — A controvertida questão da extensão do direito de voto aos analfabetos foi objeto de consulta ao Ministro Rocha Lagoa.

Respondendo, o presidente da mais alta côrte da Justiça Eleitoral do país manifestou-se favorável ao direito de voto ao analfabeto por julgar injusto que um cidadão que paga impostos, presta serviço militat à sua pátria e por ela pode ser convocado a dar a sua vida não tenha êsse direito fundamental de participar da escolha dos representantes do povo às Casas Legislativas da nação e à suprema Magistratura. Julga, porém, que a medida deverá vir por etapas: num primeira tempo, e já para as elições de outubro, o direito de voto nos pleitos locais — Assembléia Legislativa e Câmara Municipal; — e, posteriormente, nas eleições gerais.

NOVE MILHOES DE ELEITORES ATÉ 30 DE JUNHO

Finalmente, o Ministro Rocha Lagoa informou que até o momento foram alistados 7 e meio milhões de eleitores, e que até 30 de junho deverão estar com seus novos títulos eleitorais 9 milhões de cidadãos brasileiros. No úlimo pleito, o eleitorado foi de 15 milhões, dos quais votaram sòmente 9 milhões.

(Continúa na 2ª. pág. — E)

Patriotica Iniciativa dos Estudantes Paraenses em Apoio á Petrobrás

Reafirmação do apoio dos estudantes e trabalhadores mediante a subscrição de ações preferenciais da empresa — Apôio e criação do hospital — A campanha que está sendo estudada pelo Diretório Acadêmico de Direito

O NACIONALISMO econômico, no Brasil, já com foros do movimento de considerável amplitude, encontrou no monopólio estatal do petróleo o seu objeto de maior repercussão. Assim é que tivemos a Petrobrás, como fruto das reivindicações de todo o povo brasileiro, em que pesem os criminosos esforços dispendidos pelos «entreguistas» e «testas de ferro» da Standard Oil, que tudo fizeram para impedir a sua realização e o seu êxito.

Todavia, apenas alguns anos são passados e a Petróleo Brasileiro S/A já apresenta resultados altamente satisfatórios, com lucros que se contam pela casa dos bilhões.

Ainda assim, como é óbvio, a «grita» dos americanistas e agentes dos «trusts» continúa. E, contra toda a realieade dos fatos, acusam a Petrobrás de fracasso, de dispêndios excessivos sem resultados práticos. Sugerem, então, a entrega do nosso petróleo à Standard, pelo menos indiretamente, através de capitais mascarados. Esquecem êles que, na Venezuela, o «trust» que lhes eache os bolsos levou cêrca de trinta anos para efetivar a exploração comercial do petróleo. E esquecem, também, que, se o petróleo btasileiro fôsse entregue à Ssandard, esta não exploraria agora, pois procederia como vem fazendo no Paraguai, deixando o «ouro negro» ali enterrado, enquanto procura exaurir os imensos lençóis do Oriente Próximo.

O fato é que a Petrobrás deve continuar pelo que o povo brasileiro precisa lutar aida muito, em posição de permanente vigilância diante das investidas dos «trusts» internacionais, que possuem agentes até mesmo nos altos postes de administração.

APOIO POPULAR

É ponto pocífico o integral apôio do povo brasileiro à Petrobrás. Agora mais uma oportunidade surge de ser demonstrado êsse apôio, com a colocação à venda de novas ações preferenciais da emprêsa, ao preço unitário de duzentos cruzeiros. Em nossa capital, essas estão sendo vendidas pelo Banco da Lavoura de Minas Gerais, não sendo pequena a procura.

Outro fato digno de realce é a atitude que vem de ser tomada pelo Presidente do Diretório Acadêmico de Direito, universitário Antônio Pereira Mendes, o qual decidiu adquirir uma ação da Petrobrás para aquela entidade universitária de grandes tradições nacionalistas, compra essa que representara mais do que tudo, o apoio simbólico dos acadêmicos de Direito do Pará àquela emprêsa estatal. O dinheiro necessário para a aquisição da ação preferencial da Petrobrás será angariado entre os próprios alunos daquêle estabelecimento de ensino su-

Continúa na 2ª. pág. — B)

SANCIONADA A Lei da Aposentadoria

Aprovado em tempo «record» no Senado, subiu à sanção do presidente da República

EM menos de 24 horas o Senado aprovou a lei de aposentadoria ordinária nos têrmos em que chegou da Câmara.

Cêrca de cem lideres sindicais, desta capital, de São Paulo e do Estado do Rio, assistiram aos trabalhos do Monroe.

Finda a votação, êsses trabalhadores se dirigiram ao gabinete do vice-presidente da República, sr. João Goulart. Ali conferenciaram longamente com o presidente da Casa e alguns senadores. Êstes fizeram referencias de um modo geral favoráveis ao projeto. Alguns observaram que não haviam apresentado emendas, tendentes a ampliar na lei os direitos dos trabalhadores, tendo em vista que assim retardariam a tramitação da matéria.

ASSINATURA DO PROJETO

Compareceram também ao gabinete do sr. João Goulart os diversos lideres de partido do Senado, por ocasião da assinatura dos autógrafos a serem enviados ao presidente da República.

VETO PARCIAL

Seguindo do Monroe para o Catete, a lei foi, entretanto, parcialmente vetada. O sr. Juscelino Kubitschek salveu dos cortes do

(Continúa na 2ª. pág. — C)

Barata Invade as Atribuições da Prefeitura

Procedimento judicial por parte da Prefeitura. — O governo se quizesse beneficiaria o bairro de Terra Firme, poderia mandar instalar escolas e serviços e serviços de águas. — Impedidas de trabalhar as maquinas ou PMB.

O atual Governador do Estado tem certas atitudes interesantes, inclusive pelo aspecto de ridicula comicidade. Assim é que, sem levar a cabo os seus próprios encargos, sem poder dar conta do «recado», está pretendendo, agora, chamar a si a execução de tarefas que cabem à Prefeitura Municipal de Belém, com o único objetivo de provocar o atual Chefe da Comuna.

Dêsse modo, vem de deslocar para o bairro de Terra Firma diversas máquinas do Departamento de Estrada de Rodagem e outras tantas de propriedades do engenheiro Celestino Rocha, sendo que as deste último estão alugadas à razão de trezentos cruzeiros por hora. Tais máquinas estão ali para efetuar serviços de terraplanagem e piçarramento, numa autêntica invasão do Govêrno nas atribuição do Municipio. E, o que é mais interessante, o próprio Governador deu ordens à sua policia para que não deixasse nenhuma máquina da Prefeitura trabalhar no local. Isso deverá dar lugar a um procedimento judicial, por parte do Prefeito Lopo de Castro, fundamentado no fato de que as máquinas da Municipalidade estão impedidas, por fôrça policial, de realizar qualquer

(Continúa na 2ª pág. — D)

Continua o Roubo do Mogno

ONORIVAL C. MOREIRA

A Rio Impex recebe apôio das autoridades do Estado do Pará e de Goiás — Entrevistando o Ex-Prefeito de Araguatina — Confirmadas todas as nossas denuncias — E' chegada a hora de definirmos.

CONTINUA a Rio Impex, firma de trustes alemães-americanos a cortar e exportar o mogno brasileiro, sem que lhe tenha sido aplicada nenhuma sanção polas nossas autoridades, já que essa firma infingiu todas as convenções e não vem respeitando nenhuma das leis a que está sujeita, para a exploração do mogno nas regiões amazônicas.

A firma subsidiária não fez o reflorestamento (10 mudas para cada árvore derrubada); não paga o salário minimo aos seus empregados; não dotou a região de escolas, hospitais, serrarias e outras indústrias para o aproveitamento todo Pará, derrubando toda a madeira, etc, etc. Continua, isto sim, a devastar as matas de Goiás e do Pará; derrubando toda a madeira — jovem e adulta — do mogno, e ainda, desgraçando os babaçuais das regiões, que são as fontes de receitas dos municipios e condição de vida de seus habitantes.

O peior de tudo isso é que, a Rio Impex cem as bôas graças do Serviço Florestal onde, pessoalmente, êsse reporter poude constatar ser o Rio Impex S/A «persona grata». Não sabemos, até onde irá o poder que essa firma tem dentro do govêrno brasiliero, quando ela recebe o apôio, diréto, dos srs. Deputados bonecos, do Serviço Florestal e do representante do Estado de Goiás no Pará, sr. Waldeck Falcão e ainda, das autoridades municipais onde estão sendo cortadas as madeirras, como também, da Capitania dos Portos; que acaba de fechar a navegação na Cachoeira da Itabóca (no Tocantins — única via de acesso aos barcos-motores da região), para que a famosa Rio Impex desça seus 17.000 toros de mogno.

ENTREVISTANDO O EX-PREFEITO

Num arroubo de puro patriotismo e possuido de um ardor de integridade democrática, declareu o ex-Prefeito de Araguatins, sr. Daniel Frutuoso, com [illegible] eloquentes e revoltado, quando êsse reporter o entrevistou sôbre a questão do mogno em Araguatins: «A Rio Impex está desgreçando um pedaço do

(Continúa na 2ª. pág. — A)

Leia na 3ª pagina Editoral

Pela Unidade Integral da CDP

Em São Tomé - Vigia os LAVRADORES Debatem Seus Problemas

Os moradores de São Tomé debatem seus problemas — Fundaram a Associação dos Lavradores de São Tomé — Protestam contra o prefeito — Darão lição aos promesseiros — Votarão nos candidatos do povo — Tiradas resoluções em prol das reivindicações dos moradores de São Tomé

São Tomé-Vigia, do correspondente. — Domingo, dia 11 passado, os moradores de São Tomé no município de Vigia, reuniram-se para discutir as condições de abandono em que se encontram.

São Tomé é uma pequena povoado onde vivem e trabalham pouco mais de uma centena de lavradores e o que se nota é a disposição de trabalho e de luta pelas suas reivindicações:

Nessa reunião onde estiveram presentes 41 pessôas e na maioria mulheres que protestaram energicamente contra o abandono que estão submetidas.

A MAIORIA DA POPULAÇÃO E' ANALFABETA

Na discussão que os lavradores realizaram diversas denuncias foram feitas, que no lugar não existe uma escola municipal, se quer e que a maioria dos habitantes dessa localidade é analfabeta, é triste de fato de se vêr moças e rapazes sem conhecer a luz do sabêr, a repulsa dos presentes era patente pelo abandono do prefeito a êsse pedaço do municipio de Vigia.

OS POLITICOS JÁ ESTÃO APARECENDO

Todos eram unânimes em afirmar que o prefeito e os politicos que o cercam só aparecem ás vesperas das eleições e nessa oportunidade fazer os mais insinuamentes promessas de ajuda a esses lavradores e depois de passadas as eleições lá não aparecem e ainda obstruem as reivindicações do povo, como aconteceu com o pedido de escola para essa localidade, que o prefeito prometeu dar e até hoje não deu.

FUNDADA A ASSOCIAÇÃO DOS LAVRADORES DE SÃO TOME'

Depois de discutirem a situação local, as dificuldades e o abandono em que se encontram, resolveram criar a «Associação dós Lavradores de São Tomé», com a finalidade de os associados que são a maioria dos moradores, lutarem por reivindicações da localidade, como escola e assistencia médica.

Alguns dos moradores, quando interpretavam seus pensamentos e protestavam energicamente contra o descaso das autoridades que ostentam o poder nas mãos, diziam mesmo, que esta situação não póde continuar e tudo farão para muda-la; que as eleições estão na porta, e votarão nos candidatos saídos do seio do povo e jamais esses candidatos impostos por chefes e promesseiros.

TRABALHO Forçado na PHEBO

Os operarios, de modo geral, estão submetidos a tarefas pesadas que vão alem de suas possibilidades fisicas e capacidade de trabalho.

Todos os artigos manufaturados nas perfumarias Phebo S/A., são produzidos em série e com uma exigencia da gerencia que varia de, 50 a 60 duzias de cada produto tarefa diaria que nem todas as operarias estão em condições de executar, umas por faltas de pratica nos determinados setores de produção, outras por serem menores ou por não terem fisico que possa resistir a tão dura prova.

Os Lucros

De ano para ano os lucros da Empresa aumentam e a receita liquida do ano proximo findo acusou um saldo de Cr$ 91.000.000,00 — noventa e um milhões de cruzeiros, cujo o acrescimo sai de duas fontes distintas: o aumento forçado da produção e as elevações constantes do preço dos produtos no mercado sendo, inconstetavelmente, a primeira fonte mais rendosa, pois ai entra a mais valia dos operarios, base principal da edificação dos capitais da Empresa.

Fiscalização e Controle

O gerente da Empresa Sm Afonso Mendes exerce, de forma disfarsada, a fiscalização e o controle da produção dentre todas as bancas de trabalho. E o seu "testa de ferro" Mario Vidal que vive no meio dos operarios impõe-lhes as mais pesadas tarêfas alem de fazer constantes modificações com o fim de tirar-lhes maior produção, e quando o aumento desejado não é alcançado por falta de pratica da operaria ou porque o seu fisico não resiste a brutal exigencia, aparecem as medidas disciplinares que variam de transferir de um trabalho para outro mais pesado até chegar as suspensões sistematicas e de praxe da empresa.

Todos os ânos a Empresa envia uma carta aos operarios a guisa de estimulo ao trabalho e a maior produção e esta é acompanhada com certa importancia que varia de duzentos a hum mil cruzeiro (Cr$ 200,00 a 1.000.00) sem obedecer um cri-

(Continúa na 2º pág. — H)

Câmbio Negro no Mercado da Pedreira

Domingo passado estivemos em visita ao mercado da Pedreira e podemos constatar que ali o câmbio negro impera sem que os fiscais de serviço tomem providências.

A CARNE

Em todos os talhos acha se pendurada uma tabuleta com a inscrição de:

CARNE VERDE — CR$ 32,00

a verdade porém é que se o fregues não quiser levar só ossos e pêle para casa terá que esticar nada mais nada menos, que cr$ 40,00.

Além disso, ainda é lesado no pêso, pois falta sempre de 50 a 125 grs. em cada quilo.

O filé só é para ricos pois o quilo é de cr$ 90,00.

Mesmo assim, antes da carne chegar já está encomendado juntamente com as ou-

(Continúa na 2ª. pág. — I)

Declaração de Princípios do VII Congresso Nacional dos Bancários

Transcrevemos a seguir a integra da «Declaração de Principios» aprovada na sessão plenária, realizada no dia 26 de abril do VII Congresso Nacional dos Bancários, realizado em Belo Horizonte de 21 a 27, do mês findo, com a participação de 300 delegados representando os bancários de todo o país:

Nós, bancários do Brasil, reunidos em Belo Horizonte, por ocasião do VII Congresso Nacional dos Bancários, nos declaramos nacionalistas no elevado sentido do têrmo, eis que:

SOMOS pelo monopólio estatal do petróleo, como vem sendo realizado com êxito pela Petrobrás;

SOMOS pelo monopólio da energia eletrica, da exploração e industrialização de nossos minerais rádioativos;

SOMOS pela proteção à indústria nacional legitima, pelo que condenamos a vinda de firmas industriais de capital estrangeiro, com o objetivo de concorrer deslealmente com as existentes no país, como ocorre com a American Can;

SOMOS, também, pelo monopólio estatal da borracha natural e sintética e do trigo, bem como pela manutenção da atual pulitica de preços do café;

SOMOS, do mesmo modo, pela defesa intransigente dos pecuaristas nacionais e do consumidor brasileiro no mercado da carne, razão porque apoiamos a nacionalização dos frigorificos;

SOMOS pela nacionalização dos bancos de depósitos contra o retôrno indiscriminado dos lucros dos capitais estrangeiros e pela ampliação do nosso comércio exterior, de acôrdo com os superiores interêsses de nossa pátria;

SOMOS contrários à alienação, a quem quér que seja, de qualquer parte do território nacional;

SOMOS defensores intransigentes e incansáveis das liberdades democráticas expressas em nossa Carta Magna, não admitindo retrocessos no desenvolvimento da democracia brasileira, porque, por experiência própria, sabemos que os trabalhadores e seus órgãos sindicais são os primeiros a serem atingidos pelas leis de exceção;

SOMOS, finalmente, paladinos da sempre crescente unidade nacional dos bancários e de todos os trabalhadores, bem como da fraternidade universal dos assalariados, como fator preponderante da conquista das nossas reivindicações e garantia de um mundo de liberdade, progresso e paz.

Belo Horizonte, 26 de abril de 1958.

Tribuna do PARÁ

N. 340 — Belém-Pará 18-5-58 Ano XII

Vida Estudantil

Acir Castro Desmascarou as Manobras Divisionistas na U. E. C. S. P.

Ilustrissimo Senhor:

Agora que «Vida Estudantil» anda procurando fazer intriga com o meu modesto nome, conviria esclarecer de público os seguintes fatos:

1) O Movimento Estudantil Independente não cogita ainda, e nem poderia fazê-lo, dada a distância que nos separa da sucessão necapiana e do enorme trabalho que vimos dispendendo, a fim de bem organizar a U.E.C.S.P., de questões politico-momento, e já o repetimos várias vêzes é única e exclusivamente a administrativa, procurando criar condições a que o colega José Fiel possa executar à altura o seu programa realizador.

2) O colega Angelo Fraitas, vice-presidente da chapa vitoriosa de março passado, não é candidato natural de ninguem a nenhum posto eletivo e, ao contrário do que afirma a «V. E», goza de tôda a confiança da parte de seus companheiros de diretoria de partido. Angelo, fi-

(Continúa na 2ª. pág. — J)

O Que Foi o VII Congresso Nacional dos Bancarios

Unidade Nacional dos bancarios - 400 delegados presentes Aprovados 7 teses e tres moções da delegação paraense — defesa da monopolio estatal da borracha - reatameto de ralações com todos Paises

Entrevista ao jornal TRIBUNA DO PARÁ, comcedida pelo sor; Carlos Malheiro Presidente do Sindicato de Bancàrio de Belèm e presidente da Delegação Paraense ao VII Congresso de Bancàrios realisado na Cidade de Belo Horizonte-Minas Gerais.

P-) Qual a sua opinião sôbre o resultado dos trabalhos levados o afeito no VII Congesso Nacional de Bancários:

R-) De um moda geral, achamos que o Congresso cumpríu com as suas reais finalidades. Em primeiro lugar ficou patenteado a unidade nacional da classe bancária brasileira. Em segundo lugar, os líderes de classe que estiveram presentes, foram nodos imbuidos dos melhores propositos de conseguir maiores vantagens para a nossa laboriosa classe. Tanto isto é um fato, que várias deliberações foram tomadas, téses e moções aprovadas, nos diversos setores de Previdência Social, Legislação de Trabalho Cooperativismo, cultura, esporte e recreação, defesa da soberania nacional, e Planejamento de Campanhas que visam o bem estar coletivo.

P-) Qual o número de bancários presentes ao Congresso?

R-) Antes de tudo quero acentuar que este foi o Congresso mais concorrido entre todos os já realizados pela classe bancárie brasileira, pois estiveram presentes cerca de 400 bancários de todos os recantos do Territorio Nacional. Vale acentuar ainda, que o nosso conclave teve grande repercussão em além fronteiras de País, bastando citar que delegações Paraguaias, Uruguais, Argentinas e um representate da Confederação Siddical Mundial, a êle estiveram presentes. Também nos honrraram com as suas presenças o Dr. João Goulart, Ministro Parsifal Borroso e Dr. Enos Sadeck de Sá Mota, o primeiro presidiu a sessão inaugural e o Ministro do Trabalho a sessão de encerramento.

P) — Com relação a Delegação Paraense que pode nos informar V. Sa.?

R) — A nossa delegação teve uma atuação de todo satisfatória. Integram várias comissões os representantes do Sindicato de Belém, estiveram à altura da confiança que lhes foi depositada. Apresentamos Sete Teses e 3 Moções, todas aprovadas. Tivemos a honra de como Presidente da Delegação do Pará e por indicação da Federação do Norte e Nordeste, presidir duas sessões plenárias e vice-presidir outra tendo também o colega Carlos Lima em nome dos Congressistas saudado o colega italiano, representante da Confederação Sindical Mundial.

P) — Tendo em vista a campanha que vem sendo movida contra o Monopólio Estatal do Comércio da Borracha, alguma deliberação de vulto foi tomada no sentido de evita-la?

(Continúa na 2ª. pág. — L)

Aos Moradores da Marambaia

CONVITE

Convidamos todos os moradorres do bairro da Marambia para uma grande reunião onde será debatido o problema das terras em relação às eleiçoes de Outubro. Essa reunião será na rsidência do sr. Maciel na Passagem Dalva, Domingo 18 de Maio às 19 horas.

F GOMES,

Não Estão Oferecendo Condições Higiênicas nem Alimentar no SAPS

Os ventiladores não funcionam; as bandejas são mà lavadas e destribuidas ainda com resto de alimento pegado ás bordas. Tem faltado água nos bebedouros. Não toma providencia a administração.

Dia a dia torna-se mais critica a situação dos que frequentam o Restaurante Popular do S. A. P. S. Logo de entrada sente-se um mau cheiro penetrante, que provem dos sanitários. Há uma lama permanente depois da «borboleta» devido o não escoamento da água que escapa do lavatório que está com todas as torneiras rebentadas; demais não há sabão para se lavar as mãos.

A fila

A fila que é sempre prolongada obriga muitas vêzes aos frequentadores do Restaurante a ficar de pé na espera de quinze até vinte minutos para que se possa alcançar as bandejas e a destribuição do alimento.

Sem condições higienicas

Ao se chegar na grade onde são postas as bandejas, tem-se grande demora para se escolher uma, pois quase todas alem de conterem restos de alimento grudado ás bordas ainda estão escorregadiças devido o sebo que não é removido ao serem lavadas.

O alimento

O alimento que estão pagando é sempre o pior, a começar pelo pão que é de massa ruim e de tamanho minguado. Ùltimamente a carne não vem prestando, é quase deteriorada, sem gosto algum de coisa prestavel que possa servir de ali-

(Continúa na 2ª. pág. — K)

QUEREM LIQUIDAR COM O S.E.S.P.

Planos para transformar um Serviço tão util em organisação semi privada—Séria ameaça aos milhares de servidores sespianos—Unica solução justa: federalizar o Serviço — Que seus funcionarios se unam e lutem pela federalização!

HÁ dias atrás, a imprensa local noticiou, com muito destaque, que o DASP está organizando um plano visando a transformar o Serviço Especial de Saúde Pública, (SESP), em uma instituição semi-privada, uma especie de «Fundação», destinada a garantir a continuidade daquela organização, visto que o convenio que o mantém, entre os govêrnos brasileiro e norte-americano, terminará no proximo ano, e os americanos não pretendem renova-lo. Tratando-se de assunto que interessa particularmente á região amazonica, onde o SESP vem prestando relevantes serviços desde 1942, e considerando a sorte de milhares de servidores que, abnegadamente, ha mais de 15 anos, empregam suas atividades no referido orgão de saúde pública, achamos oportuno esclarecer ao povo sobre as consequencias desse plano, que, a nosso ver, representará, se concretizado, um golpe terrivel para a Amazonia e especialmente para centenas de familias de médicos, engenheiros, enfermeiros e outros tecnicos e trabalhadores sespianos.

Um pouco de historia

O Serviço Especial de Saúde Pública (SESP) foi criado em 1942, dentro dos celebres «Acordos

(Continúa na 2a. pág. — A)

SERÁ' INSTALADO HOJE EM BRAGANÇA

Mais Um Diretório Municipal do P. T. N.

Atendendo ao apelo da grandes massas de lavradores, trabalhadores agricolos, comerciantes e estudantes será instalado hoje, domingo, no municipio de Bragança, o diretório municipal do P T N.

Comitiva

Grande comitivá tendo à frente o sr. Ernestino Monteiro, sr. Wilson Silveira, jornalista José Dantas, Raimundo Nonato vice-presidente da ULTAP e outras personalidades irão de Belém para proceder instalação de mais um diretorio petenista.

Caravana de Lavradores

Diversas caravanas de lavradores das povoações do Lago Pindobal, Campo de Cima, Campinho e outras localidades se farão representar no importante acontecimento politico.

23.000 oficiais votaram

no pleito do Clube Militar onde triunfou a chapa amarela encabeçada pelo gal. Justino com esmagadora maioria.

Tribuna do PARÁ'

Nº. 341 — Belém-Pará, Domingo; 25 de Maio de 1958 — Ano XII

A Posição dos Comunistas em Face da Crise Francêsa

Maurice Thorez Contra De Gualle a Ditadura e Poderes Pessoais

«O povo não quer mais votar a favor da esquerda e ser governado pela direita»—A garantia da estabilidade ministerial deve ser procurada não num regime de exceção, mas na aplicação de uma política fiel ás indicações do sufrágio universal, na prática consequente da democracia

PARIS, 11 (IP)—E' da maior atualidade a entrevista de Maurice Thorez, secretário geral do Partido Comunista Francês, ao jornal «Paris-Presse», e que estamos remetendo O jornal dirigiu a diversas personalidades, em face da deli-

(Continúa na 2a. pág. — C)

Edição de Hoje: 4 Páginas

Prefeitura em Revista

O PREFEITO Lopo Alvarez de Castro, antes de seguir para a capital da República, a interêsse da administração municipal, determinou que se fizesse uma «blitz» em diversas artérias do bairro do Marco, cujos leitos estavam tomados pelo lixo, de forma a evitar, ali, o problema da proliferação das môscas. Nada menos de cem homens do Departamento de Limpeza Pública foram mobilizados para essa tarefa, além de máquinas e equipamentos. Já foi dispendida, até agora, no aludido serviço, quantia superior a um milhão de cruzeiros. O resultado é que, no momento, já se acha pràticamente limpa a Travessa Timbó, bem como outras artérias transversais, diminuindo, assim, a ameaça das môscas naquele populoso bairro.

Por outro lado, podemos afirmar, com segurança, que o Chefe da Comuna está estudando a possibilidade de mandar jogar o lixo coletado em um ponto afastado da baia do Guajará, ponto êsse que não sofra a influência da maré, pelo menos até que termine o trabalho de recuperação e ampliação do fôrno crematório do Departamento de Limpeza Pública. Êsse trabalho relativo ao fôrno, aliás, vem sendo feito com os próprios e reduzidos recursos da Prefeitura, de vez que a Superintendência do Plano de Valorização Econômica da Amazônia não liberou a verba de cinco milhões de cruzeiros, orçamentàriamente destinada para aquêle fim, em que pese o grande prejuizo que isso causou ao povo.

— x —

A 28 do corrente, a Secretaria de Finanças da Prefeitura de Belém fará o pagamento de todo o funcionalismo municipal, no que tange aos vencimentos relativos a maio. Com isso, mantêm-se a Comuna rigorosamente em dia com os seus servidores, bem como com os próprios fornecedores, que estão recebendo, também, regularmente, as suas contas. Já foi iniciado, outrossim, o pagamento do salário-familia aos funcionários municipais, o que se achava em atraso há cêrca de dois anos.

— x —

Conforme foi amplamente noticiado pela imprensa, seguiu viagem, para a capital da República, à tarde de quarta-feira última, o Prefeito Lopo de Castro, tendo transmitido o cargo, na vespêra, ao Presidente da Câmara Municipal, verendor Ribamar Soares. Por outro lado, apesar de haver obtido licença, do Legislativo, para ausentar-se por sessenta dias, sabe-se que o Chefe da Comuna pretende demorar-se, no Rio, apenas cêrca de dez ou quinze dias, a fim de concluir diversos trabalhos já iniciados, ali, em pról da sua administração.

Além disso, antes de viajar, ou seja, em dias anteriores o Prefeito Lopo de Castro procedeu à inauguração de mais uma escola municipal, que recebeu a denominação de «República do Panamá», localizada na baixa da avenida Gentil Bittencourt. Foi inaugurada, também, a Escola «Liberato de Castro», no Departamento de Limpeza Pública.

Foi inaugurado, ainda, solenemente, à tarde de sabado, o Ginásio Municipal «Alfredo Chaves», que se acha funcionando no prédio da Escola «Estados Unidos», na Praça Floriano Peixoto. Dêsse modo, já está em plenas atividades êsse novo estabelecimento de ensino secundário gratuito.

Dentro de mais algum tempo, uma outra escola municipal deverá ser inaugurada. Trata-se da Escola «República Dominicana», que virá aumentar o número das unidades de ensino primário mantidas pelo Município.

— x —

O Prefeito Lopo de Castro enviou mensagem à Câmara Municipal de Belém, transformando a atual Secção de Divulgação e Turismo em Serviço de Divulgação, Turismo e Certames. Com isso, pretende o Chefe da Comuna dar maior amplitude e melhores condições de funcionamento àquele setor de administração municipal.

— x —

O Chefe do Executivo Municipal determinou que tôdas as terras devolutas pertencentes ao patrimônio da Prefeitura sejam aforadas, doravante, aos próprios servidores da Comuna que ainda não possuem casa própria, especialmente àqueles que não dispõem de recursos. Acha o Prefeito Lopo de Castro, acertadamente, que a Prefeitura, mais do que ninguém, tem a obrigação de amparar os seus próprios funcionários, que, aliás, percebem vencimentos relativamente baixos. Será, pelo menos, um modo de ajudá-los melhor.

PODERIA O SPUTNIK Servir de Nave Interplanetária

Afirma o conhecido cientista Ary Sternfeld — Mais aperfeiçoado e mais poderoso o novo foguete — Um homem poderia estar viajando no novo satélite — Será concedida entrevista coletiva aos jornalistas acreditados em Moscou sôbre o novo engenho soviético — "Novas estrêlas do mundo" diz a imprensa soviética — Luminosidade superior à todas as estrêlas de primeira grandeza

MOSCOU, maio (I. P.) (FP) — «A colocação do «Sputnik III» em sua órbita prova que foram realizados novos progressos pelos técnicos soviéticos» declarou a um representante da agência Tass o sr. Ary Sternefeld especialista soviético em astronáutica. Acrescentou o cientista: «Para realizar essa nova proesa, foi insuficiente a associação de dois foguetes de andares, semelhantes ao que havia lançado o Grande Sputnik (o segundo). O novo foguete é muito mais aperfeiçoado e incomparavelmente mais poderoso do que os anteriores».

Autor de muitos projetos de viagens interplanetarias, afirmou em seguida Sternfeld que "o homem poderia empreender brevemente a conquista do Cosmos. Tomando-se em considerações as suas dimensões, observou o cientista, o novo satélite poderia servir de navio interplanetario, conduzindo varios passageiros em seu flanco.

Entrevista Coletiva

MOSCOU, maio, (IP) — A Comissão das Relações Culturais com o Estrangeiro concederá uma entrevista a todos os jornalistas acreditados nesta capital, a respeito do lançamento dos «Sputniks» soviéticos na qual falará um certo numero de cientistas soviéticos. O lançamento do «Sputnik III» ocupa amplo espaço na imprensa soviética que salientou notadamente estes pontos: 1) O imenso progresso realizado pela técnica soviética no dominio dos foguetes e da possibilidade da próxima expedição de um foguete à Lua. Quanto a êste ponto, declara o Sr. Varvarov, presidente da seção de astronáutica do DOSAAF (organisação para militar soviética) pelas colunas de «Kosmsomolskaya Pravda»: «Já poderia ter sido enviado à Lua um «Sputnik» de alguns quilos. Mas semelhante lançamento não apresentaria grande interêsse cientifico porque

Continúa na 2a. pág. — B)

PROBLEMA:

Os Flagelados

A. M.

Ai está um problema nosso, bem nosso brasileirismo, a requerer uma atitude energica, por parte dos governos, a pedir a desapropriação das terras, a reforma agradaria. Estão os governos numa atitude de medo, escondendo seus rostos diantes das retiradas dos nordestinos, desse problema vital, desse mortandada de gente, como se fôsse bandos de animais em época de épidemia.

Época de muita gente enricar no nordeste, também de muita gente ficar com as pernas tropegas pelos caminhos, drama dos dos mais pobres.

E a solução? O problema só aparentimento foi resolvido. O que há mais importante não é somente atacar pelos jornais ou nos parlamentos nas épocas das grandes sêcas, é precizo ser resolvido rapidamente. De longos tempos os homens vem atiçando nos seus bonitos discursos, a espera do voto certo nas eleições

(Cont, na 3a pág. —

NO I. A. P. I.

Encontro do Delegado, Serviço Médico e líderes sindicais — Entendimento e esclarecimento do caso Margarida Paixão - Presente o Inspetor da Direção Central

QUINTA-FEIRA última estiveram reunidos no gabinete do sr. Pimenta, delegado do I. A. P. I. em Belém, os Presidentes dos Sindicatos das Indústrias, o corpo médico do referido Instituto e o Inspetor da direção Central que se encontra nesta cidade.

Todos recordam-se que dias atrás, uma assegurada daquêle Instituto, a senhorita Margarida Paixão, morreu logo depois do serviço médico haver-lhe julgada capacitada ao trabalho. A morte da operária, que era da Fábrica Perseverança, ocasionou verdadeira revolta no seio da classe, que em sinal de protesto realizou uma monstruosa demonstração de fôrça e união contra o vandálico do Instituto, reunindo deante daquela instituição asseguradora os operarios da fábrica, que contaram com o apôio integral do presidente da Federação das Indústrias, sr. Álvaro Paulino.

Nêsse interim dos acontecimentos, resolveu o sr. Delegado do I. A. P. I. negar uma audiência que havia sido solicitada pela Federação das Indústrias, em nome de todos do Sindicatos a ela filiados, o que provocou uma não menor passeata de protesto, e, desta vez, fundamentada concretamente com o objetivo de fazer-se valer o atendimento das classes prejudicadas. Mais uma vez ficou demonstrado que o operário só poderá obter seus benefícios, mesmo assegurados por lei se por êles lutar.

RESOLVEU O DELEGADO CONCEDER AUDIÊNCIA

Um novo pedido de audiência foi endereçado ao sr. Delegado que reconhecendo a necessidade daquêle encontro concedeu-o sem mais delongas.

O ENCONTRO

Novos casos surgiram, e em tempo aproximou-se o dia do entendimento. Eram precisamente 9 horas quando teve início a reunião. Os representantes dos Sindicatos levaram o seu médico, Dr. Wilson Silveira, para em caso de esclarecimento especial êste servir como intermediário.

(Continúa na 2a pág. — D)

QUEM mais anuncia mais vende: Faça o quanto antes o seu anúncio em TRIBUNA POPULAR e veja como duplicam os seus negócios.

Apoio do Povo Paraense á Legalidade Constitucional

Max Parijós assume legalmente o mandato de Governador que lhe foi conferido por lei

Há, neste momento, o abuso, o desrespeito, a falta de senso, é negação à Constituição por parte do governador ausente Sr. Magalhães Barata, que julga ser o mandato popular obra do Capitão de Mato que pode ser passado a outro qualquer sem levar em consideração e obediência à lei formam a Costituição. Não é estranhavel a atitude do sr. Barata que apesar de ter sido eleito para governar um povo, desconhece este dever e lança-se com violência contra êste mesmo povo ostentando a todo momento e violando a todos instantes a soberania da nossa Carta Magna.

(Continúa na 2ª. pág. — A)

Em Belém: Agostinho Dias Oliveira

Encontra-se nesta capital desde o início da semana, o querido dirigente comunista, líder sindical e ex-deputado federal, Agostinho Dias de Oliveira, que veio visitar pessoas de sua família e rever companheiros e amigos de trabalho da velha guarda.

Ao destacado militante do movimento operário brasileiro, estão sendo tributadas carinhosas manifestações de apreço dos trabalhadores paraenses em Belém, destacando-se os encontros e palestras com os trabalhadores da indústria e da Orla.

TRIBUNA DO PARÁ registrando a sua estadia em nosso meio, compartilha da alegria hospitaleira, colocando-se ao mais inteiro dispor nossa redação, ao mesmo tempo que oferecerá um cock-taill no próximo dia 9, ao

(Continúa na 2ª. pág. — F)

Coquitel á Imprensa e Radio

O flagrante acima foi colhido por ocasião da homenagem prestada pela União Beneficiente dos Chofer do Pará, a imprensa e a Radio, TRIBUNA DO PARÁ agradece com carinho e apreço a distinção da qual foi alvo e aproveita o ensejo para por suas paginas a disposição dos profissionais do volante.

Movimento pela Federalização do SESP

Interesse do Governador de Estado — Manifestações favoraveis nos parlamentos federal, estadual e municipal — Repulsa ao plano de transformar aquele órgão de saúde pública em instituição semi-privada — Extranha atitude da Superintendência — Articulam-se os sespianos de todo o Brasil em defesa de seus interesses

Em nossa edição de 25 de Maio último, denunciamos a trama que se urde em certos círculos governamentais do País, visando transformar o Serviço Especial de Saúde Pública (SESP), em uma instituição «semi-privada», uma espécie de «Fundação», sem qualquer caracteristica de instituição pública, sem qualquer vinculo com a administração federal. A denuncia tem fundamento, conforme testemunho de elementos categorizados do SESP, apesar dos desmentidos apressados de um assistente da Superintendência que por aqui passou.

Notícia tão desagradavel alarmou os milhares de servidores do SESP que assim vêem ameaçados se seus direitos, embora parciais, conseguidos até agora à custa de

(Continúa na 2ª. pág. — B)

Ao Pará e a Nação

A Oposição, representada pela Coligação Democrática Paraense e pelo Partido Trabalhista Brasileiro, ao mesmo tempo que hipoteca integral solidariedade ao Governador do Estado em exercício, Deputado Max Nelson Parijós, pela atitude serena mas viril com que vem resguardando as prerrogativas do Poder Legislativo, denuncia ao Pará e à Nação mais um crime baratista contra a Constituição.

A violência praticada somente atinge, envergonha e avilta os seus autores, porque a nosso terra, tão vilipendiada, dentro do seu infortunio, ainda possui energias de resistência e de fidelidade, para ter a certeza que o dia da liberdade e da justiça muito em breve há-de nascer para todos os paraenses.

Como a Assembléia é a Casa do Povo, a Oposição do Pará conclama-a a prestigiar com a sua presença as sessões legislativas, amparando êste Govêrno legítimo que o Deputado Max Nelson de Parijós encarna e representa.

Pela Constituição!

Deputado Clóvis Ferro Costa — Ppesidente da CDP.
Deputado Américo Silva — Presidente do PTB.
Prefeito Lopo Alvarez de Castro — Presidente em exercício do PSP.
Dr. Epílogo de Campos — Presidente da UDN.
Sr. Ernestino Rodrigues Monteiro — Presidente do PTN.
Professor Averano Rocha Presidente em exercício do PL.
Deputado Paulo César de Oliveira — Presidente em exercício do PR.
Dr. Clio Bernardo — Presidente do PSB.

Tribuna do PARÁ

Nº 343 — Belém-Pará, Domingo, 8 de Junho de 1958 — Ano XII

No bairro do Jurunas

Será Lançada a Candidatura de Deputado Estadual do Dr. Wilson da Silveira

CONVITE

A Direção do Partido Trabalhista Nacional "P.T.N." convida o povo dêste bairro para assistir a instalação do Diretório Distrital do Jurunas, no próximo domingo, dia 8, às 17 horas, à Rua Caripunas nº 70, entre as travessas de Breves e Estrada Nova.

Na ocasião será lançada a candidatura do ilustre médico Dr. Wilson Silveira para Deputado Estadual.

Aniversário do Dr. Silvio Braga

Dr. Silvio Braga

Aniversariou no dia 31 Maio último, o Dr. Silvio Braga, Diretor da Carteira de Crédito da Amazonia e destacado elemento dos meios sociais e políticos paraenses.

Ardoroso defensor da Amazonia, cujos problemas economicos conhece profundamente, o Dr. Silvio Braga vem se constituindo uma figura de prol no movimento nacionalista ora em franco ascensão no País, notadamente no que se refere à defesa do monopolio estatal para a borracha.

Eleito duas vêzes para a Assembleia Legislativa do Estado, sob a legenda do Partido Social Progressista, o Dr. Silvio Bagra, ora primeiro suplente no Parlamento Federal, concorrerá, em outubro próximo, ás eleições para uma cadeira no Palacio Tiradentes, onde, certamente, empregará toda a sua inteligência e patriotismo em favor de melhores dias para nossa Patria e nosso Povo.

TRIBUNA DO PARÁ saúda o ilustre aniversariante.

Wilson Silveira

Dr. Silvio Braga

TRIBUNA DO PARÁ
EDIÇÃO DE HOJE:
4
PÁGINAS

mais anuncia mais vende faça o quanto antes o seu anúncio em TRIBUNA DO PARÁ e veja como duplicam os seus negócios.

Fala Wilson Silveira Sobre as Próximas Eleições

Nº 344 — Belém-Pará, Domingo, 15 de Junho de 1958 — Ano XII

Os resultados do pleito poderão influir decisivamente sobre os destinos do povo brasileiro. — Precisamos eleger homens nacionalistas e democratas. — Se houver unidade, a C. D. P. sairá vitoriosa e fortalecida.

Já é grande o interesse do povo pelas eleições que se aproximam e pelos candidatos aos vários postos eletivos, quais os seus propósitos, seus programas, etc. Nossa reportagem procurou ouvir, nesse sentido, o Dr. Wilson da Mota Silveira, ilustre médico sanitarista conterrâneo, candidato a deputado estadual pela Coligação Democrática Paraense. Assim decorreu a sua conversa com S. Sa.:

Pergunta: — O que acha V. S. das eleições de outubro?

Resposta: — Serão de extraordinária importância para o futuro do Brasil e do seu povo. Os resultados do pleito influirão decisivamente sobre os destinos de nossa Pátria. Se conseguirmos eleger para os parlamentos federal, estadual, municipais, prefeituras, uma grande maioria de homens nacionalistas, patriotas e democratas, certamente será modificada a política do governo central, rumo à paz, à independência nacional, ao progresso do Brasil. Se tal não acontecer, continuaremos atrelados à política e economicamente aos interesses dos trustes americanos e afundaremos cada vez mais no caminho do atraso e da miséria, da inflação e, consequentemente, haverá o retrocesso político, com os atentados à Constituição, às liberdades e outros direitos fundamentais.

Pergunta: — Na sua opinião, qual é o instrumento político capaz de congregar forças suficientes, em quantidade e qualidade, para atingir tal objetivo?

Resposta: — Uma ampla frente democrática e nacionalista, arregimentando elementos de todas e quaisquer tendências políticas, filosóficas ou religiosas, trabalhadores, estudantes, profissionais liberais, comerciantes, industriais, fazendeiros, dentro e acima de todos os partidos, sob um denominador comum — desejarem um Brasil livre, se desenvolvendo independentemente, buscando solução própria para os seus inúmeros e graves problemas. Isso é perfeitamente possível e necessário nas atuais condições históricas que enfrentamos.

Pergunta: — Acredita que no plano estadual esse caminho seja viável?

Resposta: Sim. Apesar do entrave que o barateismo e o anti-barateismo têm causado ao amadurecimento político do povo paraense, hoje há, sem dúvida consciência política mais elevada, e a grande maioria dos paraenses vem se tornando claro que os trustes mais desejoram, sobretudo, as polias anternacional do governo da República, que não ampara a economia regional e deixou os industriais e comerciantes paraenses inteiramente subordinados às grandes firmas extrangeiras, notadamente norte-americanas, que compram nossos produtos tão barato quanto podem e nos vendem suas mercadorias pelo preço que entendem. Portanto, não será difícil esclarecer o povo através de uma campanha séria e honesta, organizá-lo, mobilizá-lo e finalmente levá-lo à luta em defesa dos seus próprios interesses. Isto é, de vida mais barata, mais transportes, mais escolas, mais postos médicos.

(Continua na 2ª pág. — A)

Mais um Record da Produção Nacional de Petróleo

A PRODUÇÃO de petróleo do Recôncavo baiano atingiu, a 52.602 barris, tratando-se do mais alto índice registrado até o momento.

É, êste, o terceiro «record» verificado na produção diária de óleo bruto daquela região do dia 5 do corrente para cá.

Dr. Wilson Silveira, candidato a deputado estadual pela legenda da C.D.P.

Belém às Escuras

VERDADEIRAMENTE absurdo, inaceitável sob todos os pontos de vista é a crítica situação de falta de luz que atravessa Belém.

Não se compreende que na maior cidade da região não haja luz.

Com muitas razões os nossos confrades de «O Flash» disseram que Belém é a cidade Black-out.

Sim, leitores, esta é a triste e vergonhosa situação a que chegou Belém, por culpa exclusiva de dirigentes medíocres.

A Força e Luz do Pará S. A. criada sob a simpatia popular está ficando agora na antipatia, pois qual será o cidadão que ficará contente em:

a) — não poder sair à noite por causa do péssimo estado de conservação das ruas;
b) — ver os seus rádios e ferros elétricos parados;
c) — estar sujeito a um assalto durante as caladas da noite, pois o policiamento se limita ao contra da cidade.

E, além de tudo isto, as taxas elevadas, quando possível estabelecer a situação, já com a chamada "luz nova" ficarão pelo "olho da cara". A Força e Luz é uma empresa diretamente subordinada ao governo estadual.

Neste caso, quais as providências (Continua na 2ª pág. — B)

Campanha dos Aposentados

Pela Rejeição do Veto Presidencial

RIO (IP) — Ganha corpo o movimento dos trabalhadores pela rejeição do veto presidencial oposto à emenda que manda sejam reajustados os proventos dos aposentados aprovada pelo presidente à Lei de Aposentadoria. Os jornais da Capital da República publicaram uma carta aberta ao presidente da nação, carta (Continua na 2ª pág. — E)

Faleceu o Deputado Odilon Braga
Vinha o representante carioca desempenhando papel de destaque na luta contra os trustes estrangeiros

Rio, 13 (I P) — Quarta-feira à noite já depois de encerrada a sessão da Câmara faleceram na politicos surpreendidos pelo doloroso noticia de que faleceu repentinamente, vítima de um colapso cardíaco, o deputado Odilon Braga, representante da UDN do Distro Federal.

O sr. Odilon Braga vinha desempenhando papel destacado em defesa da economia energia elétrica, foi através de os seus conhecimentos sobre os trustes. Especialista de questões relacionadas com as fontes de energia elétrica, foi através de os seus investigações práticas e políticas do representante carioca que pouco antes militara na política de Minas aumorou seus conhecimentos levando-o à convicção de que é necessário lutar contra a ação traiçoeira dos trustes.

O P. T. N. na Capital

Grande Festividade

Marcou a Instalação do Diretório Distrital do Bairro de Bandeira Branca — Presente o Líder Sindical e Ex-Deputado Federal Agostinho Dias de Oliveira — Falaram Diversos Oradores — Notas

DANDO prosseguimento ao seu plano de multiplicação de diretórios, na vila Virgínia, no bairro da Bandeira Branca domingo último instalou o P. T. N. mais dos seus diretórios distritais em nossa capital. Era precisamente 11 horas quando sob a assistência de uma grande massa que se comprimia no salão e na rua, deu início aos trabalhos de instalação o Snr. Ernestino Monteiro presidente do P. T. N. no Estado do Pará.

A Instalação

Depois de um intenso programa de música em gravação ocuparam a mesa para os trabalhos o presidente e o Snr. Agostinho Dias de Oliveira como convidado especial.

Em rápidas palavras o Snr. Ernestino saudou os presentes pela distinção e o selo que tiveram em ali esta para assistirem o

Flagrantes da Instalação do Diretório Distrital do PTN no bairro de Bandeira Branca.

Em cima os componentes do Diretório; e abaixo a comitiva que prestigiou a instalação, composta pelos srs. jornalista Jaime Miranda (da esquerda para direita) Dr. Wilson da Silveira, líder operário Agostinho Dias de Oliveira, Ernestino Monteiro, Manoel Albuquerque e Raimundo Feliciano.

ato e, disse ligeiramente o que era o P. T. N. e qual o seu objetivo. Em seguida considerou os membros escolhidos pelo povo do bairro a ocuparem seus lugares como componentes da diretoria que assim ficou constituída:

Diretoria Distrital da Bandeira Branca

Presidente	Raimundo Feliciano da Silva
Vice	José Francisco de Lima
Secretário Geral	Luiz Paulo de Araújo
1º Secretário	Ramuada Prefira de Lima
2º Secretário	Salvino Damasceno Costa
Tesoureiro	Raimundo da Silva Tobias

(Continua na 2ª pág. — C)

Última Etapa do Alistamento

No próximo dia 30 expira o prazo para o alistamento eleitoral. No entanto muitos eleitores ainda não se alistaram e outros ainda não renovaram os seus títulos. O ritmo alistamento em muitos Estados não vem sendo satisfatório. Mesmo no Distrito Federal, até o dia 31 de maio o alistamento ainda permanecia em cerca de 722.800 eleitores, abaixo pois, das possibilidades.

Faz-se necessário que todos os democratas e nacionalistas redobrem seus esforços a fim de interessar aqueles que ainda não se alistaram ou não renovaram os seus títulos a fazê-lo com urgência. O atual alistamento requer maior empenho por parte do eleitor do que por exemplo, o realizado em 1945, quando o caráter ex-oficio do mesmo facilitou grandemente a questão.

Se o alistamento não for intensificado ao máximo durante o corrente mês, muitos cidadãos ver-se-ão privados do direito de escolher os seus candidatos nas urnas. Isso não será útil à democracia. Um elevado número de eleitores significará um maior fortalecimento do movimento nacionalista e democrático no país. Pelo contrário, um baixo comparecimento às urnas não poderá deixar de refletir desfavoravelmente nesse movimento.

Os comunistas e demais democratas e nacionalistas devem insistir com a sua autoridade e prestígio junto às Zonas eleitorais a fim de que sejam eliminadas, no ato do alistamento, todas as medidas burocráticas que possam determinar atraso ou desnecessária perda de tempo.

É indispensável também chamar a atenção dos cidadãos alistáveis, que ainda permanecem descuidados, para o fato de que ser eleitor não é importante apenas para o cumprimento do dever cívico de votar. De acordo com o que estabelece a Lei número 2550, aqueles que, após o dia 30 de junho de 1958, não puderem apresentar a prova de estarem alistados, não poderão:

a) — inscrever-se em concurso ou prova para cargo ou função pública, investir-se ou empossar-se neles;
b) — Receber vencimentos, remuneração, ou salário de emprêgo ou função pública, ou proventos de inatividade;
c) — Participar de qualquer concorrência pública ou administrativa.

(Continua na 2ª pág. — D)

Alvaro Paulino e Aymoré Rabelo:

É PRECISO LEVAR
Adiante a Iniciativa da
Realização do 1.º Congresso de Previdência Social

Inaugurado Festivamente Mais um Posto de Orientação Eleitoral no Bairro da Sacramenta

Realizou-se na 5ª feira passada, dia 19, a inauguração de mais um Posto Eleitoral, localizado na residencia do sr. Manoel Marinho Gomes, á Av. Dr. Freitas nº 20, Bairro da Sacramenta.

O novo Posto obedece á orientação dos Srs. Wilson Silveira e jornalista Francisco Nascimento, candidatos á Assembléia Legislativa do Estado e Camara de Vereadores de Belém respectivamente, pela legenda da Coligação Democratica Paraense e terá o objetivo de orientar todos aqueles interessados em alistar-se ou mesmo esclarecer-se sobre assuntos eleitorais.

À inauguração compareceram varios dirigentes de partidos politicos, jornalistas, lideres sindicais, fazendo-se ouvir os Srs. Dr. Wilson Silveira, Manoel Albuquerque, Moisés Barros Aquino, Raimundo Almeida e outros.

Após a solenidade, seguiu-se animada festa dançante durante a qual foram servidos aos presentes, doces, gelados e comidas proprias da quadra juanina.

O Pôsto inaugurado funcionará diariamente, sendo que ás 4as. feiras haverá arando médico e aos domingos serviços fotografico

Dá Seus Primeiros Passos
Em Belém a Frente Nacionalista

REUNIU-SE na séde da UECSP a Comissão Organizadora da Frente Nacionalista do Pará. A sessão teve inicio ás 22,30 horas, sob a presidencia do capitão Creuso da Cunha Coimbra.

Os principais debates giraram em torno da data de instalação da referida Frente, bem como foram aprovadas várias propostas de interesse da mesma.

Comissões

Um dos membros sugeriu várias comissões que tratarão da redação da carta de principios da Frente, bem como uma outra que será criada na proxima reunião. As comissões ficaram assim constituidas:

Redação da Casa–Capitão Creuso da Cunha Coimbra, José Maria Platilha, Jaime Miranda, Francisco Nascimento e Carlos Simões. Outra comissão—Walcir Monteiro, Acyr Castro, José Fiel Filho e Raimundo Holanda.

Campanha de esclarecimentos

Antes de ser instalada a FNP, será feito uma grande campanha de esclarecimento sobre o que é Nacionalismo. Também

Os Sindicatos estão dispersos, muitos deles em descrescimo de associados — Só a união e a compreensão de todos poderá garantir o exito do conclave

Com a iniciativa da realização projetada, para breve, do 1º Congresso de Previdencia Social na região Amazonica, nosso jornal, tem procurado ouvir opiniões daqueles que estão mais ligados ao moviemento. Estivemos esta semana em palestra com o Sr. Alvaro Paulino, presidente da Federação dos Trabalhadores da Industria no Estado do Pará e o sr. Aymoré Rabelo, secretario geral do Sindicato dos Trabalhadores na Industria de Calçados e recolhido

(Continua na 2ª. pág. — A)

Triunfará o Socialismo

BALTIMORE, (IP)—Falando no banquete anual do fôro local, no embaixador da União Soviética nos Estados Unidos, sr. Mikhail Menchikov, afirmou que um acôrdo comercial entre os dois paises permitiria que a URSS comprasse mercadorias norte-americanas «no total de várias bilhões de dólares». Prosseguiu o embaixador: «De nossa parte, poderiamos fornecer aos Estados Unidos um grande número de mercadorias soviéticas interessantes». Salientou Mikhail Menchikov, por outro lado, a necessidade da coexistencia pacifica entre o Oriente e o Ocidente e afirmou que, definitivamente «acabaria triunfando o socialismo, o comunismo».

serão criados vários nucleos distritais com o objetivo de dar maior força para a FNP.

Personalidades do País na instalação

Deverão vir a esta capital, na data de instalação da Frente Nacionalista do Pará altas personalidades do pais.

Nº 345 — Belém-Pará, Domingo, 22 de Junho de 1958 — Ano XII

Advertencia do Senador Kerguinaldo Calvacanti:

Não Terá Conteudo o Panamericanismo Continuando os EE. UU. Imperialistas

RIO 18 (IP)—Para o senador Kerginaldo Cavalcanti, segundo declaração, a reportagem déste jornal, os motivos que perturbam as relações entre os Estados Unidos e a América Latina decorrem principalmente, por parte do governo de Washington, da patologia de povos coms o do qual de, sua suas relações externas, aos trustes dos quais são energias dêsses povos e não lhes permitem um desenvolvimento restaurador.

A respeito da correspondencia trocada pelos presidentes Juscelino e Eisenhower, observou o lider da bancada do PSD no Monroe que «quando procuraremos falar, em termos de acordo, com a Casa Branca, esta fuge a isto para nos fazer considerações sôbre o comunismo, distanciando-se assim, Jos objetivos assinalou nosso entrevistado:

— Dêsse modo, a atitude do presidente Eisenhower só une mais aquiles que são louvados: rapidez com que nos mandou a sua resposta Quanto ao mais, foi esta vazia, echão ceceptivo ... Ninguém lhe pergunte pela Conferência de Cáracas, que se constituir num fracasso, com a presença, até do esquivo sr. Foster Dulles.

QUE FOSTER DULLES FIQUE POR LÁ

Não nos interessa em nada a surrada babozeira da smucsça comunista.

Depois de referir-se ás valas recebidas por Nixon nas capitais do Perú e da Venezuela, classificando-as como «explosão, plenamente justificada, de um sentimento anti-imperialista generalizado», acrescentou o representante do Rio Grande do Norte:

— Se ainda é o mesmo pensamento do Departamento de Estado, então melhor será

As relações com a América Latina são perturbadas pela ação exploradora dos trustes — Que Foster Dulles fique por lá — O Brasil quer tratar com todos povos em pé de igualdade

que o sr. Foster Dulles fique lá por Washington e não se arrisque vir por aqui a enfrentar a nossa cara de amuo.

O INIMIGO É O IMPERIALISMO IANQUE

— Não ha brasileiro—prosseguiu—que não deseje, sinceramente, uma «aproximação cada vez maior com os Estados Unidos, mas no terreno da compreensão e da fraternidade sem nos escravizar, sem a sua imposições militares nem á voracidade de seus homens de negócio. Queremos ser livres e decidir de nosso próprio destino. Queremos tratar com todos os povos em pé de igualdade. E enquanto o Departamento de Estado não se integrar nas delicadezas dêsse nosso estado de alma, só se surpreenderá com o que aconteceu a Nixon em Lima e Caracas, por mera ingenuidade.

O panamericanismo não terá conteudo enquanto o mais poderosa nação da Américas não abandonar seus propósitos imperialistas. Não podemos perder tempo com a discussão de coisas remotas ou problematicas, como a agregação de causas ocultistas. O que nos importa é uma fato que está perto de todos nós, irrecusa-

val periante, que é a atividade dos trustes internacionais, particularmente os iunques, que tem apra smpara-los, de maneira ostensiva, o poderio armado da república norte-americana.

NADA DE IMPOSIÇÕES

E finalizou o senador Kerginaldo Cavalcanti:

— É hora de cessarmos de receber imposições de quem quer que seja, de evitarmos a sujeição a causas militares que nos envergonham e de nos vincularmos compromissos que nos degradem, como o da socialização, em certos casos, do princípio da extraterritorialidade.

O Voto é a Arma do Povo! Providencial o Título Eleitoral Nesta Semana!

Última Semana do Alistamento Eleitoral

JÁ estamos chegando ao final, da batalha do alistamento eleitoral, que expira esta semana. Os resultados fornecidos pelo Tribunal Eleitoral, durante o més de maio estimavam em apenas 120.000 inscritos, o que revela estamos muito aquém do número desejado, que é de 330.000. Notemos neste final de més simples com uma brande aceleramento, o que possivelmente não irá atingir os objetivos. Contudo, uma semana, representa alguma coisa de positivo, dependendo apenas da compreensão do eleitorado alistavel e de suas responsabilidades como cidadão que vive e luta dentro de um país que lhe poderá oferecer dias melho-

rea quando ele eleitor usar o seu voto em defesa da legalidade democratica, pelo desenvolvimento nacionalista otando nos candidatos que sejam realmente representantes do povo.

O Tribunal está aberto atendendo todo aquele que queira ser eleitor para quem queira ser participante da vida política do país. O voto é a arma que pesa contra os contregulistas, contra os grandes capitalistas ligados aos trustes norte-americanos, pela paz e pelo bem-estar.

Estamos na ultima hora, mas ainda há tempo para ser eleitor. Para isso basta compreender a importancia do título, sabendo até o de gendo o maior nutriente do nacionalismo e democratas os proximas legislaturas.

TRIBUNA DO PARÁ
EDIÇÃO DE HOJE:

4
PÁGINAS
Cr$
2

Nova Oferta Comercial Da União Soviética

Propõe a troca de petroleo e automóveis por cacau, algodão e café — Estudo no Itamaratí

RIO, (IP) — A União Soviética encaminhou ao Brasil uma oferta comercial visando o fornecimento de duzentas mil toneladas de petróleo cru e material rodante (automóveis e caminhões) em troca de café, algodão e cacau. A noticia foi publicada pelo «Times», de Londres, e confirmada em fontes oficiais, que adiantaram que a oferta soviética está sendo no momento objeto de estudos no setor econômico do Itamaratí.

O P.T.N. Pela Coligação Integral

Reestruturado os Diretorios Estadual e Municipal—Oficio enviado ao Presidente da CDP—Instalação de novos Diretorios Municipais e Distritais

Dia 17 passado, reuniram-se os Diretorios Estadual e Municipal do Partido Trabalhista Nacional, sendo reestruturados as mesmas os altos Diretorios, permanecendo no cargo na Presidencia do Estadual o sr. Ernestino Monteiro e no Municipal o sr. José Maria Cintha, numa demonstração da confiança do Partido

O fato é significativo e importante, quando todas as correntes politicas em nosso Estado, preparam-se para o pleito de 3 de Outubro.

Nessa reportagem que esteve presente à reunião, pode observar a preocupação de todos os dirigentes petenistas,

na intensificação do alistamento eleitoral, assim como da criação de novos Diretorios Municipais e Distritais do Partido, preparando-se assim como as demais forças politicas para participar do pleito proximo.

Finda a reunião de reestruturação dos Diretorios, com presença da maioria de seus membros foi imediatamente convocada outra pelo Presidente, sr. Ernestino Monteiro, que solicitou aos membros do Diretorio Municipal, tomarem parte, uma vez que se trata de deliberar sobre a possibilidade do Partido, a Coligação Democratica Paraense para

(Continua na 2ª. pág. — C)

EM VIGIA MAIS UM Diretório do P.T.N.

Bom Jesus e Novo Nucleo do Partido — Encontros futebolisticos entre quatro Equipes na Disputa das taças: «Simpatia» e «Lopo Alvares de Castro» — «Baile Matuto»

A Caravana

CUMPRINDO com o seu plano de atendimento tanto na Capital como no Interior, uma numerosa caravana patenista integrada pelos snrs. Ernestino Monteiro presidente do Partido, secção do Pará, Dr. Wilson da Silveira, médico e candidato a deputado estadual pela legenda da C.D.P., Manoel Albuquerque, lider sindical e candidato a deputado, Alcides Leal, lider camponês, Miguel Arcanjo, tesoureiro do P.T.N., estudante Antonio de Oliveira Jr. e os jornalistas Jayme Lamonier e José D[...]

Pre[...] [illegible] horas [illegible] [...]

Os Jogos

Disputando a Taça "Simpatia" já se encontrava no gramado os clubes Vigia Sporting e Iracema Sports Clube obtendo vitoria o primeiro pela contagem de 1 x 0 Logo em seguida realizou-se o encontro entre o Floresta Sporte Clube e Vigia Sportis que em disputa pela Taça Lopo de Castro, ficou como vencedor o primeiro fazendo do tento sobre seu adversário.

Baile, Entrega das Taças e Instalação do Diretório

Na sede do Floresta Sporte Clube que é a União dos Lavradores e Trabalhadores Agricolas de Bom Jesus foi iniciado um baile matuto que se prolongou por toda a noite, até o clarear outro dia.

Eram mais ou menos vinte e uma hora quando foi feita a entrega pelo Dr. Wilson, da "Simpatia" ao Iracema Esporte Clube oferta feita pela Gráfica Belém aos valorosos vencedores.

E a festa continua. Lá pelas vinte e tres novo interrompem-se a entrega ao Floresta Esporte Clube da taça "Lopo de Castro", e logo em seguida sob tempestuosos aplausos foi instalado o Diretório Distrital do P.T.N. em Bom Jesus, completando assim o seu quinto Diretorio naquele município.

Oradores

Fizeram uso da palavra vários oradores destacando-se o presidente da ULTABI e o Dr. Wilson Silveira, que deu posse à nova diretoria fazendo em seguida um vibrante discurso[...] qual deixou bem claro o seu desejo de lutar como sempre tem lutado ao lado de todas as camadas, seja da cidade ou do campo, por melhores condições de vida, pelo progresso do município, do Estado e da Nação.

O INSPETOR GERAL DO ENSINO E' PELO Analfabetismo

Recusou-se a Criação da Escola do Povoado São Tomé — Insultou o Presidente da ULTAV — Outras notas

Há mais de um mês que os moradores do povoado São Tomé, no município de Vigia, diante a necessidade de assistencia escolar a sete crianças, reunidos endereçaram ao Sr. Secretario da Educação Dr. Cunha Coimbra um abaixo assinado com setenta e duas assinaturas pedindo a criação de uma escola para aquele povoado.

Comissão de Entrega

Uma comissão de cidadãos, todos lavradores, tendo a frente o Sr. Raimundo Pereira, presidente da União dos Lavradores e Trabalhadores Agricolas de Vigia esteve na Secretaria de Educação lá fez a entrega de memorial ao Sr. Secretário que prometeu tomar providencias e estudar o caso. Passado dias muitou, si uma nova comissão que desejava saber qual a resolução da Secretaria de Educação.

Entendimento com o Inspetor Geral de Ensino

O Dr. Cunha Coimbra depois de haver recebido a comissão em seu gabinete encaminhou-a ao sr. Inspetor Geral do Ensino alegando que o assunto era da alçada deste.

Ao penetrar na Inspetoria, a comissão esclareceu o seu objetivo ao sr. Inspetor que depois de querer dizer que se recusava opinar pela criação da escola, entrando em terreno pessoal insultuou o Presidente da ULTAV alegando defamações que lhe fora contado pelo sr. Prefeito Rui Mendonça, conhecido reacionário do município de Vigia que

Continua na 2ª pág. — B)

PINGOS POLITICOS

Questão Aberta

O Deputado Reis Ferreira, do PSD, pronunciou um discurso na Assembléia Legislativa, criticando o Presidente da República e o Ministro Alkmin, da pasta da Fazenda, em virtude de desamparo em que os menos estão deixando o problema da produção da borracha na amazonia. Interpelado, depois, pelos deputados João Camargo e Moura Palha, com referência a essa sua atitude, disse o sr. Reis Ferreira que, para ele, não havia partidarismo quando se tratasse de matéria ruralista. Era, sempre, uma questão aberta.

Capricho

Ao contrário do que parecia, a bancada do PSD está disposta a aprovar o plano de Eletrificação do Estado, constante de um projeto, de lei apresentado pelo deputado Stelio Marajó. A obstrução feita pelos situacionistas a esse projeto, no dizer do lider do PSD, sr. Moura Palha, era apenas uma demonstração de que a minoria também tem força". Questão de capricho...

Liderança

O vereador Alberto Nunes tinha a intenção de ser o lider da maioria na Câmara Municipal, e por isso, não gostou da indicação do vereador Manoel de Almeida Coelho para a função, apesar de haver assinado um documento nesse sentido. Todavia, depois de vários entendimentos, dos quais participaram também, o Prefeito Lope de Castro, o edil populista parece que se conformou.

Leiam
TRIBUNA DO PARÁ

N. 345 - Belém Pará 22-6-58 — Ano XII

DESPORTOS

NO Campeonato Mundial, foram vencedoras quinta-feira as seguintes representações: Brasil, França, Suécia e Alemanha, eliminando, as de País de Galles, Irlanda do Norte, União Soviética e Iugoslávia.

Nas semi-finais de terça-feira se defrontarão: Brasil x França e Alemanha x Suécia.

Os brasileiros esperam uma partida deslumbrante e a representação auri-verde tem os olhos fitos na ambicionada taça.

Que os nossos patrícios terminem a trajetória vitoriosos, são os nossos votos.

Prefeitura em Revista

UMA emprêsa inglêsa, com representação no Rio de Janeiro, ofereceu à Prefeitura de Belém ônibus elétricos, par de serviço de transportes coletivos em nossa capital. Também uma empresa italiana apresentou proposta no mesmo sentido.

Em vista disso, o Prefeito Lope de Castro está inclinado a convidar as representantes de ambas as propostas, para virem a Belém, a fim de que haja melhores entendimentos.

Como a Municipalidade não está em condições de fazer a referida transação, pensa o Chefe da Comuna em verificar a possibilidade de organizar uma sociedade de economia mista, para explorar o serviço de transportes coletivos em Belém utilizando esses modernos «trolley-bus».

— x —

O Prefeito Lope de Castro endereçou um ofício ao Clube de Engenharia, solicitando a colaboração dêsse órgão e mesmo o seu empenho junto à classe dos engenheiros, no sentido de que êstes ofereçam sugestões para a recuperação e ornamentação da Praça Justo Chermont.

— x —

O Chefe da Comuna expediu telegramas às autoridades federais e, ainda, ao Governador do Estado do Ceará, mostrando a triste situação dos imigrantes nordestinos em nosso Estado, verdadeiramente desamparados. Por outro lado, espera o Prefeito ajudar êsses flagelados, sugerindo ao Rotary Clube uma campanha nesse sentido e, mobilizando, ainda, a antiga Associação do Auxílio aos Flagelados, da qual foi o primeiro presidente, quando, ainda, à frente dos destinos da Associação Comercial do Pará.

— x —

A Prefeitura convidará o cientista Ense Vital Brasil, para pronunciar uma conferência, nesta capital, sôbre os modernos métodos de pasteurização e homogenisação do leite de vaca. Essa conferência realizar-se-á na sede da Associação Comercial, em data que oportunamente marcada. Terá o patrocínio da Prefeitura de Belém, da Associação Comercial e de outras entidades interessadas no assunto.

Pela Paz, Pela Independência Nacional, Pelas Liberdades

Dr. Wilson da Silveira
Candidato a Deputado Estadual

Vote a 3 de Outubro nos Candidatos Populares

Francisco Nascimento
Candidato a Vereador

Coligação Democrática Paraense

POSTOS Eleitorais de Alistamento

Soc. União Beneficiente Paraense
à Trav. Mauriti, 618

● ● ● ● ●

Ass. das Mães em Pról da Juventude
Trav. da Estrela esq. da 1.º de Dezembro (Bairro do Marco)

● ● ● ● ●

Raimundo Feliciano
Vila Virginia, n. 5 na 1.º de Dezembro (Bairro do Marco)

● ● ● ● ●

Francisco Nascimento
CANDIDATO A CÂMARA MUNICIPAL
à rua Diogo Moia, 695 (entre Duque de Caxias e Antonio Barreto)
Bairro da Matinha

● ● ● ● ●

Senador Lemos 612 (Telegrafo sem fio)
Pedro Miranda 387 Bairro da Pedreira
Antonio Everdoza 747 Bairro da Pedreira. Procure o quanto antes qualificar-se eleitor, procurando a qualquer hora do dia cuns destes postos eleitorais mencionados acima.

CLÉO BERNARDO Candidato a Suplente de Assunção

Em reunião realizada última, a Coligação Democrática Paraense decidiu apresentar como seu candidato a suplente de Senador, para as eleições de outubro próximo, o Dr. Cléo Bernardo, destacado politico paraense, Presidente do Diretório Regional do Partido Socialista Brasileiro.

A candidatura do Dr. Cléo Bernardo fôra apresentada na reunião anterior pelos representantes do Partido Trabalhista Nacional, obtendo, na reunião seguinte, aprovação unanime dos representantes dos demais partidos, isto é, Partido Social Progressista, Partido Libertador, Partido Socialista Brasileiro, e União Democratica Nacional.

Assim, a chapa da Coligação Democratica Paraense, que concorrerá ao Senado será formada pelo General Alexandre Zacarias de Assunção e Dr. Cléo Bernardo, e sem duvida há de merecer a preferencia do eleitorado, pois esses nomes são uma garantia de que os suseios de paz, democracia e progresso do povo paraense, terão, na Câmara Alta do Pais, dois denodados e honestos defensores.

Por outro lado, a unidade da C. D. P. ficou reforçada, uma vez que a candidatura do Professor Paulo Maranhão, para Deputado Federal, aumentou suas possibilidades de êxito, com a canalização dos votos que seriam dados a Cléo Bernardo, não somente oriundos do PSB, mas de outros setores democraticos da capital e do interior.

Não há duvida, tambem, que a inclusão de Cléo Bernardo na chapa de senador representa uma vitória do movimento nacionalista paraenses, à frente do qual, desde longos anos, se encontra o combativo lider socialista, antigo soldado da FEB e de todas as campanhas patrioticas que se têm desenvolvido [...] Pará, e no Brasil.

CLÉO BERNARDO

Merece Melhor Dotação a Universidade do Pará

Dotação em último lugar, dádiva do sr. Kubitschek a nossa Universidade—Os deputados federais paraenses merecem severas criticas pelas suas atuações—Não defendem o futuro da juventude paraense

A proposta orçamentária enviada ao Congresso, pelo sr. Presidente da Republica para 1959, merece criticas [...] documento, tanto o sr. Justiniano, como os deputados federais paraenses.

Trata-se da dotação destinada às Universidades brasileiras, a nossa dotação é documento apresenta para a Universidade do Pará uma quantia que nos envergonha apresentou. Eles foram desprimorosos[...]:

Universidades do Brasil (Rio de Janeiro)........ cr$ 1.125.498.680,00; Universidade da Bahia............ cr$ 888.264.000,00; Universidade de Minas Gerais... cr$ 555.319.500,00; Universidade de Pernambuco... cr$ 805.880.000,00; Universidade do Rio Grande do Sul... cr$ 502.166.550,00; Universidade do Ceará........... cr$ 199.660.100,00; Universidade do Pará........... cr$ 47.701.160,00.

Em a exposição das cifras, é necessário notar que, a nossa Universidade é a mais jovem do Brasil, já encontrou completado o seu primeiro aniversario sem ser instalado porque [...] a si, Presidente para a solenidade [...] mesmo ocorrendo não trocou os seus costumeiros voos [...] Brasília por Belém com esta finalidade.

Comenta-se que a Faculdade Fluminense de Medicina, recebeu a dadiva de cr$ 57.375.550,00, e a Escola [...] de Medicina, [...] 500,00, [...] que a nossa Universidade de [...] ensinos superiores, o que [...] solenidades da criação da destas Universidade foi verdadeiro logro, como dissemos [...], a nossa Universidade é a mais jovem do Brasil, por isso, é que merece mais dotação e maior amparo.

Valeu-nos a parte política, o deputado sr. Gabriel Hermes é membro da Comissão de Finança da Câmara. Os srs. Alvaro Adolfo e Laudenir Bittencourt são da Comissão de Finança do Senado cuja presidência está nas mãos do sr. Alvaro Adolfo. O sr. Deodoro de Mendonça participa da Comissão de Educação da Câmara e o que dizem os outros deputados paraenses que se mantém mudos como o velho Custodio do nosso [...]

Ver-o-Peso. São os Leilão da [...], os João Mendes os [...] Santa Rosa e os outros [...] que deveriam [...] voto dos seus defensores, isto é, suficiente pensar nos gordos proventos de deputação é necessário que os srs. deputados pensem no futuro da juventude paraense que luta incessantemente para obter intelectualmente um melhor lugar no senário nacional, e que façam jus aos eleitores que de boa fé lhes confiaram tão importante mandato—defender os seus direitos na mais alta Câmara do país.

(Continua na 7a. pag. — B)

Para Vereador vote em

Raimundo Feliciano
Um candidato operario em defesa das Liberdades Democraticas. Pelo progresso de Belém

FOLHA DO PARÁ

Nº 349 — Belém-Pará, Domingo, 20 de Julho

Em Marcha o Plano de Eletrificação do País

Usina de Furnas, já em construção—Potencial [...]

De acôrdo com dados oficiais, [...] 31 de dezembro de 1955 [...] do país 2.516 [...] uma capacidade [...]

O clichê acima, é uma vista reproduzindo [...] de Furnas, em construção, no Rio Grande [...] produzir, atualmente, cerca de 6.000 [...]

14 de Julho Queda da Bastilha

A 14 de Julho de 1789, o povo de Paris, revoltado, demoliu a "Bastilha", celebre prisão militar, onde eram encarcerados todos aqueles que ousavam contra a vontade dos todopoderosos [...] França. Foi aquele o primeiro passo para a Grande Revolução Francesa que acabou do governo o Rei Luiz XVI e proclamou a Primeira Republica, alcançando a enorme repercussão mundial, dando inicio a uma serie de movimentos revolucionarios que levaram a burguezia do poder em varios outros paises. Terceiro-se, desde, o 14 de Julho, não somente a data nacional francesa, mas uma data histórica universal, festejada por todos aqueles que ideiam a opressão e amam a liberdade.

No momento a França atravessa uma grave crise politica, quando o General Charles Degaule, atirando fóra a legalidade
(Continua na 2a. pag. — C)

Tomou Posse Ontem a Nova Diretoria

Do Sindicato dos Oficiais Marceneiros e Trabalhadores na Industria de Moveis de Madeira de Belém

A convite do SOMITMMB esteve nossa reportagem presente à posse da nova Diretoria, que to[...]

O P.T.N. Na Capital
Distrital do Bahia

Representantes dos diretórios [...] Municipal [...] assistência ao ato [...]

Na residência do cidadão Raimundo Barbosa, à rua Bacuri, 46, domingo ultimo no bairro do Guamá foi instalado [...]

[...] lugar em sua sede próprio [...]

PANORAMA INTERNACIONAL
Uma Loucura a Intervenção dos EE. UU.

O Comércio de Bragança Explora Seus Empregados

Trabalham 11 horas por dia e percebem salários de fome — Não é permitido o direito de férias nem reclamações

NOSSA reportagem em visita a cidade de Bragança, teve oportunidade de ouvir os empregados de comércio daquele município e constatou que os mesmos vivem alheios aos seus direitos mais sentidos.

Trabalham sem horário certo e percebem salário de fome

Os empregados em todas as categorias de trabalho sem exceção são obrigados a trabalhar 11 horas por dia no comércio, inclusive as moças que ganham por porcentagem nas vendas que fazem, sendo esta de apenas um e meio por cento, juntando-se a percentagem ao salário que é de Cr$ 500,00, percebe-se que as mesmas não chega a atingir ao nível do salário mínimo do interior que é de apenas Cr$ 2.800,00. Por cima de tudo ainda há um desconto para o Instituto dos Comerciários que chega a mensalidade de Cr$ 381,00.

Exploração de Menores e Negação de Férias

A exemplo da casa Violeta e outras também, há a Belém que há muito tempo só admite como empregados moças de menor. A exploração é tamanha que os patrões chegam ao cúmulo de exigirem que as menores assinem a folha de pagamento, como se o ordenado fosse o equivalente ao salário mínimo, para poderem — por maldade — fazerem o desconto integral para o Instituto. Além de tudo isso, os empregados do comércio de Bragança não tem direito as férias, e quando reclamam são ameaçados de serem despedidos dos seus trabalhos. Há outros que quando os empregados ganham por comissão nas lojas, costumam, quando chega o fregués irem em seu encontro para

(Continua na 2ª pág. — F)

Tribuna Camponesa
A Falta de Uma Ponte Vários Lavradores tem suas vidas em Perigo

Entre os municípios de Anhanga e Castanhal, da Estrada de Ferro de Bragança, que dista de Belém apenas 90 quilometros faz a divisão dos mesmo o Rio Marapanim. Neste rio havia uma ponte que servia de travessia dos lavradores que vão a feira com suas cargas de mercadoria porém ultimamente as reclamações são demais por haver a mesma deixado de existir.

Descaso do Prefeito, Deixou Cair A Ponte

A ponte, apesar de servir de ligação entre dois municípios é só a um que ela mais serve, ao de Anhaga. Sua extenção é de 30 metros já há dois anos que deixou de existir, o Os lavradores ao irem a feira são obrigados a atravessar o rio a nado com suas cavalos. Arriscando assim, não só as seus produtos como também as vidas, suas e de seus animais.

Prefeito Jóvem de Administração Caduca

Apesar de ser um dos mais jóvem Prefeito do nosso Estado, o do município de Anhaga é o mais desfeixado em matéria de administração, pois é que não tem tido coragem de ser-

A Falta de Uma Ponte Vários Lavradores tem Suas Vidas em Perigo

servar, nem siquer aquilo que está feito e serve ao povo.

Responsavel pelo Atraso do Município

Os lavradores, trabalhadores do campo e da cidade e o povo em qual responsabiliza o Sr. Prefeito de Anhaga pelo atraso do Município. Acusa-no de natural ter feito até hoje. Em Anhaga não há escolas suficientes para as crianças que vivem sub um regime de inteiro analfabetismo; não há postos médico suficiente a população, não tem Parque de diversão para crianças; não tem indústrias e várias outras coisas necessárias a um município onde vive nada menos de mil habitantes.

Atraso na Lavoura

Os Lavradores não têm ferramentas, sementes, crédito, terras, e outras coisas que possam desenvolver a agricultura.

Vivem em verdadeiro estado de miséria; morrendo à fome. A eles cabe conjugarem suas forças e criarem associações para lutarem por suas reivindicações mais sentidas.

Tentativa de Homicídio no Armazém 7

Vigia irresponsável — Que o culpado seja punido

Chegou ao conhecimento de nossa reportagem, que pela irresponsabilidade de um vigia por pouco um indefeso operário não perdeu a vida. O fato causou grande revolta no seio dos companheiros da vitima que protestaram energicamente contra o mesmo.

VIGIA IRRESPONSÁVEL

Os fatos passaram-se da seguinte maneira:

Na noite de 8 para 9 do corrente, estavam os trabalhadores operando o desembarque de caigo de um navio alemão, quando um dos operário verificando a necessidade de um tabua para proteger a mercadoria dirigiu aos fundos do armazem apressadamente.

Nesta ocasião, o vigia numa atitude que de maneira algum se justifica, sem procurar saber o que estava acontecendo, sacou de um revólver e alvejou o operario, mas por um capricho do destino a bala derviou-se não atingindo o alvo.

Seus companheiros, com a detonação, dirigiram-se ao local e no conhecimento do fato protestaram contra a atitude irrefletida do vigia.

QUE O CULPADO SEJA PUNIDO

Mesmo se tratando de um caso que está afeto à Policia até hoje o culpado não foi punido. Os operários por nosso intermédio lançam um apêlo a direção dos S.N.A.P.P. no sentido de que sejam tomadas providencias para que não volte a se repetir tão lamentavel acontecimentos. De nossa parte estamos plenamente de acordo com os operários, pois não é possível que continuem a trabalhar com a ameaça de ver suas vidas ceifadas de um momento para outro por causa da irresponsabilidade de certos funcionários.

Tribuna do PARÁ

N. 349 — Belém Pará 20-7-58 Ano XII

O Camponês Comenta
Cidades Abandonadas

As cidades de São Caetano e Curuçá estão completamente abandonadas, com a pessima administração dos Prefeitos que nada fazem pela melhora dos municípios. Na ordem do dia estão os pescadores, que vivem morrendo de fome com suas famílias. Desorganizados sem direito a vida; explorados em seus ramos de trabalho, currais, anzois, tarrafas e redes vivem sobre as garras tremendas de homens gananciosos, patrões de material que sugam todas as suas possibilidades de viverem uma vida melhor.

De outro lado as cidades estão com suas ruas cheias de mato, lama,

(Continua na 2ª pág. — G)

Cometário Econômico da Cidade
A Exploração em Belém

Já tornou-se hábito da população de Belém, comprar generos de primeira necessidade fóra da tabela. Mesmo tendo duas secções especializadas, não sabemos porque em nossa cidade a "marretagem" é das mais desenfreadas. Tanto no Ver-o-Peso como nos subúrbios, dificilmente a tabela é cumprida.

No mercado da Pedreira por exemplo, tanto a carne como o peixe, visceras, frutas e legumes não têm tabela fixa.

A piramutaba de acôrdo com tabela o seu preço é de Cr$19,00, porém os retalhistas a subdividem em outras classes e como é natural o preço sempre vai aumentando. As pequenas são na tabela, as medias Cr$25,00 e as grandes Cr$30,00; mas só é vendida aos "padrinho e afilhados". As visceras seguem a mesma rotina e mesmo tendo uma grande placa na parede com os preços das mesmas, serve apenas para "ingles ver".

Na carne dá-se um caso interessante: em todos os talhos há uma placa com o preço de Cr$32,00 por quilo; entretato só é vendida pelo preço de Cr$35,00 e se o fregues quiser comer tem que esticar de Cr$40,00 para cima pois do contrario levará ossos. Isto apenas no mercado, pois nas mercearias é que saem faixas. Mas não é a Pedreira o único bairro onde as coisas estão neste pé; em outros ou estão em igual situação.

(Continua na 2ª pág. — H)

Pela Paz, Pela Independência Nacional, Pelas Liberdades

Dr. Wilson da Silveira
Candidato a Deputado Estadual

Vote a 3 de Outubro nos Candidatos Populares

Francisco Nascimento
Candidato a Vereador

Coligação Democrática Paraense

QUEM mais anuncia mais vende. Faça o quanto antes o seu anúncio em TRIBUNA DO PARÁ e veja como duplicam os seus negócios.

TRIBUNA DO PARÁ EDIÇÃO DE HOJE:
4 PÁGINAS
Cr$ 2

Comemorou Seu 7º. Aniversário

A Sociedade Beneficente Nossa Senhora do Amparo

Em sessão solene, na sede da Santo Antonio à Av. São Jeronimo, 1334 ás 20 horas de Terça-feira, ultima, a Sociedade Beneficente Nossa Senhora do Amparo comemorou o seu 7º aniversário.

Presente ao ato esteve grande número de convidados e de associados.

TRIBUNA DO PARÁ felicita a SBNSA pela passagem do seu aniversário e deseja-lhe melhores dias e maiores exitos.

Leiam TRIBUNA DO PARÁ

250 MIL CRUZEIROS PARA Tribuna do PARÁ

Em Marcha Para Dar ao Povo um Grande Jornal

N. R. — Em virtude dos constantes boatos que há dias apareceram com respeito a suspensão da difusão de «Imprensa Popular» e que insinuavam haver sido imposta pela polícia, reproduzimos abaixo, a nota de esclarecimento do seu Diretor, para que não haja dúvida quanto a justeza da medida tomada. «Imprensa Popular» voltará em breve para os leitores com outro aspecto.

Pedro Mota Lima

COMUNICAMOS aos leitores e amigos que a «Imprensa Popular» suspendeu com o número de hoje a sua circulação.

SERÁ por breve prazo, entretanto, que a ausência de um jornal assim decidido do povo se fará sentir. Aproveitamos a pausa a fim de intensificarmos a coordenação da nossa força.

(Continua na 2ª. pág. — 3)

Naquele dia, o sol despontou mais claro e o vento corria pelas ruas afora levando para o alto uma densa nuvem de poeira. Desde cedo se ouvia o som cantante do malho na bigorna. O povo movimentava-se mais alegre. Pés calçados e pés descalços formavam a grande massa humana. Era outubro. Um outubro como tantos outros risonhos na miragem das lutas. Algo de novo estava para acontecer naque.e dia onze. E eis que surge por todos os recantos da cidade homens de mãos calejadas e homens temperados nas lutas, trazendo para todos, um novo jornal, um jornal que nasceu da necessidade e da vontade independente das massas populares.

Isso aconteceu, há 12 anos.

Começou-se, com Cr$ 50.000,00, arrecadados através de uma coleta popular, que marcou um passo glorioso na vontade livre de nosso povo, por ter um seu porta-voz independente. Dessa coleta, comprou-se um prelo e o material tipográfico indispensável à saída do jornal.

Durante esses 12 anos de existência, tem sido TRIBUNA DO PARÁ, alvo das mais pesadas perseguições: empastelamentos, edições apreendidas, prisões de seu pessoal e outras dificuldades mais. Porém, nada até hoje, impediu de ser levado à frente os seus objetivos: defesa dos trabalhadores e do povo é seu lema. Isso só tem sido possível, porque nunca em seu caminho, faltou o apoio das massas populares e mesmo, a ajuda amiga daqueles que vêem em «Tribuna» o farol que guia o povo paraense pelo caminho da Paz e da Independência Nacional.

«Tribuna», no Norte, é o jornal que desde sua fundação, vem, através de campanhas memoráveis, lutando pelas liberdades democráticas, em defesa das riquezas nacionais, como, petroleo, manganês, areias monazíticas, ferro, borracha e outras mais do que nefando do imperialismo norte-americano. Nas lutas por melhores níveis de salários para os trabalhadores, na melhor condição de vida para os operários, nas reivindicações pela posse da terra a todos que dela vive, na extensão da legislação social aos homens do campo, contra a carestia de vida encontra-se TRIBUNA DO PARÁ sempre firme, sem vacilar na defesa de tudo e de todos.

Nesses 12 anos de luta, suas máquinas, além dos atentados, sofreram enorme desgaste, seu material tipográfico está velho. Eis porque novamente, lança-se uma Campanha de Ajuda, para se obter o dinheiro suficiente ao requipamento de suas oficinas.

Para alcançar isso, precisa-se de Cr$ 250.000,00, o que se espera conseguir através de uma nova coleta popular, com mais amplitude, porque todos já a conhece.

Esta Tribuna que não tem dono, porque é do operário, do estudante, do comerciário e comerciante, do industrial, e do industriário tua, minha, do povo hoje vem solicitar tua ajuda; e para isso lá no dia 15 um ato público festivo pela nova campanha.

Ontem foi a ajuda abnegada de todos os paraenses que a fez nascer, hoje é uma nova ajuda que a fará viver, continuando sua rotina de luta em benefício de todos sem distinção de classe, um de qualidade; defendendo sempre aqueles q e se julgam prejudicados, e levando adiante seu programa de defesa da soberania nacional, das liberdades democráticas, pela paz.

E essa tua «Tribuna» que espera contar com tua ajuda, porque defende uma ideia e luta por um ideal.

Ajudar a TRIBUNA DO PARÁ é um dever de bom paraense.

A COMISSÃO

Para Vereador vote em Ernestino Monteiro

Um candidato operário em defesa das Liberdades Democráticas. Pelo progresso de Belém

---

«Processo de Prestes»

Autoria do dr. José Monjardim Filho, Juiz de Direito da 3ª Vara Criminal

Este livro contém
1 — O despacho que revoga a prisão preventiva de Luiz Carlos Prestes.
2 — Decisões do Supremo Tribunal Federal relativas à decretação de prisão preventiva de Luis Carlos Prestes.

Preço: Cr$ 150,00

Todos os exemplares estão autografados pelo Autor. À venda na

EDITORA VITORIA LTDA.
Rua Juan Pablo Duarte, 50
— Sobrado — Telefone
22-1613

FAÇA SEUS IMPRESSOS NA PAPELARIA E TIPOGRAFIA "GRAFICA BELEM"
Rua Senador Manoel Barata, 159
Fone: 1486

Volta à Legalidade o P. C. do CHILE

SANTIAGO. — O presidente da República assinou um decreto promulgando a lei revogando a «Lei de Defesa da Democracia».

Dessa maneira, o Partido Comunista depois de dez anos de ilegalidade volta à vida constitucional como os demais partidos políticos chilenos.

Fato da Semana

OS jornais do sul do país têm dado grande destaque ao caso Aida Curi. Foi mais um hediondo crime praticado pela «juventude transviada». O que mais admira a crônica policial é o desabrido protecionismo dispensado ao principal acusado, o jovem Cassio Murilo, tudo porque é ele filho de criação de um antigo Chefe de Polícia. Até na reconstituição do «crime» foi vedada a participação da imprensa e não lhe foi permitido conceder entrevista. Parece que os seus pais e advogados têm medo que a sabatina com os profissionais da imprensa faça alguma declaração que o comprometa. Porém o que mais revoltou a população carioca foi o fato de quando o «acusado» ter sido recolhido à Escola Central do S.A.M. ter ser dia...

(Continua na 2ª. pág. — C)

Para Deputado Estadual

Wilson da Mota Silveira

Pela Paz, Pela Democracia, Pela Grandeza do Pará

Nº 352 — Belém-Pará, Domingo, 10 de Agosto de 1958 — Ano XII

Aprovado o Manifesto Contra a Carestia de Vida e Novos Niveis de Salario Minimo.

Realizou-se sábado dia 2 do mês em curso na Federação dos Trabalhadores nas Industrias do Estado do Pará uma reunião de dirigentes sindicais, na qual foi aprovado em regimento interno, o Manifesto contra a carestia de vida e por novos niveis de Salario-minimo.

Ontem às 20 horas, no mesmo local, em sessão solene, o ato tornou-se público. Na ocasião ficou criada a comissão central e sub-comissões que juntas darão maior brilho à campanha.

Manifesto aos Trabalhadores e ao Povo

Os trabalhadores da indústria do Pará, reunidos nos seus órgãos de classe, e sob o patrocínio da sua Federação, vêm, por este meio, alertar os poderes constituídos para a necessidade urgente que tem a solução para diversos problemas que se afligem cada vez mais, tornando lhes quasi impossível a vida como verdadeiros seres humanos, quando, na verdade, os trabalhadores são a força indispensável ao progresso da Nação.

E como tais problemas são comuns a todas as demais classes, especialmente a quantos vivem sob o regime de salário aos trabalhadores da indústria conclamam os Sindicatos de outras categorias de empregados, aos trabalhadores do campo, aos pescadores, às Associações de Donas de Casa, Associações Beneficentes, Organizações Esportivas, para em conjunto examinarem tais problemas e as soluções adequadas, como se segue:

a) Obtenção de novos niveis de Salário Mínimo para a região e salários Profissionais.

(Continua na 2ª. pág. — A)

PÁGINA 3 — TRIBUNA DO PARÁ — BELÉM, 10-8-58

EDITORIAL

Foster Dulles — Ameaça à Petrobrás e a Democracia

O SR. JOHN FOSTER DULLES deverá descer, no dia 5 de agôsto no aeródromo de Galeão, sob indispensável hostilidade da opinião pública brasileira. Os candidentes policiais, que cercarão o tristemente célebre Secretário de Estado, terão naturalmente um volume proporcional aos sentimentos hostis do povo brasileiro. As razões dêsses sentimentos são suficientemente conhecidas para que, no mesmo ou jornais mais entregueistas, ousem apresentar o incendiarismo de guerra norte-americano sob uma luz simpática.

MAIS do que nunca, não podem deixar de vislumbrar os motivos pelo Departamento de Estado, em um memorando internacional bastante complicado, que não têm outra causa senão a própria política de Washington. Num momento destes, de tantas preocupações, que vem Dulles fazer no Brasil?

DIFICILMENTE alguém acreditará que o truculento emissário dos trustes acorre ao apêlo do sr. Juscelino Kubitschek no sentido da chamada «revisão» do pan-americanismo. Isto estaria fora dos princípios que Dulles mesmo já proclamou enfaticamente, quando afirmou que a política exterior dos Estados Unidos não visa fazer amigos, mas somente defender interêsses. Não preocupa aos círculos dirigentes de Washington a amizade do Brasil, mas a defesa dos interêsses do imperialismo norte-americano ameaçado no nosso país e, em geral, da América Latina.

A REVISTA norte-americana «Visão», em sua edição de 1.º de agôsto, se encarrega de informar, de modo direto, que «a discussão da conspiração comunista no continente... é sem dúvida o item básico da agenda de Dulles». Coincide esta informação com o próprio teor da carta de Eisenhower a Kubitschek, na qual o ocupante da Casa Branca deixava claramente expresso que o seu conceito de panamericanismo é o da declaração intervencionista da Conferência de Caracas que precedeu a agressão armada, financiada pela «United Fruits», a um govêrno legal da Guatemala. Dulles vem, pois, para intervir nos assuntos internos do nosso país, para reclamar medidas de repressão não só contra os comunistas como contra todo o movimento nacionalista. Vem para reclamar igualmente, em trôco de empréstimos dos bancos de Wall Street o apoio do govêrno brasileiro à política de intervenção militar no Oriente Próximo e Médio. Não é preciso insistir no quanto tal apoio viria a comprometer a segurança nacional e a vida do nosso povo.

OUTRO item básico da agenda de Dulles é o que se refere ao petróleo. O citado número de «Visão» é explícito no assunto, afirmando: «Se Juscelino Kubitschek não estiver preparado para discutir petróleo a viagem de Dulles será parcialmente frustrada». O interêsse tão agudo de Dulles no petróleo brasileiro é compreensível, quando se torna cada vez mais duvidoso o domínio dos trustes norte americanos sôbre as riquíssimas jazidas do Oriente Médio. Daí também a súbita pressa para a conclusão dos acôrdos com o govêrno argentino, visando vultosos financiamentos à exploração petrolífera no país vizinho.

PREPARANDO o ambiente para as modificações de caráter entreguista na política do monopólio estatal do petróleo, que o Brasil vem seguindo com indiscutível êxito, a visita de Dulles foi precedida da propaganda de uma assim chamada «Terceira Posição». Esta propaganda se acentuou com as notícias a respeito dos acôrdos do presidente Frondizi com firmas de vários países, principalmente dos Estados Unidos. Explorando propositada falta de clareza nessas notícias os jornais entreguistas procuram acender sentimentos de rivalidade com a Argentina e acenar para a entrega do nosso petróleo aos trustes norte-americanos, sob a forma mistificada de uma «Terceira Posição», como única saída existente para o problema econômico do país para uma suposta «liderança» — que, de fato, carece de qualquer significação concreta — do Brasil na América Latina.

A VISITA de Dulles não pode deixar de trazer graves preocupações a todos os nacionalistas, qualquer que seja a sua orientação política, em virtude das sérias tendências de conciliação com o entreguismo, que existem em círculos muito influentes do Catete. Estas tendências estão institutas na própria «Operação Pan-Americana», que faz da reivindicação de certa independência de política exterior, por enquanto apenas em palavras, um simples capital de barganha para vender a melhor prêço as concessões, que os círculos de Washington exigem do govêrno do sr. Juscelino Kubitschek.

AS circunstâncias que cercam a visita do sr. Foster Dulles fornecem, pois, motivo de sobra para uma elevada vigilância do movimento nacionalista, para uma ação unitária e enérgica de todos os sindicatos, nos partidos políticos, nos Sindicatos e outras entidades, de massa, do próprio govêrno. A chantagem dos agentes entreguistas e dos conciliadores, que cercam o o Presidente da República, não deve ser admitida para abrir caminho a novas capitulações. Não há razões para tolerar recuos, quando se acentuam as terrores do imperialismo norte-americano em todo o mundo, após outras. Às vésperas do pleito eleitoral, que se pronuncia vitorioso para o nacionalismo, o govêrno do sr. Juscelino Kubitschek só pode se fortalecer, galgado firmemente por um caminho anti-entreguista. E isto significa uma firme diferença de Dulles na visita próxima, assim como a vaguardando obstinadamente as liberdades constitucionais, recusar compromissos com a política belicista do Departamento de Estado em qualquer parte do mundo defender intransigentemente a política de monopólio estatal no petróleo consubstanciada na Petrobrás.

SOCIAIS

COMPLETOU ano no dia 7 de Agosto passado o nosso companheiro de lutas, senhor Afonso Miranda. A êle os nossos votos de felicidades, por êste grande evento.

ANIVERSARIA no dia de hoje, o jornalista Antonio Alfredo Ramos nosso colaborador. Pelo transcurso desta data os seus companheiros de jornal desejam-lhe muitas alegrias no decorrer de sua existência.

COMPLETOU suas quinze risonhas primaveras a senhorita Selene Leal, filha do casal sr. Alcides Leal e sua dignissima esposa dona Maria dos Santos Leal. Suas amigas em regosijo à data feliz, brindaram-na com uma festa, que serviu para estreitar os laços de sua amizade. Nós de TRIBUNA DO PARÁ auguramos felicidades à aniversariante, desejando-lhe muitos anos de vida.

PARA A MULHER

A União Universitária Feminina e o Sindicato dos Bancários do Rio de Janeiro estão empenhados para que sejam canceladas as instruções que impedem o ingresso de nôvas, no Banco do Brasil além dos atentados, ao gosto, seu material. Eis porque novamente o de Ajuda, pela maior, dá mais a «requerer» dos os setores da sociedade humana mostra o absurdo desta discriminação. Nada justifica em nossos dias e raríssimas são as organizações que vedam o ingresso da mulher em seus quadros de atividade. São instituições atrasadas em relação à nossa época e cujos dirigentes, em pleno século XX, ensina e agem como o faziam nossos antepassados.

Além do Banco do Brasil, o Banco de Crédito da Amazônia sòmente o Instituto Brasileiro de Geografia e Estatística (êste em relação à determinadas atividades) mantém ridículas discriminações quanto a participação do trabalho feminino.

Alegam os dirigentes do Banco do Brasil que a mulher, geralmente, se recusa a ir trabalhar nas agências disseminadas por todo o interior do país.

Não nos parece muito bem fundamentada esta argumentação e o prevaremos com um exemplo. Espalhadas por todo o Brasil, em cidades, vilas e até povoados, nós encontramos milhares de mulheres regendo escolas primárias, a maioria das quais oriundas de outras regiões do Estado. São as jovens normalistas que somente após um determinado estágio no interior, podem ser nomeadas para os grupos e escolas primárias da capital. Portanto se as mulheres não se recusam a ir trabalhar como mestras no interior porque o fariam se fossem bancárias?

O rendimento do trabalho feminino não é inferior ao trabalho do homem. Urge, pois, que sejam revogadas estas absurdas e ridículas discriminações, incompatíveis com a época em que vivemos. (B.I.)

LEIA E DÊ UM EXEMPLAR DE PRESENTE A SEU AMIGO

Traduzido da edição em inglês publicada na China

JIN-MIN-JI-PAO
(Diário do Povo de Pequim)

AINDA SÔBRE
A EXPERIÊNCIA HISTÓRICA DA DITADURA DO PROLETARIADO

Cr$ 20,00

Ed. **VITÓRIA** Ltda.
Rua Juan Pablo Duarte N.º 60, sob.
Rio de Janeiro

Prefeitura Municipal de Belém
DEPARTAMENTO JURÍDICO

— IMPOSTO PREDIAL —

Contribuintes em atraso

Avisamos aos contribuintes do Imposto Predial que já se encontra no Departamento Jurídico da P. M. B. para cobrança executiva, os débitos relativos ao exercício de 1957.

DR. HAMILTON MOREIRA
Diretor do D. J.

☞ PEÇA AO SEU AGENTE

Crônica da Cidade

Nacionalismo fatôr de progresso e de patriotismo

Há também os anti-nacionalistas, como há felizmente os democratas os nacionalistas e patriotas.

Em um dos comentários políticos da «Província do Pará», o comentarista inscreve-se contra o nacionalismo, dizendo entre outras coisas que o nacionalismo é uma perigosa corrupção. Cita a conferência dos Bispos, recentemente realizada em Goiânia, cuja recomendação é contra o perigo do falso nacionalismo; mais adiante o jornalista adverte que mesmo o nacionalismo que os Bispos preconizam, pode conter risco. Francamente! é de estarrecer o não desse cidadão pelo nacionalismo.

Dadas as condições de desenvolvimento político no nosso país e no mundo, hoje ser anti-nacionalista é crime contra a pátria e ter um atrasado político de mais centenas de anos. Vê êsse senhor que o nacionalismo nos atrai a União Soviética e que o nacionalismo é fruto dos comunistas, faz citações da URSS nacionalismo é crime, no dizer do comentarista.

O comentarista é realmente um intelectual de vistas curtas em matéria de política, as massas populares que muito aspiram o nacionalismo e tem dado o máximo de seu esfôrço nas lutas com sangue, prisões e lágrimas, poderão lhe entregar nas armas a felicidade de sua luta, exemplo: a Petrobrás a Siderurgia e outras que no momento o orgulho da persistência das lutas democráticas do nosso povo.

A própria história das reivindicações do povo brasileiro nos fortalece para solidarizar-nos com as arrancadas, contra os investidas criminosas dos trustes imperialistas no nosso desenvolvimento. Não é meia dúzia de entreguistas de dentro e de fora de govêrno que barram as lutas nacionalistas do povo brasileiro.

Hotel dos Viajantes

Vai a Fragarça? Não se preocupe, hospede-se, V. S. encontrará bem no centro da cidade HOTEL VIAJANTES que lhe oferecerá comodidade e conforto

Hotel dos Viajantes
de
Manoel Dias

FAÇA UMA ASSINATURA DE SEU JORNAL

PREFERIDO

VOZ OPERÁRIA

Proíbidos de Pescar Pela polícia Rural

Obra do governo Barata contra os pescadores da ilha do Marajó — Os rios, riachos e igarapés tem dono como se ainda estivéssemos a 200 anos

COM o começo da pesca no lago Arari, vem a enormidade de trabalho para os homens da ilha do Marajó. Mas, na situação em que se processa a pesca e as perseguições que são submetidos os homens do mar, dão motivos para vivos protestos.

Proibidos de pescar

A vastidão de Marajó, a infinidades de furos e igarapés que se libertou do sistema — vamos classificar — que só teria cabimento a 200 anos, se libertou das proibições que por exemplo o cel. Bertino impõe aos pescadores como grande fazendeiro marginal, do rio Arari, daria mais conforto aos pescadores, e mais abundancia ao pescado, mais facilidades para a capital do Estado e adjacencias que são abastecidas pelo Marajó e consequente o peixe mais barato.

Como se conta a historia dos ladrões de gado

A imprensa diária de Belém se viu, não faz muito tempo, repleta de notícias espalhafatosas a respeito de pretensos ladrões de gado, na ilha que é dividida em varias cidades. Ocorre que era a preparação pública para aceitar a criação de uma polícia rural com poderes para prosseguir até matar os pescadores. Acusavam os pescadores, como se os mesmos ao penetrarem nos furos, nos igarapés e lugares que o rio invade, iam são tarrafear o peixe, mas, furtar o gado. A polícia foi criada, e durante a estada de nossa reportagem na vila, constatamos e nos familiarizamos com os protestos dos pescadores ante a ameaça a que são submetidos. Um pescador afiançou-nos que, muitos são obrigados, de madrugada trabalharem nos lugares «proibidos». Posto que é a única maneira que conseguirem uma melhor pescaria, tem havido prisões de pescadores por suspeita e as deles se forem apanhados. Oportunidade tivemos de conhecer dois capangas encarregados destes expedientes medievais e revoltantes, um tinha o nome de Mac-Dowell.

A colonia de pescadores como organização de protestos

Sendo a região marajoara exclusivamente pastoril e pesqueira e sua fonte de renda se apoia nestas duas produções o numero de pescadores e vaqueiros sobe a 5.000. Encontramos trabalhadores do campo que atravessam a pé uma das maiores ilhas do Marajó, de Salvaterra a Ararium. A organização de pescadores que tem vida, ativa em todos os recantos da ilha é a Colonia de Pescadores e em torno desta para assistencia mutua e socorros se reunem os pescadores. Acontece que esta não tem sido usado à amplitude das questões que afligem os pescadores, não tem erguido sua voz alta e em côro contra os abusos a que estão submetidos os homens do campo por um governo que so sabe fomentar a punição e desgraça para os pescadores. Os pescadores encontram na sua Colonia de Pescadores a justa solução para encaminhamento de seus problemas.

Nº. 353 — Belém-Pará, Domingo, 17 de Agosto de 1958 — Ano XII

«Processo de Prestes»

Autoria do dr. José Jardim Filho, Juiz de Direito da 2ª Vara Criminal. Este livro contém:
1 — O despacho que revogou a prisão preventiva de Luiz Carlos Prestes.
2 — Decisão do Supremo Tribunal Federal relativas a decretação de prisão preventiva de Luis Carlos Prestes.

Preço: Cr$ 150,00

Todos os exemplares estão autografados pelo Autor. A venda na

EDITORA VITORIA LTDA.
Rua Juan Pablo Duarte, 50 — Sobrado — Telefone 22-1613

Perde o Mundo Um Dos Seus Maiores Cientista

FALECEU JULIET CURIE

Perda irreparável vem de sofrer os meios cientificos de todo o mundo, com a morte, no dia 14 último do renomado cientista atômico Frederic Juliet Curie. O extinto contava 58 anos, achava-se internado no hospital de Saint Antoine quando se verificou seu passamento. O cientista além de ser um homem portador das maiores culturas cientificas dos nossos dias, era também membro do Partido Comunista Francês e presidente de honra do Conselho Mundial da Paz.

Raimundo Nonato à Conferencia Agrária do Maranhão

Com destino a Capital Maranhense, em companhia do sr. João Goulart, viajou quinta-feira ultima em avião da VARIG o vice-Presidente da ULTAP, sr Raimundo Nonato que tomou parte da Segunda Conferencia Agrária do Maranhão que tem inicio no dia 15 e se encerrará hoje.

Lá o representante campones do Pará, debaterá assuntos condizentes com os problemas de sua classe.

A Conferencia teve lugar na sua sede, à Rua José do Patrocinio, 141; acolheu delegados de quase todos os recantos do Norte e Nordeste do País.

João Goulart:
Só A União dos Trabalhadores em Torno dos Seus Sindicatos Poderá Lhes Garantir Vitorias

Novos Niveis de Salário Minimo Antes de Dezembro — A Petrobrás é intocável — O P.T.B. Estará Sempre Ao Lado Dos Trabalhadores Em Suas Lutas De Reivindicações

QUARTA-FEIRA última chegou a nossa capital, acompanhado de numerosa comitiva o sr. João Goulart, presidente do Senado e vice-Presidente da República e Presidente do Partido Trabalhista Brasileiro. Aqui, o ilustre homem público foi recebido no aeroporto de Val-de-Cães por seus correligionários e amigos, podendo-se ainda notar a presença de representantes Sindicais e chefes de outros Partidos políticos. Presente a chegada do Chefe do Trabalhismo Brasileiro estiveram também o Prefeito de Belém dr. Lopo de Castro, general Alexandre Zacarias de Assunção candidato ao senado da República; General Luiz Silveira, comandante Militar da Amazonia; almirante Hélio Azumbuja, comandante do Quarto Distrito Naval e brigadeiro Francisco Borges, comandante da Primeira Zona Aérea.

Na Praça Mauá Enorme Concentração Trabalhista

Como é de costume, sempre a chegada de chefes políticos a nossa capital da-se sua vinda de Val-de-Cães a Escadinha por navio, porém a chegada do sr. João Goulart, foi alterada, tendo sido feito o percurso por terra acompanhado do grande comitiva de automoveis.

Já a esta altura sua chegada é esperada por grande massa petebista e petenista e, pelo povo em geral que desde cedo ali havia se prostado para uma homenagem franca ao líder das classes trabalhadoras do país.

Oradores Ao Pé Do Busto de Vargas

Dando início a saudação ao ilustre visitante.

Falou o deputado Americo Silva, em seguida ouviram-se as palavras dos srs. Bernardino Costa, pelos marítimos, que disse das misérias a que vem sendo vitima aquela classe abandonada da região Amazônica, da falta de assistência pela

(Continua na 2ª. pág. — A)

João Goulart

Uma Campanha Que Se Impõe (250 Mil Cruzeiros Para Tribuna do Pará)

PAVEL

UM jornal é, sem dúvida, o veículo disseminador de idéias. Há idéias sempre novas e idéias sempre velhas. TRIBUNA DO PARÁ tem se reportado como a propagador de tudo que é novo. Doze anos de vida, doze anos de luta na defesa dos interesses coloniais, ao lado dos trabalhadores em suas lutas de reivindicações, em defesa da industria, pelas liberdades democráticas. Pela Paz, por tudo que se diga de mais benéfico coletivo e de progresso do Brasil, essa TRIBUNA DO PARÁ tem sua vez cumprido bem alto, veindo pela missão, pela luz, pela nossa segurança.

TRIBUNA DO PARÁ esse jornal pequeno no tamanho, grande no conteúdo, com justa razão, porque quer continuar em sua missão honrosa, veio de público, domingo passado, dizer aos seus leitores,

(Continua na 2ª. pág. — b)

TRIBUNA DO PARÁ
Cr$ 2

QUEM mais anuncia mais vende Faça o quanto antes seu anúncio em TRIBUNA DO PARÁ e veja como duplicam os seus negócios.

PÁGINAS DE RESISTÊNCIA

PAGINA 3 — TRIBUNA DO PARA' — BELEM, 17-8-58

EDITORIAL

A Batalha de Esclarecimento Pela Vitória Nas Urnas

HÁ poucos dias encerramos a batalha do alistamento, e que não foi ao todo satisfatório devido, de nossa parte, ter havido muitas deficiencias no trabalho. Porém, fizemos aquilo que antes não haviamos sonhado fazer.

VENCEMOS a primeira etapa e saimos agora para a segunda, com mais experiencia e, com o firme proposito de levarmos a frente, à base de um programa, a batalha do esclarecimento da massa eleitoral, sobre uma orientação contribuinte, no firme objetivo de em nossas possibilidades, entregar nas mãos dos eleitores os candidatos nacionalistas e democráticos, que deverão representa-los perante ao Senado, as Camaras, federal, estadual e municipal.

ESTIVEMOS, por dia e noite, na luta de união de todas as forças do nosso Estado no firme proposito de formarmos uma frente única de partidos, pondo de parte as restrições de alguns deles e vendo somente o quanto era importante esta coalisão politica, no momento, em que as massas estavam, como ainda estão desviadas do seu verdadeiro caminho. Porém isto nos foi impossivel, devido o obscurantismo de certos chefes de grupos de partidos que desvirtuando os interesses de uma coletividade, preferiram dividir as forças, causando o sério perigo de dominação por parte de grupos conhecidamente como antedemocráticos e entreguistas. Muito embora haja partidos que tenha feito grande alistamento eleitoral, isso, de maneira alguma quer dizer que sejam votos garantidos.

HÁ o eleitor de partido, porém há o eleitor que diante de um esclarecimento justo adquire consciencia de seu papel e pode contornar a situação sabendo distinguir os candidatos reconhecidamente nacionalistas e democrátas daqueles que buscam enganar o povo com sua demagogia eleitoreira.

LOGO, nesta segunda etapa de luta eleitoral cabe aos comunistas, aos nacionalistas, aos progressistas, aos democratas o exito de numa polorização de forças na batalha do esclarecimento, pulverizar toda e quaisquer possibilidades que se apresentem aos entreguistas e aos antinacionalistas ligados ao imperialismo norte-americano.

J K quer Alugar O Brasil e Vender a Petrobrás

(IATAGA)

A anunciada vinda ao Brasil do Secretario de Estado John Foster Dulles já havia constituido um sério perigo, um ameaça á Democracia e a tudo que se diz respeito a riqueza nacional e segurança do País. Mesmo contra a vontade de todo povo brasileiro no dia 5 do mês em curso, aterrisou no aeroporto do Galeão o avião que trazia em seu «bojo» uma carga peor que uma bomba «H» O homem de confiança dos banqueiros de Wall Street que trouxe a missão especial de «standarnizar» o Presidente do Brasil, jogando-lhe nas mãos a confiança dos dólares.

Os circulos dirigentes de Washinton, acharam opertuno, mesmo inadiavel o envio do seu emissário ao nosso país, para garantir suas posições na America do Sul, muito especialmente, no que diz respeito ao petróleo brasileiro, vez que é cada dia menor o campo de ação no Oriente-Médio.

Com o movimento de Libertação dos povos árabes, ficaram os trustes em desespero, e só viram um caminho: correr ao Brasil e fazer um acôrdo— porque não dizer uma exigência—no sentido de ser quebrado o monopólio estatal do petróleo— que não da resultado, no dizer dêles—e conseguir o investimento de seus capitais nos destinos da exploração do mesmo.

A posição de Frondizi, constitui um motivo para a má interpretação e mesmo o cinismo do bloco golpista em nosso País.

Acham os senhores do grupo do Itamarati, adeptos da ideia, de que deve ser revista a constituição da lei que criou a Petrobrás, que chegou o momento de agir. Aproveitaram-se da vacilação do Presidente Juscelino e o cercaram de proposta oferecidas por Dulles, para fabulosos emprestimos. Com isso pretendiam fazer calar a opinião pública e muito especialmente burlar a vigilancia dos Nacionalistas, dos Democratas e dos progressistas do nosso País.

Porem isso não aconteceu e graças a todas as forças independentes e livres do nosso país, particularmente a vigilancia dos comunistas, este, já há dias denunciada a pretenção do govêrno J. K., que a essa altura depois de se ter sido dado o cheiro das ofertas do velho fomentador de guerra do «mestre» dos golpes que tantos prejuisos tem causado aos povos onde seus pés tocam o solo pátrio, vê-se o sr. Presidente da Republica tendente a alugar o Brasil e vender a Petrobrás.

Porem isso não acontecerá, porque a Petrobrás já se constituiu um patrimonio do povo. E quando o povo ama um seu patrimonio não mede sacrificio em defende-lo.

A Lei n. 2.004, de 3 de Outubro de 1953, que criou a Petrobrás, não permite a penetração de capitais estrangeiros em sua estrutura. Isso é um fato ja consumado, porem é preciso não esquecermos de defende-la das avançadas dos trustes, que a todos os instantes tenta feri-la profundamente. Não é de admirar que já em 1905 era sabido a existencia de petróleo no Brasil e que os trustes da Standard e da Shell mantinham-o como reserva, dormindo no sub-solo das selvas amazonicas, dos campos da Baía, nas praias de Alagôas.

Ontem, eles, os trustes da Standard e da Shell faziam uso de sua injuriosa propaganda para dizer que não tinhemos petróleo, hoje, mesmo com a lição dada pela Petrobrás, eles dizem que não temos capacidade para explora-lo.

(Continúa na 2ª pág. — F)

Crônica da Cidade

JK, Barata e a Falta de Trigo

NÃO é de hoje que há falta de produtos de consumo popular nas cidades amazônicas. Ora falta açucar, ora falta café e agora trigo. Sem dúvida há as causas de transportes, a deficiência da frota de cargueiros nacionais. Todavia, há razões superiores para acontecer êste circulo vicioso: Em primeiro lugar a ação pouco proficua do govêrno do Estado junto ao poder central da República, junto a JK, instado para uma saida a este estado de cousas, mas, só encontramos descaso da parte de Barata. Em segundo lugar a margem especulativa que vem gerando esta falta de produtos alimentares. Ninguém esquece que o Brasil é considerado o pais do café, no entanto tem havido falta de café do Pará, ninguém esquece que temos nacionalmente uma super abundância de açucar, e temos bons trigais nos campos de R. G. do Sul, Minas e Sta. Catarina, e na verdade, denuncias tem chegado da falta de transporte e sabotagem, leva a apodrecer grande parte do trigo nas fontes de produção. A falta de trigo pertence a um elo de problemas complexos, e que a culpa recai ainda nas razões interesseiras de setores que disto tiram proveito, quer na diminuição do tamanho dos pães, quer no câmbio negro do trigo, como tem acontecido a tôda falta de alimentos de primeira necessidade. Outra razão da escacez de trigo, está no ato de JK de vetar a cota do cereal para a Ocrim do Pará, taxando numa depreciativa quantidade de aprovionamento, dando prova cabal de sua politica, volta a substimação pela autêntica valorização da Amazônia.

Ninguém desconhece os acôrdos de trigo firmado pelo govêrno com os EE. UU., acôrdo êste em que comprariamos o excedente do cereal ianque. Protestos foram lançados e de ouvidos moucos JK se manteve, e aí está no Pará, ficamos esperando um navio argentino com carregamento do precioso alimento, para sexta-feira ultima, mas êste cargueiro não chegou, e o govêrno Barata assiste de braços cruzados a exploração do povo.

Grande Fabrica de Conservas São Vicente

Especialista Em Compotas de Frutas, Dôces, Conservas, Farinhas Allmenticias Etc.

M. Santos & Comp.

Rua da Municipalidade, 629
Belém—Pará

Prefeitura Municipal de Belém

SECRETARIA DE ADMINISTRAÇÃO

EDITAL

ABRE CONCORRÊNCIA PÚBLICA para venda de: Auto-Bomba Magirus, Fabricação Alemã — Modêlo 1938 — de 6 cilindros — sistema elétrico para inflamação a magneto, equipado com bomba d'água centrífuga de 5" de sucção e 4 expulsões de 2 1/2"; 1 Bomba a vapor Modelo 1883 — Fabricação inglêsa de um (1) cilindro tipo horizontal — bomba d'água de junço de 3 1/2" de sucção e duas (2) expulsões de 2 1/2" montada sôbre chassis com 4 molas, tração animal; 1 Bomba a vapor Modelo 1904 — Fabricação inglêsa — de 2 cilindros tipo vertical triples expansão, bomba d'água de junço de 5" de sucção e 4 expulsões de 2 1/2", montada sôbre chassis com 4 rodas, tração animal, pertencentes ao Corpo Municipal de Bombeiros e recolhido na referida corporação.

De ordem do Exmo. Sr. Dr. Prefeito Municipal de Belém, fica aberta pelo prazo de quinze (15) dias a contar desta data a concorrência publica para a venda de: Auto-Bomba Magirus, Fabricação Alemã — Modelo 1938 — de 6 cilindros — sistema electrico para inflamação a magnetico, equipado com bomba d'água centrifuga de 5" de sucção e 4 expulsões de 2 1/2 polegadas; 1 Bomba a vapor Modelo 1883 — fabricação Inglesa de um (1) cilindro tipo horizontal — bomba d'agua de junço de 3 1/2" de sucção e duas (2) expulsões de 2 1/2" montada sôbre chassis com 4 rodas, tração animal; 1 Bomba a vapor Modelo 1904 — Fabricação Inglesa de 2 cilindros tipo vertical triples expansão, bomba d'água de junço de 5" de sucção e 4 expulsões, bomba d'agua de junço de 5" de sucção e 4 expulsões de 2 1/2", montada sobre chassis de 4 rodas, tração animal, pertencentes ao Corpo Municipal de Bombeiros e recolhidos na referida Corporação.

As propostas deverão ser apresentadas em três (3) vias e encaminhadas a Secretaria de Administração da P. M. B. em cartas fechadas com os dizeres "Concorrencia Pública, n. 3/58", com oferta da quantia respectiva, o fim de serem abertas no dia imediato ao término do prazo, ou seja no dia dezoito (18) de agosto de 1958, às 10 horas da manhã, na Secretaria de Administração da P. M. B..

Os interessados poderão examinar as referidas bombas todos os dias úteis, no referido local.

Será tornada sem efeito a presente concorrência se o valôr oferecido pelos interessados não atingirem o estimado pela Prefeitura, preço minimo de: Cr$ 110.000,00; 30.000,00 e 40.000,00 respectivamente.

Será vedado proposta de cobertura de maior oferta e os concorrentes deverão estar quites com os Impostos municipais

SECRETARIA DE ADMINISTRAÇÃO DA PREFEITURA MUNICIPAL DE BELEM, 1 de agosto de 1958.

ADELBARO KLAUTAU FILHO
Secretário de Administração

Foto Studio Internacional

Aberto até às 22 horas

Especialista em Fotografias em Geral

Fotos 3x4, meia duzia Cr$ 40,00

Serviços para amadores com revelações gratis

Rua 28 de Setembro, 603 REDUTO
Belém—Pará

Falta de Trigo

Exploradores Furtam o Povo no Peso do Pão.

Que faz a COAP — Manobra criminosa de exploradores a falta de gêneros de 1.ª necessidade — Confiemos na campanha dos trabalhadores paraenses contra a carestia

Ainda não faz muito tempo, que o povo paraense e amazonense foi vítima da falta de açucar, chegando o quilo dêsse gênero de primeira necessidade a Cr$ 24,00 em nosso Estado e no Amazonas, chegou ao preço incrível de Cr$ 40,00.

Agora novamente, o nosso povo é vítima de mais uma exploração. Esta difere apenas da forma, embora o prêço continue a ser respeitado, mas no peso é que está o furto, e assim alguns panificado aproveitando a situação estão aufe- riddo lucros ilicitos.

Com êstes dois casos recentes, é de presumir-se que já está se tornando praxe a falta de gêneros de 1.ª necessidade; naturalmente deve ter alguém, ou organisações de exploradores dirigindo a manobra, e sòmente quem não quizer vêr pode ainda ter ilusão.

Torna-se necessário ser responsabilisado o responsável ou responsá-

(Continúa na 2ª pág. — G)

Assine e Divulgue
ESTUDOS SOCIAIS

Nesse número: MOACYR PAZ: sôbre os problemas do desenvolvimento econômico
—CARLOS MARIGHELLA.—Alguns aspectos da renda da Terra no Brasil.—FRAGMON CARLOS BORGES ORIGENS: historicas da propriedade da terra.—MIGUEL COSTA FILHO: O trabalho nas Minas Gerais.—CARRERA e GUERRA: Maiacovski nos debates publicos—HYMAN LUMER: Notas sôbre a Recessão Norte Americana PROBLEMAS EM DEBATE.—Critica de Livros—Critica de Revistas

Maio—Junho de 1958

★ LEIA
Voz Operaria

Na Usina Brasil:

Brutalmente Exploradas as Operárias

FATO da SEMANA
(Brown)

Segunda feira última estiveram no Sindicato dos Trabalhadores na Extração de Sementes Oleaginosas, diversas operárias da Usina Brasil que na ocasião denunciaram as explorações que são vítimas por parte de seus inescrupulosos patrões.

Burlado o Salário Mínimo

Iniciando, denunciaram que para o proprietário daquela fábrica a lei do salário mínimo é patoca, isto porque paga suas operárias por produção numa flagrante burla aos direitos operários. Acontece o seguinte.

Por ocasião da vigoração do novo salário ele determinou que ao pagaria o salário a quem produzisse três caixas de castanha por dia. Mas, para a surpresa geral, porem em cada caixa o operário receberia Cr$ 30,00 em vez de Cr$ 31,00 ora mesmo fazendo as três nunca seria conseguida a diária de Cr$ 93,00 Mas quem não conseguisse a produção estipulada seria obrigada a deixar suas impressões digitais e só receberia o que produzisse.

Além do mais quem trabalha extraordinário não tem direito ao acréscimo de 20%. Pelo que se ve, alem do salário ser totalmente absorvido pelo crescente aumento do custo de vida, com todas estas roubalheiras a única solução conseguida pelos prejudicados era matarem-se no trabalho, mesmo que isto lhe custasse o sacrifício da própria saúde.

Unidos Venceremos

Tudo isto reflete a falta de orientação do operariado brasileiro. Ainda não compreenderam que o único meio de se livrarem das garras dos exploradores é sindicalizarem-se em massa. O sindicato é a casa do trabalhador e portanto o mesmo nunca deve abandoná-lo.

Presidente de Sindicato já está tomando providências no caso. Aliás, conforme, fomos

estemunha, o snr. Alvaro Paulino vem demonstrando, grande vontade pela solução do problema. Mas os operários devem protestar, e se preciso for, ir até a greve pela solução de seus problemas.

Com manifestações pacíficas contra êsse estado de coisas o patrão será obrigado a ceder pois água mole em pedra dura tanto bate até que fura.

Encerra-se Hoje o VII Congresso de Fiscais Aduaneiros

Delegações de dez Estados presentes ao conclave — Debates de Problemas Alfandegários — Sugestões às Autoridades Administrativas da Fazenda

FATO dos mais importantes teve seu início quinta-feira última, com a instalação, em nossa capital, do VII Congresso Nacional de Fiscais Aduaneiros.

No Congresso, que conta com numerosas delegações dos vários Estados da União, estão sendo debatidos uma série de problemas alfandegários que ao final servirão de sugestões às autoridades administrativas da Fazenda.

Sérias Denúncias

Os congressistas têm feito sérias denúncias com respeito ao contrabando no nosso país, e procuram meios de combate-lo. Com tudo isso, ainda não se sabe de que maneira está sendo encarado o problema de combate ao contrabando, pode-se adiantar que há boa vontade de parte dos congressistas e, os mesmos esperam obter o apoio das autoridades da Fazenda.

Delegações

Compareceram ao VII Congresso Nacional de Fiscais Aduaneiros das delegações assim representadas:

BELÉM — Agenar Silveira Maia — Presidente do Departamento Regional; Luis Cacella Cavalero — Presidente da Associação; Almerindo Campos; David Cruz.

FORTALEZA — Luiz Espindola Filho — Presidente da Associação.

JOÃO PESSOA — Aluitce de Castro Vasconcelos — Presidente da Associação e do Departamento Regional; Idelmar Falcone de Melo — Secretário do D. R.

PORTO ALEGRE — José Cunha — Secretário de D. R.; Manoel Moreira Jr. — Tesoureiro de D. R.

RECIFE — Igar Falcone de Melo — Presidente do D. R.; Nelson Silva — Secretário do D. R.; Edson José da Silva — Tesoureiro do D. R.; Mario Nazareth.

RIO DE JANEIRO — José Martins Ney da Silva — Presidente do D. R.; Artagnan da Costa Guedes — Presidente da Associação; Mario Gonçalves de Albuquerque — Tesoureiro do D.R.; Rubem Tavares de Menezes — Vice-Presidente da Associação e 2.º Secretário da U.N.F.A.; Wilson Corrêa de Carvalho — Tesoureiro da Associação Carlos Biar de Araujo.

SANTOS — Roberto Silva — Presidente do D.R.; Paulo Emilio de Matos — Tesoureiro Geral da U.N.F.A.; Astrogildo José Wanderley — 1.º Secretário da U. N. F. A.

SÃO LUIZ — Arsaco Castro e Sousa — Presidente do D. R.

SÃO PAULO — José Pinheiro de Castro — Presidente do D. R.; Maurilio José da Silva — Presidente da U.N.F.A.; Floriano Sampaio Torres — Secretário do D. R.; Moacyr Mente.

VITORIA — Jayr Lyrio — Presidente do D. R.; 2.º Vice-Presidente da U.N.F.A.

Tribuna do PARÁ

N. 353 — Belém Pará 17-7-58 — AnoXII

Para Dep. Estadual

Manoel Albuquerque
Um Candidato que se Impõe pelo seu passado de Luta.

Lopo e Assunção na Matinha

Feira Livre e Poços Públicos serão Construidos no Bairro

Atendeu o Prefeito os moradores — Em 1959, será construido o mercadinho municipal — O PTN ganha confiança do povo

Atendendo um abaixo assinado com 549 assinaturas, dos moradores do bairro da Matinha, estêve quarta-feira passada o Dr. Lopo de Castro, Prefeito de Belém, acompanhado de perto as reivindicações do povo do bairro, em audiência pública, a rua Diogo Moia, 711 sede do Diretório Distrital do Partido Trabalhista Nacional (PTN).

Surpresa agradavel

Causou verdadeira satisfação aos moradores do populoso bairro, a presença do General Zacarias de Assunção, que se fez acompanhar do Prefeito da Capital, afim de tomar parte na audiência publica, onde mais de 300 pessoas foram atendidas, desde as 9 até as 13 horas.

Falaram no ato, o sr. Francisco Nascimento, candidato a vereador a Camara Municipal de Belém, pelo PTN, o Dr. Lopo de Castro Prefeito de nossa Capital, que disse dos motivos de estar ali, atendendo os moradores e da presença do General Assunção, candidato ao Senado Federal, pelas forças coligadas em nosso Estado. Por último falou o General, que agradeceu as manifestações reportou-se as obras de seu governo e realizações populares, como a criação da Força e Luz. A extensão da rêde de agua encanada, que éra uma tristeza para ele ter observado que todas as torneiras publicas, instaladas no seu governo, foram fechadas pelo atual govêrno, não apenas considerou a mesmo como seu inimigo, mas principalmente do povo dos bairros de nossa cidade.

Como segundo a ordem falou o Dr. Lopo — que disse-nos ainda, e este se comprometeu publicamente com os moradores, que atenderia os pedidos dos mesmos, como seja a criação da feira-livre na Praça do Cruzeiro Construção de dois poços, publicar exemplo dos construidos na Bairro Brax, limpeza e abertura da Dr. Lopo, que no proximo ano, construiria no bairro um mercadinho municipal.

Na mesma oportunidade foram lançados os nomes dos candidatos a cargos eletivos pelo Pará de Trabalhista Nacional, no Senado

(Continua 4.ª pag.)

Onde Está a Solidariedade d s 'Povos Livres'?

POR ocasião da execução de Imre Nagy e seu comparsa pelo Tribunal Popular da Hungria os jornais do chamado «mundo livre» fizeram um clamor em torno do assunto. Exploraram o fato de tôdas as maneiras possíveis para servir de alerta aos povos para que «não se deixassem envolver pelos acenos dos bichos papões comunistas». Ora, como ficou devidamente esclarecido a revolução tinha por finalidade derrubar o regime popular e restaurar o regime capitalista; aproveitando-se de um descontentamento popular apresentaram a revolução como único meio salvador e conseguiram enganar as massas trabalhadoras.

Mas, quando estas compreenderam o significa-

(Continua pg.)

P.T.N.

AGRADECIMENTO

O Presidente do Partido Trabalhista Nacional, secção do Pará, agradece aos seus membros, correligionários e amigos do mesmo, pelas suas presenças nas homenagens que foram prestadas ao Exmo. Sr. Dr. João Goulart, vice-presidente da República, quarta-feira última por ocasião de sua passagem por nossa Capital.

Ernestino Monteiro
Presidente

N o dia 7 de Semana, sob o título «Folha do Norte», publicou uma notícia com o seguinte título:

PETROLEO — Querem os EE. UU. encostar o Brasil na Parede

E como sub-titulo:

Então não teremos outra alternativa senão ceder.

Segundo o mesmo jornal noticia tinha sido publicada pela revista Hausway «Latin American» após analizar os acordos com a Argentina o diz que o Departamento de Estado prosseguia na política de forçar o Brasil a quebrar o monopólio estatal do Petróleo.

Francamente que fiquei surpreendido com tal notícia. Não penso que os russos «veteranos inimigos» da democracia ou «agressores dos povos livres» mas os americanos os «nossos melhores «amigos» e os mais

fervorosos defensores da «liberdade».

Mas como êles mesmo dizem nada há por contestar. O que acho verdadeiramente vergonhoso para um jornal de conceito firmado como a «Folha» é o subtítulo da matéria. Vamos ser pessimistas, porém não havia nada traz, mas o que admira é o modo cínico e insultuoso como foi divulgada. Agora, não poderão denunciar-se mais, pois as declararam publicamente contra a Petrobras. Mas estão redondamente enganados na pensam que impressionarão os nacionalistas com ameaças tão ridículas. O povo brasileiro não é criança que se amedrenta com bichos papões.

A visita do Secretário de Estado Dulles, e esta notícia servir como brado de alerta. Não podemos permitir, que as nossas conquistas feitas com sacrifício com abnegação patriotismo, e com perigo da perda da própria vida sejam sacrificados pela vacilação de um governo que volta melhor se apoiar nos Estados Unidos do dólar, a fazer em 60 milhões de pessoas que de qualquer maneira decidem os destinos da pátria: Nacionalistas não podem permitir, de modo algum tamanho retrocesso no curso de teus ideais. Lembra-te que de tuas ações depende o futuro da pátria e de teus filhos. Deves ter em mente que umas derrota sera um estímulo a novas investidas dos trustes. Estás no Brasil não podes te deixar levar por notícias de que êste ou aquele povo fez isto ou aquilo. Deves lutar pela felicidade da tua pátria por um prosperidade.

Tens exemplos de países da América do Sul que entregaram seu petróleo ao truste e como único recompensa a

(Continua 2.ª pág.)

Para Deputado Estadual

Wilson da Mota Silveira
Pela Paz, Pela Democracia, Pela Grandeza do Pará

Bibliografia

1- VINHAS, Moisés: O Partidão - A luta por um partido de massas
1922-1974 - Editora Hucitec - 1982

2- OLIVEIRA, Alfredo: A partir da Ilha - Belém: Cultural CEJUP, 1991

3- RIBEIRO, José Hamilton, 1935 - Jornalistas: 1937 a 1997:
história da imprensa de São Paulo vista pelos que batalham laudas (terminais), câmera e microfones por José Hamilton Ribeiro-São Paulo: Imprensa Oficial do Estado, 1998.

4- PONTES, Hugo. 110 anos de imprensa poços-caldense/Hugo Pontes. Poços de Caldas:
Ed. Sulminas, 1990.

5- Binômio - Edição História/direção de José Maria Rebêlo - Belo Horizonte: Armazém de Idéias/ Barlavento Grupo Editorial, 1997. 260 p.

6- BRUM, Eron: 36 mil dias de jornalismo. A história nas páginas de A Tribuna /Eron Brum - Santos, SP: Edit. A Tribuna, 1994. 158 p.: 26,5 cm.

7- MELO, Lídia Maria de. Raul Soares, um navio tatuado em nós/ Lídia Maria de Melo - São Paulo:
Pioneira: Santos, SP: Universidade Santa Cecília dos Bandeirantes, 1995 -
(Coleção novos umbrais).

NOTA:
A categoria perde quatro grandes companheiros. Eles batalharam em defesa dos direitos dos trabalhadores jornalistas, como atestam suas biografias - Jornal dos Jornalistas UNIDADE. Órgão mensal do Sindicato dos Jornalistas Profissionais no Estado de São Paulo - Junho/2002, número 243 - págs. 14/15 - Título: Mémoria.

Editor: Francisco Ribeiro do Nascimento

Capa e Projeto Gráfico: Renato Akimasa Yakabe

Digitação: Ana Cristina Expósito Rey

Revisão: Maria Zuleide de Barros

Apoio: Centro Cultural Luis Carlos Prestes
Mariana Ribeiro Prestes, Presidente

Mensagem: "Parabéns pela pesquisa de grande importância historiográfica e para a memória do caráter rebelde e sonhador de nosso povo".
Professor e arquiteto Edmilson Brito Rodrigues,
Prefeito de Belém do Pará

fotolito, impressão e acabamento

imprensaoficial

Rua da Mooca, 1921 São Paulo SP
Fones: 6099-9800 - 0800 123401
www.imprensaoficial.com.br